LAROUSSE
DES
CUISINES
DU MONDE

LAROUSSE - 17, RUE DU MONTPARNASSE - 75298 PARIS CEDEX 06

LAROUSSE
DES
CUISINES
DU MONDE

LAROUSSE

**DIRECTION
DE LA PUBLICATION**

Laure Flavigny
assistée de
Marie-Pierre Lajot

DIRECTION ARTISTIQUE

Frédérique Longuépée,
Jean-Pierre Fressinet,
assistés de
Blandine Serret

**PHOTOGRAPHIES
DES PLEINES PAGES**

Graham Miller

STYLISME ET CUISINE

Marie Leteuré

**PHOTOGRAPHIES
DES PAGES 89 ET 93**

Corinne Ryman,
Pierre Cabannes

**PHOTOGRAPHIES
DES DOUBLES PAGES
THÉMATIQUES**

Graham Miller

STYLISME ET CUISINE

Hélène Markezana,
Anna Torrontegui

**PHOTOGRAPHIES
DES PRODUITS,
DES RECETTES FILMÉES
ET DES ENCADRÉS**

Studiaphot

STYLISME ET CUISINE

Isabelle Dreyfus
assistée de
Juliette Bordat

CARTES

Jacqueline Roussel

LECTURE-RÉVISION

Annick Valade,
assistée de
Françoise Moulard,
Madeleine Soize

FABRICATION

Jeanne Grimbert,
Michel Vizet

COUVERTURE

Simone Matuszek

**DIRECTION
DE LA RÉDACTION
ET DE LA RÉALISATION**

Compagnie Douze

Valérie-Anne,
Maryse Pistono,
Catherine Sagot
ainsi que :
Céline Bon,
Pia Clévenot,
Michèle Gavet-Imbert,
Colombe de Meurin

MISE EN PAGES

Stéphane Danilowiez,
assisté de
Anne-Laure Descombin
Véronique Kempf
Michel Makedonsky
Éric Pilven

RÉDACTION

Suzi Baker,
Mohamed Naceur
Ben Arab,
Hélène de Bisschop,
Yvonne de Blaunac,
Françoise Botkine,
Judith Chahine,
Valérie Collin
de l'Hortet,
Lydie Conti,
Katyusha Desjardins,
Marie-Claude Fournier,
Anne Gallimard,
Maggie Guérin,
Ruth Keenan,
Sophie Mamon,
Madeleine Maupetit,
Dina Mazzoli,
Karine Mc Carthy,
Patrice de Méritens,
Jacques Mouslin,
Marie-Luce Némo,
Nicolas Papamiltiades,
Minouche Pastier,
Sylvie Pistono,
Benoît Saint Hilaire,
Michel Schumacher,
Fabienne Woodger,
Agnieszka Wróblewska

LA LISTE
DES PERSONNES
QUE NOUS TENONS
À REMERCIER
FIGURE EN PAGE 543.

ISBN 2-03-507050-3

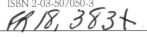

AVANT-PROPOS

LE MONDE DANS VOTRE ASSIETTE !

Après le succès du LAROUSSE GASTRONOMIQUE et du LAROUSSE DE LA CUISINE, il devenait indispensable de créer un ouvrage pour satisfaire la curiosité grandissante des amateurs de cuisine exotique.

En parcourant le monde, nous découvrons tous des plats originaux, des saveurs nouvelles, des produits inconnus. Nous les retrouvons fréquemment dans certains magasins, spécialisés ou non, ou dans les nombreux restaurants de cuisine étrangère qui s'ouvrent un peu partout dans les villes.

Qui n'a jamais dégusté des nems entourés d'une feuille de laitue, un sukiyaki japonais, des kebabs turcs, une feijoada brésilienne ou une fondue suisse ?

Ces plats que nous avons goûtés, appréciés, comment les préparer à notre tour ? Alors commencent à se poser les questions. Quels ingrédients acheter et comment les cuisiner ? Comment rouler la graine du couscous dans le beurre pour lui donner tout son moelleux ? Découper les sushi et en décorer le plat de service ? Farcir une carpe à la juive ? Confectionner un coulibiac ?

Grâce aux nombreuses recettes du LAROUSSE DES CUISINES DU MONDE – l'ouvrage en compte plus de 900 –, aux photos détaillées des tours de main, voici les «trucs» des cuisinières de tous les pays enfin à la portée de tous.

Mais donner des recettes ne suffisait pas. Que faire d'une recette authentique si on ignore tout de la cuisine de son pays d'origine, quand la servir, comment l'accompagner ? Pour chaque pays, une introduction invite à découvrir non seulement les menus typiques, les repas de fêtes, mais aussi les produits caractéristiques, magnifiquement photographiés, des champignons chinois aux fruits exotiques, sans oublier ... les boissons comme le vin, la bière, le whisky, le thé, etc.

Ce tour du monde des saveurs, c'est aussi une manière de voyager, pour notre plus grand plaisir et celui de nos convives.

L'ÉDITEUR

TABLE DES MATIÈRES

COMMENT LIRE LES RECETTES

Cet ouvrage comporte plus de 900 recettes des pays du monde entier. Toutes celles qui ont été retenues, parmi le choix immense qu'offrent les cuisines de tous les pays, sont des recettes typiques, faciles à réussir et composées pour la plupart d'ingrédients vendus dans les rayons exotiques des grandes surfaces ou dans ceux des épiceries spécialisées. Il existe de nombreuses variantes de toutes les recettes selon les différentes régions, voire selon les traditions familiales.

Pour mettre en valeur ces saveurs exotiques, des vins d'accompagnement sont suggérés, même pour les recettes des pays dans lesquels les traditions et la religion interdisent l'alcool, comme l'Inde ou les pays du Maghreb. Les vins sont en majorité français, car il est souvent difficile de se procurer les vins des pays lointains.

Pays d'origine

Quand le chapitre recouvre un ensemble de pays (Maghreb, Europe centrale, Amérique du Sud..., par exemple), cette mention indique que la recette provient d'un pays particulier, à l'exclusion des autres.

Ingrédients

Les ingrédients sont en général disponibles dans les grandes surfaces ou dans les épiceries spécialisées. Pour ceux qui restent encore difficiles à se procurer dans le commerce, des ingrédients de substitution sont proposés entre parenthèses.

Temps de réalisation

Sont indiqués les temps de trempage, marinade, réfrigération ou repos, préparation et cuisson. Les temps de préparation comprennent parfois les temps de cuisson, notamment lorsque l'on cuit sans cesser de remuer. Lorsque l'on fait cuire deux ingrédients simultanément, les temps indiqués ne sont pas multipliés par deux.

Conseils

Placées à la fin de très nombreuses recettes, ces indications en caractère gras permettent d'adapter un plat, de trouver une garniture, de varier les saveurs. Elles donnent également des précisions sur les traditions locales, les techniques ou le matériel de préparation.

Rubriques

Les recettes ont été classées par grandes rubriques : Entrées, Sauces, Plats, Desserts, Boulangerie, Boissons. Cette organisation peut paraître arbitraire pour certaines régions du monde, mais elle facilite l'élaboration d'un menu. Rien n'empêche ensuite de composer le repas à sa guise.

Nombre de personnes

Pour chaque recette, les proportions ont été calculées en fonction du nombre de personnes dégustant ce plat selon des habitudes de consommation européenne.

LES PLATS

Patties aux crevettes

Sri Lanka

POUR 6 PERSONNES
PRÉPARATION : 1 H 30
CUISSON : 30 MIN

pour la pâte : 500 g de farine • 3 cuill. à soupe de ghee (ou 60 g de beurre) • 5 œufs • lait de coco • sel
pour la garniture : 12 grosses crevettes • 1 oignon rouge • 2 tomates • 1/4 de bulbe de fenouil • 1 piment rouge sec • 15 g de ghee (ou de beurre) • 1 tige de citronnelle • 6 feuilles de curry fraîches (ou 2 feuilles de laurier) • cannelle • safran moulu • 20 cl de lait de coco • huile de friture • sel, poivre

1 Préparez la pâte. Tamisez la farine. Ajoutez 1 bonne pincée de sel à la farine tamisée. Coupez le ghee en petits morceaux et incorporez-le progressivement à la farine. Cassez les œufs et séparez les jaunes des blancs. Formez un puits avec la farine et versez-y les jaunes d'œufs battus. Mélangez et allongez progressivement avec le lait de coco, en travaillant jusqu'à ce que la pâte soit souple. Roulez-la en boule et recouvrez-la d'un linge humide.
2 Décortiquez les crevettes et ne conservez que les queues. Émincez-les grossièrement. Pelez et hachez l'oignon. Plongez les tomates 1 min dans de l'eau bouillante, pelez-les, épépinez-les et concassez-les. Hachez le fenouil. Retirez les graines du piment et pilez-le.
3 Dans une sauteuse, faites chauffer le ghee. Faites-y revenir la moitié de l'oignon, la tige de citronnelle et 2 feuilles de curry. Ajoutez les crevettes, la tomate, le reste de l'oignon, le fenouil, le piment et les feuilles de curry restantes. Poudrez de 1 pincée de cannelle et de 1 pincée de safran, salez et poivrez. Baissez le feu et laissez mijoter 10 min.
4 Ajoutez le lait de coco et poursuivez la cuisson jusqu'à ce que tout le liquide se soit évaporé et que vous obteniez une pâte consistante. Sortez-la du feu. Retirez la citronnelle et les feuilles de curry de la préparation.
5 Reprenez la pâte et formez un gros rouleau d'environ 10 cm de diamètre. Coupez-le en fines rondelles. Posez celles-ci sur un plan de travail fariné. Disposez une bonne noix de préparation aux crevettes au centre de chaque rondelle. Badigeonnez les bords de la pâte au blanc d'œuf et repliez les rondelles pour former des chaussons. Pressez avec les doigts pour qu'ils soient bien fermés.
6 Plongez les patties dans l'huile de friture bien chaude pendant 5 min. Sortez-les à l'aide d'une écumoire, égouttez-les sur du papier absorbant. Servez chaud, à l'apéritif ou en entrée.
Les patties sont présents dans toutes les réceptions. Il en existe à poulet, au poisson, au curry de viandes hachées, aux sardines, etc.

Les Plats

Daurade épicée

Malaisie

POUR 4 PERSONNES
PRÉPARATION : 40 MIN
CUISSON : 40 MIN

Boisson conseillée :
TOKAY

1 daurade de 1 kg • 150 g de crevettes • 1 morceau de gingembre frais de 2 cm • 1 oignon • 1 gousse d'ail • 1/2 cuill. à café de pâte de piment • 2 cuill. à soupe de sauce soja • 2 cuill. à soupe de coulis de tomates • 2 branches de citronnelle fraîche (ou 1 cuill. à café de zeste de citron) • 4 cuill. à soupe d'huile • sel

1 Portez une casserole d'eau salée à ébullition. Plongez-y les crevettes. Faites reprendre l'ébullition, écumez et laissez cuire de 3 à 4 min. Égouttez-les et laissez-les refroidir. Décortiquez-les.
2 Videz et écaillez la daurade. Lavez-la et essuyez-la. Salez-la à l'intérieur et à l'extérieur.
3 Épluchez et râpez le gingembre. Pelez l'oignon et l'ail. Hachez l'oignon et écrasez l'ail.
4 Mélangez l'ail, l'oignon, le gingembre, la pâte de piment, la sauce soja, le coulis de tomates, la citronnelle et les crevettes. Faites chauffer un peu d'huile dans une poêle et faites-y revenir ces ingrédients pendant 7 à 8 min. Enlevez la citronnelle.
5 Farcissez la daurade de ce mélange et cousez l'ouverture à l'aide de fil de cuisine pour éviter que la farce ne s'échappe en cours de cuisson.
6 Dans une poêle à poisson, faites chauffer le reste d'huile. Posez la daurade dans la poêle et faites-la cuire 20 min à feu moyen, en la retournant à mi-cuisson.

515

L'ITALIE

———

*Héritière des fastes de l'Empire romain,
la cuisine italienne est enracinée dans une longue tradition de savoir-vivre.
La route des épices, ouverte par Marco Polo, qui passe pour avoir
rapporté de Chine les pâtes, met fin à son sommeil médiéval
et la Renaissance, que symbolise Florence, redonne aux plaisirs de la table
la vigueur et le prestige d'antan. Enrichi des aromates orientaux
et des légumes du Nouveau Monde, l'art culinaire italien se diversifie
et se colore au gré de ses provinces. Du Val d'Aoste à la Calabre,
l'Italie mûrit sa vigne, mitonne ses plats et ensoleille ses sauces de basilic
ou de coriandre pour une cuisine qui exalte les saveurs chaudes
du bassin méditerranéen.*

SAVEURS D'ITALIE

Si l'Italie du Nord est toujours en partie soumise à l'influence autrichienne, avec une grande consommation de viandes de veau, de bœuf et de volaille, les accompagnements de polenta et de riz apportent une note originale, de même que les apprêts à la bolognaise, les charcuteries de l'Émilie, les fromages, sans oublier les fruits de mer vénitiens. Toutefois, dès que l'on s'aventure dans la péninsule, la cuisine se diversifie, avec comme dénominateur commun l'huile d'olive, les pâtes, les pizzas, les tomates, les poissons et les crustacés ; enfin, il ne faut pas oublier les desserts et les glaces (*gelati*).

LES TRADITIONS

La cuisine italienne est le fruit de traditions millénaires. Celles-ci se transmettent de mère en fille depuis des générations et, aujourd'hui encore, c'est la maîtresse de maison, la mamma, qui décide des menus, fait les courses, choisit les produits et règne à la cuisine. Chacune a ses secrets, ses recettes personnelles pour réussir les pâtes ou la pizza. Quant au traditionnel minestrone, chaque cuisinière en revendique sa version.

LA VIE QUOTIDIENNE

LE PETIT DÉJEUNER (collazione). La journée commence avec un café très fort, accompagné de pain ou de brioche.
LE DÉJEUNER (pranzo). Aujourd'hui, un repas typique se compose de trois plats : *il primo*, qui peut être soit des pâtes, soit une soupe ; *il secundo*, une viande ou du poisson. Des fruits ou un gâteau complètent le repas, suivis de l'incontournable *expresso*. Le *pranzo* est, de plus en plus, pris hors de la maison. Aussi, le repas principal est désormais le dîner. Mais la tradition qui consiste à proposer des pâtes à chaque repas demeure.

LE DÎNER (cena). Il rassemble toute la famille. On y retrouve les pâtes, parfois sous forme de nouilles dans un bouillon (*pastina in brodo*), mais elles sont souvent remplacées par un minestrone, soupe de légumes aux pâtes ou au riz. Suit le plat principal (viande, œuf ou poisson). Les *antipasti* et les desserts élaborés sont réservés aux jours de fête. Un fromage, tel le bel paese ou le gorgonzola, est apprécié. À table, on boit de l'eau et du vin.

LES JOURS DE FÊTE

L'influence du catholicisme se traduit par la célébration de nombreuses fêtes qui sont l'occasion de se retrouver en famille autour d'une table.
NOËL (Natale). La tradition anglo-saxonne de la dinde est maintenant vivace en Italie. Cette volaille est précédée de plats de pâtes somptueux : avec une fine farce de viande comme les ravioli ou les tortellini, avec deux sauces comme les lasagne au four, enrichis de crème fraîche comme les tagliatelle. Au petit déjeuner, au goû-

*Ricciarelle
ou mezza lasagna*

Menu classique

PETITS ARTICHAUTS
À L'HUILE

FUSILLI AU BASILIC

FOIE DE VEAU
À LA VÉNITIENNE

TIRAMISU

Fusilli

Macaroni

Farfalle

Gnocchi
sarde

Lasagna   Gnocchi

Mezzi tubetti
rigati

Pennoni
rigate

Cannelloni

Rigatoni

Pappardelle

Pennine rigate

ter ou en dessert, sera servi un panettone, un gâteau brioché aux raisins.

PÂQUES (Pasqua). Cette fête célébrant la résurrection du Christ donne l'occasion de se réjouir en même temps de l'arrivée du printemps et de la renaissance de la nature. En sont les symboles les plats d'agneau de lait et de cabri rôtis, les légumes primeurs. Pour ce jour-là, dans toute l'Italie, on prépare ou on achète la « colombe », une brioche très fine en forme d'oiseau, recouverte de grains de sucre.

LA FÊTE NATIONALE. Elle a lieu le 24 mai. Il n'y a pas de tradition particulière sur le plan gastronomique. Toutefois, en cette saison, il fait déjà beau et chaud en Italie. C'est pourquoi on en profite pour déguster une de ces fameuses glaces italiennes. Les glaces furent d'abord des sorbets : le mot italien *sorbetto* vient du mot arabe *serbet* désignant un sirop de fruits étendu d'eau glacée. Vers 1750, les glaces devinrent les crèmes consistantes que nous connaissons, avec des œufs et de la crème fraîche.

LES PRODUITS

LES PÂTES
•

Plates, rondes, courtes, longues, creuses, ondulées ou lisses, blanches ou de couleur, de tout calibre, à déguster al dente, c'est-à-dire très légèrement croquantes sous la dent, ou plutôt très cuites, servies nature, gratinées ou farcies, les pâtes sont fabriquées à partir d'eau et de semoule de blé. Il faut compter par personne : 30 g pour la soupe, 50 ou 70 g en primo, et de 60 à 100 g en secondo.

Les pâtes sèches se conservent indéfiniment. Préférez les pâtes 100% pure semoule de blé dur, idéales pour la cuisson al dente. Il existe aussi une version de pâtes aux œufs, plus riches. Vous pouvez confectionner vos pâtes fraîches avec une machine mécanique ou électrique. Il faut les consommer rapidement, car elles ne se conservent pas.

LA PASTA IN BRODO. Elle est cuite quelques minutes dans un bouillon, pour composer de délicieuses soupes de pâtes. Vermicelles, tortellini ou capellini servent à cet usage.

LA PASTA AL FORNO. Elle est cuite au four : les lasagne sont des feuilles de pâtes qui mitonnent doucement dans une sauce à la viande très parfumée.

LA PASTA ASCIUTTA. Elle est servie nature avec du beurre et saupoudrée de parmesan, ou accompagnée d'une sauce à la viande, aux légumes, aux poissons ou aux fruits de mer. Ces pâtes portent des noms qui varient selon leur forme : fettucine, tagliatelle, pappardelle, spaghetti, rigatoni.

LES PÂTES FARCIES. Elles connaissent des formes variées parmi lesquelles les ravioli, les tortellini, les cannelloni ou les capelleti, à la viande, au fromage ou aux herbes.

LES FROMAGES
•

À pâte cuite, frais, de vache, de brebis et même de bufflesse, les fromages italiens concluent le repas et entrent dans la composition d'innombrables mets et desserts.

LE BEL PAESE. Ce fromage de lait de vache, d'origine lombarde, est une pâte pressée non cuite. Doux et moelleux, de couleur jaune crème, il se présente en petites meules de vingt centimètres de diamètre.

LE GORGONZOLA. C'est un fromage au lait de vache à pâte persillée sous une croûte grise naturelle marquée de rouge, qui possède une odeur d'autant plus piquante qu'elle est affinée. Il est apparu, probablement il y a près de mille ans, dans la plaine du Pô, près de Bergame.

LA MOZZARELLA. Ce fromage frais, originaire de Campanie, est fabriqué avec du lait de bufflesse ou de vache et vendu avec son petit-lait. Le lait caillé et étiré est coupé en boules plus

Tortellini

Cappello

Cappello au saumon

Ravioli frais

Lumache rigate

Conchigliette

Tagliatelle à l'encre de seiche

Tagliatelle fraîches

Spaghetti

Capellini frais

Panzerote

Orecchiette

Tagliatelle au safran

Spaghetti complets

Fettucine

Ruote rigati

Tagliatelle vertes

Capellini roulés

Capellini

Macaroni non coupés

ou moins grosses ou en lanières tressées. La mozzarella se mange en salade, ou à la fin du repas, assaisonnée. Fondue, elle lie les ingrédients d'un plat cuisiné.

LE PARMESAN. Il doit son nom à la ville de Parme dont il est issu. Fabriqué à partir de lait de vache maigre, il a un très léger goût d'ananas. C'est le plus ancien et le plus gros des fromages italiens. Frais, il conclut le repas. Vieux, on en saupoudre les pâtes, le riz et les soupes.

LE PECORINO. Fabriqué dans le Centre et le Sud avec du lait de brebis, il est odorant et fort. D'une belle couleur paille à l'intérieur, il a une croûte jaune quand il est jeune et devient rouge noirâtre avec l'âge. D'une forme curieusement bosselée, il pèse entre 1,5 et 4 kilos.

LE PROVOLONE. Grand fromage du Sud, de forme ovale, il atteint jusqu'à un mètre de long. Doux, piquant ou fumé, il est fabriqué à partir de lait de vache caillé et étiré en longues bandes superposées.

LA RICOTTA. Ce fromage blanc, originaire de la plaine du Pô, est fabriqué à partir de lait de brebis caillé et égoutté. Sa pâte est molle, sa texture est friable et son goût doux et riche ressort à la cuisson.

LE STRACCHINO. Lombard ou piémontais, c'est un fromage d'été fabriqué à partir de lait de vache maigre non fermenté.

LA TOMATE SÈCHE ET LA SAUCE TOMATE

Originaire d'Amérique du Sud, la tomate apparaît au XVIᵉ siècle en Italie sous le nom de *pomodoro*, ou pomme d'or. Elle constitue la base ou l'agrémentation de nombreux plats. En Sicile, on la coupe en deux, puis on la fait sécher au soleil pendant sept jours après en avoir extrait jus et pépins. Salée et stockée, elle est alors prête à consommer.

Quant à la sauce tomate avec ses multiples recettes, elle s'associe à de nombreux plats et notamment à ceux qui sont à base de pâtes, dont elle est souvent indissociable.

LES SALUMI

Ce sont les produits de la conservation de la viande de porc, salée, fumée et séchée.

LE COTECHINO. Ce saucisson à cuire, fait avec des viandes maigres (tête et cou du cochon) et de la couenne de porc salée et hachée, est généralement bien relevé.

LA MORTADELLE DE BOLOGNE. Sa chair rose est très finement hachée, assaisonnée au poivre et à l'ail. Elle est parfumée à la pistache et truffée de bandes de gras dans sa longueur.

LE SALAMI. Ce saucisson est le plus populaire de toute l'Italie. Avec sa chair rouge vif piquetée de lard blanc, il existe aussi sous forme molle, conservé en bocaux dans du saindoux. Plus on va vers le sud, plus il est piquant. Il est accommodé au piment à Naples et existe aussi dans une version au fenouil sauvage (*finocchiona*). Chaque province produit son salami, désigné sous le nom de sa région, comme l'*abruzzese* des Abruzzes. Les *cacciatore*, dont le *perugina*, sont plus petits et vendus à la pièce.

LE PROSCIUTTO. Son appellation est devenue synonyme de jambon cru : il gagne à être consommé en tranches très fines. Pour la cuisine, il est coupé en dés. Celui de Parme est très subtilement sucré. Le San Daniele est plus sec, fabriqué avec des viandes de première qualité.

LA COPPA. C'est la longe de porc séchée et fumée, sous son appellation de l'Italie du Nord. Dans la région de Parme, la coppa devient le *culatello*.

LA PANCETTA. La poitrine de porc crue salée, roulée en forme de saucisson, séchée, parfois fumée, se consomme en tranches fines où alternent le gras et le maigre. On peut la faire revenir coupée en dés et l'utiliser dans de nombreux plats.

LA BRESAOLA. Elle ne fait pas partie des salami puisque c'est de la viande de boeuf. Salée et séchée en plein, elle se sert en entrée, arrosée d'un filet d'huile d'olive.

San Daniele

Bresaola

Saucisse napolitaine piquante

Salami

Mortadelle

Jambon de Parme et coppa

Pancetta

Abruzzese

Perrugina

LES VINS

On ne sait pas très bien si le vin italien doit ses origines aux Grecs, aux Étrusques ou aux Phéniciens, mais c'est incontestablement les Romains qui l'élevèrent au rang de boisson divine, consacrée au culte des dieux, et qui entreprirent de cultiver la vigne plus rationnellement. Par sa géographie, l'Italie connaît des conditions météorologiques très diverses : du climat alpin du Haut-Adige, du Frioul ou du Trentin au climat quasi africain de la Sicile, en passant par le climat méditerranéen de la Toscane et du Latium, à chaque région ses vins, à chaque vin sa personnalité. Il faut distinguer entre les D.O.S.(*Denominazione di origine semplice*), ordinaires, les D.O.C. (*Denominazione di origine controllata*), soumis à certaines normes, les D.O.C.G. (*Denominazione di origine controllata e garantita*), de qualité réglementée, les *vini tipici*, régionaux, sans appellation, et les *vini da tavola*, sans grand prestige.

Les cépages les plus connus sont, pour le rouge, le *sangiovese*, qui sert à faire le *chianti* et le *nebbiolo*. Le merlot, le cabernet, le pinot et le sauvignon ont été importés de France et, pour les vins blancs, le riesling, le sylvaner et le traminer de la vallée du Rhin.

Au sud, la Pouille produit quantité de vins très colorés et très riches en alcool, utilisés surtout comme vins de coupage ou comme composante du vermouth. Au nord, le Piémont et la Toscane produisent les vins les plus célèbres d'Italie.

PIÉMONT, VAL D'AOSTE, LIGURIE

Ces trois provinces du Nord-Est produisent l'*asti spumante*, le plus connu des vins mousseux italiens, d'un jaune délicat et d'une saveur légèrement fruitée. Avec sa modeste tenue en alcool (de 9 à 10 % Vol) et sa mousse réjouissante, c'est le vin de toutes les fêtes. Très différent, le *barbera*, de couleur rouge foncé et de goût prononcé, provient aussi de la région d'Asti ; on en trouve beaucoup dans tout le Piémont et même dans le reste du pays. Le *barolo*, grenat aux reflets orangés, limpide et parfumé, atteint sa plénitude

au bout de quelques années. C'est alors un grand vin, robuste et vigoureux. Le *barolo* est issu du *nebbiolo*. On trouve aussi dans cette région le *grignolino*, sec et tannique, avec un fond d'amertume agréable et persistant ; le *dolcetto*, rubis au goût moelleux ; le *moscato* jaune paille ou jaune d'or, à l'arôme musqué pour le dessert. Enfin le *barbaresco*, issu comme le *barolo* auquel il ressemble du *nebbiolo*, est un vin rouge brillant virant à l'orange avec l'âge, qui lui donne son parfum de violette.

LOMBARDIE

Cette région du nord de l'Italie produit le *franciacorta*, vin rouge vif au bouquet caractéristique, ou blanc avec une belle couleur jaune paille et des reflets vert clair. C'est aussi un vin mousseux brut ou rosé à l'arôme délicat. Le *valtellina*, à la couleur rouge

vif, est sec et tannique et accompagne les viandes rouges et le gibier.

TRENTIN, HAUT-ADIGE, FRIOUL, VÉNÉTIE JULIENNE

Le *lago di caldaro*, excellent vin rouge léger et vif, au parfum d'amande, est un des meilleurs produits dans la région. Le *santa maddalena*, rouge tendre et fruité du Tyrol italien, est fait à partir d'un raisin qui pousse sur des vignes en pergola sur des versants abrupts.

VÉNÉTIE

La Vénétie donne le *bardolino*, produit à l'est du lac de Garde. Vin rouge sec, il est parfois légèrement pétillant dans sa jeunesse. Il existe également en *chiaretto*, ou rosé, à la saveur légèrement épicée. Le *soave* provient des environs de Vérone. Blanc et sec, à la robe de paille tirant sur le vert, d'un bouquet agréable, il est un peu acide. Mais le vin le meilleur de la région est indiscutablement le *valpolicella*, cultivé autour de Vérone, à la belle robe

Chianti

rubis, et au riche bouquet délicat et très velouté.

ÉMILIE-ROMAGNE

C'est une grande région viticole célèbre pour son *lambrusco*, rouge pétillant très estimé en Italie. Le *gutturino dei colli piacentini* est un vin rouge légèrement moelleux. Le *trebbiano val trebbia* est jaune d'or pâle, sec, moelleux ou pétillant.

TOSCANE

Qui ne connaît aujourd'hui dans le monde la fiasque du *chianti* ? En réalité, les très bons *chianti* vieillis en bouteille sont vendus dans la classique bouteille bordelaise, où ils vieillissent mieux. Le *chianti classico* est un des meilleurs vins d'Italie, à la couleur vive de rubis, à la saveur harmonieuse. Seuls les vins produits entre Sienne et Florence ont droit à cette appellation. Les vignerons de cette région, célèbre depuis que les châtelains s'unirent en 1376 dans la ligue du Chianti pour lutter contre les Siennois, tiennent à ce privilège. Pourtant, nombre de leurs voisins, parfois éloignés, ont donné le nom de *chianti* à des vins variés. Pour reconnaître les vrais, il faut vérifier si l'estampille du *Consorzio per la Difensa del Vino Tipico di Chianti* figure sur la bouteille.

On le boit jeune et sans mention, dans tous les restaurants de Florence.

OMBRIE, LATIUM

Ces provinces d'Italie centrale sont un paradis du vin blanc. Le *frascati*, blanc sec doré et corsé, coule à flots à Rome. L'*orvieto* est un des vins les plus populaires de la péninsule ; d'une couleur d'or pâle et à l'arrière-goût amer, il est produit en Ombrie à partir de vignes en pergola. L'*aleatico di grapoli* est un rouge velouté de couleur grenat. L'*est est est di montefiascone*, blanc léger demi-sec ou moelleux, tire son nom de l'appréciation enthousiaste et trois fois répétée en latin par le domestique d'un ecclésiastique du XIᵉ siècle, chargé de voyager en éclaireur pour goûter les vins.

MARCHES, ABRUZZES

Cette région produit d'honorables vins blancs et rouges, secs et moelleux : le *verdicchio dei castelli di jesi*, vin sec de couleur jaune paille ; le *monte-*

Chianti classico

Frascati

Lacrima-Christi

Lambrusco

pulciano d'abruzzo, savoureux vin rouge du bord de mer, et le *rosso conero,* rouge corsé produit dans la région d'Ancône.

CAMPANIE, POUILLES, CALABRE, BASILICATE

Le vignoble est important dans ces régions du sud de l'Italie. L'île d'Ischia produit l'*ischia* blanc sec et l'*ischia* rouge, sec également et à l'odeur délicate. Tous deux sont largement exportés. Le *taurasie* rouge, corsé, a retrouvé son ancienne et bonne renommée. L'*aglianico del vulture*, de la Basilicate, est un vin rouge tirant sur le grenat, au goût frais et velouté. Il vieillit avec élégance. La Basilicate produit aussi d'asssez grandes quantités de muscat et de malvoisie. Le *donnici*, rouge cerise, est produit dans la région de Cosenza. Toujours en Calabre, le *rosso di cerignola*, rouge rubis, existe avec une mention «*riserva*». Le *salice salentino*, rouge corsé, provient de la région de Tarente. Enfin, le *lacrima-christi*, produit à partir des vignes qui s'étagent sur les pentes du Vésuve, est un vin blanc fort rare à la couleur d'or pâle. Il tient son nom

des larmes que le Christ aurait versées sur Capri, terre de péché dérobée au Paradis par Satan.

SICILE, SARDAIGNE

Sur les pentes de l'Etna comme dans toute la Sicile, le vignoble se diversifie selon les sols et les climats. Les vins de l'Etna, rouges et blancs, comptent parmi les meilleurs vins de table de Sicile. Parmi eux, citons les blancs secs et les rouges corsés de Corvo. L'*alcamo* est sec, fruité et parfumé. Le *malvasia delle lipari*, vinifié à partir de raisins séchés, est jaune d'or et ambre, et se caractérise par sa douceur. Il vient des îles Lipari et Éoliennes. Le *marsala*, d'une belle couleur ambre foncé, est le plus connu des vins liquoreux d'Italie et est aussi le plus apprécié aussi bien en apéritif qu'en vin de dessert.

Pays viticole, la Sardaigne produit des vins rouges et des vins blancs qui titrent couramment entre 13 et 18 % Vol. Le *vernaccia di oristano*, blanc sec, peut se conserver trente ans. Le *monica di cagliari* est un rouge corsé à 14,5 % Vol. Le *nuragus di cagliari* est un vin blanc sec.

Les Entrées

Petits artichauts à l'huile

POUR 4 PERSONNES
PRÉPARATION : 15 MIN
CUISSON : 30 MIN
MARINADE : 2 H

16 petits artichauts • vinaigre • 4 cuill. à soupe d'huile d'olive • 1 jus de citron • 1 gousse d'ail écrasée • 1 feuille de laurier • 2-3 branches de persil • sel, poivre

1 Mettez les artichauts dans de l'eau légèrement vinaigrée puis rincez-les sous l'eau froide en écartant délicatement les feuilles. Faites-les cuire 30 min dans de l'eau bouillante salée.
2 Pendant ce temps, préparez une sauce avec l'huile, le citron, l'ail écrasé, le sel et le poivre à votre goût. Ajoutez la feuille de laurier.
3 Égouttez les artichauts. Prélevez les cœurs. Mettez-les à mariner dans la sauce. Maintenez au réfrigérateur pendant 2 h. Au cours de la marinade, retournez les cœurs d'artichauts de temps à autre pour qu'ils soient bien imprégnés de sauce.
4 Au moment de servir, arrosez les cœurs d'artichauts de sauce, rectifiez l'assaisonnement et parsemez-les de persil haché.

Omelette florentine

POUR 3 PERSONNES
PRÉPARATION : 15 MIN
CUISSON : 10 MIN

6 œufs • 300 g d'épinards en branches • 30 g de beurre • noix de muscade • sel, poivre

1 Équeutez et triez les épinards, lavez-les. Mettez-les à cuire à couvert pendant 5 min dans une casserole d'eau salée. Égouttez-les soigneusement et hachez-les grossièrement.
2 Faites chauffer 15 g de beurre dans une poêle. Faites-y revenir les épinards en remuant. Sortez-les de la poêle et réservez au chaud.
3 Cassez les œufs et battez-les en omelette. Mélangez-les avec les épinards, salez et poivrez. Assaisonnez de 1 pincée de noix de muscade râpée.
4 Dans la poêle, mettez le reste du beurre à fondre sans le laisser brunir. Lorsqu'il est chaud, versez la préparation. Faites cuire à feu doux quelques minutes, puis retournez l'omelette de l'autre côté pour qu'elle soit dorée sur les deux faces. C'est prêt! Servez aussitôt.

Salade aux trois poivrons

POUR 4 PERSONNES
PRÉPARATION : 20 MIN
CUISSON : 10 MIN

4 poivrons : 2 verts, 1 rouge, 1 jaune • 4 œufs • 12 filets d'anchois au sel • 40 g d'olives vertes dénoyautées • 40 g de câpres au vinaigre • 4 cornichons • 2 branches de persil • 3 cuill. à soupe d'huile d'olive • 1 cuill. à soupe de vinaigre • sel, poivre

1 Lavez les poivrons. Faites-les griller de tous côtés jusqu'à ce que la peau se soulève. Mettez-les dans un sac en plastique fermé pendant 2 à 3 min. Sortez-les et pelez-les. Ôtez les pédoncules, retirez les graines et coupez la chair en lanières.
2 Faites durcir les œufs 10 min à l'eau bouillante. Rafraîchissez-les sous l'eau froide, écalez-les et coupez-les en rondelles.
3 Mettez les lanières de poivron dans un plat de service en alternant les couleurs. Décorez avec les filets d'anchois.
4 Hachez les olives, les câpres et les cornichons. Salez, poivrez. Versez l'huile et le vinaigre. Mélangez bien. Goûtez, rectifiez l'assaisonnement.
5 Lavez et hachez le persil. Versez la sauce sur les poivrons, parsemez de persil et décorez avec les rondelles d'œufs.

Tomates à la mozzarella

POUR 4 PERSONNES
PRÉPARATION : 10 MIN

4 grosses tomates bien mûres • vinaigre • une boule (200 g) de mozzarella • huile d'olive • une branche de basilic • sel, poivre

1 Lavez les tomates, coupez-les en rondelles que vous disposez sur un plat. Salez et arrosez de quelques gouttes de vinaigre.
2 Coupez la mozzarella en tranches fines. Posez-les sur les rondelles de tomates. Salez, poivrez. Versez un filet d'huile d'olive sur les tranches de mozzarella. Disposez par-dessus les feuilles de basilic lavées et hachées.
La vraie mozzarella est faite avec le lait de buflonne. Mais on trouve plus facilement un fromage voisin préparé au lait de vache, la mozzarella Fior di latte.

Salade de pâtes à la sicilienne

Pour 6 personnes
Préparation : 20 min
Repos : 1 h
Cuisson : 20 min

4 grosses tomates bien mûres • 250 g d'olives vertes et noires • 150 g de chèvre frais • 3 filets d'anchois • origan • 20 cl d'huile d'olive • 600 g de penne • sel, poivre

1 Lavez les tomates, épépinez-les et coupez la chair en fines lanières. Dénoyautez les olives et coupez la chair en petits dés. Détaillez le fromage de chèvre en petits dés.
2 Mélangez tous les ingrédients : tomates, olives, chèvre, anchois, 1 pincée d'origan, huile d'olive. Salez, poivrez. Laissez reposer 1 h.
3 Faites cuire les pâtes à l'eau bouillante salée. Quand elles sont bien cuites (plutôt un peu trop), passez-les sous l'eau froide pour arrêter la cuisson et les refroidir rapidement. Égouttez-les soigneusement.
4 Dans un saladier, versez les pâtes et le mélange, remuez bien. Servez.
Les penne (plumes ou sifflets) conviennent particulièrement bien à cette recette. Vous pouvez les remplacer par des macaroni.

Salade de tomates et poivrons grillés

Pour 6 personnes
Préparation : 15 min
Cuisson : 15 min

6 grosses tomates • 6 poivrons verts • 1 citron • huile d'olive • 1 branche de basilic ou de menthe fraîche • sel, poivre

1 Préchauffez le gril du four.
2 Lavez les tomates et coupez-les en 4.
3 Lavez les poivrons. Coupez-les en 2. Ôtez le pédoncule et les pépins. Coupez la chair en grosses lanières.
4 Badigeonnez les tomates et les poivrons d'huile et faites-les griller pendant 10 à 15 min, en les retournant 1 ou 2 fois.
5 À la sortie du four, retirez la peau des tomates et des poivrons.
6 Disposez-les sur un plat de service et laissez-les refroidir.
7 Pressez le citron et versez le jus sur les légumes. Arrosez d'un filet d'huile d'olive. Salez, poivrez à votre goût, décorez avec quelques feuilles de menthe ou de basilic.
Pour cette salade du sud de l'Italie, choisissez de préférence des tomates en forme d'olive. La variété San Marzano, cultivée dans la région de Naples, est la plus connue. Grâce à sa forme, elle mûrit uniformément et est très parfumée. Elle est également très appréciée pour faire des conserves, car elle se pèle facilement.

Minestrone

Pour 6 personnes
Trempage : 12 h
Préparation : 30 min
Cuisson : 1 h 30

Boisson conseillée :
BARBERA

150 g de haricots blancs secs • 2 carottes • 3 pommes de terre • 1/4 de céleri-rave • 2 poireaux • 2 courgettes • 3 tomates • 4 cuill. à soupe d'huile d'olive • 2 gousses d'ail • 2 l de bouillon de bœuf • 4 branches de basilic • 1 branche de thym • 3 branches de persil • 1 cuill. à soupe de pâtes à potage • parmesan (facultatif) • sel, poivre

1 La veille, mettez les haricots à tremper dans de l'eau froide.
2 Après les avoir égouttés, mettez-les dans une casserole avec 50 cl d'eau. Couvrez, portez à ébullition, baissez le feu et laissez cuire à petits bouillons pendant environ 30 min.
3 Pendant ce temps, épluchez les carottes, les pommes de terre et le céleri-rave. Coupez le pied et les feuilles vertes des poireaux, nettoyez et lavez soigneusement les blancs. Lavez les courgettes. Coupez tous ces légumes en rondelles. Plongez les tomates 1 min dans l'eau bouillante. Puis pelez-les. Coupez les tomates en 4 (ou en 8, selon grosseur) et les légumes en petits dés.
4 Versez l'huile d'olive dans un faitout et faites-y fondre tous les légumes à feu doux. Surveillez la cuisson et remuez régulièrement.
5 Pelez l'ail , écrasez-le et mettez-le dans le faitout. Dans une casserole, faites chauffer le bouillon et versez-le dans le faitout. Ajoutez les haricots avec leur eau de cuisson. Effeuillez 2 branches de basilic, lavez le persil, ajoutez ces herbes dans le faitout, ainsi que le thym. Couvrez et laissez cuire à feu doux pendant 45 min. Salez et poivrez.
6 Jetez les pâtes en pluie dans le faitout et prolongez la cuisson pendant 2 ou 3 min. Retirez le thym et le persil du potage. Versez-le dans une soupière. Effeuillez les branches de basilic restantes et parsemez les feuilles sur le minestrone. Servez immédiatement.
Accompagnez de parmesan râpé.

MINESTRONE

•

Il existe autant de recettes de minestrone que de cuisinières. Chaque région revendique la sienne. À Gênes, il est composé de potiron, de chou, de fèves, de courgettes, de haricots, de céleri et de tomates ; il est garni de 3 sortes de pâtes et servi avec le pesto. Ailleurs, il est présenté avec du parmesan râpé.

Cannelloni à la napolitaine

POUR 6 PERSONNES

PRÉPARATION : 1 H

REPOS : 30 MIN

CUISSON : 40 MIN ENVIRON

Boisson conseillée :

CHIANTI

pour la pâte : 350 g de farine • 4 œufs • 1/2 cuill. à soupe d'huile • huile d'olive • sel

pour la farce : 200 g de mozzarella • 60 g de jambon cru • 2 œufs

pour l'assaisonnement : 400 g de tomates • 2 belles branches de basilic • 50 g de beurre • 100 g de parmesan râpé • 25 g de beurre • sel, poivre

1 Préparez la pâte. Disposez la farine en fontaine sur un plan de travail. Dans le puits, mettez les œufs, l'huile et 1 pincée de sel. Travaillez du bout des doigts puis pétrissez. Formez une boule, mettez-la dans un saladier, recouvrez-la d'un linge et laissez reposer 30 min.
2 Sur un plan de travail fariné, abaissez la pâte très finement. À l'aide d'une roulette ou d'un couteau, découpez-la en rectangles d'environ 8 sur 10 cm.
3 Faites-les cuire dans de l'eau bouillante salée additionnée de 1 cuillerée à soupe d'huile d'olive. Comptez de 6 à 8 min de cuisson à compter de la reprise de l'ébullition. Étendez-les sur un linge pour les égoutter et laissez-les refroidir.
4 Pendant ce temps, détaillez la mozzarella et le jambon en fines lamelles. Mélangez-les dans un saladier. Cassez les œufs par-dessus. Salez et poivrez. Mélangez bien pour obtenir une farce homogène.
5 Plongez les tomates 1 min dans l'eau bouillante, pelez-les, coupez-les en rondelles et épépinez-les. Effeuillez et hachez le basilic.
6 Dans une sauteuse, faites revenir au beurre les tomates et le basilic. Salez et poivrez. Faites cuire à feu doux pendant 15 min en remuant de temps en temps.
7 Préchauffez le four à 200 °C (therm. 6).
8 À l'aide d'une cuillère, déposez un peu de farce sur chaque rectangle de pâte. Roulez-les sur eux-mêmes et soudez les bords en le mouillant et en appuyant avec les doigts.
9 Beurrez un plat allant au four. Rangez-y les cannelloni régulièrement, en veillant à ce qu'ils ne soient pas trop proches les uns des autres. Nappez de sauce tomate, poudrez de la moitié du parmesan râpé. Parsemez de noisettes de beurre. Enfournez et laissez gratiner pendant 10 min environ.
10 Servez à la sortie du four dans le plat de cuisson. Présentez le reste du parmesan à part.
Vous pouvez acheter des rouleaux de pâte tout prêts. Vous pouvez aussi varier la composition de la farce, en ajoutant de la viande hachée par exemple.

Spaghetti à la carbonara

POUR 6 PERSONNES

PRÉPARATION : 20 MIN

CUISSON : 20 MIN

Boisson conseillée :

VALTELLINA

500 g de spaghetti • 4 cuill. à soupe d'huile d'olive • 200 g de lard de poitrine fumé • 1 petit oignon (ou 2 échalotes) • 50 g de beurre • 150 g de crème fraîche épaisse • 1 pincée d'origan • poivre de Cayenne • 200 g de parmesan râpé (ou de pecorino) • 4 jaunes d'œufs • sel, poivre

1 Portez 4 l d'eau salée à ébullition dans un grand faitout. Si vous avez des pâtes fraîches, ajoutez 1 cuillerée à soupe d'huile d'olive. Plongez les spaghetti dans l'eau et faites-les cuire 12 min environ à petits bouillons. Remuez de temps à autre pour éviter que les pâtes ne collent.
2 Pendant ce temps, coupez en petits dés le lard fumé. Pelez et hachez finement l'oignon ou les échalotes.
3 Faites chauffer le reste de l'huile dans une poêle, et faites-y dorer l'oignon puis les lardons. Baissez le feu, incorporez le beurre, la crème, l'origan et 1 pincée de poivre de Cayenne. Mélangez et ajoutez la moitié du parmesan. Prolongez la cuisson 2 à 3 min à feu doux.
4 Retirez la sauce du feu et incorporez les jaunes d'œufs 1 à 1 en remuant à l'aide d'une cuillère en bois. Salez modérément et poivrez. Goûtez et rectifiez l'assai-
sonnement si nécessaire.
5 Chauffez un plat de service creux en le mettant au four ou en le laissant sous l'eau chaude.
6 Vérifiez la cuisson des pâtes : elles doivent être fermes sans être dures (al dente). Égouttez-les, versez la sauce dans le plat de service chaud et ajoutez les pâtes sans attendre. Mélangez soigneusement. Poudrez de fromage et servez immédiatement.
Le nom de cette recette viendrait des lardons fumés, qui doivent être très cuits et même presque carbonisés.
Le pecorino est un fromage de brebis très sec. Il est difficile à râper mais s'émiette très bien.

Lasagne à la bolognaise

POUR 6 PERSONNES
PRÉPARATION : 10 MIN
CUISSON : 1 H 20

Boisson conseillée :
SANGIOVESE

600 g de lasagne

pour la sauce : 400 g de tomates • 3 gousses d'ail • 1 gros oignon • 1 bouquet de persil • 2 cuill. à soupe d'huile d'olive • 450 g de viande de bœuf hachée

150 g de mozzarella • 50 g de beurre • 150 g de parmesan râpé • sel, poivre

1 Préparez la sauce. Plongez les tomates 1 min dans l'eau bouillante. Pelez-les, épépinez-les et hachez-les grossièrement. Pelez et écrasez l'ail. Pelez l'oignon et émincez-le. Lavez le persil, effeuillez-le puis hachez-le.
2 Faites chauffer l'huile dans une cocotte, ajou-tez l'ail, l'oignon et le persil. Laissez revenir à feu moyen pendant 5 min environ.
3 Ajoutez la viande et mélangez bien. Faites cuire environ 15 min à feu doux, puis ajoutez les tomates, du sel et du poivre. Couvrez et pro-longez la cuisson à feu doux pendant 35 min. La sauce doit réduire et de-venir assez épaisse. Sur-veillez la cuisson et sortez-la du feu quand elle atteint la bonne con-sistance.
4 Faites cuire les lasagne dans une grande quantité d'eau bouillante salée. Laissez-les cuire de 7 à 10 min à compter de la reprise de l'ébullition. Sortez-les du faitout et posez-les à plat sur un linge pour les égoutter.
5 Coupez la mozzarella en fines lamelles.
6 Préchauffez le four à température moyenne (200 °C, therm. 6).
7 Faites fondre le beurre dans une petite casserole. Versez-le dans un plat à gratin. Couvrez le fond du plat avec une couche de lasagne, recouvrez de sauce, re-nouvelez l'opération, terminez par une couche de lasagne.
8 Versez un peu de sauce à la viande sur les lasagne, puis posez une couche de mozzarella ; saupoudrez de parmesan râpé.
9 Enfournez et laissez gratiner pendant 20 min environ. Servez au sortir du four.

Ravioli de poisson

POUR 8 PERSONNES
PRÉPARATION : 2 H
CUISSON : 20 MIN

Boisson conseillée :
SOAVE

700 g de pâte fraîche (voir p. 21) • huile d'olive • sel, poivre du moulin

pour la farce : 1 kg d'épinards frais • 500 g de filets de poisson (merlan par exemple) • 125 g de ricotta • 2 œufs

pour la sauce : 1 petit oignon • 1 bouquet de persil • 40 g de beurre • 10 cl de crème fraîche

1 Préchauffez le four à 180 °C (therm. 5).
2 Préparez la farce. Coupez les queues des épinards et lavez les feuilles à grande eau. Faites-les cuire dans une grande casserole d'eau bouillante salée pendant 10 min. Égouttez-les, pressez-les pour en ex-traire toute l'eau et ha-chez-les.
3 Préparez le poisson en papillote. Enduisez 1 feuille de papier d'alu-mium d'huile d'olive. Po-sez le poisson dessus, salez et poivrez, envelop-pez-le et laissez-le cuire pendant 20 min à four modéré.
4 Ôtez les arêtes du poisson. Mélangez la chair aux épinards ha-chés, salez, poivrez, ajou-tez la ricotta, 1 œuf entier et 1 jaune. Quand les in-grédients forment une farce homogène, réser-vez-la au réfrigérateur.
5 Abaissez la pâte au rouleau sur une épais-seur de 1 mm. À l'aide d'un emporte-pièce can-nelé, découpez-la en car-rés de 6 cm de côté.
6 Déposez une noix de farce au milieu de cha-que carré, puis repliez la pâte pour former un triangle. Posez les ravioli sur un torchon et laissez-les en attente.
7 Préparez la sauce. Ha-chez finement l'oignon et le persil. Faites chauf-fer 6 cuillerées à soupe d'huile et le beurre dans une grande casserole à fond épais. Lorsque le beurre est fondu, ajoutez le hachis, baissez le feu et laissez cuire 20 min.
8 Portez 3 à 4 l d'eau à ébullition dans une grande marmite. Salez, ajoutez 1 cuillerée à soupe d'huile d'olive. Dès que l'eau bout, baissez le feu pour la maintenir frémissante. Plongez les ravioli dans l'eau par petites quanti-tés et laissez-les cuire 2 ou 3 min.
9 À l'aide d'une écu-moire, sortez les ravioli de l'eau et posez-les dans la casserole conte-nant la sauce. Quand ils sont tous cuits, arrosez de crème fraîche, rectifi-ez l'assaisonnement. Servez.
Vous pouvez décorer les ravioli avec des feuilles de basilic fraîches. Pour certains puristes, la farce ne devrait pas contenir de ricotta, car le mariage du poisson et du fro-mage ne serait pas har-monieux. Néanmoins, ils tolèrent une excep-tion à cette règle quand le plat contient du beurre ou de la crème.

Spaghetti aux fruits de mer

POUR 6 PERSONNES
PRÉPARATION : 45 MIN
CUISSON : 25 MIN

Boisson conseillée :
SOAVE

300 g de spaghetti • 1,5 l de coques • 1,5 l de moules • 300 g de blancs de seiche (ou de calmar) nettoyés et préparés • 300 g de lotte • 18 langoustines crues • 3 grosses tomates • 3 gousses d'ail • 4 cuill. à soupe d'huile d'olive • 2 branches de persil • parmesan râpé • sel, poivre

1 Nettoyez les moules et les coques. Grattez-les et lavez-les à l'eau froide courante. Mettez-les dans un grand faitout sur feu vif et faites-les ouvrir. Remuez le faitout pour que tous les coquillages s'ouvrent à la chaleur. Éliminez ceux qui restent fermés. Retirez la chair des coquillages et réservez-la.

2 Rincez les blancs de seiche, épongez-les sur du papier absorbant et découpez-les en lanières. Coupez la lotte en cubes. Préparez les langoustines en coupant les têtes et décortiquant les queues. Plongez les tomates 1 min dans l'eau bouillante. Pelez-les, épépinez-les et concassez-les. Pelez et hachez l'ail. Lavez, équeutez et hachez le persil.
3 Faites revenir l'ail et le persil avec 3 cuillerées à soupe d'huile, dans une grande poêle. Ajoutez les coquillages et les morceaux de poisson et de crustacés. Mélangez bien. Versez les tomates dans la poêle et prolongez la cuisson 20 min sur feu moyen, en remuant régulièrement.
4 Pendant ce temps, faites cuire les spaghetti

dans une marmite d'eau bouillante salée. Additionnez l'eau de cuisson de 1 cuillerée à soupe d'huile pour éviter qu'ils ne collent. Laissez-les cuire de 8 à 12 min à gros bouillons en surveillant la cuisson. Quand le cœur des pâtes est cuit mais encore croquant sous la dent, sortez-les du feu et égouttez-les dans une passoire. Versez-les dans un plat de service chaud.
5 Nappez de sauce et servez immédiatement. Présentez le parmesan râpé à part.
La fameuse cuisson *al dente* des pâtes italiennes permet aux gourmets d'apprécier la fermeté de la pâte jusqu'en son cœur et, en même temps, tout son moelleux.

Spaghetti à l'ail et à l'huile

POUR 4 PERSONNES
PRÉPARATION : 15 MIN
CUISSON : 12 MIN

250 g de spaghetti • 10 cl d'huile d'olive • 2-3 gousses d'ail • 2 branches de persil • sel, poivre • 4 piments rouges (facultatif)

1 Portez 4 l d'eau salée à ébullition. Ajoutez une cuillerée d'huile dans le faitout pour éviter que les pâtes ne collent. Plongez les spaghetti dans

l'eau et laissez-les cuire 12 min à gros bouillons.
2 Pendant ce temps, pelez et écrasez les gousses d'ail. Lavez, équeutez et hachez le persil. Lavez les piments, fendez-les en 2, ôtez les pédoncules, les filaments et les graines, hachez-les.
3 Faites chauffer l'huile dans une sauteuse et faites-y revenir l'ail, le persil et les piments. Salez et poivrez.

4 Égouttez les spaghetti. Versez-les dans la sauteuse et tournez-les pour qu'ils s'imprègnent bien de sauce. Servez immédiatement.
N'hésitez pas à faire attendre les convives car il faut manger ces spaghetti très chauds. Une sage précaution consiste à chauffer les assiettes avant le service.

Fusilli au basilic

POUR 6 PERSONNES
PRÉPARATION : 15 MIN
CUISSON : 15 MIN

600 g de fusilli • gros sel • 2 gousses d'ail • 1 bouquet de basilic frais • 3 cuill. à soupe d'huile d'olive • 50 g de pignons • 50 g de parmesan râpé • sel, poivre

1 Faites cuire les pâtes dans une grande marmite d'eau bouillante salée. Comptez de 10 à 12 min de cuisson à partir de la reprise de l'ébulli-

tion. Surveillez les pâtes et sortez-les du feu alors qu'elles sont cuites mais encore croquantes. Égouttez-les dans une passoire.
2 Pendant la cuisson des pâtes, pelez et hachez l'ail. Lavez, égouttez, puis hachez le basilic. Dans une cocotte, faites revenir l'ail et le basilic dans l'huile d'olive. Ajoutez les pignons, salez et poivrez.

3 Versez les fusilli dans la cocotte et remuez pour que la sauce enrobe bien toutes les pâtes. Versez-les dans un plat de service chaud, poudrez de parmesan et servez immédiatement.
Si vous ne trouvez pas de basilic frais, vous pouvez le remplacer par des feuilles de basilic conservées dans le sel.

Pâtes fraîches aux œufs

POUR 6 PERSONNES

PRÉPARATION : 1 H 50

REPOS : 1 H

CUISSON : 7 MIN

Boisson conseillée :

CHIANTI

500 g de farine • 6 œufs • 1 cuill. à café d'huile •
1 pincée de sel

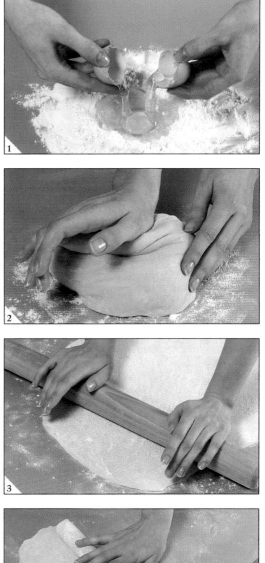

1 Mélangez la farine et le sel. Disposez en fontaine sur un plan de travail. Creusez un puits au centre et cassez-y les œufs. Versez l'huile et 1 cuillerée à soupe d'eau tiède.

2 Travaillez la pâte à la main, du bout des doigts d'abord puis en insistant progressivement jusqu'à ce que la pâte devienne élastique. Formez une boule, déposez-la dans un saladier, recouvrez d'un torchon plié en 4 et laissez-la reposer 1 h à température ambiante.

3 Abaissez la pâte au rouleau sur un plan de travail fariné et laissez-la reposer sur place 20 min environ pour qu'elle sèche un peu.

4 Pour faire des tagliatelle : poudrez légèrement le dessus de la pâte de farine, roulez-la sur elle-même avec précaution et sans trop serrer le rouleau.

5 Coupez ce rouleau tous les 5 mm environ. Déroulez les tagliatelle et faites-les sécher en attendant la cuisson, soit sur un torchon, soit en les installant à cheval sur un manche à balai fariné, lui-même posé sur 2 dossiers de chaise.

Avec cette pâte, vous pouvez aussi faire des cannelloni, des ravioli et toutes sortes de pâtes selon votre fantaisie.

Pour faire des lasagne : découpez des rectangles de pâte de la taille d'un plat à gratin.

Les pâtes colorées se préparent de la même manière, mais il faut y incorporer des légumes cuits et hachés (épinards pour des pâtes vertes, tomates pour des pâtes rouges...).

Il existe également une recette de pâtes fraîches au fromage : comptez 250 g de parmesan râpé et 250 g de farine pour 5 œufs et procédez comme ci-dessus pour la suite..

Spaghetti aux palourdes

POUR 6 PERSONNES
PRÉPARATION : 20 MIN
CUISSON : 25 MIN ENVIRON

2,5 l de palourdes • 400 g de spaghetti • 4 gousses d'ail • 15 cl de vin blanc sec • 1 petit bouquet de persil • 3 cuill. à soupe d'huile d'olive • gros sel • sel, poivre

1 Lavez les palourdes et brossez-les sous l'eau courante. Pelez et écrasez 1 gousse d'ail. Faites ouvrir les palourdes dans une sauteuse sur feu vif, avec l'ail écrasée et le vin blanc. Retirez-les de leurs coquilles en éliminant celles qui sont fermées. Passez le jus de cuisson au chinois et réservez-le.
2 Pelez le reste des gousses d'ail et hachez-les. Lavez, équeutez et hachez le persil. Faites blondir l'ail dans l'huile d'olive dans une cocotte. Au bout de quelques minutes, ajoutez les coquillages et parsemez de persil. Arrosez avec le jus de cuisson des palourdes. Salez, poivrez et prolongez la cuisson à feu doux pendant 10 min environ.
3 Pendant ce temps, faites cuire les pâtes dans une marmite d'eau bouillante salée. Comptez environ 10 min de cuisson à partir de la reprise de l'ébullition et surveillez pour que les spaghetti restent fermes.
4 Sortez-les du feu, égouttez-les, et versez-les dans la cocotte. Mélangez soigneusement. Servez bien chaud.

Tagliatelle à la crème fraîche

POUR 6 PERSONNES
PRÉPARATION : 10 MIN
CUISSON : 12 MIN

500 g de tagliatelle • 100 g de beurre • 50 cl de crème fraîche • 100 g de fromage râpé (parmesan ou gruyère selon votre goût) • sel

1 Portez à ébullition 4 l d'eau salée. Plongez-y les tagliatelle. Le temps de cuisson varie selon que vous utilisez des pâtes fraîches ou sèches. Comptez 3-4 min pour des pâtes fraîches et 10-12 min pour des pâtes sèches.
2 Faites fondre le beurre dans une casserole à fond épais. Ajoutez la crème fraîche et mélangez. Incorporez le fromage râpé. Salez, poivrez à votre goût.
3 Égouttez les pâtes. Mettez-les dans la casserole. Mélangez soigneusement et versez dans un plat de service creux et chaud. Servez immédiatement.
Versez 1 cuillerée à soupe d'huile d'olive dans l'eau de cuisson des pâtes, pour éviter qu'elles ne collent.

Tagliatelle au basilic

POUR 6 PERSONNES
PRÉPARATION : 30 MIN
CUISSON : 8 à 10 MIN

600 g de tagliatelle • 1 bouquet de basilic • 3 gousses d'ail • 1 poignée de feuilles de persil • 100 g de mozzarella fraîche • 25 cl d'huile d'olive • gros sel • sel, poivre

1 Lavez et effeuillez le basilic, épluchez l'ail. Lavez et équeutez le persil. Coupez la mozzarella en petits morceaux. Mettez tous ces ingrédients dans un mortier et pilez-les en incorporant peu à peu 20 cl d'huile d'olive. Continuez à piler jusqu'à ce que vous obteniez une pommade. Salez, poivrez.
2 Faites cuire les tagliatelle dans une grande marmite d'eau salée additionée de 1 cuillerée à soupe d'huile d'olive. Laissez-les cuire de 10 à 12 min à partir de la reprise de l'ébullition, en vous assurant qu'elles restent fermes.
3 Égouttez les tagliatelle dans une passoire, versez-les dans un plat de service chaud. Nappez de sauce au basilic et servez immédiatement.
Vous pouvez aussi faire la sauce avec un mixer mais elle sera moins onctueuse.

Tagliatelle aux moules

POUR 6 PERSONNES
PRÉPARATION : 45 MIN
CUISSON : 25 MIN

1 l de moules • 500 g de tagliatelle • 2 cuill. à soupe de beurre • 2 cuill. à soupe de persil haché

1 Grattez les moules, brossez-les et lavez-les à l'eau froide courante. Faites-les ouvrir à sec, dans une sauteuse sur feu vif, pendant environ 10 min.
2 Retirez ensuite les moules de la sauteuse à l'aide d'une écumoire, éliminez celles qui ne se sont pas ouvertes. Sortez les moules de leurs coquilles et réservez-les au chaud. Passez le jus de cuisson au chinois au-dessus d'une grande casserole.
3 Allongez le jus de cuisson avec 2 l d'eau. Ne salez pas. Portez à ébullition. Jetez-y les pâtes. Laissez cuire de 10 à 12 min, à compter de la reprise de l'ébullition. Surveillez la cuisson et sortez-les du feu quand elles sont encore fermes. Égouttez-les dans une passoire et versez-les dans un plat de service.
4 Ajoutez les moules dans le plat, mélangez, parsemez de persil haché et servez.

Les Sauces

Pesto

POUR 4 PERSONNES
PRÉPARATION : 15 MIN

50 g de basilic frais •

2 gousses d'ail • 30 g de

pignons • 3 cuill. à soupe de

parmesan râpé • 2 cuill. à

soupe de pecorino râpé •

4 à 6 cuill. à soupe d'huile

d'olive • sel, poivre

1 Lavez et effeuillez le basilic. Pelez l'ail. Met-tez le basilic, l'ail et les pignons dans le bol du mixer. Faites tourner le mixer jusqu'à les réduire en pâte. Mettez celle-ci dans un bol et incorpo-rez-y le parmesan et le pecorino. Mélangez bien en écrasant à la fourchette ou au pilon.
2 Versez l'huile en filet, en tournant énergique-ment jusqu'à ce que la sauce devienne épaisse et onctueuse.

Le *pesto* est une spéciali-té génoise. Il accompa-gne les pâtes et les potages. Le mot *pesto* vient du verbe *pestare*, qui veut dire «piler».

Sauce tomate

POUR 6 PERSONNES
PRÉPARATION : 10 MIN
CUISSON : 45 MIN

1,5 kg de tomates • 2 petits

oignons • 2 gousses d'ail

(facultatif) • 8 à 10 cuill. à

soupe d'huile d'olive •

1 feuille de laurier • 1 branche

de thym • 1 bouquet de

persil • 5 feuilles de basilic ou

1 branche d'estragon • sel,

poivre • sucre semoule

(facultatif)

1 Plongez les tomates 1 min dans l'eau bouillante, puis pelez-les immédiatement. Épépi-nez-les puis hachez-les grossièrement.
2 Pelez et hachez les oi-gnons et l'ail. Lavez, équeutez et hachez le persil. Faites revenir l'ail et l'oignon dans une sau-teuse, avec l'huile d'olive. Ajoutez ensuite le persil, le basilic, le thym et le laurier et mé-langez.
3 Versez les tomates dans la sauteuse. Salez, poivrez. Portez à ébulli-tion et prolongez la cuis-son à découvert et à feu vif pendant environ 40 min, jusqu'à obtention d'une sauce épaisse.
4 Goûtez et rectifiez l'assaisonnement si né-cessaire. Retirez le thym et le laurier de la sauce et passez-la au mixer ou au moulin à légumes. Si la sauce est encore trop li-quide, faites-la réduire à feu vif.

Si vos tomates n'étaient pas assez mûres, la sauce risque d'être un peu acide. Dans ce cas, faites-y fondre 1 ou 2 cuillerées à soupe de su-cre semoule.

Sauce bolognaise

POUR 6 PERSONNES
PRÉPARATION : 20 MIN
CUISSON : 1 H

100 g de foies de volaille •

100 g de jambon (ou de poulet

cuit) • 1 carotte • 1 côte de

céleri • 100 g de champignons

de Paris • 1 gousse d'ail •

2 oignons • 20 g de beurre

(ou 2 cuill. à soupe d'huile) •

50 g de chair à saucisse •

200 g de bœuf haché •

1/2 verre de vin blanc sec ou

de vermouth •

1/2 verre de bouillon de bœuf •

2 cuill. à soupe de concentré

de tomates • noix de

muscade • sel, poivre

1 Hachez les foies de volaille et le jambon (ou le poulet).
2 Épluchez et lavez la carotte. Débarrassez le céleri de ses fils, lavez-le. Coupez la partie terreuse des champignons puis passez ceux-ci rapide-ment sous l'eau. Pelez l'ail et les oignons. Ha-chez finement tous ces ingrédients.
3 Dans une sauteuse, faites chauffer l'huile. Mettez à revenir la chair à saucisse, puis les légu-mes hachés. Mélangez soigneusement et incopo-rez le bœuf, les foies de volaille et le jambon ha-chés.
4 Délayez le concentré de tomates dans 10 cl d'eau tiède. Versez le vin dans la sauteuse. Ajou-tez le concentré de toma-tes et le bouillon. Salez, poivrez, assaisonnez de 1 pincée de noix de mus-cade râpée. Mélangez le tout. Portez à ébullition en continuant à tourner régulièrement.
5 Baissez le feu, cou-vrez et laissez mijoter 45 min environ. Allongez d'un peu de bouillon de bœuf si nécessaire.

C'est la sauce la plus classique pour accompa-gner un plat de pâtes. Comme son nom l'indi-que, elle est originaire de Bologne, capitale de l'Émilie-Romagne, dans la basse vallée du Pô. Elle porte également le nom de *ragù*, déforma-tion italienne du français "ragoût".

Sauce à la viande

POUR 6 PERSONNES

PRÉPARATION : 15 MIN

CUISSON : 1 H 10

400 g de bœuf haché • 50 g de chair à saucisse (ou de lard fumé) • 1 carotte • 1 branche de céleri • 1 oignon • 3 cuill. à soupe d'huile d'olive • 30 g de beurre • 2 cuill. à soupe de farine • 50 cl de bouillon de bœuf • 2 cuill. à soupe de concentré de tomates • noix de muscade (facultatif) • sel, poivre

1 Si vous avez choisi le lard fumé, commencez par le hacher.

2 Épluchez et lavez la carotte. Coupez-la en rondelles ou en dés. Débarrassez le céleri de ses fils, lavez-le. Coupez-le en morceaux. Pelez puis émincez l'oignon.
3 Faites chauffer l'huile dans une casserole puis mettez-y le beurre à fondre. Faites-y revenir la chair à saucisse (ou le lard), le bœuf haché, l'oignon, la carotte et le céleri. Remuez vivement. Poudrez de farine, mélangez soigneusement et laissez cuire environ 2 min.

4 Mouillez avec le bouillon de bœuf, le concentré de tomates. Salez, poivrez, assaisonnez éventuellement de 1 pincée de noix de muscade râpée. Mélangez bien le tout. Portez à ébullition.
5 Baissez le feu, couvrez et laissez cuire 1 h à feu doux.
Ce ragù accompagne les pâtes, tagliatelle ou spaghetti. Il peut aussi se servir avec du riz. Assez riche, il transforme une assiette de pâtes en plat complet.

Tombée de tomates fraîches

POUR 4 PERSONNES

PRÉPARATION : 10 MIN

CUISSON : 10 MIN

500 g de tomates • 3 gousses d'ail • 2 feuilles de basilic frais • 2-3 branches de persil plat • 2 cuill. à soupe d'huile d'olive • 1 sucre • 1 pincée d'origan • sel, poivre

1 Pelez les tomates, après les avoir plongées 1 min dans de l'eau bouillante. Éliminez les pépins et coupez les tomates en petits morceaux.
2 Pelez et hachez l'ail. Hachez le basilic et le persil.
3 Faites chauffer l'huile dans une sauteuse. Ajoutez l'ail haché, les tomates, le sucre, l'origan, du sel et du poivre. La cuis-

son doit se faire à feu assez vif, pendant 5 à 6 min.
4 Au moment de servir, parsemez de basilic et de persil hachés.
Cette sauce qui conserve toute la saveur des tomates sera meilleure en été, à l'époque où les tomates mûrissent en plein soleil.

Les Plats

Fritto misto

POUR 4 PERSONNES

PRÉPARATION : 15 MIN

REPOS : 2 H

CUISSON : 10 MIN

Boisson conseillée :

SOAVE

1 kg de poissons et de fruits de mer coupés en morceaux (crevettes, sardines sans la tête, calmars, soles...)
pour la pâte : 100 g de farine • 1 pincée de sel • 2 cuill. à soupe d'huile d'olive • 1 blanc d'œuf • huile pour la friture • 2 citrons • quelques branches de persil

1 Préparez une pâte à friture : mélangez la farine et le sel dans une jatte, faites un puits au milieu, versez l'huile puis 15 cl d'eau tiède, peu à peu. Battez afin d'obtenir une pâte homogène et épaisse. Laissez reposer

2 h au réfrigérateur.
2 Battez le blanc d'œuf en neige et incorporez-le délicatement à la pâte.
3 Préchauffez votre four (200 °C, therm. 6). Disposez du papier absorbant au fond d'un plat allant au four.
4 Portez l'huile de friture à ébullition. Passez les morceaux de poisson dans la pâte puis faites-les frire de 3 à 6 min selon leur taille. Au fur et à mesure de leur cuisson, retirez-les de la friture à l'aide d'une écumoire et déposez-les sur le papier absorbant.
5 Mettez le plat dans le four, afin de tenir les poissons au chaud.

6 Pour servir, disposez la friture sur un plat de service chaud. Décorez avec des quartiers de citron et le persil.
Si vous ajoutez des crevettes dans votre fritto misto, faites-les frire entières, y compris la tête et la carapace. Choisissez donc des petites crevettes.
En Italie, les poissons sont la plupart du temps cuits entiers, tête et queue comprise, afin de conserver toute leur saveur et tout leur goût. Bien que cette recette soit déjà riche, vous pouvez servir le fritto misto avec une mayonnaise.

Pizza napolitaine

Pour 4 personnes

Préparation : 25 min

Repos de la pâte : 3 h

Cuisson : 15 à 20 min

Boisson conseillée :

CHIANTI

pour la pâte : 15 g de levure de boulanger • 240 g de farine •
5 cuill. à soupe d'huile d'olive
pour la garniture : 500 g de tomates fermes et mûres •
12 anchois au sel • 100 g d'olives noires • 1 pincée
d'origan • 2 gousses d'ail • sel, poivre

1 Préparez la pâte. Faites d'abord un levain en délayant la levure dans 3 cuillerées à soupe d'eau tiède. Laissez reposer jusqu'à ce qu'il double de volume. Versez alors la farine dans une terrine et formez un puits. Mettez-y 1 pincée de sel et le levain. Travaillez à la main en ajoutant peu à peu 3 cuillerées à soupe d'huile d'olive et un peu d'eau tiède jusqu'à ce que la pâte soit souple.

2 Farinez la pâte et formez une boule, poudrez-la encore de farine, mettez-la dans un saladier, couvrez avec un linge et laissez reposer 3 h dans un endroit tiède. La pâte doit doubler de volume.

3 Plongez les tomates 1 min dans l'eau bouillante, pelez-les, épépinez-les et concassez-les. Passez-les au tamis pour recueillir la pulpe. Dessalez les anchois sous l'eau froide courante. Levez les filets et enlevez les arêtes. Pelez l'ail et écrasez-le. Préchauffez le four à 240 °C (therm. 8).

4 Reprenez la pâte. Étalez-la grossièrement sur un plan de travail fariné et tapez-la vigoureusement pour la vider de son air. Abaissez-la à la main, puis au rouleau, en lui donnant une forme ronde.

5 Farinez la plaque du four. Posez le fond de pâte dessus et formez des bourrelets tout autour avec vos doigts mouillés. Garnissez-le de pulpe de tomates. Décorez avec l'ail, les olives noires et les filets d'anchois. Poivrez et poudrez d'origan. Versez le reste de l'huile en filet. Enfournez et laissez cuire pendant 15 à 20 min. Faites glisser la pizza sur un plat et servez-la chaude. Il existe d'innombrables variations sur le thème de la pizza. Les composantes de base restent la pâte à pain et la tomate. Voici quelques suggestions de garnitures :
- champignons, oignons frits et parmesan,
- thon, câpres et anchois
- jambon et champignons...

Morue florentine

POUR 6 PERSONNES

PRÉPARATION : 30 MIN

TREMPAGE : 12 H

CUISSON : 25 MIN

Boisson conseillée :

ELBA BIANCO

1 kg de morue • 1 kg d'épinards • 50 g de beurre • 40 g de parmesan (ou de gruyère râpé) • sel
pour la béchamel : 50 g de beurre • 50 g de farine • 50 cl de lait • noix de muscade • sel, poivre

1 Faites tremper la morue 1 nuit dans une bassine sous l'eau courante.
2 Retirez la peau de la morue et coupez le poisson en morceaux. Mettez ceux-ci dans une marmite, recouvrez-les d'eau froide et portez à ébullition. Enlevez la marmite du feu. Égouttez et émiettez la morue.
3 Équeutez les épinards, éliminez les parties abîmées des feuilles, lavez celles-ci. Faites-les cuire dans un peu d'eau bouillante salée pendant environ 5 min. Égouttez-les soigneusement. Hachez-les grossièrement.
4 Préchauffez le four à 200 °C (therm. 6).
5 Préparez la béchamel : faites fondre le beurre dans une casserole. Versez la farine et remuez au fouet pour bien l'incorporer. Lorsque le mélange est lisse, retirez du feu et ajoutez doucement le lait en continuant à fouetter régulièrement. Remettez sur feu doux et laissez cuire doucement environ 10 min. Assaisonnez de sel, de poivre et râpez 1 pincée de noix de muscade.
6 Réchauffez les épinards avec le beurre et 1/3 de la béchamel.
7 Ajoutez un peu de béchamel à la morue et disposez-la au fond d'un plat à gratin beurré. Versez par-dessus les épinards et le fromage râpé. Mélangez. Recouvrez de la sauce restante et cuisez 15 min à four chaud.

Scampi fritti

POUR 6 PERSONNES

PRÉPARATION : 30 MIN

CUISSON : 25 MIN ENVIRON

Boisson conseillée :

FRASCATI

36 scampi (langoustines) • 1 œuf • 4 cuill. à soupe de farine • 4 cuill. à soupe de chapelure • huile à friture • gros sel
pour la sauce : 1 jaune d'œuf • 1 cuill. à dessert de moutarde • 25 cl d'huile • 1 cuill. à café de vinaigre • 4 cornichons • ciboulette • estragon • cerfeuil • 1 cuill. à café de câpres • sel, poivre
2 citrons (facultatif)

1 Lavez les scampi et plongez-les dans un faitout rempli d'eau bouillante salée. Faites-les cuire 5 min à compter de la reprise de l'ébullition. Sortez les scampi du faitout et rafraîchissez-les sous l'eau froide. Ôtez les têtes et décortiquez les queues.
2 Préparez une sauce tartare. Faites d'abord une mayonnaise : mettez le jaune d'œuf et la moutarde dans un bol. Versez l'huile en filet en tournant. Salez, poivrez et ajoutez le vinaigre. Coupez les cornichons en petits dés, hachez ciboulette, estragon, cerfeuil et mélangez-les à la mayonnaise, ainsi que les câpres.
3 Pour frire les scampi, cassez 1 œuf dans une assiette creuse et battez-le avec 1 cuillerée à soupe d'eau, du sel et du poivre. Mettez la farine dans une deuxième assiette et la chapelure dans une troisième.
4 Passez les scampi dans la farine, puis dans l'œuf battu et enfin dans la chapelure.
5 Faites chauffer de l'huile dans une sauteuse. Plongez-y les scampi et faites-les dorer de tous côtés, pendant environ 4 min. Sortez-les de la sauteuse à l'aide d'une écumoire et égouttez-les en les posant sur du papier absorbant.
6 Servez aussitôt. Présentez la sauce tartare en saucière ou dans un bol. Décorez avec des quartiers de citron.

Moules gratinées

POUR 4 PERSONNES

PRÉPARATION : 15 MIN

CUISSON : 10 MIN

2 l de moules • 2 gousses d'ail • 3 branches de persil • 40 g de mie de pain • 4 cuill. à soupe d'huile d'olive • poivre

1 Grattez les moules et lavez-les soigneusement à l'eau claire.
2 Faites-les ouvrir dans une marmite à feu vif, pendant 5 min environ. Secouez régulièrement afin que la chaleur se répartisse dans toute la marmite. Retirez-la du feu. Jetez les moules qui ne se sont pas ouvertes.
3 Préchauffez le gril du four.
4 Enlevez la valve vide de chaque moule puis disposez les demi-coquilles pleines dans un plat allant au four.
5 Pelez l'ail et hachez-le. Lavez, équeutez et hachez le persil. Mélangez la mie de pain hachée avec l'ail et le persil. Remplissez chaque coquille de ce hachis. Poivrez, arrosez d'huile. Enfournez sous le gril et laissez dorer.

Sardines siciliennes

Pour 6 personnes
Préparation : 30 min
Cuisson : 30 min

2 douzaines de sardines •
50 g de raisins de Corinthe •
50 g de mie de pain • 5 cuill.
à soupe d'huile d'olive • 50 g
d'amandes • 12 feuilles de
laurier • sel, poivre

1 Préparez les sardines :
videz-les, écaillez-les, fendez-les en 2 et retirez
l'arête centrale. Lavez-les
à l'eau courante. Épon-
gez-les à l'aide d'un pa-
pier absorbant ou d'un
torchon.

2 Mettez à tremper les
raisins secs dans un peu
d'eau tiède. Mouillez la
mie de pain avec 2 cuillerées à soupe d'huile, prenez soin de bien la
laisser s'imbiber.
3 Préchauffez le four à
200 °C (therm. 6).
4 Écrasez grossièrement
les amandes. Faites
égoutter les raisins secs.
Mélangez-les à la mie de
pain et aux amandes. Sa-
lez un peu, poivrez largement et mélangez bien le
tout de manière à faire

une farce homogène.
5 Remplissez les sardines de farce.
6 Disposez-les dans un
plat à gratin. Répartissez
les feuilles de laurier en
les glissant entre les sardines. Badigeonnez chaque
sardine d'huile à l'aide
d'un pinceau, enfournez
et laissez cuire 30 min.
Une fine tranche
d'orange glissée entre
chaque sardine leur don-
nera une saveur exquise.

Lapin aux poivrons

Pour 8 personnes
Préparation : 30 min
Cuisson : 1 h 30

Boisson conseillée :
CHIANTI

2 jeunes lapins de 1,2 kg •
1 kg de poivrons verts •
2 cuill. à soupe de farine •
2 gousses d'ail •
2 oignons • 6 cuill. à soupe
d'huile d'olive • 1 kg
de tomates • 1 cuill. à
soupe de basilic haché •
150 g d'olives vertes
dénoyautées • sel, poivre

1 Découpez les lapins
en morceaux et poudrez-
les de farine. Ôtez le pédoncule et les graines
des poivrons, lavez-les et
coupez-les en fines
lanières. Pelez puis ha-
chez finement l'ail et les
oignons.

2 Faites revenir les morceaux de lapin dans 3
cuillerées à soupe
d'huile. Retournez-les.
Dès qu'ils sont dorés de
toutes parts, sortez-les
de la cocotte et réservez-
les un moment.
3 Versez le reste de
l'huile dans la cocotte.
Faites-y cuire les lanières
de poivrons à couvert
pendant 30 min environ,
à feu doux. Remuez-les à
la cuillère en bois
régulièrement.
4 Plongez les tomates 1
min dans l'eau
bouillante, pelez-les, épépinez-les et concassez-
les. Faites-les cuire à feu
moyen dans une casse-
role, avec un peu d'huile
d'olive.

5 Dans la cocotte, mettez les morceaux de la-
pin, les tomates
concassées, l'ail et le basilic. Mouillez de 10 cl
d'eau. Salez, poivrez et
mélangez.
6 Couvrez la cocotte et
prolongez la cuisson pen-
dant 30 min. Mettez les
olives. Goûtez et rectifiez
l'assaisonnement si né-
cessaire. Versez dans un
plat de service creux.
Accompagnez de pâtes
fraîches ou de riz.
Dans le Val d'Aoste,
cette recette est complé-
tée par de la pancetta,
poitrine de porc fumée
et salée.

Poulet grillé au citron

Pour 6 personnes
Préparation : 10 min
Marinade : 12 h
Cuisson : 30 min

2 poulets moyens • 3 citrons
pour la marinade : 1 gros
oignon • 1 branche de
persil • 1 branche
d'estragon • 2 citrons •
tabasco • 2 cuill. à soupe
d'huile • sel, poivre

1 Faites découper les
poulets en 4 par votre volailler.
2 Préparez la marinade.
Pelez l'oignon et hachez-
le. Hachez le persil et l'estragon. Dans une jatte,
mélangez l'oignon, l'es-

tragon, le persil, le jus
des citrons, 3 gouttes de
tabasco, l'huile. Salez,
poivrez.
3 Versez la marinade
dans un saladier et met-
tez-y les morceaux de
poulet. Couvrez, laissez
mariner 12 h environ.
4 Préchauffez un gril en
fonte à feu vif pendant
10 min. Il doit être très
chaud pour saisir les morceaux de poulet.
5 Sortez les morceaux
de poulet de la marinade
sans les égoutter. Mettez-
les à griller en les retour-

nant souvent. Arrosez de
marinade en cours de
cuisson. Commencez par
les cuisses, qui cuisent
30 min. Les autres mor-
ceaux cuisent 20 min. Ré-
servez les morceaux
grillés au chaud au fur et
à mesure.
Cette recette est idéale à
faire en plein air, l'été,
sur un barbecue. Les
temps de cuisson
restent les mêmes que
sur le gril.

Saltimbocca

POUR 6 PERSONNES
PRÉPARATION : 5 MIN
CUISSON : 10 MIN

Boisson conseillée :
LAMBRUSCO

12 tranches de filet de veau de 60 g chacune (grenadins) • 6 tranches de jambon de Parme • 12 feuilles de sauge • 3 cuill. à soupe d'huile de tournesol • 1 bouquet de brocoli • 90 cl de vin blanc sec • sel, poivre

1 Les tranches de veau doivent être aplaties en forme d'escalope. Demandez à votre boucher de vous les préparer. Sinon, placez-les entre deux épaisseurs de film plastique et aplatissez-les légèrement à l'aide d'un rouleau à pâtisserie.
2 Étalez-les sur le plan de travail. Coupez les tranches de jambon en 2. Poivrez, salez puis déposez sur chaque tranche de veau 1 feuilles de sauge et 1/2 tranche de jambon. Fixez le tout avec un pique-olive.
3 Faites chauffer l'huile dans une poêle. Mettez les saltimbocca à dorer pendant 5 min sur chaque face, à feu modéré, en commençant par le côté jambon.
4 Enlevez les pique-olives, posez la viande sur un plat de service et réservez au chaud.

5 Portez à ébullition une grande quantité d'eau salée, faites-y cuire le brocoli 5 min, puis égouttez-le.
6 Jetez la moitié du gras de cuisson du veau et versez le vin blanc dans la poêle. Posez la poêle sur feu vif et faites réduire le vin blanc de moitié en râclant bien le fond pour détacher les sucs de cuisson de la viande.
7 Versez ce jus sur les saltimbocca, servez aussitôt avec le brocoli.

Foie de veau à la vénitienne

POUR 6 PERSONNES
PRÉPARATION : 10 MIN
CUISSON : 25 MIN

Boisson conseillée :
BARDOLINO

6 fines tranches de foie de veau de 150 g chacune • 6 oignons • 4 cuill. à soupe d'huile d'olive • 1 petit bouquet de persil • 1 citron • sel, poivre

1 Pelez les oignons et coupez-les en rondelles très fines. Faites-les revenir 5 min à feu moyen dans une sauteuse. Couvrez, baissez le feu et prolongez la cuisson pendant 20 min. Remuez régulièrement pour éviter que les oignons n'attachent au fond.
2 Détaillez le foie en petits dés. Lavez, équeutez et hachez le persil. Pressez le citron.
3 Retirez le couvercle de la sauteuse, augmentez légèrement le feu et attendez que les oignons soient légèrement dorés. Mettez le foie dans la sauteuse, remontez le feu et faites-les sauter pendant 3 min en tournant régulièrement à l'aide d'une cuillère en bois. Ajoutez le persil et prolongez la cuisson pendant 1 min en tournant toujours.
4 Versez le contenu de la sauteuse dans un plat de service chaud. Salez, poivrez et arrosez du jus de citron. Servez immédiatement.

Vitello tonnato

POUR 6 PERSONNES
PRÉPARATION : 30 MIN
MARINADE : 12 H
CUISSON : 1 H 40
RÉFRIGÉRATION : 2 OU 3 H

Boisson conseillée :
PINOT GRIGIO

1 kg de noix de veau
pour la marinade : 1 carotte • 1 oignon • 1 branche de céleri • 45 cl de vin blanc sec • 1 feuille de laurier • 4 clous de girofle • sel, poivre
pour la sauce : 100 g de thon à l'huile • 6 filets d'anchois • 2 jaunes d'œufs • 1/2 citron (ou 1 cuill. à café de vinaigre) • 8 cuill. à soupe d'huile d'olive • 12 olives noires • 8 tranches de citron • 2-3 branches de persil • câpres • huile

1 Préparez la marinade. Épluchez et râpez la carotte. Pelez et hachez l'oignon. Hachez la branche de céleri. Mélangez-les avec le vin, le laurier, les clous de girofle ; salez, poivrez.
2 Mettez la noix de veau à mariner pendant 12 h en la retournant 2 ou 3 fois.
3 Égouttez-la en conservant la marinade. Faites-la revenir dans une cocotte avec un peu d'huile. Ajoutez la marinade et laissez mijoter 1 h 30. Laissez refroidir.
4 Préparez la sauce. Pressez le citron. Mettez dans le bol du mixer le thon, les filets d'anchois, les jaunes d'œufs et le jus du citron. Faites tourner le mixer et ajoutez l'huile en filet, jusqu'à ce que vous obteniez une sauce épaisse.
5 Coupez le veau en tranches fines. Disposez celles-ci au fond du plat, recouvrez-les de sauce, puis ajoutez une nouvelle couche de veau, et terminez par la sauce.
6 Décorez avec les olives noires, les tranches de citron, le persil et les câpres.
7 Mettez le plat au frais 2 ou 3 h.
Si vous utilisez des filets d'anchois en saumure, faites-les dessaler.

SALTIMBOCCA

•

*Si la paternité
du saltimbocca est
revendiquée aussi bien à
Rome qu'à Brescia, l'étymo-
logie du mot ne fait pas de
doute. Saltimbocca veut dire
littéralement «saute en bouche», ce qui qualifie
parfaitement ces
fines tranches de veau
doucement braisées
au vin blanc.*

Escalopes à la milanaise

POUR 6 PERSONNES

PRÉPARATION : 15 MIN

CUISSON : 15 MIN ENVIRON

Boisson conseillée :

VALPOLICELLA

6 escalopes • 3 œufs •
2 cuill. à soupe d'huile • 120 g
de beurre • 50 g de farine •
50 g de chapelure • 600 g de
pâtes fraîches • 1 citron •
parmesan (ou gruyère) râpé •
sel, poivre

1 Cassez les œufs dans
une assiette creuse et battez-les avec l'huile, sel et
poivre. Mettez la farine
dans une seconde as-
siette et la chapelure
dans une troisième.
2 Faites chauffer la moitié du beurre dans une
grande poêle. Passez les
escalopes successive-
ment dans la farine, puis
dans l'œuf battu et enfin
dans la chapelure, en in-
sistant et en les retour-
nant pour que la farine et
la chapelure adhèrent
bien des deux côtés. Fai-
tes-les frire dans la poêle
pendant 5 min environ
sur chaque face.
3 Pendant ce temps,
plongez les pâtes dans
l'eau bouillante et laissez-
les cuire à grande
ébullition pendant 5 à
7 min, en remuant avec
une cuillère en bois, jusqu'à ce qu'elles soient
al dente. Égouttez-les
dans une passoire,
versez-les dans un plat
de service, parsemez-les
du reste du beurre en
noisettes, salez et
poivrez. Mélangez bien.
4 Coupez le citron en
6 rondelles. Déposez les
escalopes sur un plat de
service et décorez-les
avec 1 rondelle de
citron. Servez aussitôt
avec les pâtes. Présentez
le fromage râpé à part,
dans un ravier.

Bagna cauda

POUR 4 PERSONNES

PRÉPARATION : 20 MIN

CUISSON : 10 MIN

Boisson conseillée :

BAROLO

1 poivron rouge • 1 poivron
vert • 2 carottes •
2 branches de céleri •
1 cœur de fenouil • 4 petits
oignons blancs • 100 g de
champignons de Paris
pour la sauce : 6 filets
d'anchois écrasés •
6 gousses d'ail écrasées •
6 cuill. à soupe d'huile d'olive •
80 g de beurre
1 petite truffe blanche coupée
en fines lanières (facultatif)

1 Coupez les poivrons
en deux, ôtez le pédon-
cule, épépinez-les, puis
coupez-les en lanières
d'environ 1 cm de large.
Épluchez et lavez les ca-
rottes. Lavez le céleri et
le fenouil. Coupez ces légumes en bâtonnets. Pe-
lez les oignons,
coupez-les en 2 ou en
4 (selon grosseur). Ôtez
la partie terreuse des
champignons, nettoyez-
les soigneusement avec
un linge sec (ou du pa-
pier absorbant), coupez-
les en 2.
2 Préparez la sauce : malaxez à la fourchette les
anchois et l'ail jusqu'à ce
qu'ils forment une pâte,
puis ajoutez l'huile peu à
peu en tournant. Mettez
cette pâte dans un poê-
lon, ajoutez le beurre et
laissez cuire à feu doux
pendant 10 min, en tour-
nant de temps en temps.
3 Placez un réchaud au
centre de la table. Quand
la sauce est cuite, posez
le poêlon sur le réchaud,
ajoutez la truffe. Dispo-
sez les légumes tout au-
tour. Chacun se servira
en trempant les bâton-
nets de légumes dans la
sauce.
Cette recette tradition-
nelle piémontaise con-
naît de nombreuses
variantes. Les légumes
utilisés varient en fonc-
tion des saisons et des
goûts de chacun : car-
dons, radis, navets...

Carpaccio

POUR 6 PERSONNES

PRÉPARATION : 15 MIN

REPOS : 1 H

1 kg de filet de bœuf • 10 cl
d'huile d'olive • 3 citrons •
quelques feuilles de laitue •
6 branches de persil • sel,
poivre

1 Pour faire un carpaccio, il faut couper la
viande en tranches très fines, un peu comme de la
mortadella. Pour ce faire,
mettez le morceau de
viande au congélateur
pendant 1 h avant de le
découper.
2 Préparez la sauce.
Pressez 1 citron. Mélan-
gez le jus avec l'huile
d'olive, une bonne pin-
cée de sel et de poivre.
3 Coupez les 2 autres citrons en rondelles. Lavez
les feuilles de laitue. Lavez, équeutez et hachez
le persil.
4 Dans chaque assiette,
disposez quelques
feuilles de laitue ainsi
que quelques tranches
de viande. Décorez avec
les rondelles de citron et
parsemez de persil ha-
ché. Versez la sauce en filet sur chaque assiette au
moment de servir.
Le carpaccio ne se con-
serve pas car la viande
noircit très vite. Coupez-
la à la dernière minute.
Au Piémont, le carpaccio
est servi avec de fines lamelles de parmesan et
de champignons crus,
des cèpes de préférence.

Osso bucco

Pour 6 personnes
Préparation : 20 min
Cuisson : 1 h 30 à 2 h

Boisson conseillée :
VALPOLICELLA

1,5 kg de jarret de veau • 250 g de carottes • 250 g d'oignons • 3 cuill. à soupe d'huile d'olive • 4 tomates • 1 bouquet garni • 1 branche de basilic frais (ou 1 cuill. à café de basilic séché) • 6 feuilles de sauge • 2 cuill. à soupe de farine • 25 cl de vin blanc sec • 1 tablette de concentré de bouillon de volaille • sel, poivre pour le hachis : 3 branches de persil • 1 gousse d'ail • 1 zeste de citron • 1 zeste d'orange

1 Demandez à votre boucher de couper le jarret de veau en rondelles.
2 Épluchez les carottes et râpez-les. Pelez puis hachez les oignons.
3 Dans une cocotte, faites revenir les carottes râpées et les oignons dans 1 cuillerée à soupe d'huile d'olive pendant environ 10 min.
4 Plongez les tomates 1 min dans l'eau bouillante, pelez-les, épépinez-les, coupez la pulpe en morceaux. Effeuillez le basilic.
5 Ajoutez dans la cocotte les tomates, le bouquet garni, le basilic et la sauge. Couvrez et laissez cuire à feu doux.
6 Pendant ce temps, mettez la farine dans une assiette. Passez-y les rondelles de jarret de veau des 2 côtés, en insistant bien pour que la farine adhère. Saisissez-les à l'huile dans une poêle, pendant 2 à 3 min sur chaque face. Mettez-les dans la cocotte au fur et à mesure.
7 Déglacez la poêle vide avec le vin blanc. Grattez le fond pour bien décoller tous les sucs. Versez dans la cocotte. Recouvrez d'eau. Dissolvez le bouillon concentré dans la cocotte, salez, poivrez. Couvrez et prolongez la cuisson à feu doux pendant environ 1 h 30.
8 Préparez un hachis : lavez, équeutez et hachez le persil, pelez et écrasez l'ail, râpez les zestes d'orange et de citron. Mélangez le tout. Ajoutez ce hachis dans la cocotte et laissez cuire encore 5 min.
9 Retirez la cocotte du feu, remuez et laissez le parfum du hachis se développer encore 5 min avant de servir. Présentez dans la cocotte.
Il existe de nombreuses variantes de cette recette. C'est avec les pattes arrière du veau que l'on prépare le meilleur osso bucco. Les amateurs pourront extraire la moelle cuite dans l'os à l'aide d'une petite fourchette.

Caponata

Pour 4 personnes
Préparation : 20 min
Macération : 1 h
Cuisson : 1 h

Boisson conseillée :
SANGIOVESE

4 grosses aubergines • 2 branches de céleri • 4 poivrons rouges et jaunes • 2 oignons • 6 cuill. à soupe d'huile d'olive • 4 tomates • 1 cuill. à soupe de concentré de tomates • 1/2 verre de vinaigre de vin • 1 sucre • 2 cuill. à soupe de câpres • 16 olives vertes dénoyautées • 1 cuill. à soupe de pignons ou 1 poignée de raisins secs (facultatif) • sel, poivre

1 Lavez les aubergines et coupez-les en petits dés. Poudrez-les de sel et laissez-les dégorger dans une passoire pendant 1 h. Rincez-les abondamment à l'eau froide et épongez-les à l'aide d'un torchon.
2 Pendant ce temps, lavez et effeuillez le céleri. Coupez la tige en petits tronçons. Plongez-les dans de l'eau bouillante salée et laissez cuire 8 min. Égouttez-les. Ôtez le pédoncule et les graines des poivrons, lavez-les puis coupez-les en dés. Pelez puis hachez les oignons.
3 Mettez 4 cuillerées à soupe d'huile dans une sauteuse et faites-y revenir les aubergines et les poivrons pendant 15 min. Salez, poivrez.
4 Pendant ce temps, mettez le reste de l'huile dans une poêle et faites-y revenir les oignons pendant 5 min. Ajoutez le céleri et prolongez la cuisson de 5 min, en remuant de temps en temps.
5 Plongez les tomates quelques instants dans l'eau bouillante, pelez-les, épépinez-les et concassez-les. Versez-les dans la poêle, ainsi que le concentré de tomates. Salez, poivrez et faites cuire à feu doux et à couvert pendant 15 min. Versez le contenu de la poêle dans la sauteuse, mélangez.
6 Faites frémir et incorporez le vinaigre, le sucre, les câpres et les olives, et éventuellement les pignons ou les raisins secs. Prolongez la cuisson 20 min.
7 Laissez refroidir et mettez au réfrigérateur jusqu'au moment de servir.
Vous pouvez utiliser des tomates en conserve, en les égouttant pour ne pas ajouter de jus. Variante : la caponata peut se faire également sans poivrons.

Risotto milanaise

POUR 6 PERSONNES
PRÉPARATION : 5 MIN
CUISSON : 45 MIN

400 g de riz italien à grains ronds • 1 oignon • 40 g de beurre • 1 l de bouillon de bœuf (ou de poule) • 1 pincée de safran • 2 cuill. à soupe de parmesan râpé • 40 g de moelle de bœuf (facultatif)

1 Pelez et émincez l'oignon. Faites-le revenir avec le beurre et, le cas échéant, la moelle, pendant 8 min.
2 Versez le riz en pluie dans la sauteuse et faites-le rissoler.
3 Versez peu à peu le bouillon en remuant sans cesse. Vous en ajouterez au fur et à mesure qu'il sera absorbé, et cela jusqu'à ce que le riz soit cuit. Comptez de 30 à 45 min.
4 Incorporez le safran en fin de cuisson. Additionnez de parmesan au moment de servir.
Un bon risotto se prépare avec du riz à grains ronds qui absorbe bien le bouillon. La meilleure variété, cultivée dans le Piémont, est l'Arborio.

Risi e bisi

POUR 6 PERSONNES
PRÉPARATION : 15 MIN
CUISSON : 30 MIN

1 kg de petits pois frais • 1 oignon • 400 g de riz à grains ronds • 100 g de beurre • 75 cl de bouillon de bœuf • 100 g de parmesan râpé • sel, poivre du moulin

1 Écossez les petits pois. Pelez l'oignon. Cuisez-les ensemble environ 15 min à l'eau bouillante.
2 Dans une grande sauteuse, faites revenir le riz dans 75 g de beurre à feu doux, pendant environ 5 min. Portez ensuite le bouillon de bœuf à ébullition et versez-en la moitié sur le riz. Tournez jusqu'à ce que le riz ait absorbé le bouillon, puis arrosez à nouveau, en tournant toujours.
3 Quand il ne reste plus que 20 cl de bouillon, versez les petits pois dans la sauteuse avec le reste du bouillon.
4 Goûtez et rectifiez l'assaisonnement. Laissez cuire jusqu'à ce que tout le bouillon soit absorbé. Au moment de servir, ajoutez le reste du beurre et le parmesan et mélangez bien.

Polenta

POUR 6 PERSONNES
PAS DE PRÉPARATION
CUISSON : 45 MIN

500 g de semoule de maïs • 150 g de beurre • 150 g de parmesan râpé • sel

1 Versez la semoule en pluie dans 2 l d'eau bouillante salée, sans cesser de remuer. Attention : plus le maïs est ancien, plus il absorbe d'eau. Portez de l'eau salée à ébullition dans une autre casserole et versez-la sur la polenta si celle-ci devient trop compacte.
2 Faites cuire 45 min à feu doux en remuant constamment à l'aide d'une cuillère en bois, afin d'éviter que la polenta attache au fond de la marmite et fasse des grumeaux.
3 Lorsqu'elle est bien épaisse, incorporez le beurre en petits morceaux, puis le parmesan.
4 Pour servir, versez la polenta dans un moule à savarin, tassez et démoulez sur le plat de service. La polenta accompagne une viande en sauce. S'il vous en reste, vous pouvez la frire au beurre. Elle accompagne alors une salade, ou peut tenir lieu de plat principal, avec une sauce tomate ou une sauce à la viande.

Aubergines à la parmesane

POUR 6 PERSONNES
PRÉPARATION : 30 MIN
REPOS : 1 H
CUISSON : 1 H

1,5 kg d'aubergines • 200 g de mozzarella (ou de bel paese) • 2 ou 3 cuill. à soupe de farine • 8 cuill. à soupe d'huile • 50 cl de sauce tomate (voir p. 23) • 30 g de parmesan râpé • 25 g de beurre • sel, poivre

1 Pelez les aubergines, coupez-les en 2 dans le sens de la longueur, puis en fines lamelles. Poudrez-les de sel et laissez-les dégorger pendant 1 h. Rincez-les, épongez-les à l'aide d'un torchon épais. Poudrez-les de farine.
2 Coupez le fromage en tranches fines.
3 Faites chauffer la moitié de l'huile dans une sauteuse et faites-y revenir la moitié des aubergines, pendant environ 10 min, en les retournant de temps en temps pour qu'elles dorent de toutes parts.
4 Déposez-les sur du papier absorbant afin qu'elles égouttent. Procédez de la même manière avec le reste de l'huile et des aubergines.
5 Préchauffez le four à 200 °C (therm. 6).
6 Huilez un plat à gratin. Garnissez le fond d'une couche d'aubergines. Recouvrez de sauce tomate, puis du fromage en tranches. Salez, poivrez. Renouvelez l'opération. Poudrez la surface de parmesan et parsemez-la de noisettes de beurre.
7 Faites cuire 30 min à four chaud. Servez dans le plat de cuisson.

Gnocchi de semoule à la romaine

POUR 6 PERSONNES

PRÉPARATION : 30 MIN

CUISSON : 40 MIN

Boisson conseillée :

BAROLO

250 g de semoule de blé •
1 l de lait • 150 g de beurre •
120 g de parmesan râpé •
3 jaunes d'œufs • noix de
muscade • 1 petite poignée
de sel • poivre

1 Faites bouillir le lait
dans une casserole (réservez 1 cuill. à soupe) et jetez-y la semoule en
pluie. Ajoutez 50 g de
beurre, le sel et 1 pincée
de poivre. Râpez 1 pin-
cée de noix de muscade.
Baissez le feu et prolon-
gez la cuisson pendant
20 min, en remuant régu-
lièrement.

2 Cassez les œufs dans
un bol. Battez-les avec la
cuillerée à soupe de lait
que vous aviez réservée.
Sortez la casserole du feu
et versez-y les œufs en remuant. Poudrez de 2
cuillerées à soupe de parmesan râpé.
3 Étendez la pâte sur
une plaque à pâtisserie.
Pour éviter que la pâte ne
colle, mouillez la plaque
et vos mains, ainsi que la
spatule, si vous en utilisez une pour lisser la
pâte. Laissez refroidir.
Faites ramollir le reste du
beurre au tiède.
4 Préchauffez le four à
200 °C (therm. 6).

5 Retournez la pâte. Découpez-la en disques de
4 à 6 cm de diamètre.
6 Beurrez un plat allant
au four. Posez une cou-
che de gnocchi au fond.
Badigeonnez-les de
beurre ramolli avec un
pinceau. Recouvrez-les
d'une seconde couche
disposée en quinconce,
et continuez jusqu'à ce
qu'ils soient tous dans le
plat. Poudrez de parme-
san, salez, poivrez et
muscadez.
7 Enfournez et laissez
cuire pendant 20 min en-
viron, jusqu'à ce que les
gnocchi soient bien grati-
nés. Servez aussitôt.

Haricots à la toscane

POUR 4 PERSONNES

PRÉPARATION : 10 MIN

REPOS : 12 H

CUISSON : 2 H 30

200 g de haricots blancs
secs • 1 oignon •
2 branches de persil • 4 cuill.
à soupe d'huile d'olive • 200 g
de thon à l'huile • sel, poivre

1 Faites tremper les haricots 12 h dans de l'eau.
2 Égouttez-les. Mettez-
les dans un faitout, cou-
vrez d'eau froide. Portez

à ébullition, baissez le
feu, couvrez et laissez
cuire pendant 2 h 30 au
minimum. Égouttez-les.
3 Pelez et hachez l'oignon. Lavez, équeutez et
hachez le persil.
4 Versez les haricots encore tièdes dans un sala-
dier. Ajoutez l'huile et
l'oignon, salez, poivrez
et mélangez.

5 Pour servir, mettez les
haricots dans des assiet-
tes. Décorez de thon et
de persil.
La cuisine des Romains
faisait une large part aux
légumes secs. En Italie
du Nord, on cuisine au-
jourd'hui les *borlotti* (cocos) alors que, dans le
Sud, on préfère les *can-
nellini* (lingots).

Les Desserts

Zuppa inglese

POUR 6 PERSONNES

PRÉPARATION : 50 MIN

CUISSON : 1 H 30

1 pan di Spagna de 300 g
environ (voir p. 36) •
6 cuill. à soupe de liqueur
d'alchermes (ou de rhum) •
150 g de fruits confits
pour la crème : 4 jaunes
d'œufs • 150 g de sucre
semoule • 1 cuill. à soupe de
farine • 50 cl de lait
pour la meringue : 3 blancs
d'œufs • 100 g de sucre
semoule

1 Préparez la crème :
mettez dans une casse-
role les jaunes d'œufs et
le sucre. Travaillez ce mé-

lange jusqu'à ce qu'il
blanchisse. Ajoutez alors
la farine.
2 Faites bouillir le lait.
Versez-le doucement sur
la préparation sans cesser
de remuer. Mettez la
crème sur le feu et lais-
sez cuire jusqu'au pre-
mier bouillon en
tournant sans arrêt. Retirez la crème du feu et
laissez-la refroidir.
3 Imbibez le pan di Spagna d'alcool. Coupez-le
en 2 moitiés horizonta-
les. Recouvrez-en une de
la moitié de la crème.
Coupez les fruits confits
en petits morceaux, réservez-en pour la décora-

tion, mettez le reste sur
la première couche de
crème. Disposez l'autre
moitié du gâteau par-des-
sus et tartinez-la du reste
de crème. Décorez avec
les fruits confits.
4 Préchauffez le four à
50 °C (therm. 1).
5 Préparez la meringue.
Montez les blancs
d'œufs en neige ferme.
Incorporez le sucre à la
spatule. Recouvrez-en le
gâteau. Enfournez et laissez cuire environ 20 min
pour que la meringue
dore. Laissez refroidir et
servez très frais.

LES GELATI

*L'Italie est la patrie des glaces.
Aux terrasses des cafés, dans les pâtisseries,
dans la rue, partout on vous en
propose. Mais ce sont dans les
gelateria, temples consacrés à la
glace sous toutes ses formes, que
l'on peut véritablement découvrir
toutes les richesses de cet
art culinaire.*

LES *GRANITE*

Les *granite* se présentent
sous forme de glace pi-
lée. Leurs parfums de si-
rops, comme le citron (à
gauche), la grenadine, la
menthe, etc., sont très
désaltérants. L'été, le *granite* au café (ci-dessous)
remplace l'expresso. Cer-
taines boutiques, les *late-
ria*, proposent un *granite
di caffe con pana*, recouvert
d'une crème fouettée.

PLUS CLASSIQUES, LES SORBETS

Les sorbets permettent
de jouer avec les cou-
leurs, d'un beau rouge
sombre pour le sorbet au
cassis à un vert presque
transparent pour le sor-
bet à la pomme, en pas-
sant par toutes les
nuances du rose (fraise,
framboise) et de l'orange
(fruit de la Passion, mangue). Pour préparer un
sorbet au citron, faites
fondre 250 g de sucre se-
moule dans 25 cl d'eau,
puis portez à ébullition.
Pressez une dizaine de citrons pour obtenir 75 cl
de jus. Versez le jus dans
le sirop et laissez refroidir. Mettez dans une sor-
betière pendant 3 h au
moins. Si vous n'avez
pas de sorbetière, mettez
le sirop au congélateur
ou dans le compartiment
à glaçons du réfrigéra-
teur. Laissez prendre. Environ 30 min avant de
servir, sortez le sirop con-
gelé, cassez-le en mor-
ceaux et passez-le au
mixer. Réduisez-le en pu-
rée glacée, puis remettez
au frais jusqu'au mo-
ment de servir.

SANDWICH GLACÉ

•

Pourquoi ne pas faire preuve d'imagination et varier la présentation des glaces ? Vous pouvez ainsi confectionner très facilement une sorte de gâteau glacé. Prévoyez 2 ou 4 grandes gaufrettes. Coupez 3 ou 4 rectangles de glace de parfums différents. Posez-les sur 1 ou 2 gaufrettes, en alternant les parfums, ici vanille, citron, chocolat. Recouvrez d'une couche de gaufrettes et servez. Ne laissez pas ce gâteau attendre, les gaufrettes ramollissent très rapidement. L'on trouve aussi ces gâteaux glacés dans le commerce. Ils sont alors assez minces et se dégustent comme des sandwiches, mais ont tendance à couler.

La glace tartufo *se prépare avec du cacao en poudre. Décorez-la avec des amandes.*

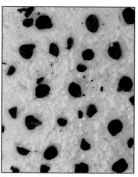

La stracciatella, *est une glace vanille dans laquelle sont réparties des pépites en chocolat.*

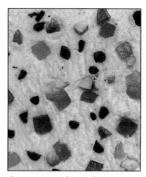

La cassata *sicilienne, bien crémeuse, comporte 2 couches de glace recouvertes de fruits confits.*

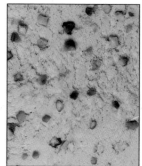

Pour renforcer le parfum de la glace à la pistache, ajoutez des pistaches entières.

LES CORNETS

La glace à l'italienne, très crémeuse, est préparée à base d'œufs et de graisses végétales. C'est là que réside le secret de son onctuosité. Les parfums les plus classiques sont bien sûr la vanille, la framboise, la fraise, le café, le chocolat ou la pistache. Mais les bons glaciers savent faire preuve d'imagination et proposent des parfums originaux, et parfois dérivés de gâteaux : *tiramisu* (café et cacao), *stracciatella* (vanille avec des pépites de chocolat), *fiordilatte*, à base de yaourt, etc. En Sicile, haut lieu de la glace italienne, les glaces sont présentées dans des brioches ovales. Elles sont parfois servies dans des coupes en verre ou en carton.

CRÈME FOUETTÉE

Un peu de crème fouettée (*pana*) mettra une petite touche de gaieté à votre présentation.

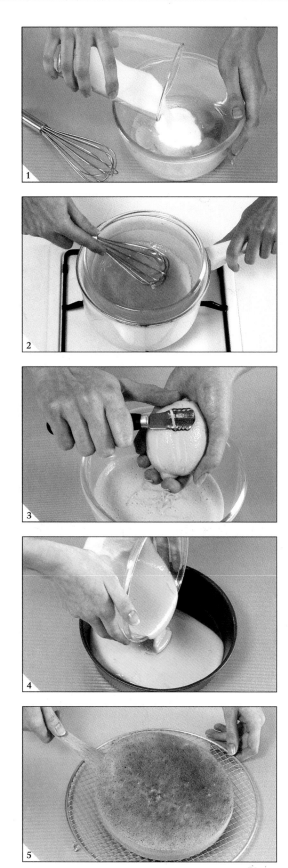

Pan di Spagna

POUR 4 PERSONNES

PRÉPARATION : 10 MIN

CUISSON : 20 À 25 MIN

Boisson conseillée :

CAFÉ

4 œufs • 125 g de sucre semoule • 125 g de farine
tamisée • 1 citron • beurre pour le moule • sel

1 Cassez les œufs dans un saladier, ajoutez le sucre et une pincée de sel. Mélangez. Préchauffez le four à 180 °C (therm. 5).

2 Mettez le saladier dans une casserole à moitié remplie d'eau. Faites chauffer la préparation au bain-marie en fouettant sans arrêt jusqu'à ce qu'elle ait doublé de volume. Attention, l'eau du bain-marie ne doit pas bouillir. Retirez du feu et continuez à fouetter jusqu'à ce que le mélange soit complètement froid. Ajoutez 125 g de farine dans la terrine et mélangez délicatement à la spatule en bois pour obtenir une pâte homogène.

3 Râpez le zeste du citron au-dessus du saladier pour en parfumer la pâte. Vous pouvez utiliser un couteau spécial, le zesteur, ou à défaut, un couteau économe.

4 Beurrez un moule à manqué de 18 cm de diamètre, versez-y la pâte, enfournez et faites cuire pendant 20 à 25 min.

5 Vérifiez la cuisson du gâteau à la pointe d'un couteau : elle doit ressortir sèche. Lorsque le gâteau est cuit, sortez-le du four, démoulez-le chaud sur une grille et laissez-le refroidir.

Ce gâteau italien est très proche de la génoise française et du sponge cake anglais. Tel quel, simplement poudré de sucre glace, il accompagnera très bien un café ou un thé. Fourré à la confiture ou à la crème, glacé au chocolat, coiffé de chantilly, il sert de base à de nombreux desserts, comme le semifreddo (voir p. 37) ou la zuppa inglese (voir p. 33).

Vous pouvez aussi faire un moka : préparez une crème au café avec 3 jaunes d'œufs, 100 g de sucre, 20 cl de lait et 5 cl de café fort. Coupez le pan di Spagna horizontalement en deux. Étendez environ les 2/3 de la crème au café, recouvrez avec l'autre moitié. Tartinez le dessus du gâteau avec le reste de crème au café, parsemez d'amandes effilées et de copeaux de chocolat.

Monte bianco

POUR 4 PERSONNES
PRÉPARATION : 20 MIN
CUISSON : 1 H

500 g de marrons • 2 cuill. à soupe de lait • 175 g de sucre glace • sel • 15 cl de crème fraîche épaisse • 2 cuill. à soupe de strega (ou de cognac)

1 Incisez, à l'aide d'un couteau pointu, 1 côté des marrons en formant une croix. Mettez-les dans une casserole, couvrez-les d'eau froide, portez à ébullition et laissez cuire pendant 15 min, à feu doux.
2 Égouttez les marrons, laissez-les tiédir, puis épluchez-les soigneusement en retirant l'écorce et la peau.

3 Remettez-les dans une casserole, couvrez à nouveau d'eau froide, portez à ébullition et laissez cuire à petits bouillons pendant 45 min.
4 Lorsque les marrons commencent à se défaire, sortez-les du feu et égouttez-les. Passez-les au mixer avec le lait. Ajoutez le sucre, une pincée de sel et mélangez bien.
5 Répartissez la purée de marrons dans des coupes individuelles et mettez-les au frais.
6 Fouettez la crème fraîche avec le *strega* ou le cognac et décorez chaque coupe. Servez bien froid.

Afin que ce dessert conserve toute sa saveur, ne le préparez pas trop longtemps à l'avance. Vous pouvez préparer une "coupe Mont-Blanc" plus rapidement en utilisant de la crème de marrons en conserve, mais elle n'aura pas le même parfum.
Les marrons sont issus d'espèces de châtaigners améliorées. Lorsqu'il y a plusieurs fruits dans une bogue, on parle de châtaigne, lorsqu'il n'y en a qu'un, c'est un marron.

Semifreddo

POUR 4 PERSONNES
PRÉPARATION : 45 MIN
CUISSON : 15 MIN
CONGÉLATION : 30 MIN

Boisson conseillée :
ORVIETO

1 pan di Spagna (voir p. 36) • 4 pommes • 65 g de sucre semoule • 1 citron • 12 cl de vin blanc • 150 g d'amaretti (ou de macarons aux amandes)
pour la sauce : 20 cl de crème fraîche • 4 jaunes d'œuf • 100 g de sucre semoule

1 Pelez les pommes et coupez-les en fines tranches. Mettez-les dans une casserole avec le sucre, le zeste du citron, le vin, 3 cuillerées à soupe d'eau et laissez cuire à feu doux jusqu'à ce que les pommes soient cuites à cœur et aient absorbé tout le jus (environ 10 min).

2 Préparez la sauce. Montez la crème fraîche au fouet. Battez ensemble les jaunes d'œufs et le sucre jusqu'à ce que le mélange mousse. Faites cuire au bain-marie en tournant avec une spatule en bois. La crème doit épaissir. Lorsqu'elle nappe la cuillère, ôtez du feu et incorporez délicatement la crème fouettée.
3 Écrasez les pommes pour les réduire en purée. Émiettez les amaretti. Incorporez le tout à la crème.
4 Découpez un rond de papier sulfurisé au format de votre pan di Spagna. Coupez ce dernier en trois tranches horizontales. Posez le papier sulfurisé sur une plaque ou un plat bien plat. Posez la première tranche de gâteau dessus. Recouvrez d'une couche de crème, posez la deuxième tranche, tartinez avec le reste de la crème et recouvrez avec la troisième tranche.
5 Mettez le semifreddo dans le compartiment à glace du réfrigérateur ou au congélateur pendant 30 min, pour qu'il durcisse, puis placez-le au réfrigérateur jusqu'au moment de servir.
Si vous n'avez pas le temps de préparer un pan di Spagna, une génoise fera très bien l'affaire.

Zabaglione

POUR 4 PERSONNES
PRÉPARATION : 5 MIN
CUISSON : 10 MIN

4 jaunes d'œufs + 1 œuf entier • 100 g de sucre semoule • 1/2 verre de marsala • 1 pincée de cannelle (facultatif)

1 Battez les jaunes d'œufs, l'œuf entier, le sucre et 1 cuillère à soupe d'eau tiède.
2 Mettez le mélange dans un poêlon à feu moyen et laissez cuire environ 10 min, en remuant. Versez le marsala petit à petit et tournez pour que la crème devienne lisse. Ajoutez éventuellement 1 pincée de cannelle.
3 Mettez la crème à cuire au bain-marie. Le bain-marie doit être très chaud, mais ne pas bouillir. Laissez cuire la crème en fouettant jusqu'à ce qu'elle ait épaissi. Sortez-la du feu et versez-la dans des coupes individuelles.
Accompagnez-la de gâteaux secs ou d'un pan di Spagna (voir ci-contre). Un mélange de vin blanc sec et de rhum peut éventuellement remplacer le marsala.

Poires au barolo

Pour 6 personnes

Préparation : 10 min

Cuisson : 45 min

6 poires fermes • 50 cl de barolo (vin rouge robuste) • 1 pincée de cannelle en poudre • 4 clous de girofle • 100 g de sucre semoule

1 Préchauffez le four à 180 °C (therm. 5).
2 Épluchez les poires mais gardez la queue.
3 Rangez-les dans un plat allant au four. Elles doivent être assez serrées, pour bien se maintenir entre elles lors de la cuisson. Arrosez de vin, poudrez de cannelle, ajoutez les clous de girofle et le sucre.
4 Mettez au four et laissez cuire 45 min, jusqu'à ce que les poires soient tendres et que le sucre et le vin se soient transformés en sirop. Retirez les clous de girofle, et laissez refroidir à température ambiante.
Ce dessert se sert tiède ou froid. Vous pouvez remplacer le barolo, un excellent vin rouge produit dans le Piémont, par un vin blanc.

Tiramisu

Pour 6 personnes

Préparation : 30 min

Réfrigération : 2 h

3 œufs • 150 g de sucre semoule • 250 g de mascarpone (ou de crème fraîche épaisse) • marsala ou liqueur d'alchermes (facultatif) • 12 biscuits à la cuillère • 6 tasses de café froid • cacao non sucré

1 Séparez les jaunes d'œufs des blancs. Battez les jaunes avec le sucre semoule jusqu'à ce que le mélange blanchisse. Ajoutez alors le mascarpone ou la crème fraîche et la liqueur choisie. Ajoutez aux blancs une pincée de sel et battez-les en neige ferme puis incorporez-les à la préparation.
2 Trempez les biscuits dans le café refroidi. Disposez-les au fond d'un grand moule rectangulaire de 5 cm de haut environ. Nappez-les d'une couche de crème. Rangez une nouvelle couche de biscuits trempés dans le café. Terminez en répartissant la crème restante et poudrez de quelques cuillerées à soupe de cacao non sucré.
3 Placez au réfrigérateur pendant 2 h au moins, plus si possible, avant de servir.
L'été, vous pouvez décorer avec un brin de menthe fraîche. Le café doit être corsé afin que ce dessert justifie son nom, *tirami sú*, mot à mot "remonte-moi" !

Tarte sucrée à la ricotta

Pour 6 personnes

Préparation : 30 min

Repos : 1 h

Cuisson : 45 min

Boisson conseillée :
FRASCATI

pour la pâte : 100 g de beurre ramolli • 250 g de farine • 100 g de sucre semoule • 1 pincée de sel • 1 zeste de citron • 1 œuf entier + 1 jaune d'œuf pour la garniture : 500 g de ricotta • 100 g de sucre semoule • 3 œufs • 1 zeste d'orange • 50 g de fruits confits • 2 cuill. à soupe de raisins secs • 2 cuill. à soupe d'amandes effilées • sucre glace (ou sucre vanillé)

1 Préparez la pâte. Mettez la farine en fontaine sur un plan de travail. Au centre du puits, versez le sucre, le sel, le beurre, le zeste de citron et les œufs. Travaillez la pâte du bout des doigts, jusqu'à obtenir un mélange homogène. Si la pâte vous semble se défaire, mouillez-la avec 1 cuillerée à soupe d'eau froide.
2 Formez une boule. Mettez-la dans un saladier, couvrez d'un torchon et laissez reposer pendant 1 h.
3 Préchauffez le four à 200 °C (therm. 6).
4 Préparez la garniture. Mélangez le fromage avec le sucre dans une terrine. Incorporez les œufs, le zeste d'orange, les fruits confits, les raisins secs et les amandes effilées.
5 Abaissez la pâte finement. Disposez-la dans un moule à tarte.
6 Avec les chutes de pâte, formez des lanières de la longueur du diamètre de la tarte.
7 Mettez la garniture sur la pâte et étalez-la bien. Disposez les lanières de pâte en croisillons par-dessus. Enfournez et faites cuire pendant 45 min.
8 Sortez la tarte du four, démoulez-la sur un plat de service. Laissez-la refroidir. Poudrez de sucre glace (ou de sucre vanillé) et servez.
La ricotta peut être fabriquée avec du lait de vache ou de brebis. Elle est obtenue en ajoutant de la présure au petit-lait. Elle est vendue fraîche dans de petites corbeilles, mais on la trouve plus facilement sèche. Elle est alors granuleuse. C'est un fromage non salé qui ne se mange pas seul, mais entre dans la composition de nombreux plats.

TIRAMISU

•

Rapide à préparer, le tiramisu se conserve sans problème une nuit, et peut même tenir deux jours au réfrigérateur. N'hésitez donc pas à voir large dans les ingrédients, il se trouvera toujours quelqu'un pour le finir le lendemain. Il est ici présenté dans une assiette, mais servez-le plutôt dans son plat.

Cassata

Pour 6 personnes
Préparation : 30 min
Cuisson : 15 min environ
Réfrigération : 8 h

Boisson conseillée :

ASTI

pour la glace : 50 cl de lait • 1/2 gousse de vanille • le zeste de 1/2 citron • 5 jaunes d'œufs • 125 g de sucre semoule

pour la crème : 60 g d'amandes effilées • 60 g de fruits confits • 1 verre à liqueur de kirsch • 25 cl de crème fraîche épaisse très froide • 15 cl de lait très froid • 50 g de sucre glace

1 Mettez la 1/2 gousse de vanille et le zeste dans le lait. Portez à ébullition puis sortez du feu et laissez infuser environ 10 min.

2 Pendant ce temps, battez les jaunes d'œufs avec le sucre semoule jusqu'à ce que le mélange blanchisse.

3 Filtrez le lait au-dessus du mélange à base de jaunes d'œufs. Fouettez régulièrement pour obtenir une crème épaisse. Versez celle-ci dans une casserole et faites épaissir encore sur feu doux. Sortez la casserole du feu quand la crème nappe la cuillère. Laissez refroidir.

4 Si vous avez une sorbetière, utilisez-la. Sinon, mettez cette crème dans un moule à cassata ou à charlotte de 1 l. Faites prendre la crème en glace dans le compartiment froid du réfrigérateur pendant 4 h.

5 Faites griller rapidement les amandes dans une poêle sans matière grasse. Surveillez-les pour qu'elles ne brûlent pas. Laissez-les refroidir.

6 Détaillez les fruits confits en petits dés et faites-les macérer dans le kirsch. Égouttez-les.

7 Pilez 1 glaçon dans une terrine. Ajoutez la crème fraîche , le lait et le sucre glace. Fouettez la crème pour la monter en chantilly, lentement au début puis plus énergiquement. Accélérez le mouvement du fouet au fur et à mesure que la crème monte. Quand elle est bien ferme, incorporez délicatement les amandes et les fruits confits.

8 Sortez la glace à la vanille du réfrigérateur. Il faut créer un creux au centre pour y mettre la chantilly. À l'aide d'une

spatule, faites remonter la glace le long de la paroi du moule. Versez la chantilly dans le creux que vous avez ménagé au centre. Remettez au congélateur pendant 4 h.

9 Pour servir la cassata, démoulez-la. Plongez le moule quelques instants dans de l'eau chaude et retournez-le sur un plat de service.

La cassata peut attendre 1 h ou 2 au réfrigérateur. Vous pouvez donc la démouler avant de passer à table.

Ce grand classique connaît de nombreuses variantes. Le choix de fruits confits est vaste : cerises, angéliques, melon...On peut aussi la garnir avec des noisettes, des pistaches, des fraises, des raisins secs. La glace peut être parfumée au chocolat ou au kirsch. Le point commun entre toutes les *cassate* est d'être composé de 2 couches de glace de parfums différents, ou d'une couche de glace et une de crème glacée, moulées l'une dans l'autre.

LE CAPPUCCINO

Le cappuccino se prépare traditionnellement de la manière suivante : prévoyez (par personne) une cuillerée à café de cacao en poudre, 1 cuillerée à soupe de crème fraîche, et une tasse de café fumant, expresso si possible. Battez la crème fraîche pour la monter, sans chercher à obtenir une véritable chantilly. Versez la crème sur le café et poudrez de cacao en poudre. Vous pouvez aussi parsemer de quelques pépites de chocolats en forme de grains de café.

Le cappuccino se déguste plus souvent à la terrasse d'un café qu'à la maison, et les méthodes de préparation diffèrent selon les établissements. Mais le principe reste toujours le même.

L'ESPAGNE
ET LE PORTUGAL

—

Gorgée de soleil et de lumière, la péninsule Ibérique
est une région du bien-être et de l'hospitalité. Les cuisines espagnole
et portugaise, bien que différentes par l'emploi des herbes ou des aromates,
s'enrichissent d'huile d'olive, de poissons et de fruits de mer,
abondent en légumes et privilégient la simplicité et la convivialité.
Un repas sera toujours davantage l'occasion d'une rencontre amicale
ou familiale que la dégustation de mets sophistiqués.
Belle leçon de douceur de vivre !

SAVEURS D'ESPAGNE

Située au carrefour de l'Europe et de l'Afrique, mais aussi des Amériques et de l'Orient, l'Espagne a connu le passage ou l'invasion de nombreux peuples qui ont chacun contribué à l'histoire de sa cuisine. Par ce qu'elle a emprunté aux Phéniciens ou aux Romains (procédés de vinification), aux Carthaginois (pois chiche), aux Chinois par l'intermédiaire des Arabes (riz) ou importé du Pérou ou du Mexique (tomate et chocolat), l'Espagne est aujourd'hui riche d'une cuisine diversifiée qu'elle a su rendre homogène.

LES TRADITIONS

La plupart des produits consommés en Espagne proviennent de mouvements de migration ou d'invasion.

LE RIZ. Il constitue l'aliment et le féculent de base, à peu près comme le pain en France. Apporté au VIIIe siècle par les Arabes aux Espagnols, qui le transmirent à leur tour à l'Amérique du Sud, huit cents ans plus tard, le riz s'accommode de mille façons, la plus connue étant certainement la paella, spécialité de Valence.

LE CHOCOLAT. Les Aztèques, friands du fruit du cacaoyer, lui attribuaient de nombreuses vertus et le consommaient sous forme de bouillie à base de farine de maïs et à laquelle ils ajoutaient du piment. Le rapportant en Europe, les Espagnols ont progressivement remplacé le maïs et le piment par du miel, du sucre et des arômes tels que cannelle ou vanille.

LA TOMATE. Les conquistadors la découvrent au Pérou et la rapportent au XVIe siècle, avant de la transmettre à l'Italie.

LA VIE QUOTIDIENNE

LE PETIT DÉJEUNER (desayuno). La journée espagnole s'ouvre sur un petit déjeuner classique à base de café ou de chocolat, de tranches de pain beurrées et de pâtisseries.

LE DÉJEUNER (almuerzo). Il se prend vers 14 heures à la maison, sauf dans les grandes villes.

LE DÎNER (comida de la tarde). Il a lieu relativement tard, vers 22 heures, la journée de travail se prolongeant jusqu'à 20 heures et au-delà. Il peut se composer d'un hors-d'oeuvre de légumes frais, de charcuterie, d'un poisson frit ou d'une omelette, dégustés autour d'une bouteille de vin de table que l'on coupe parfois de limonade.

LES JOURS DE FÊTE

La tradition catholique en Espagne s'accompagne de fêtes fastueuses.

NOËL (Natividad). Le repas de veillée est très important : on déguste un *pavo* (dindon), des friandises comme le massepain, un gâteau de pâte d'amandes, ou les *turrones* (tourons), nougats très prisés dans la région d'Alicante dont ils sont originaires.

FERIAS ET CORRIDAS. Il existe aussi de nombreuses fêtes profanes comme les foires (*ferias*) ou les corridas, qui donnent lieu à des démonstrations vives et colorées. Ce sera l'occasion de déguster des tapas, ou encore des pâtisseries.

Menu classique

—

EMPANADAS

·

CALMARS SAUTÉS

·

TUMBET

·

FLAO DES BALÉARES

Chorizo

Chorizo piquant

Lomo embuchado

Chorizo

Salchichon

Saucisse sèche

Chorizo casero piquant

Chorizo serrano Madrid

LES PRODUITS

Le Chorizo
·

Composée de viande de porc, à laquelle on ajoute parfois du bœuf, cette saucisse sèche peut aussi être fabriquée à base de viande de cheval, d'âne ou de mulet. De forme allongée, elle est condimentée à l'ail, au piment plus ou moins fort, mais aussi aux amandes, au vin... Le chorizo entre dans la préparation du *cocido* et de la paella. La variété la plus fameuse vient de Jabugo, ville d'Andalousie.

Les Anchois, les Poulpes et les Calmars
·

LES ANCHOIS. Ces petits poissons aux flancs argentés qui abondent en Méditerranée ou dans l'océan Atlantique se déplacent par bancs. On les consomme en filets, soit salés, soit marinés à l'huile, ou comme tapas, dans une marinade à l'huile d'olive, ou encore enroulés autour d'une olive verte et fixés par une pique.
LES POULPES ET LES CALMARS. Ce sont des mollusques marins très prisés. Ils

sont souvent servis accompagnés de leur encre, notamment dans les tapas, ce qui leur confère une teinte violette un peu surprenante. Leur chair est longtemps battue au préalable, afin d'être attendrie. Découpés en tronçons, ils seront simplement frits ou cuisinés d'une manière plus élaborée.

L'Huile d'Olive
·

Comme la Grèce, l'Espagne est le pays des oliviers. Une grande partie de la production des olives est destinée à la fabrication d'huile, omniprésente dans la cuisine espagnole. Il en existe deux catégories : les vierges (extrafine, fine ou semi-fine) et les pures, mélange d'huiles vierges et raffinées. L'huile peut être extraite par solvant ou par pression : la première à froid, la seconde à chaud. Sa particularité est d'être riche en lipides et en vitamine E, mais aussi d'être digeste et de supporter une cuisson jusqu'à 200 °C. Les Catalans la dégustent telle quelle en y trempant des morceaux de pain, ou sur une tranche de pain frottée à l'ail. Elle sert pour les fritures, pour les assaisonne-

ments, les salades ou les paellas mais aussi pour faire la mayonnaise, ou encore l'aïoli, typique du sud de l'Espagne.

Les Tourons
·

Il s'agit du nougat espagnol. Cette confiserie à base de blancs d'œufs, d'amandes pilées et de sucre connaît plusieurs variétés suivant les régions où elle est produite. On peut en effet y ajouter des noix, des noisettes, du miel, des pignons, des pistaches ou même de la cannelle.

Les Fruits
·

LE MELON. Originaire d'Asie, c'est un fruit à chair juteuse, sucrée et parfumée. Cultivé dans le sud de l'Europe, il se déguste cru en début ou en fin de repas, parfois accompagné d'un vin de liqueur, comme du porto, mais aussi en confitures ou en conserves.
LA PASTÈQUE. C'est un gros fruit sphérique à chair rose foncé, parsemée de pépins noirs.
L' ORANGE. L'Espagne en est devenue l'un des premiers producteurs mondiaux. Les trois principales variétés produites sont : la nave, précoce et sans pépins, la tardive, à chair claire, et la valencia, ferme, à peau lisse, dont la chair est le plus souvent juteuse et acidulée.

Melon Galia

Cantaloup

Pastèque

Melon d'eau

LES VINS

LE XÉRÈS

Vin le plus connu d'Espagne, il est issu des cépages de la région de Jerez de la Frontera, au sud de Séville, en Andalousie. Vin blanc titrant au moins 15 % Vol, il remonte, dans sa forme actuelle, au XVIIe siècle et existe en sec, demi-sec et doux. Il est généralement consommé à l'apéritif, car sa douceur n'altère pas le palais pour la dégustation des vins pendant le repas. Ses variétés les plus connues sont les suivantes : le *fino*, vin sec très clair de couleur paille, qui titre jusqu'à 17 % Vol et imprime dans la bouche un léger goût d'amande ; le *manzanilla*, léger, très sec, au goût amer et à la couleur pâle, le préféré des Espagnols ; l'*amontillado*, sec ou demi-sec, de couleur ambre, qui titre 18 % Vol et dont le goût est proche de celui de la noisette ; enfin, l'*oloroso*, «qui est odorant», de couleur jaune or foncé, vin doux plein d'arôme et qui dégage un solide goût de noix. Il peut titrer jusqu'à 20 % Vol.

LES RIOJA

Ces vins, rouges pour la plupart, viennent de la région vinicole la plus riche du pays, sur les deux rives de l'Èbre, au sud de Pampelune.

LA HAUTE-RIOJA. Elle produit de bons vins à partir de cépages *tempranillo*, *mezuela*, *graciano* ou *garnacha*. Ils sont équilibrés, robustes et très aromatiques, à la belle couleur de rubis. Le climat rappelle celui de Bordeaux et les vins sont cousins.

LA BASSE-RIOJA. Elle est dominée par le cépage *garnacha* et la majorité des vins y sont rouges, un peu acides et assez forts en alcool.

LA RIOJA ALAVESA. On y trouve les mêmes cépages que ceux de la Haute-Rioja. Ils donnent des vins corsés, denses, à l'arôme ferme et qui peuvent atteindre 14 % Vol.

LES AUTRES RÉGIONS VITICOLES

LA MANCHE. Dans cette vaste zone, certains vins, comme les *valdepeñas* rouges ou rosés, sont largement commercialisés. Les rouges, issus du cépage *cencibel*, à la robe de rubis, sont agréables bien qu'un peu lourds, et

titrent jusqu'à 14 % Vol. Les *valdepeñas* blancs, fruits des cépages *airen*, ont une belle couleur dorée.

LA VIEILLE-CASTILLE. Elle produit des vins rouges vigoureux comme le *Ribera del Duero*. Les crus les plus connus sont ceux de Toro et de Rueda.

LA CATALOGNE. Les vignobles sont contrastés entre la côte et les terres rocailleuses de l'intérieur. Dans l'abondante production, on remarque le *Gran Coronas* et le *Viña Sol*.

L'ARAGON. De cette région proviennent des vins rouges à fort degré alcoolique qui accompagnent bien les viandes, comme le *cariñena*, dont le

nom ne vient pas du cépage carignan mais de grenaches noirs et blancs.

L'ANDALOUSIE. Terre du xérès, l'Andalousie abrite aussi les vins de Malaga, issus de cépages de muscat et de *pedro ximenez*, qui se divisent en trois catégories : blanc sec, pouvant titrer jusqu'à 23 % Vol ; le *crema*, ou *pajarete*, demi-sec, au même degré d'alcool que le sec et dont la couleur peut tirer sur le roux ; le doux, enfin, très sucré, qui peut être *lagrima*, obtenu à partir de moût non pressé mécaniquement, *moscatel*, obtenu à partir d'un cépage de muscat, ou *seco*, à très basse teneur en sucre résiduel.

Xérès manzanilla

Gran Coronas

Viña Sol

Rioja

Ribera del Duero

Xérès sec

Les Entrées

Gaspacho andalou

Pour 6 personnes
Préparation : 1 h
Cuisson : 5 min
Réfrigération : 1 h

2 concombres • 3 tomates • 1 poivron vert • 1 piment doux • 1 gros oignon doux d'Espagne • 70 g de mie de pain • 2 cuill. à soupe de vinaigre de vin • 3 gousses d'ail • 5 cuill. à soupe d'huile • sel, poivre
pour la garniture : 3 œufs • 1 concombre • 3 échalotes • quelques branches de cerfeuil • 1 petit bouquet de ciboulette • 3 tranches de pain de mie • 3 cuill. à soupe d'huile

1 Épluchez les concombres. Épépinez-les et coupez la chair en dés. Plongez les tomates 1 min dans l'eau bouillante, épépinez-les et concassez-les. Lavez le poivron et le piment, ôtez les pédoncules, coupez-les en 2 et retirez les filaments et les graines. Coupez la chair en morceaux. Pelez et hachez l'oignon. Faites tremper la mie de pain dans le vinaigre.
2 Mettez les concombres, les tomates, les poivrons, le piment et la mie de pain dans le bol du mixer et réduisez-les en purée. Salez, poivrez et mixez à nouveau. Versez dans un grand saladier ou une soupière.
3 Pelez la gousse d'ail. Passez-la au mixer en versant l'huile par-dessus en filet. Versez dans le saladier et mélangez bien. Goûtez et rectifiez l'assaisonnement si nécessaire. Réservez au réfrigérateur pendant au moins 1 h.
4 Préparez la garniture. Faites durcir les œufs 10 min à l'eau bouillante, rafraîchissez-les sous l'eau froide et écalez-les. Laissez-les refroidir. Éplu-chez le concombre, épépinez-le et coupez la chair en très petits dés. Mettez-les dans un bol et salez-les abondamment pour les faire dégorger. Pelez les échalotes, hachez-les. Lavez le cerfeuil et la ciboulette puis ciselez-les. Disposez-les dans des petits raviers. Coupez les œufs en 2, séparez les jaunes des blancs, hachez-les séparément et mettez-les dans une coupelle. Égouttez le concombre, rincez-le, épongez-le à l'aide de papier absorbant et mettez-le dans un ravier. Coupez le pain en dés. Faites chauffer l'huile dans une poêle et faites-y dorer les croûtons. Égouttez-les sur un papier absorbant et mettez-les dans un ravier.
5 Servez le gaspacho glacé et disposez tous les raviers sur la table, chacun se servira.

Soupe de poissons andalouse

Pour 6 personnes
Préparation : 25 min
Cuisson : 20 min

500 g de poissons de mer (rouget, rascasse, daurade...) • sel
pour la mayonnaise : 2 jaunes d'œufs • 1 cuill. à dessert de moutarde forte • 50 cl d'huile • 2 cuill. à dessert de vinaigre ou de jus de citron • poivre du moulin • sel

1 Écaillez et lavez les poissons, puis coupez-les en gros morceaux. Faites bouillir 1,5 l d'eau salée dans un faitout. À ébullition, ajoutez les poissons et faites-les cuire 20 min dans le bouillon juste frémissant.
2 Retirez les poissons du bouillon, enlevez les arêtes et la peau, coupez la chair en cubes moyens.
3 Préparez la mayonnaise : il faut que les œufs et l'huile soient à la même température ; sortez les œufs du réfrigérateur 1 h à l'avance pour qu'ils soient à la température ambiante. Cassez-les et versez les jaunes dans un grand bol. Ajoutez la moutarde. Versez très peu d'huile et fouettez au batteur électrique ou à la main. Dans le premier cas, ajoutez l'huile, d'abord doucement, puis, dès que la sauce a pris, en 3 ou 4 fois. Dans le second cas, faites couler l'huile en filet sans cesser d'actionner le fouet, jusqu'à ce que la mayonnaise, épaisse, reste bien accrochée au fouet. Ajoutez 1 grosse pincée de sel, quelques tours de poivre du moulin et 2 cuillerées à dessert de vinaigre ou de citron. Incorporez-les en battant ou en actionnant le fouet et en tournant régulièrement.
4 Hors du feu, incorporez la mayonnaise cuillerée par cuillerée au bouillon chaud sans cesser de remuer.
5 Remettez ensuite les poissons dans le faitout et laissez mijoter quelques instants à petit feu. Servez bien chaud.
Vous pouvez servir la soupe avec des croûtons aillés, des pommes de terre ou du riz.

Anchois marinés

POUR 2 PERSONNES
PRÉPARATION : 25 MIN
MARINADE : 2 OU 3 JOURS

250 g d'anchois • 20 cl d'huile d'olive • 4 gousses d'ail •
1 cuill. à soupe de vinaigre •
4 branches de persil • sel

1 Videz les anchois, lavez-les et enlevez l'arête centrale. Ouvrez-les en 2, sans les couper complètement, de façon à les mettre à plat. Laissez-les pendant 2 ou 3 jours dans une marinade faite avec l'huile, l'ail haché et le sel.
2 Avant de servir, ajoutez le vinaigre ; hachez le persil et parsemez-en les anchois.
Ceux-ci peuvent mesurer jusqu'à 20 cm.

Pour cette recette, essayez de les choisir de taille moyenne (15 cm), ils seront plus faciles à vider. La chair des anchois a un goût assez fort qu'elle conserve, même marinée ainsi. Mais l'anchois frais n'est pas particulièrement salé.

Empanadas

POUR 8 PERSONNES
PRÉPARATION : 30 MIN
CUISSON : 45 MIN

Boisson conseillée :
VALDEPEÑAS

pour la pâte : 500 g de farine •
15 cl d'huile d'olive • sel
pour la farce : 4 tomates •
1 oignon • 3 cuill. à soupe d'huile • 100 g d'olives vertes dénoyautées • 125 g de petits pois cuits • 1 œuf dur •
100 g de thon à l'huile •
1 jaune d'œuf • sel, poivre

1 Préchauffez le four (200 °C, therm. 6).
2 Préparez la pâte. Mélangez la farine et 1 pincée de sel. Disposez-la en fontaine sur un plan de travail. Versez l'huile et 15 cl d'eau. Travaillez énergiquement pour obtenir une pâte consistante. Laissez reposer à température ambiante.
3 Plongez les tomates 1 min dans de l'eau bouillante, pelez-les et concassez-les. Pelez et hachez l'oignon. Faites-les revenir dans une sauteuse avec l'huile pendant environ 10 min.
4 Coupez l'œuf dur en petits morceaux. Émiettez le thon. Mettez dans la sauteuse l'œuf, le thon, les olives et les petits pois. Salez, poivrez. Faites cuire encore 5 min. Goûtez et rectifiez l'assaisonnement.

5 Découpez la pâte en 8 parts égales. Sur un plan de travail fariné, abaissez chacune d'elles en galette, de manière à pouvoir former un chausson.
6 Garnissez chaque galette de farce sur une moitié. Rabattez l'autre moitié par-dessus. Soudez les bords en appuyant fermement dessus.
7 Badigeonnez chaque chausson de jaune d'œuf à l'aide d'un pinceau. Huilez la plaque du four. Disposez les chaussons dessus.
8 Enfournez et faites cuire pendant 30 min.

Huevos a la manchega

POUR 6 PERSONNES
PRÉPARATION : 20 MIN
CUISSON : 1 H 30 ENVIRON

6 œufs • 100 g de jambon cuit • 250 g d'oignons •
6 poivrons • 500 g de tomates • 250 g de courgettes • 30 cl d'huile d'olive • 50 g de pain • sel

1 Coupez le jambon en petits morceaux. Pelez les oignons et émincez-les. Lavez les poivrons, épépinez-les et coupez la chair en dés. Lavez les tomates et les courgettes et coupez-les en cubes.
2 Disposez tous ces ingrédients dans une cocotte. Arrosez avec 20 cl d'huile. Salez. Couvrez la cocotte et laissez cuire à feu modéré pendant 1 h (ou un peu plus).
3 Pendant ce temps, coupez le pain en tranches, puis faites-le frire dans une poêle avec le reste d'huile. Égouttez-le et réservez-le au chaud.
4 Découvrez la cocotte et terminez la cuisson à feu plus vif en surveillant, jusqu'à ce que tout le jus soit évaporé.
5 Cassez les œufs au milieu de la ratatouille et laissez-les se coaguler. Servez aussitôt avec le pain frit.
On emploie de préférence du jambon d'York.

Migas

POUR 4 PERSONNES
RÉFRIGÉRATION : 12 H
PRÉPARATION : 10 MIN
CUISSON : 15 MIN

400 g de pain de campagne rassis • 4 gousses d'ail •
20 cl d'huile • sel

1 La veille, mouillez un torchon et essorez-le. Découpez le pain en petits cubes. Mettez-les dans le torchon et conservez-les au frais pendant 12 h.
2 Pelez et hachez l'ail. Dans une poêle, faites chauffer l'huile. Lorsque celle-ci est bien chaude, mettez les croûtons. Remuez bien, ajoutez l'ail et le sel. La cuisson doit se mener à feu vif, pendant environ 15 min, jusqu'à ce que les migas soient bien dorés.

À Tolède, on ajoute 2 poivrons rouges coupés en lanières et une bonne pincée de cumin que l'on fait revenir avec l'ail. On incorpore en fin de cuisson 150 g de rillons et 100 g de lard coupés en petits morceaux et revenus dans une poêle à part.

Tortilla

Pour 6 personnes

Préparation : 10 min

Cuisson : 15 min

Boisson conseillée :

RIOJA

3 grosses pommes de terre • 3 oignons moyens • 12 œufs

8 cuill. à soupe d'huile d'olive • sel, poivre

1 Épluchez les pommes de terre, lavez-les et coupez-les en rondelles. Pelez et hachez les oignons. Si vous utilisez des pommes de terre nouvelles, lavez-les et brossez-les. Il n'est pas indispensable de les éplucher.

2 Faites blondir les oignons dans une poêle avec 5 cl d'huile d'olive. Montez le feu pour les dorer et ajoutez les pommes de terre. Faites-les sauter pendant 10 min sur feu moyen.

3 Cassez les œufs dans une terrine et battez-les en omelette. Sortez les pommes de terre et les oignons de la poêle et égouttez-les. N'essuyez pas la poêle. Ajoutez-les dans la terrine. Salez et poivrez. Mélangez bien.

4 Versez le reste de l'huile dans la poêle et faites-la chauffer. Versez-y la préparation en la répartissant bien dans la poêle. Laissez cuire en surveillant, jusqu'à ce que les bords de l'omelette soient pris et le dessous doré.

5 Retournez l'omelette. Faites-la dorer rapidement sur l'autre face. La surface doit être bien saisie, l'intérieur moelleux. Pour servir, faites-la glisser sur un plat de service.

La tortilla peut se servir chaude ou froide. Si vous la servez chaude, n'attendez pas, car elle tiédit rapidement. Elle se déguste aussi froide. Vous pouvez par exemple la découper en dés que vous présenterez à l'apéritif. En pique-nique, une tortilla glissée entre deux tranches de pain constituera un délicieux plat de résistance. En espagnol, «tortilla» veut dire «omelette». Le nom complet de cette recette est donc «tortilla de patatas». Mais il s'agit là de la recette la plus classique, et si vous demandez une tortilla sans plus de précisions, c'est celle-ci que l'on vous servira. Sinon, il existe de multiples variantes pour farcir ou parfumer la tortilla : aux tomates, aux poivrons, aux croûtons, aux épinards... Leur point commun, c'est qu'elles sont cuites et dorées des deux côtés.

Soupe aux jaunes d'œufs

POUR 6 PERSONNES
PRÉPARATION : 15 MIN
CUISSON : 15 MIN

4 jaunes d'œufs • 4 cuill. à soupe de farine • 1 l de bouillon de volaille • 1/4 de poulet cuit • sel, poivre

1 Préparez une pâte avec les jaunes d'œufs et la farine, travaillez-la jusqu'à ce qu'elle soit homogène.

2 Incorporez assez de bouillon tiède pour obtenir une crème liquide. Passez, salez et poivrez, puis faites bouillir pendant 15 min à petit feu en tournant avec une cuillère en bois.
3 Désossez le poulet et hachez la chair, mettez-la dans la soupière. Versez le bouillon par dessus. Servez bien chaud.
Cette soupe est assez décorative, car elle conserve une jolie couleur jaune. Plutôt que de hacher la chair du poulet, vous pouvez simplement la découper en lanières.

Huevos a la flamenca

POUR 4 PERSONNES
PRÉPARATION : 10 MIN
CUISSON : 10 MIN

8 œufs • 1 poivron vert • 1 oignon • 1 tomate • 12 fines rondelles de chorizo • 2 tranches de jambon cru (facultatif) • 15 cl d'huile d'olive • 500 g de petits pois fins cuits • sel, poivre

1 Lavez le poivron, retirez les graines et les parties blanches. Coupez-le en petits dés. Pelez puis émincez l'oignon. Plongez la tomate 1 min dans l'eau bouillante, pelez-la, épépinez-la et coupez-la en petits morceaux.
2 Mélangez les dés de poivron et de tomate avec le chorizo et, éventuellement, le jambon coupé en lamelles.
3 Faites chauffer l'huile dans un plat allant au four. Mettez-y le mélange, puis les petits pois. Battez légèrement les œufs, juste pour crever les jaunes. Versez-les dans le plat. Salez, poivrez. Mélangez.
4 Couvrez et faites cuire environ 10 min à feu moyen. Servez immédiatement.

Picadillo andalou

POUR 4 PERSONNES
PRÉPARATION : 30 MIN

4 tomates • 1 poivron • 1 oignon blanc • 4 branches de persil • 1 cuill. à soupe de vinaigre • 2 cuill. à soupe d'huile • sel, poivre

1 Coupez les tomates en morceaux les plus petits possible et mettez-les dans le plat de service.
2 Débarrassez le poivron des graines et des parties blanches. Pelez l'oignon. Coupez ces ingrédients en très menus morceaux. Ajoutez-les ensuite aux tomates. Mélangez les légumes. Salez et poivrez.
3 Parsemez avec le persil très finement haché. Versez le vinaigre, puis l'huile. Mélangez le picadillo au moment de servir après avoir vérifié l'assaisonnement.

Les Plats

Daurade au four

POUR 4 PERSONNES
PRÉPARATION : 20 MIN
CUISSON : 30 MIN

Boisson conseillée :
SANCERRE

1 daurade d'au moins 1 kg écaillée et vidée • 1 citron • 1 kg de pommes de terre • 1 carotte • 3 ou 4 belles tomates • 4 gousses d'ail • 10 cl d'huile d'olive • 10 cl de vin blanc sec • sel, poivre

1 Préchauffez le four (200 °C, therm. 6).
2 Lavez et essuyez la daurade. Pratiquez des entailles profondes sur le dessus de la daurade.
3 Lavez le citron, coupez-le en rondelles puis en demi-rondelles. Épluchez les pommes de terre et la carotte, lavez-les et coupez-les en rondelles. Coupez les tomates en tranches. Pelez puis hachez l'ail.
4 Posez le poisson dans un plat allant au four. Glissez une demi-rondelle de citron en alternance avec une rondelle de pomme de terre, une tranche de tomate, une rondelle de carotte dans les fentes que vous avez faites sur le dessus du poisson. Répartissez le reste des légumes dans le plat. Parsemez d'ail. Salez, poivrez. Arrosez d'huile et mouillez avec le vin blanc.
5 Enfournez et laissez cuire environ 30 min. Le poisson est cuit lorsqu'il n'est plus rose à l'arête. Vérifiez en plongeant une pointe de couteau dans la chair.
6 Sortez le plat du four. Mettez le poisson au milieu d'un plat de service chaud et disposez les légumes tout autour.

Calmars farcis

POUR 6 PERSONNES
PRÉPARATION : 40 MIN
CUISSON : 45 MIN

Boisson conseillée :
ALLELA BLANC

1 kg de calmars • 1 poignée de gros sel • 1 oignon • 6 cuill. à soupe d'huile d'olive • 100 g de riz cuit • 15 cl de jus de tomate • 4 cuill. à soupe de pignons • 4 cuill. à soupe de raisins de Corinthe • 1 cuill. à soupe de persil haché • 1 pincée de cannelle en poudre • 15 cl de vin blanc sec • sel fin, poivre

1 Préchauffez le four (200 °C, therm. 6). Frottez la poche et les tentacules des calmars avec du gros sel. Rincez ensuite à grande eau en nettoyant soigneusement l'intérieur de la poche.

Hachez finement les tentacules. Pelez puis hachez finement l'oignon.
2 À la poêle, dans la moitié de l'huile d'olive, faites rissoler l'oignon à feu doux. Lorsqu'il est devenu transparent, ajoutez les tentacules et faites cuire en remuant bien pendant 5 ou 6 min.
3 Ajoutez ensuite le riz, le jus de tomate, les pignons, les raisins secs, le persil et la cannelle. Salez et poivrez.
4 Remplissez les calmars de ce mélange. Pour éviter que la farce ne sorte des calmars pendant la cuisson, fermez les poches en cousant à grands points avec du gros fil.

5 Disposez les calmars dans un plat à four. Arrosez-les avec le vin et le reste d'huile. Salez et poivrez légèrement.
6 Faites cuire au four pendant 40 min. Avant d'éteindre le four, vérifiez la cuisson et prolongez-la éventuellement : les calmars doivent être très tendres.
Les calmars farcis se dégustent chauds ou froids, en hors-d'œuvre ou comme plat principal, selon la quantité préparée et selon leur taille. Les gros peuvent dépasser 50 cm. Pour cette recette, mieux vaut en choisir de plus petits.

Calmars sautés

POUR 6 PERSONNES
PRÉPARATION : 30 MIN
CUISSON : 30 MIN

750 g de calmars • 2 gros oignons • 3 gousses d'ail • 600 g de tomates • 5 cuill. à soupe d'huile • 1 bouquet garni • sel, poivre

1 Seules les tentacules et la poche du calmar sont comestibles. Coupez les têtes. Lavez les calmars et frottez-les. Dépouillez les tentacules.

Coupez la chair en morceaux.
2 Pelez puis hachez les oignons et l'ail. Plongez les tomates 1 min dans l'eau bouillante, pelez-les, épépinez-les et concassez-les.
3 Dans une sauteuse, faites blondir les calmars à l'huile. Remuez pour qu'ils prennent couleur de tous côtés. Ajoutez en-

suite les oignons, l'ail, les tomates et le bouquet garni. Salez et poivrez. Baissez le feu, couvrez et prolongez la cuisson environ 30 min.
4 Goûtez et rectifiez l'assaisonnement si nécessaire. Versez dans un plat creux et servez bien chaud.
Accompagnez de riz créole.

Merluza a la vasca

POUR 6 PERSONNES
PRÉPARATION : 45 MIN
CUISSON : 45 MIN

Boisson conseillée :
TARRAGONE BLANC

6 belles tranches de merlu (ou de colin) • 300 g de coques (ou de palourdes) • 6 langoustines • 2 gousses d'ail • 1 cuill. à soupe d'huile d'olive • 1 cuill. à soupe d'huile d'arachide • 1 cuill. à soupe de farine • 15 cl de fumet de poisson • gros sel • 3 œufs • 6 asperges cuites • 250 g de petits pois cuits • 4 branches de persil haché • sel, poivre

1 Salez les tranches de merlu des 2 côtés. Pelez et hachez finement l'ail.

Faites-le dorer dans un faitout avec les 2 huiles. Ajoutez la farine. Dès que l'ail se met à rissoler, ajoutez le fumet.
2 Mettez le poisson dans le faitout. Salez, poivrez. Couvrez et faites-le cuire pendant environ 15 min à feu doux.
3 Mettez les langoustines dans une casserole, couvrez-les de 2 l d'eau froide. Salez avec 1 cuillerée à soupe de gros sel. Portez à ébullition et laissez cuire 5 min à gros bouillons. Égouttez les langoustines. Mettez-les dans le faitout.
4 Faites cuire les œufs pendant 10 min dans de

l'eau bouillante. Rafraîchissez-les à l'eau froide, écalez-les et coupez-les en quartiers.
5 Lavez et brossez les coques sous l'eau courante. Versez-les dans le faitout. Ajoutez les asperges, les petits pois et le persil. Faites cuire à feu vif pendant 3 min et servez immédiatement.
La chair du merlu, fine et blanche, est meilleure en été. Ce poisson, qui peut atteindre 10 kg, se nourrit principalement de maquereaux, de harengs et de sardines. Cette recette traditionnelle basque en fait ressortir toute la saveur.

Morue à la biscaïenne

POUR 4 PERSONNES
DESSALAGE : 12 H
PRÉPARATION : 45 MIN
CUISSON : 1 H

Boisson conseillée :
RIOJA BLANC SEC

- 800 g de morue salée •
- 6 petits piments rouges secs •
- 2 cuill. à soupe de farine •
- huile de friture • 400 g
- d'oignons • 1 kg de
- tomates • 20 cl d'huile
- d'olive • 30 g de pain rassis •
- 2 gousses d'ail • 3 cuill. à
- soupe de chapelure blonde •
- 2 branches de persil haché •
- poivre

1 Mettez la morue dans une bassine et faites-la dessaler 12 h à l'eau froide courante. Égouttez-la et épongez-la avec un torchon. Ôtez la peau et coupez la chair en petits morceaux.
2 Faites tremper les piments dans un bol d'eau froide.
3 Remplissez un faitout à moitié d'eau froide et plongez-y le poisson. Faites cuire jusqu'au premier bouillon, sortez les morceaux de poisson du faitout à l'aide d'une écumoire. Formez rapidement de petites boulettes de poisson et roulez-les dans la farine.
4 Faites chauffer l'huile de friture, plongez-y les boulettes et faites-les frire 2 min. Sortez-les à l'aide d'une écumoire et déposez-les sur du papier absorbant.
5 Pelez et émincez les oignons. Réservez-en 50 g. Plongez les tomates 1 min dans l'eau bouillante, pelez-les, épépinez-les puis coupez-les en morceaux. Réservez-en 1/3.
6 Dans une sauteuse, faites revenir les tomates et les oignons dans 15 cl d'huile à feu doux pendant 20 min.
7 Mettez le pain à tremper 5 min dans de l'eau, puis essorez-le. Pelez l'ail. Égouttez les piments et coupez-les en menus morceaux. Faites chauffer le reste de l'huile dans une poêle. Mettez à revenir le reste des oignons et des tomates, l'ail, les piments et le pain. Prolongez la cuisson 5 min.
8 Passez le contenu de la poêle au mixer et versez-le dans la sauteuse. Poivrez avec modération.
9 Versez la moitié de la sauce dans une cocotte. Répartissez les boulettes de morue par-dessus. Recouvrez avec le reste de sauce.
10 Lavez et hachez le persil. Mélangez-le à la chapelure. Parsemez la cocotte de ce mélange et faites cuire à découvert pendant 15 min environ.

Zarzuela de pescado

POUR 6 PERSONNES
PRÉPARATION : 1 H
CUISSON : 1 H 40

Boisson conseillée :
VALDEPEÑAS BLANC

- 1 kg de langoustines • 2 têtes
- de poisson • 500 g de
- lotte • 500 g de calmars •
- 3 petites langoustes • 1 l de
- moules • 1 bouquet garni •
- 4 oignons • 3 tranches de
- 1 cm de jambon serrano (ou
- de Bayonne) •
- 4 gousses d'ail • 1 kg de
- tomates • 1 poivron vert •
- 1 poivron rouge • 30 cl
- d'huile d'olive •
- 1 pincée de safran • 15 cl de
- cognac • sel, poivre

1 Décortiquez les langoustines. Pelez 1 oignon. Mettez dans un faitout les têtes et les pattes des langoustines, les têtes de poisson, les langoustines, l'oignon, le bouquet garni et le sel. Arrosez de 2 l d'eau. Portez à ébullition, couvrez, baissez le feu et laissez frémir pendant 1 h.
2 Pendant ce temps, coupez le jambon en lanières. Coupez la lotte en tranches et les calmars en lanières. Pelez puis émincez le reste des oignons. Pelez et écrasez l'ail. Plongez les tomates 1 min dans l'eau bouillante, pelez-les, épépinez-les et concassez-les. Lavez les poivrons, ôtez les pédoncules, les graines et les filaments, coupez la chair en longues lanières.
3 Ôtez la tête des langoustes vivantes puis coupez les queues en 2 dans le sens de la longueur et sortez la chair de la carapace. Décortiquez aussi soigneusement les queues de langoustine.
4 Filtrez le bouillon au-dessus d'une casserole. Réservez-le.
5 Dans une cocotte, faites fondre dans l'huile d'olive les oignons et l'ail. Quand ils sont translucides, ajoutez les tomates et prolongez la cuisson à feu doux pendant 15 min. Réservez.
6 Saisissez les queues de langoustes à l'huile dans une sauteuse. Remuez pour qu'elles dorent de tous côtés. Égouttez-les avec une écumoire et ajoutez-les dans la sauteuse. Faites revenir de même les langoustines, les calmars, la lotte, le jambon et les lanières de poivron. Versez-les au fur et à mesure dans la cocotte. Salez et poivrez.
7 Arrosez avec le bouillon. Parfumez de safran et ajoutez le cognac. Portez à ébullition, couvrez et laissez frémir environ 20 min.
8 Grattez et lavez les moules. Faites-les ouvrir à feu vif dans une casserole. Ajoutez-les dans la cocotte, versez dans une soupière et servez bien chaud.

ZARZUELA
DE PESCADO

•

*La zarzuela de pescado
est un ragoût de poissons
et de fruits de mer dont
le nom évoque la fête,
puisque zarzuela signifie
aussi «opérette».
En cuisine, il s'agit d'une
spécialité catalane dont
vous pouvez varier les
ingrédients au gré du
marché.*

Morue majorquine

POUR 6 PERSONNES

DESSALAGE : 12 H

PRÉPARATION : 25 MIN

CUISSON : 1 H ENVIRON

Boisson conseillée :

VALDEPEÑAS ROSÉ

1 kg de morue • 1,2 kg de pommes de terre • 2 gousses d'ail • 1 petit bouquet de persil • 1 branche de thym • 1 feuille de laurier • 3 tomates moyennes • 50 g de raisins de Smyrne • 1 cuill. à soupe de chapelure blonde • 15 cl d'huile d'olive • poivre

1 Faites dessaler la morue pendant 12 h dans une bassine remplie d'eau froide courante.
2 Mettez la morue dans une cocotte, couvrez-la d'eau froide et portez lentement à ébullition. Baissez le feu et prolongez la cuisson à petits bouillons pendant 10 min. Sortez-la du feu, égouttez-la dans une passoire, retirez la peau et les arêtes.
3 Coupez la morue en 6 morceaux. Émiettez le reste de la chair.
4 Faites cuire les pommes de terre dans leur peau à l'eau bouillante salée. Pelez et écrasez l'ail.
5 Préchauffez le four à 200 °C (therm. 6).
6 Lavez et hachez le persil. Effeuillez le thym, broyez le laurier. Mélangez les herbes.
7 Lavez les tomates et coupez-les en rondelles. Épluchez les pommes de terre et coupez-les en rondelles. Au fond d'un plat allant au four, disposez une couche de pommes de terre. Séparez l'ail, les herbes et les raisins en 2 parts égales. Répartissez-en une par-dessus les pommes de terre. Recouvrez avec les miettes de morue. Poivrez. Couvrez avec les pommes de terre restantes. Créez une nouvelle couche avec les morceaux de morue, recouvrez-les de rondelles de tomates. Parsemez avec le reste des herbes et poudrez de chapelure.
8 Arrosez le plat avec l'huile. Enfournez et laissez cuire de 25 à 30 min. Servez très chaud, dans le plat de cuisson.
Vous pouvez réchauffer ce plat au four le soir même ou le lendemain. Il restera excellent.

Langouste de la Costa Brava

POUR 6 PERSONNES

PRÉPARATION : 30 MIN

CUISSON : 45 MIN

Boisson conseillée :

MANZANILLA

1 langouste vivante de 1 kg ou plus • 250 g d'oignons • 500 g de tomates • 20 cl d'huile • 15 cl de vin blanc • 2 douzaines d'escargots cuits • thym • laurier • 2 gousses d'ail • 6 amandes grillées • 6 noisettes grillées • 30 g de pain frit • safran • noix de muscade • sel, poivre

1 Coupez la queue de la langouste vivante, puis découpez-la en tronçons. Pelez puis hachez les oignons. Plongez les tomates dans l'eau bouillante pendant 1 min, pelez puis épépinez-les.
2 Dans une cocotte, faites dorer à l'huile les oignons hachés. Ajoutez les tronçons de queue de la langouste. Laissez mijoter pendant 5 min.
3 Mouillez avec le vin, ajoutez les tomates, assaisonnez de sel et de poivre. Râpez une pincée de noix de muscade que vous ajoutez à ce mélange. Ajoutez ensuite les escargots, le thym et le laurier, couvrez la cocotte et laissez mijoter à feu doux pendant 30 min.
4 Pendant ce temps, pelez l'ail. Dans un mortier écrasez l'ail, le safran, les amandes, les noisettes et le pain frit. Après avoir formé une pâte, ajoutez un peu d'eau pour la diluer un peu et mettez-la dans la cocotte.
5 Laissez mijoter 10 min environ jusqu'à ce que la langouste soit à point. Servez chaud.
Vous pouvez utiliser des escargots en boîte. Il suffit de les passer dans un court-bouillon afin de leur redonner le goût des escargots frais.

Sardines grillées

POUR 6 PERSONNES

PRÉPARATION : 5 MIN

CUISSON : 5 MIN

30 sardines • 3 cuill. à soupe de gros sel • citron • beurre d'ail • sel, poivre

1 Achetez des sardines très fraîches, d'environ 16 cm de longueur. Laissez-les entières, sans les vider ni les laver. Mettez le gros sel dans une assiette et passez-y les sardines des 2 côtés en pressant pour que le sel adhère sur les poissons.
2 Faites chauffer le gril à blanc pendant 15 min environ.
3 Grattez les sardines rapidement pour retirer le gros sel. Posez-les sur le gril bien chaud. Laissez-les cuire 2 ou 3 min d'un côté, puis retournez-les. Prolongez la cuisson de la même durée et posez-les sur un plat de service chaud.
4 Accompagnez du citron coupé en quartiers, de sel, poivre et d'un beurre d'ail.
Le beurre d'ail se prépare en incorporant 100 g de gousses d'ail pelées, hachées et blanchies à 200 g de beurre. Les sardines sentent très fort quand elles grillent. C'est donc plutôt une recette à réaliser en plein air, sur un barbecue.

Boulettes de Montefrio

POUR 6 PERSONNES
PRÉPARATION : 20 MIN
CUISSON : 2 H 50

Boisson conseillée :
BEAUJOLAIS

250 g de blanc de volaille non désossé • 250 g de jambon cru • 1 gousse d'ail • 4 œufs + 1 jaune • 200 g de chapelure • 1 cuill. à soupe de persil haché • 1 pincée de safran • le jus de 1/2 citron • 25 cl d'huile d'olive • poivre du moulin • sel

1 Désossez et hachez menu le blanc de volaille avec 200 g de jambon. Réservez les os pour parfumer le bouillon.

2 Pelez puis écrasez l'ail. Battez légèrement les œufs. Dans une terrine, mélangez le hachis de viande avec la chapelure, le persil, l'ail et le safran. Salez et poivrez. Ajoutez ensuite le jus de citron et les œufs. Confectionnez des boulettes avec le mélange, en ajoutant de la chapelure si besoin est.

3 Faites chauffer 20 cl d'huile dans une poêle. Passez les boulettes dans l'huile jusqu'à ce qu'elles soient bien dorées (comp-tez 3 min par poêlée). Laissez-les égoutter.

4 Mettez dans une casserole 1,5 l d'eau avec les os de la volaille et le reste du jambon. Ajoutez le reste d'huile. Faites bouillir à feu doux pendant 30 min puis ajoutez les boulettes et laissez mijoter pendant 2 h.

5 Enlevez les os et coupez le jambon en petits morceaux. Battez le jaune d'œuf et versez-le petit à petit dans la casserole, retirez du feu et servez.

Faisan au chou

POUR 6 PERSONNES
PRÉPARATION : 25 MIN
CUISSON : 1 H 05

Boisson conseillée :
RIOJA

1 gros faisan plumé et vidé par le volailler • 1 gros chou vert • 200 g de lard de poitrine frais • 40 g de beurre • 2 cuill. à soupe d'huile • 1 bouquet garni • 1 gousse d'ail • 1 clou de girofle • sel, poivre

1 Lavez et nettoyez le chou. Coupez-le en 4, ôtez les grosses côtes et émincez les feuilles. Faites-les blanchir dans de l'eau bouillante salée pen-dant 10 min. Égouttez-les.

2 Coupez le lard en petits dés. Pelez puis écrasez l'ail. Salez et poivrez le faisan en insistant pour que les épices adhèrent à la peau.

3 Faites chauffer le beurre dans une cocotte. Faites-y revenir le faisan à feu vif, en le retournant pour qu'il dore de tous côtés. Mettez la moitié des lardons au fond de la cocotte et laissez-les rissoler pendant ce temps. Couvrez, baissez le feu

et prolongez la cuisson pendant 35 min. Sortez le faisan de la cocotte et déglacez-la. Versez la sauce dans une saucière.

4 Pendant ce temps, faites dorer le reste des lardons à l'huile dans une autre cocotte. Ajoutez le chou, le bouquet garni, l'ail, le clou de girofle, salez et poivrez. Couvrez et faites cuire à feu doux pendant 30 min.

5 Mettez le chou au fond d'un plat de service chaud, posez le faisan par-dessus et servez.

Cocido madrileño

POUR 6 PERSONNES
TREMPAGE : 12 H
PRÉPARATION : 20 MIN
CUISSON : 3 H 15

Boisson conseillée :
RIOJA

500 g de viande de bœuf • 150 à 200 g de lard • 1 os de jambon • 100 g de chorizo • 500 g de pois chiches • 1 cuill. à café de bicarbonate de soude • 1 oignon • 1 carotte • 1 tête d'ail • 1 feuille de laurier • 1 poignée de gros sel • 2 pommes de terre • feuilles de chou vert ou blanc (facultatif) • poivre

1 Demandez à votre boucher de vous réserver un os de jambon.

2 Mettez les pois chiches et le bicarbonate dans un grand saladier. Recouvrez d'eau et lais-

sez tremper 12 h. Égouttez les pois chiches.

3 Pelez et émincez l'oignon. Épluchez la carotte, coupez-la en rondelles. Ôtez l'enveloppe de la tête d'ail en laissant les gousses telles quelles.

4 Mettez les pois chiches dans un faitout. Couvrez-les d'eau froide. Ajoutez le bœuf, le lard, l'os de jambon, l'oignon, la carotte, la tête d'ail, le laurier, le gros sel et 1 bonne pincée de poivre.

5 Couvrez et laissez cuire à feu doux pendant 3 h. En cours de cuisson, assurez-vous qu'il reste assez d'eau dans le faitout. Sinon, complétez

avec un peu d'eau chaude. Remuez de temps en temps. Vérifiez la cuisson des haricots, et prolongez-la éventuellement.

6 Épluchez, lavez les pommes de terre, puis coupez-les en 8. Coupez le chorizo en rondelles. Ajoutez le tout dans la marmite et, éventuellement, les feuilles de chou.

7 Prolongez la cuisson pendant 15 min. Mettez la viande dans un plat de service chaud. Versez les légumes dans un plat creux et servez.
La couleur rouge du cocido lui vient du chorizo.

Paella
a la valenciana

POUR 6 PERSONNES

PRÉPARATION : 1 H

CUISSON : 1 H ENVIRON

Boisson conseillée :

RIOJA

1 poulet de 1,2 kg • 300 g de travers de porc •
15 cl d'huile d'olive • 300 g de calmars • 1 gros poivron •
3 oignons • 2 gousses d'ail • 8 langoustines •
4 tomates • 400 g de riz long non glacé • 1 capsule de
safran • poivre de Cayenne • 1 kg de petits pois •
12 moules • sel, poivre

1 Coupez le poulet en petits morceaux. Désossez les travers de porc et coupez-les en petits cubes. Mettez un peu d'huile au fond d'une cocotte et posez-y les morceaux de viande. Faites-les cuire à feu très doux pendant 30 min. Salez et poivrez.

2 Éliminez la tête des calmars, lavez-les soigneusement puis coupez-les en lanières. Lavez le poivron, coupez-le en 2, retirez les graines et la partie blanche, détaillez-le en languettes. Pelez et hachez les oignons et l'ail. Décortiquez les queues des langoustines. Coupez les tomates en quartiers et épépinez-les. Mesurez le volume du riz. Réservez une quantité d'eau égale à 2 fois ce volume.

3 Dans un plat à paella, faites chauffer à feu vif le reste de l'huile. Faites-y sauter la chair du poivron et les calmars. Ajoutez ensuite les oignons et l'ail. Versez le riz en pluie. Faites cuire en remuant. Quand le riz est devenu translucide, ajoutez les tomates. Prolongez la cuisson environ 10 min. Faites chauffer l'eau que vous avez réservée et délayez-y le safran.

4 Écossez les petits pois. Versez les cubes de porc et les morceaux de poulet dans le plat à paella. Ajoutez les petits pois. Salez, poivrez, assaisonnez de poivre de Cayenne. Mouillez avec l'eau chaude safranée. Portez à ébullition, baissez le feu, couvrez et laissez cuire pendant 15 min. Ajoutez les queues des langoustines et prolongez la cuisson pendant 5 min environ. Surveillez et assurez-vous que le riz a absorbé toute l'eau.

5 Retirez le couvercle et piquez les moules dans le riz, pointe vers le bas. Faites cuire à feu vif quelques instants pour qu'elles ouvrent. Servez immédiatement.

Lièvre au four

POUR 6 PERSONNES
PRÉPARATION : 25 MIN
CUISSON : 1 H 05

1 lièvre de 1,8 kg coupé en morceaux • 2 gousses d'ail • 500 g de tomates • 5cl d'huile d'olive • sauce Worcestershire • 20 cl de vinaigre • moutarde forte • sel, poivre

1 Préchauffez le four à 200 °C (therm. 6).

2 Pelez l'ail. Plongez les tomates dans l'eau bouillante, pelez-les, épépinez-les et concassez-les. Faites-les revenir à l'huile, avec l'ail. Assaisonnez de sauce Worcestershire, de vinaigre, salez et poivrez. Prolongez la cuisson 15 min.
3 Badigeonnez les morceaux de lièvre de moutarde et mettez-les dans un plat allant au four. Arrosez-les de sauce. Enfournez et laissez cuire pendant 50 min. Arrosez-les en cours de cuisson avec leur jus. Servez très chaud.
Accompagnez de pommes de terre sautées.

Perdreaux au raisin

POUR 6 PERSONNES
PRÉPARATION : 20 MIN
CUISSON : 2 H

3 perdreaux . huile d'olive • 500 g de raisin blanc • 300 g de jambon serrano • 1 branche de thym • 1 feuille de laurier • 20 cl de bouillon de volaille • sel, poivre

1 Dans une cocotte, faites dorer les perdreaux à l'huile d'olive sur feu vif. Retournez-les pour qu'ils reviennent de tous côtés. Sortez-les de la cocotte et réservez-les. Jetez le gras de cuisson.
2 Lavez et égrenez le raisin. Hachez le jambon. Disposez-le au fond de la cocotte. Remettez-y les perdreaux.

3 Couvrez et laissez cuire pendant 1 h. Arrosez de bouillon, ajoutez les grains de raisin, le thym et le laurier, salez et poivrez. Couvrez à nouveau et prolongez la cuisson 30 min.
4 Sortez les perdreaux de la cocotte, déglacez-la et servez la sauce à part.

Pollo al chilindron

POUR 5 PERSONNES
PRÉPARATION : 25 MIN
CUISSON : 1 H 15

Boisson conseillée :
VALDEPEÑAS

1 poulet de 1 kg • 20 cl d'huile • 4 tomates • 4 poivrons verts • 1 poivron rouge piquant • 2 oignons • 4 gousses d'ail • 150 g de jambon cru • 15 cl de vin blanc sec (facultatif) • sel, poivre

1 Découpez le poulet en 8. Faites revenir les morceaux dans une cocotte avec 10 cl d'huile. Quand ils ont pris un peu de couleur, salez généreusement, poivrez, couvrez et laissez cuire à feu moyen pendant 50 min.
2 Lavez les tomates et coupez-les en 4. Lavez les poivrons, ôtez le pédoncule, coupez-les en 2, retirez les graines et les filaments, puis coupez la chair en lanières. Pelez les oignons et coupez-les en rondelles. Pelez et hachez l'ail. Faites revenir 10 mn tous ces légumes dans le reste de l'huile. Salez. Coupez le jambon en lanières.
3 Ajoutez les légumes et le jambon dans la cocotte et prolongez la cuisson 5 min. Le cas échéant, mouillez de vin blanc. Poursuivez la cuisson 5 à 10 min et servez chaud dans la cocotte ou dans un plat creux.

Fabada des Asturies

POUR 6 PERSONNES
TREMPAGE : 12 H
PRÉPARATION : 20 MIN
CUISSON : 40 MIN
REPOS : 30 MIN

1 jambonneau de 500 g • 750 g de haricots blancs • 1 oignon • 1 gousse d'ail • 2 boudins asturiens (ou une oreille de porc) • 2 chorizos • 100 g de lard • 1 bouquet de persil • 20 cl d'huile • 1 pincée de safran • sel

1 La veille, mettez le jambonneau à tremper dans l'eau tiède, après avoir brûlé les poils. Dans un autre récipient, faites tremper les haricots dans de l'eau froide.

2 Pelez l'oignon, coupez-le en 4. Pelez puis écrasez l'ail. Dans un récipient en terre, mettez les haricots, le jambonneau, les boudins (ou l'oreille de porc), les chorizos, le lard, l'oignon, l'ail, le persil, l'huile et couvrez d'eau froide. Portez à ébullition. Écumez.
3 À partir de l'ébullition, laissez cuire doucement. Faites en sorte que les haricots soient toujours couverts d'eau. Ajoutez de l'eau froide si nécessaire. Secouez de temps en temps le récipient pour que les haricots n'attachent pas.
4 À mi-cuisson (20 min), assaisonnez de safran. Dès que les haricots sont cuits, salez avec précaution. Si le bouillon est trop liquide, passez au tamis quelques haricots puis mélangez-les au bouillon à feu doux jusqu'à épaississement.
5 Laissez reposer 30 min, puis ôtez l'oignon et le persil. Pour servir, disposez les viandes coupées en morceaux sur les haricots.

LES TAPAS

Il est difficile de définir les tapas, ces délicieux amuse-gueule que l'on déguste dans les bars ou les auberges avant le dîner. Elles sont aussi variées que le pays, de la plus simple : chorizo *grillé, jambon de montagne, fromage* manchego, *à la plus sophistiquée : cuisses de grenouilles, ailes de cailles, escargots, anguilles. Cette tradition confère à l'avant-dîner une aura de fantaisie et de gaieté.*

COMPOSITIONS CLASSIQUES

Simple mais élégante : des anchois enroulés dans du poivron rouge à l'huile et entourés de deux câpres.

Des goûts variés : une rondelle de chorizo frite, entre deux morceaux de poivron vert et deux champignons à l'huile.

Pour évoquer la banderille des corridas : une olive, un morceau de poivron rouge, un petit oignon au vinaigre, un piment vert, une rondelle de cornichon.

Des «petites choses» toutes simples : une coque au vinaigre, une olive noire, une moule à l'escabèche, une olive noire et une coque enfilées sur une brochette .

LES ORIGINES

Les tapas sont nées en Andalousie, au siècle dernier. Cette province chaleureuse et hospitalière est aussi la patrie du xérès. Or ce vin, s'il ne convient guère aux repas, est idéal en apéritif. Les aubergistes prirent l'habitude de servir quelques «bouchées» à leurs clients, de simples rondelles de saucisse ou cubes de jambon, qu'ils couvraient (*tapar*) d'un torchon à cause des mouches. Peu à peu, ces tapas se diversifièrent et l'on compte aujourd'hui des centaines de recettes. En Espagne, les repas sont pris assez tard, vers 14 h pour le déjeuner et souvent après 22 h pour le dîner. Les tapas permettent d'attendre ces repas. Aujourd'hui, un certain nombre d'Espagnols installés dans d'autres pays y ont adapté cette coutume. Ils reçoivent des amis chez eux, le soir, pour des réunions informelles autour d'une table de tapas.

JAMBON SERRANO

Des petites tranches de jambon *serrano* ou de l'excellent *pata negra* (le meilleur jambon au monde – dit-on...), sur une tranche de pain de campagne : les plus proches des tapas originelles.

CUBES DE FROMAGE

Des cubes de fromage *manchego*, un fromage de brebis. Pour réussir vos tapas, faites-le mariner plusieurs jours dans de l'huile d'olive.

ALBQNDIGAS

Les *albondigas* sont des boulettes de viande accompagnées de sauce tomate épaisse, souvent cuisinée avec des petits pois. N'oubliez pas les piques en bois...

LANGOUSTINES «EN GABARDINA»

Décortiquez les langoustines en conservant les queues. Plongez-les dans une pâte à beignets légère et faites-les frire à l'huile d'olive. Assaisonnez de safran et servez chaud.

TRIPES À LA MADRILÈNE

Découpées en petits morceaux, les tripes à la madrilène seront faciles à déguster. Mieux vaut prévoir des serviettes en papier...

MOULES EN SALADE

Choisissez de grosses moules, lavez-les soigneusement et faites-les ouvrir à feu vif et à couvert, avec un peu d'eau. Préparez la sauce : concassez 2 tomates, hachez un poivron vert, ciselez un bouquet de ciboulette et mélangez avec 1 cuillerée à soupe de vinaigre et 4 cuillerées à soupe d'huile d'olive. Salez. Quand les moules sont ouvertes, posez-les sur un plat, recouvrez-les de sauce et servez.

SEICHES À L'AIL

Nettoyez les seiches, puis faites-les revenir à l'huile environ 5 min avec l'ail et le persil hachés. Salez, poivrez et servez chaud.

CROQUETTES DE FRUITS DE MER

Cette recette provient de la Rioja. Les gambas et la crevette sont cuites puis sont plongées dans une sauce Béchamel, enfin elles sont passées dans de la chapelure et frites à l'huile.

Ragoût de Tolède

POUR 6 PERSONNES
PRÉPARATION : 30 MIN
CUISSON : 2 H 15

Boisson conseillée :
RIOJA

1 kg de viande de bœuf •
1 oignon • 3 gousses d'ail •
2 tomates • 1 poivron •
1 petite cuill. à café de piment
doux • 6 grains de poivre •
1 clou de girofle • 25 cl
d'huile • 1 branche de
persil • 6 petits artichauts •
500 g de petits pois • 1 kg de
pommes de terre • sel

1 Coupez la viande en morceaux. Pelez l'oignon, l'ail et les tomates (auparavant plongez les tomates 1 min dans l'eau bouillante). Lavez le poivron, retirez les graines et les parties blanches, puis hachez-le. Hachez le persil.
2 Dans une casserole, mettez la viande avec l'oignon, les tomates, le poivron, le piment doux, les grains de poivre, le clou de girofle, l'huile, l'ail et le persil.
3 Lavez les artichauts après en avoir coupé les queues. Écossez les petits pois. Épluchez les pommes de terre, lavez-les et coupez-les en morceaux. Ajoutez tous ces légumes dans la casserole.
4 Faites revenir le tout pendant 15 min. Ajoutez 50 cl d'eau et salez. Couvrez et laissez cuire à feu doux pendant environ 2 h.
5 Faites réduire le liquide et servez.

Perna de borrego assada

POUR 6 PERSONNES
PRÉPARATION : 25 MIN
CUISSON : 40 MIN

1 gigot d'environ 1,5 kg •
1,5 kg de pommes de terre
pour la sauce : 3 cuill. à soupe
d'huile d'olive • 3 gousses
d'ail • 1/2 verre de vin blanc
sec • 2 cuill. à soupe (rases)
de piment doux d'Espagne en
poudre • 1 feuille de laurier •
sel, poivre

1 Préchauffez le four (220 °C, therm. 7). Épluchez les pommes de terre.
2 Préparez la sauce : dans un bol, faites une sauce avec l'huile, l'ail haché, le vin blanc, le piment, du sel, du poivre. Mélangez le tout et ajoutez la feuille de laurier émiettée.
3 À l'aide d'un couteau pointu, faites des petites entailles dans la viande.
4 Enduisez le gigot avec la sauce en insistant sur les entailles, de manière à ce qu'il en soit bien imprégné. Vous pouvez utiliser un pinceau à pâtisserie ou bien faire une sorte de tampon avec du papier absorbant.
5 Disposez le gigot dans un plat, entouré de pommes de terre entières épluchées et mettez-le au four.
6 Pendant la cuisson, arrosez le gigot de temps à autre (2 ou 3 fois) avec la sauce réduite.
7 Servez le gigot dès sa sortie du four.
Il suffit de 35 min de cuisson pour un gigot de ce poids si vous l'aimez saignant.

Riz en croûte

POUR 6 PERSONNES
PRÉPARATION : 30 MIN
CUISSON : 1 H 50

Boisson conseillée :
RIOJA

250 g de riz • 1 lapin (1 coq
ou 1 poule) de 1,5 kg avec ses
abats et désossé par le
volailler • 200 g de boudin •
500 g de tomates • 15 cl
d'huile • 15 cl de bouillon •
15 cl de vin blanc sec •
1 pincée de safran •
11 œufs • sel, poivre

1 Préchauffez le four (200 °C, therm. 6).
2 Coupez la viande en petits morceaux. Coupez le boudin en morceaux.
3 Lavez les tomates et coupez-les en quartiers.
4 Faites chauffer l'huile dans un grand plat en terre allant au four. Mettez la viande à revenir. Lorsqu'elle commence à dorer, ajoutez les abats (foie, cœur, plus le gésier s'il s'agit d'une volaille), le boudin et les tomates. Ajoutez ensuite le bouillon et le vin blanc, le safran, du sel et du poivre. Baissez le feu et laissez cuire à feu moyen pendant 1 h.
5 Vérifiez la sauce et allongez-la avec environ 45 cl d'eau chaude. Portez à ébullition et jetez le riz en pluie dans le plat. Baissez le feu et prolongez la cuisson environ 20 min. Tournez régulièrement à l'aide d'une cuillère en bois.
6 Lorsque le riz a absorbé tout le jus de cuisson, il est cuit. Vérifiez qu'il est suffisamment tendre. Au besoin, ajoutez un peu d'eau et laissez cuire encore quelques minutes.
7 Cassez les œufs dans une terrine, salez et poivrez-les. Battez-les en omelette. Versez-les sur le plat.
8 Recouvrez le plat d'une feuille de papier aluminium. Enfournez et laissez cuire pendant 15 min.
9 Sortez le plat du four et ôtez la feuille de papier aluminium. Servez immédiatement. Il s'est formé une croûte sur le dessus du plat. Cassez-la devant les convives.

Canard à la mode de Séville

POUR 6 PERSONNES
PRÉPARATION : 20 MIN
CUISSON : 1 H 40

1 canard de 1,8 kg • thym •
3 cuill. à soupe d'huile d'olive •
1 oignon • 2 carottes • 15 cl
de xérès • 20 cl de bouillon
de volaille • 100 g d'olives •
sel, poivre

1 Préchauffez le four (180 °C, therm. 5). Videz et flambez le canard. Bridez-le et assaisonnez-le avec du sel, du poivre et du thym. Mettez-le dans une cocotte avec l'huile et faites-le bien dorer. Pelez puis hachez l'oignon. Épluchez les carottes, lavez-les et coupez-les en rondelles. Ajoutez ces légumes dans la cocotte. Faites-les dorer. Couvrez.
2 Mettez la cocotte au four. Laissez cuire 1 h 30, en retournant le canard plusieurs fois. Arrosez avec le xérès et le bouillon. Poursuivez la cuisson 15 min. Pendant ce temps, dénoyautez les olives.
3 Déposez le canard dans un plat chaud. Passez la sauce, ajoutez-y les olives dénoyautées. Faites bouillir un instant, versez sur le canard et servez.
Vous pouvez raffiner la présentation en ajoutant des triangles de pain frits.

Aubergines panées

POUR 4 PERSONNES
MACÉRATION : 1 H
PRÉPARATION : 25 MIN
CUISSON : 15 MIN

1 kg d'aubergines • 2 œufs •
5 cuill. à soupe de farine •
15 cl d'huile • sel

1 Pelez les aubergines, coupez-les en rondelles. Mettez-les dans un saladier, couvrez d'eau froide salée et laissez-les reposer pendant 1 h pour en ôter l'amertume et les attendrir.
2 Égouttez les aubergines et épongez-les dans un torchon épais ou avec du papier absorbant.
3 Cassez les œufs dans une assiette creuse et battez-les en omelette. Mettez la farine dans une autre assiette. Passez successivement les aubergines dans l'œuf puis dans la farine.
4 Faites chauffer l'huile dans une poêle. Plongez-y les aubergines par fournées. Laissez-les frire 7 min, puis retournez-les et prolongez la cuisson pendant 7 à 8 min. Renouvelez l'opération jusqu'à épuisement des rondelles d'aubergines.
5 Égouttez-les à l'aide d'une écumoire, laissez-les égoutter sur du papier absorbant et disposez-les dans un plat. Réservez au chaud et servez.
Cette recette est meilleure avec de petites aubergines tendres.

Fèves à la castillane

POUR 4 PERSONNES
PRÉPARATION : 30 MIN
CUISSON : 1 H

1 kg de fèves fraîches • 250 g
de lard de poitrine • 300 g de
chorizo • 2 gousses d'ail •
1 oignon • 2 piments rouges
secs • 1 poignée de feuilles
de menthe • 10 cl d'huile
d'olive • 5 cl d'eau-de-vie •
15 cl de vin blanc (facultatif) •
1 poignée de gros sel

1 Écossez les fèves et dérobez-les. Mettez-les dans un faitout et couvrez-les largement d'eau froide salée. Portez à ébullition et laissez cuire 25 min à petits bouillons. Vérifiez le niveau d'eau. Il doit juste affleurer les fèves. Sinon, retirez le surplus à la louche. Laissez cuire encore 25 min.
2 Pelez puis hachez l'ail et l'oignon. Coupez les piments et la menthe en petits morceaux.
3 Faites revenir l'ail, l'oignon, les piments et la menthe dans l'huile, en remuant de temps en temps. Mouillez avec l'eau-de-vie (et le vin blanc s'il y a lieu). Versez dans le faitout.
4 Coupez le lard en dés et le chorizo en rondelles. Ajoutez-les au plat. Poursuivez la cuisson pendant 10 min à feu doux.
Servez dans un grand plat creux préchauffé.

Riz au four

POUR 6 PERSONNES
PRÉPARATION : 15 MIN
CUISSON : 20 MIN

3 verres de riz (environ
375 g) • 3 brins de persil •
1 oignon • 1 tablette de
bouillon de poulet concentré •
sel

1 Préchauffez le four (180 °C, therm. 5).
2 Versez de l'eau chaude jusqu'à mi-hauteur d'un plat allant au four haut de 10 cm au moins. Salez-la modérément.
3 Lavez et hachez le persil. Pelez et coupez l'oignon en 2. Coupez chaque moitié en fines lamelles. Émiettez la tablette de bouillon. Versez ces ingrédients dans le plat. Ajoutez alors le riz et mélangez le tout.
3 Mettez au four pendant 20 min (vérifiez la cuisson et l'assaisonnement du riz avant de retirez le plat du four). Servez.

Tumbet

Pour 6 personnes
Préparation : 45 min
Cuisson : 1 h 10

400 g de tomates • 400 g d'aubergines • 400 g de pommes de terre • 400 g de poivrons rouges • 30 cl d'huile d'olive • sel, poivre

1 Préchauffez le four à 140 °C (therm. 2).
2 Plongez les tomates 1 min dans de l'eau bouillante, pelez-les, épépinez-les et hachez-les grossièrement. Dans une sauteuse, faites chauffer 2 cuillerées à soupe d'huile ; mettez-y les tomates à cuire à feu doux, environ 20 min. Salez et poivrez.
3 Lavez soigneusement les aubergines, essuyez-les avec du papier absorbant et coupez-les en rondelles pas trop fines. Épluchez les pommes de terre, lavez-les, essuyez-les et coupez-les également en rondelles.
4 Faites chauffer 10 cl d'huile dans une poêle. Faites-y revenir environ 20 min les aubergines en les retournant à mi-cuisson à l'aide d'une spatule. Salez, poivrez. Dans une seconde poêle, faites sauter les pommes de terre dans 10 cl d'huile pendant environ 20 min. Salez-les.
5 Lavez les poivrons, ôtez les pédoncules, coupez-les en 2, retirez les filaments et les graines et découpez la chair en dés. Faites les fondre à feu doux dans une troisième poêle avec le reste de l'huile, pendant 15 min.
6 Disposez les légumes dans un plat à gratin par couches successives. Commencez par les pommes de terre, puis les aubergines et enfin les poivrons. Recouvrez le tout avec le coulis de tomates. Enfournez et faites cuire environ 15 min. Servez immédiatement, à même la terrine.
La finesse de ce plat tient à son mode de cuisson : chacun des légumes est d'abord cuit séparément. Si vous n'avez pas assez de feux pour les cuire simultanément, faites-les cuire chacun à leur tour, en les réservant au chaud et à couvert. Dans ce cas, laissez-les cuire moins longtemps.

Les Desserts

Churros madrileños

Pour 6 personnes
Préparation : 10 min
Cuisson : 10 min

250 g de farine • 1 pincée de sel • huile de friture • 50 g de sucre semoule ou glace

1 Portez 25 cl d'eau salée à ébullition.
2 Mettez la farine dans une jatte et creusez un puits au centre. Versez l'eau bouillante en remuant soigneusement avec une cuillère en bois. La pâte épaissit très vite, mais sa texture doit rester fine et homogène. Laissez refroidir à température ambiante puis mettez-la au réfrigérateur.
3 Mettez la pâte très froide dans une poche à douille cannelée de 1 cm de diamètre. Faites chauffer l'huile de friture. Plongez-y des bandes de pâte d'environ 10 cm de long, directement de la poche à douille dans l'huile.
4 Laissez-les dorer environ 1 min en les retournant à mi-cuisson. Procédez en plusieurs fournées pour éviter que les churros ne se collent les uns aux autres. Déposez-les au fur et à mesure sur du papier absorbant et laissez-les égoutter. Poudrez de sucre semoule ou de sucre glace au moment de servir.
On déguste le plus souvent les churros avec un chocolat chaud très épais ou du café au lait.

Flao des Baléares

Pour 6 personnes
Préparation : 15 min
Cuisson : 30 min

400 g de farine • 400 g de fromage blanc • 400 g de sucre semoule • 10 cl d'huile • eau-de-vie d'anis • 20 g de beurre pour le moule • 3 feuilles de menthe • 4 œufs • sucre glace ou miel

1 Préchauffez le four (180 °C, therm. 5). Travaillez la farine avec l'huile et 10 cl d'eau puis ajoutez quelques gouttes d'eau-de-vie d'anis. Mélangez jusqu'à ce que la pâte soit épaisse et homogène.
2 Beurrez un moule plat et rond. Versez-y la pâte.
3 Hachez finement la menthe. Battez les œufs en omelette. Mélangez-les avec le fromage blanc, le sucre et la menthe. Lorsque le mélange est bien lisse, versez-le sur la pâte.
4 Mettez au four pendant 30 min.
5 Le flao des Baléares se sert froid ou chaud, poudré de sucre glace ou bien recouvert de miel.

CHURROS
MADRILEÑOS

•

*Bien que la recette des
churros ne soit pas très
compliquée, les Espagnols
vont plutôt les acheter chez
le pâtissier. Ils les dégustent
au petit déjeuner, avec une
tasse de chocolat.
Des vendeurs ambulants en
proposent au coin des rues.
On les déguste alors en se
promenant.*

Tortada

Pour 12 personnes
Préparation : 30 min
Cuisson : 1 h 15 min

Boisson conseillée :
Xérès sec

12 œufs • 1 kg de sucre semoule • 500 g de poudre d'amandes • 1 cuill. à soupe de rhum • 1 cuill. à soupe de miel • quelques gouttes d'anis (facultatif) • 100 g de cerises confites

pour la meringue : 5 blancs d'œufs • 250 g de sucre semoule

1 Préchauffez le four (200 °C, therm. 6).
2 Cassez les œufs en séparant le blanc du jaune. Montez les blancs en neige ferme. Battez ensemble les jaunes et 500 g de sucre jusqu'à ce que le mélange blanchisse. Ajoutez la poudre d'amandes. Incorporez les blancs délicatement pour ne pas les casser.
3 Versez la préparation dans un moule et enfournez. Laissez cuire 45 min environ.
4 Mélangez 75 cl d'eau et le reste de sucre, portez sur le feu. Ajoutez le rhum, le miel et, éventuellement, l'anis. Laissez cuire à petit feu jusqu'à ce que le sirop nappe la cuillère.
5 Sortez le gâteau du four et imbibez-le progressivement de sirop.

6 Préparez la meringue : baissez le four à 130 °C (therm. 2). Fouettez les blancs en neige ferme en leur incorporant progressivement le sucre. Fouettez encore jusqu'à ce qu'ils soient bien fermes. Mettez la meringue dans une poche à douille. Décorez le gâteau en formant des croisillons puis un cercle sur le pourtour. Mettez au four pendant 30 min.
7 Pour servir, disposez des cerises confites entre les croisillons de meringue.

Tortel de naranja

Pour 6 personnes
Préparation : 35 min
Cuisson : 40 min
Réfrigération : 20 min

pour le gâteau à l'orange : 3 oranges • 3 œufs • 50 g de beurre + 20 g pour le moule • 150 g de sucre semoule • 150 g de farine tamisée • 1/2 sachet de levure chimique

pour la garniture : 2 œufs • 200 g de chocolat pâtissier • 100 g de beurre • 80 g de sucre semoule • le zeste rapé d'une 1/2 orange • 2 cuill. à soupe de Cointreau

1 Préchauffez le four (180 °C, therm. 5). Beurrez un moule à manqué de 20 cm de diamètre. Pressez 1 orange (réservez le jus), râpez son zeste.
2 Cassez les œufs en séparant les blancs des jaunes. Faites fondre le beurre dans une casserole, laissez-le refroidir. Travaillez les jaunes et le sucre. Ajoutez le zeste et le jus d'orange, puis le beurre fondu, la farine et la levure. Mélangez pour obtenir une pâte bien lisse. Battez les blancs en neige ferme, incorporez-les à la pâte. Versez dans le moule et faites cuire au four 35 à 40 min.
3 Démoulez sur une grille et laissez refroidir.
4 Préparez la garniture. Cassez les œufs en séparant les blancs des jaunes. Faites fondre le chocolat au bain-marie avec le beurre. Hors du feu, ajoutez le sucre, le zeste d'orange et les jaunes d'œufs. Travaillez le mélange pour qu'il soit bien lisse.
5 Battez les blancs en neige, incorporez-les au chocolat. Laissez durcir au réfrigérateur.
6 Pendant ce temps, lavez les 2 autres oranges et coupez-les en lamelles.
7 Apprêtez le gâteau : partagez-le en 2 disques. Imbibez-les de Cointreau et garnissez de préparation au chocolat. Recomposez le gâteau, nappez la surface extérieure. Décorez de lamelles d'orange. Servez très frais.

Gâteaux frits d'Aragon

Pour 6 personnes
Préparation : 20 min
Cuisson : 10 min

600 g de farine • 200 g de sucre semoule • 25 cl d'huile • 1 cuill. à soupe d'anis en grains • huile de friture

1 Travaillez ensemble la farine et le sucre. Ajoutez les grains d'anis et mélangez bien.
2 Disposez le tout dans une terrine en formant un puits. Versez un peu d'eau tiède au centre, travaillez la pâte. Ajoutez de l'eau peu à peu, jusqu'à ce que vous obteniez une pâte bien lisse et homogène.
3 Farinez la table ou un plan de travail. Étalez la pâte sur la table et abaissez-la à environ 1,5 cm d'épaisseur. Divisez-la en petites portions à l'aide d'une cuillère.

4 Faites chauffer l'huile dans une friteuse. Plongez les petites boules de pâte dans la friture et laissez-les cuire 1 ou 2 min.
5 Égouttez-les à l'aide d'une écumoire et déposez-les sur un plat. Poudrez de sucre et servez.
Région pauvre, l'Aragon est surtout connue pour les migas (voir p. 46).

Gâteau de courge

POUR 6 PERSONNES

PRÉPARATION : 1 H

REPOS : 12 H

CUISSON : 1 H

400 g de courge • 4 œufs • 40 cl d'huile • 350 g de farine • 250 g de sucre semoule • 200 g de noisettes moulues • 20 g de beurre • 3 cuill. à café de cannelle • sel

1 Coupez la chair de la courge en gros morceaux, en retirant les graines. Plongez-les dans une marmite d'eau froide salée, portez à ébullition et laissez cuire 10 min.

Égouttez et laissez reposez les morceaux de courge dans une passoire toute la nuit.
2 Passez au moulin à légume ou au mixer pour obtenir une purée.
3 Dans un terrine, fouettez ensemble les œufs, l'huile et la purée de courge. Ajoutez la farine, le sucre, les noisettes, la cannelle et une bonne pincée de sel. Mélangez bien.
4 Préchauffez le four à 160 °C (therm. 3).

5 Beurrez un moule en couronne. Versez-y la pâte et enfournez.
6 Après 1 h de cuisson, vérifiez que le gâteau est cuit en introduisant une aiguille. Celle-ci doit ressortir sèche.
7 Laissez refroidir avant de démouler.
La courge est le nom générique de divers légumes charnus et aqueux. Pour cette recette, préférez un potiron.

Turron d'Alicante

POUR 6 PERSONNES

PRÉPARATION : 40 MIN

CUISSON : 10 MIN

RÉFRIGÉRATION : 3 H

500 g d'amandes • 150 g de sucre • 250 g de miel • 1 blanc d'œuf

1 Préchauffez votre four à la température maximale.
2 Pelez les amandes et mondez-les. Faites-les dorer au four quelques minutes, en surveillant qu'elles ne brûlent pas.
3 Versez le sucre dans une petite casserole, ajoutez 10 cl d'eau et faites

cuire en sirop en remuant soigneusement. Lorsque vous obtenez la couleur d'un caramel blond, retirez la casserole du feu.
4 Dans une autre casserole, faites fondre le miel (sauf si vous disposez d'un miel très liquide). Incorporez le miel au sirop et remuez.
5 Remettez la casserole sur le feu, à feu doux, et continuez la cuisson sans cesser de remuer.

6 Battez le blanc d'œuf en neige ferme. Mélangez-le délicatement au sirop, ajoutez les amandes.
7 Tapissez un moule carré de papier sulfurisé. Versez le sirop dans le moule, sur une épaisseur d'environ 1,5 cm.
8 Mettez le moule au réfrigérateur jusqu'à ce que le turron durcisse. Pour servir, coupez des carrés.

LA SANGRIA

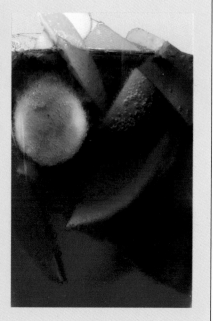

La sangria est une boisson rafraîchissante que l'on sert en apéritif, pour un barbecue ou pour une fête. Les quantités suivantes sont prévues pour 10 personnes. Lavez 2 oranges et 1 citron et coupez-les en rondelles. Épluchez 2 pommes, 1 poire et 4 pêches et coupez-les en dés. Pelez 1 banane et coupez-la en rondelles. Mettez 2 l de vin rouge dans une casserole avec 100 g de sucre semoule, 1 cuillerée à café de cannelle en poudre. Portez à ébullition en tournant. Laissez cuire 5 min. Retirez du feu, ajoutez les fruits et laissez refroidir. Mettez au réfrigérateur pendant au moins 1 h. Ajoutez 25 cl d'eau gazeuse et servez très frais. Selon la saison, les fruits dont vous disposez et votre fantaisie, vous pouvez en varier la composition. Remplacez l'eau gazeuse par de la limonade aux fruits, ou encore ajoutez un peu de cognac ou de rhum.

SAVEURS DU PORTUGAL

Pays originellement peuplé par les Ibères, le Portugal a connu le passage de nombreux peuples : Carthaginois, Grecs, Romains, Wisigoths, Arabes...

LES TRADITIONS
•

C'est sans doute des Arabes que les Portugais ont conservé leur goût pour les pâtisseries. Ce sont eux aussi qui introduisirent les techniques d'irrigation performantes qui permirent le développement des vergers. À l'extrême ouest du littoral atlantique, le Portugal est aussi un pays de pêcheurs, et le poisson, tout naturellement, appartient à sa tradition culinaire.

LA VIE QUOTIDIENNE
•

LE PETIT DÉJEUNER (pequeno almoço). La journée de travail commençant vers 9 h, le petit déjeuner est souvent pris en famille. Un café au lait accompagne un petit pain blanc rond, tartiné de beurre et de confiture ou garni de fromage.

LE DÉJEUNER (almoço). Il se déroule généralement en famille, vers 12 h 30. Il commence habituellement par une soupe, suivie d'un plat de poisson ou de viande accompagné de riz ou de pommes de terre. Le déjeuner continue par une salade et se termine par dès fruits de saison. Il est arrosé d'eau et de vin rouge.

LE DÎNER (jantar). Il est servi aux alentours de 21 h. La soupe du déjeuner se retrouve souvent au dîner, suivie d'un plat de poissons grillés avec des légumes, puis d'un plateau de fruits ou bien de pâtisseries.

LES JOURS DE FÊTE
•

NOËL (Natal). À cette époque de l'année, dans les villages, on tue le cochon : un rôti de porc trônera donc sur la table du repas de Noël. On mangera également ce jour-là des *rabanadas*, tranches de pain trempées dans de l'eau sucrée puis passées à l'œuf battu et dorées à la poêle. En

revanche, le repas de la veille, pris avant la messe de minuit, est simple : un plat de morue agrémenté de pommes de terre ou de chou, une viande, puis un dessert traditionnel régional.
MI-CARÊME (Carnaval). On sert ce jour-là une tête de cochon fumée, cuite dans un bouillon.

PÂQUES (Pascoa). Grande fête du renouveau, c'est l'occation d'un nettoyage complet de la maison. Au menu du déjeuner pascal figurent des beignets de morue, un dindonneau ou un gigot d'agneau, un canard au riz, des fromages de brebis ou de chèvre et, en dessert, des fruits et un assortiment de gâteaux.

Menu classique

AÇORDA

·

COZIDO

·

RIZ AU LAIT

LES PRODUITS

LA MORUE
•

Ce poisson des mers froides peut peser jusqu'à cinquante kilos. Les Portugais, qui en consomment une grande quantité, l'accommodent de plusieurs dizaines de façons. Fraîche, la morue peut être grillée ou rôtie ; salée ou séchée, elle se conserve dans des tonneaux. Sa valeur énergétique en a fait un aliment de base pour ce peuple de marins et de pêcheurs. En principe, le mot «morue» désigne le poisson séché, tandis que l'on parle de «cabillaud» pour le poisson frais.

LA SARDINE
•

Cousine du hareng, la sardine doit son nom à la Sardaigne, au large de laquelle les Grecs la pêchaient. Elle atteint sa pleine maturité pendant les mois d'été. Lorsqu'elle est jeune et mesure moins de 16 cm, on la nomme «sardine», ensuite elle devient un «pilchard». Elle se déplace en bancs, dans tout le nord-est de l'Atlantique ainsi qu'en Méditerranée. Elle se déguste aussi bien farcie qu'en papillotes, fumée ou marinée...

Cabillaud

LES VINS

LE PORTO ET LE MADÈRE

Ces vins sont dits «vins de liqueur» parce que leur fermentation est stoppée par l'addition d'eau-de-vie. Les Portugais les appellent «vins généreux», et leur degré d'alcool peut dépasser 20 % Vol.

LE PORTO. C'est à la suite de la signature d'un traité de paix et de commerce avec l'Angleterre, en 1642, que furent plantées les premières vignes dans la vallée du Douro, au nord du pays. Élaboré à partir de nombreux cépages poussant sur des sols exceptionnels, le porto doit sa saveur et sa particularité à ces derniers, tout autant qu'à son procédé de vinification. Après celle-ci, il est transporté à Vila Nova de Gaia, dans les faubourgs de Porto, pour y être entreposé. Laissé en repos pendant plusieurs années, il sera régulièrement soutiré, pour favoriser son oxygénation, et enrichi en eau-de-vie, mais aussi afin de compenser l'évaporation de l'alcool. Les grands portos, les vintages, exigent de 10 à 15 ans pour atteindre leur plénitude.

Les trois variétés de porto sont le porto blanc, le *ruby* (rouge clair) et le *tawny* (roux, couleur d'ambre). L'intensité de son fruité et de son goût en fait un merveilleux apéritif, mais il accompagne également le melon, les desserts, voire les fromages, comme dans les îles Britanniques.

LE MADÈRE. La culture de la vigne sur les pentes abruptes et ensoleillées de l'île volcanique de Madère débuta avec l'occupation portugaise, au XVᵉ siècle. La fabrication du madère se rapproche de celle du porto. Comme pour ce dernier, la fermentation du moût est arrêtée au bout de quelques jours, puis celui-ci est rehaussé d'eau-de-vie. Certains madères sont entreposés dans un cellier chauffé à 40 °C, puis lentement refroidis. Les quatre vins de Madère les plus courants sont le *malmsey* (malvoisie), couleur de caramel, très parfumé et très sucré, le *verdelho* et le *boal*, sombres, moins doux et très corsés, le *sercial*, qu'on ne consomme qu'après huit ou dix ans, toujours sec, ambré, au goût austère et puissant.

LE VINHO VERDE

C'est un vin produit dans une région de collines granitiques qui jouxte la Galice espagnole. La vigne y grimpe aux arbres et pousse en tonnelles, à une certaine distance du sol : le manque de chaleur, et de maturation, qui en résulte conserve au vin un fort taux d'acide malique jusqu'à la récolte. C'est sans doute ce qui, à l'issue de la fermentation, va donner au vin son pouvoir désaltérant et pétillant. Les rouges ont une couleur très vive, une saveur fraîche et fruitée et leur degré alcoolique dépasse rarement 10 % Vol. Le *vinho verde* blanc est le plus populaire et le plus agréable.

LES PETITS CRUS

On distingue le *colares*, issu d'un cépage *ramisco* qui pousse à même le sable des petites dunes de la région du nord de Lisbonne. C'est un vin foncé, tannique qui doit vieillir longtemps. Le *bucelas*, du nom d'une petite bourgade située près de Lisbonne, est un vin blanc acidulé, de couleur jaune paille, à l'excellente saveur. Le *carcavelos* est produit près de l'embouchure du Tage, sur la «côte du soleil». Ce vin de liqueur supporte quatre ou cinq ans de vieillissement. Les vins de Dão, produits au nord de Lisbonne, sont très parfumés, veloutés et, le plus souvent, rouges. Mentionnons enfin le *moscatel* de Setúbal, vin de liqueur très doux et doré, évoquant fortement le muscat avec lequel il est fait.

Morue

Sardines

Les Entrées

Açorda

POUR 4 PERSONNES
PRÉPARATION : 15 MIN
CUISSON : 18 MIN

4 œufs • 2 brins de cerfeuil (ou de persil) • 1 cuill. à soupe d'huile • 4 gousses d'ail • 250 g de pain rassis coupé en tranches fines • sel

1 Lavez le cerfeuil. Pelez les gousses d'ail et coupez-les en quartiers. Dans une casserole, portez à ébullition 1,5 l d'huile. Mettez-y le cer-feuil, l'huile, l'ail et une bonne pincée de sel. Couvrez et laissez cuire à petits bouillons pendant 15 min.
2 Baissez le feu. Faites ensuite pocher les œufs, un à un, à feu doux, dans la soupe et retirez-les à l'aide d'une écumoire : mettez-les en attente sur un linge ou sur une assiette.

3 Versez le bouillon à travers une passoire dans la soupière ; ajoutez les tranches de pain. Couvrez la soupière pendant 2 ou 3 min.
4 Posez délicatement un œuf poché dans chaque assiette, et recouvrez de bouillon et de tranches de pain, puis servez.

Caldo verde

POUR 4 PERSONNES
PRÉPARATION : 20 MIN
CUISSON : 45 MIN

Boisson conseillée :
VIN DE DÃO

6 feuilles de chou vert à grandes feuilles • 500 g de pommes de terre • 4 cuill. à soupe d'huile d'olive • (4 cuill. supplémentaires si vous employez du jambon) • 1 saucisson à cuire (ou 2 tranches de jambon cuit haché ou 200 g de poitrine fumée, coupée en petites lamelles, ou de chouriço saucisson demi-sec au piment rouge) • sel

1 Épluchez les pommes de terre. Mettez-les dans un faitout avec 2 cuille-rées à soupe d'huile d'olive et la charcuterie. Couvrez d'eau froide, portez à ébullition, bais-sez le feu et laissez cuire à feu moyen pendant 25 min environ.
2 Sortez les pommes de terre du faitout et écra-sez-les en purée. Remet-tez-les dans le faitout et salez légèrement.
3 Lavez le chou et ef-feuillez-le. Coupez les grosses côtes et émincez les feuilles en très fines lanières.
4 Mettez-les dans la cas-serole et prolongez la cuisson pendant 20 mn à découvert. Surveillez la cuisson du chou et arrê-tez-la quand il est encore un peu croquant sous la

dent. Goûtez et rectifiez l'assaisonnement si né-cessaire.
5 Versez le caldo verde dans un grand plat creux. Arrosez d'un filet d'huile d'olive et servez.
C'est le plat national por-tugais. Accompagnez-le de pain de maïs et de vin rouge. Selon le marché et le goût de chacun on peut varier la charcute-rie. Les Portugais utili-sent pour cette recette un chou vert frisé, foncé et très parfumé. Il n'a pas de cœur pommé au milieu, mais produit de grandes feuilles.

Œufs verts

POUR 4 PERSONNES
PRÉPARATION : 30 MIN
CUISSON : 12 MIN

5 œufs • 2 cuill. à soupe d'huile d'olive • 2 cuill. à soupe de vinaigre • 1 petit bouquet de persil • 100 g de farine • huile de friture • feuilles de laitue • sel, poivre

1 Faites durcir 4 œufs 10 min à l'eau bouillante salée. Passez-les sous l'eau froide et écalez-les.
2 Coupez les œufs en 2 dans la hauteur, réservez les blancs et mettez les jaunes dans un grand bol. Écrasez-les à la four-chette. Versez l'huile en filet, puis le vinaigre et mélangez bien pour obte-nir une pâte épaisse.
3 Lavez, équeutez et ha-chez finement le persil. Incorporez-en les 2/3 à la pâte d'œuf. Salez et poi-vrez, mélangez de ma-nière homogène.
4 Remplissez les blancs d'œufs avec la farce.
5 Cassez le dernier œuf dans une assiette, battez-le et incorporez-lui le reste du persil. Dans une seconde assiette, mettez la farine.

6 Passez les œufs farcis, successivement dans la farine, dans l'œuf battu puis de nouveau dans la farine.
7 Faites chauffer l'huile de friture. Plongez-y déli-catement les œufs à l'aide d'une louche et laissez-les frire 1 à 2 min. Sortez-les à l'aide d'une écumoire, déposez-les sur du papier absorbant et laissez-les égoutter. Disposez les feuilles de laitue sur un plat de ser-vice. Posez les œufs des-sus et servez.

Les Plats

Caldeirada

POUR 12 PERSONNES
PRÉPARATION : 45 MIN
CUISSON : 55 MIN

Boisson conseillée :
VINHO VERDE
OU MUSCADET

1 l de coques • 1 kg d'encornets • 600 g de congre en tranches • 2 kg d'anguilles (coupées en tronçons) • 750 g d'oignons • 2 gousses d'ail • 20 cl d'huile d'olive • 2 brins de persil • 4 tomates • quelques gouttes de sauce au pili-pili • 1 cuill. à soupe de piment doux • 5 cl d'eau-de-vie • 2 kg de pommes de terre • sel, poivre

1 Brossez les coques et lavez-les plusieurs fois à grande eau. Réservez-les dans une bassine d'eau salée.
2 Préparez les encornets. Lavez-les, videz-les, retirez l'os. Coupez la chair en lanières.
3 Lavez le congre et les anguilles.
4 Pelez les oignons et l'ail. Hachez les gousses d'ail. Coupez les oignons en rondelles. Plongez les tomates 1 min dans l'eau bouillante, pelez-les, épé-pinez-les et concassez-les. Lavez le persil.
5 Faites fondre l'ail et l'oignon avec un peu d'huile dans une cocotte. Quand ils sont transluci-des, ajoutez le reste de l'huile, les tomates et le persil. Poursuivez la cuis-son environ 10 min. Ajoutez ensuite les tran-ches de congre, les tron-çons d'anguille et les encornets. Arrosez de 2 l d'eau et de l'eau-de-vie. Assaisonnez avec la sauce au pili-pili, le pi-ment. Salez, poivrez et portez à ébullition.
6 Couvrez, baissez le feu et prolongez la cuis-son 20 min. Ajoutez les coques dans la cocotte, remontez le feu et laissez cuire encore 10 min à dé-couvert.
7 Épluchez les pommes de terre et mettez-les à cuire entières dans de l'eau bouillante salée pen-dant 25 min environ.
8 Servez bien chaud dans la cocotte ou dans un plat de service chaud. Pour améliorer la présen-tation de la caldeirada, vous pouvez la servir à l'assiette. Rangez alors des rondelles de pom-mes de terre au fond de chaque assiette creuse. Répartissez les morceaux de poisson, d'anguille et d'encornet par dessus, entourez de coques et ar-rosez de jus de cuisson. La caldeirada est un plat de pêcheurs. Chacun l'enrichit au gré de la ma-rée. Traditionnellement, elle cuit dans un grand poêlon en terre. Parmi les variantes les plus cou-rantes, vous pouvez rem-placer les pommes de terre par des tranches de pain rassis. Vous pouvez aussi préparer ce plat avec des petits poissons. Il en faut alors 2 espèces au moins. Laissez-les en-tiers, nettoyés et vidés et faites-les cuire 15 min dans le poêlon avant d'ajouter les coques. Il est recommandé de pren-dre des poissons sans écailles.

Croquettes de morue

POUR 6 PERSONNES
DESSALAGE : 12 H
PRÉPARATION : 40 MIN
CUISSON : 1 H

Boisson conseillée :
TAVEL

1,5 kg de morue • 1,5 kg de pommes de terre • 5 œufs • 1 petit bouquet de persil • 1 oignon • huile de friture • poivre

1 Coupez la morue en 12 morceaux. Mettez-les dans une bassine et lais-sez-les dessaler 12 h à l'eau froide courante.
2 Épluchez les pommes de terre, coupez-les en cubes. Lavez, équeutez et hachez le persil. Pelez et hachez l'oignon.
3 Dans un faitout, met-tez la morue et les pom-mes de terre. Couvrez d'eau froide, portez à ébullition et faites-les cuire environ 20 min.
4 Enlevez les morceaux de morue du faitout à l'aide d'une écumoire. Ôtez la peau et les arê-tes. Mettez la chair dans le bol du mixer.
5 Égouttez les pommes de terre et ajoutez-les dans le bol du mixer. Ré-duisez en purée. Mettez-la dans une terrine.
6 Cassez les œufs et ajoutez-les dans la ter-rine, ainsi que le persil et l'oignon. Poivrez et mé-langez bien le tout.
7 Formez des boulettes de la taille d'un œuf. Fai-tes chauffer l'huile de fri-ture. Plongez-y les boulettes et faites-les cuire 2 à 3 min en sur-veillant la cuisson.
8 Sortez-les avec une écumoire. Déposez-les sur du papier absorbant et laissez-les égoutter. Procédez en plusieurs fournées et réservez-les au fur et à mesure au chaud, couverts d'un pa-pier aluminium.
9 Servez ces croquettes tièdes.
Accompagnez d'une sa-lade verte et de riz.

Pescada cozida con todos

POUR 4 PERSONNES
PRÉPARATION : 20 MIN
CUISSON : 20 MIN

Boisson conseillée :
SANCERRE

4 tranches de poisson : cabillaud, lieu noir, thon... • 250 g de riz • 3 cuill. à soupe d'huile ou de margarine • 3 oignons (moyens) • 3 tomates • 2 gousses d'ail • 2 feuilles de laurier • 1 cuill. à soupe de persil haché • sel, poivre

1 Dans une sauteuse, faites chauffer, à feu moyen, la matière grasse choisie et faites-y revenir les oignons épluchés et coupés en rondelles fines ; remuez-les régulièrement, à l'aide d'une cuillère en bois, pour qu'ils ne brûlent pas.
2 Lorsque les oignons commencent à blondir, ajoutez les tomates pelées (plongez-les auparavant 1 min dans l'eau bouillante) et épépinées, l'ail haché et les feuilles de laurier.
3 Évaluez le volume du riz (en le mettant par exemple dans un bol) et mesurez un peu plus de 2 volumes d'eau pour 1 volume de riz (il vaut mieux mettre un peu trop d'eau qu'en rajouter en cours de cuisson si votre riz absorbe beaucoup). Versez cette eau dans la sauteuse, salez et poivrez. Quand l'eau bout, versez le riz en pluie et remuez tout le contenu de la sauteuse.
4 Déposez ensuite les tranches de poisson et laissez cuire, à petits bouillons. Au bout de 15 min, vérifiez la cuisson du riz : prolongez-la encore quelques minutes, si nécessaire.
5 Pour servir, enlevez les feuilles de laurier et poudrez le plat de persil haché.

Cabillaud à la mode de Porto

POUR 6 PERSONNES
PRÉPARATION : 15 MIN
CUISSON : 45 MIN

Boisson conseillée :
BUCELAS

6 tranches de cabillaud • 1 kg de tomates • 3 oignons • 2 échalotes • 3 gousses d'ail • 250 g de riz • 4 cuill. à soupe d'huile • 1 bouquet garni • 1 l de vin blanc sec • sel, poivre

1 Pelez les tomates (plongez-les auparavant 1 min dans l'eau bouillante), épépinez-les et hachez-les grossièrement. Épluchez les oignons, les échalotes et l'ail. Hachez-les séparément.
2 Rincez le riz et mettez-le dans une casserole avec 1,5 l d'eau. Portez à ébullition, laissez bouillir 5 ou 6 min et égouttez.
3 Faites chauffer l'huile dans une cocotte, mettez à revenir les hachis d'oignons, d'ail et d'échalotes, puis ajoutez les tomates, le bouquet garni, du sel et du poivre. Laissez cuire à découvert et à feu doux pendant 20 min. Ôtez ensuite le bouquet garni.
4 Ajoutez le riz dans la cocotte, mélangez-le avec la fondue de tomates et posez les tranches de poisson sur l'ensemble. Couvrez avec le vin blanc et laissez cuire à couvert et à feu doux pendant 20 min. Servez brûlant.

Canard farci au chouriço

POUR 4 PERSONNES
PRÉPARATION : 30 MIN
CUISSON : 1 H 40

Boisson conseillée :
COLARES

1 canard de 1,2 kg (environ), plumé et vidé • 150 g de chouriço • 6 grains de poivre • 1 oignon • 1 tranche épaisse de jambon cru • 250 g de riz • 50 g de beurre • 1 jaune d'œuf (facultatif) • 1 branche de persil • sel

1 Préchauffez le four à 200 °C (therm. 6).
2 Dans une marmite remplie d'eau, mettez le canard avec le poivre, l'oignon épluché et coupé en 4, la tranche de jambon coupée en morceaux. Salez et faites cuire sur le feu à petits bouillons pendant 1 h.
3 Retirez le canard de la marmite. Passez le bouillon au tamis et gardez ce qu'il faut pour faire cuire le riz (environ 2 fois le volume). Réchauffez ce bouillon, versez-y le riz en pluie et laissez cuire à couvert de 18 à 20 min. Il est inutile d'ajouter du sel puisque le bouillon du canard est salé : vérifiez seulement l'assaisonnement en fin de cuisson.
4 Le riz cuit doit avoir absorbé tout le bouillon. Hors du feu, ajoutez 15 g de beurre et mélangez. Mettez le riz dans un plat de service allant au four. Aplatissez bien la surface et tartinez-la de 15 g de beurre ou encore de jaune d'œuf. Disposez dessus le canard enduit de 20 g de beurre, et entourez-le de fines rondelles de chouriço.
5 Mettez au four pendant 20 min, jusqu'à ce que le riz et le canard soient dorés.
6 Équeutez, lavez et hachez le persil. Parsemez-le sur le plat au moment de servir.
Le chouriço est un saucisson demi-sec relevé avec du piment rouge qui lui donne sa coloration.

Morue à brás

POUR 4 PERSONNES

PRÉPARATION : 30 MIN

DESSALAGE : 12 H

CUISSON : 25 MIN

Boisson conseillée :

VINHO VERDE

800 g de morue • 1 kg de pommes de terre •
2 feuilles de laurier • 5 œufs • 3 oignons • 3 gousses d'ail •
2 branches de persil • noix de muscade • 6 cuill. à
soupe d'huile d'olive • huile de friture • poivre moulu •

1 Découpez la morue en 8 morceaux. Mettez dans une bassine et faites-les dessaler à l'eau froide courante pendant 12 h. Ôtez la peau et toutes les arêtes. Effeuillez la chair de la morue.

2 Épluchez les pommes de terre. Lavez-les et coupez-les en tout petits bâtonnets. Pelez les gousses d'ail, mais ne les hachez pas. Pelez les oignons et coupez-les en rondelles fines. Faites revenir les gousses d'ail à l'huile dans une sauteuse, avec le laurier. Quand elles sont dorées, sortez-les de la sauteuse sans vider l'huile.

3 Mettez les rondelles d'oignons dans cette sauteuse et faites-les fondre jusqu'à ce qu'elles deviennent transparentes. Ajoutez alors les morceaux de morue. Laissez cuire 15 min. Pendant ce temps, faites frire les pommes de terre. Sortez-les de la friteuse, déposez-les sur du papier absorbant et laissez-les égoutter. Puis versez-les dans la sauteuse.

4 Cassez les œufs dans un saladier. Assaisonnez de poivre et de 1 pincée de noix de muscade râpée. Battez le tout en omelette. Lavez, équeutez et hachez le persil. Versez l'omelette et le hachis de persil dans la sauteuse. Mélangez soigneusement en essayant de ne pas casser les pommes de terre frites. Dès que les œufs sont cuits, arrêtez la cuisson.

5 Versez le contenu de la sauteuse dans un plat de service en terre cuite. Disposez les olives par-dessus et servez.

La morue est un poisson des mers froides. Très répandue dans l'Atlantique nord, elle a un corps allongé, des nageoires arrondies proches les unes des autres, et une coloration variable, verdâtre, rougeâtre ou jaunâtre, avec des taches. Fraîche, elle porte le nom de cabillaud. La morue est toujours séchée et salée. Sa chair doit être jaune clair ou blanche. Si elle comporte des taches rouges, mieux vaut ne pas l'utiliser.

Cochon de lait rôti

POUR 12 PERSONNES
PRÉPARATION : 1 H
CUISSON : 3 H

Boisson conseillée :
COLARES

1 cochon de lait de 8 à 9 kg •
1 l de vin blanc (facultatif) •
50 cl d'huile d'olive •
6 gousses d'ail hachées •
3 kg de pommes de terre •
4 oignons • 50 g de beurre •
6 œufs durs • 5 brins de persil
haché • 200 g d'olives
dénoyautées • sel, poivre
pour la farce : 250 g de foie de
génisse • le foie du cochon •
100 g de jambon cru •
2 oignons • 50 g de beurre •
1 cuill. à soupe de farine •
150 g d'olives vertes ou noires
dénoyautées • 3 œufs durs •
noix de muscade • sel, poivre

1 Demandez à votre charcutier de préparer et de vider le cochon en prenant soin de bien le débarrasser de sa peau.
2 Mélangez l'huile d'olive, l'ail haché, sel et poivre et badigeonnez le cochon de lait avec cette préparation.
3 Préchauffez le four à 180 °C (therm. 5).
4 Préparez la farce : hachez les foies de génisse et de cochon, le jambon cru. Pelez et hachez les oignons. Râpez 2 pincées de noix de muscade. Mélangez ces ingrédients dans un plat creux avec le beurre coupé en petits morceaux, du sel et du poivre.
5 Liez la farce avec la farine délayée dans un peu d'eau. Coupez 3 œufs durs en rondelles. Incorporez-les à la farce, ainsi que 150 g d'olives.
6 Remplissez l'abdomen du cochon avec cette farce et cousez-le. Entourez les oreilles de papier aluminium. Badigeonnez-le à nouveau du mélange à base d'huile.
7 Posez-le sur la grille du four et enfournez au-dessus de la plaque.
8 Arrosez régulièrement le cochon avec le reste de l'huile pendant la cuisson. La peau doit dorer et devenir croustillante.
9 Coupez le reste des œufs en quartiers. Sortez le cochon du four et posez-le sur un grand plat de service. Décorez avec les œufs durs, le persil et les olives.
10 Accompagnez de pommes de terre sautées et d'oignons rissolés.
Le cochon de lait est âgé d'environ 2 mois et doit peser moins de 15 kg. La peau et les oreilles grillées constituaient autrefois un mets de choix dans toute l'Europe. Aujourd'hui, la peau rissolée et découpée en fines lamelles est toujours très appréciée dans la péninsule ibérique.

Cozido

POUR 6 PERSONNES
PRÉPARATION : 1 H
CUISSON : 2 H 30

Boisson conseillée :
VIN DE DÃO

600 g de viande de bœuf (dans
le plat de côtes, ou la culotte) •
150 g de chouriço • 150 g de
jambon cru • 125 g de lard
fumé • 500 g de haricots
verts • 1 chou vert •
3 grosses pommes de terre •
5 carottes • 2 navets •
4 poignées de petites pâtes (en
forme d'étoiles ou de lettres) •
250 g de riz • sel, poivre

1 Portez 4 l d'eau à ébullition dans un faitout. Plongez-y le bœuf, le chouriço, le jambon cru et le lard. Salez modérément, poivrez. Laissez reprendre l'ébullition, baissez le feu et prolongez la cuisson à petits bouillons pendant 1 h environ.
2 Équeutez et effilez les haricots verts. Lavez le chou, retirez les grosses côtes et coupez-le en 4. Épluchez les pommes de terre, lavez-les et coupez-les en 2. Épluchez les carottes et les navets, lavez-les et coupez-les en gros morceaux.
3 Mettez les carottes dans le faitout, laissez cuire 15 min et ajoutez le reste des légumes. Poursuivez la cuisson encore 20 min. Prélevez 50 cl de bouillon et versez-le dans une casserole. Terminez la cuisson 10 min.
4 Portez le bouillon de la casserole à ébullition, versez-y les pâtes en pluie et laissez cuire 5 min. Sortez du feu et réservez.
5 Mesurez le volume du riz. Prélevez dans le faitout 2 fois et demie son volume de bouillon. Portez celui-ci à ébullition dans une grande casserole, versez-y le riz, baissez le feu et faites cuire 20 min en remuant de temps en temps.
6 Sortez les viandes du faitout à l'aide d'une écumoire. Découpez-le chouriço en rondelles et le reste des viandes en petits morceaux. Disposez le riz au centre d'un grand plat de service en terre et mettez la viande autour. Présentez les légumes à part dans un autre plat. Servez la soupe aux pâtes en début de repas, puis apportez le cozido.
Vous pouvez aussi utiliser moins de légumes (seulement des navets par exemple), et servir la viande et les légumes dans un grand plat préchauffé, en l'accompagnant d'un riz nature.

COZIDO

•

S'il est un plat que l'on
retrouve dans toutes les
cuisines du monde, c'est
bien le pot-au-feu.
Le cozido en est la version
portugaise. Tous ces pot-au-
feu ont une origine
paysanne : on jetait dans le
pot tout ce que l'on trouvait
en fonction de la saison,
légumes et morceaux
de viande.

Les Desserts

Bolo de Pascoa

POUR 8 PERSONNES
PRÉPARATION : 40 MIN
CUISSON : 40 MIN

8 œufs • 250 g de sucre semoule • 7 cl de rhum • 100 g de beurre ramolli + 25 g pour le moule • 200 g de farine • 5 cuill. à soupe de confiture (confiture de cerises, gelée de groseille...) • 100 g d'amandes finement écrasées

1 Préchauffez le four à 180 °C (therm. 5).
2 Cassez les œufs et séparez les jaunes des blancs. Mettez les jaunes dans une terrine avec le sucre. Fouettez vivement jusqu'à ce que le mélange blanchisse et devienne mousseux.
3 Versez alors le rhum. Mélangez. Ajoutez le beurre, puis la farine tout en remuant.
4 Montez les blancs d'œufs en neige très ferme. Versez-les dans la terrine et incorporez-les délicatement à l'aide d'une spatule en bois.
5 Beurrez un moule rond et versez-y la pâte. Enfournez et laissez cuire 40 min environ. Pour vérifier la cuisson, piquez au centre du gâteau une aiguille en acier, elle doit ressortir sèche. Laissez refroidir complètement le gâteau.
6 Démoulez-le gâteau. Nappez-le de confiture et parsemez d'amandes.

Pudim de amendoas

POUR 6 PERSONNES
PRÉPARATION : 20 MIN
CUISSON : 45 MIN

500 g de sucre semoule • 250 g d'amandes écrasées • 15 jaunes d'œufs

1 Préparez un sirop épais. Mettez le sucre dans une casserole. Mouillez avec 50 cl d'eau. Portez lentement à ébullition. Ajoutez les amandes, baissez le feu et prolongez la cuisson pendant 10 min, sans cesser de tourner. Sortez la casserole du feu et laissez le sirop refroidir.
2 Préchauffez le four à 160 °C (therm. 3).
3 Ajoutez les jaunes d'œufs au sirop en mélangeant bien pour obtenir une crème lisse.
4 Faites cuire au four au bain-marie, sans laisser bouillir l'eau, environ 30 min. Vérifiez la cuisson en enfonçant la pointe d'un couteau dans le pudim. Elle doit ressortir propre.
5 Laissez refroidir avant de servir.

Toucinho do céu

POUR 8 PERSONNES
PRÉPARATION : 25 MIN
CUISSON : 40 MIN

500 g de sucre semoule • 12 jaunes d'œufs • 1 pincée de cannelle • 250 g d'amandes en poudre • 15 g de farine • 50 g de beurre • 50 g de sucre glace

1 Faites chauffer 20 cl d'eau dans une casserole. Versez le sucre et laissez cuire pendant 10 min. Laissez refroidir le sirop.
2 Préchauffez le four à 200 °C (therm. 6).
3 Battez les jaunes d'œufs avec la cannelle.
4 Versez la poudre d'amandes dans le sirop, ajoutez ensuite les jaunes.
5 Malaxez 25 g de beurre et la farine, ajoutez à la préparation précédente, remettez à feu doux, et tournez régulièrement, jusqu'à ce que la crème épaississe bien.
6 Lorsque la préparation nappe une cuillère, versez-la dans un moule beurré avec le reste de beurre. Mettez au four pour 30 min.
7 Laissez refroidir le gâteau dans son moule. Au moment de servir, démoulez-le et poudrez de sucre glace.

Riz au lait

POUR 4 PERSONNES
PRÉPARATION : 10 MIN
CUISSON : 1 H

200 g de riz à grains ronds • 1 l de lait • 2 citrons • 135 g de sucre semoule • 1 cuill. à soupe de farine de maïs (facultatif) • 80 g de cassonade • sel

1 Rincez rapidement le riz dans une passoire. Mettez à bouillir le lait dans une casserole. Hors du feu, versez le riz dans le lait chaud avec 1 pincée de sel.
2 Râpez le zeste des citrons et ajoutez-le dans la casserole. Faites cuire alors à feu doux environ 1 h (en couvrant la casserole à moitié).
3 À la fin de la cuisson, ajoutez le sucre et, éventuellement, la farine de maïs (qui lie encore davantage ce dessert).
4 Ce riz se sert froid, saupoudré de cassonade. Ajoutez le sucre en fin de cuisson, sinon le riz serait un peu dur.

LA FRANCE

—

*Heureux pays, celui qui peut s'enorgueillir
d'une telle richesse culinaire ! Menus de fêtes, menus du quotidien,
saveurs du terroir ou délicate alchimie d'un de ces magiciens en toque blanche
faisant la renommée d'une province, la France offre à la curiosité
du gastronome un territoire inégalable de découvertes. Il est vrai qu'elle est
dotée d'une telle diversité de climats et de terres qu'elle possède tout,
ou presque : de la truffe au gibier y compris plus de trois cents fromages
et les plus grands vins du monde, rien n'y manque — pas même
la gourmandise — pour faire de la France le lieu permanent d'une fête
du palais et de l'art de vivre.*

SAVEURS DE FRANCE

Les Français sont fiers de leur cuisine. Trop, peut-être, car ils ont tendance à la considérer comme la première du monde. Dans tous les cas, ils en sont les premiers consommateurs ; ils aiment «bien» manger et profitent des moindres occasions. Si l'ail et l'huile d'olive frémissent dans les sauteuses du Midi, c'est le parfum aigre-doux de la choucroute chaude, piquée de genièvre, qui accueille le visiteur en Alsace, et un fumet de moutarde ou d'estragon en Bourgogne. Partout les petits oignons rissolent, les volailles dorent, les viandes rôtissent, les légumes mijotent, avec le bouquet de thym, de laurier, de persil, et le clou de girofle planté dru dans la chair perlée de l'oignon... La France se prépare à un moment délicieux : passer à table.

Menu classique

━━━

ESCARGOTS
DE BOURGOGNE

•

NAVARIN
D'AGNEAU

•

CRÈME BRÛLÉE

LES TRADITIONS
•

Les Français aiment la fête, surtout celle qui les réunit autour d'un bon repas, la première et la plus fréquente étant celle du déjeuner du dimanche. Ce repas dominical est une tradition remontant au moins à Henri IV, qui espérait voir chaque foyer manger une poule au pot ce jour-là.

Également traditionnelles sont les fêtes de famille, comme un baptême, une première communion ou un mariage qui sont, pour le Français, autant d'occasions d'honorer la cuisine. Menus de fête, bien sûr, avec le cortège habituel des apéritifs, croustades, terrines, tourtes, foie gras, crustacés, viandes, entremets, etc., mais aussi deux éléments sucrés, indissociables de ces célébrations : les dragées et la pièce montée. Les premières sont déjà mentionnées en 1220, dans les archives de la ville de Verdun, cité de la dragée par excellence. Quant à la pièce montée, admirable édifice de petits choux ou de génoise, de sucre, de nougat, elle permet au pâtissier inspiré de créer des chefs-d'œuvre. Plus modestement, les pièces montées familiales culminent avec une figurine représentant mariés ou première communiante.

LA VIE QUOTIDIENNE
•

LE PETIT DÉJEUNER. Il est célèbre pour son café au lait et ses croissants chauds. Nombreuses sont les variantes éventuelles : café noir, chocolat ou thé. Et pain grillé.

LE DÉJEUNER. C'est un repas complet : entrée, composée de crudités ou de charcuterie, plat de viande ou de poisson, accompagné de légumes,

Chaource

Brie

Coulommiers

Camembert

fromage et dessert. Et le vin ? À midi, les plus sages l'évitent, mais on ne résiste pas toujours, et il a souvent sa place sur la table, sans oublier la carafe d'eau qui donne bonne conscience. Toutefois, là aussi les mœurs changent. Le déjeuner se fait plus bref, avec une tendance pour la salade composée ou le sandwich accompagné d'une bière.

LE DÎNER. Il est très variable selon les familles. En théorie, il est plus léger que le déjeuner, mais il respecte la règle des quatre mouvements : entrée ou soupe, plat, fromage, dessert. La salade accompagne parfois le fromage, selon les habitudes locales ou familiales, et on préférera plutôt les fruits à une pâtisserie pour terminer, afin de ne pas alourdir le sommeil.

LES JOURS DE FÊTE

NOËL ET JOUR DE L'AN. Noël est certainement, en France, la fête la plus importante, fête religieuse mais aussi fête de la famille et fête de la table. Boudins blancs, foie gras et huîtres sont les pivots du réveillon, souper traditionnel de Noël, qui se prend au retour de la messe de minuit. La table sera particulièrement bien décorée et le vin blanc agrémentera le repas, qui pourra se terminer par une bûche de Noël. Le déjeuner du jour de Noël lui-même sera bien sûr plus consistant avec dinde ou gigot d'agneau aux flageolets, précédé d'un foie gras, et suivi d'un beau plateau de fromages

puis d'un dessert qui peut être à nouveau une bûche, ou d'une charlotte au chocolat nappée de crème à la vanille. Le soir de la Saint-Sylvestre pourront se répéter les agapes du jour de Noël, en un peu plus léger, le dîner étant suivi, le plus souvent, d'une longue soirée dansante.

LA FÊTE DES ROIS, OU ÉPIPHANIE. Fixée par l'Église chrétienne au 6 janvier en souvenir de la venue des rois mages à Bethléem, la fête de l'Épiphanie se célèbre, en fait, le premier dimanche de janvier. À l'honneur, ce jour-là, sur la table : la galette, avec, dissimulée dans sa pâte, une fève, devenue à présent une figurine de porcelaine. Cette fève va permettre au hasard d'élire un roi ou une reine. Cette tradition remonte à l'époque romaine et aux fêtes en l'honneur du dieu Saturne, les fameuses saturnales. Là aussi, grâce à une fève dissimulée dans une galette, le sort désignait le souverain d'un jour. Celui-ci, fort de sa nouvelle puissance, levait tous les interdits. La fête pouvait commencer. L'Église en a tempéré les excès et a attribué une valeur de pain bénit, partagé entre les fidèles, à cette galette romaine. «Tirer les rois» demeure une tradition très vive en France où il existe deux types de galette : celle du Lyonnais, du Nord et de la région parisienne est en pâte feuilletée, souvent fourrée de frangipane ; celle du Sud est briochée, piquée

de fruits confits, parfumée à l'eau-de-vie ou à l'eau de fleurs d'oranger.

LA CHANDELEUR. Voici encore une fête qui remonte à l'Antiquité romaine, cette fois en l'honneur du dieu Pan et du renouveau de la nature. Devenue chrétienne, la chandeleur ou «fête des chandelles» commémore, le 2 février, la présentation de Jésus au Temple et la Purification de la Vierge. Sans doute faut-il chercher là l'origine des crêpes, faites de farine de froment ou de sarrasin — produits des champs —, ainsi que celle de leur forme ronde, symbole du disque solaire. Sautées à la poêle, sucrées ou salées, elles sont populaires dans toute la France. On en mange également au mardi gras, dernier mardi avant le début du carême, et à la mi-carême.

PÂQUES. Principale fête religieuse, Pâques marquait, jadis, la fin de quarante jours d'abstinence : le carême. Celui-ci a beaucoup contribué, dans les siècles passés, à enrichir le patrimoine gastronomique de la France. En effet, pour contourner la rigueur de sa règle qui imposait de ne manger

Pouligny

Chabichou

Valençay

Rouelle

Munster

Maroilles

Ste-Maure

Sancerrois

Mâconnais

Langres

Crottin de Chavignol

Selles-sur-Cher

Pont-l'évèque

Ste-Maure cendré

Livarot

Rouleau de chèvre

Reblochon

Pélardon

Rocamadour

Picodon

Barratte

Taupinière

ni viande, ni graisse, ni œufs, les cuisiniers ont rivalisé d'ingéniosité en accommodant le poisson de multiples manières. La tradition des œufs de Pâques est également à attribuer au «maigre» du carême : interdits pendant quarante jours, ils faisaient leur réapparition le jour de Pâques. De ces temps de privations reste, en France, l'usage de manger du poisson le vendredi. Toutes les familles ne festoient pas le jour de Pâques selon la stricte tradition, mais quelques-unes confectionnent encore ce jour-là l'omelette pascale avec des œufs pondus le vendredi saint.

LES PRODUITS

LES FROMAGES

La définition un peu austère du fromage — aliment obtenu par coagulation du lait, de la crème, du lait écrémé ou de leur mélange — ne rend guère compte de son extraordinaire diversité. La France, quant à elle, en compte plus de trois cents. À base de lait de vache, de chèvre ou de brebis, on distingue six grandes familles de fromages :

- à pâte molle et croûte fleurie (camembert, chaource, brie, coulommiers) ; à croûte lavée (pont l'évêque, langres, reblochon, munster, maroilles, livarot) ; à croûte naturelle comme les chèvres (crottin de Chavignol, valençay, pouligny-saint-pierre, sainte-maure, chabichou, rouelle, sancerrois, selles-sur-cher, rouleau de chèvre, rocamadour, taupinière des Charentes, pélardon, picodon, mâconnais et baratte du mâconnais) ;
- à pâte persillée et croûte naturelle et sèche (bleu de Gex, fourme d'Ambert) ; à croûte amincie (fromages d'Auvergne, des Causses) ; ou encore le roquefort ;
- à pâte pressée non cuite (saint-nectaire, cantal, tomme de Savoie) ;
- à pâte pressée cuite (gruyère, emmental, comté, beaufort) ;
- à pâte fondue (crème de gruyère) ;
- à pâte fraîche (petit-suisse, fromages de chèvre ou de brebis), mais aussi certains fromages industriels vendus sous des noms de marque (Boursin, Boursault).

Un plateau de fromages en comporte généralement au moins trois sortes : une pâte molle à croûte fleurie ou lavée, une pâte cuite, une pâte persillée. Il se propose juste avant le dessert, généralement accompagné d'un vin rouge. N'oubliez pas le pain.

Bleu d'Auvergne

Fourme d'Ambert

Bleu de Gex

Roquefort

Cantal

Emmental

St-nectaire

Comté

Beaufort

Tomme de Savoie

LA TRUFFE

Classée parmi les champignons depuis 1711 par le botaniste français Claude-Joseph Geoffroy, elle en est le fleuron. Blanche avant maturité, elle ne développe tout son arôme que lorsque sa chair a viré au noir, luisant de jus. Elle pousse en pleine terre, entre les racines de certains chênes, plus rarement encore au pied des châtaigniers ou des noisetiers.

L'espèce la plus prisée, la truffe noire, est celle du Périgord, que l'on trouve également en Provence et dans le Dauphiné.

Elle se déguste crue ou cuite, tranchée en rondelles, coupée en dés ou hachée finement pour les garnitures, les sauces, les viandes et les terrines.

LES HUÎTRES

Les Français sont de grands amateurs d'huîtres, et l'ostréiculture en produit quelque 130 000 tonnes par an. L'essentiel de cette production, soit 90 %, est l'huître creuse, qui comprend les claires, les fines de claires, les spéciales ou la fameuse portugaise, arrivée par hasard sur les côtes d'Aquitaine lors du naufrage d'un navire portugais, en 1868. Une autre variété d'huître creuse originaire du Pacifique a été acclimatée en France depuis 1970 pour remplacer les portugaises décimées par une maladie. On trouve ce type d'huître sur la côte atlantique, notamment à Marennes. Les huîtres creuses sont regroupées en catégories numérotées en fonction de leur calibre (de 1 à 5). Les huîtres papillon sont les plus petites d'entre elles.

Quant aux huîtres plates, elles proviennent surtout de Bretagne. Parmi elles, la célèbre belon, mais aussi les gravettes, les marennes et les huîtres plates de Bretagne.

Si l'huître se consomme également chaude, en général elle se déguste crue, juste après avoir été ouverte, accompagnée de pain bis et de beurre, arrosée, selon les goûts, d'une pointe de jus de citron ou d'une goutte de vinaigre à l'échalote. Certains la préfèrent nature. L'usage, longtemps, a voulu qu'on ne mange les huîtres que pendant les mois en «r», les mois les plus froids. Les conditions actuelles d'élevage et de transport permettent d'en consommer toute l'année, notamment de mai à août, mais, durant cette période, elles sont un peu laiteuses.

LA CHARCUTERIE

En France, l'art de la charcuterie est particulièrement développé en Auvergne (saucisses sèches, jambons secs et fumés, saucissons de campagne, etc.), et en Alsace, des régions où l'élevage du porc repose sur une longue tradition. En Alsace notamment, la charcuterie a fait la renommée de la choucroute. Toutefois d'autres régions possèdent également des spécialités charcutières très enracinées dans leur terroir : les rillettes, par exemple, à base de viande de porc, de lapin ou de volaille, que l'on trouve dans le Sud-Ouest, en Touraine, en Anjou et bien sûr dans le Maine (les célèbres rillettes du Mans !) ; les rillons, encore une spécialité de la Loire, morceaux de poitrine ou d'épaule de porc, macérés au sel, et cuits ensuite au saindoux et colorés au caramel !

Quant aux pâtés, chauds ou froids, il en existe une grande variété : au perdreau (pâté de Chartres), au canard (Amiens), aux alouettes (Pithiviers), etc. La composition des pâtés fait l'objet d'une réglementation partielle. Celle-ci distingue le pâté de campagne (pur porc, additionné d'abats, de couennes, d'oignons, d'épices et d'aromates), le pâté de volaille et de gibier, le pâté de foie (15 % de foie de porc) et le pâté de tête (tête cuite, désossée).

LA MOUTARDE

La moutarde est une longue plante portant des fleurs jaunes et délicates dont les graines servent à préparer le condiment du même nom. Il en existe trois variétés : la moutarde noire, forte — ou sénevé —, la brune, un peu moins forte, et la blanche, peu piquante mais beaucoup plus amère. La fabrication de la moutarde consiste à broyer les graines de la plante dans de l'eau. Puis on y ajoute du vinaigre, du sel et des aromates.

En France, le terme «moutarde» est réservé au produit du broyage des graines de sénevé et de moutarde brune, ou des deux. Cette pâte, délayée avec du verjus et du vin blanc, donne la célèbre moutarde de Dijon. Celle d'Orléans est préparée au vinaigre fin, de même que celle de Bordeaux et celle de Meaux. Le produit obtenu avec les graines de moutarde blanche ne peut porter que le nom de «condiment». Il entre dans la fabrication de la moutarde d'Alsace, mais il est surtout utilisé en Grande-Bretagne.

Les moutardes les plus célèbres sont celles de :
- Dijon, forte, piquante et jaune d'or ;
- Bordeaux, plus douce, foncée, tirant sur le brun ;
- Meaux, relativement douce, préparée «à l'ancienne», laissant apparaître la graine semi-broyée.

La moutarde est le condiment indispensable pour accompagner toutes les viandes froides et les charcuteries les plus variées.

LE CORNICHON

Le cornichon est, en réalité, un concombre qui n'a pas encore atteint son complet développement. Cueilli vert, il est confit dans du vinaigre et servi comme condiment. Son nom est dicté par sa forme : une petite corne. Contrairement à ses volumineux cousins étrangers à peau lisse (malossol, pickles...), le cornichon français est de taille modeste :
- le petit vert de Paris, épineux et rectiligne, vert clair, fin et croquant, est récolté lorsqu'il atteint cinq centimètres ;
- le fin de Meaux, plus lisse, plus foncé, est couramment employé par les industriels ;
- le vert de Massy, assez épineux et long, convient pour les préparations à l'aigre-doux.

Le cornichon est utilisé pour agrémenter les viandes froides et bouillies, les pâtés, le jambon, les terrines et les mets en gelée. Il entre dans la composition de certaines sauces (piquante, ravigote, gribiche, etc.) ainsi que dans certaines salades composées.

Huîtres creuses de Marennes

Huître papillon

Huîtres belons plates

LES VINS

Muscadet   *Bourgueil*   *Gewurstraminer*   *Arbois*   *Riesling*

Les qualités d'un vin dépendent à la fois du sol, du climat et du ou des cépages, dont on emploie les fruits pour son élaboration. C'est la conjonction de tous ces éléments qui fait de la France l'une des patries du vin. Les principaux cépages français sont le pinot en Bourgogne, le cabernet et le sauvignon (cépage blanc) dans la région de Bordeaux, le gamay dans le Beaujolais et le Mâconnais, la syrah dans les Côtes du Rhône, le savagnin dans le Jura (vin d'Arbois).

BORDEAUX

Les bordeaux proprement dits sont uniquement situés dans le département de la Gironde. Selon la nature des sols et l'exposition des vignes, on distingue les vins de graves (terrains meubles formés de gravier), les vins de côtes et les vins de palus (bords de rivière). Mais on les classe principalement d'après les lieux (Médoc, Saint-Émilion, Pomerol...), ainsi que d'après les propriétés ou châteaux où ils sont récoltés.

MÉDOC. Il se situe au nord de Bordeaux, entre la Gironde et l'Océan. Les vins produits dans cette région sont couleur de rubis, fins, moelleux, d'une race que l'âge vient encore augmenter.

GRAVES. Ils sont élevés sur la rive gauche, dans la banlieue sud de Bordeaux. C'est le berceau probable du vignoble bordelais. Ils sont peu corsés, mais d'une sève prononcée.

Les graves blancs, qui n'ont rien à envier aux rouges, ont tendance à être très secs, avec une pointe persistante de verdeur.

SAINT-ÉMILION ET POMEROL. Situés sur les coteaux près de Libourne, ce sont des vins rouges puissants, pleins, brillants en couleur, généreux.

BLAYAIS, BOURGEAIS, FRONSAC. Vins de la rive droite de la Gironde, les blayais rouges sont légers, aromatiques, tandis que les bourgeais sont charnus, bien structurés et les fronsacs corsés.

ENTRE-DEUX-MERS. Dans cette région comprise entre la Garonne et la Dordogne, on trouve des vins blancs agréables et moelleux. Seuls les vins blancs ont droit à l'appellation d'Entre-deux-mers.

SAUTERNES ET BARSAC. Ces villages de la rive gauche de la Garonne produisent des vins blancs liquoreux exceptionnels, d'une douceur persistante et de beaucoup de profondeur avec du St-Émilion et du sauvignon.

BOURGOGNE

On comprend sous le titre générique de bourgogne tous les vins de la région de Bourgogne. Les vins du Beaujolais et du Mâconnais, bien qu'appartenant à cette région, ont leurs propres appellations.

Parmi les bourgognes, on distingue deux origines : les côte-de-nuits et les côte-de-beaune.

CÔTE-DE-NUITS. Avec les années, ce sont des vins d'une pourpre somptueuse, les plus chaleureux de tous les bourgognes, les plus riches en arôme et en «chair».

CÔTE-DE-BEAUNE. Les vins rouges produits sur ce terroir sont très généreux et prennent avec l'âge un bouquet très prononcé. Chaque année, en novembre, a lieu la célèbre vente aux enchères des hospices de Beaune. Autre vin remarquable de la région : le volnay possède un bouquet caractéristique où se mêlent harmonieusement la violette et le bois brûlé.

Sautemes   *St-Émilion*   *Médoc*   *Moulin-à-vent*   *Nuit-saint-georges*   *Meursault*

LES VINS BLANCS DE BOURGOGNE. Moins importants que les rouges en quantité, ils ne leur cèdent en rien en qualité ni en renom.

En Haute-Bourgogne, ce sont les meursault et montrachet, puissants, au goût de fruit mûr et de noisette.

En Basse-Bourgogne, citons le chablis, limpide et sec.

BEAUJOLAIS

Devenu célèbre depuis la Seconde Guerre mondiale grâce aux journalistes parisiens repliés à Lyon, le beaujolais est un vin rouge, léger, couleur de rubis. Il frise sur la langue et se laisse boire avec une facilité déconcertante. Il existe dix crus de beaujolais : brouilly et côte-de-brouilly, chénas, chiroubles, fleurie, juliénas, moulin-à-vent, régnié, morgon et saint-amour. Les vins des meilleurs terroirs ont droit à l'appellation «beaujolais-village».

MÂCONNAIS

S'il ne fallait citer qu'un vin de cette partie sud de la Bourgogne, ce serait le fameux pouilly-fuissé (à ne pas confondre avec le pouilly fumé), vin blanc à la couleur d'or vert, sec et pourtant caressant.

ALSACE

Les vins d'Alsace sont des blancs dont l'arôme fruité, la fraîcheur et la finesse de goût sont caractéristiques. Exception à peu près unique en France, leur appellation est liée non à leur origine territoriale, mais à la variété de cépage dont le vin est issu. Les cépages nobles donnent les grands vins (riesling, gewurztraminer, tokay, muscat). Les cépages courants donnent des vins légers (sylvaner, traminer et klevner).

VAL DE LOIRE

La région produit surtout des blancs secs, à l'est (pouilly et sancerre) et à l'ouest (muscadet et gros-plant), plus doux au centre (la Touraine et l'Anjou). Parmi ces derniers, mentionnons les excellents vouvray, blancs de grande classe, fruités et capiteux, qui peuvent aussi se boire bruts et pétillants à l'apéritif comme au dessert.

La Touraine propose aussi des rouges suaves : saumur, bourgueil, saint-nicolas-de-bourgueil et chinon.

CHAMPAGNE

Le vignoble date de la conquête romaine, mais il ne trouvera sa vraie célébrité qu'au XVIIe siècle, en devenant mousseux grâce au moine bénédictin Dom Perignon.

Le champagne n'est pas un vin qui se commercialise sous son nom de cru. Il est issu de coupages. Trois cépages sont autorisés : le pinot noir, le meunier noir et le chardonnay blanc. Ainsi, ce vin d'une limpidité extrême est issu en majeure partie de raisins noirs. Seuls les Blancs de Blancs proviennent exclusivement de raisins blancs.

Champagne

Les Entrées

Potage tourangeau

POUR 8 PERSONNES
PRÉPARATION : 35 MIN
CUISSON : 1 H À 1 H 30

500 g de lard de poitrine maigre demi-sel • 1 petit chou • vinaigre • 500 g de blancs de poireaux • 350 g de navets • 50 g de beurre • 3 l de bouillon de volaille • 1,5 kg de petits pois frais • sel, poivre

1 Coupez le lard en petits dés. Faites-les blanchir 5 min dans de l'eau bouillante. Égouttez-les.
2 Épluchez le chou, retirez les grosses côtes, coupez-le en 8 et lavez-le à l'eau vinaigrée. Mettez les lardons et le chou dans un faitout, recouvrez-les d'eau froide, salez. Portez lentement à ébullition. Dès le premier bouillon, sortez-les du faitout et laissez-les égoutter dans une passoire.
3 Épluchez les poireaux, lavez-les et émincez-les. Épluchez les navets, lavez-les et coupez-les en dés.
4 Dans une cocotte, faites revenir les poireaux et les navets dans le beurre pendant 10 min à feu doux. Remuez régulièrement. Ajoutez le chou, le lard, le bouillon de volaille. Salez et poivrez. Prolongez la cuisson à couvert et à petits frémissements pendant environ 1 h.
5 Pendant ce temps, écossez les petits pois. Ajoutez-les dans la cocotte, terminez la cuisson pendant 20 min. Goûtez et rectifiez l'assaisonnement si nécessaire. Traditionnellement, cette soupe se sert avec du pain rassis coupé en fines tranches et déposées au fond des assiettes. On verse ensuite la soupe par-dessus.

Soupe à l'oignon gratinée

POUR 6 PERSONNES
PRÉPARATION : 20 MIN
CUISSON : 45 MIN

300 g d'oignons • 60 g de beurre • 1 cuill. à soupe de farine • 1,5 l de bouillon gras • 4 cuill. à soupe de crème fraîche • 6 tranches de pain de campagne • 150 g d'emmental râpé • sel, poivre

1 Pelez les oignons et émincez-les. Dans une cocotte, faites-les blondir avec le beurre, à feu très doux.
2 Poudrez-les de farine et prolongez la cuisson 3 min sans cesser de remuer.
3 Mouillez progressivement avec le bouillon, tout en continuant à remuer avec une cuillère en bois. Salez, poivrez. Faites cuire 30 min à feu doux. Laissez réduire pour que la soupe ne soit pas trop liquide.
4 Préchauffez le four à 260 °C (therm. 9).
5 Incorporez la crème fraîche et versez la soupe dans une soupière allant au four.
6 Posez le pain sur la soupe, parsemez de fromage, enfournez et laissez gratiner. Servez immédiatement.
Cette soupe était servie dans tous les bistrots des Halles à Paris, vers 3 ou 4 h du matin. Les noctambules allaient la déguster après le spectacle.

Escargots de Bourgogne

POUR 6 PERSONNES
PRÉPARATION : 1 H
REPOS : 24 H
CUISSON : 10 MIN

Boisson conseillée :
BEAUJOLAIS VILLAGE

6 douzaines d'escargots de Bourgogne (cuits et préparés) avec, à part, leurs coquilles • 50 g d'échalotes • 2 gousses d'ail • 500 g de beurre • 1 petit bouquet de persil haché • 20 g de sel fin • poivre moulu

1 Épluchez les échalotes et hachez-les. Faites de même avec l'ail. Lavez, équeutez et hachez le persil.
2 Coupez le beurre en morceaux, malaxez-le, ajoutez le persil haché, l'ail et les échalotes. Travaillez le beurre jusqu'à ce que tous les ingrédients soient bien mélangés. Salez et poivrez.
3 Plongez les escargots 5 min dans de l'eau bouillante salée. Passez-les aussitôt sous l'eau froide pour arrêter la cuisson et égouttez-les dans une passoire.
4 Mettez un peu de beurre d'escargot dans le fond de chaque coquille. Déposez les escargots dans les coquilles et remplissez celles-ci avec le reste de beurre. Conservez-les au réfrigérateur pendant 24 h.
5 Préchauffez le four à 160 °C (therm. 3).
6 Disposez les escargots dans des plats à escargots, ou dans un plat allant au four, en veillant à ce que l'ouverture de la coquille soit dirigée vers le haut. Patientez 30 min avant de les enfourner et laissez-les cuire 5 min environ.
7 Servez les escargots brûlants. Le beurre doit grésiller dans chaque coquille.

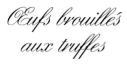

Œufs brouillés aux truffes

━━━

Pour 6 personnes
Préparation : 20 min
Cuisson : 10 min

9 œufs • 1 truffe moyenne de 80 g (ou deux petites) • 1 cuill. à soupe de crème fraîche • 80 g de beurre • sel, poivre

1 Lavez la truffe, grattez-la soigneusement et coupez-la en petits dés. Mélangez ceux-ci à la crème fraîche.
2 Cassez les œufs dans une jatte, ajoutez 1 pin-cée de sel et de poivre, crevez les jaunes et mélangez sans battre.
3 Faites fondre 50 g de beurre dans une casserole à fond épais sur feu très doux, ajoutez les œufs et la crème avec les dés de truffe. Remuez sans cesse pendant 10 min jusqu'à ce que les œufs se transforment en crème épaisse. Servez aussitôt.

Accompagnez de toasts grillés. Si vous ne trouvez pas de truffes fraîches, vous pouvez réaliser la même recette avec des truffes en conserve, entières ou en morceaux. Dans ce cas, ne jetez pas le jus mais prélevez-en 1 cuillerée à café et ajoutez-la à la crème fraîche. Le jus donnera son parfum aux œufs.

Omelette provençale

━━━

Pour 6 personnes
Préparation : 35 min
Cuisson : 1 h

Boisson conseillée
BANDOL

8 œufs • 500 g de tomates • 2 oignons • 1 gousse d'ail • 2 poivrons • 250 g d'épinards • 1 branche de persil • huile d'olive • poivre de la Jamaïque • 1 branche d'estragon • 1 branche de thym • 1 feuille de laurier • sel, poivre

1 Plongez les tomates dans l'eau bouillante, sortez-les, pelez-les et épépinez-les et concassez-les. Mettez-les dans une casserole à fond épais, salez et laissez cuire à feu moyen environ 15 min.
2 Pelez et hachez les oignons et l'ail. Lavez les poivrons, ôtez les pédoncules, les graines et les filaments blancs. Découpez-en la chair en fines lanières.
3 Lavez et équeutez les épinards, le persil et l'estragon. Hachez-les.
4 Dans une grande poêle, faites revenir pendant 7 min les oignons, l'ail et les poivrons dans 3 cuillerées à soupe d'huile. Ajoutez les tomates et prolongez la cuisson 5 min. Mélangez le tout. Salez et poivrez. Ajoutez une pincée de poivre de la Jamaïque.
5 Incorporez ensuite le reste des légumes et des herbes. Prolongez la cuisson 30 min à feu doux et à couvert. Retirez la feuille de laurier.
6 Pendant ce temps, cassez les œufs dans une terrine, salez, poivrez et battez-les en omelette. Versez-les sur les légumes dans la poêle.
7 Faites cuire à feu moyen pendant 10 min. Faites glisser délicatement l'omelette sur un couvercle et retournez-la dans la poêle. Laissez cuire de l'autre côté encore 5 à 6 min.
8 Servez chaud ou froid.

Salade niçoise

━━━

Pour 6 personnes
Préparation : 30 min
Cuisson : 10 min

Boisson conseillée :
CÔTES-DE-PROVENCE ROUGE

4 œufs • 8 belles tomates • 1 concombre moyen • 15 radis • 2 poivrons • 1 branche de céleri • 6 artichauts poivrade • 400 g de févettes • 2 gousses d'ail • 2 beaux oignons • 70 g d'olives noires de Nice • 1 petite boîte de thon au naturel • 10 anchois allongés à l'huile • vinaigre, huile • sel, poivre • 10 feuilles de basilic

1 Faites durcir les œufs 10 min à l'eau bouillante.
2 Lavez les tomates, coupez-les en quartiers et épépinez-les. Épluchez le concombre et coupez-le en rondelles fines. Grattez les radis et détaillez-les aussi en rondelles. Débarrassez les poivrons de leur pédoncule et des graines. Coupez-les en lanières fines. Coupez également de fines lanières en longueur dans la branche de céleri. Coupez les artichauts poivrade en deux. Épluchez et enlevez la peau des févettes. Hachez finement les gousses d'ail et émincez les oignons.
3 Plongez les œufs dans l'eau tiède, écalez-les et coupez-les en 2.
4 Disposez tous les légumes dans un saladier en ajoutant les olives noires, le thon, décorez avec les filets d'anchois en croix. Disposez en alternance les demi-œufs durs et les demi-artichauts poivrade.
5 Faites une vinaigrette toute simple en mélangeant 3 cuillerées à soupe de vinaigre, 5 cuillerées à soupe d'huile, le sel et le poivre. Ajoutez enfin le basilic coupé aux ciseaux.
6 Versez la vinaigrette sur la salade au moment de servir, sans la tourner. Si vous ne trouvez pas de févettes, remplacez-les par des pommes de terre nouvelles, pas trop cuites et coupées en dés.

Ratatouille niçoise

POUR 6 PERSONNES
PRÉPARATION : 40 MIN
CUISSON : 1 H

Boisson conseillée :
CÔTES-DE-PROVENCE

6 aubergines • 1 poivron vert • 1 poivron rouge • 6 tomates • 12 oignons moyens • 4 courgettes • 2 gousses d'ail • 1 bouquet garni • 6 cuill. à soupe d'huile • sel, poivre

1 Lavez les aubergines, ôtez le pédoncule, coupez-les en 4 dans la hauteur, puis en morceaux. Faites-les revenir 5 min dans une poêle avec 2 cuillerées à soupe d'huile et réservez-les.
2 Lavez les poivrons, ôtez les pédoncules, coupez-les en 2, retirez les graines et les filaments blancs, coupez la chair en lanières. Faites-les revenir à l'huile dans la même poêle et réservez-les.
3 Plongez les tomates 1 min dans de l'eau bouillante, pelez-les, épépinez-les et coupez-les en quartiers. Pelez les oignons et coupez-les en rondelles. Mettez-les dans la poêle, ajoutez un peu d'huile, faites-les revenir 5 min, puis réservez-les.
4 Tranchez les courgettes aux deux bouts, ne les pelez pas, coupez-les en rondelles puis en dés. Faites-les revenir à leur tour dans la poêle.
5 Pelez et écrasez l'ail. Versez tous les légumes dans le faitout, ajoutez l'ail et le bouquet garni.
6 Salez, poivrez, couvrez et laissez cuire à feu doux pendant 45 min en remuant de temps en temps. Surveillez la cuisson. Si la ratatouille attache et devient trop compacte, mouillez avec un peu d'eau tiède ou de bouillon de légumes. Goûtez et rectifiez l'assaisonnement si nécessaire.
7 Servez chaud ou froid. Vous pouvez faire pocher des œufs dans la ratatouille en fin de cuisson. Pour servir, sortez-les avec une écumoire, versez la ratatouille dans un plat creux ou dans les assiettes et reposez les œufs par-dessus. Vous pouvez également incorporer du riz en milieu de cuisson, en mouillant de 2 fois son volume d'eau.

Quiche lorraine

POUR 6 PERSONNES
PRÉPARATION : 20 MIN
CUISSON : 35 MIN

Boisson conseillée :
RIESLING

250 g de pâte brisée (voir Tarte Tatin, p.100) • 100 g de lard fumé • 3 œufs • 100 g de crème fraîche liquide • 150 g de gruyère râpé • 15 g de beurre • farine • noix de muscade • sel, poivre

1 Abaissez la pâte brisée sur un plan de travail préalablement fariné à l'aide d'un rouleau à pâtisserie.
2 Préchauffez le four à 240 °C (therm. 8).
3 Beurrez un moule à tarte, foncez-le avec la pâte. Piquez le fond avec une fourchette.
4 Découpez le lard en lardons. Faites-les blanchir 5 min dans de l'eau bouillante. Égouttez-les et épongez-les.
5 Cassez les œufs dans un saladier et battez-les en omelette. Incorporez la crème fraîche, le gruyère, les lardons, salez et poivrez. Râpez 1 pincée de noix de muscade par dessus.
6 Versez la préparation sur la pâte. Enfournez et faites cuire 30 min.

Saucisson chaud lyonnais

POUR 4 PERSONNES
PRÉPARATION : 30 MIN
REPOS : 7 H
CUISSON : 25 MIN

Boisson conseillée :
BROUILLY

1 saucisson de Lyon truffé
1 jaune d'œuf
pour la pâte à brioche : 125 g de farine • 5 g de levure de boulanger • 2 cuill. à soupe de lait tiède • 100 g de beurre • 2 œufs •
30 g de sucre semoule •
1 pincée de sel

1 Versez la farine dans une terrine.
2 Dans un autre récipient, délayez la levure dans le lait. Incorporez-lui ensuite un peu de farine pour obtenir une boule souple (le levain).
3 Malaxez le beurre à l'aide d'une spatule pour le réduire en crème.
4 Faites un puits dans la farine et versez-y tous les ingrédients : le sucre, le sel, le levain, les œufs entiers et le beurre. Travaillez à la main pour obtenir une pâte homogène. Ramassez-la en boule, couvrez-la et placez-la dans un endroit tiède. Laissez-la lever 4 h.
5 Lorsque la pâte a doublé de volume, tapotez-la fortement pour l'affaisser, puis remettez-la au tiède. Recommencez 1 h plus tard et laissez lever encore au moins 2 h.
6 Abaissez la pâte à brioche sur un plan de travail fariné, pour obtenir un rectangle dans lequel vous pourrez envelopper le saucisson.
7 Dépouillez celui-ci. Enroulez-le dans la pâte et rabattez les deux extrémités en soudant la pâte pour bien enfermer le saucisson. Laissez lever le saucisson en brioche pendant 30 min.
8 Préchauffez le four à 210 °C (therm. 6-7).
9 Badigeonnez la brioche avec le jaune d'œuf battu à l'aide d'un pinceau. Enfournez et laissez cuire environ 25 min.

Soufflé au fromage

POUR 6 PERSONNES

PRÉPARATION : 25 MIN

CUISSON : 45 MIN

Boisson conseillée :

BORDEAUX

4 verres de lait • 65 g de beurre • 50 g de farine • 5 œufs •
75 g de gruyère râpé • noix de muscade • sel, poivre

1 Préparez une bécha-mel. Faites fondre 50 g de beurre dans une casserole. Versez la farine d'un seul coup et remuez à l'aide d'un fouet. Faites cuire à feu doux pendant 2 min sans cesser de re-muer. Lorsque la sauce est homogène, sortez la casserole du feu et ver-sez le lait en filet toujours en remuant.

2 Remettez la casserole à feu doux et faites chauffer lentement en re-muant toujours pendant 12 min, jusqu'à ce que la béchamel épaississe. Sa-lez et poivrez. Incorporez petit à petit le gruyère à l'aide d'une cuillère en bois. Préchauffez le four à 180 °C (therm. 4-5).

3 Cassez les œufs et sé-parez les jaunes des blancs. Incorporez 1 à 1 les jaunes à la bé-chamel. Râpez dessus 1 pincée de noix de muscade. Mélangez bien de nouveau. Retirez la casserole du feu.

4 Mettez les blancs d'œufs avec 1 petite pincée de sel dans un sa-ladier. Montez-les en neige très ferme. Incorpo-rez-les délicatement à la préparation, en la soule-vant pour ne pas écraser les blancs.

5 Beurrez un moule à soufflé et versez-y la préparation. Veillez à ce qu'elle ne dépasse pas les 2/3 de la hauteur du moule pour laissez au soufflé la place de mon-ter. Enfournez et laissez cuire 10 min. Montez la température du four (200-220 °C, therm. 6-7) et prolongez la cuisson en-core 20 min. Servez im-médiatement dans le plat de cuisson.

Variantes : vous pouvez remplacer le gruyère par 200 g de bleu d'Auver-gne pour un soufflé au bleu. Mélangez 50 g de gruyère râpé et 150 g de chair de crabe pour un soufflé au crabe...

Les soufflés sucrés sont un peu plus délicats à réussir et la technique, lé-gèrement différente. Re-portez-vous à la recette du «soufflé au Grand Marnier» p.101. Le con-seil célèbre en matière de soufflé : vous pouvez l'attendre, mais il ne vous attendra pas. Autre point important : pour réussir un soufflé, il faut bien connaître son four. Lorsque vous l'aurez ap-privoisé, les soufflés monteront comme par magie.

Les Sauces

Aïoli

Pour 6 personnes
Préparation : 15 min

7 gousses d'ail • 50 cl d'huile d'olive • 2 jaunes d'œufs • 2 cuill. à soupe de jus de citron • sel, poivre du moulin

1 Pelez les gousses d'ail. Mettez-les dans un mortier, salez généreusement, pilez jusqu'à obtenir une pommade. Incorporez 1 cuillerée à soupe d'huile en filet.
2 Ajoutez les jaunes d'œufs 1 à 1 toujours en tournant avec le pilon du mortier. Incorporez le reste de l'huile en filet. La sauce doit épaissir progressivement comme une mayonnaise.
3 Salez, poivrez et incorporez le jus de citron sans cesser de tourner.

4 L'aïoli est prêt lorsqu'il retient à la verticale le pilon au centre du mortier.
L'aïoli se sert avec du poisson poché froid, des légumes cuits à l'eau et refroidis, ou de la viande froide. Il est également délicieux avec des gambas grillées ou des crevettes-bouquet fraîches.

Sauce béarnaise

Pour 6 personnes
Préparation : 10 min
Cuisson : 20 min

4 échalotes • 2 ou 3 branches d'estragon • 2 branches de cerfeuil • 3 jaunes d'œufs • 175 g de beurre • 1 verre de vinaigre • sel, poivre du moulin

1 Pelez et hachez les échalotes. Lavez, effeuillez et hachez l'estragon. Lavez et ciselez le cerfeuil.
2 Mettez les échalotes, la moitié de l'estragon et la moitié du cerfeuil dans une casserole. Salez et poivrez.
3 Mouillez avec le vinaigre et faites réduire à feu très doux jusqu'à ce que le vinaigre soit presqu'entièrement évaporé.
4 Filtrez le contenu de la casserole au-dessus d'un saladier. Laissez refroidir. Mettez les jaunes d'œufs dans le saladier, mélangez au fouet et mouillez de 1 cuillerée à soupe d'eau froide. Posez le saladier dans une casserole au bain-marie.
5 Pendant ce temps, coupez le beurre en morceaux. Faites-le fondre dans un bol au bain-marie à feu très doux. Laissez-le refroidir légèrement jusqu'à ce que le petit lait reste au fond du bol. Versez alors le beurre dans un autre récipient, en évitant de récupérer le petit lait.
6 Ajoutez le beurre fondu petit à petit dans le saladier sans cesser de remuer. Assurez-vous que la sauce reste bien lisse et homogène.
7 Quand la sauce a atteint la consistance d'une mayonnaise, parsemez-la du reste d'estragon et de cerfeuil. Mélangez. Goû-

tez et rectifiez l'assaisonnement si nécessaire.
La sauce béarnaise accompagne les grillades : viandes comme le châteaubriant ou le pavé de rumsteak, les poissons comme le saumon. Elle fait partie des sauces que l'on sert avec une fondue bourguignonne ou des brochettes de volailles. Elle est très délicate à faire, il faut être très patient et respecter les proportions. Si elle tourne, vous pouvez essayer de la récupérer en incorporant petit à petit une cuillerée à soupe d'eau chaude (pour une sauce froide) ou froide (pour une sauce chaude). Contrairement à ce que pourrait faire croire son nom, cette sauce n'est pas originaire du Béarn, mais de la région parisienne.

Sauce Béchamel

Pour 6 personnes
Préparation : 5 min
Cuisson : 13 min

60 g de beurre • 60 g de farine • 60 cl de lait • sel, poivre • noix de muscade

1 Préparez un roux. Faites fondre le beurre dans un poêlon. Versez la farine d'un seul coup et incorporez-la en remuant énergiquement avec un fouet. Il ne doit pas se former de grumeaux.
2 Faites cuire à feu doux pendant environ 2 min sans cesser de remuer.
3 Pendant ce temps, faites tiédir le lait.
4 Hors du feu, versez le lait en filet sur le roux, en tournant au fouet sans arrêt. Quand le mélange est homogène, remettez la casserole sur le feu. Faites cuire à feu très doux pendant 10 à 12 min en

remuant constamment. Salez, poivrez et râpez 1 pincée de noix de muscade. Laissez épaissir mais ne faites surtout pas bouillir.
La béchamel est utilisée comme base pour les soufflés, les gratins, certaines sauces blanches...

Sauce hollandaise

Pour 6 personnes
Préparation : 5 min
Cuisson : 5 min

4 jaunes d'œufs • 300 g de beurre • 2 cuill. à café d'eau froide • sel, poivre

1 Coupez-le beurre en petits morceaux et réservez-le au réfrigérateur.
2 Mettez les jaunes d'œufs dans un saladier. Battez-les doucement avec 1 cuillerée à soupe d'eau, 1 pincée de sel et 1 pincée de poivre.
3 Placez le saladier dans une casserole d'eau chaude au bain-marie et faites cuire à feu doux.
4 Fouettez les jaunes d'œufs jusqu'à ce qu'ils prennent.
5 Sortez le beurre du réfrigérateur et incorporez les morceaux 1 à 1 sans cesser de remuer. Assurez-vous bien que chaque morceau de beurre est fondu avant d'incorporer le suivant. Continuez de fouetter jusqu'à ce que tout le beurre soit bien absorbé.
6 Lorsque la sauce a bien épaissi, retirez la casserole du feu et continuez à fouetter quelques minutes. Goûtez et rectifiez l'assaisonnement si nécessaire.
Vous pouvez éventuellement rajouter quelques gouttes de jus de citron à la fin de la préparation. La sauce hollandaise accompagne les poissons pochés et les asperges.

Beurre blanc

Pour 6 personnes
Préparation : 10 min
Cuisson : 15 min

1 dizaine d'échalotes grises • 15 cl de vin blanc sec • 250 g de beurre très froid • 1 cuill. à soupe de crème fraîche (facultatif) • sel, poivre

1 Pelez les échalotes et hachez-les. Mettez-les dans un poêlon avec le vin blanc. Portez à ébullition, baissez le feu et laissez cuire jusqu'à ce que la préparation ait réduit de moitié. Filtrez au-dessus d'une casserole.
2 Pendant ce temps, coupez le beurre en petits morceaux.
3 Mettez la casserole contenant le jus filtré à feu doux. Incorporez les morceaux de beurre dans la casserole sans cesser de remuer à l'aide d'un fouet. Salez et poivrez. Prolongez la cuisson jusqu'à ce que la sauce ait épaissi et devienne crémeuse. Versez-la dans une saucière et servez-la immédiatement.
La vraie recette ne comprend pas de crème fraîche. Néanmoins, si vous en ajoutez une cuillerée à soupe immédiatement après le beurre, cela évitera à votre sauce de tourner. Le beurre blanc se sert avec les poissons pochés ou grillés.

Sauce mayonnaise

Pour 6 personnes
Préparation : 10 min

50 cl d'huile • 2 jaunes d'œufs • 1 cuill. à dessert de moutarde forte • 2 cuill. à dessert de jus de citron (ou de vinaigre) • sel, poivre du moulin

1 Mettez les jaunes d'œufs dans un grand bol. Ajoutez la moutarde forte. Salez et poivrez. Mélangez intimement.
2 Versez l'huile en filet et faites monter la mayonnaise en battant le tout vigoureusement au fouet. Continuez à fouetter jusqu'à ce que la mayonnaise soit bien ferme.
3 Ajoutez le vinaigre ou le jus de citron en fouettant encore.
Vous pouvez servir la mayonnaise tout de suite ou la mettre au réfrigérateur jusqu'au moment de servir. Dans ce cas, couvrez-la d'un film protecteur pour éviter que le dessus ne fige et qu'elle prenne les odeurs du réfrigérateur.
Pour être sûr de réussir la mayonnaise, il est préférable que tous les ingrédients soient à température ambiante.

Sauce vinaigrette

Pour 6 personnes
Préparation : 7 min

1 cuill. à soupe de vinaigre • 1 cuill. à café de moutarde • 3 cuill. à soupe d'huile • fines herbes hachées (persil, estragon, cerfeuil, ciboulette) • sel, poivre

1 Dans un saladier, versez d'abord le vinaigre et ajoutez ensuite une pincée de sel. Remuez pour le dissoudre complètement dans le vinaigre.
2 Délayez la moutarde dans le saladier. Poivrez.
3 Versez l'huile par-dessus en filet et mélangez bien. Incorporez les fines herbes hachées.
Les puristes ne mettent pas de moutarde dans la vinaigrette, mais elle est alors très liquide. Sachez choisir l'huile et le vinaigre en fonction de la salade que vous assaisonnez. Une huile d'olive sera parfaite pour une salade de tomates ou un mesclun. L'huile de noix relèvera une salade d'endives au roquefort. L'huile de pépins de raisins a un goût très neutre, elle est surtout appréciée pour ses qualités diététiques.

Les Plats

Bouillabaisse

Pour 8 personnes
Préparation : 40 min
Cuisson : 25 min

Boisson conseillée :
CÔTES-DE-PROVENCE BLANC
OU ROSÉ

2 kg de poissons à chair ferme (rascasse, baudroie, grondin, vive, anguille, murène ou congre) et à chair tendre (merlan, girelle, vieille ou labre) • 24 petites tranches de pain sec • 2 gousses d'ail • 1 oignon • 1 kg de tomates (ou une petite boîte de concentré de tomate) • 15 cl d'huile d'olive • quelques brins de persil haché • 1 morceau d'écorce d'orange • 1 feuille de laurier • 1 branche de thym • 1 mesure de safran • pour la rouille : 20 g de mie de pain • 3 cuill. à soupe d'huile d'olive • 4 gousses d'ail • 1 piment rouge sec • sel, poivre

1 Videz et écaillez avec soin les différents poissons que vous aurez achetés. Coupez-les en gros tronçons et lavez-les.

2 Pelez l'oignon et l'ail. Avec les gousses d'ail, frottez les tranches de pain sec, que vous réservez pour les croûtons. Hachez alors le reste de l'ail et l'oignon ensemble.
3 Plongez les tomates 1 min dans de l'eau bouillante. Pelez-les et coupez-les chacune en 6 morceaux.
4 Faites dorer les oignons et l'ail dans un faitout, dans environ la moitié de l'huile d'olive. Quand ils ont pris couleur, ajoutez les tomates (ou la boîte de concentré de tomate). Portez 3 l d'eau à ébullition et versez-la dans le faitout. Plongez-y les poissons à chair ferme. Salez, poivrez. Ajoutez le persil, l'écorce d'orange, le thym et le laurier. Prolongez la cuisson à gros bouillons pendant 15 min.
5 Pendant ce temps, préparez la rouille. Faites tremper la mie de pain dans l'huile d'olive. Écrasez dans un mortier l'ail

épluché, le piment rouge sec puis la mie de pain. Ajoutez une demi-louche du bouillon de la bouillabaisse. Mélangez.
6 Lorsque les poissons à chair ferme ont cuit 15 min, ajoutez les poissons à chair tendre dans le faitout et prolongez la cuisson 5 min.
7 Préparez les croûtons. Coupez le pain en dés puis mettez-les à dorer dans une poêle avec le reste d'huile d'olive. Égouttez les croûtons. Réservez-les au chaud.
8 À l'aide d'une écumoire, retirez les poissons du faitout et posez-les sur un plat de service. Versez le bouillon dans une soupière. Servez les croûtons à part et la rouille dans une saucière.
La bouillabaisse était à l'origine un plat de pêcheurs, cuisiné sur la plage, au retour de la pêche, dans un grand chaudron. Les poissons les moins faciles à vendre étaient ainsi consommés.

Cuisses de grenouilles aux fines herbes

Pour 6 personnes
Préparation : 20 min
Cuisson : 15 min

Boisson conseillée :
MUSCADET

48 paires de cuisses de grenouilles • 2 cuill. à soupe de vinaigre • 2 gousses d'ail • 5 branches d'estragon frais • 5 branches de cerfeuil • 1 bouquet de ciboulette • 1 gros bouquet de persil • 50 cl de lait • 3 cuill. à soupe d'huile d'olive • 3 cuill. à soupe de crème fraîche • 2 jaunes d'œufs • sel, poivre

1 Lavez les cuisses de grenouille avec de l'eau vinaigrée et épongez-les avec du papier absorbant.

2 Épluchez les gousses d'ail. Lavez les fines herbes et hachez le tout.
3 Faites pocher les cuisses de grenouilles dans le lait frémissant. Salez, poivrez et laissez-les cuire 2 ou 3 min. Sortez-les de la casserole, égouttez-les et réservez-les sur le plat de service, au chaud.
4 Faites revenir le hachis d'herbes et d'ail à l'huile d'olive dans une poêle. Ajoutez la crème fraîche, salez et poivrez. Continuez la cuisson en remuant pendant 2 à 3 min, en veillant à ne pas laisser bouillir. Sortez la poêle du feu.

5 Hors du feu, incorporez les jaunes d'œufs en tournant à l'aide d'une cuillère en bois. Goûtez et rectifiez l'assaisonnement si nécessaire.
6 Nappez les cuisses de grenouille de sauce et servez immédiatement.
Les cuisses de grenouilles se mangent avec les doigts. N'oubliez pas les rince-doigts : ce sont de petits bols remplis d'eau citronnée que vous disposez à la gauche de chaque convive.

Brandade

Pour 6 personnes
Trempage : 12 h
Préparation : 30 min
Cuisson : 15 min

Boisson conseillée :

LIRAC

1 kg de morue salée •
2 verres d'huile d'olive •
2 verres de crème fraîche •
1/2 citron • 10 tranches de
pain sec • sel, poivre

1 Mettez la morue dans une bassine et faites-la dessaler pendant 12 h à l'eau courante.
2 Faites-la cuire dans un faitout, couvrez-la d'eau froide et portez lentement à ébullition. Baissez légèrement le feu et laissez cuire à petits bouillons pendant 10 min. Sortez-la du faitout, égouttez-la soigneusement dans une passoire, retirez la peau et les arêtes et émiettez la chair.
3 Dans une casserole à fond épais, faites chauffer l'huile d'olive à feu doux.
4 Ajoutez la morue émiettée dans la casserole et incorporez la crème fraîche. Écrasez la morue à la fourchette et travaillez le mélange afin de le réduire en purée.
5 Pressez le citron et versez le jus dans la casserole. Mélangez à nouveau.
6 Faites frire les croûtons et servez.
Si votre brandade est trop liquide, incorporez de la chair de pomme de terre cuite et écrasée.

Moules marinières

Pour 6 personnes
Préparation : 15 min
Cuisson : 10 min

Boisson conseillée :

MUSCADET OU CIDRE BRUT

3 à 4 l de moules (2,5 kg
environ) • 2 oignons • 100 g
de beurre • 50 cl de vin blanc
sec • 1 bouquet de persil •
1/2 citron • sel, poivre

1 Grattez les moules, brossez-les sous l'eau courante et lavez-les à plusieurs eaux. Éliminez celles qui sont ouvertes.
2 Pelez et hachez les oignons. Lavez, équeutez et hachez le persil. Pressez le demi-citron.
3 Faites revenir les oignons dans le beurre au fond d'un faitout, à feu doux. Quand ceux-ci sont devenus translucides, ajoutez le persil, le vin blanc et le jus de citron. Faites cuire à feu vif pendant quelques minutes.
4 Jetez les moules dans le faitout et faites-les ouvrir à feu vif. Remuez-les en secouant le faitout pour répartir la chaleur.
5 Lorsque toutes les moules sont ouvertes, versez-les dans une soupière. Nappez-les du jus de cuisson et servez-les bien chaudes.
Variante : passez le jus et ajoutez-y 25 cl de crème fraîche épaisse.

Turbot poché

Pour 6 personnes
Préparation : 30 min
Cuisson : 30 min

1 turbot de 2 kg vidé, dépouillé
et coupé en 6 morceaux par le
poissonnier • 2 l de
court-bouillon (voir Raie au
beurre noisette p. 90) •
sauce hollandaise (voir p. 85)

1 Lavez les morceaux de turbot, épongez-les et mettez-les dans une marmite. Versez le court-bouillon froid dessus.
2 Portez à ébullition, baissez le feu, couvrez et prolongez la cuisson 15 min, à petits frémissements.
3 Sortez les morceaux de turbot du faitout à l'aide d'une écumoire.
Égouttez le turbot. Disposez-les sur un grand plat chaud.
4 Servez avec une sauce hollandaise. Préparez-la pendant la cuisson du turbot : l'un et l'autre ont du mal à attendre.
Accompagnez de pommes de terre à l'anglaise, ou de haricots verts.

Rougets en papillotes

Pour 6 personnes
Préparation : 30 min
Cuisson : 15 min

Boisson conseillée :

CÔTES-DE-PROVENCE BLANC

6 rougets barbets (ou
surmulets) de 150 g à 180 g
chacun, nettoyés par le
poissonnier • 3 oignons
moyens • 2 branches de
persil • graines de fenouil •
huile d'olive • sel, poivre

1 Préparez les papillotes en découpant 6 grands rectangles de papier aluminium ou sulfurisé.
2 Préchauffez le four à 180 °C (therm. 5).
3 Pelez et émincez les oignons. Lavez, équeutez et hachez le persil. Lavez les poissons et épongez-les avec du papier absorbant. Badigeonnez-les d'huile d'olive avec un pinceau.
4 Sur chaque rectangle de papier, déposez une cuillerée à soupe d'oignons émincés, 1 bonne pincée de persil et quelques graines de fenouil.
5 Posez 1 rouget dans chaque papillote. Salez et poivrez. Parsemez d'oignons et de persil haché. Refermez le papier en le roulant sur lui-même et en repliant les extrémités pour bien fermer les papillotes.
6 Posez les papillotes dans un plat allant au four, enfournez et laissez cuire environ 15 min.
7 Servez les poissons dans leurs papillotes. Ils peuvent attendre un peu ainsi, car ils se maintiennent au chaud.

LE FOIE GRAS

Symbole de fête et de luxe, authentique produit du terroir, le foie gras est l'un des plus beaux fleurons de la gastronomie française. Apprenez à le connaître, à le préparer, à le déguster et à le servir.

LE FOIE GRAS POÊLÉ

Pour cette recette, achetez un foie gras cru. Préparez-le en suivant les conseils indiqués sur la page de droite : enlevez la peau, les nerfs et les parties tachées de vert. Salez-le et poivrez-le de tous côtés. Faites-le mariner dans du sauternes, dans du pineau des Charentes ou encore dans un peu de cognac. Pendant ce temps, pelez et épépi-nez des grains de raisin noir. Coupez le foie en tranches pas trop fines. Faites fondre un peu de graisse d'oie dans une poêle et faites revenir rapidement les tranches de foie. Retournez-les pour qu'elles soient bien saisies des 2 côtés. Sortez-les de la poêle et réservez-les au chaud. Versez la marinade dans la poêle, ajoutez les grains de raisin et portez à ébullition. Versez sur les tranches de foie et servez.

COMMENT ACHETER LE FOIE GRAS ?

Le foie gras cru désigne la matière première qui devra être cuisinée le jour de son achat. C'est avec un foie cru que vous pourrez réaliser la recette du foie gras poêlé. Quand vous l'achetez, il doit être de couleur uniforme. Le foie d'oie est plus rose que le foie de canard. Les autres catégories de foie gras ont fait l'objet d'une conservation. On distingue le frais, le mi-cuit et le foie de conserve. Le foie gras frais a subi une très courte cuisson et doit être consommé rapidement (moins d'une semaine). Le foie gras mi-cuit est pasteurisé. Son goût se rapproche de celui d'un foie frais, mais il peut se conserver un mois dans le réfrigérateur. Le foie gras de conserve, en boîte ou en bocal, est stérilisé et sa durée de vie est de quatre ans et plus.

ALSACE OU PÉRIGORD ?

Les premières mentions du foie gras remontent à l'Égypte des pharaons. Mais il est indéniable que le foie gras moderne est une invention française. En 1769, le sieur Taverne créait les Terrines de Nérac, première recette célèbre de terrine de foie périgourdin. C'est un Périgourdin encore, Nicolas-François Doyen, qui introduisit la truffe dans le foie gras. Mais c'est en Alsace, précisément à la table du maréchal de Contades, en 1780, que naquit le pâté de foie malaxé. Cette recette due à Jean-Pierre Clause connut une gloire inégalée tout au long du XIXe siècle. En Alsace, les foies sont cuits avec un assortiment d'une quinzaine d'épices et malaxés pour former un pâté. Dans le Sud-Ouest, on préfère les laisser nature, ou les parfumer au cognac ou à l'armagnac.

DÉCOUPER LE FOIE GRAS

Le foie gras frais ou mi-cuit est assez fragile et délicat à couper. Il existe un couteau à foie gras spécialement conçu à cet effet (voir ci-dessous). Si vous n'en avez pas, choisissez un couteau très fin et bien aiguisé, et prévoyez un bol rempli d'eau bouillante. Trempez la lame du couteau dans l'eau avant de couper une tranche et recommencez pour chaque tranche. Le foie gras de Strasbourg est parfois servi dans de petites terrines rondes plus profondes que larges. Utilisez alors une cuillère, que vous plongerez dans l'eau chaude pour découper des boules de foie, un peu comme pour une glace.

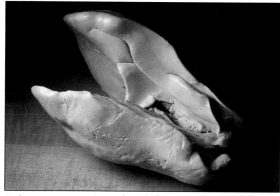

1. *Avec un couteau pointu, enlevez la fine peau qui entoure le foie et les parties verdâtres. Séparez les 2 lobes à la main ou ouvrez-les. Dégagez le nerf principal et tirez-le, il entraînera les autres nerfs.*

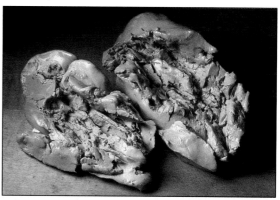

2. *Dénervez complètement le foie, éliminez les petits points de sang et grattez les parties tachées de vert qui ont été touchées par le fiel. Lavez rapidement le foie et épongez-le.*

3. *Préchauffez le four à 120°C (therm.2). Disposez le foie dans une terrine. Salez, poivrez, ajoutez un petit verre de cognac. Faites fondre 30 g de graisse d'oie et versez-la sur la terrine.*

4. *Faites cuire dans le four au bain-marie pendant 25 min. Laissez refroidir la terrine puis mettez-la au réfrigérateur. Elle se conserve pendant une dizaine de jours.*

LE SERVICE DU FOIE GRAS

Si votre foie est dans une jolie terrine ronde, présentez-le tel quel. S'il est sous vide ou en conserve, démoulez-le et coupez-le en tranches. Servez-le avec des toasts de pain brioché, de pain de mie ou de pain de campagne. Point crucial : quel vin choisir ? Les puristes ne jurent que par le sauternes, ce merveilleux bordeaux blanc tardif, liquoreux sans être doux. Dans le même esprit, vous pouvez choisir un vouvray ou un monbazillac. Un tokay d'Alsace, vigoureux et parfumé, saura mettre en valeur un foie de la même région.

Raie au beurre noisette

POUR 6 PERSONNES
PRÉPARATION : 25 MIN
CUISSON : 1 H 10

Boisson conseillée :
MUSCADET

pour le court-bouillon : 1 l de vin blanc sec • 2 carottes • 2 gros oignons • 1 branche de céleri • 1 petite branche de thym • 1 petit bouquet de persil • 1 clou de girofle • 4 grains de poivre • sel • 1,2 kg d'aile de raie • 1/2 verre de vinaigre de vin vieux • 200 g de beurre • 5 cuill. à soupe de câpres • 4 cuill. à soupe de persil haché

1 Préparez le court-bouillon : pelez les carottes, lavez-les et coupez-les en rondelles. Pelez et émincez les oignons. Lavez le céleri et coupez-le en tronçons de 2 cm environ. Versez le vin blanc sec dans une grande casserole, puis ajoutez-y 1 l d'eau, les carottes, les oignons, le céleri, le thym, le persil, le clou de girofle, le poivre et 1 pincée de sel. Portez à ébullition, puis laissez frémir pendant 40 min. Laissez le court-bouillon refroidir avant de le passer au chinois.

2 Lavez la raie et épongez-la. Disposez-la dans une marmite. Couvrez-la de court-bouillon froid. Portez à ébullition en surveillant, baissez le feu, couvrez, et laissez cuire 15 min. Vérifiez la cuisson en piquant la raie avec une aiguille. Le jus qui s'en échappe doit être incolore.

3 Sortez la raie de la marmite à l'aide d'une écumoire. Coupez le bord des ailes et retirez les peaux noire et blanche qui la recouvrent. Posez-la sur un plat de service et réservez-la au chaud.

4 Filtrez 10 cl de court-bouillon. Faites fondre le beurre dans une sauteuse jusqu'à ce qu'il se colore légèrement. Retirez la sauteuse du feu et versez-y le court-bouillon en tournant. Additionnez de vinaigre et ajouter les câpres. Remettez sur le feu et faites bouillir rapidement. Goûtez et rectifiez l'assaisonnement si nécessaire.

5 Versez la sauce sur la raie. Parsemez de persil et servez aussitôt.
Achetez de préférence une raie bouclée, dont la chair est plus fine. Ne laissez surtout pas noircir le beurre qui, trop cuit, devient indigeste.

Blanquette de veau

POUR 6 PERSONNES
PRÉPARATION : 20 MIN
CUISSON : 2 H

Boisson conseillée :
ANJOU BLANC

1,2 kg de tendrons de veau (ou de flanchet) coupé en gros cubes par le boucher • 2 carottes • 1 oignon • 1 échalote • 1 clou de girofle • 1 bouquet garni • 150 g de champignons de Paris • 60 g de beurre • 30 g de farine • 1 jaune d'œuf • 100 g de crème fraîche • 1 citron • sel, poivre

1 Lavez et épluchez les carottes et coupez-les en rondelles. Pelez l'oignon et l'échalote. Piquez l'oignon du clou de girofle.

2 Faites revenir les morceaux de veau au beurre dans une grande cocotte. Salez et poivrez. Couvrez-les d'eau chaude.

3 Ajoutez l'oignon, l'échalote, les carottes et le bouquet garni dans la cocotte. Couvrez et prolongez la cuisson à petits bouillons pendant 2 h.

4 Nettoyez les champignons et ajoutez-les dans la cocotte au bout de 1 h de cuisson.

5 Préparez un beurre manié en mélangeant soigneusement 30 g de beurre et 30 g de farine.

6 Sortez la viande de la cocotte et réservez-la au chaud. Filtrez le jus de cuisson. Incorporez-lui le beurre manié, mettez la sauce dans une casserole et faites-la bouillir.

7 Mélangez le jaune d'œuf et la crème. Hors du feu, versez-les dans la casserole en remuant vivement. Arrosez de jus de citron, versez la sauce sur la viande et servez.

Chateaubriands béarnaise

POUR 6 PERSONNES
PRÉPARATION : 20 MIN
CUISSON : 25 MIN

6 chateaubriands de 200 g chacun • 25 cl de sauce béarnaise (voir p. 84) • beurre (facultatif)

1 Préparez la sauce béarnaise et réservez-la au bain-marie.

2 Préchauffez un gril en fonte pendant 10 min. Vous pouvez aussi poêler la viande. Faites alors fondre du beurre dans une poêle. Posez la viande sur le gril ou dans la poêle et faites-la cuire à feu vif pendant 3 min. Retournez-la et saisissez l'autre face 2 min.

3 Posez les chateaubriands sur des assiettes chaudes. Présentez la sauce béarnaise à part.

Comme garniture, vous pouvez servir des pommes au four. Lavez 6 grosses pommes de terre. Enveloppez-les dans du papier aluminium. Faites-les cuire 1 h à four chaud (180 °C, therm. 5). Fendez-les en 2, évidez-les un peu et garnissez-les de sauce béarnaise.

RAIE
AU BEURRE
NOISETTE

•

*La raie au beurre noir
a longtemps fait partie du
menu classique des bistrots
parisiens. Mais le beurre
brûlé s'avérait peu digeste.
L'aile de raie, fine et d'un
blanc rosé, est maintenant
servie avec un beurre à
peine coloré, noisette.*

Bœuf en gelée

POUR 10 PERSONNES

PRÉPARATION : 40 MIN

MISE EN GELÉE : 12 H

CUISSON : 2 H 15

Boisson conseillée :
CORNAS

1,8 kg d'aiguillette de rumsteck dégraissée et piquée sur toute sa longueur par le boucher • 500 g de carottes • 4 oignons • 1 gousse d'ail • 1 bouquet garni • 1 verre de vin blanc sec • 1 sachet 1/2 de gelée en poudre • 1 morceau de sucre • 2 cuill. à soupe d'huile • 300 g de petits pois frais • noix de muscade • sel, poivre

1 Épluchez les carottes, les oignons et la gousse d'ail. Émincez les oignons et coupez les carottes en rondelles. Écossez les petits pois.
2 Dans une cocotte en fonte, faites dorer la viande dans l'huile pendant 5 min, à feu moyen.
3 Ajoutez les légumes et le bouquet garni. Salez, poivrez. Râpez 1 pincée de noix de muscade et poudrez-en la viande.
4 Couvrez, baissez le feu et prolongez la cuisson pendant 30 min. Arrosez de vin blanc et allongez de 20 cl d'eau. Baissez le feu au maximum et laissez mijoter pendant 1 h 30.
5 Sortez la viande et les légumes de la cocotte à l'aide d'une écumoire et réservez-les. Filtrez le jus de cuisson. Laissez-le refroidir et dégraissez-le.
6 Versez la gelée dans le jus de cuisson et mélangez jusqu'à ce qu'elle soit bien absorbée.
7 Faites cuire les petits pois 15 min dans de l'eau bouillante salée et sucrée. Lorsqu'ils sont cuits mais encore fermes, égouttez-les.
8 Tapissez le fond d'un moule à terrine de la moitié des petits pois et des carottes. Arrosez d'un peu de jus et laissez refroidir 20 min au frais.
9 Pendant ce temps, coupez la viande en fines tranches, puis reconstituez le morceau. Mettez la viande dans le moule. Versez tout le jus de cuisson par-dessus, puis recouvrez du reste des légumes.
10 Fermez la terrine avec son couvercle et mettez au réfrigérateur. Laissez prendre pendant 12 h au moins. Servez dans la terrine.
Sur la table, prévoyez des cornichons, de la moutarde et des petits oignons au vinaigre. Chacun se servira. Vous pouvez décorer le dessus du moule avec des herbes. Vous pouvez également démouler pour servir.

Steaks au poivre

POUR 4 PERSONNES

PRÉPARATION : 15 MIN

CUISSON : 10 MIN

4 steaks (aloyau par exemple) de 180 g chacun • 3 cuill. à soupe d'huile • 4 cuill. à soupe de poivre noir grossièrement concassé • 1 cuill. à soupe de madère • 15 cl de crème fraîche • sel

1 Posez les steaks sur un grand plat. Recouvrez chaque face de poivre concassé. Appuyez un peu pour que le poivre colle bien à la viande. Ne salez que légèrement. Laissez reposer quelques minutes.
2 Mettez l'huile dans une poêle sur le feu. Lorsqu'elle est chaude, faites griller les steaks de 2 à 4 min par face selon votre goût. Déposez les steaks sur le plat de service et tenez-les au chaud.
3 Jetez l'huile de cuisson et déglacez la poêle avec le madère. Ajoutez la crème fraîche, portez à ébullition en remuant et versez sur les steaks. Servez immédiatement. Accompagnez de légumes verts ou de pommes de terre.

Cassoulet de Bonnac

POUR 6 PERSONNES

TREMPAGE
DES HARICOTS : 12 H

PRÉPARATION : 10 MIN

CUISSON : 3 H

600 g de haricots ronds de Pamiers ou, à défaut, de lingots du Nord • 200 g de couenne de porc • 250 g de jambon cru • 1 aile et 1 cuisse d'oie confites • 6 saucisses de Toulouse • 1 gousse d'ail • sel, poivre

1 La veille, faites tremper les haricots dans une bassine d'eau froide. Égouttez-les dans une passoire le lendemain.
2 Coupez la couenne en morceaux et disposez ceux-ci dans le fond d'une grande marmite. Coupez le jambon en lanières. Pelez l'ail.
3 Versez les haricots dans le faitout, puis l'ail et le jambon. Salez et poivrez. Couvrez d'eau froide. Portez à ébullition. Baissez le feu, couvrez et prolongez la cuisson à feu doux pendant environ 3 h.
4 Au bout de 2 h 30 de cuisson, ajoutez l'aile et la cuisse d'oie confites dans la marmite. Laissez cuire sans remuer. Vérifiez la consistance du cassoulet. Si les haricots ont absorbé toute l'eau, rajoutez-en un peu.
5 Avant de servir, faites griller les saucisses.
6 Versez le cassoulet dans un plat de service, posez les saucisses par-dessus et servez bien chaud.

CASSOULET
DE BONNAC

•

*Le nom de ce plat vient de
«cassole», le plat de terre
vernissée dans lequel il
cuit. Il comporte de
nombreuses variantes.
On peut le préparer avec de
la longe, du jambon,
du jarret, du saucisson,
des couennes de porc, du
confit et même du gigot
de mouton*

Cailles au raisin

POUR 6 PERSONNES
PRÉPARATION : 30 MIN
CUISSON : 30 MIN

Boisson conseillée :
CHAMPAGNE

6 cailles de 150 g (ou 12 plus petites) plumées, vidées, bardées par le volailler • 500 g de raisin blanc • 1 grand verre de cognac • 1 cuill. à café de fécule de pommes de terre • 5 cuill. à soupe d'huile • 50 g de beurre • 6 tranches de pain de mie • noix de muscade • vinaigre • sel, poivre

1 Faites chauffer un peu d'huile dans une cocotte. Faites-y revenir les cailles à feu vif, en les retournant pour qu'elles dorent de tous les côtés. Réservez-les et videz la graisse de la cocotte.
2 Pressez 300 g de raisins. Filtrez le jus, versez-le dans une petite casserole, faites-le tiédir et liez-le avec la fécule de pommes de terre.
3 Faites fondre 30 g de beurre dans la cocotte à feu doux et remettez-y les cailles. Arrosez-les de cognac et prolongez la cuisson à couvert pendant 5 min.
4 Arrosez de jus de raisin, salez, poivrez et râpez 1 pincée de noix de muscade. Couvrez et faites cuire à feu très doux environ 30 min.
5 Pendant ce temps, égrenez le reste du raisin et épépinez les grains à l'aide d'une aiguille. Faites-les revenir dans le reste du beurre, à feu doux environ 10 min, jusqu'à ce qu'ils se rident un peu.
6 Faites dorer les tranches de pain à l'huile.
7 Sur un grand plat, disposez les tranches de pain. Posez une caille sur chacune. Déglacez la cocotte avec un peu de vinaigre et versez la sauce sur les cailles. Entourez des raisins et servez.

Coq au vin

POUR 6 PERSONNES
PRÉPARATION : 45 MIN
CUISSON : 1 H 30 ENVIRON

Boisson conseillée :
CHAMBERTIN OU MÂCON

1 jeune coq de 1,5 kg environ coupé en morceaux par le volailler • 150 g de lard maigre demi-sel • 15 petits oignons blancs • 1 verre à liqueur de marc de bourgogne • 1 bouteille de bourgogne • 1 gousse d'ail • 1 bouquet garni • 50 g de beurre • sel, poivre
pour la sauce : 30 g de beurre • 30 g de farine • le foie du coq

1 Faites fondre le beurre dans une cocotte. Dès qu'il mousse, ajoutez les morceaux de coq. Salez, poivrez. Faites-les dorer à feu moyen sur toutes les faces. Sortez-les de la cocotte au fur et à mesure et réservez-les au chaud.
2 Coupez le lard en petits dés. Faites blanchir les lardons 5 min à l'eau bouillante. Égouttez-les et épongez-les avec un papier absorbant. Pelez les petits oignons.
3 Faites revenir les lardons et les petits oignons dans la cocotte pendant 10 min environ.
4 Remettez les morceaux de coq dans la cocotte. Arrosez de marc, portez à ébullition et flambez.
5 Versez le bourgogne dans la cocotte, en veillant à ce que les morceaux de coq soient bien recouverts. Salez et poivrez. Pelez l'ail. Mettez-le dans la cocotte, ainsi que le bouquet garni et le foie du coq. Couvrez et laissez cuire à feu doux pendant 1 h.
6 Au bout de 45 min de cuisson, préparez la sauce. Mélangez le beurre et la farine. Passez le foie au mixer. Dans un bol, mélangez le foie et le beurre manié. Puis, en battant, ajoutez 2 cuillerées à soupe de sauce chaude, prélevée dans la cocotte. Versez le tout dans ce récipient en remuant.
Servez dans la cocotte et accompagnez de pommes de terre à l'anglaise.

Gigot boulangère

POUR 6 PERSONNES
PRÉPARATION : 25 MIN
CUISSON : 2 H 45

1 gigot de 1,5 kg environ • 2 kg de pommes de terre • 1 oignon • 120 g de beurre • 1/2 feuille de laurier • 1 petite branche de thym • 2 gousses d'ail • sel, poivre du moulin

1 Sortez le gigot du réfrigérateur longtemps à l'avance. Préchauffez le four à 200 °C (therm. 6).
2 Épluchez les pommes de terre. Lavez-les et coupez-les en fines rondelles.
3 Pelez puis hachez finement l'oignon. Émiettez la feuille de laurier et la branche de thym. Mélangez l'oignon et les herbes, salez et poivrez généreusement.
4 Beurrez un plat allant au four. Disposez en couche la moitié des pommes de terre coupées en rondelles. Répartissez dessus la moitié du mélange à base d'herbes. Disposez une seconde couche de pommes de terre et répartissez le reste du mélange. Parsemez de 50 g de beurre coupé en morceaux. Mouillez d'eau tiède de manière à juste couvrir les pommes de terre.

5 Enfournez et faites cuire au maximum 2 h. Les pommes de terre doivent avoir absorbé presque toute l'eau.
6 Pendant ce temps, pelez l'ail. Coupez-le en éclats. Pratiquez de petites entailles dans le gigot et garnissez-les d'ail.
7 Mélangez intimement le reste du beurre avec

1/2 cuillerée à café de sel et 1 grosse pincée de poivre. Enduisez la viande de ce mélange.
8 Sortez le plat du four. Posez le gigot sur le gratin de pommes de terre. Enfournez de nouveau et prolongez la cuisson environ 45 min. Retournez-le plusieurs fois en cours de cuisson.

9 Vérifiez la cuisson à la pointe d'un couteau. Le jus qui sort du gigot doit être légèrement rosé.
10 Sortez le plat du four. Découpez la viande et présentez les tranches sur un plat de service chaud. Servez le gratin dans le plat de cuisson. Comptez 15 min de cuisson par livre de gigot.

Lapin chasseur

POUR 6 PERSONNES
PRÉPARATION : 25 MIN
CUISSON : 55 MIN

Boisson conseillée :
SAUMUR-CHAMPIGNY

1 lapin de 1,2 kg • 100 g de poitrine demi-sel • 2 oignons • 3 échalotes • 1 gousse d'ail • 30 cl de vin blanc sec • 1 bouquet garni • noix de muscade • 200 g de champignons de Paris • 1 cuill. à soupe de farine • 1 cuill. à soupe de beurre • 1 petit bouquet de persil • sel, poivre

1 Demander à votre volailler de couper le lapin en morceaux.
2 Coupez la poitrine en petits dés. Faites blanchir ces lardons 5 min à l'eau bouillante. Égouttez-les et épongez-les avec du papier absorbant.
3 Pelez puis hachez les oignons, les échalotes ainsi que la gousse d'ail.

4 Faites dorer les lardons dans une cocotte. Quand ils ont rendu leur graisse, ajoutez les morceaux de lapin et faites-les revenir pendant 10 min environ à feu moyen, en les retournant pour qu'ils dorent de tous côtés.
5 Ajoutez les oignons, les échalotes et l'ail dans la cocotte, puis arrosez du vin blanc et de 15 cl d'eau. Assaisonnez de 1 pincée de noix de muscade râpée, salez, poivrez et ajoutez le bouquet garni.
6 Portez à ébullition, couvrez, baissez le feu et prolongez la cuisson pendant 30 min.
7 Ôtez les pieds terreux des champignons de Paris. Lavez les têtes. Essuyez-les. Émincez-les et ajoutez-les dans la cocotte. Laissez cuire en-

core 15 min environ le lapin et les champignons.
8 Sortez les morceaux de lapin de la cocotte et réservez-les au chaud sur un plat de service.
9 Écrasez le beurre à la fourchette et mélangez-le intimement avec la farine pour former un beurre manié. Lavez, équeutez et hachez le persil.
10 Hors du feu, ajoutez le beurre manié, par fraction, dans la cocotte, en remuant. Portez la sauce à ébullition sans cesser de remuer.
11 Nappez les morceaux de lapin de sauce et parsemez de persil. Accompagnez ce plat de pommes de terre sautées (ou à l'anglaise) et de haricots verts, ou encore de pâtes.

Magrets de canard au poivre vert

POUR 8 PERSONNES
PRÉPARATION : 40 MIN
CUISSON : 15 MIN

Boisson conseillée :
CAHORS

4 beaux magrets de canard de 300 g chacun • 3 échalotes • 100 g de beurre • 15 cl de madère • 250 g de crème fraîche • 10 g de poivre vert • 6 branches de persil • sel

1 Coupez dans la longueur chaque magret en 3 fines escalopes.
2 Pelez et hachez finement les échalotes.
3 Faites fondre la moitié du beurre dans une poêle. Mettez les ma-

grets à revenir pendant 3 à 4 min de chaque côté. Posez-les sur un plat de service au fur et à mesure et réservez-les.
4 Videz la graisse de la poêle. Mettez-y une noix de beurre et faites-la fondre à feu doux. Faites-y dorer les échalotes. Mouillez de madère et prolongez la cuisson 2 à 3 min.
5 Liez la sauce avec la crème fraîche. Assaisonnez avec le poivre vert et salez. Laissez cuire encore 2 à 3 min.

6 Lavez, équeutez et hachez le persil. Nappez les escalopes de sauce et parsemez-les de persil. Servez très chaud. Accompagnez de grains de maïs ou d'une purée de pommes de terre. Le magret est un filet de chair prélevé sur la poitrine d'un gros canard. Le mot désigne tout simplement la partie maigre du canard. Les gros magrets proviennent généralement de canards engraissés pour produire du foie gras.

Navarin d'agneau

POUR 6 PERSONNES
PRÉPARATION : 15 MIN
CUISSON : 1 H 30 À 2 H

Boisson conseillée :
CHINON OU MÂCON

1,5 kg d'épaule d'agneau désossée et coupée en morceaux • 30 g de farine • 2 cuill. à soupe de saindoux (ou de graisse d'oie) • 100 g d'oignons • 15 cl de vin blanc sec • 1 bouquet garni • 300 g de petits pois frais • 250 g de haricots verts • 500 g de carottes • noix de muscade • sel, poivre

1 Roulez les morceaux de viande dans la farine.
2 Dans une cocotte, faites revenir les morceaux de viande dans le sain-doux ou la graisse d'oie pendant environ 5 min. Retournez-les régulièrement pour qu'ils dorent sur toutes leurs faces.
3 Pelez les oignons et coupez-les 4.
4 Versez le vin blanc dans la cocotte. Mettez-y les oignons et le bouquet garni. Râpez 1 pincée de noix de muscade, salez et poivrez. Portez à ébullition, baissez le feu, couvrez et prolongez la cuisson pendant 45 min.
5 Écossez les petits pois. Lavez, équeutez et effilez les haricots verts. Lavez et épluchez les carottes. Coupez-les en grosses rondelles.
6 Dans différentes casseroles, faites cuire les légumes à l'eau bouillante salée. Comptez environ 15 min de cuisson pour les haricots et les petits pois, 20 min pour les carottes. Surveillez-les et arrêtez la cuisson quand ils sont juste cuits à cœur et encore croquants.
7 Ajoutez les légumes dans la cocotte et prolongez la cuisson à couvert pendant 30 min, à très petit feu.
Présentez dans la cocotte ou dans un grand plat creux. Parsemez d'herbes hachées.

Vol-au-vent financière

POUR 6 PERSONNES
PRÉPARATION : 30 MIN
CUISSON : 50 MIN

Boisson conseillée :
GIVRY

1 croûte de vol-au-vent (achetée chez le pâtissier) • 700 g de ris de veau • 1 cervelle de veau (250 g) • 1 cuill. à soupe de vinaigre • 400 g de champignons de Paris • 1 cuill. à soupe de farine • 2 cuill. à soupe d'huile • 120 g de beurre • 1 verre à liqueur de cognac • 1 tranche de jambon de Paris de 1 cm d'épaisseur (100 g) • 1 jaune d'œuf • 100 g de crème fraîche • pour la sauce : 30 g de beurre • 1 carotte • 2 échalotes • 2 cuill. à soupe de farine • 1 cuill. à soupe de concentré de tomates • 30 cl de madère • 50 cl de bouillon de volaille • sel, poivre

1 Posez le ris de veau dans une casserole, couvrez-le d'eau froide et salez. Portez à ébullition, baissez le feu et prolongez la cuisson à petits bouillons pendant 5 min. Arrêtez-la en passant le ris de veau sous l'eau froide. Égouttez-le et épongez-le avec du papier absorbant. Ôtez la peau qui le recouvre et les cartilages. Coupez-le en gros dés.
2 Lavez la cervelle. Faites-la dégorger 15 min dans de l'eau froide vinaigrée. Enlevez la petite peau sous un filet d'eau. Retirez la membrane et les filets qui l'entourent. Coupez la cervelle en dés.
3 Nettoyez les champignons de Paris. Ôtez les pieds terreux, lavez les têtes, épongez-les et coupez-les en lamelles.
4 Préparez la sauce. Épluchez la carotte et les échalotes. Coupez les carottes en fines rondelles et émincez les échalotes. Faites-les fondre à feu doux dans le beurre.
5 Poudrez de farine et prolongez la cuisson quelques instants sans cesser de remuer. Mouillez de bouillon de volaille et de madère. Ajoutez le concentré de tomate et mélangez. Salez, poivrez. Portez à ébullition puis baissez le feu et laissez cuire à petits frémissements pendant 20 min.
6 Sortez la sauce du feu et laissez-la refroidir. Éliminez la graisse qui monte à la surface. Filtrez la sauce.
7 Préchauffez le four à 140 °C (therm.2).
8 Roulez rapidement les dés de ris de veau dans le restant de farine. Faites chauffer un mélange d'huile et de beurre dans une sauteuse et faites-y revenir le ris de veau. Salez, poivrez. Arrosez avec le cognac, flambez. Versez la sauce dans la sauteuse, ainsi que les champignons. Couvrez et faites cuire 15 min à feu doux.
9 Faites fondre 60 g de beurre dans une poêle et faites-y dorer les dés de cervelle. Coupez le jambon en dés. Ajoutez-les dans la sauteuse.
10 Pendant ce temps, faites réchauffer la croûte dans le four.
11 Incorporez le jaune d'œuf à la crème fraîche. Ajoutez-les dans la sauteuse et mélangez.
12 Versez la garniture dans la croûte et servez.

VOL-AU-VENT FINANCIÈRE

·

La paternité de cette recette est attribuée à Carême (1784-1833), génial cuisinier français qui fut pendant douze ans le chef de Talleyrand, puis fit le tour des cours européennes. Si le vol-au-vent est si léger qu'il s'envole, la garniture à la financière doit son nom à sa richesse.

Les Desserts

Babas au rhum

Pour 6 personnes
Préparation : 45 min
Repos : 30 min
Cuisson : 35 min

5 g de levure de boulanger • 75 g de beurre • 125 g de farine tamisée • 1 pincée de sel • 120 g de sucre semoule • 2 œufs pour le sirop : 250 g de sucre semoule • 15 cl de rhum • 1 gousse de vanille

1 Préparez un levain en délayant la levure de boulanger avec 1 cuillerée à soupe d'eau tiède. Laissez-le reposer.
2 Pendant ce temps, commencez la pâte à baba. Faites fondre 50 g de beurre et laissez-le tiédir. Dans une terrine, versez la farine, le sel, le sucre semoule et 1 œuf. Mélangez à l'aide d'une cuillère en bois.
3 Ajoutez le levain, remuez bien et incorporez le second œuf. Travaillez la pâte jusqu'à ce qu'elle devienne molle et élastique. Versez le beurre fondu et mélangez bien.
4 Beurrez 6 moules à baba individuels. Remplissez-les de pâte aux 3/4, couvrez-les et laissez-les gonfler 30 min dans un endroit tiède.
5 Préchauffez le four à 200 °C (therm.6).
6 Enfournez les babas et laissez-les cuire environ 15 à 20 min.
7 Pendant ce temps, préparez le sirop. Fendez la gousse de vanille en 2. Dans une casserole à fond épais, faites fondre le sucre à feu doux dans 50 cl d'eau. Ajoutez la vanille, portez à ébullition, laissez cuire quelques instants et enlevez du feu.
8 Sortez les babas du four et démoulez-les encore chauds. Lorsqu'ils sont froids, plongez-les dans le sirop tiède jusqu'à ce qu'il n'en sorte plus de bulles. Égouttez-les et disposez-les sur un plat en porcelaine.
9 Mélangez le rhum avec le reste du sirop. Dès que ce mélange sera froid, arrosez-en les babas. Gardez au frais jusqu'au moment de servir.

Charlotte aux fraises

Pour 6 personnes
Préparation : 45 min
Cuisson : 10 min
Réfrigération : 12 h

Boisson conseillée :
ROSÉ D'ANJOU

500 g de fraises • 150 g de sucre semoule • 85 cl de rhum ou de kirsch (ou d'une autre liqueur au choix) • 500 g de fromage blanc frais • 30 biscuits à la cuillère

1 Lavez délicatement les fraises et épongez-les soigneusement à l'aide de papier absorbant. Réservez-en 5 ou 6, coupez le reste en 2 ou en 4 selon leur taille.
2 Dans une casserole, mettez 50 g de sucre avec 30 cl d'eau et l'alcool. Portez à ébullition à feu doux, retirez du feu.
3 Incorporez 100 g de sucre semoule au fromage blanc.
4 Lorsque le sirop est un peu refroidi, trempez-y rapidement les biscuits un à un de façon à les imprégner entièrement, mais ne les laissez surtout pas ramollir.
5 Tapissez le fond et les parois d'un moule à charlotte (ou d'un moule rond à bords hauts) de biscuits. Recouvrez successivement d'une couche de fromage blanc, d'une couche de fraises et d'une couche de biscuits, jusqu'à épuisement des ingrédients. Terminez par une couche de biscuits.
6 Tassez bien la charlotte à l'aide d'un poids et mettez le tout au réfrigérateur pendant au moins 12 h. Sortez la charlotte, démoulez-la sur un plat de service. Décorez des fraises que vous aviez réservées. Si vous avez du mal à démouler la charlotte, tapotez le haut du moule. Si cela ne suffit pas, glissez un couteau entre la charlotte et la paroi du moule. Vous pouvez aussi le plonger très brièvement dans de l'eau chaude.

Crème Chantilly

Pour 6 personnes
Préparation : 20 min

50 cl de crème fraîche liquide (fleurette) très froide • 50 g de sucre glace (ou semoule) • 1 sachet de sucre vanillé

1 Versez la crème dans un saladier et maintenez-la 2 h au réfrigérateur (ou 30 min au congélateur, ou bien dans le freezer).
2 Sortez la crème et commencez à la fouetter doucement au batteur électrique. Incorporez peu à peu le sucre et le sucre vanillé.
3 Au fur et à mesure que la crème mousse, augmentez la vitesse de rotation du batteur. Dès que des raies se forment sur le dessus et que la crème se rattache un peu au fouet, cessez de battre.
4 Versez dans le plat de service ou garnissez-en un gâteau et maintenez bien au frais jusqu'au moment de servir.

Crêpes Suzette

POUR 15 CRÊPES

PRÉPARATION : 20 MIN

REPOS : 2 H

CUISSON : 40 MIN

Boisson conseillée :

VOUVRAY

pour la pâte : 3 œufs • 250 g de farine tamisée •	
50 cl de lait • 3 cuill. à soupe de liqueur d'orange • sel	
pour flamber : 125 g de beurre • 1 orange •	
1 verre de cognac • 1 verre de liqueur d'orange •	
125 g de sucre semoule	
beurre pour la poêle	

1 Préparez la pâte. Cassez les œufs dans une terrine. Battez-les en omelette et ajoutez la farine ; remuez bien au fouet pour obtenir une pâte lisse.

2 Délayez-la peu à peu avec le lait, puis la liqueur d'orange. Mélangez bien et ajoutez 1 pincée de sel. Laissez reposer pendant au moins 2 h. Au moment de faire cuire les crêpes, rallongez la pâte avec 3 cuillerées à soupe d'eau tiède afin qu'elle soit assez fluide pour recouvrir immédiatement le fond de la poêle.

3 Mettez 1 noisette de beurre à fondre dans une poêle, versez 1 louche de pâte, inclinez la poêle dans tous les sens et laissez cuire 2 min à feu moyen.

4 Lorsque la crêpe glisse dans la poêle, retournez-la et laissez cuire l'autre face. Faites de même avec le reste de la pâte. Entassez les crêpes sans les sucrer sur une assiette posée sur une casserole d'eau à ébullition.

5 Râpez le zeste de l'orange. Malaxez le beurre avec le zeste. Mélangez le cognac et la liqueur d'orange. Tartinez les crêpes avec le beurre à l'orange et réchauffez-les dans la poêle à feu moyen. Arrosez avec l'alcool, poudrez largement de sucre semoule, amenez à ébullition, flambez et servez immédiatement.

Les crêpes Suzette auraient été inventées par un maître d'hôtel parisien, Henri Charpentier, alors qu'il servait le prince de Galles. La sauce s'enflamma au contact du chauffe-plats. Le prince trouva la recette délicieuse et Charpentier lui proposa de la lui dédier. Mais le prince se retourna vers la jeune femme qui l'accompagnait et répondit : «Appelez-les crêpes Suzette.»

Clafoutis aux cerises

POUR 6 PERSONNES
PRÉPARATION : 15 MIN
CUISSON : 35 MIN

750 g de cerises noires • 6 œufs • 120 g de sucre semoule • 25 cl de lait • 100 g de farine • 20 g de beurre • 1 pincée de sel

1 Lavez soigneusement les cerises, épongez-les délicatement l'aide de papier absorbant, équeutez-les et dénoyautez-les.
2 Préparez la pâte. Battez les œufs en omelette. Dans un saladier, versez 90 g de sucre, le sel et les œufs. Mélangez intimement puis incorporez le lait en filet.
3 Versez la farine en pluie et mélangez bien jusqu'à obtenir une pâte lisse. Laissez reposer pendant 10 min.
4 Préchauffer le four à 220 °C (therm. 7).
5 Beurrez un moule à tarte à bords relativement hauts, déposez les cerises sur le fond. Versez la pâte par-dessus en veillant à laisser les cerises en place.
6 Enfournez et laissez cuire 35 min. Sortez le clafoutis du four et laissez-le tiédir. Poudrez le dessus du reste de sucre. Servez tiède ou froid.
La recette authentique du clafoutis exige que les cerises ne soient pas dénoyautées. C'est plus savoureux mais la dégustation est moins facile.

Crème brûlée

POUR 6 PERSONNES
PRÉPARATION : 20 MIN
CUISSON : 30 MIN
RÉFRIGÉRATION : 12 H

50 cl de crème fraîche • 1 gousse de vanille • 4 jaunes d'œufs • 100 g de sucre semoule

1 Mettez une jatte au bain-marie. Versez-y la crème fraîche et la gousse de vanille fendue en 2 dans le sens de la longueur. Faites chauffer à feu modéré environ 5 min. Sortez la jatte de la casserole d'eau et enlevez la vanille.
2 Battez vigoureusement les jaunes d'œufs et 1 cuillerée à soupe de sucre en un mélange mousseux. Versez ce mélange dans la jatte et posez celle-ci sur la casserole, remettez sur le feu.
3 Laissez chauffer et épaissir doucement en tournant avec une cuillère en bois. La crème ne doit jamais bouillir. Lorsqu'elle nappe la cuillère, répartissez-la dans des ramequins individuels, de préférence peu profonds. Laissez reposer une nuit au réfrigérateur.
4 Au moment du repas, préchauffez le gril du four.
5 Poudrez la surface des ramequins d'une bonne couche de sucre. Placez ceux-ci sous le gril. Surveillez constamment : le sucre doit se caraméliser mais ne pas brûler. Servez tiède.

Tarte Tatin

POUR 6 PERSONNES
PRÉPARATION : 40 MIN
CUISSON : 30 MIN
REPOS : 30 MIN

Boisson conseillée :
CHINON

pour la pâte brisée : 250 g de farine • 100 g de beurre • 2 cuill. à soupe de sucre semoule • 1 grosse pincée de sel fin
pour la garniture : 500 g de pommes à chair ferme • 95 g de beurre • 150 g de sucre semoule • 150 g de crème fraîche

1 Préparez la pâte brisée. Dans une terrine, versez 200 g de farine. Ajoutez le sucre semoule et le sel.
2 Ajoutez le beurre coupé en petits morceaux. Mélangez-le à la farine, du bout des doigts. Puis versez 10 cl d'eau en remuant énergiquement avec une cuillère en bois. La pâte ne doit pas être collante.
3 Faites une boule de la pâte et farinez-la. Laissez reposer au frais 30 min.
4 Pendant ce temps, pelez les pommes. Coupez-les en tranches épaisses. Retirez le cœur et les pépins. Coupez 75 g de beurre en morceaux.
5 Beurrez largement un moule à tarte de 22 cm de diamètre. Poudrez le fond de 75 g de sucre. Disposez-y les tranches de pomme et versez le reste de sucre en pluie. Répartissez les noisettes de beurre par-dessus.
6 Préchauffez le four à 180 °C (therm. 5).
7 Farinez un plan de travail. Travaillez la pâte de la paume de la main. Puis farinez le rouleau à pâtisserie et abaissez la pâte sur 4 mm d'épaisseur. Découpez un disque de pâte d'un diamètre supérieur de 4 mm à celui du moule.
8 Recouvrez le dessus des pommes avec le disque de pâte en le rabattant tout autour de façon à bien envelopper les fruits.
9 Faites caraméliser la tarte en posant le moule directement sur le feu. Laissez cuire environ 3 min à feu vif. Enfournez et faites cuire 30 min.
10 Sortez la tarte du four et retournez la tarte sur un plat de service. Les pommes caramélisées doivent se trouver sur le dessus.
11 Servez encore tiède. Versez la crème fraîche par-dessus ou à part. Vous pouvez aussi servir la tarte Tatin avec une glace à la vanille (voir Pêches Melba p. 104).

Mille-feuille

POUR 6 PERSONNES
PRÉPARATION : 1 H 10
REPOS DE LA PÂTE : 1 H
CUISSON : 20 À 25 MIN

Boisson conseillée :
CHAMPAGNE ROSÉ

pour 500 g de pâte feuilletée : 250 g de farine tamisée • farine ordinaire • 185 g de beurre • 4 cuill. à soupe de sucre semoule • sel
pour la crème pâtissière : 25 cl de lait • 2 jaunes d'œufs • de 50 à 75 g de sucre semoule • 35 g de farine tamisée • 2 cuill. à soupe de rhum • 20 g de beurre • sucre glace

1 Préparez la pâte feuilletée : versez la farine dans une terrine et faites un puits. Mettez-y le sucre, 10 cl d'eau et 1 pincée de sel. Délayez progressivement avec une spatule, puis à la main. Travaillez rapidement et formez une boule. Laissez reposer 20 min. Farinez le plan de travail et abaissez la pâte en lui donnant la forme d'un rectangle plus épais au centre. Placez le beurre mou au milieu de la pâte. Rabattez celle-ci par dessus et soudez les bords. Étalez ensuite ce pâton en un rectangle de 1 cm d'épaisseur. Pliez-le en 3. Tournez la pâte d'1 quart de tour vers la droite, donnez tout de suite le deuxième tour, c'est-à-dire recommencez la même opération (étalez en 1 rectangle, etc.). Laissez reposer 20 min au frais, puis redonnez encore 2 tours. Laissez à nouveau reposer 20 min.
2 Beurrez légèrement la plaque du four. Posez la pâte par-dessus et aplatissez-la au rouleau sur une épaisseur de 3 mm. Laissez-la reposer 10 min.
3 Humectez-la superficiellement et poudrez-la légèrement de sucre. Piquez-la à la fourchette.
4 Préchauffez le four à 200 °C (therm. 6).
5 Enfournez et laissez cuire environ 25 min, jusqu'à ce que la pâte soit bien sèche et croustillante. Sortez du four et laissez refroidir.
6 Préparez la crème pâtissière. Faites bouillir le lait dans une casserole. Dans une autre casserole mettez les jaunes d'œufs, le sucre et la farine. Mélangez bien puis versez le lait bouillant en remuant au fouet. Ajoutez le rhum. Faites épaissir en tournant, à feu doux, retirez du feu dès le premier bouillon. Laissez ensuite refroidir sans cesser de fouetter.
7 Lorsque la pâte feuilletée est bien froide, divisez-la en 4 morceaux d'égale largeur. Sur un morceau, étalez une bonne couche de crème pâtissière, et recouvrez successivement de pâte et d'une bonne épaisseur de crème jusqu'à épuisement des ingrédients. Terminez par de la pâte.
8 Poudrez le dessus du mille-feuille de sucre glace et déposez-le sur un plat de service.
Vous pouvez également présenter ce gâteau en parts individuelles.

Soufflé au Grand Marnier

POUR 6 PERSONNES
PRÉPARATION : 15 MIN
CUISSON : 30 À 35 MIN

Boisson conseillée :
CHAMPAGNE

25 cl de lait • 60 g de sucre semoule • 60 g de beurre • 50 g de farine • 15 g de fécule de pommes de terre • 1 sachet de sucre vanillé • 4 œufs • 1 verre à liqueur de Grand Marnier • 1 biscuit à la cuillère • sucre glace

1 Mettez à bouillir le lait avec 40 g de sucre semoule.
2 Faites fondre à feu doux 50 g de beurre dans une autre casserole. Dès qu'il mousse, ajoutez la farine et la fécule de pommes de terre. Retirez du feu et mélangez bien à la spatule en bois. Ajoutez alors le sachet de sucre vanillé. Versez d'un seul coup le lait bouillant. Remuez bien pendant 3 min environ en laissant bouillir pour dessécher légèrement la pâte.
3 Cassez les œufs en séparant le blanc du jaune et ajoutez 1 à 1 les jaunes à la préparation en mélangeant très soigneusement chaque fois. Ajoutez ensuite les 3/4 du Grand Marnier.
4 Préchauffez le four à température moyenne (200 °C, therm. 6).
5 Battez les blancs d'œufs en neige très ferme et incorporez-les à la préparation à l'aide d'une cuillère en bois, en soulevant la masse de bas en haut pour ne pas « casser » les blancs.
6 Beurrez un moule à soufflé de 16 cm de diamètre. Poudrez entièrement de sucre. Versez la moitié de la pâte dans le moule.
7 Émiettez le biscuit à la cuillère dans une tasse et arrosez avec le reste du Grand Marnier. Parsemez la pâte avec des miettes de biscuit. Recouvrez avec le reste de pâte.
8 Glissez le moule dans le four et faites cuire pendant 30 min environ (sans ouvrir la porte du four), jusqu'à ce que le soufflé soit bien levé.
9 Servez dès la sortie du four, décoré de sucre glace.

Paris-Brest

POUR 6 PERSONNES

PRÉPARATION : 45 MIN

CUISSON : 30 À 45 MIN

Boisson conseillée :

CRÉMANT DE BOURGOGNE

pour la pâte à choux : 125 g de farine tamisée • 70 g de sucre semoule • 65 g de beurre • 4 œufs • 50 g d'amandes effilées • 1 pincée de sel

pour la crème : 2 œufs • 25 cl de lait • 30 g de Maïzena • 100 g de sucre semoule • 125 g de beurre • 75 g de praliné en poudre • sucre glace

1 Préparez la pâte à choux. Faites chauffer 25 cl d'eau dans une casserole. Mettez-y le sucre, le beurre et le sel. Portez à ébullition et sortez du feu. Laissez fondre le beurre puis versez-y la farine en une seule fois. Fouettez vivement et remettez sur le feu. Laissez cuire sans cesser de remuer avec cuillère en bois, jusqu'à ce que la pâte se détache parfaitement de la casserole. Sortez du feu à nouveau.
2 Incorporez très rapidement 3 œufs, un à un, de manière à ce qu'ils soient bien absorbés. Versez la pâte dans une poche à douille.
3 Préchauffez le four à 180 °C (therm. 5).

4 Beurrez la plaque à pâtisserie du four avec le beurre restant. Formez par-dessus une couronne de pâte d'environ 20 cm de diamètre.
5 Cassez le dernier œuf en séparant le blanc du jaune. Mettez le jaune dans un bol et réservez le blanc pour un autre usage. Mouillez le contenu du bol d'un peu d'eau et mélangez intimement. Badigeonnez la couronne de ce mélange à l'aide d'un pinceau à pâtisserie. Parsemez le dessus avec les amandes effilées.
6 Enfournez et laissez cuire environ 25 min. En cours de cuisson, couvrez la couronne d'un morceau de papier aluminium pour éviter qu'elle ne brunisse de trop. Sortez-la ensuite du four et laissez-la refroidir.
7 Pendant ce temps, préparez la crème. Faites bouillir le lait dans une casserole. Coupez 60 g de beurre en petits morceaux. Prenez 1 œuf et séparez le jaune du blanc. Dans un bol, mélangez le jaune et 1 œuf entier. Ajoutez le sucre et la Maïzena, mélangez bien. Délayez le contenu du bol avec un peu de

lait bouillant et versez le tout dans la casserole en remuant énergiquement. Maintenez sur le feu jusqu'au premier bouillon, sans cesser de remuer. Sortez du feu. Ajoutez le beurre et laissez refroidir.
8 Travaillez le reste du beurre avec le praliné, à l'aide d'une cuillère en bois, jusqu'à ce que vous obteniez une pommade.
9 Versez cette crème dans la casserole et mélangez intimement jusqu'à ce que la crème soit parfaitement homogène.
10 Découpez la couronne de pâte à choux horizontalement en 2 parts égales. Garnissez l'intérieur du gâteau de crème pralinée et déposez la partie recouverte d'amandes par-dessus. Poudrez de sucre glace et mettez au frais jusqu'au moment de servir.
Ce gâteau fut inventé par un pâtissier de la région parisienne, dont la boutique se trouvait sur le trajet de l'une des premières grandes courses cyclistes, le Paris-Brest, en 1891. Il eut l'idée de confectionner de grands éclairs ronds, pour évoquer les roues de bicyclette.

Profiteroles au chocolat

POUR 6 PERSONNES

PRÉPARATION : 30 MIN

CUISSON : 20 MIN

pour la pâte à choux : voir Paris-Brest ci-dessus

75 cl de glace à la vanille voir Pêches Melba p. 104

pour la sauce au chocolat : 250 g de chocolat à cuire

10 cl de lait • 25 g de beurre • 30 cl de crème fraîche épaisse

1 Préparez la pâte à choux. La pâte à choux doit être disposée sur la plaque de cuisson en petites noix de 2 cm de diamètre et non pas en une grande couronne.

2 Préparez la sauce au chocolat. Cassez le chocolat dans un récipient que vous mettez au bain-marie. Faites-le fondre dans le lait sans cesser de tourner à l'aide d'une cuillère en bois. Incorporez le beurre peu à peu jusqu'à l'obtention d'une crème très lisse. Ajoutez alors la crème fraîche et maintenez cette sauce tiède au bain-marie.
3 Découpez le sommet de chaque petit chou. Remplissez-les de glace à la vanille et recouvrez-les des petits chapeaux.

4 Disposez les profiterolles dans un plat de service ou dans des coupes individuelles. Nappez-les de sauce au chocolat et servezaussitôt.
Le temps de cuisson des choux varie selon leur grosseur, de 15 min pour les petits à 45 pour les plus gros. Selon les spécialistes, les vins ne s'accordent pas avec les desserts, plus spécialement ceux aux fruits ou au chocolat. Toutefois, vous pourrez apprécier vos profiteroles au chocolat accompagnées d'un bordeaux.

Œufs à la neige

—

Pour 6 personnes

Préparation : 35 min

Repos : 20 min

Cuisson : 30 min

Réfrigération : 1 h 30

Boisson conseillée :

CHAMPAGNE

8 œufs • 1,5 l de lait • 1 gousse de vanille •

200 g de sucre semoule

pour le caramel : 100 g de sucre semoule

1 Cassez les œufs en séparant les blancs des jaunes. Mettez les blancs dans une terrine et montez-les en neige ferme. Poudrez de 50 g de sucre et fouettez de nouveau. Versez le lait dans une casserole, ajoutez la gousse de vanille. Portez à ébullition, réduisez le feu et laissez cuire à petits bouillons. Ôtez la gousse de vanille.

2 À l'aide d'une cuillère à soupe, formez des boules avec les blancs en neige, faites-les glisser à la surface du lait et laissez pocher pendant 30 sec. Retournez le blanc et prolongez la cuisson encore 30 sec. Sortez alors les blancs à l'aide d'une écumoire et laissez-les égoutter sur un linge épais. Procédez de la même façon avec le reste des blancs.

3 Dans un saladier, battez ensemble le reste du sucre et les jaunes d'œufs jusqu'à ce que le mélange devienne mousseux et blanchisse. Portez le lait à ébullition. Versez le lait bouillant sur le mélange progressivement sans cesser de remuer à l'aide d'un fouet. Prolongez la cuisson à feu doux, toujours en remuant, pendant 10 min environ, jusqu'à ce que la crème nappe la cuillère.

4 Versez la crème dans un saladier en verre. Laissez refroidir à température ambiante, puis mettez au réfrigérateur pendant 30 min. Lorsque la crème est froide, placez les blancs d'œufs pardessus.

5 Préparez le caramel. Dans une casserole, mettez le sucre et mouillez avec 2 cuillerées à soupe d'eau. Faites blondir à feu moyen. Versez le caramel sur les blancs en filet et remettez au réfrigérateur jusqu'au moment de servir. On confond souvent l'île flottante et les œufs à la neige. La différence réside dans le fait que l'on cuit les blancs d'œufs au four au bain-marie à 140 °C pendant 30 min pour faire une île flottante.

Mousse au chocolat

POUR 6 PERSONNES
PRÉPARATION : 20 MIN
RÉFRIGÉRATION : 3 H

250 g de chocolat à cuire • 50 g de beurre • 3 œufs entiers + 1 blanc • 125 g de sucre semoule • 1 pincée de sel

1 Séparez les jaunes d'œufs des blancs. Dans une terrine, battez les jaunes et le sucre semoule jusqu'à ce que le mélange blanchisse.
2 Cassez le chocolat en morceaux dans un saladier avec 2 cuillerées à soupe d'eau. Mettez le saladier au bain-marie. Faites fondre le chocolat en remuant avec une cuillère en bois jusqu'à ce que vous obteniez une crème lisse.
3 Hors du feu, incorporez le beurre. Mélangez de nouveau. Versez le chocolat fondu sur les jaunes d'œufs sucrés en mélangeant soigneusement.
4 Ajoutez aux blancs d'œufs 1 pincée de sel et montez-les en neige ferme.
5 Incorporez les blancs d'œufs en neige à la crème au chocolat en soulevant délicatement la préparation afin de ne pas casser les œufs.
6 Versez la mousse au chocolat dans un grand plat de service creux ou encore dans des coupes individuelles.
7 Gardez au frais pendant au moins 3 h et servez.
Accompagnez de petits gâteaux secs, de cigarettes russes ou d'éventails.

Petits pots de crème

POUR 6 PERSONNES
PRÉPARATION : 10 MIN
REPOS : 3 H
CUISSON : 25 MIN

Boisson conseillée :
JURANÇON

50 cl de lait • 2 œufs entiers + 6 jaunes • 200 g de sucre semoule • 1 gousse de vanille • 50 cl de crème fraîche

1 Fendez la gousse de vanille en 2 dans le sens de la longueur et mettez-la dans le lait que vous portez à ébullition. Sortez du feu et laissez infuser quelques minutes.
2 Pendant ce temps, battez les œufs et le sucre jusqu'à ce que celui-ci soit bien dissous. Incorporez la crème fraîche. Versez lentement le mélange dans la casserole de lait, après avoir retiré la gousse de vanille.
3 Remettez la casserole à feu doux et laissez épaissir en tournant.
4 Lorsque la crème nappe la cuillère, versez-la dans des petits pots individuels et mettez au frais au moins 3 h jusqu'au moment de servir.

Variantes : vous pouvez aussi parfumer cette crème au café ou au chocolat. Le plus simple est d'utiliser du cacao en poudre ou du café soluble. Diluez le cacao en poudre dans du lait (comptez 1 cuillerée à soupe par pot), et le café soluble dans un peu d'eau (1 cuillerée à café par pot). Mélangez ces arômes à la crème au moment où vous versez celle-ci dans les pots.

Pêches Melba

POUR 6 PERSONNES
PRÉPARATION : 30 MIN
CONGÉLATION : 3 À 4 H
RÉFRIGÉRATION : 12 H
CUISSON : 15 MIN

Boisson conseillée :
MONBAZILLAC

pour 1 l de glace vanille : 1 gousse de vanille • 75 cl de lait • 6 jaunes d'œufs • 175 g de sucre glace • 10 cl de crème fraîche
pour les fruits : 6 demi-pêches au sirop • 300 g de framboises • 300 g de fraises • 600 g de sucre semoule • 50 g d'amandes effilées • 25 cl de crème Chantilly (voir p. 98)

1 La veille, préparez le coulis de fruits rouges. Lavez et équeutez les fraises et les framboises. Mettez-les dans le bol du mixer. Ajoutez le sucre et mixez longuement. Versez ce coulis dans un bol, couvrez et réservez au réfrigérateur pendant environ 12 h.
2 Préparez la glace au moins 4 h avant. Fendez la gousse de vanille en 2 et grattez l'intérieur pour en retirer les graines.
3 Dans une casserole, versez le lait. Ajoutez les graines de vanille. Portez à ébullition. Retirez du feu et laissez refroidir.
4 Dans une terrine, mettez les jaunes d'œufs et le sucre. Mélangez jusqu'à obtenir un mélange blanchi et onctueux.
5 Après avoir retiré la gousse de vanille, versez le lait sur la crème et mélangez soigneusement.
6 Reversez le tout dans la casserole et faites épaissir tout en remuant avec une cuillère en bois. Retirer du feu dès que la crème nappe la cuillère : elle est cuite.
7 Dans le mélange refroidi, incorporez la crème fraîche avec un fouet pour obtenir une consistance homogène. Versez le tout dans une récipient allant dans le congélateur. Laissez prendre la glace à la vanille pendant 3 ou 4 h.
8 Pour servir, nappez le fond de 6 coupes individuelles de coulis. Déposez par-dessus 1 boule de glace à la vanille.
9 Recouvrez chaque boule glace d'un oreillon de pêche. Décorez de crème chantilly. Nappez de coulis et servez immédiatement.

LES ÎLES BRITANNIQUES

—

Contrairement à une idée assez répandue,
les îles Britanniques (Angleterre, Irlande, Écosse...) produisent
une cuisine ancienne et savoureuse. Celle-ci est encore imprégnée d'une forte
influence médiévale avec ses céréales, ses sauces sucrées, ses plats épicés.
Le contact avec les Indes, au XVIIe siècle, élargit son champ de recettes
et lui apporte la variété de nouvelles épices. Du pays de Galles à l'Écosse,
thés et whiskies sont devenus des boissons nationales.
Très naturellement, des mets aussi variés et inattendus que la jelly ou,
en Écosse, la panse de brebis farcie, viennent prendre place
sur la table britannique.

SAVEURS DES ÎLES BRITANNIQUES

Les traditions culinaires sont plus ancrées en Angleterre qu'en Écosse ou en Irlande, régions dont l'agriculture a longtemps été plus pauvre. Ce n'est qu'à partir du XVIIIe siècle que la viande arrive sur toutes les tables.

LES TRADITIONS

THÉ ET TEATIME. En Angleterre, boire le thé est une tradition aussi solide que la confection du pudding ou que la lecture du *Times*... Le pays vit au rythme du *teatime* qui scande la journée. D'abord au saut du lit avec l'*early morning tea*, puis au *breakfast* ; à l'*eleventh*, la pause de 11 heures ; à l'*afternoon tea*, vers 16 heures, accompagné de toutes sortes de petits gâteaux ; enfin, le *high tea*, dernier entracte gourmand de la journée, vers 18 ou 19 heures et qui remplace parfois le repas, surtout chez les enfants.

ÉPICES ET CONDIMENTS. La cuisine anglaise a conservé du Moyen Âge son goût pour les plats épicés, que l'aventure coloniale des Indes a perpétué.

LA VIE QUOTIDIENNE

LE PETIT DÉJEUNER (breakfast). Pour un Anglais, la journée débute par un petit déjeuner savoureux et copieux. Le thé, le plus souvent, en est la boisson d'accompagnement. Au menu, l'incontournable œuf frit au bacon, des céréales ou, mieux, du porridge, ou encore des rognons grillés, des saucisses à la poêle, des *kippers* (harengs fumés) bouillis ou un filet de haddock au beurre. Les fameux toasts, généralement tartinés de marmelade d'orange ou de citron et que certains savourent aussi nappés d'œufs brouillés, complètent ce menu.

LE DÉJEUNER (lunch). Il est en général très léger. Les Britanniques dégustent sur leur lieu de travail quelques sandwiches ou un cornet de *fish and chips* (poisson frit et frites) ou encore des *beans on toasts*, c'est-à-dire des haricots blancs à la tomate sur des tranches de pains grillés.

LE DÎNER (high tea , dinner). Il se prend souvent assez tôt, vers 19 heures, sous la forme d'un *high tea*, sorte de goûter informel. Pour les plus grandes occasions, le *supper* sera servi aux alentours de 21 heures. Il comporte une entrée, un plat, un dessert, puis un fromage. Un vin de type bordeaux accompagne les plats, tandis qu'un porto est le plus souvent servi avec le fromage.

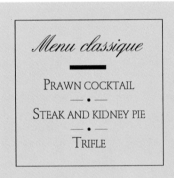

Menu classique

——

PRAWN COCKTAIL

·

STEAK AND KIDNEY PIE

·

TRIFLE

LES JOURS DE FÊTE

·

De la simple *party*, qui clôt une journée de travail et se donne vers 18 heures, au repas de Noël, chaque fête est l'occasion, pour les plaisirs de la table, de renouer avec des coutumes souvent anciennes.

La *party* est une sorte de buffet froid qui dure une heure ou deux et où sont servis des sandwiches et du whisky, parfois des fromages et des vins. Un repas de fête est évidemment beaucoup plus consistant.

NOËL (Christmas). Au déjeuner, outre la traditionnelle dinde, on sert en dessert le pudding, à la confection duquel chaque membre de la famille a, au moins symboliquement, participé. C'est aussi l'occasion de boire un vin rouge chaud et épicé.

JOUR DE L'AN (New Year). Il consacre, en Écosse, la tradition du *shortbread*, petit gâteau sablé offert au premier visiteur qui pénètre dans la maison. Au déjeuner, on servira le *haggis*, panse de brebis farcie.

MARDI GRAS (Shrove Tuesday). Comme dans beaucoup de pays d'Europe, on se délecte de beignets et de crêpes. Celles-ci sont enduites de gelée de groseille et de crème fraîche, puis empilées, et le tout est découpé comme un gâteau.

ST. MICHAEL'S DAY. C'est le 29 septembre, à la Saint-Michel, que se régalaient autrefois les locations immobilières, ainsi que les rentes annuelles de la ferme. Cette époque marquait aussi la pleine maturité des oies, engraissées des fanes de la moisson. L'oie rôtie est encore servie ce jour-là.

HALLOWEEN. C'est la nuit d'avant la Toussaint, où l'on fête les esprits qui reviennent. Les enfants fabriquent des lanternes avec des potirons évidés. Avec leur contenu, auquel on ajoute oignons, petits cubes de pain frit, sel, poivre, et noix de muscade, on prépare la soupe rituelle d'Halloween. C'est ce même jour qu'en Irlande le *barm brack* est servi : gâteau à base de lait, de raisins secs, d'écorces d'oranges et de citrons, de cannelle et de noix de muscade, on y glisse un anneau qui promet le mariage dans l'année à la personne qui le trouve dans sa part.

LES PRODUITS

LE THÉ

·

Dans la course à l'antériorité, on ne sait pas très bien s'il faut attribuer la découverte du thé aux Indes ou à la Chine. De nos jours, les trois grandes régions de production sont Ceylan,

Tarey Souchong

l'Himalaya et la Chine. Chacune produit des «crus» célèbres. Dans le nord-est de l'Inde poussent le Darjeeling, léger et fruité, et l'Assam, plus puissant. L'Oolong, très délicat, le Tarey Souchong, et le Lapsang Souchong, au goût fumé, sont produits en Chine. Le thé vert, auquel on ajoute des pétales de jasmin, vient aussi de Chine. Les thés de Ceylan sont à la base de savants mélanges entre plusieurs espèces de feuilles de thé, parfois parfumées d'épices : Orange Pekoe, English Breakfast, Lemon, etc. L'Earl Grey est sans doute le thé le plus apprécié en Grande-Bretagne. Ce mélange de thé de Chine noir et de Darjeeling parfumé à l'huile de bergamote doit son nom à un aristocrate anglais pour qui il fut composé vers 1830. Les thés les meilleurs sont en feuilles. On utilise les feuilles broyées pour les sachets.

LES MARMELADES

La particularité des marmelades est d'être à base de mélasse, résidu sirupeux de la cristallisation du sucre, et de sucre roux, ce qui leur confère leur couleur sombre et leur goût puissant. On les appelle aussi confitures amères parce que les fruits qui les composent le sont souvent : citrons verts, pamplemousses, oranges amères. Les Anglais les consomment au petit

déjeuner ou bien encore au goûter sur des toasts grillés.

LES FROMAGES

L'Angleterre n'est pas riche de beaucoup de fromages : moins d'une dizaine. Cependant, tous ont une personnalité marquée et sont servis, à la fin du repas. Ils sont accompagnés de biscuits au gingembre ou de sablés, ainsi que d'un verre de porto.

LE CHESHIRE. C'est le plus ancien des fromages anglais. Fabriqué à partir de lait de vache, son goût particulier provient du haut degré de salinité des pâturages de la région du Cheshire. De texture ferme et granuleuse, il existe en trois variétés : rouge, blanc et vieux bleu. Ce dernier est le plus rare et le plus recherché, le cheshire rouge étant le plus courant.

LE STILTON. Fromage de vache strié de nervures bleues qui convergent vers son centre, sa pâte, riche et moelleuse, est de couleur blanc cassé. De forme cylindrique, ce fromage peut se servir creusé et empli de porto, les tranches étant coupées latéralement.

LE CHEDDAR. La consistance et le goût relevé de ce fromage renommé depuis la fin du XVIᵉ siècle conviennent très bien à la confection des canapés, hamburgers, biscuits salés, etc. Très souvent servi au breakfast, il est également apprécié en fin de repas, arrosé d'un bordeaux.

LES SPÉCIALITÉS ÉCOSSAISES

LE SHORTBREAD. Ce petit gâteau à pâte sablée très compacte, parfumée aux amandes, à l'orange, au gingembre, que l'on déguste à l'heure du thé, est offert traditionnellement au jour de l'an.

LE HAGGIS. C'est une panse de brebis que l'on farcit avec les gros viscères de l'animal (foie, cœur, rate, poumon), hachés avec du gruau d'avoine et de la graisse de mouton. Elle est alors pochée à l'eau. Ce plat typiquement écossais ne s'exporte pas.

Darjeeling

Earl Grey

Jasmin

Tarey Souchong

Assam

English Breakfast

LES BOISSONS

LA BIÈRE

Cette boisson ancestrale, faite à partir de houblon fermenté et d'eau, vient des Celtes. L'*ale*, ou *pale-ale*, couleur d'ambre pâle, est une bière au goût vif, fortement houblonnée ; la *mild* est plus légère ; la *bitter*, couleur de miel tirant sur le roux, est légèrement amère, et la *stout*, très brune et très sucrée, est forte en alcool.

Anglais et Irlandais boivent leur bière à température ambiante.

Parmi les bières célèbres, citons la Guinness, dont le nom est presque devenu le synonyme de la *porter*, bière brune irlandaise au goût très typé

LE SCOTCH ET LE WHISKEY

Une distinction s'impose. En Écosse, c'est le scotch, en Irlande, c'est le whiskey, même si ces deux alcools proviennent d'orge fermentée.

LE SCOTCH. Il doit sa saveur à la pureté de l'eau des Highlands qui entre dans sa composition, à la richesse de l'orge, cultivée notamment dans le comté d'Aberdeen, et au parfum de la tourbe sur laquelle sèchent les grains d'orge, germés ou non. Il en existe de très nombreuses variétés. On les distingue par leur teneur en malt et leur durée de vieillissement.

LE WHISKEY. Pour l'amateur, il ne peut être qu'au malt pur, c'est-à-dire fait à partir de grains d'orge exclusivement germés. Les whiskeys sont consommés sans eau ni glace.

Parmi les plus grands whiskies, citons, pour l'Irlande, le Black Bush, le Tullamore Dew ou le Jameson ; pour l'Écosse, le Glenkinchie, le Rosebank et le Littlemill (Lowlands), le Cragganmore, le Tamdhu, le Dalwhinnie et le Glenfiddich (Highlands), l'Oban, le Glencoe et le Ben Nevis (Western Highlands) ; pour les îles enfin, le Talisker (île de Skye), l'Isle of Jura (île de Jura), le Tobermory (île de Mull) et le Lagavulin (île d'Islay).

LE GIN

En 1688, Guillaume d'Orange, nouveau roi d'Angleterre, interdit l'importation d'eau-de-vie. La fabrication du gin date de cette époque. Dès le début du XVIIIe siècle, cet alcool à base de baies de genièvre fermentées était produit par millions de litres.

LES LIQUEURS

LE CHERRY BRANDY. Cette liqueur est servie en digestif. Il s'agit d'un brandy (cognac) dans lequel on fait macérer des cerises réduites en purée, qui donnent à la liqueur un parfum délicat et une belle couleur vermillon.

LE DRAMBUIE. Cette liqueur remonte au début du XVIIIe siècle lorsque Bonnie Prince Charlie fut battu après avoir tenté de restaurer les Stuarts sur le trône d'Angleterre. Réfugié chez une famille de l'île de Skye, en Écosse, on lui offrit une boisson réconfortante à base de whisky, de miel de bruyère, d'herbes et d'épices. Le nom de drambuie, qui signifie à peu près «bonne goutte», fut déposé à la fin du XIXe siècle et sa commercialisation commença à Édimbourg. Sa véritable composition est, encore aujourd'hui, tenue secrète.

Talisker

Tamdhu

Cragganmore

Lagavulin

Oban

Dalwhinnie

Tullamore

Glenkinchie

Isle of Jura

Les Entrées

Porridge

POUR 1 PERSONNE
PRÉPARATION : 10 MIN
CUISSON : 20 MIN

25 cl de lait entier • 4 cuill. à soupe de flocons d'avoine • 1 cuill. à café de miel liquide • beurre • cannelle • sel

1 Versez le lait dans une petite casserole à fond épais, ajoutez les flocons d'avoine. Salez et portez à ébullition en remuant.
2 Baissez le feu et prolongez la cuisson 15 min. Remuez régulièrement.
3 Au moment de servir, sucrez le porridge avec le miel liquide, versez-le dans une assiette creuse et ajoutez une noix de beurre et 1 pincée de cannelle.
Le porridge se sert traditionnellement au petit déjeuner.

Soupe écossaise

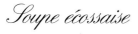

POUR 6 PERSONNES
PRÉPARATION : 15 MIN
CUISSON : 20 MIN

Boisson conseillée :
BIÈRE OU GROS-PLANT

750 g de haddock • 1 l de lait • 2 œufs • 30 g de beurre • 3 branches de persil • 12 tranches fines de pain grillé • noix de muscade • poivre

1 Mettez le haddock dans une casserole en le couvrant d'eau. Amenez à ébullition, puis retirez la casserole du feu et égouttez le poisson. Rincez-le à l'eau fraîche et coupez-le en 6 parts.
2 Pendant ce temps, faites cuire les œufs à l'eau bouillante jusqu'à ce qu'ils soient durs. Stoppez la cuisson sous l'eau froide. Écalez-les. Écrasez-les à la fourchette.
3 Remettez le poison dans la casserole et recouvrez-le de lait. Assaisonnez de poivre et râpez 1 pincée de noix de muscade. Faites cuire à feu très doux 10 min.
4 Versez le contenu de la casserole dans une soupière avec le beurre, les œufs et le persil haché. Servez avec le pain grillé.

Welsh rarebit

POUR 6 PERSONNES
PRÉPARATION : 20 MIN
CUISSON : 10 MIN

Boisson conseillée :
BIÈRE

6 tranches de pain de mie • 2 cuill. à soupe d'huile • 400 g de chester • 100 g de beurre • 33 cl de bière blonde • 3 œufs • poivre de Cayenne • sel

1 Préchauffez le four à 200 °C (therm. 6).
2 Faites chauffer l'huile dans une poêle et faites-y dorer les tranches de pain sur les 2 faces.
3 Râpez le fromage. Faites-le fondre à feu doux dans une casserole à fond épais avec le beurre et la moitié de la bière. Remuez constamment jusqu'à ce que la crème, bien lisse, nappe la cuillère.
4 Sortez la casserole du feu et incorporez les œufs 1 à 1 en fouettant vivement jusqu'à ce que vous obteniez un mélange homogène.
5 Assaisonnez de 1 pincée de poivre de Cayenne. Faites chauffer de nouveau et mouillez avec le reste de la bière.
6 Disposez les tranches de pain dans 6 caquelons, nappez-les généreusement de la préparation et enfournez. Laissez cuire pendant 8 à 10 min jusqu'à ce le fromage commence à dorer. Servez dans les caquelons. Accompagnez de salade.

Cocktail de langoustines

POUR 6 PERSONNES
PRÉPARATION : 20 MIN
CUISSON : 10 MIN

Boisson conseillée :
MUSCADET

1,5 kg de langoustines • laurier, thym, persil • 15 cl de salad cream (ou de mayonnaise) • 3 citrons • tabasco (ou sauce Worcestershire) • 2 cuill. à soupe de crème fraîche liquide • 6 feuilles de laitue • 2 cuill. à soupe de persil haché • sel, poivre • 2 cuill. à soupe de coulis de tomates (facultatif)

1 Lavez les langoustines. Remplissez une marmite d'eau. Portez à ébullition. Ajoutez le thym, le laurier et le persil. Mettez les langoustines et faites-les cuire 5 min à partir de la reprise de l'ébullition. Égouttez-les et laissez refroidir.
2 Pressez 1/2 citron. Mélangez soigneusement la *salad cream*, le jus de citron, quelques gouttes de tabasco ou de sauce Worcestershire, la crème fraîche et éventuellement le coulis de tomate. Salez et poivrez. Réservez cette sauce.
3 Décortiquez les langoustines.
4 Coupez le reste des citrons en rondelles.
5 Garnissez 6 coupelles de feuilles de salade. Remplissez-les de langoustines et nappez de sauce. Parsemez de persil haché et décorez avec les rondelles de citron.

Les Sauces

Chutney de pommes et de tomates

POUR 4 POTS
PRÉPARATION : 15 MIN
CUISSON : 3 H

1 kg de pommes acides • 350 g d'oignons • 1 kg de tomates • 350 g de sucre semoule • 1 cuill. à soupe de gingembre en poudre • 75 cl de vinaigre • 1 cuill. à soupe de quatre-épices • sel, poivre

1 Épluchez les pommes, évidez-les et coupez-les en petits morceaux. Pelez et émincez les oignons. Plongez les tomates 1 min dans de l'eau bouillante, pelez-les, épépinez-les et concassez-les. Faites cuire le tout à très petit feu dans une grande casserole. Poudrez de sucre semoule et de gingembre.

2 Pendant ce temps, faites bouillir environ 3 min le vinaigre avec 1 cuillerée à soupe de sel, 1 pincée de poivre et le quatre-épices. Ensuite, versez ce mélange dans la grande casserole. Prolongez la cuisson 3 h.

3 Quand le mélange atteint la consistance d'une confiture et brunit, le chutney est prêt. Versez-le dans des bocaux. Laissez refroidir et fermez-les hermétiquement.
Le chutney se sert avec du mouton ou avec des côtes de porc.
Le chutney anglais s'apparente à une confiture, et est bien différent des chutneys fabriqués en Inde, dont il est le lointain descendant.

Sauce à la menthe

POUR 4 PERSONNES
PRÉPARATION : 35 MIN

10 branches de menthe fraîche • 2 cuill. à soupe de sucre semoule ou de cassonade (sucre brun) • 2 cuill. à soupe de bouillon de veau • 10 cl de vinaigre • 1 pincée de sel

1 Lavez la menthe et effeuillez-la. Mettez les feuilles dans le bol du mixer et hachez-les. Mélangez-y le sel et le sucre. Chauffez le bouillon et versez-le sur la menthe. Laissez infuser.

2 Quand le mélange est froid, incorporez le vinaigre, mélangez soigneusement et laissez infuser environ 30 min.

3 Versez la sauce dans une petite casserole à fond épais et réchauffez-la doucement. Servez.
Cette sauce accompagne les plats de mouton et notamment le gigot.

Sauce Cumberland

POUR 6 PERSONNES
PRÉPARATION : 15 MIN
CUISSON : 10 MIN

2 échalotes • 2 oranges • 1 citron • 4 cuill. à soupe de gelée de groseille • 10 cl de porto • 1 cuill. à café de moutarde forte • 1 petite pincée de poivre de Cayenne • 1 petite pincée de gingembre

1 Pelez les échalotes et faites-les blanchir à l'eau bouillante. Égouttez-les et écrasez-les bien à l'aide d'une fourchette.

2 Pressez les fruits et versez le jus dans une casserole. Râpez finement les zestes.

3 Dans la casserole, ajoutez la gelée de groseille, délayez-la avec les jus et faites-la fondre à feu très doux. Lorsque le mélange est homogène, ajoutez le porto, les échalotes et les zestes. Mélangez bien.

4 Assaisonnez avec la moutarde, le poivre de Cayenne et le gingembre. Mélangez de nouveau et faites cuire à feu doux pendant 5 min, en remuant régulièrement.

5 Laissez refroidir la sauce à température ambiante. Versez-la dans une saucière et servez-la .
Cette sauce se marie très bien avec le porc et le mouton.

Sauce aux pommes

POUR 6 PERSONNES
PRÉPARATION : 15 MIN
CUISSON : 30 MIN

500 g de pommes • 30 g de beurre • 30 g de sucre semoule • noix de muscade • 1 pincée de sel

1 Épluchez les pommes, épépinez-les et coupez la chair en morceaux. Mettez-les dans une casserole, recouvrez-les d'eau et laissez-les réduire en compote sur feu doux pendant environ 20 min.

2 Laissez refroidir. Sucrez et salez, râpez 1 pincée de noix de muscade. Mélangez en écrasant bien la compote, remettez à feu doux.

3 Coupez le beurre en petits morceaux. Ajoutez ceux-ci dans la casserole. Poursuivez la cuisson jusqu'à ce que le beurre soit fondu. Mélangez et servez.
Cette sauce accompagne un rôti de porc ou des saucisses. Elle est traditionnellement servie avec l'oie de la Saint-Michel (voir p. 112).

Les Plats

Kedgeree

POUR 4 PERSONNES

PRÉPARATION : 20 MIN

CUISSON : 30 MIN

Boisson conseillée :

MUSCADET

500 g de filet de haddock •

250 g de riz • 5 œufs durs •

50 g de beurre • poivre de

Cayenne • sel

1 Portez de l'eau à ébullition dans une casserole, salez et versez le riz en pluie. Laissez-le cuire environ 20 min. Égouttez-le.
2 Pendant ce temps, coupez le haddock en petits morceaux.
3 Écalez les œufs. Réservez-en un et coupez les autres en 2. Séparez les blancs des jaunes. À l'aide d'une fourchette, écrasez soigneusement les jaunes. Quant aux blancs, hachez-les grossièrement au couteau.
4 Faites fondre le beurre dans une sauteuse. Ajoutez le haddock et laissez sur feu doux 10 min le temps de faire réchauffer le poisson.
5 Incorporez alors les blancs d'œufs hachés, tout en tournant, de manière qu'ils n'attachent pas. Évitez de faire trop cuire les blancs d'œufs, car ils durciraient.
6 Versez le riz dans la sauteuse et assaisonnez de poivre de Cayenne selon votre goût.
7 Versez le kedgeree dans un plat de service creux et parsemez avec les jaunes écrasés.
8 Découpez le dernier œuf en rondelles. Disposez celles-ci autour du plat et servez.

Avant de le préparer, vérifiez que votre poisson n'est pas trop salé : sinon, faites-le dessaler dans de l'eau ou du lait (ou un mélange de lait et d'eau) au moins 2 h .
Dans certaines familles, le kedgeree est servi au petit déjeuner.

Chicken pie

POUR 8 PERSONNES

PRÉPARATION : 1 H

REPOS DE LA PÂTE : 4 H

CUISSON : 1 H 30

Boisson conseillée :

CHINON

pour la pâte : 300 g de farine •

150 g de beurre fondu •

1 pincée de sel • 1 jaune

d'œuf (pour dorer)

pour la garniture : 1 poulet de

1,5 kg • 2 oignons moyens •

2 échalotes • 3 branches de

persil • 200 g de

champignons • 3 œufs

durs • 12 chipolatas • 20 cl

de bouillon de volaille •

sel, poivre

1 Préparez la pâte : versez la farine dans une terrine et formez un puits au centre. Versez-y le beurre fondu chaud avec le sel. Délayez à l'aide d'une cuillère en bois, puis travaillez la pâte du bout des doigts, en ajoutant 5 cl d'eau froide, jusqu'à ce qu'elle soit bien homogène. Formez une boule et laissez-la reposer pendant 4 h.
2 Passé ce délai, roulez la pâte sur un plan de travail fariné, puis abaissez-la sur une épaisseur de 5 mm environ.
3 Préparez le couvercle de pâte : posez le plat de cuisson (un moule à tarte ou une tourtière de 26 cm de diamètre) sur la pâte. Découpez un disque d'un diamètre supérieur de 1 cm à celui du moule.
4 Ramassez le reste de la pâte en boule, abaissez-la au rouleau en une longue bande d'environ 2 cm de large et 26 cm de long.
5 Préchauffez le four à 210 °C (therm. 6-7).
6 Préparez la garniture : découpez le poulet à cru et détachez la chair des os. Coupez-la en gros dés.
7 Hachez les oignons, les échalotes et le persil. Lavez et essuyez les champignons, puis émincez-les. Coupez les œufs en 2 et les chipolatas en morceaux.
8 Au fond du plat, disposez en couches successives la moitié du poulet, puis des chipolatas, des œufs et enfin la moitié du hachis. Recommencez l'opération une fois.
9 Faites tiédir le bouillon et versez-le dans le plat jusqu'à hauteur de la farce. Salez et poivrez.
10 Posez la bande de pâte découpée sur le bord du plat humidifié. Mouillez ensuite celle-ci et posez le couvercle de pâte sur le plat, en appuyant tout autour pour qu'il adhère bien. Dessinez des petits croisillons sur le dessus de la pâte à l'aide d'un couteau. Pratiquez une petite incision au centre et placez-y une cheminée en porcelaine, de manière que la vapeur puisse s'échapper. Si vous ne disposez pas de cet accessoire, utilisez du papier sulfurisé ou d'aluminium, que vous roulerez en entonnoir.
11 Délayez le jaune d'œuf dans 1 cuillerée à soupe d'eau. Badigonnez-en la pâte à l'aide d'un pinceau. Enfournez et laissez cuire 1 h 30 environ.
12 Sortez du four et servez immédiatement dans le plat de cuisson.

Haddock à l'anglaise

POUR 4 PERSONNES
PRÉPARATION : 10 MIN
CUISSON : 20 MIN

500 g de haddock • 50 cl de lait • 100 g de margarine (ou de beurre) • 1/2 citron • persil

1 Si le filet de haddock est d'une seule pièce, coupez-le en 4 morceaux. Lavez et égouttez le poisson.

2 Mettez le haddock dans une casserole. Arrosez-le du lait et de 50 cl d'eau. Portez à ébullition, baissez le feu et faites cuire 10 à 15 min à petits frémissements.
3 Égouttez les morceaux de poisson et déposez-les sur un torchon plié. Épongez-les.

4 Faites fondre la matière grasse dans une casserole. Pressez le citron et versez le jus dans la casserole. Mélangez.
5 Mettez le poisson dans un plat creux chaud. Nappez-le de sauce. Décorez de quelques feuilles de persil et servez.

Curry de mouton

POUR 6 PERSONNES
PRÉPARATION : 30 MIN
CUISSON : 1 H 45

Boisson conseillée :
BORDEAUX

750 g de filet de mouton • 100 g de lard fumé • 3 cuill. à soupe d'huile • 30 cl de bouillon • 100 g d'oignons • 1 cuill. à soupe de farine • 2 cuill. à soupe de curry • 4 tomates • 2 gousses d'ail • 1 pincée de gingembre en poudre • 1 pointe de couteau de safran • 1 pomme acide • 1/2 citron • 1 pincée de poivre de Cayenne • 1 pincée de sel

1 Dégraissez la viande, puis et détaillez-la en cubes d'environ 3 cm de côté. Coupez le lard en morceaux.
2 Faites revenir la viande et le lard dans une cocotte avec l'huile. Sortez-les de la cocotte et réservez-les.
3 Pelez les oignons et coupez-les en lamelles. Dans la cocotte, versez le bouillon et les oignons. Laissez fondre les oignons. Poudrez de farine, mélangez et ajoutez le curry.
4 Plongez les tomates 1 min dans l'eau bouillante, pelez-les et coupez-les en morceaux. Pelez et écrasez l'ail.

Ajoutez le tout dans la cocotte. Parfumez avec le gingembre et le safran.
5 Laissez cuire 3 ou 4 min en remuant, puis remettez la viande et prolongez la cuisson de 10 min.
6 Épluchez et râpez la pomme. Ajoutez-la dans la cocotte, avec 1 cuillerée à soupe de jus de citron. Salez et poivrez. Laissez mijoter à couvert pendant environ 1 h 15. Accompagnez de riz créole, ou de riz basmati. Vous pouvez aussi présenter à part des raisins secs et des rondelles de banane sèche.

Oie de la Saint-Michel

POUR 12 PERSONNES
PRÉPARATION : 1 H
CUISSON : 4 H

1 oie de 4 kg (avec les abats) pour le bouillon : le gésier, le foie et le cœur • 1 feuille de laurier • 1 branche de thym • 1 feuille de sauge pour la farce : 750 g de pommes de terre (Bintje) • 100 g de lard salé • 1 oignon • 1 petit bouquet de persil • quelques feuilles de sauge • sel, poivre

1 Préparez le bouillon. Faites cuire les abats dans 1 l d'eau salée avec le laurier, le thym et la sauge, poivrez. Laissez cuire à petits bouillons pendant 30 à 40 min.
2 Préchauffez le four à 220 °C (therm. 7).
3 Préparez la farce. Épluchez les pommes de terre, lavez-les et coupez-les en morceaux. Faites-les cuire 20 min à l'eau bouillante salée. Réduisez-les en purée. Hachez le lard. Pelez et hachez l'oignon. Mélangez ces ingrédients à la purée.
4 Sortez le foie du bouillon. Lavez et équeutez le persil. Lavez la sauge. Hachez ces ingrédients ensemble. Incorporez-les à la farce, salez et poivrez généreusement.
5 Farcissez l'oie et cousez les ouvertures. Posez-la sur un plat allant au four. Enduisez la peau de sel et de poivre. Enfournez et faites cuire 20 min.
6 Arrosez l'oie avec 2 louches de bouillon et couvrez-la d'une feuille de papier aluminium. Baissez le four à 180 °C (therm. 5) et prolongez la cuisson environ 3 h.
7 En cours de cuisson, retournez l'oie et arrosez-la régulièrement de son jus de cuisson. Si nécessaire, rajoutez un peu de bouillon.
8 Retirez la feuille de papier aluminium pour que l'oie puise dorer. Terminez la cuisson 30 à 40 min environ. Surveillez pour que l'oie ne se déssèche pas et arrosez-la si nécessaire.
9 Sortez l'oie du four. Découpez-la. Disposez la farce au centre d'un grand plat et les morceaux de volaille autour. Accompagnez d'une sauce aux pommes (voir p.110).
En fonction de la taille de votre oie, comptez un peu plus de 20 min de cuisson par livre.

OIE DE LA SAINT-MICHEL

•

Si l'Irlande est le pays des chevaux, c'est aussi le pays des oiseaux et les oies sauvages abondent, notamment dans la baie de Dublin. Sauvage ou domestique, l'oie atteint sa maturité à la fin de l'été et la tradition d'en rôtir une pour la Saint-Michel, le 29 septembre, s'est maintenue.

Irish stew

Irlande
POUR 6 PERSONNES
PRÉPARATION : 35 MIN
CUISSON : 2 H

Boisson conseillée :
CÔTES-DU-RHÔNE

1,5 kg de mouton (collier, poitrine, épaule) • 500 g d'oignons • 1,5 kg de pommes de terre • 40 g de beurre (ou de margarine) • 2 ou 3 branches d'estragon (ou de t. ym) • 1 branche de persil • sel, poivre • 50 cl de bouillon de viande (facultatif)

1 Dégraissez le mouton. Détaillez la viande en gros cubes d'environ 3 cm de côté.
2 Pelez les oignons et émincez-les. Épluchez et lavez les pommes de terre. Coupez-les en tranches fines. Coupez la matière grasse en petits morceaux.
3 Dans une cocotte, disposez successivement la matière grasse, les oignons bien répartis sur le fond, une couche de rondelles pommes de terre, la viande et recouvrez du reste de pommes de terre. Salez et poivrez entre chaque couche.
4 Arrosez de 50 cl d'eau ou du bouillon. Lavez et hachez le persil. Parsemez-en le dessus du plat. Posez les branches d'estragon par-dessus.
5 Portez à ébullition, baissez le feu, fermez hermétiquement la cocotte et laissez mijoter à feu doux pendant au moins 2 h. Secouez la cocotte de temps en temps.
6 Servez bien chaud, dans la cocotte.

Potée de chou irlandaise

Irlande
POUR 4 PERSONNES
PRÉPARATION : 30 MIN
CUISSON : 2 H

Boisson conseillée :
CAHORS

1 kg de palette de porc désossée (demi-sel) • 1 chou vert • sel, poivre
pour la sauce : 30 g de beurre • 30 g de farine • 50 cl de lait • 2 cuill. à soupe de persil haché

1 Mettez la viande dans un faitout et arrosez-la d'eau froide à hauteur. Poivrez. Portez à ébullition, baissez le feu et laissez cuire environ 1 h 20 à petits frémissements. Écumez de temps à autre en cours de cuisson.
2 Lavez le chou. Retirez le trognon, les grosses côtes et les premières feuilles. Coupez le cœur en 2. Ajoutez-le dans le faitout, en le disposant de part et d'autre de la viande. Faites reprendre l'ébullition, baissez le feu de nouveau, couvrez et laissez mijoter environ 40 min.
3 Goûtez et rectifiez l'assaisonnement si nécessaire. Vérifiez la cuisson du chou. Quand il est tendre, sortez-le du faitout et égouttez-le dans un passoire.
4 Préparez la sauce. Faites fondre le beurre à feu doux, poudrez de farine et laissez cuire sans cesser de remuer jusqu'à ce que le beurre absorbe la farine. Versez le lait progressivement en remuant. Salez, poivrez et prolongez la cuisson en tournant toujours pendant 5 min. Incorporez le persil.
5 Sortez la viande du faitout à l'aide d'une écumoire, découpez-la, posez-la sur un plat, entourez du chou et nappez de sauce. Servez.

Bœuf aux épices

POUR 10 PERSONNES
PRÉPARATION : 10 MIN
REPOS : 1 SEMAINE
CUISSON : 4 H

Boisson conseillée :
BIÈRE BRUNE

2,5 kg de viande de bœuf (gîte, macreuse, culotte) • 1 gousse d'ail • 3 feuilles de laurier • 500 g de gros sel • noix de muscade • 2 cuill. à soupe de sucre semoule brun • 4 oignons • 3 carottes • 1 branche de céleri • 1 cuill. à café de clous de girofle • 1 cuill. à café de quatre-épices • 1 verre de bière brune • sel, poivre

1 Pelez et écrasez l'ail. Coupez les feuilles de laurier en petits morceaux. Mélangez ensemble l'ail, le laurier, le gros sel, 1 pincée de noix de muscade râpée, le sucre et 1 petite cuillerée à café de poivre.
2 Posez la viande dans un plat en terre et enduisez-la de la préparation. Sa consistance étant granuleuse, frottez bien la viande avec pour qu'elle adhère. Conservez le jus de viande qui a coulé dans le plat et mélangez-le à la préparation épicée. Mettez la viande au frais.
3 Renouvelez l'opération tous les jours pendant 1 semaine. Conservez la viande au réfrigérateur dans un récipient hermétique.
4 Retirez la viande du plat, lavez-la à l'eau froide et épongez-la.
5 Pelez les oignons, épluchez les carottes, émincez-les. Épluchez le céleri et coupez-le en dés. Mettez ces légumes dans une grande cocotte avec les clous de girofle et le quatre-épices.
6 Posez la viande par-dessus et recouvrez d'eau à hauteur. Salez et poivrez.
7 Couvrez la cocotte et faites mijoter à feu doux pendant 3 h. Arrosez de bière brune, mélangez et prolongez la cuisson pendant 1 h. Servez bien chaud.
Dès le Moyen Âge, l'on trouve en Angleterre des recettes très proches de celle-ci.

Grillades de porc farcies

POUR 4 PERSONNES

PRÉPARATION : 30 MIN

CUISSON : 1H 30

Boisson conseillée :

CAHORS

2 grillades de porc (200 g chacune environ) • 50 g de beurre • 2 carottes • 20 cl de bouillon de viande • sel, poivre

pour la farce : 40 g de beurre • 100 g de chapelure • 1 oignon • 2 petites branches de thym • quelques feuilles de sauge sèche • 3 branches de persil • 1 citron • 1 œuf

1 Préparez la farce. Faites dorer la chapelure dans le beurre jusqu'à ce que ce dernier soit entièrement absorbé. Versez la préparation dans un saladier.
2 Pelez l'oignon, hachez-le finement et ajoutez-le à la chapelure. Effeuillez le thym. Mettez-le dans un mortier avec les feuilles de sauge. Pilez-les ensemble. Lavez, équeutez et hachez le persil. Coupez le citron en 2. Râpez le zeste d'une moitié. Coupez l'autre moitié en rondelles. Réservez-les.
3 Versez le tout dans le saladier. Salez, poivrez et mélangez bien. Incorporez l'œuf dans la préparation et mélangez à nouveau. Goûtez et rectifiez l'assaisonnement si nécessaire.
4 Étalez les grillades sur un plan de travail. Aplatissez-les bien. Déposez la farce sur chacune d'elles. Enroulez-les et maintenez-les avec du fil épais ou fixez-les avec des bâtonnets.
5 Faites revenir les roulades dans une poêle avec le beurre. Retournez-les de temps en temps en cours de cuisson pour qu'elles soient bien dorées de tous côtés.
6 Épluchez les carottes, lavez-les et coupez-les en rondelles. Versez-les dans la poêle, salez, poivrez et arrosez de bouillon . Couvrez et faites cuire à feu doux pendant une bonne heure. Enlevez le couvercle en fin de cuisson pour faire réduire le bouillon.
7 Sortez les roulades de la poêle. Coupez-les en 2 rouleaux égaux. Posez-les sur un plat de service chaud. Décorez avec les rondelles de citron. Disposez les carottes autour et nappez du jus de cuisson.
Vous pouvez servir les grillades de porc avec une compote de pommes et des pommes de terre rôties.

Yorkshire pudding

POUR 6 PERSONNES

PRÉPARATION : 10 MIN

CUISSON : 30 MIN

REPOS : 30 MIN

250 g de farine • 2 œufs • 50 cl de lait • noix de muscade • 2 cuill. à soupe de saindoux • 2 cuill. à soupe de bouillon de bœuf concentré • 1 pincée de sel

1 Préchauffez le four à 220 °C (therm. 7).
2 Dans une terrine, fouettez ensemble la farine et les œufs jusqu'à ce que le mélange devienne mousseux. Incorporez le lait peu à peu ; salez et poudrez d'1 pincée de noix de muscade râpée. Laissez reposer 30 min.
3 Versez la graisse dans un moule rond en métal. Glissez le moule au four. Quand la graisse grésille, retirez le moule du four et versez-y le bouillon de bœuf et la pâte.
4 Enfournez et faites cuire pendant 30 min.
Servez sans attendre, dès la sortie du four.
Le Yorkshire pudding accompagne traditionnellement un rôti de bœuf. Dans ce cas, faites revenir le rôti avec du saindoux dans une cocotte. Récupérez le jus de cuisson et utilisez-le à la place du saindoux et du bouillon de bœuf, prévus dans cette recette.

Gumbo végétarien

POUR 4 PERSONNES

PRÉPARATION : 10 MIN

CUISSON : 25 MIN

1 gros oignon • 4 branches de céleri • 1 petit poivron • 400 g de tomates • 6 cl d'huile de maïs • 25 g de farine • 30 cl de bouillon de légumes • 1 cuill. à café de tabasco • sel, poivre

1 Pelez et hachez l'oignon. Nettoyez les branches de céleri et coupez-les en courts bâtonnets. Coupez le poivron en 2, enlevez les pépins et coupez la chair en dés.
2 Plongez les tomates pendant 1 min dans de l'eau bouillante, pelez-les, épépinez-les et coupez leur chair en petits morceaux réguliers.
3 Versez la moitié de l'huile dans une casserole à fond épais, ajoutez la farine et faites cuire en tournant pour obtenir un roux brun.
4 Faites revenir l'oignon dans une grande sauteuse, avec le reste de l'huile. Au bout de 5 min, ajoutez le poivron et le céleri et faites sauter 3 min. Ajoutez les tomates, le bouillon, le tabasco et le roux dans la sauteuse et laissez mijoter à couvert pendant 10 min. Servez.
Le gumbo végétarien peut se servir dans un plat creux préchauffé, avec du riz brun brûlant.

Feuilles de chou farcies

POUR 4 PERSONNES

PRÉPARATION : 20 MIN

CUISSON : 55 MIN

Boisson conseillée :

BEAUJOLAIS

- 12 grandes feuilles de chou
- 100 g de riz brun
- 1 oignon • 2 carottes
- 100 g de cacahuètes salées • 1 œuf • 2 cuill. à soupe de sauce soja • 15 cl de bouillon de volaille
- pour la sauce : 1,4 kg de tomates • 1 oignon
- 2 gousses d'ail • 1 cuill. à soupe d'huile • sel, poivre

1 Lavez les feuilles de chou. Coupez la grosse tige et plongez les feuilles 30 secondes de dans l'eau bouillante. Égouttez-les, étalez-les à plat soigneusement et laissez-les refroidir.

2 Faites cuire le riz 15 min dans de l'eau bouillante salée. Égouttez-le et laissez-le refroidir.

3 Pelez et hachez l'oignon. Lavez et épluchez les carottes, râpez-les. Mondez les cacahuètes et hachez-les.

4 Mélangez le riz, l'oignon, les carottes, les cacahuètes, l'œuf et la sauce soja. Salez et poivrez. Répartissez cette farce sur les feuilles de chou. Refermez-les pour former des petits paquets.

5 Préchauffez le four à 200 °C (therm. 6).

6 Disposez les feuilles de chou dans un plat allant au four. Arrosez de bouillon. Couvrez le plat avec une feuille de papier aluminium. Enfournez et laissez cuire 40 min.

7 Pendant ce temps, préparez la sauce. Plongez les tomates 1 min dans l'eau bouillante, pelez-les, épépinez-les et concassez-les. Pelez et hachez l'oignon et l'ail.

8 Faites revenir l'oignon et l'ail dans une sauteuse, avec l'huile, environ 5 min.

9 Ajoutez les tomates, salez, poivrez, et laissez cuire à petits bouillons environ 15 min.

10 Quand les feuilles de chou sont cuites, sortez le plat du four et videz le jus de cuisson. Présentez-les dans le plat de cuisson, nappées de sauce tomate.

Quiche aux brocolis

POUR 4 PERSONNES

PRÉPARATION : 20 MIN

CUISSON : 45 MIN

Boisson conseillée :

QUINCY

- pour la pâte : 225 g de farine
- 100 g de margarine
- paprika • sel
- pour la garniture : 225 g de brocolis • 2 œufs • 30 cl de lait • 100 g de cheddar
- sel, poivre

1 Dans un saladier, mélangez la farine et le paprika, ajoutez une pincée de sel. Coupez la margarine en petits morceaux et travaillez-la avec la farine pour obtenir une pâte très granuleuse. Ajoutez un peu d'eau et travaillez encore jusqu'à ce que vous obteniez une pâte homogène.

2 Abaissez la pâte sur un plan de travail fariné et foncez-en un moule à tarte.

3 Préchauffez le four à 190 °C (therm. 5-6).

4 Lavez les brocolis et plongez-les 2 à 3 min dans de l'eau bouillante. Égouttez-les et coupez-les en petits bouquets. Disposez-les sur la tarte.

5 Battez les œufs et le lait. Salez et poivrez. Versez sur les brocolis. Râpez le cheddar et répartissez-le par-dessus.

6 Enfournez et faites cuire environ 40 min. Servez cette quiche bien chaude.

Accompagnez de pommes de terre sautées.

Gâteau de légumes aux graines de tournesol

POUR 4 PERSONNES

PRÉPARATION : 45 MIN

CUISSON : 35 MIN

- 450 g de pommes de terre
- 225 g de carottes
- 1 oignon • 50 g de graines de tournesol • 2 cuill. à soupe d'huile de tournesol
- origan • 2 poireaux
- 2 gousses d'ail
- 2 courgettes • 100 g de champignons de Paris
- 1 cuill. à soupe de parmesan râpé • 1 branche de persil
- sel, poivre

1 Épluchez les pommes de terre. Lavez et épluchez les carottes. Faites-les cuire ensemble 20 min dans de l'eau bouillante salée. Égouttez-les et réduisez-les en purée.

2 Pelez et émincez l'oignon. Faites-le frire dans l'huile, avec les graines de tournesol. Versez cette garniture sur la purée avec une pincée d'origan, salez, poivrez.

3 Lavez les poireaux, coupez les pieds et les feuilles. Coupez le blanc en rondelles. Pelez et écrasez les gousses d'ail. Épluchez les courgettes et coupez-les en rondelles fines. Lavez les champignons, émincez-les.

4 Faites revenir les poireaux avec l'ail 5 min. Ajoutez les courgettes et les champignons et laissez cuire encore 5 min.

5 Préchauffez le four à 200 °C (therm. 6).

6 Versez la moitié des poireaux dans un plat allant au four. Recouvrez avec la moitié de la purée de pommes de terre, puis remettez le reste des poireaux et le reste de la purée. Parsemez de parmesan râpé.

7 Faites cuire 25 min. Décorez de quelques feuilles de persil au moment de servir.

Steak and kidney pie

Pour 6 personnes

Préparation : 1 h

Repos : 40 min

Cuisson : 1 h 30

pour la pâte : 250 g de farine • 250 g de beurre • sel

pour la farce : 500 g de rognons de mouton (ou de génisse)

nettoyés et dégraissés • 500 g de viande de bœuf maigre •

250 g de champignons de Paris • 2 ou 3 oignons • 30 g de

beurre • 2 verres de bouillon de bœuf • 1 jaune d'œuf •

noix de muscade • sel, poivre

1 Préparez la pâte feuilletée : versez la farine dans une terrine et faites un puits. Ajoutez-y 50 cl d'eau et 1 pincée de sel. Délayez à l'aide d'une spatule, puis à la main. Travaillez rapidement. Faites une boule et laissez reposez 20 min. Sur un plan de travail fariné, abaissez la pâte et placez le beurre au milieu. Rabattez la pâte par dessus. Étalez la pâte en un long rectangle de 1 cm d'épaisseur. Pliez-le en 3 en rabattant le premier 1/3 vers vous et le troisième par-dessus en remontant. Tournez la pâte de 1/4 de tour vers la droite. Donnez un deuxième tour en répétant la même opération. Laissez reposer 20 min au frais.
Émincez les rognons et découpez la viande en dés. Dans un plat creux, mélangez rognons et bœuf. Râpez 1 pincée de noix de muscade. Salez, poivrez et réservez.

2 Pelez et émincez les oignons. Ôtez les pieds terreux des champignons, lavez-les têtes et émincez-les. Faites-les revenir au beurre dans une poêle pendant 10 min. Mélangez-les à la viande. Préchauffez le four à 240 ℃ (therm. 8).

3 Abaissez 300 g de pâte sur 5 mm d'épaisseur. Foncez-en largement un moule à bords hauts, de manière à ce que la pâte qui déborde puisse servir à souder le couvercle. Garnissez avec la viande et les légumes. Recouvrez tout juste de bouillon froid.

4 Abaissez le reste de la pâte à la dimension du plat. Posez le couvercle de pâte sur le moule et rabattez la pâte par-dessus. Tracez des croisillons sur le dessus.

5 Créez une cheminée à l'aide d'un rouleau en papier sulfurisé. Badigeonnez le pie de jaune d'œuf à l'aide d'un pinceau. Mettez au four pendant 30 min. Baissez le four à 220 °C (therm. 7) et prolongez la cuisson pendant 1 h. Servez dans le plat de cuisson. Traditionnellement, la cuisson se fait au bain-marie dans le four pendant 3 h.

Les Desserts

Apple crumble

POUR 6 PERSONNES

PRÉPARATION : 20 MIN

CUISSON : 50 MIN

Boisson conseillée :

CHINON

1 kg de pommes • 50 g de beurre • 60 g de raisins secs • 1 petite pincée de cannelle en poudre • 2 cuill. à soupe de sucre semoule pour le crumble : 150 g de farine • 80 g de sucre semoule brun • 1 pincée de sel • 80 g de beurre • 250 g de crème fraîche

1 Épluchez les pommes et coupez-les en quartiers puis en lamelles. Faites fondre 40 g de beurre dans une poêle sans le laisser brunir. Puis mettez les pommes avec les raisins, la cannelle et le sucre. Faites cuire 20 min à feu moyen, en remuant régulièrement.
2 Beurrez un moule à gratin et remplissez-le de la préparation.
3 Préchauffez le four à 200 °C (therm. 6).
4 Préparez le crumble. Coupez le beurre en morceaux. Faites-les ramollir. Dans un saladier, versez la farine, le sucre et le sel. Mélangez-les bien. Incorporez le beurre. Travaillez la pâte du bout des doigts jusqu'à ce qu'elle soit granuleuse et s'émiette. Versez-la sur le dessus du plat à gratin, en créant une couche d'une épaisseur d'environ 5 mm. Enfournez et laissez cuire 15 min. Baissez le four à 150 °C (therm. 2-3). Servez chaud avec la crème fraîche très froide. Présentez ce dessert dans le plat de cuisson.
Vous pouvez remplacer la crème fraîche par une crème anglaise.
Le crumble laisse la porte grande ouverte à l'imagination. En fonction des fruits dont vous disposez, vous pouvez créer de multiples variantes : aux pommes, il est possible d'ajouter des cerneaux de noix, des mûres, des tranches d'ananas, des cassis, des pêches, des poires... Ce dessert étant assez nourrissant, prévoyez un menu léger auparavant.

Apple pie

POUR 6 PERSONNES

PRÉPARATION : 30 MIN

REPOS DE LA PÂTE : 1 H

CUISSON : 45 MIN

Boisson conseillée :

SAUTERNES

pour la pâte : 250 g de farine • 1/2 cuill. à café de levure en poudre • 125 g de beurre • 40 g de sucre semoule • 1 pincée de sel • 1 œuf pour la garniture : 750 g de pommes • 125 g de sucre • 1 pincée de cannelle en poudre • 1/2 citron • 40 g de beurre • 1 cuill. à café de lait • 1 jaune d'œuf

1 Préparez la pâte : dans un saladier, mélangez la farine avec la levure. Creusez un puits au milieu et mettez-y le beurre coupé en petits morceaux. Ajoutez le sucre, le sel et l'œuf, et mélangez le tout rapidement. Formez une boule que vous laisserez reposer environ 1 h au frais.
2 Au bout de ce temps, prélevez un tiers de la pâte et réservez-le pour former le couvercle de la tourte. Préchauffez le four à 200 °C (therm. 6).
3 Abaissez le reste au rouleau sur une épaisseur de 5 mm environ. Garnissez-en un plat à pie (ou à tarte). Laissez dépasser largement la pâte de manière à pouvoir la rabattre ensuite sur le couvercle.
4 Râpez le zeste du citron. Épluchez les pommes et coupez-les en fines lamelles. Disposez-les sur la pâte et poudrez-les d'un mélange fait avec le sucre, la cannelle et le zeste de citron. Parsemez de noisettes de beurre.
5 Étendez la pâte réservée en lui donnant la forme du moule. Gardez les chutes pour la décoration. Posez ce couvercle de pâte sur la tourte et rabattez les bords par-dessus. Collez la bordure en l'humidifiant et en la pinçant régulièrement entre deux doigts.
6 Formez des feuilles, des losanges ou des torsades avec les chutes de pâte et décorez-en le couvercle. Badigeonnez la surface avec le jaune d'œuf délayé dans le lait, à l'aide d'un pinceau de cuisine.
7 Glissez au four et faites cuire pendant 45 min. Les tourtes aux fruits se dégustent de préférence tièdes, accompagnées de crème fraîche liquide, ou de crème anglaise, ou encore d'une boule de glace à la vanille.
Aussi bien salés que sucrés, les pies sont l'un des fondements de la cuisine britannique. Si l'apple pie est le plus classique, on en trouve aussi aux poires, aux prunes, aux baies, à la tomate verte, à la citrouille. Il est courant aussi de mélanger plusieurs fruits (pommes et mûres, fraises et framboises, pommes et poires...).

Tarte au citron meringuée

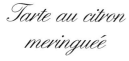

POUR 6 PERSONNES
PRÉPARATION : 30 MIN
REPOS DE LA PÂTE : 30 MIN
CUISSON : 30 MIN

Boisson conseillée :
CHAMPAGNE

pour la pâte : 200 g de farine • 1 pincée de sel fin • 1 cuill. à soupe de sucre semoule • 100 g de beurre

pour le flan : 50 cl de lait • 4 jaunes d'œufs • 100 g de sucre semoule • 50 g de farine • 1 citron

pour la meringue : 2 blancs d'œufs • 75 g de sucre semoule • 25 g de sucre glace

1 Préparez la pâte brisée : versez la farine dans un saladier. Faites un puits. Ajoutez le sel fin, le sucre ainsi que le beurre coupé en petits morceaux. Effritez le tout du bout des doigts. Versez peu à peu de l'eau (5 cl environ) en mélangeant au fur et à mesure. La pâte ne doit être ni collante ni trop molle, elle doit être souple. Formez alors une boule que vous roulerez dans la farine. Laissez-la reposer 30 min au réfrigérateur.
2 Préchauffez le four à 180 °C (therm. 5).
3 Beurrez un moule à tarte de 26 cm de diamètre. Étendez la pâte brisée au rouleau sur 5 mm d'épaisseur et garnissez-en le moule. Recouvrez le fond de pâte d'une feuille de papier sulfurisé garnie d'une couche de haricots secs. Faites cuire pendant 12 min à four moyen, puis retirez les haricots et le papier sulfurisé.
4 Préparez le flan : pressez le citron après en avoir râpé le zeste ; faites bouillir le lait dans une casserole ; travaillez au batteur électrique les jaunes d'œufs avec le sucre semoule, jusqu'à ce que le mélange blanchisse. Ajoutez la farine, le zeste du citron râpé et délayez avec le lait bouillant. Mettez sur le feu et faites bouillir tout en remuant pendant 4 à 5 secondes. Hors du feu, ajoutez le jus du citron. Laissez refroidir, puis versez sur le fond de tarte.
5 Préparez la meringue : battez les blancs d'œufs en neige ferme en ajoutant progressivement le sucre semoule. Recouvrez le flan de meringue, poudrez de sucre glace et passez au four (180 °C, therm. 5) pendant 15 min. Servez rapidement, pendant que la pâte est encore tiède. Lorsqu'une pâte brisée est terminée et formée en boule, il ne faut jamais la pétrir, cela la rendrait friable.

Barm Brack

Irlande
POUR 8 PERSONNES
PRÉPARATION : 40 MIN
REPOS : 1 H
CUISSON : 1 H

400 g de farine • 1/2 cuill. à café de sel fin • 1 petite cuill. à café de cannelle en poudre • noix de muscade • 60 g de beurre • 120 g de sucre semoule • 20 cl de lait • 10 g de levure de boulanger • 1 œuf • 60 g d'écorces d'orange et de citron confites • 150 g de raisins secs de Smyrne • 120 g de raisins secs de Corinthe

1 Coupez le beurre en petits morceaux et laissez-le ramollir. Dans une terrine, versez la farine, le sel, la cannelle et râpez 1 pincée de noix de muscade. Mélangez. Incorporez les morceaux de beurre du bout des doigts. Lorsque le mélange est uniforme, frottez-le entre vos mains.
2 Ajoutez le sucre (gardez 2 cuillerées à soupe de côté) et mélangez.
3 Portez le lait à ébullition. Délayez la levure avec 1 cuillerée à soupe de lait chaud. Ajoutez 1 bonne pincée de sucre. Cassez l'œuf dans le bol et battez énergiquement.
4 Hachez les écorces confites. Dans la terrine, ajoutez le lait chaud, la levure délayée, les raisins secs et l'orange confite. Mélangez bien la pâte à l'aide d'une spatule en bois jusqu'à ce qu'elle soit homogène.
5 Déposez un torchon plié en 4 au-dessus de la terrine et laissez reposer la pâte environ 1 h à température ambiante. Elle doit doubler de volume.
6 Divisez la pâte en 2 parts égales. Déposez chaque moitié dans un moule rond de 20 cm de diamètre. Couvrez chaque moule d'un torchon et laissez de nouveau reposer la pâte à température ambiante pendant environ 30 min.
7 Préchauffez le four à 180 °C (therm. 5).
8 Enlevez les torchons et enfournez les moules à gâteau. Laissez-les cuire pendant 1 h en surveillant la cuisson.
9 Préparez un sirop. Dans une casserole, mettez le reste du sucre et mouillez de 2 cuillerées à soupe d'eau. Portez à ébullition. Retirez du feu.
10 Sortez les gâteaux du four. Nappez-les de sirop et remettez-les au four pendant 3 min.
11 Laissez bien refroidir les gâteaux avant de les servir.
En Irlande, le barm brack (*bàirin breac* en gaélique) se déguste le jour de Halloween. La tradition veut que l'on glisse un anneau dans la pâte. Celui ou celle qui le trouve se mariera dans l'année.

LE CHRISTMAS PUDDING

—

Ce dessert si caractéristique de la fête de Noël en Angleterre remonte au XVIe siècle. C'était alors une sorte de porridge. Il prit progressivement une forme solide pour finir par ressembler à «un boulet de canon tout bariolé», selon la formule de Dickens.

QUE BOIRE CE SOIR-LÀ ?

Dégustez un vin épicé : le *Christmas mull.* Versez 60 cl d'eau dans une casserole, ajoutez les jus et les zestes de 2 oranges et de 2 citrons, poudrez de muscade, de cannelle et de 225 g de sucre. Portez à ébullition, puis laissez mijoter 30 min. Filtrez le jus et versez-le dans une bouteille. Conservez-le au frais pendant un mois ou deux. Pour servir, comptez 15 cl de sirop pour 75 cl de vin rouge. Portez le sirop à ébullition, baissez le feu et ajoutez le vin. Servez dans des verres chauds.

LES TRADITIONS DE NOËL

Noël est avant tout une fête religieuse. Les familles se réunissent pour se rendre à la messe de minuit. C'est ensuite l'occasion de chaudes retrouvailles autour d'une table décorée de guirlandes de houx, de gui, de lierre et de branches de sapin entrelacées. Le menu s'organise autour d'une volaille : une dinde, une oie, des perdrix ou un canard. Elle est accompagnée de marrons et de gelée de groseille et suivie, bien sûr, du Christmas pudding.

DES BISCUITS

Garnissez le sapin de Noël de toutes sortes de biscuits préparés en famille avant Noël : des sablés épicés à la cannelle et à la muscade, des macarons aux amandes, des Florentins, gâteaux moelleux décorés au chocolat que vous servirez avec le café.

LE BRANDY BUTTER

•

Cette sauce accompagne le Christmas Pudding aussi bien que la crème anglaise. Réduisez 230 g de beurre en crème. Versez 115 g de sucre glace, 3 cuillerées à soupe de cognac et le jus d'un citron dans la terrine. Travaillez le mélange. Râpez 1 bonne pincée de noix de muscade et goûtez.

LE PUDDING PEUT CUIRE DES JOURS ENTIERS

Prévoyez large pour ce dessert familial. Pour 12 personnes, mettez 150 g de farine, 1 sachet de levure, 150 g de chapelure, 200 g de beurre en petits morceaux, 1 pincée de sel et 150 g de cassonade dans une terrine. Mélangez et ajoutez 4 œufs battus, 15 cl de lait, 1/2 noix de muscade râpée, 500 g de raisins secs trempés et égouttés, le zeste de 2 citrons, 300 g de fruits confits et 12 pruneaux hachés. Travaillez bien la pâte et laissez-la reposer 12 h. Le lendemain, mouillez de cognac et versez la pâte dans une terrine à bord haut. Couvrez avec un torchon. Placez dans une grande marmite. Laissez cuire au bain-marie sur feu doux pendant 6 h au moins. Le pudding de Noël peut cuire des jours entiers. Le soir de Noël, faites-le réchauffer dans son moule, au bain-marie, pendant 1 h. Démoulez-le, mettez-le sur un plat et flambez au cognac. Présentez le brandy butter à part.

Blancmange aux abricots

POUR 6 PERSONNES
PRÉPARATION : 15 MIN
CUISSON : 10 MIN
RÉFRIGÉRATION : 1 H

6 cuill. à soupe de sucre semoule • 3 cuill. à soupe de farine de maïs • 75 cl de lait • 1 gousse de vanille • 6 abricots au sirop (avec leur jus) • 1 jus de citron

1 Versez le sucre et la farine dans une casserole. Mélangez-les intimement. Arrosez de lait petit à petit en mélangeant à l'aide d'une cuillère en bois. Parfumez avec la vanille. Posez sur le feu et laissez épaissir sans cesser de remuer.
2 Dans des ramequins ou des petits bols, répartissez la moitié de la crème. Coupez la moitié des abricots en dés et disposez-les dans chaque récipient. Recouvrez du reste de la crème et posez un demi-abricot par-dessus. Laissez refroidir et mettez au réfrigérateur pendant 1 h.
3 Versez le sirop d'abricot et le jus de citron dans un pichet. Mélangez soigneusement à l'aide d'une cuillère à cocktail. Servez bien frais avec le blancmange.

Gâteau de Dundee

POUR 8 PERSONNES
PRÉPARATION : 20 MIN
CUISSON : 1 H 15

500 g de raisins secs • 125 g de beurre • 250 g de farine • 125 g de sucre semoule • 1 pincée de sel • 1 paquet de levure chimique en poudre • 1 bonne cuill. à soupe d'un mélange cannelle, gingembre et coriandre • 4 œufs • 5 cl de lait • 100 g d'écorces confites d'orange ou de citron • 100 g de cerises confites

1 Préchauffez le four à 200 °C (therm. 6).
2 Mettez les raisins dans un saladier. Couvrez-les d'eau tiède et laissez-les tremper 10 min. . Mettez le beurre à ramollir.
3 Versez la farine, le sucre, le sel, la levure et les épices dans une terrine. Mélangez intimement.
4 Coupez le beurre en petits morceaux. Battez ensemble les œufs et le lait. Mettez ces ingrédients dans la terrine et mélangez de nouveau.
5 Pétrissez bien le tout, égouttez les raisins, coupez les écorces confites en morceaux, puis incorporez le tout à la pâte. Mélangez bien.
6 Beurrez un moule à bords hauts. Versez-y la pâte. Enfournez et laissez cuire 1 h 15. Laissez refroidir et démoulez. Coupez-le délicatement, car il s'émiette un peu. Ce gâteau d'origine écossaise a conquis l'ensemble des îles Britanniques où il est servi avec le thé. Il se conserve quelques jours, enveloppé dans du papier aluminium, et il a même tendance à se bonifier en vieillissant un peu.

Trifle

POUR 4 PERSONNES
PRÉPARATION : 20 MIN
CUISSON : 15 MIN
RÉFRIGÉRATION : 1 H

200 g de sponge cake ou de génoise (voir p. 125) • 2 verres de xérès • 250 g de tranches d'ananas au sirop • 200 g de crème liquide (fleurette) • 50 g de cerises confites
pour la crème anglaise : 50 cl de lait • 4 jaunes d'œufs • 75 g de sucre semoule

1 Détaillez le gâteau en petites tranches fines. Déposez-les sur un plat de service et mouillez-les avec l'alcool.
2 Préparez une crème anglaise. Portez le lait à ébullition et baissez le feu. Battez vigoureusement les jaunes d'œufs avec le sucre jusqu'à ce que le mélange blanchisse et devienne mousseux. Versez doucement le lait chaud sur les jaunes tout en fouettant. Reversez l'ensemble dans la casserole et laissez épaissir à feu doux pendant environ 10 min, en remuant régulièrement à la cuillère en bois. Laissez refroidir la crème en remuant encore de temps en temps.
3 Coupez les tranches d'ananas en petits dés. Disposez-les par-dessus les tranches de sponge cake et nappez le tout de crème anglaise. Mettez au réfrigérateur pendant 1 h au moins.
4 Au moment de servir, montez la crème fraîche en chantilly dans un saladier préalablement réfrigéré. Recouvrez-en le trifle et décorez le dessus avec les cerises.

Le principe même du trifle permet des variations infinies. Pour que l'on puisse qualifier un gâteau de trifle, il faut qu'il comprenne de la crème anglaise, des biscuits ou un gâteau imbibé d'alcool et des fruits frais ou confits, ou même de la confiture. Vous pouvez ainsi remplacer le sponge cake par des biscuits à la cuillère ou même des macarons. Les dés d'ananas peuvent céder la place à des fraises ou des framboises, ou encore figurer en alternance. Vous pouvez aussi tartiner les tranches de gâteau de confiture d'abricot. Pour la décoration, laissez jouer votre imagination et réalisez des motifs géométriques en fruits confits.

TRIFLE

Les gâteaux anglais sont
souvent très colorés, ou
décorés avec des fruits
confits de couleurs vives
et avec des petits bonbons.
Toutes les fantaisies sont
permises : angélique,
cerises, écorce d'orange
ou de citron, violettes,
guimauve... Dessinez des
motifs géométriques
ou floraux.

Pudding à l'orange

POUR 6 PERSONNES
PRÉPARATION : 30 MIN
CUISSON : 1 H

1 l de lait • 3 oranges •
80 g de beurre + 20 g pour le
moule • 100 g de farine
tamisée • 1 sachet de sucre
vanillé • 150 g de sucre
semoule • 1 pincée de sel •
6 œufs

1 Portez le lait à ébullition et laissez-le refroidir. Beurrez un moule à charlotte ou un moule à soufflé.
2 Pelez 2 oranges et coupez-les en tranches fines. Disposez-les au fond du moule. Râpez le zeste de la dernière orange. Réservez-le.
3 Préchauffez le four à 180 °C (therm. 5).

4 Dans une casserole, faites fondre le beurre à feu doux. Versez-y la farine et faites-la blondir quelques instants en remuant à l'aide d'une cuillère en bois. Mouillez avec le lait et remuez. Ajoutez les 2 sortes de sucre, le zeste d'orange, et le sel. Mélangez de nouveau.
5 Cassez les œufs et séparez les blancs des jaunes. Incorporez les jaunes dans la casserole. Battez les blancs en neige ferme et versez-les délicatement dans la crème en la soulevant pour ne pas casser les blancs.
6 Versez la préparation dans le moule par-dessus

les oranges. Déposez le moule dans un autre d'un diamètre supérieur contenant de l'eau. Enfournez et laissez cuire 1 h au bain-marie en vérifiant la cuisson à la pointe d'un couteau.
7 Sortez du four. Laissez refroidir 30 min puis mettez au réfrigérateur. Démoulez et servez bien frais.
Le mot «pudding» s'appliquait autrefois à tous les mets bouillis. Nombre de puddings sont encore cuits à l'eau, comme le fameux Christmas pudding (voir p.120), mais le terme désigne aujourd'hui toutes sortes de gâteaux.

Pudding au pain beurré

POUR 4 PERSONNES
PRÉPARATION : 15 MIN
REPOS : 30 MIN
CUISSON : 45 MIN

300 g de pain de mie •
100 g de beurre • 150 g de
raisins secs (ou de fruits
confits) • 150 g de sucre
semoule • noix de
muscade • 50 cl de
lait • 2 œufs

1 Préchauffez le four à 200 °C (therm. 6).
2 Coupez le pain de mie en tranches de 1 cm environ d'épaisseur. Beurrez celles-ci sur les deux fa-

ces. Beurrez un plat à gratin.
3 Remplissez le plat à gratin aux 3/4 en répartissant successivement 1 couche de pain beurré, les raisins secs et le sucre. Poudrez de 1 pincée de noix de muscade râpée. Terminez par une dernière couche de pain beurré.
4 Dans une casserole, faites tiédir le lait. Cassez et battez les œufs dans un saladier. Mélangez-les

au lait. Versez ce mélange dans le plat à gratin, à hauteur du gâteau.
5 Laissez imbiber le gâteau pendant environ 30 min. Enfournez-le et laissez-le cuire pendant 45 min en vérifiant la cuisson. La croûte doit être bien dorée.
Ce pudding peut être servi chaud, tiède ou froid.

IRISH COFFEE

Pour servir des cafés irlandais, utilisez des verres hauts et épais. Plongez-les dans de l'eau bouillante pour les chauffer puis essuyez-les.
Versez dans chaque verre 1 cuillerée à soupe de sucre semoule brun. Remplissez-les de café bouillant. Mélangez le sucre et le café et versez 4 cuillerées à soupe de whiskey.
Faites couler délicatement sur le café deux cuillerées à soupe de crème fraîche très froide en veillant bien à ce qu'elle reste à la surface. Ne remuez pas la crème fraîche pour garder le contraste chaud/froid.

Pancakes écossais

━━━

POUR 6 PERSONNES
PRÉPARATION : 15 MIN
CUISSON : 4 À 5 MIN
PAR FOURNÉE

pour 8 à 12 pancakes : 120 g de farine tamisée • 30 g de beurre • 3 cuill. à café de levure chimique • 1 œuf • 20 cl de lait • 30 g de sucre semoule • 1 cuill. à soupe d'huile

1 Faites fondre le beurre dans une casserole.
2 Dans une terrine versez la farine, la levure et le sucre. Mélangez intimement. Cassez l'œuf par-dessus, mouillez avec le lait et mélangez de nouveau. Incorporez soigneusement le beurre fondu. Formez des petites boules de la taille d'une noix.
3 Faites chauffer l'huile dans une poêle. Jetez-y quelques noix de pâte en veillant à ce qu'elles ne se touchent pas. Laissez-les cuire à feu moyen pendant 2 min puis retournez-les pour qu'elles dorent de tous côtés.
4 Sortez-les au fur et à mesure à l'aide d'une écumoire et égouttez-les sur du papier absorbant.
5 Renouvelez l'opération jusqu'à épuisement de la pâte.
Accompagnez les pancakes tièdes de beurre et de confiture.

Sponge cake

━━━

POUR 4 PERSONNES
PRÉPARATION : 20 MIN
CUISSON : 45 MIN

4 œufs • 100 g de sucre • 1 pincée de sel • 1/2 citron • 70 g de farine • 1 cuill. à café de levure en poudre

1 Préchauffez le four à 200 °C (therm. 6).
2 Pressez le citron et râpez le zeste. Séparez les jaunes des blancs d'œufs. Battez vigoureusement les jaunes et le sucre ensemble jusqu'à ce que le mélange blanchisse et devienne mousseux. Salez et incorporez le zeste du citron. Battez de nouveau.
3 Mélangez la farine et la levure et incorporez-les aux jaunes d'œufs.
4 Battez les blancs en neige. Ajoutez-les à la pâte avec une spatule en bois, sans les casser.
5 Beurrez un moule rond. Garnissez-le de la pâte. Enfournez et laissez cuire 45 min environ.
Le sponge cake est l'équivalent anglais de la génoise française ou du pan di spagna italien.
Il sert de base à de nombreux gâteaux, comme le trifle (voir p.122).

Syllabub

━━━

POUR 6 PERSONNES
PRÉPARATION : 20 MIN
REPOS : 1 H

2 œufs • 100 g de sucre semoule • 1 verre de lait • 50 cl de crème fraîche liquide • 15 cl de xérès • 1/2 citron • 40 g d'amandes • noix de muscade

1 Cassez les œufs et séparez les blancs des jaunes. Dans un saladier, battez vivement les jaunes d'œufs avec le sucre jusqu'à ce que le mélange blanchisse et devienne mousseux.
2 Incorporez progressivement le lait et la crème fraîche et continuez à travailler jusqu'à ce que la pâte soit lisse.
3 Râpez le zeste de citron et la noix de muscade (il en faut une pincée). Ajoutez-les à la préparation, ainsi que le xérès, puis laissez reposer au moins 1 h au frais.
4 Battez les blancs en neige ferme. Ajoutez-les à la pâte à l'aide d'une spatule en bois, sans les casser.
5 Faites griller rapidement les amandes dans une poêle sèche et concassez-les. Laissez-les refroidir. Parsemez-en le syllabub.
Une variante exotique : le syllabub à la goyave et à la mandarine. Aux ingrédients traditionnels, ajoutez des goyaves et des mandarines en conserve au naturel, ainsi qu'un peu de cognac.

Lemon curd

━━━

POUR 6 PERSONNES
PRÉPARATION : 10 MIN
CUISSON : 15 MIN

200 g de beurre • 225 g de sucre semoule • 3 citrons • 4 jaunes d'œufs

1 Réduisez le beurre en pommade dans une casserole épaisse, à feu très doux ou au bain-marie.
2 Versez le sucre petit à petit dans la casserole, en remuant à l'aide d'une spatule en bois.
3 Pressez les citrons. Râpez le zeste pour obtenir la valeur d'une cuillerée à soupe.
4 Tout en remuant, versez le jus de citron dans la casserole. Prolongez la cuisson à feu doux sans cesser de tourner jusqu'à ce que la crème nappe la cuillère. Ajoutez 1 à 1 les jaunes d'œufs sans les faire durcir.
5 Sortez la crème du feu et versez-la dans un joli bol. Incorporez le zeste de citron et mélangez bien. Laissez refroidir à température ambiante puis mettez au réfrigérateur.
Le lemon curd peut être utilisé pour garnir des tartes ou en guise de confiture sur des toasts, des buns ou des muffins.

Salade de fruits verts

POUR 8 PERSONNES
PRÉPARATION : 40 MIN
CUISSON : 9 MIN
RÉFRIGÉRATION : 2 H

Boisson conseillée :
VODKA

2 citrons verts • 175 g de cassonade • 15 cl de vin blanc sec • 1 petit melon vert • 225 g de raisins blancs sans pépins • 1 poire bien ferme • 2 pamplemousses • 3 kiwis • 1 avocat bien mûr • 2 pommes granny smith

1 Épluchez les citrons verts à l'aide d'un couteau fin et coupez l'écorce en julienne.
2 Versez 30 cl d'eau dans une casserole, ajoutez la julienne, portez à ébullition et laissez cuire 5 min. Égouttez la julienne et allongez l'eau de cuisson pour la ramener à 30 cl. Ajoutez le sucre, laissez-le fondre puis faites bouillir pendant 2 ou 3 min. Ajoutez le vin et versez le sirop dans un saladier en verre.
3 Coupez le melon en 2 et enlevez les pépins. Formez des boules de chair à l'aide d'une cuillère. Mettez-les dans le sirop.
4 Lavez les grains de raisin et ajoutez-les dans le sirop. Épluchez la poire et coupez-la en lamelles. Épluchez les pamplemousses et décortiquez les quartiers. Épluchez et émincez les kiwis. Versez tous ces fruits dans le sirop et mettez à rafraîchir au réfrigérateur pendant 2 h.
5 Pressez les citrons verts. Pelez l'avocat, ôtez le noyau et coupez la chair en dés. Plongez les dés d'avocat dans le jus de citron ; égouttez-les et ajoutez-les à la salade. Épluchez les pommes, coupez leur chair en lamelles, plongez-les dans le jus de citron égouttez-les et mettez-les dans la salade. Arrosez la salade du reste de jus de citron.
6 Parsemez la salade de julienne d'écorce de citron confite et servez.

Pudding au gingembre

POUR 4 PERSONNES
PRÉPARATION : 20 MIN
CUISSON : 45 MIN

120 g de margarine • 100 g de sucre semoule roux • 2 œufs • 175 g de farine tamisée • 2 cuill. à café de gingembre en poudre pour la sauce : 2 citrons • 25 g de fécule de maïs • 50 g de sucre semoule • 25 g de beurre

1 Préchauffez le four à 180 °C (therm. 5).
2 Enduisez bien de beurre un moule carré.
3 Mélangez la margarine et le sucre et travaillez jusqu'à obtention d'une crème mousseuse. Battez vigoureusement les œufs en omelette et incorporez-les progressivement dans le mélange précédent.
4 Terminez la pâte en ajoutant la farine et le gingembre. Mélangez jusqu'à ce que la pâte soit bien homogène. Versez-la dans le moule et faites cuire au four pendant 45 min.
5 Râpez le zeste des citrons 15 min avant la fin de la cuisson du pudding. Pressez-les. Mélangez ensemble le jus de citron, le zeste, la fécule et le sucre. Arrosez de 30 cl d'eau, versez dans une casserole et portez à ébullition en remuant constamment. Incorporez le beurre.
6 Démoulez le gâteau sur un plat de service et coupez-le en tranches. Servez-le chaud, arrosé de sauce.

La Boulangerie

Soda bread

POUR 10 PERSONNES
PRÉPARATION : 20 MIN
CUISSON : 40 MIN

500 g de farine de blé • 1 pincée de sel • 1 pincée de bicarbonate de soude • 25 cl de lait aigre •

1 Préchauffez le four à 200 °C (therm. 6).
2 Mélangez le sel et le bicarbonate de soude avec la farine. Tamisez-la dans un saladier. Ajoutez le lait de façon à obtenir une pâte épaisse. Mélangez bien à l'aide d'une cuillère en bois, en ramenant la farine depuis les bords vers le centre. Ajoutez davantage de lait si le mélange vous paraît vraiment trop épais.
3 Pétrissez la pâte sur un plan de travail fariné. Ramassez-la en boule puis aplatissez-la. Mettez-la dans un moule à bords hauts. Farinez la pointe d'un couteau et dessinez une croix sur le dessus de la pâte.
4 Enfournez et laissez cuire environ 40 min en surveillant la cuisson. Le lait aigre est un lait qui a tourné. Vous pouvez acheter du lait fermenté, ou ribot. Sinon, mettez une cuillerée à café de jus de citron dans 25 cl de lait frais et laissez-le à température ambiante environ 30 min.

Buns

———

POUR 6 PERSONNES

PRÉPARATION : 20 MIN

REPOS : 1 H 30

CUISSON : 25 MIN

Boisson conseillée :

THÉ

1 morceau d'écorce d'orange confite • 100 g de beurre •
300 g de farine • 1 sachet de levure • 2 œufs • sel •
100 g de sucre semoule • 8 cl de lait • 100 g de raisins
de Corinthe • beurre pour la plaque

1 Hachez finement l'écorce d'orange et coupez le beurre en petits morceaux. Disposez la farine en fontaine. Dans le puits, versez la levure, 1 œuf, l'écorce d'orange, 1 pincée de sel, le sucre et le beurre.

2 Travaillez la pâte du bout des doigts jusqu'à obtenir une préparation granuleuse. Versez le lait et mettez la pâte en boule. Posez-la dans un saladier, couvrez-la d'un torchon plié en 4 et laissez-la reposer à température ambiante pendant 45 min. Reprenez la pâte, ouvrez-la pour en chasser l'air puis remettez-la à lever pendant 45 min. Préchauffez le four à 190 °C (therm. 5).

3 Formez 2 rouleaux égaux à partir de la pâte. Coupez 10 rondelles dans chaque rouleau. Posez-les sur un plan de travail fariné et aplatissez-les en galettes.

4 Déposez quelques raisins secs au milieu de chaque galette. Reconstituez des petites boules bombées sur le dessus et aplaties dessous.

5 Beurrez la plaque du four. Posez les buns dessus. Battez le jaune d'œuf restant avec 1 cuillerée à soupe d'eau tiède. Badigeonnez-en les buns, à l'aide d'un pinceau. Faites-les cuire à four moyen, environ 25 min.
Servez les buns au sortir du four, pour le petit déjeuner ou pour le goûter. Coupez-les en 2 horizontalement. Posez une noisette de beurre sur chaque moitié et laissez-le fondre. Tartinez de la confiture de votre choix : marmelade d'oranges, confiture de framboises ou gelée de cassis par exemple. Variante : pendant le carême, il est de tradition d'ajouter un peu de cannelle et de gingembre à la pâte. Il faut ensuite faire 2 entailles en croix sur le dessus des buns avant de les enfourner. On obtient ainsi des *hot cross buns*.

Muffins

POUR 8 PERSONNES
PRÉPARATION : 25 MIN
REPOS DE LA PÂTE : 2 H
CUISSON : 30 MIN

Boisson conseillée :
THÉ

250 g de farine de froment • 1 paquet de levure chimique en poudre • 30 cl de lait • 1 pincée de sel • 1 œuf • 100 g de beurre • 60 g de sucre semoule

1 Faites tiédir le lait. Faites ramollir le beurre et réservez-le.
2 Dans un saladier, versez la farine, la levure et le sel. Mélangez intimement. Cassez l'œuf et séparez le blanc du jaune. Mettez le jaune dans le saladier, réservez le blanc. Mouillez avec le lait et mélangez de nouveau jusqu'à obtenir une pâte lisse et homogène.
3 Formez une boule avec la pâte et laissez-la reposer dans un endroit tiède, couverte d'un linge, pendant 2 h.
4 Préchauffez le four à 220 °C (therm. 7).
5 Incorporez le sucre et le beurre ramolli à la pâte. Battez le blanc d'œuf en neige et versez-le délicatement dans la pâte en soulevant à l'aide d'une cuillère en bois pour ne pas casser le blanc.
6 Versez la pâte à mi-hauteur dans 18 petits moules ronds généreusement beurrés, qui donneront leur forme aux muffins. Enfournez et laissez cuire 15 à 20 min jusqu'à ce que les muffins soient bien dorés.
7 Beurrez une feuille d'aluminium et disposez-la sur la plaque du four. Démoulez les muffins sur cette feuille et remettez au four de 10 à 12 min pour faire dorer l'autre face.
Les muffins se servent habituellement avec le thé. Coupez-les en 2 parts horizontales et beurrez-les.

Scones

POUR 6 PERSONNES
PRÉPARATION : 20 MIN
CUISSON : 10 MIN

Boisson conseillée :
THÉ

pour 12 scones : 240 g de farine tamisée • 1 pincée de sel • 90 g de sucre semoule • 2 cuill. à café de levure chimique • 100 g de beurre mou • 1 œuf • 60 g de raisins de Smyrne • 60 g de raisins de Corinthe • 2 cuill. à soupe de lait • 120 g de beurre • farine pour la plaque

1 Coupez le beurre en petits morceaux. Faites tremper les raisins secs dans de l'eau tiède. Égouttez-les soigneusement et réservez-les.
2 Dans un saladier, versez la farine et formez un puits. Mettez-y le sel, le sucre et la levure. Mélangez bien. Incorporez le beurre et travaillez jusqu'à obtenir une pâte granuleuse. Mouillez avec le lait. Ajoutez l'œuf et mélangez de nouveau à l'aide d'une spatule en bois. Quand la pâte est homogène et souple, incorporez les raisins.
3 Préchauffez le four à 200 °C (therm. 6).
4 Sur un plan de travail fariné, abaissez la pâte au rouleau sur une épaisseur de 1 cm. Découpez-la en disques en vous aidant d'un verre que vous retournez.
5 Beurrez et farinez la plaque du four. Posez-y les disques de pâte. Enfournez et laissez cuire pendant 10 min environ.
6 Sortez la plaque du four. Posez les scones sur un plat de service, ouvrez-les en 2 horizontalement et beurrez-les.

White soda scones

Irlande
POUR 6 PERSONNES
PRÉPARATION : 25 MIN
CUISSON : 20 MIN

Boisson conseillée :
THÉ OU CAFÉ

250 g de farine • 1 petite pincée de sel • 30 g de beurre • 20 g de sucre semoule • 1 pincée de bicarbonate de soude • 10 cl de lait aigre

1 Coupez le beurre en petits morceaux. Versez la farine et le sel dans un saladier. Jetez-y le beurre et travaillez du bout des doigts.
2 Mélangez le bicarbonate de soude au sucre et versez ce mélange dans le saladier. Mélangez.
3 Versez ensuite le lait et travaillez la pâte qui doit être bien épaisse.
4 Posez la pâte sur un plan de travail fariné et travaillez-la jusqu'à ce qu'elle soit souple.
5 Préchauffez le four à 220 °C (therm. 7).
6 Abaissez la pâte à l'aide d'un rouleau à pâtisserie sur une épaisseur de 1,5 cm environ.
7 Divisez la pâte en 8, puis coupez chaque part en formant des triangles.
8 Beurrez la plaque du four et déposez-y les triangles de pâte.
9 Enfournez et laissez cuire environ 20 min jusqu'à ce que les scones soient bien dorés. Sortez la plaque du four et disposez-les sur un plat de service. Servez tiède.
Ces scones sont typiques de l'Irlande. Servez-les avec le thé, accompagnés de beurre et de marmelade. Vous pouvez également les servir au petit déjeuner. Si vous ne trouvez pas de lait aigre, conservez 10 cl de lait dans un endroit tiède pendant 48 h pour qu'il tourne.

L'AUSTRALIE ET LA NOUVELLE-ZÉLANDE

—

Bien qu'assez proches géographiquement
et toutes deux anciennes colonies britanniques, l'Australie et la
Nouvelle-Zélande ont des traditions culinaires distinctes. Les aborigènes
peuplent l'Australie depuis toujours. Les premiers colons anglais se sont
installés à la fin du XVIIIe siècle. Pourtant, leurs cultures ne se sont guère
mêlées et la cuisine australienne s'inspire de la cuisine anglaise, adaptée
aux produits de ces terres inconnues. Mais la cuisine aborigène connaît un
renouveau récent et elle subit de plus en plus l'influence de la cuisine
asiatique. Quant à la Nouvelle-Zélande, colonisée au XIXe siècle,
elle est restée une terre agricole, entourée de mers fécondes. Ses habitants
cuisinent donc avec simplicité les excellents produits qu'ils
cultivent ou que la mer leur apporte.

SAVEURS D'AUSTRALIE

En débarquant sur le territoire australien, en 1788, les Britanniques ont tout apporté, y compris leurs habitudes culinaires. Ce n'est qu'au milieu du XXe siècle que la cuisine australienne a pu acquérir une certaine autonomie grâce à la diversité des saveurs venues de l'Asie du Sud-Est.

LES TRADITIONS

La tradition australienne est celle des colons qui s'installèrent sur le continent, il y a deux cents ans, et pour qui tout était à faire : construire, défricher, semer, récolter...

La richesse de la faune et de la flore a longtemps alimenté les habitants de l'arrière-pays australien, chasseurs ou cultivateurs, copiant lorsqu'ils le pouvaient le mode de vie des Aborigènes, qui se nourrissaient de plus de cent cinquante végétaux et de près d'une centaine d'animaux, du lézard à la chauve-souris en passant par les vers... Mais la plupart des colons ignoraient tout de ces produits. Aujourd'hui, certains cuisiniers australiens redécouvrent cet héritage et le mettent en pratique.

LA VIE QUOTIDIENNE

LE PETIT DÉJEUNER (breakfast). Il est calqué sur le modèle anglais. Toasts beurrés avec de la confiture, céréales dans du lait, parfois œufs au bacon accompagneront une bonne tasse de thé ou de café.

LE DÉJEUNER (lunch). Il est constitué de sandwiches et de bière ou d'eau minérale.

LE DÎNER (dinner). C'est le moment où la famille se retrouve pour partager un repas assez consistant. Il n'y a pas nécessairement d'entrée, mais toujours un plat consistant et un dessert.

LES JOURS DE FÊTE

NOËL (Christmas). Culinairement, cette fête est proche de la tradition britannique avec, au menu, la dinde et le *Christmas pudding*.

Menu classique

——

OMELETTE
AU FROMAGE

·

BROCHETTES DE BŒUF

·

PAVLOVA

LES FÊTES NATIONALES. Les autres fêtes nationales comme le 26 janvier (jour anniversaire de l'établissement de la colonie), l'*Anzac Day* (hommage aux morts et aux soldats) ou le *Melbourne Cup*, célèbre course hippique, ne se distinguent par aucune habitude culinaire particulière, excepté peut-être par la confection du gâteau pavlova.

LES PRODUITS

LE KANGOUROU

Le kangourou a longtemps été consommé exclusivement par les Aborigènes, qui voyaient en lui une viande agréable et abondante. La plupart des premiers colons le consommèrent assez peu. Seuls les chasseurs ou les fermiers de l'arrière-pays utilisaient cette ressource. L'abrogation, au début des années 90, d'une loi interdisant sa consommation ailleurs que dans l'État d'Australie-Méridionale a fait réapparaître cette viande dans beaucoup de restaurants.

La viande de kangourou se déguste crue, fumée, séchée ou en steaks. Des médecins nutritionnistes la recommandent pour sa teneur en protéines et son faible taux de cholestérol.

LE CROCODILE

Depuis les débuts de la colonie, le crocodile a été chassé pour son cuir, mais ce n'est que récemment qu'il a fait son entrée sur les tables australiennes, principalement dans l'État du Nord et dans le Queensland. Sa viande est, bien entendu, très chère et ne se trouve que dans certains restaurants chics. Il se mange fumé.

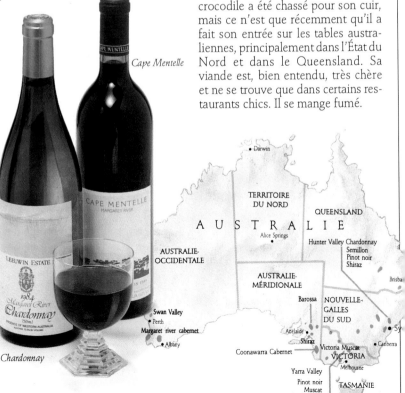

Cape Mentelle

Chardonnay

Darwin

TERRITOIRE
DU NORD

QUEENSLAND

A U S T R A L I E

Alice Springs

Hunter Valley Chardonnay
Semillon
Pinot noir
Shiraz

AUSTRALIE-
OCCIDENTALE

AUSTRALIE-
MÉRIDIONALE

Brisba

Barossa

NOUVELLE-
GALLES
DU SUD

Swan Valley

Perth

Margaret river cabernet

Albany

Adélaïde

Shiraz

Sy

Victoria Muscat

Canberra

Coonawarra Cabernet

VICTORIA

Yarra Valley

Melbourne

Pinot noir
Muscat

TASMANIE

Hobart

LES VINS

C'est à l'emplacement de l'actuel jardin botanique de Sydney que furent mis en terre les premiers pieds de vigne australiens, à la fin du XVIIIe siècle. Quarante ans plus tard, un Écossais plante deux mille pieds de cépages européens dans la vallée de l'Hunter. Aujourd'hui, le vignoble est constitué de cépages riesling, trami\-ner, sylvaner, sémillon et chardonnay pour les vins blancs, et de pinot noir, cabernet-sauvignon et shiraz pour les vins rouges. En Australie-Méridionale, on trouve le *barossa*, vin blanc de cépage riesling, à la couleur claire et à la saveur fruitée, et le *coonawarra cabernet*, rouge à la couleur soutenue et au goût légèrement corsé, ou le *shiraz*, meilleur vin rouge d'Australie, au goût riche et à la couleur puissante. En Nouvelles-Galles du Sud, la Hunter Valley propose un *hunter valley semillon*, jaune paille, et un *hunter valley chardonnay*, vin rouge au goût de chêne, typique des cépages chardonnay australiens. On déguste dans l'État de Victoria un *victoria muscat*, vin rouge qui développe avec l'âge un bouquet subtil, ou un *yarra valley pinot noir* à la robe vermillon et au goût proche du bourgogne. En Australie occidentale, on trouve des vins rouges corsés comme le *cape mentelle*.

SAVEURS DE NOUVELLE-ZÉLANDE

Grande comme le Royaume-Uni et âgée de presque cent cinquante ans, la Nouvelle-Zélande est aujourd'hui le premier exportateur de moutons au monde, avec trente-huit millions de têtes produites chaque année.

LES TRADITIONS

La cuisine néo-zélandaise est assez simple et repose sur la riche production agricole de l'île : produits laitiers, fruits et légumes, fruits de mer et gros gibier.

LA VIE QUOTIDIENNE

LE PETIT DÉJEUNER (breakfast). Il ne diffère guère du petit déjeuner européen. Il se prend à 7 h 30 ou 8 h, la journée de travail commençant à 9 h. Au menu : des toasts, du pain complet avec du beurre et de la confiture, du miel, des céréales ou du muesli dans un bol de lait, le tout étant accompagné de thé ou de café léger.
LE DÉJEUNER (lunch). Il se compose de sandwiches au fromage, au poulet, au bœuf... accompagnés d'une boisson chaude, comme du thé ou du café.
LE DÎNER (dinner). La plupart du temps, il est constitué d'un plat unique, une grillade ou un *hot pot* (ragoût), suivi de fruits ou d'une glace.

LES JOURS DE FÊTE

NOËL (Christmas). Dans l'hémisphère austral, Noël est une fête qui tombe en plein été. On pourra déguster au déjeuner du 25 décembre une dinde ou un gigot d'agneau, mais souvent, ce sera l'occasion d'un festin de fruits de mer ou d'un homard grillé au barbecue entre amis.

LES PRODUITS

LE KIWI

Connu d'abord sous le nom de «groseille chinoise», ce fruit exotique originaire d'Asie est abondamment cultivé en Nouvelle-Zélande. Sa chair verte délicieusement sucrée en fait l'un des fruits les plus riches en vitamine C. Le kiwi se consomme nature, en salade, dans des tartes ou dans des gâteaux, mais aussi dans certains plats salés.

La confusion est fréquente avec l'oiseau du même nom : c'est ce dernier qui est l'emblème du pays et qui a donné son nom au fruit.

Kiwi

LES VINS

Les vins néo-zélandais doivent leur naissance à un pasteur, le révérend Samuel Marsden, qui planta les premiers plants dans sa mission. Dès la fin du XIXe siècle, la Nouvelle-Zélande pouvait se targuer de posséder un vignoble d'une excellente qualité. Les cépages de Nouvelle-Zélande viennent souvent de France.

Parmi les blancs : riesling-sylvaner, le plus populaire de Nouvelle-Zélande, chenin blanc, pinot gris, chasselas qui donnent des vins en général fruités, très agréables à table. Les vins rouges sont de type bordeaux ou bourgogne et font d'excellents vins de table. Comme les blancs, ils portent le nom de leur cépage ou le numéro de leur cuvée.

Les Entreés

Omelette au fromage australienne

POUR 2 PERSONNES

PRÉPARATION ET CUISSON :
20 MIN

3 œufs • 25 g de beurre •
2 tranches de bacon • 150 g
de cheddar (australien) râpé •
1 cuill. à café de sauce
Worcestershire • quelques
branches de persil • sel,
poivre

1 Faites fondre le beurre
dans une poêle. Hachez
le bacon et faites-le revenir dans le beurre jusqu'à
ce qu'il devienne
croustillant.
2 Ajoutez le cheddar et
la sauce Worcestershire.
Faites fondre très lente-
ment à feu très doux.
3 Battez énergiquement
les œufs en omelette,
avec 1 cuillerée à soupe
d'eau, du sel et du poivre.

4 Faites fondre une noix
de beurre dans une autre
poêle et versez les œufs.
Quand l'omelette est
presque prise, versez le
fromage fondu et le ba-
con sur la moitié de
l'omelette et repliez-la.
5 Faites glisser sur un
plat de service chaud
et parsemez de persil
haché.

Salade de poulet moulée

POUR 4 PERSONNES

PRÉPARATION : 15 MIN

CUISSON : 20 MIN

RÉFRIGÉRATION : 3 H

Boisson conseillée :
SAUVIGNON

2 blancs de poulet •
1 oignon • 9 feuilles de
gélatine ou 1 cuill. à soupe de
gélatine en poudre • poivre
vert • vinaigre • concentré
de tomates • sauce
Worcestershire • 1 branche
de céleri • 1 poivron vert •
50 g de noix de pécan • 50 g
d'olives vertes • sel, poivre

1 Pelez et hachez l'oignon. Faites cuire les
blancs de poulet dans 1 l
d'eau salée, avec l'oi-
gnon. Quand ils sont ten-
dres, sortez-les de la casserole mais conservez le
bouillon pour préparer la
gelée. Laissez refroidir le
poulet, puis coupez-le en
petits dés.
2 Portez le bouillon à .
ébullition. Versez-en la
moitié dans un bol et dis-
solvez-y la gélatine. Ajoutez le reste du bouillon et
le poivre vert ; salez, poivrez et assaisonnez avec
1 cuillerée à soupe de vinaigre, 1 cuillerée à
soupe de concentré de to-
mates et 1 cuillerée à
soupe de sauce Worces-
tershire.

3 Coupez le céleri. Épépinez le poivron et cou-
pez-le en tout petits dés.
Hachez grossièrement
les noix de pécan et les
olives. Mélangez le tout
avec les dés de poulet,
dans une terrine.
4 Versez le bouillon sur
le poulet, mélangez, puis
reversez le tout dans un
moule fantaisie.
5 Laissez prendre au réfrigérateur pendant au
moins 3 h. Pour servir,
démoulez sur un plat et
décorez avec des feuilles
de salade et des fleurs.
Servez avec une salade.

Les Plats

Poteé d'agneau

Nouvelle-Zélande

POUR 6 PERSONNES

PRÉPARATION : 20 MIN

CUISSON : 1 H 30

Boisson conseillée :
MERLOT DE NOUVELLE-
ZÉLANDE OU CHINON

1 kg d'épaule d'agneau •
2 oignons • 2 gousses d'ail •
1 carotte • 4 pommes de
terre • 300 g de champignons
de couche • 2 cuill. à soupe
d'huile • 30 cl de vin blanc •
2 cuill. à soupe de concentré
de tomates • 1 cuill. à soupe
d'origan • beurre • sel,
poivre

1 Coupez la viande en
dés. Pelez et hachez les
oignons. Pelez les gous-
ses d'ail et écrasez-les.

Épluchez la carotte et les
pommes de terre. Cou-
pez-les en rondelles.
Lavez et essuyez les
champignons.
2 Dans une cocotte allant au four, faites revenir
l'agneau et les oignons à
l'huile jusqu'à ce qu'ils
prennent couleur. Ajou-
tez l'ail, le vin, 30 cl
d'eau, le concentré de tomates, l'origan. Salez,
poivrez. Couvrez et lais-
sez cuire 30 min à
180 ° C (therm. 5).
3 Ajoutez la carotte et
les champignons dans la

cocotte, disposez les rondelles de pommes de
terre sur le dessus. Parsemez de quelques noix de
beurre et remettez au
four 40 min.
L'agneau de Nouvelle-
Zélande, élevé sur de ri-
ches prairies naturelles,
est très savoureux. On
trouve les morceaux les
plus tendres dans l'ar-
rière-train de l'animal.
Pour une potée comme
celle-ci, choisissez plutôt
l'épaule.

SALADE DE POULET MOULÉE

•

Le climat australien étant chaud, les Australiens sont friands de ces «salad moulds», frais et décoratifs. Les salades composées sont généralement décorées avec des feuilles et des fleurs de saison (bourrache ou capucine par exemple).

Agneau au kiwi

——

Nouvelle-Zélande

Pour 6 personnes
Préparation : 1 h
Repos de la pâte : 1 h
Cuisson : 15 min

6 côtelettes d'agneau • 2 kiwis • 150 g de camembert • sel, poivre pour 300 g de pâte feuilletée : 200 g de farine tamisée • farine ordinaire • 100 g de beurre • sel • 1 jaune d'œuf

1 Préparez la pâte feuilletée : versez la farine dans une terrine et faites un puits. Mettez-y 5 cl d'eau et 1 pincée de sel. Délayez progressivement avec une spatule, puis à la main. Travaillez rapidement et formez une boule. Laissez-la reposer 20 min. Farinez le plan de travail et abaissez la pâte en lui donnant la forme d'un rectangle plus épais au centre. Placez le beurre mou au milieu de la pâte. Rabattez celle-ci par-dessus et soudez les bords. Étalez ensuite ce pâton en un rectangle de 1 cm d'épaisseur. Pliez-le en 3. Tournez la pâte d'1 quart de tour vers la droite et donnez tout de suite le deuxième tour, c'est-à-dire recommencez la même opération (étalez en 1 rectangle, etc.). Laissez reposer 20 min au frais, puis redonnez 2 tours. Laissez à nouveau reposer 20 min.
2 Préchauffez votre four à température moyenne (180 °C, therm. 5). Placez les côtelettes dans un plat allant au four et faites-les cuire 5 petites minutes.
3 Pelez les kiwis et coupez leur chair en tranches. Enlevez la croûte du camembert et découpez-le en 6 portions égales.
4 Abaissez la pâte feuilletée à environ 5 mm d'épaisseur. Découpez-y 6 grands rectangles.
5 Sortez les côtelettes du four. Sur chaque rectangle de pâte, posez une portion de camembert et deux tranches de kiwi. Posez une côtelette par-dessus, salez, poivrez et refermez la pâte pour former des chaussons. Laissez dépasser l'os des côtelettes.
6 Montez le four à 240 °C (therm. 8). Passez le jaune d'œuf au pinceau sur le dessus de chaque chausson et enfournez-les. Faites cuire 10 min et servez immédiatement.

Brochettes de bœuf

——

Pour 6 personnes
Marinade : 12 h
Préparation : 25 min
Cuisson : 20 min

pour la marinade : 15 cl de vin rouge • 2 cuill. à soupe d'huile d'olive • 2 gousses d'ail • sel, poivre du moulin 1 kg de faux-filet • 12 petits oignons blancs • 12 petits champignons de Paris • 1 poivron vert • 6 petites tomates

1 Préparez la marinade en mélangeant tous les ingrédients. Coupez la viande en cubes. Mettez-la dans la marinade pour la nuit.
2 Pelez les oignons. Faites-les cuire à l'eau bouillante 5 min. Lavez les champignons et essuyez-les. Épépinez le poivron et coupez-le en morceaux carrés. Coupez les tomates en deux.
3 Enfilez tous les ingrédients sur des brochettes, en alternant viande, oignon, tomate, poivron et champignon.
4 Faites cuire sur un gril ou au barbecue de 5 à 15 min selon que vous aimez la viande plus ou moins bleue. Retournez fréquemment en cours de cuisson et arrosez avec la marinade. Servez. Vous pouvez servir avec des pommes de terre rôties ou des tomates coupées en 2 et grillées, ou encore une salade.

Bœuf en cocotte de Corroboree

——

Pour 6 personnes
Préparation : 20 min
Cuisson : 1 h 50

Boisson conseillée :
AUSTRALIAN BURGUNDY

500 g de bœuf à braiser • 2 oignons • 2 pommes à cuire • 2 tomates • 2 cuill. à soupe d'huile • 1 cuill. à café de curry • 80 g de raisins secs • 1/4 l de bouillon de bœuf • 25 g de farine • 3 œufs durs • 2 paquets de chips • sucre semoule roux (facultatif)

1 Coupez la viande en dés. Pelez et émincez les oignons et les pommes. Coupez les tomates en rondelles.
2 Faites chauffer l'huile dans une sauteuse, ajoutez la viande, les oignons et les pommes. Faites revenir jusqu'à ce que tous les ingrédients soient bien colorés. Ajoutez les tomates et le curry et laissez cuire quelques minutes de plus.
3 Versez le tout dans une cocotte allant au four. Ajoutez les raisins secs et le bouillon. Couvrez et laissez cuire à four doux (therm. 3, 150 °C) pendant 1 h 30.
4 Diluez la farine dans un peu d'eau et ajoutez-la dans la cocotte. Vérifiez l'assaisonnement et, éventuellement, ajoutez un peu de sucre roux. Coupez les œufs durs en rondelles que vous disposerez au-dessus. Répartissez les chips par-dessus, remettez au four 15 min pour chauffer les chips et servez.
L'utilisation des chips pour recouvrir un plat est tout à fait typique de la cuisine australienne.

Les Desserts

Gâteau au chocolat Boomerang

Pour 6 personnes
Préparation : 25 min
Cuisson : 45 min

100 g de beurre • 2 cuill. à soupe de noix de coco râpée • 2 cuill. à soupe de cacao en poudre • 30 g de sucre semoule roux • 2 œufs • 50 g de farine • 5 cl de lait • extrait de vanille • sel pour le glaçage : 150 g de sucre glace • 1 cuill. à soupe de cacao en poudre • 75 g de beurre • extrait de vanille • 1 cuill. à soupe de café • 1 cuill. à soupe de noix de coco râpée

1 Faites ramollir le beurre, ajoutez la noix de coco, le cacao et le sucre, et travaillez jusqu'à obtenir un mélange crémeux.
2 Ajoutez les œufs, toujours en battant. Versez la farine en alternance avec le lait et quelques gouttes d'extrait de vanille, tout en tournant. Salez légèrement.
3 Préchauffez votre four à 150 °C (therm. 3). Beurrez un moule rond et posez une feuille de papier sulfurisé au fond.
4 Versez la pâte dans le moule et faites cuire au four pendant 45 min. Sortez du four et laissez refroidir.
5 Pendant ce temps, préparez le glaçage. Mélangez le sucre glace et le cacao. Faites fondre le beurre sans qu'il devienne vraiment liquide et versez-le sur le sucre. Aromatisez avec la vanille et le café. Battez avec une cuillère en bois.
6 Quand le gâteau est froid, étalez le glaçage en dessinant des motifs avec la pointe d'un couteau ou une palette. Vous pouvez créer des sortes de pointes, comme de petites montagnes, qui seront originales et décoratives.
7 Passez la noix de coco au four chaud quelques minutes, poudrez le gâteau et servez.

Gâteau renversé à l'ananas

Pour 8 personnes
Préparation : 30 min
Cuisson : 30 min

4 tranches d'ananas au sirop • 100 g de beurre • 50 g de cassonade • quelques cerises au sirop • 75 g de sucre semoule • 1 œuf • 125 g de farine tamisée • 5 cl de lait • extrait de vanille

1 Malaxez 50 g de beurre et la cassonade en crème. Étalez le mélange ainsi obtenu sur les bords intérieurs et sur le fond d'un moule rond.
2 Disposez les tranches d'ananas sur la crème (au fond du moule). Décorez avec les cerises.
3 Malaxez le reste du beurre avec le sucre semoule, dans une terrine. Ajoutez l'œuf, en battant bien. Incorporez la farine et le lait, parfumez avec quelques gouttes d'extrait de vanille.
4 Préchauffez votre four à 180 °C (therm. 5).
5 Versez la pâte régulièrement dans le moule, par-dessus les fruits. Faites cuire à four modéré, environ 30 min.
6 Laissez le gâteau refroidir dans le moule. Démoulez avant de servir, les fruits devant apparaître sur le dessus. Servez. Pour démouler plus facilement, glissez une lame de couteau entre le gâteau et le moule.
Vous pouvez accompagner ce gâteau d'une crème anglaise ou d'une glace à la vanille.

Glace à la noix de coco

Pour 6 personnes
Préparation : 30 min
Réfrigération : 12 h

100 g de noix de coco râpée • 500 g de crème fraîche • 125 g de sucre roux • 6 cl de lait • 4 jaunes d'œufs

1 Mettez la noix de coco râpée avec 350 g de crème fraîche dans une casserole et portez à ébullition. Retirez du feu et laissez infuser pendant 10 min. Passez au mixer en ajoutant 15 cl d'eau bouillante.
2 Récupérez la chair de la noix de coco en passant la crème dans un chinois garni d'une mousseline. Réservez la noix de coco. Il doit vous rester environ 300 g de crème.
3 Faites fondre le sucre dans le lait chaud. Versez sur les jaunes d'œufs en fouettant. Ajoutez la crème parfumée à la noix de coco et le reste de crème nature. Laissez refroidir, incorporez la chair de noix de coco puis mélangez bien.
4 En vous aidant d'une raclette en caoutchouc, versez la crème dans un moule à glace que vous placerez dans la partie haute du réfrigérateur ou dans le compartiment conservation.
Sortez votre glace du congélateur environ 30 min avant de servir.

Lamington

POUR 6 PERSONNES
PRÉPARATION : 15 MIN
CUISSON : 5 MIN
REPOS : 1 H

1 sponge cake (voir p. 125) ou 1 génoise de 600 g (carrée si possible) • 200 g de confiture d'abricots (ou de framboises) • 100 g de cacao en poudre • 500 g de sucre glace • 25 g de beurre • quelques gouttes d'extrait de vanille • 150 g de noix de coco râpée

1 Mettez le sponge cake à refroidir et coupez-le en 10 tranches.
2 Faites fondre la confiture dans une casserole à feu doux, allongez-la avec un peu d'eau.
3 Mélangez la poudre de cacao et le sucre glace. Versez progressivement 15 cl d'eau bouillante dessus, en tournant. Incorporez le beurre et la vanille. Vous devez obtenir une crème homogène.
4 Étalez la noix de coco râpée dans une assiette creuse.
5 Piquez une à une chaque tranche de sponge cake sur une fourchette à découper et plongez-les successivement dans la confiture, le glaçage au chocolat et la noix de coco râpée. Laissez reposer une bonne heure avant de servir.

Le lamington est indiscutablement une invention australienne. Nous en donnons ici la version de base, mais de nombreuses variantes sont possibles. On peut, par exemple, intercaler des tranches de glace à la noix de coco ou à la vanille entre les tranches de génoise, reconstituer le gâteau, le glacer au chocolat et le poudrer de noix de coco.

Pain d'épices au miel

Nouvelle-Zélande
POUR 6 PERSONNES
PRÉPARATION : 15 MIN
CUISSON : 1 H 30

125 g de beurre • 250 g de miel • 75 g de sucre roux • 225 g de farine complète • 2 pincées de sel • 1 cuill. à soupe de poivre de la Jamaïque (cinq-épices) • 1 cuill. à café de levure chimique • 2 œufs

1 Préchauffez le four à 170 °C (therm. 4). Garnissez le fond d'un moule à cake carré de 18 cm avec du papier sulfurisé.
2 Versez le beurre, le miel et le sucre dans une casserole à fond épais et faites chauffer à feu doux jusqu'à ce que le beurre ait fondu. Tournez de temps en temps pour éviter que le sucre ne colle. Retirez la casserole du feu.
3 Mélangez ensemble la farine, le sel, le poivre et la levure. Battez les œufs en omelette. Versez les œufs puis la farine dans la casserole. Mélangez bien et versez dans le moule à cake.
4 Faites cuire au four pendant 1 h 30. Le pain d'épices est cuit lorsque les bords se détachent du moule. Démoulez-le et laissez-le refroidir.

Pavlova

POUR 10 PERSONNES
PRÉPARATION : 1 H
CUISSON : 1 H 30

6 blancs d'œufs • 340 g de sucre semoule • 1 cuill. à café d'extrait de vanille • 1 cuill. à soupe de farine de maïs • 1 cuill. à café de vinaigre
pour la garniture : 50 cl de crème fouettée (éventuellement sucrée et parfumée au marasquin) • 3 fruits de la Passion • angélique, cerises au marasquin ou amandes

1 Battez les blancs d'œufs en neige ferme. Ajoutez le sucre et continuez à battre jusqu'à ce que le sucre soit dissous. Le mélange doit être très ferme et consistant. Ajoutez la vanille, la farine de maïs et le vinaigre.
2 Faites chauffer votre four (120 °C, therm. 1). À l'aide d'une poche à douille de gros calibre, étalez le mélange à plat sur une feuille de papier sulfurisé en cercles concentriques d'environ 25 cm.
3 Disposez sur une plaque en remontant les cercles extérieurs plus haut que le centre afin de constituer une coquille. Placez à four très doux pendant 1 h à 1 h 15. Le pavlova doit être croustillant en surface, très légèrement teinté, et doit rester mou au centre.
4 Laissez refroidir la coquille et disposez-la avec précaution sur un plat à gâteaux.
5 Garnissez la coquille avec la crème fouettée, des cubes de fruit de la Passion et décorez avec de l'angélique, des cerises au marasquin ou des amandes.

Il existe d'innombrables variantes. En voici une : écrasez 6 bananes à la cuillère. Parfumez avec 2 cuillerées à soupe de cognac, couvrez et laissez reposer 1 h. Incorporez cette crème à 50 cl de crème fouettée et sucrée, ajoutez une douzaine de cerises au marasquin. Garnissez la coquille du pavlova et poudrez généreusement de chocolat râpé ainsi que de noix pilées, ou encore de noix de coco râpée et grillée.

LA BELGIQUE, LE LUXEMBOURG ET LES PAYS-BAS

—

Le plat pays de Belgique bénéficie de terres fertiles et d'un littoral qui lui offrent des ressources naturelles exceptionnelles. Grâce à celles-ci, les Belges ont su développer un goût du «bien manger» qui n'a souvent rien à envier à celui de leurs voisins français. Les bons produits font les bons plats, pourrait-on dire en Belgique. Moins favorisé des dieux, le Luxembourg s'est doté d'une cuisine plus rustique, qui fait une large place à la pomme de terre, en accord elle aussi avec les produits du terroir. Deux pays qui ont, somme toute, de bien bonnes choses à offrir aux gourmets. Quant aux Pays-Bas, ils ont plus que leurs voisins pris aux colonies leurs apprêts et condiments, épicés de curry, de muscade ou de cannelle.

SAVEURS DE BELGIQUE ET DU LUXEMBOURG

Il existe en Belgique, territoire pourtant peu étendu, de véritables traditions régionales. Chacune met à profit les produits locaux, fruits de la culture, de l'élevage ou de la pêche en mer et en rivière, ainsi que les apports exotiques d'un passé riche en échanges coloniaux.

LES TRADITIONS

La cuisine belge utilise au mieux les ressources du pays. Ainsi, Anvers offrira ses anguilles ; Liège, ses grives ou son café ; l'Ardenne, son jambon cru ; les rivages de la mer du Nord, d'innombrables poissons, tels que la sole, le turbot, la plie ou la limande... Les Belges sont fiers de leur centaine de spécialités fromagères, essentiellement à base de lait de vache. Ils sont fiers aussi, à juste titre, de leurs bières mondialement réputées. Enfin, la plus célèbre peut-être des traditions belges, c'est la frite, et même les moules avec des frites.

LA VIE QUOTIDIENNE

LE PETIT DÉJEUNER. Appelé «déjeuner» en Belgique, il se compose d'un café ou d'un chocolat au lait accompagné de tartines de beurre et de confiture. Les Belges préfèrent le café léger, ou le thé en Flandre. Ce n'est pas le cas au Luxembourg, puisque ce premier repas s'appelle *kaffidrinken*, ce qui signifie «boire du café».

LE DÉJEUNER. En Belgique, c'est le dîner. Il peut être consistant et comprendre un potage, une viande avec des légumes et un dessert ; ou plus léger, composé alors de sandwiches en tout genre ou d'une salade légère. Le dimanche, le menu comporte une entrée, un poisson, une viande et un dessert.

LE DÎNER. Le souper belge sera plus copieux si le dîner a été léger, et inversement. Les Luxembourgeois nomment leur repas du soir *owendiessen* et le préfèrent léger.

LES JOURS DE FÊTE

SAINT-NICOLAS. La Saint-Nicolas, le 6 décembre, est une véritable fête des enfants. Ils dégustent, en Belgique, des spéculos représentant la silhouette du saint et, au Luxembourg, différents petits sujets en brioche.

NOËL. La tradition anglo-saxonne de la dinde prévaut, à côté des boudins blancs farcis au chou. A la veillée de Noël, les liégeois mangent des crêpes et du boudin noir, blanc ou vert, et le matin, ou au moment du dessert, les Belges dégustent de grosses brioches plates, les cougnolles.

CARNAVAL. C'est une fête costumée très populaire où les beignets sont traditionnels comme à Eupen. À Namur, à Binche ou la louvière, les fameux Gilles distribuent des paniers d'oranges. Les Luxembourgeois dégustent à cette occasion de délicieux beignets, les «pensées brouillées».

PÂQUES. C'est la fête des œufs en chocolat, traditionnellement déposés par la poule en Belgique, le lièvre de Pâques au Luxembourg, que les enfants cherchent dans les jardins.

LES KERMESSES. Elles sont l'occasion de bien s'amuser, de bien boire et de bien manger. La bière coule à flots, accompagnant les inévitables moules et frites vendues dans les «baraques à frites», des gaufres et des tartes, sans oublier les pralines.

Liegmans

Riva Blanche

Grimbergen

Blonde des Pères

Stella Artois   Duvel   Rodenbach

LES PRODUITS

L'ENDIVE
•

En Belgique, il faut dire chicon, ou witloof (littéralement «feuille blanche» en flamand). Le chicon est un légume «jeune» puisqu'il est apparu au XIXᵉ siècle. A-t-il été créé, vers 1850, par l'agronome bruxellois Breziers ou bien est-il né, en 1830, d'un plant de chicorée caché dans une cave sous une couche de terre par un habitant de Schaerbeek soucieux de préserver ses provisions des pillages de la guerre d'indépendance contre les Pays-Bas ? Les Belges l'accommodent de dizaines de façons. L'endive entre dans la composition de nombreux potages, salades, gratins et tartes, où sa légère amertume est relevée d'une pincée de noix de muscade ou de graines de sésame. Le récent minichicon, ou baby witloof, s'inscrit dans l'engouement très «nouvelle cuisine» pour les légumes miniatures.

LA BIÈRE
•

La bière est un trésor national dégusté au verre, bien sûr, mais qui entre aussi dans la confection de nombreux plats, des soupes et des plats en sauce, y compris de desserts. Il existe quelque 500 sortes de bière offrant 200 saveurs diffé-rentes, douces, acides ou douces-amères. Les ingrédients sont les mêmes qu'ailleurs — eau, orge malté, froment, houblon et levure , mais les techniques ancestrales, développées dès le Moyen Âge dans les monastères de régions peu propices à la culture de la vigne, lui confèrent un caractère tout à fait particulier.

La levure va donner à chaque bière sa spécificité. À basse température (entre 6 et 10 °C), elle donnera des bières dites de «fermentation basse» de type pils, comme la fameuse Stella-Artois. Les bières blanches comme la Riva Blanche ou surtout la Hoegaarden, légère et fraîche, sont aussi des bières à fermentation basse. Les Trappistes (Chimay, Rochefort, Orval, Westmalle et West-Veletuen), les bières fortes d'abbayes (Blonde des pères, Triple moine, Grimbergen, Leffe, Moinette...) et les spéciales comme la Duvel sont des bières à fermentation haute (de 15 et 20 °C). Citons encore la Rodenbach, une bière rousse. La bière de fermentation spontanée (sans adjonction de levure, comparable à celle du vin) représente le type même des bières belges de la vallée de la Senne et de la région bruxelloise : lambic, gueuze (Mort Subite), kriek (Liegmans), faro (Undemans), framboise...

LES VINS DU LUXEMBOURG

Introduite par les Romains, la vigne s'est installée sur la rive gauche de la Moselle. Elle donne là des vins blancs légers et fruités, produits à partir d'une dizaine de variétés de raisin. Le *rivaner*, ou *müller-thurgau*, est une spécialité locale, mélange de cépages de riesling et de sylvaner. L'*elbling* est un vin sec qui accompagne à merveille le collet de porc fumé, plat national. On trouve aussi du *riesling*, plus corsé, du *gewürztraminer*, un vin de dessert, du pinot auxerrois, du pinot blanc, du ruländer et du traminer.

Bière belge

Mort Subite

Orval

Undemans

Triple moine

Chimay

Hoegaarden

Les Entrées

Consommé couronné

POUR 6 PERSONNES
PRÉPARATION : 55 MIN
REPOS : 40 MIN
CUISSON : 25 MIN

pour la pâte feuilletée : 100 g de farine • 100 g de beurre • sel
pour le consommé :
2 carottes • 300 g de haricots verts • 1 oignon •
1 branche de céleri • 2 l de bouillon de bœuf • sel, poivre

1 Préparez la pâte feuilletée : versez la farine dans une terrine et faites un puits. Ajoutez-y 10 cl d'eau et le sel. Délayez à l'aide d'une spatule, puis à la main. Travaillez rapidement. Faites une boule et laissez reposer 20 min. Sur un plan de travail fariné, abaissez la pâte et placez le beurre au milieu. Rabattez la pâte par-dessus. Étalez la pâte en un long rectangle de 1 cm d'épaisseur. Pliez celui-ci en 3 en rabattant le premier 1/3 vers vous et le troisième par-dessus en remontant. Tournez la pâte de 1/4 de tour vers la droite. Donnez tout de suite le deuxième tour : étalez la pâte en rectangle, pliez-la en 3, donnez 1/4 de tour à droite. Laissez reposer 20 min au frais. Abaissez la pâte. Découpez 6 disques d'un diamètre légèrement supérieur à celui des bols dans lesquels vous mettrez la soupe.
2 Préchauffez le four (200 ° C, therm.6).
3 Épluchez les légumes, lavez-les et découpez-les très finement. Portez à ébullition le bouillon, ajoutez les légumes. Salez, poivrez. Faites-les cuire 10 min environ afin qu'ils restent légèrement croquants.
4 Goûtez le bouillon et rectifiez l'assaisonnement si nécessaire. Dans 6 bols individuels allant au four, versez 1 louche de légumes et couvrez largement de bouillon.
5 Déposez un disque de pâte au-dessus de chaque bol. Pincez-bien la pâte tout autour et collez-la sur le bord des bols en appuyant avec les doigts.
6 Enfournez et faites cuire pendant 15 min jusqu'à ce que la pâte soit bien dorée.
7 Sortez les bols du four, déposez-les devant chaque convive. Chacun cassera des petits morceaux de croûte pour les consommer en même temps que le bouillon et les légumes.
Vous pouvez ajouter, selon vos goûts et les opportunités de la saison, tout autre légume : des bouquets de chou-fleur, un morceau de chou vert, des choux de Bruxelles, etc.

Soupe aux pois cassés

Luxembourg
POUR 6 PERSONNES
TREMPAGE : 12 H
PRÉPARATION : 30 MIN
CUISSON : 3 H 30

Boisson conseillée :
BIÈRE

500 g de pois cassés •
2 pieds de porc frais •
4 carottes • 500 g de céleri-rave • 4 poireaux •
1 cœur de céleri en branche •
250 g d'oignons • 500 g de saucisson à cuire • sel

1 La veille, faites tremper les pois cassés dans de l'eau froide. Laissez-les pendant au moins 12 h. Égouttez-les.
2 Remplissez une marmite d'eau aux 3/4. Versez-y les pois, salez, portez à ébullition, baissez le feu et faites cuire pendant 1 h.
3 Ajoutez les pieds de porc. Laissez mijoter pendant encore 1 h 45.
4 Lavez et épluchez tous les légumes. Coupez les carottes et le céleri-rave en bâtonnets, les poireaux en fines rondelles, le céleri en branche en petits dés. Émincez l'oignon. Mettez les légumes dans la marmite. Mélangez.
5 Faites reprendre l'ébullition, baissez alors le feu et laissez mijoter encore 30 min.
6 Ajoutez le saucisson et prolongez la cuisson pendant 15 min. Goûtez et rectifiez l'assaisonnement si nécessaire.
7 Sortez les pieds de porc du bouillon, détaillez-les si nécesaire et déposez-les sur un plat de service.
8 Sortez le saucisson de la marmite et coupez-le en rondelles. Posez celles-ci autour des pieds de porc en morceaux.
9 Versez la soupe dans une soupière. Chacun se servira de la viande et l'arrosera de soupe. Accompagnez de pain de campagne, éventuellement grillé.
Vous pouvez varier les viandes. La palette, le jarret ou des saucisses fumées conviennent parfaitement. Aux Pays-Bas, cette recette est servie avec de la saucisse de Gueldre.
Si vous servez cette soupe sans viande, elle ouvrira le repas. Dans ce cas parsemez de petits croûtons frits et aillés. Avec les viandes, elle constitue un plat complet.

Soupe de légumes avec des boulettes de viande

Luxembourg

POUR 6 PERSONNES

PRÉPARATION : 45 MIN

CUISSON : 3 H 50

250 g de jarret de bœuf • 1 poireau • 150 g de carottes • 100 g de céleri en branche • 100 g de chou-fleur • quelques branches de cerfeuil • 40 g de riz • 100 g de viande de veau hachée • 50 g de farine • 1 cuill. à soupe de persil haché • noix de muscade • sel, poivre

1 Coupez le jarret de bœuf en cubes.
2 Remplissez une marmite d'eau à moitié, jetez-y les morceaux de viande, salez, poivrez et portez à ébullition. Baissez le feu et faites cuire pendant 3 h environ.
3 Lavez, épluchez et émincez le poireau ; grattez les carottes, lavez-les et coupez-les en rondelles. Effilez le céleri, lavez-le et coupez-le en petits bâtonnets. Lavez le chou-fleur et détaillez-le en petits bouquets. Lavez et ciselez le cerfeuil. Ajoutez tous ces légumes dans la marmite.
4 Versez le riz en pluie par-dessus. Mélangez bien le tout. Portez de nouveau à ébullition, baissez le feu et prolongez la cuisson encore 30 min. Goûtez et rectifiez l'assaisonnement si nécessaire.
5 Vérifiez qu'il reste suffisamment de jus dans la soupe et allongez-la éventuellement avec un peu d'eau chaude.
6 Salez, poivrez et muscadez le veau haché. Mélangez bien pour assaisonner la viande. Formez des boulette de la taille d'une noix.
7 Roulez les boulettes dans la farine jusqu'à ce qu'elles soient bien enrobées. Plongez les boulettes dans la marmite et faites-les cuire 10 min. Versez dans une soupière, parsemez de persil haché et servez.

Les Plats

Anguilles au vert

POUR 6 PERSONNES

PRÉPARATION : 30 MIN

CUISSON : 30 MIN

Boisson conseillée :

BIÈRE

OU ROCHE-AUX-MOINES

2 kg d'anguilles • 250 g d'oseille • 200 g de cresson • 2 oignons • 3 côtes de céleri • 50 g de beurre • persil • cerfeuil • sauge • menthe • sarriette • 1 bouteille de vin blanc sec • 6 jaunes d'œufs • 200 g de crème fraîche • 1 citron • sel, poivre

1 Coupez les anguilles en tronçons d'environ 5 cm de long.
2 Épluchez et lavez l'oseille et le cresson. Essorez-les soigneusement. Émincez-les.
3 Pelez et hachez les oignons. Effilez le céleri et hachez-le. Hachez toutes les herbes. Il vous faut environ 1 cuillerée à soupe de persil et de cerfeuil, et 1 cuillerée à café de chacune des autres herbes.
4 Faites fondre le beurre dans un faitout et faites-y revenir doucement les oignons et le persil. Ajoutez les anguilles et faites-les saisir pendant 5 min.
5 Mouillez avec le vin et portez à ébullition. Ajoutez l'oseille, le cresson et les herbes. Salez et poivrez. Faites cuire à feu vif et à couvert 15 min.
6 Délayez les jaunes d'œufs dans la crème fraîche et arrosez de quelques gouttes de citron. Hors du feu, versez-les dans le faitout. Mélangez et versez dans un grand plat creux. **Servez chaud ou froid.**

Filets de soles à la bière

POUR 4 PERSONNES

PRÉPARATION : 35 MIN

MARINADE : 30 MIN

CUISSON : 20 MIN

4 soles en filets • 4 échalotes • 80 g de beurre • 25 cl de bière blonde • 25 g de farine • 1 jaune d'œuf • 30 g de crème fraîche • sel, poivre

1 Aplatissez les filets de soles. Pliez-les en 2.
2 Pelez et hachez les échalotes. Faites-les fondre dans une casserole avec 40 g de beurre.
3 Versez les échalotes dans un plat à gratin. Rangez les soles par-dessus. Arrosez de bière et ajoutez éventuellement un peu d'eau pour couvrir. Laissez mariner 30 min. Préchauffez le four à 180 °C (therm.5).
4 Salez et poivrez, mettez le plat dans le four et faites cuire 10 min.
5 Beurrez un plat de service et mettez-y les filets de soles. Tenez au chaud. Faites alors réduire la sauce de moitié.
6 Pendant ce temps, malaxez le reste de beurre avec la farine, puis incorporez ce beurre manié dans la sauce en fouettant sur feu vif.
7 Hors du feu, ajoutez le jaune d'œuf, mélangez intimement puis versez la crème fraîche. Fouettez bien la sauce.
8 Recouvrez les filets de soles de sauce à la bière..

Truites à la crème

POUR 4 PERSONNES

PRÉPARATION : 15 MIN

CUISSON : 25 MIN

4 truites vidées et préparées par votre poissonnier • 25 cl de lait • 100 g de farine • 100 g de beurre • 100 g de crème fraîche • 2 gousses d'ail • 2 branches de persil • 2 citrons • sel, poivre

1 Versez le lait dans une assiette creuse et la farine dans une seconde assiette. Rincez les truites et épongez-les à l'aide de papier absorbant. Passez-les successivement dans le lait puis dans la farine.
2 Pelez l'ail. Lavez et équeutez le persil. Hachez-les ensemble.
3 Faites fondre le beurre dans une sauteuse, mettez-y les truites et faites-les cuire 10 min à feu moyen. Retournez-les et poursuivez la cuisson encore 10 min. Sortez-les de la sauteuse, laissez la sauteuse sur le feu. Posez les truites sur un plat et maintenez-les au chaud.
4 Dans la sauteuse, versez la crème fraîche, le hachis d'ail et de persil, salez, poivrez. Faites cuire à feu doux pendant 2 à 3 min en remuant.
5 Lavez les citrons. Coupez le premier en rondelles et le second en quartiers. Nappez les truites de sauce, disposez les rondelles de citron tout autour. Mettez les quartiers dans un ravier et pressez-les sur les truites au moment de déguster.

Carbonades flamandes

POUR 6 PERSONNES

PRÉPARATION : 30 MIN

CUISSON : 2 H 45

Boisson conseillée :

BIÈRE OU BOURGOGNE

1,25 kg de bœuf à braiser • 20 petits oignons • 50 g de saindoux • 2 cuill. à soupe de farine • 1 cuill. à soupe de cassonade • 25 cl de bouillon de boeuf • 25 cl de bière blonde • 1 cuill. à soupe de vinaigre • 1 bouquet garni • sel, poivre

1 Coupez la viande en gros dés. Pelez et émincez les oignons.
2 Mettez 1 cuillerée à soupe de saindoux dans une cocotte et faites-y saisir la viande à feu vif. Sortez-la à l'aide d'une écumoire et réservez-la. Épongez la cocotte avec du papier absorbant.
3 Mettez le reste de saindoux dans la cocotte. Faites-y revenir les oignons 1 à 2 min. Remettez la viande dans la cocotte, poudrez de farine et de cassonade. Baissez le feu et faites cuire environ 8 min en remuant.
4 Salez, poivrez, arrosez du bouillon, de la bière et du vinaigre. Ajoutez le bouquet garni, mélangez le tout et faites cuire à feu doux et à couvert pendant environ 2 h 30.
5 Vérifiez la cuisson de la viande à la pointe d'un couteau. Si elle est encore un peu ferme, prolongez la cuisson.
6 Goûtez et rectifiez l'assaisonnement si nécessaire. Versez la carbonade dans un grand plat creux et servez.
La carbonade est le plat traditionnel de la Belgique. Vous pouvez y ajouter des pommes de terre en cours de cuisson. Rajoutez alors un peu d'eau chaude. Vous pouvez aussi l'accompagner d'une salade verte et de grandes tranches de pain de seigle.
N'hésitez à réchauffer ce plat, il n'en sera que meilleur.

Croquettes aux crevettes

POUR 4 PERSONNES

PRÉPARATION : 30 MIN

CUISSON : 10 MIN

Boisson conseillée :

SAUVIGNON

OU EDELZWICKER

150 g de crevettes grises décortiquées • 50 cl de lait • 30 g de beurre • 100 g de farine tamisée • 1 œuf • 150 g de fromage râpé • chapelure • citron • persil • huile de friture • sel, poivre

1 Choisissez des crevettes grises bien fraîches.
2 Mettez le lait à température ambiante.
3 Faites fondre le beurre à feu doux, sans roussir. Incorporez-y peu à peu la farine en mélangeant délicatement à l'aide d'une cuillère en bois.
4 Versez lentement le lait en remuant constamment, afin d'obtenir une sauce épaisse et bien liée.
5 Cassez l'œuf en séparant le jaune du blanc. Mettez le jaune dans un saladier, salez, poivrez, ajoutez le fromage râpé et les crevettes. Mélangez et laissez refroidir.
6 Formez des croquettes de 7 cm de long et 3 cm de diamètre.
7 Dans une assiette, battez le blanc d'œuf. Dans une autre assiette, versez un peu de chapelure. Passez successivement les croquettes dans l'œuf puis dans la chapelure jusqu'à ce qu'elles soient enrobées de toutes parts.
8 Faites chauffer l'huile de friture et plongez-y les croquettes 2 à 3 min jusqu'à ce qu'elles soient bien dorées.
9 Sortez-les de la friture et épongez-les avec du papier absorbant.
10 Pour servir, déposez les croquettes sur quelques feuilles de laitue et décorez de quartiers de citron et de persil.
Accompagnez éventuellement ce plat d'une mayonnaise ou d'une sauce tartare aux câpres.

Rôti de cabillaud sauce mousseline

POUR 4 PERSONNES

PRÉPARATION : 30 MIN

CUISSON : 15 MIN

Boisson conseillée :

RIESLING

---

1 kg de cabillaud façonné en rôti • 1 carotte • 1 poireau •

1 oignon • 1 branche de thym • 1 feuille de laurier

pour la sauce : 1/2 citron • 2 jaunes d'œufs •

100 g de beurre • 3 cuill. à soupe de crème fraîche •

1 petit bouquet de persil • sel, poivre

1 Épluchez et lavez les légumes. Coupez la carotte en rondelles. Émincez le poireau. Coupez l'oignon en fines lamelles. Faites chauffer 1 l d'eau salée dans une grande casserole. Mettez-y les légumes, le thym et le laurier. Portez à ébullition.

2 Mettez le cabillaud dans la casserole, laissez reprendre l'ébullition, baissez le feu et faites cuire 15 min. Retirez la casserole du feu.

3 Pendant ce temps, préparez la sauce. Pressez le citron. Battez ensemble les jaunes d'œufs, 1 pincée de sel et 1 pincée de poivre. Mouillez avec quelques gouttes du jus de citron et 2 cuillerées à soupe d'eau froide. Versez la sauce dans une casserole et laissez-la épaissir à feu très doux en fouettant vivement jusqu'à ce qu'elle épaississe.

4 Coupez le beurre en morceaux. Hors du feu, incorporez-le progressivement à la sauce,

en continuant de tourner toujours dans le même sens.

5 Fouettez la crème fraîche. Déposez-la dans la casserole et mélangez. Hachez le persil. Disposez le rôti sur un plat de service chaud. Recouvrez de sauce et parsemez de persil.

La sauce mousseline, assez délicate, accompagne parfaitement les poissons rôtis ou pochés. Vous pouvez par exemple la servir avec un rôti de lotte, ou encore des filets de lieu jaune, un poisson de la famille de la morue qui vit dans le nord-est de l'Atlantique, la mer du Nord et la Manche. Sa chair est d'un blanc pur, et très savoureuse.

Hochepot des Flandres

POUR 12 PERSONNES
PRÉPARATION : 30 MIN
CUISSON : 1 H 45

Boisson conseillée :
BIÈRE OU BOURGOGNE

1 kg de queue de bœuf • 1 kg de plat de côtes découvert • 1 épaule de mouton désossée et ficelée • 500 g de carottes • 6 poireaux • 2 gros oignons • 4 clous de girofle • 2 gousses d'ail • 20 baies de genièvre • 1 petit chou vert • 6 navets • 1 pied de céleri en branche • 300 g de gros haricots verts • 1 saucisson à cuire • 2 oreilles de porc • 12 pommes de terre • 150 g de gruyère râpé • pain grillé • 12 grains de poivre • sel

1 Remplissez une grande marmite d'eau à moitié. Mettez-y la queue de bœuf, le plat de côtes et l'épaule de mouton. Salez et portez à ébullition. Écumez, baissez le feu et poursuivez la cuisson à petits frémissements 30 min.

2 Pendant ce temps, grattez et lavez les carottes. Coupez-les en gros morceaux. Coupez les racines et les feuilles vertes des poireaux. Épluchez les blancs et lavez-les. Pelez les oignons, piquez-les de clous de girofle.

3 Plongez tous ces légumes dans la marmite. Assaisonnez avec les gousses d'ail entières, le genièvre et le poivre en grains.

4 Coupez le trognon du chou, enlevez les grosses côtes et les premières feuilles. Coupez-le en 4. Épluchez les navets. Coupez le pied de céleri. Effilez les branches. Coupez les tiges en 2. Équeutez les haricots verts et effilez-les. Épluchez les pommes de terre. Lavez ces légumes. Réservez les haricots et les pommes de terre. Mettez les autres légumes dans la marmite et prolongez la cuisson encore 30 min.

5 Piquez le saucisson de quelques coups de fourchette et mettez-le dans la marmite ainsi que les haricots verts, les pomme de terre et les oreilles de porc. Terminez la cuisson environ 45 min, toujours à petits bouillons. Écumez régulièrement.

6 Sortez les viandes de la marmite, découpez-les et disposez-les au centre d'un grand plat. Répartissez les légumes tout autour. Couvez d'un papier d'aluminium et réservez au chaud.

7 Filtrez le bouillon au-dessus d'une soupière. Parsemez du fromage râpé et de croûtons de pain.

8 Servez le bouillon en entrée, puis les viandes et les légumes en plat principal.
Le hochepot des Flandres était autrefois composé de viande hachée, de navets et de châtaignes. La recette actuelle est celle présentée ici.

Waterzooi de poulet

POUR 4 PERSONNES
PRÉPARATION : 45 MIN
CUISSON : 4 H 15

Boisson conseillée :
RIESLING

1 poulet de 1,2 kg avec le foie • 3 carottes • 2 ou 3 oignons • 1 branche de céleri • 2 poireaux • 40 g de beurre • 4 tranches de pain
pour le bouillon : 1 jarret de veau de 750 g • 2 os de veau • le cœur et le gésier du poulet • thym • laurier • 2 tiges de persil • 2 jaunes d'œufs • 100 g de crème fraîche • sel, poivre

1 Préparez les légumes. Épluchez, lavez et coupez en morceaux très fins les carottes, les oignons et la branche de céleri ; coupez les blancs des poireaux en 4, lavez-les et émincez-les.

2 Remplissez une marmite d'eau aux 3/4. Plongez-y le jarret, les os, les abats, le bouquet garni, salez, poivrez. Portez à ébullition, écumez, baissez le feu et laissez cuire à petits bouillons pendant 2 h.

3 Dans une cocotte, faites revenir les légumes dans le beurre.

4 Coupez le poulet en 8. Émincez le foie. Posez le tout sur les légumes et faites cuire 15 min.

5 Retirez les os de veau du bouillon. Versez dans la cocotte le bouillon de jarret de veau avec la viande et les légumes. Faites mijoter 2 h.

6 Dans un petit saladier, battez ensemble les jaunes d'œufs et la crème. Salez, poivrez. Allongez ce mélange d'un peu de bouillon en remuant vivement à l'aide d'un fouet.

7 Sortez les morceaux de poulet de la cocotte et mettez-les dans une grande soupière.

8 Versez le contenu du saladier dans la cocotte et mélangez sur feu doux jusqu'à ce que la soupe soit bien liée. Versez le contenu de la cocotte dans la soupière.

9 Faites griller les tranches de pain. Tartinez-les de beurre. Présentez-les avec la soupière. Chacun trempera son pain dans sa soupe.
Si vous n'avez pas le temps de préparer un bouillon de jarret de veau, utilisez 3 l de bouillon de volaille instantané.

•

*Il s'agit là de la recette du
waterzooi de Gand. Tradi-
tionnellement, la recette ne
comportait que des légumes
blancs : chou blanc, céleri,
haricots blancs...
Le waterzooi se prépare
aussi fréquemment avec des
poissons à chair blanche :
cabillaud, lotte... ainsi
qu'avec de l'anguille.*

Choux de Bruxelles sautés

POUR 4 PERSONNES
PRÉPARATION : 15 MIN
CUISSON : 30 MIN

1,2 kg de choux de Bruxelles • 50 g de beurre • sel

1 Épluchez les choux, lavez-les, mettez-les dans une marmite d'eau bouillante. Faites reprendre l'ébullition, laissez-les blanchir 1 min, égouttez-les et passez-les quelques minutes sous l'eau froide.

2 Remplissez à nouveau la marmite d'eau froide. Salez. Portez à ébullition et faites-y cuire les choux 15 min à petits frémissements. Égouttez-les.
3 Faites sauter les choux de Bruxelles dans une grande poêle dans le beurre fondu. Remuez-les jusqu'à ce qu'ils soient légèrement dorés. Versez-les dans un plat creux et servez immédiatement.

Selon la tradition, les choux de Bruxelles, originaires d'Italie auraient été importés en Belgique par les légions romaines. On les trouve frais de septembre à mars. Choisissez-les bien verts et serrés.

Chicons au gratin

POUR 4 PERSONNES
PRÉPARATION : 15 MIN
CUISSON : 45 MIN

8 endives • 50 g de beurre • 1/2 citron • 8 tranches de jambon • sel, poivre
pour la béchamel : 30 g de beurre • 1 cuill. à soupe de farine • 50 cl de lait • 100 g de gruyère • 100 g de crème fraîche • noix de muscade • sel, poivre

1 Enlevez les premières feuilles des endives. Coupez le trognon et évidez-les du cœur amer à l'aide d'un petit couteau pointu.
2 Faites fondre le beurre dans une cocotte et faites-y braiser les endives.

3 Pressez le demi citron. Versez le jus dans la cocotte, salez et poivrez. Couvrez et prolongez la cuisson à feu doux pendant 30 min, en retournant les endives pour éviter qu'elles n'attachent.
4 Préchauffez le gril du four.
5 Pendant ce temps, préparez la béchamel. Dans une casserole, faites fondre le beurre, poudrez de la farine et laissez cuire à feu doux en remuant avec une cuillère en bois jusqu'à ce que le beurre ait absorbé la farine. Versez le lait en filet, en remuant toujours.

Prolongez la cuisson 10 min jusqu'à ce que la sauce soit bien épaisse. Râpez 1 pincée de noix de muscade. Salez et poivrez. Sortez la casserole du feu et versez-y les 2/3 du fromage et la crème fraîche. Mélangez bien.
6 Sortez les endives de la cocotte. Enroulez chaque endive dans une tranche de jambon cuit et mettez-les dans un plat à gratin beurré. Nappez-les de sauce. Poudrez du reste de formage. Enfournez et faites gratiner environ 10 min.

Les Desserts

Pain perdu

POUR 6 PERSONNES
PRÉPARATION : 15 MIN
CUISSON : 15 MIN

12 tranches de pain (frais ou rassis) • 25 cl de lait • 75 g de sucre semoule • 1 sachet de sucre vanillé • 75 g de cassonade blonde • 5 œufs moyens • 100 g de beurre • 1 pot de confiture d'abricots

1 Versez le lait dans une casserole et chauffez-le. Versez-y le sucre semoule et le sucre vanillé. Mélangez jusqu'à ce qu'ils soient dissous.
2 Versez la cassonade dans une assiette plate. Battez les œufs en ome-

lette dans une assiette creuse.
3 Trempez le pain dans le lait refroidi puis dans les œufs battus jusqu'à ce qu'il soit bien imbibé ; posez les tranches de pain sur la cassonade et retournez-les.
4 Faites fondre un bon morceau de beurre dans une grande poêle et faites-y dorer les tranches de pain pendant 4 à 5 min, en les retournant à mi-cuisson à l'aide d'une grande spatule. Le pain perdu est ainsi légèrement caramélisé.

5 Renouvelez l'opération jusqu'à épuisement des ingrédients. Réservez les tranches de pain au chaud au fur et à mesure. N'hésitez pas à rajouter un morceau de beurre en cours de cuisson car le pain ne doit pas attacher au fond de la poêle.
Il existe de multiples recettes de pain perdu. À Anvers, par exemple, il est parfumé à l'eau de fleurs d'oranger, à la cannelle et à la vanille. Ailleurs, on le poudre de sucre semoule mais on ne le caramélise pas.

Beignets aux pommes

Pour 6 personnes

Préparation : 30 min

Repos de la pâte : 30 min

Cuisson : 10 min

Boisson conseillée :

TRAMINER

pour la pâte : 150 g de farine • 1/2 sachet de levure • sel • 1 œuf • 15 cl de lait
pour la garniture : 4 ou 5 pommes • 90 g de sucre semoule • cannelle en poudre • huile de friture

1 Préparez la pâte. Disposez la farine en fontaine dans un saladier. Versez dans le puits la levure et 1 pincée de sel. Cassez l'œuf en séparant le blanc du jaune. Mettez le jaune dans le saladier, mouillez avec un peu de lait et mélangez bien à l'aide d'une spatule en bois. Incorporez le reste du lait. Laissez reposer à température ambiante pendant 30 min.

2 Épluchez les pommes, ôtez-en le cœur. Coupez soigneusement la chair en tranches épaisses de taille égale. Faites chauffer l'huile dans une sauteuse.

3 Dans une assiette, mettez la moitié du sucre avec 1 cuillerée à café de cannelle. Mélangez. Passez-y les tranches de pomme en appuyant pour que le sucre adhère bien. Retournez-les et procédez de même. Trempez-les ensuite dans la pâte.

4 Faites-les frire dans l'huile chaude, puis disposez-les sur du papier absorbant et laissez-les égoutter un moment.

5 Poudrez-les avec le reste de sucre semoule et servez.
En Belgique, les beignets sont de toutes les fêtes. Ils sont vendus en plein air dans toutes les kermesses. La kermesse, est à l'origine, la fête de la dédicace de l'église (du flamand *kerk*, église, et *miss*, messe). Pour célébrer cette occasion, chaque village organisait une foire. La tradition s'est laïcisée, mais les fêtes ont perduré. La plus grande kermesse est tout simplement la foire du midi à Bruxelles. Au Luxembourg, les beignets sont plutôt associés au carnaval, qui dure plusieurs semaines. Ils sont un peu différents des beignets aux pommes et on les appelle «pensées brouillées». Préparez une pâte à beignets selon le même procédé. Étendez-la au rouleau sur un plan de travail fariné. Découpez dans la pâte de petites lanières que vous nouez. Jetez-les dans la friture. Faites-les sécher sur du papier absorbant et poudrez-les de sucre glace.

Cramique

POUR 10 PERSONNES

PRÉPARATION : 30 MIN

REPOS : 2 H

CUISSON : 50 MIN

Boisson conseillée :

CAFÉ

1 kg de farine • 50 g de levure de boulanger • 60 cl de lait • 3 œufs • de 300 à 400 g de raisins secs • 65 g de sucre semoule • 60 g de beurre • 1 pincée de sel

1 Délayez la levure dans 2 cuillerées à soupe de lait tiède. Versez la farine dans une terrine. Formez un puits et versez-y la levure, 45 cl de lait, les œufs et le sel. Travaillez la pâte à la main jusqu'à ce qu'elle soit souple et homogène.
2 Formez une boule et déposez-la dans un saladier. Couvrez d'un torchon et laissez reposer 30 min à température ambiante.
3 Pendant tout ce temps, faites tremper les raisins secs dans de l'eau tiède. Coupez le beurre en morceaux et laissez-le ramollir.
4 Reprenez la pâte, ajoutez-y 50 g de sucre et 50 g de beurre ramolli. Travaillez énergiquement jusqu'à ce que la pâte ait absorbé ces ingrédients. Formez de nouveau une boule et laissez reposer encore 1 h dans le saladier couvert du torchon.
5 Égouttez les raisins et épongez-les avec du papier absorbant. Incorporez-les à la pâte en travaillant bien le tout jusqu'à obtenir un mélange homogène.
6 Préchauffez le four à 250 °C (therm. 8-9).
7 Beurrez 2 moules à brioche. Farinez-les. Répartissez-y la pâte. Mélangez le reste du lait et le reste du sucre, faites tiédir et badigeonnez-en la surface des cramiques à l'aide d'un pinceau. Couvrez les moules d'un torchon et laissez gonfler la pâte pendant environ 30 min.
8 Enfournez et faites-cuire 10 min. Baissez le four à 210 °C (therm. 6-7) et poursuivez la cuisson encore 40 min.
9 Sortez les moules du four, démoulez les cramiques sur une grille et laissez refroidir.
Vous pouvez aussi former une sorte de pain avec la pâte et l'enfourner telle quelle.

Gâteau de Verviers

POUR 6 PERSONNES

PRÉPARATION : 20 MIN

CUISSON : 30 MIN

250 g de pâte brisée (voir Tarte liégeoise p. 149) • 5 œufs • 200 g de sucre semoule • 1 l de lait • 75 g de farine

1 Préparez la pâte brisée.
2 Séparez les blancs des jaunes d'œufs. Dans un saladier, travaillez les jaunes d'œufs avec le sucre jusqu'à ce que le mélange blanchisse et soit bien homogène. Ajoutez le lait puis la farine, petit à petit.
3 Préchauffez le four (200 °C, therm. 6). Battez les blancs en neige et incorporez-les délicatement à la préparation.
4 Abaissez la pâte brisée et étendez-la dans un moule à bords hauts. Versez la préparation dessus. Faites cuire 30 min à four chaud.

Café liégeois

POUR 6 PERSONNES

PRÉPARATION : 15 MIN

CUISSON : 15 MIN

RÉFRIGÉRATION : 4 H

pour la crème anglaise : 1 l de lait • 1 gousse de vanille • 8 jaunes d'œufs • 150 g de sucre semoule • 1 cuill. à café d'extrait de café • 25 cl de café noir préparé avec 40 g de café soluble • 15 g de sucre semoule • 50 g de grains de café en sucre pour la chantilly : 50 cl de crème fraîche liquide (fleurette) • 50 g de sucre glace

1 Préparez la crème. Fendez la gousse de vanille en 2 dans la longueur. Versez le lait dans une casserole et portez-le à ébullition en surveillant. Baissez le feu et faites infuser la vanille dans le lait.
2 Pendant ce temps, cassez les œufs dans un saladier. Versez-y le sucre en pluie et fouettez le mélange jusqu'à ce qu'il blanchisse et devienne mousseux.
3 Versez le contenu du saladier dans la casserole petit à petit, en remuant sans cesse à l'aide d'une cuillère en bois. Prolongez la cuisson à feu doux pendant 10 min, toujours en remuant jusqu'à ce la crème nappe la cuillère. Sortez la casserole du feu et laissez tiédir.
4 Versez l'extrait de café dans la casserole et mélangez bien. Transvasez cette crème au café dans une sorbetière ou dans un moule à glace et faites-la prendre environ 4 h au congélateur.
5 Mettez le café noir au réfrigérateur.
6 Préparez la chantilly. Fouettez la crème fraîche bien froide avec le sucre jusqu'à ce qu'elle accroche aux branches du fouet.
7 Pour servir, prenez 6 verres à pied. Versez-y le café noir. Recouvrez aux 3/4 de glace au café puis décorez généreusement avec la chantilly. Parsemez des grains de café et servez glacé.
Vous pouvez faire cette recette avec du chocolat.

SPÉCULOOS

À l'approche de la Saint-Nicolas, on donne aux spéculoos la silhouette du saint. Pour environ 20 personnes, mélangez 1 kg de cassonade avec 250 g de beurre ramolli, 850 g de farine, 1 cuillerée à soupe de cannelle, 1 grosse pincée de bicarbonate de soude et 10 cl d'eau. Laissez reposer la pâte 30 min. Abaissez la pâte sur une épaisseur de 5 mm et découpez-la en figurines. Mettez celles-ci sur une plaque beurrée et faites-les cuire au four (180 °C, therm. 5) 10 à 15 min.

Tarte au sucre

POUR 6 PERSONNES
PRÉPARATION : 40 MIN
REPOS : 2 H 30
CUISSON : 30 MIN

Boisson conseillée :
CAFÉ

pour la pâte : 100 g de sucre semoule • 10 g de levure de boulanger • 85 g de beurre • 2 œufs • 250 g de farine • 1 pincée de sel • 30 g de crème fraîche épaisse

1 Préparez un levain en délayant 2 cuillerées à soupe de sucre semoule, la levure et 15 cl d'eau tiède. Laissez monter pendant 30 min.
2 Pendant ce temps, coupez le beurre en morceaux et laissez ramollir.
3 Dans un saladier, battez les œufs en omelette.

Incorporez le levain et 75 g de beurre. Ajoutez la farine et le sel. Travaillez du bout des doigts jusqu'à ce que la pâte soit bien souple.
4 Abaissez cette pâte qui doit être fine. Beurrez un moule à tarte avec le restant de beurre et garnissez-le avec la pâte. Laissez reposer 2 h.
5 Préchauffez le four à 200 °C (therm. 6).
6 Poudrez la pâte du reste de sucre et mettez au four pendant 15 min. Sortez la tarte du four.
7 Fouettez légèrement la crème fraîche dans

une terrine. Déposez celle-ci sur le dessus de la tarte encore chaude. Lissez la crème à l'aide d'une spatule.
8 Enfournez à nouveau et prolongez la cuisson 10 min. Le dessus de la tarte sera légèrement glacé. Ceci est dû au fait que le sucre chaud absorbe la crème.
9 Servez la tarte chaude, au sortir du four.
Vous pouvez aussi préparez la tarte à l'avance et la réchauffer avant de servir.

Tarte liégeoise aux pommes ou aux prunes

POUR 6 PERSONNES
PRÉPARATION : 1 H
REPOS : 30 MIN
CUISSON : 45 MIN

pour la pâte brisée : 250 g de farine • 125 g de beurre • 1 pincée de sel • 30 g de beurre pour le moule
pour la garniture : 1 kg de pommes (ou de prunes) • 1 œuf • 2 pincées de cannelle en poudre • 200 g de sucre semoule • 50 g de farine

1 Préparez la pâte brisée. Versez 200 g de farine dans un saladier et formez un puits. Ajoutez le sel. Coupez le beurre en petits morceaux, mettez ceux-ci dans le saladier et travaillez du bout

des doigts. Mouillez de 10 cl d'eau et mélangez rapidement. Formez une boule et laissez-la reposer dans le saladier, au frais, pendant 30 min.
2 Abaissez la pâte sur un plan de travail fariné. Beurrez un moule à tarte à bords hauts et disposez-y la pâte.
3 Préparez la garniture. Cassez l'œuf dans un saladier et battez-le avec 1 pincée de cannelle et 1 cuillerée à soupe de sucre.
4 Épluchez les pommes, coupez-les en quartiers, évidez-les et coupez la chair en fines lamelles.
5 Préchauffez le four à 200 °C (therm. 6).

6 Badigeonnez le fond de pâte avec l'œuf. Mélangez 150 g de sucre, la cannelle et la farine et poudrez-en la pâte. Disposez les pommes par-dessus.
7 Enfournez et faites cuire pendant 45 min. Sortez du four et laissez tiédir.
8 Démoulez la tarte sur un plat, poudrez-la du reste de sucre et servez. Si vous préparez cette tarte avec des prunes, lavez-les, coupez-les en 2 et dénoyautez-les. Disposez les demi-prunes à plat sur le fond de pâte badigeonné.

Tarte aux quetsches

Pour 5 personnes
Préparation : 30 min
Repos : 50 min
Cuisson : 30 min

500 g de quetsches

pour la pâte : 250 g de farine •

20 g de levure de boulanger •

15 cl de lait • 30 g de

sucre • 1 œuf • 60 g de

beurre • 1 pincée de sel

1 Mélangez 1 cuillerée à soupe de farine avec la levure et délayez-les dans 5 cl de lait tiède, jusqu'à obtention d'une pâte homogène. Couvrez ce levain et laissez-le monter pendant 30 min environ dans un endroit tiède.

2 Dans une terrine, mélangez la farine, le sucre, le sel, l'œuf et le levain. Incorporez 50 g de beurre. Travaillez soigneusement la pâte, en ajoutant peu à peu le lait. Formez une boule.
3 Abaissez la pâte au rouleau sur un plan de travail fariné. Beurrez un moule à tarte et foncez-le avec la pâte. Couvrez celle-ci d'un torchon et laissez-la reposer 20 min à température ambiante.
4 Préchauffez le four à 200 °C (therm. 6).

5 Lavez les quetsches. Coupez-les en 2 et retirez les noyaux. Disposez les demi-prunes sur la pâte, face bombée vers le haut, en les serrant bien.
6 Enfournez et faites cuire 30 min.
7 Sortez la tarte du four, démoulez-la et posez-la sur un plat. Servez chaud ou froid.
Vous pouvez poudrer cette tarte de sucre semoule à volonté. Au Luxembourg on la propose au dessert mais aussi à l'heure du thé.

Gaufres au sucre

Pour 6 personnes
Préparation : 10 min
Repos : 1 h
Cuisson : 3 min par gaufre

200 g de farine • 1 cuill. à

soupe d'huile • 30 g de

sucre semoule • 3 œufs •

25 cl de lait • 50 g de

beurre • 60 g de

cassonade • sel

1 Tamisez la farine et versez-la dans une terrine. Mélangez-la avec le sucre et le sel. Faites un puits et versez-y l'huile et 2 cuillerées à soupe d'eau tiède. Mélangez.
2 Cassez les œufs et séparez les blancs des jaunes. Versez les jaunes dans la terrine. Incorporez-les à la pâte, puis allongez avec le lait et

travaillez pour obtenir une pâte assez liquide, bien lisse et sans grumeaux. Laissez reposer 1 h dans un endroit tiède.
3 Fouettez les blancs d'œufs en neige très ferme. Incorporez-les délicatement à la pâte.
4 Préchauffez le gaufrier.
5 Beurrez-le largement des deux côtés. Faites couler la pâte de manière à remplir 1 côté. Refermez le moule et faites cuire la gaufre environ 3 min.
6 Beurrez bien le gaufrier entre chaque gaufre. Réservez celles qui sont cuites au chaud, au fur et à mesure.

7 Poudrez-les de sucre semoule et servez.
Les gaufres se prêtent à toutes sortes de fantaisies. Vous pouvez les arroser de crème fraîche, les tartiner de confiture, de chocolat chaud ou de crème de marron, les napper de crème Chantilly. Autres idées : recouvrez-les de fraises coupées en lamelles, sucrez puis décorez avec de la chantilly. Dans la simplicité, vous pouvez préférer du sucre glace à la cassonade. Vous pouvez également parfumer la pâte avec de l'eau de fleurs d'oranger ou de l'extrait de vanille.

Confiture de quetsches

Pour 4 pots
Préparation : 40 min
Cuisson : 40 min

1,2 kg de quetsches • 1 kg

de sucre semoule

1 Lavez les prunes. Dénoyautez-les.
2 Mettez le sucre dans une bassine. Ajoutez 20 cl d'eau. Faites chauffer à feu moyen. Quand le sirop devient clair et transparent, augmentez un peu le feu puis laissez cuire jusqu'au boulé (116 °C, densité 1,344 au pèse-sirop).
3 Versez les quetsches dans la bassine. Mélangez-les bien au sirop puis laissez reprendre progres-

sivement l'ébullition à feu moyen.
4 Écumez régulièrement la surface de la bassine.
5 Laissez cuire 20 min à compter de la reprise de l'ébullition. Pour vérifier la cuisson, prélevez quelques gouttes de confiture et versez-les sur une assiette froide. Si la confiture fige immédiatement, elle est cuite.
6 Pendant la cuisson de la confiture, stérilisez les pots 10 min à l'eau bouillante.
7 Versez la confiture chaude dans les pots.

8 Laissez refroidir puis couvrez chaque pot d'une mince couche de paraffine fondue. Fermez les pots avec de la Cellophane.
La paraffine n'est pas obligatoire, mais elle améliore la conservation de la confiture. Vous pouvez aussi recouvrir vos pots d'un joli morceau de tissu. Pensez à les étiqueter en indiquant la date de confection de la confiture.

SAVEURS DES PAYS-BAS

Les Pays-Bas ont gagné sur la mer, au fil des siècles, des terres où légumes et fleurs poussent en abondance et où de grasses prairies nourrissent de splendides vaches laitières. L'eau, douce ou salée, reste cependant omniprésente et offre quantité de poissons et crustacés.

LES TRADITIONS

Largement ouverts sur le monde, les Pays-Bas ont su assimiler des apports exotiques comme le *rijsttafel*, inspiré d'Indonésie. Néanmoins, la cuisine de tous les jours est simple. Le dimanche est le jour où l'on reçoit famille ou amis.

LA VIE QUOTIDIENNE

LE PETIT DÉJEUNER (ontbijt). C'est un repas complet. Il comporte une boisson, thé, café, chocolat ou lait, et des tartines beurrées accompagnées de charcuterie, de fromage, de confiture

Edam

ou de «souris», vermicelles au chocolat ou au sucre.

LE DÉJEUNER (middageten). Vite préparé et vite avalé, il se compose en semaine, pour la majorité, de tartines diverses.

LE DÎNER (avondeten). Repas le plus copieux de la journée, il se prend en famille vers 18 h. Viandes ou poissons sont servis avec des légumes.

Menu classique

———

UITSMIJTER

—•—

GRATIN DE CARRELET

—•—

BOTERKOEK

LES JOURS DE FÊTE
•

SAINT-NICOLAS (Sinterklaas). Le 5 ou le 6 décembre, les Néerlandais fêtent saint Nicolas et dégustent des silhouettes en pain d'épice, les *taai-taai*, ou en speculaas, et des biscuits épicés.

NOËL (Kerstmis). Noël est une fête familiale. Le repas s'ouvre par un potage ou des huîtres, se poursuit avec une viande blanche ou une vo-

laille et se termine avec une *boterkraus*, («couronne de beurre»), à base de pâte d'amandes et de fruits confits.

PÂQUES (Pasen). Le lièvre de Pâques cache des œufs, durs ou en chocolat, dans les maisons et les jardins. Les enfants participent à la préparation de la fête en peignant les œufs durs la veille.

LES PRODUITS

LES FROMAGES
•

Les Pays-Bas sont les premiers exportateurs mondiaux de fromages. La qualité de l'herbe, du sol, de l'eau, sans oublier celle des vaches laitières, sont autant de facteurs de réussite. La plupart des fromages de Hollande, dont les plus célèbres, sont des fromages à pâte pressée non cuite. Autrefois fabriqués selon des méthodes traditionnelles dans des fermes, ils sont aujourd'hui produits dans des laiteries sur une plus grande échelle. Néanmoins, quelques 700 fermes suivent encore la tradition.

LE GOUDA. Autrefois produit dans les fermes de Hollande méridionale, il était vendu sur le marché de la ville de Gouda dont il a pris le nom. Affiné, il prend de plus en plus de goût avec l'âge. Dans la famille des gouda, on distingue le baby, le jeune, le fruité et le vieux, mais on trouve aussi le gouda au cumin, le gouda fermier et le gouda de mai, fabriqué avec du lait du mois de mai, riche et onctueux.

L'ÉDAM. Ce fromage est originaire de la province de Noord-Holland. Dès le XVIe siècle, il était exporté par le port d'Édam, dont il a pris le nom. Préparé en laiterie, il est plongé dans un bain de paraffine rouge pour l'exportation.

LA MIMOLETTE. Elle aussi est née en Noord-Holland. Cette boule orangée est produite en laiterie, puis affinée par des maîtres fromagers. Elle arrive à maturation dans des entrepôts spécialement aménagés et se bonifie en vieillissant.

Gouda

Entrée

Uitsmijter

POUR 1 PERSONNE
PRÉPARATION : 15 MIN
CUISSON : 5 MIN

Boisson conseillée :
BIÈRE

2 ou 3 feuilles de laitue • 40 g de beurre • 2 tranches de gouda • 2 tranches de pain de mie • 2 tranches de jambon • 1 tomate • 2 cornichons • petits oignons au vinaigre • 2 œufs

1 Lavez les feuilles de laitue et essorez-les. Disposez-les sur une assiette.
2 Coupez les tranches de gouda à la taille du pain et faites de même avec le jambon. Beurrez les tranches de pain avec 20 g de beurre.
3 Posez 1 tranche de jambon et 1 tranche de fromage sur chaque tartine.
4 Lavez et essuyez la tomate, coupez-la en rondelles. Disposez les tartines sur la salade et décorez l'assiette avec les rondelles de tomates et 3 ou 4 petits oignons au vinaigre. Répartissez les cornichons autour des tartines.
5 Dans une poêle faites fondre doucement le reste du beurre. Cassez-y les œufs et faites-les cuire au plat à feu doux sans les frire pour que le blanc ne brunisse pas sur les bords.
6 Faites-les glisser sur les tartines et dégustez.

Les Plats

Gratin de carrelet

POUR 6 PERSONNES
PRÉPARATION : 15 MIN
MARINADE : 30 MIN
CUISSON : 15 MIN

6 filets de carrelet • 1 citron • 6 fines tranches de lard de poitrine fumé • 150 g de farine • fenouil • noix de muscade • 50 g de gouda râpé • 50 g de chapelure • 50 g d'amandes en poudre • 100 g de beurre • sel, poivre

1 Posez les filets de carrelet dans un plat. Pressez le citron et arrosez le poisson. Salez et laissez mariner 30 min.
2 Préchauffez le four à 270 °C (therm. 9).
3 Faites frire les tranches de lard à la poêle jusqu'à ce qu'elles soient bien croustillantes. Réservez-les.
4 Essuyez les filets de poisson à l'aide d'un papier absorbant. Pliez-les en 2.
5 Versez la farine sur une assiette, et passez les filets de poisson, toujours pliés en 2, dedans, de chaque côté.
6 Beurrez un plat allant au four. Rangez-y les filets de carrelet. Poudrez de fenouil, râpez 1 pincée de noix de muscade par-dessus, salez et poivrez généreusement.
7 Posez 1 tranche de lard sur chaque filet. Mélangez le gouda, la chapelure et les amandes en poudre et répartissez sur le dessus du plat. Coupez le beurre en petits dés, parsemez ceux-ci sur le plat.
8 Placez la grille le plus haut possible dans le four. Glissez le plat sur la grille et faites cuire pendant 15 min. Servez dans le plat de cuisson.

Escalopes de veau au gouda

POUR 4 PERSONNES
PRÉPARATION : 20 MIN
CUISSON : 15 MIN

4 escalopes de veau • 2 tranches de jambon cuit • 4 tranches fines de fromage de Gouda • 40 g de farine • 1 œuf • 50 g de chapelure • 50 g de beurre (ou de margarine) • sel, poivre

1 Coupez les tranches de jambon en 2.
2 Posez les escalopes sur un plan de travail. Aplatissez-les en les battant à l'aide d'une masse en bois. Salez et poivrez.
3 Recouvrez-les d'une tranche de jambon puis d'une tranche de gouda. Repliez-les sur elles-mêmes et fixez-les avec des bâtonnets ou attachez-les avec de la ficelle de cuisine.
4 Cassez l'œuf dans une assiette. Versez la farine dans une seconde et la chapelure dans une troisième. Roulez les escalopes successivement dans l'œuf, la farine et pour finir, dans la chapelure.
5 Faites cuire les escalopes à feu moyen, dans la matière grasse choisie, pendant 15 min. Retournez-les à mi-cuisson. Servez-les chaudes et dorées. Cette recette très simple à préparer, et pourtant raffinée, est également connue sous le nom de «Kalfschnitzel cordon-bleu».

Hutspot

POUR 6 PERSONNES
PRÉPARATION : 30 MIN
CUISSON : 2 H 30

1 kg de bœuf (plat de côtes) • 500 g de saucisse fumée (ou 500 g de saucisson à cuire) • 1 kg de carottes • 500 g d'oignons • 1 kg de pommes de terre • 50 g de saindoux (ou de beurre) • sel, poivre

1 Remplissez une marmite d'eau salée aux 3/4. Plongez-y la viande de bœuf et portez à ébullition. Écumez, baissez le feu, couvrez et laissez cuire pendant 2 h. Ensuite, ajoutez la saucisse.
2 Pendant la cuisson du bœuf, grattez et lavez les carottes. Épluchez et lavez les pommes de terre. Détaillez-les en petits dés. Pelez et émincez les oignons. Plongez tous ces légumes dans la marmite en même temps que la saucisse. Salez, poivrez et prolongez la cuisson 30 min.
3 Retirez la viande et la saucisse. Découpez la viande en morceaux et la saucisse en rondelles. Gardez-les au chaud.
4 Sortez les légumes de la marmite à l'aide d'une écumoire et mettez-les dans un plat creux. Écrasez-les grossièrement avec une fourchette.
5 Coupez la matière grasse choisie en petits morceaux et incorporez-la à la purée de légumes encore chaude.
6 Disposez la viande et la saucisse sur la purée et servez.
Si la purée n'est plus assez chaude pour absorber totalement la matière grasse, ajoutez un peu de lait chaud et mélangez.
Ce plat copieux est servi surtout pendant la période hivernale.

Galettes de pommes de terre

POUR 6 PERSONNES
PRÉPARATION : 20 MIN
CUISSON : 30 MIN

750 g de pommes de terre (Bintje) • 25 cl de lait • 40 g de farine • 6 œufs • 75 g de crème fraîche • 150 g de beurre • sel, poivre

1 Épluchez et lavez les pommes de terre. Coupez-les en 4.
2 Remplissez une casserole d'eau froide salée aux 3/4. Plongez-y les pommes de terre et portez à ébullition. Écumez et prolongez la cuisson à petits frémissements pendant 25 min.
3 Égouttez les pommes de terre et passez-les à la moulinette pour obtenir une purée.
4 Faites tiédir le lait et versez-le sur la purée encore chaude. Salez, poivrez et mélangez bien. Laissez refroidir.
5 Incorporez la farine à la purée froide. Cassez les œufs et battez-les en omelette. Versez-les dans la purée. Ajoutez la crème fraîche et mélangez de nouveau.
6 Formez 6 galettes à partir de cette purée.
7 Faites fondre le beurre dans une poêle et faites-y revenir les galettes 5 min, en les retournant à mi-cuisson, jusqu'à ce qu'elles soient bien dorées des 2 côtés. Servez bien chaud.

Haricots «Kapucyners»

POUR 4 PERSONNES
PRÉPARATION : 15 MIN
TREMPAGE : 12 H
CUISSON : 2 H 15

500 g de haricots bruns ronds • 150 g de petits oignons • 40 g de beurre • 2 feuilles de laurier • sel, poivre

1 Faites tremper les haricots dans de l'eau froide pendant une nuit.
2 Pelez les petits oignons. Faites chauffer le beurre dans une cocotte et faites-y revenir les oignons.
3 Lorsque ceux-ci sont un peu dorés, mettez les haricots dans la cocotte. Versez de l'eau froide à hauteur. Ajoutez les feuilles de laurier. Salez et poivrez.
4 Couvrez la cocotte et faites cuire environ 2 h.
5 Salez en fin de cuisson. Enlevez les feuilles de laurier. Égouttez les haricots avant de servir.
Ces haricots, dont le nom évoque probablement la robe brune des pères capucins, ne se servent pas tout seuls. Ils sont au centre de tout un repas. Mettez le récipient de cuisson sur un chauffe-plat. Sur un autre plat, présentez une purée de pommes de terre. Proposez aussi une compote de pommes (froide). Prévoyez enfin des raviers d'oignons et de cornichons au vinaigre, des pickles et de la moutarde.
Si vous ne souhaitez pas faire un repas végétarien, vous pouvez les servir avec une côte de bœuf grillée et des lardons. Faites revenir les lardons dans une poêle. Quand ils sont bien dorés, égouttez-les et présentez-les dans un ravier, posé sur le chauffe-plat. Servez le jus de cuisson à part, dans une saucière. Chacun se sert à volonté des différents éléments mis sur la table.
Pour éviter la nuit de trempage, vous pouvez faire cuire les haricots une première fois, 15 min à l'eau bouillante. Égouttez-les, laissez-les tiédir, puis commencez la recette comme nous l'indiquons ici.

Les Desserts

Boterkoek

POUR 6 PERSONNES
PRÉPARATION : 15 MIN
CUISSON : 30 MIN

210 g de beurre • 200 g de farine • 1 pincée de sel • 200 g de sucre semoule • 100 g d'amandes en poudre • 10 cl de lait

1 Préchauffez le four 180 °C (therm. 5).
2 Coupez 200 g de beurre en morceaux et laissez-le ramollir à température ambiante.
3 Sur un plan de travail, disposez la farine en fontaine. Dans le puits ajoutez le sel, le sucre et les amandes. Mélangez bien le tout et reformez une fontaine.
4 Mettez-y les morceaux de beurre et travaillez du bout des doigts jusqu'à ce que le beurre soit bien absorbé. Ajoutez le lait et pétrissez alors énergiquement pour obtenir une pâte lisse.
5 Beurrez un moule à manqué avec le reste du beurre. Versez-y la pâte, enfournez et laissez cuire pendant 30 min en surveillant la cuisson.
6 Sortez le gâteau du four et laissez-le refroidir. Démoulez-le sur un plat et servez.

Pannekoeken

POUR 8 PERSONNES
PRÉPARATION : 30 MIN
REPOS : 1 H
CUISSON : 3 MIN PAR CRÊPE

1 l de lait • 20 g de levure de boulanger • 500 g de fine fleur de farine • 10 g de sel • 2 œufs • 80 g de beurre (ou de margarine) • garniture au choix : fromage (gouda) • petits lardons • beurre (ou saindoux) • raisins secs • pommes coupées en petits morceaux • sucre semoule • sirop d'érable • confiture

1 Délayez la levure dans 5 cl de lait tiède.
2 Mettez la farine dans un saladier. Ajoutez le sel et la levure. Cassez-y les œufs. Arrosez de 50 cl de lait et mélangez bien jusqu'à obtenir une pâte lisse et homogène.
3 Versez alors le reste du lait et incorporez-le à la pâte. Couvrez le saladier d'un torchon et laissez reposer la pâte pendant 1 h à température ambiante.
4 Faites chauffer le beurre dans une poêle à crêpes sans le laisser roussir. Versez par-dessus une grosse louche de pâte et faites cuire 3 min environ en retournant la crêpe à mi-cuisson.
5 Si vous faites des crêpes salées, garnissez la pâte pendant la cuisson avec, par exemple, du fromage râpé ou coupé en lamelles fines, des lardons revenus à part dans un peu de beurre ou de saindoux. Pour des crêpes sucrées, choisissez des raisins secs ou des pommes épluchées et coupées en très petits morceaux. Ajoutez le sucre, le sirop d'érable ou la confiture au moment de déguster.
La traduction littérale de «pannekoeken» est «pannequet». Mais les recettes sont légèrement différentes car en France on les farcit.

Tarte au chocolat

POUR 6 PERSONNES
PRÉPARATION : 20 MIN
CUISSON : 25 MIN
RÉFRIGÉRATION : 2 H

125 g de chocolat noir • 125 g de sucre semoule • 100 g de beurre • 3 œufs • 30 g de fécule de maïs • 50 g d'amandes en poudre • sel • pour la garniture : 40 cl de crème fraîche • 1 cuill. à café d'extrait de café • 1 cuill. à soupe de cacao amer • 3 cuill. à soupe de sucre glace

1 Faites fondre le chocolat dans une casserole au bain-marie. Quand il est fondu, ajoutez 75 g de beurre et mélangez bien. Laissez au chaud.
2 Séparez les jaunes des blancs d'œufs. Fouettez les jaunes et le sucre. Ajoutez le chocolat, liez avec la fécule de maïs, incorporez les amandes. Mélangez bien le tout.
3 Montez les blancs d'œufs en neige ferme avec 1 pincée de sel.
4 Préchauffez le four à 200 °C (therm. 6).
5 Incorporez les blancs à la préparation au chocolat, très délicatement pour ne pas les casser.
6 Beurrez un moule à tarte. Versez-y la pâte et faites cuire au four 25 min, puis sortez la tarte, démoulez-la et laissez-la refroidir.
7 Préparez la garniture : fouettez la crème pour qu'elle monte. Lorsqu'elle est ferme, ajoutez le café, le cacao et le sucre glace.
8 Décorez la tarte avec la garniture et mettez-la au réfrigérateur pour 2 h. Servez-la froide mais non glacée.

LES PAYS NORDIQUES

Une nature préservée, de grandes forêts,
des lacs et des fjords somptueux, de froids hivers qui obligent
les hommes à rester chez eux... telle est l'image que les étrangers ont
souvent des pays scandinaves : le Danemark, la Norvège, la Suède
et la Finlande. Cette image est loin d'être fausse et elle accompagne
un art de vivre et de recevoir qui compte parmi les plus chaleureux qui
soient au monde. Simple mais savoureuse, la cuisine n'est pas
le moindre des charmes qu'offrent généreusement
les pays du Nord.

SAVEURS DES PAYS NORDIQUES

Très soucieux de la protection de leur environnement, les Scandinaves, Danois, Suédois, Norvégiens, Finlandais, sont fiers d'être en mesure de servir du saumon, des écrevisses, des fraises des bois, du renne... comme autrefois.

LES TRADITIONS

Les Scandinaves sont attachés aux traditions de la cuisine paysanne. Le hareng est le roi de la table nordique, et il est accommodé de dizaines de façons. Le buffet froid est de tradition (voir pp. 158-159). À table, on boit de la bière, du lait, de l'aquavit, de la vodka, des liqueurs de baies, ou encore du café.

LA VIE QUOTIDIENNE

LE PETIT DÉJEUNER. C'est un repas très complet : céréales, tartines, fromage, charcuteries, confiture accompagnent un café léger, un thé ou du lait. **LE DÉJEUNER.** Il est très léger : un plat chaud, un verre de bière ou de lait, ainsi qu'une tasse de café suffisent. **LE DÎNER.** Pris vers 18 h, il comporte un plat de poisson ou de viande garni de pommes de terre. Suivront un fromage et un fruit ou un gâteau.

LES JOURS DE FÊTE

NOËL. Une dinde ou un canard farcis, de petits biscuits épicés, du riz à l'amande composent le repas de fête. **SAINT-JEAN.** Les Scandinaves célèbrent à cette date l'apogée de l'été. Ils chantent et dansent toute la nuit et dégustent des soupes à base de lait et de fraises des bois.

Menu classique

——

SALADE DE CREVETTES
AUX ASPERGES

— • —

FRIKADELLER

— • —

ROEDGROED

SAINTE-LUCIE (Fête de la lumière). Elle se célèbre le 13 décembre. Les jeunes filles habillées de blanc distribuent café, vin chaud épicé et petits pains.

LES PRODUITS

LE SAUMON

Ce poisson, qui se reproduit en eau douce et se nourrit en mer, apprécie les eaux froides et pures des fjords et rivières scandinaves. Sa chair ferme et savoureuse se prête à de multiples préparations : elle peut être cuite, marinée, passée au four, au gril, cuite au court-bouillon ou fumée. Le saumon est présent dans tous les menus de l'été. Les Finlandais l'apprécient plus particulièrement salé.

L'ANETH

Cette plante, communément appelée faux anis, est originaire d'Orient. Ses graines s'utilisent en cuisine dans nombre de pays, mais ce sont ses feuilles qui parfument saumon et écrevisses en Scandinavie.

Saumon

Saumon fumé

Aneth

Entrée

Salade de crevettes aux asperges

Danemark

Pour 6 personnes
Préparation : 40 min
Cuisson : 30 min

250 g de pointes d'asperges • 200 g de crevettes roses cuites • 1 citron • laitue pour la sauce : 30 cl de mayonnaise (voir Harengs au curry, ci-dessous) • poivre de Cayenne • 25 cl de crème fraîche • 1 bouquet d'aneth

1 Épluchez les asperges, lavez-les et faites-les cuire à l'eau bouillante salée de 20 à 30 min selon grosseur.
2 Préparez la sauce : ajoutez la crème à la mayonnaise, poivrez puis mélangez le tout et vérifiez l'assaisonnement. Parsemez d'aneth.
3 Décortiquez les crevettes et ne conservez que les queues.
4 Disposez les feuilles de laitue dans le plat de service et posez dessus les pointes d'asperges ainsi que les crevettes décortiquées. Décorez avec le citron coupé en quartiers.
5 Servez avec le bol de sauce à part.
Les asperges sont plus savoureuses cuites à la vapeur, car elles conservent leur croquant.

Les Plats

Charlotte de saumon de Norvège

Norvège

Pour 6 personnes
Préparation : 20 min
Cuisson : 15 min
Réfrigération : 2 h

600 g de saumon cru de Norvège • 500 g de courgettes moyennes • 1 citron vert • moutarde • huile d'olive • poivre vert • 1/2 avocat • quelques feuilles de chêne (salade) • 1 fenouil • sel, poivre pour la vinaigrette : 1 jaune d'œuf • vinaigre de framboise • 40 cl d'huile de pépins de raisin • sel, poivre

1 Lavez les courgettes. Épluchez-les dans le sens de la longueur en laissant une bande de peau entre chaque bande épluchée. Faites-les cuire pendant 15 min à l'eau bouillante salée. Coupez-les en rondelles.
2 Coupez la chair du saumon en dés.
3 Assaisonnez avec les ingrédients suivants : sel, poivre, citron vert, 1 pointe de moutarde, 1 filet d'huile d'olive et quelques grains de poivre vert écrasés.
4 Chemisez 6 ramequins avec les rondelles de courgettes. Garnissez avec le saumon et mettez-les au froid 2 h.
5 Réduisez l'avocat en purée. Préparez une vinaigrette épaisse : mettez le jaune d'œuf dans une terrine, ajoutez 1 cuillerée à soupe de vinaigre, puis versez l'huile en filet, comme pour une mayonnaise. Allongez ensuite un peu avec 1 cuillerée à soupe de vinaigre.
6 Démoulez sur 6 assiettes. Épluchez et lavez la salade de feuilles de chêne et le fenouil que vous coupez en lamelles. Décorez-en les assiettes. Accompagnez de la vinaigrette et de l'avocat en purée.

Harengs au curry

Pour 6 personnes
Préparation : 10 min
Cuisson des œufs : 8 min

6 filets de harengs marinés • 6 œufs • laitue • 1 bouquet de cresson pour la sauce : 1 jaune d'œuf • 1 cuill. à soupe de moutarde • 25 cl d'huile • 1 citron • 5 cl de crème aigre • curry en poudre • 1 oignon • sel, poivre

1 Faites durcir les œufs et écalez-les.
2 Préparez d'abord une mayonnaise. Dans un bol, mélangez le jaune d'œuf et la moutarde, salez et poivrez. Faites prendre la mayonnaise en incorporant l'huile en filet sans cesser de tourner. Pressez le citron et versez le jus par-dessus. Mélangez.
3 Incorporez soigneusement la crème et 1 cuillerée à soupe de curry dans la mayonnaise.
4 Coupez les harengs en petites tranches, en biais, et incorporez-les dans la sauce.
5 Coupez les œufs en quartiers. Hachez l'oignon, mélangez-le à la sauce.
6 Lavez 6 feuilles de laitue et disposez-les sur le plat de service. Répartissez les harengs sur la laitue. Décorez avec les quartiers d'œufs durs et le cresson.

LE SMÖRGÅSBORD

Cet opulent buffet, qui résume à lui seul toutes les saveurs suédoises, comporte un véritable rituel qu'il convient de suivre. Il ne s'agit pas d'empiler au hasard sur une assiette des bouchées de chaque plat, il faut les déguster dans l'ordre. On commencera impérativement par les harengs. Suivront les autres poissons, les salaisons et les viandes, les plats chauds et le fromage...

Pâté de foies de volaille

Fromage de veau

Concombres marinés

Pains au sésame

Pain noir

Knäckebröd

Crème aigre

Beurre

PAIN, BEURRE ET CRÈME

À l'origine, le smörgåsbord comportait simplement des tartines garnies de tranches de poisson. Aujourd'hui, la tendance s'est inversée et l'on accompagne la surabondance de plats par quelques tranches de pain noir, de pain au sésame, au cumin ou de *knäckebröd*. Certains préfèrent déguster leurs poissons avec de petites pommes de terre. Mais le beurre et la crème aigre seront toujours de la partie.

DES HARENGS SOUS TOUTES LEURS FORMES

Tout smörgåsbord qui se respecte proposera au moins une douzaine de variétés de harengs. La plupart sont marinés (voir p. 160), puis nappés d'une sauce à la tomate, à l'aneth, à la moutarde, au curry (voir p. 157) ou aux oignons. L'imagination des restaurateurs (le smörgåsbord est rarement servi à la maison) est sans limites et vous trouverez aussi des harengs de la Baltique (voir p. 160), des harengs sautés en sauce, fumés... Ils se dégustent tous avec du pain noir.

Harengs marinés à l'aneth

Harengs marinés aux oignons

Harengs marinés à la tomate

Harengs marinés à la moutarde

Saucisson de renne

LES SALAISONS

Après les poissons viennent les viandes froides et les salaisons : pâtés de foie, saucissons ou viande de renne fumée, fromage de veau, œufs durs, salamis, gigot d'agneau séché...On les accompagne de condiments, cornichons et petits oignons, de concombres marinés, de betteraves et de salades.

Betteraves marinées

BOISSONS DE FEU

L'aquavit ou la vodka bien glacés s'imposent. Mais, en semaine, le buffet sera arrosé de bière légère ou d'eau minérale.

Aquavit

Vodka Absolut

Bière

Eau minéra

LES BOULETTES SUÉDOISES

Les petites boulettes de viande servies dans le smörgåsbord, les *köttbullar*, ne sont guère différentes des frikadeller danoises (voir p. 164). Une compote d'airelles en relèvera le goût. Préparez-la avec 2/3 de fruits pour 1/3 de sucre semoule ou de cassonade.

LES DERNIÈRES TENTATIONS

Comment résister à la célèbre «tentation de Jansson», un gratin de pommes de terre et d'anchois ? D'autres choix vous sont ouverts : de petites saucisses chaudes, une omelette fourrée d'une crème aux champignons, au crabe ou au fromage, des œufs brouillés... N'oubliez pas non plus le fromage. Sur le plateau, vous trouverez de fines tranches de *västerbotten*, un fromage de vache qui rappelle le cantal, ou encore du *kryddost*, parfumé au cumin.

Prinskorv (petites saucisses)

LA RONDE DES POISSONS

Le saumon est quasiment incontournable, fumé ou mariné à l'aneth (voir p. 161). Dans ces pays où les fjords s'enfoncent dans les terres, la truite est également très présente. Ces deux rois de la table sont entourés de colin poché au raifort, d'anguille fumée, de maquereaux marinés au vin blanc ou à la moutarde, de salades de moules.

Tentation de Jansson

Colin poché

Anguille fumée

Omelettes fourrées

Harengs de la Baltique

POUR 6 PERSONNES

PRÉPARATION : 25 MIN

REPOS : 3 H

CUISSON : 15 MIN

MARINADE : 48 H

Boisson conseillée :

PINOT BLANC

OU BIÈRE

6 harengs moyens vidés et écaillés par le poissonnier mais avec leur laitance • gros sel • 3 pommes (reinettes) • 1/2 citron • 2 gros oignons • 25 cl de crème fraîche • sel, poivre

pour la marinade : 50 cl de vin blanc sec • 10 cl de vinaigre de vin • sel, poivre

1 Lavez soigneusement les harengs, ôtez les têtes et les queues, ouvrez-les pour enlever l'arête centrale. Réservez les laitances. Rincez les harengs puis plongez-les dans une bassine d'eau froide pendant 1 h.
2 Sortez les harengs de la bassine. Épongez-les à l'aide d'un torchon, poudrez-les de gros sel et laissez-les dégorger pendant 2 h.
3 Pendant ce temps, préparez la marinade. Versez le vin et le vinaigre dans une grande casserole, salez et poivrez. Portez à ébullition. Laissez refroidir.
4 Rincez de nouveau les poissons, essuyez-les et plongez-les dans la casserole avec les laitances. Portez de nouveau à ébullition et laissez cuire 10 min. Sortez du feu et laissez mariner pendant 48 h. Égouttez-les.
5 Épluchez les pommes et coupez-les en tranches fines. Pressez le citron et arrosez les pommes avec le jus. Pelez les oignons et coupez-les en rondelles. Versez la crème fraîche dans un bol et incorporez-lui 2 cuillerées à soupe de la marinade. Salez, poivrez et mélangez.
6 Pour servir, mettez les harengs et les laitances sur un plat, recouvrez-les de pommes et d'oignons et nappez de sauce.

Harengs marinés

POUR 6 PERSONNES

PRÉPARATION : 30 MIN

CUISSON : 45 MIN

6 harengs moyens (avec leur laitance ou leurs œufs)

pour la marinade : 50 cl de vin blanc sec • 25 cl de vinaigre • 1 carotte • 3 oignons • 3 gousses d'ail • thym • laurier • persil • 5 feuilles de sauge • poivre en grains • sel

1 Lavez soigneusement les harengs, ôtez les têtes et les queues, ouvrez-les pour enlever l'arête centrale. Remettez les laitances à l'intérieur.
2 Préparez la marinade. Versez le vin et le vinaigre dans une grande casserole, salez et poivrez. Portez à ébullition.
3 Pendant ce temps, grattez et lavez la carotte, pelez l'oignon et l'ail. Coupez l'oignon en rondelles. Plongez-le dans la casserole avec l'ail ainsi que 3 brins de thym, 1 feuille de laurier, 1 bouquet de persil, la sauge, 1 cuillerée à soupe de poivre et du sel. Laissez cuire 30 min dès la reprise de l'ébullition.
4 Rangez les harengs dans un plat allant au feu. Arrosez-les de marinade bouillante, faites cuire à feu doux 10 min. Retirez les herbes, laissez refroidir et servez.
Ces harengs se conservent dans un récipient hermétique quelques jours au réfrigérateur.

Saumon de Norvège rose et vert

Norvège

POUR 8 PERSONNES

PRÉPARATION : 30 MIN

CUISSON : 1 H

Boisson conseillée :

PINOT GRIS

1 saumon de Norvège entier de 2,5 kg environ (vidé et écaillé) • 40 cl de vin blanc sec • 500 g de crème fraîche • 1 kg de concombres • 100 g de beurre • quelques brins d'aneth • sel, poivre

1 Préchauffez le four à 250 °C (therm. 8-9).
2 Lavez le poisson. Salez-le et poivrez-le à l'intérieur. Mettez-le dans un plat allant au four. Versez le vin blanc et la crème dans le plat.
3 Mettez au four ; au bout de 15 min, baissez le thermostat à 6 (200 °C). La cuisson totale doit durer 45 min. Pour la contrôler, faites une petite fente le long de l'arête sur la partie la plus épaisse. Écartez les chairs, l'arête ne doit pas être rouge.
4 Pendant ce temps, lavez et épluchez les concombres, évidez-les, coupez-les en bâtonnets.
5 Faites-les cuire doucement dans 50 g de beurre avec du sel et du poivre. Ils doivent rester légèrement croquants.
6 Chauffez un plat de service. Sortez le poisson du four. Enlevez la peau. Retournez-le sur le plat chaud pour détacher la peau de l'autre côté.
7 Versez le jus de cuisson dans une petite casserole. Faites légèrement réduire. Ajoutez le reste de beurre par petits morceaux en fouettant. Vérifiez l'assaisonnement.
8 Disposez les bâtonnets de concombre autour du saumon. Parsemez d'aneth haché et servez.
Vous pouvez agrémenter votre plat de salicornes, qui s'achètent fraîches chez le poissonnier ou en bocal, au vinaigre.

Gravad Lax

Pour 6 personnes

Préparation : 30 min

Marinade : 48 h

Boisson conseillée :

AQUAVIT

600 g de filets de saumon frais • pain de seigle
pour la marinade : 150 g de sucre • 150 g de sel •
20 cl d'huile • poivre blanc moulu • 1 bouquet d'aneth
pour la sauce moutarde : 15 g de moutarde •
50 g de cassonade • 50 g de sucre semoule •
10 cl de vinaigre blanc

1 Préparez la marinade. Mélangez de façon homogène le sucre, le sel, l'huile et le poivre.

2 Lavez et hachez l'aneth. Mettez les filets de saumon dans un plat creux et recouvrez-les avec la marinade. Parsemez-les d'aneth. Faites mariner pendant 48 h au réfrigérateur en les retournant de temps en temps.

3 Épongez le poisson à l'aide de papier absorbant. Coupez les filets en tranches fines.

4 Préparez la sauce moutarde. Mélangez intimement la moutarde, la cassonade, le sucre et le vinaigre.

5 Coupez le pain en tranches fines. Déposez les tranches de saumon sur le pain et versez la sauce moutarde en filet par-dessus. Ces tartines s'appellent des smørrebrød. Vous pouvez également présenter les filets de poisson sur un plat et servir la sauce à part. Dans ce cas, tranchez des filets de saumon très épais, dans toute l'épaisseur du poisson. Coupez-les en tranches transversales au moment de servir. Si vous préférez couper le saumon en tranches fines, mettez-le 1 h au congélateur avant de le découper.

Cette recette est plutôt, semble-t-il, originaire de Suède, mais elle est très connue aussi au Danemark et en Norvège. Le saumon s'écrit «Laks» dans ce dernier pays. Un petit verre d'aquavit glacé accompagne très agréablement ce plat, et d'ailleurs les smørrebrød en général. Il s'agit d'un alcool à base de céréales ou de pommes de terre. Son nom est d'origine romaine et dérive de *aqua vitae*, eau-de-vie en latin. En Suède, l'aquavit est aussi connu sous le nom de *snaps*. Au Danemark, on produit de l'aquavit (*akvavit* en danois) ou schnaps. La production norvégienne est plus modeste.

Pommes de terre au four aux œufs de saumon

Suède

POUR 4 PERSONNES

PRÉPARATION : 10 MIN

CUISSON : 1 H

8 grosses pommes de terre • 2 oignons • 100 g d'œufs de saumon • 30 cl de crème aigre

1 Préchauffez le four (220 °C, therm. 7).
2 Lavez les pommes de terre sans les peler. Brossez-les.
3 Posez les pommes de terre entières dans un plat allant au four et faites-les cuire de 45 min à 1 h, selon leur taille. Vérifiez leur cuisson : elles doivent être cuites tout en restant fermes.
4 Pelez et hachez les oignons. Réservez-les.
5 Posez les pommes de terre sur un plat de service et laissez-les tiédir. Coupez une entaille en forme de croix dans leur peau. À l'aide d'une cuillère, creusez-les en retirant environ la valeur de 2 cuillerées à soupe de chair.
6 Répartissez les œufs de saumon dans les pommes de terre. Servez la crème à part, chacun en versera sur sa pomme de terre. Servez également les oignons hachés à part. Choisissez des pommes de terre qui ne se défont pas à la cuisson, des Belles de Fontenay ou des BF 15 par exemple. Les pommes de terre primeurs conviennent très bien aussi. Si vous ne trouvez pas de crème aigre, remplacez-la par de la crème fraîche.

Saumon à la danoise

Danemark

POUR 6 PERSONNES

PRÉPARATION : 30 MIN

REPOS : 48 H

Boisson conseillée :

AQUAVIT

OU BIÈRE

1 saumon frais de 1,5 kg • pain de seigle • beurre • feuilles de salade (pour la décoration) • 2 cuill. à soupe de sel • 2 cuill. à soupe de sucre • 1 cuill. à café de poivre blanc moulu • 2 cuill. à café d'aneth haché
pour la sauce : 100 g de moutarde • 100 g de cassonade • 1 pincée de sel • 1 cuill. à café d'aneth en poudre • 2 cuill. à soupe d'huile

1 Mélangez le sel, le sucre, le poivre blanc et l'aneth dans un bol.
2 Fendez le saumon en 2 et retirez l'arête centrale. Enlevez aussi toutes les petites arêtes latérales.
3 Enduisez soigneusement tout l'intérieur du poisson avec la préparation. Allongez-le dans un plat à poisson. Couvrez d'un couvercle ou d'une planchette de la taille du saumon et posez un poids par-dessus. Laissez reposer au frais pendant 48 h. Retournez-le plusieurs fois et épongez régulièrement le jus qui s'en écoule.
4 Au moment de servir, préparez la sauce à la moutarde. Mettez dans une terrine la moutarde, la cassonade, l'aneth et le sel. Mélangez au fouet puis versez l'huile en filet tout en tournant jusqu'à ce que vous obteniez une sauce homogène et onctueuse.
5 Sortez le poisson du réfrigérateur et épongez-le soigneusement. Coupez-le en fines tranches (comme pour le saumon fumé). Disposez celles-ci dans un plat et servez la sauce en saucière. Accompagnez de pain de seigle beurré et de feuilles de salade verte ou encore de pommes de terre à l'anglaise.

Noisettes de renne aux morilles

Finlande

POUR 4 PERSONNES

PRÉPARATION : 30 MIN

TREMPAGE : 30 MIN

CUISSON : 30 MIN

800 g de filet de renne • 110 g de morilles séchées • 1 petit oignon • 70 g de beurre • 3 cuill. à soupe de farine • 10 cl de bouillon de bœuf • 20 cl de crème fraîche • sel, poivre

1 Faites tremper les morilles dans de l'eau tiède environ 30 min.
2 Hachez finement l'oignon. Faites-le fondre dans 40 g de beurre.
3 Épongez les morilles à l'aide d'un papier absorbant ou d'un linge. Hachez-les. Faites-les revenir avec l'oignon.
4 Ajoutez 2 cuillerées à soupe de farine, mélangez et ajoutez ensuite le bouillon de bœuf, puis la crème, à petites doses. Laissez mijoter 15 min et assaisonnez.
5 Découpez le filet en tranches transversales de 2 cm d'épaisseur (2 tranches par personne).
6 Aplatissez légèrement les tranches et donnez-leur une forme ovale. Salez, poivrez et roulez-les dans le reste de la farine. Chauffez le reste de beurre dans une poêle et faites-y cuire les tranches de viande de façon qu'elles soient rosées à l'intérieur.
Ce plat se sert habituellement accompagné de pommes nature et d'une jardinière de légumes, de salade verte et de gelée de baies (groseilles ou airelles). Le renne est élevé en Finlande pour sa viande. Il n'est pas toujours facile d'en trouver ailleurs. Vous pouvez le remplacer par des noisettes de chevreuil.

NOISETTES DE RENNE AUX MORILLES

•

Depuis plus de 1000 ans, les rennes cohabitent avec les Lapons. Aujourd'hui, seuls ces derniers ont le droit de les élever. Leur chair est savoureuse et rappelle un peu le chevreuil. Le jambon de renne est très apprécié en Extrême-Orient.

Frikadeller (boulettes)

Danemark

Pour 6 personnes

Préparation : 15 min

Repos : 15 min

Cuisson : 10 min

1 kg de viande de porc hachée • 2 oignons • 2 œufs • 4 cuill. à soupe de farine • 60 g de beurre • sel, poivre

1 Pelez et hachez les oignons.
2 Mettez la viande dans une terrine. Cassez les œufs par-dessus. Poudrez de farine, salez, poivrez et mélangez. Incorporez les oignons et mouillez de 25 cl d'eau. Laissez reposer ce hachis au frais pendant 15 min.
3 Sortez le hachis du réfrigérateur et formez-en des boulettes à l'aide d'une cuillère à soupe.
4 Faites fondre le beurre dans une sauteuse et faites-y revenir les boulettes pendant 10 min, en les retournant plusieurs fois en cours de cuisson. Ces boulettes sont souvent servies avec du riz nature et une sauce brune. Elles peuvent également accompagner une salade verte, particulièrement le soir, pour le dîner.

Sjömansbiff (bœuf du matelot)

Suède

Pour 6 personnes

Préparation : 40 min

Cuisson : 2 h 15

1 kg de bœuf dans la culotte • 1,2 kg de pommes de terre (type BF) • 100 g de beurre (ou de margarine) • 4 oignons • 50 cl de bouillon de bœuf • 1 bouquet garni • sel, poivre

1 Parez et coupez la viande en tranches d'environ 2 cm d'épaisseur. Faites-les sauter à la poêle à feu vif, avec 40 g de beurre. Salez, poivrez à votre goût et gardez en attente.
2 Lavez et épluchez les pommes de terre. Coupez-les en rondelles régulières.
3 Faites fondre les oignons finement émincés dans la poêle de cuisson de la viande. Réservez-les et déglacez la poêle avec le bouillon de bœuf.
4 Beurrez le fond d'une belle cocotte en fonte avec le restant de beurre et disposez successivement les éléments suivants : viande, oignons, pommes de terre. Salez, poivrez.
5 Versez le bouillon sur l'ensemble et ajoutez le bouquet garni.
6 Couvrez hermétiquement et laissez cuire à feu doux pendant environ 2 h. Ce plat rustique est à servir tel quel, la cocotte placée au milieu de la table.

Oie farcie

Suède

Pour 12 personnes

Trempage : 12 h

Préparation : 50 min

Cuisson : 2 h 30

Boisson conseillée :

RIESLING OU BORDEAUX

1 oie de 4,5 kg à 5 kg • 500 g de pruneaux • 5 kg de pommes • 2 cuill. à soupe de sucre semoule • 1 cuill. à soupe d'huile • 1 gros chou rouge • 1 citron • 5 cuill. à soupe de graisse d'oie (prise après la cuisson de l'oie) • 2 cuill. à café de carvi • sel, poivre

1 Mettez les pruneaux dans un saladier. Couvrez-les largement d'eau froide et laissez-les tremper toute la nuit. Égouttez-les et dénoyautez-les.
2 Épluchez les pommes et évidez-les à l'aide d'un vide-pommes. Coupez-les en quartiers. Prélevez environ 1 kg que vous détaillerez en fines lamelles. Réservez le reste dans un saladier et recouvrez-les d'eau froide.
3 Préchauffez le four à 220-240 °C (therm. 7-8).
4 Dans un saladier, mélangez les lamelles de pommes et les pruneaux. Poudrez de la moitié du sucre semoule, salez et poivrez, et mélangez de nouveau cette farce.
5 Remplissez l'oie avec la farce. Cousez l'ouverture. Posez l'oie sur la lèche frite du four. Badigeonnez-la d'huile à l'aide d'un pinceau. Salez et poivrez la peau.
6 Enfournez et laissez cuire pendant 45 min en la retournant à mi-cuisson pour qu'elle dore de tous côtés. Piquez la peau de l'oie avec un couteau pointu. Baissez le thermostat du four à 5 (180 °C) et prolongez la cuisson pendant 1 h 45.
7 Pendant ce temps, lavez le chou rouge, enlevez les feuilles abîmées. Coupez-le en lanières. Faites-le cuire dans de l'eau bouillante salée pendant 15 min. Pressez le citron et versez le jus dans la casserole. Poudrez du reste de sucre, parsemez de carvi. Ajoutez la graisse d'oie et prolongez la cuisson à petits bouillons environ 45 min.
8 Épluchez le reste des pommes et coupez-les en quartiers. Prélevez 3 cuillerées à soupe de graisse d'oie. Faites cuire les pommes dans la graisse d'oie.
9 Sortez l'oie du four et découpez-la. Déposez-la au centre d'un grand plat et déposez la farce, le chou et les pommes autour.
La chair de l'oie des neiges est assez tendre. Il est toutefois préférable d'acheter une jeune oie. C'est dans sa première année qu'elle est la meilleure.

Canard à la finlandaise

Finlande

POUR 6 PERSONNES

TREMPAGE : 6 H

PRÉPARATION : 30 MIN

CUISSON : 45 MIN

1 canard sauvage de 1,2 kg • 50 g de beurre • 6 minces tranches de lard

pour la sauce : 1 bocal de 100 g d'airelles rouges non sucrées • 1 croûton de pain sec • 50 g de fromage bleu • 10 cl de crème fraîche • sel, poivre

1 Plumez, videz, flambez et parez un canard sauvage. Rincez-le à l'eau froide. Laissez-le tremper quelques heures dans l'eau. Séchez-le.

2 Faites-le revenir au beurre dans une cocotte jusqu'à ce qu'il soit bien doré de tous côtés. Jetez la graisse de cuisson.
3 Préchauffez le four à 200 °C (therm. 6).
4 Bardez le canard de lard et ficelez-le. Mettez-le dans une cocotte allant au four ; ajoutez un peu d'eau chaude et placez le couvercle. Enfournez et laissez mijoter pendant environ 40 min. Réservez le canard.
5 Préparez la sauce : recueillez le jus de cuisson du canard. Versez ce jus

dans une casserole, ajoutez les airelles. Faites bouillir. Ajoutez à la sauce le croûton de pain, le fromage bleu et la crème fraîche. Goûtez et rectifiez l'assaisonnement si nécessaire. Laissez mijoter 5 min.
6 Découpez le canard et disposez-le sur un plat de service chaud ; versez la sauce dessus en la filtrant à travers une passoire.
Accompagnez de pommes sautées et de laitue.

Chou rouge à la danoise

Danemark

POUR 6 PERSONNES

PRÉPARATION : 15 MIN

CUISSON : 45 MIN

1 chou rouge • 1 gros oignon • 1 grosse pomme (de type Canada) • 3 cuill. à soupe d'huile • quelques graines de carvi • vinaigre de vin • sucre semoule roux • 10 cl de bouillon de bœuf • 1 branche de persil • sel, poivre

1 Coupez le chou rouge en 4. Lavez-le et égouttez-le soigneusement. Détaillez-le en très fines

lanières, en éliminant les grosses côtes. Pelez l'oignon et hachez-le finement. Épluchez la pomme ; éliminez le cœur et les pépins et coupez la chair en dés.
2 Faites légèrement chauffer l'huile dans une sauteuse, puis mettez l'oignon, le chou, les dés de pomme, les graines de carvi ; ajoutez le vinaigre de vin, une pincée de sucre roux, le bouillon de bœuf. Salez, poivrez, couvrez hermétiquement

et laissez cuire à feu doux pendant 45 min, en remuant de temps en temps.
3 Au moment de servir, parsemez le chou de persil haché.
Ce chou figure dans la plupart des repas de fête, où il est servi avec des pommes de terre (cuites à l'eau ou caramélisées) et diverses viandes ou volailles.

Pommes de terre caramélisées

Danemark

POUR 6 PERSONNES

PRÉPARATION : 30 MIN

CUISSON : 40 MIN

1,5 kg de pommes de terre moyennes à chair ferme • 75 g de beurre • 300 g de sucre semoule (pour le caramel) • sel

1 Lavez et brossez soigneusement les pommes de terre. Ne les épluchez pas, elles cuisent avec leur peau.
2 Remplissez un faitout d'eau froide à moitié. Salez. Plongez-y les pommes de terre et portez à ébullition. Prolongez la cuisson environ 20 min à gros bouillons. Vérifiez la cuisson à la pointe d'un couteau, elles doivent rester légèrement

fermes. Égouttez-les, laissez-les refroidir et pelez-les délicatement.
3 Faites fondre le beurre dans une sauteuse et faites-y revenir les pommes de terre entières en les retournant régulièrement jusqu'à ce qu'elles soient bien dorées de tous côtés.
4 Sortez-les de la sauteuse à l'aide d'une écumoire et laissez-les égoutter sur du papier absorbant.
5 Versez le sucre dans la sauteuse et mouillez-le de 15 cl d'eau tiède. Faites-le fondre à feu doux et prolongez la cuisson jusqu'à ce qu'il caramélise. Le caramel doit être juste blond.

6 Remettez la moitié des pommes de terre dans la sauteuse et retournez-les bien jusqu'à ce qu'elles soient caramélisées de toutes parts. Sortez-les de la sauteuse et mettez-les dans un plat de service creux et beurré. Réservez-les au chaud. Renouvelez l'opération avec le reste des pommes de terre. Servez immédiatement. S'il reste un peu de caramel dans la sauteuse, nappez-en les pommes de terre.
Ces pommes de terre sont souvent servies pour le déjeuner du dimanche, avec un rôti de porc aux pommes et aux pruneaux.

Les Desserts

Gâteau à la confiture de framboises

Norvège et Danemark

POUR 6 PERSONNES

PRÉPARATION : 25 MIN

REPOS : 30 MIN

CUISSON : 50 MIN

200 g de confiture de framboises • 3 œufs • 250 g de sucre semoule • 1 sachet de sucre vanillé • 125 g de beurre • 250 g de farine • 1 sachet de levure chimique • 70 g d'amandes en poudre • sucre glace

1 Cassez les œufs, séparez les blancs des jaunes. Coupez le beurre en morceaux et laissez ramollir. Réservez-en 5 g.
2 Versez les jaunes dans une terrine. Ajoutez 125 g de sucre semoule et le sucre vanillé. Fouettez le tout jusqu'à ce que le mélange blanchisse et devienne mousseux.
3 Incorporez le beurre au mélange. Poudrez de la farine et de la levure et travaillez du bout des doigts jusqu'à ce que la pâte soit homogène. Formez une boule, remettez-la dans la terrine, couvrez d'un film transparent et laissez reposer au réfrigérateur pendant 30 min.
4 Préchauffez le four à 180 °C (therm. 5).
5 Beurrez un moule à tarte. Sur un plan de travail fariné, abaissez la pâte au rouleau. Formez un cercle d'un diamètre de 6 cm supérieur à la taille du moule. Foncez-en le moule.
6 Battez les blancs d'œufs neige ferme. Incorporez-leur délicatement le reste du sucre et les amandes en poudre.
7 Garnissez le fond de pâte de confiture. Recouvrez des blancs en neige. Rabattez la pâte qui dépasse vers l'intérieur. Enfournez et faites cuire pendant 50 min.
8 Sortez le gâteau du four, démoulez, poudrez de sucre glace et servez. Prenez de préférence un moule à fond amovible.

Roedgroed

Danemark

POUR 6 PERSONNES

PRÉPARATION : 30 MIN

CUISSON : 25 MIN

RÉFRIGÉRATION : 2 H

300 g de fraises • 300 g de framboises • 150 g de sucre semoule • 2 citrons • 50 cl de crème liquide très froide

1 Équeutez et lavez brièvement les fraises et les framboises. Faites-les cuire dans une casserole à fond épais pendant 10 min à feu doux. Réservez-en la moitié et passez le reste à la moulinette. Remettez le coulis obtenu dans la casserole et amenez à ébullition.
2 Ajoutez alors le sucre et le jus des 2 citrons. Mélangez. Laissez cuire à feu doux pendant environ 15 min. Versez ce coulis dans une terrine et mettez au réfrigérateur pendant 2 h.
3 Mélangez les fruits réservés avec le coulis.
4 Dans un saladier glacé, fouettez la crème liquide pour l'aérer.
5 Répartissez les fruits dans 6 coupelles individuelles. Décorez d'une cuillerée à soupe de crème fouettée. Servez le reste de la crème dans un ramequin. Chacun en disposera à volonté. Décorez chaque coupelle de zestes d'orange ou de citron confits.

Entremets danois

Danemark

POUR 6 PERSONNES

PRÉPARATION : 30 MIN

CUISSON : 40 MIN

10 belles pommes • 60 g de sucre semoule • 1 citron • 1 douzaine de petits macarons • 200 g de chapelure

pour la garniture : crème fleurette • amandes effilées • 5 cl de kirsch (ou de rhum)

1 Préparez une compote : pelez les pommes, coupez-les en quartiers puis retirez le cœur et les pépins. Faites-les cuire à feu doux avec le sucre, le jus du citron et un peu d'eau, pendant 30 à 40 min.
2 Écrasez les macarons. Disposez-en une couche au fond d'un joli plat de service à bords hauts. Recouvrez de 1/3 de la compote de pommes. Parsemez de chapelure puis étalez de nouveau 1/3 de compote. Terminez par une couche de chapelure et une dernière couche de compote.
3 Dans un saladier glacé, fouettez la crème fleurette jusqu'à ce qu'elle monte en chantilly. Parfumez-la de l'alcool choisi.
4 Nappez le dessus de l'entremets de crème Chantilly, parsemez d'amandes et servez. La chapelure danoise est assez grasse. Si vous voulez retrouver cette texture, faites vous-même de la chapelure avec du pain de mie grillé ou des biscottes. Autre variante : écrasez-les et faites revenir dans du beurre.

Dans les pays nordiques,
l'été est court, mais les baies
prolifèrent à l'état sauvage.
Fraises et framboises,
groseilles et airelles riment
avec les beaux jours tandis
que les mûres annoncent
l'automne. Cette recette
très simple, mais
savoureuse, mélange
habituellement les fraises et
les framboises.

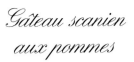

Gâteau scanien aux pommes

Suède

Pour 6 personnes

Préparation : 20 min

Cuisson : 40 min

1 kg de pommes (calville ou granny smith) • 135 g de beurre • 300 g de chapelure • 200 g de sucre cristallisé • 1 cuill. à café de cannelle en poudre • crème fraîche (ou crème anglaise)

1 Faites fondre le beurre dans une poêle (en garder suffisamment pour beurrer un moule) et laissez-y dorer la chapelure.
2 Pelez, évidez et émincez les pommes en fines tranches.
3 Préchauffez le four à 200 °C (therm. 6).
4 Beurrez un moule en terre ou en Pyrex, de forme creuse. Recouvrez le fond de chapelure.
5 Disposez 1 premier rang de pommes et pou-drez de sucre. Répétez l'opération : chapelure, pommes et sucre jusqu'à épuisement des ingrédients. Terminez par une couche de chapelure et poudrez de cannelle.
6 Laissez cuire 40 min au four. Servez chaud avec de la crème fraîche ou de la crème anglaise.

Gelée de rhubarbe

Norvège

Pour 5 personnes

Préparation : 15 min

Cuisson : 30 min

1 kg de tiges de rhubarbe • 250 g de sucre semoule • 1 sachet de sucre vanillé • 1 cuill. à soupe de fécule de pommes de terre • 200 g de crème fraîche

1 Lavez et épluchez les tiges de rhubarbe, coupez-les en morceaux d'environ 2 cm.
2 Plongez la rhubarbe dans une casserole d'eau froide et portez à ébullition. Prolongez la cuisson pendant 5 min à gros bouillons. Égouttez la rhubarbe au-dessus d'un faitout afin de récupérer le jus de cuisson.
3 Versez 150 g de sucre et le sucre vanillé dans un faitout. Portez de nouveau à ébullition et pour-suivez la cuisson à petits frémissements 15 min.
4 Délayez la fécule dans 1 cuillerée à soupe d'eau froide et versez-la dans le faitout. Terminez la cuisson encore 5 min sans cesser de tourner à l'aide d'une cuillère en bois.
5 Laissez refroidir avant de servir. Servez cette gelée avec la crème fraîche et le reste du sucre.

Riz à l'amande

Norvège

Pour 6 personnes

Préparation : 20 min

Cuisson : 1 h

Réfrigération : 1 h

125 g de riz à grains ronds • 1 l de lait • 125 g de sucre semoule • 50 g de beurre • 125 de crème fraîche • 75 g d'amandes en poudre • 1 pincée de cannelle en poudre • liqueur (ou sirop de cerise ou de framboise)

1 Versez le lait dans une gande casserole. Faites-y dissoudre le sucre à feu doux puis montez le feu.
2 Coupez le beurre en petits morceaux et laissez ramollir.
3 Versez le riz en pluie dans le lait. Portez à ébullition et prolongez la cuisson à petits bouillon pendant environ 1 h jusqu'à ce que le riz ait entièrement absorbé le lait.
4 Sortez la casserole du feu et laissez tiédir. Ajoutez le beurre et mélangez.
5 Dans un saladier glacé, fouettez la crème fraîche en chantilly.
6 Lorsque le riz est complètement refroidi, incorporez délicatement la crème Chantilly. Transvasez le contenu de la casserole dans un compotier. Poudrez de cannelle et d'amandes et mettez au réfrigérateur pendant 1 h. Arrosez de la liqueur ou du sirop choisi et servez bien froid. Glissez une amande entière dans le gâteau. Celui qui la trouve gagne un petit cadeau.

Compote de pommes

Pour 6 personnes

Préparation : 15 min

Cuisson : 20 min

1 kg de pommes • 400 g de sucre semoule • 1 citron

1 Épluchez les pommes, retirez le cœur avec les pépins, coupez la chair en morceaux.
2 Préparez un sirop avec 1 l d'eau et le sucre. Portez à ébullition sur feu moyen.
3 Pressez le citron et versez le jus dans le sirop.
4 Plongez les pommes dans le sirop et laissez re-prendre l'ébullition. Laissez cuire quelques minutes en frémissant. Si la compote est un peu trop liquide, continuez la cuisson jusqu'à ce que vous obteniez une bonne consistance.
5 Laissez refroidir à température ambiante, puis mettez au frais. Accompagnez de crème fraîche ou de fromage blanc et de petits gâteaux au beurre.

En Finlande, on acccompagne la compote de pommes d'une crème préparée avec 4 jaunes d'œufs, 20 cl de crème fraîche, 20 g de sucre et 25 cl de coulis de framboises. Versez tous ces ingrédients dans une casserole et faites cuire à feu doux, puis laissez refroidir avant de servir.

L'ALLEMAGNE
ET L'AUTRICHE

————

Allemagne, Autriche : deux pays situés au cœur
de l'Europe, et dont le climat rigoureux a favorisé l'éclosion de cuisines
relativement riches, voire lourdes, du moins si l'on se contente des a priori
concernant leurs ingrédients favoris comme le chou, la pomme de terre,
les charcuteries et la bière. Il n'en est pas moins vrai que ces produits
contribuent à l'élaboration de recettes délicieuses, que la vogue diététique
moderne tend à alléger avec un authentique succès. Nous ne traiterons
dans ce chapitre que la cuisine et les recettes autrichiennes d'inspiration
germanique, la cuisine hongroise étant regroupée avec celles
des pays de l'est de l'Europe.

SAVEURS D'ALLEMAGNE ET D'AUTRICHE

Les coutumes culinaires allemandes se différencient essentiellement selon trois territoires distincts : d'une part, la région septentrionale, qui s'ouvre sur la mer du Nord et dont les habitants consomment énormément de poissons, harengs ou morues (notons également leur goût très «Europe centrale» pour les crèmes aigres et les plats de viande ou de volaille accompagnés de marmelades de baies, comme l'airelle ou la myrtille) ; d'autre part, le Centre (entre Hesse et Palatinat), cultivant la pratique des «3 W»: Wein, Wurst, Weck (vins, saucisses, petits pains frais), et ne redoutant pas de cuire fruits et légumes dans la même marmite ; enfin la partie méridionale, friande de pâtisseries, de bière (brassée à Munich) et de poissons tels que les sandres et les saumons.

LES TRADITIONS

Si les traditions varient d'une région à l'autre, il en est deux qui ont une véritable vocation nationale. La pre-

Menu classique

━━━

Wurstsalat

·

Escalopes viennoises

·

Forêt-Noire

mière, c'est la brasserie de la bière ; la seconde, c'est la culture de la pomme de terre.

LA BIÈRE. Boisson connue depuis l'Antiquité, la bière conquit les Germains au début de notre ère. Ceux-ci prirent l'habitude, au Moyen Âge, d'y ajouter du houblon et en firent une boisson nationale. Sa désignation définitive vient du latin *bibere*, «boire».

LA POMME DE TERRE. Elle fit son entrée en Europe grâce aux Espagnols, qui la rapportèrent du Pérou à la fin du XVIᵉ siècle. Un botaniste allemand, Clusius, en reçut quelques tubercules, connus alors sous le nom italien de *tartufola* (petite truffe) pour leur

ressemblance avec le fameux champignon. Ce nom se déforma en *Kartoffel*. La pomme de terre se répandit dans toute l'Europe.

LA VIE QUOTIDIENNE

LE PETIT DÉJEUNER (Frühstück). La journée commence par un petit déjeuner copieux et varié. Pris en général assez tôt, il s'articule autour de café, de thé ou de lait, de jus de fruits, de charcuteries (jambon, saucisson, pâté), de fromages coupés en fines tranches, de yaourts et de plusieurs sortes de pains.

LE DÉJEUNER (Mittagessen). Beaucoup d'Allemands et d'Autrichiens font une pause vers 10 heures pour boire une tasse de café et prendre un *Leberkäse* (voir p. 181), qu'ils dégustent sous forme de sandwich. Le déjeuner est donc frugal et pris assez tardivement, vers 14 heures. Les restaurants allemands servent couramment une *Tagessuppe* (potage du jour) accompagnée de quelques pommes de terre, sans viande ni dessert.

LE GOÛTER (Kaffee und Kuchen). En famille, à la maison, et surtout les jours de repos, en compagnie d'amis ou de proches, l'usage est de servir un copieux goûter composé de café ou de thé et de deux ou trois gâteaux. L'Au-

Landbrot

Mehrkornbrötchen

Laugenbretzel

Brötchen

Milch brötchen

Mohnbrötchen

Sesambrötchen

triche et l'Allemagne ont développé une véritable «culture» de la pâtisserie, à la fois somptueuse et légère.

LE DÎNER (Abendbrot). Il se passe en famille vers 19 heures. Charcuteries et fromages trônent au milieu de la table et chacun se sert directement sur une planchette à tartiner qui remplace l'assiette ; le repas est accompagné de bière ou de thé.

LES JOURS DE FÊTE

NOËL (Weinachten). Le 25 décembre est une fête exclusivement familiale. Si les rues sont vides et la plupart des restaurants fermés, la maison est accueillante et la table chaleureuse. Tous les membres de la famille sont réunis autour d'une oie rôtie accompagnée généralement de chou rouge braisé, de pommes, de pruneaux et de marrons...

LA FÊTE DE LA BIÈRE (Oktoberfest). Elle se déroule à Munich au mois d'octobre et réunit des dizaines de milliers d'amateurs assis devant d'immenses tables, dans une ambiance souvent bruyante et teintée d'une certaine paillardise. L'*Oktoberfest* est l'occasion de manger des pommes de terre, de la choucroute, de nombreuses variétés de saucisses... et d'avaler des litres de bière dans des chopes à la taille impressionnante.

SAINT-NICOLAS (Nikolaustag). Saint Nicolas, patron des petits enfants, tient dans les pays germaniques une place équivalente à celle du Père Noël. Pour sa fête, le 6 décembre, on confectionne des petits gâteaux secs, sortes de pains d'épice en forme d'étoiles, de cœurs, de saint Nicolas, etc. Leur pâte à base de miel, d'amandes, de gingembre, de noix de coco est aromatisée avec des jus ou des alcools de fruits. Il faut aussi citer le *Christollen* ou le *Weinachtstollen* (brioches).

LES PRODUITS

LES GIBIERS

Gros et petits gibiers à poil et à plume ont toujours été chassés dans ces deux pays où la forêt est luxuriante (Forêt-Noire, forêts de la Bavière, du Tyrol...) et abrite une foule d'animaux tels que cerfs, chevreuils, sangliers, lièvres, ainsi que faisans et perdreaux, cuisinés de différentes fa-

çons, rôtis ou en sauce. Leur viande est souvent marinée dans des sauces comportant des fruits ou du lait caillé (voir p. 184-185).

LES PAINS ET LES BRETZELS

Il existe en Allemagne et en Autriche autant de variétés de pains (*Brot*) qu'il y a d'espèces de bières ou de saucisses : pain noir, complet, pain au seigle, aux noix, aux oignons... Citons le *Pumpernickel*, un pain de seigle longuement cuit, à mie presque noire de saveur aigre-douce ; ou bien le *Landbrot*, un pain bis de farine de seigle également, mais plus moelleux ; le *Mischbrot*, un pain mixte de seigle et de blé. On peut trouver des *Brötchen* (petits pains) : au lait (*Milch*), au sésame (*Sesam*), au pavot (*Mohn*), aux 4 céréales (*Mehrkorn*), etc., tout comme les pains complets (*Vollkornbrot*) : aux graines de tournesol (*Sonnenblumenkernen*), aux graines de lin (*Leinsamen*) ou au seigle (*Roggen*), etc. Autre spécialité typique, le *Bretzel* — dont la forme de « huit » était jadis l'emblème de la corporation des boulangers —, fait de pâte pochée à l'eau bouillante, puis poudrée de gros sel ou de cumin et durcie au four. Le *Laugen* est le procédé de fabrication particulier qui donne au *Bretzel* son aspect lisse et brillant. Le *Party-Vollkornbrot*, pain fantaisie, est utilisé dans les buffets.

LES CHARCUTERIES

Pays où l'élevage du porc est issu d'une longue tradition, l'Allemagne et l'Autriche (Tyrol) proposent un éventail très large de charcuteries: jambons, terrines, pâtés, roulades, boudins... sans oublier, bien sûr, les saucisses, qui sont des boyaux de porc remplis de viande hachée et assaisonnée. La saucisse allemande la plus célèbre est celle de Francfort. Elle se présente sous la forme d'une pâte fine de pur porc fumée à froid et vendue crue, prête à pocher. Il ne faut pas la confondre avec la saucisse de Francfort vendue en France qui, elle, peut contenir du bœuf et du veau et qui est fumée et étuvée. Les Allemands et les Autrichiens consomment des charcuteries en toute occasion, du petit déjeuner au dîner, pour accompagner une bonne bière.

Vollkornbrot mit Sonnenblumenkernen

Leinsamen-vollkornbrot

Mischbrot

Roggenvollkornbrot

Pumpernickel ou Schwarzbrot

Party-Vollkornbrot

LES VINS

Le vignoble allemand, dont nous présentons les régions principales, produit essentiellement des vins blancs; 85% de sa production y est consacrée. Les vins blancs allemands sont obtenus à partir d'une dizaine de cépages, parmi lesquels le riesling, originaire de la Moselle, qui produit un raisin que l'on vendange tard. Dans les grandes années, il donne des vins magnifiques au goût franc et à la couleur d'or pâle. Le silvaner produit des vins de consommation courante, agréables et frais. Le pinot gris, *Ruländer*, donne des vins assez alcoolisés, capiteux, peu acides, mais manquant souvent de légèreté.

Parmi les cépages rouges, citons le pinot noir, qui donne des vins à la couleur pâle, faibles en alcool, fins, bouquetés.

Graacher
Bernkasteler
Fürst Löwenstein

LE PALATINAT

L'importance du vin dans cette région est telle qu'il existe un ministère de la Viticulture. Le climat sec et ensoleillé et le terrain d'argile et de sable donnent un vignoble particulièrement dense qui se répartit en quatre zones : l'Oberhaardt, qui produit des vins rouges ou blancs de consommation courante ; la Mittelhaardt, dont les sols pierreux donnent d'excellents vins blancs corsés, pleins d'arômes et capiteux, à partir de cépage riesling, comme le fameux *Beerenauslese* au jaune flamboyant ; l'*Unterhaart* et l'*Alsenztal*, enfin, où l'on trouve des vins blancs légers et agréables.

LA HESSE RHÉNANE

Le vignoble de cette région donne d'excellents vins blancs, notamment à partir de riesling et de silvaner. Notons les vins de Nierstein, à la renommée mondiale, issus du riesling poussant sur un sol de grès rouge. Ce sont des vins élégants, très fruités et pleins d'harmonie. Le meilleur est sans doute le *Binger Rochusberg*, qui doit son arôme pénétrant au sol de quartz et d'ardoise.

LE RHEINGAU

Le cépage dominant de ce vignoble est le riesling. Sa parfaite exposition au soleil donne au vin un caractère fruité et piquant. Les vins des domaines de Schloss Vollrads et de Fürst Lowenstein sont très appréciés dans les milieux gastronomiques.

LA MOSELLE

Le vignoble qui suit le cours de la Moselle s'étend sur près de 200 kilomètres, jusqu'à la confluence de celui-ci avec le Rhin, à Coblence. Le cépage riesling y règne en maître et produit des vins de qualité supérieure, tandis que les vins plus courants sont issus de l'*Elbling* et du *Müller-Thürgau*. La Sarre donne d'excellents vins blancs à la couleur pâle, peu alcoolisés mais pleins de bouquet et finement racés, comme l'*Ayl*, le *Wiltingen* ou le *Niedermenning*. La région de la Ruwer produit des vins aromatiques remarquables dans les grandes années comme l'*Eitelsbacher*, le *Karthaviërhofberg* ou le *Cassel*, couleur d'or pâle. En Moselle moyenne, un vignoble de 5 000 hectares donne des vins blancs de grande classe comme le *Piesport*, le *Bernkastel* ou le *Graach*, à la couleur claire et vive, au goût nerveux et subtil. La Moselle inférieure propose des vins blancs de table, délicats, parfumés, faibles en alcool, secs et très agréables.

LE PAYS DE BADE

Son encépagement est très varié (pinot gris, traminer, silvaner, chasselas, *Gutedel*...). On y trouve des blancs fruités et généreux, pâles de couleur et fins au palais comme l'*Achkarren*, le *Breisach*, le *Bischoffingen* ou l'*Oberrotweil*. Il faut aussi signaler quelques vins rouges comme le *Zell* ou le *Durbach*, agréables et sans prétentions, à la robe peu foncée et au bouquet élégant.

LA FRANCONIE

Étiré entre Francfort et Nuremberg, c'est le vignoble extrême oriental d'Allemagne ; il ne donne que des vins blancs. La rudesse du climat continental restreint la vigne aux sites les mieux exposés. Ceux-ci donnent des vins très fermes, assez alcoolisés et bouquetés, parfois un peu acides. Les plus célèbres sont les vins de Stein.

Les Entrées

Pâtes à potage impériales

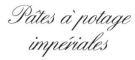

Autriche

POUR 6 PERSONNES

PRÉPARATION : 20 MIN

CUISSON : 20 À 30 MIN

3 œufs • 60 g de beurre •
2 cuill. à soupe de lait • 80 g
de farine • sel

1 Préchauffez le four à
160 °C (therm. 4).
2 Séparez les jaunes des
blancs d'œufs. Travaillez
bien le beurre. Ajoutez-y
1 à 1 les jaunes d'œufs,
le lait, une pincée de sel,
et enfin la farine, mélangez le tout.
3 Battez les blancs en
neige ferme. Incorporez-
les délicatement à la
pâte, en soulevant le mé-
lange pour que les blancs
montés ne retombent
pas.
4 Étalez la pâte dans un
plat beurré allant au four,
sur une épaisseur de
1 cm environ et faites
cuire entre 20 et 30 min.
5 Démoulez sur une
planche à pâtisserie, laissez refroidir.
6 Découpez la pâte en
losanges ou en d'autres
formes si vous disposez
d'un emporte-pièce. Ces
pâtes s'ajoutent à la
soupe au moment de
servir.

Soupe aux boulettes de foie

Autriche

POUR 6 PERSONNES

TREMPAGE : 30 MIN

PRÉPARATION : 30 MIN

CUISSON : 20 MIN

1 l de bouillon de bœuf •
400 g de mie de pain rassis •
15 cl de lait • 1 oignon •
400 g de foie de génisse •
1 bouquet de persil •
1 citron • 3 œufs • sel,
poivre

1 Faites tiédir le lait et
faites-y tremper la mie
de pain pendant 30 min.
2 Pelez l'oignon. Ha-
chez le foie, l'oignon, le
persil, mélangez le tout
(si vous utilisez un
mixer, vous pouvez ha-
cher les ingrédients en-
semble). Râpez le zeste
du citron.
3 Essorez rapidement le
pain. Écrasez-le à la fourchette et incorporez-le
au hachis. Cassez les
œufs et ajoutez-les à
cette farce ainsi que le
zeste du citron. Salez,
poivrez et mélangez inti-
mement.
4 Portez le bouillon à
ébullition.
5 Divisez la farce en 6
parts égales. Humectez
légèrement vos mains et
formez 6 boulettes.
6 Plongez les boulettes
dans le bouillon. Faites
reprendre l'ébullition,
baissez le feu et poursuivez la cuisson 20 min à
petits frémissements.
7 Déposez une boulette
dans chaque bol. Cou-
vrez de bouillon et ser-
vez chaud.

Obatza

Bavière

POUR 6 PERSONNES

PRÉPARATION : 10 MIN

1 camembert bien fait •
200 g de fromage blanc •
1 oignon • bière • cumin •
paprika • sel, poivre

1 Pelez et hachez l'oignon.
2 Enlevez la croûte du
camembert. Écrasez-le à
la fourchette. Mélangez-
le avec le fromage blanc
et l'oignon haché. Arro-
sez de 3 cuill. à soupe de
bière. Salez, poivrez. Mélangez de nouveau.
3 Versez la préparation
dans le plat de service,
poudrez d'une bonne
pincée de cumin et de pa-
prika. Servez accompa-
gné des épices afin que
chacun assaisonne à son
goût.

Pâtes fines au jambon blanc

Autriche

POUR 6 PERSONNES

PRÉPARATION : 15 MIN

CUISSON : 25 MIN

250 g de petites pâtes •
8 œufs • 300 g de jambon
blanc • 50 cl de crème
fraîche liquide • beurre •
chapelure • sel

1 Mettez les pâtes dans
de l'eau bouillante salée,
couvrez et laissez cuire.
Les pâtes sont cuites lorsqu'elles remontent à la
surface. Égouttez-les et
passez-les sous l'eau
froide.
2 Préchauffez le four à
180 °C (therm. 5).
3 Cassez les œufs en séparant les blancs des jaunes. Découpez le jambon
en petits morceaux. Mé-
langez les jaunes avec la
crème fraîche, le jambon
et ajoutez une bonne pin-
cée de sel.
4 Battez les blancs
d'œufs en neige puis in-
corporez-les à la préparation. Mélangez
délicatement afin de ne
pas casser les blancs.
5 Ajoutez le mélange
aux pâtes.
6 Beurrez un plat allant
au four, poudrez-le de
chapelure. Versez-y le
mélange et faites cuire à
four moyen jusqu'à ce
que le dessus soit gratiné.
Accompagnées d'une sa-
lade verte, ces pâtes
pourront constituer le
plat principal du repas
du soir.

Salade de pommes de terre

POUR 4 PERSONNES
PRÉPARATION : 10 MIN
CUISSON : 25 MIN

800 g de pommes de terre moyennes à chair ferme • 2 oignons • 6 cuill. à soupe d'huile • 3 cuill. à soupe de vinaigre • sel

1 Lavez et brossez les pommes de terre. Plongez-les dans une casserole d'eau froide. Salez. Portez à ébullition et laissez cuire 25 min. Vérifiez la cuisson à la pointe d'un couteau.
2 Pelez puis émincez très finement les oignons.
3 Égouttez les pommes de terre, pelez-les et coupez-les en rondelles. Déposez-les sur un plat creux. Parsemez d'oignon haché.
4 Préparez une vinaigrette avec l'huile, le vinaigre, un peu de sel. Versez-la sur la salade. Mélangez délicatement.
5 Servez tiède ou froid.

Roll Mops

POUR 4 PERSONNES
DESSALAGE : 24 H
PRÉPARATION : 40 MIN
MARINADE : 48 H

Boisson conseillée :
SYLVANER

8 harengs en saumure (avec leur laitance) • 4 gros oignons • 1 cuill. à café de graines de moutarde • 1 cuill. à café de poivre en grains • 8 cornichons à l'aigre-doux • 2 cuill. à café de moutarde • huile • vinaigre

1 Faites dessaler les harengs dans de l'eau fraîche pendant 24 h en renouvelant souvent l'eau. Égouttez puis épongez les poissons. Après avoir retiré les têtes, ouvrez les harengs en 2. Enlevez les arêtes et mettez les laitances de côté.
2 Pelez les oignons, coupez-les en fines lamelles. Mélangez-les avec les graines de moutarde et les grains de poivre. Garnissez chaque hareng avec cette préparation, puis enroulez-le autour d'un cornichon. Fermez les rouleaux à l'aide d'un pique-olive. Disposez-les dans un bocal.
3 Écrasez les laitances puis mélangez-les avec la moutarde. Ajoutez peu à peu de l'huile et du vinaigre pour obtenir une sauce assez liquide. Versez la préparation sur les harengs de façon qu'ils baignent entièrement dans la sauce. Laissez mariner au frais durant au moins 2 jours.

Wurstsalat

POUR 4 PERSONNES
PRÉPARATION : 15 MIN
CUISSON : 15 MIN

500 g de saucisses (de type Knackwurst ou de Strasbourg) • 1 petit poireau • 2 oignons rouges • ciboulette • huile de tournesol • vinaigre d'alcool • sel, poivre

1 Faites cuire les saucisses environ 15 min dans de l'eau frémissante. Laissez-les refroidir. Enlevez la peau des saucisses et coupez-les en rondelles.
2 Coupez le pied et les feuilles vertes du poireau. Lavez le blanc et émincez-le. Pelez et hachez les oignons. Lavez et ciselez la ciboulette.
3 Préparez une vinaigrette avec 4 cuillerées à soupe d'huile de tournesol, 2 cuillerées à soupe de vinaigre d'alcool, sel et poivre.
4 Mettez les rondelles de saucisse sur un plat de service. Parsemez de poireau, d'oignon et de ciboulette. Arrosez de vinaigrette et mélangez.

Concombres crus farcis

Autriche
POUR 6 PERSONNES
PRÉPARATION : 10 MIN
REPOS : 2 H

2 beaux concombres • 2 œufs • 4 sardines à l'huile • 150 g de jambon • 2 échalotes pour la mayonnaise : 1 jaune d'œuf • moutarde • 25 cl d'huile • 1 cuill. à soupe de vinaigre • sel, poivre

1 Épluchez les concombres. Ôtez les extrémités, coupez chaque concombre en 3 tronçons. Évidez-les et réservez-les.
2 Faites durcir les œufs 10 min dans de l'eau bouillante. Passez-les sous l'eau froide et écalez-les. Écrasez-les à la fourchette avec les sardines. Ôtez la couenne du jambon et hachez-le. Pelez et émincez les échalotes. Mélangez tous ces ingrédients dans un saladier, salez et poivrez.
3 Préparez la mayonnaise. Mettez le jaune d'œuf au fond d'un bol. Ajoutez 2 cuillerées à soupe de moutarde, salez, poivrez, mélangez légèrement. Versez l'huile en filet sans cesser de fouetter, jusqu'à ce que la mayonnaise prenne. Incorporez alors le vinaigre.
4 Versez la mayonnaise dans le saladier et mélangez intimement. Farcissez les concombres avec ce mélange et servez frais. Originaire de l'Himalaya, le concombre est cultivé en Inde depuis plus de 3000 ans. Depuis, il est devenu un légume universel, aussi apprécié en Europe orientale qu'en Afrique ou dans les pays méditerranéens.

ROLL MOPS

•

Le hareng vit dans tout le nord de l'Atlantique. Poisson grégaire de pleine eau, il se nourrit de plancton et de larves. Sa chair est riche en protéines et en lipides. Il est très apprécié en Allemagne du Nord et dans les pays scandinaves. Le nom de ce plat vient de l'allemand rollen, rouler.

Les Sauces

Confiture d'airelles

POUR 4 POTS DE 500 G
PRÉPARATION : 10 MIN
CUISSON : 15 MIN

1 kg d'airelles • 750 g de sucre cristallisé

1 Nettoyez les airelles. Versez le sucre et 20 cl d'eau dans une bassine à confiture. Faites fondre le sucre à feu doux sans le laisser prendre couleur. Ajoutez alors les airelles et faites cuire en remuant souvent avec une spatule en bois pour empêcher les fruits d'attacher.
2 Quand le sucre nappe la spatule, retirez du feu. Versez la confiture dans des pots en verre. Fermez-les en les recouvrant de papier de Cellophane. La confiture d'airelles accompagne de nombreux plats, et plus particulièrement le gibier.
Très acidulée, l'airelle est riche en vitamine C et en pectine.

CORNICHONS À L'AIGRE-DOUX

Brossez 1 kg de gros cornichons à l'eau courante. Épongez-les. Poudrez-les de sel et faites-les dégorger 1 nuit. Rincez-les. Faites bouillir 50 cl d'eau avec autant de vinaigre, 40 g de sel et autant de sucre. Plongez-y les cornichons et faites-les cuire 5 min. Laissez-les refroidir dans la casserole, égouttez-les et réservez le jus de cuisson. Mettez les cornichons dans des bocaux, ajoutez un peu d'aneth et quelques grains de poivre, couvrez du jus de cuisson et fermez hermétiquement.

Sauce au raifort et à la pomme

Autriche

POUR 4 PERSONNES
PRÉPARATION : 5 MIN

1 pomme • 1 pot de raifort • 10 cl de crème fraîche • 1/2 citron • 1 cuill. à café de sucre • 1 cuill. à café de vinaigre • sel

1 Pelez la pomme, râpez-la et mélangez-la avec le raifort et la crème fraîche.
2 Assaisonnez avec le jus du citron, le sucre, le vinaigre, le sel et présentez-la dans un petit bol. Cette sauce accompagne les poissons fumés (truite, espadon...).
Le raifort pousse en Europe orientale. On le confond souvent avec le radis noir, auquel l'on donne parfois abusivement le nom de raifort. La racine du raifort est jaune ou grisâtre. La saveur âcre et piquante de sa pulpe blanche est appréciée de quelques amateurs. Néanmoins, on l'utilise le plus souvent râpée, adoucie par de la crème fraîche ou aigre. Le raifort accompagne de multiples plats : viandes bouillies, braisées ou froides, saucisses pochées, salade de pommes de terre, etc.

Sauce à la ciboulette

Autriche

POUR 6 PERSONNES
PRÉPARATION : 15 MIN
CUISSON : 10 MIN

3 petits pains au lait • 15 cl de lait • 4 œufs • vinaigre • sucre semoule • 12 cl d'huile • 1 citron • sauce Worcestershire • ciboulette • sel

1 Enlevez la croûte des petits pains au lait, coupez la mie en morceaux et faites-la tremper 5 min dans le lait.
2 Faites durcir 2 œufs, écalez-les et hachez les jaunes avec la mie de pain. Ajoutez 1 cuillerée à café de vinaigre, salez, sucrez légèrement. Ajoutez les jaunes des œufs crus, mélangez.
3 Versez l'huile en filet et fouettez vivement.
4 Pressez le citron. Ciselez la ciboulette. Épicez avec la sauce Worcestershire et le jus du citron. Juste avant de servir, ajoutez la ciboulette. Cette sauce accompagne le plus souvent le Tafelspitz (voir p. 183).

Les Plats

Truite au bleu

POUR 6 PERSONNES
PRÉPARATION : 15 MIN
CUISSON : 45 MIN

Boisson conseillée :
VIN BLANC DE LA MOSELLE

pour le court-bouillon :
3 carottes • 2 oignons •
3 échalotes • 1 bouquet
garni • sel, poivre
6 truites de 200 g chacune,
vidées par le poissonnier •
75 cl de vinaigre de vin •
3 citrons • 150 g de beurre

1 Préparez le court-bouillon. Grattez et lavez les carottes, coupez-les en 2. Pelez les oignons et les échalotes. Versez 2,5 l d'eau dans un faitout. Plongez-y les carottes, les oignons, les échalotes, le bouquet garni, salez et poivrez. Portez à ébullition, couvrez, baissez le feu et faites cuire à petits frémissements 30 min.
2 Sortez la casserole du feu, filtrez le bouillon au-dessus d'une cocotte. Laissez refroidir.
3 Rincez et épongez les truites à l'aide d'un papier absorbant.
4 Pour leur donner leur jolie couleur bleutée, faites bouillir le vinaigre et arrosez-en les truites. Laissez refroidir.
5 Posez la cocotte sur le feu, plongez les truites dans le bouillon. Portez doucement à ébullition en surveillant et baissez le feu dès les premiers frémissements. Prolongez la cuisson 8 à 10 min.
6 Coupez les citrons en rondelles. Faites fondre le beurre à feu très doux dans une petite casserole. Versez-le dans une saucière.
7 Sortez les truites de la cocotte à l'aide d'une écumoire et posez-les sur un plat de service chaud. Décorez le plat en disposant les rondelles de citron tout autour des poissons. Servez immédiatement.
Pour que les truites prennent la couleur qui donne son nom à cette recette, il faut qu'elles soient très fraîches.
Il devient très rare de trouver des truites sauvages d'eau vive. Leur chair est plus ferme et plus parfumée que celle de leurs cousines

Sandre au beurre de moutarde

POUR 6 PERSONNES
PRÉPARATION : 45 MIN
MARINADE : 15 MIN
CUISSON : 40 MIN

Boisson conseillée :
RIESLING

1 kg de filets de sandre (ou de perche) • 2 citrons • 1 kg de pommes de terre •
2 échalotes • 200 g de beurre • 4 cuill. à soupe de moutarde forte • sel, poivre

1 Pressez les citrons.
2 Lavez les filets puis épongez-les. Étalez-les dans un grand plat sans qu'ils se chevauchent. Arrosez avec le jus de citron, salez. Laissez-les mariner 7 min, retournez-les et laissez-les encore 7 min de plus dans ce jus.
3 Préchauffez le four à 180 °C (therm. 5).
4 Lavez les pommes de terre et faites-les cuire avec leur peau dans l'eau bouillante salée pendant 25 min. Laissez-les refroidir, pelez-les et coupez-les en rondelles. Pelez et hachez les échalotes.
5 Faites fondre, sans le laisser roussir, la moitié du beurre dans une sauteuse. Passez-y les filets de poisson. Enroulez-les sur eux-mêmes et maintenez à l'aide d'un petit bâtonnet ou d'une pique.
6 Beurrez largement un plat allant au four et étalez-y les rondelles de pommes de terre. Rangez les filets de poisson par-dessus. Parsemez les échalotes. Arrosez du beurre restant dans la sauteuse. Enfournez et faites cuire 15 min.
7 Faites fondre le reste du beurre dans une casserole, incorporez-y la moutarde jusqu'à ce que la sauce soit lisse. Sortez le plat du four, nappez de sauce et servez.

Escalopes du Holstein

POUR 4 PERSONNES
PRÉPARATION : 10 MIN
CUISSON : 25 MIN

4 escalopes de veau • 75 g de farine • 80 g de beurre (ou de margarine) • 4 filets d'anchois • 4 œufs • persil • 8 cornichons • câpres au vinaigre • cresson (facultatif) • sel, poivre

1 Demandez à votre boucher d'aplatir la viande pour obtenir des escalopes bien larges.
2 Mettez la farine dans une assiette. Passez les escalopes dans la farine, de chaque côté.
3 Dans une poêle, faites chauffer le beurre. Mettez les escalopes à cuire. Retournez-les à mi-cuisson. Salez, poivrez, terminez la cuisson.
4 Pendant ce temps, faites cuire les œufs au plat.
5 Disposez chaque escalope sur une assiette chaude et placez un filet d'anchois sur chacune, puis déposez un œuf sur chaque escalope. Décorez de persil, de cornichons, de câpres et, éventuellement, de cresson.

Jarret de porc à la bavaroise

POUR 4 PERSONNES
PRÉPARATION : 15 MIN
CUISSON : 1 H 30

1 jarret de porc (1,2 kg environ) • 1 gros oignon • 1 carotte • 1 cuill. à café de cumin • 3 grains de poivre vert • poivre noir du moulin • sel

1 Préchauffez le four à 200 °C (therm. 6).
2 Salez et poivrez largement le jarret de porc. Déposez-le sur la grille du four. Réservez de sorte qu'il s'imprègne de l'assaisonnement.
3 Pelez l'oignon et coupez-le en morceaux. Grattez et lavez la carotte, coupez-la en rondelles.
4 Mettez ces légumes dans un grand plat allant au four. Assaisonnez de cumin et de poivre vert. Mouillez de 25 cl d'eau.
5 Enfournez le plat ainsi que la grille que vous placez au-dessus. Laissez cuire 1 h 30 environ. Arrosez plusieurs fois le jarret avec le jus de cuisson (la surface de la viande va devenir brune et croustillante).
6 Vérifiez la cuisson à la pointe d'un couteau. Le jus qui s'écoule doit être limpide. Sortez la viande du four. Découpez-la en tranches puis servez chaud.

Labskaus

POUR 4 PERSONNES
PRÉPARATION : 30 MIN
CUISSON : 2 H

Boisson conseillée :
PINOT NOIR

750 g de poitrine de bœuf salée • 6 oignons • 4 clous de girofle • 2 feuilles de laurier • 1 kg de pommes de terre

1 Pelez les oignons. Enfoncez 2 clous de girofle dans 2 oignons. Réservez les autres.
2 Remplissez une cocotte d'eau froide à moitié. Plongez-y la viande, les 2 oignons et salez. Portez à ébullition, baissez le feu puis prolongez la cuisson pendant environ 2 h.
3 Pendant ce temps, épluchez et lavez les pommes de terre. Coupez les oignons restants en dés. Faites-les cuire ensemble à l'eau. Égouttez-les puis réduisez le tout en purée. Mouillez avec du bouillon de viande.
4 Sortez la viande du bouillon et hachez-la. Mélangez-la avec la purée de pommes de terre. Versez dans un plat chaud et servez.
Le Labskaus s'accompagne d'œufs sur le plat et de cornichons à l'aigredoux, ou encore de harengs et de betteraves rouges au vinaigre.

Lièvre à la confiture d'airelles

POUR 6 PERSONNES
PRÉPARATION : 30 MIN
CUISSON : 30 MIN

Boisson conseillée :
BOURGOGNE

3 ou 4 râbles de lièvre • 200 g de lard fumé • 50 g de margarine (ou 10 cl d'huile d'arachide) • 3 ou 4 feuilles de laurier • 1 cuill. à soupe de baies de genièvre • confiture d'airelles (voir p. 176)
pour la sauce : 30 g de margarine (ou de beurre) • 20 g de farine • 3 cuill. à soupe de crème fraîche épaisse • sel, poivre

1 Préchauffez le four à 200 °C (therm. 6).
2 Détaillez le lard en petits cubes. Faites des entailles dans les râbles de lièvre et emplissez-les avec les lardons.
3 Enduisez les râbles de la matière grasse choisie et déposez-les sur la lèchefrite. Recouvrez-les du laurier et des baies de genièvre. Enfournez et faites cuire au maximum 20 min. Arrosez en cours de cuisson avec le jus de la lèchefrite. Si nécessaire, allongez d'un peu d'eau tiède. Sortez du four et réservez au chaud.
4 Préparez la sauce. Versez dans un bol tout le contenu de la lèchefrite en grattant le fond de manière à récupérer les sucs de la viande.
5 Faites fondre la margarine (ou le beurre) dans une casserole à feu doux. Ajoutez-y la farine, mélangez bien.
6 Versez le jus de cuisson dans la casserole. Ajoutez la crème fraîche. Salez, poivrez et mélangez. Poursuivez la cuisson de la sauce à feu doux pendant environ 5 min, en remuant jusqu'à ce qu'elle épaississe. Versez-la dans une saucière et maintenez-la au chaud.
7 Sortez les râbles du four et débarrassez-les du laurier et des baies de genièvre. Découpez-les en morceaux de part et d'autre de la ligne dorsale et disposez-les dans un plat de service.
8 Installez un chauffe-plat au centre de la table. Posez-y le plat de service. Versez la confiture d'airelles dans un compotier. Apportez-le à table avec la saucière.
Une compote de pommes peu sucrée et des pommes de terre à l'eau constituent un accompagnement idéal.
Le lièvre est un gibier à chair dite «noire». Il ne faut pas le faire faisander car il se gâte au bout de 48 h. Le râble est un morceau qui s'étend du bas des côtes à la queue. C'est celui d'un lièvre de 1 an qui sera le meilleur.

Wienerschnitzel (escalopes viennoises)

POUR 6 PERSONNES

PRÉPARATION : 30 MIN

CUISSON : 12 À 16 MIN

Boisson conseillée :

PINOT NOIR

6 côtes premières de veau désossées de 1,5 cm d'épaisseur •
3 œufs • 4 cuill. à soupe de farine • 2 cuill. à soupe d'huile •
100 g de chapelure • 80 g de beurre •
6 filets d'anchois à l'huile • 2 citrons •
petits oignons au vinaigre (facultatif) • sel, poivre

1 Salez et poivrez les 2 faces des côtes et laissez-les en attente pendant 10 min.

2 Faites cuire 2 œufs 10 min dans de l'eau bouillante. Passez-les sous l'eau froide et écalez-les. Séparez puis hachez séparément les jaunes et les blancs.

3 Battez le dernier œuf avec 1 cuillerée à soupe d'huile dans une assiette. Dans une seconde, mettez la farine et, dans une troisième, la chapelure. Passez respectivement la viande dans la farine, dans l'œuf puis dans la chapelure.

4 Faites chauffer 50 g de beurre et le reste de l'huile dans une poêle. Mettez les escalopes à cuire à feu assez doux pour qu'elles dorent sans brunir (de 6 à 8 min par face).

5 Coupez les citrons en quartiers. Enroulez les anchois. Découpez 6 rondelles dans le reste du beurre. Déposez chaque wienerschnitzel sur

une assiette individuelle. Décorez-les d'une rondelle de beurre surmontée d'un anchois. Disposez autour des quartiers de citron, les blancs et les jaunes d'œufs hachés et éventuellement des petits oignons au vinaigre. Servez immédiatement.

Vous pouvez accompagner les wienerschnitzel de petits pois.

Si vous ne servez pas les escalopes tout de suite, conservez-les au chaud dans le four ouvert avant de les garnir.

Traditionnellement, les escalopes étaient cuites dans du saindoux. Les Viennois préparent aussi du poulet pané de la même manière que les escalopes. Choisissez de jeunes poulets, coupez-les en 4, passez-les dans la farine, l'œuf et la chapelure et faites-les dorer dans une poêle.

Bœuf mariné de Rhénanie

POUR 4 PERSONNES

MARINADE : 48 H

PRÉPARATION : 20 MIN

CUISSON : 2 H 10

pour la marinade : 1 carotte • 1 oignon • 1 branche de céleri • 1 petit bouquet de persil • 2 feuilles de laurier • 3 clous de girofle • 4 grains de poivre • 4 baies de genièvre • 15 cl de vinaigre 750 g de viande de bœuf (paleron, macreuse) • 100 g de lard • 50 g de margarine • 50 g de raisins secs • 10 cl de lait caillé • 3 cuill. à soupe de farine • sel, poivre

1 Lavez la viande et mettez-la dans une terrine ayant un couvercle.
2 Épluchez la carotte, pelez l'oignon, lavez le céleri. Coupez le tout en petits morceaux. Lavez puis hachez le persil.

3 Portez à ébullition 20 cl d'eau dans une casserole. Plongez-y tous les ingrédients de la marinade et laissez cuire quelques instants. Sortez du feu et laissez refroidir.
4 Versez le contenu de la casserole sur la viande. Couvrez et laissez mariner au frais pendant 48 h. Retournez la viande de temps en temps.
5 Faites tremper les raisins secs dans de l'eau tiède.
6 Coupez le lard en morceaux. Égouttez la viande (conservez la marinade), épongez-la. Faites chauffer la margarine dans une cocotte, mettez-y la viande à revenir de tous côtés. Versez la marinade, ajoutez le lard en morceaux, salez, poivrez. Couvrez et laissez mijoter 2 h à petit feu.

7 Égouttez les raisins. Sortez la viande la cocotte, coupez-la en tranches. Posez celles-ci sur un plat de service et réservez au chaud.
8 Préparez la sauce. Filtrez le jus de cuisson au-dessus d'une casserole. Ajoutez les raisins. Délayez la farine dans le lait caillé et versez dans la casserole. Allongez de 50 cl d'eau et portez à ébullition. Baissez le feu et prolongez la cuisson en remuant jusqu'à ce que la sauce épaississe. Versez-la dans une saucière. Servez. Accompagnez de croquettes de pommes de terre ou d'une compote de pommes ou de fruits secs (abricots ou pruneaux).

Selle de chevreuil de la Forêt-Noire

POUR 8 PERSONNES

PRÉPARATION : 45 MIN

MARINADE : 12 H

CUISSON : 1 H 30

Boisson conseillée :

PINOT NOIR

OU

CÔTES-DU-RHÔNE

2 kg de selle (ou d'échine de chevreuil) pour la marinade : 50 cl de bon vin rouge • 12 baies de genièvre • 12 grains de poivre • 2 feuilles de laurier 1 barde de lard (ou 50 g de saindoux) • 1 oignon • 25 cl de crème fraîche épaisse • 1 cuill. à soupe de gelée de groseille • écorces d'oranges non traitées • 1 cuill. à soupe de farine • sel

1 Posez la selle de chevreuil dans un plat en terre.
2 Préparez la marinade. Versez le vin dans une casserole ainsi que les baies de genièvre et les grains de poivre. Allongez de 50 cl d'eau, portez à ébullition et laissez refroidir.
3 Quand la marinade est froide, versez-la sur la viande. Ajoutez les

feuilles de laurier et laissez macérer pendant 12 h en retournant de temps en temps.
4 Préchauffez le four à 200 °C (therm. 6).
5 Bardez la viande avec le lard (ou enduisez-la de saindoux). Pelez l'oignon, coupez-en 8. Filtrez la marinade. Versez la moitié de celle-ci dans le plat à rôtir (réservez l'autre moitié), ajoutez le laurier et l'oignon. Disposez la viande dans le plat.
6 Mettez à four chaud pendant 45 min, en arrosant régulièrement la viande avec le jus de cuisson.
7 Sortez le plat du four, retirez la barde, enfournez de nouveau et prolongez la cuisson 45 min, toujours en arrosant.
8 Au cours des 15 dernières minutes de cuisson, enduisez la viande de 4 cuillerées à soupe crème fraîche en plusieurs fois. Réservez le reste de la crème.

Vérifiez la cuisson en plongeant une aiguille dans la selle. Le jus qui s'écoule doit être légèrement rosé. Sortez le plat du four. Découpez la viande. Posez les tranches sur un plat de service et réservez au chaud.
9 Préparez la sauce. Émincez finement les écorces d'orange. Déglacez le plat de cuisson avec un peu d'eau tiède et versez dans une casserole. Ajoutez le reste de la marinade et portez à ébullition. Délayez la farine dans un peu d'eau et versez-la dans la sauce. Ajoutez le reste de la crème fraîche, la gelée de groseille et les écorces d'orange. Mélangez intimement et versez dans une saucière.
10 Servez la selle de chevreuil accompagnée de la sauce. Maintenez le plat de service sur un chauffe-plat pour éviter que la viande ne refroidisse trop vite.

Pichelsteiner

POUR 4 PERSONNES
PRÉPARATION : 30 MIN
CUISSON : 1 H 10

Boisson conseillée :
BIÈRE OU BEAUJOLAIS

250 g de romsteck • 250 g de filet de porc • 500 g de pommes de terre • 2 oignons • 1 branche de céleri • 2 poireaux • 3 carottes • 50 g de margarine • 1 l de bouillon de bœuf • paprika • 2 ou 3 branches de persil • 50 g de moelle de bœuf (facultatif) • sel, poivre

1 Coupez la viande en dés de 1,5 cm à 2 cm de côté. Épluchez puis lavez les pommes de terre. Coupez-les en dés ou en rondelles. Pelez les oignons, émincez-les. Lavez le céleri, éliminez les gros fils à l'aide d'un éplucheur. Lavez les poireaux, ôtez le pied et le haut dur des feuilles. Émincez ces légumes. Épluchez les carottes, coupez-les en rondelles.
2 Faites fondre la margarine dans une marmite. Mettez-y la viande, les oignons, du sel, du poivre, 1 bonne pincée de paprika et éventuellement la moelle. Faites revenir en remuant.
3 Sortez la moitié de la viande de la marmite et réservez-la. Ajoutez le céleri, les carottes, les poireaux et la moitié des pommes de terre dans la marmite, salez et poivrez. Recouvrez avec le reste de viande et de pommes de terre. Salez, poivrez à nouveau.
4 Faites chauffer 75 cl de bouillon et versez-le brûlant dans la marmite. Portez à ébullition puis baissez le feu. Laissez cuire à feu doux pendant environ 1 h.
5 Vérifiez de temps en temps que le bouillon n'a pas trop réduit. S'il est nécessaire d'en ajouter, versez-le avec une louche sur les bords et penchez la marmite pour le répartir (la viande et les légumes ne doivent pas être mélangés).
6 Servez le pichelsteiner parsemé de persil haché.

Leberkäse

POUR 8 PERSONNES
PRÉPARATION : 30 MIN
CUISSON : 1 H

Boisson conseillée :
BIÈRE

800 g d'échine de porc désossée • 400 g de bœuf • 100 g de lard • 2 cuill. à café de sel • 1 cuill. à café de poivre • 1 cuill. à café de macis (écorce de la noix de muscade) • 2 oignons • 20 g de beurre

1 Préchauffez le four à 170 °C (therm. 4-5).
2 Mettez toutes les viandes dans le bol d'un mixer. Hachez longuement jusqu'à l'obtention d'une mousse. Versez cette mousse dans un saladier. Salez, poivrez et ajoutez le macis. Travaillez vigoureusement ce mélange à la main en mouillant régulièrement de 50 cl d'eau tiède.
3 Pelez les oignons, coupez-les en rondelles. Beurrez une terrine. Couvrez le fond avec les rondelles d'oignons. Mettez le hachis par-dessus.
4 Badigeonnez la farce d'un peu d'eau à l'aide d'un pinceau, enfournez et faites cuire 1 h. Spécialité bavaroise, ce «fromage de foie» ne comporte ni foie ni fromage. Son nom vient de sa forme, comparable à celle d'un fromage.

Rôti de porc aux épices

POUR 6 PERSONNES
PRÉPARATION : 15 MIN
CUISSON : 1 H 30

Boisson conseillée :
BIÈRE

1,5 kg de viande de porc (échine, cuisseau, filet...) désossée • épices au choix, mélangées ou non : cumin, ail, origan, basilic • 2 oignons • 1 croûton de pain émietté • 15 cl de bière • 15 cl de bouillon de bœuf • fécule de pommes de terre (facultatif) • sel, poivre

1 Lavez rapidement la viande puis mettez-la dans un plat allant au four, au bain-marie. Poudrez la viande de tous les côtés avec les épices. Salez et poivrez.
2 Préchauffez le four à 200 °C (therm. 6).
3 Pelez les oignons, coupez-les en 4. Disposez-les avec le pain émietté autour de la viande. Mettez le bain-marie sur le feu jusqu'à ce que l'eau soit évaporée (environ 20 min).
4 Sortez le plat du bain-marie. Enfournez et faites cuire environ 15 min. Quand la viande commence à dorer, baissez légèrement la température du four. Arrosez régulièrement pendant la cuisson. Retournez la viande plusieurs fois.
5 Arrosez le rôti avec la bière et prolongez la cuisson environ 10 min.
6 Sortez le rôti du plat de cuisson, coupez-le en tranches, posez-les sur un plat de service et réservez au chaud.
7 Déglacez le plat avec un peu d'eau tiède en grattant bien les sucs. Versez dans une casserole, ajoutez le bouillon et portez à ébullition. Si la sauce est trop liquide, liez-la avec un peu de fécule et laissez cuire 1 à 2 min. Goûtez et rectifiez l'assaisonnement si nécessaire. Versez dans une saucière.

HIMMEL
UND ERDE

•

*«Le ciel et la terre», tel est
le titre poétique de cette
recette, dont les ingrédients
semblent pourtant plus
terrestres qu'aériens ! Pour
obtenir un effet de contraste,
présentez les boudins noirs
et blancs au centre d'un
grand plat, entre la purée et
la compote.*

Tafelspitz

Autriche

POUR 6 PERSONNES

PRÉPARATION : 20 MIN

CUISSON : 2 H

Boisson conseillée :

VOLNAY

1,2 kg de viande de bœuf (gîte à la noix ou poitrine) • 1,5 l de bouillon de boeuf • 2 poireaux • 1 céleri-rave • 1 carotte • 1 bouquet de persil • 1 oignon • sel, poivre

1 Salez et poivrez la viande. Faites bouillir le bouillon, plongez-y la viande et laissez-la cuire pendant environ 1 h.
2 Pendant ce temps, préparez les légumes. Lavez les poireaux, éliminez les racines et l'extrémité dure des feuilles. Lavez le céleri. Épluchez la carotte. Coupez le tout en morceaux. Lavez le persil, pelez l'oignon.
3 Ajoutez le tout dans la marmite et laissez cuire encore 1 h ou un peu plus (piquez la viande avec une fourchette pour vérifier la cuisson).
4 Présentez la viande en tranches coupées perpendiculairement aux fibres. Vous pouvez servir accompagné d'épinards et de pommes de terre ainsi que d'une sauce au raifort. Le bouillon et les légumes feront office de soupe.

Himmel und Erde

POUR 6 PERSONNES

PRÉPARATION : 30 MIN

CUISSON : 1 H 20

Boisson conseillée :

PINOT NOIR

500 g de boudin blanc • 500 g de boudin noir • 1 kg de pommes de terre • 50 g de beurre • 4 cuill. à soupe de lait • 2 jaunes d'œufs • noix de muscade • 1 kg de pommes • 150 g de sucre semoule • huile d'arachide • sel, poivre

1 Épluchez et lavez les pommes de terre. Faites-les cuire dans de l'eau bouillante salée pendant 30 min.
2 Pendant ce temps, préparez une compote de pommes. Pelez les fruits, coupez-les en quartiers, ôtez le cœur. Faites-les cuire à découvert sur feu très doux, pendant 25 min. Versez le sucre dans la casserole et mélangez jusqu'à ce qu'il soit complètement fondu. Maintenez au chaud.
3 Réduisez les pommes de terre en purée. Faites chauffer le lait. En battant énergiquement, incorporez peu à peu à la purée le beurre, le lait, puis les jaunes d'œufs 1 par 1. Râpez dessus 1 pincée de noix de muscade.
4 Préchauffez le four à 160 °C (therm. 4).
5 Piquez les boudins afin que la peau n'éclate pas durant la cuisson.
6 Huilez légèrement les boudins. Enfournez-les et laissez cuire 10 min. Passez le thermostat sur la position gril. Retournez les boudins pour qu'ils grillent de tous côtés. Si vous faites griller les boudins sur le feu, mettez-les sur le gril brûlant et faites-les cuire 20 min en les retournant plusieurs fois.
7 Déposez les boudins au milieu d'un plat et entourez-les de la purée d'une part et de la compote de l'autre.

Gratin de chou de Poméranie

POUR 6 PERSONNES

PRÉPARATION : 30 MIN

CUISSON : 1 H

Boisson conseillée :

BIÈRE

1 chou blanc • 1 feuille de laurier • 250 g de bœuf haché • 250 g de chair à saucisse • 3 tranches de pain de mie • paprika • cumin • sucre • 1 kg de pommes de terre Bintje • 12 tranches de lard de poitrine demi-sel • 20 cl de crème fraîche liquide • 2 jaunes d'œufs • sel, poivre

1 Retirez le trognon et les feuilles abîmées du chou. Coupez-le en 4, puis en fines lanières. Portez à ébullition 3 l d'eau salée et faites cuire le chou et la feuille de laurier pendant 15 min. Égouttez le chou et réservez-le. Jetez la feuille de laurier.
2 Mélangez la viande hachée et la chair à saucisse dans une terrine avec le pain émietté. Assaisonnez avec 1 cuillerée à café de paprika, 1 de cumin et 1 de sucre. Salez et poivrez.
3 Épluchez les pommes de terre et coupez-les en fines rondelles.
4 Préchauffez votre four à 200 °C (therm. 6).
5 Disposez les tranches de lard dans le fond d'un grand plat allant au four. Recouvrez avec la moitié du chou, puis la moitié des pommes de terre. Ajoutez ensuite toute la viande, puis une nouvelle couche de chou. Finissez par le reste des pommes de terre, en les rangeant bien.
6 Battez la crème fraîche avec les jaunes d'œufs, salez, poivrez, et versez sur le gratin. Couvrez d'un papier d'aluminium et mettez au four pour 30 min.
7 Après 30 min de cuisson, retirez le papier d'aluminium et laissez gratiner encore 15 min. Servez au sortir du four. Accompagnez de 50 cl de crème aigre servie à part.

LES GIBIERS ET LES MARINADES

Cerfs, chevreuils et sangliers hantent depuis des siècles les forêts allemandes tandis que les lièvres ou les faisans courent dans les plaines. La cuisine du gibier reste une tradition très vivace dans les pays germaniques.

DES MARINADES SAVOUREUSES

Les marinades servent à retirer son goût parfois âcre au gibier. En principe, elles sont réservées aux animaux d'un certain âge. Elles sont de plusieurs types : au vin, au vinaigre additionné d'eau — dans ce cas, elles servent de base à la sauce — ou au lait caillé, une recette familiale pour attendrir les viandes fermes.

Ci-contre, une épaule de chevreuil marine dans une préparation à base de vin schweigerner (25 cl), de vinaigre (12 cl), d'eau (12 cl). On y ajoute 1 oignon en rondelles, 125 g de framboises, thym et poivre vert. Après 2 jours, faites cuire la viande.

LES GIBIERS

On distingue le gibier à poil, dont font partie le chevreuil, le cerf, le sanglier, le lièvre et le lapin de garenne (ci-dessus), et le gibier à plume : la bécasse, la perdrix, le pigeon, la caille, la grive, le canard sauvage, le faisan (ci-dessus)...

DES POMMES DE TERRE PERSILLÉES

Faites cuire de petites pommes de terre à chair ferme 20 min. Parsemez-les de persil haché. Salez.

UNE PURÉE DE MARRONS

Faites-les cuire à l'eau bouillante pendant 30 min. Passez-les au mixer. Mélangez avec de la crème, du beurre et du lait. Salez et poivrez.

Une purée
de céleri-rave

Mélange harmonieux
de pommes de terre
et de céleri-rave,
il faut assaisonner
cette purée de
muscade.

Une compote de
poires et de mûres

Voici une garniture su-
crée servie traditionnellement avec le gibier. Les
mûres peuvent se trouver
entières ou en purée.

Une purée
de pois cassés

Faites-les tremper au
moins 2 h à l'eau
froide, puis cuire 1 h
à l'eau bouillante.
Ensuite, procédez
comme pour les au-
tres purées : passez-
les au mixer et ajoutez
du beurre et de la crème.

Croûtons et fruits secs

•

Les gibiers sont présentés également avec des croûtons et des fruits secs : abricots, raisins, pruneaux,
noix et noisettes. Vous pouvez aussi les accompagner de boulettes de pain (voir p. 186, Thüringer
Klösser) ou de confiture d'airelles (voir p. 176).

Pommes de terre au cumin

POUR 4 PERSONNES
PRÉPARATION : 10 MIN
CUISSON : 20 MIN

8 grosses pommes de terre • 1 cuill. à café de cumin • 40 g de beurre • 200 g de fromage blanc • aneth, persil (ou ciboulette) • sel, poivre

1 Choisissez de préférence des pommes de terre nouvelles. Lavez-les puis faites-les cuire pendant 20 min avec leur peau dans de l'eau salée, avec le cumin.
2 Coupez-les en 2 lorsqu'elles sont encore chaudes. Poudrez-les de poivre et de sel. Tartinez-les d'une noisette de beurre puis recouvrez-les de fromage blanc. Parse-mez à volonté d'herbes hachées.

Ces pommes de terre peuvent être servies seules pour un repas léger ou avec des saucisses cuites à l'eau.

Chou rouge braisé

POUR 6 PERSONNES
PRÉPARATION : 30 MIN
CUISSON : 2 H

1 chou rouge (1,5 kg environ) • 4 cuill. à soupe de saindoux • 2 cuill. à soupe de vinaigre • 2 cuill. à soupe de sucre semoule • 2 pommes • 4 cuill. à soupe de gelée de groseille • sel, poivre

1 Lavez le chou, enlevez les grosses côtes et les feuilles abîmées. Râpez-le grossièrement ou coupez-le en fines lanières.
2 Mettez le saindoux, le vinaigre et le sucre dans une cocotte. Mouillez avec 15 cl d'eau. Salez, poivrez et portez à ébullition.
3 Posez le chou dans la cocotte et remuez. Baissez le feu et laissez cuire 1 h 30 à couvert. Remuez régulièrement et allongez d'un peu d'eau si nécessaire.
4 Pelez et évidez les pommes, coupez-les en quartiers. Mettez-les dans la cocotte.
5 Dans une petite casserole, diluez la gelée de groseille avec un peu d'eau. Quand elle est liquide, versez-la dans la cocotte, mélangez bien et prolongez la cuisson encore 30 min à couvert et à feu doux.
6 Versez dans un plat creux et servez bien chaud.
Ce chou-rouge accompagne les gibiers, comme la selle de chevreuil (voir p. 180), ou les rôtis de porc (voir p.181).

Boulettes de Thuringe

POUR 6 PERSONNES
PRÉPARATION : 45 MIN
CUISSON : 20 MIN

1 kg de pommes de terre • 1,5 l de lait • 50 g de margarine (ou de beurre) • 80 g de semoule de blé • 1 petit pain au lait • sel

1 Épluchez les pommes de terre, lavez-les et râpez-les dans un saladier contenant de l'eau. Égouttez-les et épongez-les soigneusement jusqu'à ce qu'elles soient bien sèches.
2 Dans une grande casserole, versez le lait, ajoutez 30 g de la matière grasse choisie et 2 grosses pincées de sel. Portez à ébullition et versez-y la semoule en pluie. Laissez cuire à feu doux sans cesser de remuer jusqu'à ce que la semoule soit prise. Sortez la casserole du feu et mélangez la semoule avec les pommes de terre. Laissez refroidir.
3 Détaillez le pain au lait en petits cubes et faites-les revenir avec le reste de matière grasse.
4 Farinez vos mains et formez soigneusement avec le mélange de pommes de terre et de semoule des boulettes de la taille d'un œuf.
5 Plongez les boulettes dans de l'eau bouillante salée. Baissez le feu et laissez-les cuire 15 min. Organisez-vous pour faire cuire ces boulettes en fin de cuisson du plat qu'elles accompagnent. Servez-les avec un plat de canard, d'oie ou de gibier en sauce.
Chaque région a sa recette de boulettes. Les plus classiques sont les boulettes de pommes de terre et les boulettes de pain.

Chou blanc

POUR 6 PERSONNES
PRÉPARATION : 15 MIN
CUISSON : 35 MIN

1 chou blanc • 50 g de margarine (ou de beurre) • 2 cuill. de vinaigre • 2 cuill. à soupe de baies de genièvre • sel, poivre

1 Lavez le chou, enlevez les grosses côtes des feuilles. Râpez-le ou découpez-le en très fines lamelles.
2 Mettez la matière grasse choisie, le vinaigre et les baies de genièvre dans une sauteuse. Salez, poivrez, portez à ébullition. Ajoutez le chou, mélangez, baissez le feu et laissez cuire à couvert pendant 30 min.
3 Finissez la cuisson à découvert en remontant le feu jusqu'à ce que l'eau de cuisson soit évaporée.
Servez avec des saucisses pochées ou du saucisson à cuire.

Les Desserts

Bavarois de noisettes

POUR 6 PERSONNES
PRÉPARATION : 30 MIN
CUISSON : 10 MIN
RÉFRIGÉRATION : 3 H

Boisson conseillée :

TROCKENAUSLESE

50 cl de lait • 1 gousse de vanille (ou 1 sachet de sucre vanillé) • 5 jaunes d'œufs • 150 g de sucre semoule • 75 g de noisettes en poudre • 12 g de gélatine en feuilles • 25 cl de crème fraîche liquide

1 Mettez la crème fraîche au froid.
2 Dans un saladier, battez ensemble les jaunes d'œufs et le sucre jusqu'à ce que le mélange blanchisse et devienne mousseux. Réservez.
3 Fendez la gousse de vanille en 2. Plongez-la dans le lait. Portez à ébullition puis faites infuser 2 à 3 min.

4 Versez immédiatement le lait en filet dans le saladier en remuant constamment à l'aide d'une cuillère en bois.
5 Versez ce mélange dans une casserole et faites cuire à feu doux pendant 10 min en râclant bien le fond de la casserole, jusqu'à ce que la crème épaississe. Ne laissez surtout pas bouillir, la crème tournerait. Retirez du feu et ajoutez les noisettes.
6 Faites ramollir les feuilles de gélatine dans un peu d'eau tiède. Égouttez-les et mettez-les dans la casserole. Mélangez jusqu'à ce que la gélatine soit fondue. Lais-

sez refroidir à température ambiante.
7 Fouettez la crème fraîche bien froide en chantilly. Incorporez-la délicatement à la préparation rafraîchie.
8 Passez un moule à bords hauts sous l'eau froide, ne l'essuyez pas. Remplissez-le de crème et mettez-le dans le réfrigérateur pendant au moins 3 h.
9 Décollez le bavarois du moule en vous aidant d'un couteau fin. Démoulez-le sur un plat et servez.
Ce dessert très fin peut être préparé la veille.

Forêt-Noire

POUR 8 PERSONNES
MACÉRATION : 2 H
PRÉPARATION : 45 MIN
CUISSON : 30 MIN
REFROIDISSEMENT : 2 H

500 g de cerises en conserve (au naturel) • 10 cl de kirsch • 6 œufs • 100 g de beurre • 100 g de sucre semoule • 75 g d'amandes en poudre • 100 g de cacao en poudre • 180 g de farine • 1 paquet de levure chimique • 1 paquet de sucre vanillé
pour la crème Chantilly : 20 cl de crème liquide (ou fleurette) • 2 paquets de sucre vanillé
pour la décoration : cerises confites • chocolat noir

1 Faites macérer les cerises dans le kirsch pendant 2 h. Mettez la crème fraîche au froid.
2 Préchauffez le four à 180 °C (therm. 5).
3 Séparez le blanc des jaunes d'œufs. Faites fondre le beurre dans une casserole, sans le laisser

brunir. Mettez les jaunes dans un grand saladier. Ajoutez le sucre, le beurre, les amandes, le cacao, la farine, la levure, le sucre vanillé. Mélangez bien le tout pour obtenir une pâte homogène.
4 Battez les blancs en neige ferme. Incorporez-les délicatement à la préparation en soulevant le mélange pour ne pas casser la neige.
5 Beurrez un moule à manqué (ou une tourtière) et versez-y la pâte. Faites cuire à four moyen pendant 30 min environ. Laissez refroidir le biscuit dans son moule au moins 1 h.
6 Démoulez le biscuit et coupez-le en 3 abaisses, horizontalement. Mettez chaque abaisse sur une assiette. Arrosez-les du jus de la macération puis répartissez les cerises.
7 Fouettez la crème fraîche jusqu'à ce qu'elle mousse. Ajoutez alors le sucre vanillé.

8 Tartinez les biscuits de crème en réservant 1/4 de celle-ci. Superposez les 3 abaisses et recouvrez le tout du reste de crème.
9 Décorez à votre goût de cerises et de chocolat râpé. Mettez le gâteau au réfrigérateur pendant 1 h au moins avant de le servir. Il se conservera parfaitement au frais pendant 24 h.
L'Allemagne est la patrie des gâteaux riches en crème pâtissière, crème au beurre et crème fouettée. On les déguste dans des pâtisseries ou des salons de thé, l'après-midi. La boisson conseillée est alors un café ou un thé. Cette tradition est particulièrement vivace dans le Sud, dans les régions frontalières avec la Suisse et l'Autriche. La Forêt-Noire, qui a donné son nom à ce gâteau, se situe autour de Francfort.

Sachertorte

Autriche

POUR 8 À 10 PERSONNES

PRÉPARATION : 30 MIN

CUISSON : 35 MIN

RÉFRIGÉRATION : 2 H

Boisson conseillée :

CAFÉ

pour la pâte : 200 g de chocolat à cuire • 175 g de beurre • 8 œufs + 2 blancs • 120 g de sucre semoule • 2 sachets de sucre vanillé • 125 g de farine tamisée

pour la garniture : 100 g de confiture d'abricots débarrassée des morceaux de fruits • 15 cl de liqueur d'orange

pour le glaçage : 150 g de chocolat à cuire • 150 g de sucre glace • 1 sachet de sucre vanillé • 15 cl de crème fraîche • 1 jaune d'œuf

1 Cassez le chocolat dans un bol, mettez au bain-marie. Laissez fondre. D'autre part, faites fondre 125 g de beurre à feu très doux.
2 Séparez les jaunes des blancs d'œufs. En vous servant d'un fouet à main, battez les jaunes dans une terrine puis incorporez le chocolat et le beurre fondu.

3 Montez les blancs d'œufs en neige avec 1 cuillerée à soupe de sucre semoule. Lorsqu'ils commencent à mousser, incorporez peu à peu le reste du sucre et les 2 sachets de sucre vanillé ; fouettez jusqu'à ce que les blancs soient parfaitement fermes.
4 Commencez par incorporer délicatement 1/3 des blancs d'œufs ainsi que la farine à la préparation précédente. Ajoutez le reste des blancs en soulevant la masse, sans la battre, pour ne pas casser les blancs.
5 Préchauffez le four à 180 °C (therm. 5).
6 Beurrez le fond de 2 moules à manqué de 22 cm de diamètre et garnissez ceux-ci de papier sulfurisé beurré. Remplissez-les de la pâte obtenue et faites cuire pendant 30 min environ. Démoulez ensuite les gâteaux et laissez-les refroidir.
7 Faites chauffer la confiture d'abricots avec la li-

queur d'orange. Recouvrez-en les gâteaux d'une couche fine puis superposez-les.
8 Dans une casserole, faites fondre le chocolat à cuire avec le sucre glace, le sucre vanillé et la crème fraîche. Amenez doucement à ébullition, maintenez celle-ci pendant 5 min. Battez le jaune d'œuf dans un bol. Hors du feu, incorporez-le peu à peu dans la préparation, remettez quelques secondes sur le feu en remuant. Vous devez obtenir un mélange épais. Laissez tiédir.
9 Placez le gâteau sur un plat rond. Versez le glaçage au centre et égalisez à l'aide d'une spatule. Mettez la Sachertorte au réfrigérateur. Sortez-la 1 h avant de servir.
Ce célèbre gâteau a été inventé dans le non moins célèbre hôtel Sacher, à Vienne.

Linzertorte

Autriche

POUR 12 PERSONNES

PRÉPARATION : 25 MIN

REPOS : 1 H

CUISSON : 20 MIN

Boisson conseillée :

RIESLING

6 jaunes d'œufs durs • 300 g de farine tamisée • 150 g de beurre • 50 g d'amandes en poudre • 50 g de sucre glace • 1 cuill. à café de cannelle • 1 cuill. à soupe de rhum • 200 g de compote de pommes non sucrée • 500 g de confiture de framboises

1 Prévoyez 2 moules à tarte d'environ 20 cm de diamètre, de préférence à fond amovible, car la pâte de cette tarte est très friable.
2 Passez les jaunes d'œufs durs au tamis.
3 Dans un bol, mettez la farine, le beurre ramolli, les jaunes d'œufs, les amandes en poudre, le

sucre glace, la cannelle et le rhum. Mélangez à la spatule sans travailler. Laissez reposer 1 h au froid.
4 Préchauffez le four à 200 °C (therm. 6).
5 Partagez la pâte en 2, puis abaissez-la finement sur le plan de travail fariné. Foncez les 2 moules. Découpez la pâte qui dépasse des moules, réservez-la.
6 Mélangez la compote de pommes et la confiture de framboises. Garnissez-en les 2 fonds de pâte.
7 Travaillez un peu le reste de pâte entre vos mains pour qu'il devienne un peu élastique. Abaissez-le et découpez de longues bandes de

pâte de 1,5 cm de large. Garnissez la surface des 2 tartes en croisant les bandes de pâte de façon à former des losanges. Appuyez bien leurs extrémités sur le bord des moules.
8 Mettez au four et faites cuire 20 min. Démoulez tiède.
La pâte de la Linzertorte peut être préparée à l'avance, car elle se garde plusieurs jours au réfrigérateur. Le gâteau terminé se conserve 3 ou 4 jours.
La Linzertorte est originaire de Linz, une belle et ancienne ville, fondée il y a plus de 1 000 ans sur le Danube.

LINZERTORTE

•

Décorez la linzertorte de cerises à l'eau-de-vie. Choisissez des griottes bien saines, faites fondre du sucre dans de l'eau-de-vie (2/3 d'alcool pour 1/3 de sucre). Rangez les cerises dans des bocaux, couvrez d'eau-de-vie sucrée, bouchez les bocaux et mettez-les au frais pendant 3 mois.

Gâteau aux carottes

POUR 6 PERSONNES

PRÉPARATION : 10 MIN

CUISSON : 40 MIN

250 g de carottes • 2 œufs

125 g de noisettes moulues •

25 cl d'huile • 100 g de sucre

semoule • 50 g de farine •

10 g de levure chimique • sel

1 Préchauffez le four à 180 °C (therm. 5).
2 Lavez les carottes, épluchez-les. Râpez-les.

3 Battez les œufs en omelette dans une terrine. Ajoutez les carottes, les noisettes, l'huile, le sucre, la farine et la levure. Salez. Travaillez bien le tout pour former une pâte.
4 Beurrez un moule à manqué et versez-y la pâte. Enfournez et faites cuire pendant 40 min.
5 Laissez refroidir dans le moule. Démoulez et servez.

Cette recette a été transplantée par les pionniers allemands aux États-Unis, où elle est maintenant très populaire.

Germknödel

Autriche

POUR 6 PERSONNES

PRÉPARATION : 40 MIN

REPOS : 2 H 30

CUISSON : 12 MIN

Boisson conseillée :

JURANÇON

pour la pâte : 150 g de farine •

15 g de levure de boulanger •

6 cl de lait • 30 g de sucre

semoule • 2 œufs

250 g de confiture de

pruneaux • 50 g de beurre •

125 g de graines de pavot

moulues • sucre glace

1 Préparez une pâte levée. Mettez la farine dans une terrine. Formez un puits au milieu. Délayez la levure dans le lait tiède, ajoutez le sucre et versez dans le puits. Ajoutez les œufs entiers. Travaillez pour obtenir une pâte légèrement molle. Laissez reposer dans un endroit tiède pendant 2 h environ.

2 Prélevez des boules de la grosseur d'un œuf et abaissez-les au rouleau jusqu'à ce qu'elles atteignent la taille d'une assiette.
3 Déposez au centre de chaque galette 1 cuillerée à café de confiture de pruneaux, puis refermez de façon à former une sorte de chausson.
4 Mettez ces chaussons sur une planche farinée, recouvrez-les d'un linge et laissez reposer à nouveau pendant 30 min. La pâte lève encore.
5 Plongez les chaussons dans de l'eau bouillante salée, en veillant à ce qu'ils aient suffisamment de place pour gonfler. Laissez cuire pendant environ 12 min en les re-

tournant de temps en temps. Piquez avec une aiguille pour vérifier la cuisson. Les chaussons sont cuits lorsque l'aiguille ressort propre et sèche.
6 Égouttez et piquez plusieurs fois encore pour éviter que les pâtisseries ne s'affaissent. Servez les Germknödel chauds, nappés de beurre fondu et largement poudrés de graines de pavot et de sucre glace.

Le terme «knödel», dont le mot français «quenelle» dérive, recouvre toutes sortes de préparations dont la caractéristique commune est qu'elles cuisent dans l'eau bouillante.

Käsekuchen

POUR 6 PERSONNES

PRÉPARATION : 30 MIN

CUISSON : 1 H

REFROIDISSEMENT : 30 MIN

pour la pâte : 200 g de farine •

75 g de sucre semoule •

10 g de sucre vanillé •

1 œuf • 75 g de margarine •

5 g de levure chimique

pour la garniture : 750 g de

fromage blanc frais (à la

louche) • 100 g de raisins

secs • 15 cl de rhum •

1 paquet de préparation pour

flan à la vanille • 150 g de

sucre semoule • 4 jaunes

d'œufs • 20 cl de lait •

crème fraîche •

1 Mélangez la farine, le sucre semoule et le sucre vanillé, l'œuf, la marga-

rine et la levure dans un saladier. Travaillez-les pour obtenir une pâte homogène.
2 Préchauffez le four à 150 °C (therm. 2-3).
3 Beurrez un moule à manqué (ou une tourtière) de 26 cm de diamètre. Abaissez la pâte assez finement pour pouvoir couvrir le fond et les bords du moule. Garnissez celui-ci.
4 Préparez la garniture. Faites égoutter le fromage blanc dans une passoire garnie d'un linge. Faites tremper les raisins secs dans le rhum. Versez le fromage dans une terrine, ajoutez la préparation pour flan, le sucre,

les jaunes d'œufs, le lait, 1 cuillerée à soupe de crème fraîche et les raisins égouttés. Mélangez bien le tout.
5 Versez la garniture dans le moule. Étalez à l'aide d'une spatule. Enfournez et faites cuire 1 h, jusqu'à ce que le dessus du gâteau brunisse. Laissez refroidir 30 min avant de démouler.

Vous pouvez décorer ce gâteau avec de la crème fouettée et des fruits confits.

Utilisez de préférence un moule à fond amovible, cela facilitera le démoulage.

Anfelstrudel

Autriche

POUR 8 PERSONNES

PRÉPARATION : 45 MIN

REPOS DE LA PÂTE : 30 MIN

CUISSON : 40 MIN

Boisson conseillée :

SCHLUCK

300 g de farine tamisée • 2 cuill. à soupe d'huile •
sel • 80 g de chapelure • 30 g de beurre •
1 kg de pommes • 50 g de sucre • cannelle •
100 g de raisins secs • 1 jaune d'œuf

1 Disposez la farine en fontaine sur un plan de travail. Versez l'huile, 1 pincée de sel et 10 cl d'eau tiède dans le puits. Mélangez avec une cuillère en bois jusqu'à obtenir une pâte molle. Pétrissez ensuite à la main jusqu'à ce que la pâte soit lisse. Ramassez-la en boule, huilez la surface et laissez reposer 30 min au moins.

2 Sur un linge fariné, abaissez la pâte au rouleau. Glissez ensuite les mains sous la pâte et, en partant du centre, étirez-la délicatement jusqu'à obtenir une pâte aussi fine que possible. Découpez le bord épais.

3 Préparez la garniture. Faites dorer la chapelure dans 10 g de beurre. Pelez les pommes, ôtez le cœur et coupez-les en tranches fines. Préchauffez le four (210 °C, therm. 6-7). Faites fondre le reste du beurre à feu doux. Badigeonnez la pâte jusqu'à 1,5 cm des bords avec la moitié du beurre fondu. Recouvrez de chapelure et disposez

les pommes par-dessus. Poudrez de sucre et de cannelle puis parsemez de raisins.

4 Enroulez le strudel à l'aide du linge. Mouillez les bords et appuyez bien dessus pour fermer le rouleau.

5 Mélangez rapidement l'œuf et le reste du beurre tiède. Mettez le gâteau sur une plaque graissée, badigeonnez-le de ce mélange et faites cuire à four chaud (200 °C, therm. 6) pendant 30 à 40 min. Sortez du four, posez sur un plat de service et servez tiède, poudré de sucre glace.
Le strudel est l'un des desserts autrichiens les plus réputés, dans ce pays célèbre pour ses pâtisseries. La garniture aux pommes est la plus classique, mais l'on trouve toutes sortes de variantes : des strudel fourrés aux cerises, au fromage blanc, ou encore farcis de viande hachée.

Zwetschken-knödel

Autriche

POUR 6 PERSONNES

PRÉPARATION : 20 MIN

REPOS DE LA PÂTE : 30 MIN

CUISSON : 10 MIN

330 g de farine • 80 g de beurre • 250 g de fromage blanc • 2 œufs • 15 cl de lait • 500 g de quetsches • 80 g de chapelure • cannelle • sucre semoule • sel

1 Sur une planche à pâtisserie, travaillez 300 g de farine avec 20 g de beurre, puis avec le fromage blanc et les œufs. Ajoutez 1 pincée de sel. Ajoutez le lait peu à peu jusqu'à ce que le mélange soit onctueux et homogène.

2 Recouvrez la pâte et laissez reposer 30 min.

3 Abaissez la pâte au rouleau sur le plan de travail fariné. Découpez des carrés d'une taille suffisante pour envelopper une quetsche.

4 Lavez et essuyez les quetsches. Enroulez-les 1 à 1 dans les carrés de pâte en formant des boulettes que vous roulerez dans de la farine.

5 Plongez ces boulettes dans de l'eau bouillante 15 min avant de servir, couvrez et laissez cuire pendant 10 min.

6 Pendant ce temps, faites dorer la chapelure dans le beurre restant.

7 Retirez les boulettes de l'eau avec une écumoire et roulez-les dans la chapelure dorée au beurre. Servez-les dans un plat creux, poudrées de sucre et de cannelle.

Weinachts Stollen

POUR 12 PERSONNES

PRÉPARATION : 30 MIN

REPOS : 2 H 15

CUISSON : 1 H 10

Boisson conseillée :

CHAMPAGNE

1 kg de farine • 60 g de levure de boulanger • 350 g de sucre semoule • 50 cl de lait • 450 g de beurre salé + 150 g de beurre doux • 20 cl de rhum • 1 citron extrait d'amandes amères • 150 g de citrons confits • 300 g de raisins secs (de Corinthe de préférence) • 100 g d'amandes en poudre

1 Versez la farine en fontaine sur un plan de travail. Dans le puits versez la levure, 2 cuillerées à soupe de sucre et 10 cl de lait. Travaillez la pâte à la main. Formez une boule, mettez-la dans un saladier, couvrez et laissez reposer 15 min.

2 Râpez le zeste du citron. Incorporez le beurre salé par petits morceaux. Versez 300 g de sucre, le reste du lait, le rhum, le zeste de citron et 2 gouttes d'extrait d'amandes amères.

3 Travaillez de nouveau la pâte. Remettez-la dans le saladier. Couvrez et laissez reposer de nouveau pendant 1 h.

4 Pendant ce temps, hachez les citrons confits, lavez les raisins secs à l'eau chaude. Mélangez les fruits. Ajoutez-les à la pâte ainsi que les amandes en poudre.

5 Formez 2 boules de pâte, laissez-les de nouveau reposer pendant 1 h.

6 Préchauffez le four à 180 °C (therm. 5).

7 Garnissez de pâte 2 moules rectangulaires. Enfournez et faites cuire pendant 1 h.

8 Sortez-les gâteaux du four, badigeonnez-les du beurre doux, poudrez de sucre, enfournez à nouveau et faites cuire 10 min. Servez tiède.

Gâteau au beurre du Tyrol

Autriche

POUR 4 PERSONNES

PRÉPARATION : 45 MIN

CUISSON : 30 MIN

Boisson conseillée :

GRÜNER VELTLINER

pour la crème au beurre : 1 œuf • 175 g de sucre semoule • 125 g de beurre pour la pâte : 5 œufs • 150 g de sucre • 1 zeste de citron • 180 g de farine pour le glaçage : 2 blancs d'œufs • 200 g de sucre glace • 3 cl de café noir

1 Préparez la crème au beurre. Cassez l'œuf entier dans une casserole, ajoutez le sucre. Posez sur feu doux.

2 Travaillez le mélange jusqu'à ce que le sucre soit fondu. Laissez refroidir en remuant souvent.

3 Réduisez le beurre en pommade bien souple. Ajoutez-y le mélange œuf-sucre en le versant en filet sans cesser de tourner. Réservez cette préparation.

4 Préchauffez le four à 180 °C (therm. 5).

5 Cassez les œufs et séparez les blancs des jaunes. Battez les jaunes, le sucre et le zeste de citron râpé jusqu'à ce que le mélange devienne mousseux. Battez les blancs en neige. Incorporez-les à cette pâte.

6 Versez la farine en pluie et remuez pour obtenir une pâte onctueuse.

7 Beurrez et farinez un moule rond. Versez la pâte dans le moule et faites cuire 30 min.

8 Sortez le gâteau du four et laissez-le refroidir.

9 Coupez le gâteau horizontalement en 2 parts égales. Garnissez-le avec la crème au beurre.

10 Préparez le glaçage. Fouettez les blancs avec un peu de sucre. Ajoutez le café et le reste du sucre. Faites cuire à petit feu jusqu'à obtenir une consistance épaisse.

11 Recouvrez le gâteau avec ce glaçage et laissez refroidir.

LA SUISSE

La cuisine suisse reflète la diversité géographique,
linguistique et culturelle de ce pays montagnard. Chacun
des 23 cantons qui le composent possède ses propres traditions culinaires.
On trouve dans les cantons d'expression française des similitudes
avec les régions avoisinantes, Savoie et Jura. La cuisine du Tessin est assez
proche de celle de l'Italie du Nord, tandis que celle des cantons
alémaniques du Nord est plus germanique. Autant ou plus que ses voisins,
la gastronomie suisse a subi l'influence du climat et de la géologie.
La nécessité de conserver des nourritures substantielles pour traverser
les hivers rigoureux à donné naissance à de multiples charcuteries
et à quelques 150 variétés de fromages.

SAVEURS DE SUISSE

Contrée paisible qui vit au rythme de ses alpages, la Suisse propose une cuisine rustique et copieuse. Potages, poissons fins de torrents et de lacs, pâtisseries moelleuses, la table suisse est chaleureuse et sa réputation gastronomique, largement méritée.

LES TRADITIONS

La cuisine suisse est souvent économique et robuste, à l'image des paysans montagnards qui l'ont créée. De nombreuses soupes, qui tiennent souvent lieu de plat unique, témoignent de cet héritage que les produits et les modes de vie ont modelé. C'est ainsi que les fromages sont nés du besoin de conserver les qualités du lait d'alpage pour une consommation hivernale. Et, tout naturellement, des recettes à base de fromage, comme la fondue ou la raclette, ont vu le jour.

LA VIE QUOTIDIENNE

LE PETIT DÉJEUNER. Il se compose de thé, de café ou de lait, de tartines, de yaourts et de muesli, mélange typiquement suisse de céréales aux noisettes, aux raisins secs et aux pommes, que l'on arrose de lait tiède ou froid.

LE DÉJEUNER. Appelé «dîner» en Suisse, le déjeuner est le repas principal de la journée. Des crudités seront suivies, par exemple, d'une tarte à l'oignon, puis d'un dessert : une crème, un gâteau ou des fruits. Pour la boisson, certains préfèrent l'eau minérale, d'autres une bière ou un petit vin blanc.

LE DÎNER. Appelé «souper», il est le plus souvent composé comme un déjeuner, sauf dans les familles qui traditionnellement dégustent un «café complet». Celui-ci s'organise autour d'un copieux plateau de fromages et de yaourts, accompagné de pain et d'une bonne tasse de café.

LES JOURS DE FÊTE

NOËL. Il n'y a pas à proprement parler de tradition culinaire suisse réservée à ce jour, qui se calque d'ordinaire sur les habitudes françaises ou allemandes. Notons toutefois que certains Suisses apprécient plus particulièrement, pour le déjeuner du 25 décembre, un bon jambon chaud qu'ils assortissent de petits légumes : haricots, petits pois et carottes.

LA FÊTE DE L'ESCALADE. Célébrée le 14 décembre, elle commémore ce jour de l'an 1602 où, pour défendre Genève d'une tentative d'invasion savoyarde, une ménagère déversa sur les assaillants son chaudron de soupe bouillante. C'est ainsi qu'elle sauva sa ville. Ce jour-là, toutes les vitrines des pâtisseries, surtout à Genève, se remplissent de chaudrons en chocolat remplis de légumes en massepain.

Menu classique

━━━

POTAGE AUX HERBES

•

TRUITE AUX RAISINS VERTS

•

GÂTEAU AUX CERISES

Toblerone

Chocolat noir fourré praliné noisette

Ovomaltine

Frigor

Tonneau

Pives

Chocolat au lait "soufflé"

Chocolat noir

Chocolat nougat-miel

Rochers : blanc, au lait, noir

LES PRODUITS

LES CHOCOLATS
•

C'est dans le creux vallonné et verdoyant de ses alpages fréquemment drapés de neige que la Suisse élève ses vaches aux pis gonflés d'un lait riche et crémeux qui entre dans la composition de ses chocolats légendaires, une tradition qui remonte au début du XIXe siècle avec des entreprises familiales de renom : Suchard, Nestlé, Kohler, Lindt. C'est aussi à un Suisse, le docteur Peter, que l'on doit l'invention du chocolat au lait en 1878. Fabriqué à base d'un mélange de cacao et de sucre, auquel s'ajoutent lait ou miel, fruits secs ou amandes selon les variétés, le chocolat suisse envahit des rayonnages entiers de boutiques dans des boîtes ouvragées et finement compartimentées dont la vue est déjà un appel à la gourmandise...

LA VIANDE DES GRISONS

Cette viande de bœuf séchée se rencontre principalement dans les cantons des Grisons et du Valais. La viande est d'abord marinée dans une saumure aromatisée, puis elle est frottée avec des herbes. Coincée entre deux planches, elle est alors fortement pressée pendant plusieurs jours avant de sécher à l'air libre. C'est cet air sec et frais des montagnes qui lui confère son goût vif et particulier.

LES FROMAGES
•

Pays de pâturages, la Suisse produit d'excellents fromages de vache à pâte cuite ou non. En voici quelques-uns des plus fameux.

LE GRUYÈRE. Ce célèbre fromage de lait de vache à pâte pressée cuite et à croûte lavée provient de la région préalpine de Gruyère, dans le canton de Fribourg. Six mois d'affinage en cave humide lui donnent sa chair souple et ferme de couleur ivoire. Présenté sous forme de meule d'une quarantaine de kilos, il se prête à de multiples emplois culinaires dans les fondues, les soufflés, les gratins, en sandwich, en croque-monsieur, en salade...

L'EMMENTAL. Cette variété de fromage à pâte cuite, née dans la vallée de l'Emme mais fabriquée aussi en Savoie et en Franche-Comté, en France, se différencie notamment du gruyère par la grosseur de ses ouvertures, qui peuvent atteindre la taille d'une noix. En meule, son poids oscille entre 60 et 110 kg.

L'APPENZELL. Originaire du canton du même nom, sa pâte cuite pressée est ferme et parsemée de rares trous. L'appenzell se présente en meule d'une dizaine de kilos sous une belle croûte dorée et brossée, et remplace parfois le gruyère en cuisine.

LE SBRINZ. Encore un fromage fabriqué avec du lait de vache, dont la durée de maturation est longue, entre deux et quatre ans. Râpé, il entre dans la confection d'une kyrielle de soupes, mais aussi de gnocchi, de croustades, etc.

LE SCHABZIEGER. C'est un fromage à pâte cuite à base de lait écrémé dont la pâte est très dure et ne possède pas de croûte ; son goût est piquant. On l'utilise le plus fréquemment quand il est sec, pour condimenter la polenta, le riz ou les pâtes.

LA TOMME VAUDOISE. Elle appartient à la catégorie des tommes de lait de vache à pâte fraîche, non cuite et molle. Sa saveur crémeuse est parfois aromatisée au cumin.

LE VACHERIN FRIBOURGEOIS. Petite meule de 40 cm de diamètre et de 7 ou 8 cm de hauteur, ce fromage frais (qui ressemble à la tomme d'Abondance) possède une croûte lisse gris jaunâtre ou rosée, et se caractérise par sa pâte onctueuse fleurant très légèrement la résine, et par sa saveur acidulée. On l'utilise pour la fondue fribourgeoise.

LES VINS

Avec à peine plus de 10 000 hectares d'encépagement, le vignoble suisse est petit mais de qualité, à l'image même du pays. Ce vignoble est concentré à 90% dans la partie occidentale du territoire avec les cantons de Vaud, du Valais, de Genève, de Neuchâtel et de Fribourg. Notons enfin que, comme l'Allemagne, la Suisse est le royaume du vin blanc, puisqu'elle y consacre plus des deux tiers de sa production.

La principale variété de cépage blanc est le *fendant* qui n'est autre que le nom helvétique du chasselas et qui connaît diverses dénominations suivant les cantons. Il donne des vins secs et robustes. Les autres cépages blancs sont : le silvaner (appelé «johannisberg»), le riesling, le pinot gris (appelé «malvoisie») et le traminer blanc (appelé «savagnin»).

Quant aux cépages rouges, il s'agit surtout de pinot noir de Bourgogne et de gamay.

LE CANTON DE VAUD
•

Il se divise en six régions viticoles, les trois plus importantes étant la Côte, Lavaux et le Chablais. La Côte est la partie occidentale du littoral du lac Léman. Elle produit d'excellents vins blancs, légers et fruités, à la couleur claire, qui se servent à l'entrée ou en apéritif. La région de Lavaux produit notamment le *dézaley*, vin blanc fin et chaleureux. Enfin, le Chablais, qui s'ouvre sur la vallée du Rhône, donne des vins blancs harmonieux et veloutés, au bouquet très apprécié.

LE CANTON DU VALAIS
•

Le vignoble valaisan s'étend le long des rives du Rhône, surtout sur le versant sud de la vallée, et produit une dizaine de vins blancs. Notons le *fendant* de Sion et le *grand vin* de Sion (domaine Brûlefer).

Grand vin de Sion

Dézaley

Fendant de la Dame de Sion

Les Entrées

Soupe du chalet

POUR 8 PERSONNES
PRÉPARATION : 15 MIN
CUISSON : 1 H 10

Boisson conseillée :
PINOT NOIR

60 g d'épinards (si possible, des épinards sauvages) • 400 g de pommes de terre • 1 oignon • 1 carotte • 1 navet • 1 poireau • 60 g de beurre • 2 l de bouillon de bœuf • 60 g de fèves (ou de soissons secs) • 60 g de macaroni cassés • 50 cl de lait • 20 cl de crème fraîche • 100 g de gruyère râpé • 5 cuill. à soupe de ciboulette ciselée • noix de muscade • sel, poivre

1 Épluchez et lavez les légumes frais. Ôtez la queue des épinards, laissez les feuilles entières. Coupez les pommes de terre en petits dés. Coupez l'oignon et la carotte, le navet et le poireau en morceaux moyens.
2 Mettez ces légumes dans une poêle avec le beurre. Laissez-les suer à feu doux pendant 10 min.
3 Versez-les dans une grande casserole. Mouillez avec le bouillon. Ajoutez les fèves ou les soissons. Salez, poivrez et râpez 1 pincée de noix de muscade. Faites mijoter le tout pendant 50 min.
4 Ajoutez alors les macaroni et le lait, et laissez cuire encore 10 min.
5 En fin de cuisson, ajoutez la crème et le fromage, retirez du feu. Rectifiez l'assaisonnement.
6 Si vous préparez la soupe à l'avance, ajoutez la crème et le fromage au moment de servir, dans la soupe réchauffée (le fromage doit fondre, mais non cuire).
7 Servez parsemé de ciboulette.
Cette soupe constituait l'essentiel du repas des bergers dans les chalets d'alpage du canton de Fribourg.

Potage aux herbes

POUR 5 PERSONNES
PRÉPARATION : 25 MIN
CUISSON : 25 MIN

150 g d'épinards frais • 1 branche de cerfeuil • 10 feuilles de menthe fraîche • 100 g d'oignons • 50 g de beurre • 1 brin de marjolaine • 30 g de farine • 1,2 l de bouillon de bœuf • 1 branche de persil • 40 g de croûtons dorés au beurre • 5 jaunes d'œufs • noix de muscade • sel, poivre

1 Lavez les épinards et ciselez les feuilles. Faites de même pour le cerfeuil et la menthe. Pelez et émincez les oignons.
2 Faites suer au beurre dans une poêle pendant 10 min épinards, cerfeuil, menthe, oignons et marjolaine.
3 Versez la farine en pluie et tournez à la cuillère en bois.
4 Retirez du feu pour laisser refroidir quelques minutes et transférez dans une casserole.
5 Mouillez avec le bouillon. Salez, poivrez et râpez 1 pincée de noix de muscade. Laissez cuire à nouveau pendant 15 min.
6 Pendant ce temps, lavez et hachez le persil.
7 Pour servir, utilisez des bols bien chauds dans lesquels vous aurez placé quelques croûtons. Versez le potage. Dans chaque bol, ajoutez un jaune d'œuf sans mélanger. Parsemez de persil haché.

Soupe du couvent d'Engelberg

POUR 5 PERSONNES
PRÉPARATION : 40 MIN
CUISSON : 30 MIN

1,2 l de bouillon de bœuf • 60 g de riz • 1 gros oignon • quelques brins de ciboulette, sarriette et persil • 60 g de beurre • 100 g de pain au lait • 2 œufs • 50 g de sbrinz râpé • noix de muscade • sel, poivre

1 Faites cuire le riz 18 min dans le bouillon.
2 Pelez puis hachez l'oignon. Lavez et hachez les herbes. Faites suer le tout dans une poêle avec 30 g de beurre, à feu doux, pendant 10 min environ ; l'oignon doit devenir translucide sans prendre couleur. Ajoutez ces ingrédients au bouillon.
3 Coupez le pain au lait en dés. Dans une autre poêle, faites fondre le reste du beurre puis mettez le pain à revenir. Égouttez les croûtons sur du papier absorbant.
4 Chauffez la soupière. Mettez les croûtons dans la soupière chaude, et versez le potage bouillant par-dessus.
5 Battez les œufs en omelette et versez-les dans la soupe, poudrez de sbrinz, râpez 1 pincée de noix de muscade.

Malakoff

POUR 4 PERSONNES
PRÉPARATION : 30 MIN
CUISSON : 10 MIN

Boisson conseillée :
DORIN DE VINZEL

8 tranches de pain de campagne • 600 g de gruyère • 1 gousse d'ail • 30 g de farine • 2 œufs • poivre de Cayenne • noix de muscade • 5 cl de vin blanc • 5 cl de kirsch • huile de friture

1 Choisissez un gros pain au levain à la croûte assez dure et à la mie serrée. Râpez le gruyère. Pelez et écrasez finement l'ail. Mélangez le fromage, la farine, les œufs, l'ail, les épices, le vin blanc et le kirsch en une pâte lisse et compacte.
2 Tartinez-en les tranches de pain en formant un dôme bien lisse.
3 Faites chauffer l'huile de friture (si vous utilisez une friteuse électrique, réglez le thermostat à 180 °C). Mettez-y les tartines à dorer pendant 3 ou 4 min. Surveillez : les malakoffs doivent être dorés mais pas bruns.
4 Égouttez-les sur du papier absorbant. Servez immédiatement avec des condiments au vinaigre.

Raclette

POUR 6 PERSONNES
PRÉPARATION : 10 MIN
CUISSON : 25 MIN

Boisson conseillée :
CRÉPY OU SEYSSEL

1,2 kg de fromage à raclette • 2 kg de pommes de terre • 300 g de viande des Grisons • 1 pot de cornichons • 1 pot de petits oignons au vinaigre • poivre du moulin

1 Faites cuire les pommes de terre avec leur peau dans l'eau bouillante salée pendant 25 min.
2 Si vous disposez d'un appareil à raclette, coupez le fromage comme c'est indiqué dans le mode d'emploi.
3 Dans le cas contraire, coupez le fromage en tranches de 3 mm d'épaisseur et de 20 cm de longueur. Posez chaque tranche de fromage sur une assiette individuelle allant au four.
4 Préchauffez le gril du four à 260 °C (therm. 9).
5 Enfournez 2 ou 3 assiettes à la fois et laissez fondre le fromage, porte ouverte. Il doit dorer très légèrement. Apportez immédiatement les assiettes sur la table et remettez-en d'autres dans le four.
6 La raclette se mange très chaude et largement poivrée, accompagnée des pommes de terre en robe des champs, de viande des Grisons, de petits oignons au vinaigre et de cornichons. À l'origine, on faisait la raclette en mettant la moitié du fromage sur le côté de la cheminée ; au fur et à mesure on raclait le fromage fondu, d'où le nom de raclette.

Les Plats

Tarte aux oignons à la schaffhousoise

POUR 8 PERSONNES
PRÉPARATION : 30 MIN
REPOS : 30 MIN
CUISSON : 30 MIN

Boisson conseillée :
SYLVANER

pour la pâte brisée : 300 g de farine • 125 g de beurre • sel
pour la garniture : 500 g d'oignons • 5 cl d'huile
pour la royale : 10 cl de lait • 20 cl de crème fraîche • 2 œufs • 30 g de farine • cumin • noix de muscade • 100 g de lardons • sel, poivre

1 Préparez la pâte brisée : versez la farine dans une terrine. Faites une fontaine. Ajoutez une pincée de sel fin. Coupez le beurre en petits morceaux. Ajoutez-les à la farine en effritant le mélange du bout des doigts. Versez peu à peu 10 cl d'eau en mélangeant rapidement. Formez une boule, laissez reposer pendant 30 min au frais.
2 Pelez les oignons et émincez-les. Faites-les suer doucement à l'huile jusqu'à ce qu'ils blondissent. Sortez-les de la sauteuse, égouttez-les et laissez-les refroidir.
3 Préchauffez le four à 190 °C (therm. 5-6).
4 Préparez une royale : mélangez le lait, la crème, les œufs et la farine. Assaisonnez avec 5 à 10 g de cumin et râpez 1 pincée de noix de muscade. Salez, poivrez.
5 Abaissez la pâte brisée et disposez-la dans un moule à tarte. Recouvrez avec les oignons. Parsemez de lardons.
6 Versez la royale sur les oignons et faites cuire pendant 30 min. Servez très chaud.
Le canton de Schaffhouse, ou Schaffhausen, se situe tout à fait au nord de la Suisse. La ville du même nom était à l'époque de la Hanse l'un des points les plus empruntés pour traverser le Rhin.

Fondue

———

Pour 6 personnes

Préparation : 20 min

Cuisson : 20 à 25 min

Boisson conseillée :

FENDANT

500 g de gruyère de Fribourg • 500 g de vacherin
fribourgeois • 1 gousse d'ail • 50 cl de vin blanc sec •
1 cuill. à soupe de fécule de maïs • 15 cl de kirsch •
500 g de pain (de campagne de préférence) •
poivre du moulin

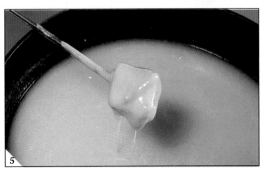

1 Coupez les fromages en fines lamelles. Pelez l'ail et frottez-en l'intérieur du poêlon.

2 Versez le vin blanc dans le poêlon et portez doucement à ébullition. Jetez alors tout le fromage dans le poêlon. Remuez sans cesse jusqu'à ce qu'il soit bien fondu. Poivrez abondamment.

3 Délayez la fécule dans le kirsch et versez dans le poêlon. Mélangez bien avec une cuillère en bois jusqu'à ce que la fondue soit homogène.

4 À part, coupez le pain en gros cubes. Disposez ces morceaux de pain dans un plat de service.

5 Placez le poêlon sur un réchaud à alcool au milieu de la table, continuez à remuer et servez aussitôt. Trempez le pain piqué sur une fourchette dans le caquelon.
Variantes : dans le canton de Fribourg, on prépare la fondue avec des fromages de Gruyère. La fondue «moitié-moi-

tié» se prépare avec moitié de gruyère de Fribourg et moitié de vacherin fribourgeois coupé en petits dés.
Dans le Valais, la fondue est à base de fromage à raclette. L'eau-de-vie de prunes remplace parfois le kirsch.
La recette de la fondue neuchâteloise comporte un tiers de gruyère, un tiers d'emmental et un tiers de vacherin.
En Suisse orientale, on choisit surtout de l'appenzell. La fondue est arrosée au cidre et à l'eau-de-vie de pommes. La fondue au vacherin, originaire de Fribourg, est assez différente. Le fromage fond doucement, allongé de très peu d'eau, sur feu très doux. Il ne faut surtout pas porter à ébullition car le fromage se figerait. Quant à la fondue aux tomates, que l'on prépare parfois dans le Valais, elle mélange du fromage à raclette et du coulis de tomates, fondus ensemble et liés avec un peu de fécule et de vin blanc. On l'accompagne de pommes de terre bouillies (à la place du pain).

Truite aux raisins verts

POUR 4 PERSONNES
PRÉPARATION : 45 MIN
CUISSON : 10 MIN

Boisson conseillée :
DORIN DU CHABLAIS

4 truites portion vidées • 100 g de raisins blancs (non arrivés à maturité complète) • 50 g d'échalotes hachées • 65 g de beurre • 40 cl de vin blanc vaudois • 15 g de farine • 15 cl de crème fraîche • 1/2 citron • ciboulette • sel, poivre

1 Faites blanchir les raisins pendant 3 min, pelez-les. Réservez-les au chaud.

2 Faites fondre les échalotes avec 50 g de beurre dans une sauteuse.
3 Salez et poivrez les truites et posez-les sur le fond d'échalotes. Mouillez avec le vin blanc. Laissez cuire de 8 à 10 min à petits frémissements.
4 Sortez les truites de la sauteuse. Ôtez-leur la peau entre la tête et la queue.
5 Faites réduire le fond de cuisson. Préparez un beurre manié : mélangez

à la fourchette 15 g de beurre et la farine. Liez le fond de cuisson avec le beurre manié. Ajoutez la crème, laissez cuire quelques minutes. Rectifiez l'assaisonnement, citronnez légèrement.
6 Nappez les truites, parsemez de ciboulette et décorez avec les raisins.
Les truites doivent être très fraîches. Vous pouvez faire la même recette avec un omble chevalier.

Rösti

POUR 5 PERSONNES
PRÉPARATION : 30 MIN
CUISSON : 20 MIN

900 g de pommes de terre • 80 g d'oignons • 4 brins de ciboulette • 2 brins de persil • 50 g de saindoux (ou de beurre) • 50 g de lardons • noix de muscade • sel, poivre

1 Épluchez et lavez les pommes de terre. Blanchissez-les et râpez-les. Pelez les oignons et ha-

chez-les. Lavez puis hachez les herbes.
2 Mettez dans une poêle le saindoux (ou le beurre), les lardons, l'oignon et faites-les suer pendant 5 min.
3 Ajoutez les pommes de terre et la moitié des herbes. Salez, poivrez et râpez 1 pincée de noix de muscade.
4 Confectionnez une galette. Faites-la dorer au

beurre ou au saindoux 8 min de chaque côté.
5 Servez parsemé de persil et de ciboulette.
Il s'agit là de la version zurichoise du rösti. On trouve de nombreuses variantes dans tous les cantons : avec de la crème, du gruyère, du cumin, des pommes, un œuf....

Les Desserts

Gâteau de la cure

POUR 10 PERSONNES
PRÉPARATION : 1 H 30
REPOS : 30 MIN
CUISSON : 25 MIN

Boisson conseillée :
RIESLING

pour la pâte brisée : 250 g de farine • 1/2 cuill. à café de sel • 2 cuill. à soupe de sucre semoule • 100 g de beurre
pour la garniture : 900 g de pommes • 150 g d'amandes et de noisettes râpées • 1 œuf • 50 g de sucre semoule • 100 g de confiture de framboises

1 Préparez la pâte brisée. Versez la farine dans une terrine. Faites une fontaine, ajoutez le sel et le sucre. Coupez le beurre en très petits morceaux que vous ajoutez

au milieu. Effritez le mélange du bout des doigts. Versez peu à peu 15 cl d'eau en mélangeant rapidement avec une spatule. Formez ensuite une boule en amalgamant rapidement le tout. Roulez la boule dans un peu de farine et laissez-la reposer 30 min au frais.
2 Préchauffez votre four à 200 °C (therm. 6).
3 Épluchez et râpez 1 pomme. Coupez les autres en 2, évidez-les.
4 Abaissez la pâte brisée au rouleau. Foncez-en un moule de 24 cm de diamètre.
5 Mélangez la pomme râpée, les amandes, les noisettes, l'œuf et le su-

cre. Répartissez ce mélange sur la pâte.
6 Posez les demi-pommes sur cette préparation, entaillez-les de manière à laisser pénétrer la confiture. Soyez particulièrement attentif à cette opération, car c'est ce qui fait l'originalité de cette tarte.
7 Étendez la moitié de la confiture sur les pommes.
8 Mettez à cuire 10 min.
9 Sortez du four et étendez le reste de confiture. Terminez la cuisson en remettant au four pendant 10 à 15 min. Servez tiède ou froid.

Beignets aux cerises

POUR 5 PERSONNES
PRÉPARATION : 20 MIN
REPOS : 40 MIN
CUISSON : 15 MIN

150 g de farine • 5 cl d'huile • 1 pincée de sel • 10 cl de lait • 5 blancs d'œufs • 300 g de cerises à chair ferme (bigarreaux par exemple) • 100 g de sucre cristallisé • 1 pincée de cannelle • huile de friture

1 Préparez une pâte à frire épaisse. Versez la farine dans une terrine. Ajoutez l'huile, le sel et le lait. Mélangez jusqu'à obtenir une pâte lisse. Battez les blancs en neige et incorporez-les à la fin.
2 Laissez reposer 40 min.
3 Lavez les cerises, sans les équeuter, et séchez-les en les essuyant délicatement. Mélangez le sucre et la cannelle dans une assiette.
4 Faites chauffer l'huile de friture (si vous utilisez une friteuse électrique, réglez le thermostat sur 180 °C). Plongez les cerises dans la pâte en les tenant par la queue et faites-les frire jusqu'à coloration dorée.
5 Égouttez les beignets sur du papier absorbant et passez-les dans le mélange sucre et cannelle. Servez chaud.
Accompagnez d'une crème à la vanille tiède aromatisée au kirsch.

Tarte aux pommes caramélisées

POUR 8 PERSONNES
PRÉPARATION : 30 MIN
CUISSON : 40 MIN

pour la pâte : 125 g de beurre • 125 g de sucre semoule • 2 œufs + 2 blancs • 1/2 citron • 200 g de farine • 5 g de levure
pour la garniture : 500 g de pommes • 60 g de sucre semoule

1 Préchauffez le four à 180 °C (therm. 5).
2 Faites mousser le beurre et le sucre en les battant ensemble.
3 Cassez les œufs et séparez les jaunes des blancs. Ajoutez les jaunes au mélange beurre-sucre. Pressez le citron. Arrosez avec le jus et mélangez. Ajoutez ensuite la farine en pluie et la levure. Mélangez jusqu'à obtenir une pâte lisse.
4 Montez les blancs en neige. Incorporez-les à la pâte. Beurrez et farinez une tourtière de 24 cm de diamètre. Versez-y la pâte.
5 Après avoir lavé et essuyé les pommes, coupez-les en 2 et évidez-les. Partagez les demi-pommes en fines lamelles sans les découper entièrement, de sorte qu'elles restent assemblées.
6 Trempez ces demi-pommes dans le sucre et enfoncez-les un peu dans la pâte, partie sucrée vers le haut.
7 Mettez la tarte à cuire au four pendant environ 40 min.

Gâteau aux cerises

POUR 8 PERSONNES
PRÉPARATION : 1 H 30
TREMPAGE : 2 H
CUISSON : 35 MIN

Boisson conseillée :
PINOT GRIS

600 g de petits pains au lait • 25 cl de lait • 120 g de beurre • 1,3 kg de cerises noires • 7 œufs • 200 g de sucre semoule • 50 g d'amandes moulues • 50 g de noisettes moulues • 20 g de farine • cannelle en poudre • 1 sachet de levure • beurre et farine pour le moule

1 Faites tremper les petits pains dans le lait pendant 2 h. Coupez le beurre en morceaux et faites-le ramollir.
2 Lavez, équeutez et dénoyautez les cerises.
3 Préchauffez le four à 180 °C (therm. 5).
4 Cassez les œufs, séparez les blancs des jaunes.
5 Battez le beurre en mousse, ajoutez le sucre, incorporez les jaunes d'œufs 1 à 1, les amandes, les noisettes et la farine.
6 Écrasez les petits pains à la fourchette. Ajoutez-les à la préparation avec la cannelle, la levure et les cerises.
7 Battez les blancs d'œufs en neige et incorporez-les délicatement à la pâte.
8 Beurrez et farinez les bords d'un moule de 24 cm de diamètre. Posez un rond de papier sulfurisé au fond.
9 Versez la pâte dans le moule, enfournez et faites cuire 35 min, jusqu'à ce que l'intérieur du gâteau ne soit plus liquide. Contrôlez avec la lame d'un couteau.
10 Laissez refroidir, démoulez et servez.
Ce gâteau se cuisait autrefois dans une poêle, d'où son nom allemand de Pfannenkuchen.
C'est le général romain Lucullus, célèbre pour sa gourmandise, qui est censé avoir apporté en Suisse les premiers plants de cerisier, après la conquête de Cerasonte, ancienne colonie grecque sur le Pont-Euxin. La Suisse regorge de cerisiers ; ils sont surtout nombreux dans le canton de Bâle, célèbre pour ses cerises noires.

LA RUSSIE
ET L'EUROPE CENTRALE

Toujours en Europe mais déjà en Asie,
la Russie a bénéficié, tout au long de son histoire, des apports de
nombreuses autres cultures, scandinave, mongole, germanique et même
française. Cette richesse se retrouve dans l'art de vivre et de cuisiner et, malgré
les bouleversements politiques, les traditions ont perduré. L'histoire de
l'Europe centrale a toujours été agitée : les différents pays qui la composent
aujourd'hui ont subi depuis l'Antiquité les occupations grecque, romaine,
turque, russe, allemande ou autrichienne. Les peuples ont donc puisé
dans les civilisations les plus variées des éléments qu'ils ont assimilés
pour créer des identités nationales très fortes. Rien d'étonnant donc
à ce que les cuisines de ces pays offrent une diversité
qui réserve souvent des surprises.

SAVEURS DE RUSSIE

Véritable réservoir d'excellents produits, la Russie est le pays du gibier : canards, faisans, bécasses, sangliers, ours y abondent. Mais elle est aussi le pays du poisson, avec ses esturgeons, ses saumons, ses truites, ses carpes... Grand pays agricole, on y élève des bovins, des ovins et des caprins ; on y cultive des céréales parmi lesquelles le sarrasin occupe une place à part ; on y trouve des légumes (surtout de l'aubergine, du concombre et du chou).

LES TRADITIONS

La cuisine russe fait un large appel au fumage et aux salaisons, des viandes, des poissons et du chou. Le chou est un légume très populaire, qui entre notamment dans la préparation de la soupe traditionnelle, le *chtchok*. Les Russes apprécient beaucoup les soupes. Si celles-ci comportent de la viande – et c'est souvent le cas—, comme le célèbre bortsch, elles peuvent constituer un plat unique.

Traditionnellement offerts à tout visiteur, les zakouski symbolisent l'hospitalité russe. Ce sont des amuse-gueule ou des hors-d'œuvre, servis sous la forme de petits canapés de pain noir ou de croquettes, de feuilletés et de bouchées de viande, de poisson ou de légumes, ou encore de préparations spécifiques comme le tarama. La viande se sert plutôt

---

Menu classique

—

BORTSCH

·

CÔTELETTES POJARSKI

·

GÂTEAU AU FROMAGE DE SAINT-PÉTERSBOURG

---

bien cuite, accompagnée de sauces — souvent relevées avec du raifort, de l'aneth, des champignons —, dont la célèbre sauce à la crème aigre aromatisée à la betterave.

Mais que serait un foyer russe sans samovar ? Traditionnel cadeau de mariage, cette bouilloire à l'esthétique souvent somptueuse permet d'offrir du thé chaud à toute heure de la journée. Servi dans des verres cerclés de métal, le thé russe se boit fort, accompagné de lait, de miel, de confiture, de petits gâteaux ou de caramels à la crème.

LA VIE QUOTIDIENNE

LE PETIT DÉJEUNER (zavtrak). Un thé fort et bien chaud en est la boisson principale. Il sera accompagné de pain beurré, de fromage blanc — par exemple de *tvorog*, fromage blanc

pressé très populaire —, de saucisson, d'œufs au plat.

LE DÉJEUNER (obed). Sont servis une soupe, puis une viande ou très souvent un poisson accompagné de pommes de terre ou de *kacha*, semoule de sarrasin très appréciée. Suivra le dessert, fréquemment un fromage blanc aux fruits.

LE DÎNER (oujin). Les zakouski sont toujours présents. Ils préparent à la dégustation d'un coulibiac — sorte de brioche farcie à la viande ou au poisson —, d'un bortsch, d'une salade de légumes et d'un fruit.

Cependant, tous les Russes ne peuvent mettre ces plats sur leur table. La soupe prend alors une importance particulière. Préparée de multiples façons et avec le plus d'ingrédients possible, elle devient un plat unique suffisamment nourrissant.

LES JOURS DE FÊTE

NOËL (Rogdestvo). Les jours de fête, les zakouski seront particulièrement nombreux, et la maîtresse de maison aura à cœur d'en soigner particulièrement la présentation : la table des zakouski est en elle-même un décor. Le plat traditionnel de Noël est l'oie farcie aux pommes. Cette volaille se sert accompagnée de sa sauce dégraissée et de pommes sautées au beurre ou de pommes de terre. Le dessert de Noël est la *koutia*, gâteau confectionné à base de *kacha* (préparation à base de gruau de sarrasin concassé), de fruits secs et de rhum. Sans oublier les *prianiki*, gâteaux au miel, au café, à la menthe, qui auront été cuits dans de petits moules représentant des objets évoquant Noël.

PÂQUES (Pashka). C'est la plus importante des fêtes russes, la plus suivie. Le jeûne de carême étant très respecté, il se clôt par un savoureux repas copieusement arrosé de vodka. Les œufs, décorés, sont les rois de la fête. Ceux qui sont destinés à être mangés sont durs, mais les Russes fabriquent aussi des œufs en bois décoratifs. Le

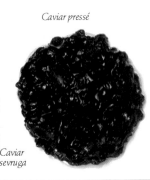

Caviar beluga

Caviar pressé

Caviar ossetra

Caviar sevruga

repas principal a lieu le samedi soir. Les Russes se saluent d'un «Christ est ressuscité» et s'embrassent trois fois sur la bouche. Ils commencent le repas par les inévitables zakouski et se livrent à des «combats d'œufs» où chaque convive tente de briser la coquille de l'œuf de son voisin en la heurtant avec le sien. Celui qui réussit à conserver son œuf intact a gagné.

Le cochon de lait rôti, servi avec de la *kacha*, est de tradition. En dessert, on proposera obligatoirement deux gâteaux, une *pashka* et un *koulitch* (voir p. 212-213).

LES PRODUITS

LE CAVIAR

Le caviar est composé d'œufs d'esturgeon. Ce poisson vit dans la mer Caspienne et est capturé lorsqu'il remonte les rivières pour s'y reproduire. Les œufs sont extraits du ventre de la femelle puis égrenés.

Il existe trois sortes de caviar. Le *beluga* provient des plus gros esturgeons. Ses grains de grande taille sont de couleur gris foncé et très savoureux. C'est le plus rare et le plus cher. L'*ossetra*, ou osciètre, provient de poissons plus petits. Il présente des grains dorés, à la saveur fruitée. De nombreux amateurs le considèrent comme le meilleur. Le *sevruga* est le caviar le plus courant. Provenant des plus petits esturgeons très prolifiques, ses grains ont un goût de noisette. Il existe aussi du caviar pressé, mélange de *beluga* et de *sevruga* de seconde qualité. Plus salé, il possède une saveur particulièrement forte.

Le caviar est un produit extrêmement fragile. Il doit être conservé entre -2 et -4 °C et ne doit jamais être manipulé avec des couverts en métal, qui en dénaturent le goût. Il faut donc oublier son argenterie et préférer une cuillère en nacre ou tout simplement en bois. Le caviar peut être servi accompagné de blinis mais surtout pas de citron, qui, lui aussi, en altère la saveur.

LA VODKA

La vodka, littéralement «petite eau», provient de la distillation de grains (seigle, orge ou blé) ou de pommes de terre. Nature, la vodka n'a guère

de goût. Mais elle peut être aromatisée avec des herbes ou des épices. Ainsi la *zubrovka* fait-elle entrer dans sa composition la fameuse «herbe de bison», si parfumée. La *pertzovka* rouge est pimentée, la *gorilka*, poivrée. La *moskovskaia* est fabriquée dans une gigantesque usine aux alentours de Moscou, qui produit un million de bouteilles par jour. La *stolichnaia* est plus douce au goût, car elle est très légèrement sucrée. La *sibirskaia* est réputée pour sa pureté, elle vient de Sibérie. La vodka est un alcool fort, qui titre généralement 41 % Vol. Cependant la *stolovaia*, pourtant considérée comme une vodka de table, monte à 50 % Vol. et la *krepkaïa* atteint les 56 % Vol ! Une bonne vodka, préparée dans les règles de l'art, saoûle généreusement mais ne rend pas malade. De toute manière, la vodka se déguste glacée et se boit souvent «cul sec» !

LA BETTERAVE

Consommée depuis l'Antiquité, la betterave est une racine charnue de couleur rouge. Ses feuilles, dont le goût s'apparente à celui des bettes, sont consommées en soupes en Russie. Quant à la racine elle-même, riche en sucre, en vitamines et en calcium, c'est l'un des piliers de la cuisine russe. Elle colore bortsch et salades. Parsemée de persil, elle constitue une entrée. Râpée, on peut la mélanger au raifort, dont elle adoucit le goût, pour former un condiment original.

LES CHAMPIGNONS

Les forêts et les plaines de l'immense territoire russe regorgent de champignons en tout genre, et la cueillette des champignons fait partie des loisirs familiaux. Après la cueillette, ceux-ci sont mis à sécher ou à mariner. Ils sont servis dans les fricassées, sauces ou gratins. Dans la région environnant Moscou, on trouve aussi du «caviar de champignons», plat traditionnel principalement agrémenté d'estragon, d'herbes fraîches et de citron.

LES CÈPES. Ils appartiennent à la famille des bolets dont on trouve de nombreuses variétés en Russie. Les bolets sont reconnaissables à la consistance spongieuse de la pulpe qui

recouvre le dessous de leur chapeau. On parle de «tubes» ou de «foin». Leur pied est souvent assez gros et le dessus du chapeau est généralement brun. Aucun bolet n'est vénéneux, même si certaines variétés sont meilleures que d'autres.

LA GIROLLE. Très proche de la chanterelle, elle pousse dans les bois de conifères. On la cueille en été, de juin à octobre. De couleur orangée, sa chair est très fine. Il faut éviter de la laver sous l'eau, car elle absorbe l'eau et son goût en pâtit. Il faut nettoyer les girolles une à une, en coupant les pieds terreux et en brossant délicatement les tiges. Excellentes dans les omelettes, elles accompagnent aussi très bien le gibier.

Sibirskaia

Stolichnaia

Les Entrées

Blinis

Pour 6 personnes

Préparation : 15 min

Repos de la pâte : 3 h

Cuisson : 3 min par blini

Boisson conseillée :

VODKA

pour 24 petits blinis : 350 g de farine • 50 cl de lait • 20 g de levure de bière • 3 œufs • 50 g de beurre • sel

1 Faites tiédir 10 cl de lait dans une casserole sur feu doux. Délayez la levure de bière dans 5 cl de lait.
2 Préparez le levain. Mettez 75 g de farine dans un bol. Ajoutez la levure. Pétrissez en ajoutant un peu de lait tiède, pour obtenir une boule de pâte molle.
3 Couvrez le bol et mettez-le dans un endroit tempéré pendant 2 h 30 : en principe, la boule doit doubler de volume.

4 Cassez les œufs. Séparez les blancs des jaunes. Faites tiédir le reste du lait.
5 Mettez le reste de farine dans une terrine, ajoutez les jaunes d'œufs, 1 pincée de sel et le levain. Délayez en ajoutant petit à petit le lait tiède, pour obtenir une pâte lisse et sans grumeaux. Couvrez la terrine avec un torchon et et laissez monter la pâte 30 min dans un endroit tempéré.
6 Remuez : la pâte doit avoir la consistance d'une pâte à crêpes épaisse.
7 Battez les blancs d'œufs en neige ferme.

Incorporez-les délicatement à la pâte.
8 Graissez 2 poêles à blinis, chacune avec 1 noix de beurre. Versez 2 cuillerées à soupe de pâte dans chaque poêle et faites cuire à feu doux : les blinis doivent être bien cuits à l'intérieur, sans être trop dorés. Retournez-les avec une spatule dès que le dessus n'est plus liquide (environ 1 min 30 de cuisson de chaque côté). Faites cuire ainsi tous les blinis. Servez chaud.
Les blinis se servent avec du beurre fondu ou de la crème fraîche. Ils accompagnent les poissons salés ou fumés, le caviar.

Bortsch

Pour 4 personnes

Préparation : 30 min

Cuisson : 3 h

400 g de betteraves crues • 1 céleri-rave • 2 poireaux • 1 petit chou • 1 grosse tomate • 500 g de macreuse (ou de bœuf dans la tranche) • 1 bouquet de persil • 5 cl de crème aigre • sel, poivre

1 Pelez le céleri, coupez-le en 4 puis en tranches fines. Épluchez les poireaux, fendez-les en 2, lavez-les, coupez-les en lamelles. Épluchez le chou, lavez-le, coupez-le en 4 puis en fines lanières. Lavez la tomate, dé-

taillez-la en petits morceaux. Pelez les betteraves, coupez-les en dés.
2 Débitez la viande en cubes de 4 cm de côté.
3 Dans un faitout, mettez la viande. Versez 2,5 l d'eau. À ébullition, ajoutez tous les légumes. Salez, poivrez. Faites cuire 3 h en écumant souvent.
4 Lavez, équeutez et ciselez le persil.
5 Versez la soupe dans des grands bols chauds, parsemez de persil. Pardessus, déposez 1 cuillerée de crème aigre et servez très chaud.

Pour un bortsch au poisson, remplacez la viande par 800 g de filets d'esturgeon coupés en fines lamelles. Faites-les cuire dans une casserole d'eau chaude pendant 15 min. Ajoutez-les dans la soupe avant de servir. Si vous ne pouvez vous procurer de la crème aigre, remplacez-la par de la crème fraîche à laquelle vous aurez ajouté du jus de citron.
Le bortsch est meilleur préparé avec 2 sortes de viandes : porc et bœuf par exemple.

Chtchi (soupe à la choucroute)

Pour 4 personnes

Préparation : 25 min

Repos : 12 h

Cuisson : 1 h

500 g de choucroute • 2 cuill. à soupe de vinaigre • 1 cuill. à soupe de sucre semoule • 350 g de lard maigre • 500 g de filet de porc • 5 oignons • 50 g de beurre • sel, poivre

1 Portez 1 l d'eau à ébullition, versez-la sur la choucroute, laissez repo-

ser au frais pendant 12 h.
2 Ajoutez le vinaigre et le sucre.
3 Coupez le lard en dés de 2 cm de côté, faites-le blanchir 5 min dans de l'eau bouillante. Égouttez-le. Coupez le filet de porc en cubes de 3 cm de côté, ajoutez ceux-ci à la choucroute ainsi que le lard. Mélangez et fai-

tes cuire pendant 20 min.
4 Pelez les oignons, coupez-les en rondelles.
5 Faites fondre le beurre dans une poêle, faites-y revenir les oignons 5 min en remuant. Ajoutez-les dans la soupe.
6 Salez, poivrez, poursuivez la cuisson 35 min. Versez dans une soupière et servez.

BORTSCH

•

Cette soupe à base de betterave est très populaire dans le centre et le sud de la Russie.
Vous pouvez la servir telle quelle ou présenter le bouillon en entrée, accompagné de pain ou de pirojki (voir p. 206) et réserver la viande pour un autre usage.

Pirojki de carottes

POUR 4 PERSONNES
PRÉPARATION : 1 H
REPOS DE LA PÂTE : 40 MIN
CUISSON : 40 MIN

pour 250 g de pâte feuilletée :
100 g de farine • 100 g de beurre • sel
pour la garniture : 500 g de carottes • 1 bouquet de persil • 8 brins de ciboulette • 4 œufs • 50 g de beurre • sel, poivre

1 Préparez la pâte feuilletée : versez la farine dans une terrine et faites un puits. Ajoutez-y 10 cl d'eau et le sel. Délayez à l'aide d'une spatule, puis à la main. Travaillez rapidement. Faites une boule et laissez reposer 20 min. Sur un plan de travail fariné, abaissez la pâte et placez le beurre au milieu. Rabattez la pâte par-dessus. Étalez-la en un long rectangle de 1 cm d'épaisseur. Pliez celui-ci en 3 en rabattant le premier tiers vers vous et le troisième par-dessus. Tournez la pâte de 1/4 de tour vers la droite. Donnez tout de suite le deuxième tour en procédant de la même façon. Laissez reposer 20 min au frais.
2 Grattez les carottes, coupez-les en julienne. Faites-les blanchir pendant 5 min dans de l'eau bouillante salée.
3 Lavez et ciselez le persil et la ciboulette.
4 Faites durcir 3 œufs 10 min dans de l'eau bouillante salée, rafraîchissez-les sous l'eau courante, écalez-les, hachez-les.
5 Faites fondre le beurre dans une casserole, faites-y revenir les carottes, le persil, la ciboulette et les œufs 5 min tout en remuant.
6 Préchauffez le four à 220 °C (therm. 7).
7 Abaissez la pâte sur un plan de travail fariné, découpez-y des disques de 10 cm de diamètre. Posez 1 grosse cuillerée à soupe de farce sur une moitié de chaque disque. Repliez de façon à former un chausson. Appuyez fortement sur les bords pour souder la pâte. Badigeonnez avec le jaune du dernier œuf.
8 Faites cuire pendant 30 min au four.

Pirojki de merlan

POUR 4 PERSONNES
PRÉPARATION : 1 H
CUISSON : 35 MIN

500 g de filets de merlan •
1 oignon • 50 g de beurre •
15 g de beurre d'anchois •
200 g de pâte feuilletée (voir ci-dessus) • 1 jaune d'œuf •
sel, poivre

1 Préparez la pâte feuilletée.
2 Pelez l'oignon, hachez-le. Mettez-le à dorer dans une poêle avec le beurre pendant 5 min. Pochez les filets de merlan 2 à 3 min dans de l'eau frémissante. Égouttez-les quelques minutes.
3 Passez le merlan à la moulinette avec le beurre d'anchois et l'oignon.
4 Préchauffez le four à 220 °C (therm. 7).
5 Abaissez la pâte au rouleau, découpez-y des disques de 10 cm de diamètre environ.
6 Répartissez la farce sur la moitié des disques de pâte.
7 Repliez l'autre moitié en appuyant bien sur les bords pour souder. Badigeonnez de jaune d'œuf avec un pinceau.
8 Faites cuire pendant 30 min au four.
Les pirojki peuvent également se préparer avec de la pâte feuilletée ou de la pâte brisée.

Potage rouge à l'ukrainienne

POUR 4 PERSONNES
PRÉPARATION : 45 MIN
TREMPAGE : 12 H
CUISSON : 1 H 25

125 g de haricots blancs secs • 2 betteraves crues • 4 oignons • 350 g de bœuf maigre • cumin • 1 petit chou vert • 2 carottes • 2 tomates • paprika • 1 cuill. à café de sucre semoule • 125 g de lard maigre • 1 bouquet d'estragon • 1 bouquet de cerfeuil • 1 bouquet de persil • crème aigre • sel

1 Faites tremper les haricots 12 h dans de l'eau froide. Égouttez-les.
2 Pelez et râpez les betteraves. Pelez les oignons, coupez-les en 4.
3 Débitez la viande en petites tranches fines. Faites chauffer 80 cl d'eau salée dans une marmite, mettez la viande à cuire 45 min avec les oignons et 2 cuillerées à soupe de graines de cumin.
4 Préparez les légumes. Lavez le chou, coupez-le en morceaux. Épluchez les carottes, coupez-les en rondelles. Lavez les tomates, coupez-les en tranches.
5 Mettez dans la marmite les haricots et tous les légumes. Assaisonnez avec 1 cuillerée à soupe de paprika et le sucre, versez 40 cl d'eau salée. Faites cuire 20 min.
6 Coupez le lard en dés, ajoutez-le. Faites cuire encore 15 min.
7 Lavez et hachez les herbes, ajoutez-les dans la marmite. Faites cuire de nouveau 5 min.
8 Présentez la soupe dans une soupière, et 60 cl de crème aigre dans une coupelle. Chacun se servira selon son goût.

Coulibiac de saumon

POUR 8 PERSONNES

PRÉPARATION : 15 MIN

RÉFRIGÉRATION : 3 H

CUISSON : 1 H 35

pour la pâte : 300 g de beurre • 500 g de farine • sel, poivre

pour le court-bouillon : 4 branches de céleri • 200 g de carottes • 2 oignons • 50 cl de vin blanc sec • sel, poivre

pour la farce : 1 morceau de saumon frais de 1,250 kg • 130 g de beurre • 250 g de champignons de couche • 3 cuill. à soupe de jus de citron • 6 oignons • 120 g de riz long • 25 cl de bouillon de volaille • 3 œufs • aneth haché

pour l'assemblage : 1 jaune d'œuf • 25 cl de crème fraîche

1 Incorporez les morceaux de beurre à la farine, salez, travaillez la pâte dans un saladier. Mouillez de 18 cl d'eau glacée. Mélangez et formez une boule. Partagez-la en 2 parts et farinez. Enveloppez-les de papier sulfurisé. Mettez 3 h au réfrigérateur.

2 Préparez le court-bouillon. Épluchez le céleri et les carottes, lavez-les. Pelez les oignons. Hachez tous ces légumes. Dans une poissonnière, versez 2,5 l d'eau salée et le vin blanc. Ajoutez les légumes, salez, poivrez. Portez à ébullition, laissez refroidir puis ajoutez le saumon. Faites reprendre l'ébullition, baissez le feu et faites mijoter 10 min. Sortez le saumon, ôtez la peau et les arêtes, émiettez-le.

3 Lavez les champignons, émincez-les. Faites-les revenir dans 2 cuillerées à soupe de beurre. Mettez-les dans un grand bol, arrosez du jus de citron, salez, poi-vrez et mélangez. Pelez et hachez les oignons, réservez-en 1 cuillerée à soupe. Faites revenir le reste dans 100 g de beurre. Salez, poivrez, versez sur les champignons.

4 Faites revenir les oignons réservés dans le reste du beurre. Ajoutez le riz et mélangez. Arrosez de bouillon, portez à ébullition. Laissez mijoter 10 min. Faites durcir les œufs, écalez-les et hachez-les. Ajoutez l'aneth haché au riz. Mélangez tous les ingrédients. Préchauffez le four à 220 °C (therm. 7).

5 Abaissez chaque part de pâte en un rectangle de 2 cm d'épaisseur. Posez-en 1 sur la plaque du four beurrée et farinée. Mettez-y la farce jusqu'à 2,5 cm des bords. Mélangez le jaune d'œuf et la crème, badigeonnez-en les bords. Couvrez du reste de pâte, soudez les bords. Formez une cheminée. Badigeonnez avec le mélange œuf/crème. Faites cuire 1 h au four.

Sauce

Tkemali (sauce aux pruneaux)

Caucase

POUR 4 PERSONNES

PRÉPARATION : 10 MIN

REPOS : 10 MIN

CUISSON : 20 MIN

250 g de pruneaux • 1 gousse d'ail • 3 cuill. à soupe de graines de coriandre • 1/2 citron • 1 cuill. à soupe de vinaigre blanc • sel, poivre

1 Dans une casserole, faites cuire 25 cl d'eau. Plongez-y les pruneaux pendant 10 min.

2 Retirez du feu, laissez reposer 10 min. Relancez l'ébullition et laissez cuire de nouveau 10 min.
3 Passez le jus au-dessus d'un récipient et réservez les pruneaux. Dénoyautez-les.
4 Pelez l'ail, passez-le à la moulinette avec les pruneaux et la coriandre.
5 Versez le hachis dans une casserole, avec

4 cuillerées à soupe du jus de cuisson. Fouettez énergiquement, en ajoutant le reste du jus. Salez et poivrez.
6 Portez à ébullition, retirez du feu. Ajoutez le jus du demi-citron pressé et le vinaigre.
Cette sauce accompagne les volailles.

Les Plats

Brochet au raifort

POUR 4 PERSONNES

PRÉPARATION : 35 MIN

CUISSON : 35 MIN

Boisson conseillée :
SYLVANER

1 brochet d'environ 1,5 kg, préparé et vidé • 100 g de beurre • 200 g de raifort frais • 1 l de lait • 200 g de chapelure • 1 citron • 20 cl de crème fraîche • 1 cuill. à café de sucre semoule • 4 jaunes d'œufs • 125 g de lard maigre coupé en tranches fines • sel

1 Préchauffez le four à 200 °C (therm. 6).

2 Lavez le brochet, épongez-le, salez-le à l'intérieur et à l'extérieur.
3 Beurrez un grand plat allant au four, placez-y le brochet.
4 Faites fondre le reste du beurre dans une casserole, versez-le sur le poisson. Faites cuire au four 20 min.
5 Pendant ce temps, lavez et pelez le raifort, râpez-le.
6 Portez le lait à ébullition, baissez le feu, versez-y la chapelure et

remuez vivement jusqu'à ce que la préparation soit bien lisse.
7 Ajoutez au mélange le jus du citron pressé, le raifort, la crème et le sucre. Mélangez rapidement et retirez du feu.
8 Délayez les jaunes d'œufs avec un peu de sauce, versez-les dans celle-ci.
9 Répartissez la sauce sur le brochet, recouvrez de tranches de lard. Remettez au four pendant 15 min. Servez.

Carpe à la crème

POUR 4 PERSONNES

PRÉPARATION : 40 MIN

CUISSON : 1 H

Boisson conseillée :
LOIRE BLANC

1 carpe de 1 kg, vidée et préparée • 12 pommes de terre • 12 tranches de jambon cru • 1 bouquet de ciboulette • 1 bouquet de fenouil • 2 tomates • 100 g de beurre • 1 concombre mariné • 25 cl de crème aigre • 30 cl de bouillon • sel, poivre

1 Lavez les pommes de terre, faites-les cuire pendant 20 min dans de l'eau salée.

2 Coupez le jambon cru en lanières. Lavez la carpe, ouvrez-la, glissez le jambon à l'intérieur.
3 Préchauffez le four à 200 °C (therm. 6).
4 Égouttez les pommes de terre, pelez-les, coupez-les en tranches de 5 mm d'épaisseur.
5 Lavez la ciboulette et le fenouil, hachez-les.
6 Lavez les tomates, coupez-les en tranches de 5 mm d'épaisseur.
7 Beurrez largement un plat, rangez-y les pommes de terre. Salez, poivrez, parsemez de

ciboulette et de fenouil. Posez la carpe dessus. Recouvrez de tomates.
8 Coupez le concombre en rondelles, décorez-en le dessus du plat.
9 Mélangez la crème et le bouillon, versez dans le plat. Ajoutez le reste du beurre en noisettes.
10 Faites cuire environ 45 min au four.
Le concombre russe est tout petit. Il est commercialisé sous le nom de «cornichon malossol».

Côtelettes Pojarski

POUR 4 PERSONNES
PRÉPARATION : 20 MIN
CUISSON : 20 MIN

800 g de blancs de poulet •
100 g de beurre • 100 g de
chapelure • sel, poivre

1 Retirez la peau des blancs de poulet. Hachez ceux-ci, salez, poivrez.
2 Faites fondre la moitié du beurre, versez sur les blancs de poulet. Malaxez bien la chair.

3 Versez la chapelure dans un récipient. Formez des boules et aplatissez-les à environ 2 cm d'épaisseur, passez-les les uns après les autres dans la chapelure.
4 Faites fondre le reste du beurre dans la poêle, faites-y cuire les «côtelettes» 15 min en les retournant de temps en temps.

Servez accompagné de fèves à l'arménienne. Durant la campagne de Russie, Laguipière, le chef de cuisine de Napoléon Ier, donna à ces côtelettes le nom du paysan qui lui avait vendu des poulets.

Bœuf Stroganov

POUR 4 PERSONNES
PRÉPARATION : 20 MIN
CUISSON : 15 MIN

500 g de faux-filet •
2 oignons • 50 g de beurre •
1 grosse cuill. à soupe de
moutarde • 1 pincée de
paprika • 20 cl de crème
fraîche • sel, poivre

1 Coupez le faux-filet en tranches puis détaillez-le en fines lamelles.

2 Pelez et hachez les oignons.
3 Faites fondre la moitié du beurre dans une poêle, faites-y revenir les oignons 5 min en remuant. Réservez.
4 Faites fondre le reste du beurre dans la poêle, mettez-y la viande à dorer 5 min en la retournant. Salez, poivrez.

5 Ajoutez les oignons, la moutarde, le paprika et la crème ; faites chauffer pendant 5 min sur feu très doux.
Vous pouvez aussi ajouter des champignons dans la sauteuse.

Sanglier sauce moscovite

POUR 10 PERSONNES
PRÉPARATION : 40 MIN
MARINADE : 4 OU 5 JOURS
CUISSON : 1 H 55

Boisson conseillée :
SAINT-ÉMILION

1 cuissot de sanglier de 2,5 kg
250 g de lard de poitrine
demi-sel • 50 g de raisins de
Corinthe • fécule • 15 cl de
madère • 50 g de pignons •
30 g de beurre • sel, poivre
pour la marinade : 3 carottes •
3 échalotes • 1 oignon •
1 gousse d'ail • 30 cl
d'huile • thym • laurier •
3 clous de girofle • 45 cl de
vinaigre • 1,5 l de vin blanc

1 Préparez la marinade. Épluchez les carottes, les échalotes, l'oignon et l'ail. Coupez le tout en fines lamelles.
2 Faites chauffer 3 cuillerées à soupe d'huile dans une sauteuse, mettez à fondre les légumes, puis ajoutez les aromates et arrosez avec le vinaigre et le vin blanc. Laissez cuire à couvert et à petite ébullition pendant environ 30 min.
3 Laissez ensuite refroidir et ajoutez le reste de l'huile à cette marinade.

Enduisez le cuissot de sanglier de sel, mettez-le dans un plat et arrosez-le avec la marinade. Laissez mariner, dans un endroit frais, pendant 4 ou 5 jours en retournant fréquemment la viande.
4 Coupez la poitrine en petits lardons.
5 Égouttez le cuissot et passez sa marinade au chinois au-dessus d'un récipient, en conservant tous les aromates.
6 Préchauffez le four à 200 °C (therm. 6).
7 Faites dorer le cuissot dans une cocotte avec les lardons.
8 Mettez-le dans un plat allant au four et arrosez-le avec la marinade qui doit venir à la moitié de sa hauteur.
9 Faites cuire pendant 1 h 15 au four en retournant souvent la viande. Couvrez à mi-cuisson d'une feuille de papier d'aluminium.
10 Lorsque le cuissot est cuit, versez le jus de cuisson dans une casserole et tenez la viande au

chaud. Ajoutez dans la casserole le reste de la marinade ainsi que les aromates mis de côté, faites évaporer sur feu vif jusqu'à ce qu'il ne reste que la moitié du liquide.
11 Pendant ce temps, faites gonfler les raisins de Corinthe dans de l'eau chaude. Égouttez-les. Délayez 1 cuillerée à soupe de fécule avec 2 cuillerées à soupe d'eau froide. Faites tiédir le madère. Faites griller les pignons. Coupez le beurre en morceaux.
12 Passez la sauce au chinois au-dessus d'une autre casserole. Ajoutez au jus recueilli du poivre moulu, le madère tiède, les raisins, les pignons et la fécule.
13 Remuez sur feu vif jusqu'à ce que la sauce épaississe, puis retirez-la du feu et ajoutez alors les morceaux de beurre en fouettant rapidement. Servez aussitôt le cuissot avec la sauce.

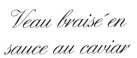

Veau braisé en sauce au caviar

POUR 6 PERSONNES

PRÉPARATION : 40 MIN

CUISSON : 1 H 40

Boisson conseillée :

CABERNET ROUGE

1,750 kg de veau désossé dans le jarret (ou le cuisseau) et ficelé • 4 oignons • 1 carotte • 4 branches de persil • 2 branches de céleri • 1 citron • 45 g de beurre • 3 feuilles de laurier • 3 clous de girofle • 3 cuill. à soupe d'huile • 25 cl de vin blanc sec • 2 cuill. à soupe de fécule • 30 g de caviar noir • sel, poivre

1 Pelez les oignons, émincez-les. Grattez la carotte, lavez-la, coupez-la en rondelles de 1 cm d'épaisseur. Lavez le persil, hachez-le. Lavez le céleri, ôtez les fils, coupez les branches en tronçons de 5 cm environ. Lavez le persil, hachez-le. Lavez le céleri, ôtez les fils, coupez les branches en tronçons de 5 cm environ.
2 Pressez le citron, râpez finement son zeste.

3 Faites fondre le beurre dans une cocotte à fond épais, ajoutez les oignons, la carotte, le persil, le céleri, le laurier, les clous de girofle et le zeste du citron. Baissez le feu, laissez mijoter 15 min. Réservez.
4 Préchauffez le four à 160 °C (therm. 4).
5 Faites chauffer l'huile dans un poêlon à fond épais, faites-y dorer le veau 10 min en le tournant plusieurs fois. Ajoutez-le dans la cocotte avec le vin. Portez à ébullition, salez et poivrez.
6 Couvrez, faites braiser au four 1 h 15 en retournant le veau 1 fois.
7 Retirez le veau du four, déficelez-le, coupez-le en tranches de 5 mm d'épaisseur, rangez celles-ci sur le plat de service chaud en les faisant se

chevaucher un petit peu. Couvrez d'une feuille de papier d'aluminium et réservez au chaud.
8 Passez au chinois le jus de cuisson en écrasant les légumes. Écumez le jus et versez-le dans une casserole. Délayez la fécule dans 2 cuillerées à soupe d'eau froide, versez dans le jus. Portez à ébullition en remuant sans arrêt jusqu'à ce que la sauce épaississe légèrement.
9 Ajoutez le caviar puis le jus de citron, mélangez. Servez la sauce chaude séparément. Accompagnez de haricots rouges aux herbes. Vous pouvez remplacer le caviar par des œufs de lump, ou tout simplement le supprimer de cette recette qui reste très bonne.

Veau à la caucasienne

POUR 12 PERSONNES

PRÉPARATION : 30 MIN

MARINADE : 48 H

CUISSON : 1 H 15

REPOS : 1 H

RÉFRIGÉRATION : 2 H

Boisson conseillée :

SAINT-JULIEN

1 épaule de veau désossée et aplatie • 250 g de foie de veau • 2 bouquets de persil • 1 céleri-rave • 2 poireaux • 2 oignons • 2 carottes • 1 l de vin blanc • 1 cuill. à café de sucre semoule • 12 feuilles de gélatine • sel, poivre

1 Étalez l'épaule de veau sur le plan de travail. Salez, poivrez. Hachez le foie au mixer.
2 Lavez le persil, hachez-le finement.
3 Sur l'épaule, répartissez une couche de persil,

puis une couche de foie. Roulez et ficelez la viande.
4 Pelez et lavez le céleri et les oignons, grattez et lavez les carottes, ôtez les racines des poireaux, fendez ceux-ci et lavez-les. Émincez tous ces légumes. Hachez le tout ensemble.
5 Versez le hachis de légumes dans une terrine, ajoutez le vin, salez, poivrez. Faites-y mariner la viande pendant 48 h en la retournant.
6 Mettez l'épaule et la marinade dans une marmite, faites cuire 1 h 15 à petits bouillons.

7 Égouttez la viande, réservez-la et laissez-la refroidir 1 h environ. Quand elle est froide, coupez-la en tranches de 1 cm d'épaisseur. Disposez celles-ci dans un grand plat creux.
8 Filtrez au chinois le jus de cuisson au-dessus d'une casserole, sucrez. Portez à ébullition, retirez du feu et faites dissoudre la gélatine.
9 Versez sur la viande et laissez prendre pendant 2 h au réfrigérateur. Servez avec une salade de laitue, ou avec des pommes de terre à la vinaigrette.

Fèves à l'arménienne

POUR 4 PERSONNES

PRÉPARATION : 45 MIN

CUISSON : 20 MIN

750 g de fèves fraîches • 250 g de petits oignons blancs • 3 cuill. à soupe d'huile • 1 petit bouquet d'aneth • sel

1 Écossez les fèves et dérobez-les. Pelez les oignons. Lavez l'aneth et

hachez-le finement.
2 Faites chauffer l'huile dans une cocotte. Mettez-y les fèves et les oignons. Salez et laissez cuire 20 min à feu moyen en remuant de temps en temps.
3 Parsemez d'aneth et servez à peine chaud.

Présentez ce plat avec un bol de yaourt dont chaque convive se servira selon son propre goût. Ce délicieux plat de saison est un peu long à préparer.

Les Desserts

Gâteau au fromage de Saint-Pétersbourg

POUR 6 PERSONNES

PRÉPARATION : 20 MIN

REPOS DE LA PÂTE : 30 MIN

CUISSON : 1 H

pour la pâte : 250 g de farine • 4 cuill. à soupe de sucre semoule • 75 g de beurre • 2 œufs • beurre et farine pour le moule
pour la garniture : 75 g de raisins de Corinthe • 15 cl de rhum • 3 pommes de terre • 6 œufs • 125 g de sucre semoule • 350 g de fromage frais égoutté • 30 g d'écorce d'orange confite • 1 sachet de sucre vanillé • 50 g de sucre glace

1 Versez la farine dans une terrine, faites une fontaine et mettez le sucre. Coupez le beurre en petits morceaux et ajoutez-le à la farine. Cassez dedans les œufs et mélangez rapidement du bout des doigts. Formez une boule et laissez-la reposer 30 min au frais.
2 Pendant ce temps, faites tremper les raisins dans le rhum. Pelez les pommes de terre, coupez-les en morceaux et faites-les cuire 20 min dans de l'eau bouillante salée. Égouttez-les soigneusement et écrasez-les à la fourchette.
3 Beurrez et farinez un moule rond à bords hauts. Abaissez la pâte au rouleau sur un plan de travail fariné et disposez-la dans le moule.
4 Cassez les œufs en séparant les blancs des jaunes.
5 Battez les jaunes et le sucre jusqu'à ce que le mélange devienne mousseux. Incorporez le fromage frais et la purée de pommes de terre.
6 Coupez l'écorce d'orange confite en petits morceaux, ajoutez-la à la préparation avec le sucre vanillé, les raisins secs et le rhum dans lequel ils ont trempé. Mélangez vigoureusement.
7 Préchauffer le four à 180 °C (therm. 5).
8 Montez les blancs en neige ferme, incorporez-les délicatement à la préparation. Versez le tout sur la pâte.
9 Faites cuire 40 min.
10 Retirez du four, laissez refroidir. Démoulez, puis poudrez de sucre glace et servez.
Ce gâteau est très consistant. Servez-le après un repas peu nourrissant, ou dans l'après-midi, avec du café léger.

Gâteau au miel et aux épices

Ukraine

POUR 8 PERSONNES

PRÉPARATION : 15 MIN

CUISSON : 1 H 30

REPOS : 48 H

Boisson conseillée :

ALUPKA

OU ROSÉ DOUX

110 g de beurre • 1 noix de muscade • 1 clou de girofle • 30 cerneaux de noix • 250 g de miel • 1 cuill. à soupe de cannelle en poudre • bicarbonate de soude • 110 g de sucre semoule roux • 3 œufs • 1 sachet de levure • 280 g de farine • 150 g de raisins de Smyrne • 100 g de raisins de Corinthe • sel

1 Faites ramollir le beurre. Râpez la noix de muscade. Écrasez le clou de girofle. Hachez finement les noix.
2 Versez le miel dans une casserole, portez à ébullition sur feu moyen, ajoutez la cannelle, la muscade, le clou de girofle et 1 cuillerée à café de bicarbonate. Mélangez bien. Laissez refroidir.
3 Mélangez le sucre avec 60 g de beurre ramolli dans une terrine en les écrasant à l'aide d'une cuillère en bois.
4 Cassez les œufs en séparant les blancs des jaunes. Incorporez les jaunes un à un dans la terrine sans cesser de mélanger, puis le miel, 1 pincée de sel, la levure et 210 g de farine.
5 Ajoutez ensuite les raisins secs, les noix et le reste de farine. Mélangez.
6 Préchauffez le four à 150 °C (therm. 3).
7 Montez les blancs d'œufs en neige très ferme, incorporez-les à la pâte en soulevant sans tourner.
8 Badigeonnez un moule rectangulaire avec 30 g de beurre, puis une feuille de papier sulfurisé avec 20 g de beurre. Tapissez-en le moule.
9 Versez la pâte dessus. Faites cuire pendant 1 h 30 au four.
10 Décollez le gâteau à l'aide d'un couteau, renversez-le sur une grille. Enlevez le papier et laissez refroidir, puis enveloppez le gâteau de papier sulfurisé.
11 Laissez reposer 2 jours avant de le servir coupé en tranches.
Ce gâteau très compact et très sucré se conserve longtemps. Dégustez-le par petits morceaux. En Ukraine, il est servi à la fin d'un repas de fête, avec un vin doux, blanc ou rosé, ou encore avec un vin blanc mousseux, appelé «champagne».

LA PÂQUE RUSSE

En Russie, la fête de Pâques revêt un éclat incomparable. Le repas se termine traditionnellement par deux gâteaux, la pashka et le koulitch.
Les lettres XB, initiales de «Khristos Voskress» (le Christ est ressuscité), rappellent l'objet de la célébration.

LE SAMOVAR ET LE THÉ RUSSE

Dans tout intérieur russe brille un samovar ventru, symbole du bonheur familial et de l'hospitalité. Aujourd'hui, il est le plus souvent en inox. Son rôle est de maintenir toute la journée l'eau à la bonne température. Surmonté d'une petite théière, la *tscheinik*, il est muni d'un petit robinet permettant d'ajouter l'eau directement dans les verres.

Le thé russe est généralement fumé, mais on boit aussi du thé noir ou vert. Il infuse dans la *tscheinik*. On verse ensuite un peu d'extrait dans un verre que l'on remplit d'eau bouillante. Les Russes boivent du thé bouillant à toute heure du jour.

LA PASHKA

Si vous ne disposez pas d'un moule à pashka (en forme de pyramide et percé au niveau de la pointe pour permettre au gâteau de s'égoutter), vous pouvez en confectionner un en carton. Achetez 2 kg de fromage blanc à 40% M.G. et laissez-le s'égoutter pendant 24 h. Passez-le au mixer. Préparez une crème dans une casserole à fond épais sur feu très doux. Mélangez 6 jaunes d'œufs, 375 g de sucre semoule, 25 cl de lait, un peu d'extrait de vanille et 250 g de beurre coupé en petits morceaux. Ajoutez le fromage blanc, des écorces d'oranges confites hachées et le zeste d'un citron. Tapissez le moule d'une mousseline et versez-y la pâte en tassant bien. Laissez reposer 24 h au frais. Démoulez et décorez avec les lettres XB dessinées avec des bâtonnets de fruits confits.

LE KOULITCH

Faites un levain avec 40 g de levure de boulanger, 1 pincée de sel, 30 g de sucre, 25 cl de lait tiède et 30 g de farine. Mélangez, couvrez et laissez monter dans un endroit tiède pendant 1 h. Battez 6 jaunes d'œufs avec 250 g de sucre semoule jusqu'à ce que le mélange blanchisse. Incorporez alors le levain, puis 1 kg de farine, 250 g de beurre ramolli, 200 g de raisins secs, 100 g de fruits confits hachés et 300 g d'amandes effilées. Mélangez bien, battez 2 blancs d'œufs en neige ferme et incorporez-les à la pâte. Travaillez-la pour qu'elle soit bien souple. Mettez-la dans une terrine, couvrez et laissez lever encore 1 h. Beurrez et farinez 2 moules ronds étroits et hauts. Répartissez-y la pâte en les remplissant à peu près au tiers de leur hauteur. Laissez encore lever 30 min. Préchauffez le four à 180 °C (therm. 5). Enfournez et laissez cuire 1 h. Au sortir du four, nappez les gâteaux de glaçage et laissez-les refroidir.

SAVEURS D'EUROPE CENTRALE

Les cuisines des différents pays d'Europe centrale, Pologne, Slovaquie, République tchèque, Roumanie, sont influencées par celles de leurs voisins, qui furent parfois très longtemps présents. Ainsi, la cuisine polonaise est-elle marquée à l'est par la Russie et à l'ouest par l'Allemagne. La Pologne possède dans son patrimoine culinaire un certain nombre de plats typiques de la cuisine juive, créés par les communautés ashkénazes. La Slovaquie, région très rurale et assez repliée sur elle-même, propose une cuisine rustique. Par contre, Slaves d'une part et Autrichiens de l'autre ont marqué la cuisine tchèque. Quant à la Roumanie, elle est proche de la Turquie, et l'on retrouve dans sa cuisine nombre de recettes et traditions ottomanes.

LES TRADITIONS

Les Polonais apprécient beaucoup les légumes, qu'ils produisent en abondance et qu'ils préparent souvent en saumure ou au vinaigre. C'est le cas notamment des célèbres gros cornichons polonais, croqués en toute occasion, des champignons, des betteraves, du chou. La volaille est très présente dans la cuisine polonaise, ainsi que la viande de porc, dont l'élevage est très important. Les Polonais ont la réputation de bien boire. Il est vrai qu'ils sont les seuls, avec les Russes, à produire de bonnes vodkas. Selon eux, leur vodka est la meilleure du monde, particulièrement lorsqu'elle est aromatisée à l'«herbe de bison». Alcool moins fort, l'hydromel est aussi fabriqué et apprécié en Pologne.

La cuisine roumaine se caractérise par sa simplicité. Le plat le plus populaire est la *mamaliga*, bouillie de maïs proche de la polenta italienne. Les Roumains consomment aussi beaucoup de soupes de poisson. La Roumanie produit nombre de vins blancs de dessert, mais aussi des vins blancs secs et des vins rouges pleins de ca-

Menu classique

CERVELLE DE VEAU

•

POULARDE FARCIE

•

COMPOTE DE POIRES

ractère. Ils se dégustent en mangeant de petites saucisses, les *mititei*, et de la *mamaliga*. L'influence de la Turquie se fait particulièrement sentir dans les desserts, qui sont donc souvent assez gras et très parfumés.

L'ex-Tchécoslovaquie est pour beaucoup le pays du bœuf bouilli, le *hovey maso*. Il se sert avec de nombreuses sauces. Mais le plat le plus populaire est peut-être les *knedlicky* (ou *Knödel*, voir p. 222). Ce sont de petites boulettes préparées de multiples façons : à la viande, elles seront mises dans le potage ; à la mie de pain et aux pommes de terre, elles feront office de légumes... Les *houskové knedlicky*, ou quenelles de Prague, sont tout particulièrement réputées et appréciées.

Les Tchèques et les Slovaques apprécient beaucoup la charcuterie. Le jambon de Prague est mondialement connu. Les desserts sont particulièrement nombreux et savoureux. La boisson la plus courante est la bière : les Tchèques et les Slovaques en sont les premiers consommateurs mondiaux. La Pilsen est la plus célèbre et elle est exportée dans le monde entier. Il faut aussi goûter la *slivovice*, eau-de-vie de prune, elle aussi très appréciée.

LA VIE QUOTIDIENNE

LE PETIT DÉJEUNER. Assez consistant, il comprend de la charcuterie, des œufs, des tartines beurrées. Le café se

boit noir en Roumanie, plus souvent au lait en Pologne, les Tchèques se partageant sur ce point. Les enfants prennent du chocolat.

LE DÉJEUNER. Il se prend très tard, vers 15 ou 16 heures. Pour les Roumains et les Polonais, il se compose d'une soupe à la viande, d'un rôti, de boulettes de légumes, d'un gâteau ou d'une gelée de fruits. Les Tchèques restent fidèles aux *kolace*, tartes aux fruits ou au pavot, ou aux *vdolky* (beignets), assez lourds.

LE DÎNER. En général, soupe et charcuterie précèdent un plat, des ravioli polonais ou des crêpes farcies à la viande ou au chou, par exemple. Un fruit sera servi au dessert.

LES JOURS DE FÊTE

NOËL. La carpe est le plat traditionnel de Noël en Pologne comme en ex-Tchécoslovaquie. Les Roumains laissent la place d'honneur au porc avec le *piftie*, gelée à la viande de porc, et le rôti. Le *mazurek*, gâteau au pavot, est de rigueur en Pologne, le *cozanak*, brioche consistante, en Roumanie.

PÂQUES. Toute l'Europe centrale accorde une importance particulière à cette fête. Les œufs sont partout décorés de couleurs vives ou de motifs folkloriques. Le repas de Pâques réunit toute la famille. Très copieux, il célèbre la fin d'un carême très respecté. Les Polonais font honneur au jambon, au saucisson et au cochon de lait. L'agneau est présent sur la table, mais il est en sucre et, en principe, ne se mange pas. Les Roumains se livrent à des combats d'œufs puis se régalent d'un agneau rôti dont les abats hachés auront servi à la préparation du *drob*, une farce aromatisée aux fines herbes. Les Tchèques mettent, eux aussi, l'agneau farci à l'honneur. La *pasca*, brioche aux raisins secs différente de la pashka russe, est de tradition en Roumanie. Les Polonais préféreront le célèbre baba, un gâteau au safran, aux raisins secs, aux amandes et à la vanille.

LES PRODUITS

LES POISSONS D'EAU DOUCE

En Europe centrale, les rivières et les lacs sont nombreux : des eaux saumâtres et stagnantes aux frais courants préservés, tous les types de milieux aquatiques d'eau douce sont représentés. Les espèces de poissons qui y vivent sont innombrables et fournissent la base de nombreuses recettes à la gastronomie de ces pays d'Europe centrale.

L'OMBLE CHEVALIER. Ce poisson vit dans les eaux froides et riches en oxygène. C'est un mets délicat, «noble». Sa chair, de couleur saumon, est très fine et très tendre. L'omble se prépare à l'étuvée ou poché et se déguste accompagné de sauces variées.

LA GRANDE MARAINE. C'est un poisson mince, aux reflets argentés et aux écailles plus grandes que celles des truites. La grande maraine est très présente en Pologne. On la trouve généralement dans des fonds où elle se nourrit de petits animaux. Ce poisson apparenté au saumon est proposé frit, grillé ou fumé.

LE BROCHET. Le brochet vit dans les lacs et les rivières, où il apprécie surtout les eaux calmes et les fonds de gravier. Il se nourrit de poissons. Jeune, sa peau est d'une couleur vert clair. Par la suite, elle devient bleuâtre ou verdâtre. Il offre une chair ferme, savoureuse et très peu grasse. Mais on y trouve beaucoup d'arêtes ! En cuisine, la préférence est donnée aux petits brochets pesant de 1 à 3 kg. Certains individus atteignent en effet 35 kg !

LE GARDON. C'est un petit poisson très commun dans les eaux calmes et à courant lent. Il se nourrit de petits animaux et de plantes. Adulte, il peut mesurer 30 cm et peser 200 g. Les filets de gardon sont excellents, mais ce poisson se sert aussi entier, pané ou frit.

LA TANCHE. La tanche est un poisson solitaire qui fuit la lumière. Elle apprécie les cours d'eau à courant lent, aux fonds vaseux dans lesquels elle s'enfouit en hiver. Elle se nourrit de plancton et d'animaux. Elle peut atteindre 7 kg, mais les meilleures sur le plan culinaire sont celles de 1 ou 2 kg. La tanche possède une chair savoureuse très appréciée pour la confection de soupes.

LA CARPE. Ce poisson d'étang d'origine asiatique, pesant de 1 à 2 kilos, peut vivre 40 ans et atteindre 1 m de long. En Pologne, il fait partie du menu traditionnel de Noël ou de la Saint-Sylvestre. Il se prête très bien à la pisciculture. C'est à 3 ans que la carpe d'élevage est la meilleure. Elle mesure à cet âge entre 25 et 30 cm et pèse de 1 à 2 kg.

LA SANDRE. Elle vit dans les grands fleuves et les lacs et se nourrit de petits poissons. C'est un poisson allongé, de 1 à 1,5 kg. Sa chair se rapproche de celle du brochet. Blanche, tendre et savoureuse, elle est très souvent préparée farcie. Elle est aussi excellente en croûte de sel.

LA PERCHE. Sa chair est également très fine. Mais ce poisson originaire d'Amérique a été introduit en 1883 en Allemagne, en Finlande et en Russie notamment. Depuis, il s'est reproduit très généreusement et, étant très courant, il est moins recherché par les gastronomes.

LA BRÈME. Très commune dans l'est de l'Europe, elle vit dans des lacs peu profonds et des rivières à courant lent. La brème est souvent méprisée, pourtant elle se prête particulièrement bien aux fritures et grillades.

Brème

Perche

Carpe

Sandre

Brochet

Les Entrées

Soupe aux poissons

Pologne

POUR 4 PERSONNES

PRÉPARATION : 45 MIN

CUISSON : 30 MIN

1 kg de poissons d'eau douce vidés et préparés : truites, anguilles, etc. • 3 poireaux • 1 petit céleri-rave • 4 carottes • 1 citron • 100 g de beurre • 2 pincées de piment en poudre • 1 petit fragment de macis • 1 l de bouillon de bœuf • 250 g de riz à grains ronds • 4 tomates • 2 œufs • sucre semoule • 40 cl de vin blanc • 30 cl de crème fraîche • 1 branche de fenouil • sel, poivre

1 Épluchez les poireaux, fendez-les en 2, lavez-les, coupez-les en rondelles. Pelez le céleri, lavez-le, coupez-le en 4 puis en tranches fines. Grattez les carottes, lavez-les, coupez-les en rondelles. Lavez le citron, râpez-en le zeste.

2 Lavez les poissons, épongez-les avec du papier absorbant, coupez-les en morceaux.

3 Faites fondre le beurre dans une cocotte, faites-y revenir les légumes 5 min en remuant de temps en temps.

4 Ajoutez le zeste de citron, du sel, du poivre, le piment, le macis et le bouillon. Portez doucement à ébullition.

5 Jetez le riz en pluie dans la cocotte. Faites cuire 5 min, ajoutez ensuite les poissons.

6 Après 10 min de cuisson, retirez les poissons à l'écumoire, enlevez les arêtes, remettez les poissons dans la soupe.

7 Lavez les tomates, coupez-les en morceaux. Ajoutez-les à la soupe.

8 Cassez les œufs, battez-les à la fourchette avec 1 cuillerée à café de sucre et le vin. Versez le tout dans la soupe, faites cuire de nouveau 10 min. Retirez le macis.

9 Lavez et hachez le fenouil. Mettez un peu de crème fraîche dans chaque assiette, versez la soupe par-dessus et parsemez de fenouil. Traditionnellement, cette soupe est servie avec des toasts beurrés et tartinés de raifort râpé.

Soupe aigre «zur»

Pologne

POUR 4 PERSONNES

PRÉPARATION : 25 MIN

REPOS : 2 SEMAINES

CUISSON : 50 MIN

100 g de farine de seigle • 4 pommes de terre • 4 carottes • 200 g de lard maigre fumé • 75 cl de bouillon de bœuf • sel, poivre

1 Versez la farine dans un bocal, ajoutez 50 cl d'eau tiède. Mélangez. Laissez reposer 2 semaines dans un endroit chaud afin que le mélange forme des bulles et prenne une odeur aigre.

2 Pelez les pommes de terre, lavez-les, coupez-les en morceaux et faites-les cuire de 20 à 25 min à la vapeur.

3 Grattez les carottes, lavez-les, coupez-les en fines rondelles.

4 Versez dans une casserole la farine de seigle et son liquide, les rondelles de carottes, le lard entier et le bouillon de bœuf. Salez, poivrez.

5 Faites cuire 30 min. Coupez le lard en petits dés et remettez-le dans la soupe.

6 Servez la soupe, et présentez les pommes de terre sur une assiette à part.
Cette soupe, dont le nom se prononce «jour», est très typique.
Vous pouvez remplacer le lard fumé par du saucisson et ajouter une gousse d'ail broyée.

Krupnik

Pologne

POUR 4 PERSONNES

PRÉPARATION : 30 MIN

CUISSON : 30 MIN

30 g de céleri-rave • 300 g de poireaux • 300 g de carottes • 300 g de foies et de gésiers de volaille • 100 g d'orge perlé • 25 g de beurre • 300 g de pommes de terre • 10 cl de crème fraîche • persil • sel, poivre

1 Pelez le céleri, coupez-le en petits morceaux.

Épluchez les poireaux et fendez-les en 2. Lavez-les, coupez-les en fines rondelles. Grattez les carottes, lavez-les, coupez-les aussi en fines rondelles.

2 Mettez dans une casserole les légumes avec les foies, les gésiers et l'orge perlé. Salez, poivrez et couvrez avec 1,5 l d'eau. Faites cuire doucement pendant 30 min.

3 Ajoutez le beurre en fin de cuisson.

4 Pendant ce temps, pelez les pommes de terre, lavez-les, coupez-les en morceaux. Faites-les cuire 20 min dans de l'eau salée. Égouttez.

5 Mélangez tous les ingrédients. Ajoutez la crème fraîche.

6 Lavez et hachez le persil, poudrez-en le krupnik avant de servir.

KRUPNIK

•

En Pologne, le krupnik est
considéré comme une soupe.
Celle-ci constitue le plus
souvent un plat complet.
Les jours de fête, les foies de
volaille sont remplacés par
des cèpes séchés.
L'orge perlé est une orge
dont les grains ont été
mondés entre deux meules,
afin d'être utilisables
en cuisine.

Cervelle de veau

Pologne

Pour 6 personnes

Préparation : 15 min

Trempage : 1 h

Cuisson : 10 min

6 cervelles de veau • 3 cuill. à soupe de vinaigre • 2 oignons • 2 tomates • 1 bouquet de cerfeuil • 40 g de beurre • 2 jaunes d'œufs • sel

1 Faites tremper les cervelles 1 h dans de l'eau vinaigrée.
2 Pendant ce temps, pelez les oignons, émincez-les. Plongez les tomates 1 min dans de l'eau bouillante, pelez-les, épépinez-les et concassez-les.
3 Égouttez les cervelles, enlevez la membrane qui les entoure, coupez-les en tranches de 1 cm d'épaisseur.
4 Lavez le cerfeuil, hachez-le.
5 Faites fondre le beurre dans une poêle, faites-y revenir les oignons et les tomates 5 min en remuant.
6 Battez les jaunes d'œufs avec du sel, trempez-y les tranches de cervelle, ajoutez celles-ci dans la poêle.
7 Faites cuire 5 min.
8 Disposez sur un plat de service et poudrez de cerfeuil.

Tarte bohémienne

République tchèque

Pour 4 personnes

Préparation : 45 min

Repos de la pâte : 40 min

Cuisson : 40 min

Boisson conseillée :

MERCUREY

pour la pâte feuilletée : 200 g de farine • 200 g de beurre • sel • beurre pour le moule pour la farce : 3 œufs • 30 cl de crème fraîche • 400 g de jambon frais • 2 oignons • 2 tomates • 2 poireaux • sel, poivre

1 Préparez la pâte feuilletée : versez la farine dans une terrine et faites un puits. Ajoutez-y 20 cl d'eau et le sel. Délayez à l'aide d'une spatule, puis à la main. Travaillez rapidement. Faites une boule et laissez reposer 20 min. Sur un plan de travail fariné, abaissez la pâte et placez le beurre au milieu. Rabattez la pâte par-dessus. Étalez-la en un long rectangle de 1 cm d'épaisseur. Pliez celui-ci en 3 en rabattant le premier tiers vers vous et le troisième par-dessus. Tournez la pâte de 1/4 de tour vers la droite. Donnez tout de suite le deuxième tour : étalez la pâte en rectangle, pliez-la en 3, donnez 1/4 de tour à droite. Laissez reposer 20 min au frais.
2 Préchauffez le four à 200 °C (therm. 6).
3 Abaissez la pâte au rouleau. Beurrez un moule à tarte et foncez-le avec la pâte.
4 Battez les œufs avec la crème fraîche. Coupez le jambon en morceaux. Pelez les oignons, lavez les tomates. Coupez-les en quartiers. Épluchez les poireaux, fendez-les en 2, lavez-les, coupez-les en tronçons.
5 Hachez ensemble le jambon, les oignons, les tomates, les poireaux, salez et poivrez. Incorporez cette préparation au mélange de crème et d'œufs. Versez sur la pâte.
6 Faites cuire pendant 40 min au four.
Servez tiède avec une salade de laitue.

Les Plats

Croquettes de cervelle

République tchèque

Pour 4 personnes

Préparation : 40 min

Cuisson : 25 min

Boisson conseillée :

BEAUNE ROUGE

4 cervelles de veau • 1 cuill. à soupe de vinaigre • 2 tranches de pain de mie écroûtées • 10 cl de lait • 4 oignons • 80 g de beurre • 1 bouquet de persil • 4 œufs • 60 g de chapelure • sel, poivre

1 Lavez les cervelles, mettez-les dans une casserole avec le vinaigre et 40 cl d'eau. Faites cuire 10 min. Égouttez.
2 Faites tremper le pain dans le lait.
3 Retirez la membrane qui entoure les cervelles, coupez-les en tranches.
4 Pelez les oignons, émincez-les.
5 Faites fondre la moitié du beurre dans une poêle, faites-y dorer les oignons pendant 5 min en remuant.
6 Égouttez le pain et pressez-le. Lavez et équeutez le persil.
7 Hachez ensemble grossièrement les oignons, le pain, le persil et les tranches de cervelle. Salez, poivrez.
8 Cassez les œufs, battez-les à la fourchette, incorporez-les au hachis.
9 Formez des croquettes, roulez-les dans la chapelure.
10 Faites fondre le reste du beurre, mettez-y à cuire les croquettes pendant 20 min en les retournant 1 fois.
11 Égouttez-les et posez-les sur un plat de service.

Bigos

Pologne

POUR 6 PERSONNES

PRÉPARATION : 1 H 50

CUISSON : 2 H 50

Boisson conseillée :

CÔTES-DU-RHÔNE

400 g de choucroute crue •
400 g de chou blanc • 25 g
de cèpes séchés • 200 g de
filet de porc • 200 g de rôti de
veau • 100 g de lard maigre
fumé • 50 g de beurre •
1 oignon • 250 g de
saucisson à cuire • 50 g de
concentré de tomates •
sucre • sel, poivre

1 Faites bouillir la choucroute dans un peu d'eau
pendant 1 h.
2 Coupez le chou, ôtez
les grosses côtes, lavez-
le. Faites-le bouillir dans
un peu d'eau avec les cè-
pes pendant 30 à 40 min.
3 Lavez le porc, le veau
et le lard, puis coupez-les
en morceaux. Faites-les
revenir dans une poêle
avec 30 g de beurre. Sa-
lez.
4 Mettez la choucroute
et les morceaux de
viande dans une mar-
mite. Faites cuire 40 min.
5 Pelez et émincez l'oignon. Faites-le dorer
dans une poêle avec le
reste du beurre.
6 Coupez le saucisson
en rondelles.
7 Dans la marmite, ajoutez le chou, le saucisson,
le concentré de tomates
et 1 cuillerée à soupe de
sucre. Salez, poivrez et
mélangez.
8 Faites cuire encore
40 min au moins.
Ce plat est servi le jour
de l'an, préparé avec
tous les restes de Noël. Il
en existe de multiples variantes. On peut y rajou-
ter de la volaille, du
gibier ou de la charcute-
rie. Il est très apprécié
des chasseurs avec du
vin rouge, des pruneaux
secs et de l'ail. On peut
également le faire sans le
chou. Plus il est réchauffé, meilleur il est.

Lièvre à la crème

Pologne

POUR 4 PERSONNES

PRÉPARATION : 40 MIN

MARINADE : 48 H

CUISSON : 2 H 15

1 lièvre (râble et cuisses)
80 g de lard gras • 50 g de
saindoux • 30 g de farine •
25 cl de crème fraîche • 20 g
de sucre semoule • sel,
poivre
pour la marinade : 1 oignon •
1 feuille de laurier • 6 grains
de poivre • 1 pincée de
piment • 16 baies de
genièvre • 25 cl de vinaigre

1 Préparez la marinade.
Pelez l'oignon, coupez-le
en 4. Dans une casserole,
mettez 50 cl d'eau, le laurier, les grains de poivre,
le piment, les baies de genièvre et l'oignon. Salez,
poivrez.
2 Portez à ébullition,
laissez refroidir pendant
un bon moment ce
bouillon. Ajoutez ensuite
le vinaigre.
3 Mettez les morceaux
de lièvre dans une ter-
rine, couvrez-les de marinade. Laissez-les mariner
pendant 48 h en les re-
tournant 3 ou 4 fois.
4 Préchauffez le four
à 220 °C (therm. 7).
5 Égouttez le lièvre,
épongez-le.
6 Coupez le lard en bandes de 5 mm de largeur
que vous glisserez dans
des incisions faites dans
la chair du lièvre.
7 Faites chauffer le saindoux dans une cocotte,
faites-y dorer le lièvre
10 min en le retournant
2 ou 3 fois. Salez, poi-
vrez à votre goût.
8 Mettez au four sans
couvrir, et faites cuire
pendant 2 h en arro-
sant régulièrement avec
le jus de cuisson.
9 Ensuite, sortez la cocotte du four. Déposez la
viande sur un plat, réservez au chaud.
10 Préparez un caramel.
Faites fondre le sucre
dans 3 à 5 cuillerées à
soupe d'eau. Portez à
ébullition.
11 Déglacez la cocotte
avec un peu d'eau. Ver-
sez la farine et mélangez
bien. Incorporez la
crème et le caramel, sa-
lez et faites cuire de nouveau 5 min. Versez sur le
lièvre et servez.
Accompagnez d'airelles,
de raifort et d'une salade
de chou rouge. Ou en-
core de pommes de
terre, de nouilles et de
betteraves.

Poularde farcie

Pologne

POUR 6 PERSONNES

PRÉPARATION : 30 MIN

CUISSON : 1 H

1 poularde • 2 petits pains •
10 cl de lait • 2 oignons •
1 poireau • 250 g de foies de
volaille • 125 g de jambon
frais • 2 œufs • 20 cl de
crème fraîche • 100 g de
beurre • sel, poivre

1 Faites trempez les
pains dans le lait, égouttez-les et pressez-les.
2 Pelez les oignons, coupez-les en 2. Épluchez le
poireau, fendez-le en 2,
lavez-le, coupez-le en
tronçons.
3 Préchauffez le four
à 220 °C (therm. 7).
4 Coupez les foies et le
jambon en morceaux.
Passez-les à la mouli-
nette avec les légumes.
5 Cassez les œufs, battez-les à la fourchette,
mélangez-les à la crème
et au hachis. Salez, poi-
vrez. Farcissez-en la poularde, cousez l'ouverture.
6 Répartissez le beurre
en morceaux dans un
plat, déposez-y la pou-
larde. Faites cuire 1 h environ au four.
Servez avec des pommes
de terre sautées.

Bœuf roulé

———

Pologne

POUR 4 PERSONNES

PRÉPARATION : 20 MIN

CUISSON : 35 MIN

Boisson conseillée :
CÔTES-DU-RHÔNE

600 g de filet de bœuf •
2 petits concombres marinés •
4 tranches de lard gras de
1 cm d'épaisseur • 2 cuill. à
soupe de moutarde • 1 cuill.
à soupe de farine • 50 g de
margarine • 15 cl de bouillon
de bœuf • 25 cl de crème
fraîche • sel, poivre

1 Coupez la viande en
4 tranches. Battez celles-
ci jusqu'à ce qu'elles
soient très fines.
2 Coupez les concom-
bres marinés en fines
tranches régulières.
3 Coupez les tranches
de lard à la longueur des
tranches de viande.
4 Enduisez les tranches
de viande de moutarde.
Sur chacune d'elle, posez
les tranches de concom-
bre et 1 tranche de lard,
salez et poivrez. Enrou-
lez chaque tranche de
viande et fixez-la avec
une pique en bois. Pou-
drez de farine.
5 Faites fondre la margarine dans une sauteuse,
faites dorer les roulades
pendant 10 min de tous
côtés en remuant.
6 Arrosez avec le
bouillon de bœuf, faites
cuire pendant 20 min.
7 Sortez les rouleaux de
la sauteuse et réservez-
les au chaud sur le plat
de service.
8 Versez la crème dans
la sauteuse, rectifiez l'assaisonnement et portez à
ébullition.
9 Nappez la viande avec
cette sauce.
Servez avec des pommes
de terre ou des knödel
(voir p. 222). Tradition-
nellement, cette recette
est accompagnée de ka-
cha, gâteau à base d'orge
mondé ou de sarrasin.

Paupiettes de veau à la mode de Bohême

———

République tchèque

POUR 4 PERSONNES

PRÉPARATION : 25 MIN

CUISSON : 25 MIN

Boisson conseillée :
BIÈRE PILSEN

4 escalopes de veau • 200 g
de rôti de bœuf cuit • 1 petit
bouquet de fenouil vert •
1 petit bouquet de persil •
100 g de concombres
marinés • 1 cuill. à café
d'origan • 1 cuill. à soupe de
farine • 3 cuill. à soupe de
madère • 50 g de beurre •
1 cuill. à soupe de moutarde •
sel, poivre

1 Aplatissez bien les escalopes, salez-les, poi-
vrez-les. Passez le rôti à
la moulinette.
2 Lavez le fenouil et le
persil. Hachez-les. Cou-
pez les concombres en
rondelles.
3 Préparez la farce : mélangez le bœuf haché, les
herbes, l'origan, la farine
et le madère.
4 Tartinez les escalopes
de moutarde. Disposez
les rondelles de concom-
bre sur la moutarde. Ré-
partissez la farce
par-dessus. Enroulez la
viande. Fixez chaque rou-
leau avec une pique en
bois ou ficelez-le bien.
5 Faites fondre le beurre
dans une poêle, faites-y
dorer les paupiettes à feu
vif pendant 10 min, de
tous côtés, en les retournant 2 ou 3 fois. Baissez
le feu et continuez la
cuisson encore 15 min
en retournant les paupiettes de temps à autre.
Servez avec des pommes
de terre au gros sel.
Cette préparation en
forme de rouleau de
viande, plus ou moins
fourrée, connaît de nom-
breuses variantes.

Selle de chevreuil aux fruits

———

République tchèque

POUR 6 PERSONNES

PRÉPARATION : 30 MIN

MARINADE : 24 H

CUISSON : 1 H 15

Boisson conseillée :
BORDEAUX ROUGE

1 selle de chevreuil de 1,5 kg
pour la marinade : 1 oignon •
1 cuill.à soupe de thym •
8 baies de genièvre •
1 bouteille de vin rouge •
4 poires • 4 pommes •
8 quetsches • 3 cuill. à soupe
d'huile • 100 g de cerneaux
de noix • sel, poivre

1 Pelez l'oignon, coupez-le en 4, mettez-le
dans une grande terrine
avec le thym, les baies de
genièvre, le bordeaux.
Plongez-y la selle de chevreuil et faites·mariner
24 h en retournant
au moins 2 ou 3 fois.
2 Préchauffez le four
à 200 °C (therm. 6).
3 Sortez la selle de la
marinade, épongez-la
avec du papier absor-
bant. Passez la marinade
au tamis. Réservez-la.
4 Mettez la selle dans
un grand plat allant au
four. Arrosez d'huile. Faites cuire 45 min en arro-
sant tous les quarts
d'heure avec la marinade.
5 Pelez les poires et les
pommes, coupez-les en
4, épépinez-les. Lavez les
quetsches, fendez-les en
2, enlevez le noyau.
6 Ajoutez les cerneaux
de noix, les pommes, les
quetsches et les poires
dans le plat. Poursuivez
la cuisson 30 min.
Servez avec des knödel
(voir p. 222) ou une pu-
rée de pommes de terre.
Le chevreuil est un petit
cervidé très courant
dans les forêts d'Europe.
Lorsqu'il a moins d'un
an, on parle de «faon».
Sa chair est alors déli-
cate, et il est dommage
de la faire mariner. Pour
cette recette, choisissez
plutôt un animal de plus
de 2 ans.

Agneau pascal farci

République tchèque

POUR 8 PERSONNES

PRÉPARATION : 20 MIN

CUISSON : 1 H 20

Boisson conseillée :

BOURGOGNE ROUGE

1 agneau de lait entier •
4 cuill. à soupe d'huile •
2 cuill. à soupe de vinaigre
pour la farce : 8 oignons •
4 tomates • 12 gousses
d'ail • 200 g de farine de
sarrasin • 1 feuille de
laurier • sel, poivre

1 Préparez l'agneau qui doit être vidé et prêt à être rôti.
2 Préchauffez le four à 200 °C (therm. 6).
3 Préparez la farce. Pelez les oignons, émincez-

les. Plongez les tomates dans de l'eau bouillante, pelez-les, épépinez-les et concassez-les.
4 Pelez l'ail, écrasez-le, mélangez-le aux oignons, aux tomates et à la farine de sarrasin. Émiettez la feuille de laurier et incorporez-la au mélange. Salez et poivrez.
5 Remplissez l'agneau avec cette farce et ficelez-le. Badigeonnez-le d'huile et posez-le sur la plaque du four. Faites cuire 1 h 15, en arrosant de temps en temps avec le jus de cuisson.

6 Sortez le plat du four. Déglacez la plaque avec un peu de vinaigre et versez le jus de cuisson dans une saucière. Videz l'agneau de sa farce et disposez celle-ci au centre d'un grand plat. Découpez l'agneau en 16 morceaux et répartissez-les autour de la farce.
7 Servez chaud avec des pommes de terre sautées à l'huile. Placez une corbeille d'œufs peints à chaque bout de la table. Pour la cuisson, comptez 20 min par kg.

LA CRÈME AIGRE

La crème aigre est utilisée en Europe centrale, à la fois pour cuisiner et pour accompagner des plats comme condiment. On la trouve dans les soupes (*zur, bortsch*, etc.), avec des légumes, des boulettes de viande ou des champignons et dans la pâtisserie... Vous la confectionnerez facilement vous-même : laissez fermenter de la crème fraîche non pasteurisée que vous pouvez éventuellement mélanger à du yaourt (pour accélérer la fermentation) pendant 1 ou 2 jours. Pour obtenir de la crème aigre plus rapidement, vous ajouterez quelques gouttes de citron à de la crème fraîche 12 heures avant de consommer la crème, afin que celle-ci s'imprègne du goût acide. Sachez que la crème aigre ne se conserve pas.

Salade de bœuf cuit

Roumanie

POUR 4 PERSONNES

PRÉPARATION : 30 MIN

REPOS : 2 H

Boisson conseillée :

CHÂTEAUNEUF-DU-PAPE

400 g de langue de bœuf cuite • 400 g de jarret de veau désossé cuit •
2 oignons • 2 gousses d'ail •
200 g de graines de tournesol • moutarde •
6 cuill. à soupe d'huile de tournesol • 3 cuill. à soupe de vinaigre • 1 bouquet de persil • sel, poivre

1 Débarrassez la langue de bœuf de la peau. Cou-

pez-la en tranches de 1 cm d'épaisseur puis partagez celles-ci en 2.
2 Coupez le jarret en tranches de 1 cm.
3 Pelez les oignons, coupez-les en rondelles. Pelez l'ail, écrasez-le.
4 Épluchez les graines de tournesol.
5 Préparez une vinaigrette. Mélangez dans un saladier les rondelles d'oignons, l'ail, 1 cuillerée à soupe de moutarde, du sel, du poivre, l'huile et

le vinaigre. Ajoutez les viandes, mélangez.
6 Laissez reposer 2 h en retournant de temps à autre.
7 Lavez et hachez soigneusement le persil.
8 Versez les graines de tournesol en couronne autour du saladier, le persil au centre.
Servez avec une salade de pommes de terre à l'huile.

Knödel

République tchèque

Pour 4 personnes

Préparation : 15 min

Cuisson : 50 min

500 g de pommes de terre • 150 g de farine • 150 g de beurre • 1 bouquet de persil • 1 bouquet de ciboulette • 1 bulbe de fenouil vert • 4 cuill. à soupe d'huile de pavot • noix de muscade • sel, poivre

1 Épluchez les pommes de terre, coupez-les en morceaux, faites-les cuire 20 min dans de l'eau bouillante salée. Égouttez-les. Laissez-les tiédir. Réduisez-les en purée en les écrasant à la fourchette ou en les passant au presse purée. Dans un saladier, incorporez la farine à la purée à l'aide d'une cuillère en bois. Mélangez énergiquement. Râpez 1 pincée de noix de muscade sur cette purée, salez, poivrez puis mélangez à nouveau.

2 Faites fondre le beurre dans une casserole, jetez-y la purée et faites cuire pendant 20 min à feu moyen en remuant régulièrement avec une spatule en bois, tout en veillant à ce qu'elle n'attache pas au fond de la casserole.

3 Lavez, équeutez et hachez le persil. Lavez et ciselez la ciboulette. Parez le fenouil, lavez-le et hachez-le. Versez l'huile de pavot et les herbes hachées dans la casserole et incorporez-les à la purée. Goûtez et rectifiez l'assaisonnement si nécessaire.

4 Sortez la purée de la casserole et posez-la sur un plat creux. Humec-tez légèrement vos mains d'eau. Prélevez un peu de purée à l'aide d'une cuillère à soupe et formez 8 grosses boulettes.

5 Portez 3 l d'eau salée à ébullition. Plongez-y les boulettes et faites-les pocher pendant 20 min à petits frémissements. Sortez-les à l'aide d'une écumoire, posez-les sur un plat chaud et servez.

Les knödel sont servies en accompagnement de viandes en sauce, du gibier, de ragoûts ou de poissons pochés.

La traduction littérale du mot knödel est «quenelle». Il en existe de multiples variétés dans tout l'est de l'Europe, depuis l'Alsace jusqu'à la Bohême. Il s'agit toujours de boulettes, mais leur composition varie. À base de mie de pain, d'une sorte de pâte à nouilles ou de pommes de terre, elles sont aromatisées avec des herbes, des oignons, de la viande hachée ou même des fruits.

Poussins au paprika

Roumanie

POUR 4 PERSONNES

PRÉPARATION : 5 MIN

CUISSON : 20 MIN

4 poussins de grain vidés et bridés • 2 cuill. à soupe de paprika • 2 cuill. à soupe d'huile • 20 cl de pinot gris • sel, poivre

1 Préchauffez le four à 200 °C (therm. 6).
2 Coupez les poussins en 2 dans le sens de la longueur. Salez et poi-vrez-les. Poudrez-les de paprika à l'intérieur et à l'extérieur.
3 Mettez-les à plat sur la plaque du four, arro-sez-les d'huile.
4 Faites dorer 10 min en les retournant 1 fois.
5 Arrosez de pinot, fai-tes cuire encore 10 min en surveillant les pous-sins pour qu'ils soient bien dorés sur les 2 faces.
Les poussins sont de très jeunes poulets d'environ 300 g. Leur chair délicate est un peu fade. À partir de 500 g, le poussin de-vient un coquelet, que l'on peut cuisiner de la même manière.

Betteraves à la crème

Pologne

POUR 4 PERSONNES

PRÉPARATION : 15 MIN

CUISSON : 2 H 10

800 g de betteraves rouges crues • 45 cl de bouillon de légumes • 30 g de farine • 15 cl de crème fraîche • 1 citron • sel

1 Lavez les betteraves, faites-les cuire 2 h dans de l'eau salée. Égouttez.
2 Épluchez-les et râpez-les soigneusement.
3 Dans une casserole, diluez la farine dans le bouillon. Salez, poivrez. Ajoutez les betteraves dans la casserole. Portez à ébullition.
4 Pressez le citron.
5 Incorporez la crème et le jus de citron aux bette-raves. Servez.
Vous pouvez ajouter des pommes râpées. Ces bet-teraves se servent comme une purée, en ac-compagnement d'une viande rôtie.
Vous pouvez faire cuire les betteraves à la vapeur dans une marmite à pres-sion. Comptez 45 min pour des betteraves de taille moyenne.

Les Desserts

Cataif

Roumanie

POUR 8 PERSONNES

PRÉPARATION : 30 MIN

REPOS DE LA PÂTE : 1 H

CUISSON : 40 MIN

10 œufs • 400 g de farine • 60 g de beurre ramolli • 200 g de noisettes moulues • 100 g de sucre semoule
pour le caramel : 1/2 gousse de vanille • 200 g de sucre semoule

1 Cassez 9 œufs en sé-parant les jaunes des blancs.
2 Cassez le dernier œuf et battez-le avec les jau-nes, à la fourchette. Ajou-tez peu à peu la farine, pétrissez bien pour for-mer une boule assez compacte.
3 Abaissez la pâte au rouleau, laissez-la repo-ser 15 min.
4 Roulez la pâte en forme de saucisse, cou-pez-la en tranches très fines. Laissez sécher 45 min environ.
5 Préchauffez le four à 180 °C (therm. 5).
6 Beurrez un moule, rangez-y par couches alternées la pâte, les noi-settes et le sucre.
7 Préparez le caramel. Mettez le sucre dans une casserole avec la demi-gousse de vanille fendue en 2 et 20 cl d'eau. Por-tez à ébullition, faites cuire 10 min, enlevez la vanille, versez dans le moule.
8 Faites cuire 30 min au four. Servez froid.

Rissoles aux quetsches

République tchèque

POUR 4 PERSONNES

PRÉPARATION : 1 H

REPOS DE LA PÂTE : 1 H

CUISSON : 30 MIN

500 g de pâte feuilletée (voir Pirojki de carottes p. 206) • 600 g de quetsches • 100 g de noisettes moulues • 50 g de sucre semoule • 1 jaune d'œuf • 20 g de beurre

1 Préparez la pâte feuilletée.
2 Préchauffez le four à 200 °C (therm. 6).
3 Lavez et dénoyautez les quetsches.
4 Abaissez la pâte au rouleau, découpez-y des rondelles de 10 cm de diamètre.
5 Mélangez les noiset-tes et le sucre. Répartis-sez-les ainsi que les quetsches sur les rondel-les de pâte.
6 Humectez le bord de la pâte, repliez les risso-les en 2 en appuyant bien sur les bords pour les souder. Badigeonnez de jaune d'œuf.
7 Beurrez la plaque du four, rangez-y les risso-les, faites cuire 30 min. Ces rissoles sont servies chaudes ou froides.

Compote de poires à la bière

République tchèque

POUR 4 PERSONNES

PRÉPARATION : 10 MIN

CUISSON : 20 MIN

500 g de poires • 50 g d'orange confite • 50 g de citron confit • 30 cl de bière de Pilsen • 100 g de sucre semoule • 100 g de raisins de Corinthe • 1 cuill. à soupe de cannelle en poudre

1 Pelez les poires, coupez-les en morceaux d'environ 2 cm de côté.
2 Coupez l'orange et le citron confits en petits morceaux.
3 Mélangez tous les ingrédients dans une casserole, faites cuire 20 min sur feu très doux.
4 Laissez refroidir à température ambiante puis servez dans des petits ramequins individuels.

Originaire d'Asie Mineure, le poirier poussait à l'état sauvage à l'époque préhistorique. Ce sont les Romains qui, les premiers, sélectionnèrent les poires en fonction de leurs différents usages : cuites ou crues, séchées ou fermentées.

Gâteau au fromage blanc

Pologne

POUR 6 PERSONNES

PRÉPARATION : 10 MIN

RÉFRIGÉRATION : 4 H

200 g de biscuits à la cuillère • 50 g de peau d'orange confite • 600 g de fromage frais • 50 g de beurre ramolli • 100 g de sucre glace • 3 jaunes d'œufs • 1 sachet de sucre vanillé • 150 g de raisins de Corinthe

1 Faites tremper les raisins secs pendant 30 min dans un peu d'eau tiède.
2 Tapissez le fond d'un moule rectangulaire avec les biscuits à la cuillère.
3 Coupez la peau de l'orange en fines lamelles.
4 Mélangez le fromage frais, le beurre, le sucre glace, les jaunes d'œufs, le sucre vanillé et les raisins de Corinthe en battant vigoureusement.
5 Versez sur les biscuits à la cuillère.

6 Répartissez l'orange sur le dessus.
7 Mettez 4 h au réfrigérateur.
Les gâteaux au fromage blanc sont très populaires en Pologne, comme en Russie, et il en existe de très nombreuses recettes. Celle-ci est l'une des plus simples, puisque le gâteau ne cuit pas.

Abricots farcis

POUR 4 PERSONNES

PRÉPARATION : 20 MIN

CUISSON : 15 MIN

500 g d'abricots secs • 200 g de cerneaux de noix fraîches • 150 g de sucre semoule

1 Mettez les abricots dans une casserole, couvrez d'eau, faites cuire 5 min. Égouttez en réservant le jus.

2 Préparez un sirop : mélangez le jus et le sucre et faites cuire 5 min. Plongez les abricots dans ce sirop et laissez cuire encore 5 min.
3 Pendant ce temps, hachez finement les noix.
4 Retirez les abricots à l'écumoire. Farcissez-les

avec les noix et rangez-les dans un plat creux.
5 Nappez de sirop et laissez refroidir.
La peau qui recouvre les cerneaux de noix étant quelque peu amère, vous pouvez l'éliminer, ce qui rendra ce dessert plus délicat.

Brioches meringuées

République tchèque

POUR 6 PERSONNES

PRÉPARATION : 45 MIN

CUISSON : 25 MIN

6 brioches individuelles
pour la crème pâtissière : 1 l de lait • 6 œufs • 125 g de farine • 150 g de sucre semoule • 50 g de beurre • 1 cuill. à café d'extrait de vanille • 150 g de fruits confits • 5 cl de kirsch
pour la meringue : 200 g de sucre semoule • 50 g d'amandes effilées

1 Préparez la crème pâtissière. Faites chauffer le lait avec la vanille.
2 Cassez 2 œufs entiers dans une terrine. Cassez

les 4 autres en séparant les jaunes des blancs. Réservez les blancs. Versez les jaunes dans la terrine. Battez les œufs en omelette avec le sucre.
3 Incorporez peu à peu la farine tamisée, puis le lait bouillant en filet, en tournant. Remettez le tout dans une casserole à feu doux. Faites cuire sans cesser de remuer environ 5 min.
4 Retirez la casserole du feu et laissez refroidir. Incorporez progressivement le beurre, le kirsch et les fruits confits.
5 Coupez chaque brioche en 4 tranches hori-

zontales. Garnissez chaque tranche de crème et reconstituez les brioches. Recouvrez avec le chapeau.
6 Préchauffez le four à 210 °C (therm. 6-7).
7 Préparez la meringue. Fouettez les blancs d'œufs en neige ferme en incorporant peu à peu le sucre vers la fin.
8 Posez les brioches dans un plat allant au four, enrobez-les de meringue et parsemez-les d'amandes.
9 Mettez-les 10 min au four. Maintenez-les au frais jusqu'au moment de servir.

SAVEURS DE HONGRIE

La Puszta, la grande plaine hongroise, parcourue de troupeaux de bœufs, de moutons et de chevaux, est célèbre. Mais la Hongrie ne se limite pas à ces étendues sauvages. C'est un des pays les plus riches d'Europe centrale sur le plan agricole. Les Hongrois ont créé une gastronomie qui allie à merveille l'excellence des produits du sol et de l'élevage et des traditions inspirées tout à la fois des pays slaves et de l'Orient.

LES TRADITIONS

La cuisine hongroise utilise beaucoup de graisse, d'oignon, de crème aigre et surtout de paprika, qui est cultivé en Hongrie et qui accompagne fréquemment viandes et poissons dans les recettes nationales.

La soupe et les ragoûts sont très appréciés. Parmi eux le célèbre goulasch, préparé avec de la viande de bœuf, de porc ou de veau. L'influence orientale se fait sentir avec les feuilles de vigne farcies, les gratins d'aubergines et les desserts épicés.

Le paprika, «piment doux» en hongrois, est utilisé dans la cuisine de ce pays depuis le XIXe siècle. La meilleure variété «rose», ou «douce», a une saveur subtile et piquante, sans arrière-goût âcre. Les piments recueillis sont séchés puis broyés. Cette épice est notamment utilisée dans la paprikache, le pörkölt (voir p. 229), le goulasch (voir p. 230).

LA VIE QUOTIDIENNE

LE PETIT DÉJEUNER (reggeli). Consistant, il est composé de thé, de lait ou de chocolat accompagnés de *hemendex* (omelette au jambon), de charcuterie, de fromage, de tartines de miel ou de confiture.

LE DÉJEUNER (ebéd). Il commence toujours par une soupe de poulet, ou de poisson, et de légumes au paprika. L'été, l'entrée peut être une soupe de fruits au lait et à la crème. La viande, surtout du porc, est souvent servie panée, avec des pommes de terre sau-

tées. Le dessert ne fait guère partie des habitudes.

LE DÎNER (vacsora). Il est toujours léger : *hemendex*, saucisson et fromage suffisent.

LES JOURS DE FÊTE

NOËL (Kaácsony). Après une soupe qui en aura utilisé les morceaux les moins nobles, un dindon rôti, souvent truffé

Menu classique

━━━

ÉCREVISSES AUX POIVRONS

•

PÖRKÖLT

•

RETES AUX POMMES

Tokay vieux (1972)

Tokay jeune (1983)

de lard, fait office de plat principal. Le gâteau de tradition pour Noël est le *bejgli* aux noix ou au pavot. Le repas sera arrosé de *fröccs*, cocktail de vin blanc et d'eau gazeuse.

PÂQUES (Husvét). C'est une fête familiale très suivie et joyeuse. Les œufs peints seront présents pendant toutes les réjouissances. Le samedi soir, un grand dîner réunit toute la famille autour d'un jambon cuit. Le repas du dimanche est souvent dédié à l'agneau. Après une soupe agrémentée de crème fraîche et de citron, les Hongrois le dégustent soit en goulasch, soit rôti. Un *bejgli* ou des *linzer*, petits gâteaux de formes variées (personnages, animaux, étoiles...), constituent le dessert. Des sucreries sont cachées dans la maison à l'intention des enfants.

LES VINS

La Hongrie produit plusieurs vins, dont le célébrissime *tokay*, mais aussi quelques vins blancs agréables. Sans oublier les eaux-de-vie d'abricot, de pruneau ou de cerise.

LE TOKAY

«Roi des vins et vin des rois», le *tokay* possède une réputation d'excellence qui remonte au Moyen Âge. Trois cépages sont principalement employés : le *furmint*, assez acide, à 70% ; le *hárslevelü*, plus aromatique, à 25%; et le muscat à 5%. Le meilleur *tokay* est le *tokay-aszú*. Il est produit à partir de grains desséchés par un champignon, le *botrytis*, et selon un procédé de vinification original, sans foulage. La liqueur ainsi obtenue passera de 5 à 15 ans en tonneau. Le *tokay-aszú* se déguste vieux : il est parfait à partir de 25 ans d'âge et conserve ses qualités pendant au moins un siècle. Vin rare qui se mérite (13% de la production de *tokay*), le *tokay-aszú* se consomme principalement avec le dessert ou seul, pour son goût inimitable.

Les Entrées

Soupe d'agneau

Pour 4 personnes
Préparation : 15 min
Cuisson : 20 min

400 g d'épaule d'agneau désossée • 400 g d'épinards • noix de muscade • 20 cl de crème fraîche • sel, poivre

1 Coupez l'épaule d'agneau en morceaux d'environ 5 cm de côté.

2 Mettez-le dans une casserole avec du sel, du poivre et 80 cl d'eau. Portez à ébullition et laissez cuire 15 min à petits bouillons. Écumez de temps en temps.
3 Pendant ce temps, équeutez les épinards, lavez-les, ajoutez-les dans

la casserole. Râpez par-dessus 1 pincée de noix de muscade.
4 Faites cuire de nouveau 5 min.
5 Mettez la soupe dans la soupière, puis versez la crème au-dessus.

Potage au jambon cru

Pour 4 personnes
Préparation : 20 min
Cuisson : 25 min

300 g de jambon cru • 150 g de lard • 50 g de farine • 50 cl de lait • 1 bouquet de ciboulette • 50 cl de bouillon • 30 cl de crème aigre • 1 cuill. à soupe de paprika • sel

1 Coupez le lard en petits dés, versez-le dans

une cocotte avec la farine, faites chauffer 10 min sur feu doux en remuant, ajoutez le lait sans cesser de mélanger. Retirez du feu. Égouttez les lardons et réservez le lait.
2 Lavez et hachez la ciboulette.
3 Coupez le jambon en dés, mélangez-le avec le

lait et le bouillon, mixez.
4 Versez ce mélange dans la cocotte, remettez-y les lardons et faites cuire 15 min sur feu doux. Salez, poivrez, ajoutez la crème aigre, 1 cuillerée à soupe de paprika et la ciboulette. Servez avec des tranches de pain un peu épaisses et largement beurrées.

Écrevisses aux poivrons

Pour 4 personnes
Préparation : 30 min
Repos : 1 h
Cuisson : 20 min

Boisson conseillée :
TOKAY

250 g de queues d'écrevisse cuites et décortiquées • 1 petit bouquet de persil • 1 cuill. à soupe de cumin en poudre • 2 poivrons rouges • 2 poivrons verts • 100 g de lard de poitrine maigre • 200 g d'oignons • 40 g de farine • 3 cuill. à soupe de lait • 4 yaourts nature • sel, poivre

1 Lavez, équeutez et hachez le persil.

2 Mettez les queues d'écrevisse dans un grand bol. Salez et poivrez, ajoutez le cumin et le persil. Mélangez. Laissez reposer 1 h.
3 Coupez le lard en petits dés. Pelez les oignons, hachez-les. Lavez les poivrons, enlevez le pédoncule, les graines et les filaments blancs, coupez-les en morceaux.
4 Faites blanchir les poivrons 5 min dans de l'eau salée, égouttez-les.
5 Faites fondre le lard dans une cocotte,

faites-y revenir 5 min les oignons en remuant, poudrez de 1 cuillerée à soupe de farine en mélangeant jusqu'à ce qu'elle roussisse.
6 Mélangez le reste de la farine au lait. Ajoutez aux yaourts. Mettez le tout avec les queues d'écrevisse dans la cocotte et poursuivez la cuisson 10 min.
Vous pouvez servir avec du riz.

Salade de harengs de Skeszward

Pour 4 personnes
Préparation : 20 min

4 harengs de la Baltique • 4 oignons • 4 concombres marinés • 1 cuill. à soupe de moutarde • 2 cuill. à soupe de raifort râpé • 2 cuill. à soupe de vinaigre • 4 cuill. à soupe d'huile • poivre

1 Enlevez la peau et les arêtes des harengs, cou-

pez les filets en tranches de 2 cm.
2 Pelez les oignons, coupez-les soigneusement en rondelles. Coupez les concombres en tranches de 5 mm d'épaisseur.
3 Disposez joliment les oignons, les harengs et les concombres sur un plat de service.

4 Mélangez la moutarde, le raifort, le vinaigre, l'huile et le poivre. Versez sur le plat.
Servez avec de fines tranches de pain de seigle.
Les harengs de la Baltique sont de gros harengs à filets épais. Pour les saler, on les met en saumure dans des tonneaux.

Aspic de perdrix

POUR 4 PERSONNES

PRÉPARATION : 40 MIN

CUISSON : 35 MIN

RÉFRIGÉRATION : 2 H

Boisson conseillée :

BORDEAUX ROUGE

2 perdrix • 1 oignon •
1 gousse d'ail • 50 g de
beurre • 1 cuill. à café de
thym • 4 feuilles de
gélatine • vinaigre de vin •
50 cl de bouillon de volaille •
8 feuilles de menthe •
sel, poivre

1 Pelez l'oignon, ha-
chez-le. Pelez la gousse
d'ail, écrasez-la.
2 Faites revenir l'oignon
et l'ail pendant 5 min
dans le beurre.

3 Ajoutez les perdrix,
faites-les dorer 10 min de
tous côtés. Salez et poi-
vrez, ajoutez le thym,
mélangez. Laissez cuire
de nouveau pendant
20 min environ.
4 Pendant ce temps, faites tremper la gélatine
dans de l'eau tiède.
5 Retirez les perdrix de
la cocotte. Déglacez avec
un peu de vinaigre de
vin. Passez cette sauce au
tamis. Réservez.
6 Enlevez la peau des
perdrix, désossez-les,
coupez la chair en filets.

7 Essorez la gélatine.
Chauffez la sauce à feu
très doux, ajoutez-y le
bouillon, faites-y fondre
la gélatine.
8 Dans une terrine, mettez les morceaux de per-
drix et recouvrez de
gelée. Mélangez de façon
que la gelée enrobe bien
tous les filets de perdrix.
9 Lavez les feuilles de
menthe, disposez-les en
couronne dessus en ap-
puyant pour qu'elles se
recouvrent de gelée.
10 Mettez 2 h environ
au réfrigérateur.

Les Plats

Filets de sandre de Tihany

POUR 4 PERSONNES

PRÉPARATION : 45 MIN

CUISSON : 50 MIN

Boisson conseillée :

LOIRE BLANC

500 g de filets de sandre •
100 g de lard fumé •
2 oignons • 1 cuill. à soupe
de paprika • 4 arêtes
centrales de poisson •
4 pommes de terre •
2 poivrons verts •
2 tomates • 40 g de beurre •
sel

1 Coupez le lard en petits cubes. Pelez les oi-
gnons, émincez-les.
2 Faites rissoler le lard
dans une cocotte, puis
les oignons pendant
5 min en remuant de
temps en temps.

3 Poudrez de paprika,
mouillez de 30 cl d'eau.
Ajoutez les arêtes de
poisson, faites cuire environ 15 min.
4 Pendant ce temps, pelez les pommes de terre,
lavez-les, coupez-les en
morceaux de taille
moyenne, faites-les cuire
20 min dans de l'eau sa-
lée. Égouttez-les.
5 Lavez les poivrons,
coupez-les en 4, ôtez le
pédoncule, les graines et
les filaments blancs, coupez-les en julienne.
6 Plongez les tomates
1 min dans de l'eau
bouillante, pelez-les, épépinez-les, concassez-les.

7 Faites fondre le beurre
dans une cocotte, faites
revenir 5 min les poi-
vrons et les tomates.
8 Enlevez les arêtes de
la cocotte. Égouttez et réservez les lardons. Filtrez
le jus de cuisson et remettez-le dans la cocotte, faites-y pocher les filets de
sandre 15 min. Retirez-
les avec une écumoire et
mettez-les sur un plat.
9 Servez avec les lardons, la julienne de légumes et les pommes de
terre.
La chair du sandre, fine
et blanche, se rapproche
de celle du brochet ou
de la perche.

Brochet à la mode de la Puszta

POUR 4 PERSONNES

PRÉPARATION : 30 MIN

CUISSON : 50 MIN

1 brochet de 1 kg environ •
3 oignons • 3 tomates •
3 poivrons rouges • 1 cuill. à
soupe de paprika • 50 g de
beurre • sel

1 Levez les filets du brochet, lavez-les. Coupez-
les en tranches de 2 cm
environ. Salez celles-ci
à votre goût.
2 Préparez le fumet en
faisant cuire la tête et les

arêtes du poisson 15 min
dans de l'eau salée. Fil-
trez le fumet au chinois.
3 Pendant ce temps, pelez les oignons, émincez-
les. Plongez les tomates
1 min dans de l'eau
bouillante, pelez-les, épépinez-les, concassez-les
et réservez-les.
4 Lavez les poivrons,
fendez-les en 4, enlevez
le pédoncule, les graines
et les filaments blancs,
coupez-les en lamelles.

5 Faites fondre le beurre
dans une cocotte, faites-
y dorer les oignons
5 min en remuant.
6 Poudrez de paprika,
ajoutez les tranches de
brochet, les tomates, les
poivrons et le fumet.
7 Faites cuire 30 min
sur feu doux.
Accompagnez de pom-
mes de terre à l'anglaise
ou de riz.

PAPRIKACHE
DE CARPE

•

*La carpe est sans doute
le poisson d'eau douce
le plus apprécié dans toute
l'Europe centrale.
Sa chair ferme se prête à de
multiples apprêts.
Vous pouvez lier la sauce
de cette paprikache avec de
la crème aigre.*

Pörkölt

POUR 6 PERSONNES
PRÉPARATION : 40 MIN
CUISSON : 1 H 15

Boisson conseillée :
PINOT GRIS

1 carpe de 1,5 kg en filets, avec la tête et les arêtes
pour le court-bouillon :
1 gousse d'ail • 1 tomate •
1/2 bulbe de fenouil • 1 blanc de poireau • 1 oignon •
1 branche de persil •
1 branche de thym • 1 feuille de laurier • 1 cuill. à café de graines de cumin
1 oignon • 30 g de beurre •
1 cuill. à café de paprika •
4 tomates • 1 poivron rouge • 1/2 citron • sel, poivre du moulin

1 Préparez le court-bouillon. Mettez la tête et les arêtes de la carpe dans une casserole, couvrez avec 2 l d'eau froide.

2 Pelez et écrasez l'ail. Coupez la tomate, le fenouil et le poireau en morceaux. Pelez et émincez l'oignon. Mettez le tout dans la casserole avec le persil, le thym, le laurier et le cumin.

3 Portez à ébullition, écumez et laissez cuire à feu doux pendant 30 min. Passez le bouillon au tamis, remettez-le sur le feu et laissez réduire de moitié.

4 Pendant ce temps, pelez et émincez l'oignon et faites-le dorer avec le beurre dans un faitout. Ajoutez le paprika, mélangez et laissez cuire 2 min. Versez le court-bouillon dans le faitout. Laissez de nouveau réduire de moitié.

5 Coupez les tomates en 4 et épépinez-les.

Plongez le poivron 2 min dans de l'eau bouillante, pelez-le, ôtez le pédoncule, les filaments et les graines. Coupez ces légumes en lanières.

6 Mettez les légumes dans le faitout et laissez cuire de nouveau 5 min.

7 Coupez les filets de carpe en morceaux, salez et poivrez. Mettez-les dans le faitout, mélangez. Couvrez à moitié et continuez la cuisson environ 5 min. Vérifiez et rectifiez éventuellement l'assaisonnement.

8 Versez le pörkölt dans une soupière. Pressez quelques gouttes de citron sur le dessus et servez.

Paprikache de carpe

POUR 4 PERSONNES
PRÉPARATION : 45 MIN
CUISSON : 20 MIN

1 carpe de 800 g, vidée et préparée • 4 oignons •
2 tomates • 2 poivrons verts • 50 g de saindoux •
2 cuill. à soupe de paprika •
20 cl de vin blanc • sel

1 Lavez la carpe, épongez-la avec du papier absorbant, coupez-la en morceaux.

2 Pelez les oignons, émincez-les. Plongez les

tomates 1 min dans l'eau bouillante, pelez-les, épépinez-les et concassez-les. Lavez les poivrons, fendez-les en 4, ôtez le pédoncule, les graines et les filaments blancs, coupez-les en lamelles de 5 mm environ.

3 Faites fondre le saindoux dans une cocotte, faites-y dorer les oignons 5 min en remuant.

4 Ajoutez les tomates, les poivrons, le paprika,

les morceaux de carpe et le vin. Salez.

5 Couvrez la cocotte. Laissez cuire 15 min à petits bouillons. Servez avec des knödel (voir p. 222) ou des pommes de terre. Vérifiez que votre poissonnier a bien écaillé la carpe. Certaines variétés sont recouvertes d'écailles épaisses.

Coq de bruyère farci

PRÉPARATION : 25 MIN
CUISSON : 1 H 15

Boisson conseillée :
POMMARD

1 coq de bruyère plumé et vidé • 250 g de cèpes frais •
3 oignons • 3 tomates •
marjolaine • 1 cuill. à soupe de farine • 3 cuill. à soupe d'huile • 30 cl de vin rouge •
sel, poivre

1 Préchauffez le four à 220 °C (therm. 7).

2 Nettoyez les cèpes, coupez-les en grosses lamelles.

3 Pelez les oignons, émincez-les. Plongez les

tomates 1 min dans de l'eau bouillante, pelez-les, épépinez-les et concassez-les.

4 Mélangez les cèpes, les tomates, 1 cuillerée à soupe de marjolaine, les oignons, la farine. Salez, poivrez.

5 Farcissez le coq de bruyère de ce mélange. Cousez l'ouverture ou fermez-la à l'aide d'une pique.

6 Mettez le coq dans un grand plat, arrosez-le d'huile.

7 Faites-le dorer au four 15 min en le retournant 2 ou 3 fois.

8 Mouillez avec le vin et faites cuire 1 h en arrosant souvent.
Vous pouvez servir le coq avec une purée de potiron.
Si vous ne trouvez pas de cèpes frais, utilisez des cèpes secs que vous aurez préalablement fait tremper.

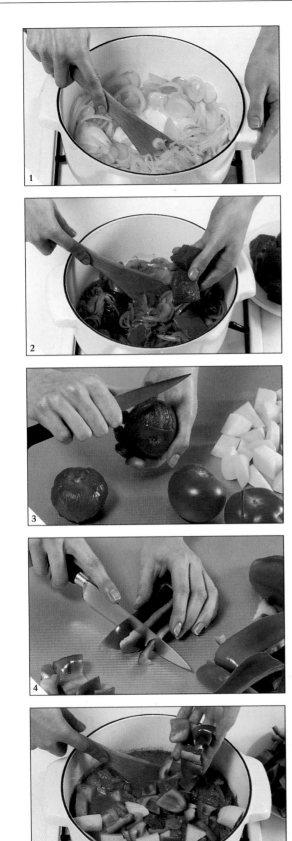

Goulasch

Pour 4 personnes

Préparation : 10 min

Cuisson : 1 h

Boisson conseillée :

TOKAY

500 g de bœuf dans la culotte • 12 petits oignons blancs •

125 g de saindoux • 2 cuill. à soupe de paprika •

1 cuill. à café de cumin en poudre • 1 cuill. à soupe

de marjolaine • 30 cl de vin rouge corsé •

250 g de pommes de terre • 5 tomates •

2 poivrons verts • 1 cube de bouillon de bœuf • sel

1 Pelez les oignons, coupez-les en rondelles. Faites fondre le saindoux dans une cocotte, faites-y revenir les oignons 5 min en remuant.

2 Coupez le bœuf en cubes de 6 cm de côté. Ajoutez-les dans la cocotte et faites-les revenir. Assaisonnez avec le paprika, le cumin et la marjolaine. Salez. Arrosez de vin et poursuivez la cuisson pendant 20 min sur feu doux en remuant de temps à autre avec une spatule en bois.

3 Pelez les pommes de terre, coupez-les en morceaux. Plongez les tomates pendant 1 min dans de l'eau bouillante, pelez-les, épépinez-les et concassez-les.

4 Lavez les poivrons, ôtez les pédoncules, fendez-les en 4, éliminez les graines et les filaments blancs, coupez la chair en lanières.

5 Ajoutez ces légumes dans la cocotte. Arrosez de 4 cuillerées à soupe d'eau. Émiettez le cube de bouillon et re-muez pour qu'il se dissolve bien. Prolongez la cuisson à petits bouillons pendant 25 min. Versez dans un plat creux et servez.

Accompagnez le goulasch de pâtes fraîches, d'une purée de pommes de terre ou de knödel (voir p. 222).

Le goulasch est le plat national hongrois. Il remonterait aux tribus nomades qui, au début de notre millénaire, parcouraient la Puszta, l'immense plaine hongroise. Celles-ci faisaient ainsi cuire dans des chaudrons des lanières de bœuf séché et des oignons. L'adjonction du paprika est beaucoup plus récente et remonte seulement à la fin du siècle dernier.

Croquettes de chevreuil

POUR 4 PERSONNES
PRÉPARATION : 15 MIN
CUISSON : 25 MIN

Boisson conseillée :
SAUMUR-CHAMPIGNY

800 g de selle de chevreuil désossée • 100 g de pain •
1 oignon • 1 tomate •
2 cuill. à soupe de farine •
1 pincée de thym sec •
4 cuill. à soupe d'huile •
300 g de girolles fraîches •
50 g de beurre • sel, poivre

1 Faites tremper le pain dans de l'eau tiède pendant 30 min. Essorez-le.
2 Pelez l'oignon, coupez-le en 2. Lavez la tomate, coupez-la en 4.
3 Hachez ensemble le chevreuil, le pain, l'oignon et la tomate.
4 Mélangez au hachis la farine, le thym, du sel et du poivre. Formez des croquettes.
5 Faites chauffer l'huile dans une poêle, déposez les croquettes et laissez-les cuire 25 min en les retournant 2 ou 3 fois.
6 Pendant ce temps, nettoyez les girolles. Faites-les revenir dans une poêle avec le beurre pendant 10 à 15 min.
7 Servez les croquettes de chevreuil avec les girolles poêlées.
Il faut laver très rapidement les girolles et bien les essuyer. Elles ont tendance à retenir l'eau.

Les Desserts

Gâteau Dobos

POUR 4 PERSONNES
PRÉPARATION : 20 MIN
CUISSON : 10 MIN

pour la pâte : 4 œufs • 200 g de sucre semoule • 400 g de farine • 1 sachet de sucre vanillé • 1 sachet de levure • 80 g de beurre • sel
pour la crème : 175 g de chocolat de couverture •
250 g de beurre ramolli •
3 jaunes d'œufs • 100 g de sucre semoule • 100 g de confiture d'abricots • 50 g d'amandes effilées

1 Préchauffez le four à 200 °C (therm. 6).
2 Beurrez 4 moules de 18 cm de diamètre.
3 Préparez la pâte. Cassez les œufs, battez-les à la fourchette 5 min avec le sucre.
4 À part, mélangez la farine, le sucre vanillé, la levure et du sel. Ajoutez le tout aux œufs, remuez bien avec une spatule plate. Si la pâte est trop sèche, ajoutez un peu d'eau tiède.
5 Séparez-la en 4 boules que vous abaisserez au rouleau fariné en rondelles de 5 mm d'épaisseur. Disposez les galettes dans les moules, faites cuire environ 10 min. Démoulez-les et rangez-les sur une planche.
6 Préparez la crème. Faites fondre le chocolat au bain-marie.
7 Battez le beurre, les jaunes d'œufs et le sucre, puis ajoutez le chocolat encore tiède.
8 Superposez les rondelles de pâte en recouvrant chacune d'une couche de crème, sauf la dernière.
9 Faites fondre la confiture dans une petite casserole, badigeonnez la surface du gâteau. Parsemez d'amandes effilées. Servez ce gâteau bien frais.

Gâteau aux noisettes

POUR 6 PERSONNES
PRÉPARATION : 30 MIN
CUISSON : 1 H
RÉFRIGÉRATION : 1 H

pour la pâte : 6 œufs •
200 g de sucre semoule •
1 sachet de sucre vanillé •
250 g de noisettes moulues •
beurre pour le moule
pour la crème : 50 g de chocolat à cuire • 1 cuill. à soupe de fécule • 20 cl de lait • 50 g de sucre semoule • 50 g de sucre glace

1 Préchauffez le four à 160 °C (therm. 4).
2 Cassez les œufs. Séparez les jaunes des blancs. Réservez les jaunes pour la crème.
3 Montez les blancs en neige ferme, incorporez peu à peu le sucre semoule et le sucre vanillé puis les noisettes (sauf 2 cuillerées à soupe).
4 Beurrez un moule à fond amovible. Remplissez-le de pâte.
5 Faites cuire 1 h au four. Vérifiez la cuisson avec une aiguille : elle doit ressortir sèche. Démoulez, réservez au frais.
6 Faites fondre le chocolat au bain-marie, ajoutez la fécule, le lait, le sucre semoule et le sucre glace. Faites cuire 5 min sans cesser de remuer. Ajoutez les jaunes d'œufs, mélangez bien, mettez au réfrigérateur.
7 Coupez le gâteau refroidi horizontalement en 2 parties égales. Étalez les 2/3 de la crème sur le fond, posez dessus l'autre partie du gâteau, étalez le reste de crème au chocolat, parsemez de noisettes.

Tourte au fromage blanc

Pour 8 personnes
Préparation : 1 h
Repos de la pâte : 1 h
Cuisson : 40 min

600 g de pâte feuilletée (voir Pirojki de carottes p. 206) • 200 g de raisins de Corinthe • 10 cl de liqueur d'abricot • 5 œufs • 400 g de fromage blanc • 50 g de sucre semoule

1 Préchauffez le four à 200 °C (therm. 6).
2 Faites tremper les raisins de Corinthe dans la liqueur. Égouttez soigneusement le fromage blanc.
3 Sur un plan de travail fariné, abaissez la pâte au rouleau en 2 galettes de 5 mm d'épaisseur, foncez un moule avec la plus grande. Piquez le fond à la fourchette.
4 Cassez 4 œufs, battez-les vivement à la fourchette. Ajoutez le fromage, les raisins et le sucre. Mélangez. Versez sur la pâte.
5 Posez par-dessus la seconde galette de pâte en appuyant bien sur les bords pour souder les deux. Piquez de quelques coups de fourchette, badigeonnez avec le jaune du dernier œuf.
6 Faites cuire pendant 40 min au four.
Cette tourte est servie chaude ou froide.

Retes aux pommes

Pour 8 personnes
Préparation : 30 min
Repos : 45 min
Cuisson : 20 min

pour la pâte : 600 g de farine tamisée • 1 œuf • 1 cuill. à soupe de vinaigre • 50 g de beurre ramolli • beurre pour la plaque du four
pour la garniture : 500 g de pommes • 50 g de beurre • 100 g de chapelure • 100 g de raisins de Smyrne • 2 cuill. à soupe de cannelle en poudre • 100 g de sucre semoule

1 Préparez la pâte. Disposez la farine en fontaine. Cassez l'œuf au centre, ajoutez le vinaigre et 30 cl d'eau tiède. Mélangez. Coupez le beurre en petits morceaux. Incorporez-le à la pâte et pétrissez celle-ci pendant 20 min pour qu'elle soit très souple.
2 Laissez reposer pendant 15 min.
3 Abaissez la pâte sur un plan de travail fariné jusqu'à ce qu'elle devienne aussi fine qu'une crêpe. Recouvrez-la d'un torchon. Laissez-la reposer jusqu'à ce qu'elle ait un peu séché (environ 30 min).
4 Préchauffez le four à 200 °C (therm. 6).
5 Pelez les pommes, coupez-les en 4, épépinez-les et coupez-les en fines tranches.
6 Faites fondre le beurre dans une petite casserole, aspergez-en la pâte.
7 Poudrez de chapelure, éparpillez les pommes dessus, puis les raisins, la cannelle et le sucre.
8 Roulez la pâte.
9 Beurrez la plaque du four, posez-y le rouleau.
10 Faites cuire 20 min. Servez tiède.
Variante : vous pouvez farcir les retes avec une crème aux graines de pavot moulues. Faites cuire ensemble 300 g de graines de pavot, 20 cl de lait et 200 g de sucre semoule, pendant 10 min. Coupez 1 pomme en fines tranches, râpez le zeste de 1 citron et mélangez le tout.

La Boulangerie

Pain à l'oignon

Pour 1 pain
Préparation : 30 min
Repos de la pâte : 1 h
Cuisson : 1 h

350 g de farine • 20 cl de lait • 15 g de beurre • 3/4 d'un sachet de levure • 1 oignon moyen • beurre pour la plaque du four • sel

1 Faites chauffer le lait. Faites-y fondre le beurre et 1 cuillerée à café de sel. Tournez.
2 Pelez et hachez finement l'oignon.
3 Dans une terrine, mettez la farine et la levure et formez un puits. Versez 20 cl d'eau, puis le lait. Ajoutez l'oignon haché. Mélangez la pâte à l'aide d'une spatule en bois jusqu'à ce qu'elle soit parfaitement souple et homogène.
4 Couvrez-la d'un torchon et mettez-la dans un endroit chaud pendant 1 h pour qu'elle lève. Elle doit doubler de volume.
5 Préchauffez le four à 180 °C (therm. 5).
6 Reprenez la pâte, battez-la énergiquement et donnez-lui la forme d'un pain. Beurrez la plaque du four, posez le pain dessus.
7 Faites cuire au four environ 1 h.
Vous pouvez aussi parfumer ce pain aux baies de genièvre ou à l'anis. Parsemez-les sur le dessus du pain avant la cuisson.

LA MÉDITERRANÉE ORIENTALE

La Grèce et la Turquie, voisines géographiquement,
sont aussi proches par la nature de leur sol, leur climat et leur agriculture.
Une grande part de leur histoire est commune aussi, puisque la Grèce
appartint à l'Empire byzantin après la chute de Rome. C'est pourquoi
nombre des traditions culinaires et des plats se retrouvent sur les deux rives
de la mer Égée. Mais la conquête de la Turquie par les Ottomans consacra
la division de cette région entre les religions chrétienne et musulmane.
L'héritage ottoman est très sensible dans la cuisine turque, qui se trouve ainsi
un lien avec la culture gastronomique d'un autre de ses voisins, l'Iran.
Quant au Pakistan, il est composé de multiples peuples : à l'ouest,
les Parsis sont très proches des Iraniens, ailleurs, l'influence de l'Inde
est beaucoup plus sensible.

SAVEURS DE GRÈCE

La cuisine grecque se réclame d'une antique simplicité. Elle sent la mer, les épices, l'olive, la viande grillée et le vin résiné. La terre apparemment calcinée produit cependant son comptant de fruits et de légumes : figues, amandes, raisins, poivrons, courgettes et aubergines. Le fenouil et le thym poussent à l'état sauvage, le basilic orne les balcons. Le long des côtes grouillent encore des langoustes et des petits rougets. Poulpes et calmars s'accrochent dans les filets et, en montagne, les brebis et les chèvres donnent leur lait pour les fromages.

LES TRADITIONS

La première tradition du peuple grec est d'ouvrir sa porte à l'étranger qui passe. Le moindre village à l'intérieur des terres, la plus petite île des Cyclades, n'y dérogent jamais : le plus pauvre des Grecs a toujours un café à offrir, accompagné de son rituel verre d'eau fraîche.

LE CAFÉ. Comparable au café turc, puisqu'on ne boit pas le marc au fond de la tasse, le café grec se distingue par sa recette. Il est moulu très fin et jeté d'un seul coup dans une mini cafetière en cuivre (*briki*), dans laquelle on a fait préalablement bouillir de l'eau et (ou non) du sucre. La cafetière est alors aussitôt retirée du feu, puis replacée dessus pour que le marc remonte ainsi deux fois. Le café est alors versé bouillant dans la tasse : café *skéto* (sans sucre), *métrio* (peu sucré), ou *glykó* (très sucré).

LA VIE QUOTIDIENNE

LE PETIT DÉJEUNER (proino). Les Grecs les plus pressés se contentent de café et de petits pains ronds grillés, assortis de fruits frais et de yaourts. Mais il n'est pas rare de compléter ce repas frugal par quelques feuilletés au fromage ou à la viande vers onze heures.
LE DÉJEUNER (gevma). Il se prend vers midi, et se compose d'un plat principal chaud – fricassée d'agneau, ragoût de veau, bœuf rôti –, accompagné de salade, de fromages et de fruits. En hiver, le choix se porte plutôt sur une soupe de poisson ou de viande, ou bien une *fáva*, purée de pois cassés à l'ail et à l'huile d'olive servie avec un assortiment de légumes crus coupés en bâtonnets. Les Grecs boivent de l'eau ou de la bière. Le dessert est rare en semaine, réservé pour les dimanches ou les fêtes. Quant au café, il se boit plutôt au dehors... après la sieste.
LE DÎNER (dipnon). C'est le repas de la détente. Les «amuse-gueule» sont déjà sur la table : olives vertes et noires, cubes de fromage frais, dés de poulpe, autour de l'*ouzo* national, un alcool anisé que l'on sert sur des glaçons ou allongé d'eau. Vient ensuite, la plupart du temps, un plateau impressionnant de mézès, ces hors-d'œuvre rappelant de très près les

Menu classique

━━━━

TZATZIKI

•

MOUSSAKA

•

PETITS FOURS AU MIEL

mézès turcs ou libanais qui peuvent constituer un repas complet, arrosé de vin frais. Sinon, un plat de poisson ou de côtelettes d'agneau grillées sert de complément, suivi de fromages et d'une corbeille de fruits. Ce repas est souvent organisé entre amis dans une taverne, vers 22 heures.

LES JOURS DE FÊTE

NOËL (Christouyenna). La veille de Noël en Grèce étant à l'origine un jour de jeûne, un léger repas devait précéder la messe de minuit. Aujourd'hui, la tradition a toutefois tendance à disparaître... Le déjeuner de Noël est réservé depuis toujours aux agapes, avec un porcelet rôti ou une dinde farcie servis avec des pommes de terre, et des gâteaux pour le dessert.
LE JOUR DE L'AN (Protochronia). Il sonne l'heure de la *vasilópita*, une galette spéciale dans laquelle est glissée une pièce porte-bonheur (autrefois une pièce d'or), censée porter chance à celui qui la trouve.
PÂQUES (Pashka). Pour le jeûne du vendredi ne sont autorisés que des légumes, des olives et du pain. Le samedi soir, après l'office de Pâques, une soupe spéciale est confectionnée, la *soùpa mayeritsa*, avec les abats de l'agneau qui sera rôti à la broche pour le déjeuner du lendemain. Il est d'usage aussi de partager le pain de Pâques, le *tsouréki*, dont la pâte aux

Kalamatas

Volos au sel

Volos

Kalamatas vertes

œufs est parfumée avec du *mastihi*, une gomme résineuse fournie par le térébinthe lentisque, un arbuste de l'île de Chio.

LES PRODUITS

LES FROMAGES

Le fromage, en Grèce, a sa place à chaque repas, sous des formes variées.
LA FETA. C'est le plus connu des fromages grecs, une pâte de lait de chèvre ou de brebis, caillée puis salée et conservée dans une saumure. La feta est ensuite débitée en tranches pour accompagner salades ou hors-d'oeuvre, ou émiettée dans des beignets.
LE KASSERI. C'est un fromage au lait de vache, une sorte de cantal très moelleux que l'on consomme tel quel ou frit dans de l'huile d'olive.
LE METZOVITICO. Ce fromage originaire de l'Épire est produit à partir d'un mélange de laits de vache et de brebis, et fumé.
L'ANTHOTIRO. C'est un fromage au lait de vache à pâte molle, qui sert de farce aux tomates et aux poivrons.
LE MIZITHRA. On utilise ce fromage blanc de brebis frais dans le *siphnópita* (gâteau au fromage).
LE KEFALOTYRI. C'est un fromage de chèvre à pâte dure utilisé râpé dans de nombreuses recettes.

LE YAOURT

Le yaourt grec, épais de consistance, est fait à partir de lait de brebis, la plupart du temps allongé de lait de vache qui l'adoucit. On le met à égoutter plusieurs heures afin de lui faire perdre une part de son humidité.

LES OLIVES

La Grèce s'est spécialisée dans la récolte et la préparation des olives, dont il existe trois versions : l'olive verte est cueillie un peu avant maturation, de mi-septembre à fin novembre, et trempée fraîche dans de l'eau puis conservée dans une saumure, ou bien dans un mélange d'huile d'olive et de vinaigre parfumé aux herbes ; l'olive blonde est cueillie pendant la période de maturité, au moment où la couleur du fruit passe du vert au rose-rouge ; l'olive noire sèche directement sous l'arbre quand elle tombe, avant d'être à son tour conservée dans une sau-

mure ou simplement dans du sel gemme. Leur couleur varie, selon la région, du rouge-noir au noir, en passant par le brun et le violet. Les principales variétés d'olives de table grecques sont la *volos*, utilisée pour la production des olives vertes et noires, et la *kalamata*, utilisée presque exclusivement pour les olives noires.

LES RAISINS

La région est propice à la culture de la vigne et déjà les textes de l'Antiquité y font de nombreuses allusions. Entre le XIIIe et le XIe siècle avant J.-C., on dénombrait 6 techniques différentes de taille de la vigne, selon le cépage, le sol et la force des vents. Quant au nombre des cépages, il dépasse 1 200 variétés, dont la plupart sont locales. Les raisins de table que produit la Grèce sont : le muscat blanc et noir à la chair musquée et sucrée, le sultanine blanc presque sans pépins, le cardinal noir, à la peau épaisse et à la chair ferme et juteuse, le *rosaki*, aux grains longs et d'une couleur rose-rouge, et le *dibadiki*, blancs. Les vignes à raisin de table ne représentent que 10% du total et près de la moitié de la production nationale est du raisin de cuve, destiné à faire du vin.

Au second rang vient la production de raisins secs, comme les fameux raisins de Corinthe.

LES VINS

Le culte de la vigne remonte à l'Antiquité, qui ne dédaignait pas, déjà, ce fameux *retsina*, vin que l'on obtient en ajoutant de la résine au moût pendant sa fermentation. Le meilleur *retsina* est blanc, ne vieillit pas et se consomme frais. Il dispose d'une appellation traditionnelle qui est réservée aux seuls vins résinés produits en Grèce. Malgré la diversité des cépages locaux, 85% des *retsina* sont obtenus à partir des cépages blancs *savatiano* et *rhoditis*.

Sur un plan plus général, la Grèce produit quelques bons vins, le plus souvent vendus sur place. Les vins «typiques» bénéficient d'une appellation d'origine et portent le nom de leur région : Samos, Naoussa, Néméa...Parmi les plus célèbres, on peut citer le *mavrodaphni* de Patras, un vin de liqueur rouge bouqueté et parfumé ; le *rhoditis* de Patras, très légèrement rosé, léger et équilibré ; les vins rouges crétois, puissants et riches en alcool ; le *verdea* de Zante, un vin blanc de race d'une très belle robe et d'un goût proche du *rancio* ; le *santa mavra*, un vin rouge cultivé sur les terrasses qui dominent Leucade, ou encore les vins du mont Athos, des vins nobles rouges ou blancs, issus de vignes cultivées par les moines.

Rosaki

Muscat noir

Dibadiki

Les Entrées

Soupe de haricots

POUR 6 PERSONNES
PRÉPARATION : 30 MIN
TREMPAGE : 12 H
CUISSON : 2 H 15

500 g de haricots secs •

2 oignons • 2 carottes •

2 branches de céleri • 4 cuill.

à soupe d'huile d'olive •

4 tomates • sel, poivre

1 Faites tremper les haricots dans de l'eau froide pendant une nuit.
2 Pelez et émincez les oignons. Grattez et lavez les carottes. Coupez-les en bâtonnets. Effilez les branches de céleri et détaillez-les en julienne.
3 Faites chauffer l'huile dans une cocotte et mettez-y les légumes. Faites revenir 4 min en remuant.
4 Égouttez les haricots et jetez-les dans la cocotte. Mouillez de 25 cl d'eau froide.
5 Plongez les tomates 1 min dans de l'eau bouillante, pelez-les, épépinez-les et coupez-les grossièrement. Mettez-les dans la cocotte. Poivrez uniquement.
6 Portez à ébullition, baissez le feu et faites cuire 2 h, en vérifiant la cuisson des haricots. Salez avant de servir.

Haricots à la tomate

POUR 6 PERSONNES
PRÉPARATION : 30 MIN
CUISSON : 1 H 10

500 g de gros haricots blancs

frais • 2 feuilles de laurier •

500 g d'oignons •

4 tomates • 2 gousses d'ail •

10 cl d'huile d'olive • 1 petit

bouquet de persil • sel, poivre

1 Écossez les haricots. Jetez-les dans une casserole d'eau bouillante salée, ajoutez le laurier et faites cuire 45 min à gros bouillons.
2 Pelez et hachez grossièrement les oignons. Plongez les tomates 1 min dans de l'eau bouillante, pelez-les, épépinez-les et concassez-les. Pelez et hachez l'ail. Lavez, équeutez et hachez le persil.
3 Versez 5 cl d'huile dans une sauteuse et faites-y blondir les oignons à feu doux. Montez le feu et ajoutez les tomates, l'ail et le persil. Salez, poivrez et prolongez la cuisson environ 15 min.
4 Égouttez les haricots, retirez le laurier. Versez-les dans la sauteuse et arrosez du reste d'huile. Mélangez bien. Baissez le feu et poursuivez la cuisson à feu doux pendant 10 min. Goûtez et rectifiez l'assaisonnement si nécessaire. Versez dans un plat creux et laissez refroidir. Servez tiède ou froid.

Soupe avgolemono

POUR 6 PERSONNES
PRÉPARATION : 30 MIN
CUISSON : 1 H 30

1 poulet vidé et préparé •

2 carottes • 2 oignons •

1 branche de céleri •

4 pommes de terre •

thym • laurier • romarin •

3 œufs • 1 citron •

sel, poivre

1 Grattez et lavez les carottes. Coupez-les en gros tronçons. Pelez les oignons et émincez-les. Effilez le céleri et coupez-le en julienne.
2 Épluchez les pommes de terre, lavez-les et détaillez-les en petits cubes. Mettez-les dans un saladier. Couvrez-les d'eau froide et réservez.
3 Remplissez un faitout d'eau froide aux 3/4. Plongez-y le poulet entier, portez à ébullition et écumez. Ajoutez les carottes, les oignons, le céleri, 1 branche de thym, 1 feuille de laurier et 1 branche de romarin. Salez, poivrez et prolongez la cuisson à feu doux et à couvert pendant 1 h.
4 Sortez le poulet du faitout et laissez-le tiédir. Filtrez le bouillon au-dessus d'une grande casserole. Ajoutez-y les carottes.
5 Égouttez les pommes de terre et jetez-les dans la casserole. Faites cuire ce bouillon pendant 15 min à feu moyen.
6 Retirez la peau du poulet. Coupez la chair en fines lamelles et mettez-les dans la casserole.
7 Cassez les œufs dans une jatte. Pressez le citron et versez le jus dans la jatte. Fouettez vivement le mélange jusqu'à ce qu'il soit homogène. Mouillez de 2 louches de bouillon sans cesser de remuer. Versez ce mélange dans la casserole. Sortez du feu et remuez avec une cuillère en bois.
8 Versez la soupe dans une soupière et servez chaud.
Cette soupe peut être préparée de différentes manières. Vous pouvez faire cuire 100 g de riz dans 1,5 l de bouillon de volaille pendant 20 min. Procédez de même pour la sauce aux œufs que vous ajouterez dans le bouillon avant de servir. Vous pouvez remplacer le poulet par du bœuf et enrichir la soupe de légumes ou de pâtes. C'est la sauce qui donne à la soupe sa saveur à la fois crémeuse et acide.

Sfougato

POUR 4 PERSONNES
PRÉPARATION : 15 MIN
CUISSON : 30 MIN

8 œufs • 2 oignons • 150 g de margarine (ou de beurre) • 4 courgettes • 1 branche d'aneth • 1 petit bouquet de persil • 250 g de viande de bœuf hachée • sel, poivre

1 Pelez et hachez les oignons.
2 Faites fondre 75 g de la matière grasse choisie dans une poêle et faites-y revenir les oignons.
3 Lavez les courgettes et coupez-les en très fines rondelles. Lavez, équeutez et hachez l'aneth et le persil. Ajoutez ces herbes et ces légumes dans la poêle. Faites-les fondre 3 ou 4 min en remuant.
4 Mettez la viande dans la poêle. Salez et poivrez. Mélangez bien et émiettez la viande avec une fourchette. Prolongez la cuisson 20 min en remuant régulièrement.
5 Cassez les œufs dans un saladier et battez-les en omelette. Versez le contenu de la poêle dans le saladier et mélangez.
6 Faites fondre le reste de matière grasse dans la poêle et versez-y le contenu du saladier. Faites cuire l'omelette. Retournez-la à mi-cuisson.

Tarato

POUR 4 PERSONNES
PRÉPARATION : 30 MIN
CUISSON : 30 MIN
RÉFRIGÉRATION : 30 MIN

3 aubergines • 2 poivrons verts • 1 poivron rouge • 2 yaourts • 3 gousses d'ail • 2 citrons • 5 cl d'huile d'olive • 20 olives noires • sel, poivre de Cayenne

1 Commencez par préchauffer le gril du four.
2 Lavez les aubergines, épongez-les et coupez-les en 2 dans le sens de la longueur. Posez-les sur la plaque du four. Enfournez dans la partie haute et faites griller 20 min.
3 Pendant ce temps, faites griller les poivrons à la flamme du gaz jusqu'à ce que leur peau se boursoufle et noircisse. Pelez-les, ôtez les pédoncules, fendez-les en 2 et enlevez les graines et les filaments blancs. Coupez la chair en lanières.
4 Sortez les aubergines du four. Évidez-les à l'aide d'une cuillère et mettez la pulpe dans le bol d'un mixer. Ajoutez les poivrons et hachez-les ensemble.
5 Pelez et hachez l'ail. Pressez les citrons. Versez les yaourts dans un saladier et ajoutez la purée de légumes, l'ail et l'huile. Arrosez de la moitié du jus des citrons. Salez, poivrez et mélangez. Allongez de 10 cl d'eau. Goûtez et rectifiez l'assaisonnement si nécessaire. Arrosez du reste du jus des citrons à votre goût.
6 Versez le tarato dans un compotier et mettez à refroidir au réfrigérateur pendant 30 min. Décorez avec les olives noires au dernier moment et servez bien frais.
Vous pouvez également servir le tarato dans des coupes individuelles.
Si vous proposez un ensemble de hors-d'œuvre, le tarato en fera partie mais diminuez alors les quantités. Sur cette table de mézès figureront toutes sortes de salades du même genre : tzatziki, salade d'aubergines, tarama, etc., ainsi que des pita à la viande ou aux légumes (voir p. 244). Ils se servent surtout pour le déjeuner dominical.

Tzatziki

POUR 4 PERSONNES
PRÉPARATION : 10 MIN
DÉGORGEMENT : 1 H

1 concombre • 1 gousse d'ail • 4 yaourts grecs • 15 cl d'huile d'olive • 1 cl de vinaigre • aneth • sel

1 Pelez les concombres. Coupez-les en 2 dans la longueur, salez-les et laissez-les dégorger pendant 1 h. Rincez-les, épongez-les et râpez-les.
2 Pelez et hachez l'ail. Mettez-le dans un saladier, ajoutez les yaourts, arrosez d'huile et de vinaigre, salez et mélangez vivement.
3 Lavez et hachez l'aneth. Versez les concombres dans le saladier, Mélangez à nouveau et parsemez d'aneth. Servez très frais.

Aubergines en salade

POUR 4 PERSONNES
PRÉPARATION : 25 MIN
CUISSON : 30 MIN

3 aubergines • 6 gousses d'ail • 1 cuill. à café de gros sel • 125 g de yaourt grec • 10 cl d'huile d'olive • 1 cuill. à soupe de vinaigre de vin • 1 petit oignon • sel, poivre

1 Commencez par préchauffer le gril du four.
2 Posez les aubergines sur la plaque du four. Enfournez-les dans la partie haute et faites-les griller pendant 20 min.
3 Pelez l'ail. Mettez-le dans un mortier avec le gros sel et écrasez le tout à l'aide du pilon.
4 Sortez les aubergines du four. Épluchez-les et mettez la chair dans une terrine. Ajoutez l'ail, le yaourt, l'huile, le vinaigre, salez, poivrez et mélangez. Pelez et hachez l'oignon et incorporez-le à la salade.
Cette salade se conserve très bien au frais.

Feuilles de vigne farcies

POUR 4 PERSONNES
PRÉPARATION : 45 MIN
CUISSON : 1 H 30

Boisson conseillée :
OUZO

24 feuilles de vigne • 100 g de riz • vinaigre • 4 oignons • 1 gousse d'ail • huile d'olive • 4 feuilles de menthe fraîche • 4 branches de fenouil frais • 50 g de raisins de Corinthe secs • 1 citron • 8 graines de coriandre • 2 feuilles de laurier • sel, poivre •

1 Remplissez un faitout d'eau aux 3/4. Ajoutez 15 cl de vinaigre et portez à ébullition. Plongez les feuilles de vigne dans l'eau bouillante et laissez-les blanchir 3 min. Arrêtez la cuisson sous l'eau froide et séchez-les à plat sur un torchon.
2 Remplissez à moitié une casserole d'eau salée, portez à ébullition, versez-y le riz en pluie et laissez cuire 10 min environ. Égouttez-le.

3 Pelez et hachez les oignons et l'ail. Lavez et hachez la menthe et le fenouil. Faites tremper les raisins de Corinthe dans un peu d'eau tiède et égouttez-les. Pressez le citron, réservez le jus.
4 Versez un peu d'huile dans une poêle et faites-la chauffer. Faites-y revenir le hachis d'ail et d'oignon jusqu'à ce qu'il blondisse.
5 Ajoutez le hachis d'herbes, les raisins, la moitié du jus de citron et le riz. Salez, poivrez et mélangez soigneusement. Prolongez la cuisson quelques minutes puis laissez refroidir. Formez 24 petits tas en les pressant bien entre vos mains pour obtenir la forme d'une petite quenelle.
6 Coupez la queue des feuilles de vigne et posez les feuilles à plat sur un

plan de travail. Du côté de la queue de chaque feuille, déposez un petit tas de farce. Rabattez les côtés de la feuille par-dessus et enroulez la feuille sur elle-même en partant de la farce.
7 Faites chauffer 10 cl d'huile dans une sauteuse. Rangez les feuilles de vigne dans le fond. Éventuellement, disposez celles qui ne tiendraient pas au fond par-dessus. Arrosez du reste du jus de citron. Mouillez d'eau à hauteur. Assaisonnez de coriandre et de laurier. Couvrez et laissez cuire 1 h à feu doux.
8 Sortez-les de la sauteuse à l'aide d'une écumoire. Déposez-les sur un plat de service et laissez refroidir.
Vous pouvez les arroser d'un filet de citron au moment de déguster.

Tarama

POUR 4 PERSONNES
PRÉPARATION : 10 MIN
RÉFRIGÉRATION : 1 H

200 g d'œufs de cabillaud • 10 cl de lait • 2 tranches de pain rassis • 1 citron • 15 cl d'huile d'olive • 1 petit oignon (facultatif) • sel, poivre

1 Faites tiédir le lait dans une petite casserole. Ôtez la croûte des tranches de pain et faites ramollir la mie dans le lait environ 10 min. Sortez-la et pressez la bien entre vos mains.

2 Enlevez les œufs de cabillaud de leur poche. Pressez le citron.
3 Dans le bol d'un mixer mettez la mie de pain, les œufs de cabillaud, le jus du citron, l'huile et, éventuellement, l'oignon râpé. Salez, poivrez et faites tourner jusqu'à obtenir une pâte onctueuse. Versez-la dans un plat de service creux et maintenez-la au frais jusqu'au

moment de la déguster. Elle doit rester au frais au minimum 1 h.
Cette entrée est excellente servie avec des blinis à part. Vous pouvez également en tartiner des petits blinis individuels. Le tarama fait partie des traditionnels mézès dominicaux. Décorez-la éventuellement d'olives noires ; de câpres ou encore de rondelles de citron.

Salade grecque

POUR 4 PERSONNES
PRÉPARATION : 15 MIN

4 tomates • 1 concombre • 1 oignon violet • 2 petits poivrons verts • 150 g de feta • 1 petit bouquet de persil • 5 cl d'huile d'olive • 2 cl de vinaigre d'alcool • 24 olives noires • sel, poivre

1 Lavez les tomates et coupez-les en morceaux.
2 Pelez le concombre, coupez-le en 2 dans le

sens de la longeur et évidez-le. Détaillez-le en petits bâtonnets.
3 Pelez l'oignon et coupez-le en rondelles.
4 Lavez les poivrons, ôtez-en le pédoncule, coupez-les en 2, enlevez les graines et les filaments blancs, découpez la chair en fines lanières.
5 Coupez la feta en petits dés. Lavez, équeutez et hachez le persil.

6 Mettez les tomates, le concombre, l'oignon, les poivrons, la feta et les olives dans un joli saladier.
7 Dans un bol, fouettez vivement ensemble l'huile, le vinaigre, du sel et du poivre. Versez cette sauce sur la salade et mélangez bien le tout.
8 Parsemez le persil sur le dessus de la salade et maintenez-la au frais jusqu'au moment de servir.

S'il est un plat grec qui a conquis le monde, c'est bien les dolmadhakia. Il s'agit ici de la recette la plus courante, mais l'on peut tout envelopper dans une feuille de vigne : du poisson, du hachis de volaille et même des cailles lors de la saison de la chasse.

Boulettes aux courgettes

POUR 4 PERSONNES
PRÉPARATION : 30 MIN
CUISSON : 15 MIN
DÉGORGEMENT : 20 MIN

100 g de courgettes • 1 blanc de poireau • 60 g de feta • 50 g de croûtons de pain sec • 1 bouquet de persil plat • 1 bouquet de menthe fraîche • 2 œufs • huile de friture • sel, poivre du moulin

1 Épluchez et râpez les courgettes. Mettez-les dans une passoire, salez-les et laissez-les dégorger environ 20 min. Rincez-les et épongez-les.
2 Lavez le blanc de poireau et hachez-le. Râpez la feta.

3 Mettez les croûtons dans un mortier et pilez-les à l'aide du pilon.
4 Lavez et équeutez le persil. Lavez et effeuillez la menthe. Hachez ces herbes ensemble.
5 Dans une terrine, mettez les courgettes, le poireau, la feta, le pain, les herbes et les œufs. Salez et poivrez. Mélangez bien le tout de manière homogène. Formez des petites boulettes de la taille d'une petite noix.
6 Faites chauffer au moins 50 cl d'huile dans une sauteuse jusqu'à ce qu'elle soit très chaude.

7 Plongez-y quelques boulettes et faites-les cuire environ 5 min en les retournant à mi-cuisson. Sortez-les à l'aide d'une écumoire et faites-les égoutter rapidement sur du papier absorbant. Réservez au chaud. Renouvelez l'opération jusqu'à épuisement des boulettes. Servez immédiatement.
Pour que l'huile reste très chaude, mettez-y peu de boulettes à la fois. En Grèce on utilise la plupart du temps du papier journal à la place de papier absorbant.

Omelette aux pommes de terre et aux poivrons

POUR 6 PERSONNES
PRÉPARATION : 15 MIN
CUISSON : 20 MIN

10 œufs • 1 oignon • 1 poivron vert • 50 g de beurre • 2 pommes de terre cuites • 3 cuill. à soupe de kefalotyri râpé • sel, poivre

1 Pelez et hachez l'oignon. Lavez le poivron et coupez-le en 2. Ôtez le pédoncule, les graines et les filaments blancs. Coupez la chair en laniè-

res. Mettez le tout dans une poêle avec 25 g de beurre.
2 Épluchez et lavez les pommes de terre. Essuyez-les avec un torchon et coupez-les en fines rondelles. Mettez-les dans une autre poêle avec le reste du beurre.
3 Salez, poivrez et faites revenir le tout pendant 15 min à feu doux en remuant régulièrement.

4 Pendant ce temps, cassez les œufs dans un saladier, salez, poivrez et battez-les en omelette.
5 Versez le contenu d'une poêle dans l'autre, mélangez bien et versez l'omelette par-dessus. Faites cuire 5 min.
6 Versez l'omelette dans un plat allant au four, parsemez du fromage râpé et passez sous le gril 5 min. Servez.

Feuilletés au fromage

POUR 10 PERSONNES
PRÉPARATION : 1 H 15
CUISSON : 15 MIN

Boisson conseillée :
BUZET ROUGE

30 feuilles de pâte filo • 100 g de beurre • 10 cl d'huile d'olive • poivre
pour la farce : 300 g de fromage de feta • 3 œufs

1 Préparez la farce. Cassez les œufs dans une terrine et battez-les. Poivrez. Émiettez la feta et jetez-la dans la terrine. Mélangez bien le tout avec une cuillère en veillant à ce qu'il ne reste pas de grumeaux de feta.
2 Préchauffez le four à 180 °C (therm. 5).
3 Coupez le beurre en morceaux et faites-le fondre à feu doux dans une petite casserole. Versez-y l'huile, mélangez, sortez du feu et réservez.

4 Sortez les feuilles de filo de leur emballage au fur et à mesure de leur utilisation car elles sèchent très vite. Coupez-les en 2 rectangles de 20 cm sur 30 cm.
5 Sur un plan de travail huilé, étalez un rectangle de pâte. Badigeonnez-le de matière grasse fondue avec un pinceau. Repliez-le en 3 dans la longueur. Aplatissez légèrement cette bande de pâte. Faites de même avec le reste des feuilles.
6 Déposez 1 cuillerée de farce dans un coin de la bande. Rabattez celui-ci sur toute la largeur de la bande. Vous avez formé un triangle. Rabattez alors celui-ci vers le bas de la bande. Continuez à

plier de cette manière jusqu'au bout de la bande. Vous obtenez alors un triangle de pâte de plusieurs épaisseurs. Procédez de la même manière jusqu'à épuisement des ingrédients.
7 Huilez la plaque du four. Déposez les feuilletés dessus. Badigeonnez-les du reste de matière grasse fondue. Enfournez et faites cuire environ 15 min. Sortez-les et servez chaud.
Les feuilles de pâte sont vendues sous forme de rectangles d'environ 30 cm sur 40 cm. C'est leur superposition qui fait le feuilleté.

Les Sauces

Sauce avgolemono

Pour 6 personnes

Préparation : 15 min

Cuisson : 10 min

3 œufs • 1 citron •
2 louches de bouillon de volaille

1 Cassez les œufs et séparez les jaunes des blancs. Pressez le citron et réservez le jus.
2 Faites tiédir le bouillon de volaille dans une casserole. Battez les jaunes d'œufs au fouet et versez-les progressivement dans le bouillon en fouettant vivement pour éviter qu'ils ne coagulent. Arrosez du jus de citron toujours en remuant et poursuivez la cuisson à feu très doux jusqu'à ce que la sauce épaississe.
3 Montez les blancs d'œufs en neige pas trop ferme. Incorporez-les délicatement à la sauce en soulevant la masse à l'aide d'une cuillère en bois pour éviter que les blancs ne se cassent. Remuez doucement jusqu'à ce que la sauce soit chaude. Versez-la dans une saucière ou directement sur le plat qu'elle doit accompagner. Servez immédiatement, cette sauce n'attend pas.

Cette sauce étant assez délicate à réussir, vous pouvez la lier dès le début avec 1 cuillerée à café de fécule de maïs. Quoi qu'il arrive cette sauce ne doit jamais bouillir.
Elle accompagne toutes sortes de plat, des viandes, des poissons, des légumes farcis, des ragoûts, des soupes (voir p. 236)... Si vous la servez avec du poisson, aromatisez-la avec du persil plat, de l'aneth et de la menthe finement hachés.

Sauce skordhalia

Pour 6 personnes

Préparation : 30 min

Cuisson : 20 min

300 g de pommes de terre •
2 gousses d'ail • 1 jaune
d'œuf • 10 cl d'huile d'olive •
2 citrons • sel, poivre

1 Épluchez les pommes de terre, lavez-les et coupez-les en morceaux.
2 Mettez-les dans une casserole d'eau froide. Salez et portez à ébullition. Faites-les cuire 20 min.

Égouttez-les et passez-les à la moulinette pour obtenir une purée.
3 Pelez et écrasez l'ail. Incorporez-le à la purée. Ajoutez le jaune d'œuf en remuant vivement pour éviter qu'il ne cuise.
4 Versez l'huile en filet en remuant jusqu'à ce qu'elle soit absorbée.
5 Pressez les citrons et arrosez la sauce avec leur jus. Salez, poivrez et mélangez. Goûtez et rectifiez l'assaisonnement si nécessaire. Allongez éventuellement la sauce avec de l'eau chaude. Cette sauce peut convenir pour de la viande rôtie, du poisson grillé, des fruits de mer ou des légumes cuits.

Les Plats

Crevettes yiouvetsi

Pour 4 personnes

Préparation : 40 min

Cuisson : 40 min

Boisson conseillée :
VOUVRAY

1 kg de grosses crevettes
roses • 3 petits oignons •
10 cl d'huile d'olive •
3 gousses d'ail • 500 g de
tomates • 30 cl de vin blanc
sec • 200 g de fromage de
feta • 1 bonne pincée
d'origan en poudre • 1 petit
bouquet de persil • sel, poivre

1 Pelez les oignons et émincez-les. Faites chauffer l'huile dans une sauteuse et faites-y revenir les oignons jusqu'à ce qu'ils soient translucides.
2 Pelez et écrasez les gousses d'ail. Plongez les tomates 1 min dans l'eau bouillante, puis pelez-les et coupez-les en gros morceaux.
3 Mettez le tout dans la sauteuse. Arrosez de vin, mélangez. Prolongez la cuisson à feu doux pendant 30 min. Ajoutez l'origan et mélangez de nouveau.
4 Préchauffez le four à 200 °C (therm. 6).
5 Décortiquez les crevettes. Disposez la moitié des légumes cuits dans un plat allant au four.
6 Rangez les crevettes par-dessus et recouvrez-les du reste de légumes.
7 Émiettez la feta. Lavez et hachez le persil. Parsemez ceux-ci sur le dessus du plat.
8 Enfournez et faites cuire pendant 15 min. En Grèce cette préparation cuit dans un grand poêlon en terre, le *yiouvetsi*, qui donne son nom à cette recette. Vous pouvez aussi utiliser des plats individuels.

Keftedhes

POUR 4 PERSONNES

PRÉPARATION : 30 MIN

REPOS : 4 H

CUISSON : 35 MIN

Boisson conseillée :

CÔTES DE PROVENCE ROUGE

600 g de bœuf, de veau ou d'agneau haché

(ou un mélange de ces viandes) • 2 pommes de terre •

200 g d'oignons • 10 cl d'huile d'olive • quelques feuilles de

menthe • 2 œufs • 1 cuill. à soupe de vinaigre •

50 g de farine • sel, poivre

1 Épluchez et lavez les pommes de terre. Faites-les cuire 30 min dans de l'eau bouillante salée. Sortez-les de la casserole, laissez-les tiédir, pelez-les puis écrasez-les en purée à la fourchette.

2 Pelez et émincez les oignons. Faites chauffer 1 cuillerée à soupe d'huile d'olive dans une poêle et faites-y blondir les oignons. Lavez, effeuillez et hachez la menthe.

3 Pendant ce temps, mélangez dans une terrine la viande avec les œufs, la purée de pommes de terre et 10 cl d'eau. Salez, poivrez. Lorsque les oignons sont devenus transparents, ajoutez-les dans la terrine avec le vinaigre et la menthe. Mélangez bien le tout, couvrez la terrine et laissez reposer au moins 4 h au frais.

4 Mélangez à nouveau tous les ingrédients. Formez des croquettes de 3 cm de long et 1,5 cm de large puis roulez-les soigneusement dans la farine.

5 Dans une poêle, faites bien chauffer le reste de l'huile. Faites-y dorer les croquettes à feu moyen. Retournez-les au bout de quelques instants pour qu'elles cuisent de tous les côtés. Dès qu'elles prennent une coloration foncée, elles sont cuites. Sortez-les à l'aide d'une écumoire et faites-les égoutter sur du papier absorbant. Servez. Accompagnez ces croquettes d'une salade. On peut aussi les servir froides, à l'apéritif avec les mézès ou pour un piquenique.
En fonction des ingrédients dont vous disposez, variez la composition des aromates : remplacez la menthe par du persil ou de la noix de muscade. Autre suggestion : remplacez les pommes de terre par de la chapelure.

Crevettes Egée

Pour 4 personnes
Préparation : 10 min
Cuisson : 20 min

800 g de grosses crevettes •
10 cl de vin blanc sec •
1 oignon • 1 carotte •
laurier • sauce skordhalia
(voir p. 241) • sel, poivre

1 Épluchez et émincez l'oignon et la carotte. Mettez-les dans une grande casserole. Arrosez du vin, ajoutez le laurier, salez et poivrez. Ajoutez 1 l d'eau. Portez à ébullition et faites cuire 15 min à gros bouillons.
2 Pendant ce temps, décortiquez les crevettes. Jetez-les dans la casserole. Baissez le feu et prolongez la cuisson 5 min.
3 Éteignez le feu et laissez refroidir. Sortez les crevettes du court-bouillon et égouttez-les. Mettez-les dans un plat de service et nappez-les de sauce skordhalia. Accompagnez d'une salade de pommes de terre.

Calmars aux fruits secs

Pour 6 personnes
Préparation : 40 min
Cuisson : 1 h 05

Boisson conseillée :
ROSÉ DE LOIRE

1 kg de calmars • 100 g de
riz • 10 cl d'huile d'olive •
1 oignon • 15 cl de jus de
tomate • 4 cuill. à soupe de
pignons • 4 cuill. à soupe de
raisins secs de Corinthe •
1 petit bouquet de persil •
1 pincée de cannelle en
poudre • 15 cl de vin blanc
sec • gros sel • sel, poivre

1 Dans une casserole d'eau bouillante salée, faites cuire le riz 15 min, puis égouttez-le.
2 Préparez les calmars. Nettoyez-les, videz-les, débarrassez-les de leurs cartilages et de leur encre. Frottez-les avec du gros sel, rincez-les et épongez-les. Coupez les tentacules et hachez-les.
3 Préchauffez le four à 200 °C (therm. 6).
4 Pelez et hachez l'oignon. Faites chauffer 5 cl d'huile d'olive dans une sauteuse. Faites-y blondir l'oignon à feu très doux. Ajoutez ensuite les tentacules et prolongez la cuisson 5 min en remuant.
5 Lavez, équeutez et hachez le persil. Jetez le riz en pluie dans la sauteuse. Arrosez du jus de tomate. Ajoutez les raisins secs et les pignons. Salez, poivrez et poudrez de cannelle. Mélangez bien et poursuivez la cuisson 15 min à feu doux. Surveillez la cuisson et allongez éventuellement d'un peu d'eau chaude. Sortez du feu et laissez tiédir.
6 Farcissez les calmars de ce mélange.
7 Disposez-les dans un plat allant au four. Arrosez-les avec le vin et le reste d'huile.
8 Enfournez et laissez cuire 30 min environ. Vérifiez la cuisson et prolongez-la éventuellement jusqu'à ce que les calmars soient bien tendres. Pour que les calmars ne se vident pas de leur farce pendant la cuisson, cousez les ouvertures avec du gros fil.

Poisson à la tomate

Pour 6 personnes
Préparation : 20 min
Cuisson : 45 min

1,5 kg de daurade (ou mérou,
mulet, cabillaud, rouget) •
10 cl d'huile d'olive •
4 tomates • 3 oignons •
2 gousses d'ail • 2 citrons •
10 cl de vin blanc sec
(facultatif) • sel, poivre

1 Écaillez et videz les poissons entiers. Lavez-les et disposez-les dans un plat allant au four. Pressez les citrons. Arrosez les poissons avec le jus de citron.
2 Préchauffez le four à 180 °C (therm. 5).
3 Pelez les oignons et coupez-les en rondelles. Lavez et coupez les tomates en rondelles. Pelez et écrasez l'ail au mortier.
4 Salez et poivrez le poisson. Rangez les rondelles d'oignon et de tomate dans le plat au-dessus du poisson. Arrosez de l'huile d'olive et éventuellement du vin blanc sec. Parsemez d'ail.
5 Allongez de 10 cl d'eau (20 cl si vous n'utilisez pas le vin blanc). Enfournez et faites cuire pendant 45 min.

Saint-Jacques à la cannelle

Pour 4 personnes
Préparation : 10 min
Cuisson : 4 min

12 coquilles Saint-Jacques •
2 cuill. à soupe d'huile d'olive •
1 cuill. à café de cannelle •
1 citron • sel, poivre

1 Brossez les coquilles.
2 Préchauffez le four à 200 °C (therm. 6).
3 Glissez la lame d'un couteau entre la coquille plate et la noix du mollusque et détachez celle-ci. Lavez soigneusement à l'eau fraîche la noix, le corail et les coquilles. Épongez les mollusques et essuyez les coquilles.
4 Remettez les mollusques dans leurs coquilles respectives et posez-les sur la lèche frite du four. Assaisonnez avec l'huile, le sel et le poivre. Enfournez la lèche frite dans la partie haute du four et faites-les dorer pendant environ 3 ou 4 min.
5 Pressez le citron. Poudrez avec la cannelle et arrosez de quelques gouttes du jus de citron. Servez aussitôt.

Pita

POUR 4 PERSONNES
PRÉPARATION : 1 H
CUISSON : 35 MIN

---

12 feuilles de filo • 750 g d'épinards frais • 100 g de beurre • 150 g de fromage kefalotyri râpé • sel, poivre

---

1 Équeutez, lavez les épinards et plongez-les 2 ou 3 min dans de l'eau bouillante salée. Égouttez-les. Faites-les revenir dans une poêle, ou une sauteuse, avec 50 g de beurre. Salez légèrement.
2 Préchauffez le four à 200 °C (therm. 6).

3 Beurrez une tourtière et faites fondre le reste du beurre. Posez au fond 2 galettes superposées de pâte à filo. Badigeonnez de beurre fondu. Parsemez de fromage râpé.
4 Recommencez : pâte, beurre fondu, fromage. Vous devriez réussir à faire tenir 6 couches. Sur la dernière, disposez les épinards, recouvrez d'une dernière galette, badigeonnez, parsemez de fromage et mettez au

four. Faites cuire 35 min.
5 Servez tiède ou froid. Les filo, ou galettes de pâte à filo, se trouvent dans les rayons ou les magasins de cuisine orientale. Elles se présentent par paquets de 12 ou 24 feuilles. Vous pouvez les congeler, mais veillez alors à les décongeler très progressivement pour qu'elles ne durcissent pas.

Moussaka

POUR 6 PERSONNES
PRÉPARATION : 1 H 30
DÉGORGEMENT : 1 H
CUISSON : 2 H 10

Boisson conseillée :
ROSÉ DE PROVENCE

---

1 kg d'aubergines • 1 gros oignon • 30 cl d'huile d'olive • 500 g de bœuf (ou de mouton) haché • 500 g de tomates • 1 cuill. à café de cannelle en poudre • 3 cuill. à soupe de chapelure • 2 œufs • 100 g de kefalotyri râpé • noix de muscade • sel, poivre

---

1 Lavez et essuyez les aubergines. Ôtez les pédoncules. Coupez la chair des aubergines en rondelles. Salez-les et faites-les dégorger dans une passoire pendant 1 h.
2 Pelez et émincez l'oignon. Faites chauffer un peu d'huile dans une sauteuse et faites-y revenir l'oignon puis la viande hachée. Salez, poivrez et mélangez à l'aide d'une

cuillère en bois pour que la viande s'émiette.
3 Plongez les tomates 1 min dans de l'eau bouillante, pelez-les, épépinez-les et concassez-les. Versez-les dans la sauteuse. Poudrez de cannelle et de muscade râpée, mélangez et couvrez. Prolongez la cuisson à feu doux pendant 40 min en remuant régulièrement.
4 Battez les œufs en omelette. Sortez la sauteuse du feu et versez-y l'omelette en remuant vivement pour ne pas qu'elle cuise. Réservez.
5 Rincez les aubergines et épongez-les. Faites-les frire dans une poêle dans le reste de l'huile chaude.
6 Préchauffez le four à 180 °C (therm. 5).
7 Huilez un grand plat à gratin et parsemez-le avec la moitié de la cha-

pelure. Disposez-y la moitié des aubergines. Recouvrez-les avec la sauce à la viande, parsemez avec la moitié du fromage râpé et terminez par une autre couche d'aubergines. Poudrez avec le reste de fromage mélangé à la chapelure.
8 Enfournez. Surveillez le plat. Dès l'ébullition, baissez le thermostat à 150 °C (therm. 2-3) et faites cuire environ 1 h.
9 Mettez le thermostat sur la position gril. Remontez le plat à gratin sur la partie haute du four et laissez gratiner 5 min environ. Sortez du four et servez chaud. La moussaka se prépare en Grèce, en Turquie et dans les Balkans. On la recouvre souvent d'une béchamel épaisse avant de la poudrer de fromage et de chapelure.

Mouton aux poireaux

POUR 4 PERSONNES
PRÉPARATION : 20 MIN
CUISSON : 2 H 30

Boisson conseillée :
MÉDOC

---

1 kg d'épaule de mouton désossée • 1,5 kg de poireaux • 2 oignons • 5 cl d'huile d'olive • 1 œuf • 1 citron • sel, poivre

---

1 Remplissez un faitout d'eau chaude à moitié. Plongez-y l'épaule de mouton, salez, poivrez, portez à ébullition et couvrez. Laissez cuire à petits bouillons 1 h.

2 Coupez le vert et les racines des poireaux. Enlevez les premières feuilles des blancs. Lavez ces derniers et coupez-les en tronçons. Pelez et hachez les oignons.
3 Versez l'huile dans une sauteuse et faites-y revenir les oignons. Jetez-les dans le faitout. Ajoutez les poireaux et prolongez la cuisson à feu doux pendant 1 h.

4 Préparez une sauce avgolemono. Cassez l'œuf dans un bol. Pressez le citron. Versez le jus dans le bol. Mouillez de 1 louche de jus de cuisson et battez vigoureusement.
5 Déposez l'épaule sur un plat de service, entourez-la des poireaux. Liez le jus de cuisson avec la sauce. Nappez-en la viande et servez.

Croquettes de veau en sauce

—

POUR 6 PERSONNES
PRÉPARATION : 25 MIN
CUISSON : 25 MIN

Boisson conseillée :
BERGERAC BLANC

1 kg de veau haché • 3 oignons blancs • 10 cl de vin blanc • 3 œufs • 1 branche de menthe • 30 g de farine • 2 cuill. à soupe d'huile d'olive • 50 cl de bouillon de viande • 1 bouquet de persil • sel, poivre

sauce avgolemono (voir p. 241)

1 Pelez les oignons, faites-les blanchir à l'eau bouillante pendant 5 min. Sortez-les à l'aide d'une écumoire et laissez-les égoutter sur du papier absorbant. Hachez-les.
2 Versez-les dans un saladier. Ajoutez la viande et les œufs. Arrosez de vin blanc, salez, poivrez et mélangez. Lavez et effeuillez la menthe. Hachez-la et incorporez-la au mélange.
3 Mettez la farine dans une assiette creuse. Humectez légèrement vos mains d'eau et formez des croquettes de la taille d'une grosse noix à partir de la farce. Roulez-les dans la farine.
4 Faites chauffez l'huile dans une sauteuse. Faites-y dorer les croquettes. Mouillez du bouillon, baissez le feu et prolongez la cuisson pendant 15 min.
5 Préparez la sauce avgolemono et versez-la dans la sauteuse. Mélangez et versez dans un plat creux. Servez chaud.

Les Desserts

—

Petits fours au miel

—

POUR 10 PERSONNES
PRÉPARATION : 1 H
CUISSON : 40 MIN

Boisson conseillée :
MUSCAT DE SAMOS

1 orange • 150 g de sucre semoule • 20 cl d'huile • 10 cl de cognac • 500 g de farine • 1 cuill. à soupe de levure en poudre • 1 cuill. à café de bicarbonate de soude • cerneaux de noix • cannelle en poudre

pour le sirop : 1 citron • 200 g de miel • 100 g de sucre semoule • 1 bâton de cannelle

1 Préchauffez le four à 140 °C (therm. 2).
2 Pressez l'orange et râpez son zeste. Versez-les dans une terrine. Ajoutez le sucre semoule, l'huile, le cognac, la farine, la levure et le bicarbonate de soude.
3 Mélangez bien le tout à l'aide d'une spatule en bois jusqu'à obtenir une pâte souple et homogène.
4 Farinez la plaque du four. Farinez légèrement vos mains et formez des petites croquettes de la forme d'un pruneau. Disposez-les sur la plaque et dessinez de petites entailles sur le dessus.
5 Enfournez et laissez cuire pendant 30 min. Sortez du four et laissez refroidir.
6 Pendant ce temps, préparez le sirop. Pressez le citron. Dans une casserole versez le jus du citron, le miel, le sucre et le bâton de cannelle. Mouillez de 20 cl d'eau. Portez à ébullition et laissez cuire environ 10 min. Retirez la cannelle.
7 Trempez les petits fours dans le sirop et disposez-les sur un joli plat. Décorez avec les cerneaux de noix et poudrez de cannelle. Servez. Ces petits fours, les melomakarona, sont servis aux visiteurs pendant la période de Noël.

Gâteau au yaourt

—

POUR 6 PERSONNES
PRÉPARATION : 30 MIN
CUISSON : 40 MIN

3 œufs • 200 g de sucre semoule • 15 cl d'huile • 1 yaourt • 1 orange (ou 1 citron) • 250 g de farine • 1 cuill. à café de levure en poudre • beurre pour le moule

pour le sirop : 200 g de sucre semoule • 1 citron

1 Préchauffez le four à 180 °C (therm. 5).
2 Cassez les œufs en séparant les blancs des jaunes. Mettez les jaunes et le sucre dans un saladier. Fouettez jusqu'à ce que le mélange blanchisse et devienne mousseux.
3 Râpez le zeste de l'orange. Ajoutez l'huile, le yaourt et le zeste à la préparation, et mélangez.
4 Mélangez la farine et la levure. Mettez-les dans le saladier. Travaillez jusqu'à obtenir une pâte homogène.
5 Battez les blancs en neige ferme. Versez-les délicatement dans le saladier en soulevant la pâte pour ne pas casser les blancs.
6 Beurrez un moule de 26 cm de diamètre et versez-y la pâte. Enfournez et faites cuire 25 min.
7 Préparez le sirop. Pressez le citron. Versez dans une petite casserole le sucre avec 50 cl d'eau et le jus du citron. Faites cuire environ 15 min. Laissez refroidir et versez sur le gâteau.

Kourabiethes
(biscuits au beurre)

———

POUR 6 PERSONNES

PRÉPARATION : 25 MIN

CUISSON : 20 MIN

Boisson conseillée :

MUSCAT

———

150 g de beurre ramolli • 100 g de sucre semoule •

1 cuill. à soupe de cognac • 1 jaune d'œuf •

200 g de farine • 1/2 sachet de levure • 100 g de sucre glace

1 Coupez le beurre en morceaux. Dans une terrine, mélangez bien le beurre et le sucre semoule à l'aide d'une spatule en bois. Préchauffez le four à 180 °C (therm. 5). Quand le sucre a bien absorbé le beurre et que le mélange est homogène, mouillez de cognac. Incorporez le jaune d'œuf.

2 Versez la levure et la farine en pluie. Continuez à travailler énergiquement la pâte jusqu'à ce qu'elle soit épaisse mais souple. Si la pâte n'est pas assez ferme, ajoutez-lui un peu de farine.

3 Humectez légèrement vos mains d'eau et moulez la pâte en lui donnant différentes formes : croissants, grosses boulettes, petites poires... Pour la queue des poires, utilisez par exemple un clou de girofle.

4 Huilez la plaque du four, déposez les kourabiethes dessus en alternant les différentes formes que vous leur avez données. Posez-les à intervalles suffisam-ment grands pour qu'ils ne se touchent pas. Enfournez-les et faites-les cuire pendant 20 min.

5 Sortez la plaque du four. Laissez refroidir les gâteaux sur la plaque puis poudrez-les de sucre glace. Disposez-les ensuite sur le plat de service et poudrez-les à nouveau de sucre glace. Ces petits gâteaux font partie des douceurs servies lors des fêtes de fin d'année. Le jour de Noël, les Grecs se rendent des visites d'une maison à l'autre. Ils sont accueillis avec un verre d'eau fraîche et un petit verre de liqueur (généralement faite à la maison, à base de mûres, cerises, mandarines, de pétales de rose, d'abricots...) ainsi qu'avec des petits gâteaux, dont les kourabiethes. Selon la recette traditionnelle, ces derniers sont préparés avec du beurre d'amande. Sont également offerts à cette occasion des petits gâteaux au miel ainsi qu'une grande variété de fruits confits.

SAVEURS DE TURQUIE ET DE BULGARIE

S'il fallait définir l'art culinaire turc par un seul exemple, ce seraient sans nul doute les mézès qui remporteraient tous les suffrages, ces magnifiques hors-d'œuvre que l'on retrouve certes en Grèce et au Liban, mais qui atteignent ici le raffinement le plus élaboré. Servant à l'origine d'accompagnement au raki, le «lait de lion», un alcool anisé servi sur de la glace et allongé d'eau, les mézès ont de nos jours acquis la dimension d'un véritable repas de fête avec orchestre et chants traditionnels. Une table de mézès comporte une infinie diversité de fromages mêlés à des salades, des melons et des pastèques, des petits légumes en saumure, de la soupe de concombres au yaourt (*cacik*), des feuilles de vigne farcies, de la viande séchée, de la langue de bœuf, du tarama, de la purée de fèves, des calmars et moules farcis, des aubergines cuisinées, des feuilletés de viande et de fromage... Et la liste pourrait continuer. Ajoutons le chiche-kebab d'agneau ou de bœuf et le riz pilaf, et la Turquie est là tout entière.

Ayant été pendant près de 700 ans sous la domination de son puissant voisin ottoman, la Bulgarie s'en trouve très proche sur le plan de la cuisine, bien que la cuisine bulgare soit plus rustique.

LES TRADITIONS

De multiples récits de voyages racontent le rituel du *sofra*, ce grand plateau à peine soulevé de terre qui servait de table, sur lequel les plats (plus de cent, parfois) décorés de pétales de roses devaient être consommés en silence, à l'aide d'une seule cuillère ou avec les doigts, puisque la fourchette n'est apparue en Turquie qu'en 1870. Autres temps, autres mœurs, les tables turques sont désormais entourées de chaises et le début de notre siècle a vu fleurir sur les me-

nus quelques spécialités françaises, le caneton, les petits pois, les consommés froids, qui ont fait bon ménage avec les *kagit kebab* (agneau en papillotes) et le *mahmudiyé* (poulet au miel) de légende. Ajoutons que la Turquie est un pays laïque qui compte malgré tout plus de 90 % de musulmans, lesquels respectent l'essentiel des règles de l'islam (pas de viande de porc), dont le jeûne du ramadan.

La Bulgarie, laïque aussi aujourd'hui, est de tradition chrétienne orthodoxe, mais son histoire récente n'a pas permis la renaissance éventuelle de recettes liées à ce passé. Ses traditions culinaires sont donc extrêmement voisines de celles de Turquie. Néanmoins, ce pays balkanique fut longtemps un pays pauvre et l'on y retrouve beaucoup de soupes (*tschorba*) et de ragoûts, à base de mouton ou de porc.

LA VIE QUOTIDIENNE

LE PETIT DÉJEUNER (kavahlti). Un repas léger et néanmoins nourrissant, du thé et du pain blanc au sésame tartiné de beurre, auxquels viennent s'ajouter du fromage de brebis, des yaourts, du miel, des olives et des tomates, éventuellement des œufs durs ou à la coque et de la confiture d'aubergines naines.

LE DÉJEUNER (öylen yemegi). Un déjeuner classique peut commencer par une soupe, suivie d'un plat de résistance, un poisson *pilaki* (aux tomates) ou de la viande en sauce, et se terminer avec des fruits comme dessert. Le déjeuner est servi avec de l'eau ou du

Pruneaux

Raisins de Smyrne

Raisins de Corinthe

Abricots secs

thé (le *çay*, un thé brun, ou du thé à la pomme ou à l'orange), de l'*ayran* (yaourt allongé d'eau et salé) et parfois de la bière.

LE DÎNER (aksam yemegi). C'est presque toujours l'occasion de se réunir entre amis au moment où la fraîcheur s'installe, pour une tournée de raki devant une table largement garnie de mézès. Ensuite, selon l'appétit des convives, seront servis des brochettes de mouton, des boulettes de viande, un plat de poissons grillés ou de crustacés, présentés avec un riz pilaf. Enfin, un assortiment de pâtisseries turques et

Noix

Noisettes

Amandes

Pistaches

Pignons

de fruits précédera l'arrivée du rituel café turc accompagné, comme en Grèce, d'un verre d'eau fraîche.

LES JOURS DE FÊTE

RAMADAN (Ramazan). Chaque soir du *ramazan*, le jeûne est rompu par le repas d'*iftar* : olives noires et dattes, soupe au yaourt *(cacik)*, agneau rôti au pilaf ou poulet au miel et desserts variés — *güllac* (galette de farine de riz fourrée de crème cuite aromatisée d'eau de rose) ou *sütlac* (un gâteau de riz cuit au four), puis melons, pastèques et oranges. De même, chaque matin à l'aube, un en-cas est prévu avant le début du jeûne, le *sahur,* composé de viandes froides, fruits et compotes, fromages et œufs durs. Enfin, la clôture du *ramazan* se célèbre par la «fête du sucre», *Seker Bayrami*, qui dure trois jours pendant lesquels s'effectuent nombre de visites familiales et de distributions de sucreries (il en existe quarante sortes), bonbons et chocolats, *kadayif* torsadé aux pistaches, *hosaf* d'abricots secs fourrés aux amandes, *baklavas* (gâteaux au sirop de sucre), etc., sans oublier les loukoums, ou *rahat loukoums* («repos de la gorge»), ces grosses confiseries très colorées qui font les délices des yeux et du palais.

HIZIRILYAS (Hizirilyas). Voilà une très ancienne coutume, qui vient de l'Antiquité et se fêtait alors le quarantième jour suivant l'équinoxe de printemps — et que l'on a baptisée depuis «la Célébration de saint Georges». Il s'agit de saluer le retour de l'été, à une date qui est maintenant fixée au 6 mai de chaque année. La tradition, ce jour-là, est d'organiser un *pik-nik*, avec salades et œufs durs, *chiche-kebab* d'agneau ou de mouton à faire griller sur place, farcis de poivrons et d'aubergines, gâteaux de semoule et pâtisseries, arrosés de bière, de thé et de Coca-Cola !

LA FÊTE DU SACRIFICE (Kurban Bayrami). Comme la Seker Bayrami et les fêtes laïques officielles turques, la Kurban Bayrami bénéficie d'un jour chômé, en commémoration du jour où Abraham fut autorisé par le Ciel à sacrifier un bélier à la place de son fils. Ce jour-là (dix semaines après la fête du sucre), les musulmans sacrifient un mouton qui sera accommodé en *kavurma* (un plat rituel où la viande dé-

coupée cuit dans sa graisse avec la queue de l'animal et les abats), entouré de riz pilaf, les meilleurs morceaux devant être distribués aux pauvres.

LES PRODUITS

LES FRUITS SECS

Les récits historiques l'attestent, la Turquie fut toujours une terre propice aux fruits. Depuis toujours aussi, les Turcs savent sécher les fruits au soleil, ce qui confère à ceux-ci un parfum sucré et concentré.

LES ABRICOTS SECS. Les abricots secs turcs, de couleur orange foncé, au goût muscaté, sont considérés comme les meilleurs.

LES PRUNEAUX. Ils proviennent de prunes violettes, séchées au soleil.

LES RAISINS SECS. La Turquie est le deuxième producteur mondial de raisins. Plus de 1 million de tonnes sont séchées au soleil. Il s'agit surtout des variétés *sultane* et *yuvarlak*, récoltées en août et septembre. Les raisins secs de Smyrne sont très sucrés et presque sans pépins. Les raisins de Corinthe, plus petits, proviennent des îles Ioniennes, grecques.

LES NOISETTES. La Turquie s'est surtout spécialisée dans la production des noisettes. Les vergers s'étendent le long de la mer Noire, où le climat est particulièrement favorable. Les noisettes les plus appréciées sont les rondes, de la variété *giresun*. Les noisettes du Levant sont généralement plus petites et pointues.

LES NOIX. Il semble que les noyers soient originaires de la Caspienne. Les noix sont appréciées dans la région pour leur huile depuis l'Antiquité. Les cerneaux servent surtout en pâtisserie.

LES AMANDES. Les amandes douces séchées s'emploient beaucoup en cuisine et dans de nombreux desserts. Les amandes amères séchées s'utilisent en faibles quantités en confiserie et en pâtisserie.

LES PISTACHES. Les pistaches sont des graines et non des noix. De couleur verte et de saveur douce, elles colorent et parfument glaces et crèmes.

LES PIGNONS. Ces petites graines oblongues, de couleur claire, sont extraites des pommes de pin. Leur goût rappelle un peu celui des amandes.

Les Entrées

Soupe de yayla

POUR 6 PERSONNES
PRÉPARATION : 5 MIN
CUISSON : 15 MIN

3 pots de yaourt bulgare •
1 œuf • 30 g de farine •
30 g de riz • 1,5 l de bouillon
de volaille • 25 g de beurre •
purée de piments rouges •
1 bouquet de menthe

1 Versez les yaourts dans un saladier. Cassez-y l'œuf. Poudrez de farine et de riz. Mouillez du bouillon et mélangez.
2 Transvasez dans une casserole, portez à ébullition, baissez le feu et prolongez la cuisson pendant 10 min en remuant régulièrement.
3 Faites chauffer le beurre dans une poêle et diluez-y 1 cuillerée à café de purée de piments. Versez dans la soupe.
4 Lavez et effeuillez la menthe. Hachez la moitié des feuilles et parsemez-en le dessus de la soupe. Versez celle-ci dans une soupière et décorez avec le reste des feuilles de menthe.

Kaltan tschorba

Bulgarie
POUR 4 PERSONNES
PRÉPARATION : 25 MIN
CUISSON : 20 MIN
RÉFRIGÉRATION : 4 H

8 darnes de saumon très
minces • 250 g de tomates •
1 oignon • 2 gousses d'ail •
huile d'olive • 1 cuill. à soupe
de farine • 1 feuille de
laurier • noix de muscade •
sel, poivre

1 Plongez les tomates quelques secondes dans de l'eau bouillante et pelez-les. Concassez-les. Pelez et émincez l'oignon. Pelez et écrasez l'ail .
2 Dans une cocotte, faites revenir l'oignon dans un peu d'huile. Ajoutez les tomates, la farine, l'ail, le laurier. Râpez un peu de muscade, salez et poivrez. Mouillez avec 50 cl d'eau.
3 Portez à ébullition et laissez cuire à petits bouillons 10 min. Retirez la peau et les arêtes des darnes de saumon. Pochez celles-ci dans le bouillon, baissez un peu le feu pour conserver un léger frémissement, et laissez cuire 10 min.
4 Retirez la feuille de laurier. Laissez refroidir la soupe, puis mettez-la au réfrigérateur environ 4 h. Servez glacé.

Soupe au yaourt et au citron

Bulgarie
POUR 6 PERSONNES
PRÉPARATION : 20 MIN
CUISSON : 20 MIN
RÉFRIGÉRATION : 2 H

1 kg de tomates • huile
d'olive • 4 yaourts •
1/2 concombre • 1 poivron
vert • 3 oignons nouveaux •
1 citron • quelques brins de
ciboulette • paprika •
piment de Cayenne • sel,
poivre

1 Plongez les tomates quelques secondes dans l'eau bouillante et pelez-les. Faites-les revenir à l'huile dans une poêle, faites-les cuire 20 min, puis laissez-les tiédir.
2 Passez-les à la moulinette ou au mixer avec les yaourts pour les réduire en purée.
3 Pelez le concombre, évidez-le et coupez-le en petits dés. Lavez le poivron. Ôtez le pédoncule et les graines. Hachez la chair. Pelez les oignons et hachez-les également. Lavez le citron. Pressez-le pour en exprimer tout le jus. Râpez ensuite sa peau en zeste. Lavez et hachez la ciboulette.
4 Incorporez les dés de concombre, les oignons, le poivron, le jus et le zeste du citron à la purée de tomates. Salez et poivrez, puis ajoutez 1 pincée de paprika et de piment de Cayenne.
5 Couvrez et laissez refroidir au réfrigérateur pendant 2 h avant de servir bien glacé, parsemé de ciboulette hachée.

Salade de moules

POUR 4 PERSONNES
PRÉPARATION : 45 MIN
MARINADE : 2 H
CUISSON : 5 MIN

2 l de moules • 1 oignon •
4 cuill. à soupe d'huile d'olive •
1 gros citron • 1 petit bouquet
d'aneth • sel, poivre

1 Grattez les moules. Lavez-les plusieurs fois à l'eau froide jusqu'à ce qu'elles aient éliminé tout le sable. Jetez-les dans un faitout. Mouillez de 30 cl d'eau. Mettez le faitout sur feu vif et laissez ouvrir les moules.
2 Laissez-les refroidir et sortez-les de leur coquille. Pelez l'oignon et coupez-le en demi-rondelles. Disposez les moules dans un saladier. Recouvrez-les d'oignon.
3 Lavez et ciselez l'aneth. Pressez le citron. Mélangez l'huile, le jus du citron et l'aneth. Salez et poivrez.
4 Versez cette sauce sur les moules et laissez mariner 2 h avant de servir. Les moules méditerranéennes sont plus jaunes et plus charnues que les moules de l'Atlantique. Ne les prenez pas trop grosses.

BROCHETTES ET CHICHES-KEBABS

En Turquie, dans toutes les rues, sont installés de petits poêles en fonte sur lesquels grillent brochettes et chiches-kebabs.

BROCHETTES DE POISSON À L'ESPADON

Les brochettes de poisson sont réservées aux habitants d'Istanbul et des régions côtières. Les pêcheurs en cuisent parfois à bord de leurs barques. La chair d'espadon se prête bien aux grillades. Découpez des cubes et enfilez-les sur une brochette, en alternance avec des quartiers de citron.

LANGOUSTINES EN BROCHETTES

Achetez des langoustines très fraîches, vivantes de préférence pour que la chair reste bien ferme. Décortiquez les queues et enfilez-les sur des brochettes, en alternance avec des quartiers de tomate. Faites griller, servez avec une sauce composée de yaourt mélangé à du concombre, généreusement salée et poivrée.

BONITE ET TOMATE

La chair de la bonite, ferme et savoureuse, s'allie très bien à la tomate. Celle-ci donne du moelleux à la brochette, la bonite séchant un peu sur le gril. Huilez la bonite et faites cuire très rapidement, 1 ou 2 min sur chaque côté.

BAUDROIE ET CITRON VERT

La chair de la baudroie, plus connue sous le nom de «lotte», est très ferme. Badigeonnez-la d'huile d'olive, alternez morceaux de poisson et quartiers de citron vert, faites griller.

VIANDE HACHÉE

Hachez ensemble de l'agneau, du bœuf et 1 gros oignon. Mélangez avec 1 œuf et du yaourt. Roulez le hachis en forme de saucisse et enfilez-le sur 1 brochette. Faites griller de 3 à 5 min.

CHICHE-KEBAB AUX MARRONS

Faites cuire les marrons à l'eau chaude et épluchez-les. Garnissez-en les brochettes de cubes d'agneau marinés, de tomate, de poivron et d'oignon, en alternance.

BROCHETTE MIXTE

Faites mariner séparément les différentes viandes : agneau, bœuf, poulet. Enfilez-les en alternance sur la brochette, avec des morceaux de poivron vert et rouge et des quartiers d'oignon. Badigeonnez légèrement d'huile d'olive avant de griller de 3 à 4 min, en retournant la brochette.

LA MARINADE AUX HERBES

•

Les cubes d'agneau ou de bœuf seront plus savoureux si vous les faites mariner une nuit. Déposez-les dans un récipient et recouvrez-les d'huile d'olive. Ajoutez 1 gousse d'ail pelée et coupée en 2, des oignons coupés en 2, quelques feuilles de laurier et quelques branches de thym. Salez et poivrez généreusement. Retournez la viande 1 ou 2 fois pour qu'elle s'imprègne bien sur toutes ses faces.

CŒURS DE POULET

Faites mariner les cœurs de poulet la veille. Badigeonnez-les d'huile d'olive avant de les faire cuire. Jetez quelques herbes aromatiques (thym, sauge) sur le gril juste avant d'y poser la brochette.

CHICHE-KEBAB AUX AUBERGINES

Faites frire les aubergines entières, pelez-les et coupez-les en cubes. Disposez-les sur une brochette en alternance avec des cubes de gigot d'agneau ou des morceaux de queue de mouton. Servez avec une purée d'aubergines.

Moules farcies

POUR 6 PERSONNES

PRÉPARATION : 1 H

CUISSON : 40 MIN

Boisson conseillée :

MUSCADET

24 grosses moules •
3 oignons • 10 cl d'huile
d'olive • 125 g de riz long •
30 cl de bouillon de légumes •
1 pincée de quatre-épices •
1 pincée de cannelle en
poudre • 65 g de pignons •
65 g de raisins de Corinthe •
1 petit bouquet de persil plat •
sel, poivre

1 Retirez les filaments
des moules, grattez cel-
les-ci et lavez-les bien.

2 Préparez la farce. Pelez les oignons, émincez-
les, faites-les revenir
dans l'huile d'olive. Ajoutez le riz et faites-le sauter jusqu'à ce qu'il
devienne translucide.
3 Mouillez avec le bouillon, ajoutez les pignons
et les raisins. Poudrez de
quatre-épices et de can-
nelle. Salez, poivrez. Faites mijoter jusqu'à ce
que le liquide soit com-
plètement absorbé.
4 Préchauffez le four
à 180 °C (therm. 5).

5 Faites ouvrir les moules dans une casserole à
feu vif quelques instants.
6 Remplissez de farce
chaque demi-coquille de
moule. Disposez-les
dans un plat. Versez
1 goutte d'huile dans chaque moule. Mettez au
four pendant 5 min.
7 Pendant ce temps, lavez, équeutez et hachez
le persil. Sortez le plat du
four, parsemez les mou-
les de persil et servez.
Décorez le plat de quar-
tiers de citron.

Imam bayildi

POUR 6 PERSONNES

PRÉPARATION : 25 MIN

TREMPAGE : 1 H

CUISSON : 35 MIN ENVIRON

6 aubergines moyennes •
4 gros oignons • 3 grosses
tomates • 1 tête d'ail •
1 cuill. à dessert de sucre
semoule • 1 petit bouquet de
persil • 5 cuill. à soupe d'huile
d'olive • sel

1 Épluchez les auber-
gines, mettez-les 1 h dans
l'eau froide salée.
2 Pendant ce temps, pelez les oignons et coupez-

les en demi-rondelles.
Lavez et coupez les toma-
tes en petits morceaux.
Épluchez la tête d'ail. Mélangez le tout avec le sucre et le sel et malaxez.
3 Coupez les aubergi-
nes en 4 dans le sens de
la longueur sans percer la
peau. Étalez sur chacune
d'elles la farce préparée.
4 Disposez les auber-
gines dans une sauteuse.
Ajoutez 25 cl d'eau et
l'huile d'olive. Mettez un

poids sur les aubergines
(une assiette ou un cou-
vercle), couvrez-en la
sauteuse.
5 Mettez à cuire 5 min
à feu vif, puis 30 min à
feu moyen. Pendant ce
temps, hachez le persil.
6 Disposez sur le plat
de service, décorez de
persil et servez froid.
L'imam bayildi, ou
délice de l'imam, est
un des classiques de la
cuisine turque.

Tarator

POUR 6 PERSONNES

PRÉPARATION : 5 MIN

REPOS : 1 H

5 brins de ciboulette •
5 branches de persil •
1 échalote • 30 cl de vinaigre
de vin • 1 saint-florentin •
10 cl de crème fraîche • huile
d'olive • sel, poivre

1 Lavez et hachez la ciboulette et le persil. Pe-

lez et hachez l'échalote.
Faites-les tremper dans le
vinaigre pendant 1 h.
2 Égouttez les aromates.
3 Mélangez intimement
le saint-florentin avec la
crème fraîche.
4 Ajoutez les aromates,
un filet d'huile d'olive, salez et poivrez. Servez
frais.

Le fromage blanc turc
est un fromage de bre-
bis. Il se présente sous
forme de gros cubes
denses. Si l'on ne peut
se le procurer, il est
conseillé d'utiliser un
fromage de campagne
épais et mélangé pour
moitié à du fromage de
chèvre écrasé.

Œufs pochés au yaourt

POUR 4 PERSONNES

PRÉPARATION : 30 MIN

CUISSON : 25 MIN

8 œufs • 1 cuill. à soupe de
vinaigre • 3 gousses d'ail •
3 pots de yaourt à la bulgare •
3 cuill. à soupe d'huile d'olive •
piment rouge fort en poudre •
sel, poivre

1 Faites bouillir 50 cl
d'eau salée dans une cas-
serole, avec le vinaigre.
2 Pelez et écrasez finement les gousses d'ail.

3 Cassez 1 œuf dans
une louche. Plongez
celle-ci dans l'eau
bouillante, retirez la casserole du feu et couvrez-
la. Laissez pocher 3 min.
Sortez l'œuf avec une
écumoire. Plongez-le im-
médiatement dans l'eau
froide pour arrêter la cuisson. Déposez-le sur un
papier absorbant. Répé-
tez l'opération pour cha-
que œuf.

4 Mettez les yaourts
dans un bol. Versez
l'huile d'olive en filet sur
les yaourts tout en mé-
langeant. Incorporez l'ail,
salez poivrez. Mélangez.
5 Servez les œufs recouverts de la sauce. Pou-
drez d'une pincée de
piment.
Les œufs sont pochés
dès que les jaunes sont
recouverts d'une mince
pellicule translucide.

Sauce

Sauce patlican salatasi

POUR 4 PERSONNES
PRÉPARATION : 15 MIN
CUISSON : 15 MIN
RÉFRIGÉRATION : 1 H

2 aubergines • 1 oignon •

20 cl d'huile d'olive •

1 citron • 1 cuill. à soupe de

miel • sel, poivre

1 Préchauffez le four à 180 °C (therm. 5).
2 Lavez les aubergines, essuyez-les, ôtez le pédoncule. Coupez-les en longues lanières. Pelez l'oignon et coupez-le en fines rondelles.
3 Versez la moitié de l'huile d'olive au fond d'un plat allant au four. Disposez l'oignon et les aubergines par-dessus. Faites cuire au four pendant 15 min. Sortez du four et laissez tiédir. Pendant ce temps, pressez le citron. Réservez le jus.
4 Passez au mixer les aubergines, l'oignon et le jus de citron. Assaisonnez. Ajoutez ensuite le reste de l'huile d'olive en filet, et, enfin, le miel. Servez froid.
Cette sauce accompagne le poisson au court-bouillon.

Les Plats

Agneau bulgare

Bulgarie
POUR 4 PERSONNES
PRÉPARATION : 20 MIN
CUISSON : 2 H

Boisson conseillée :
MÂCON

800 g de viande d'agneau

(épaule par exemple) •

2 cuill. à soupe de paprika •

2 cuill. à soupe d'huile •

2 oignons • 1 poivron •

2 cuill. à soupe de bouillon de

légumes (ou de volaille) •

600 g de tomates • 1 feuille

de laurier • 1 pincée d'origan

en poudre • 30 cl de yaourt •

1 petit bouquet de persil • sel,

poivre

1 Coupez l'agneau en cubes. Poudrez-les de paprika, salez et poivrez. Faites-les dorer à la poêle dans un peu d'huile. Mettez-les dans une cocotte, sans la graisse de cuisson.
2 Préchauffez le four à 180 °C (therm. 5).
3 Pelez les oignons, émincez-les, lavez le poivron, ôtez-en le pédoncule et les graines et découpez la chair en fines lanières. Faites-les fondre dans la poêle. Ajoutez le bouillon, salez, poivrez, et laissez cuire quelques instants.
4 Plongez les tomates 1 min dans de l'eau bouillante et pelez-les. Coupez-les en gros morceaux. Mettez-les dans la poêle. Portez à ébullition et versez le tout dans la cocotte. Ajoutez le laurier, l'origan, couvrez et mettez la cocotte dans le four chaud. Laissez cuire environ 2 h.
5 Lavez, équeutez et hachez le persil. En fin de cuisson, versez le yaourt dans la cocotte et parsemez de persil. Servez très chaud.

Mouton en ragoût

POUR 4 PERSONNES
PRÉPARATION : 30 MIN
CUISSON : 2 H

Boisson conseillée :
SAUMUR

125 g de gras de mouton •

750 g d'épaule de mouton

désossée • 1 chou-fleur •

4 carottes • 1 céleri-rave •

4 tomates • 8 oignons •

huile • paprika • 200 g de

riz à grains ronds • sel, poivre

1 Hachez le gras de mouton et débitez l'épaule en carrés de 5 cm de côté.
2 Épluchez le chou-fleur, lavez-le, détaillez-le en bouquets. Grattez les carottes, coupez-les en fines rondelles. Pelez le céleri et coupez-le en morceaux. Lavez les tomates, coupez-les en tranches. Pelez et émincez les oignons.
3 Faites fondre la graisse dans une cocotte, faites-y étuver le chou-fleur, les carottes, le céleri et les tomates pendant 10 min en remuant. Sortez-les de la cocotte et réservez-les.
4 Ajoutez 2 cuillerées à soupe d'huile dans la cocotte. Faites revenir les oignons et la viande.
5 Ajoutez 50 cl d'eau, les légumes et 1 cuillerée à soupe de paprika. Salez et poivrez. Mélangez.
6 Laissez cuire pendant 1 h à couvert. Versez le riz dans la cocotte et laissez cuire pendant 30 min. Ajoutez un peu d'eau si nécessaire. Servez dans un grand plat creux.
La meilleure saison pour consommer le mouton se situe à la fin de l'hiver et au printemps. En été, sa chair a parfois une odeur de suint.

Ragoût de viandes

Bulgarie

POUR 4 PERSONNES

PRÉPARATION : 30 MIN

CUISSON : 1 H 15 MIN

Boisson conseillée :

CÔTES-DE-BEAUNE

250 g de rouelle de veau • 250 g d'épaule de mouton désossée • 250 g de jambon • 3 oignons • 3 poivrons • 500 g de pommes de terre • 1 aubergine • 4 tomates • 1 branche de céleri • persil • 50 g de saindoux • paprika • laurier • 150 g de riz à grains ronds • sel, poivre

1 Coupez les viandes en dés de 3 cm de côté.

2 Pelez les oignons, émincez-les. Lavez les poivrons, ôtez les pédoncules et les graines, coupez-les en morceaux.
3 Épluchez les pommes de terre, coupez-les en dés de 2 cm de côté.
4 Lavez les aubergines, équeutez-les, coupez-les en morceaux. Lavez les tomates, coupez-les en 4. Lavez et coupez le céleri en petits tronçons.
5 Lavez, équeutez et hachez 1 bouquet de persil.
6 Faites chauffer le saindoux dans une cocotte, faites y dorer les oignons 5 min en remuant.
7 Poudrez de paprika, ajoutez les viandes, les légumes, le laurier puis recouvrez de 1,5 l d'eau. Salez, poivrez.
8 Faites cuire 40 min à couvert, à feu moyen.
9 Ajoutez le riz, faites cuire de nouveau pendant 20 min. Surveillez la cuisson et ajoutez un peu d'eau si nécessaire. Servez dans la cocotte.

Poulet à la circassienne

POUR 8 PERSONNES

PRÉPARATION : 30 MIN

CUISSON : 1 H

1 poulet de 1,5 kg vidé et bridé • 1 gros oignon • 2 gousses d'ail • sel, poivre pour la sauce : 350 g de noix décortiquées • 2 pains au levain • 50 cl de bouillon de poulet • quelques grains de poivre rouge

1 Mettez le poulet dans une cocotte. Recouvrez-le d'eau. Pelez l'ail et l'oignon. Ajoutez-les dans la cocotte, salez et poivrez. Laissez cuire. Quand le poulet est bien cuit, sortez-le et laissez-le tiédir.
2 Enlevez la peau, désossez-le et découpez-le en tout petits morceaux. Disposez ceux-ci dans un plat de service creux.
3 Préparez la sauce. Hachez les noix. Enlevez la croûte des pains. Hachez la mie avec les noix.
4 Mettez ce mélange dans le bouillon de poulet tiède, goûtez et salez si nécessaire.
5 Versez la moitié de la sauce sur les morceaux de poulet, mélangez bien, puis ajoutez le reste de la sauce. Décorez avec les grains de poivre.

Mulet pilaki

POUR 4 PERSONNES

PRÉPARATION : 20 MIN

CUISSON : 20 MIN

Boisson conseillée :

MÂCON

1 kg de mulet noir • 5 gousses d'ail • 2 oignons • 3 cuill. à soupe d'huile d'olive • 3 tomates • 1 carotte • 1 pomme de terre • 1 branche de thym • 2 feuilles de laurier • 1 citron • sel, poivre

1 Pelez l'ail et les oignons. Coupez-les en rondelles que vous couperez à nouveau en 2. Faites-les blondir dans une cocotte avec l'huile.
2 Lavez les tomates, épluchez la carotte et la pomme de terre. Coupez-les en petits morceaux et ajoutez-les dans la cocotte. Faites cuire 5 min à feu doux en remuant de temps en temps.
3 Lavez le poisson et détaillez-le en tranches de 3 à 4 cm d'épaisseur.
4 Disposez celles-ci dans la cocotte. Ajoutez le thym, le laurier, salez, poivrez. Coupez le citron en 2. Pressez-en 1 moitié et coupez l'autre en rondelles. Mettez celles-ci dans la cocotte.
5 Montez le feu et poursuivez la cuisson pendant 15 min à couvert. Arrosez du jus de citron et servez immédiatement.

Riz pilaf

POUR 6 PERSONNES

PRÉPARATION : 15 MIN

CUISSON : 20 MIN

400 g de riz à grains longs • 2 oignons • 5 cl d'huile d'olive • 1 pincée de safran en poudre • sel, poivre

1 Mesurez le volume de 400 g de riz dans un verre gradué, puis 2 fois ce même volume en eau. Faites bouillir l'eau. Pendant ce temps, pelez et hachez les oignons.
2 Faites chauffer l'huile d'olive dans une cocotte, jetez-y les oignons et remuez 5 min à feu moyen. Ajoutez alors le riz, mélangez bien pendant 3 min, jusqu'à ce que le riz devienne laiteux. Arrosez-le alors avec l'eau bouillante, salez, poivrez et poudrez de safran. Laissez cuire à couvert et à feu moyen, sans ouvrir la cocotte, pendant 20 min.
Le riz est cuit lorsqu'il a absorbé toute l'eau.

MULET
PILAKI

•

*Pour cette recette simple, le
choix des ingrédients est
primordial. Ce plat sera
meilleur au printemps ou
en été, quand les légumes
ont fait le plein de soleil.
En faisant votre marché,
choisissez des tomates bien
mûres, des pommes de terre
à chair ferme et des
oignons frais.*

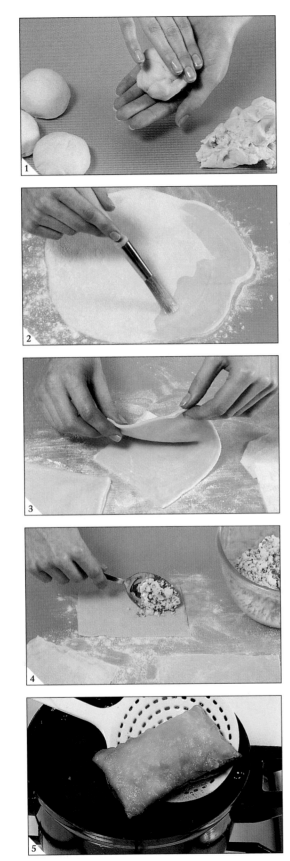

Börek au fromage

POUR 6 PERSONNES

PRÉPARATION : 40 MIN

REPOS DE LA PÂTE : 20 MIN

CUISSON : 20 MIN

Boisson conseillée :

RAKI

pour la pâte : 450 g de farine • 75 g de beurre • 1 œuf • sel

pour la farce : 150 g de feta • 1 petit bouquet de persil • huile pour friture

1 Préparez la pâte. Versez 400 g de farine sur le plan de travail. Faites un puits, cassez l'œuf, versez 12 cl d'eau, salez. Travaillez à la main jusqu'à ce que la pâte devienne homogène et élastique. Séparez-la en 6 boules, couvrez-les avec un torchon humide et laissez reposer 20 min. Faites fondre le beurre dans une casserole.

2 Farinez le plan de travail. Étalez 1 boule très finement à l'aide d'un rouleau. Beurrez la pâte correctement à l'aide d'un pinceau avec 2 ou 3 cuillerées à soupe de beurre fondu. Répétez l'opération avec chaque boule.

3 Découpez des rectangles dans chaque abaisse de pâte. Pliez-les en 2 en beurrant au niveau du pli pour obtenir des carrés. Préparez les börek. Écrasez le fromage de feta à l'aide d'une fourchette. Lavez et hachez le persil. Mélangez-le à la feta.

4 Farinez le plan de travail et abaissez chaque carré de pâte à 5 mm d'épaisseur. Coupez chaque carré en 2 pour former de nouveaux rectangles. Disposez 1 cuillerée à soupe de farce sur la moitié de chaque rectangle et couvrez avec l'autre moitié. Fermez-les en appuyant sur les bords de la pâte.

5 Faites chauffer votre huile de friture. Plongez-y les böreks et laissez-les frire jusqu'à ce qu'ils soient bien dorés. Sortez-les à l'aide d'une écumoire, déposez-les sur du papier absorbant. Égouttez-les rapidement et servez lorsqu'ils sont encore chauds.
Les böreks peuvent être farcis avec une quantité d'ingrédients, selon votre imagination et ce dont vous disposez. Ils sont généralement présentés parmi les mézès, un ensemble de hors-d'œuvre, chauds ou froids, servis avec le raki avant le repas. Les mézès sont l'occasion de se retrouver dans des bars avant le dîner.

Estouffade de légumes

Bulgarie

POUR 4 PERSONNES
PRÉPARATION : 5 MIN
CUISSON : 20 MIN

5 oignons • 8 poivrons verts • 5 tomates • 1 concombre • 100 g de saindoux • paprika • 25 cl de crème aigre • sel, poivre

1 Pelez les oignons, émincez-les. Lavez les poivrons, fendez-les en 4, ôtez le pédoncule, les graines et les filaments, coupez-les en lanières.
2 Lavez les tomates, coupez-les en tranches. Pelez le concombre, coupez-le en fines rondelles.
3 Faites chauffer le saindoux dans une cocotte, faites revenir 20 min les oignons, les poivrons, les tomates. Poudrez d'une cuillerée à soupe de paprika. Salez, poivrez.
4 Ajoutez la crème aigre et servez.
Cette estouffade accompagne habituellement un plat de saucisses grillées, mais aussi toutes sortes de viandes.

Les Desserts

Abricots au sésame

POUR 6 PERSONNES
TREMPAGE : 12 H
PRÉPARATION : 15 MIN
CUISSON : 25 MIN

400 g d'abricots secs • 150 g de sucre semoule • 1/2 citron • 50 g de graines de sésame • 20 cl de crème fraîche épaisse

1 Faites tremper les abricots 12 h dans de l'eau. Égouttez-les.
2 Mettez les abricots dans une casserole et couvrez-les d'eau à hauteur. Ajoutez le sucre. Pressez quelques gouttes de citron directement au-dessus de la casserole.
3 Faites chauffer à feu moyen. Au premier bouillon, baissez le feu, couvrez et prolongez la cuisson 15 min. Surveillez la consistance du sirop et faites-le épaissir à feu vif si nécessaire. Sortez les abricots du sirop et égouttez-les. Laissez-les refroidir.
4 Faites griller les graines de sésame à la poêle sans matière grasse. Ouvrez les abricots en 2 et fourrez-les de crème fraîche. Roulez-les dans les graines de sésame. Servez froid.

Açüre

POUR 10 PERSONNES
TREMPAGE : 12 H
PRÉPARATION : 30 MIN
CUISSON : 6 H

250 g de blé concassé • 60 g de pois chiches • 60 g de haricots blancs secs • 60 g de riz • 1 zeste d'orange • 50 g de cerneaux de noix • 6 figues sèches • 1 kg de sucre semoule • 1 grenade • 50 g de pistaches

1 Faites tremper le blé concassé et les légumes secs séparément dans de l'eau froide pendant environ 12 h. Égouttez-les. Réservez les pois chiches.
2 Remplissez un faitout d'eau aux 3/4. Portez à ébullition. Jetez-y le blé et le riz en pluie, faites reprendre l'ébullition. Baissez le feu et prolongez la cuisson environ 4 h.
3 Pendant la dernière heure de cuisson du blé, mettez les pois chiches dans une casserole. Couvrez-les largement d'eau et portez à ébullition. Laissez-les cuire à gros bouillons pendant 1 h. Versez-les dans le faitout et poursuivez la cuisson encore 1 h à feu doux.
4 Râpez l'orange. Pilez la moitié des noix. Coupez les figues en 4. Versez dans le faitout. Ajoutez le sucre et faites cuire 5 min. Égouttez et versez dans un plat creux.
5 Coupez la grenade en 4. Ôtez les graines. Décorez-en le plat, ainsi qu'avec les pistaches et les cerneaux de noix. Servez tiède ou froid.
L'açüre est préparé traditionnellement pour le 10ᵉ jour de muharrem, premier mois de l'année du calendrier musulman.

Crème de raisin

POUR 6 PERSONNES
PRÉPARATION : 15 MIN
CUISSON : 25 MIN

1 l de jus de raisin rouge ou blanc • 50 g de fécule de maïs • 1 cuill. à café de caramel liquide • 1 cuill. à café de cannelle en poudre • 100 g de cerneaux de noix

1 Dans une casserole, mettez à chauffer le jus de raisin et laissez frémir jusqu'à ce qu'il n'en reste plus que les 3/4.
2 Délayez la fécule de maïs dans 10 cl d'eau froide et versez-la dans le jus bouillant en tournant rapidement. Hachez grossièrement les noix.
3 Continuez la cuisson pendant 2 min en ajoutant le caramel, la cannelle et la moitié des noix hachées.
4 Retirez du feu, laissez tiédir et versez dans des verres à pied (ou dans des coupes). Poudrez avec le reste des noix hachées et mettez au frais.

Gâteau Revani

POUR 8 PERSONNES

PRÉPARATION : 35 MIN

CUISSON : 45 MIN

pour le gâteau : 75 g de farine • 1/2 paquet de levure • 250 g de semoule de blé • sel • 2 citrons • 2 oranges • 30 g d'amandes moulues • 4 œufs • 125 g de sucre • 15 cl d'huile de sésame • 30 g de raisins secs

pour le sirop : 75 g de sucre glace • 2 citrons • extrait d'amandes

1 Préchauffez le four à 180 °C (therm. 5).

2 Dans une terrine, mélangez ensemble la farine, la levure, la semoule de blé et 1 pincée de sel.

3 Pressez les citrons. Réservez le jus. Râpez les zestes. Pressez les oranges. Réservez le jus, mais pas les écorces.

4 Cassez les œufs, séparez les jaunes des blancs. Battez les jaunes et le sucre ensemble jusqu'à ce que le mélange devienne mousseux. Incorporez l'huile, les zestes et les amandes moulues.

5 Versez cette préparation dans la terrine, arrosez de jus d'orange et de jus de citron et mélangez de nouveau.

6 Battez les blancs d'œufs en neige très ferme et incorporez-les à la pâte en les soulevant pour ne pas les casser.

7 Huilez un moule rond à bords hauts. Disposez les raisins au fond du moule et recouvrez de pâte. Enfournez et faites cuire pendant 45 min. Vérifiez la cuisson avec la pointe d'un couteau et laissez le gâteau dans le four si nécessaire.

8 Préparez le sirop. Pressez les citrons et râpez les zestes. Faites fondre le sucre dans une casserole avec 30 cl d'eau. Ajoutez le jus et les zestes râpés des citrons. Faites bouillir et laissez cuire 5 min. Retirez du feu, ajoutez quelques gouttes d'extrait d'amandes. Laissez bien refroidir.

9 Sortez le gâteau du four, laissez-le refroidir à température ambiante. Démoulez-le, posez-le sur un plat de service, arrosez-le de sirop et faites prendre le glaçage au réfrigérateur.

Choisissez de la semoule de blé moyenne, de qualité supérieure. Elle résulte du broyage de la partie centrale de l'amande de blé dur.

LE CAFÉ TURC

Avant de déguster un café turc, et pour bien l'apprécier, il faut savoir que le marc, au fond de la tasse, ne se boit pas ! Comment se prépare cette boisson nationale dont les Turcs, et tous ceux qui y ont goûté, ne peuvent plus se passer ? Pour 2 personnes, prévoyez 2 petites tasses d'eau, 2 cuillerées à café de café turc moulu et 2 cuillerées à café de sucre. Versez l'eau, le sucre et le café dans une petite cafetière turque (*cezve*), ou dans une toute petite casserole. Mélangez et faites chauffer à feu doux jusqu'à ébullition. Versez un peu de café dans chaque tasse en répartissant la mousse. Remettez la cafetière sur le feu, faites bouillir à nouveau et versez le reste dans les tasses. Avant de boire, chacun attendra que le marc se soit déposé au fond de sa tasse. Avec le café, servez un verre d'eau fraîche. Vous pouvez modifier la quantité de sucre selon votre goût. Certains l'aiment sans sucre du tout (*sadê*), d'autres, très sucré. Le café turc est préparé à partir de grains de café brésilien, qui subissent une torréfaction particulière puis sont moulus très finement. C'est ce qui lui donne son arôme.

SAVEURS D'IRAN ET DU PAKISTAN

L'Iran et le Pakistan ont en commun le culte des épices et autres aromates, qui fleurent bon dans toutes les cuisines. Pas une maîtresse de maison ne saurait se passer de ses précieuses réserves d'angélique, de *talé* (entre la ciboulette et le poireau), fenugrec, épine-vinette, ou de l'incontournable flacon d'eau de rose, sans lequel tous les plats perdraient de leur cachet, voire de leur mystère.

LES TRADITIONS

De religion musulmane, ces deux pays observent les règles de l'islam. Il est encore habituel de prendre ses repas assis en tailleur autour d'une épaisse nappe ouvragée (*sofreh* en Iran) ou d'un plateau de métal (*thali* au Pakistan), sur lesquels sont disposés les plats.

LA VIE QUOTIDIENNE

LE PETIT DÉJEUNER. C'est un repas frugal servi avant le lever du soleil, autour d'un thé « au samovar » (parfumé au citron vert, aux dattes, aux raisins secs), avec des confitures, des compotes et du pain frais.

LE DÉJEUNER. Quel que soit le plat de résistance, les *sofreh* ou les *thali* sont toujours garnis de petits raviers contenant fines herbes, crudités, fruits de saison, *torchi* (conserves de fruits et de légumes), poissons séchés (au Pakistan) et divers condiments. Le vin et

---

Menu classique

—

SOUPE PARSI

•

LOUP AU RIZ

•

GLACE AU SAFRAN

---

l'alcool étant prohibés, le repas sera servi avec de l'eau ou des boissons sucrées.

LE DÎNER. À la ville comme à la campagne, le mouton, l'agneau ou le poulet servent d'éléments de base pour le repas du soir, à ceci près qu'un mouton dans une famille paysanne suffit pour la semaine. En ville, ces mêmes animaux font l'objet de recettes plus sophistiquées, et accompagnées d'un plat de riz. Ils sont, très souvent, suivis de fromages et de fruits, ou de sorbets.

LES JOURS DE FÊTE

LE JOUR DE L'AN. Le nouvel an en Iran débute quinze jours avant par un grand nettoyage de la maison et la préparation du souper traditionnel : poisson au riz, gratin aux fines herbes, nouilles, crudités au fromage blanc, *torchi* et confitures.

LA FÊTE DE L'HIVER. Pour la nuit la plus longue de l'année, qui correspond au 39e jour de l'hiver, les Iraniens aiment à se réunir pour consommer l'*adjil* (un mélange de fruits secs, de graines de pastèques et

---

de courges grillées et de pois chiches), accompagné symboliquement de fruits en conserve, les derniers de la saison avant la récolte prochaine.

LES PRODUITS

LES DATTES

Ces baies oblongues et dorées, dont il est possible d'obtenir de nombreux dérivés (sucre, vin, farine), poussent en régime et se consomment fraîches toute l'année. Elles s'exportent séchées sous trois labels (sèche, demi-sèche ou tendre).

LES FIGUES

Comme les dattes, les figues sont utilisées fraîches ou séchées, et sont récoltées de début juin à fin novembre. Il en existe de nombreuses variétés, qui vont de la plus claire (jaune-vert) à la plus foncée (quasiment noire), et dont les plus charnues sont en général les plus sucrées.

LES GRENADES

La pulpe de ces fruits originaires d'Asie, à la peau verte et coriace, est constituée de petites graines rouges séparées par des cloisons blanches, à la saveur douce et parfumée. Écrasées, celles-ci parfument subtilement les viandes au Pakistan. Entières, elles décorent les salades.

Figue fraîche

Grenade

Figues sèches

Entrée

Soupe parsi

Iran

Pour 6 personnes

Préparation : 25 min

Cuisson : 25 min

500 g d'épaule d'agneau • 3 oignons • 1 petit bouquet de menthe • 15 cerneaux de noix • 15 cl d'huile • 1 cuill. à café de curcuma • 250 g de fromage blanc battu • sel, poivre

1 Hachez la viande. Pelez et émincez les oignons. Salez, poivrez.

Mélangez bien le tout.

2 Formez de petites boulettes de la grosseur d'une noix.

3 Lavez, effeuillez et hachez la menthe. Hachez les cerneaux de noix.

4 Mettez l'huile à chauffer dans une cocotte. Faites-y dorer les boulettes sur toutes leurs faces.

5 Ajoutez le curcuma et 1,5 l d'eau. Salez, poi-

vrez et couvrez la cocotte. Prolongez la cuisson pendant 20 min environ, à feu moyen.

6 Retirez la cocotte du feu. Versez le fromage blanc dans la soupe. Mélangez et rectifiez l'assaisonnement.

7 Versez la soupe dans la soupière. Avant de servir, parsemez-la de menthe et de noix.

Les Plats

Loup au riz à l'iranienne

Iran

Pour 4 personnes

Préparation : 1 h

Cuisson : 45 min

Boisson conseillée :

GRAVES BLANC

300 g de riz à grains longs • 4 belles darnes de loup • 2 bottes de ciboulette (ou 5 petits oignons frais) • 1 bouquet de persil • 1 petit bouquet d'aneth • 1 petit bouquet de coriandre • 2 poireaux • 3 gousses d'ail • safran • 100 g de beurre • 2 cuill. à soupe de farine • 4 cuill. à soupe d'huile • 2 oranges amères • sel

1 Lavez et hachez les fines herbes. Enlevez le pied et les verts des poi-

reaux, coupez les blancs en tronçons. Lavez ceux-ci soigneusement.

2 Faites cuire le riz à feu doux pendant 10 min dans 1 l d'eau salée.

3 Égouttez le riz et rincez-le à l'eau tiède.

4 Dans une cocotte, faites revenir 1 pincée de filaments de safran avec 50 g de beurre puis sortez du feu.

5 Versez dans la cocotte une partie du riz, 1 couche de fines herbes, l'ail non épluché, les blancs de poireaux puis de nouveau une couche de riz et de fines herbes.

6 Arrosez de 5 cl d'eau, ajoutez le reste du beurre.

7 Remettez la cocotte à feu moyen. Couvrez. Faites cuire 10 min, prolongez la cuisson 20 min environ à feu doux.

8 Pendant ce temps, passez les darnes de loup dans la farine. Dans une poêle, faites-les dorer à l'huile, des deux côtés.

9 Pressez les oranges.

10 Dressez les darnes de poisson sur un plat. Arrosez-les avec le jus d'orange. Présentez le riz en couronne autour du loup. Servez chaud.

Le jus d'orange amère, qui donne un goût très spécial au poisson, peut être remplacée par du jus de citron.

Noix de veau à la rhubarbe

Iran

Pour 6 personnes

Préparation : 30 min

Cuisson : 50 min

1 kg de noix de veau • 2 gros oignons • 5 cl d'huile • 750 g de rhubarbe • 1 gros bouquet de persil • 1 bouquet de menthe • safran • 50 g de sucre semoule • sel, poivre

1 Découpez la viande en 6 morceaux.

2 Pelez et émincez les oignons puis faites-les

revenir à l'huile dans une cocotte avec la viande.

3 Lavez les tiges de rhubarbe, essuyez-les et retirez la peau qui les recouvre. Coupez-les en tronçons de 2 cm.

4 Mettez la rhubarbe et le sucre dans la cocotte. Ajoutez 50 cl d'eau. Couvrez et laissez mijoter pendant 30 min, en remuant de temps en temps.

5 Effeuillez la menthe, équeutez le persil. Lavez-les et hachez-les.

6 Ajoutez ensuite dans la cocotte la menthe, le persil et 1 pincée de filaments de safran. Salez, poivrez. Mélangez bien. Continuez la cuisson pendant 20 min.

7 Servez dans la cocotte ou dans un plat creux.

Biriani de poulet

Pakistan

POUR 6 PERSONNES

PRÉPARATION : 1 H

CUISSON : 2 H 10

Boisson conseillée :

TAVEL

pour le poulet épicé : 1,5 kg de poulet en morceaux • 5 cuill. à soupe de ghee • 2 cuill. à soupe d'amandes mondées • 2 cuill. à soupe de raisins secs • 4 petites pommes de terre • 2 gros oignons • 5 gousses d'ail • 1 cuill. de gingembre frais • 2 tomates moyennes • 1 bouquet de menthe fraîche • 1/2 cuill. à café de piment en poudre • 1/2 cuill. à café de poivre noir moulu • 1/2 cuill. à café de curcuma en poudre • 1 cuill. à café de cumin en poudre • 2 cuill. à soupe de yaourt • 1/2 cuill. à café de graines de cardamome moulues •
1 bâton de cannelle de 5 cm
pour le riz biriani : 500 g de riz basmati • 2 cuill. à soupe de ghee • 1 gros oignon • 1 bonne pincée de safran en filaments (ou en poudre) • 5 capsules de cardamome • 3 clous de girofle • 1 bâton de cannelle de 2,5 cm • 1/2 cuill. à café de gingembre en poudre (kencur) • 2 cuill. à café d'eau de rose • 1,2 l de bouillon de poulet • sel

1 Chauffez la moitié du ghee. Faites-y dorer les amandes, égouttez.

2 Dans la même poêle, faites rissoler quelques instants les raisins secs puis réservez-les.
3 Épluchez les pommes de terre. Coupez-les en 2. Faites-les rissoler dans la poêle. Quand elles sont bien dorées, égouttez-les et réservez.
4 Pelez et hachez les oignons, l'ail et le gingembre. Plongez les tomates 1 min dans l'eau bouillante, pelez-les et concassez-les. Lavez et hachez les feuilles de menthe fraîche.
5 Versez le restant du ghee dans une grande casserole. Faites-y dorer les oignons, l'ail et le gingembre. Ajoutez le piment, le poivre, le curcuma, le cumin et les tomates. Salez généreusement. Faites revenir le tout 5 min en remuant constamment.
6 Ajoutez le yaourt, la menthe, la cardamome et le bâton de cannelle. Couvrez et laissez cuire à feu doux, en remuant de temps en temps. La tomate doit être réduite en purée : ajoutez un peu d'eau chaude si le mélange devient trop sec et commence à attacher.
7 Lorsque le mélange est épais et lisse, retirez le bâton de cannelle, ajoutez les morceaux de poulet et mélangez pour les enrober. Couvrez et laissez cuire à feu très doux jusqu'à ce que le

poulet soit bien tendre (entre 35 et 45 min).
8 Lorsque le poulet est cuit, il ne doit rester qu'une sauce courte et très épaisse. Si cela est nécessaire, laissez encore réduire quelques minutes à découvert.
9 Pendant ce temps, faites cuire le riz. Pelez et hachez l'oignon, faites-le dorer dans une cocotte avec le ghee. Ajoutez le safran, la cardamome, les clous de girofle, le bâton de cannelle, le gingembre et le riz. Remuez jusqu'à ce que le riz soit totalement enrobé de ghee.
10 Faites chauffer le bouillon. Parfumez-le avec l'eau de rose et salez. Versez sur le riz et mélangez bien.
11 Ajoutez le poulet, sa sauce et les pommes de terre. Mélangez doucement avec une cuillère et portez à ébullition.
12 Couvrez hermétiquement la cocotte. Baissez le feu et laissez cuire très doucement 20 min. Ne découvrez pas en cours de cuisson.
13 Dressez le biriani dans un grand plat. Garnissez-le d'amandes et de raisins secs. Servez immédiatement. Accompagnez de légumes au vinaigre et au piment.

Chou-fleur safrané

Iran

POUR 6 PERSONNES

PRÉPARATION : 25 MIN

CUISSON : 40 MIN

1 chou-fleur • 3 oignons • huile • 6 œufs • filaments de safran • sel, poivre

1 Lavez le chou-fleur et coupez-le en petits bouquets. Posez-les dans le panier du cuit-vapeur ou du couscoussier. Faites-les cuire 10 min et passez-les sous l'eau froide. Égouttez-les bien.

2 Pelez et émincez très finement les oignons. Faites-les dorer à la poêle dans 15 cl d'huile.
3 Cassez les œufs dans un saladier. Battez-les en omelette. Ajoutez 1 pincée de filaments de safran, salez et poivrez. Fouettez de nouveau assez vivement.
4 Préchauffez le four à 180 °C (therm. 5).

5 Huilez un moule à gratin. Disposez-y le chou-fleur et les oignons. Recouvrez les légumes avec les œufs battus.
6 Enfournez et laissez cuire environ 30 min. Servez bien chaud.
Si vous ne trouvez pas de safran en filaments, remplacez-les par 1 cuillerée à café de safran en poudre.

Riz épicé

Pakistan

Pour 6 personnes

Préparation : 25 min

Cuisson : 30 min

300 g de riz à grains longs • 1/2 cuill. à café de safran en filaments • 2 cuill. à soupe de ghee • 4 capsules de cardamome écrasée • 1 petit bâton de cannelle • 4 clous de girofle • 10 grains de poivre noir • 1 zeste d'orange • 2 cuill. à soupe de raisins secs • 2 cuill. à soupe d'amandes mondées • 4 cuill. à soupe de pistaches • sel

1 Trempez le safran pendant 10 min dans un peu d'eau chaude.

2 Chauffez le ghee dans une casserole et faites-y revenir la cardamome, la cannelle, les clous de girofle et les grains de poivre. Après 2 min de cuisson, ajoutez le riz et faites revenir encore 2 à 3 min en remuant constamment.

3 Râpez finement le zeste d'orange. Ôtez les coquilles et la peau des pistaches, coupez-les en 2. Émincez les amandes.

4 Ajoutez 1,2 l d'eau chaude, le safran et l'eau dans laquelle il a trempé, le zeste d'orange et le sel. Mélangez puis portez à ébullition. Couvrez et laissez cuire environ 20 min à feu très doux.

5 Éparpillez les raisins secs à la surface du riz et laissez cuire encore 5 min. Versez le riz dans un plat de service et garnissez-le d'amandes et de pistaches.

Ce riz accompagne des plats de poulet et viande grillées ou encore des curries ou des purées de légumes.

Les Desserts

Beignets au citron et au miel

Iran

Pour 20 pièces

Préparation : 1 h

Repos : 45 min

Cuisson : 20 min

pour le sirop : 750 g de sucre semoule • 1 citron • 1 cuill. à soupe de miel

pour la pâte : 100 g de farine • 1 paquet de levure chimique • huile de friture

1 Préparez le sirop. Pressez le citron. Faites bouillir 10 min le sucre dans 15 cl d'eau. Ajoutez le miel et 2 cuillerées à café de jus de citron.

Laissez mijoter environ 5 min à feu doux.

2 Préparez les beignets. Mettez la farine dans un saladier et formez un puits. Délayez la levure avec 15 cl d'eau. Versez-la sur la farine et arrosez avec le reste du jus de citron. Travaillez vigoureusement la pâte. Elle doit être bien lisse et pas trop liquide.

3 Laissez reposer pendant environ 45 min.

4 Versez la pâte dans une poche à douille.

5 Faites chauffer l'huile de friture.

6 Confectionnez des beignets en pressant la poche à douille au-dessus de l'huile. Faites-les dorer.

7 Sortez les beignets de l'huile. Égouttez-les sur du papier absorbant.

8 Trempez-les dans le sirop. Posez-les ensuite sur le plat de service.

Glace au safran

Iran

Pour 8 personnes

Préparation : 25 min

Congélation : 4 h 30

pour la crème épaisse : 15 cl de lait • 150 g de crème fraîche

pour la glace : 3 jaunes d'œufs • 75 g de sucre semoule • 45 cl de lait • 150 g de crème fraîche • 1/2 cuill. à café d'extrait de vanille • 1/2 cuill. à café de safran en poudre • 1,5 cl d'eau de rose

1 Préparez la crème épaisse. Mélangez le lait et la crème fraîche. Faites durcir au congélateur.

2 Préparez la glace. Battez les jaunes d'œufs et le sucre jusqu'à ce que le mélange devienne mousseux.

3 Portez le lait, la crème fraîche et la vanille à ébullition. Baissez le feu.

4 Versez peu à peu le mélange œufs/sucre dans la casserole en remuant jusqu'à épaississement. Retirez du feu.

5 Diluez le safran dans un peu d'eau chaude. Versez dans la casserole ainsi que l'eau de rose.

6 Mélangez le tout et versez dans la sorbetière. Placez dans le comparti-ment à glace du réfrigérateur ou au congélateur pendant environ 3 h.

7 Sortez la crème épaisse déjà prise et coupez-la en petits morceaux. Remettez ceux-ci au froid.

8 Sortez la glace et la crème épaisse du congélateur 30 min avant de servir. Disposez la glace dans des coupes individuelles. Parsemez de morceaux de crème épaisse. Mettez dans le réfrigérateur jusqu'au moment de servir.

Décorez avec des feuilles de menthe.

GLACE
AU SAFRAN

•

Le safran en poudre utilisé dans cette recette est moins coûteux que le safran en filaments. Il est d'une couleur plus claire et d'un parfum moins puissant. L'Iran est l'un des principaux producteurs de safran en filaments. Là-bas, c'est ce dernier qui est employé pour faire cette glace.

Rabri (dessert au lait)

Pakistan

POUR 4 PERSONNES

PRÉPARATION : 10 MIN

CUISSON : 1 H

1,2 l de lait frais • 75 g de sucre cristallisé • 2 gouttes d'essence de rose (ou d'essence de kewra) • 1 cuill. à soupe de pistaches crues et non salées • 1 cuill. à soupe d'amandes mondées

1 Versez le lait dans une cocotte et portez-le à ébullition en remuant. Continuez à le cuire tout en remuant jusqu'à ce qu'il soit réduit à un volume équivalent à une tasse (environ 30 cl). Le lait doit bien épaissir.

2 Ôtez les coques et la peau des pistaches. Effilez les amandes mondées et les pistaches.

3 Réduisez le feu. Ajoutez le sucre, remuez jusqu'à ce qu'il soit fondu. Retirez du feu et mélangez bien en raclant les particules de lait qui adhèrent encore à la casserole lorsque le mélange a tiédi. Ajoutez l'essence de rose, versez dans un joli bol et poudrez de pistaches et d'amandes. Servez glacé.
Faites bouillir les pistaches 1 min pour faire ressortir leur couleur verte et pouvoir facilement en retirer la peau.

Le lait condensé préparé ainsi, en le laissant bouillir jusqu'à ce que son eau se soit évaporée, est bien meilleur que celui que l'on trouve tout prêt.

L'essence de kewra est extraite des bourgeons d'une variété de pin. Elle est vendue en petites bouteilles. Il faut l'utiliser avec parcimonie, car son arôme est puissant.

Sorbet au citron vert

Iran

POUR 4 PERSONNES

PRÉPARATION : 30 MIN

CUISSON : 15 MIN

RÉFRIGÉRATION : 3 H

pour le sirop : 250 g de sucre semoule • 1 citron • 2 cuill. à soupe d'eau de rose
pour le sorbet : 35 g de fécule de maïs • sucre semoule • 3 citrons verts

1 Faites bouillir le sucre 10 min dans 15 cl d'eau.
2 Pressez tous les citrons, sans mélanger les jus des 2 variétés.

3 Ajoutez le jus du citron jaune et l'eau de rose au sirop. Faites de nouveau bouillir 2 min. Retirez du feu et laissez refroidir.
4 Préparez le sorbet. Délayez la fécule de maïs avec 15 cl d'eau froide. Ajoutez le sucre et le jus des citrons verts, portez à ébullition et faites cuire à petits bouillons jusqu'à épaississement, sans cesser de remuer. Retirez du feu et laissez refroidir.
5 Versez la préparation dans une sorbetière et mettez-la dans le compartiment à glace du réfrigérateur ou au congélateur pendant 3 h.
6 Présentez le sorbet dans des coupes individuelles. Arrosez de sirop.

La Boulangerie

Naan à l'ancienne

Iran

POUR 6 PAINS

PRÉPARATION : 1 H 30

REPOS DE LA PÂTE : 3 H 30

CUISSON : 20 MIN

1/2 paquet de levure de boulanger (ou 7 g de levure sèche) • 1 cuill. à café de sucre semoule • 210 g de farine de blé • 1 cuill. à café de sel

1 Préparez un levain. Faites dissoudre la levure et le sucre dans 30 cl d'eau tiède. Laissez reposer 10 min à température ambiante.
2 Dans un saladier, mélangez la farine avec le sel. Faites un puits.
3 Incorporez le levain peu à peu. Travaillez la pâte jusqu'à ce qu'elle soit bien ferme. Éventuellement, ajoutez-lui un peu d'eau tiède. Pétrissez-la à nouveau jusqu'à ce qu'elle devienne souple et élastique.
4 Couvrez-la avec un torchon et laissez-la reposer 3 h dans un endroit tempéré.
5 Posez la pâte sur un plan de travail fariné. Pétrissez-la de nouveau 3 min. Recouvrez-la avec le torchon et laissez de nouveau reposer 30 min.
6 Préchauffez le four à 200 °C (therm. 6).
7 Sur un plan de travail fariné, divisez la pâte en 6 morceaux et formez des boules. À l'aide d'un rouleau à pâtisserie, abaissez chaque boule jusqu'à obtenir des galettes de 20 cm de diamètre et de 3 mm d'épaisseur environ. Farinez-les.
8 Placez une feuille de papier d'aluminium sur la plaque du four. Faites cuire chaque naan environ 3 min. Sortez les pains du four et enveloppez-les avec un linge propre pour absorber l'humidité. Au bout de 10 minutes, posez-les dans une panière.

ISRAËL
LA CUISINE JUIVE

———

Avec la naissance de l'État d'Israël
dans la seconde moitié du XXᵉ siècle, la cuisine juive, héritage
des rites ancestraux et des règles religieuses auxquels s'ajoutent
les traditions des différentes diasporas venues du monde entier, se retrouve
sous un même toit. La cuisine israélienne est donc un mélange subtil de cuisine
traditionnelle, saupoudrée d'une pincée d'Europe centrale et orientale,
d'un zeste d'Espagne et de bassin méditerranéen, d'un nuage d'Afrique
du Nord et de pays arabes, le tout légèrement assaisonné
de parfums asiatiques et nord-européens...

SAVEURS D'ISRAËL

La cuisine juive a toujours été une cuisine populaire et les ingrédients qu'elle utilise sont simples et bon marché. Les femmes, confrontées aux interdits que la loi rigoureuse impose sur certains aliments, firent preuve d'astuce pour transformer ainsi des produits simples en mets délicieux. L'agriculture israélienne, moderne et florissante, offre aujourd'hui une grande richesse de fruits et légumes. On trouve aussi en Israël tous les produits destinés à la préparation des mets propres à chaque communauté, séfarade (d'Afrique du Nord) et ashkénaze (venant de l'Europe centrale et de Russie).

LES TRADITIONS

L'histoire culinaire du peuple juif est contenue pour une grande part dans la Bible qui, au-delà de son aspect fondamental et sacré, demeure le recueil des traditions originelles d'Israël. Les patriarches fondateurs de ce peuple étaient cultivateurs, éleveurs, chasseurs et bergers. Sous la conduite de Moïse et en fuyant l'Égypte, les enfants d'Israël se sont nourris de cailles, ces oiseaux du désert que Dieu leur envoie, et de la manne providentielle (dont la nature exacte reste inconnue). C'est à cette même période que le peuple juif fut doté de l'ensemble de ses lois, comportant en leur sein les règles et interdits alimentaires (lois de la kashrout). Avec l'installation des douze tribus au pays de Canaan se développèrent les différentes fêtes, liées presque toujours aux saisons et aux travaux agricoles.

LES LOIS DE LA KASHROUT. Elles s'organisent autour de deux groupes d'interdits majeurs. Le premier porte sur les viandes : il est interdit de manger du porc et du gibier à sabot non fendu, et toutes les viandes permises (bœuf, mouton, volaille) doivent être abattues selon un rite particulier, puis salées et soigneusement rincées. Sont également proscrits les poissons sans écailles et les fruits de mer.

Le second interdit régit l'absorption des nourritures carnées et lactées, qui ne doivent pas être mélangées dans un même plat au cours d'un même repas. Par exemple, on ne peut pas sauter la viande au beurre ou la servir avec de la sauce Béchamel ou des pommes de terre gratinées. Par contre, les produits définis comme neutres (le poisson, les fruits, les légumes, les fèves et dérivés, ainsi que les céréales) peuvent être servis indifféremment lors d'un repas carné ou lacté.

Menu classique

—

LÉGUMES FARÇIS

— • —

ESCALOPES DE DINDE

— • —

MOUSSE À L'ORANGE

LA VIE QUOTIDIENNE

LE PETIT DÉJEUNER (harouchat boker). Ce repas est une contribution du kibboutz aux habitudes culinaires israéliennes. Ce repas, qui devait rassasier les membres du kibboutz qui se levaient tôt pour travailler la terre, comprend des produits laitiers, des pains, des œufs et des salades et crudités.

LE DÉJEUNER (harouchat erev). C'est, en règle générale, le principal repas de la journée. Autour d'un plat de viande garni, il comprend une entrée (soupe ou salade) et un dessert, fruit, salade de fruits ou compote.

LE DÎNER (harouchat salrraïm). Il est souvent composé de produits laitiers et de salades, parfois de quiches, d'une *pashtida* (quiche aux courgettes) ou de mets à base d'œufs. Le vendredi soir et les jours de fête, le dîner est le repas principal autour des plats typiques de la fête en question.

LE SHABBAT. Le samedi est un jour sacré et chômé où chaque Juif pratiquant est tenu de se consacrer à sa famille et à Dieu. Cela commence le vendredi soir au coucher du soleil avec l'allumage des bougies et un repas familial caractérisé par la *challa* (un pain natté et sucré) qui symbolise l'unité et du poisson en guise d'entrée, symbole d'abondance. Le déjeuner du lendemain demande une certaine dextérité dans la mesure où tous les aliments cuits doivent l'être à partir de la veille et gardés au chaud puisqu'il est interdit d'allumer du feu durant le shabbat. Ainsi sont nées des recettes de «pot-au-feu» à cuisson très lente (jusqu'à quinze heures de temps) telles que la *dafina* ou le *tchoulent* (dont l'origine serait française : «chaud lent») et les *chaminados* (voir p. 284-285).

LES JOURS DE FÊTE

Le calendrier juif est basé sur le cycle lunaire. De ce fait, tous les quatre ans, un jour est ajouté en milieu d'année pour faire coïncider le nombre de jours de l'année lunaire (364) à celui de l'année solaire (365).

ROSH HA-SHANA (jour de l'an). Ce jour marque le début de l'année juive et se célèbre en automne (septembre-octobre). Lors du repas de fête, une bénédiction est prononcée en faveur des premiers fruits et légumes de la saison, dont la grenade, symbole d'abondance. On y déguste une tête de poisson (en exprimant le souhait «de devenir la tête plutôt que la queue»), du potiron et des carottes (dont la couleur dorée évoque la richesse) et de la pomme trempée dans du miel, qui préfigure une bonne année remplie de douceurs...

YOM KIPPOUR. Ce jour du Grand Pardon, la seconde des fêtes de début d'année, suit Rosh ha-Shana de dix jours. Ce jour sacré est marqué par un jeûne absolu.

SOUKKOT. Cette fête se déroule quatre jours plus tard. Dès la fin de Yom

Kippour, l'on plante le premier pieu de la *Soukka*, une sorte de cabane recouverte de branchages où l'on doit prendre ses repas. Cette fête célèbre à la fois la commémoration des cabanes dans lesquelles logèrent les fils d'Israël lors de leur fuite hors d'Égypte et l'achèvement de l'année agricole, avec l'arrivée d'un nouveau cycle.

HANOUKKA. Dite aussi fête de la Lumière, cette nouvelle cérémonie a lieu aux environs du mois de décembre et s'étale sur huit jours pendant lesquels, successivement, sont allumées les bougies d'un chandelier à neuf branches. Les mets spécifiques de cette fête sont les lévitots, ou *latkes* (galettes de pommes de terre râpées), et les *soufganiyot* (beignets à la confiture), frits, les uns et les autres, dans de l'huile en souvenir du petit pot d'huile trouvé par les Maccabées, les héros libérateurs, dont l'infime quantité suffit à éclairer le Temple pendant huit jours.

TOU BISHVAT. Il s'agit (en janvier-février) du jour de l'an des Arbres, où sont présentés aux convives les sept espèces de fruits dont a été bénie la terre d'Israël : dattes, amandes, figues, raisins, grenades, olives, blé et orge, consommés traditionnellement secs ce jour-là .

POURIM. C'est l'une des célébrations les plus joyeuses de l'année (en mars), avec masques, déguisements et bals, qui commémorent le sauvetage des Juifs de Perse. La pâtisserie rituelle de ce jour est «l'oreille d'Aman», un petit gâteau fourré aux graines de pavot ou aux noix.

PESSAH (la Pâque). Se déroulant en avril, cette fête est la plus importante de l'année, instituée en souvenir de la sortie d'Égypte. Elle dure sept jours et débute la veille par un complet nettoyage de la maison et de la vaisselle. Durant ces sept jours sont consommés des mets spécifiques «propres à la consommation pour Pessah». Ces mets sont basés sur la *matza*, ou pain azyme, galette de pain très fine confectionnée avec de l'eau et de la farine. Il est interdit de consommer du pain ordinaire, fait avec de la levure, pendant la durée de la fête.

Au premier soir de la fête, on célèbre le Seder, au cours duquel tous les assistants assemblés autour de la table dressée lisent la Haggada (le récit de la sortie d'Égypte) et consomment un repas festif. Celui-ci est composé de *matza*, de poisson, d'un bouillon de poule servi avec des *kneidalah* (boulettes de farine), de raifort, de *charoset* (mélange de pommes et de noisettes râpées), de *maror* (herbes amères), tous ces plats symbolisant l'esclavage et les souffrances endurées par les fondateurs du peuple juif en Égypte.

SHAVOUOT (Pentecôte). Il s'agit de la dernière fête religieuse (en mai-juin) qui rappelle le don de la Torah — la Loi — aux enfants d'Israël. La coutume pour Shavouot est de consommer des mets à base de lait.

LES PRODUITS

LES FRUITS
·

L'agriculture israélienne, très dynamique, a développé les cultures traditionnelles de la région et naturalisé un grand nombre de fruits exotiques : avocat, mangue, kaki, papaye et kiwi notamment.

Cédrats

Citron doux de Palestine

Figues de Barbarie

Citron Eureka

LA FIGUE DE BARBARIE. Ce fruit sauvage (*tsabar* en hébreu) qui pousse sur les cactus, est devenu le symbole des habitants du pays, piquants et rugueux à l'extérieur, doux et tendres à l'intérieur. Grâce aux progrès de l'agronomie, Israël produit maintenant une variété sans piquants, nettement plus facile à récolter et à consommer.

L'ORANGE. La culture d'agrumes a tant prospéré qu'elle est quasiment devenue le symbole de l'État. L'orange de Jaffa, ou *shamouti*, est une orange blonde, à la peau épaisse, à la chair parfumée et très juteuse.

LE CÉDRAT. Il se pèle difficilement et renferme une pulpe très acide. Il est surtout apprécié pour sa peau qui se confit bien, et pour les huiles essentielles que l'on en extrait pour la parfumerie. En Israël, le cédrat ne sert que pour la bénédiction, lors de la fête de Soukkot.

LE CITRON. Il est issu d'une hybridation naturelle du cédrat. La production de diverses espèces, comme le citron doux de Palestine et le citron Eureka, est abondante.

LE PAMPLEMOUSSE. Il en existe plusieurs variétés. Le marsh, blond, est très juteux, avec une pointe d'amertume. Le sunrise et le rubyred sont plus sucrés.

LES VIANDES ET LES VOLAILLES

La viande de bœuf vendue en Israël est le plus souvent importée, fraîche ou surgelée. Les volailles pullulent sur les marchés, poulets et dindonneaux élevés sur place et, de ce fait, peu onéreux. Elles se consomment rôties, fumées, panées et surgelées. Ces dernières années ont vu également le développement d'élevages d'oies et de canards, plus particulièrement utilisés pour le foie gras. Parmi les produits dérivés de la viande, il faut citer le *pastrami*, élaboré à partir de poitrine et d'épaule de bœuf et surtout de poitrine de dindonneau, sans aucun doute l'un des mets les plus populaires d'Israël.

LES FROMAGES

La plupart des produits lactés dans la cuisine judéo-israélienne sont des produits frais : le fromage blanc frais d'Europe orientale (au lait de vache), le *quark* allemand, les fromages frais italiens ou français, la *feta* des Balkans, la *ourda* roumaine, la *ricotta* italienne et le *labaneh* arabe se mangent aussi bien seuls qu'intégrés à la cuisine et à la pâtisserie. On trouve aussi un choix intéressant de fromages de chèvre. Mentionnons enfin des yaourts et des produits à base de lait caillé, notamment le *leben*.

LES PAINS

Le pain est sans conteste le complément essentiel de la cuisine juive. Le pain fait avec de la farine grise vient d'Europe orientale. Dit «pain noir», il est de forme oblongue, avec une variante tout aussi appréciée, le «pain au carvi» moucheté de graines. Son principal concurrent est la pita, un pain plat venu d'Orient dont le creux central forme une sorte de poche que l'on remplit de salades et de boulettes appelées *falafel* (voir p. 283). Pour mémoire, rappelons encore la *challa*, le pain natté du shabbat, et la *matza* consacrée à Pessah.

LES VINS

Dans la tradition juive, le vin (kasher, c'est-à-dire béni et produit sous contrôle du rabbinat) est surtout utilisé dans les rites sacrés et la prière, et moins souvent pour accompagner un repas. Mais tout repas de fête traditionnel commence par une bénédiction du vin, en général un vin doux.

À la fin du siècle dernier, le baron Edmond de Rothschild a fait bâtir deux pressoirs à vin : l'un à Rishon LéTsiyon, près de Tel-Aviv, et l'autre à Zikhron Ya'aqov, au sud de Haïfa, dans le but de former de futures générations de vignerons. Ces deux pressoirs sont encore aujourd'hui la base principale de l'industrie viticole d'Israël.

Ces dernières années, cette industrie a connu un nouvel essor. La production se concentre sur des vins d'appellation contrôlée issus des ceps de cabernet, petite syrah, cabernet sauvignon, chardonnay et riesling.

Pamplemousse
Rubyred

Pamplemousse
Sunrise (rose)

Pamplemousse
Marsh

Les Entrées

Aubergines à la tomate

POUR 6 PERSONNES
PRÉPARATION : 15 MIN
REPOS : 30 MIN
CUISSON : 1 H

2 grosses aubergines • 15 cl d'huile • 50 g de farine • 5 tomates • 2 oignons • 2 gousses d'ail • 1 petit bouquet de persil • 1 cuill. à café de sucre semoule • 1 pincée de paprika • sel, poivre noir

1 Lavez les aubergines. Ne les pelez pas mais ôtez les pédoncules. Coupez les aubergines en rondelles. Poudrez-les de sel et laissez-les dégorger pendant 30 min.
2 Rincez les rondelles d'aubergines et pressez-les délicatement pour éliminer le maximum d'eau.
3 Faites chauffer 10 cl d'huile dans une sauteuse. Passez les rondelles d'aubergine dans la farine et faites-les frire 5 min dans l'huile bouillante. Retournez-les à mi-cuisson. Sortez-les du feu et laissez-les égoutter sur du papier absorbant.
4 Plongez les tomates pendant 1 min dans l'eau bouillante, pelez-les, épépinez-les et concassez-les. Pelez les oignons et hachez-les. Pelez et écrasez les gousses d'ail. Lavez, équeutez et hachez le persil.
5 Dans une poêle faites revenir les oignons avec le reste de l'huile. Ajoutez l'ail et prolongez la cuisson 1 min. Versez les tomates dans la poêle ainsi que le sucre, et le paprika. Salez, poivrez et mélangez. Baissez le feu et prolongez la cuisson pendant 15 min.
6 Mettez les aubergines frites dans la poêle. Poursuivez la cuisson pendant 15 min. Versez dans un grand plat creux, parsemez de persil haché et servez.
En Israël ce plat est également servi froid, avec du pain. L'été, préférez cette version. Laissez alors refroidir le plat à température ambiante environ 1 h, puis mettez-le au réfrigérateur.
Grâce au climat israélien, l'aubergine pousse toute l'année, même en hiver. Par contre, la tomate est nettement meilleure en été, quand il fait si chaud qu'elle manque un peu d'eau.

Quiche aux champignons

POUR 6 PERSONNES
PRÉPARATION : 20 MIN
REPOS : 1 H
CUISSON : 50 MIN

Boisson conseillée :
ROSÉ DE PROVENCE

pour la pâte : 100 g de beurre ramolli • 175 g de farine • 1 sachet de levure chimique • 8 cl de crème fraîche
pour la garniture : 500 g de champignons • 2 oignons blancs • 30 g de beurre • 3 œufs • 250 g de fromage blanc • 100 g d'emmental râpé • 1 cuill. à soupe de farine • noix de muscade • sel, poivre

1 Préparez la pâte. Coupez le beurre en morceaux. Disposez la farine en fontaine sur un plan de travail. Dans le puits, versez la levure, les morceaux de beurre, 1 pincée de sel et la crème fraîche. Travaillez énergiquement le mélange à la main jusqu'à l'obtention d'une pâte lisse et homogène. Formez une boule. Mettez-la dans une terrine. Laissez-la reposer 1 h au réfrigérateur.
2 Préchauffez le four à 180 °C (therm. 5).
3 Sur un plan de travail fariné, abaissez la pâte au rouleau. Beurrez un moule à tarte de 24 cm de diamètre et foncez-le avec la pâte. Piquez celle-ci à la fourchette. Déposez un papier d'aluminium par-dessus, enfournez et laissez cuire la pâte 10 min. Sortez le moule mais laissez le four allumé.
4 Préparez la garniture. Lavez les champignons. Coupez les pieds et émincez les têtes. Coupez les racines des oignons. Retirez la première pelure et lavez les oignons en gardant leur queue verte. Émincez-les et ciselez leurs tiges.
5 Faites fondre le beurre dans une poêle et faites-y revenir les oignons pendant quelques instants. Ajoutez les champignons et continuez la cuisson jusqu'à ce que les champignons soient bien dorés et que tout le jus de cuisson soit évaporé. Sortez la poêle du feu.
6 Dans un saladier, cassez les œufs et battez-les légèrement. Ajoutez les champignons, les fromages et la farine. Salez, poivrez et râpez 1 pincée de noix de muscade.
7 Versez la garniture sur le fond de pâte. Enfournez et laissez cuire 40 min. Servez tiède.
Les champignons de Paris, ou champignons de couche, conviennent très bien pour cette recette.

Consommé de poulet

Pour 6 à 8 personnes
Préparation : 25 min
Cuisson : 45 min

1 kg de poulet (entier ou en morceaux) • 3 carottes • 3 courgettes • 3 branches de céleri • 200 g de potiron • 1 gros oignon • 1 botte de persil plat • 3 branches d'aneth • 2 feuilles de laurier • 1 cuill. à café de grains de poivre de la Jamaïque • sel, poivre noir

1 Nettoyez bien le poulet. Lavez et épluchez carottes, courgettes, céleri et potiron. Pelez l'oignon. Lavez le persil et l'aneth.
2 Mettez le poulet et les légumes entiers dans une grande casserole. Ajoutez le laurier, le poivre de la Jamaïque, couvrez de 1,5 l d'eau. Salez et poivrez. Portez à ébullition à grand feu et écumez.
3 Couvrez la casserole et laissez cuire à feu doux pendant environ 30 min. Liez les branches de persil et d'aneth et posez-les en bouquet dans la casserole, au-dessus du poulet. Recouvrez et prolongez la cuisson pendant 15 min.
4 Retirez la casserole du feu et laissez-la tiédir. Retirez le poulet et les légumes du bouillon. Filtrez le bouillon à l'aide d'une passoire très fine ou d'une gaze. Rectifiez l'assaisonnement si nécessaire et versez le bouillon dans une soupière.
5 Servez séparément, d'une part le bouillon, d'autre part le poulet et les légumes.
Vous pouvez ajouter au bouillon des pâtes fines cuites. Pour la Pâque, on remplace les pâtes par des kneidalah (voir p. 271). Pour obtenir un bouillon non gras, il est conseillé de le mettre au frais pendant quelques heures. Après le refroidissement, les matières grasses se concentrent sur la surface et elles peuvent être facilement enlevées à l'aide d'une cuillère ou d'une écumoire.

Potage de haricots

Pour 6 personnes
Trempage : 12 h
Préparation : 15 min
Cuisson : 2 h

250 g de haricots blancs • 250 g de tomates • 2 oignons moyens • 2 cuill. à soupe d'huile • 1 cuill. à café de paprika • 1 cuill. à café de sucre semoule • 1 os de bœuf • cumin • sel, poivre

1 Laissez les haricots blancs tremper dans de l'eau assez froide pendant toute la nuit.
2 Plongez les tomates quelques secondes dans de l'eau bouillante, pelez-les, épépinez-les puis concassez-les.
3 Pelez et émincez les oignons. Faites chauffer l'huile dans une grande casserole et faites blondir les oignons. Ajoutez les haricots, l'os, 1,5 l d'eau et portez à ébullition.
4 Baissez le feu, couvrez et laissez cuire à feu doux pendant 1 h 30.
5 Ajoutez la purée de tomates, le paprika, le sucre et 1 pincée de cumin. Salez, poivrez et prolongez la cuisson pendant 30 min. Goûtez et rectifiez l'assaisonnement si nécessaire avant de servir.
Vous pouvez aussi utiliser des haricots frais. Écossez-les. Commencez le bouillon avec les oignons, l'os, etc., et ajoutez les haricots à mi-cuisson.

Soupe de pied de bœuf à la yéménite

Pour 6 personnes
Préparation : 10 min
Cuisson : 4 à 5 h

1 kg d'os de pied de bœuf (ou de veau) tronçonnés • 2 tomates • 1 oignon • 3 petites pommes de terre • 6 gousses d'ail • 1 botte de coriandre • 6 graines de cardamome • cumin • curcuma • sel, poivre

1 Mettez les os dans une marmite, recouvrez de 2 l d'eau et portez à ébullition.
2 Pendant ce temps, plongez les tomates 1 min dans de l'eau bouillante, pelez-les, épépinez-les et concassez-les. Pelez l'oignon et émincez-le. Épluchez les pommes de terre, coupez-les en 2. Pelez l'ail et écrasez-le. Lavez la coriandre.
3 Mettez tous ces ingrédients dans la marmite, ajoutez la cardamome, 1 pincée de cumin et 1 pincée de curcuma. Salez, poivrez, baissez le feu et laissez cuire pendant 4 à 5 h. Si nécessaire, ajoutez de l'eau pendant la cuisson.
4 Rectifiez l'assaisonnement. Servez à chaque convive un os entouré d'un peu d'oignon, d'une demi-pomme de terre et de potage.
Le temps de cuisson dépend de l'âge de l'animal. Les os de veau se cuisent donc plus rapidement. Vous pouvez faire cuire le potage dans un autocuiseur 2 à 3 h. Certains, pendant la cuisson, font durcir des œufs dans le potage et les servent en accompagnement à chaque convive.

Boules de Labaneh à l'huile d'olive

Pour 500 g
Préparation : 15 min
Repos : 8 h
Réfrigération : 24 h

1 l de yaourt • 1 cuill. à café de sel • 25 cl d'huile d'olive • 1 branche de thym ou de romarin (facultatif)

1 Incorporez le sel au yaourt et mélangez bien.
2 Couvrez le fond d'une grande passoire de mousseline. Posez-la au-dessus d'un récipient suffisamment profond pour que le petit-lait qui va s'écouler du yaourt ne touche pas la passoire. Versez le yaourt dans la passoire. Laissez reposer 8 h environ.
3 Humectez vos mains et formez à partir du yaourt égoutté des petites boules de la taille d'une noix. Mettez-les dans un bocal et recouvrez-les d'huile d'olive. Ajoutez éventuellement le thym ou le romarin. Mettez au réfrigérateur. Ne servez pas avant le lendemain.
Accompagnez ces boulettes de pain pita et de zahtar, un mélange d'épices composé pour moitié de graines de sésame, pour un quart de sumac et un quart de thym. Faites griller les graines de sésame à feu moyen pendant quelques minutes en remuant fréquemment. Laissez refroidir et ajoutez le sumac et le thym. Mélangez. Ce mélange aromatique se conserve 3 ou 4 mois dans un récipient hermétique.

Kube (boulettes de blé farcies)

Pour 20 boulettes
Préparation : 30 min
Trempage : 45 min
Cuisson : 30 min

pour la pâte : 400 g de boulghour (grains de blé germés, séchés et concassés) • 100 g de bœuf haché très finement • 3 cuill. à soupe de farine • sel, poivre noir
pour la farce : 1 gros oignon • 2 cuill. à soupe d'huile • 250 g de bœuf haché • 50 g de raisins secs • 1 cuill. à soupe de pignons • cannelle moulue • noix de muscade • huile de friture • sel, poivre

1 Recouvrez le blé d'eau et laissez-le tremper 30 min environ.
2 Pendant ce temps, préparez la farce. Pelez et émincez l'oignon, et faites-le revenir dans l'huile. Incorporez la viande et remuez à la fourchette afin de bien l'émietter. Prolongez la cuisson tout en remuant pendant 15 min, jusqu'à évaporation.
3 Ajoutez les raisins secs, les pignons, 1 pincée de cannelle, râpez 1 pincée de muscade. Salez et poivrez. Mélangez bien et laissez cuire encore 1 min. Retirez du feu et laissez refroidir.
4 Égouttez le blé. Mélangez-le avec la viande, 30 cl d'eau, la farine, salez, poivrez et pétrissez jusqu'à obtention d'une pâte lisse. Celle-ci doit être souple et homogène, et doit se détacher des bords du récipient. Si nécessaire, ajoutez un peu de farine ou d'eau.
5 Prenez un peu de pâte et étalez-la dans le creux de votre main. Avec le pouce de l'autre main, formez un trou profond dans la pâte. Remplissez-le de farce. Refermez la pâte autour d'elle et façonnez une boulette allongée aux bouts pointus.
6 Versez 1 l d'huile dans une sauteuse. Faites-y frire les boulettes jusqu'à ce qu'elles soient bien dorées partout.
Le blé était l'un des aliments de base au Proche-Orient dès l'époque biblique. Le kube est un plat très populaire dans les communautés irakienne et kurde. On avait l'habitude de le préparer pour le repas du shabbat. Tel qu'il est présenté ici, le kube se sert comme entrée, avant le plat principal. Vous pouvez cuire ces mêmes boulettes dans du potage aux légumes et les servir dans le potage, comme entrée ou comme plat principal.

Kneidalah (boulettes de farine azyme)

Pour 6 personnes
Préparation : 30 min
Cuisson : 10 min

100 g de farine azyme • 1/2 paquet de levure chimique • 30 g de margarine (ou 30 cl d'huile) • 1 œuf • 2 l de bouillon de poulet • sel

1 Mettez la farine azyme dans une terrine, ajoutez-y 12 cl d'eau bouillante. Mélangez et attendez 5 min.
2 Ajoutez dans la terrine la levure, la margarine et l'œuf. Salez et mélangez.
3 Humectez vos mains et formez une douzaine de boulettes.
4 Portez le bouillon à ébullition, baissez le feu. Plongez-y les boulettes et laissez-les cuire pendant environ 10 min, jusqu'à ce qu'elles montent à la surface et deviennent souples.
5 Retirez-les de l'eau à l'aide d'une écumoire et conservez-les au chaud entre deux assiettes posées sur une casserole d'eau en ébullition.
Ces boulettes accompagnent un consommé de poulet (voir p. 270).

Purée froide d'aubergines

POUR 6 PERSONNES
PRÉPARATION : 10 MIN
CUISSON : 15 MIN

2 aubergines moyennes •
3 gousses d'ail • 10 cl de
sauce tahina (voir p. 279) •
1 citron • sel, poivre

1 Lavez les aubergines
(sans les éplucher), épongez-les bien et posez-les
sur une grille. Posez celle-ci sur un feu moyen.
Grillez bien les aubergines de tous les côtés jusqu'à ce qu'elles soient
molles. Laissez-les refroidir dans un saladier.
2 Ôtez la peau des aubergines. Pressez un peu
la chair pour éliminer le
jus et mettez-la dans une
terrine. Réduisez-la en
une purée homogène.
3 Pelez et hachez l'ail.
Incorporez-le à la purée
d'aubergines, avec le jus
du citron et la tahina.
Salez, poivrez.
Pour peler plus facilement les aubergines,
vous pouvez les mettre à
cuire à four très chaud.

Avocats farcis

POUR 6 PERSONNES
PRÉPARATION : 20 MIN

3 avocats • 2 citrons •
150 g de feta • 1 petit
oignon • 12 tomates
cerises • 2 ou 3 branches de
persil plat • 2 ou 3 branches
de menthe • 10 cl d'huile
d'olive • 6 olives noires •
sel, poivre du moulin

1 Coupez les avocats en
2 et dénoyautez-les. Séparez avec une cuillère la
chair de la peau, en laissant environ 2 mm de
chair attachée à la peau.
2 Pressez les citrons.
Coupez la chair des avocats en morceaux et imbibez-les de jus de citron.
Ajoutez également un filet de jus de citron à l'intérieur des demi-avocats.
3 Coupez la feta en dés.
Pelez et coupez l'oignon
en tranches très fines. Lavez les tomates et coupez-les en 2. Lavez,
équeutez et hachez finement le persil. Lavez et
effeuillez la menthe. Réservez-en 6 feuilles,
hachez le reste.
4 Mélangez l'avocat,
l'oignon, les tomates et
les herbes. Ajoutez
l'huile et le reste du jus
de citron, salez et poivrez. Garnissez les demi-avocats avec cette salade.
5 Décorez chaque demi-avocat avec une feuille
de menthe et une olive.
Servez froid.

Légumes farcis

POUR 6 PERSONNES
PRÉPARATION : 45 MIN
CUISSON : 50 MIN

12 poivrons verts ou jaunes (ou
12 petites courgettes ou
12 tomates) •
pour la farce : 500 g de bœuf
haché • 150 g de riz •
1 botte de persil • 1 œuf •
paprika • sel, poivre
pour la sauce : 2 oignons
moyens • 2 cuill. à soupe
d'huile • 5 tomates • 1 cuill.
à café de sucre semoule •
sel, poivre noir

1 Préparez tous les légumes, ou ceux que vous
aurez choisis. Lavez les
poivrons. Coupez-les horizontalement sous le pédoncule sur une
épaisseur d'environ
1 cm, de manière à former un chapeau. Évidez-les. Procédez de même
avec les tomates. Lavez
les courgettes, coupez-les aux deux extrémités
et évidez-les de manière
à former des tuyaux.
2 Lavez et hachez le persil. Dans un saladier, mélangez le riz cru, le bœuf,
l'œuf et le persil. Poudrez d'une pincée de paprika, salez, poivrez et
mélangez.
3 Répartissez la farce
dans chacun des légumes. Ne les remplissez
pas complètement, car le
riz va gonfler en cuisant.
4 Préparez la sauce. Pelez et émincez les oignons. Faites-les blondir
à l'huile dans une grande
casserole. Plongez les tomates 1 min dans l'eau
bouillante, pelez-les, épépinez-les et concassez-les. Versez-les dans la
casserole et faites-les revenir quelques minutes.
Ajoutez 10 cl d'eau et le
sucre. Salez, poivrez, et
prolongez la cuisson
pendant 5 min.
5 Disposez les légumes
farcis bien serrés dans la
sauce. Couvrez la casserole et faites cuire 45 min
sur feu doux.

Vous pouvez aussi farcir
des feuilles de chou.
Dans ce cas, blanchissez-les dans de l'eau
bouillante et enroulez-les autour de la farce.
Dans les communautés
ashkénazes, ces légumes
sont préparés selon la recette ci-dessus. Dans les
communautés séfarades,
les ingrédients de la
farce sont un peu différents : la viande est plus
épicée et il n'y a pas de
riz. On farcit également,
comme dans les autres
pays de la région, des
feuilles de vigne, des
cœurs d'artichaut ou des
aubergines. Les légumes
cuisent au four.
Vous pouvez servir les
légumes farcis comme
entrée, mais vous pouvez également en faire le
plat principal. Dans ce
cas, on sert plusieurs légumes à chaque convive.

AVOCATS FARCIS

•

Vous pouvez varier les ingrédients de cette recette selon votre inspiration et les produits que vous trouverez. Choisissez par exemple un pamplemousse bien rose, coupez la chair en dés et mélangez ceux-ci aux dés d'avocats. Ajoutez des crevettes roses, un peu de mayonnaise et de la menthe.

Os de bœuf en gelée

POUR 8 À 12 PERSONNES
PRÉPARATION : 10 MIN
CUISSON : 1 H 15
OU 2 H 30
RÉFRIGÉRATION : 4 H

1,5 kg d'os de pied de veau ou de bœuf (avec le cartilage intact) • 3 feuilles de laurier • 1 cuill. à soupe de grains de poivre de la Jamaïque • 4 gousses d'ail • 2 œufs durs • 1 citron • sel, poivre

1 Dans une marmite, mettez les os, le laurier et le poivre de la Jamaïque. Recouvrez d'eau et portez à ébullition. Au premier bouillon, baissez le feu et laissez mijoter à feu doux pendant 2 h 30, jusqu'à ce que le cartilage ramollisse.

2 À l'aide d'une écumoire, sortez les os de la marmite. Enlevez le cartilage et la moelle des os et hachez-les à l'aide d'un hachoir à viande ou d'un robot.
3 Filtrez le jus de cuisson. Remettez-le dans la marmite avec le hachis. Pelez et hachez l'ail, ajoutez-le dans la marmite. Salez et poivrez. Portez à ébullition en remuant.
4 Versez la préparation dans un récipient plat et laissez refroidir. Écalez les œufs durs et coupez-les en rondelles. Posez-les sur le mélange encore

liquide, de façon que les rondelles d'œuf s'enfoncent dans celui-ci.
5 Laissez le mélange refroidir pendant au moins 4 h avant de servir.
6 Découpez et servez chaque part décorée d'une rondelle de citron. Vous pouvez cuire les os à l'autocuiseur (comptez 1 h 15 environ). Améliorez la décoration à l'aide de quelques feuilles de persil.
Il est conseillé de préparer cette gelée la veille.

Houmous

POUR 6 PERSONNES
TREMPAGE : 4 H
PRÉPARATION : 10 MIN
CUISSON : 1 H 30

250 g de pois chiches • 8 cl de tahina (pâte de sésame) • 1 citron • 3 gousses d'ail • 90 g de sel • huile d'olive

1 Faites tremper les pois chiches dans de l'eau pendant 4 h au moins.
2 Égouttez-les, mettez-les dans une casserole, couvrez-les d'eau, ajoutez 1 pincée de sel et faites cuire à feu doux pendant 1 h 30, jusqu'à ce qu'ils soient mous.
3 Préparez la sauce tahina (voir p. 279). Pressez

le citron. Pelez l'ail.
4 Égouttez les pois chiches. Mettez-les dans le bol du mixer avec la sauce tahina, le jus du citron, l'ail et le sel. Réduisez le tout en une purée homogène.
5 Disposez l'houmous sur une assiette et étalez-le uniformément à l'aide d'une spatule en bois. Versez un filet d'huile par-dessus.
Vous pouvez agrémenter cette recette en ajoutant un peu de paprika, de piment de Cayenne

moulu, quelques pois chiches cuits entiers, des pignons ou du schug (voir p. 279).
Le houmous est un plat très populaire en Israël. On le sert comme hors-d'œuvre avec des salades orientales. On peut encore le présenter soit dans la pita, soit seul, soit comme condiment avec le falafel (voir p. 283), le mélange de Jérusalem (voir p. 280), etc.

Bourecas

POUR 8 À 10 PERSONNES
PRÉPARATION : 45 MIN
REPOS : 40 MIN
CUISSON : 45 MIN

pour 600 g de pâte feuilletée : 300 g de farine • 300 de beurre • sel
pour la farce de feta : 100 g de feta • 50 g de fromage frais • 1 œuf • 30 g de parmesan • farine • poivre blanc
pour la farce d'épinards : 500 g d'épinards • 100 g de feta • 1 œuf • noix de muscade • 1 cuill. à soupe de farine • sel, poivre
1 œuf • graines de sésame

1 Préparez la pâte feuilletée. Versez la fa-

rine dans une terrine et faites un puits. Ajoutez-y 15 cl d'eau et le sel. Délayez à l'aide d'une spatule, puis à la main. Travaillez rapidement. Faites une boule et laissez reposer 20 min. Sur un plan de travail fariné, abaissez la pâte et placez le beurre au milieu. Rabattez la pâte par-dessus. Étalez-la en un long rectangle de 1 cm d'épaisseur. Pliez-le en 3 en rabattant le premier 1/3 vers vous et le troisième par-dessus en remontant. Tournez la pâte de 1/4 de tour vers la droite. Donnez tout de

suite le deuxième tour : étalez la pâte en rectangle, pliez-la en 3, donnez 1/4 de tour à droite. Laissez reposer 20 min au frais.
2 Préparez la farce de feta. Écrasez celle-ci à la fourchette et mélangez bien tous les ingrédients dans un bol.
3 Préparez la farce d'épinards. Lavez ceux-ci, équeutez-les et faites-les cuire dans une grande marmite d'eau salée pendant environ 10 min. Égouttez-les soigneusement et pressez-les fortement entre vos mains pour en extraire l'eau.

Mélangez les épinards, la feta, l'œuf battu et la farine. Salez, poivrez, râpez 1 pincée de noix de muscade.

4 Divisez la pâte feuilletée en 2. Sur un plan de travail fariné, abaissez la pâte au rouleau pour faire 2 rectangles de 45 sur 30 cm. Partagez chaque rectangle de pâte en 6 carrés de 15 cm

chacun. Posez de la farce de feta au milieu de 6 carrés. Posez la farce d'épinards sur les autres. Badigeonnez les bords de chaque carré d'œuf battu et repliez le carré de manière à former un triangle. Aplatissez bien les bords afin que la farce ne s'échappe pas. Badigeonnez chaque chausson d'œuf battu et

mettez au frais pendant 40 min.

5 Préchauffez le four à 180 °C (therm. 5). Sortez les chaussons du réfrigérateur, badigeonnez-les encore d'œuf battu, poudrez-les de graines de sésame. Faites-les cuire 40 min, jusqu'à ce qu'ils soient bien dorés.

On sert des bourecas en toutes occasions.

Crème d'avocat

—

POUR 6 PERSONNES
PRÉPARATION : 15 MIN
CUISSON : 10 MIN

2 avocats moyens •

3 œufs • 1 citron • 1 botte de ciboulette

pour la mayonnaise : 1 jaune d'œuf • 1 cuill. à soupe de moutarde • huile • sel, poivre

1 Faites cuire les œufs 10 min dans de l'eau bouillante. Passez-les sous l'eau froide, écalez-les. Pressez le citron et réservez le jus.

2 Coupez les avocats en 2, retirez le noyau à l'aide d'une cuillère, puis séparez la chair de la peau. Avec une fourchette, réduisez la chair en purée, et imbibez celle-ci du jus de citron.

3 Préparez la mayonnaise. Mettez le jaune d'œuf dans un bol. Ajoutez la moutarde. Salez, poivrez et mélangez. Versez l'huile en filet en tournant vigoureusement au fouet à main.

4 Lavez et ciselez la ciboulette. Râpez finement les œufs ou écrasez-les à la fourchette. Incorporez-les à la purée d'avocats. Ajoutez la ciboulette, la mayonnaise. Mélangez bien. Goûtez et rectifiez éventuellement l'assaisonnement.

Présentez avec d'autres salades, ou sur des assiettes individuelles avec du pain grillé.

Salade d'avocats et d'agrumes

—

POUR 6 PERSONNES
PRÉPARATION : 15 MIN
RÉFRIGÉRATION : 30 MIN

2 avocats • 2 citrons •

2 oranges •

1 pamplemousse rose •

1 pamplemousse •

1 petit bouquet de menthe •

8 cl d'huile • sucre

semoule • 2 cuill. à soupe de

pignons • 6 feuilles de

laitue • 6 olives noires •

sel, poivre

1 Pressez les citrons. Pelez les avocats, coupez-les en 2. Dénoyautez-les.

Coupez la chair en petits dés et arrosez-les de jus de citron.

2 Pelez les oranges et les pamplemousses et séparez la pulpe de la peau qui l'enveloppe.

3 Lavez, effeuillez et hachez la menthe. Mettez-la dans un bol. Versez l'huile par-dessus, poudrez de 1 pincée de sucre, salez et poivrez. Mélangez.

4 Mettez l'avocat et la pulpe des fruits dans un grand saladier. Recou-

vrez de sauce, tournez la salade. Laissez-la refroidir pendant 30 min environ.

5 Faites griller les pignons dans une poêle sans matière grasse. Lavez et essorez la laitue.

6 Posez une feuille de laitue sur chaque assiette, disposez la salade dedans, parsemez-la de pignons et décorez avec une olive noire.

Salade de piments

—

POUR 4 PERSONNES
PRÉPARATION : 10 MIN

2 gros oignons • 2 piments

rouges très forts • 2 grosses

tomates • 1 grosse pincée de

cumin • 3 cuill. à soupe

d'huile d'olive • sel

1 Pelez les oignons et émincez-les finement. Ouvrez les piments en 2, épépinez-les et coupez-

les en petits dés. Plongez les tomates 1 min dans l'eau bouillante, pelez-les, épépinez-les et concassez-les.

2 Mélangez les légumes avec les épices et l'huile. Salez. Disposez cette salade dans un ravier et servez-la avec d'autres salades.

Cette salade, très forte, peut accompagner le falafel (voir p. 283), ainsi que d'autres plats typiques de la cuisine juive orientale.

Protégez vos mains lors de la manipulation des piments, afin d'éviter des démangeaisons ou des brûlures.

 Salade de crudités à l'israélienne

POUR 6 PERSONNES
PRÉPARATION : 15 MIN
REPOS : 15 MIN

4 tomates • 1/2 concombre • 6 radis • 2 poivrons verts • 1 poivron rouge • 2 carottes moyennes • 3 oignons blancs • 5 branches de persil plat • 1 citron • 10 cl d'huile d'olive • sel, poivre

1 Préparez les légumes. Lavez les tomates, le concombre, les radis et les poivrons. Ôtez la queue et les racines des radis. Débarrassez les poivrons de leurs pédoncules. Retirez les membranes et les graines. Épluchez les carottes et lavez-les. Pelez les oignons.
2 Coupez tous ces légumes en dés, y compris les tomates et disposez-les dans un saladier.
3 Lavez et hachez le persil. Ajoutez-le dans le saladier. Pressez le citron.
4 Assaisonnez la salade avec le jus de citron et l'huile d'olive. Salez, poivrez. Laissez reposer pendant environ 15 min avant de servir.

 Salade de chou vert au carvi

POUR 6 PERSONNES
PRÉPARATION : 15 MIN
REPOS : 1 H 30

1 chou vert moyen • 1 citron • 1 cuill. à soupe de graines de carvi entières • 5 cl de mayonnaise • sel

1 Ôtez les grosses feuilles abîmées autour du chou. Coupez-le en 4 et retirez les côtes. Émincez-le, lavez-le sous l'eau et mettez-le dans un saladier. Parsemez-le de 1 cuillerée à soupe de sel et laissez reposer pendant 30 min.
2 Pressez le citron, réservez le jus. Essorez soigneusement le chou avec vos mains.
3 Ajoutez le carvi et assaisonnez avec le jus de citron et la mayonnaise. Mélangez bien. Laissez reposer au frais 1 h environ avant de servir.
Variante : vous pouvez réaliser pratiquement la même recette avec du chou rouge, en remplaçant le carvi par 1 cuillerée à soupe de sucre semoule et du poivre.
Autre possibilité : utilisez de l'huile à la place de la mayonnaise.

 Salade de foie haché

POUR 6 PERSONNES
PRÉPARATION : 20 MIN
CUISSON : 15 MIN

500 g de foies de volaille • 2 gros oignons • 4 cuill. à soupe d'huile • 4 œufs durs • sel, poivre

1 Lavez soigneusement les foies et séchez-les bien sur du papier absorbant. Faites-les griller pendant quelques minutes sur une grille, directement sur le feu, en les retournant.
2 Pelez et émincez les oignons. Mettez de l'huile à chauffer dans une poêle et faites sauter les oignons jusqu'à ce qu'ils soient dorés. Retirez-les de la poêle avec une écumoire.
3 Faites frire les foies grillés dans l'huile de cuisson des oignons pendant quelques minutes. Vérifiez la cuisson en enfonçant une fourchette dans les foies : ils sont prêts quand le liquide qui s'en dégage est clair.
4 Hachez les foies avec les oignons et les œufs à l'aide d'un hachoir à viande. Ajoutez une bonne quantité de sel et de poivre et laissez bien refroidir avant de servir.
Vous pouvez servir le foie haché comme entrée, accompagné de toasts grillés et de cornichons, ou en farcir des chaussons de pâte, ou encore le servir comme apéritif, tartiné sur de petites tranches de pain. Dans la cuisine juive traditionnelle, la cuisson des foies sur la flamme est destinée à les rendre kashers. Elle confère également à ce plat son goût particulier.

Salade d'œufs

POUR 6 PERSONNES
PRÉPARATION : 15 MIN
CUISSON : 10 MIN

6 œufs • 3 oignons moyens • 10 cl d'huile • sel, poivre

1 Mettez les œufs dans une casserole avec de l'eau, portez à ébullition et laissez-les cuire 10 min. Rafraîchissez-les sous l'eau froide. Laissez-les sous l'eau jusqu'à ce qu'ils aient complètement refroidi. Écalez-les.
2 Mettez 2 cuillerées à soupe d'huile à chauffer dans une poêle. Pelez et émincez les oignons. Faites-en sauter la moitié dans l'huile jusqu'à ce qu'ils soient dorés.
3 Coupez les œufs en quartiers et écrasez-les à la fourchette. Mettez-les dans un saladier. Ajoutez les oignons cuits avec leur huile, ainsi que les oignons crus. Versez le reste de l'huile et mélangez bien. Salez et poivrez abondamment.
Cette salade toute simple est servie comme entrée, lors de la fête de Pâque, avec du pain azyme (matza). Le reste de l'année, c'est également une entrée très appréciée, accompagnée de pain ordinaire.

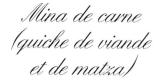

Mina de carne (quiche de viande et de matza)

POUR 6 PERSONNES

PRÉPARATION : 30 MIN

CUISSON : 45 MIN

Boisson conseillée :

CAHORS

5 matza (pain azyme) • 3 œufs • 2 oignons • 5 cl d'huile • 750 g de viande hachée • un bouquet de persil plat • cumin • sel, poivre

1 Brisez les matza en morceaux et laissez-les tremper dans de l'eau pendant quelques minutes, puis essorez-les en les pressant entre vos mains. Cassez les œufs sur les matza et battez énergiquement le tout. Réservez cette préparation.

2 Pelez et émincez les oignons. Faites-les revenir dans l'huile jusqu'à ce qu'ils ramollissent. Ajoutez la viande et prolongez la cuisson tout en remuant, jusqu'à ce que la viande soit saisie. Retirez la poêle du feu, salez et poivrez. Mélangez. Préchauffez le four à 180 °C (therm. 5).

3 Lavez et hachez le persil. Incorporez-le à la viande, puis assaisonnez avec 1 pincée de cumin. Prolongez la cuisson quelques minutes. Huilez soigneusement un moule à tarte.

4 Garnissez le fond du moule avec la moitié de la pâte à base de matza. Répartissez la viande par-dessus, puis recouvrez du reste de pâte.

Mettez au four et laissez cuire pendant 45 min, jusqu'à ce que la quiche soit bien dorée.

5 Sortez la quiche du four et servez-la bien chaude dans le moule de cuisson. Éventuellement, posez celui-ci sur un plateau pour éviter que vos convives ne se brûlent en le touchant.
Variante : vous pouvez ajouter 3 cuillerées à soupe de riz cuit à la viande.
Cette quiche de viande et de matza est un plat de la fête de Pâque, typique de la cuisine juive orientale.

Les Sauces

Navets en saumure

Pour 1 bocal
Préparation : 10 min
Repos : 1 semaine

1 kg de navets • 1 betterave crue • 1 gros citron • sel

1 Lavez les navets, sans les éplucher. Coupez les pieds et les racines. Pressez le citron et réservez le jus.
2 Coupez les navets en tranches de 5 mm d'épaisseur et arrosez-les d'un filet de jus de citron.
3 Épluchez la betterave et émincez-la. Posez les tranches de betterave au fond d'un grand bocal, puis disposez au-dessus les tranches de navet.
4 Dans 1,5 l d'eau, faites dissoudre 2 cuillerées à soupe de sel. Versez cette eau salée sur les légumes dans le bocal. Couvrez celui-ci bien hermétiquement et laissez-le reposer pendant une semaine dans un endroit frais.
Vous pouvez servir les navets en saumure comme hors-d'œuvre avec d'autres légumes en saumure et des olives. Vous pouvez également les servir comme garniture de viandes. Ils se conservent quelques jours supplémentaires au réfrigérateur.
Les navets en saumure sont un plat typique des communautés d'Iraq et du Kurdistan. Ils prennent la couleur rouge de la betterave.

Concombres en saumure

Pour 1 bocal
Préparation : 15 min
Repos : 3 jours

1 kg de petits concombres •

5 petites gousses d'ail •

2 piments rouges forts •

2 feuilles de laurier •

1 branche d'aneth • 1 cuill. à café de sel

1 Lavez bien les concombres. Disposez-les dans un grand bocal afin qu'ils soient très serrés. Pelez les gousses d'ail. Lavez les piments. Ajoutez l'ail, les piments entiers et les feuilles de laurier dans le bocal. Posez la branche d'aneth par-dessus.
2 Préparez la marinade. Faites dissoudre 1 cuillerée à café de sel dans 25 cl d'eau. Versez-la sur les concombres dans le bocal de façon qu'ils soient complètement couverts. Si vous manquez d'eau salée, préparez-en encore et ajoutez-la.
3 Fermez le bocal et laissez-le au repos dans un endroit frais (mais pas dans le réfrigérateur) pendant 3 jours. Au bout de 3 jours, les concombres seront prêts, mais ne les dégustez pas avant.
Ces concombres peuvent se conserver 1 semaine au réfrigérateur. Ils continueront à fermenter dans leur marinade.
Vous pouvez les servir : à l'apéritif, en hors-d'œuvre avec d'autres légumes, ou encore avec des viandes. Vous pouvez également les mélanger à des salades.

Charoset

Pour 30 cl
Préparation : 10 min

2 pommes moyennes • 100 g de raisins secs • 200 g de poudre de noix • 6 cl de madère • 3 cuill. à soupe de sucre semoule • 1 cuill. de cannelle • 1 pincée de girofle moulue

1 Épluchez les pommes, coupez-les en 4, enlevez-en le cœur avec les pépins et râpez finement les quartiers. Mettez-les dans un saladier.
2 Hachez très finement les raisins secs. Mettez-les dans le saladier, mélangez-les avec les pommes râpées. Vous pouvez aussi passer les quartiers de pomme et les raisins secs ensemble au mixer.
3 Incorporez la poudre de noix, le madère, le sucre semoule, la cannelle et la girofle moulues. Mélangez de manière homogène. Versez dans une saucière et servez.
Le charoset est une espèce de sauce-condiment aigre-doux provenant apparemment de la cuisine romaine. De nos jours, il est servi exclusivement lors du Seder (le grand repas) de la Pâque, avec de la matza. Il symbolise le ciment dont s'était servi le peuple hébreu pour ses constructions lors de son esclavage en Égypte.
Le charoset varie légèrement selon la communauté, bien que son goût et sa consistance ne changent pas pour autant ; il s'agit, dans tous les cas, d'une sauce épaisse, aigre-douce. Vous pouvez remplacer les pommes par 250 g de dattes molles et ajouter des épices telles que du gingembre moulu ou du jus de citron.

Hazeret

POUR 30 CL
PRÉPARATION : 10 MIN

150 g de raifort • 1 grosse betterave crue • 1 cuill. à soupe de sucre semoule • 1 gros citron • sel

1 Épluchez le raifort et la betterave. Râpez-les finement (vous pouvez le faire dans un robot, avec un disque fin).
2 Ajoutez le sucre et 1 cuillerée à café de sel.

Pressez le citron et arrosez la préparation avec le jus. Mélangez bien. Versez dans des bocaux hermétiquement fermés. Vous pouvez servir ce condiment tout de suite, ou le conserver 1 ou 2 mois au réfrigérateur. Traditionnellement, le hazeret accompagne le poisson farci (voir p. 281). Il se sert également avec des viandes froides. On le retrouve sur la table du Seder, le repas festif du premier soir de la Pâque.
Le raifort perd de son goût si on le laisse à découvert. Veillez donc à ce que les récipients soient bien remplis et hermétiquement fermés.

Sauce tahina

POUR 50 CL DE SAUCE
PRÉPARATION : 5 MIN

20 cl de tahina (pâte de graines de sésame) • 1 botte de persil plat • 1 gros citron • 4 gousses d'ail • sel

1 Lavez soigneusement le persil et hachez-le finement. Pressez le citron et réservez le jus. Pelez et écrasez l'ail.

2 Mettez la tahina dans un saladier. Versez lentement 25 cl d'eau tout en remuant sans interruption, jusqu'à obtention d'une sauce épaisse. Ajoutez le jus de citron, l'ail, le persil et 1 grosse pincée de sel.
3 Pour obtenir une sauce plus diluée, ajoutez plus d'eau, goûtez et rectifiez avec les épices et le jus de citron.
La tahina fait partie d'un plateau de salades méditerranéennes. Elle peut assaisonner divers types de salades, de poissons et de viandes.

Schug à la yéménite

POUR 2,5 L
PRÉPARATION : 20 MIN

250 g de petits piments verts • 10 gousses d'ail • 1 grande botte de coriandre • 1 cuill. à café de cumin • 1 pincée de girofle moulu • 1 grosse pincée de cardamome moulue • 4 cl d'huile • sel, poivre noir

1 Ôtez les pédoncules des piments. Fendez-les en 2 et épépinez-les. Pelez les gousses d'ail. La-

vez, égouttez et équeutez la coriandre.
2 Hachez ensemble dans un hachoir à viande avec un disque fin, ou dans un robot, les piments, les gousses d'ail et la coriandre. Ajoutez le cumin, le girofle, la cardamome, l'huile, 2 cuillerées à café de sel et 1 cuillerée à café de poivre noir moulu. Mélangez bien.
3 Répartissez le schug dans de petits bocaux.

Fermez-les bien hermétiquement.
Le schug se conserve plusieurs semaines au réfrigérateur. Ce condiment très fort, d'origine yéménite, sert à assaisonner un grand nombre de plats. Il faut le consommer en petite quantité. Le schug est plus ou moins fort selon les piments dont on se sert, et ceux-ci sont, à leur tour, plus ou moins piquants selon la saison.

Les Plats

Saint-pierre à la tahina

POUR 6 PERSONNES
PRÉPARATION : 20 MIN
CUISSON : 25 MIN

2 saint-pierre de 1 kg chacun, vidés et préparés • 5 cl d'huile d'olive • 25 cl de sauce tahina (voir ci-dessus) • 1 grenade • 2 citrons • sel, poivre

1 Lavez bien les poissons à l'intérieur et à l'extérieur et séchez-les.

Poudrez-les de sel et de poivre des deux côtés.
2 Chauffez l'huile dans une grande poêle et faites revenir les poissons pendant quelques minutes de chaque côté.
3 Préchauffez le four à 180 °C (therm. 5).
4 Posez les poissons dans un plat allant au four. Recouvrez de sauce

tahina, enfournez et laissez cuire pendant 20 min.
5 Coupez la grenade en 2 et prélevez les graines. Coupez les citrons en rondelles fines.
6 Sortez les poissons du four, posez-les sur un plat de service, parsemez-les des graines de grenade et décorez avec les tranches de citron.

Hreime (poisson à la sauce piquante)

POUR 6 PERSONNES
PRÉPARATION : 20 MIN
CUISSON : 45 MIN

Boisson conseillée :
ROSÉ DE PROVENCE

1 kg de poisson en tranches •
1 citron • 2 gros oignons •
5 gousses d'ail • 5 grosses
tomates • 10 cl d'huile •
1 cuill. à soupe de harissa •
1 cuill. à café de sucre
semoule • 1 cuill. à café de
cumin • sel, poivre en grains

1 Nettoyez bien les tranches de poisson et posez-les sur des couches de papier absorbant. Pressez le citron. Salez les tranches de poisson et imprégnez-les du jus de citron. Laissez reposer.
2 Pelez et émincez les oignons. Pelez et écrasez l'ail. Moulez finement 4 ou 5 grains de poivre.
3 Plongez les tomates 1 min dans l'eau bouillante. Pelez-les et épépinez-les. Coupez la chair en petits dés.
4 Faites chauffer l'huile dans une sauteuse et faites-y dorer l'oignon. Ajoutez l'ail et la harissa. Laissez cuire 1 min tout en remuant. Ajoutez les tomates et 5 cl d'eau.
5 Portez à ébullition et laissez cuire pendant 10 min à feu moyen. Ajoutez le sucre et les épices, goûtez et rectifiez l'assaisonnement.
6 Posez les tranches de poisson dans la sauteuse de façon qu'elles soient complètement recouvertes de sauce. Si nécessaire, ajoutez encore de l'eau. Couvrez la sauteuse et laissez cuire pendant 30 min environ. Plutôt que de la harissa, vous pouvez utiliser un piment plus ou moins fort selon votre goût. Ce plat se sert chaud ou froid, en entrée ou comme plat principal. Vous pouvez préparer de la même façon des petits poissons entiers. En général, le hreime se prépare avec du loup, du bar ou du cabillaud. Accompagnez de riz blanc arrosé de la sauce.

Poisson au citron

POUR 6 PERSONNES
PRÉPARATION : 10 MIN
CUISSON : 30 MIN
RÉFRIGÉRATION : 2 H

Boisson conseillée :
SYLVANER

6 tranches de poisson de
150 à 200 g chacune •
4 gousses d'ail • 1 botte de
persil plat • 1 citron • 2 cuill.
à soupe d'huile d'olive • 50 g
de pignons (ou d'amandes
pilées) • sel, poivre blanc

1 Pelez et écrasez les gousses d'ail. Lavez le persil et hachez-le. Pressez le citron.
2 Mettez les tranches de poisson dans une casserole. Ajoutez l'ail, le jus du citron, le persil et 50 cl d'eau. Salez, poivrez, portez à ébullition.
3 Baissez le feu et laissez cuire à feu doux pendant 25 à 30 min. Retirez les tranches de poisson de la casserole, disposez-les dans un grand plat creux et recouvrez du jus de cuisson. Laissez refroidir, puis mettez pendant 2 h au réfrigérateur, jusqu'à ce que le jus de cuisson soit gélatineux.
4 Faites revenir les pignons ou les amandes dans l'huile d'olive jusqu'à ce qu'ils soient dorés, puis posez-les sur du papier absorbant. Parsemez-les sur le poisson avant de servir.
Cette recette peut se faire avec toutes sortes de poissons à chair blanche : loup, bar, cabillaud, lotte ou daurade. Ce plat peut aussi se servir chaud, avec du riz blanc ou des pommes de terre.

Mélange de Jérusalem

POUR 6 PERSONNES
PRÉPARATION : 20 MIN
CUISSON : 20 MIN
REPOS : 30 MIN

Boisson conseillée :
CAHORS

250 g de foies de volaille •
250 g de cœurs de volaille •
250 g de blancs de volaille •
250 g de rognons de bœuf •
250 g de viande de bœuf •
4 gousses d'ail • cumin •
curcuma • coriandre moulue •
girofle moulu • cardamome
moulue • 5 cl d'huile •
sel, poivre noir

1 Pelez et écrasez les gousses d'ail.
2 Coupez les foies, les cœurs, les blancs de volaille, les rognons et la viande de bœuf en petits morceaux de 2 cm de côté. Mettez-les dans un grand saladier. Assaisonnez avec 1 cuillerée à café de cumin, 1 cuillerée à café de curcuma, 1 grosse pincée de coriandre moulue, 1 pincée de girofle moulu et 1 pincée de cardamome moulue. Ajoutez l'ail. Salez, poivrez et mélangez. Laissez reposer pendant 30 min au réfrigérateur.
3 Dans une sauteuse, faites chauffer l'huile. Mettez-y la viande et laissez cuire 20 min à feu moyen en tournant à plusieurs reprises, à l'aide d'une cuillère en bois. Les viandes doivent être relativement sèches et bien cuites.
Les blancs, les foies et les cœurs de dinde conviennent tout à fait à cette recette.
Vous pouvez servir ce plat de viandes dans une pita, une espèce de pain en forme de pochette, et y ajouter des salades de légumes en saumure ou de la tahina, selon votre goût.

Gefuhlte fish (poisson farci)

——

POUR 6 À 10 PERSONNES

PRÉPARATION : 30 MIN

CUISSON : 1 H 45

2 grosses carpes • 2 gros oignons • 3 œufs •		
20 g de sucre semoule • 75 g de farine de pain azyme •		
sel, poivre noir		
pour le court-bouillon : 2 oignons • 2 carottes •		
2 cuill. à soupe de sel • 2 cuill. à soupe de sucre semoule •		
1/4 cuill. de poivre blanc		

1 Nettoyez les carpes, écaillez-les, coupez les queues et les têtes. Videz-les par la tête. Coupez la partie centrale des poissons en tranches de 2,5 à 3 cm d'épaisseur. Avec un couteau pointu, retirez l'arête centrale afin d'obtenir des tranches rondes avec un grand trou au milieu. Réservez-les au frais.

2 Pelez les oignons et coupez-les en quartiers. Retirez la peau et les arêtes des morceaux de poisson restants. Dans un hachoir à viande, hachez cette chair avec les oignons. Versez le hachis dans un saladier et cassez-y les œufs. Poudrez de farine et de sucre. Salez généreusement et poivrez de même. Laissez reposer pendant environ 15 min.

3 Préparez le court-bouillon. Pelez les oignons. Grattez et lavez les carottes. Remplissez une marmite de 2,5 l d'eau froide et plongez-y les légumes, les têtes de poisson et le poivre blanc. Salez, poivrez et sucrez. Portez à ébullition, écumez et laissez cuire à petits bouillons.

4 Avec le hachis, formez des petites boulettes. Introduisez celles-ci au centre de chacune des tranches de poisson et aplatissez-les. À l'aide d'une écumoire, plongez délicatement les tranches de carpe dans le court-bouillon. Baissez le feu, couvrez et laissez mijoter pendant 1 h 45.

5 Toujours à l'aide d'une écumoire, retirez les tranches de poisson de la casserole et disposez-les sur un plat. Filtrez le court-bouillon au-dessus d'une soupière. Coupez les carottes en rondelles et posez une rondelle sur chaque darne de carpe. Laissez refroidir avant de servir. Servez le court-bouillon à part, dans sa soupière. Bien que ce plat s'appelle «Gefuhlte fish», ce qui veut dire «poisson farci», on prépare, dans la cuisine juive moderne, des boulettes à partir de la chair hachée des carpes entières.

Escalopes de dinde

POUR 6 PERSONNES

PRÉPARATION : 10 MIN

CUISSON : 15 MIN

Boisson conseillée :

CÔTES-DE-BOURG

6 escalopes de dinde (ou 6 blancs de poulet) de 150 g chacun • 2 œufs • 50 g de farine • 200 g de chapelure • 10 cl d'huile • sel, poivre

1 Posez les escalopes entre 2 couches de papier sulfurisé et aplatissez-les avec un marteau de boucher ou le plat d'une lame de couteau.
2 Battez les œufs dans un grand bol. Dans un autre, mettez la farine. Dans une assiette, mélangez la chapelure avec 1/2 cuillerée à café de sel et 1 grosse pincée de poivre moulu.
3 Passez chaque escalope, des deux côtés, tour à tour, dans la farine, puis dans les œufs battus, ensuite dans la chapelure. Veillez à ce que l'escalope soit bien enrobée des deux côtés.
4 Chauffez la moitié de l'huile dans une grande poêle. Faites frire successivement les escalopes des 2 côtés, jusqu'à ce qu'elles soient bien dorées. Réservez-les au chaud pendant la cuisson des suivantes. Ajoutez de l'huile dans la poêle au fur et à mesure, jusqu'à ce que toutes les escalopes soient cuites.
Présentez les escalopes sur un plat de service chaud. Décorez chacune d'une rondelle de citron et servez bien chaud.

Shawarma de dinde

POUR 6 PERSONNES

PRÉPARATION : 15 MIN

REPOS : 15 MIN

CUISSON : 15 MIN

Boisson conseillée :

LISTEL GRIS

1 kg de blancs de dinde • 2 oignons • 5 gousses d'ail • cumin moulu • curcuma moulu • coriandre moulue • paprika • piment de Cayenne moulu • 50 g de graisse de mouton (ou de dinde, ou 30 cl d'huile) • sel, poivre noir

1 Pelez et émincez les oignons. Pelez et écrasez les gousses d'ail.
2 Coupez la viande en très petits dés (ou, de préférence, en tranches très fines). Mélangez 1 cuillerée à café de cumin avec 1 cuillerée à café de curcuma, 1 grosse pincée de coriandre, 1 grosse pincée de paprika et enfin 1 grosse pincée de piment de Cayenne. Ajoutez-les à la viande, ainsi que l'ail. Mélangez et laissez reposer 15 min.
3 Pendant ce temps, faites chauffer la graisse ou l'huile dans une sauteuse. Faites-y revenir les oignons jusqu'à ce qu'ils ramollissent et deviennent translucides. Ajoutez la viande et continuez la cuisson tout en remuant, jusqu'à ce que la viande soit bien cuite et le mélange, relativement sec.
Accompagnez de riz ou servez la shawarma dans une pita (voir Falafel p.283), avec des salades et de la tahina.

Poulet à l'orange

POUR 6 PERSONNES

PRÉPARATION : 10 MIN

CUISSON : 1 H

1 poulet de 1,5 kg • 2 cuill. à soupe de miel • 3 gousses d'ail • 5 oranges • sel, poivre

1 Lavez bien le poulet et séchez-le à l'intérieur et à l'extérieur avec du papier absorbant. Poudrez de sel et de poivre.
2 Préchauffez le four à 200 °C (therm. 6).
3 Pelez l'ail. Pressez les oranges.
4 Frottez le poulet avec l'ail. Enduisez-le de miel à l'aide d'un pinceau. Mettez-le dans un plat allant au four.
5 Versez le jus d'orange sur le poulet et laissez-le cuire pendant 1 h environ, jusqu'à ce qu'il soit bien tendre.
Vous pouvez accompagner ce plat de riz au curcuma (voir p.289), ou tout simplement de riz blanc, arrosé de la sauce de cuisson du poulet.

Foies de volaille à la poêle

POUR 6 PERSONNES

PRÉPARATION : 5 MIN

CUISSON : 20 MIN

750 g de foies de poulet • 3 gros oignons • 50 g de graisse de volaille (ou d'oie, ou de margarine) • sel, poivre

1 Lavez les foies et épongez-les sur du papier absorbant. Pour les rendre kashers, faites-les cuire sur une grille, directement sur le feu, pendant 2 à 3 min.
2 Pelez les oignons et coupez-les en rondelles très fines. Faites fondre la graisse dans une grande poêle et mettez-y les oignons à revenir jusqu'à ce qu'ils soient bien dorés. Sortez-les de la poêle à l'aide d'une écumoire et réservez-les.
3 Mettez les foies dans la poêle. Si nécessaire, ajoutez encore de la matière grasse. Faites sauter les foies en les retournant régulièrement. Vérifiez la cuisson en les piquant avec une fourchette. Le jus qui s'en écoule doit être clair. Salez et poivrez.
4 Versez les foies sur un plat de service chaud, posez les rondelles d'oignon par-dessus et servez.

Falafel

POUR 30 BOULETTES

TREMPAGE : 12 H

PRÉPARATION : 15 MIN

REPOS : 30 MIN

CUISSON : 15 MIN

Boisson conseillée :

TAVEL

250 g de pois chiches secs • 50 g de baguette de la veille (ou 30 g de chapelure) • 5 gousses d'ail • 5 branches de persil plat • 5 branches de coriandre • 1 cuill. à café de cumin • 50 cl d'huile • sel, poivre noir

1 Laissez tremper les pois chiches dans de l'eau froide pendant toute la nuit, puis égouttez-les.
2 Faites tremper le pain dans 30 cl d'eau. Essorez-le soigneusement. Pelez l'ail. Lavez les branches de persil et de coriandre.
3 Hachez ensemble les pois chiches, le pain, l'ail, le persil et la coriandre. Assaisonnez de cumin, de sel et de poivre noir. Mélangez et laissez reposer pendant 30 min environ.
4 Formez de petites boules aplaties dans le creux de vos mains.
5 Mettez l'huile à chauffer dans une sauteuse. Faites-y frire les boulettes jusqu'à ce qu'elles soient bien dorées.
Pour obtenir des boulettes plus souples, vous pouvez remplacer le pain par une petite pomme de terre cuite. Certains ajoutent également au mélange 1/2 cuillerée à café de levure chimique.
Selon l'usage en Israël, le falafel est servi dans une pita, un pain aplati qui s'ouvre en pochette. On introduit les boulettes de falafel dans ce pain et on y ajoute de la choucroute, de la salade de crudités (voir p. 276), de la tahina, de la salade de piments (voir p. 275) ou des légumes en saumure (voir p. 278).

Kugel de Jérusalem

POUR 10 PERSONNES

PRÉPARATION : 15 MIN

CUISSON : 2 H

Boisson conseillée :

BEAUJOLAIS

500 g de vermicelle • 12 cl d'huile • 200 g de sucre semoule • 5 œufs • 1 cuill. à café de cannelle en poudre • sel, poivre noir

1 Faites cuire le vermicelle dans de l'eau bouillante salée jusqu'à ce qu'il ramollisse. Égouttez-le et réservez-le dans une terrine.
2 Dans une casserole de taille moyenne, faites fondre le sucre dans l'huile en remuant avec une cuillère en bois, jusqu'à obtention d'un caramel de couleur foncée. Retirez immédiatement du feu et versez le caramel sur le vermicelle. Mélangez soigneusement.
3 Cassez les œufs, battez-les en omelette et versez-les dans la terrine sans cesser de remuer. Ajoutez la cannelle et le poivre, mélangez bien.
4 Préchauffez le four à 150 °C (therm. 2-3).
5 Huilez un moule à bords hauts et versez-y le mélange. Couvrez avec du papier sulfurisé et un couvercle, ou avec du papier d'aluminium. Laissez au four pendant 2 h, jusqu'à ce que le kugel soit bien doré.
6 Pour servir, démoulez-le et coupez-le comme s'il s'agissait d'un gâteau. Si vous désirez que le kugel soit plus doré et qu'il ait plus de goût, baissez le thermostat et laissez-le cuire plus longtemps. Plus il cuit, plus il est coloré et a du goût.
Dans l'ancienne coutume de Jérusalem, le kugel se cuisait au four à feu doux pendant la nuit du vendredi au samedi, comme le hamin (tcholent). On employait alors une casserole en aluminium avec des poignées métalliques.
Vous pouvez ajouter au kugel de la pomme râpée et des raisins secs. Si vous le souhaitez, ajoutez du sucre en plus du caramel.

Kishké (tripe ou cou farci)

POUR 6 PERSONNES

PRÉPARATION : 10 MIN

CUISSON : 2 H

1 morceau de tripe de bœuf de 35 cm de long • 1 oignon • 50 g de margarine (ou de graisse de volaille) • 100 g de farine • sel, poivre

1 Pelez et émincez l'oignon. Faites-le revenir dans la graisse de votre choix jusqu'à ce qu'il blondisse. Retirez du feu et ajoutez la farine, du sel, du poivre et mélangez bien. Remplissez la tripe avec la farce et cousez-en soigneusement les extrémités.
2 Faites cuire la tripe dans le hamin du shabbat (voir pp. 284-285) ou dans un bouillon de volaille, environ 2 h.
Vous pouvez remplacer la tripe par la peau de 2 ou 3 cous de poule, d'oie ou de canard. La peau des cous de poule s'enlève facilement une fois la tête coupée. Si vous achetez une poule sans sa tête, la peau du cou est généralement repliée en arrière. Découpez-la, cousez-la sur la longueur, farcissez-la, cousez les extrémités et faites cuire comme la tripe.
La quantité de farce est suffisante pour remplir les intestins fins de veau ou de bœuf. Si vous disposez d'intestins plus épais, vous pouvez doubler la quantité. On sert le kishké avec le hamin ou du rôti de viande.

LE SHABBAT

—

Le shabbat (ou sabbat), dans la religion juive, est le jour saint et celui du congé hebdomadaire. Il commence le vendredi soir et se finit le samedi soir avec la première étoile. Chez ceux qui respectent la tradition, la famille se réunit autour d'un repas solennel le vendredi soir. Comme il est interdit d'allumer du feu ou même l'électricité pendant le shabbat, les plats du samedi, dafina ou tchoulent, sont préparés la veille.

LES MENUS DU VENDREDI SOIR ET DU SAMEDI

Le dîner de shabbat, qui réunit toute la famille le vendredi soir, se déroule autour d'une table rehaussée de vaisselle fine et de jolis couverts. Pour signifier le commencement du shabbat, la mère allume les bougies. Puis sont bénis le vin kasher et la *challa*, pain tressé symbolisant l'unité. Le repas commence souvent par une entrée au poisson, suivie d'un consommé de volaille (voir p. 270), puis de viande ; il s'achève avec une compote ou une salade de fruits. La composition du menu du vendredi soir varie selon les communautés, en particulier pour la recette de poisson. Les juifs d'Europe orientale, les ashkénazes, servent une carpe farcie (voir p. 281) ; les juifs méditerranéens, les séfarades, préfèrent un poisson à la sauce piquante (voir Hreime p. 280). Cette différence de menus se retrouve pour le *hamin*, marmite qui donne son nom au plat, cuit toute la nuit à petit feu ou au four. Les ashkénazes préparent la *tchoulent*, à base de haricots blancs et d'orge perlé ; les séfarades, la *dafina*, (voir page ci-contre).

LES CHAMINADOS, DES ŒUFS DURS BRUNS

•

Ces œufs cuits avec des peaux d'oignon accompagnent les pâtisseries servies, dans les communautés séfarades, au petit déjeuner du samedi matin. Mettez les peaux brunes de 2 oignons et 6 œufs dans une casserole. Couvrez-les d'eau, portez à ébullition et faites cuire 10 min. Couvrez la casserole hermétiquement et enfournez-la à une température de 50 à 70 °C (therm. 1) pour toute la nuit.

LA DAFINA, MARMITE DU SHABBAT SÉFARADE

Tout travail étant interdit le samedi, il faut préparer ce plat la veille. Le jeudi soir, faites tremper 300 g de pois chiches dans de l'eau froide. Égouttez-les le vendredi matin. Coupez 1 kg de poitrine de bœuf en cubes et 500 g d'os à moelle en rondelles. Dans une grande marmite, faites sauter dans de l'huile 2 oignons émincés. Ajoutez la viande et les os, puis les pois chiches. Lavez 400 g de riz à l'eau froide puis mettez-le dans un sac en toile fermé et posez-le dans la marmite. Pelez et écrasez l'ail, ajoutez-le ainsi que 2 cuillerées à café de sel, 1 de paprika, 1 de curcuma, 1/2 de cumin, 1/2 de poivre et 1 cuillerée à soupe de miel. Recouvrez d'eau froide et faites bouillir pendant 20 min environ. La marmite regorge de sauce, comme le montre la photo. Couvrez et laissez mijoter à four très doux (100 °C, therm. 1-2) ou sur une plaque électrique au minimum jusqu'au moment de servir. Vérifiez la sauce en cours de cuisson et allongez d'eau si nécessaire. Servez dans la marmite. À ce moment-là, le plat est beaucoup plus sec et de couleur foncée. Les chaminados peuvent avoir été ajoutés au milieu des pois chiches et avoir cuit toute la nuit, avec leur coquille, dans la marmite. La photo les montre écalés, avec leurs marbrures. Ils se mangent en accompagnement.

LE PAIN TRESSÉ : LA CHALLA

Pour faire un pain pour 6 personnes, mélangez 30 g de levure de boulanger, 5 cl d'eau, 5 g de sucre semoule. Incorporez-les au bout de 10 min à 500 g de farine. Ajoutez 10 cl d'eau, 2 œufs battus (réservez-en un peu pour dorer), 6 cl d'huile, 40 g de sucre et 1 pincée de sel. Pétrissez pour obtenir une pâte lisse et élastique. Formez une boule, mettez-la dans un saladier et laissez-la lever au chaud jusqu'à ce qu'elle ait doublé de volume. Partagez-la en 3 parts, formez des boudins et tressez-les. Posez le pain sur une tôle huilée et laissez reposer jusqu'à ce qu'il double de volume. Badigeonnez d'œuf battu, parsemez de graines de sésame ou de pavot, enfournez et faites cuire 40 min à 200 °C (therm. 6).

Rôti de bœuf

▬

POUR 6 PERSONNES
PRÉPARATION : 20 MIN
CUISSON : 2 H 30

Boisson conseillée :
POMEROL

1,5 kg de rôti de bœuf non bardé (ou de contre-filet) • 8 cuill. à soupe d'huile • 2 oignons • 2 feuilles de laurier • 1 cuill. à café de baies de genièvre • 1 kg de carottes nouvelles • sucre semoule • fécule de pommes de terre • sel, poivre noir

1 Roulez et ficelez la viande en rôti.
2 Pelez et émincez les oignons. Chauffez l'huile dans une cocotte et faites-y dorer les oignons.
3 Mettez la viande dans la cocotte et faites-la revenir à feu vif de tous les côtés, jusqu'à ce qu'elle soit bien saisie.
4 Ajoutez les feuilles de laurier et les baies de genièvre, salez, poivrez, couvrez. Baissez le feu et laissez cuire à feu très doux jusqu'à ce que la viande soit bien tendre.
5 Vérifiez de temps en temps s'il reste assez de jus dans la cocotte ; si nécessaire, ajoutez un peu d'eau chaude.
6 Pendant ce temps, coupez les fanes des carottes, grattez celles-ci et lavez-les. Dans une poêle, faites chauffer 5 cl d'huile et faites-y revenir les carottes pendant environ 20 min à feu moyen. Poudrez-les de 30 g de sucre et glacez-les.
7 Lorsque la viande est cuite, retirez-la de la cocotte avec une fourchette, en l'égouttant pour que tout le jus de cuisson reste dans la cocotte. Réservez la viande au chaud dans le four.
8 Filtrez le jus de cuisson au chinois et remettez-le dans la cocotte. Portez à ébullition, goûtez et rectifiez l'assaisonnement si nécessaire. épaissir la sauce en y ajoutant 1 cuillerée à soupe de fécule délayée dans 5 cl d'eau.
9 Sortez la viande du four. Coupez-la en tranches, disposez celles-ci sur un plat de service et arrosez de sauce. Servez. Décorez d'aneth.

Hachis de viande

▬

POUR 6 PERSONNES
PRÉPARATION : 15 MIN
CUISSON : 30 MIN

500 g d'épaule de bœuf • 1/4 de baguette rassise • 1 petit oignon • 3 gousses d'ail • 2 œufs • 1 petit bouquet de persil • 1/2 cuill. à café de paprika • 100 g de chapelure • huile de friture • sel, poivre

1 Faites tremper le pain dans 30 cl d'eau, puis essorez-le pour obtenir une pâte. Pelez l'oignon et l'ail. Lavez le persil.
2 Hachez la viande avec le pain, les œufs, l'ail, l'oignon et le persil.
3 Assaisonnez de paprika. Salez et poivrez. Mélangez bien. Chauffez l'huile de friture.
4 Humectez vos mains et formez 12 boulettes de taille moyenne. Passez-les dans la chapelure, puis faites-les frire dans l'huile chaude jusqu'à ce qu'elles soient dorées de toutes parts.
Pour obtenir un goût plus séfarade, ajoutez 1 pincée de cumin. Accompagnez de pommes de terre frites ou bien de légumes cuits à la vapeur.

Pashtida (quiche aux courgettes)

▬

POUR 6 PERSONNES
PRÉPARATION : 25 MIN
CUISSON : 45 MIN

Boisson conseillée :
CHINON

1 kg de courgettes • 3 œufs • 200 g de fromage blanc (ou de feta) • 3 cuill. à soupe de farine • noix de muscade • 100 g d'emmental râpé • sel, poivre

1 Pelez les courgettes, coupez-les en rondelles et faites-les cuire dans un peu d'eau salée, jusqu'à ce qu'elles ramollissent. Égouttez-les et essorez-les. Mettez-les dans une terrine.
2 Cassez les œufs et battez-les en omelette. Versez-les dans la terrine, ainsi que le fromage blanc (ou la feta) et la farine. Râpez 1 pincée de noix de muscade par-dessus, salez, poivrez et mélangez bien.
3 Préchauffez le four à 180 °C (therm. 5).
4 Beurrez un moule à bord haut et remplissez-le avec la préparation. Aplanissez la surface avec un couteau et parsemez d'emmental râpé.
5 Enfournez et laissez cuire pendant 45 min, jusqu'à ce que la pashtida soit dorée. Servez bien chaud.
La pashtida est l'un des plats les plus populaires en Israël, et elle peut être faite de très diverses manières. Vous pouvez, par exemple, remplacer les courgettes par des épinards, ou par tout autre légume cuit. Si vous le désirez, vous pouvez également utiliser une jardinière de légumes. La pashtida peut être servie en entrée. En Israël, elle est le plus souvent servie comme plat principal, accompagnée de salades et de crudités. Cette quiche peut également se faire avec de la pâte feuilletée.

RÔTI
DE BŒUF

•

*La viande ayant ainsi
longuement mijoté est bien
tendre. Elle est donc un peu
difficile à découper. Vous
pouvez la laisser refroidir,
la couper puis la réchauffer
dans sa sauce.
Vous pouvez aussi
l'accompagner de pommes
de terre à la vapeur ou de
tsimes (voir p. 288).*

Fritada de Pâque

POUR 6 À 8 PERSONNES
PRÉPARATION : 15 MIN
CUISSON : 50 MIN

6 matza (pain azyme) • 1 kg d'épinards frais • 10 cl d'huile • 6 œufs • sel, poivre

1 Brisez les matza en morceaux et mettez-les dans une terrine. Remplissez-la d'eau chaude, laissez-y tremper les morceaux de matza pendant quelques minutes, puis égouttez-les et pressez-les bien pour en éliminer toute l'eau. Remettez-les ensuite dans la terrine.
2 Lavez les feuilles d'épinards et essorez-les bien. Faites chauffer 3 cl d'huile dans une casserole et faites cuire les épinards pendant quelques minutes, jusqu'à ce qu'ils ramollissent un peu.
3 Préchauffez le four à 180 °C (therm. 5).
4 Versez les épinards dans la terrine au-dessus des matza. Incorporez les œufs ainsi que 5 cl d'huile. Salez et poivrez.
Mélangez bien le tout.
5 Huilez un moule à tarte. Versez-y le mélange et aplatissez-le bien de façon qu'il ne déborde pas du moule.
6 Enfournez et laissez cuire 45 min environ, jusqu'à ce que la fritada soit sèche et dorée.
Vous pouvez ajouter à la fritada 150 g de fromage râpé ou de feta émiettée. Vous pouvez également remplacer les épinards par des poireaux.

Latkes

POUR 6 PERSONNES
PRÉPARATION : 15 MIN
CUISSON : 20 MIN

500 g de pommes de terre • 1 œuf • 2 ou 3 cuill. à soupe de farine • 1 petit oignon (facultatif) • 10 cl d'huile • sel, poivre noir

1 Épluchez les pommes de terre. Lavez-les puis râpez-les finement. Laissez-les reposer pendant quelques minutes, puis pressez-les pour éliminer l'eau et la fécule. Mettez-les dans un saladier.
2 Épluchez et râpez l'oignon. Cassez l'œuf.
3 Incorporez l'œuf, l'oignon et la farine aux pommes de terre. Salez, poivrez et mélangez bien pour obtenir une pâte.
4 Faites chauffer l'huile dans une poêle. Versez 1 cuillerée à soupe du hachis dans l'huile bien chaude et aplatissez-la jusqu'à obtention d'une galette. Faites-la frire des deux côtés jusqu'à ce qu'elle soit bien dorée. Procédez de la même manière jusqu'à épuisement de la préparation.
5 Déposez les latkes sur du papier absorbant pour en éliminer l'huile, puis posez-les sur un plat de service.
Les latkes sont un plat typique de la fête de Hanoukka. Vous pouvez les parsemer de sucre avant de les servir (dans ce cas, vous devez éliminer l'oignon de la recette). Certains servent les latkes avec de la crème fraîche ou avec de la purée de pommes sucrée.

Matzia

POUR 6 PERSONNES
PRÉPARATION : 5 MIN
CUISSON : 20 MIN

6 matza (pain azyme) • 3 œufs • huile de friture • sel

1 Brisez les matza en petits morceaux et mettez-les dans une terrine. Remplissez-la d'eau froide, laissez-y tremper les morceaux de matza pendant 1 min, puis égouttez-les et pressez-les bien pour en éliminer toute l'eau. Remettez-les dans la terrine.
2 Battez les œufs en omelette, incorporez-les aux morceaux de matza. Salez et mélangez bien.
3 Faites chauffer l'huile dans une poêle moyenne. Versez le mélange dans l'huile chaude et faites cuire à feu moyen, jusqu'à ce que la matzia soit bien dorée sur les 2 faces.
La matzia est le plat que préparent toutes les communautés juives pour la Pâque. Certains font frire les morceaux de matza tout en les remuant, de façon à obtenir des petits flocons plutôt qu'une grande galette. On peut parsemer la matzia de sucre avant de la servir, ou bien la présenter en accompagnement de plats salés.

Tsimes

POUR 6 PERSONNES
PRÉPARATION : 10 MIN
CUISSON : 45 MIN

1 kg de carottes • 5 cl d'huile (ou 50 g de margarine) • 2 cuill. à soupe de sucre semoule • sel

1 Grattez les carottes, lavez-les et tranchez-les en rondelles. Mettez-les dans une casserole avec la matière grasse, 15 cl d'eau, le sucre semoule et 1 bonne pincée de sel.
2 Portez à ébullition, baissez le feu et couvrez. Laissez mijoter pendant 45 min environ, jusqu'à ce que les carottes ramollissent et prennent une teinte orange foncé.
Il est d'usage de servir ce plat comme garniture des plats principaux aux fêtes, surtout à Rosh ha-Shana (la fête du nouvel an) et pour la Pâque.

Shakshuka

Pour 6 personnes
Préparation : 15 min
Cuisson : 30 min

2 oignons moyens • 5 cl d'huile • 1 poivron vert • 1 poivron rouge • 1 piment fort (facultatif) • 4 tomates • 1 cuill. de paprika • 1 pincée de piment de Cayenne moulu • 6 œufs • sel, poivre

1 Pelez et émincez les oignons. Chauffez l'huile dans une sauteuse et faites-y blondir les oignons.
2 Lavez les poivrons, ôtez les pédoncules et débarrassez-les de leurs filaments et graines. Coupez-les en lanières.
3 Plongez les tomates 1 min dans de l'eau bouillante, pelez-les, épépinez-les et coupez la chair en petits dés.
4 Ajoutez les lanières de poivron dans la sauteuse et faites-les revenir pendant 5 min environ, tout en remuant, jusqu'à ce qu'elles ramollissent. Versez les tomates, salez, poivrez. Baissez le feu, couvrez la sauteuse et laissez cuire pendant 10 min environ. Ajoutez les épices et mélangez.
5 Cassez soigneusement les œufs, et disposez-les l'un après l'autre dans la sauteuse sur le lit de poivrons et de tomates. Couvrez à nouveau et laissez mijoter pendant 10 à 15 min, jusqu'à ce que le blanc des œufs soit pris. Salez et poivrez les œufs. Servez immédiatement.

Riz au curcuma avec raisins et amandes

Pour 6 personnes
Préparation : 10 min
Cuisson : 30 min

300 g de riz • 2 cuill. à soupe d'huile • 1 cuill. à café de curcuma • 1/2 cuill. à café de cannelle moulue • 1 pincée de gingembre en poudre • 100 g de raisins secs • 50 g d'amandes • sel

1 Mettez le riz dans une passoire et lavez-le sous l'eau froide. Quand l'eau qui coule n'est plus blanche, posez la passoire sur un récipient et attendez que l'eau soit égouttée.
2 Faites chauffer l'huile dans une cocotte de taille moyenne et mettez-y le riz. Faites revenir pendant quelques minutes, jusqu'à ce que le riz devienne transparent. Ajoutez alors 60 cl d'eau bouillante, le curcuma, la cannelle et le gingembre. Salez. Laissez cuire à feu vif jusqu'à ce que l'eau se soit presque complètement évaporée et que des trous se forment sur la surface.
3 Incorporez les raisins et baissez le feu à fond. Couvrez la cocotte hermétiquement et prolongez la cuisson pendant 10 min, puis retirez du feu. Laissez reposer le riz pendant 5 min sans soulever le couvercle.
4 Pendant ce temps, faites griller les amandes dans une poêle sans matière grasse, jusqu'à ce qu'elles soient dorées. Servez le riz parsemé d'amandes grillées.
Pour fermer hermétiquement la cocotte, posez un linge bien étiré dessus et refermez avec le couvercle.

Les Desserts

Mousse à l'orange

Pour 6 à 8 personnes
Préparation : 20 min
Cuisson : 5 min
Réfrigération : 4 h

1 kg d'oranges à jus • 2 œufs • 2 cuill. à soupe de fécule de maïs • 75 g de sucre semoule • 1 cuill. à soupe de liqueur (sabra, curaçao, Cointreau ou Grand Marnier)

1 Pressez les oranges. Râpez les zestes pour en obtenir la valeur de 1 cuillerée à soupe. Faites bouillir 40 cl de jus d'orange. Cassez les œufs et séparez les jaunes des blancs. Mélangez les jaunes avec le reste du jus d'orange et la fécule de maïs. Ajoutez ce mélange d'un seul coup au jus bouillant. Mettez à feu doux et laissez mijoter pendant 2 ou 3 min tout en remuant, jusqu'à ce que le mélange devienne très épais. Retirez du feu et laissez refroidir.
2 Battez les blancs des œufs avec le sucre en neige ferme. Incorporez-les délicatement à la crème froide, en essayant de ne pas casser les blancs. Ajoutez ensuite la liqueur et le zeste d'orange. Mélangez.
3 Versez la mousse en pots individuels et laissez au froid pendant 4 h avant de servir.
Vous pouvez décorer la mousse avec une fine tranche d'orange, une feuille de menthe, une fraise, ou tout autre fruit coloré. Pour préparer une mousse au pamplemousse, remplacez le jus d'orange par du jus de pamplemousse et ajoutez 25 g de sucre semoule.

Macédoine de fruits à l'israélienne

POUR 6 PERSONNES
PRÉPARATION : 20 MIN
RÉFRIGÉRATION : 1 H

5 oranges • 3 clémentines • 1/2 citron • 3 bananes • 2 pommes • 15 fraises • 3 kiwis • 1 mangue • 50 g de sucre semoule • 2 cuill. à soupe de sabra

1 Pelez à vif 3 oranges et coupez leur pulpe en dés réguliers. Pelez les clémentines, coupez-les en 2 transversalement et séparez les demi-quartiers ainsi obtenus.

2 Pressez le demi citron. Pelez les bananes et coupez-les en rondelles. Lavez les pommes. Enlevez-en le cœur, mais ne les épluchez pas, et coupez-les en dés. Mettez les dés de pomme et les rondelles de banane dans un bol et arrosez du jus de citron pour que les fruits ne noircissent pas.

3 Lavez et équeutez les fraises. Épluchez les kiwis et la mangue. Coupez-les en dés.

4 Disposez tous les fruits dans un grand saladier en verre.

5 Pressez les 2 oranges restantes et versez le jus dans le saladier. Ajoutez ensuite le sucre et la liqueur, mélangez bien. Laissez refroidir pendant 1 h au moins avant de servir.

Le sabra est une liqueur israélienne à base d'oranges. Vous pouvez la remplacer par du Cointreau ou du Grand Marnier.

Soufganiyot (beignets de Hanoukka)

POUR 20 BEIGNETS
PRÉPARATION : 30 MIN
REPOS : 1 H 45
CUISSON : 30 MIN

500 g de farine • 30 g de levure de boulanger • 30 g de sucre semoule • 2 cuill. à soupe d'huile • 2 jaunes d'œufs • 2 cuill. à soupe de brandy • huile de friture • 10 cl de confiture, sans morceaux de fruits • sucre glace

1 Mettez la farine dans une terrine et formez un puits. Délayez la levure dans 10 cl d'eau tiède avec la moitié du sucre. Laissez reposer pendant 5 min, jusqu'à ce que la levure lève, puis versez-la dans le puits au milieu de la farine.

2 Ajoutez lentement le reste du sucre, l'huile, les jaunes d'œufs et le brandy, ainsi que 10 cl d'eau, jusqu'à l'obtention d'une pâte collante. Pétrissez encore pendant 5 min, jusqu'à ce que la pâte devienne brillante et élastique. Couvrez-la avec un torchon et laissez-la au repos pendant 1 h 30 à température ambiante, jusqu'à ce qu'elle double de volume.

3 Tapotez la pâte et partagez-la en trois parts. Étalez chacune des parts sur un plan de travail fariné, jusqu'à ce qu'elles atteignent 1,5 cm d'épaisseur. Découpez des disques avec un verre de 8 ou 10 cm de diamètre.

4 Laissez-les lever encore, pendant 15 min environ, dans un endroit chaud.

5 Pendant ce temps, faites chauffer l'huile dans une sauteuse. Quand elle est bien chaude, plongez-y quelques beignets d'un seul coup, en veillant à ce qu'il y ait suffisamment de place pour qu'ils puissent gonfler. Laissez les beignets frire d'un côté, puis retournez-les afin qu'ils soient bien dorés des deux côtés.

6 Retirez les beignets de l'huile à l'aide d'une écumoire et laissez-les s'égoutter sur du papier absorbant.

7 Faites chauffer légèrement la confiture et introduisez-la dans une poche à douille. Lorsque les beignets ont refroidi un peu, fourrez-les de confiture. Poudrez les beignets de sucre glace et servez immédiatement. Ces beignets se préparent pour la fête de Hanoukka. Il est conseillé de les consommer lorsqu'ils sont encore bien frais. S'ils ne le sont pas, vous pouvez les passer rapidement au four juste avant de les servir.

Compote de fruits secs

POUR 10 PERSONNES
PRÉPARATION : 10 MIN
CUISSON : 40 MIN

750 g de fruits secs (raisins, prunes, abricots, pommes, poires, cerises, ou une partie de ces fruits) • 1/2 citron • 150 g de sucre semoule • 2 bâtonnets de cannelle • 5 ou 6 clous de girofle

1 Lavez les fruits et disposez-les dans une grande casserole. Pressez le citron. Ajoutez le sucre, 1,2 l d'eau et le jus du citron.

2 Disposez la cannelle et les clous de girofle dans un morceau de gaze ou un petit sachet fermé, et mettez celui-ci dans la casserole, au-dessus des fruits. Portez à ébullition, puis baissez le feu et laissez mijoter 40 min environ, jusqu'à ce que tous les fruits soient bien mous.

3 Retirez les épices de la casserole. Versez la compote dans un grand saladier et laissez bien refroidir avant de servir. Dans les communautés juives de l'Est de l'Europe, il est d'usage de servir la compote de fruits secs comme dessert du repas de la Pâque.

Gâteau au pavot

———

POUR 6 PERSONNES

PRÉPARATION : 30 MIN

REPOS : 1 À 2 H

CUISSON : 45 MIN

---

pour la pâte : 250 g de farine • 25 g de levure • 5 cl de lait
tiède • 100 g de sucre • 1 citron • 2 œufs • 1 pincée de
sel • 50 g de beurre ramolli • 2 cuill. à soupe d'huile
pour la farce : 100 g de graines de pavot hachées •
12 cl de lait • 1/2 orange • 50 g de beurre ramolli •
100 g de sucre semoule • 2 cuill. à soupe de miel •
1 cuill. à soupe de brandy (ou de jus d'orange) • 4 cuill. à soupe
de chapelure • 30 g de raisins secs • 30 g de noix pilées •
1 cuill. à café de cannelle • 1 pincée de girofle moulue
pour la finition : graines de pavot

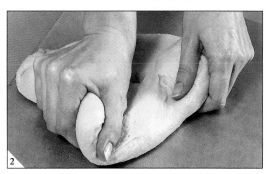

1 Préparez la pâte : mettez la farine dans une terrine et faites un puits. Délayez la levure dans le lait avec 1 cuillerée à soupe de sucre et versez dans le puits. Laissez reposer 5 min. Râpez le zeste du citron. Cassez les œufs, battez-les et réservez-en 2 cuillerées pour dorer le gâteau. Versez dans la terrine les œufs, le reste du sucre, le zeste, le sel et le beurre. Mélangez jusqu'à obtention d'une pâte collante.

2 Huilez une plaque ou un plan de travail. Posez la pâte dessus et pétrissez-la pendant 8 min, jusqu'à obtention d'une pâte molle. Posez celle-ci dans un saladier recouvert d'un torchon et laissez la pâte gonfler à température ambiante, jusqu'à ce qu'elle double de volume.

3 Préparez la farce. Faites bouillir le lait et ajoutez-y le pavot. Laissez mijoter pendant quelques minutes en remuant de temps en temps, puis enlevez du feu. Râpez le zeste de l'orange. Mettez tous les ingrédients dans la casserole et mélangez.

4 Tapotez la pâte et pétrissez-la à nouveau 1 à 2 min. Étalez-la sur une plaque huilée et façonnez-la en un rectangle de 35 sur 45 cm. Étalez la farce sur la pâte en une couche épaisse, mais laissez tout autour une marge de pâte de 2 cm sans farce. Roulez la pâte soigneusement avec la farce dedans.

5 Huilez un grand moule à cake et disposez-y le gâteau. Préchauffez le four à 190 °C (therm. 5-6). Badigeonnez le gâteau du reste des œufs battus et parsemez-le avec les graines de pavot. Laissez reposer dans un endroit chaud pendant 15 min environ : le rouleau doit doubler de volume. Enfournez le gâteau et laissez-le cuire 45 min environ, jusqu'à ce qu'il soit bien doré.

Fruits secs farcis à la pâte d'amandes

POUR 30 PETITS FOURS
PRÉPARATION : 20 MIN

200 g de pâte d'amandes • 10 dattes sèches • 10 pruneaux • 20 cerneaux de noix • 50 g de sucre semoule • colorants (facultatif)

1 Partagez la pâte d'amandes en trois parts égales. Teignez une part en rose, en ajoutant quelques gouttes d'eau au colorant rouge. Teignez une autre en vert, et laissez à la troisième sa couleur naturelle.
2 Dénoyautez les dattes et les pruneaux. Formez 30 boules de pâte d'amandes de la taille d'une olive.
3 Fourrez chaque pruneau et chaque datte avec une boule de pâte d'amandes. Collez un cerneau de noix de part et d'autre des 10 boules restantes.
4 Roulez tous les petits fours dans le sucre semoule puis disposez-les ensuite dans des petites barquettes en papier et rangez-les sur un plateau de service.
Les fruits secs farcis à la pâte d'amandes sont une pâtisserie typique des communautés juives d'Afrique du Nord. Il est d'usage de les servir à la fête de Tou Bishvat.

Maamouls (petits gâteaux aux dattes)

POUR 30 PETITS GÂTEAUX
PRÉPARATION : 30 MIN
REPOS : 30 MIN
CUISSON : 20 MIN

400 g de farine • 200 g de margarine • 4 cuill. à soupe d'eau de fleurs d'oranger • 15 grosses dattes sèches molles (ou 150 g de pâte de dattes) • 100 g de sucre glace

1 Mélangez avec le bout de vos doigts la farine et la margarine jusqu'à obtention d'une pâte non homogène. Ajoutez d'un seul coup l'eau de fleurs d'oranger, et formez une boule de pâte, mais sans trop pétrir. Laissez au repos au frais pendant 30 min environ.
2 Coupez les dattes en deux et dénoyautez-les. Si vous vous servez de la pâte de dattes, partagez-la en 30 morceaux.
3 Prenez des noix de pâte et formez avec votre pouce un puits au milieu. Introduisez dans chaque puits 1/2 datte ou un morceau de pâte de dattes, puis recouvrez de pâte à gâteau et formez une boule. Posez ensuite toutes les boules sur une tôle.
4 Préchauffez le four à 190 °C (therm. 5-6).
5 Piquez les boules de pâte avec une fourchette ou pincez-les avec une pincette spécialement conçue pour cet emploi. Laissez cuire pendant 20 min à température élevée. Quand les gâteaux commencent à prendre légèrement couleur, ils sont prêts.
6 Parsemez les gâteaux de sucre glace lorsqu'ils sont encore chauds. Laissez refroidir sur une grille et conservez dans une boîte bien fermée. Vous pouvez remplacer les dattes par un mélange de noix, sucre et cannelle. Dans les communautés séfarades, on sert les maamouls à la fête de Pourim.

Blintches (crêpes au fromage blanc)

POUR 12 CRÊPES
PRÉPARATION : 40 MIN
REPOS : 1 H
CUISSON : 20 MIN

pour les crêpes : 150 g de farine • 2 œufs • 2 cuill. à soupe d'huile • 1 cuill. à soupe de sucre semoule • 1/2 cuill. de sel
pour la farce : 350 g de fromage blanc épais • 50 g de sucre semoule • 1 œuf • 2 cuill. à soupe de farine • 1/2 cuill. de cannelle moulue • 1 citron • 50 g de raisins secs • huile de friture (ou margarine) • sucre glace

1 Préparez la pâte à crêpes. Mélangez la farine, les œufs, l'huile, le sucre semoule, le sel et 35 cl d'eau avec un mixer jusqu'à obtention d'un mélange lisse. Laissez 1 h au repos dans le réfrigérateur.
2 Pendant ce temps, préparez la farce. Râpez le zeste du citron. Mélangez le fromage blanc, le sucre, l'œuf, la farine, la cannelle, le zeste et les raisins secs.
3 Faites cuire les crêpes en versant un peu de pâte dans une poêle légèrement huilée. Procédez de cette façon jusqu'à l'obtention des 12 crêpes.
4 Déposez une bonne quantité de farce au milieu de chaque crêpe, et fermez-la en forme d'enveloppe.
5 Faites chauffer la margarine ou l'huile dans une sauteuse et faites-y revenir les crêpes jusqu'à ce qu'elles soient dorées des deux côtés. Posez-les sur du papier absorbant pour éliminer l'huile. Poudrez les crêpes de sucre glace avant de les servir.
Il est d'usage de servir les blintches à la fête de Shavouot.
Si vous voulez, vous pouvez les passer au four au lieu de les faire frire. Dans ce cas, posez les crêpes dans un récipient allant au four, huilé au préalable. Tartinez le dessus avec un peu de margarine ou de beurre, et mettez au four à 200 °C (therm. 6) pendant 20 min.

MAAMOULS (PETITS GÂTEAUX AUX DATTES)

•

Ces petits gâteaux sont traditionnellement roulés à la main. Néanmoins, il est également possible de les faire cuire dans de petits moules de pâtissier. Ils auront alors une forme plus régulière.

Gâteau de pain azyme

POUR 8 PERSONNES
PRÉPARATION : 30 MIN
CUISSON : 10 MIN
RÉFRIGÉRATION : 4 H

5 matza • 15 cl de vin fruité (madère) • 200 g de chocolat à cuire • 4 jaunes d'œufs • 50 g de sucre glace • 150 g de beurre ramolli (ou de margarine)

1 Faites tremper pendant quelques secondes chaque matza dans le vin, l'une après l'autre, puis réservez-les jusqu'à ce qu'elles soient molles.
2 Faites fondre le chocolat dans une casserole au bain-marie. Retirez le chocolat du feu et incorporez le beurre, les jaunes d'œufs 1 à 1, sans cesser de remuer, et le sucre. Versez cette préparation dans le bol du mixer et laissez-la refroidir complètement. Mixez ensuite jusqu'à ce qu'elle soit très claire et souple.
3 Posez une matza sur un plateau carré. Tartinez-la avec 1/5 de la crème au chocolat. Posez par-dessus une autre matza, et ainsi de suite en finissant par une couche de crème au chocolat. Laissez refroidir le gâteau dans le réfrigérateur pendant au moins 4 h avant de le découper.
4 Coupez le gâteau en dés et servez bien frais.

Oreilles d'Aman

POUR 40 GÂTEAUX ENVIRON
PRÉPARATION : 30 MIN
REPOS : 1 H
CUISSON : 25 MIN

1 orange • 300 g de farine • 1/2 cuill. à café de levure chimique • 100 g de sucre semoule • 200 g de beurre • 2 jaunes d'œufs • sucre glace pour la farce de pavot, voir p. 291

1 Lavez l'orange. Râpez-en finement le zeste et pressez-la. Réservez le zeste et le jus.
2 Mélangez la farine avec la levure et le sucre. Coupez le beurre en dés et incorporez-le à la farine. Travaillez le tout jusqu'à l'obtention d'une pâte non homogène qui s'effrite.
3 Ajoutez les jaunes d'œufs et le zeste du citron, mélangez et formez une boule de pâte. Ne la pétrissez pas pendant longtemps. Laissez-la reposer pendant 1 h au réfrigérateur.
4 Préchauffez le four à 190 °C (therm. 5-6).
5 Partagez la pâte en deux. Abaissez très finement, au rouleau, chaque moitié sur un plan de travail fariné. Formez des cercles de 7 ou 8 cm de diamètre. Posez un peu de farce au milieu de chaque cercle. Pliez-les et aplatissez les bords, de façon à obtenir des triangles.
6 Recouvrez la plaque du four d'une feuille de papier sulfurisé. Déposez les triangles dessus. Enfournez et laissez cuire 25 min, jusqu'à ce que les gâteaux soient dorés.
7 Retirez-les du four, laissez-les refroidir. Poudrez-les de sucre glace. Les oreilles d'Aman sont une pâtisserie typique de la fête de Pourim. On peut garnir la pâte de différentes farces, selon la coutume des diverses communautés juives : farce de confiture avec noix et cacahuètes, confiture de prunes, purée de dattes avec amandes et autres.

Lekech

POUR 6 PERSONNES
PRÉPARATION : 20 MIN
CUISSON : 45 MIN

6 œufs • 200 g de sucre semoule • 1 citron • 2 cuill. à soupe d'huile • un peu d'extrait de vanille • 200 g de farine • 1 cuill. à café de levure chimique

1 Cassez les œufs et séparez les blancs des jaunes. Battez les blancs en neige souple, tout en incorporant lentement le sucre. Continuez à battre jusqu'à l'obtention d'une neige ferme et brillante. Ajoutez alors les jaunes et battez encore 1 min.
2 Râpez le zeste du citron. Ajoutez l'huile, l'extrait de vanille et le zeste de citron aux œufs.
3 Mélangez la farine avec la levure et incorporez-les doucement à la préparation en remuant soigneusement jusqu'à l'obtention d'un mélange homogène.
4 Préchauffez le four à 150 °C (therm. 2-3).
5 Huilez un moule de 26 cm de diamètre et versez-y la pâte. Aplatissez avec une spatule, mettez au four et laissez cuire pendant 20 min, puis élevez la température à 190 °C (therm. 5-6) et prolongez la cuisson pendant 25 min environ. Vérifiez la cuisson avec la pointe d'un couteau. Celle-ci doit ressortir sèche.

Selon l'ancienne coutume, le lekech se servait après les repas de fêtes, ainsi qu'après la prière du shabbat. Dans certaines communautés, on préparait à partir de ce même mélange des biscuits individuels. Pour ce faire, procédez ainsi : ajoutez un peu plus de farine au mélange initial et formez des petites boules avec vos mains. Enrobez chaque boule de sucre semoule et posez-les sur la plaque du four huilée. Faites cuire à température élevée (200 °C, therm. 6) pendant 20 min, jusqu'à ce que les biscuits soient bien dorés.

Gâteau au miel

Pour 2 gâteaux
Préparation : 30 min
Cuisson : 50 min

25 cl de miel • 150 g de sucre • 1 cuill. à soupe d'huile • 3 œufs • 5 cl de brandy • 15 cl. de thé concentré • 1 cuill. à café de gingembre moulu • 1 pincée de girofle moulu • sel • 350 g de farine • 2 cuill. à café de levure chimique • 50 g de raisins secs • 50 g d'amandes (ou de noix) pilées • 50 g de fruits confits

1 Mélangez le miel, le sucre, l'huile, les œufs et le brandy (vous pouvez le faire au batteur électrique, à basse vitesse). Ajoutez le thé et continuez à battre jusqu'à obtention d'un mélange homogène.
2 Ajoutez à la farine les épices, 1 grosse pincée de sel et la levure chimique, puis mélangez. Incorporez lentement le mélange de farine à celui à base de miel, et continuez de battre jusqu'à ce que vous obteniez une pâte épaisse et homogène. Avec une cuillère en bois, incorporez les raisins, les noix ou les amandes et les fruits confits en petits dés.
3 Préchauffez le four à 150 °C (therm. 2-3).
4 Huilez deux moules à cake de 25 cm de long et tapissez-les de papier sulfurisé. Versez la pâte dans les deux moules, mettez-les au four et laissez cuire pendant 20 min environ. Puis élevez la température à 190 °C (therm. 5-6), et prolongez la cuisson 30 min. Retirez les moules du four. Couvrez les gâteaux avec un torchon et laissez-les refroidir sur une grille.

Lorsque le gâteau est très frais, il tend à se désagréger : il est conseillé de le couper 24 h après sa cuisson. Il est encore meilleur 2 ou 3 jours après sa préparation. Il se conserve une semaine, et même davantage, dans une boîte hermétiquement fermée. Ce gâteau se prépare pour les fêtes de début d'année, le miel symbolisant une année qui s'écoulera en douceur. Avec les mêmes ingrédients, vous pouvez aussi préparer des petits gâteaux. Placez alors des barquettes en papier à pâtisserie dans des petits moules et faites cuire pendant 25 min à 190 °C (therm. 5-6).

La Boulangerie

Biscotchos

Pour 40 biscuits environ
Préparation : 30 min
Repos : 1 h 30
Cuisson : 30 min

30 g de levure de boulanger • 400 g de farine à pain • 1 cuill. à café de sucre semoule • 100 g de margarine • 1 cuill. à café de sel • 1/4 cuill. à café de cumin • 1/4 cuill. à café de coriandre moulue • 100 g de graines de sésame

1 Délayez la levure de boulanger dans 10 cl d'eau et laissez reposer pendant 5 min.
2 Mettez la farine dans une terrine. Formez un puits au milieu et versez-y le sucre, la levure, le sel et les épices. Commencez à pétrir, tout en incorporant lentement à la pâte la margarine et 10 cl d'eau tiède.
3 Pétrissez pendant encore 5 min environ, jusqu'à l'obtention d'une pâte élastique et homogène. Couvrez la terrine avec un torchon et laissez-la gonfler à température ambiante pendant 1 h 30 environ.
4 Préchauffez le four à 190 °C (therm. 5-6).
5 Parsemez un peu de graines de sésame sur le plan de travail. Tapotez la pâte et formez des boules de la taille d'une noix. Étalez-les ensuite de façon à obtenir des petits boudins allongés de 1 cm de diamètre et de 12 cm de long, tout en les roulant sur les graines de sésame jusqu'à ce qu'elles en soient recouvertes. Réunissez les deux bouts de chaque boudin en couronne et posez-les sur une tôle.
6 Enfournez et laissez cuire les biscotchos pendant 30 min jusqu'à ce qu'ils soient bien dorés. Déposez-les biscuits sur une grille et laissez-les refroidir.

Les biscotchos sont des biscuits salés croustillants. Ils ressemblent à des beigels. C'est pourquoi on les appelle en Israël des «beigels orientaux».
Vous pouvez consommer ces biscuits en apéritif ou avec du thé ou du café. Ils se conservent une quinzaine de jours dans une boîte hermétiquement fermée.
Leur nom, à consonance espagnole, vient du fait que cette recette provient de la communauté séfarade, qui a des racines espagnoles.

Les Boissons

Limonada à la menthe

POUR 6 PERSONNES
PRÉPARATION : 10 MIN

4 citrons • 75 g de sucre semoule • 1 botte de menthe

1 Pressez 3 citrons. Lavez soigneusement le quatrième et coupez-le en fines rondelles. Brisez les branches de menthe en petites unités.
2 Filtrez le jus de citron et versez-le dans une carafe. Ajoutez le sucre semoule, 1 l d'eau et remuez bien jusqu'à ce que le sucre soit totalement dissous.

3 Ajoutez les tranches de citron, la menthe et laissez bien refroidir avant de servir.
Décorez la carafe avec une orange coupée en rondelles, ce qui donnera une petite note colorée à cette boisson.

Café Botz

POUR 1 TASSE
PRÉPARATION : 5 MIN
CUISSON : 5 MIN

1 cuillerée à soupe de grains de café • sucre semoule • lait (facultatif)

1 Mettez les grains de café dans un moulin. Réglez le moulin pour obtenir la mouture la plus fine possible. Moulez.
2 Dans une petite casserole, versez la valeur d'un verre d'eau froide. Portez-la à ébullition.
3 Versez une cuillerée à café bombée de café moulu dans un verre. Remplissez-le d'eau bouillante.
4 Sucrez à volonté. Remuez, puis laissez reposer quelques instants pour que le marc de café se dépose au fond du verre. Arrosez éventuellement d'un nuage de lait.
Les Israéliens, qui sont toujours très pressés mais n'aiment pas le café instantané, ont imaginé cette recette. *Botz* signifie «de la boue» en hébreu. C'est ainsi que l'on désigne le café qui reste au fond du verre quand on a fini de boire.

LE BORSCHT

Cette boisson ne doit pas être confondue avec la soupe russe du même nom. Pour faire 1 l de borscht, pelez 3 betteraves et râpez-les grossièrement. Mettez-les dans une grande casserole, couvrez-les de 1,5 l d'eau, ajoutez 5 cl de jus de citron, 3 cuillerées à soupe de sucre semoule et 1 pincée de sel. Portez à ébullition et laissez cuire 15 min environ. Battez 1 œuf. Retirez la casserole du feu, filtrez le jus. Versez 1 cuillerée de jus sur l'œuf et remuez sans interruption. Puis incorporez ce mélange d'œuf au reste du jus et continuez de remuer jusqu'à obtention d'un liquide opaque. Versez celui-ci dans un flacon et laissez-le bien refroidir, puis servez.
Si vous souhaitez éclaircir le borscht, vous pouvez remplacer l'œuf par 10 cl de crème fraîche. Dans ce cas, ajoutez-la au borscht froid, juste avant de servir.
Vous pouvez utiliser les morceaux de betterave pour préparer une salade. Mélangez-les avec 1 petit oignon pelé et émincé, 2 petits concombres en saumure coupés en dés, du sel, du poivre, un filet de jus de citron et 4 cuillerées à soupe de mayonnaise.

LE MONDE ARABE

Dans une aire géographique aussi vaste
que le monde arabe (deux fois plus grand que l'Europe),
l'alimentation a joué un rôle primordial. Dépendant des conditions
climatiques de son immense espace géographique, caractérisées par
la profusion de soleil et le manque d'eau, elle a été modelée par
les diverses croyances des anciennes civilisations orientales, puis
réglementée par les trois religions monothéistes (judaïsme, christianisme
et islam). Aujourd'hui, il est possible de distinguer trois grands
groupes de traditions gastronomiques : la cuisine des pays du Maghreb,
celle des pays de la péninsule arabique et de l'Égypte,
et enfin la cuisine de l'aire syro-libanaise.

SAVEURS DES PAYS DU MAGHREB

Les pays du Maghreb (le «Couchant»), Maroc, Algérie, Tunisie ont en commun des plats bien spécifiques, notamment les couscous aux innombrables variantes (au mouton, poulet, dromadaire ou poisson, aux sept légumes, aux fruits secs et même au sucre et à la cannelle) ; les tajines, viandes et légumes cuits à l'étouffée dans un plat en terre du même nom ; les merguez, saucisses de mouton ou de bœuf, parfumées à la menthe, au carvi, à la coriandre, à la muscade ou au poivre et séchées au soleil. Des pâtes feuilletées et croustillantes remplies de farce (de pigeon, de volaille, etc.) prennent, en Tunisie le nom de *brik* et, au Maroc, celui de *pastilla*. La harissa, sauce très forte à base de piment et d'huile, accompagne divers plats. S'ajoutent à ces traditions celles des *kebab* (brochettes) et des méchouis (de mouton, de bœuf, de chèvre, de gazelle...mais toujours préparés par les hommes) ainsi qu'un goût marqué pour les pâtisseries souvent à base de fruits secs et de miel (voir p. 314-315).

LES TRADITIONS

Les règles de l'islam interdisent aux musulmans de consommer du porc et de la chair - ou du sang - d'un animal mort sans qu'il n'ait été sacrifié à Dieu. En outre, ils ne doivent pas tuer, ni, a fortiori, manger de gibier de terre ferme pendant le pèlerinage à La Mecque, alors que le poisson leur est autorisé. Vins et alcools étant prohibés, les principales boissons traditionnelles sont le thé, le café et les sirops, en particulier le sirop d'orgeat. En général importé d'Asie (seuls le Maroc et le Yémen en produisent en petite quantité), le thé accompagne les repas et se savoure à toute heure de la journée. Le thé vert est parfumé à la menthe, tandis que le rouge (le thé noir européen) se boit nature ou aromatisé de vanille ou de basilic. Le

Menu classique

━━━━

SALADE À L'ORANGE

•

TAJINE D'AGNEAU

•

LOSANGES DE PÂTE D'AMANDE

café- se déguste à la turque, plus ou moins sucré, et parfois arrosé d'eau de fleurs d'oranger.

LA VIE QUOTIDIENNE

LE PETIT DÉJEUNER (fatour al-sabah). Il se prend entre 7 h et 11 h du matin, à base de thé ou de café, et s'accompagne souvent de gâteaux ou de crèmes à la farine de sorgho ou aux pois chiches, par exemple.

LE DÉJEUNER (al-ghada). Un repas classique se compose de trois plats : une entrée légère, *kémias*, ou salades ; un plat principal, couscous, tajine ou plat à base de pâtes ; un dessert, confiserie au miel ou plateau de fruits. Il se prend entre 13 et 15 h.

LE DÎNER (al-acha). Le repas du soir, pris entre 19 h 30 et 21 h, est souvent constitué d'un seul plat : une viande ou un poisson accompagnés de pain ou de pâtes, ou bien une soupe dont les recettes sont finiment variées.

LES JOURS DE FÊTE

LE JOUR DE L'AN (ras al-sanah al-hijri). Le premier jour du mois de *mouharran* (le calendrier musulman s'appuie sur le cycle lunaire et comprend 354 jours) commémore l'exode de Mahomet vers Médine. Ce jour-là, il est de tradition de servir au dîner un plat de pâtes au poulet ou encore des crêpes beurrées au miel ou au sucre.

LA NATIVITÉ (al-mawlid al-nabaoui al-charif). En ce jour anniversaire de la naissance du Prophète, on sert une bouillie de semoule cuite dans une soupe d'herbes de saison, la *assida*.

LE RAMADAN. Pendant ce mois d'abstinence et de méditation, les musulmans ne doivent ni manger, ni boire, ni fumer du lever au coucher du soleil. Le soir, ils rompent le jeûne avec du lait, des dattes, des beignets au miel ou une soupe suivis d'un abondant repas.

LE PÈLERINAGE (el-hadjoule). La veille du départ en pèlerinage à La Mecque, la famille se rassemble pour un repas de fête composé de couscous garni, de pâtes et de pâtisseries. Au retour du pèlerin, famille et amis sont également conviés à partager un somptueux repas.

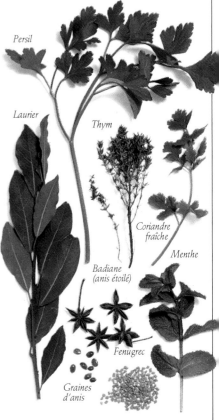

Persil

Laurier

Thym

Coriandre fraîche

Menthe

Badiane (anis étoilé)

Fenugrec

Graines d'anis

LES PRODUITS

LES AGRUMES

Importés d'Asie par les Arabes, les agrumes se sont très vite répandus en Syrie, en Égypte et dans les pays du Maghreb, où ils constituent une importante culture d'exportation.

LES ORANGES. On raconte que, à la fin du siècle dernier, le bey de Tunis goûta un jour une orange dont la chair, si parfumée, l'enchanta au point qu'il la nomma *maltaise*, en hommage à sa favorite... À la vérité, l'origine de la *maltaise* n'est pas vraiment connue (Malte, probablement), mais elle pousse abondamment en Tunisie et au Maroc. Parmi les autres variétés, citons la *navel*, dépourvue de pépin, la *salustiana* du Maroc, à la chair très sucrée. Quant aux *bigaradiers*, ils donnent des fleurs avec lesquelles se fabrique l'eau de fleurs d'oranger, et des fruits, les oranges amères, source de délicieuses confitures.

LES MANDARINES MÉDITERRANÉENNES. Venu probablement de Chine et du nord-est de l'Inde, ce petit fruit tire son nom de l'espagnol *naranja mandarina* (orange des mandarins) et fut importé dans le bassin méditerranéen en 1805. Son écorce, jaune-orangé, dégage un arôme presque acidulé et sa pulpe fondante est particulièrement juteuse. Assez grosse, la *tangerine* (de Tanger) est une variété de mandarine à peau rouge.

LES CLÉMENTINES. La légende raconte qu'en 1890, du côté d'Oran en Algérie, un certain père Clément eut l'idée de *marier* une orange et une mandarine méditerranéenne et qu'il obtint ainsi un fruit quasiment dépourvu de pépins. C'est à cette qualité que la clémentine doit d'être aujourd'hui la plus populaire des mandarines.

LES AROMATES

Certaines plantes aromatiques poussent à l'état sauvage sur tout le pourtour du bassin méditerranéen, comme le laurier ou le thym ; d'autres sont originaires d'Asie, telle la badiane, ou anis étoilé, fruit sec et dur (contenant huit petites graines brun pâle) d'un haut arbuste du Tonkin.

LE LAURIER. Ses feuilles persistantes et luisantes, réputées pour éloigner la foudre et préserver des maladies contagieuses, dégagent une forte odeur aromatique.

LE PERSIL. Les feuilles de cette plante aromatique servent à la fois à parfumer les plats et à les décorer. La variété la plus commune dans les pays du Maghreb est le persil plat.

LE THYM. Cette petite plante vivace, qui croît à l'état sauvage, ajoute à son arôme des vertus digestives. C'est pourquoi le thym accompagne à merveille tous les plats mijotés, les farces ou les légumes.

LA CORIANDRE. Cette ombellifère est très fréquemment confondue avec le persil plat, à tel point qu'on lui donne parfois le nom de «persil arabe». Mais le parfum de la coriandre est décuplé dans la graine qui fait partie des épices de base utilisés dans la cuisine arabe.

LA MENTHE. La menthe verte et la menthe poivrée sont les plus courantes. Élément indispensable du thé, elle est aussi présente dans de nombreux plats. La récolte doit se faire en milieu de journée, en pleine chaleur, quand la teneur en huile essentielle de la plante est la plus forte. La menthe fraîche ne se conserve guère, aussi faut-il la consommer assez rapidement.

LE FENUGREC. C'est une légumineuse dont la gousse allongée renferme des graines oblongues. Celles-ci étaient conseillées aux femmes qui désiraient grossir.

LES VINS

MAROC. Sans avoir de grands crus, le Maroc offre quelques vins d'origine contrôlée, surtout rouges et rosés : le *muscat de Berkane*, le *dar bel-hamri* qui peut titrer 15 % Vol. et les fameux vins gris des vieux vignobles d'El-Djadida et de Demnate, au sud de Casablanca. La moitié de la production est exportée vers l'Europe.

ALGÉRIE. La vigne implantée par les colons produit surtout des rouges fortement alcoolisés. Les principaux cépages sont le carignan, le grenache, le syrah et le pinot. Depuis l'indépendance, l'implantation du vignoble a fortement diminué et il ne couvre plus que 200 000 ha. L'essentiel de la récolte est destiné à l'exportation, notamment à destination de la Russie.

TUNISIE. La Tunisie produit des rouges, des blancs et des rosés. Les meilleurs crus sont les vins de Carthage, de Tebourda ou de Sidi-Tabet, aux alentours de Tunis.

Navel

Orange amère

Mandarine

Clémentines

Maltaise sanguine

Salustiana

Les Entrées

Salade à l'orange

Tunisie

POUR 6 PERSONNES

PRÉPARATION : 20 MIN

1 salade (laitue ou romaine) • 1 bouquet de persil plat • 1 bouquet de menthe fraîche • 3 oranges • 100 g de raisins secs • 2 citrons • 3 cuill. à soupe d'huile d'olive • sel, poivre

1 Lavez et ciselez la salade. Lavez et équeutez le persil. Lavez et effeuillez la menthe. Ciselez ces herbes. Mélangez le tout dans un grand saladier.

2 Pelez les oranges à vif, coupez-les en dés au dessus d'un bol pour en recueillir le jus.
3 Ajoutez les oranges, le jus et les raisins secs dans le saladier.
4 Pressez les citrons. Préparez la sauce avec l'huile, le jus des citrons, sel et poivre. Versez-la sur la salade, mélangez.
5 Mettez au frais jusqu'au moment de servir.
En Tunisie, comme dans de nombreux pays méditerranéens, l'apéritif s'accompagne toujours de petites choses à grignoter. En Tunisie, ces amuse-gueule s'appellent «aadou». Ils comportent des amandes, des noisettes, des pistaches, des noix de cajou, des olives noires et vertes, des biscuits au sésame, de petits briks et des salades. Cette recette peut donc être servie en début de repas ou faire partie des aadou.

Salade de légumes crus

Tunisie

POUR 6 PERSONNES

PRÉPARATION : 30 MIN

2 carottes • 1 cœur de céleri-rave • 2 poivrons verts • 1 poivron rouge • 1 fenouil • 2 tomates • 4 bouquets de chou-fleur • 3 oignons blancs nouveaux avec leur tige
pour la sauce : 6 cuill. à soupe d'huile d'olive • vinaigre • piment rouge doux moulu • carvi • sel

1 Épluchez les carottes et le céleri. Coupez les poivrons en deux, ôtez-en le pédoncule, retirez les filaments blancs et les graines.
2 Séparez le fenouil, débarrassez-le des plus gros fils.
3 Lavez tous les légumes. Réservez les bouquets de chou-fleur. Coupez finement les carottes, le céleri, les poivrons et le fenouil. Pelez et émincez soigneusement les oignons.
4 Préparez la sauce dans un saladier. Mélangez l'huile d'olive, 3 cuillerées à soupe de vinaigre, 1 pincée de piment rouge, 1 cuillerée à café de graines de carvi, 1 cuillerée à café de sel.
5 Ajoutez les légumes. Mélangez bien jusqu'à ce qu'ils soient imprégnés de la sauce. Laissez macérer pendant quelques minutes avant de servir.
En Tunisie, le piment doux porte le nom de felfel zina.

Velouté de Fès

Maroc

POUR 8 PERSONNES

PRÉPARATION : 40 MIN

TREMPAGE : 12 H

CUISSON : 1 H

200 g de pois chiches • 250 g de viande (bœuf ou mouton à bouillir) • 2 oignons • 1/2 dose de safran • 5 tomates • 2 branches de céleri • 1 bouquet de persil plat • 1 bouquet de coriandre • 100 g de lentilles • 40 g de riz • 1 cuill. à soupe de coulis de tomates • 50 g de farine • sel, poivre

1 La veille, mettez les pois chiches à tremper dans de l'eau froide.

2 Le lendemain, égouttez-les. Coupez la viande en dés. Pelez et émincez les oignons.
3 Dans une marmite, mettez la viande, les pois chiches, les oignons et le safran. Ajoutez 2 l d'eau, 1 cuillerée à café de poivre et 2 cuillerées à café de sel. Couvrez. Faites cuire à feu moyen pendant 20 à 30 min.
4 Lavez les légumes et les herbes. Plongez les tomates 1 min dans l'eau bouillante, pelez-les et épépinez-les. Effilez le céleri, équeutez le persil et la coriandre. Hachez bien tous ces ingrédients. Mettez-les dans la marmite.
5 Ajoutez les lentilles, le riz et le coulis de tomates. Prolongez la cuisson 30 min à couvert.
6 Quelques minutes avant la fin de la cuisson, délayez la farine dans un peu d'eau. Versez-la dans la soupe en tournant pour qu'il n'y ait pas de grumeaux. Terminez la cuisson, marmite découverte, en remuant de temps à autre.
7 Versez le velouté dans une soupière et servez chaud.

Brik aux fruits de mer

Tunisie

POUR 8 PERSONNES

PRÉPARATION : 45 MIN

CUISSON : 20 MIN

Boisson conseillée :

CASSIS BLANC

---

8 feuilles de brik • 1 l de moules • 1 bouquet garni •

8 crevettes royales • 1 bouquet de persil •

1 bouquet de coriandre • 1 oignon • 10 cl d'huile d'olive •

8 œufs • huile de friture • sel, poivre

1 Grattez les moules. Nettoyez-les soigneusement en les lavant plusieurs fois à l'eau froide, jusqu'à ce qu'il ne reste plus de sable. Faites-les ouvrir dans une casserole à feu vif, avec le bouquet garni et du sel, pendant environ 10 min. Remuez régulièrement. Pendant ce temps, plongez les crevettes dans de l'eau bouillante salée et faites-les cuire environ 5 min. Égouttez-les. Laissez refroidir les moules et les crevettes puis décortiquez-les. Lavez et hachez le persil et la coriandre. Pelez et émincez l'oignon. Versez l'huile d'olive dans une poêle et faites-y revenir les moules, les crevettes, l'oignon et les herbes fraîches (persil et coriandre). Salez, poivrez et prolongez la cuisson pendant environ 5 min. Laissez tiédir cette farce.

2 Prenez 1 feuille de brik et posez-la bien à plat sur un plan de travail. Repliez les bords du disque de pâte vers l'intérieur afin d'obtenir un carré d'environ 20 cm de côté. Renouvelez cette opération avec le reste des feuilles de brik.

3 Versez un peu de farce au centre de chaque carré que vous avez formé, en veillant à ce qu'il y ait une crevette dans chacun d'entre eux. Aplatissez le dessus de la farce.

4 Cassez 1 œuf par-dessus la farce et repliez la pâte sur elle-même de manière à former un triangle. Procédez de même pour tous les briks.

5 Dans une sauteuse, faites chauffer votre huile de friture. Plongez-y les briks un à un pour éviter qu'ils ne se chevauchent. Laissez-les dorer environ 5 min, en les retournant à mi-cuisson, jusqu'à ce qu'ils soient bien dorés de tous côtés. Sortez-les à l'aide d'une spatule ou d'une écumoire et déposez-les sur du papier absorbant. Laissez-les égoutter rapidement et servez bien chaud.

Les Plats

Soupe de poissons du port de Sfax

Tunisie

POUR 10 PERSONNES

PRÉPARATION : 1 H

CUISSON : 35 MIN

Boisson conseillée :

ROSÉ DE PROVENCE

1 petite anguille • 500 g de petits poissons (rascasse, vive, grondin, mulet, daurade) • 500 g de merlan • 500 g de loup (ou bar), tous ces poissons écaillés et vidés par le poissonnier, y compris l'anguille • 500 g de mérou • 1 petite langouste • 4 bouquets • 4 tourteaux • 4 grosses tomates • 1 bouquet de persil simple • 2 gros oignons • 5 gousses d'ail • 4 cuill. à soupe d'huile d'olive • 1 branche de thym • 1 feuille de laurier • 1 cuill. à soupe de fenouil moulu • 1 morceau d'écorce d'orange séchée • 3 doses de safran • sel, poivre

1 Lavez les poissons, débarrassez-les des caillots de sang et des dernières écailles. Ôtez la tête et la queue des petits poissons et de l'anguille. Coupez les en tronçons. Décortiquez les bouquets et la langouste.
2 Plongez les tomates 1 min dans de l'eau bouillante, pelez-les, épépinez-les et concassez-les. Lavez et hachez le persil. Pelez les oignons et l'ail, émincez les oignons, écrasez l'ail.
3 Dans une grande marmite, faites roussir les oignons et l'ail dans l'huile.
4 Ajoutez les tomates, les herbes, les aromates, l'écorce d'orange et le safran. Salez, poivrez.
5 Mettez les poissons et les crustacés dans la marmite. Couvrez largement d'eau bouillante. Laissez cuire à gros bouillons, à découvert, pendant 20 à 25 min. Retirez les poissons et les crustacés et égouttez-les.
6 Présentez séparément la soupe et les poissons et crustacés. Coupez la queue de la langouste en 2 dans le sens de la longueur pour pouvoir en extraire la chair. Cassez les pinces des tourteaux et coupez leur corps en 2. Disposez-les sur un grand plat et entourez-les des poissons. Accompagnez de pain grillé ou de pain d'orge. Achetez l'anguille le jour même. Une fois dépouillée, elle doit être préparée le plus rapidement possible. Les habitants de Sfax, un grand port sur la côte nord du golfe de Gabès, préparent aussi une soupe de poissons plus rustique, uniquement à base de mérou et de grondin. La sauce est très épicée, avec de l'ail, de la harissa, du cumin, du carvi, de la coriandre et du paprika.

Daurade farcie

Maroc

POUR 6 PERSONNES

PRÉPARATION : 40 MIN

CUISSON : 1 H 10

Boisson conseillée :

VIN GRIS D'EL-DJADIDA

1 daurade de 2 kg, ébarbée et écaillée par le poissonnier pour la farce : 2 gros oignons • 4 gousses d'aill • 500 g de tomates • 3 poivrons • 1 bouquet de coriandre • 1 bouquet de persil • les écorces de 2 citrons confits • 100 g d'olives violettes dénoyautées • 1 dose de safran • 1/2 cuill. à café de gingembre moulu • huile d'olive • sel, poivre

1 Préparez la farce. Pelez et émincez les oignons, pelez et pilez l'ail. Plongez les tomates 1 min dans de l'eau bouillante, pelez-les, épépinez-les et concassez-les. Fendez les poivrons en 2, ôtez-en le pédoncule, les filaments et les graines, lavez-les, puis détaillez-les en lanières. Réservez-en la moitié, qui servira à décorer le plat. Lavez et hachez la coriandre et le persil. Hachez les écorces des citrons.
2 Mettez tous ces ingrédients dans une casserole avec les olives, le safran, le gingembre, 15 cl d'huile et autant d'eau. Salez et poivrez. Faites cuire à couvert sur feu moyen 20 min environ.
3 Videz la daurade par le dos (voir Daurade aux raisins secs p. 318).
4 Préchauffez le four à 200 °C (therm. 6).
5 Remplissez la daurade avec la moitié de la farce (l'autre moitié servira pour la sauce). Attachez-la en plusieurs points avec du fil de cuisine, sans trop serrer, pour maintenir la farce.
6 Déposez le poisson dans un plat huilé allant au four. Enfournez et laissez cuire pendant 50 min, en arrosant toutes les 10 min avec le jus de cuisson.
7 Peu avant la fin de la cuisson, réchauffez le restant de farce et faites frire les lanières de poivron réservées. Servez la daurade nappée de la sauce ; décorez avec le poivron .

Loup aux crevettes

Maroc

POUR 8 PERSONNES

PRÉPARATION : 40 MIN

CUISSON : 1 H 10

Boisson conseillée :

SAUMUR BLANC

1 loup (ou bar) de 2 kg

pour la farce : 1,5 kg de

crevettes • 3 oignons •

4 gousses d'ail • 500 g de

tomates • 1/2 dose de

safran • 15 cl d'huile d'olive •

1 poignée de gros sel •

1/2 cuill. à café de paprika

(facultatif) • 2 poivrons •

sel, poivre

1 Préparez la farce.
Pelez et émincez les
oignons. Pelez et pilez
l'ail. Plongez les tomates
quelques secondes dans
l'eau bouillante, pelez-
les, épépinez-les et
concassez-les.
2 Dans une marmite,
mélangez les tomates, les
oignons, l'ail, le safran,
l'huile et éventuellement,

le paprika. Ajoutez
1 cuillerée à café de poivre, 1 cuillerée à café de
sel et 60 cl d'eau. Cou-
vrez. Faites cuire à feu
moyen pendant
15 à 20 min.
3 Pendant ce temps, lavez les crevettes (sans les
décortiquer). Jetez-les
dans de l'eau bouillante
salée avec le gros sel.
Laissez-les cuire 3 min
après la reprise de l'ébullition. Égouttez-les.
4 Décortiquez les crevettes. Ajoutez-les à la préparation précédente.
Prolongez la cuisson à découvert jusqu'à ce que la
sauce soit réduite.
5 Préchauffez le four à
200 °C (therm. 6).
6 Lavez soigneusement
le poisson pour le débar-
rasser des écailles qui res-

tent collées et de toute
trace de sang. Videz-le et
incisez-le de la même ma-
nière que la daurade aux
raisins secs (voir p. 318).
7 Farcissez le poisson
avec la moitié de la pré-
paration aux crevettes
(l'autre moitié formera la
sauce).
8 Déposez-le sur la plaque du four huilée. En-
fournez et laissez cuire
pendant 30 à 40 min.
9 Lavez les poivrons,
ôtez-en le pédoncule, les
filaments et les graines,
débitez-les en lanières.
10 Peu avant la fin de
la cuisson, réchauffez la
farce restante. Déposez
le poisson au centre d'un
plat rond. Disposez les
lanières de poivron tout
autour du plat. Nappez
le poisson de sauce.

Loup farci au fenouil

Tunisie

POUR 4 PERSONNES

PRÉPARATION : 15 MIN

CUISSON : 30 À 40 MIN

4 loups (ou bars) de taille

moyenne écaillés, ébarbés et

vidés par le poissonnier

pour la farce : 1 bulbe de

fenouil frais avec feuilles (ou

1 cuill. à soupe de fenouil

moulu) • 1 bouquet de persil

simple • huile d'olive •

2 citrons • sel, poivre noir

1 Lavez soigneusement
les poissons à l'eau cou-

rante. Essuyez-les bien.
2 Préchauffez le gril du
four.
3 Lavez et hachez le fenouil et le persil. Mélangez-les avec 4 cuillerées à
soupe d'huile, 1 cuillerée
à café de sel et 1 cuillerée
à café de poivre moulu.
4 Farcissez les poissons
de ce mélange. Cousez
l'ouverture. Badigeonnez
les loups d'une mince
couche d'huile. Placez-
les sous le gril du four et

faites-les cuire pendant
30 à 40 min, en les
retournant à mi-cuisson.
5 Coupez les citrons en
quartiers. Sortez les poissons du four, déposez-
les sur un plat de service
chaud et décorez le plat
avec les quartiers de
citron.
Accompagnez de pom-
mes allumettes.

Merlan à l'algérienne

Algérie

POUR 6 PERSONNES

PRÉPARATION : 10 MIN

CUISSON : 20 À 25 MIN

Boisson conseillée :

GRAVES BLANC

6 merlans d'environ 200 g

chacun , vidés et parés par le

poissonnier • 4 gousses

d'ail • 1 tomate • 6 cuill. à

soupe d'huile d'olive • 1 cuill.

à café de cumin moulu •

1 cuill. à café de piment doux

rouge moulu (ou de paprika) •

1 citron • 4 branches de

persil simple • 1 œuf • sel,

poivre

1 Lavez les poissons, essuyez-les soigneusement

avec du papier absorbant.
2 Pelez et pilez l'ail.
Plongez la tomate 1 min
dans l'eau bouillante, pelez-la, épépinez-la et concassez-la.
3 Dans une sauteuse,
faites revenir l'ail pilé
dans l'huile chaude, sans
le laisser prendre cou-
leur. Ajoutez les merlans.
Mouillez avec très peu
d'eau. Ajoutez le cumin,
la tomate, le piment, du
sel et du poivre. Laissez
mijoter à feu moyen pen-
dant 20 min en retour-
nant délicatement les

poissons à mi-cuisson.
4 Pendant ce temps,
pressez le citron. Lavez
et ciselez le persil. Battez
l'œuf entier avec le jus de
citron.
5 Disposez les merlans
sur le plat de service
chaud. Liez la sauce avec
le mélange d'œuf et de
jus de citron, nappez-en
les poissons. Parsemez
de persil.
Accompagnez de pom-
mes de terre cuites à la
vapeur.

Sole meunière à l'orange

Tunisie

POUR 4 PERSONNES

PRÉPARATION : 20 MIN

CUISSON : 15 MIN

Boisson conseillée :

RIESLING

8 filets de sole • 2 cuill. à soupe de farine • 4 cuill. à soupe d'huile d'olive • 2 branches de persil simple • 4 oranges • 1 citron • sel, poivre

1 Lavez les filets de sole, essuyez-les soigneusement. Mettez la farine sur une assiette. Passez les filets de sole dans la farine, secouez pour bien faire tomber l'excédent de farine.

2 Faites chauffer l'huile dans une grande poêle. Faites-y dorer les soles pendant 5 à 6 min de chaque côté.
3 Pendant ce temps, lavez et ciselez le persil. Pressez 3 oranges et le citron. Pelez à vif la dernière orange et coupez-la en tranches.
4 Dégraissez la poêle, ajoutez le jus des oranges et du citron. Laissez sur feu doux 4 à 5 min.
5 Nappez les soles de sauce et parsemez-les de

persil. Entourez-les des tranches d'orange et servez immédiatement. Accompagnez de riz cuit dans de l'eau bouillante salée et poivrée.
Un bon truc pour bien fariner les filets : mettez la farine dans un sac en plastique, ajoutez les filets un à un, secouez bien le sac ; ainsi votre filet sera parfaitement enrobé d'une légère couche de farine.

Pastilla aux amandes et au pigeon

Maroc

POUR 6 PERSONNES

PRÉPARATION : 1 H

CUISSON : 1 H

Boisson conseillée :

MORGON

4 pigeons • 500 g d'oignons • 110 g de beurre • 1 cuill. à soupe de gingembre • 4 doses de safran • 1 gros bouquet de coriandre • 1 gros bouquet de persil plat • 8 œufs + 1 jaune • 150 g de sucre semoule • 80 g d'amandes mondées • cannelle en poudre • 10 feuilles de pastilla (ou de brik) • 100 g de beurre fondu • sucre glace • sel

1 Pelez et émincez les oignons. Dans une cocotte, faites revenir les pigeons entiers dans 100 g de beurre avec les oignons, le gingembre, le safran, le sel. Lorsqu'ils sont dorés, ajoutez 75 cl d'eau. Laissez cuire à feu

doux et à couvert pendant 30 min environ.
2 Retirez les pigeons, laissez-les tiédir puis désossez-les et coupez la chair en petits dés.
3 Lavez puis hachez la coriandre et le persil. Battez 8 œufs en omelette. Mettez les herbes et le sucre dans la cocotte. Laissez réduire puis ajoutez l'omelette. Continuez la cuisson en tournant à la spatule, sans arrêt, pendant 5 min. Laissez refroidir.
4 Pendant ce temps, faites dorer les amandes dans le reste de beurre, avec 1 pincée de cannelle. Égouttez-les sur du papier absorbant, puis concassez-les grossièrement. Mélangez-les aux œufs cuits.
5 Préchauffez le four à 200 °C (therm. 6).

6 Badigeonnez 4 feuilles de pastilla de beurre fondu. Tapissez-en un moule de 22 cm de diamètre en les faisant déborder du moule. Disposez les dés de pigeon au fond, couvrez de 3 feuilles de pastilla beurrées puis ajoutez les œufs aux herbes et aux amandes par-dessus et terminez par les 3 feuilles de pastilla restantes. Rabattez-les sous la pastilla en les badigeonnant avec le jaune du dernier œuf délayé dans un peu d'eau.
7 Badigeonnez la pastilla de beurre fondu et enfournez-la pendant 15 à 20 min jusqu'à ce qu'elle soit dorée.
8 Sortez-la du four, saupoudrez-la de sucre glace et formez des losanges avec la cannelle moulue.

Cailles au raisin

Maroc

POUR 8 PERSONNES

PRÉPARATION : 1 H

CUISSON : 30 MIN

16 cailles prêtes pour la cuisson, non bardées • 1 gousse d'ail • 2 oignons • 150 g de beurre • 2 kg de raisin blanc • 25 cl de crème fraîche • sel, poivre

1 Pelez l'ail et les oignons. Hachez l'ail, émincez finement les oignons. Mettez dans une marmite 100 g de beurre,

les oignons émincés, l'ail haché et 50 cl d'eau. Salez et poivrez généreusement. Faites cuire les cailles dans ce mélange à feu moyen, la marmite à moitié découverte, pendant 15 à 20 min.
2 Pendant ce temps, lavez puis égrenez le raisin. Épépinez-le à l'aide d'une aiguille.
3 Faites revenir le raisin pendant 5 min à la poêle

avec le reste du beurre.
4 Retirez les cailles de la marmite et tenez-les au chaud. Faites réduire la sauce. Au moment de servir, ajoutez la crème fraîche. Rangez les cailles côte à côte sur un plat, entourez avec le raisin chaud et arrosez le tout de sauce.
Si vous trouvez des cailles sauvages, faites-les cuire 20 min de plus.

PASTILLA
AUX AMANDES
ET AU PIGEON

•

On trouve différentes
recettes de pastillas dans
tout le Maroc, mais il
semble bien que celle-ci soit
l'une des plus traditionnel-
les. Elle vient de Fès. La
confection de la pâte est un
véritable art, transmis de
génération en génération.

Pigeons aux pruneaux et oignons

Maroc

POUR 8 PERSONNES

PRÉPARATION : 20 MIN

TREMPAGE : 2 H

CUISSON : 1 H 20

8 pigeons vidés et lavés • 500 g de pruneaux • 1 gros oignon • 2 gousses d'ail • 100 g de beurre • 1/2 dose de safran • 1/2 cuill. à café de cannelle • 1 kg de petits oignons • 1 cuill. à café de grains de poivre • 1 bouquet de persil simple • 200 g d'amandes mondées • 2 cuill. à soupe d'huile d'olive • sel

1 Mettez les pruneaux à tremper dans de l'eau froide pendant 2 h.
2 Pelez l'ail et l'oignon. Émincez l'oignon, hachez l'ail. Dans une grande marmite, mettez les pigeons, le beurre, l'oignon, l'ail, le safran, la cannelle, le sel et le poivre. Mouillez avec 1 l d'eau. Laissez cuire sur feu moyen pendant 40 min, la marmite couverte aux trois quarts.
3 Pendant ce temps, lavez puis hachez le persil. Pelez les petits oignons. Ajoutez le persil et les oignons dans la marmite.

Laissez mijoter pendant 10 à 15 min.
4 Faites cuire les pruneaux dans de l'eau salée pendant environ 15 min. Égouttez-les.
5 Au moment de servir, faites dorer les amandes dans de l'huile. Concassez-les grossièrement.
6 Déposez les pruneaux et les petits oignons au centre du plat de service. Disposez les pigeons autour. Nappez de sauce et décorez d'amandes.

Lapin doré

Maroc

POUR 8 PERSONNES

PRÉPARATION : 20 MIN

TREMPAGE : 3 H

CUISSON : 1 H

Boisson conseillée :

GRAVES ROUGE

2 lapins moyens coupés en morceaux • 1 kg de pruneaux • 1 bouquet de coriandre • 500 g d'oignons • 4 gousses d'ail • 100 g de beurre • 1 cuill. à café de gingembre moulu • 2 cuill. à café de piment doux moulu • 2 cuill. à soupe d'huile d'olive • sel

1 Faites tremper les pruneaux dans de l'eau froide pendant 3 à 4 h.
2 Ficelez le bouquet de coriandre. Pelez les oignons et coupez-les en lamelles. Pelez l'ail.
3 Mettez dans une marmite les lapins, le beurre, le gingembre, le piment doux, les oignons, l'ail et la coriandre. Ajoutez 1 l d'eau et 1 cuillerée à café de sel. Faites cuire à feu moyen pendant 40 min environ, la marmite couverte aux trois quarts.
4 Égouttez bien les pruneaux. Faites-les cuire dans de l'eau salée, pendant 20 min puis égouttez-les à nouveau.
5 Retirez les morceaux de lapin de la marmite et dorez-les à la poêle dans l'huile chaude. Retirez le bouquet de coriandre et faites réduire la sauce.
6 Disposez la viande dans le plat de service et répartissez les pruneaux par-dessus. Arrosez de sauce. Servez chaud Accompagnez de pommes de terre frites ou de salade.

PLIER LA PASTILLA

Pour 10 à 12 personnes, comptez 16 feuilles de 55 cm de diamètre. Dans un moule bien beurré, rangez, en les faisant se chevaucher, une couche de 2 ou 3 feuilles qui déborderont largement du moule. Étalez la farce choisie sur toute la surface. Recouvrez avec une ou deux feuilles, rabattez sur celles-ci les parties débordantes des premières. Enduisez de jaune d'œuf avant de recommencer l'opération, c'est-à-dire de ranger une seconde série de feuilles en les faisant toujours se chevaucher et déborder. La partie débordante des feuilles sera délicatement rentrée sous la pastilla de façon à former un bord net et bien arrondi. Avec du jaune d'œuf, collez une dernière feuille qui rendra le dessus bien lisse. Badigeonnez avec un peu de beurre ramolli.

Langue farcie

Tunisie

POUR 8 PERSONNES

PRÉPARATION : 35 MIN

TREMPAGE : 2 H

CUISSON : 3 H 25

Boisson conseillée :

CÔTES-DU-RHÔNE

1 langue de bœuf préparée par le boucher

pour la farce : 1 bouquet de persil plat • 2 oignons • 2 citrons • 1 pincée de cannelle • 1 bonne pincée de safran • 4 cuill. à soupe d'huile d'olive • 8 œufs durs

pour le court-bouillon :

1 carotte • 1 branche de céleri • 1 feuille de laurier • 3 clous de girofle • sel, poivre noir

1 Mettez la langue à tremper dans de l'eau froide pendant 2 h.
2 Faites-la blanchir 10 à 15 min dans de l'eau bouillante salée. Égouttez-la et dépouillez-la. Pour cela, fendez la peau à la base de la langue, dessus et dessous, et tirez vers la pointe.
3 À l'aide d'un couteau bien aiguisé, prélevez la chair qui se trouve à la base de la langue. Puis, en tournant le couteau, creusez une longue poche à partir de la base de la langue. Hachez la viande ainsi prélevée.
4 Lavez, équeutez et hachez le persil. Pelez et hachez 1 oignon. Mélangez-les à la viande. Ajoutez le jus d'un citron et les épices. Salez, poivrez.
5 Faites cuire cette farce à petit feu avec 1 cuillerée à soupe d'huile et 1 d'eau pendant 10 min.
6 Écalez les œufs durs. Placez un œuf entier au fond de la poche creusée dans la langue. Recouvrez-le avec un peu de farce. Répétez l'opération jusqu'à ce que la langue soit entièrement farcie. Terminez par 1 œuf, tassez-le bien. Cousez l'ouverture.
7 Épluchez la carotte, lavez le céleri, pelez l'oignon restant. Mettez-les dans une marmite avec le laurier, les clous de girofle, le reste d'huile et 1 l d'eau. Salez. Portez à ébullition puis baissez le feu. Plongez la langue dans l'eau frémissante. Laissez cuire 3 h.
8 Sortez la langue de la marmite avec une écumoire, découpez-la en tranches sur le plat de service et servez-la avec le second citron coupé en rondelles.

Mouton aux citrons confits

Maroc

POUR 6 PERSONNES

PRÉPARATION : 30 MIN

CUISSON : 1 H 20

1,5 kg de collier de mouton en morceaux • 4 gousses d'ail • 100 g de beurre • gingembre en poudre • cumin • 1 bâton de cannelle • 1/2 dose de safran • 4 oignons • les écorces de 3 citrons confits • 1 bouquet de coriandre • 1 bouquet de persil • 8 œufs • sel

1 Pelez et pilez finement l'ail. Mettez dans une grande marmite la viande, le beurre, l'ail, 1 grosse pincée de gingembre, 1 cuillerée à café de cumin, le bâton de cannelle et le safran. Ajoutez 1 l d'eau, salez et mélangez bien. Faites cuire pendant 1 h à feu moyen, la marmite à demi découverte.
2 Pelez et émincez finement les oignons. Coupez les écorces de citron en lamelles. Lavez et hachez soigneusement la coriandre et le persil. Ajoutez tous ces ingrédients dans la marmite. Laissez mijoter à feu moyen pendant encore pendant 15 min.
3 Dans un plat allant sur le feu, disposez la viande, arrosez-la de sauce puis cassez les œufs 1 à 1 entre les morceaux de viande. Mettez sur feu moyen. Servez dès que les œufs sont cuits.
Plutôt qu'une marmite, utilisez un tajine et servez directement dedans.

Chorba blanche

Algérie

POUR 6 PERSONNES

TREMPAGE : 12 H

PRÉPARATION : 10 MIN

CUISSON : 1 H

Boisson conseillée :

COTEAUX-DU-ZACCAR

500 g de mouton (d'agneau ou de poulet) désossé et coupé en morceaux • 250 g de pois chiches • 1 oignon • huile d'olive • cannelle • 1 poignée de cheveux d'ange • persil simple • 3 citrons • 1 jaune d'œuf • sel, poivre

1 La veille, mettez les pois chiches à tremper dans de l'eau froide. Égouttez-les.
2 Pelez et hachez l'oignon. Faites chauffer l'huile dans une marmite. Mettez à revenir les morceaux de viande avec l'oignon et 1 cuillerée à café de cannelle. Quand ils ont pris couleur, couvrez d'eau, salez, poivrez. Plongez les pois chiches dans la marmite. Laissez cuire 20 à 40 min selon la viande.
3 Ajoutez 75 cl d'eau. À ébullition, jetez-y les cheveux d'ange. Laissez cuire 20 min.
4 Lavez et hachez le persil. Pressez 1 citron. Mélangez le jus, le persil et les jaunes d'œufs.
5 À la fin de la cuisson, liez la sauce avec cette préparation. Laissez bouillir 2 min.
6 Servez dans un plat creux, avec les citrons coupés en quartiers.

Couscous au mouton

Tunisie

POUR 8 PERSONNES

REPOS : 20 MIN

PRÉPARATION : 20 MIN

CUISSON : 1 H

Boisson conseillée :

BEAUJOLAIS-VILLAGES

1 kg de couscous fin • 1,5 kg d'épaule de mouton •		
5 oignons • 5 gousses d'ail • 15 cl d'huile d'olive •		
500 g de pois chiches • coriandre moulue • 5 tomates •		
piment doux moulu • noix de muscade • carvi moulu •		
coulis de tomates • 1,5 kg de carottes • 4 courgettes •		
3 poireaux • 8 pommes de terre • 500 g de potiron •		
150 g de beurre ramolli • sel, poivre noir		

1 Coupez la viande en morceaux. Pelez et hachez l'oignon et l'ail. Faites revenir à l'huile dans un couscoussier la viande, l'oignon, l'ail et les pois chiches 15 min, en remuant à l'aide d'une cuillère en bois.

2 Plongez les tomates 1 min dans de l'eau bouillante, pelez-les, épépinez-les et concassez-les. Assaisonnez la viande de 2 cuillerées à soupe de coulis, 1 cuillerée à soupe de piment, 2 pincées de noix de muscade, 2 pincées de carvi. Salez et poivrez. Ajoutez la coriandre, les tomates et 25 cl d'eau. Mélangez et laissez mijoter 15 min à feu doux. Versez le couscous et 30 cl d'eau dans un plat creux. Mélangez et faites reposer 10 min. Ajoutez 15 cl d'eau et laissez reposer.

3 Épluchez les carottes et les courgettes. Coupez les racines des poireaux. Détaillez tous ces légumes en bâtonnets.

Épluchez et lavez les pommes de terre. Coupez-les en morceaux. Coupez le potiron en dés. Remplissez la partie inférieure du couscoussier d'eau aux 3/4. Plongez-y les légumes. Faites reprendre l'ébullition et prolongez la cuisson à petits bouillons.

4 Chemisez le panier du couscoussier d'une mousseline. Versez-y le couscous. Déposez le panier au-dessus de la marmite. Dès le passage de la vapeur, laissez cuire 30 min.

5 Versez le couscous dans un plat creux et émiettez les mottes. Incorporez-y le beurre en morceaux et arrosez de la moitié du bouillon. Couvrez et laissez reposer pendant 10 min. Servez le couscous, la viande et les légumes à part, ainsi que le bouillon. Ajoutez un peu de harissa si vous désirez corser la sauce.

Ouided (couscous au poisson)

Tunisie

POUR 8 PERSONNES

PRÉPARATION : 40 MIN

CUISSON : 55 MIN

Boisson conseillée :

SANCERRE

1 kg de semoule à couscous fine • 1 kg de rascasses, de petits mulets ou de petites daurades préparés par le poissonnier • 1 oignon • 4 tomates • 15 cl d'huile d'olive • 1 cuill. à soupe de piment doux moulu • 2 cuill. à soupe de concentré de tomates • 3 poivrons • 1 piment vert fort • 3 pommes de terre • 1 courgette • 2 navets • 150 g de beurre • sel, poivre

1 Préparez le bouillon. Pelez l'oignon et coupez-le en rondelles. Plongez les tomates 1 min dans de l'eau bouillante, pelez-les, épépinez-les puis concassez-les. Dans une marmite, faites revenir dans l'huile l'oignon avec le piment doux moulu, le concentré et la purée de tomates, et couvrez de 10 cl d'eau. Laissez mijoter 10 min.

2 Lavez les poissons, essuyez-les à l'aide d'un papier absorbant, salez-les légèrement.
3 Mettez les poissons dans la marmite. Couvrez-les d'eau aux 3/4. Portez à ébullition.
4 Pendant ce temps, lavez les poivrons et le piment, fendez-les sur le côté et ôtez pédoncules, filaments et graines. Baissez le feu, ajoutez les poivrons et le piment vert. Prolongez la cuisson à feu doux pendant 15 min.
5 Épluchez les pommes de terre et lavez-les. Coupez-les en morceaux. Lavez la courgette et coupez-la en gros tronçons. Épluchez les navets, coupez les en 4. Mettez-ces légumes dans le couscoussier avec 1 cuillerée à café de sel. Recouvrez-les d'eau pour remplir le récipient aux 3/4.
6 Pendant ce temps, préparez la semoule. Versez-la dans un plat creux, mouillez-la avec 30 cl d'eau, mélangez et

laissez-la reposer 10 min puis remuez de nouveau et rajoutez 15 cl d'eau, mélangez et laissez reposer 10 min. Mettez la partie haute (panier-vapeur), remplie de semoule, au-dessus du couscoussier. Laissez cuire 30 min à la vapeur.
7 Enlevez les légumes du couscoussier et mettez-les dans le bouillon. Versez la semoule dans un grand plat creux, effritez les mottes, ajoutez 1 cuillerée à café de poivre noir moulu, le beurre, mélangez puis arrosez avec la moitié du bouillon. Couvrez, laissez reposer 10 min puis mélangez de nouveau.
8 Présentez la semoule dans des assiettes creuses. Garnissez avec les légumes et les petits poissons. Arrosez chaque assiette de bouillon. Servez le reste du bouillon à part, dans une soupière.

Samia

Tunisie

POUR 8 PERSONNES

TREMPAGE : 12 H

PRÉPARATION : 40 MIN

CUISSON : 1 H

Boisson conseillée :

ROSÉ DU MINERVOIS

1 kg de semoule à couscous fine • 1 kg de mérou en tranches • 200 g de pois chiches • 5 oignons • 4 tomates • 15 cl d'huile d'olive • 3 doses de safran • 2 noix de muscade • 250 g de raisins secs • 4 coings frais • 4 belles carottes • 150 g de beurre • sel, poivre noir

1 Faites tremper les pois chiches une nuit.
2 Préparez le bouillon. Pelez les oignons. Coupez-en 1 en rondelles. Plongez les tomates 1 min dans de l'eau bouillante, pelez-les, épépinez-les et concassez-les. Dans une marmite, faites revenir dans l'huile

les rondelles d'oignon et les tomates. Assaisonnez de safran, salez et poivrez généreusement, ajoutez 10 cl d'eau. Râpez les noix de muscade au-dessus du bouillon. Laissez mijoter pendant environ 10 min.
3 Faites tremper les raisins dans un peu d'eau.
4 Remplissez d'eau salée la marmite aux 3/4. Ajoutez-y les tranches de mérou. Portez à ébullition, baissez le feu et laissez cuire à feu doux pendant 20 min.
5 Égouttez les pois chiches. Épluchez et épépinez les coings, coupez-les en 4. Épluchez les carottes et coupez-les en bâtonnets. Coupez les oignons restants en 8. Mettez tous ces ingrédients dans le couscoussier.

Recouvrez d'eau pour remplir la partie inférieure du couscoussier aux 3/4. Portez à ébullition et poursuivez la cuisson à petits bouillons.
6 Pendant ce temps, préparez la semoule comme dans la recette ci-dessus.
7 Lorsque la semoule est cuite, sortez les légumes de la marmite puis jetez-les dans le bouillon du poisson. Égouttez les raisins. Versez la semoule dans un grand plat creux, effritez les mottes, ajoutez le beurre et les raisins, poivrez, arrosez avec la moitié du bouillon. Mélangez, couvrez et laissez reposer 10 min puis mélangez de nouveau.
Présentez le samia comme le ouided .

Tajine d'agneau

Tunisie

POUR 6 PERSONNES

PRÉPARATION : 30 MIN

CUISSON : 1 H 45

Boisson conseillée :

BORDEAUX

1 épaule d'agneau désossée • 200 g d'oignons • 3 gousses d'ail • huile d'olive • 4 tomates • 6 pommes de terre • 1 cuill. à café de cannelle • 1 cuill. à café de cumin • 250 g de fèves • 4 citrons confits • 4 fonds d'artichauts • 1 bouquet de coriandre fraîche • sel, poivre

1 Coupez la viande en morceaux. Pelez puis hachez les oignons et l'ail.
2 Faites chauffer 6 cuillerées à soupe d'huile dans un tajine (ou dans une cocotte). Mettez les morceaux de viande à dorer avec les oignons émincés.
3 Lavez les tomates, puis coupez-les en quartiers. Épluchez et lavez les pommes de terre. Coupez-les en gros morceaux.
4 Mettez les pommes de terre, les tomates et les épices dans le tajine. Salez, poivrez et arrosez de 20 cl d'eau. Couvrez et laissez mijoter à feu doux pendant 1 h.
5 Pendant ce temps, épluchez et dérobez les fèves. Coupez les citrons confits en 4. Ajoutez-les dans le tajine après 1 h de cuisson, ainsi que les fonds d'artichauts. Prolongez la cuisson pendant 30 min.
6 Lavez et équeutez la coriandre. En fin de cuisson, parsemez le tajine de coriandre et servez aussitôt.

Tajine tunisien au fromage

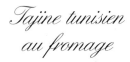

Tunisie

POUR 6 PERSONNES

TREMPAGE : 12 H

PRÉPARATION : 20 MIN

CUISSON : 1 H 45

Boisson conseillée

SIDI-TABET

750 g de viande d'agneau désossée • 250 g de haricots blancs secs • 200 g d'oignons • 3 gousses d'ail • 6 tomates • 6 cuill. à soupe d'huile d'olive • 12 œufs • 200 g de gruyère râpé • 1 citron • sel, poivre

1 Mettez les haricots à tremper la veille.
2 Coupez la viande en cubes, pelez puis hachez les oignons et l'ail.
3 Plongez les tomates 1 min dans l'eau bouillante, pelez-les, épépinez-les et concassez-les.
4 Faites chauffer 2 cuillerées à soupe d'huile dans un tajine. Mettez les morceaux de viande à dorer. Ajoutez les oignons et l'ail, les tomates et 15 cl d'eau. Laissez cuire pendant environ 5 min.
5 Égouttez les haricots, ajoutez-les dans le tajine, salez, poivrez, couvrez d'eau et prolongez la cuisson pendant 1 h.
6 Retirez la viande. Passez au chinois le jus de cuisson de la viande. Hachez grossièrement ensemble la viande et les légumes.
7 Battez les œufs au fouet, en omelette. Salez, poivrez, ajoutez-les au hachis avec le fromage. Mélangez bien.
8 Faites chauffer le reste de l'huile dans une sauteuse de 20 cm de diamètre. Versez-y la préparation. Couvrez et laissez cuire à feu doux pendant 30 min environ.
9 Quand le dessus est ferme, retournez pour faire dorer l'autre côté. Servez chaud ou tiède, et coupé en tranches. Décorez avec des rondelles de citron.
Cette préparation peut se cuire au four dans un moule couvert.
Variantes : ajoutez à la préparation 125 g de persil haché et 250 g d'épinards ébouillantés et égouttés ; ou encore ajoutez des fonds d'artichauts cuits et émincés. Le tajine est un grand plat creux en terre, qui va au feu. Il est muni d'un couvercle en forme de cheminée. Par extension, le mot tajine désigne les plats mijotés sur le feu ou cuits au four en cocotte.

Chou-fleur en beignets

Algérie

POUR 6 PERSONNES

PRÉPARATION : 15 MIN

CUISSON : 50 MIN

1 gros chou-fleur • vinaigre • 1 bouquet de persil plat • 3 œufs • 1 cuill. à soupe de farine • huile de friture • 2 citrons • sel, poivre

1 Lavez le chou-fleur dans de l'eau légèrement vinaigrée. Faites-le cuire dans de l'eau bouillante salée pendant 15 min (le chou-fleur doit rester ferme). Égouttez-le bien. Séparez les bouquets.
2 Lavez, équeutez et hachez le persil. Dans un saladier, battez les œufs en omelette, ajoutez-y le persil haché, le sel, le poivre et la farine. Mélangez.
3 Faites chauffer l'huile de friture. Trempez les bouquets de chou-fleur dans l'omelette et faites-les dorer dans l'huile. Égouttez-les sur du papier absorbant.
4 Servez tiède ou bien froid. Décorez avec des quartiers de citron.

Variante : une fois les bouquets de chou-fleur dorés, trempez-les au moment de servir dans un ragoût préparé ainsi : faites revenir dans de l'huile d'olive 500 g d'agneau en morceaux avec du sel, du poivre, de la cannelle et un oignon haché. Couvrez d'eau puis ajoutez des pois chiches mis à tremper la veille. Faites cuire pendant environ 40 min.

TAJINE
D'AGNEAU

•

*C'est un plat de la fin du
printemps, époque où les
agneaux nés l'hiver
précédent sont les meilleurs
et où les fèves arrivent à maturité. En Tunisie,
les petits artichauts sauvages sont en pile sur les
marchés dès la fin avril et
les pommes de terre
nouvelles sont croquantes.*

Paella oranaise

Algérie

POUR 10 PERSONNES

PRÉPARATION : 45 MIN

CUISSON : 1 H 40

Boisson conseillée :

BANDOL ROSÉ

---

1 jeune poulet • 300 g de filet de bœuf (ou de gigot de mouton) • 150 g de haricots verts • 1 citron • 6 fonds d'artichauts • 250 g de petits pois • 3 piments rouges doux ou forts (selon votre goût) • 2 oignons • 7 gousses d'ail • 3 tomates • 7 cuill. à soupe d'huile d'olive • 300 g de merlan (en filets) ou de colin • 500 g de crevettes • 50 cl de moules • 1 petit bouquet de persil simple • 600 g de riz • sel, poivre

pour le court-bouillon :

1 oignon • 1 clou de girofle • 1 carotte • 4 branches de céleri • 4 gousses d'ail • 2 feuilles de laurier • 1 cuill. à café de thym • 10 grains de poivre noir • sel

---

1 Coupez le poulet en 8 morceaux. Coupez la viande de bœuf ou de mouton en cubes d'environ 4 cm.

2 Effilez et lavez les haricots verts. Pressez le citron. Coupez les fonds d'artichauts en 2 et arrosez-les immédiatement du jus de citron.

3 Faites blanchir séparément dans de l'eau bouillante salée les haricots verts (10 min) et les fonds d'artichauts (5 min). Égouttez-les et réservez-les.

4 Écossez les petits pois. Lavez les piments rouges, ôtez le pédoncule, fendez-les d'un côté, enlevez les filaments et les graines.

5 Pelez les oignons et 3 gousses d'ail. Émincez les oignons, pilez l'ail. Plongez les tomates quelques secondes dans de l'eau bouillante, pelez-les, coupez-les en 4 puis épépinez-les.

6 Dans une grande marmite, faites dorer la viande avec 3 cuillerées à soupe d'huile et les oignons, salez, poivrez et mélangez. Mouillez avec environ 30 cl d'eau bouillante.

7 Ajoutez dans la marmite les tomates, l'ail, les haricots verts, les fonds d'artichauts, les petits pois et les piments. Laissez mijoter pendant encore 30 min.

8 Ajoutez alors les morceaux de poulet. Goûtez et rectifiez l'assaisonnement si nécessaire. Allongez avec 20 cl d'eau et laissez cuire pendant encore 40 min à découvert, sur feu doux.

9 Pendant ce temps, nettoyez bien le poisson. Rincez les crevettes.

10 Préparez le court-bouillon. Pelez l'oignon, piquez-le avec le clou de girofle. Épluchez la carotte. Coupez-la en grosses rondelles. Lavez le céleri. Coupez-le en tronçons. Pelez l'ail. Mettez le tout dans une grande casserole avec 50 cl d'eau, le laurier, le thym, les grains de poivre et du sel. Portez à ébullition.

11 Baissez le feu sous le court-bouillon, puis faites-y pocher les filets de poisson et les crevettes à petits frémissements pendant 10 min. Retirez-les de la casserole, réservez-les au chaud.

12 Passez le court-bouillon au chinois, réservez le jus.

13 Brossez soigneusement les moules, lavez-les plusieurs fois à l'eau courante, en éliminant celles qui sont ouvertes. Débarrassez-les des filaments et des parasites éventuels à l'aide d'un couteau pointu.

14 Pelez le reste de l'ail, lavez et équeutez le persil. Hachez-les fine-ment ensemble. Mettez les moules dans une sauteuse, couvrez avec 50 cl d'eau, et faites chauffer sur feu doux. Dès que les moules commencent à s'ouvrir, ajoutez le hachis d'ail et de persil. Laissez-les cuire pendant 20 min, toujours à feu doux, puis réservez-les au chaud.

15 Passez au chinois l'eau de cuisson des moules, réservez au chaud

16 Mesurez le volume du riz dans un verre doseur. Faites chauffer 4 cuillerées à soupe d'huile dans une sauteuse. Jetez le riz en tournant à l'aide d'une cuillère en bois. Préparez rapidement le mélange suivant : jus de cuisson de la marmite, court-bouillon, eau de cuisson des moules. Mesurez le double de la quantité initiale de riz de cette préparation. Quand le riz a absorbé toute l'huile, ajoutez le mélange des différents jus de cuisson. Couvrez et faites cuire à feu très doux, sans remuer, jusqu'à ce que le riz ait entièrement absorbé le liquide (au bout de 20 min environ).

17 Pendant ce temps, décortiquez minutieusement les crevettes.

18 Mettez le riz dans un plat de service chaud. Disposez par-dessus la viande, le poulet, le poisson et les crevettes. Décorez avec les légumes. Disposez enfin les moules. Servez aussitôt. Cette recette est originaire d'Oran (en arabe, Wahran). Ce port connut de nombreux échanges avec l'Espagne dès le VIIe siècle et les influences culinaires réciproques, de ce fait, furent nombreuses.

Les Desserts

Losanges de pâte d'amandes

Algérie

POUR 50 À 60 LOSANGES

PRÉPARATION : 30 MIN

CUISSON : 35 MIN

1 kg d'amandes mondées •

5 citrons • 200 g de sucre

semoule • 5 œufs • 2 cuill.

à soupe de farine

pour le sirop : 500 g de sucre

semoule • 10 cl d'eau de

fleurs d'oranger • sucre glace

1 Préchauffez le four à 140 °C (therm. 2).
2 Mixez finement les amandes. Lavez les citrons, mixez le zeste.
3 Mélangez les amandes, le zeste et le sucre. Incorporez les œufs, un par un, en mélangeant jusqu'à ce que la préparation devienne pâteuse.

4 Formez des boules de pâte d'amandes de la taille d'une mandarine. Abaissez au rouleau sur une épaisseur d'environ 3 cm d'épaisseur. Découpez en petits losanges.
5 Disposez les losanges de pâte sur la plaque du four farinée. Enfournez dans la partie haute et faites cuire 15 min. Retirez-les du four dès qu'ils sont légèrement dorés.
6 Préparez le sirop. Mettez le sucre semoule dans une casserole avec 1 l d'eau. Portez à ébullition. Laissez bouillir 10 min, puis ajoutez l'eau de fleurs d'oranger.

Prolongez la cuisson à petits bouillons pendant 15 min. Laissez refroidir.
7 Plongez les losanges de pâte dans le sirop quelques instants, égouttez-les puis roulez-les dans du sucre glace en appuyant un peu pour que celui-ci adhère bien.
8 Laissez sécher. Présentez dans des petits moules en papier plissé. Vous pouvez utiliser divers colorants pour obtenir de la pâte rose, verte... et former ainsi des losanges de différentes couleurs ou tricolores.

Macarons

Maroc

POUR 60 À 70 MACARONS

PRÉPARATION : 15 MIN

CUISSON : 25 MIN

1 kg d'amandes mondées •

1 citron • 7 œufs • 250 g

de sucre semoule • 1 sachet

de levure chimique • 200 g

de semoule fine • sucre

glace • huile • 10 cl d'eau

de fleurs d'oranger

1 Hachez les amandes. Lavez le citron, râpez le zeste.
2 Cassez les œufs dans un saladier, battez-les en omelette. Ajoutez le sucre, la levure et le zeste de citron. Mélangez énergiquement.
3 Ajoutez peu à peu les amandes, puis la semoule. Travaillez énergiquement ce mélange jusqu'à obtenir une pâte molle.
4 Mettez du sucre glace sur une assiette. Huilez la plaque du four.
5 Préchauffez le four à 180 °C (therm. 5).

6 Humectez vos mains d'eau de fleurs d'oranger, puis prélevez des morceaux de pâte de la grosseur d'une noix et faites-en des boules. Aplatissez-les très légèrement en les posant sur le sucre glace.
7 Rangez-les sur la plaque du four, face sucrée vers le haut. Enfournez et faites cuire à 190 °C (therm. 5-6) pendant 20 à 25 min.

Tarte à la crème d'amandes

Tunisie

POUR 8 PERSONNES

PRÉPARATION : 20 MIN

REPOS DE LA PÂTE : 30 MIN

CUISSON : 50 MIN

pour la pâte : 175 g de

beurre • 175 g de farine •

sel

pour la crème : 200 g

d'amandes moulues • 150 g

de beurre • 150 g de sucre

semoule • 3 cuill. à soupe

d'eau de fleurs d'oranger

1 Préparez la pâte. Travaillez légèrement la farine avec le beurre coupé en morceaux et 1 pincée de sel, jusqu'à ce que le mélange prenne la consistance d'une grosse semoule. Ajoutez l'eau en plusieurs fois pour amalgamer la pâte, sans trop la pétrir. Ramassez-la en boule. Laissez-la reposer 30 min.
2 Préchauffez le four à 180 °C (therm. 5).
3 Préparez la crème. Faites fondre le beurre au bain-marie. Mélangez le beurre fondu, les amandes, le sucre et l'eau de fleurs d'oranger.
4 Étendez la pâte au rouleau à pâtisserie sur un plan de travail fariné.

Foncez un moule beurré et fariné, puis piquez la pâte avec 1 fourchette en plusieurs endroits. Posez une feuille de papier d'aluminium sur le fond de la tarte, recouvrez-la de haricots secs pour une première cuisson à blanc. Enfournez et faites cuire pendant 20 min.
5 Retirez les haricots et le papier d'aluminium. Étalez la crème sur le fond de pâte. Remettez au four pendant 30 min. Laissez refroidir avant de servir.

LES PÂTISSERIES

—

*Pâtisseries raffinées pétries
à la maison, friandises au miel ou
aux amandes, les douceurs sont de toutes
les fêtes. Elles se dégustent en même temps
que l'on savoure le thé à la menthe.*

GÂTEAUX ENROBÉS DE SFAX

Ces petits gâteaux croquants et fondants sont recouverts d'un glaçage au sucre. Au centre, une pâte d'amandes parfumée à la fleur d'oranger.

ANNEAUX AUX AMANDES

Ces anneaux sont préparés avec une pâte sablée, des amandes en poudre et des pistaches pilées. Décorez-les d'amandes.

BAKLAVAS

Ces feuilletés de feuilles de pastilla sont fourrés de noix hachées et de sucre aromatisé à la cannelle et à la fleur d'oranger. Ils sont arrosés de miel au sortir du four, puis découpés en losanges ou en triangles.

DATTES FOURRÉES

Pour 1 kg de dattes et 1 kg de noix, confectionnez 1 kg de pâte d'amandes. Incisez les dattes sur un côté et dénoyautez-les. Formez de petites olives avec la pâte d'amandes et fourrez-en les dattes. Collez les cerneaux de noix dessus. Faites fondre 200 g de sucre dans 15 cl d'eau de fleurs d'oranger, portez à ébullition et plongez-y les dattes quelques secondes pour les glacer.

DES SIROPS RAFRAÎCHISSANTS

À gauche, une grenadine. À droite, un sirop d'orgeat, fabriqué à partir de lait d'amande et de sucre. Au fond, un sirop à l'essence de violette.

LOSANGES DE PÂTE D'AMANDES

Ces confiseries (voir la recette p. 313) sont particulièrement décoratives. Autrefois, des marchands ambulants se promenaient dans les galeries des souks et des médinas, proposant toutes sortes de sucreries. Aujourd'hui, on retrouve ces douceurs aux étalages des vendeurs de boissons sucrées.

CORNES DE GAZELLE

Pour 50 à 60 petites cornes, prévoyez 1 kg de pâte d'amandes. Formez des petites saucisses d'environ 5 cm de long et de 1,5 cm de diamètre. Dans un saladier, versez 1 kg de farine, 1 pincée de sel et 50 cl d'eau tiède et pétrissez pour obtenir une pâte molle. Formez des boules et abaissez-les très finement. Posez la pâte d'amandes sur chaque disque que vous refermez. Découpez la pâte qui dépasse pour obtenir la forme d'un croissant. Faites cuire 20 min à four moyen.

MAKROUDS

Hachez 500 g de dattes, le zeste d'une orange et 8 amandes amères. Ajoutez 5 cl d'huile, malaxez. Faites chauffer 1 kg de semoule de blé fine pour l'assécher. Arrosez de 40 cl d'huile bouillante. Allongez de 10 cl d'eau. Abaissez cette pâte, farcissez-la du hachis et formez un rouleau. Coupez celui-ci en tranches que vous faites frire et plongez dans un sirop.

GÂTEAUX AUX PIGNONS

Formez des boulettes de pâte d'amandes. Faites brunir les pignons à sec dans une poêle. Collez les tout autour de la pâte d'amandes et laissez refroidir. Ces petits gâteaux algériens sont délicieux avec un café ou un thé.

LE THÉ À LA MENTHE

Pour 6 personnes, faites bouillir 1/2 l d'eau. Ébouillantez une théière et versez-y 1 à 2 cuillerées à soupe de thé vert. Versez un peu d'eau bouillante et rincez rapidement en imprimant un mouvement de rotation à la théière ; videz cette eau. Ajoutez une poignée de menthe fraîche et environ 150 g de sucre. Remplissez la théière du reste de l'eau bouillante et laissez infuser de 7 à 8 min. Veillez à ce que la menthe soit bien plongée dans l'eau et enfoncez-la à l'aide d'une cuillère si elle remonte. Pour servir, versez le thé de haut dans un grand verre et reversez-le dans la théière. Répétez l'opération 2 ou 3 fois pour le faire mousser. Servez enfin dans de petits verres. Présentez du sucre semoule à part.

SAVEURS D'ARABIE ET D'ÉGYPTE

Pour des raisons de sol et de climat, «l'Arabie Heureuse» chantée par les poètes a longtemps été un véritable pays de cocagne où poussaient en abondance bananiers, agrumes, canne à sucre, papayers dans le fond des vallées ; caféiers en altitude ; une multitude d'arbres fruitiers (pommiers, abricotiers, poiriers, grenadiers...) en plaine, et des céréales en quantité (blé, maïs, millet, etc) dès que la terre s'y prêtait. Rappelons également le commerce ancestral des épices et des aromates les plus variés sans lesquels la cuisine arabe ne serait pas ce qu'elle est, sans oublier les palmiers-dattiers qui ombrent encore les oasis et régalent toujours les peuples du désert. Ces souvenirs ont laissé une trace indélébile dans le cœur des populations et influencent encore leur manière de vivre et de se nourrir.

LES TRADITIONS

Les reliefs et les peintures des temples et des tombes des pharaons, les contes des *Mille et Une Nuits* donnent l'image d'une gastronomie raffinée dans l'Égypte et l'Arabie anciennes. Aujourd'hui, pour la majorité de la population, la réalité est beaucoup plus frugale. La base de l'alimentation est faite de légumes secs et de pain : *falafel* en Égypte, *khub tawwad* (pain-crêpe frit à la maison)*, ruti* (pain fait par le boulanger) ou *bint al sahn* (pain sucré aux œufs) au Yémen.

Le plat national égyptien est le *ful* : de grosses fèves marinant dans l'huile, assaisonnées de diverses façons (avec de l'ail, du piment, du cumin) puis arrosées de jus de citron. Autre plat typique d'Égypte, la *mouloukheya* est une soupe aux herbes, légèrement gluante, dans laquelle on peut faire cuire du poulet ou du lapin.

Au Yémen, le plat national est le *salta*, ragoût épicé, composé de mouton ou de poulet, de lentilles, de haricots, de pois chiches et de coriandre.

Menu classique

━━━━

LES ÉTOILES DE RYAD

•

POMMES
À L'EAU DE ROSE

Les Yéménites se régalent aussi de *chorba*, mi-soupe, mi-ragoût à base de lentilles.

Dans les Émirats arabes, les repas sont en général assez copieux mais peu variés. Ils sont essentiellement constitués de mouton ou de poulet grillés, de poissons frits, de riz et de salades.

LA CÉRÉMONIE DU CAFÉ. Le *qahwa*, ou café arabe, brûlant, sucré et parfois parfumé à la cardamome (ou, au Yémen, le *moka*, extrêmement fort et aromatisé au gingembre), clôt toujours le déjeuner. Mais servir un café est aussi, pour les Arabes, une des premières formes de l'hospitalité : tout visiteur qui arrive dans un bureau, chez un commerçant ou chez un particulier se voit accueilli par la cérémonie du café. La tradition veut que l'on se laisse resservir trois fois puis que l'on indique par un mouvement tournant du poignet que l'on n'en veut pas davantage. Traditionnellement, le serveur reprend alors la minuscule tasse pour proposer du café à une autre personne.

LES PÂTISSERIES. Les entremets et les pâtisseries tiennent une place prépondérante dans la cuisine arabe. À base de semoule, de décoction de blé, de miel, de pois chiches, de *sorgho*, d'amandes moulues ou concassées, ou encore farcies aux pistaches crues non salées, aux noix, aux noisettes, aux pignons, aux amandes ou à la pâte de dattes, elles sont également souvent parfumées à l'eau de fleurs d'oranger, à l'eau de rose ou à l'essence de géranium. Certaines de ces préparations portent des noms qui font rêver : «les doigts de Zénobie», «la friandise sous voile», «la friandise sans voile», «les bouchées du juge»...

LES PRÉCEPTES RELIGIEUX. Les principales recommandations de l'islam concernant l'alimentation ont déjà été exposées dans «Saveurs des pays du Maghreb» (voir p. 298-299). Il en est d'autres liées à la civilisation arabe ou à l'islam, qui se déclinent en treize préceptes révélant un réel art de vivre : se laver les mains avant et après avoir mangé, proférer le nom de Dieu avant le repas et lui rendre grâce après, refuser la nourriture pour laquelle on éprouve de la répulsion, se nourrir de la main droite, manger assis, remercier l'hôte, ne jamais commencer avant une personne âgée, ne pas laisser la nourriture tomber par terre car elle est sacrée, boire en deux ou trois gorgées, ne pas boire

Fèves fraîches

au goulot d'une gargoulette ou bien d'une outre, ne pas respirer ni souffler dans sa timbale, ne pas boire ni manger dans une vaisselle en or ou en argent de peur de gêner le pauvre et le déshérité et, enfin, ne pas trop manger...

LA CONSERVATION. Parce que la sécheresse est toujours à craindre, la cuisine arabe a, de tout temps, cherché des techniques de conservation afin de pouvoir attendre des jours meilleurs. Par exemple, les surplus de viande sont salés et séchés au soleil avant d'être plongés dans de l'huile

Fèves sèches

Fèves ful medames

Pois indien

Haricots Lablab

Lentilles oranges   *Lentilles brunes*

Pois cassés jaunes

Pois chiches

d'olive bouillante, puis conservés par la suite dans de grandes jarres d'huile pour l'année. De même, les herbes aromatiques, les épices et condiments sont séchés et suspendus dans toutes les cuisines et épiceries, avec les abricots et autres fruits secs, des poulpes, des seiches, des poissons de toutes sortes traités de la même manière. Il suffit de les tremper pendant quelques heures dans l'eau avant de les utiliser. Marinades et saumures permettent également de conserver les légumes, navets, carottes, aubergines, piments divers et graines de moutarde.

LA VIE QUOTIDIENNE

LE PETIT DÉJEUNER (fatour al-sabah). À base de thé ou de café, il se prend peu après le lever du soleil. Une heure plus tard, il peut être suivi d'une petite collation.

LE DÉJEUNER (al-ghada). Les hors-d'œuvre tels que le taboulé ou les salades de légumes crus de saison sont presque toujours présents. On les déguste avant ou pendant les plats principaux, souvent composés de viandes ou de poissons locaux, cuisinés en pilaf ou en ragoût. Suivent alors des pâtisseries, des entremets ou des fruits, et toujours du café arabe (*qahwa*) brûlant et sucré.

LE DÎNER (al-acha). La plupart du temps, les Arabes se contentent le soir d'un assortiment de fromages et de fruits. Ils peuvent aussi consommer une de ces soupes copieuses (*chorba*), ressemblant comme des sœurs à celles du Maghreb, à base de pois chiches, de lentilles ou de fèves, auxquels ils ajoutent des légumes frais de saison.

LES JOURS DE FÊTE

LES FÊTES RELIGIEUSES. Le monde arabe ne représente que le septième de la population islamique dans le monde. Si l'islam est une religion majoritaire dans les pays arabes, le judaïsme et le christianisme constituent néanmoins d'assez fortes minorités. Ainsi, célèbre-t-on les fêtes religieuses musulmanes (voir Saveurs des pays du Maghreb p. 298-299), mais aussi les fêtes juives et chrétiennes.

LES FÊTES DE FAMILLE. Les fiançailles, les mariages..., et même les succès scolaires ou encore l'heureuse con-

clusion d'un contrat commercial constituent toutes sortes d'occasions pour chanter, danser et festoyer autour d'un banquet somptueux. Les femmes et les cuisiniers mettent des jours à élaborer de tels festins composés d'oiseaux rôtis dans des feuilles de vigne, de brochettes de viande, de langoustes parfumées aux boutons de roses séchés, de queues de moutons et de bosses de chameaux par exemple, sans compter les exquises pâtisseries.

LES PRODUITS

Les légumes et les fruits sont voisins de ceux du Maghreb et des autres pays du pourtour de la Méditerranée. Parmi les fruits, citons les dattes des oasis récoltées dans tout le monde arabe et oriental.

LES LÉGUMES SECS

LES FÈVES. Cultivées depuis la préhistoire, elles se mangent fraîches ou séchées, en salade, en ragoût ou en soupe. Les fèves *ful medames* sont celles qui sont à la base du *ful*, ce plat très populaire d'Égypte, évoqué plus haut.

LES HARICOTS SECS. Il en existe une centaine d'espèces dans le monde : citons le *lablab* (*lobia* en Égypte), le dolique égyptien (ou encore «pois indien»), une espèce vigoureuse qui pousse volontiers sur les sols pauvres et se mange cuisinée en une sorte de «ratatouille» froide ou chaude, fortement épicée...

LES LENTILLES. Ces légumes riches en protéine et venus d'Asie comprennent différentes familles qui se reconnaissent à la couleur : orange dans les salades et les purées, jaune dans les plats au curry, brune et plus petite en ce qui concerne la lentille indienne que l'on trouve surtout en conserve.

LES POIS CASSÉS. Ce sont les «petits pois» séchés et décortiqués (ils se divisent alors en deux). On les consomme surtout en purée.

LES POIS CHICHES. La cuisine arabe en fait une grande consommation. D'origine méditerranéenne, les pois chiches sont employés entiers ou «cassés» (débarrassés de leur cosse) dans les soupes et les ragoûts, ou dans le *falafel* libanais.

Les Plats

Crevettes au riz

POUR 4 PERSONNES
PRÉPARATION : 20 MIN
CUISSON : 40 à 45 MIN

Boisson conseillée :
MUSCADET

16 bouquets vivants • 200 g de riz • 120 g de lentilles • 1 gros oignon • 2 écorces de cannelle • 3 clous de girofle • 5 graines de cardamome • 1 pincée de curcuma moulu • 3 cuill. à soupe d'huile d'olive • 1/2 bouquet de persil simple • sel, poivre blanc

1 Lavez le riz et les lentilles. Pelez et hachez l'oignon.
2 Mettez dans une cocotte l'oignon haché, la cannelle, les clous de girofle, la cardamome, 1 cuillerée à café de poivre, le curcuma, les bouquets et 2 cuillerées à soupe d'eau bouillante. Faites cuire 10 min sur feu modéré, à couvert.
3 Ajoutez 30 cl d'eau bouillante. Salez, laissez cuire encore 10 min. Retirez les bouquets. Décortiquez-les et réservez-les. Filtrez le bouillon.
4 Faites revenir le riz et les lentilles dans une marmite avec 2 cuillerées à soupe d'huile d'olive pendant 2 ou 3 min puis versez le bouillon. Ajoutez 8 bouquets. Couvrez et faites cuire à petit feu jusqu'à ce que tout le bouillon soit absorbé (20 min environ). Si nécessaire, ajoutez un peu d'eau bouillante et prolongez la cuisson.
5 Pendant ce temps, lavez et hachez le persil. Dans une poêle, faites revenir les bouquets restants dans 1 cuillerée à soupe d'huile d'olive avec 1 pincée de poivre blanc, 2 pincées de curcuma et le persil haché.
6 Servez le riz chaud avec les bouquets sautés. **Traditionnellement, on enlève la peau de chaque lentille.**

Brochet à l'anis

Iraq
POUR 4 PERSONNES
PRÉPARATION : 25 MIN
MARINADE : 20 MIN
CUISSON : 40 MIN

Boisson conseillée
RIESLING

1 brochet de 750 g, nettoyé et paré par le poissonnier • 200 g de farine • 100 g de chapelure • 150 g de beurre • 15 cl d'huile d'olive • 100 g de tomates • 150 g de piments • 2 citrons • 50 g d'oignons • 2 gousses d'ail • 150 g d'anis frais (ou 60 g d'anis sec) • 1 gros bouquet de persil • noix de muscade • sel, poivre

1 Lavez le brochet et découpez-le en tranches assez minces. Posez-les dans un plat creux. Salez, poivrez, assaisonnez de 1 pincée de noix de muscade. Pressez les citrons et versez le jus sur le poisson. Laissez-le mariner pendant 20 min.
2 Pendant ce temps, préparez la sauce. Épluchez les oignons et l'ail. Coupez les oignons en rondelles et l'ail en petits morceaux. Plongez les tomates 1 min dans l'eau bouillante, pelez-les, épépinez-les et concassez-les. Lavez les piments, ôtez-en le pédoncule et les graines. Lavez et hachez le persil et l'anis.
3 Mettez les légumes et les herbes dans une casserole avec la moitié du beurre et la moitié de l'huile. Salez, poivrez. Faites cuire 15 min.
4 Préchauffez le four à 140 °C (therm. 2).
5 Mettez la farine dans une assiette. Faites chauffer le reste de beurre et d'huile dans une poêle. Passez les tranches de poisson dans la farine et faites-les frire pendant 10 min en les retournant à mi-cuisson. Déposez-les au fur et à mesure sur du papier absorbant.
6 Disposez les tranches de brochet dans un plat allant au four. Versez la sauce par-dessus. Parsemez de chapelure. Enfournez puis laissez cuire pendant 15 min. Servez chaud.

Daurade aux raisins secs

Iraq
POUR 5 PERSONNES
PRÉPARATION : 50 MIN
CUISSON : 30 MIN

1 daurade de 1,5 kg, ébarbée et écaillée par le poissonnier • 1 citron • 1 oignon • raisins secs • amandes mondées • 1 cuill. à soupe d'huile d'olive • sel, poivre noir

1 Videz la daurade par le dos. Pour ce faire, posez-la sur le plan de travail, la queue tournée vers vous. Avec un couteau bien aiguisé, incisez la chair de la base de la tête à la queue, le long de l'arête centrale, en veillant à ne percer ni les intestins ni la paroi ventrale. Videz le poisson. Renouvelez l'opération de l'autre côté de l'arête centrale. Retirez celle-ci. Coupez la tête et la queue. Lavez soigneusement le poisson puis essuyez-le avec du papier absorbant.
2 Préchauffez le four à 200 °C (therm. 6).
3 Pressez les citrons. Humectez la daurade avec un peu de leur jus et réservez-en une partie pour la farce, salez.

4 Pelez et hachez l'oignon. Faites-le revenir 6 ou 7 min dans une poêle avec l'huile, 100 g de raisins secs, 100 g d'amandes mondées, 1 cuillerée à café de poivre moulu et le reste de jus de citron. Mélangez.
5 Remplissez le poisson de cette farce. Attachez-le avec du fil de cuisine, sans trop serrer, pour maintenir la farce. Mettez-le poisson dans un plat huilé allant au four, recouvrez d'un papier d'aluminium. Enfournez.
6 Après 20 min de cuisson, ôtez le papier d'aluminium et laissez dorer 5 min de chaque côté. Accompagnez de pommes vapeur.

Daurade rôtie au riz et aux tomates

Égypte
POUR 4 PERSONNES
PRÉPARATION : 30 MIN
CUISSON : 55 MIN

Boisson conseillée :
SANCERRE

4 filets de daurade levés par le poissonnier (ou 2 daurades) •
4 cuill. à soupe d'huile d'olive •
2 gros oignons • 3 gousses d'ail • 1 branche de céleri •
3 tomates • huile d'olive •
1 cuill. à café de cumin moulu •
sel, poivre noir

pour le riz : 500 g de riz long •
1 oignon moyen • 10 cl d'huile • sel, poivre noir

1 Préchauffez le four à 180 °C (therm. 5).
2 À l'aide d'un pinceau, badigeonnez d'huile le fond et les parois d'un plat allant au four, juste assez grand pour contenir les filets de daurade en une seule couche.
3 Pelez les oignons, coupez-les en rondelles. Pelez et émincez l'ail. Effilez, lavez et hachez finement le céleri. Plongez 2 tomates 1 min dans l'eau bouillante, pelez-les, épépinez-les et concassez-les.
4 Faites chauffer 4 cuillerées à soupe d'huile d'olive dans un poêlon épais. Quand elle est sur le point de fumer, faites revenir les oignons, l'ail et le cumin en remuant souvent pendant environ 7 à 8 min. Les oignons doivent être tendres et légèrement dorés. Retirez-les du poêlon avec une écumoire et réservez-les.
5 Jetez alors le céleri et les tomates dans le poêlon, et faites-les revenir pendant 5 min.
6 Remettez les oignons dans le poêlon, ajoutez 15 cl d'eau et 1/2 cuillerée à café de sel. Donnez quelques tours de moulin à poivre. Faites cuire le tout sur feu vif, sans cesser de remuer, jusqu'à ce que le mélange soit devenu très épais. Retirez du feu et réservez.
7 Salez les filets de poisson. Rangez-les dans le plat de cuisson. Nappez-les de sauce en étalant celle-ci à l'aide d'une spatule en bois jusqu'aux parois du plat. Découpez la dernière tomate en tranches épaisses que vous disposez sur le plat. Arrosez avec 2 cuillerées à soupe d'huile. Couvrez hermétiquement avec un couvercle ou une feuille d'aluminium. Faites cuire sur la grille centrale du four pendant 20 min.
8 Découvrez et prolongez la cuisson 15 min environ, jusqu'à ce que la sauce se mette à bouillonner à la surface et que les tranches de tomates soient brunies.
9 Pendant ce temps, préparez le riz. Pelez et hachez l'oignon. Faites chauffer de l'huile dans une marmite. Mettez l'oignon à revenir, en remuant de temps en temps. Ajoutez le riz sans cesser de remuer, attendez qu'il soit bien enrobé d'huile (environ 3 min). Versez alors 75 cl d'eau, salez, poivrez. Portez à ébullition en tournant sans arrêt. Quand l'eau bout, réglez le feu au plus bas, couvrez et laissez mijoter pendant 20 min. Le riz est cuit lorsqu'il a entièrement absorbé l'eau. Retirez alors du feu et laissez reposer pendant 5 min.
10 Juste avant de servir, remuez le riz afin de détacher les grains. Présentez séparément la daurade et le riz.

Gigot au four

POUR 8 PERSONNES
PRÉPARATION : 15 MIN
CUISSON : 1 H 45

1 gigot de 1,5 kg • 3 gousses d'ail • 15 cl d'eau de rose •
3 doses de safran • 3 pincées de cardamome moulue • 1 kg de riz long • 100 g de sucre semoule • 5 cl d'huile d'olive • sel, poivre noir

1 Préchauffez le four à 200 °C (therm. 6).
2 Pelez l'ail, taillez-le en éclats. Piquez-en le gigot. Mettez celui-ci dans un plat allant au four avec 30 cl d'eau. Salez et poivrez. Faites cuire 1 h 15.
3 Mélangez dans un bol l'eau de rose, le safran et la cardamome. Réservez.
4 Faites cuire le riz pendant 10 min. Égouttez-le. Ajoutez le sucre puis mélangez bien.
5 Faites chauffer l'huile dans une casserole et mettez-y le riz sucré. Aspergez avec l'eau de rose. Couvrez et laissez cuire à feu très doux pendant 20 min.
6 Coupez le gigot en tranches, présentez-le accompagné du riz.

Almadina (le plat de la ville illuminée)

POUR 10 PERSONNES
PRÉPARATION : 40 MIN
CUISSON : 1 H 45

Boisson conseillée :
CAHORS

1 épaule de mouton de 2 kg •
1 cuill. à café de cannelle
moulue • 25 cl d'huile d'olive •
10 graines de cardamome •
1 cuill. à soupe de grains de
maïs • 1 kg de riz • 1 gros
oignon blanc • 1/2 citron •
1 écorce de cannelle •
1/2 cuill. à café de cumin
moulu • sel
pour la sauce : 2 tomates •
1 oignon moyen • 1 piment
vert fort • 2 gousses d'ail •
1/2 tasse de tahina •
1/2 citron • 1 cuill. à soupe de
vinaigre • sel fin

1 Mettez l'épaule de mouton entière dans une grande marmite, couvrez d'eau. Portez à ébullition sur feu vif. Écumez. Ajoutez la cannelle et laissez cuire sur feu modéré pendant 1 h. Retirez la viande, réservez-la.

2 Ajoutez au bouillon 2 cuillerées à soupe d'huile, la cardamome et le maïs. Faites bouillir pendant 10 min. Salez à votre goût.
3 Lavez le riz. Faites-le cuire dans le bouillon pendant 15 à 20 min, égouttez-le.
4 Pelez l'oignon et hachez-le très finement. Mélangez-le avec la cannelle que vous aurez moulue, le cumin et un peu de sel. Pressez le 1/2 citron, ajoutez-le jus et mélangez de nouveau.
5 Frottez bien l'épaule de mouton avec ce mélange. Laissez reposer 10 min. Faites roussir l'épaule dans une grande poêle avec le reste de l'huile 10 min. Retournez-la plusieurs fois.
6 Préparez la sauce. Plongez les tomates 1 min dans l'eau bouillante. Pelez et épépinez-les. Pelez l'oignon, lavez le piment. Hachez fine-

ment le tout. Pelez l'ail, mixez ou pilez-le avec 1 cuillerée à café de sel. Mélangez le tout. Ajoutez la tahina, le jus de citron et le vinaigre. Mélangez de nouveau.
7 Coupez la viande en tranches, disposez celles-ci sur un plat de service chaud et servez avec le riz et la sauce.
Il est préférable que l'épaule de mouton soit entière lors de la cuisson, mais si vous ne disposez pas de récipient pouvant la contenir, vous pouvez la couper en tranches dès le départ. On trouve la tahina, en boîte, dans les boutiques de produits méditerranéens ou du Moyen-Orient. C'est une pâte faite à partir d'une décoction de graines de sésame.

Le plat de ramadan

POUR 5 PERSONNES
PRÉPARATION : 50 MIN
CUISSON : 1 H

1 kg d'épaule d'agneau coupée
en morceaux • 1 gros oignon •
1 tête d'ail + 4 gousses •
4 tomates • 4 cuill. à soupe
d'huile d'olive • 8 pommes de
terre moyennes • 2 citrons
verts séchés • 2 cuill. à soupe
de concentré de tomates •
1 cuill. à café de cannelle
moulue • 1 kg de pain rassis
(ou de pain grillé) • sel fin,
poivre noir et poivre blanc

1 Pelez et hachez finement l'oignon et les 4 gousses d'ail. Mettez-les dans une marmite. Mouillez de 15 cl d'eau. Salez et portez à ébullition. Mettez-y la viande et faites cuire à couvert pendant environ 15 min en remuant de temps en temps. Prolongez la cuisson à feu vif jusqu'à ce

que l'eau soit entièrement absorbée.
2 Plongez les tomates 1 min dans de l'eau bouillante. Pelez et épépinez-les. Coupez-les en petits morceaux. Ajoutez-les dans la marmite. Arrosez de 4 cuillerées à soupe d'huile d'olive, baissez le feu et laissez mijoter pendant environ 10 min en remuant.
4 Lavez la tête d'ail, sans la peler. Épluchez les pommes de terre, lavez-les, coupez-les en 2 et mettez-les dans la marmite. Lavez les citrons verts, percez-les et ajoutez-les, ainsi que la tête d'ail entière. Couvrez d'eau, ajoutez le concentré de tomates, salez et ajoutez 1 cuillerée à café de poivre blanc et 1 de poivre noir moulus. Poudrez de cannelle. Mélangez bien le tout.

5 Couvrez la marmite et laissez cuire à feu doux pendant 35 min sans remuer. Veillez à ajouter un peu d'eau si, en cours de cuisson, l'évaporation était trop forte.
5 Coupez le pain en petits morceaux, mettez-les dans des assiettes creuses, et versez le bouillon par-dessus en tournant. Servez à part la viande et les pommes de terre.
Le ramadan est le neuvième mois lunaire du calendrier de l'islam. C'est une période de jeûne et d'abstinence pour tous les musulmans, riches ou pauvres, du lever au coucher du soleil. Ce plat reconstituant se déguste donc le soir, après le coucher du soleil.

Traditionnellement, ce plat se cuit dans de gros chaudrons, sur un feu de bois. Il est originaire de Médine, (al Madina), une ville située au nord-est de La Mecque. Comme cette dernière, c'est une ville sainte, illuminée par la lumière divine, d'où le nom de cette recette.

Les étoiles de Ryad

POUR 6 PERSONNES

PRÉPARATION : 1 H

CUISSON : 1 H 45

REPOS : 45 MIN

Boisson conseillée :

MADIRAN

pour la pâte : 250 g de farine • 125 g de beurre fondu • 1 jaune d'œuf • sel • 1 kg d'épaule de mouton désossée et coupée en morceaux • 3 oignons • 1 kg de tomates • 15 grains de poivre noir • 4 cuill. à soupe d'huile d'olive • 1 cuill. à café de cannelle moulue • 1 cuill. à soupe de concentré de tomates • 500 g de petites courgettes • sel, poivre blanc

1 Préparez la pâte. Faites fondre le beurre au bain-marie. Dans une terrine, travaillez rapidement avec les doigts la farine, 2 pincées de sel et le jaune d'œuf. Quand le mélange est granuleux, ajoutez le beurre fondu et pétrissez jusqu'à obte-nir une pâte homogène. Ramassez la pâte en boule, couvrez-la d'un torchon et laissez reposer au réfrigérateur pendant 45 min pour faciliter la découpe en étoiles.

2 Pelez les oignons, hachez-les grossièrement. Plongez les tomates 1 min dans l'eau bouillante, pelez-les, épépinez-les et concassez-les.

3 Faites revenir la viande et les oignons dans une marmite avec l'huile d'olive. Quand les oignons sont dorés, ajoutez les tomates, le poivre noir en grains, salez et poudrez de 1 cuillerée à soupe de poivre blanc et de cannelle. Couvrez d'eau bouillante et laissez cuire sur feu modéré puis doux pendant 1 h.

4 Ajoutez le concentré de tomates et prolongez la cuisson de 20 min.

5 Lavez les courgettes, coupez-les dans le sens de la longueur et, après avoir ôté les pédoncules, mettez-les à cuire avec la viande pendant 10 min.

6 Abaissez la pâte sur le plan de travail fariné sur 2 mm d'épaisseur. À l'aide d'un emporte-pièce, découpez des étoiles d'environ 3 cm de diamètre.

7 Vérifiez le niveau du bouillon dans la marmite. Il doit dépasser la viande de 5 cm environ. Ajoutez de l'eau bouillante si nécessaire. Déposez les étoiles dans la marmite à l'aide d'une écumoire. Laissez-les cuire pendant 15 min environ.

8 Dans 6 bols individuels, versez 1 morceau de viande, quelques légumes, quelques étoiles et arrosez de bouillon.

Pigeons farcis au riz

POUR 4 PERSONNES

PRÉPARATION : 15 MIN

CUISSON : 1 H

4 pigeons sauvages vidés et parés • 400 g de riz • cumin • 4 cuill. à soupe d'huile d'olive • sel, poivre

1 Faites cuire le riz dans de l'eau bouillante salée pendant environ 20 min. Égouttez-le.

2 Assaisonnez le riz de poivre et de cumin.

3 Farcissez les pigeons de riz. Cousez l'ouverture. Réservez le reste du riz au chaud.

4 Mettez les pigeons dans une marmite. Couvrez d'eau, ajoutez l'huile. Faites cuire à pe-tit feu pendant 45 min. Servez avec le riz restant. Le pigeon sauvage est plus savoureux que le pigeon d'élevage, mais sa chair est plus ferme et il faut le cuire plus long-temps. Diminuez le temps de cuisson pour des pigeons d'élevage.

Saucisse de viande aux œufs

Égypte

POUR 6 PERSONNES

PRÉPARATION : 20 MIN

CUISSON : 50 MIN

Boisson conseillée :

BROUILLY

700 g de bœuf haché • 4 œufs • 2 gousses d'ail • 1 grosse pincée de cumin • 60 g de chapelure • 3 cuill. à soupe d'huile d'olive • 1 kg de courgettes • 3 cuill. à soupe de concentré de tomates • sel, poivre noir

1 Faites durcir 2 œufs 10 min dans de l'eau bouillante salée, passez-les sous l'eau froide et écalez-les. Battez les au-tres œufs en omelette dans une grande assiette. Pelez et hachez l'ail.

2 Mélangez à la viande hachée l'ail et le cumin. Salez, poivrez.

3 Étalez la viande sur un plan de travail fariné, en la laissant assez épaisse et d'une taille à pouvoir l'enrouler autour des 2 œufs. Placez les œufs durs au centre. Enroulez la viande autour en lui donnant la forme d'une grosse saucisse.

4 Trempez la saucisse dans l'assiette d'œufs bat-tus puis roulez-la dans la chapelure.

5 Chauffez l'huile d'olive dans une poêle. Faites-y dorer la saucisse pendant 10 min, en la retournant.

6 Pendant ce temps, épluchez et lavez les courgettes puis coupez-les en grosses rondelles.

7 Mettez dans une mar-mite le concentré de tomates et 1 cuillerée à café de poivre. Ajoutez la saucisse et les courgettes, salez et couvrez d'eau. Laissez cuire 30 min à feu doux. Servez chaud. Pour réaliser la saucisse de viande, farinez largement un torchon et éta-lez-y la viande, puis formez la saucisse en vous aidant du torchon.

Poivrons égyptiens

Égypte
POUR 6 PERSONNES
PRÉPARATION : 15 MIN
CUISSON : 40 MIN

6 poivrons • 300 g de viande cuite (bœuf ou mouton) •
1 branche de persil simple •
5 gousses d'ail • 100 g d'oignons • 2 œufs • 1 dose de safran • 1 cuill. à soupe d'huile d'olive • sel, poivre

1 Lavez les poivrons. Fendez-les en 2 dans la longueur. Ôtez les pédoncules et les graines.

2 Hachez finement la viande. Lavez et équeutez le persil, pelez l'ail et les oignons. Hachez le tout. Mélangez tous ces ingrédients à la viande. Poudrez de safran. Ajoutez les œufs entiers, mélangez bien pour obtenir une pâte homogène.
3 Préchauffez le four à 200 °C (therm. 6).
4 Remplissez les poivrons avec la farce.

5 Huilez un plat allant au four et versez-y un verre d'eau. Disposez les poivrons dans le plat. Enfournez et faites cuire pendant 40 min. Servez dans le plat de cuisson. Choisissez de préférence de petits poivrons rouges. Mais ne les confondez pas avec des «poivrons rouges piquants» qui sont des piments forts !

Riz de La Mecque

POUR 6 PERSONNES
PRÉPARATION : 1 H 30
CUISSON : 2 H 15

1 kg de viande de mouton en morceaux (avec un peu de graisse) • 1 kg de tomates •
5 oignons • 3 carottes •
5 cuill. à soupe d'huile d'olive •
1 cuill. à soupe de cannelle moulue • 15 graines de cardamome • 25 g de raisins secs • 1 kg de riz • 25 g d'amandes mondées • sel
pour la sauce : 3 tomates •
3 concombres • 1/2 bouquet de persil plat • 1 petit oignon blanc • 1 petit piment vert fort • 2 gousses d'ail •
2 citrons • 2 cuill. à soupe de vinaigre • sel

1 Lavez le riz et faites-le cuire pendant 10 min dans de l'eau bouillante salée. Égouttez-le.
2 Plongez les tomates 1 min dans de l'eau bouil-

lante, pelez-les, épépinez-les et concassez-les.
3 Pelez et hachez finement les oignons. Mettez-les à revenir dans une marmite avec 4 cuillerées à soupe d'huile.
4 Ajoutez la viande, faites-la revenir de tous les côtés à feu vif.
5 Épluchez les carottes, coupez-les en petits dés.
6 Mettez les carottes et les tomates dans la marmite. Ajoutez la cannelle et la cardamome, salez. Couvrez d'eau et faites cuire à feu modéré pendant 35 min, puis à feu doux pendant 20 min.
7 À la fin de la cuisson, lavez les raisins secs et le riz. Ajoutez-les dans la marmite. Laissez sur le feu encore 20 min, jusqu'à la cuisson complète du riz.
8 Préparez la sauce. Pelez les 3 tomates, épluchez les concombres,

lavez et équeutez le persil. Hachez finement le tout. Lavez et hachez le piment. Pelez l'ail. Mixez-les ensemble avec 1/2 cuillère à café de sel. Pelez et émincez le petit oignon. Mélangez ces ingrédients. Ajoutez le jus des citrons et le vinaigre, mélangez de nouveau.
9 Séparez les amandes en 2. Au moment de servir, faites-les revenir dans une poêle avec 1 cuillerée à soupe d'huile. Égouttez-les sur du papier absorbant.
10 Mettez le riz dans le plat de service. Disposez la viande par-dessus. Parsemez d'amandes. Présentez la sauce à part. Le riz que l'on achète sur les marchés dans les pays arabes est souvent poussiéreux, il faut donc le laver avant de le cuire. Choisissez du riz à grains longs.

Ragoût aux aubergines

Égypte
POUR 6 PERSONNES
PRÉPARATION : 20 MIN
CUISSON : 1 H 15

500 g de bœuf haché •
6 grosses aubergines •
6 cuill. à soupe d'huile d'olive •
1 gousse d'ail • 6 échalotes •
1 poivron • 3 clous de girofle • 15 cl de vin blanc (ou 5 cl de vinaigre) • sel, poivre

1 Pelez les aubergines et coupez-les en rondelles. Faites-les revenir dans 3 cuillerées à soupe d'huile d'olive pendant 10 min.

2 Préchauffez le four à 200 °C (therm. 6).
3 Pelez l'ail et les échalotes. Lavez le poivron, ôtez le pédoncule et les graines. Hachez le tout. Mélangez avec le bœuf. Salez, poivrez, écrasez les clous de girofle et ajoutez-les dans le hachis.
4 Faites revenir ce hachis assaisonné dans une poêle avec 3 cuillerées à soupe d'huile d'olive pendant 5 min.

5 Dans un plat à feu, disposez par couches successives hachis et aubergines. Terminez par une couche d'aubergines.
6 Arrosez de vin blanc (ou de vinaigre). Enfournez et laissez cuire pendant 1 h. Servez dans le moule de cuisson.
Ce plat se réchauffe sans problème le lendemain.

Les Desserts

Mouhallabia

POUR 6 PERSONNES
PRÉPARATION : 10 MIN
CUISSON : 15 MIN

45 cl de lait • 6 cuill. à soupe de sucre semoule • 3 cuill. à soupe d'eau de rose • 3 cuill. à soupe de farine de riz • 1/2 cuill. à café de cardamome moulue • 1 dose de safran

1 Délayez la farine de riz dans 15 cl de lait. Mettez le reste du lait dans une casserole. Portez à ébullition, baissez le feu. Ajoutez le sucre semoule dans la casserole. Mélangez.
2 Versez peu à peu la farine de riz délayée, en remuant sans cesse, jusqu'à nouvelle ébullition.
3 Ajoutez la cardamome, le safran et l'eau de rose. Prolongez la cuisson à feu très doux pendant 5 min.
4 Répartissez la mouhallabia dans des coupes individuelles, en verre de préférence. Laissez refroidir et maintenez au réfrigérateur jusqu'au moment de servir.

Cette crème est préparée dans tous les pays arabes avec différents parfums : eau de rose, un jus ou un zeste de citron ou d'orange, eau de fleurs d'oranger, amandes, pistaches, pignons...(les 3 derniers ingrédients sont soigneusement pilés avant d'être incorporés à la crème).

Pâtisseries aux amandes et aux pistaches

Égypte
POUR 6 PERSONNES
PRÉPARATION : 45 MIN
CUISSON : 35 MIN

pour la pâte : 2 œufs • 200 g de farine • sel pour la garniture : 250 g d'amandes mondées • 250 g de pistaches crues décortiquées pour le sirop : 3 cuill. à soupe de miel • 1 cuill. à soupe de sucre semoule • eau de fleurs d'oranger

1 Dans une terrine, mélangez les œufs, la farine et 1 pincée de sel. Travaillez bien à la spatule pour obtenir une pâte très lisse. Divisez-la en 3. Sur un plan de travail fariné, abaissez chaque part de pâte au rouleau, le plus finement possible.
2 Pilez les amandes au mortier ou mixez-les. Réservez la poudre obtenue. Procédez de même avec les pistaches.
3 Préchauffez le four à 180 °C (therm. 5).
4 Sur la plaque du four huilée, disposez une première abaisse de pâte. Garnissez-la avec les amandes pilées. Recouvrez d'une deuxième abaisse. Étalez la pâte de pistaches. Recouvrez avec la troisième abaisse. Découpez ce gâteau en bandes ou en losanges.
5 Enfournez et faites cuire pendant 20 min.
6 Quelques minutes avant la fin de la cuisson, préparez le sirop. Faites chauffer le miel et le sucre dans une casserole, à feu doux. Délayez avec un peu d'eau de fleurs d'oranger, en veillant à ce que le mélange reste bien épais.
7 Dès que le sirop blondit, trempez-y les parts du gâteau par petites quantités. Retirez-les dès qu'elles en sont imprégnées. Répétez l'opération 3 ou 4 fois, jusqu'à ce que les pâtisseries soient dorées et croustillantes. Laissez refroidir avant de servir.

Servez ces pâtisseries avec du thé ou un café.

Pommes à l'eau de rose

Iraq
POUR 4 PERSONNES
PRÉPARATION : 20 MIN

4 pommes • 8 cuill. à soupe d'eau de rose • sucre semoule • 1 branche de menthe fraîche

1 Épluchez les pommes, coupez-les en 4 puis ôtez le cœur avec les pépins. Détaillez les quartiers en fines lamelles.
2 Répartissez les lamelles de pomme dans 4 coupes individuelles. Arrosez-les immédiatement avec l'eau de rose.
3 Lavez, séchez et effeuillez la menthe.
4 Poudrez les coupes de sucre semoule et décorez de 2 ou 3 feuilles de menthe. Servez frais.

Ce dessert se prépare juste avant de servir, car les pommes épluchées noircissent rapidement à l'air. Si vous conservez les fruits à température ambiante, mettez-les au réfrigérateur avant de les préparer. Il s'agit d'une recette simple et rapide à faire, qui dégage un parfum d'Arabie, dû à l'emploi de l'eau de rose. Extraite de certaines variétés de la rose de Damas, l'essence de rose est utilisée en parfumerie. Les pétales, après macération dans du sucre, servent également à faire de la confiture.

SAVEURS DE SYRIE ET DU LIBAN

Le Levant ayant longtemps été une terre vouée aux céréales, la nourriture de ces pays reposait sur les dérivés du blé et de l'orge, autrement dit sur le pain et le *boulghour* (blé bouilli, séché, concassé et vanné). Ajoutons-y le lait et les produits laitiers, le poisson, l'huile d'olive et les légumes de saison, pour avoir une idée générale de l'alimentation quotidienne, avec l'eau et le thé pour se désaltérer, et l'*arak* (alcool de raisin anisé) pour les jours de fête.

LES TRADITIONS

Les temps modernes et les influences cosmopolites ont fait évoluer cette volontaire simplicité vers un art culinaire plus minutieux et toujours hospitalier. Lors des multiples invitations, les plats sont copieux, souvent constitués de mézès, un assortiment de hors-d'œuvre divers, froids et chauds, servis avec un carafon d'*arak*.

LA VIE QUOTIDIENNE

LE PETIT DÉJEUNER (fatour al-sabah). À la campagne, on mange volontiers du *labaneh* (lait caillé égoutté) avec un peu de viande crue, de la menthe, du persil et des oignons. En ville, le thé, ou bien une infusion de cannelle, est servi accompagné de pain arabe, une galette plate, ronde, d'environ vingt centimètres de diamètre.

LE DÉJEUNER (al-ghada). Il se compose en général d'un plat unique, un *moghrabiyé* (couscous libanais), un ragoût de légumes à la viande, ou encore des poissons grillés, suivi de salades et, pour le dessert, de fruits frais.

LE DÎNER (al-acha). Dans l'ensemble, la viande est évitée, on la remplace par un ragoût de légumes, du fromage et des confitures, ou bien un bon potage *(chorba)* l'hiver, ou du taboulé aux beaux jours. Ce dîner est pris relativement tard.

Menu classique

━━━

TABOULÉ

•

VIANDE AUX COINGS

•

CRÈME AU CARVI

LES JOURS DE FÊTE

NOËL (al-miled). Les chrétiens du Liban préparent à Noël dindes, dindons et oies farcies de riz, de noix, d'amandes, de pistaches, de pignons et de raisins secs ou de châtaignes et de viande hachée aromatisée.

PÂQUES (aïd al-fash). Les œufs durs que l'on teinte de rouge ou de jaune sont assortis de galettes au lait et de *ma'moul* (galettes fourrées de pistaches et de noix).

RAMADAN. La fin du mois de ramadan est célébrée par la rupture définitive du jeûne *(aïd al-fitr)*. À cette occasion, confiseries, pâtisseries et sirops sont offerts aux visiteurs. Citons encore les *killaje*, des galettes minces fourrées de crème de riz et roulées avant d'être frites.

LES PRODUITS

LES LAITAGES

•

Très appréciés, les laitages à base de lait caillé de chèvre ou de vache, comme le *laban* (yaourt) qui se mange aussi bien salé que sucré, le *labné* (fromage blanc), le *jibné* (fromage à pâte pressée), le *kichk* (un mélange de *laban* et *boulghour* séché au soleil). Et pour se rafraîchir, l'*ayran*, une boisson composée à partir de *labné*, d'abord salé puis allongé d'une grande quantité d'eau.

LES SEMOULES

•

Moulu et tamisé, le blé dur donne deux sortes de semoules. L'une, fine, sert à la fabrication du pain et des pâtisseries. L'autre, plus grosse, une fois roulée à la main avec de l'eau et du sel, donnera du couscous fin, moyen ou gros. Pour la préparation du *boulghour* (blé concassé), le blé est cuit à l'eau salée, puis longuement séché au soleil. Les «grains» ainsi obtenus pourront être concassés en différentes moutures (grosse ou moyenne). Le *boulghour* se conserve plusieurs mois.

gros

Boulghour (blé concassé)

fin

grosse

moyenne

Semoule

fine

Entrée

Viande crue pilée

POUR 4 PERSONNES

PRÉPARATION : 20 MIN

500 g de gigot de mouton maigre • 4 petits oignons • 8 gousses d'ail • 1 bouquet de menthe • 1 bouquet de persil simple • sel, poivre

1 Coupez la viande en morceaux, ôtez les nerfs. Pilez-la dans un mortier. Elle doit prendre une con-sistance pâteuse. À dé-faut de mortier, utilisez un mixer.
2 Pelez et pilez, ou mixez les oignons.
3 Malaxez la viande et les oignons avec du sel et du poivre.
4 Pelez l'ail. Lavez, équeutez et essorez les herbes. Servez la viande entourée de persil, de menthe et d'ail. Accompagnez d'une sa-lade de tomates et de concombres. Au Liban, cette viande est parfois servie au petit déjeuner, ou en entrée, parmi les mézès.

Les Plats

Viande aux coings

POUR 4 PERSONNES

PRÉPARATION : 15 MIN

CUISSON : 1 H 20

Boisson conseillée :

MÂCON

1 kg d'épaule de mouton (ou d'agneau) coupée en morceaux • 1 kg de coings • 1 citron • 1 cuill. à soupe de sucre semoule • sel

1 Mettez la viande à cuire dans de l'eau froide à feu vif pendant 45 min. Écumez de temps à au-tre. Quand elle est bien à point, retirez-la, égouttez-la un peu et mettez-la dans une autre marmite.
2 Lavez les coings, éplu-chez-les et réservez quel-ques pelures. Épépinez-les et coupez-les en mor-ceaux. Mettez-les dans le bouillon avec les pelures que vous avez conser-vées. Faites cuire à feu doux 20 min, jusqu'à ce qu'ils deviennent tendres et rosés.
3 Remettez la viande sur le feu. Retirez les coings du bouillon à l'aide d'une écumoire et déposez-les dans l'autre marmite, autour de la viande. Arrosez d'une louche de bouillon, sa-lez. Remettez sur le feu.
4 Pressez le citron, ajou-tez le jus dans la marmite avec le sucre, mélangez. Laissez mijoter 15 min à feu doux. Servez chaud. Les coings peuvent être remplacés par des poi-res. La recette prend alors le nom de «viande aux poires».

Viande au miel

POUR 6 PERSONNES

PRÉPARATION : 15 MIN

CUISSON : 1 H

Boisson conseillée :

BEAUJOLAIS

1 kg d'épaule de mouton • 1 cuill. à café de boutons de rose séchés • 1/2 cuill. à café de clous de girofle • 1 cuill. à café de cannelle moulue • 7 cuill. à soupe d'huile d'olive • 1 dose de safran • 3 gros oignons • 500 g de raisins secs • 300 g de miel • 100 g d'amandes • sel, poivre

1 Mixez les boutons de rose. Pilez les clous de girofle. Mélangez les boutons de rose, la can-nelle, les clous de girofle et 1 cuillerée à café de poivre noir moulu.
2 Mettez dans une mar-mite l'huile, le sel, le sa-fran et 3 cuillerées à café du mélange d'épices. Ajoutez 15 cl d'eau et placez sur feu doux.
3 Pelez les oignons. Coupez-les en fines ron-delles et ajoutez-les dans la marmite. Mettez-y la viande. Laissez cuire pen-dant 45 min. Ajoutez un peu d'eau en cours de cuisson si nécessaire.
4 Quand la viande est presque cuite, ajoutez les raisins et laissez réduire la sauce.
5 Chauffez le miel. Ver-sez-le dans la marmite et laissez mijoter pendant 5 min. Goûtez et rectifiez l'assaisonnement en ajou-tant le reste des épices si nécessaire.
6 Faites dorer les aman-des en les remuant dans une poêle sèche.
7 Sortez la viande de la marmite, coupez-la et disposez-la sur un plat de service. Nappez-la de sauce puis parsemez d'amandes. Servez chaud. Variante : après 20 min de cuisson, ajoutez 200 g de patates douces épluchées et coupées en morceaux. Le safran en filaments est beaucoup plus parfumé que le sa-fran en poudre. 1 ou 2 fi-laments suffisent pour ce plat.

Taboulé de Damas

Syrie

POUR 6 PERSONNES

PRÉPARATION : 45 MIN

TREMPAGE : 30 MIN

RÉFRIGÉRATION : 3 H

Boisson conseillée :

BANDOL ROSÉ

100 g de blé concassé • 6 tomates bien fermes •
6 oignons blancs • 1 bouquet de persil plat •
1 bouquet de menthe fraîche • 1 bouquet de coriandre fraîche •
6 citrons • 1 pincée de cannelle • 20 cl d'huile
d'olive • sel, poivre

1 Mettez le blé concassé dans un grand saladier, couvrez-le d'eau froide et laissez-le tremper 30 min environ à température ambiante, jusqu'à ce qu'il ait absorbé toute l'eau. Le blé va gonfler et ramollir en se gorgeant d'eau.

2 Lavez et équeutez le persil. Lavez et effeuillez la menthe et la coriandre. Épongez-les à l'aide d'un papier absorbant. Hachez ces herbes finement à l'aide d'un couteau bien aiguisé et réservez-les dans des soucoupes.

3 Coupez les verts des petits oignons, pelez ceux-ci et hachez les blancs. Plongez les tomates 1 min dans de l'eau bouillante. Pelez-les, épépinez-les et concassez-les. Vous pouvez aussi les passer au mixer pour les réduire en purée.

4 Égouttez le blé concassé. Pressez-le entre vos mains pour retirer l'excédent d'eau. Mettez-le dans un saladier de service. Ajoutez les oignons hachés, les tomates concassées puis les herbes ciselées. Pressez les citrons. Versez leur jus dans le saladier.

5 Assaisonnez de la pincée de cannelle et versez l'huile en filet par-dessus. Salez et poivrez. Mélangez bien à l'aide d'une cuillère en bois. Réservez au réfrigérateur pendant environ 3 h. Servez très frais.
Ceci est la véritable recette du taboulé. Son arôme est très parfumé, car les herbes y sont utilisées en grande quantité. La couleur verte de celles-ci doit d'ailleurs dominer.
Il existe bien entendu de nombreuses variantes de cette recette. Vous pouvez utiliser par exemple de la semoule de blé à la place de blé concassé, diminuer la quantité d'herbes, faire gonfler le blé avec le jus de citron et la purée de tomates, etc. Le taboulé se conserve 2 ou 3 jours au réfrigérateur recouvert d'un film transparent.

Paupiette hachée géante

POUR 4 PERSONNES

PRÉPARATION : 35 MIN

CUISSON : 40 MIN

Boisson conseillée :

LISTEL GRIS

600 g de gigot de mouton haché (ou de bifteck haché) • 500 g de tomates • 100 g de pignons • 10 gousses d'ail • 2 cuill. à soupe de beurre (ou d'huile d'arachide) • sel, poivre

1 Malaxez bien la viande hachée avec 1 cuillerée à café de sel et une pincée de poivre noir moulu.
2 Sur une planche humide, étalez la viande sur environ 1 cm d'épaisseur.

3 Plongez les tomates 1 min dans de l'eau bouillante, pelez-les, épépinez-les et concassez-les. Salez, poivrez.
4 Lavez les pignons. Séchez-les. Répartissez-les au milieu de la viande.
5 Enroulez la viande comme un saucisson autour des pignons. Fermez bien les extrémités.
6 Pelez l'ail. Piquez le saucisson d'éclats d'ail. Faites dorer la paupiette dans une sauteuse avec la matière grasse pendant environ 10 min.

7 Ajoutez la purée de tomates et 15 cl d'eau. Portez à ébullition, baissez le feu et laissez mijoter à couvert, pendant 30 min.
8 Servez la paupiette sur un plat long, coupée en rondelles, avec la sauce à part.
Variante : vous pouvez également confectionner de petites paupiettes individuelles. Dans ce cas, le temps de cuisson se trouve réduit à 15 min.

Les Desserts

Abricots de Damas

Syrie

POUR 10 PERSONNES

PRÉPARATION : 20 MIN

TREMPAGE : 36 H

CUISSON : 7 H 30

1 kg d'abricots frais • 250 g de pistaches crues décortiquées • 1 kg de sucre semoule

1 Lavez les abricots. Mettez-les dans une casserole et couvrez-les d'eau. Portez sur le feu et faites chauffer sans bouillir. Prolongez la cuisson 45 min dans l'eau juste frémissante.
2 Égouttez les abricots et dénoyautez-les.
3 Préparez le sirop lissé à 20 degrés : mettez le sucre dans 25 cl d'eau. Chauffez jusqu'à ébullition. Versez du sirop dans une éprouvette. Plongez-y le pèse-sirop et lisez la graduation où

s'arrête le niveau liquide. Il doit être à la hauteur de 20. Laissez refroidir.
4 Plongez les abricots dans ce sirop et laissez-les tremper 12 h. Puis chauffez doucement au bain-marie. Retirez les abricots, égouttez-les et portez le sirop à 25 degrés. Vérifiez à l'aide du pèse-sirop.
5 Replongez les abricots et laissez de nouveau tremper 12 h. Retirez-les, égouttez-les.
6 Portez le sirop à 33 degrés et faites tremper une dernière fois les abricots pendant 12 h. Retirez-les, égouttez-les.
7 Dans une poêle sèche, faites griller légèrement les pistaches à feu

doux en remuant. Farcissez chaque abricot avec 2 ou 3 pistaches grillées.
8 Placez les abricots farcis dans un égouttoir en fil de fer. Plongez-les 1 min dans un sirop grand cassé bouillant, égouttez-les.
9 Disposez les abricots sur la plaque du four. Faites-les sécher au moins 6 heures, à four très doux (120 °C, therm. 2). Un sirop grand cassé correspond à la dernière phase du sirop avant qu'il ne devienne du caramel. C'est lorsqu'on trempe ce sirop chaud dans l'eau froide qu'il se casse.

Crème au carvi

POUR 8 PERSONNES

PRÉPARATION : 25 MIN

CUISSON : 15 MIN

150 g de sucre semoule • 300 g de farine de riz • 2 cuill. à soupe de carvi moulu • 1/2 cuill. à soupe d'anis moulu • 100 g de cerneaux de noix • 100 g de pistaches décortiquées non salées

1 Faites bouillir 1 l d'eau dans une casserole.

2 Délayez la farine de riz dans un peu d'eau froide et versez-la dans la casserole.
3 Ajoutez le sucre et les épices, tout en remuant avec une cuillère en bois. Baissez le feu et laissez cuire à feu doux, sans cesser de tourner pendant 15 min, pour obtenir une crème épaisse.

4 Versez dans des coupes individuelles. Laissez refroidir.
5 Pendant que la crème refroidit, hachez grossièrement les cerneaux de noix et les pistaches. Décorez-en chaque coupe et servez.

LES ANTILLES, LA RÉUNION, L'ÎLE MAURICE...

LA CUISINE CRÉOLE

—

Antilles, Réunion, Maurice : îles enchanteresses, rêves d'exotisme...
Ces terres tropicales ne sont pas seulement des paysages de cartes postales
mais bien le lieu où s'est développé un art de vivre spécifique,
la culture créole. Ici se sont mariées bien des influences, d'origines très
diverses. L'Europe, l'Afrique, l'Asie s'y sont rencontrées. Les colons
français, anglais et hollandais ont côtoyé les esclaves africains
et les immigrants indiens. Tous ont apporté avec eux des produits nouveaux,
des manières de cuisiner qui se sont associées aux nombreuses ressources
locales. De là est née la cuisine créole, généreuse, créative,
infiniment variée, qui a donné aux denrées et aux plats
des appellations d'une poésie délicieusement naïve.

SAVEURS CRÉOLES

La cuisine créole, issue de la rencontre des colons européens et des esclaves africains avec les produits exotiques, a trouvé sa plus pure expression aux Antilles, à l'île de la Réunion et à l'île Maurice. Les épices, les aromates, le piment, le rhum et le sucre y sont omniprésents. Quant à Madagascar, elle doit à l'originalité de sa population et à la relative brièveté de la présence coloniale d'avoir conservé ses propres traditions, potées de riz et d'herbes et brochettes de zébu.

LES TRADITIONS

Si certains font du court-bouillon de poisson à la créole le plat national antillais, il y a d'autres prétendants à ce titre. Les acras, ces beignets servis chauds à l'apéritif ou en hors-d'œuvre, en sont un exemple. Les soupes sont toujours épicées ; on les prépare avec de la chair de poisson, de crustacés ou de tortue, de la viande ou des légumes. Le colombo, sorte de ragoût confectionné avec du curry ou de la poudre de colombo, est originaire de l'Inde. Il est servi accompagné de riz, de fruit à pain, de mangues vertes ou de tubercules locaux tels que patate douce, igname, chou caraïbe, malanga, etc. Le *matété*, constitué d'épices, d'aromates, de riz créole, de fruit à pain avec du crabe, des écrevisses ou des *chatrous* (petites pieuvres), fait également partie des plats typiques. Des boucaniers d'autrefois, les Antillais ont hérité le goût de la viande grillée, qu'elle soit de porc, de cabri ou de tortue.

Les boissons antillaises tirent parti des fruits tropicaux, du sucre, des épices et bien sûr du rhum. Si le punch ou la liqueur de coco sont universellement connus, les Antillais apprécient également le *chaudo* (lait, œufs, épices) ou la liqueur de café (café macéré avec de l'eau-de-vie et de la vanille).

La cuisine réunionnaise présente bien des ressemblances avec celle des Antilles. Elle se caractérise par l'emploi généralisé du safran, qui donne sa couleur et sa saveur au riz jaune, du gingembre, du *combava* (petit citron vert) et de nombreuses sauces à base de piment. Achards et rougails sont des préparations typiques de la cuisine créole en général, mais bien particulières à la Réunion. Les premiers sont des légumes découpés en lamelles et accompagnés d'huile, d'épices et de piments ; les autres, une sorte de ratatouille épicée à base de mangue verte, de tamarin, d'aubergine, de tomates ou encore de morue. Achards et rougails se servent en hors-d'œuvre ou en accompagnement des viandes. La cuisine réunionnaise propose des currys de poulet, de cabri, de co-

Corossol

Anone

Ananas

Mangue

Papaye

Maracuja

chon des bois, de boudin, de poisson, de crustacé... Ces différentes recettes s'associent : ainsi servira-t-on un curry de *bichiques* (alevins, aussi appelés *tiriris* aux Antilles) avec du riz et un rougail de mangues vertes.

L'île sœur de la Réunion, l'île Maurice, connaît sensiblement la même gastronomie. Les rougails, notamment, figurent à presque tous les repas. Les chutneys, appelés ici *chatinis* et préparés avec de la noix de coco, des mangues, des tomates et tous les légumes exotiques, sont omniprésents. Ils accompagnent le riz ou les viandes. De même, le *vindaye* (vinaigre, ail, épices, safran, piment) permet de conserver ou d'assaisonner viande ou poisson. Originalité de la cuisine mauricienne, le cerf, qui a été introduit par les Hollandais et se sert pour les grandes occasions.

LA VIE QUOTIDIENNE

LE PETIT DÉJEUNER. Café, chocolat ou lait (pour les enfants) accompagnent des tartines et, parfois, un fruit.
LE DÉJEUNER. Riz ou tubercules exotiques sont servis avec de la viande ou du poisson. Des fruits peuvent faire office de dessert, mais on les consomme le plus souvent en dehors des repas, à tout moment de la journée. Vers 16 h, il est d'usage de prendre un goûter composé de pain, de confiture ou d'un gâteau.
LE DÎNER. Plutôt léger aux Antilles où il comporte soupe et salade (les fruits ayant la réputation d'empêcher de dormir), il est légèrement plus consistant à la Réunion et à l'île Maurice.

LES JOURS DE FÊTE

NOËL. C'est le jour du cochon aux Antilles. Le pâté créole et le boudin sont à l'honneur, comme à la Réunion où ils côtoient des langoustes. En dessert, on sert des litchis. Le rhum est, bien sûr, partout de la fête.
PÂQUES. Le vendredi saint est dédié au poisson, aux acras de morue, et l'on s'abstiendra de consommer du lait. Le jour de Pâques seront servis du porc et du *matété* de crabe.
LA FÊTE DES CUISINIÈRES. Elle a lieu aux Antilles le 15 août et elle est l'occasion de nombreuses réjouissances. Chaque cuisinière prépare ses meilleures recettes (crabes, boudins, colombos, etc.) et tous les goûtent.

LES PRODUITS

Ces îles au climat enchanteur produisent en abondance une grande variété de fruits et de légumes, assez proches de ceux qui poussent en Afrique (voir p. 352).

LES FRUITS TROPICAUX

L'ANANAS. Il présente plusieurs variétés, la plus appréciée étant l'«ananas bouteille», très parfumé. L'ananas Victoria, plus petit et très sucré, provient surtout de l'île Maurice.
LA PAPAYE. De forme ronde ou allongée, elle est recouverte d'une peau côtelée jaunâtre. Sa chair est orangée. Elle se déguste telle quelle ou relevée de sucre, de sel, de poivre et de citron. Verte, elle peut être farcie. Elle se retrouve dans les colombos, les gratins et les punchs.
LA MANGUE. Sa peau est verte. La chair est orangée, juteuse et très parfumée. La mangue verte sert à la confection de colombos, rougails ou chutneys. Bien mûre, on l'emploie pour les confitures, les tartes et les sorbets. Et elle est délicieuse crue.
LE MARACUJA. Ce fruit d'une liane est également connu sous le nom de «fruit de la Passion». Sa chair orangée, acidulée et très parfumée, convient parfaitement aux sorbets.
LA BANANE. Elle existe sous de nombreuses formes. La plus consommée est la banane figue. La «figue rose», ou «figue tisane», a une peau violacée à maturité. Il existe aussi des bananes à cuire, dites bananes plantains, souvent utilisées vertes pour les beignets, les gratins ou les colombos.
LA CARAMBOLE. C'est un fruit de forme allongée, à la peau jaune d'or.

Ses tranches forment de ravissantes étoiles d'un jaune translucide. Elle se consomme crue, en jus, en punch et beaucoup en confiture.
LE COROSSOL. Sa forme est allongée et sa peau granuleuse reste verte à maturité. Ses feuilles se préparent en tisane. Sa chair se cuisine comme celle de la carambole. L'anone, fruit de la même famille, est plus petite.
LA GOYAVE. Elle présente une chair rouge, rose ou blanche. Très parfumée, elle se déguste crue, dans des pâtisseries et en boisson.
LE FRUIT À PAIN. Sa pulpe blanche et charnue est difficile à découper. Elle joue le même rôle que la pomme de terre aux Antilles.

Banane plantain
Banane rose
Banane figue
Carambole
Fruit à pain
Goyave

Les Entrées

Soupe de giraumon

POUR 4 PERSONNES
PRÉPARATION : 30 MIN
CUISSON : 30 MIN

1 giraumon de 600 g • 1 l de lait • 1 cuill. à soupe de graines de cardamome • 4 tranches de pain de mie • 40 g de beurre • sel

1 Pelez le giraumon, débarrassez-le des graines et de la bourre qui les entoure, coupez la chair en gros morceaux.
2 Pressez la chair de giraumon dans un torchon pour en exprimer toute l'eau de végétation.
3 Mettez-la dans une casserole avec le lait, la cardamome et 1 bonne pincée de sel.
4 Portez à ébullition, baissez le feu, laissez frémir 20 min à feu doux.
5 Coupez le pain de mie en carrés. Faites fondre le beurre dans une poêle. Ajoutez le pain de mie et faites-le dorer pendant 10 min en remuant souvent. Mettez la soupe dans une soupière. Parsemez de croûtons et servez immédiatement.

Le giraumon est une variété de citrouille. Il était connu autrefois sous le nom de citrouille iroquoise.

Soupe aux chayotes

POUR 4 PERSONNES
PRÉPARATION : 30 MIN
CUISSON : 25 MIN

400 g de chayotes • 1 l de bouillon de poule • 20 cl de crème fraîche • sel, poivre

1 Épluchez les chayotes, coupez-les en petits cubes, y compris l'amande centrale.
2 Mettez-les dans une casserole avec le bouillon de poule. Salez, poivrez.
3 Portez à ébullition, baissez le feu, laissez frémir 20 min à feu doux.
4 Au moment de servir, ajoutez la crème et mélangez.

À la Réunion, les chayotes portent le nom de chouchoux, aux Antilles on les appelle christophines, à Madagascar et à Tahiti, chouchoutes. Il s'agit d'une espèce de courge grimpante originaire du Mexique. La chayote ressemble à une poire assez rugueuse. Sa chair est blanche, ferme et homogène.

Achards à la mangue

Île Maurice

POUR 4 PERSONNES
PRÉPARATION : 15 MIN
CUISSON : 20 MIN

2 mangues • 2 kakis • 1 cuill. à soupe de vinaigre de vin • 2 doses de safran • 25 cl d'huile • 1 cuill. à café de gingembre • poivre en grains

1 Pelez les mangues, coupez-les en morceaux. Lavez les kakis, coupez-les en morceaux, retirez les pépins s'il y en a.
2 Mettez dans une casserole à fond épais les mangues, les kakis et le vinaigre. Faites cuire à feu doux pendant 15 min.
3 Dans une autre casserole, faites revenir le safran dans un peu d'huile. Ajoutez le gingembre et le reste de l'huile. Faites chauffer à feu vif et versez les fruits. Mélangez et laissez cuire 4 à 5 min. Laissez refroidir.

Pour conserver les achards, mettez-les dans des flacons, recouvrez-les d'huile et fermez hermétiquement. Égouttez bien avant de servir. À l'île Maurice, les achards sont généralement servis avec le riz. Ils font également bon ménage avec d'autres plats dont ils relèvent la saveur et la couleur, des nouilles par exemple.

Achards de légumes

Antilles

POUR 4 PERSONNES
PRÉPARATION : 30 MIN
REPOS : 48 H
CUISSON : 10 MIN

200 g de chou • 200 g de chou-fleur • 100 g de haricots verts • 100 g de carottes • 1 oignon • 1 gousse d'ail • 1 piment rouge • 1 dose de safran • 25 cl d'huile • poivre

1 Lavez les légumes et coupez-les en petits morceaux de 1 cm environ.
2 Mettez-les à tremper séparément pendant 24 h dans de l'eau légèrement salée, au réfrigérateur.
3 Pelez et émincez l'oignon. Pelez et hachez l'ail. Ôtez le pédoncule du piment, lavez-le, fendez-le en 2, retirez les graines et les filaments blancs, hachez-le.
4 Faites revenir l'oignon, l'ail, le piment, le safran et 1 bonne pincée de poivre dans l'huile.
5 Égouttez les légumes et disposez-les en petits tas sur un plat ne craignant pas la chaleur. Versez l'huile bouillante sur les légumes. Mélangez et remettez à mariner au réfrigérateur pendant 24 h. Servez frais.

Acras de morue

POUR 4 PERSONNES

DESSALAGE : 12 H

PRÉPARATION : 30 MIN

REPOS : 4 H

CUISSON : 4 MIN

Boisson conseillée :

PUNCH

| 450 g de morue • 5 brins de grosse ciboulette • |
| 1 oignon • 2 gousses d'ail • 8 cives (ou ciboules) • |
| pour la pâte : 250 g de farine • 40 cl de lait • |
| 2 œufs • sel, poivre • huile de friture |

1 La veille, mettez la morue dans un récipient sous l'eau courante, laissez-la dessaler. Si vous ne laissez pas l'eau couler, changez d'eau plusieurs fois. Pour faire la recette, mettez la morue dans une marmite remplie d'eau froide. Portez à ébullition et laissez cuire 15 min. Débarrassez-la de la peau et des arêtes. Pilez la chair au mortier.

2 Lavez et ciselez finement la ciboulette. Pelez l'oignon et les gousses d'ail et hachez-les menu. Lavez et ciselez les cives. Versez la morue dans un saladier. Ajoutez les herbes, mélangez bien puis réservez.

3 Préparez la pâte dans un second saladier. Mélangez le lait et la farine. Cassez les œufs dans un bol et battez-les en omelette. Ajoutez-les à la pâte, salez, poivrez et fouettez vigoureusement. Passez éventuellement au mixer. Couvrez d'un linge. Laissez reposer à température ambiante pendant 4 h.

4 Mettez à chauffer l'huile dans une friteuse. Versez la pâte sur la morue écrasée et travaillez avec une spatule en bois jusqu'à ce que vous obteniez une pâte molle.

5 Prenez la pâte par cuillerées que vous jetez dans l'huile bouillante. N'en faites pas trop à la fois pour que les beignets ne se collent pas les uns aux autres. Laissez frire 3 ou 4 min. Sortez les beignets à l'aide d'une écumoire et égouttez-les au fur et à mesure sur une serviette ou sur du papier absorbant. Servez-les chauds ou tièdes.
Les acras se servent à l'apéritif, avec un punch. Très populaires dans toutes les Antilles, ils sont généralement à base de morue, mais on trouve aussi des acras à l'aubergine, au chou caraïbe, au potiron, etc.

Blaff de poissons

POUR 4 PERSONNES

PRÉPARATION : 40 MIN

CUISSON : 45 MIN

Boisson conseillée :

SANCERRE

1 kg de poissons de mer préparés par le poissonnier (barbue d'Amérique, maquereau, bonite, mulet...) • 1 citron • 2 gousses d'ail • 3 oignons • 4 branches de persil • 1 branche de fenouil • 25 cl de vin blanc sec • 50 cl d'huile • 3 clous de girofle • 3 graines de bois d'Inde • 1 bouquet garni • 1 piment • sel, poivre

1 Coupez les poissons en morceaux, lavez-les et réservez-les.

2 Pressez le citron. Pelez l'ail. Pelez et coupez les oignons en rondelles. Lavez le persil et le fenouil. Hachez-les.

3 Préparez le court-bouillon. Dans une marmite, mettez le vin blanc, 75 cl d'eau, l'huile, l'ail, l'oignon, les clous de girofle, les graines de bois d'Inde, le bouquet garni, la moitié du jus du citron, le persil et le fenouil. Salez, poivrez. Portez à ébullition et laissez cuire pendant 30 min à petits bouillons.

4 Pendant ce temps, lavez le piment, fendez-le en 2, retirez les graines. En fin de cuisson, ajoutez-le au court-bouillon.

5 Baissez le feu, plongez les poissons dans le court-bouillon et prolongez la cuisson pendant 10 à 15 min.

6 Ajoutez le reste du jus de citron et servez dans la marmite de cuisson. Accompagnez de riz créole ou d'ignames ou encore de malangas ou de petites bananes vertes cuites à l'eau salée.

Beignets de cœurs de palmier

POUR 4 PERSONNES

PRÉPARATION : 20 MIN

REPOS DE LA PÂTE : 1 H

CUISSON : 5 MIN PAR POÊLÉE

1 boîte de cœurs de palmier de 250 g

pour la pâte : 2 œufs • 50 g de beurre ramolli • 250 g de farine • sel • huile de friture

1 Préparez la pâte. Cassez les œufs, battez-les vigoureusement à la fourchette, ajoutez du sel et le beurre coupé en petits morceaux. Versez ensuite la farine petit à petit, sans cesser de mélanger, jusqu'à ce que la pâte soit bien homogène.

2 Farinez un plan de travail. Abaissez la pâte au rouleau sur une épaisseur d'environ 5 mm. Laissez-la reposer 1 h à température ambiante.

3 Égouttez les cœurs de palmier. Coupez-les en rondelles de 2 cm d'épaisseur.

4 À l'aide d'une roulette à pâtisserie, découpez des carrés de pâte de 6 cm de côté.

5 Enveloppez chaque rondelle de cœur de palmier d'un carré de pâte.

6 Faites chauffer l'huile dans une friteuse. Jetez-y les beignets. Faites-les cuire pendant 5 min environ en les retournant pour qu'ils soient bien dorés de chaque côté.

7 Sortez-les de la friteuse avec une écumoire, laissez-les s'égoutter sur du papier absorbant. Servez aussitôt.

Présentez les beignets nature ou accompagnés de sauce tomate.

Féroce

POUR 6 PERSONNES

TREMPAGE : 12 H

PRÉPARATION : 35 MIN

CUISSON : 15 MIN

Boisson conseillée :

ROSÉ DE PROVENCE

4 avocats • 1 citron • 300 g de farine de manioc • 30 cl de lait (ou de lait de coco) • 15 cl d'huile

pour la chiquetaille de morue : 400 g de morue • 2 oignons • 2 gousses d'ail • 1 piment • vinaigre • 1 cuill. à soupe d'huile

1 Faites tremper la morue 1 nuit dans un saladier sous l'eau courante, sinon, changez d'eau plusieurs fois.

2 Préparez la chiquetaille. Faites rôtir la morue au gril. Enlevez la peau et les arêtes et émiettez-la. Faites-la tremper pendant 1 h dans du vinaigre pour achever de la dessaler, puis essorez-la soigneusement.

3 Pelez et hachez les oignons et l'ail. Ôtez le pédoncule du piment. Lavez-le, fendez-le en 2, retirez les graines et les filaments blancs. Hachez-le. Mettez tous ces ingrédients dans un saladier. Ajoutez la morue et l'huile, mélangez bien.

4 Pelez les avocats et coupez la chair en petits dés. Pressez le citron. Mettez les dés d'avocat dans une terrine avec l'huile et arrosez immédiatement avec le jus du citron.

5 Mouillez la farine de manioc avec le lait.

6 Mélangez ensemble la chiquetaille, la salade d'avocat et la farine de manioc. Vous devez obtenir une consistance pâteuse et un goût très relevé.

Cette recette aurait été mise au point par les esclaves africains. Elle porte le nom de féroce à cause de son goût «férocement» relevé.

La chiquetaille de morue peut se servir telle quelle.

Boudin antillais

POUR 12 PERSONNES
PRÉPARATION : 1 H
CUISSON : 50 MIN

Boisson conseillée :
BOURGOGNE

1 l de sang de porc battu, refroidi et prêt à l'emploi • 2 m environ de boyau de porc propre et citronné • 500 g de mie de pain • 6 piments • 25 cl de lait • 50 cives • 1 oignon • 1 tête d'ail • 250 g de ciboulette • 100 g de saindoux • 5 brins de thym • 2 clous de girofle • 2 graines de bois d'Inde • noix de muscade • sel, poivre

1 Faites tremper le pain dans de l'eau tiède.
2 Ôtez le pédoncule des piments. Lavez-les. Hachez-les avec leurs graines. Versez le lait dans un bol et mettez-y les piments à macérer.
3 Lavez les cives et ciselez-les. Pelez et émincez l'oignon. Pelez et écrasez l'ail. Lavez et hachez la ciboulette.
4 Faites fondre le saindoux dans une cocotte et faites-y revenir les cives, l'oignon et l'ail à feu moyen. Quand ils ont pris couleur, ajoutez le thym et la ciboulette, et laissez mijoter 5 min.
5 Essorez le pain, écrasez-le à la fourchette et ajoutez-le dans la cocotte. Passez le lait au tamis et versez-le dans la cocotte. Mélangez et prolongez la cuisson 5 min.
6 Pilez les clous de girofle et les graines de bois d'Inde dans un mortier, râpez 1 noix de muscade.
7 Versez le sang dans la cocotte et mélangez soigneusement. Assaisonnez avec les épices. Salez, poivrez. Brassez et prolongez la cuisson encore 10 min. Retirez la cocotte du feu. Sortez les branches de thym et laissez bien refroidir.
8 Remplissez le boyau de ce mélange. Attachez tous les 5 ou 10 cm, selon votre goût, en tournant plusieurs fois le boyau sur lui-même.
9 Faites chauffer de l'eau dans une marmite sans la faire bouillir. Plongez-y les boudins et laissez-les cuire pendant 30 min. Servez chaud.
Vous pouvez remplacer le sang par du boudin noir nature, débarrassé de son boyau. Dans ce cas, diminuez le temps de cuisson.
Le boudin antillais, très épicé, peut aussi être servi comme accompagnement du punch à l'apéritif, ou en plat principal. Dans ce cas, prévoyez de doubler les quantités.

Les Sauces

Rougail

Île Maurice
POUR 6 PERSONNES
PRÉPARATION : 20 MIN
CUISSON : 20 MIN

750 g de petites tomates bien mûres • 3 oignons • 5 gousses d'ail • 1 petit bouquet de persil • 3 brins de thym • 3 petits piments longs • 4 cuill. à soupe d'huile • 5 g de gingembre en poudre • 5 feuilles de carripoulé (facultatif) • sel, poivre

1 Plongez les tomates pendant 1 min dans l'eau bouillante, pelez-les, épépinez-les et concassez-les. Pelez et émincez les oignons. Pelez et écrasez l'ail. Lavez, équeutez et hachez finement le persil. Effeuillez délicatement les branches thym. Ôtez le pédoncule des piments, lavez-les et fendez-les en 2 dans le sens de la longueur.
2 Dans une sauteuse, faites revenir l'oignon dans l'huile, à feu vif, jusqu'à ce qu'il soit bien doré. Ajoutez l'ail et poudrez de gingembre. Baissez légèrement le feu et prolongez la cuisson de 2 à 3 min.
3 Incorporez les tomates, le persil, le thym, les piments et, éventuellement, les feuilles de carripoulé. Salez et poivrez. Laissez mijoter pendant 5 min.
4 Mouillez avec 10 cl d'eau. Mélangez soigneusement, sans retirer la sauteuse du feu. Terminez la cuisson pendant 5 à 6 min sur feu moyen, jusqu'à ce que la sauce soit onctueuse et colorée.

Cette sauce sert de base aux différents rougails mauriciens. Dans certains cas, elle sert d'accompagnement à un riz. Une pincée de safran, mise à roussir avec les oignons, apporte une touche de saveur et de couleur. En l'enrichissant, vous pouvez en faire un plat complet. Dans ce cas, l'élément principal, pistaches, œufs, etc., doit être ajouté 2 à 3 min avant la fin de la cuisson.
À la Réunion, les rougails ressemblent plus à des chutneys (chatinis à Maurice), et sont donc servis en accompagnement de plats.

Sauce chien

Pour 6 personnes
Préparation : 15 min
Cuisson : 10 min

2 œufs • 3 cives •
1 oignon • 1 gousse d'ail •
1/2 piment • 1 citron •
1 cuill. à café de moutarde •
4 cuill. à soupe d'huile •
2 cuill. à soupe de vinaigre •
sel, poivre

1 Faites durcir les œufs pendant 10 min à l'eau bouillante. Passez-les sous l'eau froide, écalez-les. Séparez les jaunes des blancs. Écrasez les jaunes et hachez les blancs. Réservez-les séparément.
2 Lavez et hachez finement les cives. Pelez et hachez l'oignon et l'ail.

Ôtez le pédoncule du piment, lavez-le et retirez les graines et les filaments blancs. Hachez-le. Pressez le citron.
3 Portez un peu d'eau à ébullition, plongez-y les légumes et les herbes hachés, ajoutez le jus du citron, faites bouillir pendant 1 min. Égouttez-les, laissez-les refroidir et passez-les au mixer ou au presse-purée.
4 Préparez une vinaigrette à la moutarde. Mettez la moutarde dans un bol et versez l'huile par-dessus en filet, en tournant au fouet. Incorporez ensuite le vinaigre et 1 bonne pincée de sel.

5 Ajoutez les jaunes d'œufs à la vinaigrette, puis mélangez le tout avec la purée de légumes. Goûtez et rectifiez l'assaisonnement si nécessaire. Parsemez des blancs d'œufs hachés. Une recette beaucoup plus simple consiste à hacher les herbes et les légumes, à les arroser de jus de citron et à verser dessus un bol d'eau bouillante. Laissez infuser et c'est prêt.
Cette sauce accompagne les plats qui s'accommodent généralement bien de la mayonnaise.

Les Plats

Poisson à l'antillaise

Pour 4 personnes
Préparation : 30 min
Marinade : 1 h
Cuisson : 20 min

1 mulet de 800 g environ préparé et vidé par le poissonnier • 3 cuill. à soupe d'huile d'arachide • sel
pour la marinade : 6 citrons •
4 tomates • 2 oignons •
4 gousses d'ail • 1 piment •
8 grains de poivre • sel

1 Lavez soigneusement le mulet à l'eau courante. Égouttez-le et essuyez-le soigneusement à l'aide de papier absorbant.

2 Préparez la marinade. Pressez les citrons. Plongez les tomates 1 min dans de l'eau bouillante, pelez-les, épépinez-les, concassez-les. Pelez et émincez les oignons. Pelez et écrasez l'ail. Ôtez le pédoncule du piment, lavez-le, fendez-le en 2, retirez les graines et les filaments blancs. Coupez-le en morceaux, hachez-le. Mélangez le jus de citron, le poivre, du sel, le piment, l'ail, les oignons et les tomates.

3 Faites mariner le mulet pendant 1 h dans cette préparation.
4 Retirez le mulet de la marinade, épongez-le avec du papier absorbant.
5 Faites chauffer l'huile dans une poêle, faites-y cuire le mulet 20 min en le retournant fréquemment. Salez.
Vous pouvez préparer la marinade à l'avance et l'utiliser plusieurs fois. Elle se conserve au réfrigérateur, dans un récipient en verre.

Éperlans des Antilles

Pour 4 personnes
Préparation : 15 min
Marinade : 1 h
Repos de la pâte : 1 h
Cuisson : 5 à 6 min
par poêlée

400 g d'éperlans • huile de friture
pour la marinade : 6 citrons •
4 tomates • 2 oignons •
4 gousses d'ail • 1 piment •
8 grains de poivre • sel
pour la pâte : 100 g de farine •
1 œuf • 25 g de beurre ramolli • sel

1 Commencez par préparer la marinade (voir «poisson à l'antillaise» ci-dessus).
2 Lavez les éperlans, égouttez-les, faites-les mariner pendant 1 h.
3 Préparez la pâte. Cassez l'œuf, battez-le à la fourchette, ajoutez du sel et le beurre coupé en petits morceaux, puis peu à peu la farine. Mouillez de 12 cl d'eau et mélangez. Laissez reposer 1 h.
4 Égouttez les éperlans, épongez-les soigneusement à l'aide de papier absorbant, plongez-les dans la pâte.
5 Faites chauffer un peu d'huile dans une poêle, jetez-y quelques éperlans à la fois et faites-les frire jusqu'à ce qu'ils soient bien dorés. Rangez-les sur le plat de service chaud tapissé de papier absorbant. Répétez l'opération en ajoutant un peu d'huile chaque fois que c'est nécessaire.

Crabes farcis à l'antillaise

POUR 4 PERSONNES

PRÉPARATION : 1 H

CUISSON : 50 MIN

Boisson conseillée :

MUSCADET

---

4 petits tourteaux • 100 g de mie de pain •

10 cl de lait • 2 citrons • 100 g de lard • 2 oignons •

4 gousses d'ail • 1 piment • 1 bouquet de persil •

4 cuill. à soupe d'huile • 5 cl de rhum •

4 cuill. à soupe de chapelure • 50 g de beurre • sel

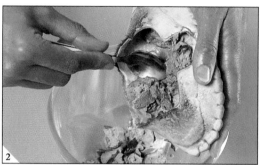

1 Lavez les tourteaux en les brossant bien. Portez 2 litres d'eau salée à ébullition, jetez-y les tourteaux. Égouttez-les au bout de 15 min. Pendant la cuisson des tourteaux, faites tremper la mie de pain dans le lait. Enlevez les pinces et les pattes des tourteaux. Ouvrez les crabes.

2 Retirez la chair du corps, des pinces et des pattes. Lavez les carapaces avec beaucoup de soin, citronnez-les à l'intérieur pour qu'elles ne se dessèchent pas et réservez-les.

3 Coupez le lard en dés de 1 cm de côté. Pelez les oignons, émincez-les. Pelez l'ail et écrasez-le. Ôtez le pédoncule du piment. Fendez-le en 2, retirez les graines et les filaments blancs. Hachez-le. Lavez et hachez le persil. Mettez l'huile à chauffer dans une poêle et faites-y sauter les lardons, l'ail, l'oignon, le persil et le piment. Salez, poivrez.

4 Essorez la mie de pain. Mélangez-la à la chair de crabe dans une proportion de 1/3 de pain pour 2/3 de crabe. Versez dans la poêle. Arrosez de rhum, mélangez bien la farce et laissez mijoter pendant 10 min. Préchauffez le four à 150°C (therm. 2-3).

5 Remplissez les carapaces de la farce. Recouvrez de chapelure et parsemez de noisettes de beurre. Disposez les crabes farcis dans un plat allant au four, enfournez et faites cuire 10 min. Servez chaud.
Aux Antilles, cette recette se prépare souvent avec des crabes de terre. Ceux-ci sont plus charnus que les crabes de mer et leur chair est plus fine. Les meilleurs crabes marins y sont les tourteaux et les araignées, mais celles-ci sont rares. La préparation est la même pour toutes les variétés de crabes. Si vous en avez le temps et le courage, enfermez-les dans une caisse profonde et nourrissez-les pendant une dizaine de jours de maïs, de bananes et de mangues. Leur chair en sera particulièrement parfumée.

Touffée de titiris

POUR 4 PERSONNES
PRÉPARATION : 35 MIN
MARINADE : 1 H
CUISSON : 10 MIN

800 g de titiris • 1 citron •	
2 oignons • 1 gousse d'ail •	
3 cuill. à soupe d'huile • 50 g	
de beurre • 1 piment sec •	
2 tomates • 1 bouquet garni	
pour la marinade : 6 citrons •	
4 tomates • 2 oignons •	
4 gousses d'ail • 1 piment •	
8 grains de poivre • sel	

1 Commencez par préparer la marinade à la tomate dans un récipient assez grand (voir Poisson à l'antillaise p. 336).

2 Lavez les titiris, égouttez-les, plongez-les dans la marinade. Laissez mariner pendant 1 h.
3 Pelez et émincez les oignons. Plongez les tomates quelques secondes dans de l'eau bouillante, pelez-les, épépinez-les, concassez-les. Pelez et écrasez l'ail. Émiettez le piment.
4 Faites chauffer l'huile et le beurre dans une cocotte. Faites-y revenir les oignons, les tomates, l'ail, le piment et le bouquet garni.

5 Égouttez les poissons, épongez-les avec du papier absorbant. Jetez-les dans la cocotte. Salez. Couvrez et faites cuire 10 min à feu doux.
6 Pressez le citron et versez le jus dans la cocotte en fin de cuisson.

Le mot titiri désigne des alevins en Martinique. En Guadeloupe, on parle de pisquette. Cette recette est également délicieuse avec des civelles (jeunes anguilles).

Matété de chobettes

POUR 6 PERSONNES
PRÉPARATION : 1 H
CUISSON : 30 MIN

Boisson conseillée :
CASSIS BLANC

3 l de chobettes • 1 gousse	
d'ail • 1 oignon •	
3 branches de ciboule •	
2 branches de thym •	
2 branches de persil •	
1 feuille de laurier • 1 citron •	
1 piment • 25 cl d'huile	
d'olive • sel, poivre	

1 Lavez les chobettes et brossez-les bien. Faites-les ouvrir à feu doux dans un faitout. Quand elles s'ouvrent, sortez-les du faitout et retirez la valve vide.
2 Pelez et hachez l'ail et l'oignon. Lavez et ciselez la ciboule. Ficelez le thym, le persil et le lau-

rier en un bouquet garni. Pressez le citron. Ôtez le pédoncule du piment, lavez-le et fendez-le en 2, dans le sens de la longueur.
3 Mettez l'huile dans une marmite. Faites-y revenir les chobettes, l'oignon, l'ail, la ciboule et le bouquet garni pendant 10 min.
4 Couvrez d'eau bouillante à hauteur. Ajoutez le jus du citron et le piment, salez et poivrez. Laissez mijoter de nouveau 10 min.
Pour servir, mélangez le matété à un riz créole que vous aurez fait cuire dans l'eau de cuisson rendue par les chobettes.

Vous pouvez également agrémenter le matété de farine de manioc.
La chobette est un coquillage assez abondant dans le Grand-Cul-de-Sac de la Guadeloupe. Sa chair est pratiquement comparable à celle des coques.
Le matété est un mot caraïbe, on dit plutôt matoutou en Martinique. Le matoutou était une sorte de grand plat qui servait en même temps de table. Il était fait en roseaux et en latanier et était si imperméable que l'eau ne le traversait pas.

Langouste grillée

POUR 4 PERSONNES
PRÉPARATION : 15 MIN
CUISSON : 10 MIN

Boisson conseillée :
POUILLY

2 langoustes vivantes • 50 cl	
d'huile • 200 g de beurre	
fondu • 50 cl de rhum vieux •	
sel, poivre	

1 Préchauffez le gril du four.
2 Fendez les langoustes en 2 dans le sens de la longueur.
3 Faites chauffer vivement l'huile dans 2 sauteuses. Quand elle est bouillante, placez les moitiés de langoustes dans les sauteuses, la chair baignant dans

l'huile. Laissez cuire pendant 3 min environ.
4 Lorsque la chair est bien saisie, retirez les langoustes. Disposez-les dans un plat allant au four, la chair vers le haut. Salez, poivrez et arrosez chaque moitié de beurre fondu. Enfournez et faites cuire 7 à 8 min.
5 Pendant ce temps, faites chauffer le rhum dans une casserole. Sortez les langoustes du four, arrosez-les de rhum et faites flamber. Servez immédiatement.

Accompagnez d'une sauce chien (voir p. 336). Vous pouvez apporter les langoustes sur la table et les flamber devant les convives.
Si vous n'avez pas le courage de découper les langoustes vivantes, plongez-les 8 min dans l'eau bouillante, puis fendez-les en 2. Dans ce cas, diminuez les temps de cuisson ultérieurs.

Poisson cru à l'avocat

POUR 4 PERSONNES

PRÉPARATION : 15 MIN

MACÉRATION : 12 H

4 filets de barbue • 4 oignons • 1 poivron rouge • 4 avocats • 2 cuill. à soupe d'huile d'arachide • 10 cl de vinaigre • 1 cuill. à soupe de curry • sel

1 Coupez les filets en cubes de 1 cm de côté.
2 Pelez les oignons, coupez-les en rondelles.
3 Lavez le poivron, coupez-le en 2, retirez le pédoncule, les graines et les filaments blancs. Coupez la chair en cubes de 1 cm de côté.
4 Fendez les avocats en 2, enlevez le noyau, prélevez la chair à la cuillère.
5 Mélangez la chair d'avocat, l'huile, le vinaigre, les oignons, le curry, le poivron et du sel.
6 Disposez les filets de poisson dans un plat et recouvrez-les de cette sauce.
7 Couvrez le dessus du plat d'une feuille de papier d'aluminium et laissez reposer au réfrigérateur pendant 12 h. Accompagnez de fines tranches de pain de seigle.

Le barbue convient très bien à cette recette, que vous pouvez faire avec de nombreux poissons à chair blanche. Les Mauriciens recommandent la maman-rouge, la vieille, la boue, le sacré chien grand-queue, ou encore la gueule-pavée.

Boucan de cabri

POUR 12 PERSONNES

PRÉPARATION : 1 H

CUISSON : 3 H

Boisson conseillée :

CHINON

1 cabri entier, dépecé, vidé et largement ouvert le long de la partie ventrale • 50 cives • 1 gros bouquet de persil • sauge • 50 citrons • 4 piments • 500 g de beurre fondu • 30 feuilles de laurier • 20 branches de thym • 20 clous de girofle • 1/2 noix de muscade • sel, poivre

1 Préparez un grand feu de bois, comme pour un méchoui. Laissez étouffer suffisamment les flammes pour qu'elles ne brûlent pas la viande. Installez une grille au-dessus du feu à une hauteur raisonnable.
2 Lavez les cives, le persil et la sauge. Pressez les citrons. Ôtez le pédoncule des piments, lavez-les et fendez-les en 2.
3 Dans un saladier, mélangez le beurre fondu, les piments et la sauge. Laissez infuser.
4 Remplissez le ventre du cabri avec les cives, le persil, le laurier, le thym, les clous de girofle, la muscade. Salez, poivrez abondamment. Versez le jus de citron sur ces herbes. Cousez l'ouverture.
5 Couchez le cabri sur la grille, ventre en l'air. Laissez-le cuire en l'arrosant de temps en temps avec le beurre fondu. Retournez-le en cours de cuisson. Le cabri est cuit à point lorsqu'il ne laisse plus écouler de jus rose quand on le pique avec la pointe d'un couteau. Voici une idée originale et amusante pour une garden-party. Le cabri est le nom créole des chevreaux. Vous pouvez de la même façon farcir une chèvre, un porcelet ou un cochon.

Le boucan est un mot caraïbe, qui veut dire, selon certains, «feu d'herbes», selon d'autres, «claie», c'est-à-dire le gril en bois sur lequel on fait cuire la viande. D'autres encore pensent qu'il vient du mot «boucacoui» qui veut dire «blessé par une flèche». Selon le père Labat, missionnaire dominicain aux Antilles vers 1700, ce mot viendrait des boucaniers qui vivaient dans des huttes appelées boucans, du nom des feux qu'ils allumaient à proximité et sur lesquels ils boucanaient, c'est-à-dire fumaient les viandes.

Curry de porc de la Réunion

POUR 4 PERSONNES

PRÉPARATION : 10 MIN

CUISSON : 1 H

4 côtes de porc • 250 g de tomates • 3 oignons • 1 gousse d'ail • 100 g de beurre • 1 pincée de safran • 2 piments secs • 3 pommes de terre • 1 cuill. à soupe de curry • sel

1 Lavez les tomates, coupez-les en quartiers. Pelez et hachez finement les oignons. Pelez et écrasez l'ail. Émiettez les piments au mortier.
2 Faites fondre le beurre dans une sauteuse, faites-y dorer les côtes 10 min des 2 côtés.
3 Ajoutez l'oignon et la tomate, mouillez d'un verre d'eau chaude. Mélangez. Salez et assaisonnez avec le safran, les piments et ajoutez l'ail. Prolongez la cuisson pendant 15 min à feu moyen.
4 Pendant ce temps, épluchez les pommes de terre, lavez-les, coupez-les en petits morceaux, ajoutez-les dans la sauteuse.
5 Laissez cuire encore 30 min, puis écrasez les pommes de terre à la fourchette.
6 Ajoutez le curry, laissez cuire 5 min, versez dans un plat creux, mélangez et servez.

Ouassous aux tomates et aux cives

POUR 8 PERSONNES
PRÉPARATION : 30 MIN
MACÉRATION : 20 MIN
CUISSON : 25 MIN

Boisson conseillée :
CHABLIS

2 kg de ouassous • 8 citrons verts • 1 kg de tomates • 4 oignons • 1 morceau de gingembre frais de 2 cm • 1 petit piment • 4 cuill. à soupe d'huile d'olive • 10 cl de rhum vieux • 1 cuill. à soupe de concentré de tomates • 1 brin de thym • 1 feuille de bois d'Inde • 4 gousses d'ail • 1 bouquet de cives • 10 brins de persil plat • sel, poivre

1 Pressez les citrons.
2 Lavez les ouassous, égouttez-les. Disposez-les dans un plat, arrosez-les de jus de citron et laissez-les macérer 20 min en les retournant.
3 Plongez les tomates 1 min dans de l'eau bouillante, pelez-les, épépinez-les, concassez-les. Pelez et émincez les oignons. Grattez le gingembre, coupez-le en lamelles. Lavez le piment, fendez-le en 2, ôtez le pédoncule et les graines. Coupez la chair en morceaux.
4 Faites chauffer l'huile d'olive avec le gingembre dans une cocotte. Mettez-y les oignons et les ouassous. Faites revenir 5 min.
5 Faites chauffer le rhum dans une petite casserole. Versez-le dans la cocotte et flambez.
6 Diluez le concentré de tomates dans 2 cuillerées à soupe d'eau. Mélangez-le avec les tomates, le thym, le piment, le bois d'Inde. Salez et poivrez.
7 Ajoutez la préparation dans la cocotte. Couvrez et laissez mijoter 20 min.
8 Pelez et écrasez l'ail. Épluchez les cives, coupez-les en fines rondelles. Lavez et équeutez le persil, hachez-le.
9 Disposez ce ragoût dans un grand plat de service creux et chaud. Parsemez d'ail, des cives, du persil. Servez.
Les ouassous sont des crustacés d'eau douce appelés selon leur taille «cribiches» ou «z'habitants». Vous pouvez les remplacer par des gambas ou des écrevisses. À défaut d'une feuille de bois d'Inde, vous pouvez utiliser une feuille de laurier.

Caneton à la mangue

POUR 4 PERSONNES
PRÉPARATION : 2 H
MARINADE : 18 H
CUISSON : 1 H

Boisson conseillée :
BOURGOGNE

1 jeune caneton d'environ 1,5 kg préparé par le volailler • 1 mangue demi-mûre pour la marinade : 2 oignons • 2 carottes • 3 branches de persil • 4 cuill. à soupe d'huile • 1 cuill. à soupe de vin blanc doux • poivre pour la sauce : 1 mangue bien mûre • 2 cuill. à café de miel • 2 cuill. à soupe de mango chutney • 2 branches de persil • sel, poivre

1 Coupez les ailerons et le cou du canard, détaillez-les en petits morceaux et réservez-les.
2 Préparez la marinade. Pelez et hachez très finement les oignons. Épluchez, lavez et râpez les carottes. Lavez, équeutez et hachez très finement le persil. Dans un saladier, mélangez l'oignon, les carottes, le persil, l'huile, le sauternes et 1/2 cuillerée à café de poivre moulu.
3 Posez le caneton dans un plat allant au four. Laissez le foie et le gésier à l'intérieur. Frottez le caneton avec un peu de la marinade en la faisant bien pénétrer. Arrosez-le du reste de marinade et mettez au réfrigérateur pendant 18 h. Sortez-le 2 h avant la cuisson.
4 Préparez la sauce. Pelez la mangue et détachez toute la chair du noyau. Mettez-la dans le bol du mixer et mouillez d'un verre d'eau, de façon à obtenir un liquide assez épais. Tamisez. Versez ce jus dans une casserole avec le miel, le mango chutney, le persil, le cou et les ailerons du canard. Salez, poivrez. Faites cuire à feu doux pendant 1 h, en remuant souvent. Ajoutez de l'eau en cours de cuisson, car la sauce doit toujours rester onctueuse et légère. Préchauffez le four à 230 °C (therm. 7-8).
5 Salez le caneton, posez-le dans le plat, enfournez et faites cuire 10 min. Retournez-le et laissez cuire de nouveau 10 min. Mettez-le sur le dos, prolongez la cuisson 10 min.
6 Pendant la cuisson du caneton et de la sauce, découpez la mangue demi-mûre en julienne.
7 Retirez la sauce du feu, tamisez-la en pressant le cou et les ailes du caneton pour en extraire le jus. Ajoutez la julienne de mangue, gardez au chaud.
8 Découpez le caneton, dressez-le sur un plat et réservez-le au chaud.
9 Détaillez le foie et le gésier en bâtonnets de 1 cm d'épaisseur. Recueillez tout le jus s'écoulant de la carcasse. Déglacez légèrement le fond du plat avec 4 cuillerées à soupe d'eau chaude. Tamisez et ajoutez à la sauce à la mangue. Mettez à feu vif, portez à ébullition et laissez cuire 2 min.
10 Arrosez le caneton de la sauce brûlante et servez immédiatement.

OUASSOUS
AUX TOMATES
ET AUX CIVES

•

*Les ouassous sont servies
entières pour le plaisir des
yeux. Mais prévoyez
des demi-citrons ou des
rince-doigts pour
les convives.
Vous pouvez remplacer la
cive, ou ciboule, par de la
ciboulette ou des petits
oignons blancs frais.*

Poulet sauté aux bananes plantains

POUR 4 PERSONNES
PRÉPARATION : 25 MIN
CUISSON : 50 MIN

1 poulet de 1,250 kg • 2 bananes plantains • 100 g de lard • 50 g de beurre • 12 échalotes • 1 cuill. à soupe de graines de cardamome • 1 cuill. à soupe de cumin • 1 cuill. à soupe de macis • 1 bouquet de persil • sel, poivre

1 Pelez les bananes, en retirant les éventuels filaments blancs. Mettez-les dans une casserole avec du sel, couvrez d'eau. Faites-les cuire pendant 30 min. Égouttez-les. Coupez-les en rondelles de 2 cm d'épaisseur.
2 Coupez le poulet en morceaux. Détaillez le lard en petits cubes. Faites fondre le beurre dans une cocotte et faites-y revenir le poulet et le lard. Salez, poivrez et mélangez.
3 Lavez soigneusement le persil et pelez les échalotes. Ajoutez-les dans la cocotte, arrosez de 10 cl d'eau. Couvrez et laissez mijoter 40 min à feu doux, en mélangeant de temps en temps. Ajoutez un peu d'eau si nécessaire.
4 Rajoutez les rondelles de banane 10 min avant la fin de la cuisson.
5 Retirez le bouquet de persil et servez directement dans la cocotte. Accompagnez de haricots rouges, d'ignames, de choux de Chine et de riz créole.
La banane plantain, dotée d'une peau verte et d'une chair un peu rosée et assez ferme, est généralement plus grosse et plus longue que la banane fruit.

Colombo aux foies de volaille

POUR 6 PERSONNES
PRÉPARATION : 45 MIN
CUISSON : 40 MIN

Boisson conseillée :
MÂCON

750 g de foies de volaille • 2 citrons • 2 gousses d'ail • 500 g de crevettes • 6 cuill. à soupe d'huile • 1 bouquet garni • 2 cuill. à soupe de curry • 300 g de riz • 200 g de jambon • 50 g de beurre • 100 g de comté râpé • sel, poivre

1 Pressez les citrons séparément. Pelez l'ail et écrasez-le.
2 Mettez les foies dans un plat, arrosez-les du jus d'un citron et laissez-les macérer 20 min.
3 Décortiquez les crevettes. Mettez-les dans un plat, arrosez-les du jus du deuxième citron et de 2 cuillerées à soupe d'huile. Ajoutez l'ail et laissez macérer 20 min.
4 Faites bouillir 60 cl d'eau salée avec le bouquet garni, le curry et 2 cuillerées à soupe d'huile. Jetez-y le riz en pluie et faites-le cuire pendant 20 min.
5 Coupez le jambon en petites lamelles. Égouttez soigneusement les foies et les crevettes.
6 Faites chauffer un tiers du beurre et le reste de l'huile dans une poêle, faites-y sauter les foies et le jambon. Salez, poivrez, mélangez.
7 Préchauffez le four à 200 °C (therm. 6).
8 Beurrez une terrine, disposez alternativement 1 couche de riz, 1 couche du mélange de foies et de jambon, 1 de riz, 1 de crevettes et poursuivez ainsi jusqu'à épuisement des ingrédients.
9 Poudrez de comté. Parsemez de noisettes de beurre.
10 Enfournez et faites cuire 15 min. Mettez le four sur position gril, déposez le plat au niveau le plus haut du four, faites gratiner. Servez chaud dans le plat de cuisson.

Poule au coco

POUR 6 PERSONNES
PRÉPARATION : 35 MIN
CUISSON : 1 H 10

Boisson conseillée :
BIÈRE

1 poule de 1,5 à 2 kg • 1 citron • 2 oignons • 1 gousse d'ail • 30 g de beurre • 1 bouquet garni • 300 g de riz • 250 g de noix de coco râpée • 1 cuill. à soupe de farine • sel, poivre

1 Pressez le citron. Coupez la poule en morceaux, mettez-les dans un plat et arrosez-les avec le jus du citron.
2 Pelez les oignons, coupez-les en rondelles. Pelez et écrasez l'ail.
3 Faites fondre le beurre dans une cocotte, faites-y revenir les morceaux de poule en les retournant pour qu'ils soient dorés de tous côtés. Salez, poivrez et mélangez.
4 Ajoutez le bouquet garni, les oignons et l'ail. Mouillez avec 50 cl d'eau. Mélangez de nouveau, couvrez et faites cuire 1 h à feu doux.
5 Pendant ce temps, portez 1 l d'eau salée à ébullition, jetez-y le riz en pluie et faites-le cuire 20 min. Égouttez.
6 Faites cuire la noix de coco dans 30 cl d'eau pendant 10 min.
7 Mettez cette préparation dans un linge fin et pressez fortement au-dessus d'un récipient afin de recueillir le jus.
8 Filtrez le jus de cuisson de la poule au-dessus d'une casserole. Ajoutez le jus de coco, liez avec la farine. Salez et poivrez cette sauce.
Sur un plat chaud, servez le riz surmonté des morceaux de poule nappés de sauce.

Veau froid au beurre d'avocat

POUR 4 PERSONNES
PRÉPARATION : 30 MIN
RÉFRIGÉRATION : 2 H
CUISSON : 50 MIN

Boisson conseillée :

GAMAY

800 g de rouelle de veau •
50 g de beurre • 2 œufs •
4 tomates • 2 avocats •
1 citron • 2 gousses d'ail •
1 laitue • 4 cuill. à soupe
d'huile • sel, poivre

1 Faites fondre le beurre dans une cocotte, faites-y dorer le veau de tous côtés. Salez et poivrez. Couvrez, laissez cuire pendant 50 min. Laissez refroidir, puis mettez au réfrigérateur pendant 2 h.
2 Faites durcir les œufs 10 min dans de l'eau bouillante, rafraîchissez-les sous l'eau courante, écalez-les. Coupez-les en 2, hachez les jaunes (mettez les blancs de côté pour un autre usage).
3 Lavez les tomates, équeutez-les, coupez-y un chapeau, évidez-les à l'aide d'une petite cuillère en veillant à ne pas déchirer la peau.
4 Coupez les avocats en 2, enlevez les noyaux, prélevez la chair avec une cuillère. Écrasez-la à la fourchette.
5 Pressez le citron. Pelez et écrasez l'ail.
6 Mélangez la chair des avocats, l'huile, du sel, du poivre, le jus du citron et les jaunes d'œufs.
7 Remplissez les tomates de cette farce. Recouvrez-les avec leur chapeau.
8 Effeuillez et lavez la laitue. Égouttez-la soigneusement.
9 Servez le veau froid tranché sur un plat, sur un lit de feuilles de laitue entouré des tomates.

Daube de fruit à pain

Île Maurice
POUR 6 PERSONNES
PRÉPARATION : 40 MIN
CUISSON : 25 MIN

1 fruit à pain (environ 2,5 kg) • 125 g de lard maigre • 1 gros oignon • 1 gousse d'ail • 1 long piment • 1 petit bouquet de persil • 125 g de pommes d'amour (tomates cerises) • 4 cuill. à soupe d'huile • 5 g de gingembre en poudre • 1 branche de thym • sel, poivre

1 Épluchez le fruit à pain. Ôtez la partie centrale. Coupez la chair en tranches d'environ 1 cm d'épaisseur.
2 Coupez le lard en dés et faites-le blanchir quelques minutes à l'eau bouillante.
3 Pelez et hachez l'oignon et l'ail. Ôtez le pédoncule du piment, lavez-le, fendez-le en 2, enlevez les filaments blancs et les graines. Lavez et hachez le persil. Lavez et concassez les tomates.
4 Faites revenir les légumes et le persil dans l'huile au fond d'une cocotte. Poudrez de gingembre, salez, poivrez. Ajoutez le thym et le lard et faites bien roussir le tout.
5 Ajoutez le fruit à pain dans la cocotte et recouvrez progressivement d'eau. Couvrez et laissez cuire à feu moyen pendant 15 min. Baissez le feu et prolongez la cuisson pendant 10 min. Versez dans un grand plat creux et servez.

Macédoine Morne-rouge

POUR 4 PERSONNES
PRÉPARATION : 30 MIN
CUISSON : 20 MIN

200 g de haricots verts •
350 g de petits pois frais •
200 g de maïs en grains cuit • 3 œufs • 2 gousses d'ail • 1 citron • 1 avocat • 2 cuill. à soupe d'huile d'arachide • 8 grosses tomates • sel, poivre

1 Effilez les haricots, coupez-les en tronçons de 3 cm de long, lavez-les. Écossez les petits pois.
2 Mettez dans une casserole les petits pois et les haricots avec du sel, couvrez d'eau, faites cuire de 15 à 20 min. Vérifiez la cuisson pour qu'ils restent croquants. Arrêtez la cuisson en les passant sous l'eau froide. Égouttez-les très soigneusement. Mettez-les dans un saladier. Ajoutez les grains de maïs.
3 Pendant ce temps, faites durcir les œufs 10 min dans de l'eau bouillante, rafraîchissez-les sous l'eau courante, écalez-les, coupez-les en tranches. Réservez 8 tranches. Écrasez le reste à la fourchette.
4 Pelez et écrasez l'ail. Pressez le citron.
5 Coupez l'avocat en 2, retirez le noyau, prélevez la chair à la cuillère, mélangez-la au jus de citron avec du sel, du poivre, l'ail et l'huile, et réduisez-la en purée.
6 Lavez les tomates, coupez-y un chapeau, évidez-les à l'aide d'une petite cuillère en veillant à ne pas déchirer la peau.
7 Mélangez les légumes et la purée d'avocat, farcissez les tomates avec cette macédoine. Recouvrez d'une rondelle d'œuf et déposez les chapeaux par-dessus. Disposez les tomates dans un plat et décorez avec le hachis d'œufs.
Cette recette est originaire du nord de la Martinique.

Soufflé de chou caraïbe au lait de coco en migan

━━

Pour 4 personnes

Préparation : 1 h

Cuisson : 1 h 10

600 g de chou caraïbe •

1 piment • 1/2 l de lait •

150 g de noix de coco râpée •

4 œufs • 1 pincée de safran • 2 cuill. à soupe de graines de cumin • beurre pour le moule

1 Lavez le chou caraïbe, grattez-le au couteau, mettez-le dans une casserole. Lavez le piment, ajoutez-le au chou, salez, couvrez d'eau, faites cuire 20 min. Égouttez, retirez le piment, passez le chou à la moulinette.

2 Mettez le lait et la noix de coco dans une casserole. Portez à ébullition. Passez au chinois afin de recueillir le lait.

3 Préchauffez le four à 200 °C (therm. 6).

4 Cassez les œufs en séparant les blancs des jaunes.

5 Ajoutez les jaunes d'œufs 1 à 1 au chou caraïbe en mélangeant.

6 Versez peu à peu le lait parfumé à la noix de coco tout en continuant à remuer.

7 Ajoutez le safran et le cumin, mélangez.

8 Montez les blancs d'œufs en neige ferme et incorporez-les délicatement au mélange.

9 Beurrez un moule à soufflé, versez-y la préparation.

10 Enfournez et faites cuire 45 min environ. Servez immédiatement

Le soufflé peut accompagner des côtelettes de porc.

Brèdes de cresson

━━

Île Maurice

La Réunion

Pour 6 personnes

Préparation : 10 min

Cuisson : 10 min

1 botte de cresson •

1 gousse d'ail • 1 oignon •

50 g de lard maigre •

1 tomate mûre • 2 cuill. à soupe d'huile • 3 g de gingembre en poudre • sel, poivre

1 Lavez très soigneusement les feuilles et les tiges tendres du cresson. Éliminez les autres tiges. Dans une casserole, portez à ébullition 1 l d'eau salée. Plongez-y le cresson. Laissez-le flétrir 2 à 3 min, sortez-le du feu, égouttez-le.

2 Pelez et hachez l'ail et l'oignon. Coupez le lard en cubes. Plongez la tomate 1 min dans de l'eau bouillante, pelez-la, épépinez-la et concassez-la.

3 Mettez l'huile dans une poêle. Faites revenir l'oignon, l'ail et le gingembre mélangés jusqu'à ce qu'ils soient bien dorés. Ajoutez la tomate et le lard. Prolongez la cuisson de 1 à 2 min. Mouillez avec 40 cl d'eau. Salez, poivrez. Portez à ébullition.

4 Laissez réduire légèrement la sauce et ajoutez le cresson. Laissez cuire quelques minutes, vérifiez l'assaisonnement et rectifiez si nécessaire. Servez très chaud.

Les brèdes sont servies en accompagnement du riz à l'île Maurice et à la Réunion. Ce sont de petites plantes cultivées ou qui poussent dans les champs à l'état sauvage : martin ou morèle, malabar, petsaï (rappelant la laitue), songe, cœurs de chouchou et giraumon, mourroum et cresson. On les cuit à l'étouffée.

Jambon au rhum

━━

Pour 15 personnes

Préparation : 20 min

Marinade : 24 h

Cuisson : 3 h

Boisson conseillée :

POMEROL

1 jambon frais à cuire •

2 gousses d'ail • 2 oignons •

12 clous de girofle • 2 cm de bâton de cannelle • 2 cuill. à soupe de vinaigre • 2 cuill. à soupe de graines de moutarde • 1 l de rhum blanc • 2 ananas • sel

1 Demandez à votre charcutier d'enlever la couenne du jambon. Tracez un quadrillage sur toute la surface à l'aide d'un couteau pointu. Mettez-le dans un plat.

2 Pelez et écrasez l'ail. Pelez les oignons, coupez-les en rondelles.

Mélangez l'ail, les oignons, les clous de girofle, la cannelle, le vinaigre, les graines de moutarde et le rhum. Versez sur le jambon.

3 Laissez mariner pendant 24 h, en retournant souvent la viande pour qu'elle soit bien imprégnée. Badigeonnez-la régulièrement avec la marinade.

4 Préchauffez le four à 200 °C (therm. 6).

5 Sortez le jambon de la marinade, épongez-le soigneusement avec du papier absorbant. Retirez la cannelle de la marinade. Posez le jambon sur la plaque du four.

6 Enfournez-le et faites-le cuire pendant 3 h en arrosant souvent avec la marinade.

7 Épluchez les ananas, découpez les en tranches. Placez-les autour du jambon au moins une heure avant la fin de sa cuisson.

8 Sortez le jambon du four. Découpez-le en tranches. Disposez celles-ci sur un plat de service chaud. Déglacez la plaque du four. Mettez la sauce dans une saucière. Décorez avec les tranches d'ananas.

JAMBON AU RHUM

•

*Aux Antilles comme à la
Réunion, le rhum est de
toutes les fêtes et de toutes
les occasions. Pour cette recette, choisissez un rhum
blanc léger.
Pour la décoration, vous
pouvez piquer les rondelles
d'ananas sur le jambon
avec des clous de girofle ou
de petits bâtonnets.*

Gratinée de christophines

POUR 4 PERSONNES
PRÉPARATION : 50 MIN
CUISSON : 1 H 10

3 christophines • 2 cuill. à soupe d'huile • 50 g de lard de poitrine fumée • 4 cives • 1 oignon • 1 brin de thym • 1 branche de persil • 100 g de mie de pain • 5 cl de lait • 4 cuill. à soupe de chapelure • 100 g de gruyère râpé • beurre • sel

1 Épluchez les christophines. Jetez les cœurs, coupez la chair en gros morceaux et faites-la cuire dans de l'eau bouillante pendant environ 30 min. Réduisez-la en purée.
2 Hachez le lard. Faites tremper le pain dans le lait. Lavez et hachez les cives et le persil. Pelez et hachez l'oignon.
3 Dans une cocotte, faites revenir dans l'huile le lard, les cives, l'oignon, le thym et le persil. Mélangez. Au bout de 10 min ajoutez la purée de christophines et mélangez de nouveau.
4 Préchauffez le gril du four.
5 Essorez le pain et écrasez-le. Ajoutez-le dans la cocotte et prolongez la cuisson 10 min à feu doux.
6 Mettez la purée dans un plat à gratin. Mélangez la chapelure et le gruyère. Recouvrez-en le dessus du plat. Parsemez de noisettes de beurre, enfournez et faites dorer de 5 à 10 min.
Ce gratin accompagne toutes sortes de viandes ou de poissons en sauce ou encore un colombo aux foies de volaille.

Riz à la créole

POUR 4 PERSONNES
PRÉPARATION : 2 MIN
CUISSON : 20 MIN

250 g de riz long • sel

1 Mesurez le volume du riz dans un verre. Versez 3 fois le volume du riz en eau dans une casserole. Salez et portez à ébullition.
2 Jetez-y le riz en pluie. Faites reprendre l'ébullition. Baissez le feu et prolongez la cuisson pendant 15 à 20 min, à couvert et sans remuer.
3 Lorsque le riz a absorbé toute l'eau, mettez-le dans un plat et servez immédiatement.
Ce riz accompagne les plats en sauce. On a coutume aux Antilles de le servir avec différents légumes cuits à la vapeur, comme les ignames, le chou de Chine, le fruit de l'arbre à pain, les bananes plantains, ou des haricots rouges.

Les Desserts

Sorbet à la goyave

POUR 4 PERSONNES
PRÉPARATION : 15 MIN
RÉFRIGÉRATION : 3 H

1 kg de goyaves • 350 g de sucre • 2 blancs d'œuf

1 Lavez les goyaves, enlevez les queues et les graines. Coupez-les en 2 et passez la chair au mixer ou au presse-purée. Tamisez.
2 Mettez le sucre dans une casserole et arrosez de 50 cl d'eau. Faites-le fondre à feu doux jusqu'à ce que le sucre soit bien dissous.
3 Mélangez la chair des fruits à l'eau sucrée. Versez dans la sorbetière et laissez prendre pendant au moins 3 h.
4 Si vous n'avez pas de sorbetière, mettez le sorbet dans un bac à glaçons ou dans un récipient. Sortez-le du congélateur au bout de 15 min et battez-le à la fourchette. Remettez-le au congélateur. 2 h plus tard, sortez-le à nouveau, cassez-le en gros morceaux et passez ceux-ci au mixer. Mélangez avec 2 blancs d'œufs montés en neige. Remettez environ 30 min au congélateur avant de servir.
Vous pouvez faire des sorbets avec de nombreux fruits exotiques, comme par exemple avec 1 ananas, 2 mangues, 1 banane et 1 citron : recueillez la chair et le jus des fruits. Passez le tout au mixer puis au tamis pour recueillir le jus. Mélangez-le avec 75 g de sucre par litre de jus. Ajoutez 1 sachet de sucre vanillé et 1 pincée de cannelle et versez dans la sorbetière.
À l'île Maurice, on utilise la goyave de Chine, de couleur grenat et à la saveur acidulée. La recette est la même que celle-ci, mais les Mauriciens aiment les sorbets sucrés et augmentent la proportion de sucre jusqu'à 500 g pour 1 kg de fruits. On peut aussi faire des sorbets aux fruits de la Passion. Ces fruits doivent leur nom à la forme du cœur de leur fleur, la passiflore qui évoque une couronne d'épines, des marteaux et des clous. On la nomme également, grenadille, ou fleur de la Passion.

Glace à l'ananas

POUR 4 PERSONNES

PRÉPARATION : 30 MIN

CUISSON : 5 MIN

RÉFRIGÉRATION : 3 H

1 ananas • 1 citron • 1 l de lait • 2 œufs • 1 cuill. à soupe de rhum

1 Pelez l'ananas, coupez-le en 4, retirez le cœur. Passez la chair à la moulinette. Mettez-la dans un saladier.
2 Lavez le citron, râpez le zeste.
3 Mettez le lait dans une casserole avec le zeste et portez à ébullition. Laissez infuser et re-froidir. Filtrez pour retirer le zeste.
4 Cassez les œufs en séparant les jaunes des blancs. Mélangez les jaunes à la purée d'ananas. Montez les blancs en neige ferme. Incorporez-les au mélange.
5 Versez le lait puis le rhum dans le saladier en tournant vigoureusement.
6 Mettez la préparation dans un moule à glace et mettez au congélateur.
7 Sortez la glace au bout de 15 min, mélangez-la à la fourchette afin d'éviter la formation de cristaux. Remettez au congélateur.
8 Répétez cette opération 30 min plus tard. Remettez à nouveau au congélateur pendant au moins 2 h avant de servir. Si vous disposez d'une sorbetière, versez-y la préparation et n'y touchez plus avant le service.

Soufflé à la noix de coco

POUR 4 PERSONNES

PRÉPARATION : 20 MIN

CUISSON : 50 MIN

100 g de noix de coco râpée • 125 g de riz • 50 g de beurre + beurre pour le moule • 4 œufs • noix de muscade

1 Mettez la noix de coco râpée dans une casserole et mouillez avec 50 cl d'eau. Portez à ébullition et laissez cuire 10 min. Mettez un linge dans une passoire, filtrez le jus au-dessus d'une casserole et pressez fortement le linge pour re-cueillir le jus de cuisson.
2 Mettez la casserole sur le feu, portez ce bouillon à ébullition, plongez-y le riz, baissez le feu et laissez cuire 20 min à petits bouillons jusqu'à évaporation complète du liquide.
3 Ajoutez le beurre au riz et mélangez.
4 Préchauffez le four à 200 °C (therm. 6).
5 Cassez les œufs en séparant les jaunes des blancs.
6 Incorporez les jaunes d'œufs au riz, salez et as-saisonnez d'une pointe de couteau de muscade râpée. Mélangez.
7 Montez les blancs d'œufs en neige ferme. Incorporez-les délicatement à la préparation.
8 Beurrez un moule à soufflé, versez-y la préparation.
9 Enfournez et faites cuire 20 min sans ouvrir la porte du four. Servez immédiatement.

Crème frite

POUR 4 PERSONNES

PRÉPARATION : 35 MIN

CUISSON : 15 MIN

RÉFRIGÉRATION : 1 H

1 l de lait • 1 gousse de vanille • 4 œufs • 100 g de sucre semoule • 3 cuill. à soupe de fécule de maïs • 6 cuill. à soupe d'huile d'arachide • 1 bâton de cannelle

1 Fendez la gousse de vanille en 2 dans le sens de la longueur.
2 Mettez le lait dans une casserole avec la va-nille. Portez à ébullition, surveillez pour que le lait ne déborde pas. Baissez le feu et faites infuser la vanille pendant 15 min.
3 Cassez les œufs dans une terrine. Ajoutez le sucre en pluie, mélangez vivement au fouet jus-qu'à ce que le mélange blanchisse et devienne mousseux.
4 Retirez la gousse de vanille du lait, retirez la peau qui peut se former à la surface. Versez le lait chaud peu à peu sur les œufs, sans cesser de mélanger.
5 Délayez la Maïzena dans 2 cuillerées à soupe d'eau, ajoutez-la à la pré-paration.
6 Versez dans la casse-role et remettez sur le feu sans cesser de tourner. Retirez du feu dès que la préparation frémit (ne laissez surtout pas bouillir). Votre crème doit être très épaisse, si-non prolongez la cuisson à feu doux, en remuant.
7 Étendez la crème sur une planche farinée et laissez-la refroidir pen-dant 1 h.
8 Coupez des carrés de 4 cm dans la crème.
9 Faites chauffer l'huile dans une poêle, faites-y frire les carrés de crème 10 min. Sortez-les et lais-sez-les égoutter sur du papier absorbant.
10 Disposez la crème frite dans un plat. Pou-drez de cannelle pilée au mortier. Servez chaud. Variante : ajoutez à la crème 100 g de fruits confits coupés en dés et macérés dans 10 cl de Grand Marnier. Versez la crème sur la plaque du four huilée sur une épais-seur de 2 cm, maintenez au réfrigérateur pendant 3 h. Coupez la crème en losanges, passez-les dans un œuf battu puis dans de la chapelure, fai-tes frire, égouttez et pou-drez de sucre glace.

PUNCHS DES ANTILLES

*La variété des boissons au rhum est,
aux Antilles, infinie et toute occasion
est bonne pour déguster un petit punch.
Ce mot fut créé par les Anglais pour
désigner toutes sortes de boissons
à base d'alcools tropicaux. Il désigne
plus précisément aujourd'hui des
boissons à base de rhum
et de sirop de canne.*

LE SIROP DE CANNE

On broie les cannes à sucre pour en extraire le jus ; le sucre sera produit à partir de celui-ci, par concentration. C'est au cours de ce processus qu'est obtenu le sirop de canne. Il contient environ 60% de sucre. Vous pouvez aussi préparer un sirop en diluant 500 g de sucre de canne dans 30 cl d'eau. Laissez-le bouillir 10 min puis clarifiez-le en y pressant quelques gouttes de jus de citron.

UNE FANTAISIE : LE PUNCH DES ÎLES

Pour préparer ce cocktail, choisissez plutôt du rhum ambré. Le rhum blanc est le pur produit de la fermentation du sucre. Coloré au caramel, il devient ambré. Le rhum vieux se teinte en vieillissant en fût de chêne. Pour 15 personnes, il vous faut 1 l de rhum, 6 oranges, 4 citrons, 1 ananas et 2 bananes. Pressez tous ces fruits et mélangez les jus au rhum. Assaisonnez de cannelle et d'une pointe de muscade. Ajoutez des glaçons dans le saladier juste avant de servir, pour refroidir le punch sans trop le diluer.

PLANTEUR

Comptez 1 l de jus de goyave pour 20 cl de rhum blanc et 4 cuill. à soupe de sirop de canne. Remuez bien et servez.

DAÏQUIRI

Celui-ci, très fort, est à consommer avec modération. Pour un grand verre, il faut 17 cl de rhum blanc, 2 cuill. à soupe de jus de citron vert et 2 cuill. à soupe de sirop de canne. Additionnez de glaçons.

NUIT BLANCHE

Faites bouillir 1 l de lait avec 1 bâton de cannelle. Versez le lait refroidi et 10 cl de rhum vieux sur 2 jaunes d'œufs. Battez.

PUNCH MOMBIN

Il se prépare comme le punch sapotille, avec de la pulpe de mombin.

PUNCH COCO

Il se prépare en remplissant une noix de coco de rhum et en laissant macérer un mois. Renouveler l'opération une fois.

PUNCH SAPOTILLE

Pour 1 l de rhum blanc, ajoutez 25 cl de sirop de canne, 250 g de sapotilles pressées (ou 25 cl de crème de sapotille), 1 gousse de vanille fendue et 1 pincée de cannelle.

MAÏSSET

Pour 15 personnes, faites macérer pendant 8 jours les feuilles de 5 branches de menthe dans 25 cl de rhum blanc. Filtrez-le et versez-le dans un shaker. Ajoutez 75 cl de rhum blanc, 15 cl de sirop de canne et 1 cuill. à soupe d'huile d'anis. Agitez et additionnez de glace au moment de servir.

TI-PUNCH

—•—

C'est le punch traditionnel antillais. Le rhum (blanc ou ambré) et le sirop de canne sont présentés dans des carafes. Chacun remplit son verre à son goût et ajoute une lamelle de citron vert. Ce «p'tit punch» est souvent accompagné d'un verre d'eau.

Bananes gratinées à la créole

POUR 4 PERSONNES

PRÉPARATION : 10 MIN

CUISSON : 10 MIN

8 bananes • 1 citron •
3 cuill. à soupe de sucre
semoule • 50 g de beurre

1 Préchauffez le four à 180 °C (therm. 5).
2 Pressez le citron.
3 Beurrez un grand moule rectangulaire allant au four.
4 Pelez les bananes, ôtez les filandres. Rangez les fruits dans le moule, poudrez-les de sucre, arrosez-les de jus de citron, parsemez-les de noisettes de beurre.
5 Enfournez et laissez cuire 10 min. Servez aussitôt.

Pour cette recette, choisissez des bananes fermes. Pour enrichir ce gratin, nappez les bananes de crème fraîche ou de fromage blanc battu. Vous pouvez également faire cuire ces bananes au four sans les peler, à 220 °C (therm. 7), pendant 20 min. Au moment de les déguster, ôtez une languette de peau et servez avec du beurre fondu et du sucre semoule.

Gâteau de patates douces

POUR 6 PERSONNES

PRÉPARATION : 15 MIN

CUISSON : 2 H

1 kg de patates douces •
50 g de raisins secs • 10 cl
de rhum vieux • 4 œufs •
100 g de sucre semoule •
extrait de vanille • 15 g de
beurre + beurre pour le moule

1 Épluchez les patates douces et coupez-les en petits morceaux. Mettez-les dans une grande casserole. Recouvrez-les d'eau froide. Portez à ébullition et laissez cuire à gros bouillons pendant 30 min à découvert.
2 Faites macérer les raisins dans le rhum puis égouttez-les.
3 Égouttez les patates douces et passez-les encore chaudes à la moulinette pour les réduire en purée.
4 Préchauffez le four à 140 °C (therm. 2-3).
5 Battez les œufs entiers avec le sucre et quelques gouttes d'extrait de vanille jusqu'à ce que le mélange blanchisse et devienne mousseux. Incorporez ce mélange à la purée de patates. Ajoutez le beurre et les raisins.
6 Beurrez un moule à bords hauts. Versez-y la préparation et faites cuire au four 1 h 30.

Ce gâteau se mange tiède, froid ou glacé, avec une crème au chocolat. On peut y mettre des raisins secs ou de la noix de coco râpée. On peut aussi, à partir de la purée de patates douces, faire de petites galettes fourrées de noix de coco. Elles se font frire dans de l'huile bouillante.

Gelée de goyave

PRÉPARATION : 30 MIN

REPOS : 10 MIN

CUISSON : 1 H 30

2 kg de goyaves • 1 gousse
de vanille • 2 kg de sucre
semoule

1 Lavez les goyaves. Fendez la gousse de vanille en 2 dans le sens de la longueur. Mettez-les dans une grande marmite, couvrez-les d'eau jusqu'aux 3/4 et faites cuire à petits bouillons jusqu'à ce que les fruits changent de couleur.
2 Retirez la marmite du feu. Laissez reposer 10 min.
3 Disposez une mousseline dans une grande passoire. Posez-la sur un faitout. Filtrez le jus de cuisson. Jetez la pulpe et les graines.
4 Mesurez le volume du jus et ajoutez-lui 2 fois son volume de sucre.
5 Mettez le faitout sur le feu, portez à ébullition, enlevez du feu. Répétez cette opération 3 fois et laissez tiédir. Mettez en bocaux.

LE MORTIER

Nombre de recettes créoles, et plus particulièrement les rougails de la Réunion, nécessitent l'emploi d'un mortier. Pour les desserts, le mortier permet notamment de piler les bâtons de cannelle (voir «Crème frite» p. 347), mais aussi de réduire en pâte les amandes, les noix de cajou, etc. Mettez ces ingrédients dans un mortier, en pierre de préférence, et écrasez-les à l'aide d'un pilon en bois.

L'AFRIQUE NOIRE

―――

L'Afrique est un continent immense et, même si l'on ne retient
que les pays situés au sud du Sahara, la diversité des paysages
rencontrés est prodigieuse. Les bases de la cuisine africaine
sont identiques, bien que le nom d'un même plat varie selon les ethnies.
Céréales, légumes et fruits exotiques poussent dans maintes régions
du continent. Les habitants des côtes consomment beaucoup de poisson ;
c'est la viande en revanche qui domine à l'intérieur des terres
pour confectionner ce plat de base que sont les «sauces».
Simple, ayant largement recours à l'huile — d'arachide ou de palme —,
la cuisine africaine est inventive, mais sans sophistication.

SAVEURS D'AFRIQUE NOIRE

En Afrique, les cuisinières utilisent encore les ustensiles les plus traditionnels, parfois à peine modernisés. Ainsi pilons et mortiers sont indispensables à la préparation de bien des plats. La cuisson se fait encore couramment sur un feu de bois.

LES TRADITIONS

La cuisine africaine fait largement appel aux condiments et aux épices. Parmi ceux-ci, l'ail, auquel on attribue de nombreuses vertus ; les noyaux de mangue sauvage qui aromatisent les sauces ; le basilic ; le gingembre, souvent associé au poulet ou à des crèmes de sorgho sucrées ; le safran, indissociable des soupes de poisson, et le curcuma, qui s'utilise comme le safran mais a moins de goût ; la noix de muscade... Sans oublier le piment, omniprésent, employé frais, en saumure, séché ou en poudre. Il en existe de nombreuses variétés, la plus connue étant le pili-pili.

Les soupes, riches en légumes, en aromates, en viande ou en poisson, peuvent être servies en entrée, mais constituent fréquemment un repas complet. Certaines correspondent à des occasions particulières, comme la «soupe de relevailles», à base de poulet, servie aux jeunes femmes qui viennent d'accoucher.

Poissons et crustacés sont préparés simplement : grillés, farcis, cuits au four ou encore en papillotes, dans des feuilles de bananier. La daurade est courante. Les Africains aiment les langoustines frites et pimentées, de même que les huîtres, cuites dans une purée de tomates et d'oignons. Cet assaisonnement, associé à du poisson et à du piment, permettra la confection de *pastels*, petits pâtés farcis.

La cuisine africaine comporte des mets inattendus, tels le serpent, le singe ou l'hippopotame, mais la plupart de ces animaux sont protégés. Le mouton, le bœuf et la chèvre sont en fait les viandes les plus consommées.

Menu classique

——

POTAGE CONGOLAIS

·

POULET AUX BANANES

·

CRÈME DE COROSSOL

Elles sont grillées, rôties, braisées et bien sûr apprêtées en «sauces» avec force légumes et condiments. Les Africains mangent surtout beaucoup de volaille, notamment du poulet, cuit avec du gingembre, de la noix de coco ou des arachides, ou encore farci et servi avec du riz et des bananes vertes.

Ces plats sont accompagnés de mil, de sorgho, de maïs, de riz, d'ignames, de manioc, de bananes plantains ou de patates douces.

Les fruits font le plus souvent office de dessert, mais sont aussi consommés à toute heure. Les crêpes à l'africaine, savoureuses et copieuses, sont faciles à préparer : il suffit de mélanger de la banane écrasée avec la pâte à crêpes classique.

Les Africains boivent beaucoup de bière, fabriquée à base de mil et de sorgho. Ils font grand usage des jus de fruits — les oranges épluchées sont pressées directement dans la bouche —, apprécient le vin de palme alcoolisé, le café à la turque et l'infusion de *kinkeliba* (un arbrisseau d'Afrique occidentale), qui aide à bien digérer.

L'Afrique du Sud, au climat plus tempéré, produit du vin en quantité à partir des cépages chenin blanc, sauvignon, riesling, chardonnay, muscat, *pinotage*, pinot noir et cabernet. La qualité de ces vins s'est considérablement améliorée au cours des dernières années et certains vins rouges peuvent se comparer au bordeaux, tandis que les vins blancs sont plus fruités et se rapprochent des vins californiens. Dans la région du Cap, plus ancien pays viticole d'Afrique du Sud, sont également produits depuis peu, des vins de type porto et xérès.

LA VIE QUOTIDIENNE

LE PETIT DÉJEUNER. Café au lait et pain beurré sont d'usage en ville en Afrique occidentale, breakfast à l'anglaise en Afrique orientale. Traditionnellement, beaucoup d'Africains mangent une bouillie de mil ou de riz, mais il n'est pas rare que les plus modestes ne fassent qu'un repas par jour.

LE DÉJEUNER. Une sauce de viande ou de poisson, suivant les régions, sera accompagnée d'un *foutou*, une sorte de purée à base de céréales, de féculents, de bananes ou d'ignames. En ville, un fruit, un yaourt peuvent être servis en dessert.

Pois de bois

Gombos

Pâtisson

LE DÎNER. Il est fréquemment composé de poulet braisé, d'une friture ou d'un plat à base de manioc, parfois suivi d'un fruit ou d'une compote.

LES JOURS DE FÊTE

LES FÊTES RELIGIEUSES. Beaucoup de pays d'Afrique sont musulmans et suivent à ce titre les fêtes de cette confession, en adaptant la cuisine locale aux traditions arabes en vigueur en Afrique du Nord (voir p. 298). Les pays chrétiens, comme la Côte d'Ivoire, célèbrent Noël avec du poisson et du riz au gras, et Pâques, fête très suivie, avec un dindon ou une pintade, un canard ou un cochon, ou encore un bon poisson braisé ou cuit au four.

LES FÊTES LOCALES. Il en existe beaucoup, dont certaines mettent à l'honneur un mets particulier. Ainsi, lors de la «fête de l'igname», les femmes préparent plusieurs plats à base de ce légume. Elle n'a pas lieu à date fixe et, au sein d'un même pays, peut se tenir ici en janvier, là en avril ou en août.

LES MARIAGES. En Afrique du Sud, les mariages sont l'occasion de banquets où les animaux rôtis (cochons, moutons, volailles, gibier) sont présentés entiers sur la table.

LES PRODUITS

Dans nombre de pays qui composent ce continent, les fruits exotiques poussent en abondance. Ce sont à peu près les mêmes qu'aux Antilles (voir p. 330-331). Les céréales, millet, sorgho et maïs, constituent, avec les légumes, la base de l'alimentation.

LES LÉGUMES TROPICAUX

L'IGNAME. Ce tubercule, à la chair blanche, jaune ou rosée, présente plusieurs variétés dont la couleur de peau va du blanc au brun. Très important dans l'alimentation, il est assez calorique et s'utilise un peu comme la pomme de terre. Coupé en tranches puis blanchi à l'eau salée, l'igname sert à la confection de purées, de beignets, de frites...

LA PATATE DOUCE. Originaire d'Amérique du Sud et importée par les Portugais, ce tubercule à la peau violacée renferme une chair sucrée et farineuse, très digeste, riche en vitamine A et en carotène. Son utilisation rappelle aussi celle de la pomme de terre. Ainsi la patate douce peut-elle être servie en robe des champs.

LA CHRISTOPHINE. De la famille des courges, elle possède une peau verte ou blanche et une chair ferme, douce, très peu calorique. Également connue sous le nom de chayote, elle se consomme crue ou cuite.

LE GIRAUMON. Il fait aussi partie de la famille des courges. Sa chair est également ferme, douce, légèrement musquée. Les meilleurs giraumons sont ceux de petite taille (environ 1 kg). Avec le giraumon vert, on confectionne de la confiture.

LE PÂTISSON. Le goût de ce légume de la famille des courges rappelle un peu celui de l'artichaut. Préalablement blanchi, il se fait sauter dans l'huile. Il peut aussi être farci.

LE GOMBO. Il en existe plusieurs variétés de formes différentes, courtes ou allongées. Le gombo est riche en calcium, en fer et en vitamine C. Du gombo, on consomme les feuilles — appelées «oseille de Guinée» — et les fruits. Tout d'abord blanchi, le fruit est passé au beurre, braisé au gras, ou apprêté en purée.

LES POIS DE BOIS. Ils sont aussi appelés «pois d'Angola». Leurs graines vertes ou rouges sont contenues dans une gousse. Rien d'étonnant donc à ce qu'ils soient consommés presque comme nos petits pois, en soupe et en garniture. On en extrait également de la farine.

LE MANIOC. Les racines de cette plante sont très largement consommées en Afrique. La chair, blanche sous une écorce brune, est pilée, réduite en semoule, sucrée ou salée. Elle est préparée en galettes, en bouillie ; et entre dans la composition du *foutou*.

Giraumon

Christophines verte et blanche

Patate douce

Igname

Les Entrées

Potage de riz aux gombos

POUR 4 PERSONNES
PRÉPARATION : 10 MIN
CUISSON : 20 MIN

300 g de gombos • 1 piment • 2 oignons • 1 cuill. à soupe d'huile d'olive • 150 g de riz • sel, poivre

1 Pelez les gombos, coupez-les en fines rondelles.
2 Lavez le piment sous l'eau courante, enlevez le pédoncule et les graines.

3 Pelez les oignons, hachez-les avec le piment.
4 Faites chauffer l'huile dans une cocotte, faites-y revenir les oignons et le piment pendant 5 min en remuant.
5 Ajoutez 80 cl d'eau, portez à ébullition.
6 Jetez le riz et les gombos dans la cocotte.

7 Salez, poivrez. Faites cuire pendant 15 min. Versez dans une soupière et servez.
Le gombo est une plante potagère tropicale que l'on consomme frite, en potage ou en bouillie. Choisissez de petits gombos tendres et bien verts, sans taches brunes.

Potage congolais

POUR 4 PERSONNES
PRÉPARATION : 30 MIN
CUISSON : 15 MIN

1 noix de coco • 1 piment • 80 cl de bouillon de volaille • noix de muscade • 1 bouquet de persil • 10 cl de crème fraîche • sel, poivre

1 Percez les «yeux» de la noix de coco en y plantant 1 clou propre, recueillez l'eau de coco dans un bol, réservez.

2 Cassez la noix de coco à l'aide d'un marteau, prélevez la chair, ôtez la peau brune. Broyez ensuite la chair dans un mortier. Ajoutez le jus recueilli à l'eau de coco.
3 Lavez le piment, enlevez le pédoncule et les graines, coupez-le en petits morceaux.

4 Mettez le lait de coco dans une cocotte avec le bouillon et le piment. Salez, poivrez, assaisonnez de noix de muscade râpée. Faites cuire 15 min.
5 Lavez et équeutez le persil, hachez-le.
6 Ajoutez la crème et le persil avant de servir.

Crevettes aux gombos à la congolaise

POUR 4 PERSONNES
PRÉPARATION : 15 MIN
CUISSON : 15 MIN

400 g de crevettes roses tropicales • 200 g de gombos • 2 oignons • 1 gousse d'ail • 1 cuill. à soupe d'huile de palme • sel, poivre

1 Décortiquez les crevettes. Pelez les gombos, coupez-les en fines lamelles. Pelez et hachez les oignons. Pelez et écrasez l'ail.
2 Faites chauffer l'huile dans une cocotte, faites-y revenir l'oignon et l'ail 5 min en remuant.
3 Ajoutez les crevettes et les gombos, salez et poivrez.
4 Couvrez. Prolongez la cuisson pendant 10 min

sur feu doux. Servez chaud.
La crevette rose tropicale, ou crevette du Sénégal, est de la même taille que la gamba, mais de couleur plus claire. On la pêche sur les côtes africaines, dans les lagunes et les estuaires.

Les Plats

Bar au gingembre

POUR 4 PERSONNES
PRÉPARATION : 30 MIN
CUISSON : 40 MIN

1 bar de 1 kg ébarbé, écaillé et vidé par le poissonnier • 100 g de gingembre frais • 1 piment • 4 tomates • 4 oignons • 50 g de beurre • sel, poivre

1 Lavez le poisson à l'eau courante et égouttez-le soigneusement.

2 Préchauffez le four à 200 °C (therm. 6).
3 Grattez le gingembre, coupez-le en fines tranches.
4 Lavez le piment, fendez-le en 2, ôtez le pédoncule et les graines. Émincez-le.
5 Plongez les tomates 1 min dans l'eau bouillante, pelez-les, épépinez-

les et concassez-les. Pelez et hachez les oignons. Mélangez les légumes et les épices.
6 Farcissez-en le bar, salez, poivrez et cousez l'ouverture.
7 Beurrez un plat allant au four et déposez-y le poisson.
8 Enfournez et laissez cuire 40 min.

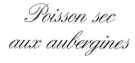

Poisson sec aux aubergines

Pour 4 personnes
Trempage : 12 h
Préparation : 30 min
Cuisson : 40 min

Boisson conseillée :
BANDOL ROUGE

400 g de morue séchée • 4 aubergines • 4 oignons • 2 piments • 4 cuill. à soupe d'huile • sel, poivre

1 Mettez le poisson dans une terrine et laissez-le dessaler sous l'eau courante pendant 12 h. Vous pouvez également le laissez tremper dans une bassine en renouvelant l'eau plusieurs fois.
2 Lavez les aubergines, ôtez leur pédoncule, coupez-les en tranches de 1 cm d'épaisseur. Pelez et émincez les oignons.
3 Égouttez et coupez le poisson en morceaux de la taille d'une bouchée.
4 Ôtez le pédoncule des piments, lavez-les, fendez-les en 2, retirez les graines et les filaments blancs. Coupez les piments en petits morceaux.
5 Faites chauffer l'huile dans une cocotte, faites-y revenir les oignons et les aubergines 5 min en remuant.
6 Salez, poivrez, ajoutez les piments et le poisson.
7 Faites cuire 35 min sur feu doux, à couvert, en remuant de temps à autre. Versez dans un plat creux et servez.
La morue séchée est toujours préparée selon les procédés traditionnels en Espagne et au Portugal, exposée à l'air et protégée de la chaleur par des lattes. Elle est exportée en grandes quantités à destination de l'Afrique noire.

Poulet au maïs

Bénin
Pour 4 personnes
Préparation : 30 min
Cuisson : 50 min

1 poulet de 1,250 kg • 4 épis de maïs • 4 oignons • 2 gousses d'ail • 2 cuill. à soupe d'huile • sel, poivre

1 Coupez le poulet en morceaux. Réservez le foie, le gésier et le cœur.
2 Plongez les épis de maïs dans de l'eau bouillante salée. Laissez-les cuire à petits bouillons 15 min. Sortez-les de la casserole et laissez-les refroidir.
3 Pendant que le maïs cuit, pelez et émincez les oignons. Pelez et écrasez l'ail.
4 Faites chauffer l'huile dans une cocotte, faites-y revenir le poulet et les oignons 10 min en remuant. Ajoutez l'ail. Salez et poivrez.
5 Mouillez avec 10 à 15 cl d'eau, mélangez, couvrez et laissez cuire pendant 30 min.
6 Pendant ce temps, égrenez le maïs. Versez-le dans la cocotte. Ajoutez les abats du poulet et prolongez la cuisson encore 10 min, en surveillant de temps en temps pour voir si cela n'attache pas. Sinon, ajoutez un peu d'huile. Versez dans un plat creux et servez.

Poulet aux bananes

Pour 4 personnes
Préparation : 30 min
Cuisson : 50 min

1 poulet de 1,250 kg • 100 g de lard • 12 échalotes • 1 citron • 10 bananes vertes • noix de muscade • 2 piments • 25 cl d'huile • sel

1 Coupez le poulet en morceaux. Détaillez le lard en petits cubes.
2 Pelez les échalotes, émincez-les. Pressez le citron. Lavez les piments.
3 Pelez les bananes, coupez-les en 4 dans la longueur. Arrosez-les de jus de citron.
4 Dans une cocotte, faites revenir les échalotes dans l'huile en remuant.
5 Ajoutez le poulet et faites-le bien dorer de tous côtés pendant environ 10 min.
6 Ajoutez les lardons et les piments. Mouillez de 20 cl d'eau, salez. Couvrez et faites cuire 25 min à feu moyen.
7 Ajoutez les bananes et prolongez la cuisson 10 min.
Accompagnez d'un riz créole.

Boboti

Afrique du Sud
Pour 4 personnes
Préparation : 15 min
Cuisson : 1 h

500 g de bœuf • 100 g de mie de pain • 10 cl de lait • 2 oignons • 1 citron • 100 g de beurre • 2 œufs • 1 cuill. à soupe de curry • 1 pincée de sucre • 1 cuill. à soupe d'amandes moulues • sel, poivre

1 Préchauffez le four à 200 °C (therm. 6).
2 Mettez la mie de pain à tremper dans le lait.
3 Hachez le bœuf. Pelez et émincez les oignons. Pressez le citron. Égouttez la mie de pain.
4 Faites fondre 50 g de beurre dans une cocotte, faites-y revenir les oignons pendant 5 min en remuant.
5 Dans une terrine, cassez les œufs et battez-les à la fourchette. Ajoutez la viande hachée, les oignons, la mie de pain, le jus du citron, le curry, le sucre et les amandes. Salez, poivrez. Mélangez.
6 Beurrez un plat à gratin, remplissez-le du hachis. Parsemez la surface de noisettes de beurre, enfournez et laissez cuire 55 min.
Pour la viande, choisissez de préférence un morceau dans la culotte.

CAPITAINE
EN
PAPILLOTES

•

*Le charme de cette recette
réside dans la feuille de
bananier, mais aussi dans
le parfum de l'oignon et de
la tomate. Les tomates
africaines sont petites et
très parfumées. Choisissez
donc de petites tomates
d'été, bien mûres,
et des oignons blancs.*

Capitaine en papillotes

POUR 4 PERSONNES
PRÉPARATION : 10 MIN
CUISSON : 30 MIN

Boisson conseillée :
SYLVANER

4 beaux filets de capitaine •
4 feuilles de bananier de taille
moyenne • 2 tomates •
1 oignon • sel, poivre

1 Lavez les feuilles de
bananier, enlevez la ner-
vure centrale et plongez-
les quelques instants
dans de l'eau bouillante
pour les assouplir.
2 Étalez les feuilles
de bananier. Déposez
sur chacune 1 filet de
poisson.
3 Plongez les tomates
quelques secondes dans
de l'eau bouillante, pelez-
les, épépinez-les et con-

cassez-les. Pelez et ha-
chez grossièrement l'oi-
gnon.
4 Salez et poivrez les filets de capitaine, répartissez les tomates et
l'oignon dessus.
5 Repliez les feuilles de
bananier pour former des
papillotes. Fermez-les à
l'aide de pique-olives.
6 Faites-les cuire à la vapeur, dans un cuit-va-
peur 30 min, dans un
couscoussier ou en dispo-
sant un panier sur une
grande casserole. Servez
les papillotes telles quelles, chacun les dépliera
dans son assiette.

Accompagnez de gom-
bos en sauce.
On appelle capitaine des
poissons africains à chair
blanche et ferme. Si
vous n'en trouvez pas,
des filets de mulet ou de
daurade pourront le rem-
placer. La feuille de bananier ne donne pas un
goût très prononcé au
poisson, mais elle lui
communique parfois
une délicate teinte verte.
Vous pouvez la rempla-
cer par du papier d'alu-
minium. Faites alors
cuire les papillotes à four
chaud (200 °C, therm. 6)
30 min.

Sosati

Afrique du Sud
POUR 4 PERSONNES
MACÉRATION : 48 H
PRÉPARATION : 15 MIN
CUISSON : 15 À 20 MIN

Boisson conseillée :
CABERNET

1 kg d'épaule de mouton
coupée en morceaux •
4 piments • 4 brins de
thym • 1 poignée de
marjolaine fraîche • 2 feuilles
de laurier • 50 cl de lait •
25 cl de vinaigre • 250 g de
poitrine demi-sel • 2 gros
oignons • sel

1 Lavez les piments
sous l'eau courante, ôtez
leur pédoncule, fendez-
les en 2, retirez les graines et les filaments

blancs, coupez-les en pe-
tits morceaux. Lavez la
marjolaine.
2 Mettez le mouton
dans un pot de grès avec
les piments, le thym, la
marjolaine, le laurier, le
lait et le vinaigre. Laissez
macérer 2 jours.
3 Préchauffez le gril du
four. Pelez les oignons et
coupez-les en quartiers.
4 Retirez les morceaux
de mouton, épongez-les
avec du papier absor-
bant. Salez-les. Décou-
pez la poitrine en cubes.
Enfilez sur des brochet-

tes alternativement les
morceaux de mouton, le
lard et les quartiers d'oignon.
5 Si votre four est équi-
pé d'un tourne-broche,
enfournez les brochettes
et faites-les griller
15 min. Sinon, posez-les
sur la grille du four, au-
dessus de la lèchefrite.
Retournez-les de temps
en temps. Laissez cuire
20 min, porte du four en-
trouverte.
Cette recette peut aussi
se faire en plein air, au
barbecue.

Mafé (mouton aux arachides)

POUR 4 PERSONNES
PRÉPARATION : 20 MIN
CUISSON : 1 H 20

800 g de poitrine de mouton •
3 cuill. à soupe de pâte
d'arachides • 2 oignons •
2 gousses d'ail • 4 tomates •
3 cuill. à soupe d'huile •
thym • sel, poivre

1 Coupez la viande en
petits morceaux.
2 Délayez la pâte d'arachides dans 50 cl d'eau
tiède. Versez le mélange
dans une casserole et faites cuire à feu doux pen-
dant 20 min en tournant
de temps en temps. Lais-
sez refroidir. Éliminez la
matière grasse qui re-
monte à la surface.

3 Pendant ce temps, pelez et émincez les oi-
gnons. Pelez et écrasez
l'ail. Plongez les tomates
1 min dans de l'eau
bouillante, pelez-les, épépinez-les, puis concas-
sez-les.
4 Faites chauffer l'huile
dans une cocotte, faites-
y revenir les oignons et
le mouton 10 min en re-
muant. Ajoutez l'ail.
5 Salez, poivrez, mettez
les tomates et le thym
dans la cocotte. Mélan-
gez. Couvrez, faites cuire
à feu doux pendant
30 min. Ajoutez la pâte
d'arachides délayée et
prolongez la cuisson

20 min. Versez dans un
grand plat et servez.
Accompagnez d'une pu-
rée de pommes de terre
ou de riz. Ce plat est
confectionné dans toute
l'Afrique noire. Cepen-
dant, dans certains pays,
on y ajoute des légumes
en cours de cuisson : du
chou, des carottes, des
navets, des patates dou-
ces. On peut également
le parfumer avec un mor-
ceau de poisson sec ou
un peu de poudre de cre-
vettes séchées. On peut
aussi utiliser d'autres
viandes comme du pou-
let, du bœuf ou des bou-
lettes de mouton.

Cochon sauté à l'ananas et au gingembre

POUR 8 PERSONNES

PRÉPARATION : 45 MIN

CUISSON : 1 H 30

Boisson conseillée :

SAUMUR

2 kg de jambon frais coupé en morceaux • 8 oignons •
2 clous de girofle • 1 gousse d'ail • 8 cives (ciboules) •
1 morceau de gingembre frais de 3 cm • 1 citron vert •
8 branches de persil • 1 piment • 4 cuill. à soupe d'huile
d'olive • 1 cuill. à soupe de sucre de canne •
2 brins de thym • 1 bâton de cannelle • 1 cuill. à soupe
de graines de bois d'Inde moulues • noix de muscade •
1 igname de 2 kg environ • 400 g de petits pois •
1 ananas • 300 g de riz à grains ronds • sel, poivre

1 Pelez les oignons, émincez-les sauf 1 que vous piquez avec les clous de girofle. Pelez et écrasez l'ail. Épluchez les cives, coupez-les en rondelles. Grattez le gingembre, coupez-le en tranches fines. Lavez le citron, coupez-le en 2. Lavez, équeutez et hachez le persil. Fendez le piment en 2 dans le sens de la longueur.

2 Faites chauffer l'huile dans une cocotte, ajoutez le sucre de canne, faites-y revenir les oignons et le jambon pendant 10 min en remuant. Ajoutez le gingembre, le citron, 1 brin de thym, le piment, la cannelle et les graines de bois d'Inde. Râpez 1 pincée de noix de muscade. Salez et poivrez. Mélangez, laissez cuire 1 h 30.

3 Pendant ce temps, lavez l'igname, coupez-le en tranches de 1 cm d'épaisseur, faites-le cuire 25 min dans de l'eau salée. Égouttez-le. Écossez les petits pois. Plongez-les dans de l'eau bouillante salée, faites-les cuire pendant 20 min. Égouttez-les.

4 Pelez l'ananas et coupez-le en tranches de 1 cm d'épaisseur puis recoupez chaque tranche en quartiers.

5 Ajoutez l'ananas dans la cocotte 15 min avant la fin de la cuisson du jambon. Pendant ce temps, faites cuire le riz environ 20 min dans de l'eau bouillante salée. Égouttez-le. Pour servir, mélangez tous les ingrédients et versez-les dans un grand plat creux. Parsemez de persil. Vous pouvez aussi disposer le contenu de la cocotte dans un plat rond, ajouter les petits pois au riz, le parsemer de beurre et le verser en couronne tout autour.

Calalou dahoméen

POUR 8 PERSONNES
PRÉPARATION : 1 H
CUISSON : 4 H

Boisson conseillée :
SAUMUR

300 g de bœuf dans le gîte • 300 g d'épaule de mouton désossée • 300 g de filet de porc • 1 poulet • 200 g de crevettes fumées (commerces de produits exotiques) • 200 g de tomates • 200 g d'épinards • 2 piments secs • 20 cl d'huile de palme • sel

1 Coupez le bœuf, le mouton et le porc en cubes d'environ 6 cm de côté. Désossez le poulet et coupez la chair en morceaux.
2 Plongez les tomates pendant 1 min dans l'eau bouillante, pelez-les, épépinez-les et concassez-les. Équeutez les épinards, lavez-les. Émiettez les piments.
3 Mettez dans une grande marmite le bœuf, le mouton, le porc et le poulet, les crevettes fumées, les tomates, les épinards, du sel et les piments émiettés. Arrosez le tout d'huile de palme et couvrez d'eau.
4 Couvrez et faites cuire 4 h à feu doux. Accompagnez d'une purée de pommes de terre. L'huile de palme est une huile dite «concrète»; c'est une graisse végétale solide à température ambiante.

Tiep bou dienn

Sénégal
POUR 8 PERSONNES
PRÉPARATION : 2 H
CUISSON : 2 H 40

2 daurades vidées, nettoyées et coupées en 6 morceaux • 50 g de morue séchée • 1 bouquet de persil • 1 petit bouquet de basilic • 2 petits oignons blancs • 3 gousses d'ail • 1 brin de thym • 1 oignon • 2 tomates • 15 cl d'huile • 3 feuilles de laurier • 6 carottes • 4 patates douces • 2 aubergines • 12 gombos • 500 g de riz • sel, poivre pour la sauce : 500 g de crevettes roses du Sénégal • 1 oignon • 2 grosses tomates • 1/2 citron • 2 carottes • 2 navets • 3 piments cerises • 1 cuill. à soupe d'huile • gingembre frais

1 Lavez et essuyez les daurades. Faites tremper la morue séchée dans de l'eau froide.
2 Lavez le persil et le basilic. Effeuillez le basilic. Émincez les tiges et réservez-les. Pelez les petits oignons et l'ail. Effeuillez le thym. Hachez très finement au mixer les feuilles de basilic, les petits oignons, l'ail et le thym.
3 Faites des fentes dans les darnes de poisson de chaque côté de l'arête centrale et remplissez-les de hachis.
4 Pelez et hachez l'oignon. Plongez les tomates 1 min dans de l'eau bouillante, pelez, épépinez et concassez-les.
5 Faites chauffer l'huile dans un faitout, et faites-y revenir l'oignon à feu moyen. Ajoutez les tranches de poisson ainsi que le poisson séché. Faites dorer le tout 10 min. Versez la purée de tomates, mouillez de 30 cl d'eau, ajoutez les tiges de basilic et le laurier. Salez, poivrez, couvrez et faites cuire 15 min.
6 Pendant ce temps, épluchez et lavez les carottes et les patates douces. Lavez les aubergines et les gombos et ôtez leurs pédoncules, sans les éplucher. Coupez ces légumes en morceaux.
7 Sortez le poisson du faitout et mettez-le dans un plat. Réservez au chaud. Mettez les carottes, les patates et les aubergines dans le faitout, versez 3,5 l d'eau, salez, poivrez, couvrez et faites cuire 30 min. Ajoutez les gombos et prolongez la cuisson 5 min. Retirez les légumes du faitout et réservez-les au chaud. Prélevez 2 louches de bouillon de cuisson.
8 Portez le bouillon à ébullition, versez-y le riz, remuez et faites cuire 8 min. Goûtez et rectifiez l'assaisonnement si nécessaire. Baissez le feu, couvrez et prolongez la cuisson 20 min.
9 Pendant ce temps, préparez la sauce. Décortiquez les crevettes. Pelez et émincez l'oignon. Plongez les tomates 1 min dans de l'eau bouillante, pelez-les, épépinez-les et concassez-les. Pressez le citron. Épluchez et lavez les carottes et les navets. Coupez-les en petits morceaux. Lavez les piments et ôtez leur pédoncule.
10 Faites blanchir les carottes et les navets dans de l'eau bouillante salée.
11 Faites chauffer l'huile dans une sauteuse et faites-y revenir les crevettes pendant 5 min. Ajoutez l'oignon, les tomates, les carottes et les navets, le jus du citron, 10 cl d'eau, un petit morceau de gingembre et les piments entiers. Salez et laissez cuire 15 min.
12 Pour servir, mettez un peu de riz dans chaque assiette. Disposez le poisson et les légumes par-dessus. Arrosez de bouillon. Assaisonnez de quelques cuillerées de sauce piquante.

Les Desserts

Crème de corossol

POUR 4 PERSONNES
PRÉPARATION : 15 MIN
CUISSON : 10 MIN
RÉFRIGÉRATION : 2 H

500 g de corossols •
1/2 gousse de vanille • 50 cl
de lait • 100 g de sucre
semoule

1 Coupez les corossols en 2, retirez les graines. Prélevez la chair à la cuillère. Mixez-la.
2 Fendez la demi-gousse de vanille en 2 dans la longueur, mettez-la dans une casserole avec le lait et le sucre. Portez à ébullition. Retirez la vanille. Laissez refroidir.
3 Mélangez le lait et la purée de corossols, versez dans un saladier et maintenez au frais pendant 2 h.
Si vous remplacez le lait par 1 l d'eau, vous obtenez une délicieuse boisson. Mélangez alors la purée de corossols à l'eau froide et incorporez le sucre à volonté.
Le corossol est le fruit d'une anone. Il existe environ six cents espèces d'anones qui, selon la variété, fournissent un fruit portant le nom d'anone, de pomme-cannelle, de chérimole, de cœur-de-bœuf.

Compote de mangue

POUR 4 PERSONNES
PRÉPARATION : 15 MIN
CUISSON : 30 MIN
RÉFRIGÉRATION : 1 H

2 kg de mangues •
2 citrons • 50 g de sucre
semoule • cannelle

1 Râpez le zeste d'un citron. Pressez les 2.
2 Coupez les mangues en 2, rejetez le noyau, prélevez la chair à la cuillère.
3 Mettez la chair de la mangue dans une casserole avec le jus des citrons, le zeste, le sucre et 2 pincées de cannelle. Couvrez d'eau à hauteur. Portez à ébullition, écumez, baissez le feu et faites cuire environ 30 min.
4 Laissez refroidir, puis mettez pendant 1 h au réfrigérateur.
Choisissez bien vos mangues. Elles doivent être colorées, parfumées, et moelleuses à la pression du doigt.
Il existe de très nombreuses variétés de mangue. Sa chair est orange et adhère à un très gros noyau aplati. Sa pulpe, fondante et sucrée, a un arrière-goût acidulé. Certaines variétés filandreuses ont une saveur de citron, de banane ou de menthe.

Pâte de goyaves

POUR ENVIRON 800 G DE PÂTE DE FRUIT
PRÉPARATION : 15 MIN
CUISSON : 45 MIN
SÉCHAGE : 2 H

2 kg de goyaves • 800 g de
sucre semoule

1 Lavez et épluchez les goyaves. Mettez les pépins dans un petit sachet de mousseline.
2 Versez la chair dans une grande casserole avec le sachet de pépins, couvrez de 10 cl d'eau et faites cuire à feu très doux jusqu'à ce que les fruits soient mous.
3 Retirez le sachet de pépins. Écrasez la chair des goyaves à la fourchette. Pesez-la et versez-la dans une marmite avec 800 g de sucre pour 1 kg de chair. Mélangez, remettez sur le feu et laissez réduire en tournant sans cesse avec une spatule en bois. Quand la préparation est bien compacte, retirez-la du feu.
4 Rincez un grand moule carré à l'eau froide sans l'essuyer. Versez la purée dans le moule en une fine couche.
5 Laissez refroidir. Découpez la pâte en petits carrés, rangez-les sur la plaque du four tapissée de papier sulfurisé ou de papier d'aluminium.
6 Glissez la plaque dans le four à 50 °C (therm. 1). Laissez sécher pendant 2 h, porte ouverte.
Cette pâte se conserve six mois dans une boîte de métal bien fermée.

Salade de banane

POUR 4 PERSONNES
PRÉPARATION : 10 MIN
RÉFRIGÉRATION : 1 H

4 bananes • 100 g de
sucre • 1 citron
1 orange • 1 carambole

1 Pressez le citron et l'orange.
2 Pelez les bananes, retirez les éventuels filaments, coupez la chair en rondelles de 5 mm d'épaisseur.
3 Versez-les dans un compotier avec le sucre, arrosez de jus de citron et d'orange.
4 Lavez la carambole, coupez-la en tranches fines, rangez-les sur la salade de bananes.
5 Mettez au réfrigérateur pendant 1 h.
Les tranches de carambole, en forme d'étoile, permettent de ravissantes décorations.

LES ÉTATS-UNIS

Le pays qui sut accueillir des colons de cultures diverses
a associé des recettes de toutes provenances pour créer une gastronomie
possédant son identité propre. L'héritage des indiens, les traditions
des premiers colons anglais, des créoles et des sectes protestantes,
mais aussi les influences africaines et asiatiques ont contribué à l'élaboration
de la cuisine des États-Unis. Variée et imaginative,
elle est toujours franche et copieuse.

SAVEURS DES ÉTATS-UNIS

La première cuisine américaine fut celle des Indiens. Les colons anglais installés au nord-est du pays acquièrent leur savoir-faire pour accommoder les produits indigènes, adaptant leurs propres traditions culinaires. C'est ainsi que naquit une vraie gastronomie américaine, qui se propagea vers l'Ouest au gré des vagues de migrations.

Par la suite, tous les groupes de colons ont apporté peu à peu leur contribution à l'élaboration de la cuisine des États-Unis.

LES TRADITIONS

Les Indiens apprirent aux premiers colons à planter le maïs et à chasser la dinde, mais aussi à exploiter au mieux leur terre. Un exemple de cet enseignement fut le processus de *sugaring off*. De la côte atlantique au Minnesota, les Algonquins, qui drainaient chaque printemps le sirop d'érable qu'ils transformaient en sucre, enseignèrent aux nouveaux venus comment améliorer leurs *porridges*, bouillies et salaisons, par l'ajout de ce sucre nourrissant qui les aidait à résister aux rudes hivers de la Nouvelle-Angleterre et du Middle West. Par ailleurs, les Indiens inventèrent les premiers *clams bakes*, mode de cuisson des fruits de mer (clams, praires, rigadelles, homard, etc.) sous la cendre, avec des algues et des épis de maïs.

Aux traditions importées par les premiers colons anglais, d'autres vinrent s'ajouter, contribuant à l'élaboration d'une gastronomie variée. Diverses sectes protestantes d'origine germanique, tels les Mennonites (dont les Amish sont les plus connus) se sont implantées à la fin du XVIIᵉ siècle. Comme celles des Indiens, leurs traditions culinaires comportaient le goût sucré-salé. On retrouve ce goût chez les immigrés polonais.

La cuisine cajun est une adaptation américaine de la tradition paysanne française importée par les colons chassés du Canada et venus s'installer en Louisiane. Les créoles de La Nouvelle-Orléans sont les descendants des colons espagnols et français (de la France et des Antilles), d'Africains, d'Italiens et d'Indiens. La cuisine créole américaine est un mélange des cuisines caraïbe (celle que les Français connaissent sous l'appellation de «cuisine créole», voir «Saveurs créoles» p. 330-331) et européenne, pimenté d'ingrédients indiens et africains, comme le sassafras (condiment provenant d'un arbre du nord de l'Amérique) des squaws cohoctaws, et le gombo (plante potagère tropicale) des esclaves.

Le pain ne se trouve pas toujours sur la table. Considéré comme un féculent, il est éliminé des menus comprenant d'autres féculents. Sinon, il est toujours servi avec du beurre, sur sa propre petite assiette. Font office de pain les divers *rolls*, *muffins* de toutes sortes et les biscuits. La baguette s'implante dans les grandes villes.

Si le pain est peu apprécié, on se rattrape largement sur les friandises de traditions européennes. Cakes, petits pains et beignets — *buns*, *sweet rolls* et *doughnuts* —, aussi bien que *cookies* et *coffeecakes*, *muffins* et *teabreads* se mangent à n'importe quel moment de la journée.

Il faut signaler enfin que les portions servies dans les assiettes sont importantes, héritage probable des premiers colons, pour lesquels une partie du «rêve américain» était de pouvoir enfin manger à leur faim.

LE BARBECUE. Le mot «barbecue», ou «bar-b-que», ou encore «B.B.Q.» est censé venir du mot haïtien *barbacoa*. Certains prêtent à cette coutume une origine liée au marquage du bétail lors des grandes transhumances. La viande est grillée sur un feu de bois ou de charbons ardents, badigeonnée d'une sauce avant, pendant et même après la cuisson. Ce mode de cuisson, qu'utilisaient les Indiens, valable pour les gros poissons, reste toujours

Coquilles Saint-Jacques

Abalone

Clams

Moules

aussi populaire lors des fêtes entre amis ou des repas dominicaux sur toute le territoire des États-Unis.

LA VIE QUOTIDIENNE

LE PETIT DÉJEUNER (breakfast). Copieux, consistant, le petit déjeuner traditionnel américain est calqué sur le *breakfast* anglais. Mais les traditions française et germanique ont aussi laissé des traces et on déguste *pancakes* (crêpes épaisses), *French toasts* (sorte de pain perdu) ou *waffles* (gaufres), arrosés de sirop d'érable ou de sirop de fruits. Les enfants boivent de grands verres de lait froid tandis que le café l'emporte sur le thé dans la catégorie des boissons chaudes.

LE DÉJEUNER (lunch). Le déjeuner n'est pas forcément un repas chaud, mais cela ne veut pas dire qu'il soit pris sur le pouce. On peut déjeuner d'une salade composée, servie avec des petits pains variés, ou d'un bol de soupe qu'on accompagne d'un sandwich. Les sandwichs sont souvent tellement bien garnis qu'ils constituent un repas complet. Le repas dominical traditionnel réunit la famille autour d'un rôti de bœuf garni de pommes de terre et de légumes verts.

LE DÎNER (dinner). Avant le plat principal, une viande ou un poisson et sa garniture de féculents, on commence le plus souvent par une salade qu'assaisonne l'une de ces sauces américaines aux noms évocateurs : *Green Goddess, Thousand Island, Ambrosia, French dressing...* Les desserts se déclinent à l'infini et vont des glaces aux *pies* et autres pâtisseries. Bien que le vin soit de plus en plus répandu et apprécié, la boisson accompagnant le repas peut être aussi bien du lait, du café, de la bière, qu'un cocktail ou du whisky.

LE BRUNCH. Repas typiquement américain, le brunch (contraction des mots *lunch* et *breakfast*) se déguste entre 11 et 15 h en famille ou entre amis, à la maison ou au restaurant, les jours fériés ou les dimanches. Il peut comprendre les ingrédients du petit déjeuner traditionnel tout comme des plats réservés à ce brunch. On y apprécie particulièrement les *eggs Benedict* — des œufs pochés, posés sur une tranche de bacon garnissant la moitié d'un *English muffin* grillé, le tout nappé de sauce hollandaise. On sert plusieurs plats simples et rapides, on boit du café et des jus de fruits.

LES JOURS DE FÊTE

NOËL (Christmas). La dinde farcie est le plat traditionnel du repas de Noël. Cependant, la farce est souvent maigre, à base de pain de mie et d'herbes, avec parfois des fruits secs ou des noix de pécan. Le plus souvent, le *Christmas dinner* est servi le jour du 25 décembre, entre midi et 15 h. Divers pains et toutes sortes de légumes et de féculents accompagnent la dinde farcie. Comme lors de Thanksgiving Day, on déguste volontiers au dessert une tarte au potiron ou à la patate douce, garnie de glace à la vanille ou de crème fouettée.

PÂQUES (Easter). Pâques marque la saison de l'agneau et la famille se rassemble le plus souvent autour d'un gigot, bien que, dans le Sud, beaucoup se délectent d'un jambon. On dissimule dans le jardin des œufs durs décorés et des œufs en chocolat que les enfants s'en vont recueillir dans un panier. Plusieurs pains briochés, tels le *Kulach bread* russe ou les *hot cross buns* d'origine anglaise, sont confectionnés pour célébrer Pâques.

INDEPENDENCE DAY. C'est le 4 juillet, jour de la fête nationale américaine, qu'est célébrée la déclaration d'indépendance des 13 colonies anglaises. Feux d'artifices, barbecues et piqueniques sont de rigueur.

THANKSGIVING DAY. Les plats servis en ce quatrième jeudi de novembre ressemblent un peu à ceux qui sont servis pour Noël (voir p. 378-379).

Crabe mou (soft-shelled crab)

Homard

Sand crab

Langouste

Crevettes roses

Bouquet

LES PRODUITS

LES FRUITS DE MER
•

LES CRABES ET LES HOMARDS. Le crabe et le tourteau sont très appréciés en Amérique. On y déguste aussi bien des *hard-shelled crabs* (de l'espèce *Blue Atlantic crab* à la carapace dure) que des *sand crabs* ou des *soft-shelled crabs*, dont la carapace est molle pendant la période de la mue. Le homard fait la gloire de l'État du Maine tandis que les langoustes peuplent les mers plus chaudes des États du Sud. Quant aux crevettes, dont de nombreuses variétés peuplent les océans qui entourent les États-Unis, elles sont à la base de très nombreuses recettes.

LES MOLLUSQUES ET LES COQUILLAGES. L'abalone, mollusque que l'on mange sous la forme de «steaks», se rencontre sur la côte ouest. Les huîtres creuses proviennent de la côte pacifique tandis que les *Blue Point*, assez grosses, sont récoltées autour de Long Island, dans l'État de New York. Les moules sont consommées moins fréquemment aux États-Unis qu'en Europe, mais on en trouve sur les différentes côtes. Par contre, les *clams*, mollusques dont la coquille lisse mesure de 5 à 10 cm, font partie du patrimoine culinaire national. Très populaires aussi, les coquilles Saint-Jacques *(scallops)* se rencontrent en grand nombre sur les fonds côtiers sableux ou herbeux. Si les oursins sont présents dans les eaux américaines, on n'en trouve guère dans les menus, sauf dans quelques restaurants à la mode de New York ou de Los Angeles.

LES POISSONS
•

On trouve aux États-Unis la plupart des espèces de poissons pêchées en Europe. Le cabillaud de l'Atlantique est utilisé dans tout le pays pour confectionner des *chowders* ou des *codfish cakes* (boulettes de morue et de pommes de terre frites, qui se mangent au petit déjeuner). Les autres poissons vont des truites, flétans, limandes et autres perches aux espèces exclusivement américaines. Le *catfish*, ou poisson-chat américain se pêche dans le Mississippi. Il est presque dépourvu d'arêtes et sa chair blanche est ferme et savoureuse. Le *redfish* vient de la Louisiane. Sa chair évoque celle de la rascasse. Le *pompano* vient des eaux du golfe du Mexique.

LE BŒUF
•

La découpe du bœuf est spécifique aux États-Unis. On distingue les côtes *(chops)*, la côtelette *(cutlet)* et le rôti *(roast)*, mais ce dernier est coupé soit dans les côtes premières *(standing rib coasts)*, soit dans le filet *(sirloin)*. Le *T-Bone steak* ressemble à une petite côte de bœuf. Il pèse de 450 à 620 g (16 à 22 onces). On le sert en barbecue, ou grillé, avec ou sans sauce.

LES LÉGUMES
•

LES HARICOTS ET LES FÈVES. Les États-Unis se sont bâtis grâce aux haricots, aliment de base depuis le temps colonial, agrémentés de porc salé ou fumé. Des *baked beans* de la côte est (haricots blancs à la sauce tomate) à la *three beans salad* du Middle West — mélange de haricots verts frais et de haricots rouges et blancs secs — aux *frijoles* du Sud-Ouest et à la *black bean soup* du Sud, les légumineuses conservent une place importante dans la cuisine américaine.

LES COURGES. Elles seraient originaires d'Afrique, mais elles ont conquis le monde entier. En matière culinaire, on distingue deux grandes familles : les courges d'été (de type courgettes) et les courges d'hiver (de type potiron). Ces dernières sont très populaires aux États-Unis, où les variétés les plus répandues sont l'*acorn*, la *butternut* et la courge de Hubbard. On y cuisine aussi la courge spaghetti et le potimarron («potiron de Corfou»).

LES NOIX
•

Les noix de pécan n'existent qu'aux États-Unis. On les trouve dans les fameux *pecan pies* ou dans les salades Waldorf. Les Américains mangent le fruit du noyer mais, dans le domaine des graines et fruits secs, leurs préférences vont sans aucun doute à la cacahuète. Elle sert de base au *peanut butter* («beurre d'arachide»), à certaines sauces et à certains cookies.

Potiron

Butternut

Courge spaghetti

Potimarron

LES VINS

Les États-Unis se sont récemment dotés d'une classification des régions viticoles, l'AVA *(Approved Viticulture Areas of the United States)*. Une centaine de régions ont été sélectionnées ainsi, mais cette appellation contrôlée s'applique aux terres et ne concerne pas les exploitants, les cépages ou la vinification.

LA CALIFORNIE

La Californie n'a jamais cessé d'être la terre d'élection de la vigne aux États-Unis. Au fil du temps, on a planté des cépages plus nobles sur des terroirs mieux sélectionnés, tandis que les différentes méthodes de vinification devenaient de plus en plus sophistiquées.

Les meilleurs vins sont originaires des comtés de Napa, Sonoma et Mendocino, au nord de San Francisco, ou des vignobles situés entre San Francisco et San Luis Obispo, au sud.

Les vins supérieurs de Californie, les *varietals*, portent le nom du cépage dont ils sont issus, auquel on ajoute fréquemment le nom du viticulteur ou du négociant qui les produit. Les vins blancs les plus remarquables sont issus du chardonnay (Jordan et Clos du Val sur la photo), les meilleurs se comparant aux bourgognes blancs ou, quand ils sont mousseux, aux champagnes. Ils sont à la fois charnus, fruités et équilibrés. Riesling, sauvignon blanc et gewurztraminer, dont la production est moins importante, sont cependant bien implantés. Parmi les vins rouges, les plus remarquables et les plus appréciés sont issus du cabernet sauvignon, corsés, charnus, boisés et longs en bouche (Dry Creek et Beaulieu sur la photo). On plante aussi du merlot, qui donne des vins plus souples et ronds, et du zinfandel (Inglenook sur la photo). Quoique d'origine européenne, le zinfandel est aujourd'hui considéré comme un cépage typiquement américain. À son optimum, il peut donner des vins comparables à certains crus de la vallée du Rhône, à base de syrah, charnus, solides et puissants. La Californie produit aussi des vins mousseux, qui ont droit à l'appellation «champagne californien» à condition d'être produits conformément à la méthode champenoise de fermentation en bouteille. Les meilleurs sont à base de pinot noir et de pinot chardonnay.

LES AUTRES RÉGIONS

Parmi les autres régions viticoles américaines, la plus notable est l'État de l'Oregon. On y plante principalement du pinot noir. Certains pensent que les crus de l'Oregon peuvent à l'occasion rivaliser avec les vins de Bourgogne rouges. Dans l'État de New York existent des microclimats qui permettent aux vignerons de produire des vins mousseux ou tranquilles tout à fait honnêtes.

Au nord de la Californie, l'État de Washington a beaucoup investi dans le vignoble depuis environ une trentaine d'années. On y trouve surtout du pinot noir, du cabernet sauvignon, du gewurztraminer, du riesling, du sémillon et du chardonnay. Les conditions climatiques sont assez favorables et la production est en pleine expansion. Les vignerons, plutôt que de produire leurs vins sur place, ont préféré devenir les fournisseurs privilégiés de beaucoup de producteurs californiens qui vinifient chez eux.

Dry Creek vineyards

Jordan vineyards

Inglenook

Clos du Val

Beaulieu vineyards

Les Entrées

Crème de poulet à la californienne

POUR 6 PERSONNES
PRÉPARATION : 25 MIN
CUISSON : 25 MIN

300 g de blancs de poulet • 50 cl de lait • 1 avocat bien mûr • 120 g d'olives vertes • persil haché • sel

1 Découpez les blancs de poulet en petits dés.
2 Mettez-les dans une casserole avec 80 cl d'eau, le lait et du sel. Portez à ébullition, puis laissez frémir 20 min sur feu doux.
3 Pendant ce temps, fendez l'avocat en 2, jetez le noyau, prélevez la chair à la cuillère et coupez-la en petits cubes. Dénoyautez les olives vertes et coupez-les en petits morceaux.
4 Ajoutez l'avocat et les olives dans la casserole et laissez frémir encore 5 min. Versez la crème dans une soupière et servez chaud. Parsemez de persil haché.

La cuisine californienne combine de multiples influences. Elle mélange volontiers des produits locaux, des produits exotiques et des saveurs européennes.

Soupe de Saint Louis au fromage

POUR 6 PERSONNES
PRÉPARATION : 40 MIN
CUISSON : 30 MIN

250 g de gouda • 2 branches de céleri • 2 carottes • 1 poivron vert • 1 oignon • 150 g de beurre • 30 g de farine • 1 l de bouillon de poule • 30 cl de bière blonde • 1 pincée de piment • sel, poivre

1 Effilez le céleri, épluchez les carottes. Coupez le poivron en 4, épépinez-le et ôtez-en les filaments blancs. Coupez tous les légumes en petits morceaux. Pelez l'oignon, émincez-le.
2 Faites fondre le beurre dans une cocotte, mettez-y la julienne de légumes et laissez-la prendre couleur.
3 Poudrez de farine. Ajoutez peu à peu le bouillon de poule et la bière. Salez, poivrez et mélangez bien.
4 Faites cuire sur feu doux jusqu'à ce que la soupe épaississe.
5 Pendant ce temps, coupez le fromage en petits dés. Ajoutez le fromage dans la cocotte et remuez jusqu'à ce qu'il soit fondu. Retirez du feu et ajoutez le piment.
6 Goûtez et rectifiez l'assaisonnement si nécessaire. Versez la soupe dans une soupière et servez immédiatement.

Soupe de potiron

POUR 6 PERSONNES
PRÉPARATION : 10 MIN
CUISSON : 45 MIN

2 kg de potiron • 1 l de lait • 2 cuill. à soupe de sucre • 3 branches de persil • 30 g de beurre • sel

1 Épluchez le potiron. Retirez les graines et la partie fibreuse. Coupez la chair en morceaux. Faites cuire ceux-ci 20 min à l'eau bouillante salée.
2 Si le potiron a donné beaucoup d'eau, faites réduire quelques instants à feu vif. Réduisez-le en purée.
3 Portez le lait à ébullition dans une casserole. Versez-y la purée de potiron. Sucrez et salez. Baissez le feu et prolongez la cuisson à feu moyen pendant 25 min.
4 Lavez, équeutez et hachez le persil. Versez la soupe dans une soupière, parsemez de noisettes de beurre et du persil. Servez chaud.

Vous pouvez parfumer cette soupe avec des dés de bacon poêlés.

Petites saucisses piquantes

POUR 4 PERSONNES
TREMPAGE : 15 MIN
PRÉPARATION : 30 MIN
CUISSON : 15 MIN

1 boyau d'environ 60 cm de long • 600 g de chair à saucisse • 1 petit piment sec • sel, poivre

1 Faites tremper le boyau dans de l'eau froide pendant 15 min. Égouttez-le.
2 Émiettez le piment avec vos doigts.
3 Mélangez à la fourchette la chair à saucisse et le piment, salez et poivrez généreusement.
4 Préchauffez le gril du four.
5 Remplissez le boyau de farce, tournez-en soigneusement les extrémités pour le fermer. Donnez plusieurs tours tous les 5 cm de façon à obtenir 12 tronçons. Séparez les saucisses.
6 Faites-les cuire 15 min sous le gril du four.

Vous pouvez servir ces saucisses au petit déjeuner avec des pommes de terre sautées ou des œufs brouillés.
Vous pouvez aussi parfumer vos saucisses avec un peu d'ail, des petits oignons blancs émincés, du cumin, des graines de fenouil et de la noix de muscade, ou certains de ces ingrédients au choix.

Huîtres Chesapeake Bay

——

PRÉPARATION : 30 MIN
CUISSON : 40 MIN

36 huîtres creuses • 350 g

de crevettes grises • 250 g

de champignons de couche •

3 verres de xérès • sel, poivre

1 Décortiquez les crevettes. Ôtez la partie terreuse des champignons. Lavez-les, essuyez-les puis hachez-les.

2 Mettez les crevettes et les champignons dans une casserole. Ajoutez le xérès, salez, poivrez. Faites réduire à feu doux pendant 30 min.
3 Pendant ce temps, ouvrez les huîtres et videz-les de leur eau. Disposez les coquilles dans un grand plat allant au four.

4 Préchauffez le four à 220 °C (therm. 7).
5 Recouvrez chaque huître de sauce aux crevettes. Enfournez et laissez cuire pendant 10 min. Servez dans le plat de cuisson.

Saint-Jacques à la crème

——

POUR 4 PERSONNES
PRÉPARATION : 35 MIN
CUISSON : 30 MIN

500 g de noix de coquilles

Saint-Jacques • 12 crackers •

100 g de chapelure • 90 g

de beurre • 15 cl de crème

fleurette • sel, poivre

1 Préchauffez le four à 200 °C (therm. 6).
2 Lavez les noix de Saint-Jacques, coupez-les en 2 si elles sont grosses. Égouttez-les et épongez-les soigneusement.

3 Écrasez les crackers, mélangez-les à la chapelure et à 60 g de beurre.
4 Mettez dans un plat allant au four la moitié des noix de coquilles Saint-Jacques. Poudrez avec la moitié du mélange crackers-chapelure, puis salez et poivrez. Renouvelez l'opération en intercalant la chapelure et les noix de coquilles Saint-Jacques.

5 Recouvrez de crème. Répartissez quelques noisettes de beurre sur le dessus.
6 Enfournez et laissez cuire pendant 30 min. Servez chaud dans le plat de cuisson.
Les coquilles Saint-Jacques américaines, ou *scallops*, ont très peu de corail.

Chicken salad Charron

——

POUR 4 PERSONNES
PRÉPARATION : 30 MIN

375 g de chair de poulet rôti •

200 g de raisin noir •

1 ananas frais • 1 citron •

20 cl de crème fraîche •

3 cuill. à soupe de vin blanc •

sucre • sel, poivre

1 Retirez la peau du poulet et coupez la chair en fines lamelles.
2 Lavez le raisin, fendez les grains en 2, enlevez les pépins.

3 Coupez l'ananas en 2 dans le sens de la longueur, épluchez-le et ôtez-en le cœur. Débitez la chair en dés.
4 Mettez les lamelles de poulet, les grains de raisin et les dés d'ananas dans un saladier.
5 Pressez le citron. Mélangez la crème, le vin, le jus du citron, 1 pincée de sucre, du sel et du poivre. Arrosez la salade de cette sauce et mélangez.

Il existe de très nombreuses recettes de chicken salad dont l'assaisonnement est souvent la mayonnaise. Vous pouvez varier les ingrédients : du céleri en branche, de la laitue, des noix de pécan, des raisins secs, des feuilles de radis, du melon vert, du maïs, du concombre, des amandes fraîches...

Salade de la Prairie

——

POUR 4 PERSONNES
PRÉPARATION : 20 MIN
CUISSON : 5 MIN

375 g d'épinards très frais •

150 g de champignons de

couche • 200 g de radis •

150 g de lard fumé • 1 cuill. à

soupe de vinaigre

pour la sauce : 200 g de

roquefort • 20 cl de crème

fraîche • 2 jaunes d'œufs •

3 cuill. à soupe de lait •

15 g de sucre • sel, poivre

1 Équeutez les épinards. Lavez-les et essorez-les soigneusement.

2 Nettoyez les champignons, débarrassez-les de la partie terreuse, émincez-les.
3 Ôtez la queue et la racine des radis, lavez-les puis coupez-les en 4.
4 Mettez les légumes dans un saladier.
5 Coupez le lard en petits dés, faites-le fondre 5 min dans une poêle. Déglacez avec le vinaigre, laissez tiédir, versez sur la salade.
6 Préparez la sauce. Passez le roquefort au tamis.

Mélangez avec la crème, les jaunes d'œufs, le lait et le sucre. Salez, poivrez. Servez la salade sans attendre et présentez la sauce en saucière. Vous pouvez aussi servir la salade sur une assiette et planter au centre une pique portant 1 cube de fromage, 1 tranche de tomate et 1 petite feuille de laitue.
Choisissez de préférence des épinards jeunes. Ils sont beaucoup plus doux et savoureux.

Salade Hollywood

POUR 4 PERSONNES
PRÉPARATION : 40 MIN
CUISSON : 45 MIN

300 g de petits pois frais • 250 g de spaghetti • 5 œufs • 5 tranches d'ananas • 250 g de jambon blanc • 2 bananes • 4 tomates

pour la sauce : 4 cuill. à soupe de mayonnaise • 2 cuill. à soupe de fromage blanc • 5 cuill. à soupe de lait • 1 cuill. à soupe de vinaigre de vin • 3 cuill. à soupe de jus d'ananas • 1 pincée de sucre • 1 cuill. à café de gingembre en poudre • sel, poivre

1 Écossez les petits pois. Faites-les cuire pendant 30 min environ dans de l'eau bouillante salée.
2 Portez à ébullition 2 l d'eau salée. Cassez les spaghetti en tronçons de la longueur d'un doigt. Jetez-les dans l'eau bouillante, mélangez, arrêtez le feu, laissez gonfler 15 min. Versez-les dans une passoire, rafraîchissez-les sous l'eau courante. Laissez égoutter.
3 Faites durcir les œufs 10 min dans de l'eau bouillante salée. Sortez-les de l'eau et laissez-les refroidir. Écalez les œufs, coupez-les en 8 dans la longueur.
4 Coupez l'ananas en morceaux. Débitez le jambon en fines lamelles.

Pelez les bananes, coupez-les en rondelles.
5 Plongez les tomates 1 min dans l'eau bouillante, pelez-les, épépinez-les soigneusement et concassez-les.
6 Versez tous les ingrédients dans un saladier.
7 Préparez la sauce. Mélangez la mayonnaise, le fromage blanc, le lait, le vinaigre, le jus d'ananas, le sucre et le gingembre. Salez, poivrez. Arrosez la salade avec la sauce, tournez-la et servez.
Pour donner plus d'allure à cette salade, décorez-la de petits bouquets de persil et de demi-tranches d'ananas piquées de clous de girofle.

Tarte au fromage

POUR 6 PERSONNES
PRÉPARATION : 35 MIN
REPOS DE LA PÂTE : 1 H
CUISSON : 30 MIN

500 g de pâte (voir Tourtière p. 388) • 100 g d'olives noires • 150 g de cheddar râpé • 2 œufs • 20 cl de crème fraîche épaisse • beurre et farine pour le moule • sel, poivre

1 Préchauffez le four à 200 °C (therm. 6).
2 Sur un plan de travail fariné, abaissez la pâte au rouleau. Beurrez puis farinez un moule à tarte de 28 cm de diamètre. Foncez le moule avec la pâte, piquez le fond à la fourchette.
3 Dénoyautez les olives avec le plus grand soin, rangez-les sur la pâte.
4 Répartissez le fromage dessus.
5 Cassez les œufs, battez-les en omelette, ajoutez la crème, salez et poivrez. Versez ce mélange sur le fromage.
6 Mettez au four et faites cuire pendant 30 min. La tarte au fromage se sert chaude ou froide. Vous pouvez la présenter coupée en petits cubes à l'apéritif. Chaude, accompagnée d'une salade, elle fera un plat complet.

Salade d'épinards au bacon

POUR 6 PERSONNES
PRÉPARATION : 20 MIN
CUISSON : 15 MIN

500 g d'épinards très frais (jeunes de préférence) • 250 g de bacon • 1 citron • 2 œufs • 1 cuill. à café de moutarde forte • 25 cl d'huile d'olive • 1 cuill. à soupe d'huile d'arachide • 2 cuill. à soupe de vinaigre de vin • sel, poivre

1 Coupez le bacon en petits morceaux. Pressez le citron.
2 Faites cuire les œufs pendant 10 min dans de l'eau bouillante salée. Passez-les sous l'eau froide et écalez-les. Séparez les jaunes des blancs. Détaillez les blancs en petits dés.
3 Préparez la sauce. Mixez les jaunes d'œufs avec le jus de citron et la moutarde. Salez et poivrez. Mettez ce mélange dans un saladier. Versez l'huile d'olive en fouettant pour faire épaissir la sauce. Transvasez-la dans une saucière.
4 Lavez les feuilles d'épinards, équeutez-les et égouttez-les dans une passoire. Mettez-les dans un grand plat creux ou un saladier.
5 Faites dorer les morceaux de bacon à l'huile d'arachide. Sortez-les de la poêle à l'aide d'une écumoire. Disposez-les sur les épinards.
6 Jetez l'huile de cuisson du bacon. Déglacez la poêle avec le vinaigre. Grattez-la bien pour décoller tous les sucs. Portez à ébullition et versez sur la salade. Parsemez de blanc d'œufs, mélangez et servez immédiatement. Présentez la sauce à part.

Clam chowder

Pour 4 personnes

Préparation : 1 h

Cuisson : 50 min

Boisson conseillée :

SAUVIGNON BLANC

1,5 l de palourdes (ou clovisses) • 2 pommes de terre •	
1 oignon • 60 g de lard gras salé • 100 g de farine •	
1,5 l de lait • 60 g de beurre • 4 crackers (ou tranches	
de pain grillé) • sel, poivre	

1 Nettoyez les palourdes à l'eau courante. Faites-les cuire à feu vif dans 80 cl d'eau jusqu'à ce qu'elles s'ouvrent (4 à 5 min). Égouttez-les et réservez le jus de cuisson. Débarrassez les palourdes de leur coquille et coupez leur chair en dés.

2 Lavez les pommes de terre et faites-les cuire 15 min dans de l'eau bouillante salée. Pendant ce temps, pelez l'oignon, émincez-le. Coupez le lard en dés. Faites sauter l'oignon et le lard. Versez-les dans un saladier. Égouttez les pommes de terre, épluchez-les et coupez-les en rondelles. Mélangez-les avec le lard et l'oignon.

3 Dans une marmite, mettez une couche de pommes de terre, une couche de palourdes, salez et poivrez, poudrez d'un peu de farine. Répétez l'opération jusqu'à épuisement des pommes de terre et des palourdes. Ajoutez 80 cl d'eau, laissez frémir 20 min.

4 Versez dans la marmite les 3/4 du lait et 30 g de beurre. Faites bouillir pendant 3 min environ.

5 Trempez les crackers dans le reste du lait, ajoutez-les à la soupe. Faites fondre le reste du beurre dans une casserole, jetez-y le reste de farine, puis le jus de cuisson des palourdes. Versez le tout dans la cocotte, mélangez soigneusement et laissez cuire 5 min.

Chaque ville de la Nouvelle-Angleterre a sa propre recette de clam chowder et, bien entendu, chacune considère que la sienne est nettement supérieure aux autres. Celle-ci est fréquemment servie dans les steakhouses : faites fondre 50 g de beurre dans une marmite, ajoutez 2 oignons et 1 branche de céleri hachés et faites-les revenir 25 min à tout petit feu. Ajoutez ensuite 500 g de tomates concassées, 2 pommes de terre coupées en dés, du thym et du laurier. Ouvrez les clams à la vapeur et sortez-les de leurs coquilles. Mettez-les dans la soupe, laissez mijoter quelques instants et servez.

Salade César

POUR 4 PERSONNES
PRÉPARATION : 20 MIN
REPOS : 3 H
CUISSON : 15 MIN

1 belle salade romaine • 3 œufs • 3 gousses d'ail • 1 citron • 8 cuill. à soupe d'huile d'olive • 4 filets d'anchois • 1 brin de ciboulette, 1 branche d'estragon • poivre
pour les croûtons : 1 cuill. à soupe d'huile d'olive • 1 cuill. à soupe de beurre • 200 g de pain de mie • 9 cuill. à soupe de parmesan râpé

1 Lavez et effeuillez la salade. Enveloppez les feuilles dans un torchon et mettez-les au réfrigérateur pendant 3 h pour les rendre bien craquantes.
2 Faites cuire 2 œufs à l'eau bouillante jusqu'à ce qu'ils soient durs. Ensuite, écalez-les et coupez-les en 4.
3 Préparez les croûtons : faites chauffer l'huile et le beurre dans un poêlon à feu modéré. Coupez le pain de mie en petits carrés. Puis, mettez-le dans le poêlon et laissez cuire 15 min en remuant de temps en temps avec une spatule. Versez le contenu du poêlon dans une jatte, ajoutez le parmesan et remuez. Couvrez puis réservez.
4 Pelez et écrasez l'ail. Pressez le citron. Mettez ces ingrédients dans un bol avec l'œuf cru et l'huile, puis mélangez le tout. Versez le mélange dans un saladier.
5 Ciselez les feuilles de salade et découpez les anchois. Mettez-les dans le saladier avec les œufs durs. Remuez bien à fond. Ajoutez les croûtons.
6 Ciselez la ciboulette et l'estragon. Parsemez-en la salade, poivrez et servez immédiatement.

Maïs en épis

POUR 6 PERSONNES
PRÉPARATION : 5 MIN
CUISSON : 15 MIN

6 épis de maïs • 75 g de beurre • sel

1 Pour que le maïs soit tendre, il doit être jeune et très frais. Choisissez des épis jaune pâle, presque blancs.
2 Préparez le maïs. Ôtez les feuilles des épis de maïs et débarrassez-les de leur barbe.
3 Lavez le maïs, mettez-le dans une casserole, couvrez d'eau, salez. Faites cuire 15 min, vérifiez la cuisson en piquant quelques grains avec la pointe d'un couteau. Ils doivent éclater. Égouttez. Réservez au chaud.
4 Recouvrez votre plat de service d'un linge. Posez les épis de maïs dessus. Sur une coupelle, mettez le beurre. Présentez le sel à part.
Chaque convive tartinera son épi de beurre au fur et à mesure et le poudrera de sel. Afin que les convives ne se brûlent pas les doigts, prévoyez des pique-maïs que l'on plante aux extrémités de l'épi.

Les Sauces

Beurre de curry

POUR 4 PERSONNES
PRÉPARATION : 10 MIN

200 g de beurre • 2 cuill. à soupe de curry en poudre

1 Laissez le beurre coupé en petits morceaux à température ambiante pour le ramollir.
2 Travaillez à la spatule le beurre et le curry jusqu'à obtenir un mélange parfait.
Le beurre de curry accompagne les viandes grillées et les poissons.
Si vous le préparez à l'avance, roulez-le en cylindre dans du papier d'aluminium et conservez-le au réfrigérateur. Sortez-le 1 h avant de servir.

Dip au roquefort

POUR 4 PERSONNES
PRÉPARATION : 10 MIN

200 g de roquefort • 4 cuill. à soupe de lait • 15 cl de crème fraîche • 1 cuill. à café de sauce Worcestershire • sel, poivre blanc

1 Coupez le roquefort en dés. Mettez ceux-ci dans le bol du mixer. Ajoutez le lait, la crème fraîche. Assaisonnez de sauce Worcestershire, d'une grosse pincée de sel et d'une pincée de poivre blanc moulu.
2 Mixez le tout rapidement. Le mélange doit avoir la consistance d'un fromage frais battu.
3 Mettez le dip dans une coupelle ou un ramequin au réfrigérateur. Servez très frais.
Ce dip se conserve 48 h au réfrigérateur dans un pot à confiture ou à cornichons fermé. Il accompagne agréablement des légumes crus coupés en morceaux (céleri, fenouil, carottes, concombres, tomates...) que l'on trempe dedans (to dip signifie «plonger, tremper»).

SALADE
CÉSAR

·

Cette salade est l'un des classiques de la cuisine américaine. Elle fut inventée par un célèbre restaurateur italien au début du siècle. Il choisit la romaine comme ingrédient principal de sa recette. Pour un peu de fantaisie, parfumez les croûtons à l'ail.

Dip à l'avocat

POUR 4 PERSONNES
PRÉPARATION : 10 MIN

4 avocats bien mûrs • 2 cuill. à soupe de vinaigre de vin • 100 g de noisettes moulues • sel, poivre

1 Fendez les avocats en 2, retirez le noyau.
2 Prélevez la chair avec une cuillère.
3 Passez-la au mixer (ou pilez-la) avec le vinaigre et les noisettes. Salez, poivrez.
4 Versez cette sauce dans un ramequin et servez-la immédiatement. Elle ne se conserve pas longtemps.
Ce dip accompagne des légumes crus coupés en morceaux, du poulet froid, des crevettes ou du pamplemousse.

Variante : remplacez le vinaigre par du jus de citron. Il existe d'autres recettes de dips à l'avocat. Vous pouvez mélanger l'avocat avec une gousse d'ail, du persil, de l'estragon, de la moutarde, des filets d'anchois et de la mayonnaise.

French dressing

POUR 4 PERSONNES
PRÉPARATION : 5 MIN

1 cuill. à soupe de moutarde • 2 cuill. à soupe de vinaigre de vin • 1 cuill. à soupe de sucre semoule • 4 cuill. à soupe d'huile • sel, poivre

1 Délayez la moutarde dans le vinaigre, salez et poivrez.
2 Ajoutez le sucre. Mélangez bien pour qu'il soit parfaitement dissous.
3 Versez l'huile en tournant énergiquement. Éventuellement, rectifiez l'assaisonnement avec sel et/ou poivre selon la salade destinée à recevoir cette sauce.
Aux États-Unis, on propose fréquemment un buffet de salades variées avec plusieurs sauces.

La traduction littérale de French dressing est «sauce française», bien qu'en fait la vinaigrette française traditionnelle ne soit pas sucrée.
Variante : vous pouvez remplacer le sucre par 1 cuillerée à soupe de miel liquide.

Sauce barbecue

POUR 6 PERSONNES
PRÉPARATION : 10 MIN
CUISSON : 6 À 8 MIN

2 gousses d'ail • 1 oignon moyen • 10 g de beurre • 2 cuill. à soupe de vinaigre • 6 cuill. à soupe de ketchup • 1 cuill. à café de moutarde • sel, poivre

1 Pelez l'ail et l'oignon. Pilez l'ail dans un mortier et émincez très finement l'oignon.
2 Mettez-les dans une casserole et faites-les fondre dans le beurre, à feu doux, pendant 5 min.
3 Incorporez-y, tout en remuant, le vinaigre, le ketchup et la moutarde. Salez et poivrez, puis portez à ébullition.

Arrêtez aussitôt la cuisson. Rectifiez l'assaisonnement si nécessaire. Servez froid.
Cette sauce accompagne des brochettes de viande ou de légumes.
Vous pouvez l'enrichir de concentré de tomates, d'huile d'olive et de sucre semoule.

Les Plats

Requin en brochettes

POUR 4 PERSONNES
PRÉPARATION : 20 MIN
CUISSON : 15 MIN

Boisson conseillée :
CHARDONNAY

800 g de chair de requin • 4 oignons • 2 poivrons, si possible de couleurs différentes • 2 cuill. à soupe d'huile • sel, poivre

1 Préchauffez le gril du four.
2 Lavez le poisson puis épongez-le dans du papier absorbant. Coupez-le en cubes d'environ 4 cm de côté.
3 Pelez les oignons, coupez-les en rondelles.
4 Coupez les poivrons en 2, ôtez les pédoncules, les graines et les filaments blancs. Coupez la chair en gros morceaux.
5 Enfilez les cubes de requin sur des brochettes en intercalant des rondelles d'oignon et des morceaux de poivron.
6 Salez, poivrez, arrosez d'huile.
7 Faites cuire pendant 15 min sous le gril. Retournez les brochettes 2 ou 3 fois en cours de cuisson.

Accompagnez de citron. Vous pouvez faire cuire ces brochettes au barbecue.
La famille des requins comporte de nombreuses espèces. Le griset, que l'on rencontre dans les mers tempérées chaudes, peut atteindre 5 m de long. Sa chair blanche et délicate en fait le meilleur requin comestible. Aux États-Unis, le requin-renard est très apprécié, mais sa chair est dure.

Espadon grillé

POUR 4 PERSONNES
PRÉPARATION : 20 MIN
CUISSON : 15 MIN

800 g d'espadon • 2 cuill. à soupe d'huile • sel, poivre

1 Préchauffez le gril du four.
2 Lavez l'espadon sous l'eau froide puis séchez-le dans du papier absorbant. Coupez-le en tranches d'environ 2 cm d'épaisseur.
3 Disposez-les dans un plat allant au four. Salez, poivrez, arrosez d'huile.
4 Enfournez et laissez griller pendant 15 min en retournant les tranches en milieu de cuisson.

Arrosez d'un mélange d'huile d'olive et de jus de citron. Accompagnez de «baked potatoes» (voir p. 377).
Vous pouvez cuire ces steaks au barbecue.

Cailles du Mississippi

POUR 4 PERSONNES
PRÉPARATION : 40 MIN
CUISSON : 50 MIN

8 cailles • 2 branches de céleri • 2 oignons • 130 g de beurre ramolli • 8 fines tranches de lard • 3 cl de cognac • 3 cl de xérès • 1 orange • 1 bouquet de persil • sel, poivre

1 Préchauffez le four à 200 °C (therm. 6).
2 Lavez et effilez le céleri, pelez les oignons. Émincez le tout. Salez, poivrez et mélangez.
3 Farcissez les cailles de légumes. Enduisez-les de beurre, bardez-les avec le lard. Mettez-les dans un plat allant au four.
4 Enfournez et laissez-les cuire pendant 20 min, puis arrosez-les de cognac et de xérès.
5 Pressez l'orange, lavez et hachez le persil. Mélangez le reste du beurre avec 10 cl d'eau, le jus d'orange et le persil.
6 Poursuivez la cuisson 30 min en arrosant les cailles toutes les 10 min avec ce mélange.
Servez accompagné de brocolis ou de riz.

Poule du Missouri

POUR 6 PERSONNES
PRÉPARATION : 35 MIN
CUISSON : 3 H
RÉFRIGÉRATION : 12 À 24 H

1 poule de 2,5 kg coupée en morceaux • 1 bouquet de feuilles de céleri • 1 oignon • 1 feuille de laurier • 6 poivrons • sel

1 Pelez l'oignon, émincez-le. Lavez le céleri. Lavez les poivrons, ôtez les pédoncules, coupez-les en 4, retirez les graines.
2 Mettez la poule dans une marmite avec l'oignon, les poivrons, le céleri, la feuille de laurier et 1 pincée de sel. Recouvrez d'eau. Portez à ébullition, puis baissez le feu et laissez cuire pendant 3 h à petits bouillons et à couvert.
3 Sortez la poule et laissez refroidir le contenu de la marmite.
4 Désossez la poule. Réservez la chair au réfrigérateur dans un récipient hermétique.
5 Le lendemain, remettez la poule dans la marmite, couvrez puis portez à ébullition. Versez dans un plat creux et servez.
Accompagnez de pommes de terre vapeur ou de riz blanc.

Poulet au sésame

POUR 4 PERSONNES
CUISSON : 35 MIN

8 blancs de poulet • 60 g de beurre • 100 g de graines de sésame • sel

1 Faites fondre le beurre dans une poêle.
2 Mettez-y les blancs de poulet à dorer pendant 2 à 3 min à feu modéré pour qu'ils restent moelleux. Retournez-les et faites de même sur l'autre face. Salez, puis laissez cuire à feu doux pendant 15 min de chaque côté.
3 Dressez-les sur un plat de service chaud et parsemez-les des graines de sésame.

Accompagnez de carottes, de brocolis, de maïs, de céleri en purée ou encore de pommes de terre au four.
Dans le sud des États-Unis, le sésame s'appelle «benne» et cette recette est connue sous le nom de «benne fried chicken».

Hamburgers à la hawaïenne

POUR 4 PERSONNES
PRÉPARATION : 30 MIN
CUISSON : 20 MIN

800 g de steak • 2 oignons • 8 tranches d'ananas • 2 cuill. à soupe d'huile • 4 cerises confites • sel, poivre

1 Pelez les oignons. Hachez-les avec le bœuf et 4 tranches d'ananas. Salez et poivrez, formez des hamburgers.
2 Faites chauffez l'huile dans une poêle, mettez-y à cuire les hamburgers 10 min de chaque côté.
3 Dressez-les sur 4 assiettes chaudes, posez 1 tranche d'ananas sur chacun, avec 1 cerise confite au milieu.
Vous pouvez également les servir entre deux tranches de pain à hamburger garnies de salade, de tomates et de ketchup.
Le hamburger fait partie des recettes de base de la cuisine américaine, bien qu'il soit d'origine allemande (Hambourg).
Il en existe de multiples variantes : au fromage, au bacon, aux oignons...

Poulet de San Francisco

POUR 4 PERSONNES
PRÉPARATION : 35 MIN
CUISSON : 40 MIN

Boisson conseillée :
PINOT NOIR

1 poulet rôti • 350 g de petits pois frais • 140 g de beurre • 4 poivrons rouges • 200 g d'oignons • 200 g de champignons de couche • 1 cuill. à soupe de farine • 30 cl de bouillon de poule • 30 cl de crème fraîche • 4 cl de xérès • sel, poivre

1 Coupez le poulet en morceaux. Écossez les petits pois.
2 Faites cuire les petits pois à couvert 15 min avec 40 g de beurre.
3 Lavez les poivrons, ôtez les pédoncules. Coupez-les en 4, retirez les graines et les filaments blancs puis débitez-les en lanières. Pelez et émincez les oignons.
4 Nettoyez les champignons en éliminant la partie terreuse. Émincez-les. Faites fondre 100 g de beurre dans une cocotte. Faites-y sauter les champignons à feu pas trop vif pendant 3 à 5 min.
5 Ajoutez les poivrons et les oignons. Poudrez de farine, mélangez. Salez, poivrez et laissez revenir encore 5 min.
6 Mouillez avec le bouillon. Ajoutez la crème fraîche, mélangez. Arrosez de xérès. Laissez cuire pendant 3 min sans faire bouillir.
7 Mettez le poulet dans la cocotte. Enfin, versez les petits pois. Prolongez la cuisson 15 min. Vérifiez que le poulet est chaud. Rectifiez l'assaisonnement. Dressez sur un plat et servez.
Accompagnez d'épinards en branches cuits au beurre. Si la saison s'y prête, utilisez des morilles, que l'on trouve beaucoup aux États-Unis. Essuyez-les bien pour retirer tout le sable et lavez-les délicatement pour ne pas les abîmer. Épongez-les avec du papier absorbant.

Fried chicken Maryland

POUR 4 PERSONNES
PRÉPARATION : 50 MIN
CUISSON : 1 H

1 poulet d'environ 1,5 kg coupé en morceaux • 100 g de farine • paprika • 1 œuf • 100 g de chapelure • 120 g de beurre • sel
pour la sauce : 30 g de beurre • 30 g de farine • 50 cl de lait

1 Dans une assiette, mélangez de façon homogène la farine, le sel et 1 bonne pincée de paprika. Dans une assiette creuse, cassez l'œuf et ajoutez 2 cuillerées à soupe d'eau. Battez vivement le tout. Dans une troisième assiette, mettez la chapelure.
2 Trempez successivement les morceaux de poulet dans la farine puis passez-les dans l'œuf battu. Ensuite, roulez-les dans la chapelure.
3 Faites fondre le beurre dans une grande poêle, ou une sauteuse, et faites-y revenir les morceaux de poulet à feu vif en remuant jusqu'à ce qu'ils soient dorés de tous côtés. Baissez le feu, couvrez et prolongez la cuisson 45 min. Sortez-les du plat de cuisson et réservez-les sur un plat de service au chaud.
4 Pendant ce temps, préparez la sauce. Faites fondre le beurre. Ajoutez la farine, mélangez. Versez le lait petit à petit sans cesser de remuer. Laissez cuire 5 min.
5 Versez la sauce sur le poulet et servez.
Accompagnez de salade ou de pommes de terre frites. Le poulet frit fait partie des grands classiques du sud des États-Unis. C'est un plat très populaire, qui a même donné son nom à une chaîne de restaurants de type fast-food.

Spareribs rôties

POUR 4 PERSONNES
PRÉPARATION : 10 MIN
CUISSON : 1 H 15

Boisson conseillée :
CABERNET SAUVIGNON

1 kg de spareribs (travers de porc dans le filet) • 1 oignon • 2 citrons • 30 g de saindoux • 2 cuill. à soupe de vinaigre • 1 cuill. à soupe de sauce Worcestershire • 1 cuill. à soupe de sucre brun • tabasco • 1 pincée de paprika • sel

1 Préchauffez le four à 250 °C (therm. 8-9).
2 Mettez la viande dans un plat allant au four, couvrez d'un papier d'aluminium et faites cuire 15 min.
3 Pelez et émincez l'oignon. Pressez les citrons.
4 Faites fondre le saindoux dans une sauteuse et mettez-y l'oignon à dorer.
5 Ajoutez dans la sauteuse 75 cl d'eau, le vinaigre, la sauce Worcestershire, le jus des citrons, le sucre brun, 1 cuillerée à soupe de tabasco, 1 pincée de sel et 1 pincée de paprika.
6 Versez cette sauce sur la viande. Remettez au four sans couvrir et faites cuire pendant 1 h en arrosant fréquemment avec le jus de cuisson. Retournez la viande 2 ou 3 fois pour qu'elle grille de tous les côtés.
Accompagnez d'une purée de pommes de terre.

FRIED CHICKEN MARYLAND

•

*Le paprika donne de la
couleur au poulet frit, mais
vous pouvez tout
simplement le remplacer
par un peu de poivre
moulu. La sauce adoucit
cette recette épicée.
Assaisonnez-la légèrement
à votre goût.*

Tourte aux épinards

POUR 6 PERSONNES

PRÉPARATION : 30 MIN

REPOS : 1 H

CUISSON : 1 H

Boisson conseillée :

VIN DU POITOU

400 g de pâte brisée (voir Tarte aux bleuets, p. 391) •
450 g d'épinards • 500 g de champignons de couche •
4 tomates • 30 g de beurre •
4 œufs • 500 g de fromage blanc lisse égoutté •
1 gros bouquet de persil •
1 citron • 250 g de gruyère râpé • noix de muscade •
sel, poivre

1 Préparez la pâte brisée et laissez-la reposer pendant 1 h au réfrigérateur.

2 Lavez, équeutez et essuyez les épinards. Hachez-les. Nettoyez les champignons, émincez-les. Plongez les tomates 1 min dans de l'eau bouillante. Pelez-les, épépinez-les, concassez-les.
3 Faites fondre les épinards dans la moitié du beurre à feu doux. Faites revenir les tomates et les champignons dans le reste du beurre.
4 Préchauffez le four à 200 °C (therm. 6).
5 Cassez 3 œufs dans une terrine. Ajoutez les 2 fromages. Salez, poi-

vrez, muscadez. Lavez et hachez le persil. Pressez le citron. Ajoutez-les et mélangez bien.
6 Abaissez les 2/3 de la pâte et foncez-en un moule à tarte beurré. Abaissez le reste de pâte.
7 Versez 1 couche de la préparation dans le moule. Recouvrez d'épinards puis de champignons. Terminez par la préparation. Recouvrez du couvercle de pâte, formez une cheminée et badigeonnez du dernier œuf battu. Enfournez et faites cuire 1 h. Servez.

Jambalaya

POUR 4 PERSONNES

PRÉPARATION : 20 MIN

CUISSON : 45 MIN

Boisson conseillée :

BARBERA

500 g de saucisses à poêler ou à griller • 250 g de riz rond •
2 oignons • 4 tomates •
2 poivrons verts • sel, poivre

1 Faites cuire le riz 15 min dans de l'eau bouillante salée. Le riz ne doit pas être trop cuit.
2 Pendant ce temps, faites griller les saucisses 10 min dans une grande poêle. Réservez 2 cuillerées à soupe de la graisse qu'elles ont donnée. Coupez-les en tronçons.

3 Pelez et hachez les oignons. Faites-les dorer à feu moyen dans la graisse des saucisses.
4 Plongez les tomates 1 min dans de l'eau bouillante, pelez-les, épépinez-les et concassez-les.
5 Lavez les poivrons, coupez-les en 4, ôtez les pédoncules. Débarrassez-les des graines et des filaments blancs, hachez-les.
6 Ajoutez dans la sauteuse les tomates, les poivrons, le riz et les sau-

cisses. Salez, poivrez, couvrez et faites cuire 30 min à feu doux. Versez dans un plat de service creux et servez.
Cette recette est typique du sud des États-Unis. Elle connaît de nombreuses variantes selon les États ou les comtés. Vous pouvez utiliser de la chair à saucisse ou du jambon, ou encore des crevettes décortiquées.

LE POP-CORN

Ces grains de maïs soufflés sont présents dans toutes les fêtes, depuis le 4 juillet (fête nationale) jusqu'aux anniversaires, ou encore dans les manifestations sportives, les parcs d'attraction. Bref, il est difficile d'y échapper. Ils sont très faciles à préparer chez soi, pour servir à l'apéritif lors d'un barbecue, par exemple. Pour une dizaine de personnes, prévoyez 2 l de grains de maïs soufflés au naturel (aussi appelés *pop corn*). Faites chauffer un peu d'huile dans une sauteuse et versez-y les grains de maïs. Posez immédiatement le couvercle. Les grains se mettent à gonfler et à éclater. Remuez la sauteuse pour que tous les grains cuisent, versez-les dans des cornets en papier ou des coupes. C'est prêt.

Baked potatoes

POUR 4 PERSONNES
PRÉPARATION : 40 MIN
CUISSON : 40 MIN

8 belles pommes de terre à peau épaisse • 250 g de jambon • 1 bouquet de persil • 50 g de beurre • 50 g de farine • 20 cl de lait • paprika • 150 g de comté râpé • sel

1 Préchauffez le four à 200 °C (therm. 6).
2 Lavez les pommes de terre. Faites-les cuire au four 20 min dans du papier d'aluminium.
3 Coupez le jambon en lamelles. Lavez puis hachez le persil.
4 Faites fondre le beurre dans une cocotte, ajoutez la farine, laissez épaissir en tournant. Versez le lait peu à peu sans cesser de remuer et laissez cuire 5 min. Ajoutez le jambon, le persil et le paprika à votre goût. Salez, mélangez intimement.
5 Sortez les pommes de terre du four (n'éteignez pas le four). Coupez-les en 2 dans le sens de la longueur. Sans déchirer la peau, prélevez la chair à la cuillère et ajoutez celle-ci à la préparation précédente.
6 Farcissez les demi-pommes de terre avec ce mélange. Parsemez-les de fromage râpé. Rangez-les sur un plat à feu.
7 Remettez-les au four 20 min. Disposez-les sur un plat et servez. Accompagnez d'une salade aux noix.

Haricots à l'arizonienne

POUR 4 PERSONNES
TREMPAGE : 12 H
PRÉPARATION : 15 MIN
CUISSON : 1 H 30

500 g de haricots rouges secs • 3 gousses d'ail • 125 g de lard • 1 cuill. à café de chili en poudre • tabasco • sel

1 Faites tremper les haricots dans de l'eau froide pendant une nuit. Égouttez-les bien.
2 Versez les haricots dans une marmite, salez, couvrez d'eau froide. Portez à ébullition. Égouttez. Renouvelez l'opération puis laissez cuire 1 h 10 à couvert et à petits bouillons.
3 Pelez l'ail, écrasez-le. Coupez le lard en lamelles. Faites-le revenir sans matière grasse dans une poêle antiadhésive pendant 7 à 8 min sur feu moyen.
4 Vérifiez la cuisson des haricots. Ils doivent avoir absorbé presque toute l'eau. Ajoutez alors l'ail, le lard, le chili et 1 cuillerée à soupe de tabasco. Rectifiez l'assaisonnement selon votre goût et prolongez la cuisson pendant 10 min.
Ce plat accompagne des hamburgers ou des steaks grillés.

Chili con carne

POUR 12 PERSONNES
TREMPAGE : 12 H
PRÉPARATION : 1 H 15
CUISSON : 3 H 30

Boisson conseillée :
BIÈRE

500 g de haricots rouges secs • 1 kg de viande de bœuf à braiser • 1 kg de bœuf haché • 1,5 kg de tomates • 10 oignons • 10 gousses d'ail • 2 poivrons rouges • 2 poivrons verts • 1 cuill. à café de poivre de Cayenne • 1 cuill. à café de cumin • 1 cuill. à café d'origan • 10 cuill. à café bien bombées de chili en poudre • 1 l de bouillon • 6 cuill. à café de tabasco • huile • sel, poivre

1 La veille, faites tremper les haricots dans de l'eau froide.
2 Égouttez les haricots. Mettez-les dans une casserole. Recouvrez d'eau froide et portez à ébullition. Laissez bouillir 5 min. Égouttez-les. Renouvelez l'opération et réservez les haricots.
3 Coupez le bœuf en dés. Faites d'abord revenir les dés de viande dans une sauteuse avec de l'huile jusqu'à ce qu'ils commencent à dorer. Incorporez la viande hachée, mélangez et prolongez la cuisson jusqu'à ce que toute la viande soit complètement dorée mais pas cuite. Retirez la viande à l'aide d'une écumoire et réservez-la.
4 Plongez les tomates 1 min dans l'eau bouillante, pelez-les, épépinez-les et concassez-les. Pelez les oignons, émincez-les. Pelez l'ail, écrasez-le. Lavez les poivrons, ôtez les pédoncules, retirez les graines et les filaments blancs. Coupez-les en tout petits morceaux.
5 Faites revenir l'oignon et l'ail dans le jus de la viande pendant 5 min. Ajoutez les poivrons et les tomates. Salez, poivrez et prolongez la cuisson de 10 min.
6 Mettez les haricots dans un très grand faitout avec la viande et les légumes. Assaisonnez avec les épices. Arrosez de bouillon et de tabasco. Portez à ébullition puis baissez le feu et laissez cuire pendant 3 h. En cours de cuisson, goûtez plusieurs fois et rectifiez l'assaisonnement si nécessaire. Servez chaud. Dans différentes petites coupes, disposez de la crème fraîche, des oignons hachés, du cheddar émincé...
Le chili con carne, malgré son nom mexicain, est un plat typiquement texan. Fleuron de la cuisine «tex-mex», ce plat est meilleur lorsqu'il est réchauffé.

LA DINDE DE THANKSGIVING

Thanksgiving Day, célébré le quatrième jeudi de novembre, commémore l'installation des premiers colons anglais sur la côte est des États-Unis. Les familles se réunissent autour d'une table de fête décorée et dégustent une dinde farcie suivie d'un dessert au potiron.

LES ACCOMPAGNEMENTS SUCRÉS

La compote de canneberge est un accompagnement classique. Son goût acidulé s'allie très bien à la saveur de la dinde. La canneberge (*cranberry* en anglais) pousse essentiellement au nord des États-Unis, précisément là où s'installèrent les premiers colons. C'est peut-être pour cela qu'elle est présente sur la table de Thanksgiving Day.

Pour préparer cette compote, comptez 2/3 de fruits et 1/3 de sucre que vous faites cuire 20 min. Vous pouvez aussi proposer des pêches pochées dans leur sirop, aromatisées à la cannelle.

UNE TARTE AU POTIRON

•

Préparez une purée de potiron en procédant de la même manière que pour la soupe (voir p. 366). Ajoutez 2 œufs, 150 g de cassonade et 150 g de sucre semoule. Poudrez de cannelle et de muscade. Versez sur un fond de pâte brisée et faites cuire au four à 200 °C (therm. 6) pendant 1 h. Décorez de noix de pécan et accompagnez de crème fouettée.

LA DINDE FARCIE

Farcissez le dinde et enduisez-la de beurre. Salez et poivrez. Posez-la sur la lèchefrite et faites-la cuire 1 h 15 au four (200 °C). Retournez-la en cours de cuisson et arrosez-la avec le jus de cuisson. Présentez-la entière et décorée de tranches de pain de maïs, de feuilles de sauge, de raisins et de baies.

UN GRAND CHOIX DE FARCES

Les farces varient d'un État à l'autre, vous avez donc le choix. Dans le Massachusets — c'est là, à Plymouth, que fut célébré le premier Thanksgiving Day en 1621 — la farce au pain de maïs rappelle la tradition indienne. Cette farce se compose de saucisse cuite hachée, d'airelles, de céleri, d'oignons et de pommes hachées, de compote de pommes, le tout assaisonné de sel, poivre, sucre, poivre vert, marjolaine, thym, sauge et jus de citron. Le pain de maïs est plus présent encore dans l'Arkansas puisqu'on lui ajoute simplement du bouillon de volaille, des œufs et quelques herbes hachées. Les mêmes ingrédients se retrouvent dans le Minnesota, où le pain de maïs est remplacé par du riz sauvage. Une recette new-yorkaise comporte des abricots secs, du Grand Marnier, le foie et le cœur de la dinde, de la saucisse, des oignons et des herbes.

Dans un saladier, mélangez 200 g de farine de maïs, 150 g de farine de blé, 40 g de sucre, 1 pincée de sel et 1 pincée de levure.

LES LÉGUMES ET LES GARNITURES SALÉES

Une fois découpée, la dinde est servie avec des légumes harmonieusement disposés dans un plat de service autour de morceaux de farce. La garniture la plus classique se compose de patates douces cuites à la vapeur ou en robe des champs, accompagnées d'un légume vert. Les petits brocolis conviennent particulièrement bien, mais vous pouvez aussi présenter des choux de Bruxelles, des épinards ou des haricots verts. Il est à noter que les patates douces se servent aussi en purée. Tous ces légumes d'accompagnement varieront selon la farce que vous aurez choisie. En fin de cuisson, déglacez la lèchefrite et servez le jus en saucière.

Ajoutez 140 g de beurre fondu, 40 cl de lait et 2 œufs et travaillez la pâte. Faites-la cuire au four à 200 °C pendant 30 min.

Pour faire une farce à la manière du Massachusets, émiettez le pain de maïs et mélangez-le aux autres ingrédients. Liez à l'eau.

Les Desserts

Apple pie de Nouvelle-Angleterre

POUR 6 PERSONNES

REPOS DE LA PÂTE : 1 H

PRÉPARATION : 1 H

CUISSON : 50 MIN

Boisson conseillée :

CHARDONNAY

500 g de pâte brisée (voir Tarte aux bleuets, p. 391) • 1 kg de pommes • 20 cl de sirop d'érable • 1 pincée de cannelle en poudre • 1 cuill. à soupe de farine • 40 g de beurre • 20 cl de crème fleurette

1 Préchauffez le four à 220 °C (therm. 7).
2 Séparez la pâte en 2 boules légèrement inégales : l'une pour foncer le moule, l'autre pour confectionner le couvercle du pie. Abaissez les 2 boules de pâte au rouleau à pâtisserie.
3 Beurrez une tourtière de 24 cm de diamètre.
4 Garnissez la tourtière avec le plus grand disque de pâte de façon qu'il dépasse un peu tout autour. Piquez le fond à la fourchette.
5 Épluchez les pommes, coupez-les en quartiers, éliminez les pépins. Émincez-les en fines lamelles.
6 Disposez-les sur le fond de pâte. Arrosez avec le sirop d'érable. Poudrez de cannelle et de farine. Parsemez de noisettes de beurre.
7 Posez le couvercle de pâte par-dessus. Avec les doigts mouillés, pincez les bords pour les souder. Percez un petit trou au centre du couvercle, glissez ensuite dedans un rouleau de papier sulfurisé pour former une cheminée.
8 Faites cuire 10 min, baissez la température du four à 200 °C, (therm. 6), poursuivez la cuisson pendant 40 min.
9 Fouettez la crème. Servez le pie encore chaud accompagné de la crème fouettée.
Vous pouvez également accompagner l'apple pie de glace à la vanille. Servez-la à part.

Strawberry shortcake

POUR 4 PERSONNES

PRÉPARATION : 30 MIN

CUISSON : 15 À 20 MIN

Boisson conseillée :

SAUVIGNON BLANC

pour la pâte : 200 g de farine tamisée • 1 sachet de levure chimique • 1 pincée de sel • 2 cuill. à soupe de sucre semoule • 10 cl de lait
pour la garniture : 500 g de fraises • 100 g de sucre semoule
pour la crème Chantilly : 20 cl de crème fraîche • 50 g de sucre glace

1 Préchauffez le four à 200 °C (therm. 6).
2 Mélangez la farine, la levure, le sel et le sucre et tamisez. Ajoutez le lait et mélangez jusqu'à obtenir une pâte.
3 Étendez cette pâte dans un moule à fond amovible légèrement fariné, en une couche bien régulière.
4 Enfournez et faites cuire de 15 à 20 min. Vérifiez la cuisson avec la lame d'un couteau, celle-ci doit ressortir nette. Démoulez. Laissez refroidir sur une grille.
5 Coupez le gâteau encore tiède en 2 disques.
6 Équeutez les fraises, passez-les rapidement sous l'eau froide si nécessaire. Coupez-les en 2, poudrez-les de sucre.
7 Disposez-les sur l'un des disques. Posez le second disque de pâte par-dessus.
8 Préparez la crème Chantilly. Fouettez la crème avec le sucre jusqu'à ce qu'elle monte. Servez le gâteau décoré de crème Chantilly.
Les grosses fraises rouges que nous connaissons aujourd'hui sont originaires de Virginie.

Tarte aux pommes à la virginienne

POUR 6 PERSONNES

PRÉPARATION : 35 MIN

CUISSON : 25 MIN

600 g de pommes • 400 g de pâte brisée (voir Tarte aux bleuets, p. 391) • 100 g de sucre semoule • 1 cuill. à soupe de cannelle en poudre • 60 g de beurre

1 Préchauffez le four à température chaude, à 200 °C (therm. 6).
2 Abaissez la pâte au rouleau. Beurrez et farinez un moule de 28 cm de diamètre. Foncez-le avec la pâte. Piquez le fond à la fourchette.
3 Poudrez la pâte de sucre et de cannelle.
4 Pelez les pommes, coupez-les en quartiers, retirez les pépins. Disposez les quartiers de pommes sur la pâte.
5 Répartissez le beurre en noisettes par-dessus.
6 Enfournez et faites cuire 25 min. Servez chaud ou froid.
Si vous servez la tarte tiède, découpez-la en parts et présentez-les dans chaque assiette avec une boule de glace à la vanille par-dessus.

Rich vanilla ice cream

POUR 1,5 L DE GLACE

PRÉPARATION : 20 MIN

CUISSON : 15 MIN

RÉFRIGÉRATION : 3 H

Boisson conseillée :

CHARDONNAY

1 l de lait • 1 gousse de vanille • 9 jaunes d'œufs • 150 g de sucre glace • 25 cl de crème fleurette très froide

1 Mettez un saladier dans le compartiment à glace du réfrigérateur. Faites bouillir le lait avec la gousse de vanille fendue en 2.

2 Dans une terrine, battez les jaunes d'œufs avec le sucre glace jusqu'à ce que le mélange blanchisse.

3 Retirez la gousse de vanille de la casserole et versez le lait peu à peu sur le mélange en fouettant énergiquement. Reversez dans la casserole et faites épaissir à feu doux pendant 10 min, sans cesser de remuer. Ne laissez surtout pas bouillir. Retirez du feu quand la crème nappe la cuillère. Laissez refroidir.

4 Versez la crème dans le saladier glacé. Fouettez jusqu'à ce qu'elle épaississe et adhère aux branches du fouet.

5 Incorporez la crème à la préparation froide et versez l'ensemble dans la sorbetière. Mettez-la au congélateur pendant 3 h. Au moment de servir, plongez le moule quelques secondes dans l'eau tiède pour faciliter le démoulage.

Vous pouvez bien sûr servir cette glace toute seule. Elle est encore meilleure arrosée de fudge (voir p. 382). Dans ce cas, servez le fudge à part, en saucière. Mais la glace à la vanille permet bien d'autres variations. Mettez-en une boule sur une part d'apple pie (voir p. 380). Coupez-en des tranches pour le goûter des enfants et offrez-leur quelques cookies (voir p. 382). L'été, préparez un coulis de framboises ou de fraises. Mixez les fruits avec un peu de sucre semoule. Ajoutez quelques gouttes de jus de citron, mixez de nouveau puis versez dans une casserole, portez à ébullition et laissez refroidir. Nappez la glace de coulis froid avant de la servir. Toujours l'été, servez la glace avec des fruits rouges, ou des pêches pelées et coupées en morceaux. Nappez le tout de crème Chantilly.

Cookies au chocolat

Pour 50 cookies environ
Préparation : 20 min
Cuisson : 8 à 10 min
par fournée

225 g de beurre ramolli • 225 g de sucre brun • 200 g de sucre semoule • 2 œufs • 1 cuill. à café d'extrait de vanille (ou de vanille en poudre) • 450 g de farine tamisée • 1 cuill. à café de levure chimique • 1 pincée de sel • 350 g de chocolat noir

1 Préchauffez le four à 170 °C (therm. 4).
2 Beurrez largement une plaque à pâtisserie. Battez ensemble le beurre ramolli et les deux sortes de sucre, jusqu'à ce que le mélange soit jaune pâle et mousseux. Ajoutez les œufs 1 par 1 puis la vanille.
3 Tamisez la farine avec la levure et le sel. Versez la farine en pluie sur le mélange, en travaillant bien la pâte à la spatule en bois pour éviter les grumeaux.
4 Râpez le chocolat sur les gros trous de la râpe (ou hachez-le).
5 Ajoutez peu à peu le chocolat à la pâte.
6 À l'aide d'une cuillère à soupe humide, disposez des petits tas de pâte bien espacés sur la plaque du four. Aplatissez-les avec le dos de la cuillère (ou la paume de votre main mouillée) de façon à former des disques de 10 cm de diamètre environ.
7 Enfournez à mi-hauteur et faites cuire pendant 8 à 10 min. Les cookies doivent être croustillants à l'extérieur et moelleux à l'intérieur. Sortez les cookies du four et laissez-les refroidir sur une grille.
Pour réjouir le palais des gourmands, servez les cookies tièdes.

Fudge sauce

Pour 6 personnes
Préparation : 20 min
Cuisson : 10 min

75 g de chocolat amer • 100 g de chocolat au lait • 100 g de beurre doux • 75 g de sucre semoule • 1 cuill. à soupe de café en poudre instantané • 125 g de lait en poudre • 50 cl de crème fraîche épaisse • 1 cuill. à café d'extrait de vanille

1 Hachez les deux variétés de chocolat.
2 Faites fondre le beurre au bain-marie dans une casserole de taille moyenne.
3 Quand le beurre est fondu, retirez la casserole du feu et versez-y le chocolat haché, le sucre, le café et le lait en poudre ainsi que la crème fraîche. Mélangez.
4 Remettez au bain-marie et laissez frémir pendant 10 min, sans cesser de tourner la préparation.
5 Hors du feu, incorporez la vanille. Le fudge est prêt à l'emploi.
Cette sauce convient à toutes sortes de glaces : à la vanille, aux cacahuètes, au café...Vous pouvez la conserver au réfrigérateur, dans un récipient fermé, pendant 4 ou 5 jours. Réchauffez-la au bain-marie au moment de servir.

Lemon chiffon pie

Pour 4 personnes
Repos de la pâte : 1 h
Cuisson : 30 min
Préparation : 35 min

Boisson conseillée :
PINOT BLANC

400 g de pâte (voir Tarte aux bleuets, p. 391) • 4 œufs • 100 g de sucre semoule • 1/2 citron • 1 feuille de gélatine • sel • 200 g de framboises pour la crème Chantilly : 20 cl de crème fleurette • 50 g de sucre semoule

1 Préchauffez le four à 200 °C (therm. 6).
2 Abaissez la pâte au rouleau. Foncez un moule à tarte de 25 cm de diamètre. Piquez le fond. Étendez une feuille de papier sulfurisé sur la pâte et garnissez-la de haricots secs (ou lentilles, ou cailloux). Faites cuire pendant 20 min. Sortez du four, retirez le papier et les haricots.
3 Cassez les œufs en séparant les blancs des jaunes. Battez les jaunes à la fourchette, ajoutez le sucre. Pressez le citron et versez le jus dans la préparation. Mélangez.
4 Faites cuire ce mélange au bain-marie en tournant à la cuillère en bois jusqu'à début d'épaississement, soit environ 8 min. Laissez refroidir.
5 Mettez la feuille de gélatine dans un bol. Ajoutez 3 cuillerées à soupe d'eau tiède et laissez reposer 5 min.
6 Ajoutez la gélatine à la préparation et mélangez bien. Mettez à refroidir au réfrigérateur.
7 Montez les blancs d'œufs en neige ferme avec 1 pincée de sel. Incorporez-les délicatement au mélange refroidi. Ajoutez les framboises précautionneusement afin d'éviter de les écraser. Versez la garniture sur la pâte.
8 Montez la crème en chantilly, puis ajoutez-y peu à peu le reste du sucre. Décorez et servez le gâteau.
Cette recette est originaire des États du nord des États-Unis. On la confectionne également au Canada.

LEMON CHIFFON PIE

•

Les framboises ne sont pas impératives pour cette recette. Vous pouvez éventuellement utiliser des framboises congelées, mais laissez-les alors dégeler auparavant, car le gâteau doit être servi rapidement lorsque la garniture est en place.

Angel food cake

POUR 4 PERSONNES

PRÉPARATION : 30 MIN

CUISSON : 45 MIN

120 g de farine • 7 g de levure en poudre • sel • 300 g de sucre semoule • 11 blancs d'œufs • 1/2 gousse de vanille • 60 g de beurre

1 Préchauffez le four à 200 °C (therm. 6).

2 Tamisez le sucre puis la farine. Ajoutez à la farine la levure et une pincée de sel et tamisez encore une fois.
3 Mélangez le sucre à la farine.
4 Montez les blancs d'œufs en neige très ferme. Incorporez-les délicatement au mélange.

5 Fendez la 1/2 gousse de vanille en 2, raclez-en l'intérieur, ajoutez au mélange précédent en remuant doucement à la spatule en bois.
6 Beurrez un moule, versez-y la préparation.
7 Faites cuire 45 min. Laissez refroidir avant de démouler.

Cake Jack Robinson

POUR 6 PERSONNES

PRÉPARATION : 55 MIN

CUISSON : 35 MIN

Boisson conseillée :

SÉMILLON

pour la pâte : 50 g de beurre ramolli • 150 g de sucre semoule • 2 œufs • 200 g de farine • 1 sachet de levure chimique • 1 pincée de sel • 1 sachet de sucre vanillé • 10 cl de lait
pour la garniture : 100 g de sucre brun • 100 g de noix de pécan

1 Préchauffez le four à 200 °C (therm. 6).
2 Fouettez vivement

ensemble le beurre et le sucre jusqu'à ce que le mélange blanchisse et devienne mousseux.
3 Cassez les œufs en séparant les jaunes des blancs. Réservez les blancs pour la garniture. Dans un bol, battez vigoureusement les jaunes puis mélangez-les au beurre sucré.
4 Ajoutez peu à peu la farine en la versant en pluie, la levure, le sel, le sucre vanillé et le lait. Mélangez bien.

5 Beurrez un moule rond à bord haut de préférence, versez-y la pâte.
6 Préparez la garniture. Montez les blancs d'œufs en neige pas trop ferme, ajoutez-y peu à peu le sucre brun en continuant de battre. Écrasez les noix de pécan.
7 Étendez la garniture sur la pâte. Poudrez avec les noix de pécan.
8 Enfournez et laissez cuire 35 min. Sortez du four et laissez refroidir avant de démouler.

Petits gâteaux aux noix de pécan

POUR 25 PETITS GÂTEAUX

PRÉPARATION : 30 MIN

CUISSON : 20 MIN

4 œufs • 100 g de sucre • 150 g de beurre ramolli • 400 g de farine • 200 g de noix de pécan

1 Préchauffez le four à 200 °C (therm. 6).
2 Cassez les œufs dans un grand saladier, battez-les en omelette, puis ajoutez le sucre et le beurre, mélangez.

3 Ajoutez peu à peu la farine sans cesser de remuer.
4 Pilez finement les noix de pécan dans un mortier. Ajoutez-les à la pâte puis mélangez de nouveau.
5 Beurrez la plaque du four.
6 Farinez le plan de travail. Roulez la pâte en cylindre et découpez-la en

disques d'environ 1 cm d'épaisseur. Déposez ces disques sur la plaque du four, en les espaçant de 4 cm environ pour que les gâteaux ne collent pas les uns aux autres.
7 Enfournez et laissez cuire 20 min.
8 Laissez refroidir. Conservez ces gâteaux au frais et au sec dans une boîte en métal.

Peanut ice cream

POUR 1 L DE GLACE

PRÉPARATION : 30 MIN

CUISSON : 10 MIN

RÉFRIGÉRATION : 6 H

50 cl de lait • 50 cl de crème fraîche épaisse • 6 jaunes d'œufs • 150 g de sucre semoule brun • 50 g de cacahuètes non salées • 10 g de beurre de cacahuète

1 Faites chauffer le lait et la crème, sans laisser bouillir.
2 Battez ensemble les jaunes d'œufs et le sucre dans un grand bol, jusqu'à ce que le mélange

ait pris une consistance crémeuse. Versez alors le mélange lait-crème chaud dans le bol, en fouettant.
3 Reversez l'ensemble dans la casserole et laissez cuire à feu doux pendant environ 10 min, jusqu'à ce que la crème nappe le dos d'une cuillère. Retirez du feu et laissez refroidir.
4 Pendant ce temps, épluchez les cacahuètes et retirez la fine peau rou-

geâtre. Réduisez-les en purée à l'aide d'un mixer. Incorporez le beurre de cacahuète.
5 Quand la crème a refroidi, ajoutez la purée de cacahuètes. Éventuellement, repassez au mixer pour obtenir une crème lisse et homogène.
6 Mettez la crème dans la sorbetière ou dans le compartiment à glace de votre réfrigérateur. Servez avec une fudge sauce (voir p. 382).

LE CANADA

—

Avec ses espaces immenses, ses lacs limpides
et ses vastes forêts, le Canada est un pays aux ressources naturelles
considérables. Ses premiers habitants, les Indiens, y trouvaient largement
de quoi satisfaire leur appétit par la pêche, la chasse et la cueillette.
Français et Anglais, en s'y enracinant, créèrent une tradition agricole.
Leurs descendants pratiquent avec simplicité l'art de l'hospitalité
et préparent une cuisine chaleureuse et vraie, riche
des diversités culturelles de la population.

SAVEURS DU CANADA

Pleine de charme, la cuisine canadienne suscite surprises et contradictions. Les produits frais abondant, elle propose des combinaisons souvent insolites.

LES TRADITIONS

Du côté de Vancouver, on pratique encore le *five o'clock tea*, ou *high tea*, alors que, au Québec, on se rassasie de pâtés, de «tourtières» et de tartes nappées de crème fouettée ou de glace à la vanille.

Le riz sauvage n'est pas du riz à proprement parler, mais une herbe aquatique dont le nom scientifique est Zizania aquatica.

LA VIE QUOTIDIENNE

LE PETIT DÉJEUNER. Il est très copieux et se compose en général de crêpes au sirop d'érable, de charcuteries, d'œufs, de fruits et de jus de fruits, de céréales, de fromage, de pain et de confiture le tout accompagné de café, de thé ou de chocolat.

LE DÉJEUNER. Sa composition et ses horaires sont variables selon les saisons et les régions. Il peut comporter

Menu classique

FLAN D'ŒUFS

TOURTIÈRE

TARTE AUX BLEUETS

de la viande ou du poisson, mais se composera plutôt de sandwichs ou de hamburgers et bien sûr de pommes de terre.

LE DÎNER. Là encore, ses horaires changent en fonction des saisons et du lieu. L'hiver, il est pris vers 19 h ; l'été plutôt vers 20 h 30. Au menu figurent des crudités, un ragoût, une tourtière, puis des tartes ou des compotes.

LES JOURS DE FÊTE

Les principaux jours de fête de l'année sont Noël, le jour de l'an et Pâques. Chaque État du pays possède ses fêtes particulières et ses propres traditions.

NOËL. Le menu traditionnel de Noël comporte une dinde farcie accompagnée d'une gelée de baies et d'une purée de pommes de terre, ainsi qu'une bûche poudrée de sucre glace pour le dessert.

LES PRODUITS

LES BAIES

Très nombreuses à l'état sauvage dans les forêts, elles font aussi l'objet de cultures. C'est notamment le cas des framboises et des *loganberries*, baies nées du croisement de mûres et de framboises. L'arbouse est une baie un peu aigrelette, dont la saveur rappelle la fraise. Les mûres prolifèrent sur les ronciers. Les airelles poussent

essentiellement sur la côte est, de même que les canneberges *(cranberries)*. Les myrtilles, connues au Québec sous le nom de «bleuets», sont plus grosses et plus sucrées. Mentionnons aussi les *saskatoon berries* et les *chokeberries* de l'Ouest ou les *lingonberries* (lingones), qui poussent dans le sud de l'Arctique.

LE SIROP D'ÉRABLE

Les Canadiens sont de grands producteurs de sirop d'érable, dont ils arrosent crêpes et pâtisseries. Sa récolte donne lieu à de grandes fêtes, au printemps. Seul l'érable à sucre produit un jus comestible. Les colons français apprirent des Indiens comment inciser l'arbre. Son écorce est fendue et la sève coule dans un godet préalablement fixé au tronc. Après une première purification, elle donne un sirop liquide ; plus concentrée, elle donne du sucre ou une pâte. Pour le transporter, on donne parfois au sucre la forme d'un pain. Passé à la centrifugeuse, le sirop d'érable devient un «beurre» dont le goût rappelle celui du miel.

Mûres

Arbouse

Myrtilles

Framboises

Airelles

Beurre d'érable

Sirop d'érable

Sucre d'érable

Pain de sucre

Les Entrées

Pudding de cochon

POUR 4 PERSONNES
PRÉPARATION : 15 MIN
CUISSON : 35 MIN

400 g de porc • 400 g de foie de porc • 4 oignons • 4 œufs • 3 cuill. à soupe de farine • beurre pour le moule • sel, poivre de Cayenne

1 Préchauffez le four à 220 °C (therm. 7).
2 Pelez les oignons, coupez-les en 4. Coupez le porc en morceaux.

3 Hachez ensemble le porc, le foie, les oignons.
4 Cassez les œufs, battez-les à la fourchette, versez-les sur le hachis avec la farine, 2 pincées de sel et 1 cuillerée à café de poivre de Cayenne. Mélangez intimement.
5 Beurrez un moule, versez-y le mélange en lissant la surface.
6 Mettez au four pendant 35 min. Servez.

Accompagnez de pommes de terre, sautées ou en purée, ou d'un gratin de riz sauvage (voir p. 390).
Ce pudding peut également se servir froid avec différentes salades. C'est un mets facile à emporter lors d'un pique-nique. Vous pouvez le couper en tranches pour servir de garniture à des sandwiches.

Salade de homard

POUR 6 PERSONNES
PRÉPARATION : 45 MIN
CUISSON : 15 MIN

Boisson conseillée :
MEURSAULT

1 homard de 800 g • 9 œufs de caille • 1 salade romaine • 10 radis • 100 g de grains de maïs
pour la sauce : 1 jaune d'œuf • 1 cuill. à soupe de moutarde • 25 cl d'huile • ketchup • tabasco • whisky • sel, poivre

1 Remplissez un grand faitout d'eau aux 3/4. Portez à ébullition et plongez-y le homard. Laissez reprendre l'ébullition et faites cuire pendant 10 min à gros bouillons. Sortez le faitout du feu et laissez tiédir le homard dans l'eau de cuisson. Sortez-le à l'aide d'une écumoire et réservez-le.
2 Remplissez une casserole d'eau. Portez à ébullition. Plongez-y délicatement les œufs de

caille à l'aide d'une écumoire et faites-les durcir 5 min dès la reprise de l'ébullition. Passez-les sous l'eau froide, puis écalez-les.
3 Coupez le trognon de la salade. Effeuillez-la, lavez-la et essorez-la. Détaillez les feuilles en lanières. Coupez les fanes et les racines des radis. Lavez-les et coupez-les en rondelles. Rincez et égouttez le maïs.
4 Décortiquez le homard. Coupez-le en 2. Détachez les pattes. Cassez les pinces. Extrayez la chair. Coupez la queue en fines rondelles. Coupez la chair des pinces en 2. Émiettez la chair des pattes. Réservez au frais.
5 Préparez la sauce. Faites d'abord une mayonnaise. Mettez le jaune d'œuf dans un grand bol. Ajoutez la moutarde, salez et poivrez. Mélangez

légèrement. Faites couler l'huile en filet tout en fouettant à la main pour que la mayonnaise monte. Quand elle est bien ferme, parfumez-la avec 2 cuillerées à soupe de ketchup, quelques gouttes de tabasco et un trait de whisky. Goûtez et rectifiez l'assaisonnement selon votre goût.
6 Dans 6 coupelles à pied disposez la salade dans le fond et sur les bords. Versez 1 cuillerée à soupe de sauce dans le fond, sur la salade. Répartissez les grains de maïs et les rondelles de radis par-dessus. Terminez par la chair du homard en posant une rondelle de queue au centre. Versez la sauce tout autour de la rondelle. Coupez les œufs en 2 et disposez-les sur la sauce, le jaune vers le haut, et servez bien frais.

Flan d'œufs

POUR 2 PERSONNES
PRÉPARATION : 10 MIN
CUISSON : 45 MIN

2 œufs • 40 cl de lait • 60 g de cheddar • 6 crackers • noix de muscade • beurre pour le moule • sel, poivre

1 Préchauffez le four à 180 °C (therm. 5).
2 Cassez les œufs dans une terrine. Versez-y le

lait et fouettez le tout.
3 Râpez le fromage et émiettez les crackers. Ajoutez-les dans la terrine, salez, poivrez, râpez 1 pincée de noix de muscade et mélangez de manière homogène.
4 Beurrez un moule à soufflé et versez-y la pré-

paration. Enfournez et laissez cuire pendant 45 min. Servez chaud. En anglais, cette recette se nomme «never-fall soufflé» ce qui veut dire «soufflé qui ne tombe jamais». Vous pouvez aussi utiliser des ramequins individuels.

Les Plats

Omble de l'Arctique

POUR 6 PERSONNES
PRÉPARATION : 30 MIN
CUISSON : 25 MIN

Boisson conseillée :
BOURGOGNE ALIGOTÉ

1,5 kg de darnes d'omble de l'Arctique • 15 cl de vinaigre • 1 branche de céleri • 1 oignon • 1 carotte • 1 branche de persil • thym • laurier • sel, poivre

1 Lavez la branche de céleri. Effilez-la et hachez-la. Pelez et hachez l'oignon. Épluchez la carotte et coupez-la en fines rondelles. Lavez et équeutez le persil, hachez-le finement.

2 Versez 1,5 l d'eau dans une marmite. Salez, poivrez et portez à ébullition. Mettez les légumes et les aromates dans l'eau bouillante. Ajoutez le vinaigre. Laissez cuire 10 min à gros bouillons.
3 Pendant ce temps, lavez soigneusement les darnes de poisson et épongez-les avec du papier absorbant. Enveloppez-les dans de la mousseline 1 par 1.
4 Plongez-les dans le court-bouillon. Couvrez, portez de nouveau à

ébullition, baissez le feu et prolongez la cuisson de 15 à 20 min.
5 Sortez les darnes de la marmite, démaillotez-les, posez-les sur un plat chaud et servez immédiatement.
Accompagnez d'un beurre blanc et de pommes de terre vapeur ou de riz.
L'omble de l'Arctique n'existe qu'au Canada. Sa chair se situe entre celles de la truite et du saumon. Il est pêché par les Esquimaux.

Chaudronneé de poissons

POUR 4 PERSONNES
PRÉPARATION : 30 MIN
CUISSON : 40 MIN

Boisson conseillée :
SANCERRE

1 kg de poissons de mer préparés par le poissonnier : cabillaud, merluche (colin) et merlan • 4 gousses d'ail • 2 oignons • 1 gros bouquet de persil • 1 poireau • 1 brin de thym frais • 1 feuille de laurier • 100 g de beurre • 2 citrons • sel, poivre

1 Pelez l'ail et les oignons. Lavez et équeutez le persil. Puis hachez en-

semble ail, oignons et persil. Versez le tout dans une cocotte.
2 Nettoyez les poissons, posez-les sur le lit d'aromates. Couvrez d'eau tiède.
3 Lavez le poireau, ôtez la racine et l'extrémité dure des feuilles, fendez-le en 2. Coupez-le en tronçons de 5 cm de longueur environ.
4 Dans la cocotte ajoutez le thym, le laurier et le poireau. Salez et poivrez à votre goût.

5 Couvrez, portez à ébullition, puis laissez cuire 40 min.
6 En fin de cuisson, au moment de servir, ajoutez le beurre en petits morceaux.
7 Lavez les citrons, coupez-les en quartiers, mettez-les au fond d'un plat de service creux, versez la chaudronneé dessus. Accompagnez avec du riz créole.

Tourtière

POUR 4 PERSONNES
PRÉPARATION : 45 MIN
REPOS : 1 H
CUISSON : 40 MIN

Boisson conseillée :
CHÂTEAUNEUF-DU-PAPE

pour la pâte : 400 g de farine • 200 g de beurre ramolli • sel 400 g de bœuf dans la culotte • 2 oignons • 4 gousses d'ail • beurre pour le moule • sel, poivre

1 Préparez la pâte. Disposez la farine en fontaine sur le plan de travail. Ajoutez le beurre ramolli et coupé en morceaux, 1 pincée de sel et 30 cl d'eau. Pétrissez le tout. Ramassez la pâte en boule. Laissez reposer 1 h au frais.

2 Préchauffez le four à 200 °C (therm. 6).
3 Beurrez largement une tourtière. Sur un plan de travail fariné, abaissez la pâte au rouleau en 2 disques inégaux. Foncez la tourtière avec le plus grand de façon que la pâte déborde légèrement.
4 Pelez les oignons, coupez-les en 4. Pelez l'ail.
5 Hachez le bœuf, les oignons et l'ail. Mélangez le tout. Salez et poivrez.
6 Disposez cette préparation sur la pâte. Couvrez avec le deuxième

disque de pâte. Avec les doigts mouillés, soudez le fond et le couvercle en pinçant le bord. Percez un petit trou au centre du couvercle. Maintenez cette cheminée ouverte en y glissant un rouleau de papier sulfurisé.
7 Enfournez et faites cuire 40 min. Servez.
La tourtière est l'un des plats les plus populaires au Canada. Vous pouvez varier les garnitures : tourtière au poulet, au canard, à la dinde, ou encore tourtière au lapin, au lièvre, etc.

Ragoût de caribou

POUR 6 PERSONNES
PRÉPARATION : 30 MIN
CUISSON : 3 H 15

1,5 kg de caribou • 5 carottes • 2 oignons • 30 g de beurre • 60 g de saindoux • 5 feuilles de sauge • 1 petit bouquet de persil • 1,5 kg de tomates • 30 g de farine • 1 cuill. à café de sucre semoule • sel, poivre

1 Découpez la viande de caribou en gros dés.

2 Épluchez les carotte et coupez-les en dés. Pelez les oignons et coupez-les en rondelles épaisses. Lavez, équeutez et hachez le persil. Plongez les tomates 1 min dans l'eau bouillante, pelez-les, épépinez-les, concassez-les.
3 Préchauffez le four à 180 °C (therm. 5).
4 Faites fondre la matière grasse dans une cocotte. Faites-y revenir la viande. Ajoutez les carottes et les oignons, les herbes, les tomates, la farine et le sucre. Salez, poivrez et mélangez. Laissez revenir quelques minutes.
5 Recouvrez d'eau bouillante aux 3/4, enfournez et laissez cuire pendant 3 h.
Servez avec des nouilles au beurre.

Oie aux pommes

POUR 6 PERSONNES
PRÉPARATION : 30 MIN
CUISSON : 1 H 30

Boisson conseillée :
MERCUREY

1 oie d'environ 2 kg vidée et parée • 1 kg de pommes reinettes • 4 cuill. à soupe de sirop d'érable • 100 g de beurre • sel, poivre

1 Préchauffez le four à 220 °C (therm. 7).
2 Pelez les pommes, coupez-les en quartiers, retirez le cœur et les pépins.
3 Salez et poivrez l'oie, à l'extérieur mais également à l'intérieur.

4 Farcissez l'oie avec les pommes (n'utilisez pas les abats).
5 Badigeonnez soigneusement l'oie avec le sirop d'érable à l'aide d'un pinceau.
6 Coupez le beurre en petits morceaux et disposez-le dans un plat allant au four. Mettez l'oie dans ce plat.
7 Enfournez et faites cuire pendant 1 h 30 en arrosant de temps à autre avec le beurre.

8 Sortez l'oie du four. Retirez la farce, mettez-la dans un plat de service et maintenez-la au chaud. Découpez l'oie et disposez les morceaux dans un autre plat de service.
9 Déglacez aussitôt le plat de cuisson et versez la sauce dans une saucière. Servez le tout. Accompagnez d'une purée de pommes de terre et de confiture d'airelles.

Cipâte

POUR 12 PERSONNES
PRÉPARATION : 2 H
REPOS : 12 H
CUISSON : 7 H 30

Boisson conseillée :
GIGONDAS

1 gros poulet • 1 kg d'épaule de porc non désossée • 1 kg de veau à braiser • 500 g de bœuf à braiser • 4 oignons • 2 branches de céleri • 4 carottes • 250 g de champignons de couche • 5 pommes de terre • sarriette • sel, poivre
pour la pâte : 300 g de farine • 1 sachet de levure • 20 cl d'huile • 15 cl de lait • sel

1 Enlevez la peau du poulet et désossez-le. Portez 2 l d'eau à ébullition, mettez-y la peau et les os du poulet, salez, poivrez et laissez cuire pour faire un bouillon. Filtrez et réservez le bouillon au frais.
2 Pelez et émincez les oignons. Effilez les branches de céleri et hachez-les. Épluchez les carottes et coupez-les en fines rondelles. Ôtez les pieds terreux des champignons, lavez-les et émincez-les. Épluchez les pommes de terre et coupez-les en dés.
3 Dégraissez le porc, coupez-le gras en dés et faites-le revenir dans une sauteuse. Coupez toutes les viandes en cubes de 1 cm de côté.
4 Mélangez les légumes. Assaisonnez-les avec 2 cuillerées à café de sel, 1 grosse pincée de poivre et 1 grosse pincée de sarriette.
5 Répartissez le gras de porc rôti au fond d'un plat à gratin. Disposez-y la viande et les légumes en couches alternées.
6 Préparez la pâte. Dans une terrine, versez la farine, 1 cuillerée à café de sel et la levure. Mélangez. Versez l'huile et le lait, mélangez de nouveau jusqu'à obtenir une pâte grossière. Abaissez-la au rouleau à la taille du plat à gratin. Prévoyez un peu grand pour qu'elle déborde un peu.
7 Recouvrez le plat de la pâte. Pressez fortement sur les bords pour la souder. Entaillez à plusieur endroits. Couvrez d'un linge et laissez reposer au réfrigérateur 1 nuit.
8 Préchauffez le four à 120 °C (therm. 2).
9 Faites tiédir le bouillon. Versez-en par les entailles de la pâte, suffisamment pour couvrir la farce. Couvrez d'un papier d'aluminium, enfournez et faites cuire 5 h. Ajoutez un peu de bouillon en cours de cuisson si nécessaire. Retirez le papier d'aluminium et poursuivez la cuisson 30 min. Servez chaud directement dans le plat de cuisson.

Porc fumé à la farine de maïs

POUR 4 PERSONNES
PRÉPARATION : 10 MIN
CUISSON : 35 MIN

Boisson conseillée :
BEAUJOLAIS

800 g de porc fumé • 50 g de beurre • 200 g de farine de maïs • 50 cl de lait • sel, poivre

1 Coupez le porc fumé en petits cubes.
2 Faites fondre le beurre dans une poêle, mettez-y les cubes de porc fumé et faites-les dorer en les retournant régulièrement afin qu'ils se colorent de tous côtés. Salez et poivrez. Ajoutez 3 cuillerées à soupe d'eau. Couvrez et prolongez la cuisson pendant environ 35 min.

3 Dans une grande casserole, versez le lait, ajoutez-y 1 pincée de sel. Portez à ébullition, en surveillant pour éviter que le lait déborde, puis baissez le feu et versez la farine de maïs en pluie. Prolongez la cuisson pendant 30 min à petits frémissements sans cesser de remuer à l'aide d'une cuillère en bois. Goûtez et rectifiez l'assaisonnement si nécessaire.
4 Disposez les morceaux de porc dans un grand plat de service creux. Entourez la viande

de la préparation à base de farine de maïs. Servez.
Autrefois, on fumait la viande afin de pouvoir la conserver quelque temps. De nos jours, c'est surtout pour son arôme qu'on l'apprécie. La fumaison se fait soit à chaud (à la fumée d'un feu vif couvert de sciure), soit à froid (à la fumée d'un lent feu de bois). Toute fumaison est d'abord précédée d'un salage. On fume également toutes sortes de poissons, volailles ou charcuteries.

Gratin de riz sauvage

POUR 4 PERSONNES
TREMPAGE : 12 H
PRÉPARATION : 50 MIN
CUISSON : 35 MIN

300 g de riz sauvage • 1 oignon • 125 g de champignons de couche • 30 g de beurre • 15 g de farine • 30 cl de bouillon de bœuf • 30 g d'amandes effilées • sel, poivre

1 Lavez le riz et faites-le tremper dans de l'eau froide 1 nuit.
2 Lavez de nouveau le riz plusieurs fois sous l'eau courante.
3 Versez 1 l d'eau dans une marmite. Salez et portez à ébullition. Plongez-y le riz, couvrez et laissez cuire 5 min à grand feu. Égouttez le riz

et lavez-le de nouveau. Remettez-le dans 1 l d'eau bouillante salée, couvrez et prolongez la cuisson environ 20 min. Vérifiez que le riz est bien tendre. Égouttez-le soigneusement.
4 Préchauffez le four à 200 °C (therm. 6).
5 Pendant ce temps, pelez et hachez finement l'oignon. Coupez les champignons en lamelles.
6 Faites revenir l'oignon et les champignons dans le beurre environ 5 min jusqu'à ce que l'oignon soit transparent. Poudrez de farine et versez progressivement le bouillon en tournant. Prolongez

la cuisson sans cesser de remuer jusqu'à ce que vous obteniez une crème lisse et épaisse. Salez et poivrez.
7 Beurrez un moule à gratin. Versez-y le riz. Nappez de crème. Parsemez d'amandes. Enfournez, laissez cuire 30 min et servez chaud dans le plat de cuisson.
Le riz sauvage étant très fort, on le mélange généralement à du riz blanc. Ce riz pousse dans les régions marécageuses du nord des États-Unis et au Canada, du Nouveau-Brunswick au Manitoba.

Les Desserts

Soupe de baies rouges

POUR 6 PERSONNES
PRÉPARATION : 25 MIN
CUISSON : 10 MIN
MACÉRATION : 1 H

500 g de fraises • 250 g de fraises des bois • 300 g de framboises • 150 g de groseilles • 150 g d'airelles • 200 g de sucre semoule

1 Lavez délicatement les fraises et équeutez-les. Équeutez les framboises. Égrappez les groseilles et les airelles, lavez-les. Réservez 250 g de fraises.

Déposez les fruits lavés sur du papier absorbant et laissez-les égoutter.
2 Préparer un sirop. Versez le sucre dans une casserole et mouillez-le de 25 cl d'eau. Portez à ébullition et laissez cuire à petits bouillons 5 min.
3 Passez les fraises que vous avez réservées au mixer. Versez la purée dans un compotier et ar-

rosez du sirop. Mélangez bien. Laissez refroidir à température ambiante.
4 Versez les fruits dans le compotier. Laissez macérer 1 h au réfrigérateur. Vous pouvez remplacer les fraises par des arbouses et les framboises par des *loganberries* (ces fruits sont le résultat du croisement entre la framboise et la mûre).

Tarte aux bleuets

——

POUR 6 PERSONNES

PRÉPARATION : 40 MIN

REPOS DE LA PÂTE : 30 MIN

CUISSON : 30 MIN

---

pour la pâte brisée : 250 g de farine + 50 g pour le moule •

125 g de beurre • 2 cuill. à soupe de sucre semoule • sel

pour la garniture : 400 g de myrtilles fraîches • 100 g de sucre

semoule • 20 cl de crème fraîche • 10 g de sucre glace

---

1 Préparez la pâte brisée : versez la farine dans une terrine, faites une fontaine, ajoutez le sucre et 1 pincée de sel. Coupez le beurre en tout petits morceaux et ajoutez-les à la farine. Effritez le mélange du bout des doigts. Versez peu à peu 10 cl d'eau en mélangeant rapidement. Formez une boule, ne la pétrissez pas, roulez-la dans un peu de farine et laissez-la reposez pendant 30 min au frais. Préchauffez le four à 220 °C (therm. 7). Beurrez puis farinez un moule à tarte de 28 cm de diamètre en répartissant la farine uniformément.

2 Posez la pâte sur un plan de travail fariné. Abaissez-la au rouleau sur une épaisseur de 4 mm. Foncez-en le moule, piquez le fond à l'aide d'une fourchette.

3 Triez les myrtilles et passez-les sous l'eau froide. Égouttez-les. Versez-les sur une assiette, poudrez-les de sucre semoule et mélangez.

4 Répartissez-les sur la pâte. Enfournez et faites cuire 30 min. Laissez refroidir avant de démouler sur le plat de service.

5 Fouettez la crème et le sucre glace pour les monter en chantilly. Versez-la dans une poche à douille. Décorez la tarte avec des noisettes de crème. Maintenez-la au frais jusqu'au moment de servir.

Au Québec, la myrtille porte le nom de bleuet. Elle pousse sur des arbustes sauvages. Il faut de la patience pour la récolter, mais la saveur délicieusement acidulée de la myrtille fraîche récompense les efforts. Très peu calorique, riche en vitamines B et C, la myrtille renferme aussi un pigment bénéfique pour la vision nocturne.

Si vous ne trouvez pas de myrtilles fraîches, faites cuire votre fond de tarte à blanc, recouvert de quelques haricots secs. Garnissez-le ensuite de confiture de myrtilles et décorez de crème Chantilly. La saveur ne sera pas tout à fait la même, mais vous permettra cependant de rêver aux grands espaces canadiens.

Crêpes au sirop d'érable

POUR 4 PERSONNES
PRÉPARATION : 25 MIN
REPOS : 1 H
CUISSON : 3 MIN PAR CRÊPE

pour la pâte à crêpes :
200 g de farine • 20 cl
de lait • 20 cl de bière
blonde • 3 œufs •
50 g de beurre fondu •
1 pincée de sel •
1 cuill. à café de sucre
semoule • 1 sachet de sucre
vanillé • beurre pour la
cuisson • sirop d'érable

1 Préparez la pâte à crêpes. Mettez la farine dans une terrine. Faites un puits et versez-y 10 cl de lait et 10 cl de bière. Délayez à la spatule en bois. Cassez les œufs et battez-les en omelette. Ajoutez-les au mélange en tournant. Incorporez ensuite le beurre fondu, le sel et le sucre. Mélangez. Versez peu à peu le reste de lait et de bière sans cesser de remuer. Laissez reposer pendant au moins 1 h.
2 Faites fondre une noisette de beurre à feu moyen dans une poêle à blinis. Versez une bonne louche de pâte pour obtenir une crêpe épaisse. Inclinez la poêle pour napper régulièrement le fond. Laissez cuire pendant environ 1 min. Retournez la crêpe à l'aide d'une spatule souple et faites-la cuire de l'autre côté. Procédez de la même façon jusqu'à épuisement de la pâte.
3 Réservez les crêpes au fur et à mesure sur un plat chaud.
4 Mettez le sirop d'érable sur la table. Chaque convive arrosera ses crêpes à volonté.

Ces crêpes se mangent au petit déjeuner. En effet, le climat étant rude, les Canadiens prennent un repas très copieux le matin. En plus des crêpes (2 ou 3 par personne), ils mangent des œufs, des saucisses, du bacon, du porridge, des céréales... Le tout est copieusement arrosé d'un café très léger. Pour ceux qui préfèrent le thé, on peut le sucrer au sirop d'érable, ce qui donne un petit parfum très agréable.

Pommes farcies aux airelles

POUR 4 PERSONNES
PRÉPARATION : 25 MIN
CUISSON : 25 MIN

8 pommes reinettes • 200 g
d'airelles • 40 g de beurre •
10 cl de sirop d'érable

1 Préchauffez le four à 200 °C (therm. 6).
2 Lavez les pommes et ôtez-en les cœurs à l'aide d'un vide-pomme, mais ne les épluchez pas.
3 Beurrez généreusement un plat allant au four puis disposez-y les pommes.
4 Divisez le beurre en 8 morceaux et répartissez-en un morceau à l'intérieur de chaque pomme en tassant bien.
5 Lavez et épongez les airelles délicatement à l'aide d'un papier absorbant. Triez-les. Répartissez-les également au centre des pommes par-dessus le beurre. Arrosez de sirop d'érable.
6 Enfournez le plat et faites cuire les pommes pendant 25 min. Servez-les toutes chaudes.

Ces pommes peuvent se servir en dessert ou en accompagnement d'une volaille ou d'un gibier. Comme dans tous les pays du Nord, les baies rouges prolifèrent à l'état sauvage en été au Canada. La variété canadienne porte le nom de canneberge.

Tarte aux noix à la québécoise

POUR 4 PERSONNES
PRÉPARATION : 25 MIN
CUISSON : 40 MIN

175 g de biscuits à la cuillère •
20 cl de lait • 6 œufs •
4 cuill. à soupe de sucre
semoule • 300 g de noix
pilées • 1 citron • 20 cl de
sirop d'érable • 4 cuill. à
soupe de miel • 200 g
d'amandes effilées • beurre
pour le moule

1 Préchauffez le four à 220 °C (therm. 7).
2 Faites tiédir le lait et mettez-y les biscuits à tremper pour qu'ils s'en imbibent bien.
3 Cassez les œufs en séparant les blancs des jaunes. Mettez les jaunes dans une terrine et ajoutez-y le sucre. Travaillez ce mélange au fouet jusqu'à ce qu'il blanchisse et devienne mousseux.
4 Ajoutez les biscuits, le lait et les noix pilées puis mélangez jusqu'à obtenir une préparation homogène.
5 Montez les blancs d'œufs en neige ferme. Incorporez-les très délicatement à la préparation en les soulevant pour éviter qu'ils ne se cassent.
6 Beurrez un moule à tarte et versez-y la préparation complète.
7 Enfournez et faites cuire pendant 40 min. Laissez refroidir la tarte puis démoulez-la.
8 Pendant ce temps, débitez le zeste du citron en fines lanières. Mélangez le sirop d'érable, le miel et le zeste du citron. Nappez la tarte de ce mélange et parsemez-la des amandes effilées.

L'AMÉRIQUE LATINE

—

Au moment de la conquête espagnole, à la fin du XVe siècle,
les civilisations indiennes possédaient un patrimoine culinaire
lié à des végétaux ou des animaux qu'on ne connaissait pas en Europe,
tels le maïs, la pomme de terre, le cacaoyer, le dindon (domestiqué
depuis longtemps)... Au Mexique, les traditions maya et aztèque
sont restées assez vivantes. L'héritage indien est, en revanche, plus atténué
en Amérique du sud, où les Espagnols, puis beaucoup d'autres
Européens (Portugais, Italiens, Allemands, Basques, Hongrois...)
ont introduit des cultures nouvelles (blé, vigne, canne à sucre...),
des animaux inconnus dans ces pays (la vache, le mouton) et,
avec eux, nombre de recettes.

SAVEURS DU MEXIQUE

La cuisine mexicaine est l'une des plus élaborées du monde. Elle a su intégrer avec beaucoup d'imagination et de raffinement les meilleurs produits et les meilleures traditions de deux des plus grandes cultures du monde. Lors de la conquête (vers 1500), les civilisations maya et aztèque étaient à leur apogée alors que l'Espagne dominait l'Europe. Ensemble, elles ont su rester au sommet sur le plan culinaire. Cette richesse gastronomique est mal connue en dehors du Mexique, et il ne faut pas la confondre avec la cuisine «tex-mex», elle-même née de l'immigration mexicaine aux États-Unis mais nettement moins raffinée.

LES TRADITIONS

Le Mexique est le pays des fêtes, et la convivialité n'y est pas un vain mot. Au centre de ces festivités, le *mole poblano* est bien souvent à l'honneur. Ce plat, dont le nom pourrait se traduire par «ragoût de Puebla», a été inventé par des religieuses du couvent de cette ville. Il est devenu le plat mexicain peut-être le

Menu classique

——

GUACAMOLE

•

MOLE POBLANO

•

FLAN DE COCO

plus célèbre, sans doute parce qu'entre dans sa composition un échantillonnage impressionnant des richesses de la table mexicaine : dinde ou poulet, piments *(chiles)*, cacahuètes, tomates, chocolat, oignons, anis, cannelle, raisins secs... sans oublier une tortilla grillée !

Tradition mexicaine s'il en est, la tortilla, galette de farine de maïs, est à la base de l'alimentation quotidienne (voir p.402-403). Les Mexicains consomment aussi beaucoup

de haricots de tailles variées, dont les couleurs sont nombreuses (bruns, noirs, jaunes, rouges...). Les tomates sont également très répandues, principalement la petite tomate verte, qui n'est pas une tomate rouge non encore mûrie mais une espèce particulière au goût acidulé, appelée au Mexique *tomatillo* ou *tomate verde*.

Les recettes aux parfums exotiques appartiennent à l'héritage préhispanique. C'est ainsi que quelque 80 sortes de champignons entrent dans la préparation de salades, de soupes et de *tacos*. Le plus mexicain de tous est cependant le *cuitlacoche*, champignon parasite du maïs. Relèvent aussi de cet héritage le mouton cuit dans des feuilles d'agave ou de bananier, les pousses de cactée, voire les vers d'agave frits. Les desserts doivent beaucoup à l'introduction du sucre par les Espagnols, mais la gelée de goyave, la confiture de sésame, la glace à l'avocat, au haricot ou au maïs vert résultent bien d'un mariage heureux entre les deux traditions.

Dans le domaine des boissons, on retrouve le mélange subtil entre les

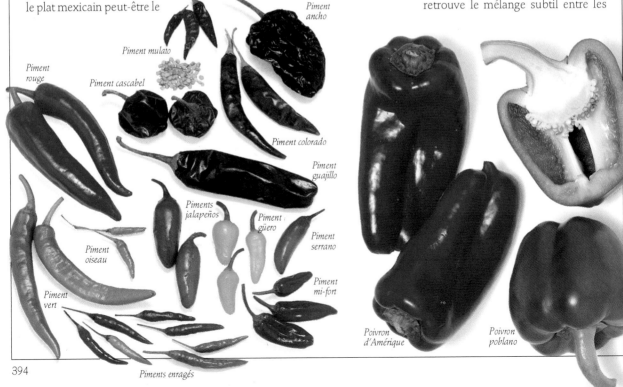

Piment ancho

Piment mulato

Piment rouge

Piment cascabel

Piment colorado

Piment guajillo

Piments jalapeños

Piment güero

Piment serrano

Piment oiseau

Piment mi-fort

Piment vert

Poivron d'Amérique

Poivron poblano

cultures. La *tequila* et le *mezcal*, boissons fortes issues de la distillation du cœur de l'agave, sont typiquement mexicaines. La *tequila*, qui titre de 38 à 55 % Vol., se prépare avec de l'*agave tequilana weber*. Produit lui aussi de l'agave, le *pulque* est une boisson plus douce qui n'atteint que 6 % Vol. La bière mexicaine est réputée et appréciée sur tout le continent. Et, à toute heure, les Mexicains offrent au visiteur un *cafecito*, café aussi léger dans sa catégorie que la *tequila* peut être relevée dans la sienne.

LA VIE QUOTIDIENNE

LE PETIT DÉJEUNER (desayuno). Les Mexicains se contentent d'un *chocomilke* (lait, œuf, sucre, cacao et vanille battus) ou se servent un café et un jus d'orange avec du pain, des œufs et un fruit.

LE DÉJEUNER (almuerzo). Pris vers 14 h, il se compose généralement d'une soupe, d'un plat de viande très souvent accompagné de haricots, d'une salade verte et d'un dessert.

LE DÎNER (comida de la tarde). C'est un repas léger au Mexique. Un verre de lait, un chocolat chaud ou un café accompagnent un *pan dulce*, un hotdog ou des *tacos*.

LES JOURS DE FÊTE

NOËL (Natividad). Du 17 au 23 décembre ont lieu *las Pasadas*, réjouissances qui commencent chaque jour vers 19 h 30. Les Mexicains se regroupent dans les rues pour chanter devant les maisons. Dans la dernière maison visitée, on leur offre une boisson chaude, le *ponche*. Le 24 au soir, la dinde, farcie ou préparée en sauce *(mole)*, fait office de plat principal. Deux salades différentes suivront, ainsi que plusieurs desserts.

LA FÊTE DES ROIS (Los Reyes). Le 6 janvier, les Mexicains se retrouvent autour de la galette des rois *(rosca de reyes)* dans laquelle est caché un petit bébé en plastique. Celui qui le trouve doit inviter les autres convives et servir à cette occasion une *carne asada*, viande grillée accompagnée de haricots, d'oignons, de *tortillas* et de deux ou trois sauces piquantes

PÂQUES (Pasqua). C'est la fête du poisson, qui est cuit au court-bouillon, en chaussons ou sous forme de tacos et constitue le plat principal.

LA PREMIÈRE COMMUNION (primera comunión). Les parents reçoivent leurs invités au petit déjeuner, avant la messe qui a lieu vers 8 h 30. Ils offrent des *tamales*, friands à base de farine de maïs fourrés de divers ingrédients salés ou sucrés, avec de l'*atale*, boisson à base de maïs ou de fruit.

LES PRODUITS

LE MAÏS

Le maïs est une plante originaire du Mexique. Depuis l'époque précolombienne, il constitue la base de l'alimentation de ce pays. La sédentarisation des Indiens s'est faite autour de cette culture.

Le maïs se consomme cuit ou bouilli, en farine ou en grains. La farine de maïs est à la base de la préparation des *tortillas*. Le maïs se sert également en légume, avec du riz et des poivrons, en salade, en omelette. Il existe une soupe au lait de maïs vert et des glaces au maïs. Le maïs doux se consomme plutôt en épis ou en grains, de même que la variété White Hominy. Le pop-corn, une spécialité américaine, est préparé à partir de grains de maïs séchés. Le maïs indien comporte des grains multicolores.

LES CHILES

Les *chiles*, piments typiquement mexicains auxquels les populations préhispaniques attribuaient de nombreuses vertus curatives, sont innombrables : jaunes, rouges, bruns, verts, petits ou grands, longs, ronds ou coniques... La cuisine mexicaine fait état d'au moins 100 variétés qui entrent dans la composition de *moles* (sauces) et de soupes ; ces piments servent à relever viandes et poissons, et se dégustent farcis ou crus. Dans ces multiples recettes, les *chiles* sont utilisés frais ou séchés. Leur nom varie d'une région à l'autre. C'est ainsi que l'on trouve du piment *ancho*, du *mulato* (petit et rouge), du *colorado* (long et pourpre), du *cascabel* (rond et rouge), du *verde* (assez proche du poivron vert), du piment oiseau (petit et vert), du *jalapeño* (olive), du *güero* (plus jaune), du *serrano* (cousin du *jalapeño*), du mi-fort (de taille moyenne, rouge), de l'enragé (tout petit) ou encore du *guajillo* (gros et sombre). Pour les ren-

dre moins piquants, il faut leur ôter graines et filaments.

LES POIVRONS

Les piments doux (ou poivrons), de la même famille que les *chiles,* sont originaires du Mexique. Le *poblano* se déguste souvent farci, le «poivron d'Amérique» est plus charnu.

L'AVOCAT

Originaire du Mexique, du Guatemala et des Antilles, l'avocat est cultivé en Amérique latine depuis le huitième millénaire avant Jésus-Christ. Son nom vient du mexicain *aguacate*, lui-même dérivé de l'aztèque *ahuacatl*. C'est surtout au XXe siècle que ce fruit, à la peau verte et lisse *(fuerte)*, ou brune et granuleuse *(hass)*, a connu un succès mondial. Les Latino-Américains le dégustent cru, en guacamole ou en glace.

Avocat Hass

Avocat Fuerte

Maïs à pop-corn

Épi

Maïs doux

Maïs White Hominy

Maïs frais

Les Entrées

Guacamole

POUR 4 PERSONNES
PRÉPARATION : 10 MIN
RÉFRIGÉRATION : 1 H

4 avocats • 1 oignon •
1 belle tomate • 1/2 citron •
1 cuill. à café d'huile • 1/2 cuill.
à café de tabasco • sel

1 Pelez et émincez l'oignon. Plongez la tomate
1 min dans de l'eau
bouillante, pelez-la, épépinez-la et concassez-la.

2 Pressez le citron. Coupez les avocats en 2 dans
le sens de la longueur,
ôtez les noyaux à l'aide
d'une cuillère, retirez
soigneusement la chair.
Arrosez de jus de citron
pour éviter l'oxydation.
3 Mettez l'oignon, la
chair des avocats et la
tomate dans le bol d'un

mixer. Ajoutez l'huile et
le tabasco. Salez. Mixez.
4 Transvasez le guacamole dans un saladier et
mettez-le au frais pendant environ 1 h.
Cette sauce est considérée en Amérique latine
comme une salade. On
la sert en hors-d'œuvre
avec une tortilla.

Poivrons à la mexicaine

POUR 6 PERSONNES
PRÉPARATION : 45 MIN
CUISSON : 35 MIN

6 poivrons verts • 1 gousse
d'ail • 1 oignon • 4 belles
tomates • 60 g de saindoux •
300 g de viande de bœuf
(ou de porc) hachée •
1 pincée de girofle en poudre •
1 pincée de cannelle •
1 pincée de piment en poudre •
1 cuill. à café de sucre
semoule • 30 g d'amandes en
poudre • 2 œufs • 50 g de
chapelure • 100 g de
cerneaux de noix • 10 cl de
crème fraîche (ou de
fromage blanc) • 1 bouquet de
coriandre fraîche • les graines
de 1/2 grenade • sel

1 Faites griller les poivrons à la flamme du gaz
ou sous le gril du four

10 min en les retournant
plusieurs fois. Débarrassez-les très délicatement
de leur peau.
2 Pelez et hachez l'ail
et l'oignon. Plongez les
tomates pendant 1 min
dans de l'eau bouillante,
pelez-les, épépinez-les
et concassez-les.
3 Dans une sauteuse,
faites fondre 30 g de
saindoux. Faites-y revenir la viande avec l'ail
et l'oignon, en remuant.
Ajoutez les tomates, le
girofle, la cannelle, le
piment, le sucre et la
moitié des amandes en
poudre. Salez et mélangez. Laissez mijoter
5 min à feu doux. Faites
tiédir cette farce. Remplissez-en les poivrons.
4 Battez les œufs dans
une assiette creuse. Badigeonnez-en les poivrons

à l'aide d'un pinceau et
poudrez-les de chapelure.
5 Dans 2 grandes poêles, faites fondre le reste
de saindoux. Faites-y
revenir les poivrons de
15 à 20 min à feu moyen
en les retournant très délicatement avec une spatule en bois à mi-cuisson.
6 Mixez les cerneaux
de noix. Battez la crème
ou le fromage blanc à
la fourchette. Salez légèrement. Incorporez le
hachis de noix et le reste
des amandes jusqu'à
obtenir une crème bien
onctueuse.
7 Posez les poivrons sur
un plat chaud. Nappez-les de crème. Parsemez-les de coriandre hachée
et de graines de grenade.

Soupe aux tortillas

POUR 4 PERSONNES
PRÉPARATION : 10 MIN
CUISSON : 10 MIN

4 tortillas (voir p. 402-403) •
1 petit oignon • 1 gousse
d'ail • 40 g de fromage de
chèvre sec • 2 tomates •
2 branches de coriandre
fraîche • 3 cuill. à soupe
d'huile • 1 l de bouillon de
poule • sel, poivre

1 Coupez les tortillas
froides en morceaux. Pelez et émincez l'oignon.
Pelez et hachez l'ail. Râ-

pez le chèvre avec une
râpe fine. Plongez les
tomates 1 min dans de
l'eau bouillante, pelez-les, épépinez-les puis
concassez-les. Lavez,
égouttez et ciselez la
coriandre.
2 Dans une poêle, faites
chauffer 2 cuillerées à
soupe d'huile. Ajoutez
les morceaux de tortillas
et faites-les frire jusqu'à
ce qu'ils deviennent croquants. Égouttez-les sur
un papier absorbant.

3 Dans une cocotte, faites revenir dans le reste
d'huile, l'ail, l'oignon et
les tomates. Arrosez avec
le bouillon et portez à
ébullition. Salez, poivrez
et prolongez la cuisson à
gros bouillons pendant
10 min. Mélangez.
4 Versez dans une soupière. Parsemez de fromage et de coriandre et
déposez les tortillas à la
surface. Servez.

POIVRONS À LA MEXICAINE

•

*Ce plat, dont les couleurs
rappellent celles du drapeau
mexicain, aurait été réalisé
pour la première fois
en 1821, pour célébrer
l'indépendance
du Mexique.
Il est assez délicat à faire,
mais c'est la recette que
nous ont léguée les
cuisinières de Puebla.*

Soupe à l'avocat

POUR 6 PERSONNES
RÉFRIGÉRATION : 1 H
PRÉPARATION : 10 MIN
CUISSON : 10 MIN

3 avocats • 1 oignon • 2 citrons verts • 1,5 l de bouillon de poule • 10 g de beurre • 1 verre à liqueur de xérès • 1 pincée de sucre semoule • 1 cuill. à café de tabasco • 5 cl de crème fraîche • 3 branches de coriandre fraîche • sel

1 Pelez et émincez l'oignon. Pressez la moitié d'un citron. Réservez le reste des citrons.
2 Coupez les avocats en 2 et dénoyautez-les.
Retirez la chair et écrasez-la finement. Arrosez-la de 1 cuillerée à soupe de jus de citron.
3 Dans une petite poêle, faites fondre le beurre. Ajoutez-y l'oignon et faites-le cuire à feu moyen 2 à 3 min en remuant, jusqu'à ce qu'il devienne transparent.
4 Transvasez-le dans une casserole et arrosez de bouillon et de vin. Salez. Amenez à ébullition et faites bouillir 1 min en tournant.
5 Ajoutez la purée d'avocat, le sucre et le tabasco. Goûtez et rectifiez l'assaisonnement si nécessaire. Baissez le feu et prolongez la cuisson 8 min. Ajoutez la crème en fin de cuisson.
6 Versez dans une soupière et gardez au moins 1 h au frais.
7 Coupez le reste des citrons en fines rondelles. Lavez et ciselez la coriandre. Parsemez-en le dessus de la soupe et décorez avec des tranches de citron vert.
Si vous désirez obtenir un velouté, passez cette soupe au mixer.

Œufs rancheros

POUR 4 PERSONNES
PRÉPARATION : 15 MIN
CUISSON : 25 MIN

4 œufs • 4 belles tomates • 1 oignon • 100 g de fromage de chèvre sec • 2 cuill. à soupe d'huile • 10 g de chapelure • 1 clou de girofle • 5 cl de xérès • 50 g de saindoux • 4 petites tortillas froides (voir p. 402-403) • piment de Cayenne selon le goût • sel, poivre

1 Plongez les tomates pendant 1 min dans l'eau bouillante, pelez-les, épépinez-les et concassez-les. Pelez et hachez l'oignon. Râpez le chèvre.
2 Dans une sauteuse, faites blondir l'oignon dans l'huile.
3 Ajoutez les tomates, salez et poivrez. Laissez cuire pendant environ 15 min en remuant jusqu'à ce que les tomates soient réduites en purée.
4 Ajoutez la chapelure, le clou de girofle et le xérès. Mélangez et poursuivez la cuisson à feu doux 5 min. Tenez au chaud.
5 Faites fondre le saindoux dans une grande poêle et réchauffez-y les tortillas pendant 1 min de chaque côté.
6 Cassez 1 œuf sur chaque tortilla. Salez le jaune. Laissez sur le feu jusqu'à ce que le blanc soit cuit. Il faut compter environ 2 min.
7 Nappez chaque œuf de sauce à la tomate. Poudrez de piment et parsemez de fromage.

Empanadas mexicains

POUR 4 PERSONNES
PRÉPARATION : 25 MIN
REPOS : 12 H
CUISSON : 25 MIN

pour la pâte : 400 g de farine • 50 g de saindoux (ou de beurre ramolli) • 2 œufs • 6 cl de lait • 1/2 cuill. à café de sel pour la farce : 40 g de raisins secs • 1 tranche de jambon cuit de 250 g • 1 oignon frais • 2 œufs durs • 30 g de beurre • 1 cuill. à soupe de piment rouge doux • 15 g de farine • 7,5 cl de bouillon de bœuf • 12 olives noires dénoyautées • 1 blanc d'œuf • huile de friture • sel

1 La veille, préparez la pâte. Mettez la farine dans un saladier. Ajoutez la graisse coupée en morceaux. Mélangez bien.
2 Incorporez les œufs, le lait et le sel. Roulez la pâte en boule, couvrez-la d'un torchon et laissez-la reposer 12 h.
3 Préparez la farce. Faites tremper les raisins dans de l'eau tiède. Égouttez-les. Coupez le jambon en dés. Pelez et hachez l'oignon. Écalez les œufs, coupez-les en rondelles.
4 Dans une poêle, faites revenir l'oignon dans le beurre. Ajoutez le jambon et le piment. Salez. Faites cuire 5 min.
5 Délayez la farine dans le bouillon et versez ce mélange dans la poêle. Faites cuire 5 min, puis laissez refroidir.
6 Sur un plan de travail fariné, abaissez la pâte jusqu'à 3 mm d'épaisseur. Taillez des disques de la taille d'un bol.
7 Sur chaque disque, déposez un peu de farce, quelques raisins, 1 olive et 1 rondelle d'œuf. Pliez en formant un chausson. Collez les bords au blanc d'œuf et écrasez-les à la fourchette.
8 Chauffez l'huile de friture. Faites frire les empanadas par petites quantités jusqu'à ce qu'elles soient dorées. Égouttez-les sur une double épaisseur de papier absorbant. Servez très chaud.

Sauce

Sauce aux piments rouges

Pour 4 personnes

Préparation : 10 min

20 petits piments forts, rouges et frais • 1 tomate •

1 bouquet de coriandre fraîche • 1/2 citron • 5 cuill. à soupe d'huile • 1 cuill. à soupe de vinaigre de xérès • sel

1 Plongez la tomate pendant 1 min dans de l'eau bouillante, pelez-la, épépinez-la et concassez-la.
2 Lavez les piments, ôtez le pédoncule, fendez-les en 2 dans le sens de la longueur et retirez les graines. Lavez, épongez et hachez la coriandre. Pressez le 1/2 citron.
3 Mettez tous ces ingrédients dans le bol d'un mixer avec l'huile, le vinaigre et du sel. Mixez jusqu'à obtenir une pâte.

4 Transvasez cette pâte dans un bol à fermeture hermétique et conservez-la au réfrigérateur pendant 3 ou 4 jours.
Rincez longuement le bol du mixer à l'eau bien chaude pour le débarrasser entièrement du goût piquant des piments.

Les Plats

Mole poblano

Pour 8 personnes

Trempage : 30 min

Préparation : 1 h

Cuisson : 2 h 15

Boisson conseillée :

BOURGOGNE ALIGOTÉ

1 dinde de 3 kg coupée en morceaux • 100 g de raisins secs • 4 belles tomates • 2 gousses d'ail • 2 oignons • 1/4 de cuill. à café de poivre de Cayenne • 1 bouquet de coriandre fraîche • 100 g de saindoux • 5 poivrons rouges • 4 piments « ancho » (ou à défaut 4 piments verts doux d'Espagne ou 3 poivrons verts) • 1 piment rouge fort et frais • 150 g de graines de sésame • 10 g de graines d'anis vert • 100 g de cacahuètes non salées et pelées • 50 g d'amandes émondées • 1 tortilla • 1 clou de girofle • 1 pincée de cannelle • 100 g de chocolat de couverture • sel

1 Faites tremper les raisins dans de l'eau tiède 30 min. Égouttez-les.
2 Plongez les tomates 1 min dans de l'eau bouillante, pelez-les, épépinez-les, concassez-les. Pelez l'ail et les oignons.

Hachez l'ail et 1 oignon. Coupez l'autre oignon en 4. Mixez les tomates avec le poivre de Cayenne. Lavez la coriandre, équeutez-la et réservez les bouquets.
3 Dans une cocotte, mettez la dinde, l'oignon coupé en 4 et la coriandre. Versez de l'eau salée de manière à juste recouvrir la dinde. Portez à ébullition. Écumez et baissez le feu. Couvrez la cocotte et laissez cuire 1 h à feu moyen.
4 Retirez les morceaux de dinde du bouillon. Essuyez-les. Filtrez le bouillon au-dessus d'un récipient et réservez-le.
5 Dans une seconde cocotte, faites revenir les morceaux de dinde dans la moitié du saindoux. Ajoutez les tomates et le bouillon. Mélangez, couvrez et poursuivez la cuisson 1 h à feu très doux en remuant de temps en temps.
6 Lavez les poivrons et piments. Équeutez les poivrons rouges et les piments verts. Coupez-les en 2. Ôtez les graines et les filaments, découpez

la chair en morceaux. Fendez le piment fort.
7 Dans une poêle, faites griller les graines de sésame dans un peu de saindoux. Réservez-les.
8 Faites ensuite griller les graines d'anis, les cacahuètes et les amandes. Au besoin, ajoutez du saindoux. Réservez-les.
9 Mettez le reste de saindoux dans la poêle et faites-y griller la tortilla et le hachis d'ail et d'oignon.
10 Dans le bol d'un mixer, mettez l'anis, les amandes, les piments doux, les cacahuètes, la moitié des graines de sésame, les poivrons rouges, la tortilla coupée en morceaux, l'ail, les oignons, le clou de girofle, la cannelle et les raisins. Mixez.
11 Versez le contenu du bol dans la cocotte. Ajoutez le piment fort, mélangez puis ajoutez le chocolat cassé en morceaux. Remuez jusqu'à ce qu'il soit totalement fondu. Retirez le piment.
12 Servez sur un plat chaud parsemé du reste des graines de sésame.

Dinde en cocotte

POUR 6 PERSONNES
PRÉPARATION : 40 MIN
CUISSON : 1 H 10

Boisson conseillée :
CHINON

3 cuisses de dinde •
4 piments verts forts •
1 gousse d'ail • 1 oignon •
1 bouquet de coriandre
fraîche • 3 poivrons verts •
500 g de tomates vertes •
100 g de graines de sésame •
60 g de cerneaux de noix •
60 g d'amandes en poudre •
20 g de saindoux • 60 cl de
bouillon de poule • sel, poivre

1 Lavez les piments et fendez-les en 2 dans le sens de la longueur. Pelez et hachez l'ail et l'oignon. Lavez la coriandre, équeutez-la et essorez-la.
2 Mettez les poivrons sur la flamme du gaz ou sous le gril du four. Faites-les cuire en les retournant jusqu'à ce que la peau se détache. Pelez-les, retirez les membranes blanches et les graines. Plongez les tomates 1 min dans de l'eau bouillante, pelez-les, épépinez-les, concassez-les.
3 Dans le bol d'un mixer, mettez l'ail, les poivrons, l'oignon, les tomates, les graines de sésame, les cerneaux de noix et les amandes. Mixez longuement pour obtenir une pâte.
4 Faites revenir pendant 5 min le contenu du bol du mixer dans une cocotte avec le saindoux.
5 Arrosez de bouillon, ajoutez les piments, salez et poivrez. Mélangez ces ingrédients avant d'ajouter les cuisses de dinde. Laissez cuire 50 min à feu moyen, couvercle entrouvert. Le bouillon doit réduire pour pouvoir former la sauce.
6 Retirez les piments de la sauce. Disposez les cuisses de dinde dans un plat, nappez de sauce, parsemez de coriandre. En espagnol, cette recette porte le nom de *pavo en mole verde*. Mole vient de l'aztèque *molli* : sauce, ragoût. Il s'agit d'un plat fameux et très spécifique qui a la particularité de se préparer avec du piment et des graines de sésame, il n'est pas absurde d'y ajouter des amandes ou même des pépitas (graines de courge). Il peut aussi se préparer avec du poulet.
Au Mexique, on mélange les piments avec les autres ingrédients, mais cela donne un plat très relevé.

Crevettes grillées au riz

POUR 6 PERSONNES
PRÉPARATION : 1 H
CUISSON : 30 MIN

Boisson conseillée :
MUSCADET

800 g de crevettes bouquets •
300 g de riz long • 6 poivrons
verts • 1 oignon • 1 gousse
d'ail • 4 tomates • 1 piment
fort • 1 citron • 125 g de
pépitas (graines de courge) •
1 cuill. à soupe d'huile
d'arachide • 45 g de
saindoux • 3 cuill. à soupe de
bouillon de poule • 1 petit
bouquet de coriandre fraîche •
sel

1 Décortiquez les crevettes bouquets. Lavez-les et épongez-les.
2 Faites griller les poivrons à la flamme du gaz ou sous le gril du four pendant 10 min en les retournant. Pelez-les, ôtez les graines et les filaments blancs. Coupez-les en lanières.
3 Pelez puis émincez l'oignon. Pelez et hachez l'ail. Plongez les tomates pendant 1 min dans de l'eau bouillante, pelez-les, épépinez-les puis concassez-les. Lavez le piment, fendez-le en 2 dans le sens de la longueur. Pressez le citron.
4 Décortiquez les pépitas. Dans une poêle sèche, posée sur feu moyen, faites-les griller 2 à 3 min en remuant afin que toutes les graines s'imprègnent bien de l'huile qu'elles ont rejetée. Sortez-les du feu et réservez-les.
5 Dans une cocotte en fonte, faites chauffer l'huile et faites-y revenir le riz. Remuez afin que tous les grains s'en imprègnent. Arrosez de 50 cl d'eau chaude salée et portez à ébullition. Couvrez, baissez le feu et faites cuire à feu doux de 15 à 20 min jusqu'à ce que le riz ait absorbé toute l'eau. Gardez la cocotte couverte pour maintenir le riz au chaud.
6 Dans une poêle, chauffez 15 g de saindoux. Faites-y revenir l'oignon, l'ail puis les tomates en remuant. Ajoutez les poivrons et laissez mijoter à découvert pendant 5 min environ pour bien faire réduire la sauce.
7 Ajoutez le piment et les pépitas. Arrosez de bouillon. Salez. Mélangez et laissez mijoter à feu doux pendant 10 min. Retirez le piment et arrosez de jus de citron.
8 Dans une autre poêle, faites fondre le reste du saindoux et faites-y sauter les crevettes en les retournant jusqu'à ce qu'elles soient dorées uniformément.
9 Disposez le riz en couronne autour d'un plat creux. Mettez les crevettes au centre. Versez la sauce sur le riz pour imprégner les crevettes. Parsemez de coriandre hachée.

Cailles aux noix de pécan

POUR 4 PERSONNES

PRÉPARATION : 20 MIN

CUISSON : 25 MIN

Boisson conseillée :

SANCERRE ROSÉ

8 cailles • 4 tomates •
1 oignon • 8 olives vertes
dénoyautées • 100 g de noix
de pécan • 1 pincée de
cannelle en poudre • 1 pincée
de noix de muscade •
1 pincée de girofle en poudre •
2 cuill. à soupe d'huile • sel,
poivre

1 Dans une grande co-
cotte, faites chauffer 2 l
d'eau salée. Au premier
bouillon, plongez-y les
cailles et faites-les cuire
de 12 à 15 min en fonc-
tion de leur taille.
2 Retirez-les du
bouillon et séchez-les.
Réservez le bouillon.
3 Plongez les tomates
1 min dans de l'eau
bouillante, pelez-les,
épépinez-les et concas-
sez-les. Pelez et hachez
l'oignon.
4 Dans le bol d'un
mixer, mettez les noix de
pécan, la cannelle, la
noix de muscade, le giro-
fle, l'oignon, les tomates,
du sel et du poivre.
Mixez longuement.
5 Délayez cette préparation avec quelques cuillerées du bouillon.
6 Faites chauffer l'huile
à feu moyen dans une
grande sauteuse. Mettez-
y les cailles à dorer de
6 à 8 min en les retour-
nant plusieurs fois.
7 Recouvrez les cailles
de la sauce, poursuivez
la cuisson 2 min pour
qu'elles s'en imprègnent.
8 Sortez les cailles de la
sauteuse, posez-les sur
un plat de service chaud,
nappez-les de sauce. Dé-
corez avec les olives.

Cabri rôti au four

POUR 6 PERSONNES

PRÉPARATION : 10 MIN

CUISSON : 45 MIN

Boisson conseillée :

GAMAY

2 cuissots de cabri
(chevreau) • 6 tomates •
2 piments forts verts •
2 oignons • 3 gousses d'ail •
4 cuill. à soupe d'huile •
4 filaments de safran •
1 feuille de laurier • sel,
poivre blanc

1 Salez et poivrez les
cuissots de tous côtés.
Laissez-les reposer le
temps de faire la sauce.
2 Préchauffez le four
à 240 °C (therm. 8).
3 Plongez les tomates
quelques secondes dans
de l'eau bouillante, pelez-
les, épépinez-les puis
concassez-les.
4 Lavez les piments, fendez-les en 2 dans le sens
de la longueur, retirez les
graines. Pelez et émincez
les oignons. Pelez, éger-
mez et hachez l'ail.
5 Mettez l'huile à chauffer dans une poêle. Fai-
tes-y revenir les oignons
et l'ail en remuant.
6 Ajoutez les tomates,
le safran, les piments et
la feuille de laurier. Salez
et poivrez. Faites cuire
10 min en remuant de
temps en temps.
7 Retirez la feuille de
laurier et les piments de
la sauce. Versez celle-ci
dans un plat allant au
four. Posez le cabri dans
le plat et arrosez-le d'un
peu de sauce.
8 Enfournez et faites
cuire de 30 à 35 min, en
arrosant régulièrement la
viande avec la sauce.
9 Sortez du four, découpez la viande et posez-la
sur un plat chaud. Nap-
pez-la de la sauce.

Poulet de Veracruz

POUR 6 PERSONNES

PRÉPARATION : 20 MIN

CUISSON : 50 MIN

Boisson conseillée :

RIOJA

1 poulet de 1,5 kg en
morceaux • 2 gousses d'ail •
3 oignons • 4 tomates •
3 piments verts • 4 cuill. à
soupe d'huile • anis vert en
poudre • 3 chayotes (ou
christophines) • 25 g de
beurre • sel, poivre de
Cayenne

1 Pelez et hachez l'ail et
les oignons séparément.
Plongez les tomates
1 min dans de l'eau
bouillante, pelez-les, épépinez-les et concassez-
les. Lavez les piments,
ôtez les pédoncules, fen-
dez-les en 2 dans le sens
de la longueur, retirez les
graines et émincez-les.
2 Mettez l'huile à chauffer dans une sauteuse.
Faites-y dorer la valeur
de 2 oignons et 1 gousse
d'ail pendant 5 min.
3 Mettez les morceaux
de poulet dans la sau-
teuse et faites-les dorer
5 min en les retournant.
4 Ajoutez les tomates,
les piments et 1 pincée
d'anis. Salez, poivrez.
Couvrez la sauteuse et
poursuivez la cuisson
pendant 40 min.
5 Coupez les chayotes
en 2, ôtez-en les graines
et faites-les cuire 30 min
à l'eau salée. Sortez-les
et égouttez-les.
6 Faites revenir le reste
d'ail et d'oignon 5 min.
7 À l'aide d'une petite
cuillère, retirez la chair
des chayotes en veillant
à ne pas abîmer les
peaux. Réservez.
8 Mettez la chair dans
le bol d'un mixer avec
l'ail et l'oignon revenu, le
beurre coupé en petits
morceaux, du sel et du
poivre. Mixez en purée
et chauffez un moment.
9 Remplissez les chayotes évidées avec cette
préparation.
10 Dans un plat creux,
disposez les morceaux
de poulet. Nappez-les
de la sauce. Entourez de
chayotes.
Vous pouvez alterner
chayotes farcies et bou-
lettes de riz blanc.

LES TORTILLAS ET LES TACOS

La tortilla est à la base de l'alimentation mexicaine. Nature, elle est servie en accompagnement d'un plat. Frite, elle se déguste à l'apéritif avec des sauces. Fourrée, elle devient un taco.

SAUCE PIQUANTE

Pelez et concassez 200 g de tomates. Mixez avec 1 oignon, 1 gousse d'ail et quelques feuilles de coriandre. Salez et laissez cuire 5 min avec un peu d'huile. Ajoutez du piment rouge haché, à votre goût.

SAUCE À LA TOMATE VERTE

Cette sauce se prépare comme la précédente, mais avec des tomates vertes (voir p. 394).

TOSTADITAS AU PIMENT

Ces *tortillas* découpées et frites dans l'huile doivent être cuites de nouveau une fois assaisonnées au piment. On les déguste avec les sauces présentées ci-dessus.

TORTILLAS

Mélangez 120 g de farine de maïs et 10 cl d'eau. Pétrissez pour obtenir une pâte homogène, puis divisez celle-ci en 6 et formez des boules. Abaissez-les en les pressant entre 2 feuilles de plastique. Faites-les cuire à la poêle sèche, ou sur une grille posée sur une plaque, environ 1 min sur chaque face.

TOSTADITAS AU FROMAGE

Elles se préparent comme les précédentes, en les parsemant de fromage râpé (*añejo, ranchero seco*, etc.) Vous pouvez aussi les cuire à four chaud pendant 40 min environ. Elles se conservent très facilement plusieurs jours, au sec, dans un récipient fermé hermétiquement.

TACOS AU CACTUS

Coupez en tout petits dés des piments rouges et verts, de l'oignon, du fromage, ajoutez quelques grains de maïs, des feuilles de salade, du cactus *nopales* et un coulis de tomates. Farcissez la *tortilla*, roulez-la et faites-la frire.

TACOS AU BŒUF

Coupez du bœuf cuit en fines tranches et fourrez-en les *tortillas*. Vous pouvez varier les compositions à l'infini, en ajoutant des haricots rouges, des tranches de tomate, des œufs durs, des sardines, des oignons et des piments, etc.

TACOS AU POULET

Effilochez de la chair de poulet cuite. Chauffez les *tortillas* au four. Posez un peu de poulet sur chacune, roulez-les et faites-les dorer à la friture. Posez-les sur un grand plat et garnissez de salade, de *guacamole* (voir p. 396) et de crème fraîche ou de fromage.

QUESO FLAMEADO

Pour 18 de ces *tortillas* chaudes et fourrées au fromage fondu *(queso flameado)*, coupez 400 g de fromage *añero* (ou de feta) en tranches fines. Faites le fondre à la poêle. Émiettez 170 g de chorizo et faites-le frire. Ajoutez-le au fromage. Réchauffez les *tortillas* et garnissez-les. Servez avec des feuilles de salade, des piments doux, une sauce à la tomate verte et une bière.

Poule aux noix

POUR 6 PERSONNES
PRÉPARATION : 10 MIN
CUISSON : 2 H 30

Boisson conseillée :
SANCERRE ROUGE

1 jeune poule de 1,5 kg coupée en 4 • 1 gousse d'ail • 1 oignon • 4 tranches de pain de campagne rassis • 50 g de cerneaux de noix • 50 cl de bouillon de légumes • 4 cuill. à soupe d'huile • 50 g d'amandes en poudre • noix de muscade • 6 olives noires • sauce tabasco • 6 olives vertes • graines de roucouyer (ou 6 filaments de safran) • sel, poivre

1 Pelez l'ail et l'oignon, hachez-les. Retirez la croûte des tranches de pain, écrasez finement la mie avec un rouleau à pâtisserie. Passez les cerneaux de noix au mixer.
2 Mettez les quartiers de poule dans une marmite et mouillez de bouillon. Couvrez, amenez à ébullition, écumez, baissez le feu et faites cuire 2 h 15 à feu doux. Retirez la poule du bouillon, réservez celui-ci.
3 Mettez l'huile à chauffer dans une sauteuse, faites-y revenir l'ail et l'oignon en remuant de temps en temps.
4 Mélangez les amandes, les noix et le pain écrasé. Salez, poivrez et mélangez. Ajoutez-les dans la sauteuse. Râpez 2 grosses pincées de noix de muscade. Assaisonnez de tabasco. Ajoutez les graines de roucouyer et mélangez de nouveau.
5 Mettez les quartiers de poule dans la sauteuse, arrosez-les de 25 cl de bouillon. Poursuivez la cuisson environ 15 min à couvert.
6 Servez la poule nappée de la sauce. Décorez avec les olives.
Les graines de roucouyer confèrent une couleur jaune à ce plat. Elles sont très difficiles à trouver en France et peuvent très bien être remplacées par du safran.

Poulet aux piments doux

POUR 4 PERSONNES
PRÉPARATION : 40 MIN
CUISSON : 1 H

Boisson conseillée :
MADIRAN

1 poulet de 1,5 kg coupé en morceaux • 6 piments doux « ancho » • 1 gousse d'ail • 1 oignon • 2 tranches de pain • 60 g de saindoux • 1 pincée de cannelle • 1 cuill. à soupe de vinaigre • 1 petite branche de thym frais • 1 cuill. à café de marjolaine (ou d'origan) • 1 pincée de sucre semoule • 25 cl de bouillon de poule • sel, poivre

1 Faites griller les piments à la flamme du gaz ou sous le gril du four en les retournant, jusqu'à ce que la peau noircisse et se boursoufle. Ôtez la peau, ouvrez-les et retirez les graines.
2 Pelez et hachez grossièrement l'ail et l'oignon. Retirez la croûte des tranches de pain et réservez la mie. Salez les morceaux de poulet.
3 Dans une poêle, faites fondre 15 g de saindoux. Mettez-y le pain à frire 1 min de chaque côté. Égouttez-le sur un papier absorbant et coupez-le en morceaux.
4 Mettez dans le bol d'un mixer les piments, le pain, l'ail, l'oignon, la cannelle, le vinaigre, le thym émietté, l'origan ou la marjolaine, le sucre, du sel et du poivre. Mixez le tout.
5 Dans une poêle, faites fondre 15 g de saindoux et mettez-y à revenir la préparation précédente 5 min en remuant. Délayez avec le bouillon et poursuivez la cuisson 5 min à feu doux.
6 Mettez à chauffer le reste de saindoux dans une cocotte. Faites dorer les morceaux de poulet 15 min en les retournant.
7 Recouvrez-les de sauce et faites cuire à feu doux et à couvert de 30 à 35 min.

Poulet de Guanajuato

POUR 6 PERSONNES
PRÉPARATION : 15 MIN
TREMPAGE : 30 MIN
CUISSON : 55 MIN

1 poulet de 1,5 kg en morceaux • 30 g de raisins secs • 600 g d'oranges • 600 g de citrons • 1 oignon • 1 gousse d'ail • 75 cl de bouillon de légumes • 2 cuill. à soupe d'huile • 2 fortes pincées de cannelle • noix de muscade • sel, poivre

1 Faites tremper les raisins dans de l'eau tiède 30 min. Égouttez-les. Pressez les oranges et les citrons séparément.
2 Épluchez, émincez l'oignon. Pelez, écrasez l'ail.
3 Dans une casserole, versez le bouillon. Ajoutez le poulet, amenez à ébullition, baissez légèrement le feu et faites cuire à feu moyen 30 min.
4 Mettez l'huile à chauffer dans une sauteuse et faites-y revenir l'ail et l'oignon en remuant.
5 Versez le jus de citron puis le jus d'orange. Ajoutez la cannelle, les raisins et râpez 2 pincées de noix de muscade. Salez et poivrez. Laissez cuire 10 min pour faire réduire la sauce.
6 Mettez le poulet dans la sauteuse et arrosez de quelques cuillerées à soupe de bouillon. Couvrez et laissez mijoter à feu doux de 10 à 15 min. Servez bien chaud.
Vous pouvez aussi poudrer de petits morceaux de zeste d'orange confit.

Tamales

Pour 4 personnes

Préparation : 25 min

Trempage : 30 min

Repos : 15 min

Cuisson : 30 min

Boisson conseillée :

PINOT NOIR

400 g de farine de maïs (ou de blé) • 50 g de raisins secs •
50 g de beurre ramolli • 2 œufs • 1 cuill. à café
d'eau de fleurs d'oranger • 100 g de porc (ou de poulet)
cuit • 4 olives noires dénoyautées • sel, poivre

1 Faites tremper les raisins dans de l'eau tiède pendant 30 min. Égouttez-les. Coupez le beurre en petits morceaux. Versez la farine dans un saladier. Faites un puits au milieu, cassez-y les œufs. Ajoutez le beurre coupé en petits morceaux, l'eau de fleurs d'oranger et 1 pincée de sel. Mouillez avec 10 cl d'eau.

2 Mélangez bien tous ces ingrédients et pétrissez la pâte à la main. Si elle vous semble trop épaisse, allongez d'un peu d'eau. Roulez la pâte en boule, remettez-la dans le saladier et laissez-la reposer 15 min au réfrigérateur.

3 Sur un plan de travail fariné, étalez la pâte en une couche régulière de 2 mm. Découpez-y 4 ronds de la circonférence d'un bol. À part, hachez la viande. Assaisonnez-la avec du sel et du poivre.

4 Mettez au centre de chaque disque de pâte un peu de viande hachée. Posez une olive au centre et parsemez de raisins. Enduisez à la main ou au pinceau le bord de la pâte avec un peu d'eau.

5 Repliez chaque disque sur lui-même, de manière à former un chausson. Pressez un peu les bords pour les faire adhérer. Enveloppez chaque chausson dans un morceau de papier sulfurisé. Posez les tamales dans le panier d'un cuit-vapeur et faites-les cuire pendant 30 min environ.
Au Mexique, pour faire cuire les tamales, on les enveloppe soit dans la gaine d'un épi de maïs, soit dans une feuille de bananier. L'une et l'autre leur donnent un parfum agréable.

Steak haché de Cuzco

POUR 6 PERSONNES
PRÉPARATION : 10 MIN
TREMPAGE : 30 MIN
CUISSON : 25 À 30 MIN

Boisson conseillée :
LAMBRUSCO

800 g de bœuf haché • 100 g de raisins secs • 1 gousse d'ail • 1 oignon • 8 olives vertes dénoyautées • 2 pommes moyennes • 3 tomates • 4 cuill. à soupe d'huile • 50 g d'amandes en poudre ou de noix hachées • sauce tabasco • sel

1 Faites tremper les raisins secs 30 min dans de l'eau tiède. Égouttez-les.

2 Pelez et hachez l'ail et l'oignon. Coupez les olives en petits morceaux. Épluchez les pommes, coupez-les en quartiers, retirez les pépins et râpez la chair. Plongez les tomates 1 min dans de l'eau bouillante, pelez-les, épépinez-les et concassez-les.
3 Dans une poêle, faites chauffer l'huile. Faites-y revenir rapidement l'ail et l'oignon à feu vif puis ajoutez le bœuf haché.

Salez et assaisonnez de tabasco. Baissez le feu et poursuivez la cuisson pendant 10 min en tournant afin que la viande hachée s'émiette bien.
4 Ajoutez les tomates, les olives, les pommes, les raisins secs et les amandes ou les noix. Mélangez et faites cuire 15 min en remuant.
5 Versez dans un plat creux. Servez. Accompagnez de riz ou de patates douces.

Tortillas au poulet

POUR 6 PERSONNES
PRÉPARATION : 15 MIN
CUISSON : 15 MIN

Boisson conseillée :
BIÈRE

12 tortillas (voir p. 402-403) • 500 g de haricots rouges en conserve • 2 blancs de poulet cuits • 3 piments doux verts • 2 oignons • 1 gousse d'ail • 1 clou de girofle • cannelle en poudre • origan • cumin en poudre • poivre de Cayenne • 2 ou 3 tomates • 1 romaine • 100 g de saindoux • sel

1 Rincez et égouttez les haricots. Réduisez-les en purée et réservez celle-ci. Émincez ensuite les blancs de poulet et réservez-les.

2 Lavez les piments doux, ôtez les pédoncules, fendez-les en 2 dans le sens de la longueur et enlevez les graines. Pelez et émincez les oignons. Pelez et hachez l'ail. Pilez soigneusement le clou de girofle.
3 Mettez dans le bol d'un mixer les 3 piments doux verts, la valeur d'un oignon, la gousse d'ail, le clou de girofle, 1 bonne pincée de cannelle, 2 bonnes pincées d'origan, 1 bonne pincée de cumin, 1 bonne pincée de poivre de Cayenne et du sel. Mixez le tout.
4 Mélangez le contenu du bol du mixer à la purée de haricots.

5 Coupez les tomates en tranches. Effeuillez et lavez la romaine, essorez-la et coupez les feuilles en fines lanières.
6 Posez les tortillas bien à plat. Mettez au centre un peu de la préparation à base de haricots. Repliez les tortillas comme des chaussons et fixez-les soigneusement à l'aide d'un bâtonnet.
7 Dans 2 grandes poêles, mettez le saindoux à fondre. Faites-y frire les tortillas 7 min de chaque côté. Égouttez-les sur un papier absorbant.
8 Disposez-les sur un plat, recouvrez de lamelles de poulet, de salade, de tomates et d'oignon.

Les Desserts

Flan de coco

POUR 6 PERSONNES
PRÉPARATION : 15 MIN
CUISSON : 40 MIN

50 cl de lait concentré • 150 g de sucre semoule roux • 1/2 cuill. à café de cannelle en poudre (ou quelques gouttes d'extrait de vanille) • 1 orange • 100 g de noix de coco râpée • 3 œufs entiers • 6 jaunes • beurre pour le moule

1 Préchauffez le four à 180 °C (therm. 5).

2 Dans un saladier, versez le lait et ajoutez-y le sucre et la cannelle. Mélangez longuement.
3 Lavez l'orange, râpez-en le zeste et pressez-la. Ajoutez la noix de coco et le jus d'orange dans le saladier. Mélangez.
4 Battez les œufs entiers avec les jaunes. Une fois mélangés, versez-les dans le saladier et fouettez pour obtenir une crème homogène.

5 Beurrez un moule à flan et versez-y la préparation. Déposez-le dans un plat allant au four et contenant 3 cm d'eau. Enfournez et laissez cuire 40 min au bain-marie.
6 Sortez le flan du four. Poudrez le dessus de zeste d'orange et servez bien frais.
Vous pouvez également tapisser le fond du moule d'un caramel avant de verser le flan.

Natillas

POUR 6 PERSONNES
PRÉPARATION : 5 MIN
CUISSON : 30 À 40 MIN

75 cl de lait • 175 g de sucre semoule roux • 4 œufs entiers • 2 jaunes • 30 g de beurre • 1 pincée de sel

1 Mettez tous les ingrédients dans le bol d'un mixer. Mixez 1 min.
2 Préchauffez le four à 180 °C (therm. 5).

3 Beurrez un moule à soufflé, de préférence en porcelaine. Versez-y la préparation et couvrez d'une feuille de papier d'aluminium:
4 Mettez le moule dans un plat très creux allant au four. Versez de l'eau de manière qu'elle arrive à mi-hauteur du moule.

5 Enfournez et laissez cuire de 30 à 40 min au bain-marie en surveillant la cuisson. La lame d'un couteau piquée dans la préparation doit ressortir sèche.
6 Sortez du four, laissez refroidir et servez.

Timbales aux macarons

POUR 8 PERSONNES
PRÉPARATION : 20 MIN
RÉFRIGÉRATION : 1 H
CUISSON : 45 MIN

75 cl de lait • 100 g de sucre semoule • 3 cuill. à café de cannelle en poudre • 4 œufs • 4 jaunes • 4 beaux macarons • 50 g d'écorce d'orange confite • 50 g de raisins secs • beurre pour le moule

1 Préchauffez le four à 180 °C (therm. 5).
2 Versez le lait dans une casserole, ajoutez-y le sucre et 1 cuillerée à café de cannelle. Portez à ébullition en tournant et

en surveillant pour que le lait ne déborde pas. Sortez du feu et laissez tiédir.
3 Dans un saladier, fouettez ensemble les œufs entiers et les jaunes.
4 Versez-les progressivement dans la casserole sans cesser de tourner.
5 Écrasez les macarons au rouleau à pâtisserie. Beurrez légèrement 8 petits moules individuels. Tapissez-les de brisures de macarons. Remplissez les moules avec la crème.
6 Émincez très finement l'écorce d'orange. Parsemez le dessus de chaque

moule d'écorce confite et de raisins secs.
7 Posez les moules dans un plat creux allant au four et contenant 3 cm d'eau. Enfournez et laissez cuire au bain-marie pendant 30 à 35 min.
8 Sortez du four, laissez refroidir à température ambiante puis mettez les timbales 1 h au réfrigérateur. Poudrez de cannelle avant de servir.
Le goût de ces timbales peut varier selon que vous choisirez des macarons à la vanille, au café, au chocolat, etc.

Chérimole

POUR 6 PERSONNES
PRÉPARATION : 10 MIN
RÉFRIGÉRATION : 2 H

4 chérimoles • 75 cl de lait entier • 40 g de sucre semoule • 1 cuill. à soupe de jus de citron vert

1 Coupez les chérimoles en 2. Retirez les grai-

nes. Prélevez la chair avec une petite cuillère.
2 Mettez-la dans le bol d'un mixer avec le jus de citron. Mixez en purée.
3 Mélangez cette purée avec le lait et le sucre. Battez jusqu'à ce que le

sucre soit totalement dissous. Gardez la préparation au frais 2 h.
4 Remuez et servez dans de grands verres.
La chérimole s'appelle aussi corossol, pomme-cannelle...

LE ROMPOPE

Voici une boisson tonifiante pour la fin de journée. Versez 1 l de lait, 250 g de sucre semoule et 1 pincée de bicarbonate de soude dans une casserole, ajoutez un bâton de cannelle, portez à ébullition puis baissez le feu et laissez mijoter environ 20 min. Retirez la cannelle et laissez tiédir. Battez 12 jaunes d'œufs jusqu'à ce qu'ils forment un ruban. Versez le lait en filet sur les œufs, en fouettant. Remettez sur feu très doux et faites tiédir. Sortez du feu et incorporez 12 cl de rhum ou d'alcool de canne à sucre. Servez bien frais.

SAVEURS D'AMÉRIQUE DU SUD

Du nord au sud de cet immense sous-continent, les cuisines varient. Pourtant, elles comportent un certain nombre de points communs, comme l'importance du maïs ou l'omniprésence des sauces piquantes et du piment. Autres caractéristiques de l'art culinaire en Amérique du Sud, les viandes de bœuf et de mouton d'excellente qualité (grillées au barbecue ou en broche sur sur un grand feu de bois), ainsi que les ragoûts relevés. Faut-il préciser que, pour le reste, le climat et l'histoire ont donné à chaque pays sa cuisine propre, avec ses particularités et ses spécialités.

LES TRADITIONS

Dans la cuisine du Venezuela, les haricots tiennent une grande place, aux côtés des *arepas*, équivalent des tortillas mexicaines mais fabriquées avec une espèce de maïs différente.

Café vert

Menu classique

━━━

SOUPE DE CREVETTES
AU MAÏS

•

DINDE AUX PRUNES

•

SALADE DE CHÉRIMOLES

Les grosses bananes plantains vertes *(platanos verdes)* entrent, avec les haricots, la viande, le riz et les œufs, dans la composition de plusieurs plats.

En Colombie, on retrouve les *arepas*. Le riz est également très présent, servi croquant *(bien graneada)* avec du poisson et de la noix de coco... Le lait de coco est utilisé dans des recettes de viande et de volaille.

En Équateur, les *ceviches*, poissons ou crustacés marinés dans une sauce au citron, sont très populaires. Ils sont accompagnés d'une bonne bière plutôt que de vin.

Au Brésil, la célébrissime *feijoada*, originaire de Rio, est devenue le plat national. La cuisine la plus inventive est celle de Bahia, mais toutes les régions de ce gigantesque pays possèdent des spécialités culinaires. D'une manière générale, les Brésiliens consomment beaucoup de viande, de poisson (dans la région de Bahia), de manioc, de riz, de haricots noirs et d'huile de palme. Ils boivent à tout moment un «petit café» *(cafezinho)* fort en goût, apprécient la bière glacée, le lait de coco, le *guarana*, une boisson gazeuse stimulante obtenue à partir des graines d'une liane, séchées ou torréfiées, et les *batidas*, cocktails à base d'alcool de canne à sucre *(cachaça)* et de fruits. Après un repas ou en cours de journée, les Brésiliens consomment des pâtisseries, très sucrées et plutôt grasses, d'origine portugaise.

Le Pérou est le pays d'origine de la pomme de terre. Mais les Péruviens consomment beaucoup de maïs. Fermenté, celui-ci est à la base d'une boisson alcoolisée fort prisée, la *chicha*. Haricots et poisson entrent dans la composition de nombreux plats, ainsi que la viande de bœuf grillée. Les *anticuchos* (brochettes de cœur de bœuf) sont très appréciés. On les déguste en pleine rue accompagnés d'une pomme de terre et de sauce piquante.

Brésil *Nicaragua* *Grosse mouture* *Moyenne mouture*

Colombie *Guatemala* *Fine mouture* *Mouture farineuse*

Maragogype

La cuisine bolivienne est très relevée. Ragoûts et soupes sont toujours très pimentés. Le maïs sert à confectionner des pâtés farcis (*empanadas*), l'*humita*, une bouillie très populaire, et même une boisson, l'*api*.

Au Chili — pays dont sont originaires les fraises — on consomme beaucoup de poissons marins, la pêche y étant favorisée par le courant de Humboldt. Les Chiliens se régalent également de crustacés et de coquillages, tels que les *cholgas*, de petites moules séchées.

L'Argentine est justement célèbre pour son élevage bovin. Les Argentins aiment à se retrouver autour d'un *asado*, un barbecue géant. Ils préparent beaucoup de ragoûts, à base de viande, de pommes de terre, de maïs et de piment, mais également de fruits. Le mouton, dont l'élevage est important dans le sud du pays, et le poisson sont aussi très présents sur les tables.

LA VIE QUOTIDIENNE

LE PETIT DÉJEUNER. Il ressemble au petit déjeuner français : café, thé ou chocolat accompagnent des tartines de confiture.

LE DÉJEUNER. Salade, plat de viande ou de poisson suivant les régions, et dessert sont classiques. Les Brésiliens consomment des haricots et du riz tous les jours. Ils les accompagnent de *farofa*. Cette préparation à base de farine de manioc et de beurre est cuite et mélangée aux plats, elle en relève la saveur et leur confère du croquant.

LE DÎNER. Pris plus tardivement qu'en Europe, il est assez semblable au déjeuner. Les Argentins, comme les Brésiliens, ont l'habitude de manger de la viande deux fois par jour.

LES JOURS DE FÊTE

NOËL. Les fêtes religieuses, très suivies, donnent lieu à des repas copieux. Il n'y a pas vraiment de menu spécifique, mais la dinde, notamment au Chili, ou le porc, surtout en Argentine, fait office de plat principal.

LA FÊTE DES ROIS. Célébrée le 6 janvier, cette fête est l'occasion de déguster un gâteau proche de la galette des Rois française. Le 5 au soir, les petits Argentins préparent leurs souliers, car les Rois mages apportent des cadeaux, comme le père Noël.

PÂQUES. C'est fréquemment l'occasion de manger un plat de poisson, surtout en Argentine où l'on consomme par ailleurs essentiellement de la viande. Des œufs peints servent à la décoration des tables.

LES PRODUITS

C'est du continent sud-américain que viennent nombre de produits qui ont ensuite séduit le reste du monde.

LE CAFÉ

Les fleurs blanches du caféier donnent de petits fruits rouges (les cerises), qui contiennent chacun une graine double, le grain de café vert. Cent kilos de fruits rouges donneront environ dix-sept kilos de café torréfié. Pour en arriver là, il faut d'abord laisser sécher les cerises, puis en extraire les grains. Ceux-ci sèchent à leur tour, sont décortiqués, triés, calibrés et polis. Ils sont ensuite torréfiés, et leur couleur vire progressivement sous l'effet de la chaleur. Idéalement, les grains de café devraient être broyés juste avant leur consommation. Les moutures diffèrent selon les goûts et selon leur utilisation : fine

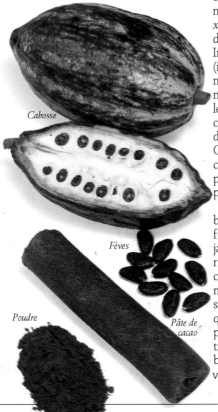

Cabosse

Fèves

Poudre

Pâte de cacao

pour les cafetières, moyenne ou grosse pour les expresso, farineuse pour les cafés «à la turque».

La variété de café la plus répandue est la *coffea arabica*. Selon les pays, les dénominations diffèrent, et c'est ainsi que l'on parle de *National* et de *Sumatra* au Brésil, premier producteur mondial. Certaines variétés portent le nom du pays où elles sont produites. C'est le cas du *colombie*, du *nicaragua* ou du *guatemala*. L'arabica comporte 4 principaux sous-groupes : *typica*, *bourbon*, *maragogype* et *moka*. Le *maragogype*, aux grains volumineux, fut découvert vers 1870 dans une plantation de la petite ville brésilienne Maragogype, mais il est cultivé dans toute l'Amérique latine.

Le *coffea robusta* a été découvert au Congo, en Afrique. Les fruits poussent nombreux et en grappes. Les grains sont plus petits que ceux de l'*arabica*. Ils sont de couleur beige ou brun clair. Le *robusta* est surtout implanté en Afrique et en Indonésie. On l'utilise aussi en Amérique du Sud pour faire des mélanges.

LE CACAO

Pour les Aztèques, qui utilisaient ses fèves comme monnaie, le cacaoyer était un don du dieu Quetzacoatl. Ils nommaient la boisson qu'on en tirait *xocoatl* qui signifie «eau aigre» et a donné le mot «chocolat». En effet, les Indiens buvaient le cacao sans sucre (ils ne connaissaient pas ce dernier), mais ils l'aromatisaient à la vanille, au maïs, voire au piment ! Le Brésil est le deuxième producteur mondial de cacao. Sont également de gros producteurs l'Équateur, le Mexique et la Colombie. En Amérique du Sud, le cacao entre dans la composition de plusieurs plats salés et il est très apprécié comme boisson.

Les fruits du cacaoyer, appelés «cabosses», contiennent une trentaine de fèves, dont la couleur va du blanc-jaune (variété *criollo*) au bleuâtre (variété *forastero*). Pour fabriquer du chocolat, les fèves sont mises à fermenter, puis elles sont triées, lavées, séchées et torréfiées. On les décortique et on les broie pour produire la pâte de cacao. Lors de cette opération, on extrait environ 55% du beurre de cacao contenu dans les fèves. La pâte de cacao est ensuite pressée pour un nouveau dégraissage. Les blocs de cacao solide ainsi obtenus sont broyés et donnent de la poudre de cacao.

Le chocolat à croquer s'obtient par un mélange de pâte de cacao, de sucre et de beurre de cacao. Le chocolat au lait, dont la formule fut mise au point en Suisse, résulte d'un mélange de chocolat amer moulu, de beurre de cacao, de sucre et de lait.

Le beurre de cacao connaît aussi des utilisations non gastronomiques. Il fait partie des composants de savons et produits cosmétiques.

LA TOMATE

Parmi les produits du continent américain les plus célèbres figure la tomate. Celle-ci, originaire du Pérou, fut importée en Espagne par les conquistadors vers 1500. Son nom, d'origine aztèque, était *tomatl*, tandis qu'en Europe, elle fut longtemps connue sous le nom de «pomme du Pérou». La tomate est résistante et prolifique et elle se prête à différents modes de culture, depuis les plus naturels jusqu'aux cultures sans sol et sans soleil, réalisées dans des conditions tout à fait artificielles. C'est pourquoi on en compte aujourd'hui de multiples variétés aux qualités diverses. Les tomates d'été, ayant bénéficié d'un fort ensoleillement et de peu d'eau, sont les plus savoureuses. La tomate verte d'Amérique latine (*tomate verde* ou *fresadilla*) n'est pas une tomate cueillie avant maturité, mais un fruit d'une espèce différente de la tomate rouge. On la trouve en conserve, sous l'appellation de *tomatillo*.

LE HARICOT

Autre légume originaire d'Amérique du Sud, le haricot fut rapporté en Italie par Piero Valeriano à l'intention du pape Clément VII en 1529. Par la suite apparurent de nombreuses variétés, comme le haricot vert.

LES VINS

ARGENTINE. La vigne a été introduite en Argentine par les Jésuites au XVIᵉ siècle. Mais son développement est dû aux immigrants italiens qui irriguèrent la région de Mendoza, à un millier de kilomètres à l'ouest de Buenos Aires. En effet, en Amérique du Sud, la vigne est une culture d'irrigation, car les précipitations de printemps et d'été, périodes de croissance et de maturation des fruits, sont trop faibles. Aujourd'hui, l'Argentine est le quatrième producteur mondial de vin, derrière l'Italie, la France et l'Espagne. Sa production est encore peu exportée, car 70% de celle-ci sont constitués par des vins de table courants. Cependant, une culture de qualité se développe, grâce notamment à l'action des viticulteurs français et à l'introduction de nouveaux cépages importés d'Europe.

Le cépage malbec est à la base des 2/3 des vins argentins. Le *criollas*, premier à avoir été introduit dans ce pays, donne encore naissance à la plupart des vins blancs et rosés.

La région de Mendoza est restée la plus productive. C'est au nord de cette zone que les meilleurs vins argentins, issus des cépages malbec et cabernet sauvignon, sont produits. Ce sont des vins rouges généreux, rappelant les bordeaux. Les viticulteurs argentins travaillent aussi le *tempranilla*, le sémillon, le muscatel rosé, le malvoisie, le pinot blanc... La province de San Juan produit un vin rouge fort, plutôt lourd. Par contre les vins rouges du Rio Negro, au sud de la région de Mendoza, sont plus légers et plus secs. Mais ils ne représentent que 5% de la production nationale. Les Argentins ont tendance à consommer le vin exagérément vieilli.

Les vins d'exportation font l'objet de soins attentifs de la part des *bodegas* (entreprises vinicoles) et se conforment au goût européen. Ils sont souvent les seuls à être millésimés. Comme le fait Michel Torino, de la *bodega de La Rosa*, les récoltants indiquent sur l'étiquette l'année de récolte et l'année de mise en bouteille.

CHILI. Le Chili est un pays de 4 300 km de long. Seule sa partie centrale, au sud de Santiago et jusqu'au fleuve Bío-Bío, offre un climat de type méditerranéen auquel la vigne a pu s'adapter. Introduite au début du XVIᵉ siècle par les Espagnols, celle-ci a pu se développer ici aussi grâce à une irrigation intensive. Au pied des Andes, le printemps et l'été sont secs et l'amplitude thermique entre le jour et la nuit est importante : ces conditions de culture donnent aux vins chiliens leurs caractéristiques. Ils sont robustes et fruités. Les cépages d'origine française ont été importés il y a 150 ans et sont à l'origine de vins de meilleure qualité.

Le sauvignon, le sémillon et le chardonnay sont à la base de la plupart des vins blancs, comme le *concha y toro* ; le cabernet sauvignon, le merlot, et le malbec de la plupart des vins rouges. La région du Maule, à 200 km au sud de Santiago, est réputée pour donner des vins rouges et blancs de qualité. C'est d'ailleurs à proximité, dans la province de Cauquenes, que les premiers viticulteurs espagnols s'installèrent. La vallée du Maipo, au sud-est de Santiago, a été mise en valeur par les immigrants italiens. Les vins exportés sont parmi les meilleurs et réservent d'heureuses surprises. Il s'agit surtout de cabernets. Les producteurs les plus importants, comme les Undurraga (vignoble fondé en 1885), se sont installés à la fin du siècle dernier.

Concha y toro

Undurraga

Bodega de La Rosa

Les Entrées

Ajïaco

Colombie

POUR 6 PERSONNES

PRÉPARATION : 20 MIN

CUISSON : 1 H ENVIRON

Boisson conseillée :

BEAUJOLAIS

1 poulet de 1,5 kg coupé en morceaux • 2 os de veau • 1 oignon • 1 clou de girofle • 2 petits piments forts • 1 bouquet garni • 1/2 cuill. à café de cumin en poudre • 4 tubercules de manioc (ou 4 pommes de terre) • 1 banane plantain • 2 épis de maïs • 1 cuill. à café de vinaigre de xérès • sel, poivre blanc

1 Portez 1,5 l d'eau à ébullition dans un faitout.
2 Salez et poivrez les morceaux de poulet.

Plongez-les ainsi que les os de veau dans de l'eau bouillante. À la reprise de l'ébullition, écumez. Laissez cuire à petits bouillons.
3 Pelez l'oignon, piquez-le du clou de girofle. Fendez les piments sur toute la longueur. Ajoutez-les au bouillon, ainsi que le bouquet garni. Assaisonnez de cumin, sel et poivre. Prolongez la cuisson 30 min et écumez.
4 Retirez les morceaux de poulet du faitout. Désossez-les et retirez la peau. Filtrez le bouillon.
5 Remettez-le dans le faitout ainsi que les morceaux de poulet. Faites cuire 30 min de nouveau.
6 Épluchez le manioc, coupez-le en dés et faites-le cuire 25 min à l'eau bouillante salée. Ajoutez-le dans le faitout.
7 Épluchez la banane et rompez-la à la main en 4 morceaux. Coupez chaque épi de maïs en 2.
8 Mettez-les dans le faitout. Arrosez avec le vinaigre. Faites cuire encore 5 min. Servez.
Il existe de nombreuses variantes de cette recette très populaire en Colombie. Enrichie de jarret de bœuf, elle devient un plat complet.

Soupe de congre

Chili

POUR 4 PERSONNES

PRÉPARATION : 30 MIN

CUISSON : 45 MIN

Boisson conseillée :

POUILLY

1 morceau de congre de 1 kg • 1 l de bouillon de poule • 1 branche de céleri • 1 bouquet garni • 3 oignons • 4 tomates • 4 pommes de terre • 30 g de beurre • 1 cuill. à café de vinaigre de xérès • sel, poivre blanc

1 Dans un faitout, versez le bouillon. Ajoutez la branche de céleri et le bouquet garni. Salez et poivrez.
2 À l'ébullition, ajoutez le congre et faites cuire entre 25 et 30 min.
3 Retirez le poisson du bouillon, réservez ce dernier. Retirez la peau et les arêtes du congre et séparez la chair.
4 Pelez et hachez finement les oignons.
5 Plongez les tomates 1 min dans de l'eau bouillante, pelez-les, épépinez-les, concassez-les.
6 Faites cuire les pommes de terre 20 min à l'eau salée. Elles ne doivent pas être totalement cuites. Pelez-les et coupez-les en rondelles.
7 Dans une cocotte, faites fondre le beurre. Dorez-y les oignons 2 min. Ajoutez les tomates et faites cuire 5 min.
8 Filtrez le bouillon, versez-le dans la cocotte. Salez, poivrez, poursuivez la cuisson 5 min dès la reprise de l'ébullition.
9 Ajoutez les pommes de terre, le poisson et le vinaigre. Laissez cuire encore 10 min. Servez.

Soupe de crevettes au maïs

Brésil

POUR 4 PERSONNES

PRÉPARATION : 20 MIN

CUISSON : 1 H 10

750 g de grosses crevettes • 1 bouquet garni • 1 gousse d'ail • 1 oignon • 1 petit piment fort • 4 pommes de terre • 100 g de riz à grains longs • 750 g de petits pois • 2 épis de maïs frais • 5 cl de crème fraîche • sel

1 Faites cuire les crevettes 3 min à l'eau bouillante salée. Décortiquez et mixez les carapaces.
2 Mettez-les avec le bouquet garni dans une casserole. Salez, couvrez de 50 cl d'eau, portez à ébullition et laissez cuire 15 min.
3 Pelez et hachez l'ail et l'oignon. Lavez le piment et fendez-le en 2.
4 Filtrez le bouillon, versez-le dans un faitout. Allongez-le de la même quantité d'eau. Mettez l'ail, l'oignon et le piment dans le faitout. Amenez à ébullition.
5 Pelez et lavez les pommes de terre. Coupez-les en morceaux et ajoutez-les au bouillon. Poursuivez la cuisson 30 min.
6 Versez le riz en pluie et faites cuire 15 min.
7 Écossez les petits pois. Ajoutez les crevettes, les petits pois et les épis de maïs coupés en tronçons dans le faitout. Faites chauffer 5 min.
8 Retirez le piment. Délayez la crème dans le bouillon et servez.

Pudding de crabe

━━━

Chili

POUR 4 PERSONNES

PRÉPARATION : 45 MIN

CUISSON : 55 MIN

500 g de chair d'araignée de mer (ou de crabe) • 75 g de pain rassis • 20 cl de lait • 3 pommes de terre • 3 œufs + 1 jaune • 1 oignon • 2 échalotes • 50 g de beurre + beurre pour le moule • noix de muscade • 1 pincée de cannelle • 1 pincée de piment de Cayenne • 250 g de fromage de chèvre mi-frais • 20 g de chapelure • sel

1 Écroûtez le pain. Faites tremper la mie dans 10 cl de lait tiède.
2 Épluchez et lavez les pommes de terre. Faites-les cuire 25 min dans de l'eau bouillante salée. Réduisez-les en purée.
3 Incorporez le jaune d'œuf et le reste du lait à la purée. Mélangez bien.
4 Pelez l'oignon et les échalotes. Hachez-les. Faites fondre 20 g de beurre dans une poêle et faites-y revenir le hachis.
5 Cassez les œufs, séparez les blancs des jaunes.
6 Dans un saladier, mettez la chair d'araignée de mer, le pain bien essoré, l'oignon, les échalotes, les jaunes d'œufs, la cannelle, le poivre de Cayenne et la purée de pommes de terre. Salez et poivrez. Râpez 1 pincée de noix de muscade. Mélangez bien.
7 Battez les blancs en neige et ajoutez-les à la préparation précédente.
8 Préchauffez le four à 200 °C (therm. 6).
9 Beurrez un moule à cake. Coupez le chèvre en tranches fines. Coupez le reste du beurre en petits morceaux.
10 Dans le fond du moule, étalez une couche de la préparation à base de crabe. Recouvrez de tranches de chèvre remplissez le moule avec le reste de la préparation. Poudrez de chapelure, parsemez de petits morceaux de beurre.
11 Enfournez et faites cuire 30 min. Servez dans le moule.

Canja

━━━

Brésil

POUR 6 PERSONNES

PRÉPARATION : 20 MIN

CUISSON : 2 H 30

1 poule de 1,5 kg coupée en morceaux • 3 carottes • 1 oignon • 2 navets • 2 poireaux • 4 tomates • 100 g de riz à grains longs • 50 g de jambon fumé • sel, poivre blanc

1 Épluchez et lavez les carottes, coupez-les en tronçons. Pelez l'oignon et les navets puis coupez-les en 4.
2 Coupez les pieds et une partie du vert des poireaux. Fendez les blancs aux 3/4 et lavez-les. Liez-les ensemble.
3 Plongez les tomates pendant 1 min dans de l'eau bouillante, pelez-les, épépinez-les puis concassez-les.
4 Dans un faitout, versez 1 l d'eau. Ajoutez les morceaux de poule, l'oignon, les carottes, les navets et les poireaux.
5 Amenez à ébullition, baissez le feu et faites cuire 2 h environ.
6 Avec une écumoire, retirez tous les légumes, réservez-les.
7 Jetez le riz dans le bouillon et ajoutez les tomates. Salez et poivrez. Faites cuire 20 min.
8 Dans le faitout, mettez le jambon découpé en lamelles et les légumes réservés. Faites cuire 10 min. Servez aussitôt.

Saint-Jacques à la crème et au fromage

━━━

Chili

POUR 4 PERSONNES

PRÉPARATION : 30 MIN

CUISSON : 30 MIN

Boisson conseillée :

GRAVES BLANC

8 coquilles Saint-Jacques • 2 tomates • 4 pommes de terre • 1 gousse d'ail • 3 échalotes • 1/2 crottin de chèvre sec • 1 petit piment fort frais • 30 g de beurre • noix de muscade • 1 pincée de poivre de Cayenne • 10 g de paprika doux • 50 cl de court-bouillon • 2 cuill. à soupe de vinaigre • 4 œufs • 50 cl de crème fraîche • sel

1 Plongez les tomates pendant 1 min dans l'eau bouillante, pelez-les, épépinez-les, concassez-les.
2 Épluchez et lavez les pommes de terre. Faites-les cuire environ 20 min à la vapeur.
3 Pelez l'ail et les échalotes, hachez-les. Râpez le chèvre. Lavez le piment, fendez-le en 2.
4 Dans une sauteuse, faites revenir l'ail et les échalotes avec le beurre.
5 Ajoutez les tomates, le poivre de Cayenne, le paprika et le piment et 1 pincée de muscade. Versez le court-bouillon. Faites cuire 15 min après le début de l'ébullition.
6 Coupez les Saint-Jacques en 2 dans l'épaisseur. Faites-les cuire environ 3 min dans de l'eau bouillante.
7 Faites bouillir 50 cl d'eau vinaigrée. Baissez le feu au maximum et faites-y pocher les œufs 3 min à petits bouillons. Sortez-les avec une écumoire. Posez chaque œuf dans une assiette creuse.
8 Répartissez les noix de Saint-Jacques et les pommes de terre dans les assiettes.
9 Retirez le piment et liez la sauce avec la crème. Nappez le contenu de chaque assiette de cette sauce, parsemez de chèvre et servez immédiatement.

Les Sauces

Pâte de piments jaunes

POUR 15 CL
PRÉPARATION : 10 MIN
CUISSON : 10 MIN

6 beaux poivrons jaunes (ou 12 piments jaunes doux) • 1 oignon • 1 cuill. à soupe d'huile d'olive • 1 cuill. à soupe de vinaigre blanc • sel

1 Dans une casserole, faites cuire les poivrons dans de l'eau bouillante pendant 10 min.
2 Égouttez-les. Ôtez les pédoncules, les graines et les filaments blancs. Coupez la chair en morceaux.
3 Pelez et émincez finement l'oignon.
4 Mettez dans le bol d'un mixer les morceaux de poivron, l'oignon émincé, l'huile d'olive, le vinaigre et 1 cuillerée à soupe de sel. Mixez jusqu'à obtenir une pâte.
5 Transvasez cette pâte dans un bocal à fermeture hermétique. Mettez-la au réfrigérateur.
Cette pâte se conserve environ 8 jours.

Sauce créole froide

Venezuela
POUR 25 CL
PRÉPARATION : 10 MIN
CUISSON : 1 MIN

2 tomates • 2 piments forts frais • 1 petit bouquet de persil • 1 oignon • 2 cuill. à soupe d'huile • 2 cuill. à soupe de vinaigre blanc • sel, poivre

1 Plongez les tomates 1 min dans de l'eau bouillante, pelez-les, épépinez-les, concassez-les.
2 Lavez les piments, ôtez le pédoncule et retirez les graines à l'aide d'une pointe de couteau. Coupez-les en fines rondelles.
3 Lavez le persil. Pelez l'oignon, émincez-le.
4 Dans le bol d'un mixer, mettez tous les ingrédients de la sauce. Mixez longuement jusqu'à l'obtention d'une pâte onctueuse.
5 Transvasez la sauce dans un bol et gardez au frais au moins 1 h.
Cette sauce accompagne les viandes et les poissons. Couverte, elle se conserve 8 jours au frais.

Les Plats

Langouste à la chilienne

Chili
POUR 4 PERSONNES
PRÉPARATION : 15 MIN
CUISSON : 45 MIN

Boisson conseillée :
GRAVES BLANC

2 belles langoustes vivantes • 1 bouquet garni
pour la sauce : 2 oignons • 1 carotte • 3 cuill. à soupe d'huile • 15 g de farine • 20 cl de xérès sec • 25 cl de bouillon de bœuf • 1 tomate • 1 gousse d'ail • 1 bouquet de persil • sel, poivre

1 Remplissez un faitout d'eau aux 3/4. Ajoutez le bouquet garni, salez, poivrez. Portez à ébullition.
2 Plongez-y les langoustes et faites-les cuire à gros bouillons pendant 20 min. Égouttez-les et laissez-les refroidir. Décortiquez-les et coupez les queues en tronçons réguliers.
3 Préparez la sauce. Pelez et hachez 1 oignon. Grattez, lavez et râpez la carotte. Dans une casserole, faites revenir l'oignon et la carotte, dans 1 cuillerée à soupe d'huile pendant 2 min en remuant. Poudrez de farine et poursuivez la cuisson 2 à 3 min. Arrosez de 10 cl de xérès et de tout le bouillon. Portez à ébullition. Filtrez la sauce et réservez-la.
4 Plongez la tomate pendant 1 min dans de l'eau bouillante, pelez-la, épépinez-la et concassez-la. Pelez et hachez l'ail et le second oignon. Lavez puis hachez finement le persil.
5 Faites chauffer 2 cuillerées à soupe d'huile dans une sauteuse et faites-y revenir l'oignon puis ajoutez l'ail et la tomate. Mouillez avec 10 cl de xérès. Versez la sauce que vous aviez réservée dans la sauteuse. Goûtez et rectifiez l'assaisonnement si nécessaire. Prolongez la cuisson pendant environ 15 min.
6 Ajoutez la langouste et poursuivez la cuisson pendant 5 min. Disposez dans un plat de service chaud, parsemez de persil haché et servez.
Les langoustes proviennent en général de l'île Juan Fernandez, qui se trouve en face de Valparaiso, le principal port du Chili.

Crevettes aux cacahuètes

━━━

Brésil

POUR 4 PERSONNES

TREMPAGE : 45 MIN

PRÉPARATION : 45 MIN

CUISSON : 40 MIN

Boisson conseillée :

SYLVANER

1 kg de grosses crevettes roses • 100 g de crevettes séchées • 120 g de cacahuètes • 40 g de noix de cajou non salées • 250 g de gombos • 3 poivrons • 1 gousse d'ail • 1 oignon • 3 belles tomates • 4 cuill. à soupe d'huile de palme • 50 cl de lait de coco • 15 g de farine de manioc • 2 brins de coriandre fraîche • sel

1 Faites tremper les crevettes séchées 45 min dans l'eau tiède.
2 Décortiquez les crevettes roses. Sortez les cacahuètes de leur gousse et enlevez la peau rouge qui recouvre les graines.
3 Dans une poêle sèche posée sur feu très doux, mettez les cacahuètes et les noix de cajou. Faites-les chauffer 5 min en re-muant afin qu'elles déga-gent leur huile, mais en veillant à ce qu'elles ne brunissent pas. Passez-les au mixer.
4 Égouttez les crevettes séchées en réservant leur eau de trempage. Mixez-les également.
5 Lavez et équeutez les gombos, coupez-les en tronçons. Lavez les poi-vrons, équeutez-les, ôtez les graines et les fila-ments blancs. Coupez-les en morceaux. Pelez et égermez l'ail. Épluchez l'oignon. Hachez l'ail et l'oignon. Plongez les to-mates 1 min dans l'eau bouillante, pelez-les, épé-pinez-les, concassez-les.
6 Dans une poêle, chauffez 1 cuillerée à soupe d'huile de palme. Faites-y d'abord revenir l'ail et l'oignon 2 min en remuant. Ajoutez ensuite les tomates, les gombos et les poivrons. Faites cuire 15 min sans cesser de tourner.
7 Versez dans une casse-role 25 cl de lait de coco. Ajoutez les crevettes sé-chées et leur eau de trem-page, les cacahuètes et les noix de cajou. Salez. Faites cuire à feu doux.
8 Délayez dans la farine de manioc le reste de lait de coco. Ajoutez-les dans la casserole et faites cuire 15 min en remuant. Ajoutez les crevettes roses, terminez la cuis-son 5 min en tournant de temps en temps. Versez le contenu de la poêle dans la casserole. Incor-porez le reste d'huile de palme et mélangez.
9 Lavez et ciselez la co-riandre. Versez les crevet-tes en sauce dans un plat creux. Parsemez de co-riandre.
Accompagnez de pâte de piments jaunes (voir p. 413).

Tourte de bœuf aux pêches meringuée

━━━

Argentine

POUR 6 À 8 PERSONNES

REPOS DE LA PÂTE : 1 H

TREMPAGE : 30 MIN

PRÉPARATION : 25 MIN

CUISSON : 1 H 10

Boisson conseillée :

LISTEL GRIS

pour la pâte : 400 g de farine • 350 g de beurre ramolli • 5 jaunes d'œufs • 160 g de sucre semoule • 25 cl de vin muscat

pour la farce : 800 g de tranche grasse de bœuf • 60 g de raisins secs • 10 cl de vin blanc doux • 6 pêches • cannelle en poudre • girofle en poudre • 2 cuill. à soupe d'huile • sel, poivre

pour la meringue : 4 blancs d'œufs • 50 g de sucre semoule

1 Mettez les raisins à tremper pendant 30 min dans le vin blanc.
2 Versez la farine dans une terrine et faites un puits. Ajoutez le beurre découpé en petits mor-ceaux et pétrissez. Incor-porez les jaunes d'œufs l'un après l'autre.
3 Versez le sucre et le vin muscat. Pétrissez pour bien mélanger le tout et partagez la pâte en 2 boules de taille égale. Enveloppez-les dans un torchon et faites-les reposer 1 h au frais.
4 Pendant ce temps, épluchez les pêches, cou-pez-les en 2 et dénoyau-tez-les. Réservez-les sur une assiette.
5 Coupez la viande en tout petits cubes.
6 Dans une sauteuse, faites chauffer l'huile. Faites-y revenir la viande à feu vif pendant 5 min en prenant garde de ne pas la faire griller.
7 Assaisonnez d'une grosse pincée de cannelle et de girofle. Salez et poi-vrez. Laissez mijoter 10 min puis versez les raisins et le vin blanc. Prolongez la cuisson 20 min et laissez refroidir.
8 Préchauffez le four à 200 °C (therm. 6).
9 Étalez la pâte au rou-leau sur un plan de tra-vail fariné en 2 abaisses de la taille d'un plat à tarte. Beurrez le plat et tapissez-le d'une abaisse.
10 Disposez la farce sur le fond. Répartissez les demi-pêches par-dessus et arrosez du jus qu'elles ont rendu.
11 Recouvrez de la seconde abaisse et re-pliez les bords. Collez-les en appuyant avec les doigts pour qu'ils soient bien soudés. Enfournez et laissez cuire 30 min.
12 Battez les blancs en neige ferme en incorpo-rant le sucre progressive-ment.
13 Étalez la meringue sur le dessus de la tourte et prolongez la cuisson 5 min à 240 °C (therm. 8) pour faire dorer.
14 Sortez le plat du four, poudrez le dessus de cannelle et servez aussitôt.

Ceviche

Équateur, Pérou et Mexique

POUR 4 PERSONNES

PRÉPARATION : 20 MIN

MACÉRATION : 4 H

CUISSON : 15 MIN

Boisson conseillée :

SYLVANER

---

800 g de lotte • 1 gros oignon • 1 gousse d'ail •
1 petit piment vert • 1 orange amère • 6 citrons verts •
3 épis de maïs frais • quelques feuilles de laitue • sel

---

1 Pelez l'oignon et l'ail. Hachez l'ail, coupez l'oignon en fines rondelles. Fendez le piment en 2 dans le sens de la longueur, retirez les graines et les filaments blancs puis effilez la chair en fines lamelles.

2 Coupez l'orange amère et les citrons verts en 2, horizontalement. Pressez-les dans un presse-agrume à main. Mélangez les jus et réservez-les dans le bol.

3 Coupez la lotte en 4 darnes égales. Déposez celles-ci au fond d'un saladier. Recouvrez-les d'ail, d'oignon et de piment. Salez et arrosez avec le jus des agrumes. Laissez macérer au frais pendant 4 h en retournant de temps en temps les morceaux de lotte.

4 Remplissez une casserole d'eau salée à moitié. 15 min avant la fin de la macération du poisson, portez-la à ébullition. Plongez-y les épis de maïs et laissez-les cuire pendant 10 min à partir de la reprise de l'ébullition. Égouttez-les et réservez-les. Lorsqu'ils

ont un peu refroidi, coupez-les en 2 tronçons de taille égale. Réservez-les au chaud.

5 Pendant ce temps, lavez et séchez les feuilles de laitue. Disposez-les sur un plat de service rond. Sortez les darnes de lotte de la marinade et égouttez-les. Disposez-les sur les feuilles de salade et décorez-les de quelques rondelles d'oignon et de lamelles de piment de la marinade. Rangez les épis de maïs chauds tout autour du plat et servez immédiatement.
C'est l'acidité des citrons qui cuit le poisson et lui donne cet aspect très blanc, sans aucune transparence.
Au Mexique, le poisson est coupé en petits cubes et marine toute la nuit.

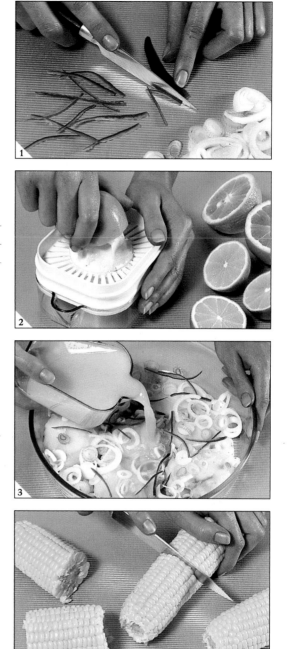

Bœuf aux haricots et aux bananes plantains

Venezuela

POUR 4 PERSONNES

TREMPAGE : 12 H

PRÉPARATION : 30 MIN

CUISSON : 1 H 30 À 2 H

Boisson conseillée :

CABERNET SAUVIGNON

4 tranches de faux-filet de bœuf de 200 g • 2 grosses bananes plantains • 3 cuill. à soupe d'huile • 1 bouquet de coriandre fraîche • sel, poivre

pour les haricots : 375 g de haricots noirs secs •

1 oignon • 1 poivron vert • 2 gousses d'ail • 20 g de saindoux • sel

pour la sauce : 4 tomates • 2 oignons • 2 gousses d'ail • 40 g de saindoux • 1 petit piment chili • 1/2 cuill. à café de cumin en poudre • sel, poivre blanc

1 La veille, faites tremper les haricots dans de l'eau froide.

2 Égouttez les haricots et mettez-les dans une cocotte. Recouvrez-les d'eau salée. Amenez à ébullition. Égouttez-les. Remettez-les dans la cocotte. Recouvrez-les d'eau froide, salez et faites-les cuire à feu doux de 1 h 30 à 2 h selon leur degré de dureté.

3 Pendant ce temps, pelez et émincez l'oignon. Lavez le poivron, ôtez le pédoncule, les graines et les filaments blancs, coupez-le en fines lamelles. Pelez et écrasez l'ail.

4 Dans une poêle, faites fondre le saindoux. Faites-y revenir l'oignon, l'ail et le poivron en remuant. Transvasez le contenu de la poêle dans la cocotte.

5 Préparez la sauce. Plongez les tomates 1 min dans de l'eau bouillante, pelez-les, épépinez-les et concassez-les. Épluchez les oignons et l'ail. Émincez les oignons, hachez l'ail.

6 Dans une poêle, faites fondre le saindoux. Faites-y revenir l'oignon, l'ail et les tomates pendant 5 min. Ajoutez le piment, le cumin, du sel et du poivre. Poursuivez la cuisson 15 min.

7 Préparez les bananes. Épluchez-les et coupez-les en 4 dans le sens de la longueur.

8 Faites chauffer l'huile dans une poêle et faites-y frire les bananes de 8 à 10 min en les retournant à mi-cuisson.

9 Faites cuire la viande sur un gril ou au barbecue, de 1 à 2 min de chaque côté, ou plus selon votre goût. Salez et poivrez.

10 Lavez et ciselez la coriandre. Posez les tranches de viande sur un plat chaud, parsemez-les de coriandre et entourez-les de bananes. Servez les haricots dans un légumier et la sauce à part. Vous pouvez remplacer les haricots noirs par des haricots rouges ou des haricots cocos.

Matambre

Argentine

POUR 8 PERSONNES

PRÉPARATION : 30 MIN

CUISSON : 2 H 30

Boisson conseillée :

CABERNET

1 tranche de 1 kg de flanchet de bœuf • 300 g d'épinards en branches • 2 gousses d'ail • 3 oignons • 4 œufs durs • 1 cuill. à café de cumin en poudre • 30 g de saindoux • 4 crépinettes • 300 g de grains de maïs en conserve • sel, poivre

1 Demandez à votre boucher de dégraisser et d'aplatir au maximum le flanchet.

2 Lavez et équeutez les branches d'épinards. Plongez-les dans une casserole d'eau bouillante salée et faites-les cuire environ 8 min à gros bouillons. Arrêtez la cuisson en les passant sous l'eau froide, commencez par les égoutter puis pressez-les pour en retirer l'excédent d'eau.

3 Pelez les gousses d'ail et les oignons, hachez-les séparément. Écalez les œufs.

4 Posez le flanchet sur une planche. Salez et poivrez. Parsemez la surface de la moitié de l'ail et du tiers des oignons hachés. Poudrez avec la moitié du cumin. Étalez les épinards par-dessus et posez les œufs à un bout de la tranche, les uns à côté des autres.

5 Roulez le tout en serrant et ficelez très serré.

6 Dans une poêle, faites fondre le saindoux à feu plutôt vif. Faites revenir le roulé 5 min en le tournant régulièrement.

7 Préchauffez le four à 180 °C (therm. 5).

8 Retirez le roulé de la poêle et réservez-le avec le jus de cuisson.

9 Posez la viande dans un plat allant au four et arrosez de 15 cl d'eau chaude. Couvrez, enfournez et faites cuire pendant 2 h. Surveillez le jus pendant la cuisson et ajoutez un peu d'eau chaude si nécessaire.

10 Faites dorer le reste d'ail et d'oignon dans la poêle contenant le jus de cuisson de la viande. Poudrez du reste de cumin et mouillez de 15 cl d'eau chaude. Faites cuire cette sauce à feu doux pendant 15 min.

11 Dans une poêle, faites cuire sans matière grasse les crépinettes 10 min de chaque côté.

12 Rincez et égouttez le maïs, réchauffez-le dans une petite casserole en y ajoutant 1 ou 2 cuillerées à soupe d'eau.

13 Servez le matambre sur un plat, nappé de la sauce et entouré des crépinettes et du maïs.

BŒUF AUX HARICOTS ET AUX BANANES PLANTAINS

•

Au Venezuela, comme dans toute l'Amérique latine, les grillades de bœuf sont fréquemment au menu, la viande étant abondante. Dans cette recette, vous pouvez remplacer les bananes par des patates douces.

Estouffade de bœuf et légumes

Colombie

POUR 6 PERSONNES

PRÉPARATION : 20 MIN

CUISSON : 1 H 30 À 1 H 45

Boisson conseillée :

MADIRAN

1 kg de bœuf (gîte ou macreuse) • 1 fine tranche de lard maigre • 2 branches de céleri • 1 oignon • 1 gousse d'ail • 4 carottes • 4 pommes de terre • 1 cuill. à soupe d'huile • 40 g de farine • 1 cuill. à soupe de vinaigre de xérès • 1 feuille de laurier • 1 branche de thym (ou 2 cuill. à café d'origan) • 1/2 cuill. à café de curcuma • 1/2 cuill. à café de cumin en poudre • 75 cl de bouillon de bœuf • 2 tomates • 400 g de petits pois • sel, poivre

1 Coupez la viande en cubes de taille moyenne et le lard en dés.

2 Débarrassez le céleri de ses filandres et coupez-le en tranches. Pelez et hachez l'oignon et l'ail. Épluchez et lavez les carottes, coupez-les en tronçons. Épluchez les pommes de terre, lavez-les, coupez-les en gros dés, mettez-les dans un saladier, couvrez-les d'eau et réservez-les.

3 Dans une cocotte en fonte, faites revenir le lard dans l'huile pendant environ 5 min.

4 Passez les cubes de viande dans la farine et ajoutez-les dans la cocotte. Faites-les dorer pendant 5 min en remuant. Salez et poivrez. Ajoutez l'ail, l'oignon et le céleri. Mélangez.

5 Arrosez de vinaigre puis ajoutez la feuille de laurier, le thym ou l'origan, le curcuma et le cumin. Versez le bouillon, ajoutez les carottes, couvrez. Laissez mijoter à feu très doux entre 45 min et 1 h. Égouttez les dés de pommes de terre, ajoutez-les dans la cocotte et poursuivez la cuisson pendant 15 min.

6 Pendant ce temps, plongez les tomates 1 min dans de l'eau bouillante, pelez-les, épépinez-les et concassez-les. Écossez les petits pois. Versez les tomates dans la cocotte. Remontez le feu. Dès la reprise de l'ébullition, mettez les petits pois. Couvrez de nouveau, baissez le feu et laissez mijoter 20 min. Au besoin, rectifiez l'assaisonnement. Servez.

Lapin étiré

Bolivie

POUR 4 PERSONNES

PRÉPARATION : 20 MIN

ÉTIRAGE : 1 H

MARINADE : 12 H

CUISSON : 1 H

1 lapin de 1,2 kg nettoyé, préparé et vidé
pour la marinade : 3 gousses d'ail • 1 feuille de laurier • 3 cuill. à soupe de vinaigre • 10 cl d'huile • 1 cuill. à café de paprika doux • 1 forte pincée de poivre de Cayenne • 2 branchettes de thym • 4 feuilles d'estragon • sel

1 La veille, attachez les pattes de devant du lapin et fixez-les à un clou. Attachez un gros poids aux pattes de derrière du lapin. Laissez-le s'étirer une bonne heure. C'est cette extension qui doit donner à sa chair un goût particulièrement fin.

2 Pendant ce temps, préparez la marinade. Pelez et écrasez l'ail. Concassez la feuille de laurier. Dans un plat creux, mettez le vinaigre, l'huile, l'ail, le paprika, le poivre de Cayenne, la feuille de laurier, le thym, l'estragon et du sel.

3 Coupez le lapin en morceaux. Mettez ceux-ci dans le plat et faites-les mariner 12 h en les retournant plusieurs fois.

4 Le lendemain, préchauffez le four à 180 °C (therm. 5).

5 Posez les morceaux de lapin dans un plat allant au four. Enfournez et faites cuire pendant 1 h en arrosant plusieurs fois de marinade. Accompagnez de patates douces cuites au four en même temps que le lapin.

Lapin à la noix de coco

Venezuela

POUR 4 PERSONNES

PRÉPARATION : 20 MIN

CUISSON : 55 MIN

1 lapin de 1,2 kg • 1 noix de coco fraîche • 1 gousse d'ail • 1 oignon • 30 g de saindoux • sel, poivre

1 Percez les yeux de la noix de coco avec une vrille à bois, recueillez le lait de coco dans un bol et délayez-le avec 30 cl d'eau.

2 Cassez la noix. Retirez-en la pulpe, râpez-la. Mettez-la sur un tamis et pressez fortement avec les mains pour retirer le maximum de liquide.

3 Mélangez ce jus avec le lait de la noix et filtrez à travers un linge.

4 Pelez l'ail et l'oignon. Hachez-les.

5 Coupez le lapin en morceaux. Réservez les rognons et le foie. Salez et poivrez les morceaux de lapin.

6 Dans une cocotte à fond épais, faites fondre le saindoux. Faites-y revenir l'ail et l'oignon.

7 Ajoutez les morceaux de lapin et saisissez-les à feu vif pour qu'ils dorent de tous côtés.

8 Versez le lait de coco dans la cocotte. Couvrez et faites cuire à feu doux 30 min. Ajoutez le foie et les rognons et prolongez la cuisson 15 min.

Chevreau à la coriandre

Équateur

POUR 4 PERSONNES

PRÉPARATION : 15 MIN

CUISSON : 45 MIN

1 kg de chevreau • 1 oignon • 1 gousse d'ail • 1 bouquet de coriandre fraîche • 2 tomates • 40 g de saindoux • 1 forte pincée de cumin en poudre • 2 fortes pincées d'origan • 1 pincée de piment fort en poudre • 3 filaments de safran • 25 cl de cidre • sel

1 Coupez le chevreau en morceaux. Pelez l'oignon et l'ail. Hachez-les.
2 Lavez, épongez et ciselez la coriandre. Plongez les tomates 1 min dans de l'eau bouillante, pelez-les, épépinez-les puis concassez-les.
3 Dans une cocotte à fond épais, faites fondre le saindoux. Mettez-y à revenir l'ail et l'oignon en remuant.
4 Mettez les morceaux de chevreau dans la cocotte et faites-les dorer 5 min en les retournant.
5 Retirez les morceaux de chevreau avec une écumoire et réservez-les au chaud sur un plat.
6 Ajoutez les tomates, le cumin, l'origan, le piment et les filaments de safran dans la cocotte. Salez. Faites cuire 5 min.
7 Remettez le chevreau et arrosez de cidre. Poursuivez la cuisson 35 min. En fin de cuisson, parsemez de coriandre.
On trouve le chevreau de mi-mars à début mai. Il s'agit toujours d'un mâle, âgé de 6 semaines à 4 mois.

Porc aux patates douces et aux agrumes

Pérou

POUR 4 PERSONNES

PRÉPARATION : 30 MIN

MARINADE : 12 H

CUISSON : 1 H

Boisson conseillée :

LAMBRUSCO

800 g de filet mignon de porc • 4 oranges à jus • 3 citrons • 4 patates douces • 1 cuill. à soupe d'huile • 1 cuill. à soupe de fécule de maïs • 3 ou 4 filaments de safran • sel, poivre
pour la marinade : 1 gousse d'ail • 25 cl de vinaigre • cumin en poudre

1 Préparez la marinade. Pelez et écrasez l'ail. Mélangez le vinaigre, l'ail et 1 cuillerée à soupe de cumin. Salez, poivrez.
2 Découpez la viande en dés. Mettez ceux-ci dans un plat. Arrosez-les de marinade. Laissez macérer 12 h au frais, remuez de temps en temps.
3 Pressez les oranges et les citrons.
4 Ôtez la viande de la marinade et réservez celle-ci. Salez et poivrez la viande.
5 Lavez les patates douces et faites-les cuire à l'eau bouillante salée de 30 à 35 min. Égouttez-les et réservez-les au chaud.
6 Dans une sauteuse, faites chauffer l'huile. Faites-y revenir les dés de porc et prolongez la cuisson environ 25 min selon leur grosseur.
7 Sortez le porc de la sauteuse. Égouttez la graisse et conservez les sucs de cuisson. Délayez la fécule dans le jus des agrumes. Versez dans la sauteuse. Ajoutez la marinade et le safran. Faites cuire 5 min en tournant.
8 Remettez le porc dans la sauteuse et poursuivez la cuisson 15 min.
9 Épluchez les patates douces et coupez-les en rondelles de 2 cm d'épaisseur. Disposez-les sur un plat de service chaud et versez le porc et sa sauce par-dessus.

Dinde aux prunes

Argentine

POUR 10 PERSONNES

PRÉPARATION : 30 MIN

TREMPAGE : 30 MIN

CUISSON : 2 H 15

Boisson conseillée :

CABERNET

1 dinde de 3 kg avec son foie et son gésier
pour la farce : 30 g de raisins secs • 6 gousses d'ail • 1 oignon • 6 belles pommes • 250 g de prunes • 140 g de saindoux • 500 g de porc haché • 1 cuill. à café de cannelle en poudre • huile • sel, poivre

1 Faites tremper les raisins dans de l'eau tiède de 30 min. Égouttez-les.
2 Coupez le foie et le gésier en petits morceaux.
3 Pelez l'ail et l'oignon. Hachez l'oignon, écrasez l'ail. Pelez et épépinez les pommes, coupez-les en fins quartiers. Dénoyautez les prunes.
4 Dans une grande poêle, faites dorer l'ail et l'oignon dans le saindoux. Ajoutez les abats et faites cuire 5 min.
5 Ajoutez le porc haché, poursuivez la cuisson 10 min en séparant la viande à la fourchette.
6 Incorporez les pommes, les prunes et les raisins. Salez, poivrez et poudrez de cannelle.
7 Préchauffez le four à 180 °C (therm. 5).
8 Farcissez la dinde avec la préparation et cousez les ouvertures. Graissez un plat allant au four et posez-y la dinde. Badigeonnez d'huile à l'aide d'un pinceau. Salez et poivrez.
9 Enfournez et faites cuire 2 h. En cours de cuisson, arrosez la dinde plusieurs fois. Retournez-la à mi-cuisson.
10 Sortez la dinde du four. Découpez-la. Mettez la farce au centre d'un plat et disposez les morceaux de volaille autour. Réservez au chaud. Déglacez le plat de cuisson avec un peu d'eau chaude et versez la sauce dans une saucière.

Poulet froid de Santiago

Chili

POUR 4 PERSONNES

PRÉPARATION : 30 MIN

RÉFRIGÉRATION : 12 H

CUISSON : 40 MIN

1 poulet de 1,5 kg coupé en 8 • 3 oignons • 3 carottes • 2 poireaux • 1 citron • 4 cuill. à soupe d'huile d'olive • 25 cl de xérès • 20 cl de vinaigre blanc • 1 clou de girofle • 1 bouquet garni • sel

1 Pelez les oignons, coupez-les en 2 puis en demi-rondelles. Grattez puis lavez les carottes, coupez-les en fins bâtonnets. Épluchez et lavez les poireaux, coupez-les en lamelles. Lavez et coupez en rondelles le citron.
2 Faites dorer le poulet dans une cocotte avec l'huile pendant 10 min en le retournant.
3 Arrosez de xérès, de vinaigre et de 25 cl d'eau chaude. Ajoutez les oignons, les carottes, les poireaux, le clou de girofle et le bouquet garni. Salez. Portez à ébullition puis faites cuire sur feu doux 30 min.
4 Retirez le bouquet garni, rangez les morceaux de poulet dans un grand plat creux, garnissez avec les légumes et arrosez de la sauce. Décorez de rondelles de citron. Laissez refroidir à température ambiante.
5 Couvrez, faites prendre au réfrigérateur 12 h.

Feijoada

Brésil

POUR 10 PERSONNES

TREMPAGE : 12 H

PRÉPARATION : 1 H

CUISSON : 2 H

Boisson conseillée :

MERLOT

1 kg de haricots noirs • 1 queue de porc 1/2 sel • 500 g de lard fumé maigre • 5 gousses d'ail • 3 feuilles de laurier • 1 oignon • 2 beaux poivrons • 500 g de tomates • 1 petit bouquet de persil • 1 petit bouquet de ciboulette • 3 cuill. à soupe d'huile • 6 petites saucisses fraîches • 6 petites saucisses fumées • 1 chorizo • 1 langue de bœuf dépouillée de sa peau • piment • sel, poivre

pour la farofa : 100 g de raisins secs • 1 gros oignon • 75 g de beurre • 100 g de farine de manioc • 1 banane • 50 g de noix de cajou grillées • sel

pour le riz : 1 kg de riz long • 3 oranges • 2 oignons

1 La veille, faites tremper les haricots dans de l'eau froide. Dans un autre récipient, mettez la queue de porc et le lard à tremper. Renouvelez l'eau plusieurs fois.
2 Le lendemain, pelez l'ail. Égouttez les haricots et mettez-les dans un grand faitout. Couvrez-les largement d'eau salée et ajoutez 4 gousses d'ail et le laurier. Faites cuire à feu très doux 1 h, après le début de l'ébullition.
3 Égouttez les viandes. Mettez-les dans une casserole et recouvrez-les d'eau. Portez à ébullition et faites-les cuire 10 min. Égouttez-les, réservez-les.
4 Pelez et hachez l'oignon. Lavez les poivrons, ôtez les pédoncules et les graines, coupez-les en lanières. Plongez les tomates 1 min dans de l'eau bouillante, pelez-les, épépinez-les et concassez-les. Lavez et ciselez le persil et la ciboulette.
5 Mettez l'huile à chauffer dans une poêle. Faites-y blondir l'oignon en remuant. Ajoutez les poivrons, les tomates, la dernière gousse d'ail et le persil. Faites cuire 15 min à feu moyen en tournant. Salez.
6 Quand les haricots s'écrasent entre les doigts, retirez une louche de haricots et une louche du liquide de cuisson. Écrasez les haricots à la fourchette dans le liquide et ajoutez cette purée dans la poêle. Parsemez de ciboulette et réservez.
7 Coupez les saucisses et le chorizo en morceaux. Détaillez la langue en tranches.
8 Ajoutez toutes les viandes dans le faitout. Poivrez et pimentez.
9 Poursuivez la cuisson 1 h en ajoutant au bout de 30 min la purée de tomates aux oignons. Mélangez délicatement. Vérifiez la sauce en cours de cuisson ; au besoin, rajoutez un peu d'eau.
10 Préparez la farofa. Faites tremper les raisins secs dans de l'eau tiède et égouttez-les. Pelez et hachez l'oignon. Dans une poêle, faites fondre la moitié du beurre et faites-y revenir l'oignon. Salez et ajoutez la farine de manioc puis le reste de beurre sans cesser de tourner. Vous devez obtenir une sorte de sable blond. Mélangez la banane coupée en rondelles, les raisins et les noix de cajou à la farofa.
11 Préparez le riz 20 min avant la fin de la cuisson de la feijoada. Faites-le cuire couvert à l'eau bouillante dans la proportion de 2 mesures d'eau pour 1 mesure de riz. Pelez les oranges à vif. Pelez les oignons. Coupez ces 2 ingrédients en rondelles.
12 Servez la viande dans un plat creux, le riz recouvert des rondelles d'orange et d'oignon dans un autre plat et la farofa dans une coupe. Chacun poudrera son riz de farofa.
La feijoada est le plat national brésilien.

FEIJOADA

•

La feijoada est le plat de toutes les fêtes au Brésil. Elle doit son nom à l'ingrédient principal, le haricot noir (feijao). Vous pouvez varier les autres ingrédients en fonction du marché. La palette, les pieds et le travers de porc conviennent parfaitement, de même que le saucisson à cuire.

Crêpes de potiron

Brésil

POUR 6 PERSONNES
PRÉPARATION : 20 MIN
REPOS DE LA PÂTE : 1 H
CUISSON : 30 MIN

750 g de potiron • 200 g de farine • 4 œufs • 4 cuill. à soupe d'huile • 1 cuill. à café de levure chimique • 50 cl de lait • piment en poudre • sel

1 Retirez l'écorce du potiron, les graines et la partie fibreuse. Coupez la pulpe en morceaux. Faites cuire 20 min à la vapeur. Passez au mixer.
2 Dans une terrine, mélangez la farine à la purée de potiron.

3 Incorporez au mélange les œufs l'un après l'autre, 2 cuillerées à soupe d'huile et, en dernier, la levure. Mélangez.
4 Versez le lait en filet. Vous devez obtenir une pâte lisse. Salez, poivrez et poudrez de piment. Mélangez de nouveau.
5 Couvrez d'un linge, laissez reposer la pâte pendant 1 h.
6 Faites chauffer une poêle très légèrement enduite d'huile.

7 Versez-y une bonne louche de pâte. Ces crêpes doivent être épaisses. Dès que la pâte commence à prendre, faites des trous à la surface avec une fourchette.
8 Cuisez les crêpes 4 ou 5 min en les retournant à la mi-cuisson.
9 Maintenez les crêpes au chaud entre 2 assiettes posées sur une casserole d'eau bouillante pour qu'elles ne se dessèchent pas.

Humitas

Bolivie

POUR 4 PERSONNES
PRÉPARATION : 15 MIN
CUISSON : 20 MIN

300 g de grains de maïs • 2 poivrons rouges • 3 échalotes • 10 cl de lait • huile • 2 œufs • piment fort en poudre • 75 g de sardo (fromage sec) • sel

1 Faites griller les poivrons à la flamme du gaz ou sous le gril du four pendant 10 min. Pelez-les, ôtez les pédoncules, les graines et les filaments blancs. Pelez les échalotes. Hachez-les avec les poivrons.

2 Rincez et égouttez le maïs. Passez-le au mixer en y incorporant le lait.
3 Faites chauffer 10 cl d'huile dans une poêle. Faites-y revenir le hachis de poivrons et d'échalotes 5 min en remuant de temps en temps.
4 Cassez les œufs et battez-les en omelette. Versez la purée de maïs dans la poêle puis les œufs battus. Assaisonnez de piment selon votre goût. Salez. Prolongez la cuisson 2 ou 3 min pour que les œufs cuisent.

5 Râpez le fromage et incorporez-le à la purée. Mélangez. Retirez aussitôt du feu et servez. Traditionnellement, les humitas se préparent dans des feuilles de maïs. Il faut des épis très frais. La pâte, préparée à partir de grains crus concassés et du reste des ingrédients, est enfermée dans les feuilles bien ficelées. Celles-ci cuisent 30 min à l'eau salée. Le *sardo* est un fromage proche du cantal par le goût.

Les Desserts

Douceur au coco

Colombie

POUR 4 PERSONNES
PRÉPARATION : 45 MIN
CUISSON : 1 H 30

2 noix de coco fraîches • 2 citrons • 520 g de sucre semoule • extrait de vanille • 3 œufs • beurre pour le moule

1 Percez les yeux des noix de coco avec une vrille à bois et recueillez le lait dans un bol.
2 Cassez les noix. Retirez la pulpe et râpez-la. Mettez-la dans un petit saladier. Ajoutez le lait de coco et assez d'eau pour recouvrir la pulpe.
3 Pressez les citrons et ajoutez le jus dans le saladier, ainsi que 500 g

de sucre. Parfumez de quelques gouttes d'extrait de vanille.
4 Versez le contenu du saladier dans une casserole et faites cuire pendant 15 min à feu vif.
5 Pendant ce temps, cassez les œufs en séparant les jaunes des blancs. Réservez 2 blancs.
6 Baissez complètement le feu. Incorporez les jaunes progressivement sans cesser de remuer et poursuivez la cuisson environ 15 min en tournant toujours, jusqu'à ce que le mélange se détache de la paroi de la casserole.

7 Beurrez légèrement un moule à soufflé. Versez-y la préparation. Laissez refroidir.
8 Préchauffez le four à 120 °C (therm. 2).
9 Battez les 2 blancs en neige ferme. Incorporez-y le reste de sucre petit à petit.
10 Étalez les blancs en neige sur le dessus du moule.
11 Enfournez et faites sécher la meringue 1 h. Surveillez la cuisson et vérifiez que la meringue ne brunit pas trop.
12 Laissez refroidir et conservez au frais.

Flan à l'ananas

Venezuela

POUR 4 PERSONNES

PRÉPARATION : 15 MIN

CUISSON : 1 H

Boisson conseillée :

ORANGEADE OU CITRONNADE

---

75 cl de lait • 3 œufs entiers + 10 jaunes •

400 g de sucre semoule • 25 cl de jus d'ananas •

2 tranches d'ananas

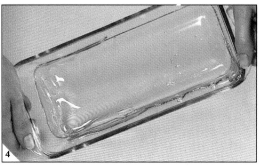

1 Versez le lait dans une casserole. Portez-le à ébullition, sortez du feu et laissez refroidir. Dans un cul-de-poule, cassez les œufs entiers et ajoutez les jaunes. Battez-les à l'aide d'un fouet. Ajoutez 300 g de sucre tout en continuant de fouetter jusqu'à ce que le mélange blanchisse et devienne mousseux.

2 Ajoutez peu à peu le lait puis le jus d'ananas sans cesser de remuer jusqu'à obtenir une crème onctueuse et homogène. Préchauffez le four à 180 °C (therm. 5).

3 Préparez un caramel. Versez le reste du sucre et 6 cuillerées à soupe d'eau dans une casserole. Portez à ébullition et laissez cuire jusqu'à obtenir un caramel brun clair.

4 Versez le caramel dans un moule à cake et étalez-le dans le moule en faisant pivoter celui-ci sur lui-même pour bien le chemiser sur toutes ses faces.

5 Versez la crème dans le moule. Mettez ce moule dans autre moule haut de taille supérieure. Versez de l'eau à mi-hauteur entre les 2 moules de manière à faire un bain-marie. Enfournez et laissez cuire environ 1 h. Vérifiez la cuisson à la pointe d'un couteau. Celle-ci doit ressortir nette et sèche. Sortez le flan du four et laissez-le refroidir. Démoulez-le sur un plat de service. Si nécessaire, servez-vous d'un couteau légèrement mouillé que vous passerez le long des parois du moule. Coupez chaque tranche d'ananas en 4. Répartissez les morceaux sur le dessus du flan pour le décorer.
Ce dessert se déguste très frais. Il est apprécié pour son goût et sa fraîcheur dans ce pays gorgé de soleil.
Pour la décoration, vous ajouterez des cerises confites, des éclats d'angélique ou encore des feuilles de menthe fraîches. Vous pouvez utiliser toutes sortes de moules, il importe qu'il puisse être mis dans un autre moule ou dans une casserole allant au four pour procéder à la cuisson au bain-marie.

Biscuits de Cordoba

Argentine

POUR 20 À 25 BISCUITS

PRÉPARATION : 15 MIN

REPOS : 1 H

CUISSON : 10 MIN

400 g de farine • 15 g de sucre semoule • 1 sachet de sucre vanillé • 200 g de beurre ramolli • 2 jaunes d'œufs • 10 cl de lait • beurre pour le moule

1 Tamisez la farine. Versez-la dans un saladier et mélangez-la avec le sucre et le sucre vanillé. Ajoutez le beurre et les jaunes d'œufs, puis mélangez soigneusement.

2 Ajoutez, sans trop pétrir, le lait par petites quantités, jusqu'à obtenir une pâte consistante. Laissez reposer pendant 1 h au frais.
3 Préchauffez le four à 180 °C (therm. 5).
4 Étalez la pâte au rouleau le plus finement possible, sur un plan de travail fariné.
5 Coupez dans cette pâte des ronds ou des rectangles à l'aide d'un couteau ou d'un verre.

Posez-les bien espacés sur la plaque du four beurrée.
6 Enfournez et faites cuire 10 min. Décollez les biscuits à l'aide d'une spatule. Déposez-les sur le plan de travail et laissez-les refroidir. Enduisez les biscuits de confiture de lait, de confiture de goyaves ou de papayes, et réunissez-les par 2.

Flan au potiron

Brésil

POUR 4 PERSONNES

PRÉPARATION : 15 MIN

CUISSON : 1 H

500 g de potiron • 1 orange • 3 œufs • 110 g de sucre semoule roux • 25 cl de lait • 1 pincée de piment fort • 2 fortes pincées de cannelle en poudre • 1 pincée de sel • beurre pour le moule

1 Préparez le potiron. Coupez la chair en morceaux. Faites-la cuire à la vapeur 20 min.

2 Lavez l'orange et râpez-en le zeste. Dans un saladier, cassez les œufs, fouettez-les longuement avec le sucre pour que le mélange devienne mousseux.
3 Préchauffez le four à 180 °C (therm. 5).
4 Réduisez le potiron en purée. Versez celle-ci dans le saladier et mélangez. Arrosez avec le lait, ajoutez le zeste, le pi-

ment, la cannelle et le sel.
5 Beurrez un plat allant au four et versez-y la crème. Enfournez et laissez cuire 45 min.
6 Sortez du four et laissez refroidir avant de servir.
Vous pouvez également préparer ce flan dans des ramequins individuels. Dans ce cas, diminuez le temps de cuisson de 5 min.

Salade de chérimoles

Venezuela

POUR 4 PERSONNES

PRÉPARATION : 10 MIN

MACÉRATION : 2 H

4 chérimoles • 4 citrons • 50 g de sucre semoule

1 Lavez 1 citron et coupez 4 rondelles dans celui-ci. Pressez les 3 autres citrons.
2 Lavez et essuyez les chérimoles. Coupez-les en 2. Pelez-les, épépinez-les et coupez la chair en lamelles. Mettez ces lamelles dans un saladier.
3 Délayez le sucre dans le jus de citron, versez-le

sur les chérimoles et faites macérer les fruits pendant 2 h au frais.
4 Répartissez les chérimoles et leur jus de macération dans 4 coupelles individuelles à pied.
5 Décorez le bord des coupelles d'une rondelle de citron et servez frais. La chérimole appartient à la famille des anones et c'est d'ailleurs sous ce nom qu'elle est connue en France. Elle a la taille

d'une orange. Son aspect est bosselé. Elle est de couleur verte tirant sur le brun quand elle est bien mûre. Sa pulpe est blanche et juteuse et il faut la débarrasser de ses graines noires avant de la manger. Enrichie de crème fraîche et réduite en purée, elle fait un délicieux dessert. On en fait également des sorbets.

Sorbet à la banane

Équateur

POUR 4 PERSONNES

PRÉPARATION : 10 MIN

CONGÉLATION : 4 H

6 bananes • 50 g de sucre glace • 2 oranges • 2 citrons verts

1 Pressez séparément les oranges et les citrons.
2 Épluchez les bananes. Écrasez-les à l'aide d'une fourchette. Mettez-les dans un saladier. Arrosez-les de jus d'orange. Mé-

langez jusqu'à ce que celui-ci soit bien absorbé. Renouvelez l'opération avec le jus de citron.
3 Transvasez dans un saladier. Ajoutez le sucre et tournez jusqu'à ce qu'il soit totalement dissous.
4 Versez dans un moule à glace et mettez au congélateur 4 h.

Si vous n'utilisez pas de sorbetière, écrasez le sorbet à la fourchette au bout de chacune des trois premières heures pour éviter la formation de paillettes, puis laissez-le 1 h sans y toucher. Servez avec des petits gâteaux secs, par exemple des biscuits de Cordoba (voir ci-dessus).

LA CHINE

La cuisine chinoise, à laquelle sont immédiatement
associés petits bols de riz, baguettes et multiplicité des plats
proposés, est certainement l'une des plus célèbres dans le monde.
Les spécialistes avanceront, avec raison, que cet art culinaire extrêmement
minutieux est assez différent d'une province à l'autre. Ainsi, dans la Chine
du Nord, on pratique une cuisine moins épicée qu'à l'ouest ; sur le littoral
oriental sont privilégiés légitimement les produits de la mer et dans la région
de Canton, le «sucré» est particulièrement apprécié. Mais les principes
gastronomiques sont tout de même identiques : manger chinois consiste
à rechercher patiemment l'harmonie dans la diversité
des goûts et la variété des parfums.

SAVEURS DE CHINE

La cuisine chinoise se caractérise par la recherche d'une harmonie entre des saveurs fondamentales : aigre, salée, amère et douce. Elle allie d'autre part des modes de cuisson divers (à la vapeur, sur le gril, en sauté ou en friture) ainsi qu'un découpage très varié des aliments. Ce jeu de contrastes est encore renforcé par l'adjonction de nombreux condiments et d'épices. Les produits utilisés dans la cuisine chinoise sont souvent les mêmes qu'en Europe (volaille, bœuf, porc, agneau, poissons, crevettes et crustacés). L'originalité des plats vient plutôt de leur préparation et, bien sûr, de l'ajout de produits locaux. Pousses de bambou, germes de soja, lotus, choux chinois et champignons variés donnent aux menus un aspect exotique, sans compter les très étranges «nids d'hirondelles», ailerons de requins, «œufs de cent ans», algues...

LES TRADITIONS

Un repas familial doit compter autant de plats qu'il y a de convives. Tous les mets sont disposés au centre de la table sur un grand plateau de cuivre ou de bois laqué. Chacun se sert avec ses propres baguettes en choisissant dans cet assortiment ce qui lui plaît. Il est bienvenu de proposer à son voisin ce que l'on a soi-même déjà apprécié. Un repas digne de ce nom doit nourrir «bien» et sainement : il comprendra toujours de la volaille, du porc et du poisson, des légumes et du riz (ou du pain de blé en Chine du Nord et des crêpes dans le centre du pays), ainsi qu'un bouillon léger pour se désaltérer puisque, contrairement aux idées reçues, les Chinois ne boivent pas de thé (ni de vin) à table. Par contre, les jours de fête, le «vin jaune» et les boissons alcoolisées sont à l'honneur. La bière connaît un succès croissant, notamment dans les grandes villes côtières.

À côté des rituels classiques du repas, il est assez courant de rencontrer

Menu classique

—

SOUPE D'ABALONES

·

CANARD À L'ANANAS

·

BEIGNETS DE POMMES

en ville une version chinoise du self-service, le *huogo*. À l'heure du déjeuner, les gens se retrouvent dans la rue autour d'un énorme chaudron de bouillon et y trempent les aliments (viandes, légumes) de leur choix, proposés par les petits restaurants alentour.

LA VIE QUOTIDIENNE

LE PETIT DÉJEUNER (zaofan). Il est composé d'une soupe de riz aux légumes ou de *dim sum*, assortiment de petits plats très divers : bouchées de viandes, de crevettes, petits pains fourrés, rouleaux de printemps, etc., qui sont généralement présentés avec du thé parfumé.

LE DÉJEUNER (wufan). Il se prend tôt en Chine, vers 11 h mais les maisons de thé sont ouvertes toute la journée. Le rituel des plats multiples rend aléatoire la distinction entre le déjeuner et le dîner. Le repas obéit toutefois à un programme immuable : entrées (froides), plats chauds, soupe, plats de résistance, riz ou nouilles, fruits ou desserts éventuels.

LE DÎNER (wanfan). Là encore, les Chinois ont pour coutume de manger assez tôt, vers 20 h environ, et d'organiser leur menu de la même façon qu'au déjeuner. Mais il est une spécialité conviviale souvent consommée dans le nord de la Chine, c'est la fondue mongole, un plat ancestral qui comporte des viandes émincées, des légumes et des nouilles, accom-

pagnés de différents petits bols de condiments placés en cercle devant un poêlon fumant.

LES JOURS DE FÊTE

LA FÊTE DU PRINTEMPS (chun jie). L'année chinoise se déroule selon le calendrier lunaire, et la plupart des changements de saison sont fêtés. Le premier, l'arrivée du printemps correspond aussi au nouvel an et se situe, selon les cas, fin janvier ou début février. C'est l'occasion de déguster un dîner de réveillon (marmite de canard, jambonneau en sauce, carpe cuisinée...). Celui-ci se termine à minuit par un rituel et somptueux gâteau de riz gluant, une sorte de pudding, décoré de fruits secs. C'est à ce moment qu'éclatent les premières explosions des feux d'artifice, dont le bruit tonitruant est sensé chasser les mauvais esprits tout au long de la nouvelle année.

Graines de lotus

Graines de lotus séchées

Racine de lotus tranchée

Germes de soja

Soja mungo

Graines rouges

Graines jaunes

Graines noires

LA FÊTE DES LAMPIONS (yuanxiao jie). Au quinzième jour de ce premier mois lunaire, pour conclure la fête précédente, vient la fête des Lampions, dont le point d'orgue est la célèbre danse du Dragon. La coutume veut que l'on déguste ce jour-là des boulettes de farine de riz fourrées *(tang yuang)*, qui symbolisent l'union familiale.

LA FÊTE DES MORTS (qingming jie). Au début du troisième mois lunaire (dans les premiers jours d'avril) s'inscrit la fête des Morts, pour laquelle il est de tradition de prévoir un pique-nique composé exclusivement de plats froids cuisinés la veille, le feu et la lumière étant interdits.

LA FÊTE DE L'ÉTÉ (duanwu jie). On l'appelle aussi «fête des Bateaux-dragons» en mémoire du poète Qu Yuan (340-278 av. J.C.) qui, selon la légende, se noya pour marquer son refus de la corruption. Cette cérémonie se tient le cinquième jour du cinquième mois lunaire (au début du mois de juin) et donne lieu à des joutes de bateaux au cours desquelles les spectateurs peuvent consommer des *zhongzi*, petits gâteaux de riz gluant servis dans des feuilles de bambou.

LA FÊTE DE LA LUNE (zhongqiu jie). Cette fête, connue dans certaines régions comme la «fête de l'automne en son milieu» se célèbre à la moitié du huitième mois (fin du mois de septembre). Il s'agit, pour honorer la pleine lune, de confectionner des gâteaux qui lui sont consacrés («gâteaux de lune»), une friandise fourrée de pâte rouge de soja ou de graines de lotus.

LES PRODUITS

LE LOTUS

Symbole de la création dans la mythologie égyptienne, de la pureté en Inde, de la paix chez les bouddhistes, le *lotus* est en fait un terme générique qui regroupe plusieurs espèces de plantes. Le lotus comestible, dont il s'agit ici, tient un grand rôle dans la cuisine chinoise.

LES PÉTALES ET LES FEUILLES. Leur fonction est essentiellement décorative. Les pétales des fleurs sont disposés sur la table pour l'embellir. Ils parfument également certains thés. Les grandes feuilles ne se mangent pas, mais elles servent de papillote pour la cuisson, et de moule naturel pour les gâteaux de riz.

LES RACINES. On les découpe crues en larges tranches ajourées. Leur saveur rappelle un peu celle de l'artichaut, et on les sert en dessert, nappées de confitures. Cuites, elles accompagnent de nombreux plats de porc sauté. La chair des jeunes racines est ferme, blanche, tendre, savoureuse et légèrement sucrée. Les racines plus anciennes sont jaunes et plus souvent fibreuses.

LES GRAINES. Elles étaient réputées jadis pour leurs vertus médicinales et fortifiantes. Elles se vendent aujourd'hui en boîte de conserve (au naturel ou au sirop), ou séchées, et relèvent agréablement le fumet d'un plat de légumes, d'une soupe ou d'une farce. On utilise aussi les graines pour faire un alcool de lotus.

LE SOJA

Cette légumineuse, originaire du nord-est de la Chine, est très riche en protéine. C'est probablement pour cette raison qu'elle est la base de l'alimentation en Chine et dans tout l'Extrême-Orient, et qu'elle est devenue la plante la plus utilisée dans le monde entier. Les chinois consomment le soja à l'état naturel et sous des formes dérivées, telles que la farine,

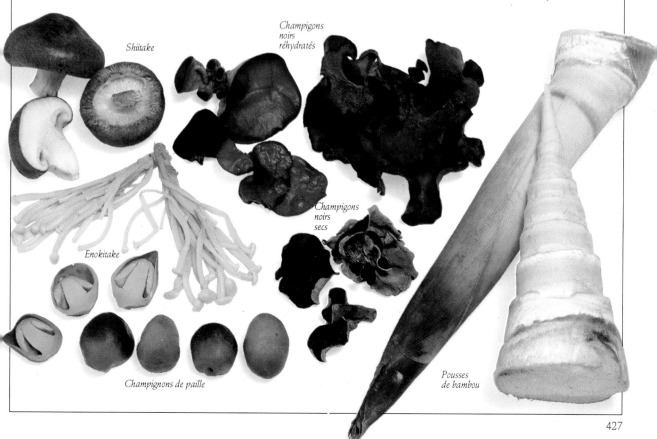

Shiitake

Champigons noirs réhydratés

Champigons noirs secs

Enokitake

Champignons de paille

Pousses de bambou

l'huile, le lait, qui sert également à la fabrication de margarine, de fromage, fermenté ou non (tofu), d'un condiment, etc.

LES COSSES FRAÎCHES. Les cosses fraîches se cuisent à l'eau comme des haricots et s'accommodent en salade. Vous les trouverez au naturel, en conserve ou congelées.

LES GERMES. Les cosses peuvent germer à n'importe quelle saison, si on les réserve dans un lieu chaud et sombre. Les germes comestibles sont obtenus à partir de la variété *mungo* (graines vertes). Ils se mangent en salade, et servent aussi à farcir les «rouleaux de printemps». Ils peuvent encore être consommés seuls, ou sautés dans l'huile avec un peu d'ail.

LES GRAINES. Leur usage diffère selon les variétés. Les graines vertes *(mungo)* broyées donnent une farine qui sert à la fabrication des pâtes et des vermicelles. Les graines noires, plus menues, doivent cuire dans de l'eau salée avant d'être consommées soit en salade, soit en purée. Les graines jaunes sont les plus employées : elles entrent dans la confection de certains fromages caillés (comme le *tofu*, au goût neutre), ou fermentés (le *mepo tofu*, de couleur rouge en Chine du Sud et blanc ailleurs, et dont le goût est plus puissant) ; les graines de cette variété servent aussi à la fabrication de lait de soja, riche et nourrissant. À l'état naturel, ces graines peuvent être grillées et salées en amuse-gueule.

LES PÂTES. Les différentes graines de soja entrent dans la préparation des pâtes de soja, qui sont très répandues dans la cuisine chinoise et asiatique (voir le *shoyu* au Japon, le *tempeh* en Indonésie, etc.). La pâte de soja résulte de la fermentation de graines de soja, de blé, d'eau et de sel, auxquels on peut ajouter d'autres ingrédients. La fermentation peut durer de 6 mois à 2 ans et se conserve indéfiniment au réfrigérateur. Les pâtes de soja fermentées, plus ou moins fortes, servent à rehausser le goût d'une viande et peuvent être mises sur la table comme condiment (voir Le canard laqué p. 444-445, par exemple).

LES POUSSES DE BAMBOU

Le bambou sert à tout : charpentes, mâtures, cannes à pêche, boîtes diverses, etc. Ce sont les jeunes pousses du bambou que l'on réserve pour la consommation, vendues fraîches, séchées ou en conserve. Fraîches, celles-ci doivent être amputées de leur enveloppe externe, puis cuites à l'eau bouillante ; séchées, elles se présentent en longues lamelles qu'il faut laisser tremper plusieurs heures dans de l'eau avant de les cuisiner. Les Chinois les utilisent en garniture pour divers plats de viande bouillie (genre de pot-au-feu) ou sautée (porc, volaille). En Europe, on les trouve généralement en conserve. Il faut alors les rincer et les égoutter avant de les cuisiner. Une fois sorties de leur boîte, elles se conservent une semaine au réfrigérateur, recouvertes d'eau.

LES CHAMPIGNONS

LE CHAMPIGNON NOIR. De la famille des *auricularias*, ce champignon, dit aussi «oreille d'arbre», pousse en anneaux charnus et tourmentés le long des vieux arbres. Assez insipide à l'état naturel, il gagne en arôme dès qu'il est séché et s'utilise ainsi plus volontiers, après un long trempage dans de l'eau tiède pendant lequel il reprend son aspect initial et sa texture légèrement croquante. Le champignon noir sert à la fois de garniture et de décor à de nombreux plats de viandes, mais il peut aussi se consommer seul, en entrée, à peine ébouillanté, avec une sauce piquante.

LE SHIITAKE. Assez proche du champignon noir quant à son al-lure, le *shiitake* est un champignon de culture que l'on obtient après un traitement de l'écorce d'un certain type de chêne. Son chapeau est convexe, puis plat, parfois même affaissé, brun ou fauve. Les lames sont blanches, puis jaunissent. Commercialisé frais ou séché, et d'un prix relativement élevé, il est destiné au même usage que le champignon noir et cuisiné de la même manière.

LE CHAMPIGNON DE PAILLE. Il s'agit d'une variété de champignon proche des volvaires, que l'on recueillait autrefois sur de la paille de riz humide et que l'on cultive aujourd'hui en serre. De la taille d'un œuf de caille, il est vendu en conserve (jamais séché) et son goût très délicat de moisissure se marie admirablement à toutes sortes de potages et de viandes sautées.

L'ENOKITAKE. Ce curieux champignon, dont la petite «tête» rousse trône au bout d'un long pied, pousse

Pe-tsai

Choi sum

Chou de Shanghai

Kailan

Pak-choi

Gaai choi

en touffes sur les souches d'un feuillu, l'*enoki*, et son parfum subtil convient parfaitement aux soupes légères et aux ragoûts.

LES CHOUX

LE PAK-CHOI. Appelé plus communément «choux chinois blanc», ce gros chou vert pâle à tige épaisse et blanche se découpe en lanières. Sauté ou braisé, il accompagne des plats de viande mijotés ou entre dans la composition des soupes de légumes. Il est aussi possible de servir les jeunes cœurs, juste pochés, avec une sauce à la crème ou une sauce d'huîtres.

LE CHOU DE SHANGHAI. Aussi appelé «chou plat» étant donné sa forme, ce chou est cultivé dans la province de Shanghai. Il ne craint ni la neige ni le gel. Il se distingue du «pak-choi» par ses feuilles plus petites et arrondies, dont le vert soutenu est parcouru de veines blanches, mais il se cuisine de la même façon.

LE PE-TSAI. Se présentant un peu comme une salade romaine bien serrée à longues feuilles dentelées, le *pe-tsai*, ou «chou-céleri», s'accommode en ragoût ou poché avec une sauce aigre-douce. Mais il peut aussi être mangé en salade, et il est courant de le trouver macéré dans du vinaigre (sorte de pickles) avec des piments, du sel et une pincée de sucre.

LE CHOI SUM. C'est un chou allongé, vert tendre, avec de minuscules fleurs jaune pâle au bout de chaque tige intérieure. Bien que ses feuilles soient comestibles, ce sont surtout les tiges qui sont recherchées à cause de leur saveur légèrement amère ; cuites à la vapeur ou pochées, elles sont servies avec une sauce d'huîtres.

LE GAAI CHOI. Très proche de la laitue par sa forme pommée, ce chou amer convient parfaitement aux préparations saumurées ou piquantes servies comme condiment.

LE KAILAN. Il se retrouve surtout dans le sud de la Chine. Ce n'est pas vraiment un chou, mais il se cuisine de la même façon : ses feuilles sont toujours cuites, sautées de préférence en accompagnement de viandes.

LES FRUITS

LE LITCHI. Voilà certainement le fruit asiatique le plus connu en Occident. Il pousse en grappes sur l'arbre du même nom (dont le bois sert en ébénisterie), et répond aussi au joli surnom de «cerise de Chine». On le trouve désormais sur d'autres terres tropicales, comme les Antilles ou Madagascar. Le litchi possède une peau très épaisse et rugueuse, rose foncé quand il est mûr et sur l'arbre, et plus brune une fois le fruit cueilli. Sa pulpe quasi translucide, juteuse et très sucrée (dont la saveur s'apparente un peu au goût du «bonbon anglais») renferme un petit noyau brun. En Chine, le litchi est mêlé couramment à certains plats de viande ou de poisson ; on le trouve aussi dans les salades de fruits, frais ou en conserve. Il est possible de trouver aussi des litchis congelés.

LE KUMQUAT. Cet agrume nain a toutes les apparences de l'orange, y compris le goût, mais on le déguste avec sa peau, ce qui apporte à sa saveur acidulée une pointe légère d'amertume, qu'il soit frais ou confit. Il s'adapte très bien aux confitures et aux sorbets, agrémente certains chutneys ou pickles vinaigrés et s'incorpore parfaitement aux farces pour la cuisson de la volaille. Il est originaire du sud-est de la Chine, et son nom dérive de *kam quat*, «orange d'or» en cantonais. On distingue deux variétés de kumquats : le *narumi*, rond, très doux, et le *nagami*, de forme ovale et de saveur un peu plus acide.

LE NASHI. Également appelé «poire chinoise», ce fruit est rond et jaune, et se cultive aussi au Japon et en Corée du Sud. Très juteuse mais d'un goût un peu astringent, elle se consomme crue, ou cuite et nappée de sirop.

LES VINS ET LES ALCOOLS

Le vin proprement dit (de raisin) commence à apparaître en Chine, mais, dans l'ensemble, se limite à quelques crus plutôt «doux», du genre du porto pour les vins rouges et du xérès pour les vins blancs. Il faut rappeler que les Chinois ne boivent pas de vin au cours de leurs repas quotidiens et qu'ils réservent les boissons alcoolisées et la bière pour les banquets.

LE CHAO-XING. On l'appelle aussi «vin jaune». Il serait plus juste de parler de liqueur alcoolisée car il n'y a pas de raisin dans ce «vin», mais du riz gluant, de la levure et de l'eau (une eau particulière qui doit être, selon la tradition, puisée dans le lac de la région du Zhejiang où l'on fait fermenter ce breuvage). Le vin jaune, qui titre de 14 à 19 % Vol., doit vieillir dix ans au minimum, et prendre une teinte ambrée avant la consommation. Son goût est proche du xérès sec. Il se boit à chaque occasion de fête et sert aussi à l'élaboration d'une grande quantité de plats cuisinés. Signalons un autre vin jaune, le *cheng gang*, originaire de Fujian.

MEI KUEI LU. Il s'agit d'un alcool blanc (50 % Vol. environ) de sorgho, parfumé à la rose, qui est bu dans les repas d'apparat entre chaque plat.

MAO TAI JIU. Encore un alcool réputé, très fort (plus de 55 % Vol.) dont la distillation, à base de grains de sorgho et de blé mêlés à un autre alcool plus commun (le *kaoliang*) est réservée à une seule ville — Mao Tai — située dans la province de Canton.

Litchis

Nashi

Kumquats

Les Entrées

Bouillon clair au tofu

POUR 4 PERSONNES

TREMPAGE : 30 MIN

PRÉPARATION : 15 MIN

CUISSON : 20 MIN

1 l de bouillon de volaille dégraissé • 2 champignons noirs • 200 g de tofu • 1 fine tranche de jambon • 1 piment chili • sauce soja • 1 petit bouquet de coriandre fraîche

1 Faites tremper les champignons 30 min dans de l'eau tiède. Égouttez-les et coupez-les en petits morceaux.
2 Rincez le tofu dans plusieurs eaux pour le débarrasser de son amidon.
3 Coupez le jambon en fines lamelles et le tofu en petits cubes.
4 Dans une casserole, versez le bouillon. Ajoutez le piment entier. Amenez à ébullition.
5 Ajoutez le tofu dans la casserole et faites cuire 10 min avant d'ajouter les champignons. Poursuivez la cuisson 10 min. Hors du feu, versez 1 cuillerée à soupe de sauce soja et remuez.
6 Lavez, essorez et ciselez la coriandre.
7 Versez le bouillon dans une soupière, retirez le piment. Parsemez de jambon, puis terminez par la coriandre.

Soupe aux ailerons de requin

POUR 4 PERSONNES

TREMPAGE : 12 H

PRÉPARATION : 30 MIN

CUISSON : 3 H 15

150 g d'aileron de requin • 1 jeune navet • 1 morceau de gingembre frais de 2 cm • 1/2 blanc de poulet • 1 oignon • 1,5 l de bouillon de poulet • 1 cuill. à soupe de chao-xing (ou de xérès) • 1 cuill. à soupe de nuoc-mâm

1 La veille, plongez l'aileron de requin dans 1,5 l d'eau bouillante et laissez-le cuire 1 h 45. Rincez-le à l'eau froide, mettez-le dans une bassine, couvrez largement d'eau froide et laissez tremper 12 h dans un endroit frais.
2 Remettez l'aileron à cuire et portez à ébullition. Baissez le feu et laissez mijoter 1 h. Égouttez, rincez à l'eau froide et laissez refroidir. Vérifiez que l'aileron est bien moelleux, sinon répétez cette opération. Coupez-le en morceaux.
3 Pelez le navet, lavez-le et coupez-le en fines rondelles. Pelez et râpez le gingembre. Émincez le poulet. Épluchez et émincez l'oignon.
4 Mettez tous les ingrédients dans un faitout, y compris l'aileron de requin découpé. Arrosez de bouillon, d'alccol de riz et de nuoc-mâm. Portez à ébullition, baissez le feu et laissez mijoter pendant environ 30 min.
5 Versez la soupe dans des bols individuels.
Le chao-xing est un alcool de riz, ou plutôt une liqueur de riz, bien qu'on parle souvent de «vin jaune» à cause de sa faible teneur en alcool (de 14 à 19% Vol.) et de sa couleur.

Soupe d'abalones

POUR 4 PERSONNES

TREMPAGE : 30 MIN

PRÉPARATION : 15 MIN

CUISSON : 12 MIN

500 g d'abalones en conserve au naturel • 4 ou 5 champignons noirs • 6 petits oignons blancs • 1 petit morceau de gingembre frais • 1 l de bouillon de poule • sauce soja • poivre

1 Faites tremper les champignons pendant 30 min dans de l'eau tiède.
2 Égouttez les abalones et coupez-les en lamelles. Pelez et émincez les oignons. Égouttez les champignons, coupez-les en lanières. Pelez et râpez le gingembre.
3 Versez le bouillon dans une casserole. Ajoutez les oignons, les champignons et le gingembre. Amenez à ébullition, baissez le feu et faites cuire 10 min à feu doux.
4 Ajoutez les abalones et poursuivez la cuisson 1 à 2 min seulement pour qu'ils ne durcissent pas trop.
5 Assaisonnez avec 1 cuillerée à soupe de sauce soja. Poivrez, remuez et servez aussitôt dans des bols individuels. Vous pouvez ajouter à la soupe des germes de soja en même temps que les abalones.

Les abalones sont de grands mollusques originaires des côtes rocheuses du Pacifique. Leur chair est de couleur gris-brun, et la coquille, de forme ovale, est bordée d'un vert lumineux. La chair se rapproche de celle de l'ormeau que l'on trouve aussi bien sur les côtes de la Manche que sur celles de la Méditerranée. Tout le muscle est consommable. La chair, blanche et savoureuse, gagne à être battue ; elle sera ainsi plus tendre. L'ormeau est un peu plus petit que l'abalone.

Soupe de brochet

POUR 4 PERSONNES
TREMPAGE : 30 MIN
PRÉPARATION : 25 MIN
CUISSON : 20 MIN

300 g de brochet •

4 champignons parfumés secs • 1 petit morceau de gingembre frais • 3 tomates •

1 l de bouillon de poule •

fécule de maïs • vin blanc

sec • huile de sésame •

sel, poivre

1 Faites tremper les champignons 30 min dans de l'eau tiède.
2 Coupez le brochet en morceaux. Mettez ceux-ci dans une casserole d'eau et faites-les cuire 5 min dans l'eau juste frémissante.
3 Égouttez-les. Enlevez la peau et les arêtes. Mettez la chair dans le bol d'un mixer. Mixez longuement pour obtenir une purée.
4 Pelez et râpez le gingembre. Plongez les tomates 1 min dans de l'eau bouillante, pelez-les, coupez-les en morceaux. Égouttez les champignons, retirez les pieds et les tiges dures et émincez les têtes.
5 Dans une casserole, amenez à ébullition le bouillon de poule. Ajoutez la purée de poisson, le gingembre, les champignons et les tomates. Salez et poivrez. Mélangez et prolongez la cuisson pendant 5 min. Délayez la fécule de maïs dans 3 cuillerées à soupe de vin blanc et versez-la dans la casserole.
6 Baissez le feu et poursuivez la cuisson 3 min en remuant pour que la soupe épaississe un peu. Arrosez de 1 cuillerée à café d'huile de sésame, remuez et servez dans une soupière.
Choisissez de préférence un petit brochet à la chair plus maigre, ferme, blanche et aromatique.

Soupe aux moules et au tofu

POUR 4 PERSONNES
TREMPAGE : 30 MIN
PRÉPARATION : 40 MIN
CUISSON : 15 MIN

1,5 l de moules •

6 champignons parfumés secs • 50 g de gingembre frais • 150 g de tofu •

3 gousses d'ail • 3 oignons •

4 cuill. à soupe de chao-xing (ou de xérès) • 1 cuill. à café de fécule de maïs • quelques gouttes d'huile de sésame •

1 pincée de glutamate •

sel, poivre

1 Faites tremper les champignons 30 min dans de l'eau tiède.
2 Grattez les moules, lavez-les soigneusement dans plusieurs eaux pour qu'elles évacuent le sable. Éliminez celles qui sont déjà ouvertes.
3 Pelez le gingembre et coupez-le en 4 morceaux. Dans une casserole, portez 1,5 l d'eau à ébullition. Ajoutez le gingembre puis les moules. Faites-les pocher 2 min. Égouttez les moules et éliminez celles qui restent fermées.
4 Retirez à chaque moule sa valve vide et rangez dans le fond d'une grande sauteuse les valves pleines.
5 Égouttez les champignons et coupez-les en lanières. Coupez le tofu en petits dés. Pelez l'ail et les oignons. Hachez l'ail et émincez les oignons. Réservez la moitié des oignons. Mettez le reste de ces ingrédients dans la sauteuse.
6 Recouvrez avec le bouillon et arrosez d'alcool de riz. Salez, poivrez et poudrez de glutamate. Faites mijoter à feu doux 10 min.
7 Délayez la fécule de maïs dans un peu d'eau froide. Versez-la dans le bouillon. Amenez à ébullition. Ajoutez l'huile de sésame, remuez.
8 Versez dans une soupière, parsemez du reste des oignons et servez.

Soupe aux nouilles

POUR 4 PERSONNES
TREMPAGE : 30 MIN
PRÉPARATION : 25 MIN
CUISSON : 10 MIN

100 g de nouilles de riz •

6 champignons secs parfumés • 2 oignons •

1 gousse d'ail • 50 g de blanc de poulet cuit • 1 petit morceau de gingembre frais •

80 cl de bouillon de poule •

1 cuill. à soupe d'huile •

1 pincée de glutamate (facultatif) • sel

1 Faites tremper les champignons 30 min dans de l'eau tiède. Égouttez-les et retirez les tiges dures. Émincez-les.
2 Mettez les nouilles à tremper pendant 7 min dans de l'eau chaude. Égouttez-les.
3 Pelez et hachez les oignons et l'ail. Hachez le poulet. Pelez et râpez le gingembre.
4 Dans une casserole, mettez les champignons, le poulet, les 2/3 du gingembre et les oignons. Mouillez avec le bouillon et poudrez éventuellement de glutamate. Amenez à ébullition et faites cuire pendant 5 min.
5 Chauffez l'huile dans une poêle. Faites-y revenir le reste de gingembre et l'ail. Salez.
6 Sortez la soupe du feu. Versez-y le gingembre et l'ail ainsi que les nouilles et le poulet haché. Laissez reposer 5 min pour réchauffer l'ensemble. Servez aussitôt.
Parsemez de feuilles de coriandre fraîche et de zeste de citron.

Soupe aigre-douce

Pour 4 personnes
Trempage : 30 min
Préparation : 15 min
Cuisson : 20 min

1 l de bouillon de volaille •
8 champignons parfumés
secs • 200 g de filet de bœuf
cuit • 50 g de filet de porc
cuit • 100 g de pousses de
bambou • 4 jeunes navets •
2 oignons • 1 piment chili •
1 piment vert • vinaigre
blanc • sucre semoule •
fécule de maïs • sel

1 Faites tremper les
champignons 30 min
dans de l'eau tiède.
2 Coupez le bœuf et le
porc en tout petits dés.

Rincez et égouttez les
pousses de bambou, dé-
taillez-les en petits dés.
Égouttez les champi-
gnons, retirez les pieds et
les tiges dures. Émincez-
les. Épluchez les navets,
lavez-les et découpez-les
en bâtonnets. Pelez les oignons et hachez-les.
3 Dans une casserole,
amenez le bouillon à
ébullition. Ajoutez le
bœuf, le porc, les navets,
les pousses de bambou,
les piments entiers, les oignons, 2 cuillerées à
soupe de vinaigre et
3 cuillerées à soupe de

sucre. Salez et remuez.
4 Baissez le feu. Dé-
layez la fécule de maïs
dans un peu d'eau froide
et ajoutez-la à la soupe
en tournant. Poursuivez
la cuisson pendant
15 min à feu moyen.
5 Retirez les piments à
l'aide d'une écumoire et
versez la soupe dans une
soupière. Servez.
Présentez en même
temps de la purée de pi-
ments, que chacun rajou-
tera selon son goût.

Soupe aux nids d'hirondelles

Pour 4 personnes
Trempage : 2 fois 12 h
Préparation : 45 min
Cuisson : 35 à 40 min

1 sachet de nids
d'hirondelles • 4 ou 5
champignons noirs séchés •
1 blanc de poulet cuit • 1,2 l
de bouillon de poule • 1 cuill.
à soupe de fécule de maïs •
1 cuill. à soupe de chao-
xing (ou de xérès) • sel

1 Faites tremper les nids
d'hirondelles dans de
l'eau froide pendant
12 h. Égouttez-les et éliminez les petites plumes
qui pourraient rester.
Plongez-les dans une cas-
serole d'eau bouillante et
laissez-les cuire 15 min.
Rincez-les à l'eau froide
et faites-les tremper à
nouveau pendant 12 h.

Égouttez-les à nouveau.
2 Faites tremper les
champignons dans de
l'eau tiède pendant
20 min. Égouttez-les et
émincez-les.
3 Retirez la peau du
blanc de poulet, coupez
celui-ci en lamelles.
4 Versez le bouillon
dans une casserole et
amenez-le à ébullition.
Ajoutez les champignons
et le poulet et faites-les
cuire 5 min.
5 Délayez la fécule de
maïs dans un peu d'eau
et versez-la dans la casserole. Ajoutez les nids
d'hirondelles dans la
soupe. Arrosez d'alcool
de riz et salez. Prolongez
la cuisson 25 min à petits
bouillons, pour que la

soupe épaississe. Mélan-
gez de temps à autre.
6 Versez dans des bols
individuels et servez.
Vous pouvez ajouter
2 blancs d'œufs légère-
ment battus à la soupe
2 min avant la fin de la
cuisson, en les versant
au travers d'une passoire
et en remuant pendant
toute cette opération.
Les nids d'hirondelles
que l'on cuisine sont
faits de fragments sé-
chés des nids que la sa-
langane, hirondelle des
côtes de la mer de
Chine, fabrique avec sa
salive après avoir mangé
des algues.

Soupe aux épinards

Pour 4 personnes
Trempage : 30 min
Préparation : 15 min
Cuisson : 15 min

400 g d'épinards frais •
4 champignons parfumés
secs • 100 g de jambon cuit •
fécule de maïs • 1 l de
bouillon de poule • sauce
soja • sel, poivre

1 Faites tremper les
champignons dans de
l'eau tiède 30 min.
2 Lavez et équeutez les
épinards. Égouttez les
champignons en réser-
vant 5 cl de l'eau de trem-

page. Retirez les queues
et les tiges dures et coupez les têtes en lamelles.
Coupez le jambon en la-
nières.
3 Délayez 2 cuillerées à
soupe de fécule de maïs
dans l'eau de trempage
des champignons.
4 Dans une casserole,
amenez à ébullition le
bouillon. Ajoutez-y les
champignons, les épi-
nards, le jambon, 1 cuillerée à soupe de sauce soja
et la fécule. Salez, poi-

vrez à votre goût et mé-
langez bien.
5 Baissez le feu et laissez cuire pendant 10 min
à feu moyen. Versez
dans une soupière et ser-
vez aussitôt.
De nombreuses variétés
d'épinards poussent en
Chine. Leur goût est as-
sez proche de celui de
l'épinard européen. Les
variétés les plus connues
sont l'amaranth et le
kangkong, ou épinard
d'eau.

SOUPE AIGRE DOUCE

•

*Cette recette classique
vient de la région de Beijing
(Pékin), en Chine du Nord,
où la cuisine se caractérise
par des parfums délicats.
Goûtez donc la soupe avant
de la pimenter à nouveau
si nécessaire.
Vous pouvez remplacer les
pousses de soja par du
céleri en branches.*

Soupe au porc et au concombre

POUR 4 PERSONNES
PRÉPARATION : 15 MIN
CUISSON : 45 MIN

200 g de filet de porc • 1 petit morceau de gingembre frais • 1 l de bouillon de volaille • 1 petit concombre • 2 tomates moyennes • quelques gouttes d'huile de sésame • 1 pincée de glutamate (facultatif) • sel, poivre

1 Coupez le filet de porc en fines tranches. Épluchez le gingembre et coupez-le en petits morceaux.
2 Versez le bouillon dans une casserole. Amenez-le à ébullition et ajoutez la viande, le gingembre et, éventuellement, le glutamate. Laissez cuire à feu doux 40 min après la reprise de l'ébullition.
3 Pelez le concombre et découpez-le en fins bâtonnets. Plongez les tomates 1 min dans de l'eau bouillante, pelez-les, coupez-les en huit morceaux et épépinez-les.
4 Mettez les tomates et le concombre dans la casserole. Salez, poivrez et mélangez.
5 Amenez de nouveau à ébullition et poursuivez la cuisson 1 à 2 min. Goûtez et rectifiez l'assaisonnement si nécessaire. Arrosez d'huile de sésame, mélangez de nouveau et servez.

Soupe au poulet et au chou

POUR 6 PERSONNES
PRÉPARATION : 25 MIN
CUISSON : 1 H 50

1 petit poulet vidé et préparé • 1 chou chinois (ou 1 chou blanc) • 3 oignons • 1 petit morceau de gingembre frais • sauce soja • chao-xing (ou xérès) • glutamate • sel

1 Dans un grand faitout, mettez le poulet, recouvrez-le d'eau. Amenez à ébullition et écumez.
2 Lavez puis coupez le chou en 10 morceaux. Retirez le trognon et les grosses côtes. Pelez et émincez les oignons. Pelez le morceau de gingembre et détaillez-le en 4 fines tranches. Ajoutez ces ingrédients dans le faitout, salez légèrement. Faites cuire à feu moyen pendant environ 1 h 30.
3 Assaisonnez de 2 cuillerées à café de sauce soja, 4 cuillerées à soupe d'alcool de riz et d'une bonne pincée de glutamate.
4 Sortez le poulet du faitout et laissez-le tiédir. Détaillez-le en très petits morceaux pouvant être saisis avec des baguettes. Remettez ceux-ci dans la soupe, mélangez et prolongez la cuisson pendant 5 min pour que le poulet se réchauffe. Versez dans une soupière ou dans des bols individuels et servez.

Abalones à la sauce d'huîtres

POUR 4 PERSONNES
PRÉPARATION : 20 MIN
CUISSON : 15 MIN

Boisson conseillée :
MUSCADET

500 g d'abalones au naturel • 2 cives • gingembre frais • 1 laitue • 1 tranche de jambon fumé • huile • 20 cl de bouillon de poule • sucre semoule • sauce d'huîtres • chao-xing (ou xérès) • fécule de maïs • sel, poivre blanc

1 Rincez les abalones, égouttez-les et coupez-les en lamelles. Lavez et ciselez les cives. Pelez et râpez 1 petit morceau de gingembre. Lavez et effeuillez la laitue. Émincez finement le jambon.
2 Dans une poêle ou dans un wok, faites chauffer 2 cuillerées à soupe d'huile et faites-y revenir le gingembre et les cives en remuant.
3 Ajoutez le bouillon et 1 cuillerée à soupe de sucre dans la poêle. Amenez à ébullition et laissez cuire 5 min.
4 Ajoutez la laitue et poursuivez la cuisson 3 min. Versez le contenu de la poêle sur un plat chaud et réservez-le au chaud.
5 Versez dans la poêle 3 cuillerées à soupe de sauce d'huîtres et 1 d'alcool de riz. Délayez 1 cuillerée à café de fécule dans un peu d'eau froide et versez-la dans la poêle. Remettez-la sur le feu et faites cuire à feu moyen, sans cesser de remuer, jusqu'à ce qu'elle épaississe.
6 Mettez les abalones dans la poêle et réchauffez-les rapidement. Salez, poivrez et parsemez de jambon. Posez-les sur la laitue, nappez d'un peu de sauce et servez le reste en saucière.
Les abalones sont de gros mollusques (voir p. 430).
La sauce d'huîtres traditionnelle est préparée à partir de fragments d'huîtres séchées et fermentées. Elle est ensuite vendue en bouteilles qui, une fois ouvertes, doivent se conserver au réfrigérateur, car la sauce a tendance à moisir. On trouve aussi une sauce d'huîtres plus épaisse, au parfum délicat, faite d'huîtres cuites dans de la sauce de soja et de la saumure. Celle-ci se conserve indéfiniment à température ambiante.

Crevettes à l'aigre-doux

Pour 4 personnes
Préparation : 30 min
Cuisson : 20 min

Boisson conseillée :
TAVEL

450 g de crevettes fraîches • 1 bouquet garni • farine • 1 blanc d'œuf • huile pour la sauce : 2 oignons • 1 petit morceau de gingembre frais • 25 g de saindoux • sauce soja • vinaigre de riz (ou vinaigre blanc) • sucre semoule • 10 cl de bouillon de volaille • chao-xing (ou xérès) • fécule de maïs • sel

1 Portez 2 l d'eau salée à ébullition avec le bouquet garni. Rincez les crevettes et plongez-les dans l'eau bouillante. Laissez-les cuire 4 à 5 min. Égouttez-les et laissez-les refroidir.
2 Mettez un peu de farine dans une soucoupe. Dans une assiette creuse, battez le blanc d'œuf. Décortiquez les crevettes, salez-les. Passez-les successivement dans la farine puis dans le blanc d'œuf.
3 Dans une sauteuse, faites chauffer 4 cuillerées à soupe d'huile. Lorsqu'elle est bien chaude, écartez la poêle du feu 30 secondes. Mettez-y les crevettes et retournez-les pour qu'elles s'imprègnent d'huile.
4 Posez de nouveau la sauteuse sur le feu et faites revenir les crevettes 3 min en les retournant à mi-cuisson. Retirez-les à l'aide d'une écumoire et égouttez-les sur un papier absorbant.
5 Préparez la sauce. Pelez et émincez les oignons. Épluchez et râpez le gingembre.

6 Dans une poêle, mettez le saindoux à fondre. Ajoutez les oignons et le gingembre. Faites-les revenir 2 min en remuant. Ajoutez 2 cuillerées à soupe de sauce soja, 1 cuillerée à soupe de vinaigre, 1 cuillerée à café de sucre, le bouillon, 2 cuillerées à soupe d'alcool de riz et 1 grosse cuillerée à café de fécule de maïs délayée dans un peu d'eau froide. Mélangez bien.
7 Mettez les crevettes dans la sauce pendant 2 min pour les réchauffer. Retirez-les à l'aide d'une écumoire, disposez-les sur un plat, nappez-les de sauce et servez aussitôt.

Pâtés impériaux chinois

Pour 4 personnes
Repos : 30 min
Trempage : 30 min
Préparation : 40 min
Cuisson : 10 min

Boisson conseillée :
LISTEL

pour la pâte : 100 g de farine • 30 g de lard gras • sel 4 champignons parfumés secs • gingembre frais • 1 carotte • 2 oignons • 300 g de porc maigre cuit • 80 g de crevettes roses cuites • 100 g de germes de soja • 2 cuill. à soupe de sauce soja • 1 œuf • poivre • huile de friture

1 Préparez la pâte. Versez la farine dans un saladier, salez, ajoutez 25 cl d'eau en filet et travaillez pour obtenir une pâte homogène. Laissez-la reposer pendant 30 min.
2 Faites tremper les champignons pendant 30 min dans de l'eau tiède.
3 Pelez et râpez 1 morceau de gingembre de 2 cm. Grattez, lavez et râpez la carotte avec une râpe à gros trous. Pelez les oignons. Décortiquez les crevettes. Hachez ensemble le porc, les oignons et les crevettes.
4 Plongez les germes de soja dans de l'eau bouillante 3 min. Égouttez-les et coupez-les grossièrement. Égouttez les champignons, ôtez les pieds et les tiges dures, émincez les têtes.
5 Dans un saladier, mélangez tous les ingrédients précédents. Ajoutez la sauce soja, l'œuf et du poivre. Mélangez bien.
6 Graissez une poêle avec le lard. Mettez-la sur le feu et versez un filet de pâte pour former une crêpe très fine. Éventuellement, aidez-vous d'un pinceau pour la répartir. Laissez-la cuire jusqu'à ce qu'elle soit bien prise. Si des trous se forment, comblez-les de pâte à l'aide du pinceau. Réservez les crêpes au fur et à mesure.
7 À un bout de chaque crêpe, à 2 cm du bord, mettez un peu de farce en long. Repliez les deux

bords latéraux et roulez complètement le pâté. Collez l'extrémité à l'eau. Répétez toutes ces manipulations pour chaque crêpe. Laissez reposer au frais 10 min.
8 Faites chauffer l'huile de friture et plongez les pâtés dans l'huile chaude. Retirez-les avec une écumoire lorsqu'ils sont bien dorés. Égouttez-les sur un papier absorbant. Servez-les très chauds.
Les pâtés impériaux se préparent traditionnellement avec des crêpes fraîches. On les trouve toutes prêtes en Chine, mais en Europe, elles sont généralement vendues sèches. Il faut donc les humidifier avant de les utiliser. Pour ce faire, posez chaque crêpe bien à plat sur un torchon mouillé plié en 4 et imprégnez-la légèrement avec un pinceau trempé dans de l'eau.

Ravioli chinois

POUR 4 PERSONNES

REPOS : 1 H

PRÉPARATION : 20 MIN

CUISSON : 5 MIN

pour la pâte : 200 g de farine de blé • 2 œufs •

1 blanc d'œuf • sel

pour la farce : 300 g de petites crevettes • 120 g de jambon

blanc • 3 châtaignes d'eau en conserve (ou 2 pousses de

bambou en conserve) • 2 échalotes • 1 pincée de sucre

semoule • sel, poivre

pour le bouillon : 80 cl de bouillon de poule •

1 bouquet de coriandre fraîche

1 Préparez la pâte. Versez la farine dans un saladier. Cassez les œufs et ajoutez une pincée de sel. Mélangez puis pétrissez longuement la pâte. Roulez-la en boule, remettez-la dans le saladier et laissez-la reposer 1 h au frais.

2 Préparez la farce. Coupez le jambon en tout petits dés. Pelez et émincez les échalotes. Plongez les crevettes dans une casserole d'eau bouillante salée. Faites reprendre l'ébullition et prolongez la cuisson 5 min. Égouttez les crevettes et laissez-les refroidir. Décortiquez-les. Émiettez les châtaignes d'eau ou émincez les pousses de bambou. Dans le bol d'un mixer mettez le jambon, les pousses de bambou ou les châtaignes, les crevettes, les échalotes et le sucre. Salez et poivrez. Mixez.

3 Sur un plan de travail fariné, abaissez la pâte au rouleau. Découpez-y des carrés de 7 cm de côté.

4 Au centre de chaque carré de pâte déposez un peu de farce. Battez légèrement le blanc d'œuf et enduisez au pinceau deux côtés du carré formant un angle droit. Repliez ce coin de pâte sur lui-même pour former un triangle. Appuyez légèrement sur les bords pour les faire adhérer. Portez une casserole d'eau salée à ébullition. Plongez-y les ravioli et faites-les pocher jusqu'à ce qu'ils remontent à la surface de l'eau. Retirez-les à l'aide d'une écumoire. Faites chauffer le bouillon de poule sans le faire bouillir. Mettez les ravioli dans le bouillon et poursuivez la cuisson 1 à 2 min pour les réchauffer.

5 Lavez, épongez et hachez la coriandre. Sortez les ravioli du bouillon à l'aide d'une écumoire et disposez-les dans 4 bols individuels. Arrosez-les de bouillon et parsemez-les de coriandre. Servez bien chaud.

Rouleaux au crabe

POUR 4 PERSONNES

PRÉPARATION : 1 H

CUISSON : 25 MIN

Boisson conseillée :

THÉ

12 crêpes de riz •

1 tourteau • 2 oignons •

1 petit morceau de gingembre

frais • 2 cuill. à soupe

d'huile • 2 cuill. à soupe de

petits pois • 2 cuill. à soupe

de sauce soja • 1 cuill. à

soupe de fécule de maïs •

huile de friture • poivre

1 Remplissez un grand faitout d'eau froide aux 3/4. Portez à ébullition. Salez. Plongez-y le tourteau et laissez-le cuire 15 min après la reprise de l'ébullition. Sortez le tourteau, laissez-le refroidir. Cassez sa carapace à l'aide d'un marteau et prélevez la chair, ainsi que celle des pinces et des pattes. Émiettez-la.

2 Pelez et émincez les oignons. Pelez et râpez le gingembre.

3 Faites chauffer l'huile dans une poêle et faites-y revenir les oignons et le gingembre en remuant.

4 Ajoutez dans la poêle la chair de crabe, les petits pois, la sauce soja et du poivre. Remuez pendant 2 à 3 min. Délayez la fécule de maïs dans un peu d'eau froide et versez-la dans la poêle. Faites cuire 1 min en remuant.

5 Humidifiez les crêpes l'une après l'autre : sur un torchon mouillé plié en quatre, posez une galette bien à plat et imprégnez-la légèrement avec un pinceau trempé dans de l'eau.

6 À 2 cm du bord de la crêpe, mettez un peu de farce en long. Repliez les deux bords latéraux et roulez complètement le pâté. Collez l'extrémité à l'eau. Répétez toutes ces manipulations pour chaque crêpe. Laissez reposer au frais 10 min.

7 Faites chauffer l'huile de friture et plongez-y les rouleaux pendant 5 min jusqu'à ce qu'ils soient bien dorés. Égouttez-les sur du papier absorbant.

Présentez avec des feuilles de laitue, 1 bouquet de menthe et de coriandre fraîches.

Omelette au crabe

POUR 4 PERSONNES

PRÉPARATION : 30 MIN

CUISSON : 25 MIN

Boisson conseillée :

POUILLY

1 tourteau • 1 oignon frais •

100 g de pousses de

bambou • 1 cuill. à soupe de

fécule de maïs • 6 œufs •

2 cuill. à soupe d'huile •

.piment • sel, poivre

1 Remplissez un grand faitout d'eau froide aux 3/4. Portez à ébullition. Salez. Plongez-y le tourteau et laissez-le cuire 15 min après la reprise de l'ébullition. Sortez le tourteau du faitout, laissez-le refroidir. Cassez sa carapace à l'aide d'un marteau et prélevez la chair, ainsi que celle des pinces et des pattes.

2 Pelez et émincez l'oignon. Rincez et égouttez les pousses de bambou, coupez-les en petits tronçons. Délayez la fécule de maïs dans 2 cuillerées à soupe d'eau froide.

3 Dans un saladier, cassez les œufs. Battez-les à la fourchette en y incorporant la fécule. Salez et poivrez. Mélangez.

4 Dans une grande poêle, faites chauffer l'huile à feu plutôt vif. Faites revenir quelques instants l'oignon, les pousses de bambou et la chair de crabe en remuant. Pimentez.

5 Versez les œufs dans la poêle. Laissez-les cuire environ 3 ou 4 min, jusqu'à ce que l'omelette soit bien ferme.

6 Faites glisser l'omelette sur un couvercle et retournez-la dans la poêle pour faire cuire 2 à 3 min sur l'autre face. Disposez-la sur un plat de service et servez.

Salade de légumes

POUR 4 PERSONNES

PRÉPARATION : 20 MIN

CUISSON : 10 MIN

1 petit céleri-rave •

1 poireau • 4 carottes •

1 petit morceau de gingembre

frais • 75 g de pousses de

bambou en conserve • le

cœur d'un chou chinois •

3 cuill. à soupe de sauce

soja • 2 cuill. à soupe d'huile

d'arachide • sel

1 Épluchez le céleri, pelez-le et retirez-en les racines. Fendez-le en 4 et coupez-le en tranches.

2 Ôtez les feuilles vertes du poireau et coupez les racines. Lavez et fendez le blanc en 2, passez-le sous l'eau pour retirer la terre, et coupez-le en tout petits tronçons.

3 Grattez les carottes, lavez-les et coupez-les en rondelles. Pelez et râpez le gingembre, réservez-le.

4 Mettez tous les légumes dans une casserole et couvrez d'eau. Salez. Portez à ébullition et laissez cuire pendant environ 10 min.

5 Rincez et égouttez les pousses de bambou. Coupez-les en petits morceaux. Émincez très finement le chou.

6 Arrêtez la cuisson des légumes en les passant sous l'eau froide et égouttez-les. Versez-les dans un saladier. Ajoutez le chou et les pousses de bambou. Remuez bien.

7 Mélangez la sauce soja, l'huile et le gingembre, versez sur les légumes dans le saladier. Mélangez bien.

Salade de Shanghai

POUR 4 PERSONNES
TREMPAGE : 30 MIN
PRÉPARATION : 45 MIN
CUISSON : 20 MIN

Boisson conseillée :
BIÈRE

4 champignons noirs • 1 tourteau • 200 g de grosses crevettes • 50 g de pousses de bambou en conserve • 1 oignon • 1 cœur de laitue • 3 cuill. à soupe de sauce soja • 3 cuill. à soupe d'huile • 3 cuill. à soupe de vinaigre de vin • 1 cuill. à café de sucre semoule • poivre noir

1 Faites tremper les champignons 30 min dans de l'eau tiède.
2 Remplissez un grand faitout d'eau froide aux 3/4. Portez à ébullition. Salez. Plongez-y le tourteau et laissez-le cuire 15 min après la reprise de l'ébullition. Sortez le tourteau du faitout, laissez-le refroidir. Cassez sa carapace à l'aide d'un marteau et prélevez la chair, ainsi que celle des pinces et des pattes. Émiettez-la.
3 Faites bouillir 1 l d'eau salée. Rincez les crevettes, plongez-les dans l'eau bouillante et faites-les cuire 6 à 7 min à partir de la reprise de l'ébullition. Égouttez-les et laissez-les refroidir. Décortiquez-les. Coupez-les en 2 dans le sens de la longueur.
4 Rincez et égouttez les pousses de bambou. Pelez et émincez l'oignon. Égouttez et séchez les champignons, coupez-les en lanières. Effeuillez le cœur de laitue.
5 Disposez les feuilles de laitue au fond d'un plat creux. Posez la chair de crabe au milieu. Entourez-la de crevettes. Répartissez les pousses de bambou et les champignons noirs par-dessus.
6 Dans un bol, mélangez la sauce soja, l'huile, le vinaigre, le sucre et l'oignon. Poivrez. Versez cette sauce sur la salade et servez.

Salade de germes de soja

POUR 4 PERSONNES
PRÉPARATION : 5 MIN
CUISSON : 3 MIN

300 g de germes de soja • 100 g de jambon blanc • 1 oignon • 1 cuill. à soupe de sauce soja • 2 cuill. à soupe d'huile d'arachide • 1 cuill. à café d'huile de sésame pimentée

1 Plongez les germes de soja dans une casserole d'eau bouillante. Faites-les blanchir 3 min. Rincez-les sous l'eau froide pour arrêter la cuisson et égouttez-les soigneusement.
2 Coupez le jambon en fines lamelles. Pelez et émincez l'oignon.
3 Préparez la sauce. Délayez la sauce soja avec les 2 sortes d'huile. Ajoutez les oignons hachés et mélangez bien.
4 Dans un plat creux, disposez les germes de soja. Recouvrez-les de lamelles de jambon, nappez de sauce et servez.
Les germes (ou pousses) de soja sont obtenus en faisant germer des petites graines de soja vertes (variété *mungo*). Vous pouvez les cultiver chez vous à toute époque de l'année dans un endroit assez chaud et sombre. Ils apparaissent au bout de quelques jours.

LE WOK ET LE CUIT-VAPEUR

Le wok est certainement l'ustensile de cuisine le plus utilisé en Chine. Il s'agit d'une bassine en fonte de forme bombée. Il sert aussi bien à la préparation des plats sautés et des rôtis qu'aux soupes et aux fritures. Il sert également de base au cuit-vapeur. Le modèle chinois traditionnel de cuit-vapeur est en bambou. Mais, actuellement, on en trouve surtout en métal. Les paniers s'emboîtent les uns dans les autres. Le wok sert de base et l'on y met le bouillon. On dispose les paniers sur une grille posée sur le wok. Ce mode de cuisson s'applique à toutes sortes d'aliments : ravioli, légumes, poissons, etc. Le bouillon est souvent très assaisonné et l'on y met parfois des herbes médicinales.

Les Plats

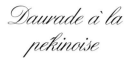

Daurade à la pékinoise

Pour 4 personnes
Préparation : 15 min
Cuisson : 25 min

Boisson conseillée :
CASSIS BLANC

4 darnes de daurade • 1 blanc d'œuf • 2 cuill. à soupe de fécule de maïs • 2 cuill. à soupe d'huile pour la sauce : 1 morceau de gingembre frais de 2 cm • 2 oignons • 2 cuill. à soupe de sauce soja • 1 cuill. à soupe de vinaigre de riz (ou de vinaigre blanc) • 1 cuill. à café de sucre semoule • 1/2 cube de bouillon de volaille • 1/2 cuill. à café de fécule de maïs • 2 cuill. à soupe de chao-xing (ou de xérès) • ciboulette • sel

1 Salez les darnes. Battez le blanc d'œuf dans une grande assiette. Versez la fécule de maïs dans une autre assiette.

2 Passez les tranches de daurade dans la fécule. Tapotez-les légèrement au-dessus de l'assiette pour en éliminer le surplus. Trempez-les ensuite dans le blanc d'œuf battu.
3 Versez l'huile dans une grande poêle, ou dans un wok, et faites-la chauffer. Plongez-y les darnes de daurade et faites-les frire pendant 2 à 3 min. Retournez-les à l'aide d'une spatule suffisamment large pour qu'elles ne cassent pas et prolongez la cuisson encore 3 min de l'autre côté. Sortez-les ensuite à l'aide de cette même spatule et déposez-les sur du papier absorbant. Faites-les égoutter. Laissez l'huile dans la poêle.
4 Épluchez et râpez le morceau de gingembre.

Pelez et émincez les oignons. Dans la même huile, faites ensuite revenir le gingembre et les oignons en remuant. Baissez ensuite le feu et ajoutez la sauce soja, le vinaigre blanc, le sucre semoule et enfin le cube de bouillon de volaille émietté. Mélangez bien le tout.
5 Délayez la fécule de maïs dans un peu d'eau froide. Versez-la dans la poêle et arrosez d'alcool de riz.
6 Remettez les tranches de daurade dans la poêle et poursuivez la cuisson à feu doux 15 min.
7 Retirez les tranches de daurade. Posez-les sur un grand plat de service chaud. Nappez-les de la sauce et parsemez de ciboulette ciselée. Servez immédiatement.

Merlan à la sauce brune

Pour 4 personnes
Repos : 30 min
Préparation : 30 min
Cuisson : 20 min

Boisson conseillée :
TAVEL

800 g de filets de merlan • sauce soja • 30 g de fécule de maïs • 2 blancs d'œufs • 2 cuill. à soupe d'huile pour la sauce : 3 oignons blancs • 1 gousse d'ail • 1 petit morceau de gingembre frais de 2 cm • 200 g de tofu • huile • chao-xing (ou xérès) • 15 g de sucre semoule roux • sauce soja • purée de piments rouges • 2 cuill. à soupe de vinaigre de vin • 15 cl de bouillon de bœuf • sel, poivre blanc

1 Badigeonnez les filets de merlan avec 3 cuillerées à soupe de sauce soja. Coupez les filets de poisson en petits mor-

ceaux, mettez-les dans un plat creux et laissez-les au frais pendant 30 min.
2 Pendant ce temps, préparez la sauce. Pelez et hachez les oignons et l'ail. Épluchez et râpez le morceau de gingembre. Détaillez le tofu en petits dés.
3 Versez 2 cuillerées à soupe d'huile dans une grande sauteuse et faites-la chauffer. Plongez-y les oignons, l'ail et le gingembre râpé et faites-les revenir pendant environ 8 à 10 min à feu doux. Ajoutez ensuite les morceaux de tofu, 2 cuillerées à soupe de l'alcool de riz, le sucre, 2 cuillerées à soupe de sauce soja et 1 cuillerée à café de purée de piments. Arrosez de vinaigre de vin et de bouillon de bœuf.

Salez légèrement et poivrez. Portez à ébullition et laissez mijoter à feu moyen pendant 5 min.
4 Battez légèrement les blancs d'œufs dans une assiette creuse. Mettez la fécule de maïs dans une seconde assiette. Passez les filets de merlan successivement dans la fécule de maïs puis dans les blancs d'œufs.
5 Dans une poêle, faites chauffer l'huile à feu moyen. Faites-y dorer les morceaux de filets à feu doux pendant 2 à 3 min de chaque côté. Sortez-les de la poêle à l'aide d'une écumoire et mettez-les dans la sauteuse. Prolongez la cuisson pendant encore 10 min.
6 Versez le contenu de la sauteuse dans un plat creux, nappez de sauce et servez chaud.

Bar à la cantonaise

POUR 4 PERSONNES
MARINADE : 1 H
TREMPAGE : 30 MIN
PRÉPARATION : 20 MIN
CUISSON : 30 MIN

Boisson conseillée :
BOURGOGNE ALIGOTÉ

2 bars de 500 g chacun écaillés et vidés • 6 champignons parfumés • 2 oignons • 125 g de pousses de bambou en conserve • huile d'arachide • sauce soja pour la marinade : 1 gousse d'ail • 1/2 citron • sauce soja • 5 cl de chao-xing • 15 cl de fumet de poisson • sucre semoule • poivre

1 Pelez et écrasez l'ail. Mettez-le dans un bol, versez 2 cuillerées à soupe de sauce soja, le jus du citron, l'alcool de riz, le fumet de poisson et 1 pincée de sucre. Poivrez. Mélangez.
2 Posez les bars dans un plat. Nappez-les de marinade, laissez reposer 30 min de chaque côté.
3 Faites tremper les champignons 30 min dans de l'eau tiède.
4 Versez la marinade et 1 l d'eau dans la partie basse d'un cuit-vapeur. Posez les poissons dans la partie haute.
5 Faites cuire pendant 25 min à partir de la for-mation de la vapeur.
6 Ôtez les queues des champignons, coupez les têtes en lamelles. Pelez, émincez les oignons. Rincez et égouttez les pousses de bambou.
7 Dans une poêle, faites chauffer un peu d'huile. Faites-y revenir oignons, pousses de bambou et champignons. Arrosez d'un filet de sauce soja. Mélangez. Laissez cuire 5 min.
8 Sortez les bars du cuit-vapeur. Posez-les sur un plat chaud, nappez-les de sauce et servez.

Perche aux légumes

POUR 4 PERSONNES
PRÉPARATION : 20 MIN
REPOS : 30 MIN
CUISSON : 25 MIN

Boisson conseillée :
VOUVRAY SEC

1 perche de 1 kg vidée et préparée • 1 gousse d'ail • chao-xing (ou xérès) • 1 poireau • 1/2 concombre • 1 carotte • 3 branches de céleri • 2 oignons • 1 petit morceau de gingembre • 30 cl de bouillon de volaille • sauce soja • sel, poivre

1 Lavez et essuyez la perche. Faites des incisions dans la chair.
2 Pelez, écrasez et mé-langez l'ail avec un peu d'alcool. Badigeonnez-en bien la perche.
3 Ôtez le vert et la ra-cine du poireau. Fendez ce dernier en 2, coupez-le en 3 morceaux.
4 Coupez les bouts du concombre, lavez celui-ci. Coupez-le en 2 dans la longueur et évidez-le. Détaillez-le en bâtonnets.
5 Grattez, lavez et dé-taillez la carotte en lon-gues lanières. Lavez, effilez et coupez en tron-çons le céleri. Pelez et émincez les oignons. Râ-pez le gingembre.
6 Dans la partie basse du cuit-vapeur, versez le bouillon, les légumes, le gingembre, 5 cl d'alcool de riz et autant de sauce soja.
7 Posez la perche sur la partie haute du cuit-va-peur. Salez et poivrez. Couvrez et faites cuire 25 min après le début du passage de la vapeur.
8 Passez le bouillon et sortez les légumes. Ser-vez la perche arrosée d'un peu de bouillon.

Croquettes de crevettes

POUR 4 PERSONNES
PRÉPARATION : 20 MIN
CUISSON : 10 MIN

Boisson conseillée :
ROSÉ DE PROVENCE

1,2 kg de crevettes • 2 échalotes • 50 g de lard sans couenne • coriandre fraîche • 2 blancs d'œufs • nuoc-mâm • 1 pincée de sucre semoule • 1 cuill. à soupe de chao-xing (ou de xérès) • huile d'arachide • feuilles de laitue • sel, poivre

1 Rincez les crevettes puis plongez-les dans une casserole d'eau bouillante salée. Faites re-prendre l'ébullition et fai-tes-les cuire 5 min à petits bouillons. Égout-tez-les. Laissez-les refroi-dir et décortiquez-les.
2 Pelez et coupez les échalotes en 4. Coupez le lard en petits dés. La-vez, épongez et hachez le bouquet de coriandre.
3 Mettez dans le bol d'un mixer les crevettes, les échalotes, le lard, les blancs d'œufs, 2 cuille-rées à soupe de nuoc-mâm, le sucre, du sel et du poivre. Mixez longue-ment.
4 Ajoutez l'alcool de riz, mixez à nouveau jusqu'à obtenir une pâte lisse.
5 Formez des petites croquettes en prélevant 1 cuillerées à soupe de pâte que vous façonne-rez au creux de vos mains humectées d'eau.
6 Faites chauffer 2 cuille-rées à soupe d'huile dans une poêle. Déposez quel-ques croquettes en les es-paçant pour les retourner facilement. Laissez-les cuire 2 à 3 min. Dès que leur surface est ferme, re-tournez-les et laissez-les cuire jusqu'à ce qu'elles soient bien dorées. Égouttez-les et réservez-les au chaud.
7 Lavez et essorez quel-ques feuilles de laitue. Disposez-les sur un plat et posez les croquettes par-dessus. Parsemez de coriandre et servez.
Vous pouvez réaliser ces croquettes avec du mer-lan ou du crabe.

•

*Vous pouvez préparer cette
recette avec un gros bar,
si vous disposez d'un wok
(ou d'un cuit-vapeur) assez
grand. Les Cantonais
utilisent de préférence la
sauce soja claire, qui ne
modifie pas la couleur des
ingrédients. Accompagnez
d'un riz blanc plutôt que
d'un riz cantonais.*

Crevettes à la sauce piquante

POUR 4 PERSONNES
PRÉPARATION : 20 MIN
CUISSON : 12 MIN

Boisson conseillée :
BIÈRE

400 g de grosses crevettes •
1 petit piment vert frais •
1 petit piment rouge sec •
2 oignons • 1 morceau de
gingembre frais de 2 cm •
1 blanc d'œuf • 1 cuill. à
soupe de fécule de maïs •
vin blanc sec • huile •
1 cuill. à soupe de sucre
semoule • 1 cuill. à soupe de
pâte de soja • 1 cuill. à soupe
de coulis de tomates •
bouillon de poule • vinaigre
de riz (ou de vinaigre blanc) •
huile de sésame • sel

1 Rincez les crevettes, plongez-les dans 1 l d'eau bouillante et salée et faites-les cuire 7 min à partir de la reprise de l'ébullition. Égouttez-les, laissez-les refroidir puis décortiquez-les.
2 Lavez le piment vert et fendez-le en 2. Ôtez le pédoncule et les graines. Hachez-le avec le piment rouge. Pelez et émincez les oignons. Épluchez et râpez le gingembre.
3 Battez légèrement ensemble le blanc d'œuf, la fécule de maïs et un peu de vin. Plongez-y les crevettes et mélangez de manière qu'elles soient bien enrobées.
4 Dans une poêle ou dans un wok, faites chauffer l'huile. Faites-y revenir les crevettes 2 min en remuant. Retirez-les à l'aide d'une écumoire, puis égouttez-les sur du papier absorbant.
5 Dans la même huile, faites revenir rapidement les piments et le gingembre. Ajoutez le sucre, la pâte de soja, le coulis de tomates, 2 cuillerées à soupe de bouillon, le vinaigre et les oignons. Mélangez. Faites cuire 1 min.
6 Délayez 1 cuillerée à soupe de fécule de maïs dans un peu d'eau froide et ajoutez-la dans la poêle. Mélangez et remettez-y les crevettes. Faites cuire 2 min. Arrosez d'un filet d'huile de sésame. Servez.

Boulettes d'anguille au gingembre

POUR 4 PERSONNES
PRÉPARATION : 20 MIN
REPOS : 1 H
CUISSON : 5 MIN

800 g d'anguille vidée et
dépecée • 2 oignons •
gingembre • citronnelle •
menthe fraîche • 1 blanc
d'œuf • 2 cuill. à soupe de
fécule de maïs • huile de
friture • sel, poivre blanc

1 Coupez l'anguille en morceaux et enlevez les arêtes éventuelles.
2 Pelez les oignons, coupez-les en 4. Épluchez 1 morceau de gingembre frais de 2 cm, râpez-le. Ciselez 1 branche de citronnelle fraîche. Effeuillez la menthe.
3 Dans le bol d'un mixer, mettez les morceaux d'anguille, les oignons, le gingembre, la citronnelle, le blanc d'œuf, du sel et du poivre. Ajoutez 2 cubes de glace et mixez jusqu'à obtenir une pâte très lisse. Transvasez la préparation dans un saladier. Couvrez et laissez reposer pendant 1 h au frais.
4 Entre vos mains huilées, façonnez de petites boulettes d'anguille. Passez-les légèrement dans la fécule de maïs.
5 Chauffez 50 cl d'huile de friture et faites-y frire les boulettes 5 min, jusqu'à ce qu'elles soient bien dorées. Égouttez-les. Servez-les avec les feuilles de menthe.

Steaks de poisson

POUR 4 PERSONNES
TREMPAGE : 30 MIN
REPOS : 30 MIN
PRÉPARATION : 15 MIN
CUISSON : 15 À 20 MIN

Boisson conseillée :
ROSÉ DE PROVENCE

4 darnes de poisson de 200 g
(lotte ou esturgeon) • 6 fines
tranches de gingembre • huile
pour la sauce : 4 champignons
parfumés • 2 oignons •
1 échalote • 1 morceau de
gingembre frais de 1 cm •
100 g de porc cuit • 35 g de
saindoux • sauce soja •
4 cuill. à soupe de bouillon de
volaille • 2 cuill. à soupe de
chao-xing (ou de xérès) • sel,
poivre blanc

1 Trempez les champignons 30 min dans de l'eau tiède. Égouttez-les, retirez les pieds et coupez les têtes en très fines lamelles.
2 Lavez et séchez le poisson. Salez, poivrez et badigeonnez-le d'huile. Laissez reposer 30 min.
3 Pelez et émincez les oignons et l'échalote. Râpez le morceau de gingembre. Émincez le porc.
4 Faites revenir oignons, échalote, champignons, gingembre et porc dans le saindoux.
5 Portez à ébullition le bouillon, 3 cuillerées à soupe de sauce soja et le chao-xing. Mettez ce mélange dans la poêle et faites cuire 1 min en remuant. Réservez cette sauce au chaud.
6 Dans la poêle, chauffez le reste d'huile. Faites-y frire les tranches de gingembre 1 à 2 min.
7 Ajoutez le poisson et saisissez-le de 3 à 5 min de chaque côté. Baissez le feu et faites cuire 10 min en retournant les darnes. Salez et poivrez.
8 Disposez les steaks sur un plat creux, nappez de sauce et servez. Accompagnez ce plat d'un riz cantonais (voir p. 454) ou d'un chop suey de légumes (voir p. 453).

Agneau aux poireaux

Pour 4 personnes
Préparation : 20 min
Cuisson : 20 min

Boisson conseillée :
MERCUREY

800 g d'épaule d'agneau désossée • 4 poireaux • 1 morceau de gingembre frais de 2 cm • 50 cl de bouillon de bœuf • 1 cuill. à café de cannelle en poudre • 1 cuill. à café de sucre semoule • 1 cuill. à soupe de sauce soja • 20 g de saindoux • poivre (ou piment) selon le goût

1 Coupez l'agneau en gros dés.
2 Épluchez et lavez les poireaux, ne gardez que les blancs. Coupez-les finement dans le sens de la longueur puis trois fois dans la largeur afin d'avoir des lamelles de la taille d'un doigt. Épluchez et râpez le morceau de gingembre.
3 Dans une casserole, versez le bouillon. Ajoutez les poireaux, la cannelle, le sucre, le gingembre et la sauce soja. Poivrez ou pimentez selon votre goût.
4 Amenez à ébullition et faites cuire pendant 15 min à feu vif pour faire réduire le bouillon.
5 Dans une poêle, faites fondre le saindoux. Faites-y revenir l'agneau de 15 à 20 min en retournant les morceaux régulièrement, jusqu'à ce qu'ils soient bien dorés.
6 Retirez les morceaux d'agneau avec une écumoire et faites-les égoutter sur un papier absorbant, mais ne les laissez pas refroidir.
7 Mettez-les sur un plat chaud. Nappez-les de la préparation aux poireaux et servez aussitôt.

Fricassée d'agneau

Pour 4 personnes
Préparation : 15 min
Cuisson : 35 à 45 min

Boisson conseillée :
BROUILLY

1 kg de poitrine d'agneau en morceaux • 4 tomates • 4 oignons • 1 petit morceau de gingembre frais • 1 étoile de badiane • 3 cuill. à soupe d'huile • 50 cl de bouillon de poule • 2 cuill. à soupe de jiu (ou de vermouth) • 2 cuill. à soupe de sauce soja • 1 cuill. à café de sucre semoule • poivre blanc

1 Plongez les tomates pendant 1 min dans de l'eau bouillante, pelez-les, épépinez-les et concassez-les. Pelez et émincez les oignons. Épluchez et râpez le gingembre. Pilez la badiane.
2 Coupez l'agneau en gros dés.
3 Dans une cocotte, faites chauffer l'huile. Faites-y revenir le gingembre et la badiane pendant 1 min en remuant pour parfumer l'huile.
4 Ajoutez les dés d'agneau et faites cuire 5 min à feu vif en les retournant souvent pour bien les imprégner de l'huile parfumée.
5 Arrosez de bouillon, d'alcool et de sauce soja. Ajoutez les tomates et le sucre. Poivrez. Laissez mijoter de 30 à 40 min en remuant de temps en temps et en surveillant la sauce. Au besoin, ajoutez un peu d'eau chaude.
6 Versez dans un plat creux et servez chaud.
Le jiu est un alcool de sorgho distillé sec (voir «Saveurs» p. 429).

Bœuf à la cantonaise

Pour 4 personnes
Préparation : 15 min
Congélation : 30 min
Cuisson : 8 min

Boisson conseillée :
CHINON

800 g de filet de bœuf • 1 petit morceau de gingembre frais • 100 g de pois gourmands • 2 oignons blancs • 1 blanc d'œuf • 2 cuill. à soupe de fécule de maïs • 2 cuill. à soupe d'huile d'arachide • 20 g de saindoux • 2 cuill. à soupe de bouillon de volaille • 1 cuill. à soupe de sauce soja • 2 cuill. à soupe de sauce d'huîtres • 1 cuill. à soupe de chao-xing (ou de xérès) • sel

1 Mettez le bœuf 30 min au congélateur pour le raffermir. Coupez-le en fines tranches. Salez, poivrez et réservez.
2 Pelez et râpez le gingembre. Ôtez les fils des pois gourmands, coupez-les en deux d'abord dans la longueur, puis dans la largeur. Pelez les oignons, coupez les tiges en gardant une partie du vert, émincez-les.
3 Battez légèrement le blanc d'œuf dans une assiette. Versez la fécule de maïs dans une seconde assiette. Passez les morceaux de bœuf successivement dans la fécule puis dans le blanc d'œuf.
4 Faites chauffer l'huile dans une poêle ou dans un wok chaud. Faites-y revenir le gingembre.
5 Ajoutez le bœuf et saisissez-le à feu vif pendant 1 à 2 min en remuant. Retirez de la poêle et réservez.
6 Dans la même poêle, ajoutez le saindoux. Faites-y revenir les oignons et les pois gourmands en remuant. Arrosez de bouillon et de sauce soja, et poursuivez encore la cuisson pendant quelques instants.
7 Remettez le bœuf dans la poêle. Versez la sauce d'huîtres et le vin. Portez à ébullition en remuant pour faire évaporer le vin.
8 Versez le bœuf à la cantonaise dans un plat creux et servez aussitôt.

LE CANARD LAQUÉ

Ce canard, dont la couleur rouge
et la brillance évoquent la célèbre laque
de Chine, est le sommet de l'art culinaire
pékinois. C'est une préparation
réservée aux grandes occasions,
qui obéit à un rituel précis.

LE RITUEL DE LA PRÉPARATION

Le canard est lavé, ébouillanté puis rempli d'eau. De l'air est insufflé entre la chair et la peau pour décoller celle-ci. Enfournez le canard laqué de sauce et badigeonnez-le dès que la peau a séché. L'eau attendrit la chair tandis que la chaleur et la sauce font dorer la peau. L'hôte présente le canard entier aux convives. Il détache ensuite la peau qu'il coupe en lamelles et dispose celles-ci sur un plat à part. La peau, qui doit être croustillante mais non desséchée, constitue la partie la plus savoureuse du canard laqué. Disposez d'autres oignons entiers que vous aurez joliment découpés dans un ravier, pour accompagner la viande (voir ci-contre).

LES CRÊPES MANDARIN

Ces crêpes, faites à partir de farine et d'eau, sont enduites d'huile de sésame et cuisent par paires dans une poêle sèche. Chacun y glissera les lamelles de peau, trempées dans la sauce, et quelques tiges d'oignon (ou ciboule) bouclées.

LA SAUCE HOISIN

À base de graines de soja, elle est épaisse, un peu sucrée et fortement relevée. Servez-la dans de petites coupelles.

LA SAUCE À LAQUER

———— • ————

C'est un savant mélange de sauce soja, de miel liquide ou de mélasse, de vinaigre, de glutamate ou de sucre de malt, d'huile de piment, d'alcool de riz ou de Mei Kuei Lu et d'épices : badiane, girofle, fenouil, cannelle, poivre. Le canard est badigeonné de cette sauce avant d'être mis à sécher. Il est suspendu, les ailes écartées, pendant plusieurs heures, jusqu'à ce que sa peau soit bien craquante et tendue comme un parchemin.La sauce à laquer sert aussi à badigeonner le canard pendant la cuisson.

DES LÉGUMES D'ACCOMPAGNEMENT

Avec la chair du canard sont présentés divers légumes frais, croquants et délicatement parfumés : des concombres coupés en bâtonnets, des pousses de soja, ainsi qu'une botte de ciboule...

LA CHAIR TENDRE

Autant la peau est croustillante, autant la chair, servie seulement après, est fondante. Seuls les morceaux les plus délicats, magrets et pilons, sont présentés. La viande est coupée en fines tranches. On se sert avec des baguettes pour la tremper dans la sauce avant de la déguster.

LES OIGNONS DE PRINTEMPS

Fendez dans la longueur les tiges vertes des oignons de printemps et plongez-les dans de l'eau glacée jusqu'à ce qu'elles bouclent (ci-contre). Vous pourrez ainsi les glisser dans les crêpes dégustées avec la peau du canard.

UNE SOUPE

La carcasse et le reste du canard sont hachés et servent à confectionner une soupe claire, servie avec du tofu et des pousses de bambou.

Bœuf aux épices

POUR 4 PERSONNES
PRÉPARATION : 15 MIN
CONGÉLATION : 30 MIN
CUISSON : 12 À 15 MIN

600 g de filet de bœuf • 3 oignons • 2 gousses d'ail • 1 petite tranche de gingembre frais • 1 étoile de badiane • 30 g de saindoux • 1/2 cuill. à café de coriandre en poudre • 1/4 de cuill. à café de pâte de piment • 5 cl de chao-xing (ou de xérès) • sauce soja

1 Mettez le filet de bœuf au congélateur 30 min pour le raffermir. Coupez-le en tranches les plus fines possible.
2 Pelez l'oignon et l'ail. Émincez l'oignon et écrasez l'ail. Épluchez le gingembre. Râpez-le.
3 Retirez les graines de badiane. Écrasez-les au rouleau à patisserie.
4 Dans une poêle ou dans un wok, faites fondre le saindoux. Faites-y revenir l'ail et l'oignon à feu vif en remuant.
5 Ajoutez dans la poêle le gingembre, la badiane et la coriandre. Mélangez.
6 Ajoutez le bœuf et faites-le revenir 2 ou 3 min en le retournant.
7 Incorporez la pâte de piment en mélangeant. Arrosez d'alcool de riz et de 2 cuillerées à soupe de sauce soja. Mélangez et laissez cuire de 10 à 12 min.
8 Versez dans un plat creux et servez chaud.

Poulet en papillotes

POUR 4 PERSONNES
PRÉPARATION : 25 MIN
MARINADE : 30 MIN
TREMPAGE : 30 MIN
CUISSON : 20 MIN

Boisson conseillée :
LISTEL GRIS

450 g de blancs de poulet crus sans la peau • 5 champignons parfumés • 2 oignons blancs • 2 brins de coriandre fraîche • 2 tranches de jambon cuit • 2 cuill. à soupe d'huile de sésame pour la marinade : 5 cl de sauce soja • 1 cuill. à soupe de jiu (ou de vermouth) • 5 g de sucre semoule • 1 bonne pincée de poivre blanc • 2 cuill. à café d'huile de sésame • 2 cuill. à café de fécule de maïs

1 Faites tremper les champignons parfumés pendant 30 min dans de l'eau tiède.
2 Préparez la marinade. Mélangez bien tous les ingrédients dans un grand saladier.
3 Coupez les blancs de poulet en morceaux de 5 x 1 cm. Mettez-les dans la marinade. Mélangez, couvrez et laissez mariner 30 min.
4 Préchauffez le four à 240 °C (therm. 8).
5 Égouttez les champignons. Enlevez les pieds et coupez les têtes en bâtonnets.
6 Pelez et émincez les oignons. Lavez, épongez et ciselez la coriandre. Coupez le jambon en fines lamelles.
7 Préparez 16 carrés de papier sulfurisé de 10 cm de côté, légèrement enduits d'huile de sésame.
8 Sur chaque feuille, déposez quelques bâtonnets de champignons, quelques lamelles de jambon, un peu d'oignon et de coriandre et quelques morceaux de poulet. Repliez les papillotes et maintenez-les fermées à l'aide d'un bâtonnet en bois ou de ficelle de cuisine.
9 Déposez les papillotes sur un plat allant au four, enfournez et laissez cuire 20 min. Puis sortez-les et servez-les sur un plat.

Poulet du Sichuan

POUR 4 PERSONNES
PRÉPARATION : 25 MIN
CUISSON : 25 MIN

Boisson conseillée :
VOUVRAY

8 pilons de poulet • 80 cl de bouillon de volaille • graines de sésame • gingembre frais • 4 oignons blancs pour la sauce : poivre blanc moulu • 2 cuill. à soupe de pâte d'arachide • 1 cuill. à café de sucre semoule • 1/2 cuill. à café de pâte de piment rouge • 2 cuill. à soupe de jiu (ou de vermouth) • 3 cuill. à soupe de sauce soja

1 Portez le bouillon à ébullition. Plongez-y les pilons, baissez le feu et faites cuire à couvert 25 min. Égouttez les pilons. Retirez la peau. Désossez-les et coupez la chair très finement.
2 Dans une poêle sèche et chaude, faites légèrement roussir 4 cuillerées à soupe de graines de sésame en remuant 1 ou 2 min. Réservez la moitié des graines, mettez les autres dans un saladier.
3 Ajoutez dans le saladier tous les ingrédients de la sauce. Mélangez.
4 Épluchez 1 morceau de gingembre de 4 cm et coupez-le en tranches fines. Pelez les oignons. Coupez les tiges en gardant une partie du vert. Émincez-les finement.
5 Tapissez le plat de service avec les oignons. Répartissez par-dessus les lamelles de poulet. Parsemez des graines de sésame et du gingembre.
6 Nappez de sauce et servez.
Ce poulet « au goût étrange » (c'est le nom chinois de la recette) est une spécialité du Sichuan, province la plus peuplée de Chine. Les collines découpées en terrasses produisent en abondance du riz, des fruits et des légumes.

Porc à l'aigre-doux

Pour 4 personnes

Préparation : 15 min

Cuisson : 30 min

Boisson conseillée :

PINOT NOIR

800 g de longe de porc • 2 cuill. à soupe de fécule de maïs •

2 tranches d'ananas au naturel • 1 petit piment fort vert frais •

1 œuf • 35 g de farine de blé à levure incorporée •

30 g de saindoux • 2 cuill. à soupe d'huile • sel

pour la sauce : 2 tomates • 1 cuill. à soupe de fécule de maïs •

20 g de gingembre frais • 2 cuill. à soupe de sucre semoule •

3 cuill. à soupe de vinaigre de xérès • 25 cl de jus d'ananas •

1 cuill. à café de sauce de soja

1 Coupez le porc en gros dés. Mettez la fécule de maïs sur une assiette et roulez-y les dés de porc pour les fariner sur toutes leurs faces. Cassez l'œuf dans un saladier. Ajoutez la farine et 1 pincée de sel. Fouettez jusqu'à ce que le mélange devienne mousseux. Plongez les dés de porc dans cette pâte et retournez-les jusqu'à ce qu'ils soient totalement enrobés.

2 Dans une poêle chaude ou dans un wok, faites fondre le saindoux. Faites-y frire les dés de porc pendant 15 min en les remuant. Retirez-les avec une écumoire et faites-les égoutter sur un papier absorbant.

3 Coupez chaque tranche d'ananas en 8 morceaux. Lavez le piment et fendez-le sur toute sa longueur. Faites chauffer l'huile dans une poêle. Faites-y revenir l'ananas et le piment à feu moyen.

4 Préparez la sauce. Plongez les tomates 1 min dans de l'eau bouillante, pelez-les, épépinez-les et concassez-les. Délayez la fécule de maïs dans un peu d'eau tiède. Râpez le gingembre. Dans un récipient, mélangez le sucre, le vinaigre, le gingembre, la purée de tomates, le jus d'ananas, la sauce de soja et la fécule de maïs. Versez la sauce dans le wok. Ajoutez l'ananas et le piment et faites cuire à feu moyen pendant 5 min en remuant avec une cuillère en bois.

5 Ajoutez le porc dans le wok et poursuivez la cuisson 5 min en retournant les dés dans la sauce pour les réchauffer. Retirez le piment, versez dans un plat creux et servez.
Accompagnez d'un riz blanc ou d'un riz cantonais (voir p. 454).

Poulet aux amandes

POUR 4 PERSONNES
TREMPAGE : 30 MIN
PRÉPARATION : 15 MIN
CUISSON : 25 MIN

Boisson conseillée :
CÔTES-DU-RHÔNE

4 blancs de poulet •
6 champignons noirs •
1 carotte • 10 pousses de
bambou • 1 oignon •
1 gousse d'ail • 200 g
d'amandes mondées •
2 cuill. à soupe d'huile •
5 g de coriandre en poudre •
1/2 noix de muscade •
1 cuill. à soupe de fécule de
maïs • 2 cuill. à soupe de
sauce soja • poivre blanc

1 Faites tremper les
champignons noirs
30 min dans de l'eau
tiède. Égouttez-les et coupez-les en lanières.
2 Coupez les blancs de
poulet en fines lamelles.
3 Grattez la carotte. Lavez-la. Avec un couteau
économe, détaillez-la en
larges rubans. Rincez et
égouttez les pousses de
bambou. Découpez-les
en bâtonnets. Pelez l'oi-
gnon et l'ail. Émincez
l'oignon et écrasez l'ail.
4 Dans une poêle sèche
posée sur feu moyen, fai-
tes griller légèrement les
amandes 2 min en re-
muant. Réservez-les.
5 Versez l'huile dans la
poêle et faites-y revenir
l'oignon et l'ail 2 min en
remuant.
6 Ajoutez les lamelles
de poulet. Faites-les do-
rer 5 ou 6 min.
7 Versez les champi-
gnons, les pousses de
bambou, les carottes et
la coriandre dans la
poêle. Râpez la noix de
muscade par-dessus.
Remuez.
8 Délayez la fécule de
maïs dans un peu d'eau
froide. Versez-la dans la
poêle avec les amandes
et la sauce soja. Poivrez.
Poursuivez la cuisson
pendant 15 min. Servez
aussitôt.

Poulet aux châtaignes

POUR 4 PERSONNES
TREMPAGE : 30 MIN
PRÉPARATION : 30 MIN
CUISSON : 1 H 10

Boisson conseillée :
JULIÉNAS

1 poulet de 1,2 kg coupé en
petits morceaux •
10 champignons parfumés •
500 g de châtaignes •
1 gousse d'ail • 1 oignon •
1 morceau de gingembre frais
de 2 cm • 30 g de saindoux •
30 cl de bouillon de poule •
2 cuill. à soupe de sauce
soja • 1 pincée de sucre
semoule • 5 cl de jiu (ou de
vermouth)

1 Préchauffez le four
à 200 °C (therm. 6).
2 Faites tremper les
champignons parfumés
pendant 30 min dans de
l'eau tiède.
3 Incisez les châtaignes
et faites-les cuire au four
10 min. Laissez-les refroidir et épluchez-les.
4 Pelez et hachez l'ail et
l'oignon. Épluchez et râ-
pez le gingembre.
5 Égouttez les champignons. Retirez les queues
et les tiges dures, coupez
les têtes en lamelles.
6 Dans une cocotte, faites fondre le saindoux.
Faites-y revenir l'ail et
l'oignon 2 à 3 min à feu
vif en remuant.
7 Ajoutez les morceaux
de poulet et faites-les dorer 5 min en les retour-
nant. Versez le bouillon,
ajoutez le gingembre.
Amenez à ébullition.
8 Ajoutez les champi-
gnons, les châtaignes, la
sauce soja, le sucre et le
jiu. Baissez le feu, cou-
vrez et faites cuire pen-
dant environ 1 h.
9 Servez dans la cocotte.
Dans les tombes des pre-
miers empereurs de
Chine, on a découvert
des châtaignes. Ces
fruits ont conservé toute
leur popularité et sont
fréquemment utilisés
dans des plats braisés ou
mijotés, plus particulièrement avec du poulet ou
du chou.

Poulet en gelée

POUR 4 PERSONNES
PRÉPARATION : 25 MIN
RÉFRIGÉRATION : 12 H
CUISSON : 1 H

Boisson conseillée :
BEAUJOLAIS

1 poulet de 1,2 kg coupé en
morceaux • 2 oignons •
3 gousses d'ail • 1 morceau
de gingembre frais de 2 cm •
225 g de couenne de porc •
50 cl de bouillon de poulet •
5 cl de jiu (ou de vermouth) •
1 cuill. à soupe de
sauce soja • agar-agar en
poudre • sel, poivre

1 Pelez les oignons et
l'ail. Émincez les oignons
et écrasez l'ail. Épluchez
le gingembre et coupez-
le en très fins bâtonnets.
2 Tapissez une cocotte
à fond épais avec la
couenne, côté peau en
dessous. Recouvrez-la
des morceaux de poulet.
Salez, poivrez.
3 Répartissez au-dessus
du poulet les oignons,
l'ail et le gingembre.
4 Arrosez avec le
bouillon. Allongez avec
50 cl d'eau. Couvrez et
portez à ébullition. Baissez le feu et faites cuire à
feu doux pendant 1 h.
Sortez la cocotte du feu
et laissez refroidir.
5 Retirez le poulet du
bouillon. Ôtez-en la
peau, désossez-le et cou-
pez-le en lamelles.
6 Disposez les lamelles
de poulet dans un moule
rectangulaire.
7 Filtrez le bouillon au-
dessus d'une casserole,
rajoutez l'alcool et la
sauce soja et mélangez.
8 Incorporez l'agar-agar
au mélange en respectant
les proportions de
3/4 d'une cuillerée à
soupe d'agar-agar pour
15 cl de bouillon. Portez
à ébullition en tournant.

9 Versez le bouillon dans le moule par-dessus le poulet et laissez refroidir. Quand la préparation est froide, mettez le moule au réfrigérateur pendant 12 h.

10 Démoulez puis servez coupé en tranches. L'agar-agar est une gélatine obtenue à partir d'algues, plus particulièrement d'algues rouges comme l'eucheuma et le

gelidium. Sous forme de poudre ou de feuilles, il doit toujours bouillir lors de son utilisation et conserve ensuite sa fermeté, quelle que soit la température.

Canard aux navets et au chou

———

POUR 4 PERSONNES
PRÉPARATION : 10 MIN
CUISSON : 50 MIN

1 canard de 1,2 kg coupé en 4 • 1 petit chou blanc d'environ 300 g • 4 navets • 30 g de saindoux • 50 cl de bouillon de volaille • sel, poivre blanc

1 Lavez le chou. Coupez-le en 4. Ôtez le trognon et les grosses côtes. Coupez-le en lanières.

2 Épluchez et lavez les navets. Coupez-les en 8.
3 Dans une cocotte, faites fondre le saindoux. Faites-y revenir les quartiers de canard en les retournant jusqu'à ce qu'ils soient bien dorés de toutes parts. Salez et poivrez.
4 Ajoutez dans la cocotte les lanières de chou et les morceaux de navets. Arrosez de bouillon

de volailles et couvrez à demi.
5 Faites cuire à feu doux 50 min, cocotte entrouverte. Servez. Ce canard doit être très cuit, au besoin poursuivez la cuisson pendant 10 à 15 min. La chair doit se détacher des os, afin que vous puissiez éventuellement le saisir avec des baguettes.

Canard croustillant et parfumé

———

POUR 4 PERSONNES
PRÉPARATION : 15 MIN
CUISSON : 1 H 10

1 canard de 1,2 kg vidé • 1,5 l de bouillon de volaille • 1 morceau de gingembre frais de 5 cm • 5 cl de sauce soja • 6 étoiles de badiane • poivre blanc • 30 cl d'huile

1 Coupez en 2 le canard, dans le sens de la longueur. Faites chauffer 15 cl d'huile dans une sauteuse ou dans un wok, puis faites-y revenir les moitiés de canard en les retournant pour

qu'elles dorent de tous les côtés. Sortez-les et réservez-les. Nettoyez la sauteuse.
2 Épluchez le gingembre et coupez-le en fins bâtonnets. Versez le bouillon de volaille et la sauce soja dans un grand faitout. Ajoutez le gingembre ainsi que la badiane. Poivrez.
3 Immergez les moitiés de canard dans le bouillon. Amenez à ébullition à feu vif. Baissez le feu puis laissez mijoter

pendant 1 h, couvercle entrouvert.
4 Sortez les moitiés de canard du faitout à l'aide d'une écumoire et laissez-les refroidir.
5 Dans la sauteuse, faites chauffer le reste de l'huile et remettez à dorer à feu vif 10 min les moitiés de canard en les retournant plusieurs fois.
6 Égouttez-les soigneusement sur un papier absorbant. Servez chaud.

Canard à l'ananas

———

POUR 4 PERSONNES
TREMPAGE : 30 MIN
PRÉPARATION : 15 MIN
CUISSON : 45 MIN

Boisson conseillée :
TOKAY

1 canard désossé par le volailler et coupé en petits morceaux • 6 champignons noirs • 6 champignons parfumés • 1 oignon • 1 gousse d'ail • 1 petit ananas • 30 g de saindoux • 1 cuill. à soupe de fécule de maïs • sel, poivre blanc

1 Faites tremper séparément les deux sortes de champignons 30 min dans de l'eau tiède.
2 Pelez et émincez l'oignon. Pelez et écrasez l'ail.

3 Salez et poivrez uniformément les morceaux de canard.
4 Égouttez les champignons. Retirez les pieds des champignons parfumés et coupez les têtes en lamelles. Coupez les champignons noirs en morceaux.
5 Épluchez l'ananas et coupez-le en tranches puis en morceaux au-dessus d'un plat pour en récupérer le jus.
6 Dans une cocotte, mettez le saindoux à fondre. Faites-y dorer l'ail et l'oignon pendant 2 min en remuant.

7 Ajoutez les morceaux de canard et d'ananas. Faites-les revenir pendant 15 min en les retournant régulièrement.
8 Délayez la fécule de maïs dans le jus d'ananas. Allongez éventuellement d'un peu d'eau. Ajoutez tous les champignons et la fécule dans la cocotte. Poursuivez la cuisson 25 min en remuant de temps en temps. Surveillez la sauce. Ajoutez un peu d'eau si nécessaire.
9 Goûtez et rectifiez l'assaisonnement. Servez sur un plat chaud.

Pieds de porc en gelée

POUR 4 PERSONNES
PRÉPARATION : 30 MIN
CUISSON : 2 H 45
RÉFRIGÉRATION : 12 H

Boisson conseillée :
ROSÉ

4 pieds de porc coupés en deux • 5 cl de jiu (ou de vermouth) • 1 cuill. à soupe de sauce soja • 1 forte pincée de sucre semoule • 400 g de filet de porc • sel, poivre blanc

1 Mettez les pieds de porc dans un faitout. Couvrez-les d'eau froide. Amenez à ébullition et faites blanchir 10 min. Égouttez-les et rincez-les à l'eau froide.
2 Remettez-les dans le faitout et versez 1 l d'eau froide. Amenez à ébullition et faites cuire 2 h. Il faut que les os se détachent facilement. Égouttez les pieds de porc, laissez-les tiédir et retirez les os en évitant de percer la chair.
3 Dans une grande cocotte, déposez 4 moitiés de pieds de porc, la peau en dessous.
4 Mélangez 75 cl d'eau, l'alcool, la sauce soja et le sucre. Versez dans la cocotte. Laissez mijoter à feu doux pendant environ 15 min.
5 Hachez le filet de porc. Salez et poivrez. Séparez ce hachis en 4 parts égales et farcissez-en les demi-pieds qui sont dans la cocotte. Recouvrez-les des autres demi-pieds, peau vers le dessus. Poursuivez la cuisson 20 min.
6 Sortez le faitout du feu. Retirez les pieds farcis avec précaution pour éviter qu'ils ne se cassent et disposez-les dans un plat creux. Nappez-les de la sauce et mettez le plat au réfrigérateur 12 h.

Porc frit aux vermicelles de soja

POUR 4 PERSONNES
PRÉPARATION : 15 MIN
CUISSON : 15 MIN

Boisson conseillée :
CHÂTEAUNEUF-DU-PAPE

1 morceau de rouelle de porc de 600 g • 100 g de vermicelles de soja • 2 oignons • 2 tomates • 1 petit morceau de gingembre frais • 1 petit bouquet de coriandre • 40 g de saindoux • 1 cuill. à soupe de sauce soja • 1 cuill. à soupe de chao-xing (ou de xérès) • sel

1 Faites tremper les vermicelles de soja dans de l'eau froide pendant 5 min. Égouttez-les.
2 Pelez et émincez les oignons. Plongez les tomates 1 min dans de l'eau bouillante, pelez-les, coupez-les en 6 ou 10 rondelles. Pelez et râpez le gingembre. Lavez et hachez la coriandre.
3 Ôtez la couenne du porc, coupez la viande en fines lamelles.
4 Dans un wok ou dans une poêle chaude, faites fondre le saindoux. Faites-y revenir les oignons en les remuant jusqu'à ce qu'ils soient transparents.
5 Ajoutez les lamelles de porc et laissez-les cuire 5 min environ en les retournant jusqu'à ce qu'elles soient légèrement dorées.
6 Ajoutez les tomates puis, au bout de 5 min de cuisson, la sauce soja et l'alcool. Faites réduire la sauce à feu vif 1 à 2 min en remuant.
7 Portez 50 cl d'eau à ébullition. Salez. Plongez-y les vermicelles et laissez-les cuire 5 min. Égouttez-les.
8 Mettez le porc au centre d'un plat de service rond. Disposez les vermicelles en couronne tout autour. Parsemez de coriandre et servez.

Porc aux pousses de bambou

POUR 4 PERSONNES
PRÉPARATION : 15 MIN
CUISSON : 20 MIN

Boisson conseillée :
CAHORS

600 g de filet mignon de porc • 400 g de pousses de bambou en conserve • 2 oignons blancs • 1 cuill. à soupe de fécule de maïs • 30 g de saindoux • 1 cuill. à soupe d'huile d'arachide • 1 cuill. à soupe de sauce soja • 1 cuill. à soupe de vinaigre de xérès • 1 cuill. à café de sucre semoule • 1 cuill. à soupe d'huile de sésame • sel

1 Rincez et égouttez les pousses de bambou, coupez-les en lamelles. Pelez et émincez les oignons.
2 Coupez le porc en fines lamelles ayant à peu près la même taille que les pousses de bambou.
3 Mélangez dans une assiette la fécule et 1 cuillerée à café de sel. Passez-y les lamelles de porc.
4 Faites fondre le saindoux dans une poêle et faites-y revenir la viande en remuant pendant 2 à 3 min jusqu'à ce qu'elle ait perdu sa couleur rose. Sortez-la de la poêle et réservez-la.
5 Dans une sauteuse ou dans un wok, faites fondre les oignons dans l'huile d'arachide. Ajoutez les pousses de bambou, la sauce soja, le vinaigre et le sucre. Mélangez et remettez la viande. Poursuivez la cuisson à petits bouillons pendant environ 10 min jusqu'à ce que la sauce épaississe. Arrosez d'huile de sésame, versez dans un plat chaud et servez immédiatement. Vous pouvez remplacer le vinaigre de xérès par du vinaigre de riz ou du vinaigre blanc.

PORC FRIT AUX VERMICELLES DE SOJA

•

Vous pouvez servir ce plat à chaque convive. Versez la viande dans chaque assiette et disposez les vermicelles autour. Cette recette peut se préparer avec du porc haché, en terminant rapidement la cuisson de tous les ingrédients dans le wok (ou au cuit-vapeur).

Porc laqué

POUR 6 PERSONNES

PRÉPARATION : 10 MIN

MARINADE : 6 H

CUISSON : 45 MIN

Boisson conseillée :

CÔTE-DE-BEAUNE

1 kg de poitrine de porc maigre avec la couenne

pour la marinade : 2 gousses d'ail • 1 petit morceau de gingembre frais • 1 cuill. à soupe de fécule de maïs • 3 cuill. à soupe de sauce soja • 1 cuill. à soupe de poudre de cinq-épices • 1 cuill. à café de poivre blanc • 4 cuill. à soupe de miel • 2 cuill. à soupe de chao-xing (ou de xérès) • 1 cuill. à soupe d'huile de sésame • sel

1 Pratiquez des entailles dans la viande de porc, y compris dans la couenne.
2 Pelez et écrasez l'ail. Épluchez et râpez le gingembre. Délayez la fécule de maïs dans un peu d'eau froide.
3 Préparez la marinade. Mélangez la sauce soja, l'ail, la poudre de cinq-épices, le poivre, le miel, l'alcool de riz, le gingembre, la fécule et l'huile. Salez et mélangez.
4 Badigeonnez le porc avec la marinade. Laissez mariner 6 h au réfrigérateur en retournant la viande de temps à autre.
5 Préchauffez le four à 200 °C (therm. 6).
6 Sortez le porc de la marinade et posez-le dans un plat allant au four, la couenne en dessus. Réservez la marinade.
7 Enfournez la viande et faites-la rôtir environ 45 min. Retournez-la 3 ou 4 fois en cours de cuisson en la badigeonnant à chaque fois du reste de la marinade. Terminez la cuisson, la couenne en dessous, elle doit être croustillante.
8 Coupez le porc laqué en fines tranches, posez celles-ci sur un plat chaud et servez.
Le porc laqué se sert aussi froid. On peut laquer de la même façon des travers de porc. Dans ce cas, découpez la viande entre les côtes.
La poudre de cinq-épices est le mélange d'épices le plus typique de la Chine. Elle comprend de la badiane, du fagara, de la cannelle, des graines de fenouil et des clous de girofle. Le tout est finement broyé. On peut rajouter de la cardamome, du gingembre séché et de la racine de réglisse. Cette poudre se conserve 3 ou 4 mois dans un récipient bien hermétique.

Fondue chinoise

POUR 4 PERSONNES

PRÉPARATION : 40 MIN

CONGÉLATION : 30 MIN

CUISSON : 20 MIN

Boisson conseillée :

BIÈRE

2 beaux blancs de poulet sans la peau • 350 g de filet de bœuf • 350 g de filet de porc • 500 g de roussette • 16 crevettes roses • 1 petit chou chinois • 6 oignons frais • 100 g de vermicelles de soja • 1 morceau de gingembre frais de 2 cm • 2 l de bouillon de volaille

pour la première sauce : 1 oignon • 1 gousse d'ail • sauce soja • huile de sésame

pour la deuxième sauce : 1 branche de coriandre fraîche • 1 petit morceau de gingembre frais • 2 cuill. à soupe de vinaigre de riz

pour la troisième sauce : 2 cuill. à soupe de pâte d'arachide • 1 œuf • 1 cuill. à soupe de sauce soja

1 Mettez les viandes et le poisson pendant 30 min environ au congélateur pour les raffermir. Rincez les crevettes roses et plongez-les pendant 4 à 5 min dans de l'eau bouillante. Laissez-les refroidir.
2 Préparez les sauces. Pour la première, pelez l'oignon et l'ail, hachez l'oignon et écrasez l'ail. Mélangez-les avec 6 cuillerées à soupe de sauce soja et 1 cuillerée à café d'huile de sésame dans une coupelle.
Pour la deuxième sauce, lavez, épongez et ciselez la coriandre, râpez le gingembre et mélangez-les au vinaigre blanc dans une coupelle. Mélangez ensemble tous les ingrédients de la troisième sauce et mettez celle-ci également dans une coupelle. Gardez les trois sauces au frais.
3 Coupez les viandes et le poisson en tranches le plus finement possible. Décortiquez ensuite les crevettes roses et fendez-les en deux dans le sens de la longueur.
4 Lavez le chou et coupez-le en fines lanières. Pelez les oignons. Coupez les tiges en gardant un peu du vert. Coupez-les en quatre.
5 Plongez les vermicelles pendant 3 min environ dans de l'eau bouillante. Passez-les sous l'eau froide pour arrêter la cuisson. Égouttez-les et coupez-les en morceaux.
6 Disposez tous les ingrédients sur plusieurs assiettes, en les alternant. Répartissez les vermicelles dans 4 bols.
7 Râpez le gingembre. Faites chauffer le bouillon jusqu'à ébullition puis versez-le dans un pot à feu chinois. Ajoutez le gingembre.
8 Mettez le pot à feu au centre de la table sur un réchaud à alcool allumé. Disposez les assiettes et les bols avec les ingrédients tout autour.

9 Prenez dans les assiettes les différents ingrédients avec une petite louche à fondue chinoise. Plongez-les dans le bouillon pour les faire cuire ou les réchauffer. La fondue chinoise est d'origine mongole. Elle est typique du nord de la Chine, où elle est un plat traditionnellement servi les soirs de réception.

Vous pouvez varier à l'infini les ingrédients et les sauces, mais il convient de présenter au moins une sorte de viande, une de poisson, une de légume et une de nouille.
Les louches à fondue chinoises sont faites en grillage métallique bombé. Si vous ne possédez ni louche ni pot à feu,

utilisez dans ce cas un caquelon et des fourchettes à fondue. Vous pouvez également plonger les ingrédients directement et les récupérer à l'aide de baguettes ou d'une écumoire, ou les laisser cuire quelques instants et consommer cette fondue sous forme de soupe en la versant directement dans des bols.

Tofu frit

POUR 4 PERSONNES
REPOS : 2 H
PRÉPARATION : 10 MIN
CUISSON : 5 MIN

400 g de tofu • 4 cuill. à soupe d'huile pimentée
pour la sauce : 1 bouquet de coriandre fraîche • 1 cuill. à soupe de sauce soja • 2 cuill. à soupe d'huile d'arachide • 2 cuill. à soupe de vinaigre de riz (ou de vinaigre blanc)

1 Mettez le tofu entre deux planches, posez un poids par-dessus, et laissez-le 2 h afin qu'il perde le maximum de liquide.
2 Coupez-le en tranches de 1 cm d'épaisseur, puis en triangles.

3 Dans une poêle, faites chauffer l'huile pimentée. Faites-y frire les triangles de tofu pendant 3 min. Retournez-les et poursuivez la cuisson pendant 3 min encore sur l'autre face. Ils doivent prendre une coloration brune.
4 Préparez la sauce. Lavez, essorez et hachez la coriandre. Versez la sauce soja, l'huile et le vinaigre dans un bol et battez-les énergiquement à la fourchette. Ajoutez la coriandre. Versez ensuite cette sauce dans 4 petites coupelles individuelles.

5 Sortez les morceaux de tofu frits de la poêle à l'aide d'une écumoire et déposez-les sur du papier absorbant. Laissez-les s'égoutter rapidement afin qu'ils n'aient pas le temps de refroidir. Posez-les sur un plat et servez avec les petites coupelles. Le tofu est aussi connu sous le nom de fromage de soja frais. Il s'agit précisément de lait de soja caillé. Il est de couleur beige et de goût neutre. Il est servi en accompagnement de plats variés. Il se conserve plusieurs jours dans l'eau fraîche.

Chop suey de légumes

POUR 4 PERSONNES
PRÉPARATION : 20 MIN
TREMPAGE : 30 MIN
CUISSON : 20 MIN

20 g de champignons noirs • 20 g de champignons parfumés • 2 carottes • 1 courgette • 1 poivron • 50 g de pois gourmands • 4 oignons blancs • 50 g de germes de soja • 2 branches de céleri • 30 g de saindoux • 2 cuill. à soupe de sauce soja • poivre blanc

1 Faites tremper séparément les champignons noirs et les champignons parfumés 30 min dans de l'eau tiède.
2 Grattez et lavez les carottes. Détaillez-les en fins bâtonnets. Coupez les 2 bouts de la courgette. Coupez la chair en tronçons de 5 cm, coupez-les en fins bâtonnets.

3 Ôtez la queue, les graines et les filaments blancs du poivron. Coupez-le en fines lamelles. Ôtez les fils des pois gourmands. Coupez-les en trois dans le sens de la longueur. Pelez et émincez les oignons.
4 Égouttez les champignons. Retirez le pied et les tiges dures des champignons parfumés et coupez les deux sortes de champignons en lamelles.
5 Plongez les germes de soja pendant 2 ou 3 min dans de l'eau bouillante. Égouttez-les.
6 Lavez les côtes de céleri. Effilez-les puis émincez-les.
7 Faites fondre le saindoux dans une poêle ou dans un wok. Ajoutez les légumes dans l'ordre sui-

vant et sans cesser de remuer : oignons, céleri, pois gourmands, courgette, carottes, poivron, les deux sortes de champignons et les germes de soja. Arrosez de sauce soja. Poivrez.
8 Faites cuire à feu moyen de 15 à 20 min en surveillant la cuisson. Les légumes doivent être cuits mais encore croquants. Versez-les dans un plat creux et servez aussitôt.
Variez les légumes selon les possibilités du marché. La réussite du chop suey dépend de la fraîcheur des légumes employés, choisissez donc des légumes de saison.

Riz cantonais

POUR 4 PERSONNES

PRÉPARATION : 15 MIN

CUISSON : 12 À 15 MIN

125 g de riz à grains longs • 100 g de petits pois •

2 oignons • 2 belles tranches de jambon cuit • 45 g de

saindoux • 3 œufs • sel, poivre blanc

1 Écossez les petits pois. Remplissez 2 casseroles d'eau à moitié. Salez et portez à ébullition. Dans la première, jetez le riz et faites-le cuire pendant environ 20 min. Dans la seconde, plongez les petits pois et faites-les cuire également pendant 20 min. Égouttez et réservez le riz et les petits pois. Pendant ce temps, pelez et émincez les oignons. Coupez le jambon en fines lamelles.

2 Dans une poêle chaude ou dans un wok, faites fondre 30 g de saindoux. Faites-y revenir les oignons à feu vif en remuant à l'aide d'une cuillère en bois. Ajoutez le riz et les petits pois et faites-les revenir pendant 3 min environ toujours sans cesser de remuer. Laissez mijoter à feu doux 6 à 7 min en remuant régulièrement, salez et poivrez. Versez le tout dans un saladier et réservez au chaud.

3 Pendant ce temps, battez les œufs en omelette. Salez et poivrez. Dans une grande poêle, faites fondre le reste du saindoux. Versez-y les œufs de manière à obtenir une galette très fine. Laissez cuire 2 à 3 min jusqu'à ce que toute la surface de l'omelette soit ferme. Re-

tournez-la avec une spatule de bois et faites-la cuire sur l'autre face pendant quelques secondes.

4 Sortez l'omelette de la poêle et déposez-la sur un plan de travail. Enroulez-la sur elle-même et découpez-la environ tous les 3 mm de manière à ce qu'elle soit détaillée en fines lamelles.

5 Ajoutez le jambon dans le saladier puis enfin les lamelles d'omelette. Mélangez bien le tout et servez chaud. Réchauffez à la vapeur si nécessaire.
Présentez en même temps un flacon de sauce de soja que chacun utilisera à sa guise. Ce riz accompagne toutes sortes de plats de poisson ou de viande en sauce ou sautée, ou encore du canard laqué ou des ravioli à la vapeur. Il remplace le riz blanc, les pommes de terre ou les pâtes.

Riz frit

POUR 4 PERSONNES
PRÉPARATION : 15 MIN
CUISSON : 15 À 20 MIN

200 g de riz à grains longs cuit • 300 g de grosses crevettes • 1/2 petit piment fort frais • 50 g de germes de soja frais • 1 petite courgette • 30 g de saindoux • 2 cuill. à soupe de grains de maïs • 1 cuill. et demie à soupe de sauce soja

1 Rincez les crevettes, plongez-les environ 5 min dans de l'eau bouillante. Égouttez-les et laissez-les refroidir. Décortiquez-les.
2 Ôtez le pédoncule du piment, débarrassez-le de ses graines et filaments blancs. Émincez-le.
3 Plongez les germes de soja 2 ou 3 min dans de l'eau bouillante. Égouttez-les.
4 Retirez les 2 extrémités de la courgette. Coupez la chair en tronçons de 5 cm et chaque tronçon en fins bâtonnets.
5 Dans une poêle ou dans un wok, faites fondre la moitié du saindoux. Faites-y revenir le piment, la courgette et les crevettes 2 min en remuant.
6 Ajoutez les grains de maïs, les germes de soja frais et la sauce soja.

Tournez de nouveau 2 min sur le feu.
7 Dans une autre poêle, faites fondre le reste du saindoux. Ajoutez le riz et faites-le frire quelques minutes en le remuant.
8 Ajoutez le contenu de la première poêle, remuez et poursuivez la cuisson 10 min. Servez aussitôt.

Vous pouvez varier les ingrédients que l'on ajoute au riz frit. Vous pouvez, par exemple, remplacer les crevettes par du jambon blanc, du poulet ou du crabe, ajouter des œufs, des oignons blancs, etc.

Chou braisé aux champignons

POUR 4 PERSONNES
TREMPAGE : 30 MIN
PRÉPARATION : 15 MIN
CUISSON : 20 MIN

1 chou blanc de 500 g • 6 champignons parfumés • 4 cuill. à soupe d'huile d'arachide • 10 cl de bouillon de légumes • 2 cuill. à soupe de sauce soja • 1 pincée de sucre semoule • 1 cuill. à café d'huile de sésame • poivre blanc

1 Faites tremper les champignons 30 min dans de l'eau tiède.
2 Coupez le chou en 4. Retirez le trognon et les grosses côtes puis détaillez-le en fines lanières.
3 Égouttez les champignons. Retirez les queues et les tiges dures, coupez les têtes en morceaux.
4 Dans une poêle ou dans un wok chaud, versez l'huile d'arachide. Faites-y frire les champignons pendant 3 ou 4 min en remuant.

5 Ajoutez le chou et prolongez à feu vif la cuisson 4 ou 5 min. Remuez de temps en temps.
6 Arrosez de bouillon et de sauce soja. Poudrez de sucre. Faites reprendre l'ébullition et faites cuire 4 ou 5 min en remuant. Poivrez.
7 Baissez le feu et laissez mijoter 5 min en tournant de temps en temps.
8 Arrosez d'huile de sésame et servez aussitôt.

Délice de Bouddha

POUR 4 PERSONNES
TREMPAGE : 30 MIN
PRÉPARATION : 15 MIN
CUISSON : 8 MIN

6 à 8 champignons parfumés • 50 g de vermicelles de soja • 6 châtaignes d'eau en conserve • 50 g de pousses de bambou en conserve • 1 petit chou chinois • huile d'arachide • 20 pignons • 2 cuill. à soupe de sauce soja • 1 cuill. à café de fécule de maïs • quelques gouttes d'huile de sésame • poivre

1 Faites tremper les champignons 30 min dans de l'eau tiède.
2 Mettez les vermicelles de soja 15 min dans de l'eau très chaude.
3 Coupez chaque châtaigne d'eau en 8 morceaux. Rincez et égouttez les pousses de bambou. Coupez-les en fins bâtonnets. Lavez et essuyez le chou. Coupez-le en fines lanières.
4 Égouttez les champignons en réservant l'eau de trempage. Retirez les pieds et les tiges dures, coupez les têtes en lamelles.
5 Égouttez les vermicelles et coupez-les en morceaux avec des ciseaux.
6 Mettez l'huile à chauffer dans une poêle ou dans un wok. Faites-y revenir les châtaignes, le chou, les pousses de bambou, les pignons, les

champignons et les vermicelles. Arrosez de sauce soja. Poivrez et prolongez la cuisson 5 min.
7 Délayez la fécule de maïs dans 3 cuillerées à soupe de l'eau de trempage des champignons. Versez-la dans la poêle, mélangez et poursuivez la cuisson 2 ou 3 min.
8 Arrosez d'huile de sésame, mélangez. Versez dans un plat creux et servez.

La châtaigne d'eau est de couleur acajou. Sa chair est douceâtre et ferme, un peu comme celle d'une pomme de terre. On peut la manger crue comme fruit ou cuite comme légume.

Les Desserts

Sorbet aux litchis

POUR 4 PERSONNES

PRÉPARATION : 20 MIN

CONGÉLATION : 4 H

1 kg de litchis • 200 g de sucre semoule • 4 blancs d'œufs

1 Enlevez les écorces et les noyaux des litchis. Réservez-en 4. Mixez les autres avec le sucre.
2 Montez les blancs d'œufs en neige ferme, incorporez-les délicatement à la purée de litchis.
3 Versez la préparation dans une sorbetière et laissez reposer 4 h. Si vous n'avez pas de sorbetière, versez le sorbet dans un moule à glace et mettez celui-ci 15 min au congélateur ou 30 min dans le compartiment à glace du réfrigérateur.
4 Sortez le sorbet du congélateur, mélangez-le à la fourchette, puis remettez-le au froid 15 min, répétez l'opération, puis faites congeler 2 h 30.
5 Servez dans des coupes individuelles. Décorez avec les litchis réservés au préalable.
Si ce sorbet n'est pas destiné à des enfants, ajoutez à la préparation 1 cuillerée à soupe de kirsch ou d'alcool mei kuei lu.
Le litchi mûrit de novembre à janvier. Le reste de l'année, on le trouve en conserve, mais il ne convient alors pas à la préparation de ce sorbet. Pour en savoir plus sur le litchi, voir p. 249.

Coupe de fruits glacés

POUR 6 PERSONNES

PRÉPARATION : 25 MIN

RÉFRIGÉRATION : 2 H

1 petit ananas • 12 litchis • 3 kiwis • 1 papaye • 6 kumquats • 250 g de longanes au sirop • 1 citron • 5 cl d'alcool mei kuei lu (ou de kirsch)

1 Épluchez l'ananas. Coupez-le en tranches puis en plusieurs morceaux, en recueillant le jus qui s'écoule pendant cette opération.
2 Épluchez et dénoyautez les litchis. Épluchez les kiwis et coupez-les en rondelles.
3 Coupez la papaye en deux. Retirez les graines. Pelez-la et détaillez-la en tranches.
4 Lavez et essuyez les kumquats. Coupez-les en rondelles.
5 Égouttez les longanes. Réservez le jus. Pressez le citron.
6 Mettez tous les fruits dans un saladier. Ajoutez le jus du citron, le jus d'ananas, le jus de longane et l'alcool. Mélangez.
7 Mettez au frais au moins 2 h avant de servir.
Le mei kuei lu est une liqueur sucrée à base de sorgho et d'autres grains (voir «Saveurs» p.249). La longane est un fruit chinois de la taille d'une petite prune. Sa chair blanche est très proche de celle du litchi. On ne trouve pas de longane fraîche hors de Chine et d'Inde. Confite, c'est une friandise très fine.

Beignets de pommes

POUR 4 PERSONNES

REPOS : 30 MIN

PRÉPARATION : 15 MIN

CUISSON : 20 MIN

4 pommes • 100 g de farine • 1 œuf • 225 g de sucre semoule • huile de friture

1 Préparez la pâte. Dans un saladier, délayez la farine avec 12 cl d'eau. Battez l'œuf à la fourchette. Ajoutez-le à la farine et fouettez jusqu'à obtenir un mélange mousseux. Laissez reposer 30 min.
2 Pelez et évidez les pommes. Coupez-les en morceaux. Trempez-les dans la pâte.
3 Faites chauffer l'huile de friture. Plongez-y délicatement quelques morceaux de pommes enrobés de pâte. Lorsque les beignets sont dorés, retournez-les avec une écumoire et faites cuire l'autre côté. Il faut environ 4 min. Renouvelez l'opération jusqu'à épuisement des pommes.
4 Égouttez-les au fur et à mesure sur du papier absorbant. Tenez-les au chaud.
5 Préparez le caramel. Dans un caquelon, versez le sucre et mouillez avec 5 cuillerées à soupe d'eau. Portez doucement à ébullition en remuant. Quand vous avez obtenu un caramel blond, plongez-y les beignets en les retournant pour qu'ils soient bien enrobés de caramel. Posez le caquelon au milieu de la table sur un réchaud à alcool.
6 Remplissez un saladier d'eau, ajoutez-y quelques glaçons et posez-le également sur la table.
7 Chaque convive doit saisir à l'aide de baguettes un beignet dans le caramel, et le plonger dans l'eau glacée avant de le déguster.
Vous pouvez réaliser la même recette avec des rondelles de banane ou des dés d'ananas.

L'ASIE DU SUD-EST

La Thaïlande, le Cambodge, le Laos
et le Viêt Nam se sont forgé leurs propres gastronomies,
originales et authentiques, qui diffèrent d'un pays à l'autre.
Mais certaines coutumes se retrouvent, prenant leur source dans
la tradition chinoise. La cuisine thaïlandaise privilégie les parfums sauvages
et parfois audacieux de ses plantes aromatiques. Les Laotiens
utilisent abondamment le gibier qui peuple leurs montagnes,
et les Cambodgiens préparent souvent leurs repas au charbon de bois.
Quant aux Vietnamiens, ils cultivent savamment
l'art du petit rouleau comestible et du poisson cru. Cependant,
le riz, les nouilles, les épices, et parfois le thé sont présents
sur presque toutes les tables.

SAVEURS
DE L'ASIE DE SUD-EST

Des grillades les plus simples aux mets cuisinés les plus compliqués, rien ne se cuit ni ne se mange en Asie sans herbes (menthe, coriandre, fenouil, citronnelle) ni sans une multitude d'assaisonnements et de sauces diverses : sauce au soja, au piment, ou au jus de poisson macéré (*nam pla* thaïlandais, *nam padek* laotien, *tuk trey* cambodgien, *nuoc-mâm* vietnamien). Les habitants de ces pays consomment énormément de poissons (de mer et de rivière), de crustacés et autres coquillages, le plus souvent servis grillés, parfois frits. Le bœuf, le porc, la volaille — et le buffle au Laos —, coupés menu, ont aussi droit de cité dans des plats braisés ou des soupes et sont toujours accompagnés de riz, à moins qu'une imposante potée de nouilles à la viande ou aux fruits de mer ne fasse office de plat unique. Citons également la luxuriance des marchés regorgeant de légumes et de fruits : choux, aubergines, concombres, radis blancs, champignons et ramboutans, mangoustans, papayes, pastèques, régimes de petites bananes vertes, dont les feuilles servent à envelopper le riz et certains gâteaux, et dont les fleurs agrémentent les salades vietnamiennes.

LES TRADITIONS

Les menus de ces divers pays sont, comme en Chine, composés la plupart du temps d'un assortiment de petits plats dont les ingrédients (poissons, viandes ou légumes), préalablement découpés, se mangent soit avec des baguettes, soit avec une cuillère (Thaïlande), ou directement avec les doigts. Les plats sont fortement assaisonnés, l'usage du piment ayant un effet rafraîchissant dans les pays chauds. Il est habituel de poser l'ensemble de la nourriture sur la table, avec le riz, la soupe rituelle et les bols de sauce, les fruits (que l'on consom-

me en Thaïlande avant ou après le repas), et éventuellement les biscuits et friandises (que les Vietnamiens, dans certains cas, dégustent entre deux plats). En règle générale, cinq plats au minimum sont présentés aux repas principaux, accompagnés de riz, qui a un peu la fonction du pain dans les pays occidentaux, et de soupe, destinée à remplacer les boissons courantes. Chaque région possède son propre «vin» de riz (*arak* en Thaïlande), que l'on consomme lors des fêtes. La bière rencontre de plus en plus d'amateurs. À la fin du repas, le thé est quasiment incontournable, sauf en Thaïlande et au Viêt Nam où le café est apprécié.

LA VIE QUOTIDIENNE

LE PETIT DÉJEUNER. Le riz fait office de pain, et un bol de soupe remplace la tasse de thé. On peut aussi consommer un bouillon léger ou une bonne soupe aux nouilles, comme au Laos et en Thaïlande.

LE DÉJEUNER. C'est un repas, parfois préparé à l'avance, que l'on prend tôt et rapidement. Il se compose de légumes crus ou macérés, fortement assaisonnés, servis avec de la viande ou du poisson (Thaïlande), d'une soupe de nouilles aux crevettes ou de petites

boulettes de bœuf (*bo nuong*) ou de porc grillé (*nem nuong*) empaquetées dans une feuille de laitue ou une galette de riz (Viêt Nam).

LE DÎNER. Pris en début de soirée, le dîner peut commencer par des crudités variées, accompagnées du *namprik phao* thaïlandais composé d'ail, d'oignons, de piments séchés et de *nam pla* (voir p. 467), ou par des salades vietnamiennes (*goi*) assorties de lamelles de poulet, de cubes de porc, de morceaux de calmar.

Viennent ensuite des plats variés : viandes ou poissons grillés au barbecue ou sur des plaques chauffantes, des plats cuisinés, comme le pot-au-feu, le poulet au basilic (Thaïlande), le buffle aux haricots (*o lam*, le plat national laotien), ou encore une fondue de bœuf au vinaigre (*bo nuong giam* au Viêt Nam). Les soupes resteront légères si elles sont servies en complément, soupe de poissons aigre-douce (Viêt Nam), soupe au chou

Riz parfumé

Riz rond

(Laos), et le riz, gluant ou blanc, fera le lien, qu'il soit nature, frit ou parfumé au soja.

LES JOURS DE FÊTE
•

Les fêtes tiennent une grande place dans l'art de vivre de l'Asie du Sud-Est. Elles sont fort nombreuses et sont toujours l'occasion de regroupements populaires et joyeux où la gastronomie joue un grand rôle. Il n'est point de fête orientale qui ne flatte tous les sens. Selon qu'il s'agit d'une cérémonie officielle ou d'un festin strictement familial, les fastes culinaires comportent des variantes : un banquet peut donner lieu à un déferlement de petits plats joliment présentés (jusqu'à trente !), avec alcool de riz et pâtisseries colorées.

LES FÊTES FAMILIALES. Ces repas de fête peuvent ne compter qu'un plat unique (préparé au barbecue, sur une plaque chauffante ou en fondue) autour duquel chaque convive fait son choix dans un assortiment d'aliments coupés en dés qu'il fait cuire au bout de ses baguettes.

LES FÊTES RELIGIEUSES. Pour ces cérémonies, il est des plats typiques qui demandent un temps considérable de préparation, comme le *lap* au Laos (purée de viande de buffle au piment, enrobée de feuilles de salade), ou «les Sept Plats du Bœuf» au Viêt Nam

Riz gluant blanc

Riz gluant noir

Riz gluant rouge

(pour lequel chaque partie de l'animal doit être découpée de façon différente et cuite également selon diverses méthodes : friture, grillade, etc.).

LES PRODUITS

LE RIZ
•

LE RIZ ROND. Il faut distinguer, parmi les riz blanchis, le riz à grains longs — qui contient peu d'amidon et, de ce fait, «colle» peu à la cuisson — du riz rond, plus friable et fortement amidonné (ce qui le rend plus digeste et plus facile à saisir avec des baguettes). Il est utilisé en France pour les entremets. Les Asiatiques préfèrent cette variété pour les plats courants ; c'est un riz qu'il faut laver longuement avant sa cuisson. Ce riz, à grand pouvoir d'absorption, peut être cuit dans de l'eau ou dans du bouillon. Il peut aussi être cuit à la vapeur. Il est alors placé dans un panier, au-dessus d'eau maintenue à ébullition.

LE RIZ PARFUMÉ. C'est un riz à grains longs et minces, originaire de Thaïlande et possédant un goût particulier. Il tient son parfum naturel, proche de celui du jasmin, des senteurs inimitables des rizières, régulièrement inondées par les pluies de mousson.

LE RIZ GLUANT. Cette variété de riz, nommée aussi riz glutineux, contient, comme son nom l'indique, une forte dose de gluten qui lui donne à la cuisson cet aspect visqueux et légèrement opaque. Le riz gluant blanc, qui se cuit à la vapeur ou par absorption, convient parfaitement aux mets «enrobés» (boulettes de porc ou autres viandes servies dans une feuille de laitue) ou à toutes sortes d'entremets sucrés. Ce même riz, broyé, se transforme en une farine, idéale pour la confection de gâteaux ressemblant à des puddings, ou bien pour la fabrication de crêpes de riz utilisées dans les nems ou les rouleaux de printemps. Le riz gluant noir est une sorte de riz non apprêté que l'on rencontre aux Philippines et en Indonésie, dont le goût subtil de noisette se marie à merveille avec le lait de coco dans nombre d'entremets sucrés. Existe aussi du riz gluant «rouge», de couleur plutôt ocre

foncé, qui sert à la distillation de certains alcools ou «vins» de riz.

LES CRÊPES DE RIZ. Elles sont préparées avec de la farine de riz, de l'eau et du sel, mélange auquel on ajoute parfois du tapioca. La pâte est aplatie entre deux rouleaux, puis les fines crêpes sont mises à sécher au soleil sur un treillis de bambou. Les crêpes, d'un diamètre de 17 à 35 cm, se conservent indéfiniment. Pour les utiliser, il faut les réhydrater en les couvrant d'un linge humide ou en les plongeant rapidement dans de l'eau froide. Elles servent alors à enrober de multiples ingrédients, crevettes, viandes hachées, salades et herbes. Badigeonnées d'eau sucrée, elles entourent les nems. On les utilise également fraîches, pour faire des rouleaux de printemps.

LES NOUILLES ET LES VERMICELLES
•

LES VERMICELLES DE RIZ. Appelés aussi «cheveux d'ange», ces vermicelles longs sont obtenus à partir d'une pâte de farine de riz. Ils s'accommodent souvent en garniture dans des plats composés de viandes frites, ou, à peine ébouillantés, sont ajoutés à des potages, mais aussi à des salades composées.

LES PÂTES DE RIZ. Avec cette même pâte de farine de riz, il est possible de fabriquer tou-

Citronnelle

Nuoc-mâm

tes sortes de pâtes alimentaires, de forme et de grosseur variables, plates ou rondes, dont la longueur impressionnante est symbole de longévité. Parfumées à l'ail et parsemées de petits dés de viande et de légumes, les pâtes de riz peuvent constituer un plat unique.

LES VERMICELLES DE SOJA. Faits à partir de soja *mungo*, ces vermicelles sont transparents et ont une consistance assez ferme qui demande un temps de cuisson plus long que celui des vermicelles de riz. Ils s'associent volontiers à des plats de poissons de rivière, mais également à de nombreuses soupes.

LES NOUILLES DE BLÉ. Ces nouilles sont faites à base de semoule de blé, et leur forme varie selon l'emploi : nouilles rondes vendues fraîches ou séchées,

vermicelles longs plus précisément réservés à des potages, nouilles plates présentées en longs rouleaux enrubannés, ou coupées. Certaines nouilles de blé contiennent, comme les pâtes italiennes, un complément d'œuf ajouté à la semoule de préparation ; elles constituent une garniture parfaite pour le poisson.

LES HERBES AROMATIQUES

LE BASILIC. Cette herbe de la même famille que la menthe est un ingrédient important dans les cuisines thaïlandaise, vietnamienne et laotienne. Le basilic parfume les salades et les légumes, ainsi que les currys.

LE BASILIC CHEVELU. Il a des feuilles longues, étroites et d'un vert tendre. Les graines séchées sont utilisées pour préparer des infusions et des

desserts. Les feuilles aromatisent les salades thaïlandaises.

LE BASILIC POURPRE. Ses feuilles sont petites, rondes et frangées, de couleur rouge-orangé. Originaire de Thaïlande, sa saveur, discrète quand il est cru, se développe à la cuisson.

LA CITRONNELLE. La citronnelle est une herbe aromatique à feuilles lancéolées vert pâle très odorantes. Elle pousse en région tropicale et on en extrait une essence utilisée en pharmacie et en parfumerie. Les feuilles, fraîches ou séchées, font d'excellentes infusions et se mélangent agréablement au thé, alors que le bulbe séché, coupé en rondelles fines puis pilé, entre dans la composition de nombreux plats asiatiques, notamment en Thaïlande.

LA CIBOULETTE. On trouve 4 variétés de ciboulette sur les marchés du Sud-Est asiatique. La ciboulette vert foncé est connue sous le nom de «ciboulette chinoise». La ciboulette jaune est une ciboulette chinoise qui pousse à l'abri de la lumière. Son goût est moins prononcé. Ses tiges sont aplaties. Quand la ciboulettte chinoise mûrit, les tiges se garnissent de fleurs. Celles-ci sont dégustées frites ou servent de garniture. Enfin, la ciboulette aillée se rapproche de la famille de l'ail. Ses feuilles sont relativement plates et d'un vert terne.

LE NUOC-MÂM

Cette sauce, dont les Vietnamiens raffolent, est fabriquée avec de l'extrait de jus de poisson. Le poisson est diposé en couches dans des tonneaux, en alternance avec du sel. On le laisse fermenter pendant trois mois ou plus. Le liquide qui s'en écoule est filtré. Pour accompagner les plats, on peut y ajouter de l'ail et du piment pilé additionné de citron vert pressé, ainsi que de l'eau, du sucre et quelques filaments de carottes crues. Le nuoc-mâm frais se conserve très bien au réfrigérateur.

Le nam pla est la variante de sauce à base de poisson fermenté que l'on consomme en Thaïlande depuis plus de 1000 ans. On la retrouve également au Cambodge et au Laos. Le *nam pla* est très riche en protéines et en vitamine B, et son goût fort et salé en fait un assaisonnement de choix pour nombre de salades et de plats.

Vermicelles de riz

Pâte de riz

Vermicelles de soja

Nouilles de blé vermicelle

Nouilles de blé aux œufs

Nouilles de blé plates

Les Entrées

Soupe aux boulettes de chou

Laos

POUR 10 PERSONNES

PRÉPARATION : 45 MIN

CUISSON : 1 H

1/2 chou blanc • 500 g de bœuf dans la culotte • sucre semoule • graines de coriandre • gingembre moulu • cannelle moulue • noix de muscade • 2 clous de girofle • 150 g de riz à grains ronds • 6 échalotes • 12 petits oignons • 2 cuill. à soupe d'huile • 1 cuill à café de sauce soja • 1 bouquet de ciboulette • 1 bouquet de coriandre fraîche • 1 jaune d'œuf • sel, poivre

1 Dans une cocotte, portez 2,5 l d'eau salée à ébullition. Ajoutez 2 cuillerées à soupe de sucre, 2 de coriandre et 1 de gingembre, 1 cuillerée à café de cannelle et 1 de muscade râpée, les clous de girofle et une bonne pincée de poivre.
2 Coupez le bœuf en cubes de 2 cm de côté et plongez-les dans la cocotte. Faites reprendre l'ébullition, écumez et prolongez la cuisson environ 30 min. Vérifiez que la viande est cuite.
3 Portez à ébullition 50 cl d'eau salée. Faites-y cuire le riz pendant 20 min. Égouttez-le.
4 Pelez les échalotes et les oignons. Émincez les échalotes, hachez les oignons. Dans une poêle, faites blondir dans l'huile échalotes et oignons. Arrosez de sauce soja. Maintenez à feu doux.
5 Lavez et hachez la ciboulette et la coriandre. Lavez le chou et détaillez-en les feuilles en fines lanières. Versez-les dans la poêle et mélangez. Prolongez la cuisson 10 min.
6 Sortez la poêle du feu et transvasez son contenu dans une terrine. Incorporez le riz et liez avec le jaune d'œuf. Formez des petites boulettes.
7 Plongez-les dans la soupe et faites-les pocher 5 min. Servez.

Soupe à la courge

Viêt Nam

POUR 4 PERSONNES

PRÉPARATION : 25 MIN

TREMPAGE : 30 MIN

CUISSON : 1 H

1 courge verte • 25 g de champignons parfumés • 100 g de graines de lotus • 200 g de blanc de poulet • 75 cl de bouillon de volaille • 50 g de jambon • 125 g de chair de crabe • gingembre moulu • sel, poivre

1 Faites tremper les champignons 30 min dans de l'eau tiède. Essorez-les et coupez-les en lamelles. Réservez l'eau de trempage. Épluchez les graines de lotus.
2 Découpez un couvercle dans la courge. Ôtez les graines et la bourre. Placez la courge et son couvercle dans un panier-vapeur. Faites cuire 30 min dès le passage de la vapeur.
3 Coupez le blanc de poulet et le jambon en lamelles. Émiettez la chair de crabe.
4 Mettez le blanc de poulet dans la courge. Arrosez de bouillon de volaille et prolongez la cuisson 10 min. Salez, poivrez, assaisonnez de 1 pincée de gingembre.
5 Ajoutez les graines de lotus, le jambon, la chair de crabe et les champignons avec leur eau de trempage dans la courge. Faites cuire pendant environ 10 min.
La courge verte est appelée *bi* au Viêt Nam. On peut la remplacer en Europe par une courge verte du Midi ou une courge jaune.

Soupe au crabe

Viêt Nam

POUR 4 PERSONNES

PRÉPARATION : 25 MIN

CUISSON : 20 MIN

200 g de chair de crabe • 1 citron • ciboulette • coriandre fraîche • 1 gousse d'ail • 1 échalote • huile • fécule de riz • 80 cl de bouillon de poule • nuoc-mâm • 1 forte pincée de piment en poudre • 1 œuf

1 Pressez le citron. Lavez, épongez et ciselez quelques brins de ciboulette et 1 bouquet de coriandre. Pelez et hachez l'ail et l'échalote.
2 Dans une cocotte, faites chauffer 1 cuillerée à soupe d'huile. Faites-y revenir l'ail et l'échalote 2 min en les remuant.
3 Délayez 1 cuillerée à soupe de fécule de riz dans un peu d'eau froide. Versez-la dans la cocotte avec le bouillon et le jus du citron. Portez à ébullition en tournant.
4 Émiettez la chair de crabe et ajoutez-la à la soupe. Assaisonnez de 2 cuillerées à soupe de nuoc-mâm en continuant de tourner. Pimentez. Faites cuire 10 min. Retirez la casserole du feu.
5 Battez l'œuf à la fourchette et incorporez-le à la soupe en tournant. Versez la soupe dans une soupière, parsemez de ciboulette et de coriandre, et servez.

Soupe aux crevettes et boulettes de porc

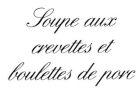

Thaïlande

POUR 4 PERSONNES

PRÉPARATION : 25 MIN

CUISSON : 20 MIN

250 g de porc haché •
8 grosses crevettes cuites •
1 bouquet de coriandre •
8 brins de ciboulette •
1 œuf • 1 cœur de laitue
chinoise • 80 cl de bouillon de
poule • 2 feuilles de citronnier
(ou le zeste d'1 citron vert)
2 branches de citronnelle •
1 cuill. à café de sauce soja •
1 cuill. à café de nam pla (ou de
nuoc-mâm) • 1 pincée de
piment en poudre • sel

1 Lavez, essorez et ciselez à part la coriandre et
la ciboulette. Réservez
les 2/3 de la coriandre.

Mélangez le reste de co-
riandre et la ciboulette
avec le porc. Incorporez
l'œuf, salez et mélangez.
2 Formez 8 boulettes
avec cette préparation.
Posez-les sur une assiette
et tenez-les au frais.
3 Décortiquez les crevettes, retirez le filament
noir sur le dessus.
4 Effeuillez, lavez, essorez la laitue. Émincez les
feuilles.
5 Versez le bouillon
dans une casserole. Ajou-
tez les feuilles de citronnier, la citronnelle, la
sauce soja, le nam pla et
le piment.
6 Portez le contenu de
la casserole à ébullition,
plongez-y les boulettes.

Faites-les cuire pendant
8 min dès l'ébullition.
7 Ajoutez les crevettes
et poursuivez la cuisson
environ 5 min. Plongez
la laitue dans la soupe et
laissez cuire 1 min.
8 Servez la soupe dans
une soupière ou dans
des bols individuels. Parsemez de coriandre.
La laitue chinoise res-
semble beaucoup à la ro-
maine. Ses feuilles sont
plates et les bords dente-
lés. En Thaïlande, elle
est rarement servie crue.
Les cuisiniers préfèrent
la blanchir dans de l'eau
bouillante additionnée
d'un peu d'huile, pour
éviter qu'elle ne prenne
une teinte brune.

Soupe de légumes aux crevettes

Viêt Nam

POUR 4 PERSONNES

TREMPAGE : 15 MIN

PRÉPARATION : 20 MIN

CUISSON : 20 MIN

200 g de crevettes roses •
100 g de vermicelles de riz •
1 oignon • 1 petit bouquet de
coriandre • 50 g de germes
de soja • 1 cuill. à soupe
d'huile • 80 cl de bouillon
de poule • 2 cuill. à soupe de
nuoc-mâm • poivre blanc

1 Faites tremper les vermicelles pendant 15 min
environ dans de l'eau
froide. Égouttez-les et

coupez-les en morceaux.
2 Pelez et émincez l'oignon. Lavez et ciselez la
coriandre. Mettez les
germes de soja dans une
passoire. Rincez-les
sous l'eau courante et
égouttez-les.
3 Décortiquez les crevettes et retirez le filament
noir sur le dessus.
4 Faites chauffer l'huile
dans une casserole. Fai-
tes-y dorer l'oignon
2 min en remuant. Ajou-
tez les crevettes et tour-

nez vivement pour les en-
rober d'huile.
5 Arrosez de bouillon.
Poivrez et amenez à ébul-
lition. Faites cuire 10 min
à couvert.
6 Plongez-y les germes
de soja et les vermicelles.
Assaisonnez de nuoc-
mâm et poursuivez la
cuisson pendant 2 min
en remuant.
7 Transvasez la soupe
dans une soupière, parse-
mez de coriandre, puis
servez.

Soupe de nouilles au bœuf

Thaïlande

POUR 6 PERSONNES

PRÉPARATION : 20 MIN

CUISSON : 15 MIN

250 g de steak dégraissé •
5 gousses d'ail • 2 branches
de céleri • 2 oignons blancs •
1 petit bouquet de coriandre •
2 cuill. à soupe d'huile • 1 l de
bouillon de bœuf • cannelle
moulue • nam pla (ou nuoc-
mâm) • 250 g de nouilles de
riz • piment • vinaigre de riz
(ou vinaigre blanc) • poivre
noir moulu

1 Coupez le steak en fines lamelles. Pelez et hachez l'ail. Ôtez les
filandres du céleri et

émincez-le. Pelez les oi-
gnons en gardant 2 cm
du vert. Émincez-les
dans la longueur. Lavez
et hachez la coriandre.
2 Dans une poêle, faites
revenir dans l'huile les lamelles de bœuf et l'ail.
Ajoutez le céleri et les oignons. Faites cuire 3 min
en remuant.
3 Versez le bouillon
dans une casserole. Assaisonnez d'une grosse pin-
cée de cannelle et de
3 cuillerées à soupe de
nam pla. Poivrez et por-
tez à ébullition.
4 Sortez le bouillon du
feu, ajoutez les nouilles.

Remuez, couvrez et lais-
sez gonfler environ
5 min. Transvasez le con-
tenu de la poêle dans la
casserole et mélangez
bien le tout.
5 Servez la soupe dans
des bols individuels. Parsemez de coriandre. Pi-
mentez et vinaigrez
selon le goût de chacun.
Cette soupe peut être
servie en entrée ou
comme plat principal
avec du riz. Au Viêt
Nam, on trouve des re-
cettes voisines, toujours
servies en plat principal.
Il faut alors augmenter
les proportions.

Nems à la menthe fraîche

Viêt Nam

Pour 4 personnes

Préparation : 10 min

Trempage : 30 min

Repos : 1 h

Cuisson : 10 min

16 petites galettes de pâte de riz • 300 g de chair de crabe •
200 g de jambon (ou de filet de porc cuit) • 20 g de
champignons noirs séchés • 50 g de vermicelles de riz •
1 bouquet de ciboulette • 2 jaunes d'œufs • sucre semoule •
1 bouquet de menthe fraîche • 1 batavia (ou une laitue) •
huile de friture • sel, poivre

1 Faites tremper les champignons pendant 30 min dans de l'eau tiède. Émiettez très finement la chair de crabe en retirant bien tous les cartilages. Coupez le jambon en menus morceaux puis hachez-le. Égouttez et émincez les champignons. Trempez les vermicelles 5 min dans de l'eau tiède. Égouttez-les soigneusement et ciselez-les. Lavez et hachez la ciboulette.

2 Mélangez les champignons, le crabe, le jambon, les vermicelles et la ciboulette. Battez les œufs et ajoutez-les à la préparation. Salez, poivrez et travaillez jusqu'à ce que cette farce soit bien homogène.

3 Plongez rapidement les galettes 1 à 1 dans de l'eau froide un peu sucrée, de manière à les ramollir. Ne les laissez pas tremper trop longtemps. Dès que l'une d'entre elles est bien ramollie, posez-la sur un torchon humide essoré. Déposez un peu de farce sur le bord de la galette. Rabat-tez la galette sur cette garniture et repliez-la.

4 Enroulez le nem sur lui-même. Répétez l'opération jusqu'à épuisement des ingrédients. Laissez reposer 1 h. Lavez, effeuillez et épongez la menthe. Lavez et essorez les feuilles de salade.

5 Faites chauffer l'huile dans une poêle. Faites-y cuire les rouleaux 10 min, jusqu'à ce qu'ils soient bien dorés. Égouttez-les sur du papier absorbant. Réservez au chaud au fur et à mesure. Pour déguster, enroulez chaque rouleau dans une feuille de salade garnie de feuilles de menthe. Vous pouvez tremper les nems dans une sauce : mélangez 4 cuillerées à soupe de nuoc-mâm, 1 gousse d'ail pilée, 1 pointe de piment fort, 1 cuillerée à soupe de vinaigre, 1 cuillerée à soupe d'eau tiède, quelques lanières de carotte émincée et une forte pincée de sucre semoule que vous disposerez dans des petites coupelles individuelles.

Pinces de crabe frites

━━━

Viêt Nam

POUR 4 PERSONNES

PRÉPARATION : 40 MIN

CUISSON : 25 MIN

8 pinces de tourteau • 2 œufs • 1 bouquet de ciboulette • 1 petit morceau de gingembre • nuoc-mâm • piment moulu • 30 g de farine • huile • sel

1 Lavez les pinces de crabe et faites-les cuire 10 min dans de l'eau bouillante salée. Égouttez-les. Cassez-les au niveau des articulations pour les garder intactes. Extrayez la chair des pinces et émiettez-la.

2 Cassez les œufs en séparant les blancs des jaunes. Lavez et ciselez la ciboulette. Pelez et râpez le gingembre.
3 Mélangez la chair de crabe avec les jaunes d'œufs, le gingembre et la ciboulette. Assaisonnez de 2 cuillerées à soupe de nuoc-mâm, pimentez. Divisez cette farce en 8 croquettes.
4 Appliquez une croquette à l'extrémité de chaque pince en enrobant celle-ci et en y enfonçant un peu de farce.

5 Battez légèrement les blancs à la fourchette dans une assiette creuse. Mettez la farine dans une autre assiette. Trempez les croquettes dans le blanc battu avant de les rouler dans la farine.
6 Faites chauffer un peu d'huile dans une poêle. Déposez-y les pinces de crabe et faites-les cuire 10 min à feu moyen en les retournant avec précaution. Elles doivent être bien dorées. Égouttez-les sur un papier absorbant et servez aussitôt.

Beignets de crevettes à la sauce aigre-douce

━━━

Viêt Nam

POUR 4 PERSONNES

PRÉPARATION : 35 MIN

REPOS : 1 H

CUISSON : 25 MIN

16 crevettes roses • huile de friture

pour la pâte : 2 œufs • 100 g de farine • 20 cl de bière blonde

pour la sauce : 1 petit morceau de gingembre • 2 échalotes • 1 gousse d'ail • 2 tomates • 5 cuill. à soupe d'huile • 30 g de sucre semoule • vinaigre de riz (ou vinaigre blanc) • sel

1 Préparez la pâte. Cassez les œufs, battez-les à la fourchette, incorporez la farine puis peu à peu la bière en tournant jusqu'à obtenir une pâte lisse. Laissez reposer 1 h.
2 Portez une casserole d'eau salée à ébullition. Plongez-y les crevettes.

Dès la reprise de l'ébullition, laissez-les cuire 1 min. Égouttez-les, laissez-les refroidir. Décortiquez-les en conservant le bout de la queue de la crevette. Enlevez le filament noir sur le dessus.
3 Préparez la sauce. Pelez et râpez le gingembre. Pelez et émincez les échalotes et l'ail. Plongez les tomates 1 min dans de l'eau bouillante, pelez-les, épépinez-les et concassez-les.
4 Dans une poêle, faites chauffer l'huile. Faites-y dorer l'ail, les échalotes et le gingembre.
5 Ajoutez les tomates et le sucre. Arrosez de 3 cuillerées à soupe de vinaigre et de 10 cl d'eau. Salez, portez à ébullition. Remuez, baissez le feu et

laissez mijoter 5 min.
6 Mixez cette préparation jusqu'à obtenir une sauce mousseuse. Réservez-la au réfrigérateur.
7 Faites chauffer l'huile de friture. Plongez les crevettes dans la pâte en les tenant par la queue ; celle-ci ne doit pas être enrobée. Jetez-les dans l'huile de friture jusqu'à ce que les beignets soient bien dorés. Selon la taille de votre bassine à friture, procédez en plusieurs fois pour que les beignets aient la place de gonfler.
8 Sortez-les à l'aide d'une écumoire et égouttez-les sur du papier absorbant. Servez-les bien chauds, accompagnés de petites coupelles de sauce.

Crevettes à la citronnelle

━━━

Thaïlande

POUR 4 PERSONNES

PRÉPARATION : 5 MIN

CUISSON : 15 MIN

600 g de crevettes • 3 cuill. à soupe d'huile • 1 gousse d'ail • 1 bouquet de citronnelle • piment moulu • sel, poivre

1 Détachez la tête des crevettes et ôtez la carapace dorsale en laissant le bout de la queue intact. Ôtez le filament noir sur le dessus. Lavez les crevettes, épongez-les avec du papier absorbant.

2 Lavez la citronnelle. Détachez les tiges du bulbe. Réservez 8 tiges, hachez les autres. Pelez et écrasez l'ail.
3 Faites chauffer l'huile dans une poêle, faites-y revenir les crevettes et l'ail environ 5 min, en remuant à l'aide d'une cuillère en bois.
4 Salez, poivrez et pimentez selon votre goût. Ajoutez la citronnelle hachée, mélangez de nou-

veau. Versez le contenu de la poêle sur un plat chaud, décorez avec les tiges de citronnelle puis servez.
Vous pouvez remplacer la citronnelle par de l'écorce de citron finement râpée.
En Thaïlande, on ajoute souvent aux crevettes à la citronnelle quelques champignons parfumés, préalablement trempés et coupés en lanières.

CREVETTES
À LA
CITRONNELLE

•

*Pour rehausser le parfum
délicat de cette recette, les
maîtresses de maison
thaïlandaises mettent à la
disposition de leurs invités
un bol de namprik phao,
un condiment assez fort à
base de sauce au poisson
additionnée d'oignons, d'ail
et de piments pilés.*

Salade thaï

Thaïlande

POUR 6 PERSONNES

PRÉPARATION : 20 MIN

1 petit concombre • 1 branche de céleri • 1/4 de chou blanc • 2 tomates • 1 papaye verte • 1 bouquet de basilic • feuilles de bananier (ou de salade) pour la sauce : 3 gousses d'ail • 1 citron • 1 cuill. à soupe de sucre semoule • nam pla (ou nuoc-mâm) • piment moulu • poivre noir

1 Pelez le concombre, coupez-le en 2 dans la longueur. Évidez-le et détaillez sa chair en petits bâtonnets. Ôtez les filandres du céleri, coupez celui-ci en julienne. Rincez, essorez et émincez le chou.

2 Plongez les tomates 1 min dans de l'eau bouillante, pelez-les, épépinez-les et coupez-les en petits dés.

3 Entaillez la papaye verte afin d'en laisser écouler le suc acide qu'elle renferme. Coupez-la en 2, épluchez-la et enlevez les graines. Râpez la chair.

4 Lavez les feuilles de bananier, épongez-les. Disposez-les sur un plat et garnissez-les d'un peu de chaque ingrédient.

Répartissez les éléments selon leur couleur ou leur aspect pour que la présentation soit jolie. Réservez au frais.

5 Préparez la sauce. Pelez et hachez l'ail. Pressez le citron. Versez le jus dans un bol. Faites-y dissoudre le sucre. Ajoutez l'ail et 1 cuillerée à café de nam pla. Poivrez et pimentez généreusement. Remuez bien et versez sur la salade.

6 Lavez, essorez et ciselez les feuilles de basilic. Parsemez-en la salade. Vous pouvez ajouter des petits dés d'ananas, des éclats de cacahuètes.

Rouleaux de printemps

Viêt Nam

POUR 4 ROULEAUX

PRÉPARATION : 35 MIN

CUISSON : 8 MIN

4 galettes de riz • 24 petites crevettes roses • 150 g de germes de soja • 100 g de porc cuit • 1 carotte • 1 cœur de romaine • sauce tuong (ou sauce soja, ou nuoc-mâm)

1 Faites cuire les crevettes dans de l'eau bouillante salée pendant environ 3 min. Égouttez-les, décortiquez-les. Laissez-les refroidir.

2 Faites blanchir les germes de soja dans de l'eau bouillante salée 1 min. Arrêtez la cuisson à l'eau froide. Égouttez-les bien.

3 Émincez le porc. Grattez et râpez la carotte. Lavez et émincez la salade.

4 Mélangez les germes de soja, la salade et la carotte.

5 Réhydratez les galettes entre 2 torchons humides (ou pendant quelques secondes dans un peu d'eau). Étalez-les.

6 Étalez des lamelles de porc sur un tiers de chaque galette. Recouvrez généreusement de légumes. Disposez les crevettes par-dessus. Rabattez les bords de la galette vers le centre et enroulez celle-ci sur elle-même.

7 Versez la sauce de votre choix dans des coupelles individuelles et servez.

Pour former le rouleau, reportez-vous à la recette des nems (p. 463).

Les Plats

Brochet à la vapeur

Thaïlande

POUR 4 PERSONNES

PRÉPARATION : 20 MIN

CUISSON : 25 MIN

4 darnes de brochet de 200 g • 1 gousse d'ail • 1 oignon • gingembre • 1 tige de citronnelle (ou le zeste de 1/4 de citron) • basilic • 1 citron vert • 50 g de noix de coco râpée • nam pla (ou nuoc-mâm) • 4 feuilles de bananier (ou papier sulfurisé) • curcuma

1 Pelez l'ail et l'oignon. Écrasez l'ail et hachez l'oignon. Épluchez, râpez 1 petit morceau de gingembre. Ciselez la citronnelle. Effeuillez, lavez et ciselez 1 branche de basilic. Pressez le citron.

2 Mélangez dans un bol la noix de coco, l'oignon, l'ail, le gingembre, le jus de citron, 1 cuillerée à soupe de nam pla.

3 Découpez les feuilles de bananier en carrés de 15 cm de côté. Étalez-les bien à plat.

4 Posez sur chaque feuille une darne de brochet et recouvrez le poisson du mélange à la noix de coco. Poudrez d'une pincée de curcuma et parsemez de citronnelle et de basilic. Repliez les feuilles et ficelez-les pour former des paquets.

5 Posez ces paquets dans la partie haute d'un cuit-vapeur. Faites-les cuire pendant 20 min après le début du passage de la vapeur. Servez. Tout poisson à chair blanche et ferme convient à cette recette.

Brochet aux crevettes

Viêt Nam

POUR 4 PERSONNES

PRÉPARATION : 50 MIN

CUISSON : 55 MIN

Boisson conseillée :

SANCERRE

1 brochet de 1 kg •

12 crevettes roses • 75 g de

riz • 1 crépine de porc •

100 g de gingembre frais •

3 cuill. à soupe d'huile •

1 cube de bouillon de poule •

1 cuill. à soupe de farine de

riz • sel, poivre

1 Faites cuire 10 min le riz dans de l'eau bouillante salée. Égouttez-le.
2 Plongez les crevettes dans de l'eau bouillante salée. Faites reprendre l'ébullition et laissez cuire 4 à 5 min. Égouttez les crevettes, laissez-les refroidir puis décortiquez-les soigneusement.
3 Préchauffez le four à 200 °C (therm. 6).
4 Faites tremper la crépine dans de l'eau froide. Nettoyez le brochet, videz-le, parez-le. Salez-le. Incisez la peau.
5 Pelez le gingembre, hachez-en la moitié. Mélangez-le au riz, farcissez-en le brochet. Détaillez le reste du gingembre en lamelles. Essorez la crépine, enveloppez-en le brochet. Enfournez et laissez cuire 20 min.
6 Dans une sauteuse, faites revenir les crevettes 10 min dans l'huile.

Réservez-les au chaud.
7 Émiettez le cube de bouillon dans une casserole et faites-le dissoudre dans 15 cl d'eau bouillante. Poudrez de farine. Poivrez. Mélangez et portez à ébullition en remuant. Baissez le feu au minimum et couvrez.
8 Débarrassez le brochet de la crépine (la peau doit venir avec). Videz-le de sa farce.
9 Posez le brochet sur un plat de service puis entourez-le de farce. Nappez de sauce. Décorez avec les fines lamelles de gingembre et les crevettes. Servez.

Crevettes en brochettes

Thaïlande

POUR 4 PERSONNES

PRÉPARATION : 30 MIN

CUISSON : 10 MIN

16 grosses crevettes •

2 citrons verts • coriandre

fraîche • 2 gousses d'ail •

1 piment fort • 1 cuill. à soupe

de sucre semoule • 1 cuill. à

café de sauce chili • sel

1 Préchauffez le gril du four ou le barbecue.
2 Lavez les crevettes, épongez-les.
3 Pressez les citrons. Réservez le jus. Lavez, effeuillez, hachez 1 petit bouquet de coriandre.
4 Pelez l'ail. Lavez le piment. Fendez-le en 2. Ôtez le pédoncule et les graines. Hachez la chair. Pilez l'ail et le piment jusqu'à obtenir une pâte homogène.
5 Mélangez le sucre et 1 cuillerée à café bombée de sel dans un bol. Mouillez de 2 cuillerées à soupe d'eau chaude et remuez jusqu'à totale dissolution du sucre. Versez dans le mortier, remuez.
6 Arrosez du jus des citrons et de la sauce chili. Mélangez de nouveau et parsemez de coriandre.
7 Enfilez les crevettes sur 4 longues brochettes en bois. Enfournez ou posez celles-ci sur la grille du barbecue. Faites-les cuire 10 min en les retournant.
8 Répartissez la sauce entre 4 coupelles. Servez.

LE NAMPRIK PHAO

Aucun repas thaïlandais ne serait complet sans ce condiment puissant. Le namprik phao est aussi servi à l'apéritif. Chacun y trempera des chips de crevettes ou encore des bâtonnets de légumes. Pour 20 cl de sauce, épépinez de 8 à 10 petits piments secs et enveloppez-les dans du papier d'aluminium. Faites-les rôtir 5 min à sec dans une poêle. Dans une autre poêle, faites sauter 2 gousses d'ail et 1 gros oignon hachés dans 1 cuillerée à soupe d'huile. Ajoutez 1 cuillerée à soupe de pâte de crevettes ou de nam pla. Poudrez de 1 cuillerée à soupe de sucre roux et ajoutez les piments. Faites sauter quelques instants, laissez tiédir et passez le tout au mixer. La pâte obtenue se conserve au réfrigérateur plusieurs semaines.

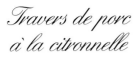

Travers de porc à la citronnelle

Viêt Nam

POUR 4 PERSONNES

MACÉRATION : 2 H

PRÉPARATION : 10 MIN

CUISSON : 35 MIN

1 morceau de travers de porc de 800 g • 1 oignon • 1 gousse d'ail • 1 petit piment de Cayenne • 2 branches de citronnelle • 2 cuill. à soupe d'huile • sel

1 Pelez l'oignon et l'ail, hachez-les. Lavez le piment, retirez le pédoncule et les graines, hachez la chair. Lavez et ciselez la citronnelle.

Dans une jatte, mélangez ensemble la citronnelle, l'ail, l'oignon et le piment. Arrosez d'huile et salez.
2 Incisez le travers de porc entre les os sans le couper totalement. Enduisez l'intérieur des fentes de la préparation précédente et laissez macérer le travers pendant environ 2 h.
3 Préchauffez le four à 200 °C (therm. 6).

4 Déposez le travers dans un plat allant au four. Enfournez et laissez cuire pendant 35 min.
5 Pour servir, sortez le travers du plat, égouttez-le, coupez-le entre les os. Si vous pouvez griller le travers au barbecue, il sera plus savoureux. Si vous utilisez de la citronnelle sèche, faites-la tremper 1 h dans de l'eau tiède puis égouttez-la avant de la hacher.

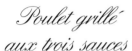

Poulet grillé aux trois sauces

Thaïlande

POUR 4 PERSONNES

MARINADE : 1 H

PRÉPARATION : 45 MIN

CUISSON : 20 MIN

800 g de blancs de poulet pour la marinade : 4 gousses d'ail • 2 oignons • 1 gousse de tamarin • 2 citrons verts • sucre semoule roux • nam pla (ou nuoc-mâm) • huile pour la sauce au beurre de cacahuète : beurre de cacahuète • sucre semoule roux • 1 oignon blanc • 3 tiges de citronnelle • lait de coco • nam pla • sauce soja pour la sauce au concombre : 1 petit concombre • 1 oignon • piment moulu • sucre semoule • vinaigre de riz (ou vinaigre blanc) pour la sauce pimentée : 6 gousses d'ail • 1 petit piment sec • 1 piment vert • 2 citrons verts • crevettes séchées • sucre semoule • nam pla

1 Retirez la peau des blancs de poulet et coupez ceux-ci en cubes d'environ 3,5 cm de côté.
2 Préparez la marinade : pelez et écrasez les gousses d'ail. Pelez et hachez les oignons. Ouvrez la gousse de tamarin et extrayez la pulpe. Retirez les pépins à l'aide d'une pince à épiler. Pressez les citrons et faites dissou-

dre 2 cuillerées à soupe de sucre dans le jus. Dans le bol du mixer, versez l'ail, l'oignon, la pulpe de tamarin, le jus de citron sucré, 2 cuillerées à soupe de nam pla, 2 d'huile et 2 d'eau. Mixez longuement.
3 Transvasez la marinade dans un saladier. Jetez-y les dés de poulet. Mélangez jusqu'à ce qu'ils soient tous enrobés de marinade et laissez reposer au frais 1 h en remuant de temps en temps.
4 Préparez la sauce au beurre de cacahuète. Pelez et hachez l'oignon. Lavez et ciselez 3 tiges de citronnelle. Mettez dans une casserole 8 cuillerées à soupe de beurre de cacahuète et 1 de sucre, l'oignon et la citronnelle. Arrosez de 30 cl de lait de coco, assaisonnez de 1 cuillerée à soupe de nam pla et 1 de sauce soja. Mélangez, portez à ébullition tout en remuant et transvasez la sauce dans un bol.
5 Préparez la sauce au concombre. Pelez celui-ci et coupez-le en 2 dans le sens de la longueur, évidez-le à l'aide d'une cuillère. Détaillez chaque moitié en fines tranches. Pelez et émincez l'oignon. Mettez le tout dans un saladier et poudrez d'une grosse pincée

de piment. Dans une petite casserole, mettez 4 cuillerées à soupe de sucre et 15 cl d'eau. Faites dissoudre le sucre à feu doux, ajoutez 5 cuillerées à soupe de vinaigre et remuez. Sortez du feu et laissez refroidir. Versez cette préparation dans le saladier, mélangez et gardez au frais.
6 Préparez la sauce pimentée. Pelez et écrasez l'ail, émiettez le piment sec. Lavez le piment vert, ôtez le pédoncule et les graines, hachez la chair. Pressez les citrons. Mettez dans le bol d'un mixer 2 cuillerées à soupe de crevettes séchées, l'ail, le piment sec et 1 cuillerée à café de sucre. Mixez jusqu'à l'obtention d'un mélange lisse. Ajoutez petit à petit, tout en continuant de mixer, 3 cuillerées à soupe de nam pla et le jus des citrons verts. Transvasez dans un bol et parsemez de piment vert.
7 Préchauffez le gril du four ou bien préparez le barbecue.
8 Enfilez la viande sur 4 brochettes en bois et faites griller celles-ci 10 min sous le gril du four ou sur un barbecue en retournant plusieurs fois. Servez les brochettes accompagnées des trois sauces.

TRAVERS DE PORC À LA CITRONNELLE

•

Pour la présentation, vous pouvez aussi servir le travers de porc entier et le découper à table devant les convives. Comme accompagnement, proposez, par exemple, des nouilles frites ou un chop suey de légumes.

Poulet mariné

Thaïlande

POUR 4 PERSONNES

MARINADE : 1 H

PRÉPARATION : 25 MIN

CUISSON : 50 MIN

1 poulet de 1,2 kg • 2 cuill. à soupe d'huile

pour la marinade :

4 échalotes • 1 piment fort frais • curcuma moulu • coriandre moulue • nam pla (ou nuoc-mâm) • lait de coco

pour la sauce : 2 échalotes • 1 tige de citronnelle (ou zeste de citron) • 1 citron vert • sucre semoule

1 Préparez la marinade. Pelez, hachez les échalotes. Lavez le piment, ôtez le pédoncule et les graines du piment, détaillez la chair en fines lamelles. **2** Mélangez les échalotes, le piment, 1 cuillerée à soupe de curcuma, 1 cuillerée à café de coriandre, 2 cuillerées à soupe de nam pla et 10 cl de lait de coco. **3** Coupez le poulet en 8. Mettez les morceaux dans un plat, recouvrez-les de la marinade. Laissez-les s'imprégner 1 h en les retournant. **4** Préparez la sauce. Pelez et hachez les échalotes. Lavez et ciselez la citronnelle. Pressez le citron. Mélangez les échalotes, la citronnelle, le jus du citron et 1 cuillerée à soupe de sucre. Mélangez et versez dans un bol. **5** Faites chauffer l'huile dans un wok ou dans une grande sauteuse. **6** Ôtez les morceaux de poulet de la marinade, mettez-les dans le wok sans les égoutter. Faites-les cuire à feu moyen 30 min en les retournant pour qu'ils prennent couleur de tous côtés. **7** Retirez les morceaux de la sauteuse et essuyez-les avec du papier absorbant. Remettez-les dans le wok, baissez le feu et laissez-les cuire de 15 à 20 min en les retournant encore plusieurs fois.

Bœuf aux oignons

Viêt Nam

POUR 4 PERSONNES

PRÉPARATION : 20 MIN

MARINADE : 15 MIN

CUISSON : 15 MIN

600 g de rumsteak • 3 oignons • 3 gousses d'ail • 1 morceau de gingembre • huile • fécule de riz • 5 cl de bouillon de bœuf

pour la marinade : sauce soja • vinaigre de riz (ou vinaigre blanc) • sucre semoule • huile • sel, poivre

1 Détaillez la viande en fines lamelles. Déposez-la dans un plat creux. **2** Préparez la marinade. Dans une jatte, versez 3 cuillerées à soupe de sauce soja et 1 de vinaigre, 2 cuillerées à café de sucre et 1 d'huile, du sel et du poivre. Mélangez. Arrosez la viande avec la marinade et laissez reposer 15 min. **3** Pelez les oignons et coupez-les en fines lamelles. Pelez et hachez l'ail. Épluchez le gingembre et détaillez-le en petits bâtonnets. **4** Dans un wok ou dans une sauteuse, faites chauffer 3 cuillerées à soupe d'huile et faites-y revenir le gingembre et les oignons à feu vif. Ajoutez l'ail et poursuivez la cuisson quelques instants. Transvasez dans un plat et réservez. **5** Remettez une bonne cuillerée à soupe d'huile dans le wok. Faites-la chauffer et mettez-y la viande à dorer en la retournant. Recouvrez du mélange d'oignons réservé et laissez cuire 1 min en remuant. **6** Délayez 1 grosse pincée de fécule dans le bouillon. Versez ce mélange dans le wok. Laissez-le épaissir en remuant. Servez aussitôt.

Bœuf sauté aux légumes

Viêt Nam

POUR 4 PERSONNES

PRÉPARATION : 30 MIN

CUISSON : 25 MIN

Boisson conseillée :

BEAUJOLAIS

600 g de faux-filet • 1 petit piment • 3 oignons • 1 gousse d'ail • 1 carotte • 2 branches de céleri • 50 g de germes de soja • 2 poivrons verts • huile • nuoc-mâm

1 Coupez le faux-filet en cubes de 2 cm de côté. **2** Lavez le piment. Retirez le pédoncule et les graines. Hachez la chair. Pelez les oignons et l'ail. Émincez les oignons et hachez l'ail. **3** Grattez ou épluchez la carotte, lavez-la et coupez-la en fins rubans à l'aide d'un couteau économe. **4** Ôtez les filandres du céleri. Coupez celui-ci en bâtonnets de 5 cm de long environ. **5** Plongez les germes de soja pendant 1 min dans de l'eau bouillante. Arrêtez la cuisson en les passant sous l'eau froide. Égouttez. **6** Lavez les poivrons. Coupez les pédoncules. Ôtez les graines et les filaments blancs. Coupez les poivrons en fines rondelles. **7** Dans une poêle ou dans un wok, faites chauffer un peu d'huile. Faites-y revenir l'ail, les oignons et le piment. Ajoutez les dés de bœuf et faites-les sauter à feu vif pendant environ 5 min jusqu'à ce qu'ils soient bien dorés de tous les côtés. **8** Arrosez de 1 cuillerée à soupe de nuoc-mâm et ajoutez la carotte, le céleri, les poivrons et les germes de soja. Laissez cuire encore 5 min. Versez dans un plat creux et servez.

Mohinga

Birmanie

Pour 6 personnes

Préparation : 1 h 15

Cuisson : 50 min

Boisson conseillée :

SANCERRE

750 g de poissons (flet, maquereau, sériole, thon, etc.) •
2 bulbes de citronnelle • 6 cl de ngan-pya-ye (sauce de
poisson) • 1 grosse pincée de curcuma en poudre • 3 piments
rouges • 2 gros oignons • 3 cuill. à soupe d'huile • 4 gousses
d'ail • 1 bon morceau de gingembre • 4 cuill. à soupe de
farine de riz • 50 cl de lait de coco • 1 bulbe de fenouil
moyen • 650 g de vermicelles de riz • sel

1 Lavez les poissons, videz-les, écaillez-les et coupez-les en morceaux. Écrasez les bulbes de citronnelle et réservez les tiges. Fendez les piments en 2 dans la longueur, ôtez les pédoncules et les graines. Dans un faitout, mettez le poisson (y compris les têtes), les bulbes de citronnelle, la sauce de poisson, le curcuma et la moitié des piments. Couvrez d'eau et portez à ébullition. Baissez le feu, couvrez et laissez mijoter 15 min. Vérifiez la cuisson du poisson. Si nécessaire, laissez cuire encore un peu.

2 Sortez le poisson (sauf les têtes) à l'aide d'une écumoire. Remettez les arêtes dans le faitout. Laissez mijoter pendant environ 5 min. Passez le court-bouillon au chinois au-dessus d'une casserole. Émiettez le poisson et versez-le dans la casserole.

3 Pelez et hachez les oignons. Faites-les revenir dans un peu d'huile. Pelez l'ail. Dans un

mixer, mettez l'ail, le gingembre, les tiges de citronnelle, le reste des piments et de l'huile. Réduisez le tout en purée. Faites revenir ce hachis 2 à 3 min dans la poêle. Versez-le dans le faitout.

4 Délayez la farine dans un peu d'eau. Épluchez le fenouil et coupez-le en 4. Dans le faitout, versez la farine délayée, le lait de coco, le fenouil, couvrez de 2 l d'eau, portez à ébullition et faites cuire 10 min.

5 Plongez les vermicelles dans une casserole d'eau bouillante salée pendant 5 min. Vérifiez qu'ils sont bien tendres et prolongez la cuisson si nécessaire. Arrêtez la cuisson sous l'eau froide et égouttez-les. Réchauffez-les dans de l'eau chaude, égouttez-les et mettez-les dans un plat de service chaud. Versez la soupe dans une soupière. Servez.
Le mohinga est le plat national birman.

Bœuf aux pousses de bambou

Viêt Nam

POUR 4 PERSONNES

PRÉPARATION : 25 MIN

TREMPAGE : 20 MIN

CUISSON : 25 MIN

Boisson conseillée :

POMEROL

600 g de bœuf dans le gîte à la noix • 4 champignons parfumés • 400 g de pousses de bambou • 1 oignon • 3 oignons blancs • fécule de riz • sauce soja • 1 blanc d'œuf • huile • poivre de Cayenne • gingembre moulu

1 Faites tremper les champignons parfumés pendant 20 min dans un peu d'eau tiède. Égouttez-les, coupez les pieds et les tiges dures, puis émincez les têtes.
2 Coupez le bœuf en petits dés de 3 cm de côté.
3 Rincez et égouttez les pousses de bambou. Détaillez-les en fines lamelles de 5 mm environ. Pelez et émincez finement l'oignon. Pelez les oignons blancs en conservant environ 2 cm de tige verte. Coupez-les en fines lanières dans le sens de la longueur.
4 Délayez dans une terrine 1 cuillerée à soupe de fécule de riz dans 3 cuillerées à soupe de sauce soja. Ajoutez le blanc d'œuf. Battez le tout à l'aide d'un fouet et plongez-y la viande et les champignons. Mélangez soigneusement jusqu'à ce que la viande soit bien imprégnée de cette préparation.
5 Faites chauffer un peu d'huile dans une cocotte en fonte, versez-y le contenu de la terrine et faites cuire pendant environ 5 min sans cesser de remuer à l'aide d'une cuillère en bois. Ajoutez l'oignon et les pousses de bambou. Poudrez d'une pincée de poivre de Cayenne et d'une pincée de gingembre. Poursuivez la cuisson pendant environ 15 min à couvert. Vérifiez la cuisson de la viande, qui doit être bien tendre. Éventuellement, prolongez-la de quelques minutes.
6 Versez dans un plat de service et décorez avec les lanières d'oignon blanc.
Vous pouvez ajouter à la sauce une gousse d'ail écrasée et, en fin de cuisson, des graines de sésame pilées.
Éventuellement, remplacez la sauce soja par 2 cuillerées à soupe de nuoc-mâm.

Omelettes roulées

Viêt Nam

POUR 4 PERSONNES

PRÉPARATION : 35 MIN

TREMPAGE : 30 MIN

CUISSON : 40 MIN

Boisson conseillée :

BEAUJOLAIS

4 œufs entiers + 1 jaune • 40 g de farine de riz • huile • sel, poivre
pour la farce : 6 champignons parfumés • 50 g de vermicelles de soja • 16 crevettes grises • 100 g de chair de crabe • 1 blanc de poulet cuit • 1 gousse d'ail • 1 oignon • 1 petit cœur de romaine • 1 carotte • huile • sauce soja

1 Faites tremper les champignons parfumés pendant environ 30 min dans de l'eau tiède. Égouttez-les. Retirez les pieds et coupez les têtes en fines lamelles.
2 Plongez les vermicelles de soja pendant 5 min dans de l'eau bouillante, hors du feu. Rincez-les à l'eau froide. Égouttez-les et coupez-les en morceaux à l'aide de ciseaux.
3 Plongez les crevettes dans de l'eau bouillante et laissez-les cuire pendant 2 min environ. Laissez-les refroidir puis décortiquez-les. Émiettez la chair de crabe. Retirez la peau du blanc de poulet. Coupez la chair en fines lamelles.
4 Pelez l'ail et l'oignon. Émincez l'oignon et écrasez l'ail. Lavez, essorez et émincez la salade. Grattez la carotte et lavez-la. Détaillez-la en fins rubans avec un couteau économe.
5 Dans une poêle, faites chauffer 1 cuillerée à soupe d'huile. Faites-y revenir l'ail, l'oignon, les crevettes, le crabe et le poulet sans cesser de remuer.
6 Ajoutez la carotte, la salade, les champignons, les vermicelles et arrosez de 2 cuillerées à soupe de sauce soja. Poivrez et prolongez la cuisson 7 à 8 min en remuant. Tenez au chaud.
7 Mélangez la farine de riz, les œufs entiers et le jaune. Salez et poivrez très légèrement. Ajoutez 1 ou 2 cuillerées d'eau et fouettez le mélange.
8 Huilez légèrement une poêle de 18 cm de diamètre. Versez le quart du mélange d'œufs en une couche mince, de l'épaisseur d'une grosse crêpe. Faites cuire à feu doux pendant 15 min en retournant l'omelette à mi-cuisson. Préparez ainsi les 4 omelettes.
9 Recouvrez chaque omelette d'une couche de farce et enroulez-la sur elle-même. Gardez les omelettes au chaud au fur et à mesure.
Le temps de cuisson que nous indiquons suppose que vous fassiez cuire simultanément les 4 omelettes. Si vous n'avez pas assez de poêles, comptez plus de temps.
Présentez les omelettes roulées sur un lit de salade verte.

Purée de poisson et d'aubergines

Laos

POUR 4 PERSONNES

PRÉPARATION : 20 MIN

CUISSON : 25 MIN

Boisson conseillée :

ROSÉ DE PROVENCE

400 g de chair de carpe • 400 g d'aubergines • 1 citron • 1 bouquet de menthe • 3 petits piments • 2 oignons blancs • 1 cuill. à café de gingembre moulu • 1 cuill. à café de nam padek (ou de nuoc-mâm) • sel

1 Plongez les aubergines dans une casserole d'eau bouillante salée. Faites reprendre l'ébullition et poursuivez la cuisson à gros bouillons 15 à 20 min. Vérifiez la cuisson en piquant les aubergines jusqu'au cœur avec une aiguille à tricoter. Elles doivent être bien tendres. Égouttez-les et laissez-les refroidir. Épluchez-les et réservez la chair.
2 Pendant ce temps, mettez la carpe dans une seconde casserole et recouvrez-la d'eau froide à hauteur. Amenez à ébullition, baissez le feu et laissez cuire à feu doux 10 à 15 min. Vérifiez la cuisson du poisson avec la pointe d'un couteau (la chair doit être souple). Sortez le poisson à l'aide d'une écumoire et réservez le jus de cuisson. Enlevez la peau et retirez les arêtes. Émiettez grossièrement la chair.
3 Pressez le citron. Lavez, effeuillez et hachez grossièrement le bouquet de menthe. Lavez les piments, retirez les pédoncules et les graines. Pelez les oignons.
4 Mélangez le jus de citron, le gingembre et le nam padek. Versez dans le bol d'un mixer. Ajoutez la menthe, le piment, les oignons, les aubergines et le poisson. Arrosez de 10 cl de jus de cuisson puis réduisez le tout en purée. Éventuellement, allongez celle-ci avec un peu de jus de cuisson. Goûtez et rectifiez l'assaisonnement si nécessaire.
Présentez la purée avec des feuilles de romaine et des feuilles de menthe. Chacun se servira en disposant la purée sur une feuille de salade, en y ajoutant des feuilles de menthe et en enroulant la salade sur elle-même. Le *nam padek* est le nom laotien de la sauce de poisson.
Vous pouvez aussi présenter de petites coupelles de sauce soja ou d'une sauce comparable à celle qui accompagne les nems (voir p. 463).

Les Desserts

Riz gluant en feuilles de bananier

Thaïlande

POUR 8 PERSONNES

PRÉPARATION : 40 MIN

TREMPAGE : 30 MIN

CUISSON : 1 H

350 g de riz gluant • 8 feuilles de bananier sèches (ou papier sulfurisé) • 30 cl de lait de coco • 115 g de sucre semoule • 4 bananes mûres • sel

1 Réhydratez les feuilles de bananier en les faisant tremper 30 min dans de l'eau chaude.
2 Lavez le riz à plusieurs eaux et mettez-le à égoutter dans une passoire.
3 Versez-le dans une casserole et recouvrez-le d'eau froide. Laissez-le tremper pendant 15 min. Égouttez-le.
4 Remettez-le dans la casserole avec le lait de coco et 70 cl d'eau. Faites cuire couvert et à feu doux jusqu'à ce que le lait soit presque totalement absorbé (il faut environ 20 min). Surveillez la cuisson. Si nécessaire, ajoutez un peu d'eau dans la casserole pour éviter que le riz n'attache.
5 Ajoutez le sucre et le sel. Remuez puis couvrez la casserole. Poursuivez la cuisson 3 min. Laissez refroidir.
6 Pelez les bananes. Coupez-les en 2 dans la longueur.
7 Coupez la nervure centrale des feuilles et découpez des rectangles de 10 sur 20 cm. Étalez les feuilles bien à plat sur le plan de travail.
8 Garnissez-les de 2 à 3 cuillerées à soupe de riz gluant. Posez par-dessus une demi-banane et recouvrez-la ensuite de la même quantité de riz.
9 Empaquetez et ficelez. Répétez ces opérations jusqu'à épuisement des ingrédients.
10 Posez les paquets dans la partie haute d'un cuit-vapeur. Versez 2 l d'eau dans la partie basse.
11 Faites cuire 30 min après le début du passage de la vapeur. Servez dans les paquets.
Si votre cuit-vapeur ne contient pas toutes les feuilles de bananier, vous pouvez les superposer en quinconce.
Si vous trouvez des feuilles de bananier fraîches, rincez-les avant usage. Plongez-les ensuite quelques instants dans de l'eau bouillante pour les assouplir.

Beignets de fruits

Viêt Nam

POUR 16 BEIGNETS

PRÉPARATION : 25 MIN

REPOS : 1 H

CUISSON : 10 MIN PAR

FOURNÉE

3 œufs • 350 g de farine de riz • 60 cl de lait •

1/2 citron • 1 banane •

1 pomme • 1 ananas •

120 g de sucre semoule •

huile de friture

1 Cassez les œufs dans un grand saladier, battez-les à la fourchette. Ajoutez peu à peu la farine puis le lait et mélangez bien. Laissez reposer 1 h.
2 Pressez le citron. Pelez la banane, coupez-la en 2 dans la longueur, puis coupez chaque moitié en 2 morceaux. Pelez la pomme. Évidez-la au vide-pomme. Épluchez-

la. Coupez-la en 6 rondelles. Arrosez les morceaux de banane et les tranches de pomme d'un peu de jus de citron.
3 Tranchez les extrémités de l'ananas. Épluchez-le en veillant à le débarrasser de tout fragment d'écorce. Ôtez la partie dure centrale, puis découpez 6 tranches épaisses.
4 Plongez tous les morceaux de fruits dans la pâte et retournez-les pour qu'ils soient bien enrobés. Jetez-les dans l'huile bien chaude, en veillant à ce qu'ils aient suffisamment de place pour gonfler. Retirez les

beignets à l'aide d'une écumoire dès qu'ils sont bien dorés.
5 Dressez-les sur le plat de service chaud tapissé de papier absorbant. Poudrez de sucre.
Les temps de cuisson diffèrent en fonction des fruits. L'ananas est un peu plus long à cuire. Éventuellement, faites-les pocher à l'avance. S'il vous reste un peu de pâte, vous pouvez faire des beignets nature. Jetez dans l'huile de friture des cuillerées de pâte.

Crème de noix de coco

Thaïlande

POUR 4 PERSONNES

PRÉPARATION : 20 MIN

CUISSON : 20 MIN

150 g de noix de coco râpée •

25 cl de lait • 4 œufs • 100 g

de sucre semoule

1 Versez la noix de coco et le lait dans une casserole. Portez à ébullition, baissez le feu, faites cuire 10 min. Passez à travers un linge fin en pressant bien pour exprimer tout le jus de la noix de coco.
2 Cassez les œufs dans une jatte, battez-les à la fourchette. Ajoutez le su-

cre et mélangez à la cuillère en bois jusqu'à ce que le tout mousse et blanchisse. Ajoutez peu à peu le lait de coco en continuant de mélanger. Transvasez la crème dans la casserole et laissez cuire pendant environ 5 min à feu doux sans cesser de remuer, jusqu'à ce que la crème ait légèrement épaissi.
3 Versez la crème dans de petits ramequins. Laissez refroidir à tempéra-

ture ambiante, puis maintenez au réfrigérateur jusqu'au moment de déguster.
Si vous souhaitez obtenir une crème plus ferme, transvasez-la directement de la jatte dans les ramequins. Couvrez ceux-ci de papier d'aluminium. Mettez-les au four au bain-marie et laissez cuire pendant environ 40 min.

Flan au tapioca

Thaïlande

POUR 6 PERSONNES

REPOS : 1 H

PRÉPARATION : 20 MIN

CUISSON : 35 MIN

50 cl de lait • 100 g de noix de coco râpée • 30 g de gingembre confit • 4 tranches d'ananas • 100 g de tapioca express • 100 g de sucre semoule • 4 œufs • 1 cuill. à soupe d'huile • sel

1 Dans une casserole, faites chauffer le lait avec la noix de coco jusqu'à ébullition. Ajoutez 1 pincée de sel et remuez.
2 Laissez infuser pendant 1 h ce mélange, couvert.
3 Coupez le gingembre en fines lamelles et les tranches d'ananas en

tout petits morceaux.
4 Filtrez le lait au-dessus d'une casserole, au travers d'un tamis fin.
5 Préchauffez le four à 200 °C (therm. 6). Amenez le lait de coco à ébullition. Versez le tapioca en pluie et tournez avec une cuillère en bois jusqu'à ce que celui-ci forme une masse et se détache des parois de la casserole.
6 Versez le sucre, puis le gingembre et l'ananas. Mélangez. Incorporez les œufs un à un tout en fouettant vivement.
7 Huilez légèrement un moule à flan et versez-y

la préparation. Recouvrez d'une feuille d'aluminium ménager.
8 Mettez le flan au four au bain-marie et faites-le cuire 15 min. Vérifiez la cuisson à la pointe d'un couteau. Celle-ci doit ressortir nette. Laissez refroidir avant de servir.
Le tapioca est un arbrisseau de la famille du manioc *(manihot utilissima)* qui pousse dans toute l'Asie. Ses feuilles sont utilisées comme légumes. Ses racines sont séchées, puis elles sont réduites en poudre.

LE JAPON

—

Nul pays ne sait mieux que le Japon cultiver
le raffinement de la présentation en cuisine. L'art culinaire fait partie
d'un art de vivre, avec ses coutumes et ses rituels. Lien entre la nature
et l'homme, la cuisine japonaise tient compte, avant tout,
des saisons pour mieux privilégier le goût de l'authentique et la fraîcheur
des aliments. Chairs délicates de poissons crus, blancs de poulet
à peine passés sur le gril, riz cuit à la vapeur, nuages de friture,
chaque plat paraît allier légèreté et simplicité. Il faut cependant
des années d'apprentissage avant de savoir découper un poisson
ou confectionner les boulettes de riz. Avec ses couleurs, ses décors
et les gestes qui l'accompagnent, la gastronomie japonaise
tient aussi de la poésie et du théâtre.

SAVEURS DU JAPON

Les produits de la mer et de la montagne se conjuguent ici pour le plaisir de la vue et du palais dans une élégance rare. Il suffit d'évoquer quelques spécialités pour avoir un aperçu des fondements de la cuisine japonaise : les *yakitori* (brochettes), les *sushi* (boulettes de riz enveloppées d'une lamelle de poisson cru), les *sashimi* (poissons crus et coquillages assortis de sauce soja mélangée à du *wasabi*), les *shabu-shabu* (sorte de fondue au bœuf), les *sukiyaki* (viande et légumes sautés sur une plaque chauffante), les *tempura* (beignets de poissons, de fruits de mer et de légumes), sans oublier le spectacle extraordinaire auquel se livre le maître d'œuvre du *teppan-yaki* en découpant devant les yeux de ses convives éblouis les différents éléments (gambas, bœuf, poulet...) qui viendront rissoler sur le *teppan* (plaque chauffante). Mais il est un principe à observer absolument, c'est la fraîcheur des aliments et tous les compléments et assaisonnements, gingembre, graines de sésame, *katsuobushi* (bonite séchée et effritée), *shoyu* (sauce soja), ne servent qu'à parfaire les saveurs originelles, jamais à les transformer.

LES TRADITIONS

Au-delà des accords de goûts et de parfums, la cuisine japonaise est une association de couleurs et de formes. De même qu'il existe un art floral, l'art de la table a ses lois, dont la première réside dans le choix du matériel : les coupelles et les bols, les raviers, les assiettes, les plateaux et les boîtes, de porcelaine ou de bois laqué, toute la vaisselle se doit de participer à la construction d'un «paysage» adapté aux mets choisis, avec, en touche finale, la fleur de cerisier ou la petite feuille de bambou qui s'inscrit dans le tableau comme une signature.

Outre l'influence des saisons et l'importance de la présentation, un troisième élément intervient dans les

repas nippons, c'est l'équilibre à établir entre les différents modes de cuisson. À l'intérieur d'un menu dont la base est le riz (*gohan*, un riz cuit rond et blanc), le repas peut ainsi comporter un potage qui remplace la boisson, un plat cuisiné *(nimono)* et un plat grillé *(yakimono)*, auxquels viennent s'ajouter quelques petits raviers de hors-d'œuvre (légumes marinés, vinaigrés, avec des sauces diverses), qui tiennent lieu à la fois d'entrée et de salade et qui s'accompagnent de saké (alcool de riz) chaud. Le dessert est quasi absent, et la pâtisserie (très sucrée) est plutôt destinée à la dégustation du thé (hors des repas).

LA CÉRÉMONIE DU THÉ. Il ne s'agit pas à proprement parler d'une fête, mais d'un rituel qui se déroule en famille ou lors de la visite d'amis que l'on désire honorer. Autrefois, cette cérémonie traditionnelle durait quatre heures, mais, aujourd'hui, on pratique une version quelque peu abrégée. On se lave le visage et les mains et l'on se déchausse avant d'entrer dans la maisonnette réservée à la cérémonie. Les invités prennent place sur des nattes, autour d'un brasero dans lequel rougeoient des braises. Ils admirent l'arrangement floral réalisé par la maîtresse de maison pendant que l'hôte prépare ses ustensiles. À l'aide d'un balai de bambou, il bat longuement du thé vert en poudre non fermenté et additionné d'un peu d'eau, pour le faire mousser. En principe, un gâteau sec est servi en même temps que le thé.

LA VIE QUOTIDIENNE

LE PETIT DÉJEUNER (chô shoku). Il est composé d'un bol de riz, souvent mêlé à un œuf cru ou à des copeaux de *nori*

Gingembre
frais coupé

Daikon

Wasabi

Gingembre frais

Gingembre rose
au vinaigre

Gingembre confit

(une variété d'algue) et accompagné d'une soupe au *miso* (pâte de graines de soja fermentées).

LE DÉJEUNER (chû shoku). C'est un repas rapide que l'on prend la plupart du temps sur son lieu de travail ou, pour les enfants, à l'école. La maîtresse de maison prépare à cet effet un déjeuner léger (le *bento*) qu'elle répartit dans une petite boîte accompagnée du porte-baguettes : riz et petits «à-côtés», légumes marinés, beignets, poisson en sauce, etc. Le *bento* peut être remplacé par un plat unique de nouilles, chaud ou froid, et parfumé.

LE DÎNER (yû shoku). Sur le modèle des cinq plats définis précédemment, un dîner familial s'harmonisera autour de riz, avec un consommé léger (bouillon aux champignons), un choix d'«à-côtés» (concombre, navets, radis mariné, racine de lotus, poissons et fruits de mer) et un plat (légumes cuits ou en beignets, poisson, viande). S'il s'agit de fêter un événement, il est possible d'envisager un plat plus riche et plus élaboré, comme une fondue japonaise (poissons ou viandes assortis, légumes, algues et champignons).

LES JOURS DE FÊTE

LE JOUR DE L'AN (Ganjitsu). C'est la plus importante des fêtes nationales qui ponctuent l'année. Elle commence par un pélerinage aux différents temples, à partir du 31 décembre à minuit, et se poursuit pendant 3 jours. C'est l'occasion de rendre visite aux membres de la famille ou aux amis. Les aliments préparés pour cette fête symbolisent les souhaits formulés à cette occasion : haricots noirs pour un travail minutieux, daurade en signe de félicitations, œufs de poissons saumurés pour la prospérité et de nombreux enfants. Les plats sont traditionnellement accompagnés d'un riz gluant collé *(mochi)*. Comme toujours au Japon, la présentation des plats compte autant que leur contenu. Sensibles à la symétrie, les Japonais présentent les aliments sur une vaisselle qui correspond à la forme, à la taille et à la couleur de leur contenu et qu'ils disposent ensuite sur des tables basses.

LES PRODUITS

LES RHIZOMES

LE GINGEMBRE. Le gingembre *(shoga)* est une herbe ayant l'apparence d'un petit roseau à feuilles fines, dont on utilise, en cuisine, le rhizome (ou racine) de diverses manières. Frais, sa forme charnue et bosselée cache une chair presque blanche, protégée par une peau ocre foncé. Une fois pelé et coupé en tranches, ou râpé, le gingembre ajoute un léger piquant aux soupes et aux sauces. Le *beni-shoga* a macéré dans une saumure vinaigrée, ce qui lui donne une couleur rose. Il s'utilise, découpé en lamelles, dans les plats marinés et les *sushi*. Enfin, le gingembre de couleur rouge foncé a été coloré avec une herbe s'apparentant au basilic. Il accompagne le plus souvent le riz sauté et les nouilles.

LE WASABI. Ce condiment à saveur fortement poivrée est obtenu à partir de la racine du raifort vert (une plante vivace à petites fleurs blanches). Celle-ci est râpée puis humectée avec un peu d'eau pour pouvoir être présentée en petite motte compacte à côté de la plupart des poissons crus. Aujourd'hui, afin de faciliter la tâche des cuisinières japonaises, le *wasabi* se trouve en poudre, prêt à l'emploi.

LE DAIKON. Le daikon, ou radis du Japon, est une plante potagère dont la racine oblongue et blanche peut atteindre dix kilos. Pelé et râpé, il vient en garniture de nombreux plats grillés et de salades, et peut également, s'il est «piqué» de petits piments rouges séchés, entrer dans la composition de certaines sauces.

LES ALGUES

LE NORI. Il s'agit d'une algue marine comestible dont on obtient, après séchage puis pressage, de fines feuilles qui servent, entre autres, à envelopper les aliments, notamment les célèbres *sushi*.

LE WAKAME. Cette algue, d'un vert foncé tirant sur le brun, à feuilles frisées, est commercialisée séchée et doit être réhydratée avant d'accompagner des salades, des légumes ou des soupes.

LE HIJIKI. Vendues séchées en sachet de Cellophane, ces petites algues noires, qui ont un peu l'apparence de feuilles de thé, apportent un léger goût de noisette aux légumes, aux salades et au poulet.

LE KONBU. Cette variété de varech comestible à grandes feuilles sombres ne s'emploie que séchée, sous forme de longs rubans que l'on découpe à la demande. Le *konbu* réhydraté entre dans la composition de bouillons divers, comme le *konbu dashi*.

LE TOFU

Ce produit, qui constitue la base de l'alimentation japonaise, est obtenu à partir de graines de soja trempées puis écrasées en purée. Celle-ci est ensuite bouillie et coagulée à l'aide d'un gélifiant. Elle forme alors une pâte blanche dont l'aspect rappelle celui du fromage frais. Son goût neutre permet d'associer le tofu à un grand nombre de recettes, et sa richesse en protéines végétales en fait un aliment de base dans les menus quotidiens. On trouve le tofu dans les salades, dans les plats de nouilles, en lamelles dans les soupes. Il peut aussi être frit ou grillé en brochettes. Sauces et herbes lui confèrent des saveurs différentes.

Nori
Wakame
Hijiki
Konbu

Les Entrées

Soupe de porc

POUR 4 PERSONNES
PRÉPARATION : 25 MIN
CUISSON : 40 MIN

pour le bouillon dashi : 30 g de konbu • 30 g de katsuobushi • 200 g de filet de porc • 1 oignon • 1 daikon de 300 g environ • 1 carotte • 2 cuill. à soupe d'huile • 1 cuill. à soupe de sauce soja

1 Préparez le bouillon dashi. Essuyez délicatement le konbu à l'aide d'un torchon humide. Incisez cette algue sur l'une de ses faces pour que sa saveur puisse s'en échapper. Mettez-la dans une casserole puis couvrez-la de 80 cl d'eau et amenez à ébullition. Sortez l'algue à l'aide d'une écumoire.
2 Allongez cette eau de cuisson avec 20 cl d'eau et jetez le katsuobushi dans la casserole. Faites reprendre l'ébullition, puis sortez du feu. Passez le bouillon au chinois et réservez-le au chaud.

3 Coupez le filet de porc en morceaux, puis détaillez ces derniers en très fines lamelles de 3 cm de long sur 1 mm d'épaisseur environ.
4 Pelez et émincez l'oignon. Épluchez le daikon et la carotte. Lavez-les puis détaillez-les en fins bâtonnets de 5 cm de long.
5 Dans une casserole à fond épais, faites chauffer l'huile. Faites-y revenir l'oignon pendant 3 min, jusqu'à ce qu'il soit translucide, puis ajoutez les lamelles de porc et prolongez la cuisson jusqu'à ce que celles-ci soient juste saisies.
6 Arrosez de bouillon. Portez à ébullition et ajoutez les bâtonnets de carotte et de daikon. Versez la sauce soja, baissez le feu, couvrez et poursuivez la cuisson pendant 20 min. Versez la soupe dans de jolis bols

en bois laqué munis d'un couvercle et servez très chaud.
On trouve des sachets de préparation pour dashi (en granulés ou en poudre) dans les magasins de produits exotiques. Dans ce cas, faites fondre 1 sachet dans 1 l d'eau froide et portez à ébullition. Le dashi sert aussi de base aux ragoûts. Dans ce cas, faites réduire à feu doux pendant 20 min. Dans tous les cas, retirez du feu, laissez infuser et filtrez le bouillon.
Le konbu est une algue laminaire comestible se présentant sous forme de grandes feuilles noires. On le trouve également séché, et il faut alors le réhydrater en le trempant dans de l'eau avant de s'en servir.
Le katsuobushi se compose de flocons de bonite séchée.

Consommé aux clams

POUR 4 PERSONNES
PRÉPARATION : 20 MIN
REPOS : 30 MIN
CUISSON : 5 MIN

16 clams • 1 morceau de konbu séché de 7,5 cm • 1 morceau de daikon de 5 cm • 2 cuill. à soupe de sauce soja • 5 cl de saké • 2 brins de mitsuba (ou de persil plat) • sel

1 Plongez les clams dans une cuvette d'eau légèrement salée. Couvrez la cuvette et laissez dégorger pendant environ 30 min. Rincez les clams puis égouttez-les soigneusement.
2 Mettez le konbu à tremper pendant 30 min dans de l'eau tiède. Rincez cette algue puis égouttez-la et essuyez-la. Détaillez-la en tout petits morceaux.

3 Épluchez le daikon. Coupez sa chair en fins bâtonnets d'environ 5 cm de long.
4 Dans une grande casserole, versez 80 cl d'eau froide. Ajoutez-y les clams et le konbu puis amenez à ébullition. Retirez le konbu à l'aide d'une écumoire. Poursuivez la cuisson quelques minutes jusqu'à ce que les clams soient ouverts. Jetez ceux qui sont restés fermés.
5 Retirez une demi-coquille à chaque clam et répartissez les valves pleines entre 4 bols.
6 Filtrez le bouillon au-dessus d'une autre casserole. Versez-y la sauce soja et le saké. Amenez rapidement à ébullition.

7 Lavez, essorez et ciselez le mitsuba.
8 Versez le bouillon dans les bols, parsemez de quelques bâtonnets de daikon et de mitsuba. Le daikon est un radis blanc géant (voir p. 477). Vous pouvez le remplacer par du chou-rave, s'il doit être cuit, ou par des petits radis roses, si vous le consommez cru.
Le mitsuba est une variété de trèfle qui pousse au Japon, où il est utilisé comme de la coriandre fraîche.
Les clams les plus appréciés en Asie sont les clams des sables, de forme ronde.

Potage de poulet aux champignons

Pour 4 personnes
Préparation : 30 min
Trempage : 30 min
Cuisson : 40 min

1 blanc de poulet cru • 20 g de champignons shiitake secs • 1/2 concombre • gingembre • 1 citron • 1 l de bouillon de poule • 60 g de riz gluant • piment fort moulu • sauce soja

1 Faites tremper les champignons secs 30 min dans de l'eau tiède. Essorez-les, retirez les pieds et coupez les têtes en fines lamelles.
2 Coupez les deux extrémités du concombre. Coupez celui-ci en 2 dans le sens de la longueur et évidez-le à l'aide d'une cuillère. Épluchez une moitié du concombre et laissez la peau sur l'autre. Détaillez la chair en bâtonnets.
3 Pelez et râpez 1 petit morceau de gingembre. Coupez le blanc de poulet en fines lamelles. Pressez le citron.
4 Versez le bouillon dans une casserole. Portez à ébullition, ajoutez le poulet et faites cuire pendant 15 min.
5 Versez le riz en pluie dans la casserole et poursuivez la cuisson 15 min à petits frémissements.
6 Ajoutez les champignons, le gingembre râpé, les bâtonnets de concombre, 1 pincée de piment, 2 cuillerées à soupe de sauce soja et le jus du citron. Laissez cuire pendant encore 5 min.
7 Servez très chaud dans des bols individuels. Les bols à soupe japonais sont toujours munis d'un couvercle qui permet de conserver la chaleur des soupes, des consommés et des potages.

Salade d'épinards aux graines de sésame

Pour 4 personnes
Préparation : 15 min
Cuisson : 12 min

750 g d'épinards • 75 g de graines de sésame • 20 g de sucre semoule • 3 cuill. à soupe de sauce soja • 10 cl de bouillon dashi • sel

1 Équeutez et lavez les feuilles d'épinards.
2 Mettez-les dans une casserole et couvrez-les d'eau salée à hauteur. Portez à ébullition et laissez-les cuire de 6 à 8 min, en les surveillant pour qu'elles restent bien croquantes. Arrêtez la cuisson à l'eau froide et laissez-les s'égoutter. Coupez-les en lanières et laissez-les refroidir.
3 Dans une poêle, faites griller à sec les graines de sésame en remuant jusqu'à ce qu'elles soient bien dorées. Mixez-les jusqu'à obtenir une pâte.
4 Incorporez le sucre à cette pâte et délayez celle-ci avec la sauce soja et le bouillon dashi en mélangeant vivement.
5 Disposez les lanières d'épinards en cônes ou en pyramides dans de petites assiettes (de préférence carrées). Répartissez joliment la sauce par-dessus puis servez.
Cette salade est très courante au Japon. Conservez-la à température ambiante, elle gardera sa saveur.

Concombre au crabe

Pour 4 personnes
Préparation : 25 min
Cuisson : 10 min
Réfrigération : 1 h

1 gros concombre + 1/2 concombre • 1 petit morceau de gingembre • 100 g de chair de crabe • court-bouillon • sucre semoule • vinaigre de riz (ou vinaigre blanc) • huile • sel

1 Épluchez les concombres, frottez-les avec du sel et laissez-les dégorger 15 min. Épluchez et râpez le gingembre.
2 Lavez les concombres à grande eau et séchez-les soigneusement. Fendez le gros concombre sur toute la longueur sans séparer les 2 moitiés. Évidez-le à l'aide d'une cuillère. Creusez-le de façon à ne garder que 5 mm de chair sur les parois. Écrasez la chair à la fourchette. De la même façon, évidez le demi-concombre et écrasez sa chair.
3 Émiettez le crabe. Faites chauffer l'huile dans une poêle et mettez-y à revenir quelques instants le crabe et la chair des concombres. Ajoutez le gingembre, 2 cuillerées à soupe de court-bouillon, 1 cuillerée à soupe de sucre et autant de vinaigre. Mélangez et poursuivez la cuisson quelques instants. Laissez refroidir à température ambiante.
4 Garnissez le gros concombre avec la préparation précédente. Refermez bien celui-ci en appuyant fermement tout le long.
5 Roulez-le bien serré dans une feuille de papier d'aluminium et mettez-le au frais 1 h.
6 Retirez le concombre de sa feuille d'aluminium et coupez-le en tranches de 2 cm d'épaisseur. Disposez celles-ci dans de petites assiettes.
Les concombres japonais sont courts et dépassent rarement 5 cm de long. Leur chair est plus claire et leur saveur plus douce que celle des concombres de nos régions.

Les Plats

Paupiettes de castagnole

POUR 4 PERSONNES

PRÉPARATION : 35 MIN

CUISSON : 1 H

Boisson conseillée :

MEURSAULT

8 filets de castagnole (ou de sole) • 75 g de riz rond • 150 g de chair de poisson blanc • 1 petit morceau de gingembre • 7 œufs • 3 cuill. à soupe d'huile • 1 pincée de sucre semoule • 1 cuill. à soupe de sauce soja • 5 cl de saké • sel

1 Plongez le riz dans une petite casserole d'eau bouillante salée puis laissez-le cuire pendant environ 20 min. Égouttez-le bien et laissez-le refroidir.
2 Faites cuire la chair du poisson blanc dans de l'eau bouillante salée. Laissez-la refroidir et émiettez-la.
3 Épluchez et râpez le morceau de gingembre.

4 Battez 6 œufs en omelette dans une terrine. Ajoutez la chair de poisson blanc et mélangez bien. Salez.
5 Dans une poêle, faites chauffer 2 cuillerées à soupe d'huile à feu moyen. Versez l'omelette. Elle doit être un peu épaisse. Faites-la cuire environ 5 min sans la remuer, retournez-la et poursuivez la cuisson de l'autre face encore 5 min. Coupez l'omelette en larges rubans.
6 Sur un plan de travail, étalez les filets de castagnole. Recouvrez-les de rubans d'omelette puis de riz cuit.
7 Enroulez les filets sur eux-mêmes et piquez-les d'un bâtonnet de bois. Posez-les sur un plat à four légèrement huilé.

8 Préchauffez le four à 200 °C (therm. 6).
9 Dans une petite casserole, mélangez le gingembre, le sucre, la sauce soja et le saké. Amenez à ébullition.
10 Hors du feu, mélangez vivement le dernier œuf à la sauce. Répartissez celle-ci sur les paupiettes. Enfournez et laissez cuire 15 min. Servez chaud.
La castagnole est un poisson à chair blanche, ferme et savoureuse qui vit dans les régions côtières de l'océan Indien et de l'ouest du Pacifique. Sa chair est équivalente à celle de la sole. On l'accommode d'ailleurs pareillement.

Porc teriyaki

POUR 4 PERSONNES

PRÉPARATION : 30 MIN

CUISSON : 20 MIN

Boisson conseillée :

BOURGUEIL

500 g de filet de porc • 1 daikon • huile • poivre pour la sauce : sauce soja • saké • mirin • sucre semoule

1 Préparez la sauce. Versez dans une casserole 12 cl de sauce soja, 12 cl de saké et 12 cl de mirin. Poudrez d'une cuillerée à soupe de sucre et portez à ébullition. Faites réduire à feu vif jusqu'à ce que le sucre soit complètement dissous. Laissez refroidir puis réservez au réfrigérateur.
2 Pour préparer 4 fleurs en forme de chrysanthème à partir du daikon, commencez par l'éplucher. Coupez-en 1 morceau d'environ 5 cm d'épaisseur. Calez 1 tronçon à l'aide de planchettes. Pratiquez des entailles profondes et parallèles, espacées d'en-

viron 5 mm sur toute la surface du cylindre. Faites faire 1/4 de tour au daikon et recommencez. Vous devez obtenir un morceau quadrillé. Coupez-le en quartiers. Déployez délicatement vers l'extérieur les lamelles une à une dans le sens de leur coupe. Commencez par un côté extérieur et continuez dans le sens des aiguilles d'une montre. Chaque côté formera un pétale. Réservez au frais.
3 Coupez la viande en fines escalopes. Posez-les sur une feuille de plastique. Recouvrez-les d'une autre feuille et aplatissez-les en les battant à l'aide d'un maillet.
4 Dans une grande poêle, faites chauffer 2 cuillerées à soupe d'huile. Faites-y sauter les escalopes de porc jus-

qu'à ce qu'elles soient dorées, en les retournant à mi-cuisson. Sortez-les du feu et réservez-les au chaud.
5 Versez la sauce dans une sauteuse et portez-la à ébullition. Plongez la viande dedans et laissez cuire à feu doux jusqu'à ce que la sauce soit réduite à l'état de glaçage. Poivrez.
6 Présentez les escalopes sur des assiettes chaudes garnies de fleurs de radis.
Le mirin est un vin de riz jaune et doux. Il n'est pas utilisé comme boisson, mais comme ingrédient pour la cuisine. Vous pouvez le remplacer par du chao-xing chinois, ou par du xérès sec additionné d'autant de sucre.

Brochettes de porc mariné

POUR 4 PERSONNES

MARINADE : 1 H

PRÉPARATION : 15 MIN

CUISSON : 20 MIN

Boisson conseillée :

CAHORS

---

700 g de filet de porc •

12 oignons blancs

pour la marinade : 1 petit

morceau de gingembre •

saké • sauce soja • sucre

semoule • poivre blanc moulu

pour la sauce : mirin •

sauce soja

---

1 Préparez la marinade. Épluchez le morceau de gingembre, râpez-le. Mettez-le dans un bol. Arrosez de 3 cuillerées à soupe de saké et de 1 cuillerée à soupe de sauce soja. Poudrez de 1 cuillerée à soupe de sucre semoule et d'une forte pincée de poivre blanc. Mélangez soigneusement le tout.
2 Coupez le filet de porc en dés d'environ 2,5 cm de côté. Mettez-les dans un plat creux et arrosez-les de la marinade. Mélangez bien puis laissez mariner pendant environ 1 h en remuant régulièrement.
3 Préparez la sauce. Mélangez 3 cuillerées à soupe de mirin avec la même quantité de sauce soja. Versez dans de petites coupelles et disposez celles-ci devant les convives.
4 Coupez le vert des oignons à 2 cm du bulbe. Pelez ces derniers. Coupez-les en 4 morceaux.
5 Humidifiez des petites brochettes en bambou et enfilez les dés de porc et les oignons en alternance dessus.
6 Faites-les cuire sur un barbecue de table ou de jardin pendant 20 min en les retournant régulièrement. Présentez ces brochettes sur une assiette ou un petit ravier plat individuel.
Accompagnez de bols de riz blanc. Formez des petites boulettes de riz que vous pourrez également tremper dans votre sauce.

Filets de porc panés

POUR 6 PERSONNES

PRÉPARATION : 15 MIN

CUISSON : 10 MIN

Boisson conseillée :

CÔTES DE PROVENCE

---

300 g de filet de porc •

quelques feuilles de romaine •

1/2 citron • 2 œufs • 100 g

de chapelure • huile de

friture • sel, poivre blanc

pour la sauce tonkatsu :

ketchup • sauce soja •

saké • sauce

worcestershire • moutarde

---

1 Lavez et essorez les feuilles de salade. Coupez-les en fines lanières. Découpez joliment le zeste du citron.
2 Préparez la sauce. Versez dans un bol 1 cuillerée à soupe de ketchup, 2 cuillerées à soupe de sauce soja, 3 cuillerées à soupe de saké, 1 cuillerée à soupe de sauce worcestershire et 1 cuillerée à café de moutarde. Mélangez.
3 Battez les œufs à la fourchette dans une assiette creuse. Mettez la chapelure dans une autre assiette.
4 Coupez le porc en 6 fines tranches. Salez et poivrez chaque tranche des 2 côtés. Passez-les successivement dans l'œuf puis dans la chapelure.
5 Faites chauffer de l'huile dans une poêle. Plongez-y les filets de porc et laissez-les frire jusqu'à ce qu'ils soient bien dorés. Retournez-les à mi-cuisson.
6 Sortez les tranches de viande et égouttez-les rapidement sur du papier absorbant. Détaillez-les en losanges.
7 Disposez les feuilles de salade en chiffonnade sur les assiettes de service. Garnissez de losanges de viande et servez avec la sauce tonkatsu. La sauce tonkatsu est très utilisée pour les barbecues. Elle se vend en tubes ou en boîtes.

Poulet mariné frit

POUR 4 PERSONNES

PRÉPARATION : 10 MIN

MARINADE : 1 H

CUISSON : 20 MIN

---

1 poulet de 1,2 kg •

4 oignons • 2 gousses d'ail •

1 petit morceau de

gingembre • sauce soja •

saké • farine de riz •

huile de friture

---

1 Coupez le poulet en morceaux. Pelez les oignons et l'ail. Émincez les oignons et écrasez l'ail. Pelez et râpez le morceau de gingembre.
2 Mettez dans une terrine les morceaux de poulet, les oignons, l'ail et le gingembre. Arrosez de 3 cuillerées à soupe de sauce soja et de 2 cuillerées à soupe de saké. Mélangez. Faites mariner pendant 1 heure en retournant les morceaux de temps en temps.
3 Retirez les morceaux de poulet de la marinade, essuyez-les et passez-les dans la farine de riz.
4 Dans une grande poêle, faites chauffer l'huile à feu moyen. Plongez-y les morceaux de poulet et faites-les frire en remuant régulièrement jusqu'à ce qu'ils soient bien dorés de toutes parts. Égouttez-les rapidement sur du papier absorbant et servez bien chaud.

SUSHI ET SASHIMI

Sushi et sashimi,
préparés à partir de poisson cru
témoignent d'un art très délicat de
la cuisine, en ce qui concerne le
découpage et la présentation.
Les premiers sont des boulettes de riz
garnies de poisson, d'algue…
Les sashimi, simples assortiments
de poissons, s'accompagnent
de sauce soja.

ASSORTIMENT DE SUSHI

Il s'agit de bouchées de riz au vinaigre, généralement fourrées de poisson cru. Les sushi peuvent aussi être entourés d'algues ou d'une très fine omelette. Les poissons le plus fréquemment employés sont le thon (le *toro*, morceau gras, et le *maguro*, la chair rouge), la daurade, l'anguille, le saumon ainsi que les œufs de saumon et les œufs d'oursin. Les sushi sont présentés sur des plateaux en bois ou en porcelaine.

TAMAGO YAKI

Ces sushi ne comprennent jamais de poisson. Le riz, toujours parfumé au vinaigre, est moulé à la main, une fois cuit et froid et recouvert d'une très fine couche d'omelette. Celle-ci est d'abord pliée en trois, puis compressée et redécoupée en tranches quand elle est froide.

NORI MAKI ET KONBU MAKI

Nori et *konbu* sont les deux variétés d'algues qui entourent ces gros rouleaux. Ceux-ci sont ensuite coupés en tranches. Sur le plat de présentation des sushi, le cuisinier dispose de très fines tranches de gingembre frais, roulées en forme de fleur, qui sont dégustées entre chaque bouchée de sushi.

1. Étalez une feuille de nori (algue) sur la natte de bambou et disposez le riz en le tassant et en l'aplatissant.

2. Répartissez le riz régulièrement en laissant déborder l'algue tout autour et formez un sillon central avec vos pouces.

QUE BOIRE ?

Le thé est omniprésent au Japon. Avec les sushi, on servira aussi du saké chaud, un alcool de riz, ou de la bière assez légère.

3. Coupez un morceau de thon en lui donnant la longueur du sushi (environ 10 cm) et une épaisseur d'environ 1 cm.

4. Soulevez la natte par l'avant et repliez-la jusqu'à ce qu'elle recouvre le riz. Ramenez-la vers l'avant et pressez avec vos mains.

5. Roulez la natte sans appuyer, de l'avant vers l'arrière. Quand elle est roulée sur elle-même, serrez-la bien avec vos mains.

6. Retirez la natte et terminez le rouleau de sushi en appuyant aux deux extrémités pour les fermer.

LE SASHIMI

Sobriété et élégance japonaise : un simple assortiment de poissons crus, parfaitement découpés et présentés.

Yakitori

POUR 4 PERSONNES
PRÉPARATION : 30 MIN
CUISSON : 30 MIN

Boisson conseillée :
SAKÉ OU BIÈRE

2 blancs de poulet • 1 magret de canard • 1 petit morceau de gingembre • 2 ciboules • sauce soja • sucre semoule • 8 foies de poulet • sel

pour la sauce : saké • mirin • sauce soja • sucre semoule

1 Préparez la sauce. Mélangez 12 cl de saké, 4 cuillerées à soupe de mirin, 20 cl de sauce soja et 50 g de sucre semoule. Versez dans une casserole. Amenez à ébullition, mélangez et laissez réduire pendant 15 à 20 min. Sortez du feu, laissez refroidir puis mettez au réfrigérateur.
2 Prenez un blanc de poulet. Retirez la peau. Coupez la chair dans la longueur, en bandes d'environ 1,5 cm de large. Posez chacune d'elles à plat sur le plan de travail et taillez dedans des lanières le plus fines possible. Enroulez chaque lanière sur elle-même comme vous le feriez pour un anchois. Enfilez-les par 3 ou 4 sur de petites brochettes en bambou humides. Réservez-les au frais.
3 Coupez le magret en suivant la même méthode. Au moment d'enfiler sur les brochettes, formez des serpentins.
4 Coupez le second blanc de poulet en morceaux. Épluchez le gingembre. Lavez la ciboule. Mettez ces ingrédients dans le bol du mixer. Arrosez d'un filet de sauce soja, poudrez d'une pincée de sel et d'une de sucre. Hachez le tout. Humectez légèrement vos mains et formez des petites boulettes de la taille d'une noix. Enfilez-les sur des petites brochettes en bambou.
5 Rincez et épongez les foies de volaille et enfilez-les sur des brochettes.
6 Faites griller les brochettes sur des braises ou sur un gril en les retournant régulièrement. Badigeonnez-les de sauce en cours de cuisson.
7 Présentez les brochettes sur des petits plateaux et versez le reste de la sauce dans des coupelles individuelles. Accompagnez d'un riz blanc et d'un bouillon clair.
Vous pouvez faire alterner sur les brochettes des petits morceaux de poivron, de champignon, de poireau, d'oignon, etc., entre les morceaux de viande.

Shabu-shabu

POUR 4 PERSONNES
PRÉPARATION : 40 MIN
TREMPAGE : 30 MIN
CONGÉLATION : 30 MIN
CUISSON : 15 MIN

Boisson conseillée :
PINOT ROUGE

500 g d'aloyau de bœuf • 12 champignons enokitake • 5 champignons noirs • 200 g de nouilles de riz • 150 g de germes de soja • 150 g d'épinards en branches • 2 cœurs de romaine • 10 ciboules • 1 oignon • 1 l de bouillon de bœuf • sel, poivre

pour la sauce : 120 g de graines de sésame • 2 cuill. à soupe de sauce soja • 2 cuill. à soupe de saké • 1 cuill. à soupe de sucre semoule

1 Faites tremper séparément les champignons 30 min dans de l'eau tiède. Égouttez-les. Coupez les pieds des champignons enokitake. Coupez les pieds et les tiges dures des champignons noirs et détaillez les têtes en lamelles.
2 Mettez l'aloyau à congeler 30 min pour le raffermir. Coupez-le en tranches fines et disposez celles-ci sur un plat.
3 Faites cuire les nouilles de riz 5 min dans de l'eau bouillante salée. Égouttez-les et rincez-les à l'eau froide. Disposez-les sur une assiette.
4 Lavez les germes de soja et plongez-les pendant 1 min dans de l'eau bouillante. Arrêtez la cuisson sous l'eau froide et égouttez-les.
5 Équeutez, lavez et essorez les feuilles d'épinards. Coupez-les en 2. Effeuillez, lavez et essorez la salade. Coupez les plus grandes feuilles en 2. Épluchez les ciboules, coupez-les en 2. Pelez et émincez l'oignon.
6 Disposez sur un plat les feuilles d'épinards, la salade, les germes de soja et les champignons, et, sur un autre plat, les ciboules et l'oignon.
7 Versez le bouillon dans un récipient à fondue. Posez-le au centre de la table et allumez le réchaud.
8 Pendant ce temps, préparez la sauce. Faites griller les graines de sésame dans une poêle sèche jusqu'à ce qu'elles soient bien dorées. Transvasez-les dans le bol d'un mixer et mixez-les jusqu'à obtenir une pâte. Arrosez de sauce soja et de saké, poudrez de sucre. Mélangez jusqu'à ce que le sucre soit totalement dissous. Versez dans de petites coupelles.
9 Lorsque le bouillon est chaud, saisissez l'ingrédient de votre choix avec des baguettes (ou mettez-le dans une petite louche à fondue ou à défaut dans un petit tamis). Plongez-le pendant 1 à 2 min dans le bouillon selon sa nature, puis trempez-le dans la sauce.

Tempura

Pour 4 personnes

Préparation : 50 min

Cuisson : 45 min

Boisson conseillée :

LISTEL GRIS

---

1 patate douce • 1 langouste • 250 g de lotte • 8 crevettes
roses cuites • 1 petite aubergine • 8 champignons shiitake (ou
champignons de couche) • 1 oignon • huile de friture
pour la pâte : 300 g de farine de riz • 2 petits œufs • sel
pour la sauce : 1 petit morceau de gingembre • 4 cuill. à soupe
de sauce soja • 4 cuill. à soupe de raifort • mirin (facultatif)

1 Lavez la patate douce. Faites-la cuire 15 min à la vapeur. Coupez la tête de la langouste. Décortiquez la queue. Lavez la lotte. Coupez la queue de langouste et la lotte en petits cubes. Décortiquez les crevettes et coupez-les en 2 dans la longueur.

2 Ôtez le pied des champignons, lavez les têtes, essuyez-les et coupez-les en morceaux. Épluchez la patate douce, coupez-la en dés. Pelez l'oignon et coupez-le en fines rondelles. Pelez l'aubergine, coupez la chair en petits dés. Disposez chaque ingrédient dans une coupelle.

3 Préparez la pâte. Fouettez les œufs en y ajoutant peu à peu 45 cl d'eau glacée. Incorporez la farine et 1 pincée de sel sans cesser de remuer. La pâte doit être assez liquide et grumeleuse. Si elle est trop épaisse, rallongez-la à l'eau glacée.

4 Préparez la sauce. Râpez le gingembre. Mettez-le dans un bol. Ajoutez la sauce soja, le raifort et, éventuellement, le mirin. Mélangez. Transvasez la sauce dans 4 coupelles individuelles. Faites chauffer l'huile de friture. Posez un réchaud à fondue au milieu de la table. Videz l'huile dans le poêlon sur le réchaud. Apportez la pâte.

5 Chacun piquera un à un les différents ingrédients au bout d'une longue fourchette et les plongera dans la pâte puis dans la friture. Laissez cuire les beignets environ 5 min. Si vous n'avez pas de réchaud à fondue, enrobez les ingrédients de pâte puis plongez-les dans la friture pendant 5 min. Sortez-les à l'aide d'une écumoire et servez. Trempez ensuite les bouchées dans la sauce et dégustez.
Le mirin est un vin de riz doux qui ne sert qu'en cuisine. Les champignons shiitake ressemblent un peu aux champignons noirs. Vous pouvez éventuellement les remplacer par des champignons de couche.

Steaks de Kobe

POUR 4 PERSONNES
PRÉPARATION : 10 MIN
MACÉRATION : 12 H
CUISSON : 10 MIN

Boisson conseillée :
BEAUJOLAIS

4 steaks de Kobe de 175 g •
200 g de germes de soja
pour la sauce ponzu :
1/2 orange amère • 10 cl de
sauce soja • 5 cl de vinaigre
de riz (ou de vinaigre blanc) •
konbu sec • katsuobushi

1 Préparez la sauce.
Pressez l'orange. Versez
le jus dans un bocal.
Ajoutez la sauce soja et
le vinaigre. Nettoyez un
morceau de konbu d'en-
viron 5 cm à l'aide d'un
torchon humide. Fendez-
le sur le côté et mettez-le
dans le bocal. Parsemez
de quelques copeaux de
katsuobushi. Fermez le
bocal et laissez macérer
pendant 12 h.
2 Préchauffez un barbecue de table. Transvasez
la sauce ponzu dans 4 pe-
tites coupelles et dispo-
sez celles-ci devant
chaque convive.
3 Lavez les germes de
soja, plongez-les dans de
l'eau bouillante et faites-
les cuire 3 min. Égouttez-
les et répartissez-les dans
4 assiettes.
4 Faites cuire les steaks
sur le barbecue de table
2 ou 3 min de chaque
côté selon le goût des
convives et servez.
Dans la région de Kobe,
on élève un bœuf d'une
qualité exceptionnelle. Il
est nourri de bière et de
céréales, et massé à la
main, afin de produire
une viande riche et ten-
dre, marbrée de graisse.

Sukiyaki

POUR 4 PERSONNES
PRÉPARATION : 35 MIN
CUISSON : 10 MIN
RÉFRIGÉRATION : 30 MIN
REPOS : 1 H

Boisson conseillée :
GIGONDAS

500 g de romsteck • 200 g de
tofu • 12 champignons
shiitake secs • 4 oignons
blancs • 1/2 chou chinois •
100 g d'épinards • 200 g de
nouilles de riz • œufs •
1 tranche de gras de bœuf
pour la sauce : 30 cl de dashi •
15 cl de sauce soja • 15 cl de
mirin • 3 cuill. à soupe de
sucre semoule

1 Mettez le tofu plié
dans un torchon entre
deux planches de bois.
Posez un poids dessus
afin qu'il perde son eau.
Coupez-le ensuite en fi-
nes tranches.
2 Faites congeler le romsteck 30 min puis cou-
pez-le en tranches très
fines, presque transparentes. Disposez celles-ci
sur un plat.
3 Faites tremper les
champignons 20 min
dans de l'eau chaude.
Égouttez-les. Retirez les
pieds et les tiges dures.
Réservez les têtes entiè-
res. Pelez les oignons et
coupez-les en rondelles.
Lavez, séchez et émincez
le chou. Équeutez, lavez
et essorez les épinards.
4 Faites tremper les
nouilles 5 min dans de
l'eau bouillante. Égout-
tez-les.
5 Disposez sur un
grand plat les oignons,
les champignons, le tofu,
les nouilles, le chou et
les épinards.
6 Préparez la sauce. Versez tous les ingrédients
dans une casserole et portez à ébullition. Laissez
cuire jusqu'à ce que le
sucre soit totalement dissous. Sortez du feu et
laissez refroidir.
7 Cassez chaque œuf
dans un bol individuel
puis battez-les légère-
ment à la fourchette. Disposez-les devant chaque
convive.
8 Faites chauffer une
sauteuse sur un réchaud
de table. Piquez la
graisse de bœuf sur une
fourchette. Enduisez légèrement la sauteuse de
graisse. Répétez plu-
sieurs fois cette opéra-
tion en cours de cuisson.
9 Jetez une petite quantité de chaque ingrédient
dans la sauteuse et lais-
sez cuire 2 min en retournant. En fin de cuisson,
aspergez les ingrédients
de sauce. Renouvelez
l'opération jusqu'à épui-
sement de tous les élé-
ments et consommez au
fur et à mesure.
10 Chacun se servira
dans la sauteuse avec des
baguettes et trempera sa
viande dans l'œuf battu.
Accompagnez d'un riz
blanc. Le sukiyaki se cuit
dans une sorte de large
poêlon posé au centre de
la table sur un réchaud.
Au Japon, c'est un plat
d'hiver. Vous pouvez va-
rier les ingrédients et
ajouter, par exemple,
des germes de soja, des
lanières de salade, du
poivron, etc.

Nouilles dashi

POUR 4 PERSONNES
PRÉPARATION : 10 MIN
CUISSON : 15 MIN

200 g de nouilles de riz
shirataki • 1 l de bouillon
dashi • sauce soja • mirin •
sucre semoule • sel

1 Versez le bouillon
dans une casserole et
portez à ébullition.
2 Arrosez de 3 cuillerées
à soupe de sauce soja et
de 1 cuillerée à café de
mirin. Poudrez ensuite
de 2 cuillerées à café de
sucre et d'une grosse pincée de sel. Mélangez et
poursuivez la cuisson jusqu'à ce que le sucre soit
dissous. Goûtez et recti-
fiez l'assaisonnement si
nécessaire.
3 Plongez les nouilles
dans le bouillon, faites reprendre l'ébullition et
laissez cuire 2 à 3 min.
Vérifiez la cuisson et
transvasez dans des bols.

SUKIYAKI

Le sukiyaki cuit à table,
chacun choisissant ses
ingrédients et son temps
de cuisson. Il est donc
pratique de disposer la
viande et les légumes sur un
grand plat ou de les répartir
dans des raviers.
Au centre de la table, une
sauteuse ou un poêlon à
fondue peuvent tenir le rôle
du plat à sukiyaki.

Les Desserts

Beignets au tofu

POUR 4 PERSONNES
PRÉPARATION : 25 MIN
REPOS : 2 H
CUISSON : 10 MIN

400 g de tofu • 1 œuf •

100 g de farine de riz •

1/2 paquet de levure

chimique • huile de friture •

100 g de sucre cristallisé

1 Enveloppez le tofu dans un torchon. Mettez-le dans une passoire, posez un poids dessus et laissez-le égoutter pendant 2 h afin d'en retirer le maximum d'eau.
2 Pendant ce temps, préparez la pâte. Cassez

l'œuf dans une jatte, battez-le à la fourchette. Mélangez la farine et la levure. Versez-les dans la jatte, arrosez de 20 cl d'eau. Malaxez bien pour obtenir une préparation homogène. Laissez reposer pendant 1 h.
3 Coupez le tofu en petits cubes d'environ 3 cm de côté puis jetez-les dans la pâte. Mélangez soigneusement pour que tous les cubes soient bien enrobés de pâte.

4 Faites chauffer l'huile de friture, plongez-y les beignets et faites-les cuire jusqu'à ce qu'ils soient bien dorés.
5 Retirez-les à l'aide d'une écumoire et laissez-les égoutter rapidement sur du papier absorbant.
6 Rangez les beignets sur un plat de service, poudrez-les de sucre cristallisé. Servez chaud.

Coupes de fraises au sorbet de kaki

POUR 4 PERSONNES
PRÉPARATION : 25 MIN
MACÉRATION : 30 MIN
CONGÉLATION : 4 H
CUISSON : 5 MIN

150 g de sucre semoule •

4 ou 6 kakis (selon grosseur)

très mûrs • 1 citron vert •

500 g de fraises • 5 cl de saké

1 Préparez un sirop. Amenez à ébullition 75 g de sucre dans 15 cl d'eau. Faites cuire 5 min à feu vif. Laissez refroidir.
2 À l'aide d'une cuillère, retirez délicatement la chair des kakis. Mettez-la dans un saladier et réduisez-la en purée avec une fourchette.
3 Pressez le citron. Arrosez la purée de kakis du jus de citron. Mélangez bien. Incorporez le sirop.

4 Versez la préparation dans une sorbetière et faites congeler 3 h. Si vous n'avez pas de sorbetière, versez la préparation dans un moule et mettez celui-ci au congélateur. Sortez-le au bout de 30 min, passez le contenu au mixer et remettez au congélateur. Recommencez l'opération au bout de 2 h. Laissez encore 1 h au congélateur sans y toucher.
5 Une demi-heure avant la fin de la préparation du sorbet, lavez et équeutez les fraises. Coupez-les en 2. Mettez-les dans une coupe avec le reste

de sucre et le saké. Mélangez et laissez macérer pendant environ 30 min.
6 Garnissez 4 coupes à glace de 2 boules de sorbet au kaki. Entourez-les de fraises et arrosez avec le jus de macération.
Le kaki est le fruit du plaqueminier. On l'appelle aussi «abricot du Japon». Sa chair est molle et de couleur orangée, avec un goût légèrement acidulé. On le trouve pendant les mois d'hiver. Il doit être consommé bien mûr, lorsque sa peau est translucide.

Gelée de nèfles du Japon

POUR 3 POTS
PRÉPARATION : 30 MIN
CUISSON : 1 H 15

1 kg de nèfles du Japon •

sucre cristallisé

1 Lavez les nèfles et coupez-les en 4. Mettez-les avec leurs pépins dans une casserole. Versez de l'eau de manière à les recouvrir largement.
2 Amenez à ébullition à feu vif. Baissez le feu et laissez mijoter 1 h. Surveillez le jus pendant la cuisson. Au besoin, allongez d'un peu d'eau. Les nèfles doivent toujours être couvertes d'eau.

3 Filtrez le liquide au travers d'un tamis. Pesez-le avant de le verser dans la bassine à confiture. Ajoutez-y le même poids de sucre cristallisé.
4 Posez la bassine sur le feu, portez à ébullition et laissez cuire à gros bouillons pendant environ 15 min en remuant régulièrement à l'aide d'une grande cuillère en bois. La gelée est prête lorsqu'une goutte déposée sur une assiette ne s'étale pas.

5 Versez la gelée dans des pots à couvercle hermétique parfaitement nettoyés. Fermez bien les pots et retournez-les, couvercles vers le bas. Attendez 30 min avant de remettre les pots dans le bon sens.
Vous pouvez ajouter à la gelée, en fin de cuisson, 5 cl de saké.
La nèfle du Japon est recouverte d'une peau jaune-orangé duveteuse. Sa chair est blanche et ferme, et sa saveur, fine.

L'INDE

_____

L'Inde est le pays de tous les contrastes. Contraste
géographique — avec au nord, l'Himalaya et ses neiges éternelles,
au sud, l'océan Indien et son climat tropical ; contraste social autour
des différentes castes ; contraste religieux, avec la coexistence de l'hindouisme,
de l'islam, du bouddhisme, mais aussi des chrétiens, des sikhs, des parsis...
traditions anciennes auxquelles il faut ajouter de vieilles
coutumes perses et quelques souvenirs de l'occupation britannique.
Si les musulmans ne mangent pas de porc, les hindous, pour beaucoup,
sont végétariens. Le mélange subtil d'épices et d'herbes donne
à la cuisine indienne une saveur et une coloration particulières,
qui séduisent le regard autant que le palais.

SAVEURS D'INDE

Le curry constitue l'ingrédient de base de l'alimentation indienne. Il en existe une foule de variantes — le curry (cari ou carry) étant à l'origine un mélange *(masala)* d'épices : piments, curcuma, gingembre, coriandre, graines de moutarde, poivre noir, cumin, etc., et, naturellement, feuilles de curry fraîches. Le curry sert d'assaisonnement à des ragoûts divers ou à du riz.

Les chutneys (ou *chutni*) font partie des rituels culinaires quotidiens. Ces purées de légumes malaxés de consistance épaisse sont servies crues ou cuites avec du riz, des beignets ou, parfois, des entremets salés.

Ajoutons les produits dérivés du lait : le yaourt, le *panir* et le *ghee*. Le *panir*, que l'on sert avec des légumes ou des entremets salés, ressemble à un fromage de lait caillé pressé, découpé en petits cubes et frit. Le *ghee* est un beurre clarifié (voir p. 501).

LES TRADITIONS

Les Indiens de religion hindouiste respectent les vaches dont l'existence est sacrée et qui, en aucun cas, ne peuvent être abattues et mangées. La conjugaison des facteurs religieux et économiques explique la grande diversité des recettes végétariennes. Le vin et l'alcool apparaissent rarement dans les menus, les Indiens buvant surtout de l'eau, des jus de fruits (de citron, de mangue), du lait de noix de coco, du thé, ou du *lassi* (boisson salée ou sucrée à base de yaourt).

Les repas sont souvent disposés sur un grand plateau rond, en métal, le *thali*, autour duquel les invités ou les membres de la famille s'installent, assis sur des coussins ou des tapis. La coutume veut que l'on mange avec les doigts de la main droite.

Un accessoire culinaire est particulier à l'Inde : le *tandoor*. Ce four (venu de Perse) se présente comme un vaste récipient conique en terre cuite que l'on place directement sur un feu de bois ou de charbon de bois, et qui

Menu classique

———

PAKORAS

•

CURRY DE MADRAS

•

GULAB JAMON

permet de cuire les aliments à l'étouffée, sans matière grasse, dans la seule humidité ainsi dégagée.

LA VIE QUOTIDIENNE

LE PETIT DÉJEUNER (jalpan). Pris très tôt le matin, il constitue un repas important et comporte plusieurs plats : des pois chiches, des salades ou bien des *puris* (galettes frites et croustillantes) assorties de confiture, yaourt et de *lassi*, des *raitas* (salades de légumes au yaourt) et un choix de fruits frais. Le tout est accompagné de thé ou d'une tisane aromatisée.

LE DÉJEUNER (din ka bhojan). Pour les végétariens, il existe un grand nombre de recettes à base de *dal* (purée de lentilles ou autres pois secs), auxquelles il est facile d'associer un plat de légumes ou de riz ou des galettes de blé *(roti* ou *chapati)*.

Pour les non-végétariens, les *dals* peuvent être remplacés par un ou plusieurs currys, ragoûts de viande, ou encore par les fameux *tandooris*, avec du riz en garniture ou des gâteaux de semoule cuits à la vapeur *(iddlys)*.

LE DÎNER (rat ka bhojan). Le soir, les Indiens ont l'habitude de manger léger : chutneys, *puris*, currys de légumes ou beignets variés, fromages blancs et desserts sucrés (riz au lait, semoule).

LES JOURS DE FÊTE

À cause des diversités religieuses et régionales, il n'existe pas en Inde de grands menus traditionnels.

LES FÊTES FAMILIALES. Les repas de fête sont constitués généralement d'une multitude de plats, de sauces, de beignets et de *dals*, accompagnés de *lassi* ou de *paysa*, boisson épicée au tamarin. Le *biriani*, originaire du Nord, est devenu un classique. Après le repas et le dessert *(ladoos* ou *halva)*, on sert souvent des feuilles de bétel, fourrées de noix d'arec et épinglées par un clou de girofle, pour chiquer.

LES PRODUITS

LE SAFRAN

Le safran est une plante dont la fleur, presque violette, possède des stigmates orangés très fragiles. Ceux-ci sont recueillis à la main puis séchés, et utilisés en filaments pour parfumer et colorer toutes sortes de sauces. Le safran de qualité inférieure est réduit en poudre. On trouve aussi des succédanés en poudre à base de curcuma ou de carthame.

FEUILLES DE CURRY

Les feuilles de curry viennent d'un arbuste que l'on trouve à l'état sauvage dans le sud de l'Inde et au pied de l'Himalaya. Elles ressemblent à des feuilles de laurier, mais doivent, de préférence, être utilisées fraîches.

LA CARDAMOME

La cardamome pousse en buisson et donne de petits fruits verts que l'on récolte avant maturité. Une fois séchés, ceux-ci prennent l'aspect de ces graines brunes ou noires, au goût légèrement camphré, que l'on retrouve, en poudre, dans les currys et autres *masalas*.

LE CURCUMA

Appelé également «safran des Indes» à cause de sa couleur, le curcuma est extrait de la tige souterraine d'une plante vivace. Le rhizome est découpé puis cuit à la vapeur avant d'être séché et réduit en poudre. Son parfum poivré fait merveille dans les currys, les haricots ou les lentilles.

LE CUMIN

Les graines séchées de cette plante à fleurs blanches ou rosées sont particulièrement appréciées pour leur arôme délicatement âcre, qui rehausse le goût de nombreux *masalas*, des boissons lactées et des yaourts.

LE TAMARIN

Le tamarin est vendu sous la forme de longues gousses brunes dont la pulpe à saveur aigre-douce sert à rehausser le goût des chutneys, des soupes de lentilles et de certains currys. Il est possible aussi de trouver du tamarin réduit en petits blocs.

LA NIGELLE

Ces graines noires (graines d'oignon sauvage) au goût piquant sont souvent confondues avec une variété noire du cumin. On en parsème les pains et les gâteaux.

LE SÉSAME

Ces petites graines peuvent être blanches, dorées ou noires selon la variété de la plante oléagineuse d'origine. Le sésame, préalablement grillé, donne un parfum légèrement sucré. Il s'emploie tel quel en pâtisserie, mais on en fait aussi une huile dont la saveur s'apparente à celle de l'huile de noix.

LE PAVOT

Petites, noires et dures, ses graines sont une composante essentielle des mélanges d'épices. Réduites en poudre, elles servent à lier les sauces.

L'AJOWAN

Cette plante ressemble un peu au persil alors que ses graines, brun rouge, ont une saveur plus proche du thym dès qu'elles sont pilées. Les Indiens en parfument souvent leurs pains ou les mélangent avec d'autres épices.

LE POIVRE

Qu'il soit dit noir, blanc ou vert, le poivre est en fait toujours issu de la même plante grimpante vivace (le poivrier), que l'on rencontre en Inde mais aussi au Brésil. Les baies du poivrier, qui poussent en petites grappes, sont récoltées plus ou moins mûres (vertes, roses ou rouges puis brunes) selon la qualité de poivre que l'on veut obtenir. Le poivre noir provient d'une baie cueillie avant maturation, qui est fermentée et séchée au soleil ; le poivre blanc vient au contraire d'une baie mûre dont on a ôté la peau puis qui a «blanchi» au soleil ; et le poivre vert a été simplement conservé directement en saumure. Enfin, le poivre «long» est une variété dont les baies grises sont allongées et qui a subi le même traitement que le poivre noir. En grains, moulu fin ou seulement écrasé, le poivre noir possède l'arôme le plus subtil, le blanc est plus piquant, le vert plus léger, et le long bénéficie d'une nuance délicatement sucrée.

LA CANNELLE

Il s'agit de l'écorce du cannelier, un arbuste originaire de Sri Lanka. Très parfumée, la cannelle a un rôle essentiel dans les mélanges d'épices. Les petits tuyaux d'écorce obtenus sont séchés, puis réduits en poudre.

LE CLOU DE GIROFLE

Il se récolte dans des régions tropicales, au sud de l'Inde entre autres, et son goût très fort rehausse les mélanges d'épices. C'est en fait le bouton fermé d'un arbre tropical, cueilli avant maturité et séché au soleil.

LA NOIX DE MUSCADE

Ces noix sont râpées pour relever le goût des purées, des ragoûts et de certains desserts, alors que la «fleur», ou arille (en fait la fibre qui entoure l'écorce de la noix), moulue et de goût plus amer, entre dans la composition des sauces et des potages. On l'appelle aussi *macis*.

Safran

Feuilles de curry

Cardamome noire

Cardamome verte

Cumin

Curcuma

Tamarin (gousses)

Graines de nigelle

Ajowan

Graines de sésame

Graines de pavot

Poivre vert frais

Poivre rose (baies)

Poivre noir

Poivre vert sec

Poivre long

Bâtons de cannelle

Cannelle en poudre

Noix de muscade avec écorce

Macis

Clous de girofle

Noix de muscade

Muscade râpée

Les Entrées

Soupe aux amandes

POUR 4 PERSONNES
TREMPAGE : 30 MIN
PRÉPARATION : 15 MIN
CUISSON : 15 MIN

175 g d'amandes décortiquées • 15 cl de lait • 75 cl de consommé de poule • 1 cuill. à soupe d'amandes effilées • sel, poivre blanc

1 Faites tremper les amandes décortiquées pendant 30 min dans de l'eau chaude.
2 Égouttez-les, mondez-les, mixez-les avec le lait. Ajoutez un peu de con-sommé si l'ensemble n'est pas suffisamment liquide.
3 Faites chauffer le con-sommé dans une casse-role à fond épais sans le porter à ébullition. Versez le mélange amandes/lait dans la casserole. Salez, poivrez, remuez et prolongez la cuisson pendant une dizaine de minutes environ.

4 Faites griller à sec dans une poêle les aman-des effilées pendant 2 à 3 min sans cesser de re-muer à l'aide d'une cuillère en bois. Versez la soupe dans une sou-pière, parsemez-la avec les amandes grillées et servez.

Pakoras

POUR 30 BEIGNETS
PRÉPARATION : 5 MIN
CUISSON : 4 MIN
PAR FOURNÉE

250 g de farine de pois chiches • 1 grosse pincée de cannelle moulue • 1 grosse pincée de piment fort moulu • 1 cuill. à café de coriandre moulue • 1 cuill. à café de curcuma moulu • 1 cuill. à café de cumin moulu • 1 cuill. à café de levure • huile de friture • sel

1 Tamisez la farine de pois chiches au-dessus d'un grand saladier. In-corporez toutes les épi-ces, la levure et 1 grosse pincée de sel. Versez 20 cl d'eau en filet, en fouettant bien pour qu'il ne se forme pas de gru-meaux. Mélangez jus-qu'à l'obtention d'une pâte homogène, d'une consistance épaisse.
2 Faites chauffer l'huile de friture. À l'aide d'une cuillère à soupe, déposez des petits tas de pâte dans l'huile. Ils gonflent aussitôt et se transforment en bei-gnets. Laissez-les dorer 3 à 4 min.

3 Sortez les beignets à l'aide d'une écumoire et déposez-les sur du pa-pier absorbant. Laissez-les égoutter puis réservez-les au chaud au fur et à mesure, jusqu'à ce que tous les pakoras soient cuits.
Accompagnez d'un chutney à la noix de coco (voir p. 497) ou à la menthe (voir p. 497). Servez avec un assorti-ment d'entrées.

Pakoras aux légumes

POUR 8 PERSONNES
PRÉPARATION : 20 MIN
CUISSON : 7 MIN
PAR FOURNÉE

300 g de pâte à pakora (voir ci-dessus) • 2 pommes de terre à chair ferme • 8 petits bouquets de chou-fleur • 8 petits bouquets de brocoli • 1 courgette • 1 aubergine • 1 poivron • 1 oignon • huile de friture

1 Préparez la pâte à pakora comme dans la recette ci-dessus.
2 Épluchez les pommes de terre. Lavez-les, es-suyez-les et coupez-les en tranches fines. Lavez et essuyez les bouquets de chou-fleur et de bro-coli. Lavez la courgette et l'aubergine. Ôtez les pédoncules et coupez-la chair en fines rondelles. Lavez le poivron. Étêtez-le, évidez-le et coupez-le en anneaux. Pelez l'oi-gnon et coupez-le en ron-delles de taille moyenne.
3 Faites chauffer l'huile de friture dans un karhai ou dans une sauteuse. Plongez les légumes au fur et à mesure dans la pâte. Dès qu'ils sont bien enrobés, jetez-les dans le karhai et laissez-les cuire pendant 7 min, jusqu'à ce qu'ils soient dorés sur toutes les faces.
4 Sortez-les à l'aide d'une écumoire et dépo-sez-les sur du papier ab-sorbant. Laissez-les égoutter et réservez-les au chaud au fur et à me-sure, jusqu'à ce que tous les pakoras soient cuits. Accompagnez de diffé-rents chutneys. Les recettes de pakoras varient selon les régions. Dans le Nord, on préfère la simple pâte épicée. Dans le Centre, on mé-lange la pâte avec les lé-gumes finement hachés et c'est dans le Sud que l'on prépare cette recette avec des morceaux plus consistants. Le karhai est l'équivalent indien du wok, ce récipient en fonte qui sert pour diffé-rents modes de cuisson.

Plateau végétarien

POUR 10 PERSONNES
PRÉPARATION : 1 H 15
CUISSON : 40 MIN

Boisson conseillée :
LASSI SALÉ, THÉ OU BIÈRE

pour la sauce à la mangue et à la pomme : 2 mangues • 2 pommes fermes • 1 piment rouge • 1 citron vert • sucre semoule brun • lait de coco • 1 bâton de cannelle

pour la sauce à la pêche : 5 pêches • 2 bouquets de menthe • 1 oignon • 2 citrons • 1/2 yaourt • 50 g de sucre semoule roux • garam masala

pour la salade de haricots verts : 250 g de haricots verts • 1 oignon • 1 tomate • 1 citron • 1 gousse d'ail • 1 piment rouge • huile • graines de moutarde • sel

pour le sambal au coco : 250 g de noix de coco râpée • 1 gros morceau de gingembre • 1 petit bouquet de coriandre • 1 piment rouge • 15 cl de lait de coco • 2 yaourts

pour les poivrons au citron : 1 poivron rouge • 1 poivron vert • graines de sésame • 2 citrons verts

pour la salade au concombre : 1 concombre • 1 botte de carottes nouvelles • 1 petit morceau de gingembre • 2 yaourts • sel

1 Préparez la sauce à la mangue et à la pomme. Épluchez les mangues et les pommes. Coupez leur chair en petits cubes. Lavez le piment, enlevez le pédoncule et les graines. Hachez grossièrement la chair. Pressez le citron. Mettez les cubes de mangue et de pomme dans une casserole. Poudrez de 100 g de sucre et arrosez de 20 cl de lait de coco et du jus du citron. Ajoutez la cannelle. Portez à ébullition en remuant et laissez cuire à petits bouillons pendant 5 min en continuant de remuer à l'aide d'une cuillère en bois. Baissez le feu et laissez mijoter environ 20 min, jusqu'à ce que la sauce épaississe. Sortez-la du feu, versez-la dans un joli ravier et laissez refroidir à température ambiante.

2 Préparez la sauce à la pêche. Lavez et effeuillez la menthe. Hachez-la grossièrement et réservez-en 1 cuillerée à soupe. Pelez les pêches, coupez-les en 4 et enlevez le noyau. Pelez l'oignon et coupez-le en 4. Pressez les citrons. Dans le bol du mixer, mettez les quartiers de pêche, la menthe, l'oignon, le jus de citron, le yaourt, le sucre et 1 grosse pincée de garam masala. Mixez jusqu'à obtenir une sauce onctueuse et homogène. Versez-la dans un compotier, ajoutez la menthe réservée, mélangez et maintenez au frais.

3 Préparez la salade de haricots. Effilez ceux-ci. Cassez-les en 2. Plongez-les dans une casserole d'eau bouillante salée et faites-les cuire pendant 10 min. Ils doivent rester bien croquants. Arrêtez la cuisson à l'eau froide. Égouttez-les. Pelez l'oignon et hachez-le. Plongez la tomate 1 min dans de l'eau bouillante, pelez-la, épépinez-la et coupez-la en petits dés. Pressez le citron. Pelez et écrasez l'ail. Lavez le piment, fendez-le en 2, enlevez le pédoncule et les graines. Hachez finement la chair. Dans un saladier, mélangez 15 cl d'huile avec le jus du citron, le piment haché, l'ail écrasé et 1 cuillerée à soupe de graines de moutarde.

Ajoutez les haricots, la tomate et l'oignon. Mélangez bien, transvasez dans un joli saladier et réservez au frais.

4 Préparez le sambal au coco. Épluchez et râpez le gingembre. Lavez, effeuillez et hachez grossièrement la coriandre. Dans un saladier, mélangez le lait de coco, les yaourts et la coriandre. Ajoutez la noix de coco râpée et le gingembre et mélangez de nouveau. Transvasez dans un joli plat de service et parsemez de piment haché. Réservez au frais.

5 Préparez les poivrons au citron. Lavez les poivrons. Retirez les pédoncules. Enlevez les graines et les filaments blancs. Détaillez la chair en petits losanges. Faites griller à sec dans une poêle 1 cuillerée à soupe de graines de sésame. Pressez les citrons. Mettez les losanges de poivron dans un joli saladier. Arrosez de jus de citron, parsemez de graines de sésame et mélangez. Réservez au frais.

6 Préparez la salade au concombre. Épluchez celui-ci. Coupez-le en 2 dans la longueur. Évidez-le de ses graines à l'aide d'une cuillère. Enlevez les fanes des carottes. Grattez celles-ci et essuyez-les. Râpez le concombre et les carottes avec une râpe à gros trous. Épluchez et râpez finement le gingembre. Dans un saladier, versez les yaourts et salez. Mélangez. Incorporez le concombre, les carottes et le gingembre. Mélangez à nouveau. Transvasez dans un joli saladier et réservez au frais.

Présentez tous ces hors-d'œuvre sur un grand plateau de service que vous disposerez au centre de votre table.

Salade de patates douces

Pour 4 personnes
Préparation : 20 min
Cuisson : 30 min

500 g de patates douces • 100 g de bacon • 1 branche de menthe • huile • 50 g d'amandes mondées • cumin • 1 cuill. à café de coriandre moulue • 1/2 cuill. à café de piment moulu • sel

1 Lavez les patates, faites-les cuire 20 min à l'eau bouillante salée. Égouttez-les. Réservez.

2 Coupez le bacon en petits morceaux. Lavez, effeuillez et hachez la menthe.
3 Faites chauffer 2 cuillerées à soupe d'huile dans une cocotte, faites-y dorer les amandes et le bacon pendant 5 min.
4 Pelez les patates douces et coupez-les en petits morceaux.
5 Dans la cocotte, versez 1 cuillerée à café de graines de cumin. Dès qu'elles éclatent, ajoutez la coriandre, le piment, 1 pincée de sel et la menthe, et faites revenir ces herbes et épices pendant 1 min.
6 Ajoutez les patates douces. Prolongez la cuisson encore 10 min. Versez dans un plat creux et servez.

Samosas

Pour 8 personnes
Préparation : 1 h
Cuisson : 30 min

pour la pâte : 500 g de farine • 3 cuill. à soupe de ghee (ou d'huile) • sel
pour la farce : 3 pommes de terre • 1 petit chou-fleur • 2 cuill. à soupe de ghee (ou d'huile) • 2 cuill. à café de graines de cumin • 1 grosse pincée de graines de fenugrec • 1 grosse pincée de gingembre • 1 grosse pincée de coriandre moulue • 1 pincée d'asa-fœtida • 1 pincée de cannelle • 200 g de petits pois cuits • sel, poivre • huile de friture

1 Préparez la pâte. Versez la farine et 1 pincée de sel dans un saladier. Incorporez le ghee en travaillant avec les mains. Versez 20 cl d'eau tiède en filet. Pétrissez jusqu'à obtenir une pâte lisse.
2 Préparez la farce. Épluchez les pommes de terre, lavez-les et coupez-les en tout petits dés. Lavez le chou-fleur et émiettez les bouquets.
3 Faites fondre le ghee dans un karhai ou dans une sauteuse. Faites-y brunir les graines de cumin et de fenugrec. Poudrez avec les autres épices. Ajoutez les pommes de terre et le chou-fleur et prolongez la cuisson 10 min, jusqu'à ce qu'ils soient bien tendres. Incorporez les petits pois. Salez, poivrez et laissez mijoter en remuant jusqu'à obtention d'une bouillie épaisse. Laissez refroidir.
4 Graissez votre plan de travail et votre rouleau à pâtisserie. Formez des boules de pâte de la taille d'un abricot. Aplatissez-les au rouleau pour formez des petites galettes rondes et fines.
5 Disposez 1 cuillerée à soupe de farce au centre de chaque galette. Humectez les bords. Repliez les galettes sur elles-mêmes. Pressez bien les bords. Ôtez le surplus de pâte, ourlez bien le bord pour que la farce ne s'échappe pas.
6 Faites chauffer l'huile de friture. Plongez-y les samosas et laissez-les cuire de 10 à 15 min, en les retournant de temps en temps. Prenez garde à ce que l'huile ne soit pas trop chaude, sinon les beignets seront trop cuits à l'extérieur et crus à l'intérieur. Pour vérifier le degré de cuisson idéal, tapotez les samosas avec le dos d'une cuillère. S'ils sonnent creux, ils sont à point. Sortez-les à l'aide d'une écumoire et déposez-les sur du papier absorbant. Laissez les samosas égoutter et réservez-les au chaud au fur et à mesure jusqu'à ce qu'ils soient cuits.
L'asa-fœtida fait partie de la famille du persil. Son odeur désagréable disparaît à la cuisson.

Crevettes au lait de coco

Pour 4 personnes
Préparation : 10 min
Cuisson : 25 min

16 crevettes bouquets • 3 cuill. à soupe de ghee (ou d'huile) • 20 cl de lait de coco • sel, poivre

1 Décortiquez les crevettes. Rincez-les à l'eau courante et épongez-les avec un torchon.
2 Faites fondre le ghee dans une poêle en fonte. Mettez-y les crevettes et faites-les revenir pendant 2 à 3 min en remuant à l'aide d'une cuillère en bois jusqu'à ce qu'elles soient bien dorées.
3 Mouillez les crevettes avec le lait de coco. Salez, poivrez et remuez.
4 Baissez le feu et prolongez la cuisson à feu doux pendant 20 min.
5 Versez le tout dans un plat creux et servez chaud.
Pour confectionner le lait de coco, faites bouillir 25 cl de lait et 80 g de chair de noix de coco râpée. Passez au chinois et pressez pour extraire tout le jus.

SALADE
DE PATATES
DOUCES

•

*Le bacon ajouté à cette
recette est la marque
de l'influence anglaise en
Inde. Vous pouvez
le supprimer et augmenter
la proportion de cumin.
Décorez avec des feuilles
de menthe fraîche.*

Crevettes au curcuma

POUR 4 PERSONNES
PRÉPARATION : 20 MIN
MARINADE : 30 MIN
CUISSON : 20 MIN

16 crevettes bouquets • 2 œufs • 1 cuill. à soupe de sésame moulu • quelques brins de coriandre • 2 citrons pour la marinade : 1/2 citron • 1 cuill. à soupe de curcuma • piment en poudre • sel

1 Préparez la marinade. Pressez le demi-citron. Versez le jus dans un bol. Assaisonnez avec le curcuma et 1 grosse pincée de piment et 1 de sel.
2 Décortiquez les crevettes. Mettez-les dans un plat creux. Arrosez-les de marinade et laissez-les s'en imprégner 30 min.

3 Préchauffez le four à 180 °C (therm. 5).
4 Cassez les œufs dans un grand bol. Battez-les en omelette. Étalez le sésame moulu sur une assiette.
5 Retirez les crevettes une à une de la marinade, plongez-les dans l'œuf battu puis roulez-les dans le sésame. Disposez les crevettes dans un plat allant au four.
6 Enfournez et faites cuire pendant 20 min environ.
7 Lavez, effeuillez et hachez grossièrement la coriandre. Lavez les citrons, coupez-les en quartiers.

8 Sortez le plat du four, parsemez les crevettes de coriandre hachée et décorez le plat avec les quartiers de citron. Servez. Chaque convive arrosera ses crevettes de citron selon son goût.
Le curcuma est une racine charnue de la même famille que le gingembre (voir p. 491). En plus de ses emplois culinaires, on l'utilise pour teindre les robes des sages védiques. Elle est utilisée comme colorant au cours des fêtes traditionnelles et des cérémonies d'offrandes dans le feu sacré.

Les Sauces

Chutney à la mangue

POUR ENVIRON 400 G
PRÉPARATION : 10 MIN
CUISSON : 1 H

4 mangues • 100 g de raisins secs • 1 piment vert • 1 citron • sel

1 Faites tremper les raisins dans de l'eau tiède. Égouttez-les bien.
2 Pendant ce temps, pelez les mangues. Retirez le noyau et coupez la chair en morceaux.
3 Lavez et équeutez le piment. Fendez-le en 2 en longueur et retirez

les graines. Hachez-le finement. Pressez le citron.
4 Mettez la mangue, les raisins, le piment et le jus de citron dans une casserole à fond épais. Salez. Faites cuire 1 h à feu très doux en mélangeant régulièrement. Surveillez et mouillez d'un peu d'eau tiède si nécessaire. Laissez refroidir et servez.
Les chutneys accompagnent toutes sortes de plats. Ils peuvent être

crus ou cuits. On les sert en entrée avec des samosas (voir p. 494) ou des pakoras (voir p. 493). Ils relèvent un riz nature ou un dal. Vous pouvez en tartiner les pains secs comme le chapati (voir p. 509) ou plus onctueux comme le naan (voir p. 508). Ils aromatisent des viandes sans sauce (tandoori ou tikka). En fait, on les trouve presque toujours sur la table.

Chutney à la tomate

POUR ENVIRON 250 G
PRÉPARATION : 20 MIN
CUISSON : 40 MIN

500 g de tomates • 1 piment vert • 1 cuill. à soupe de ghee (ou d'huile) • 1 cuill. à café de gingembre • 2 clous de girofle • 1 pincée d'asafœtida • 1 pincée de graines de fenugrec • 2 feuilles de laurier • 1/2 bâton de cannelle • 50 g de sucre semoule roux • sel

1 Plongez les tomates 1 min dans de l'eau bouillante, pelez-les, épé-

pinez-les, concassez-les. Lavez et équeutez le piment. Fendez-le en 2 en longueur et ôtez les graines. Hachez-le finement.
2 Faites fondre le ghee dans une casserole à fond épais. Faites-y revenir les épices. Ajoutez les tomates, le piment, le laurier, le bâton de cannelle et 1 grosse pincée de sel. Couvrez et laissez cuire à feu doux 20 min en remuant jusqu'à l'obtention d'un coulis. Mouillez d'un peu d'eau si les tomates attachent.

3 Incorporez le sucre, montez un peu le feu et laissez cuire 15 min jusqu'à ce que le chutney ait épaissi. Sortez du feu, retirez le laurier, les clous de girofle et la cannelle, laissez refroidir et servez.
Il existe une variante crue de ce chutney. Utilisez alors de préférence du gingembre frais râpé. Supprimez le sucre, le laurier, la cannelle et les clous de girofle. Liez avec un jus de citron et décorez de feuilles de coriandre hachées.

Chutney à la noix de coco

POUR ENVIRON 150 G
PRÉPARATION : 15 MIN

1 noix de coco • 2 piments verts • 2 citrons • 1 petit morceau de gingembre frais • 1 petit bouquet de coriandre • 20 g de sucre semoule • sel

1 Percez les «yeux» de la noix de coco et recueillez-en le jus. Brisez la coque. Prélevez 100 g de pulpe et déposez-la dans le bol d'un mixer, avec le jus du fruit.
2 Lavez les piments, fendez-les en 2, enlevez le pédoncule et les graines. Pressez les citrons. Râpez le gingembre. Lavez la coriandre. Ajoutez tous ces ingrédients dans le bol du mixer. Poudrez de sucre et ajoutez 1 cuillerée à café de sel. Réduisez en purée. Servez frais. Vous pouvez remplacer le jus de coco par du yaourt.

Chutney au gingembre

POUR ENVIRON 350 G
PRÉPARATION : 10 MIN

50 g de gingembre frais • 250 g d'oignons blancs • 2 piments verts • 1 bouquet de coriandre • 1 citron vert • sel, poivre noir

1 Grattez le gingembre, râpez-le. Pelez les oignons. Lavez les piments, fendez-les en 2 dans le sens de la longueur, enlevez le pédoncule et les graines. Lavez et essorez la coriandre. Pressez le citron.
2 Hachez les oignons, les piments et la coriandre. Mélangez-les au gingembre et arrosez-les du jus de citron. Salez, poivrez et mélangez de nouveau. Servez.
Ce chutney au gingembre se conserve 48 h au réfrigérateur, dans un bocal hermétique.

Chutney aigre-doux

POUR ENVIRON 300 G
PRÉPARATION : 20 MIN

2 cuill. à soupe de graines de grenade séchées • 3 poivrons verts • 100 g de feuilles de menthe • 1 oignon • 2 mangues • sel

1 Lavez les graines de grenade séchées puis mettez-les à tremper dans de l'eau.
2 Lavez les poivrons, fendez-les en 4, enlevez le pédoncule, les graines et les filaments blancs. Coupez-les en morceaux. Lavez et séchez les feuilles de menthe. Pelez l'oignon.
3 Pelez les mangues, retirez le noyau et coupez la chair en morceaux.
Égouttez les graines de grenade.
4 Déposez tous les ingrédients dans le bol d'un mixer et réduisez-les en purée. Salez et mélangez. Servez.
Ce chutney sera meilleur si vous choisissez des mangues pas tout à fait mûres.

Chutney à la menthe

POUR ENVIRON 250 G
PRÉPARATION : 10 MIN

150 g de feuilles de menthe • 1 morceau de gingembre • 2 piments verts • 4 citrons • sucre semoule • sel

1 Lavez et hachez très finement les feuilles de menthe. Grattez et râpez le gingembre. Lavez et équeutez les piments. Fendez-les en 2 et enlevez les graines. Passez-les au mixer. Pressez les citrons.
2 Dans un mortier, mélangez tous les ingrédients et pilez-les. Poudrez d'une cuillerée à café de sucre et remuez jusqu'à ce qu'il soit dissous. Salez. Servez.
Vous pouvez passer tous ces ingrédients au mixer et rendre le mélange plus onctueux en ajoutant un peu d'eau.

Chutney aux pommes

POUR ENVIRON 300 G
PRÉPARATION : 10 MIN
CUISSON : 40 MIN

500 g de pommes • 1 piment fort • 15 g de ghee (ou de beurre) • 2 clous de girofle • gingembre • 1 bâton de cannelle • 1 pincée de graines d'anis • 1 grosse pincée de curcuma • 75 g de sucre semoule roux

1 Épluchez les pommes. Retirez le cœur et les pépins. Coupez la chair en petits morceaux. Lavez et équeutez le piment, fendez-le en 2 et enlevez les graines. Hachez-le très finement.
2 Faites chauffer le ghee dans une casserole à fond épais. Faites-y brunir les clous de girofle. Ajoutez 1 grosse pincée de gingembre, la cannelle, l'anis et le piment. Mélangez, faites revenir 1 min. Incorporez le curcuma et les pommes. Prolongez la cuisson 2 à 3 min en remuant.
3 Mouillez avec 10 cl d'eau, montez le feu et faites cuire à feu vif et à découvert 5 min. Baissez le feu et laissez cuire encore 10 min en remuant régulièrement. Poudrez de sucre et laissez mijoter jusqu'à ce que la préparation se fige. Laissez refroidir et servez.
Ce chutney est excellent avec des puris sucrés (voir p. 510). Vous pouvez également le servir avec des plats salés.

Raita au concombre

POUR 4 PERSONNES
PRÉPARATION : 15 MIN

1 concombre • 250 g de yaourt • cumin • garam masala • 1/2 citron

sel, poivre

1 Pelez le concombre, évidez-le pour ôter les graines. Râpez la chair. Salez-la et laissez-la dégorger dans une passoire.
2 Versez le yaourt dans un saladier. Assaisonnez à votre goût de cumin, de garam masala, de sel et de poivre. Pressez le demi-citron. Versez le jus dans le saladier. Mélangez.
3 Rincez le concombre et pressez-le pour en exprimer toute l'eau. Ajoutez-le dans le saladier, mélangez, goûtez et rectifiez l'assaisonnement. Servez très frais.

Un repas indien serait incomplet sans la douceur d'un raita. Sa fraîcheur le fait apprécier du début à la fin du repas. Il en existe de multiples variantes. Vous pouvez ajouter de tout petits dés de poivron rouge ou vert, du piment, de la menthe ou de la coriandre finement hachées, varier les épices, etc.

Les Plats

Cabillaud à la noix de coco

POUR 4 PERSONNES
PRÉPARATION : 35 MIN
CUISSON : 25 MIN

Boisson conseillée :
CASSIS BLANC

4 tranches de cabillaud • 2 oignons • 1 citron • 2 cuill. à soupe de ghee (ou d'huile) • graines de moutarde • 1 pointe de couteau de piment • 30 cl de lait de coco • 25 g de flocons de noix de coco • graines de sésame • sel

1 Lavez les tranches de cabillaud, épongez-les avec du papier absorbant.
2 Pelez les oignons, coupez-les en tranches fines. Lavez le citron. Prélevez finement le zeste, coupez celui-ci en lamelles.
3 Faites chauffer le ghee dans une cocotte, jetez-y 1 cuillerée à café de graines de moutarde. Lorsqu'elles ont éclaté, ajoutez les oignons et faites-les dorer 5 min.
4 Salez, poudrez de piment, arrosez de lait de coco. Portez à ébullition. Posez les darnes de cabillaud dans la cocotte et faites-les cuire à couvert et à feu doux 15 min.
5 Faites griller 2 min à sec dans une poêle les flocons de noix de coco et 1 cuillerée à soupe de graines de sésame.
6 Disposez les tranches de cabillaud sur un plat chaud. Nappez-les de sauce et parsemez-les de flocons de noix de coco, de graines de sésame grillés et de lamelles de zeste de citron.

Curry de Madras

POUR 4 PERSONNES
PRÉPARATION : 30 MIN
REPOS : 30 MIN
CUISSON : 30 MIN

Boisson conseillée :
LASSI SALÉ

4 blancs de poulet • 2 poivrons verts • 2 poivrons rouges • 1 oignon • 2 cuill. à soupe de ghee (ou d'huile) • sel

pour la poudre de curry de Madras : 2 piments rouges secs • 25 g de graines de coriandre • 15 g de graines de cumin • 1 cuill. à café de graines de moutarde • 15 g de grains de poivre noir • 2 feuilles de curry fraîches (ou de laurier) • gingembre moulu • 1 cuill. à café de curcuma moulu

1 Préparez la poudre de curry. Ôtez les pédoncules des piments secs. Faites griller à sec les piments, la coriandre, le cumin, les graines de moutarde et le poivre.
2 Versez-les dans un mortier, pilez finement.
3 Faites griller à sec dans la même poêle les feuilles de curry. Pilez-les, ajoutez-les au mélange précédent, ainsi que 1 grosse pincée de gingembre moulu et le curcuma. Mélangez.
4 Enduisez les blancs de poulet de poudre de curry, laissez reposer 30 min.
5 Lavez les poivrons, fendez-les en 4, ôtez les pédoncules, les graines et les filaments blancs. Coupez-les en petits dés.
6 Pelez et émincez l'oignon. Dans une sauteuse, faites-le dorer dans le ghee. Émincez les blancs de poulet. Ajoutez-les dans la sauteuse avec les poivrons. Laissez dorer quelques minutes. Arrosez de 25 cl d'eau chaude et portez à ébullition.
7 Baissez le feu au minimum, salez, couvrez et faites cuire 20 min. Versez dans un plat creux et servez chaud.
Accompagnez d'un riz blanc ainsi que de naans. La poudre de curry préparée dans cette recette peut servir à d'autres plats de viande, de légumes ou de poisson. Elle se conserve entre 3 et 4 mois au réfrigérateur, dans un récipient bien hermétique.

CURRY
DE MADRAS

●

Les curries de la région
de Madras, sur la côte est
de l'Inde, se préparent avec
du poulet ou du bœuf.
Ils sont réputés pour leur
force. Le lassi, une boisson
salée à base de yaourt,
en apaisera les brûlures.
Vous pouvez
aussi servir une bière,
mais évitez le vin.

Poulet biriani

POUR 6 PERSONNES

PRÉPARATION : 30 MIN

MARINADE : 30 MIN

CUISSON : 50 MIN

Boisson conseillée :
CÔTES-DU-RHÔNE

1 poulet vidé et préparé • 25 g d'amandes • 25 g de noix de cajou • 1 oignon • 15 cl de ghee (ou d'huile) • 250 g de riz • filaments de safran • sel épices biriani : 4 clous de girofle • 8 grains de poivre noir • 5 gousses de cardamome écrasées • 1 bâton de cannelle • 1 pincée de curcuma moulu pour la marinade : 1 oignon • 2 gousses d'ail • 1 morceau de gingembre frais • garam masala • 1 yaourt • sel

1 Préparez la marinade. Pelez et hachez l'oignon et l'ail. Pelez et râpez le gingembre. Dans un mortier, versez 1 cuillerée à café de garam masala, ajoutez l'oignon, l'ail et le gingembre. Pilez le tout jusqu'à obtention d'une pâte lisse. Ajoutez le yaourt, salez et mélangez bien.
2 Découpez le poulet en morceaux. Enduisez ceux-ci de marinade et laissez-les s'en imprégner pendant 30 min.
3 Hachez ensemble les amandes mondées et les noix de cajou. Pelez et hachez finement l'oignon.
4 Dans une sauteuse, faites dorer les amandes et les noix de cajou dans le ghee. Sortez-les et laissez-les égoutter sur un linge. Réservez-les. Faites revenir l'oignon dans la sauteuse. Ajoutez les épices biriani, remuez et poursuivez la cuisson quelques secondes.
5 Posez les morceaux de poulet dans la sauteuse, baissez le feu et laissez cuire 20 min.
6 Versez le riz et 70 cl d'eau dans la sauteuse, mélangez le tout. Couvrez et prolongez la cuisson 20 min jusqu'à ce que le riz ait absorbé toute l'eau.
7 Pendant ce temps, mettez quelques filaments de safran dans une tasse, mouillez d'un peu d'eau chaude et laissez infuser 10 min. Arrosez le plat avec cette infusion au moment de servir. Mélangez, transvasez le poulet biriani dans un plat creux puis parsemez d'amandes et de noix de cajou.

Tandoori de poulet

POUR 4 PERSONNES

PRÉPARATION : 20 MIN

MACÉRATION : 4 H

CUISSON : 30 MIN

Boisson conseillée :
TAVEL

1 poulet • 1 citron vert • 4 gousses d'ail • 40 cl de yaourt • cumin moulu • coriandre moulue • gingembre moulu • curcuma • 1 capsule de safran • 3 cuill. à soupe de ghee (ou d'huile) • sel, poivre de Cayenne, poivre gris

1 Coupez le poulet en 2. Ôtez la peau. Pressez le citron. Faites des entailles sur le poulet. Frottez avec du sel, arrosez d'un peu de jus de citron vert.
2 Pelez et hachez l'ail. Mélangez l'ail, le yaourt, 1 cuillerée à soupe de cumin, 1 de coriandre, 1 cuillerée à café de gingembre et 2 de curcuma, le safran, 1 pincée de poivre de Cayenne et de poivre gris. Enduisez le poulet de ce mélange.
3 Laissez macérer 4 h.
4 Préchauffez le four à 230 °C (therm. 7-8).
5 Embrochez chaque demi-poulet. Installez-les sur le tournebroche. Faites cuire 10 min. Salez.
6 Faites fondre le ghee, badigeonnez les demi-poulets de ghee et remettez-les au four pendant environ 20 min pour que la viande soit bien dorée.
7 Au moment de servir, arrosez le poulet avec le reste de jus de citron, poudrez de poivre gris. Présentez le tandoori entouré de rondelles de citron, de tomate et d'oignon, accompagnez de chutney, de raita, de naans et de riz.
Le tandoor est un four cylindrique en argile, chauffé au charbon de bois. La cuisson s'y fait à la verticale.

Agneau tikka

POUR 6 PERSONNES

PRÉPARATION : 15 MIN

REPOS : 6 H

CUISSON : 10 MIN

Boisson conseillée :
LISTEL

1,2 kg d'épaule d'agneau • 2 cuill. à soupe de ghee (ou d'huile) • 1 piment sec • 3 gousses d'ail • gingembre frais • coriandre fraîche • garam masala • cumin moulu • curcuma moulu • 1 yaourt • sel, poivre

1 Coupez la viande en cubes de 2 cm de côté.
2 Préparez le mélange tikka. Enlevez le pédoncule et les graines du piment, émiettez celui-ci. Pelez et écrasez l'ail. Pelez et râpez un petit morceau de gingembre. Lavez, effeuillez puis hachez quelques branches de coriandre.
3 Dans un mortier, mélangez le piment, 1 cuillerée à café de garam masala, l'ail, le gingembre, la coriandre, 1 cuillerée à café de cumin et 1 cuillerée à café de curcuma. Salez et poivrez. Pilez bien et ajoutez le yaourt. Mélangez.
4 Mettez les cubes de viande dans un plat en terre et recouvrez-les avec le mélange tikka. Remuez pour que toute la viande soit bien enrobée, puis laissez reposer pendant au moins 6 h.

5 Préchauffez le four à 230 °C (therm. 7-8). **6** Enfilez les cubes de viande sur des brochettes. Installez-les sur le tournebroche, ou éventuellement sur la grille du four. Enfournez et laissez cuire pendant environ 10 min. Si vous n'avez pas de tournebroche, retournez-les 2 ou 3 fois. Servez chaud au sortir du four.

Ces petits cubes de viande peuvent également faire partie d'un assortiment d'entrées avec les pakoras (voir p. 493), samosas (voir p. 494), chutneys et raitas (voir p. 498), etc.
Les tikkas sont généralement d'une couleur rouge, due à l'utilisation d'un colorant alimentaire mélangé aux épices.

Korma de mouton

POUR 4 PERSONNES
PRÉPARATION : 40 MIN
CUISSON : 1 H 15

Boisson conseillée :
BANDOL ROSÉ

750 g de selle de mouton • 2 bâtons de cannelle • 1 cuill. à café de graines de cumin • 2 gousses de cardamome noire • 3 clous de girofle • 1 pincée de grains de poivre noir
pour la sauce : 2 oignons • 4 gousses d'ail • 3 feuilles de curry (ou 2 de laurier) • 10 cl de ghee (ou d'huile) • 1 cuill. à café de curcuma • 1 cuill. à café de garam masala • 2 yaourts • sel

1 Coupez la viande en petits cubes. Mettez ceux-ci dans une cocotte et arrosez-les de 60 cl d'eau. Enveloppez la cannelle, le cumin, la cardamome, les clous de girofle et les grains de poivre noir dans une mousseline et plongez celle-ci dans l'eau. Portez à ébullition, écumez, baissez le feu, couvrez et laissez cuire 1 h. **2** Pendant ce temps, préparez la sauce. Pelez et hachez les oignons. Pelez et écrasez l'ail. **3** Dans une sauteuse, faites dorer l'oignon, l'ail et les feuilles de curry dans le ghee fondu. Poudrez de curcuma et de garam masala. Mélangez et prolongez la cuisson pendant 5 min à feu doux, sans cesser de remuer. Versez les yaourts dans la sauteuse, salez et laissez encore 5 min environ à feu doux, toujours en remuant. **4** Vérifiez que le jus de cuisson de la viande ait réduit de moitié. Sinon, faites-le réduire quelques instants à feu vif. Sortez la mousseline de la cocotte. Mettez les morceaux de viande dans la sauteuse, mélangez et arrosez petit à petit avec tout le jus de cuisson de la viande en remuant. **5** Transvasez dans un plat creux et servez. Accompagnez d'un riz nature et d'un dal de lentilles.

LE GHEE

Le ghee est un beurre clarifié qui peut être utilisé à des températures plus élevées que le beurre. Il confère aux très nombreuses recettes indiennes dans lesquelles il est employé une très agréable saveur de noix. En Inde, il s'achète tout prêt. On l'utilise soit liquide, soit solide. C'est pourquoi il peut être remplacé par de l'huile ou du beurre. Comptez 1 bonne heure de préparation. Faites fondre 1 kg de beurre doux dans une casserole à fond épais, sans couvrir et sans remuer. De temps en temps, retirez à l'aide d'une écumoire, les éléments solides qui sont à la surface. La cuisson doit se faire à tout petit feu, pour faire évaporer doucement l'eau sans brûler le beurre. Le ghee est prêt lorsqu'il prend une couleur jaune pâle et une consistance tout à fait limpide. Versez-le alors dans un bocal hermétique, à température ambiante dans lequel on peut le conserver plusieurs mois.

Porc vindaloo

━━━

POUR 6 PERSONNES

PRÉPARATION : 40 MIN

REPOS : 4 H

CUISSON : 1 H 30

Boisson conseillée :

BEAUJOLAIS

1,2 kg de filet de porc • vinaigre blanc • 4 cuill. à soupe de ghee (ou d'huile) • 2 oignons • 8 gousses d'ail • 1 petit morceau de gingembre frais • 2 feuilles de curry (ou de laurier) • 50 cl de bouillon de bœuf • sel

pour le mélange vindaloo : piments rouges secs • gousses de cardamome noire • clous de girofle • bâtons de cannelle • grains de poivre noir • graines de cumin • graines de coriandre • graines de fenugrec • graines de moutarde • curcuma moulu

1 Préparez le mélange vindaloo. Retirez les graines et les pédoncules de 8 piments, émiettez-les. Décortiquez 2 gousses de cardamome. Faites griller à sec dans une poêle pendant environ 10 min : 8 clous de girofle, la cardamome, 2 bâtons de cannelle, les piments, 10 grains de poivre, 1 cuillerée à soupe de cumin, 2 cuillerées à soupe de coriandre, 1 cuillerée à café de fenugrec et 1 cuillerée à café de graines de moutarde. Transvasez le contenu de la poêle dans un mortier, poudrez de 1 cuillerée à café de curcuma, pilez soigneusement le tout très finement.

2 Coupez la viande en petits cubes et mettez ceux-ci dans un plat. Liez le mélange vindaloo avec 10 cl de vinaigre blanc. Versez la pâte vindaloo sur la viande et mélangez pour que tous les morceaux en soient enrobés. Laissez reposer pendant 4 h à couvert.

3 Dans une sauteuse, faites revenir la viande dans le ghee pendant environ 10 min, en remuant régulièrement.

4 Pendant ce temps, pelez et hachez les oignons et l'ail. Pelez et râpez le gingembre.

5 Sortez la viande à l'aide d'une écumoire et réservez-la. Faites revenir l'ail, l'oignon et le gingembre dans la sauteuse. Remettez-y la viande et les feuilles de curry. Salez et mélangez.

6 Arrosez de bouillon. Baissez le feu et prolongez la cuisson à couvert pendant une bonne heure. Vérifiez la cuisson à la pointe d'un couteau et poursuivez-la encore quelques minutes si nécessaire.

La proportion des épices de ce plat lui donne un goût un peu violent et presque trop fort. C'est la raison pour laquelle il vaut mieux le préparer la veille et le réchauffer le lendemain, ce qui exalte les bons arômes et adoucit les plus corsés.

Le mélange vindaloo est originaire de la côte ouest de l'Inde. Il convient particulièrement bien au gibier. Les feuilles de curry poussent sur un arbuste ornemental. Elles sont très largement utilisées dans les plats végétariens. Leur arôme rappelle celui du curry, d'où leur nom. Séchées, elles perdent de leur puissance, il en faut alors une poignée pour remplacer une feuille fraîche.

Chou-fleur au yaourt

━━━

POUR 4 PERSONNES

PRÉPARATION : 25 MIN

CUISSON : 45 MIN

1 chou-fleur • 4 cuill. à soupe d'huile • 200 g de yaourt • 2 oignons • 1 gousse d'ail • 2 piments verts • laurier • curcuma • 4 clous de girofle • graines de cardamome • graines de coriandre • cumin blanc • 1 bâton de cannelle • 1 petit bouquet de coriandre • sel, poivre

1 Épluchez le chou-fleur, lavez-le, séparez les bouquets.

2 Faites-les revenir 5 min à feu doux, dans 1 cuill. à soupe d'huile. Égouttez-les, puis mélangez-les avec le yaourt.

3 Pelez les oignons et l'ail. Lavez les piments sous l'eau courante, fendez-les en 2, enlevez le pédoncule et les graines. Hachez ensemble les oignons, l'ail et les piments.

4 Faites chauffer le reste de l'huile dans une sauteuse. Faites-y revenir ce hachis. Ajoutez 3 feuilles de laurier, 1 pincée de curcuma, les clous de girofle, quelques graines de cardamome, 1 cuillerée à café de graines de coriandre, 1 cuillerée à café de graines de cumin blanc et le bâton de cannelle. Salez, poivrez et laissez cuire 2 min.

5 Incorporez ensuite le chou-fleur et le yaourt. Remuez jusqu'à ce que tous les bouquets soient bien imprégnés d'épices. Prolongez la cuisson environ 10 min à feu doux.

6 Montez le feu, mouillez de 20 cl d'eau chaude et laissez cuire à petits frémissements pendant encore 25 min.

7 Pendant ce temps, lavez et ciselez le bouquet de coriandre.

8 Versez le chou-fleur au yaourt dans un plat de service creux, parsemez de coriandre et servez chaud.

Curry de légumes

Pour 4 personnes

Préparation : 30 min

Cuisson : 30 min

Boisson conseillée :

LASSI OU CHABLIS

2 aubergines • 3 courgettes • 2 pommes de terre •
4 poivrons • 4 tomates • 1/2 chou-fleur • 3 cuill. à soupe de
ghee (ou d'huile) • 1 cuill. à café de curcuma en poudre •
1 cuill. à café de coriandre en poudre • 1 cuill. à café de cumin
en poudre • 1 pincée de piment doux en poudre • 1 cuill. à
soupe de sucre roux • sel, poivre

1 Épluchez et lavez les aubergines, les courgettes et les pommes de terre. Lavez les poivrons, fendez-les en 2, ôtez la queue, les graines, les filaments blancs. Plongez les tomates 1 min dans de l'eau bouillante, pelez-les. Débarrassez le chou-fleur de ses feuilles, coupez les grosses tiges, lavez-le.

2 Coupez tous les légumes en morceaux à peu près égaux, d'environ 2 cm. Détaillez le chou-fleur en petits bouquets.

3 Faites chauffer 2 cuillerées à soupe de ghee dans une cocotte à fond épais. Faites-y sauter les pommes de terre. Réservez-les, et faites brunir le chou-fleur. Ajoutez ensuite les autres légumes dans la cocotte, ainsi que les pommes de terre. Faites-les revenir pendant 5 min environ en remuant.

4 Mélangez les épices. Versez-les dans la cocotte, salez, poivrez et re-muez. Arrosez d'un petit verre d'eau, couvrez et faites cuire à feu doux pendant 15 min, en mélangeant régulièrement à l'aide d'une spatule en bois.

5 Goûtez et rectifiez éventuellement l'assaisonnement en sel. Poudrez de sucre, remuez à nouveau et poursuivez la cuisson, toujours à feu doux, jusqu'à ce que les légumes soient tendres et mijotent dans une sauce épaisse.
Servez avec des chapatis (voir p. 509) ou des *para-tas* (voir p. 508).
Au Bengale, on fait revenir les épices dans du ghee avant de les incorporer aux légumes. La composition des mélanges varie d'un lieu à un autre. On peut ainsi ajouter des feuilles de laurier pilées, du fenugrec, de l'anis, etc.

Bhujia d'aubergines

POUR 4 PERSONNES
PRÉPARATION : 15 MIN
CUISSON : 20 MIN

---

4 aubergines • 4 tomates •
2 oignons • 1 petit morceau
de gingembre frais • 1 piment
vert • 2 cuill. à soupe
d'huile • 1 cuill. à soupe de
graines de cardamome •
1 cuill. à soupe de graines de
pavot • sel, poivre

1 Lavez les aubergines,
coupez-les en rondelles.
Plongez les tomates
1 min dans de l'eau
bouillante, pelez-les, épépinez-les, concassez-les.
2 Pelez et hachez les oignons. Pelez et râpez le
gingembre. Lavez le pi-
ment, fendez-le en 2,
enlevez les graines et le
pédoncule. Hachez le
piment.
3 Faites chauffer l'huile
dans une cocotte. Faites-
y revenir l'oignon et le
gingembre pendant
3 min. Ajoutez les rondelles d'aubergine et pour-
suivez la cuisson jusqu'à
ce qu'elles soient légèrement dorées.
4 Versez ensuite les tomates et le piment, salez,
poivrez et assaisonnez
de cardamome et de pa-
vot. Baissez le feu et laissez cuire pendant
environ 10 min à cou-
vert, en remuant réguliè-
rement.
Le bhujia est un plat de
légumes braisés et épicés
qui accompagne générale-
ment les plats de
viande ou les currys.

Dal de lentilles

POUR 4 PERSONNES
PRÉPARATION : 25 MIN
CUISSON : 1 H

---

200 g d'urad dals (lentilles
brunes) • 1 pincée de
curcuma moulu • 2 piments
rouges secs • 1 cuill. à café
de graines de moutarde •
1 cuill. à soupe de ghee (ou
d'huile) • 1 cuill. à soupe de
sucre semoule roux •
2 yaourts • sel

1 Triez et lavez les lentilles. Versez 2 l d'eau
dans une casserole. Plon-
gez-y les lentilles, salez
et assaisonnez de curcu-
ma. Portez à ébullition et
prolongez la cuisson à
gros bouillons pendant
environ 45 min. Vérifiez
la cuisson des lentilles,
elles doivent être tendres
et très cuites.
2 Pendant ce temps, retirez les pédoncules et les
graines des piments et
émiettez-les. Faites éclater les graines de mou-
tarde dans le ghee chaud.
Ajoutez le piment. Mé-
langez et prolongez la
cuisson quelques ins-
tants. Versez ce mélange
dans la casserole, pou-
drez de sucre et incorpo-
rez les yaourts. Si
nécessaire, ajoutez un
peu d'eau chaude et pro-
longez la cuisson pen-
dant quelques instants.

Les dals accompagnent
des chapatis ou des
naans, ou encore du riz
blanc. Ils sont l'un des
éléments de base des ré-
gimes végétariens, car
toutes les légumineuses
sont très riches en protéines. Les Indiens consom-
mant, à la fois pour des
raisons religieuses et à
cause des contraintes
économiques, très peu
de viande, les dals, épi-
cés et consistants, leur
fournissent l'énergie
nécessaire.

Tomates braisées au fromage

POUR 4 PERSONNES
PRÉPARATION : 15 MIN
REPOS : 25 MIN
CUISSON : 20 MIN

---

pour le fromage : 8 l de lait
entier • 4 citrons verts
4 tomates • 2 cuill. à soupe de
ghee (ou d'huile) • graines de
cumin • curcuma • 1 petit
bouquet de coriandre • 500 g
de yaourt velouté • sel, poivre
noir du moulin

1 Préparez le fromage.
Dans une marmite, por-
tez le lait à ébullition.
Pressez les citrons verts
et versez le jus dans le
lait. Dès que le fromage
se sépare du petit lait,
sortez la marmite du feu
et laissez reposer pen-
dant environ 10 min.
2 Disposez une mousseline au fond d'une pas-
soire. Sortez le fromage
de la marmite et posez-le
dans la mousseline. Rin-
cez-le à l'eau courante
quelques secondes et laissez-le égoutter 15 min.
Ôtez le fromage de la
mousseline. Quand il est
tiède, brisez-le en petits
morceaux.
3 Dans une sauteuse,
faites fondre le ghee. Faites-y brunir 1 cuillerée à
café de graines de cumin.
Lavez les tomates, cou-
pez-les en quartiers puis
plongez-les dans la
cocotte. Lorsqu'elles
brunissent, pelez-les
sans briser les quartiers.
4 Ajoutez les morceaux
de fromage dans la sau-
teuse, poudrez de
1 cuillerée à café de curcuma, salez et prolongez
la cuisson 1 min.
5 Lavez, effeuillez et hachez la coriandre. Mettez
le yaourt dans un plat
creux. Versez le contenu
de la sauteuse dans le
yaourt. Concassez un
peu de poivre noir par-
dessus, parsemez de co-
riandre et servez chaud.
Ce plat est servi avec
des puris au petit déjeu-
ner ou bien lors d'un
repas léger.

Riz masala

Pour 4 personnes
Préparation : 15 min
Trempage : 15 min
Cuisson : 30 min

250 g de riz basmati • 2 petits piments rouges secs • 1 cuill. à café de ghee (ou d'huile) • graines de cumin • gingembre moulu • graines de cardamome • cannelle moulue • 1 petit bouquet de coriandre • sel

1 Faites tremper le riz pendant 15 min dans de l'eau froide. Égouttez-le bien.
2 Écrasez les piments. Faites fondre le ghee dans une grande casserole et faites-y frire 1 cuillerée à café de graines de cumin et le piment. Ajoutez 1 cuillerée à café de gingembre, 1 cuillerée à café de graines de cardamome et 1 cuillerée à café de cannelle. Mélangez.
3 Portez 50 cl d'eau salée à ébullition.
4 Versez le riz en pluie dans la casserole en remuant jusqu'à ce que tous les grains de riz soient bien mélangés aux épices. Versez l'eau bouillante salée par-dessus. Baissez le feu et laissez cuire à feu très doux et à couvert pendant environ 20 min sans retirer le couvercle ni remuer.
5 Découvrez la casserole, vérifiez que le riz a bien absorbé toute l'eau et qu'il est bien tendre. Laissez cuire encore quelques minutes à découvert si nécessaire.
6 Lavez, effeuillez et hachez la coriandre. Versez le riz dans le plat de service et parsemez-le de coriandre hachée. **Accompagnez de naans ou de chapatis (voir p. 508-509) et d'un curry de légumes (voir p. 503).**

Riz aux épinards

Pour 4 personnes
Préparation : 20 min
Trempage : 15 min
Cuisson : 30 min

250 g de riz parfumé • 300 g d'épinards frais • 2 piments verts • 1 cuill. à soupe de ghee (ou d'huile) • 1 cuill. à café de coriandre • sel

1 Faites tremper le riz 15 min dans de l'eau froide. Égouttez-le soigneusement.
2 Équeutez et lavez les épinards, égouttez-les. Plongez les feuilles d'épinards dans une casserole d'eau bouillante jusqu'à ce qu'elles se recroquevillent. Égouttez-les et rincez-les à l'eau froide pour arrêter la cuisson. Coupez-les en lanières.
3 Lavez les piments, fendez-les en 2, retirez le pédoncule et les graines, coupez la chair en fines lanières. Portez 50 cl d'eau salée à ébullition.
4 Faites chauffer le ghee dans une grande cocotte. Faites-y revenir le piment et la coriandre. Versez le riz en pluie et remuez jusqu'à ce qu'il soit bien enrobé de ghee.
5 Ajoutez les épinards, mélangez bien le tout et arrosez avec de l'eau bouillante salée. Portez à ébullition 1 min. Réduisez le feu au minimum, couvrez et laissez cuire environ 20 min jusqu'à ce que le riz soit bien tendre et ait absorbé toute l'eau. Versez le riz dans un plat de service chaud. Vous pouvez éventuellement ajouter 100 g de cachuètes grillées et salées que vous diposerez sur le riz, sans remuer, 5 min avant la fin de la cuisson. Vous mélangerez le tout au moment de servir.

Riz épicé aux crevettes

Pour 4 personnes
Préparation : 20 min
Marinade : 1 h
Cuisson : 30 min

250 g de riz à grains ronds • 400 g de grosses crevettes roses • 1 oignon • 1 gousse d'ail • 1 petite tranche de gingembre frais • 3 cuill. à soupe de ghee (ou d'huile) • 2 clous de girofle • 1 bâton de cannelle • 2 feuilles de laurier • 1 piment vert • 1 piment rouge • 3 branches de menthe • sel, poivre

1 Pelez l'oignon et l'ail. Découpez l'oignon en rondelles et écrasez l'ail. Râpez le gingembre.
2 Faites fondre le ghee dans une cocotte. Faites-y dorer l'oignon. Ajoutez l'ail, le gingembre et le riz. Poursuivez la cuisson en remuant jusqu'à ce que les grains de riz soient enrobés de ghee.
3 Assaisonnez avec les clous de girofle, le bâton de cannelle et les feuilles de laurier. Salez, poivrez et mélangez. Arrosez de 60 cl d'eau chaude. Portez à ébullition. Couvrez et laissez cuire environ 15 min à feu moyen.
4 Pendant ce temps, décortiquez les crevettes. Jetez-les dans la cocotte, remuez, couvrez et prolongez la cuisson encore 6 min jusqu'à ce que le riz soit tendre et l'eau, absorbée. Vérifiez la cuisson des crevettes.
5 Lavez les piments. Fendez-les en 2. Retirez les pédoncules et les graines. Émincez-les. Lavez, effeuillez et ciselez la menthe.
6 Versez le riz aux crevettes dans un plat de service creux. Parsemez avec les piments et la menthe. Servez.

Les Desserts

Gulab Jamon

Pour 6 personnes
Préparation : 45 min
Repos : 3 h 30
Cuisson : 30 min

185 g de lait entier en poudre •
2 cuill. à soupe de ghee (ou
d'huile) • 125 g de farine •
1 cuill. à café de levure •
pour le sirop : 310 g de sucre •
1,5 cuill. à café d'eau de rose •
huile de friture

1 Mettez le lait en pou-
dre dans une terrine.
Coupez le ghee en petits
morceaux et ajoutez
ceux-ci au lait. Mélangez-
les du bout des doigts.
2 Ajoutez la farine et la
levure. Mouillez avec un
peu d'eau. Pétrissez de
nouveau jusqu'à obten-
tion d'une pâte ferme.
3 Formez une boule et
laissez-la reposer 3 h à
température ambiante,
dans un torchon humide.
4 Tapez fortement la
boule de pâte pour la casser. Travaillez-la ferme-
ment sur un plan de
travail fariné jusqu'à ce
qu'elle s'effrite en miettes. Arrosez d'un filet
d'eau et formez des peti-
tes boulettes.
5 Faites chauffer l'huile
de friture.
6 Pendant ce temps, pré-
parez le sirop. Mettez le
sucre dans une casserole.
Mouillez de 45 cl d'eau.
Portez à ébullition, baissez le feu et laissez mijoter 10 min. Versez-le
dans un plat creux.
7 Plongez les boulettes
dans l'huile bien chaude
et laissez-les dorer de
toutes parts. Déposez-les
sur du papier absorbant
et laissez-les égoutter.
8 Disposez-les dans le
sirop, versez parcimo-
nieusement l'eau de rose
par-dessus et laissez-les
s'imbiber de sirop pen-
dant 30 min. Servez.

Kheer à la banane

Pour 4 personnes
Préparation : 20 min

200 g de fromage frais •
2 satsumas (ou
2 mandarines) • 2 bananes •
50 cl de khoya (ou de lait
concentré) • 25 g de sucre
semoule

1 Garnissez une pas-
soire de mousseline et
versez-y le fromage frais.
Laissez-le égoutter quel-
ques minutes.
2 Pendant ce temps, pe-
lez les satsumas. Déta-
chez les quartiers et
retirez la peau blanche
qui les entoure ainsi que
les pépins. Pelez les bananes et coupez-les en
rondelles.
3 Versez le fromage
dans une jatte, ajoutez le
khoya et le sucre. Fouet-
tez jusqu'à ce que le mé-
lange soit onctueux.
Incorporez la banane et
mélangez pour que les
rondelles soient enrobées.
4 Répartissez le kheer
dans des coupelles individuelles. Décorez avec les
satsumas. Servez frais.
Les kheers sont des en-
tremets, sucrés ou salés,
à base de laitages.
Le satsuma est un fruit
proche de la mandarine
que l'on trouve sur les
marchés français d'octo-
bre à janvier.

Kulfi

Pour 8 personnes
Préparation : 30 min
Cuisson : 30 min
Réfrigération : 4 h

1 l de lait • 1 cuill. à soupe
rase de farine de riz • 100 g
de sucre • 3 gousses de
cardamome • 12 pistaches •
6 amandes • 100 g de khoya
(ou de lait concentré) • 1 cuill.
à soupe d'eau de rose

1 Réservez 2 cuillerées
à soupe de lait. Portez le
reste à ébullition dans
une casserole et laissez-le
cuire à petits bouillons,
jusqu'à ce qu'il ait réduit
de moitié.
2 Délayez la farine dans
le lait réservé et versez
dans la casserole en re-
muant. Ajoutez le sucre
et continuez à remuer
afin d'obtenir une consistance crémeuse.
3 Sortez du feu et fouet-
tez. Prélevez les graines
de cardamome et passez-
les au mixer. Mondez les
pistaches et les amandes.
Pilez-les ou bien passez-
les au mixer. Ajoutez
tous ces ingrédients dans
la casserole puis mélan-
gez à nouveau.
4 Laissez tiédir, puis incorporez le khoya et
l'eau de rose en remuant.
Versez dans des moules
à kulfi ou dans des cou-
pelles individuelles. Mettez au congélateur pen-
dant 4 h. Démoulez
avant de servir.
Pour servir, décorez cha-
que coupelle de menthe
et de pistaches hachées.
Le khoya est un lait ré-
duit à une consistance
épaisse et collante. Il a
un peu la texture d'un
fondant.
Vous pouvez remplacer
l'eau de rose par de la vanille, de la chicorée li-
quide ou encore par des
fruits rouges ou de la
mangue, de la pêche, de
l'ananas, etc.

GULAB JAMON

•

*Le gulab est le nom indien
de l'eau de rose qui
parfume ces recettes.
La pâte peut aussi être
légèrement aromatisée
à la cardamome.
La technique de confection
de cette pâte est assez
délicate à maîtriser, mais le
résultat en vaut la peine.*

Halva de semoule

POUR 6 PERSONNES
PRÉPARATION : 10 MIN
CUISSON : 20 MIN

- 175 g de semoule de blé fine •
- 18 cl de ghee (ou d'huile) •
- 75 g de raisins secs •
- 25 g d'amandes effilées •
- cardamome moulue •
- 100 g de sucre semoule

1 Faites fondre le ghee à feu doux dans une poêle. Montez le feu et faites frire la semoule dans le ghee pendant 10 min sans cesser de remuer.

2 Baissez le feu. Incorporez les raisins, 15 g d'amandes et 1 grosse pincée de cardamome. Mouillez de 15 cl d'eau. Mélangez puis prolongez la cuisson jusqu'à ce que toute l'eau ait été absorbée. Versez le sucre dans la poêle et mélangez bien jusqu'à ce qu'il soit complètement dissous.
3 Garnissez 6 bols individuels de halva et parsemez avec le reste d'amandes et une petite pincée de cardamome selon votre goût. Servez chaud.
Vous pouvez ajouter un peu de noix de coco. Il existe de très nombreuses recettes de halva, aux carottes, aux fruits, au caramel, souvent présentées sous forme de friandises confites.

La Boulangerie

Paratas

POUR 8 PARATAS
PRÉPARATION : 5 MIN
REPOS DE LA PÂTE : 15 MIN
CUISSON : 15 MIN

- 225 g de farine complète •
- 10 cl de ghee (ou d'huile) •
- sel

1 Préparez une pâte comme pour les chapatis (voir ci-contre), en utilisant 50 g de ghee.
2 Faites fondre le reste du ghee au bain-marie.
3 Coupez la pâte en 8 et formez des boulettes d'environ 4 cm de diamètre. Aplatissez chaque boulette à la main pour obtenir une galette d'environ 15 cm de diamètre. Badigeonnez-la de ghee, puis pliez les bords pour former un carré en les faisant se chevaucher légèrement afin que le beurre ne puisse s'échapper. Aplatissez de nouveau ou joignez les bords opposés et tournez la pâte en spirale avant de l'étaler à nouveau. Tartinez chaque parata de ghee.

4 Faites chauffer le tawa ou une poêle en fonte. Posez-y les paratas un à un et faites-les cuire jusqu'à ce qu'ils soient bien dorés. Ajoutez un peu de ghee en cours de cuisson si nécessaire.
Pour qu'ils soient plus croustillants, placez les paratas quelques instants sous le gril du four. Le tawa est une plaque en fonte légèrement concave.

Naans

POUR 12 NAANS
PRÉPARATION : 10 MIN
REPOS : 4 H
CUISSON : 12 à 15 MIN

- 300 g de farine • 1 cuill. à café de levure • 1 cuill. à café de sucre • 1 œuf • 1 cuill. à soupe de ghee (ou d'huile) •
- 15 cl de yaourt • 60 g de beurre • sel

1 Versez la farine, la levure, le sucre et 1 bonne pincée de sel dans une terrine. Mélangez le tout.
2 Cassez l'œuf dans un bol et battez-le. Creusez un puits dans la farine, versez-y l'œuf battu, l'huile et le yaourt. Pétrissez jusqu'à obtention d'une pâte souple.
3 Remettez la pâte dans la terrine. Couvrez avec un linge, laissez lever pendant 4 h dans un endroit chaud. La pâte doit doubler de volume.
4 Pétrissez à nouveau pendant environ 5 min puis divisez en 12 portions égales.
5 Préchauffez le gril du four.
6 Abaissez la pâte au rouleau en galettes de 12 à 15 cm de diamètre.
7 Graissez légèrement une poêle à fond épais et faites-la chauffer vivement. Faites cuire les naans sur une seule face pendant environ 2 min. Sortez-les de la poêle et posez-les sur la plaque du four, côté non cuit vers le haut. Enduisez-les de beurre et enfournez sous le gril. Laissez cuire jusqu'à ce qu'ils soient bien dorés. Sortez-les du four et enveloppez-les dans un linge sec jusqu'à dégustation.
Le naan est le pain traditionnel du nord de l'Inde. Il est généralement cuit sur les parois du tandoor. Les pains s'en décollent dès qu'ils sont cuits. Ils sont ainsi dorés d'un côté et secs de l'autre. Les naans ne se conservent pas très bien et doivent être préparés avant chaque repas. On peut les parsemer de graines de pavot, de coriandre, etc. Ils sont également délicieux fourrés au fromage.

Chapati

POUR 12 CHAPATIS

PRÉPARATION : 15 MIN

REPOS : 30 MIN

CUISSON : 10 MIN

300 g de farine complète • 2 cuill. à soupe de ghee

(ou de beurre fondu) • sel (facultatif)

1 Versez la farine, et éventuellement 1 pincée de sel, dans un saladier. Arrosez peu à peu de 15 cl d'eau en mélangeant bien la pâte jusqu'à ce qu'elle soit ferme.

2 Sortez la pâte du saladier et déposez-la sur un plan de travail. Pétrissez-la à la main pendant environ 10 min, jusqu'à obtenir une pâte bien lisse et souple. Ramassez la pâte en boule, remettez-la dans le saladier, couvrez-la d'une serviette humide. Laissez-la reposer pendant au moins 30 min.

3 Reprenez la pâte et divisez-la en 12 portions de la grosseur d'une balle de ping-pong. Façonnez chacune d'elles en boule. Farinez-les et aplatissez-les à la main pour former des galettes d'environ 15 cm de diamètre.

4 Posez un tawa (plaque en fonte légèrement concave), ou une poêle à fond épais, sur le feu jusqu'à ce qu'il soit très chaud. Déposez-y 1 galette et faites-la cuire quelques minutes jusqu'à l'apparition de quelques petites taches brunes. Retournez-la à l'aide d'une spatule et faites-la cuire sur l'autre face en appuyant sur les bords de la pâte à l'aide d'un linge propre, afin que le pain gonfle et qu'il soit bien croustillant.

5 Enduisez chaque chapati d'un peu de ghee (ou de beurre fondu) à l'aide d'un pinceau. Maintenez les galettes au chaud au fur et à mesure dans un linge, jusqu'à ce qu'elles soient cuites. Servez aussitôt.

Les chapatis sont la variété de pain la plus répandue en Inde.

Il existe un autre mode de cuisson, tout aussi excellent, qui consiste à cuire légèrement le chapati à la poêle sur ses 2 faces, puis à terminer la cuisson directement à la flamme, en maintenant le pain à l'aide d'une pince, jusqu'à ce qu'apparaissent les taches brunes.

En général, les femmes indiennes se servent d'un grand plat en bois pour travailler, étirer et laisser reposer la pâte, puis elles retournent ce plat et étalent les galettes sur sa partie bombée pour former les chapatis. Traditionnellement, les Indiens mangent avec les doigts. Ils utilisent donc un morceau de chapati qu'ils façonnent en cuillère afin de prélever leur nourriture (currys, riz, dal...) et de la porter à la bouche.

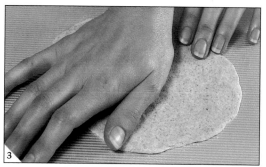

Puris

Pour 10 puris
Préparation : 15 min
Repos : 30 min
Cuisson : 2 min par puri

225 g de farine complète • ghee (ou huile) • huile de friture

1 Versez la farine et une cuillerée à soupe de ghee dans une jatte, mélangez. Ajoutez peu à peu 15 cl d'eau tiède et travaillez longuement pour obtenir une pâte plutôt ferme. Couvrez d'un linge et laissez reposer pendant 30 min.

2 Huilez légèrement le rouleau et le plan de travail.
3 Faites chauffer un peu d'huile dans la friteuse.
4 Divisez la pâte en 10 portions, roulez celles-ci sur le plan de travail, enduisez-les de ghee, puis abaissez-les en formant des galettes de 10 cm de diamètre.
5 Plongez les puris un à un dans l'huile chaude à l'aide d'une écumoire.

Quand ils remontent à la surface, comptez 30 secondes, retournez-les, pressez de nouveau pour les maintenir dans l'huile.
6 Sortez-les avec l'écumoire et laissez-les égoutter sur du papier absorbant. Dégustez-les au fur et à mesure ou réservez-les peu de temps au chaud, car ils ont tendance à s'affaisser rapidement.

Les Boissons

Lassi salé

Pour 4 personnes
Préparation : 10 min
Cuisson : 4 min

75 cl de yaourt • 1 cuill. à café de graines de cumin • 1 citron vert • sel

1 Dans une poêle en fonte à fond épais, faites griller à sec les graines de cumin pendant environ 3 à 4 min, en remuant à l'aide d'une cuillère en bois. Sortez du feu et laissez refroidir.
2 Versez les graines de cumin dans un mortier

en pierre et pilez-les très finement.
3 Versez le yaourt dans une jatte. Allongez-le peu à peu avec 25 cl d'eau froide en remuant à l'aide d'un fouet. Battez longuement jusqu'à ce que le lassi soit bien aéré et mousseux.
4 Pressez le citron vert. Ajoutez les 3/4 du cumin dans la jatte, ainsi qu'une pincée de sel. Arrosez du jus du citron et mélangez.

5 Transvasez le lassi dans 4 grands verres et poudrez chacun d'une pincée de cumin. Décorez éventuellement de quelques feuilles de menthe. Le lassi salé accompagne les repas. En Inde, on le boit surtout après le repas pour apaiser le palais échauffé par les épices. Il procure une grande fraîcheur et une agréable sensation de satiété.

Lassi sucré

Pour 4 personnes
Préparation : 15 min
Cuisson : 3 min

75 cl de yaourt • 1 cuill. à café de graines de cardamome • 120 g de sucre semoule roux • 1/2 cuill. à café d'eau de rose

1 Mettez 50 cl d'eau à glacer.
2 Faites griller à sec les graines de cardamome pendant 3 min en remuant. Laissez-les refroidir et pilez-les.

3 Versez le yaourt dans une jatte. Ajoutez le sucre et mélangez jusqu'à ce qu'il soit dissous. Allongez peu à peu avec l'eau glacée tout en remuant à l'aide d'un fouet. Battez jusqu'à ce que le lassi soit bien aéré et très mousseux.
4 Parfumez le lassi à l'eau de rose et à la poudre de cardamome. Mé-

langez bien et transvasez dans 4 grands verres à orangeade. Servez glacé. Ajoutez éventuellement de la glace pilée si vous ne le consommez pas immédiatement. Pour préparer les lassis plus rapidement, vous pouvez mettre tous les ingrédients dans le bol d'un mixer et fouetter jusqu'à ce qu'il soit mousseux.

Doodh

Pour 4 personnes
Préparation : 15 min
Cuisson : 10 min

1 l de lait • 130 g de pistaches • 20 filaments de safran • 4 clous de girofle • cannelle en poudre • 3 cuill. à soupe de miel

1 Décortiquez les pistaches. Mettez-les dans un

mortier et concassez-les grossièrement.
2 Versez le lait dans une casserole. Parsemez de safran, ajoutez les clous de girofle et poudrez de cannelle. Portez à ébullition en remuant. Sortez du feu et laissez infuser.

3 Pendant ce temps, mettez le miel au fond d'un carafon en verre. Enlevez les clous de girofle. Versez le lait sur le miel, mélangez jusqu'à ce que le miel soit complètement dissous, parsemez de pistaches et servez.

L'INDONÉSIE,
LA MALAISIE...

———

État insulaire situé entre la mer de Chine, le Pacifique
et l'océan Indien, l'Indonésie forme un ensemble de six grands
groupes d'îles, souvent volcaniques. Le climat, à la fois chaud
et très humide, permet, en dehors des zones forestières qui recouvrent
la plus grande partie du pays, une agriculture intense : riz, maïs, soja,
manioc, théier et caféier, cocotier et canne à sucre. Quant à la Malaisie,
elle s'avance dans le golfe de Thaïlande, face à Sumatra, et se termine
par l'enclave de Singapour. Ces deux pays, de religion musulmane
majoritairement, ont su développer une tradition culinaire d'une grande
diversité, bien que les influences chinoise et indienne soient une constante.
Tout comme les gastronomies indonésienne et malaisienne, l'art culinaire
du Sri Lanka marie avec raffinement la grande variété
des épices et la diversité des produits locaux.

SAVEURS D'INDONÉSIE ET DE MALAISIE

Currys épicés et grillades aux herbes reviennent souvent dans les menus, accompagnés de riz et de *sambals*, ensembles de condiments à base de purée de petits piments frais pilés.

LES TRADITIONS

Indonésiens et Malais n'ont de tradition culinaire qu'en regard des ressources locales, mais d'anciennes influences indiennes (les currys) et chinoises (les vermicelles de riz) subsistent

Les Indonésiens ont l'habitude de prendre à toute heure et dès le matin, des petites collations auprès des marchands ambulants, qui offrent un choix incroyable de beignets, de *krupuk* (chips aux crevettes), de *laksa* (vermicelles de riz frits), de bananes frites, etc. Ils boivent le plus souvent de l'eau, du thé glacé ou de l'eau de coco fraîche, parfois de la bière. Il existe un vin de riz balinais, rosé et légèrement sucré, le *brem*.

LA VIE QUOTIDIENNE

LE PETIT DÉJEUNER. Ce n'est pas un repas organisé. On commence la journée avec un fruit ou un beignet.

LE DÉJEUNER. L'ordonnance des plats est à peu près immuable : un ou deux currys et quelques *sambals* servis avec l'incontournable bol de riz.

Menu classique

━━━

PATTIES AUX CREVETTES

・

NASI GORENG

・

PUDDING AUX BANANES

LE DÎNER. Les currys peuvent parfois être remplacés par des potées, une soupe ou éventuellement un poisson grillé. Les desserts sont toujours très sucrés.

LES JOURS DE FÊTE

Du fait de la diversité des peuples dans les îles, il n'existe pas de tradition culinaire liée à une fête nationale. Selon les religions et les origines ethniques, les célébrations varient.

LES FÊTES FAMILIALES. Le *nasi kuning* (voir p. 516-517), le *babi guling* (un petit cochon de lait recouvert d'épices et rôti) et le *bebek betutu* (canard aux épices rôti à la broche) seront présents. Le *rijsttafel* (ou «table de riz»), buffet fleuri où sont regroupés tous les mets de la gastronomie indonésienne, est très typique de Bali.

LES PRODUITS

LE JAQUE

Il s'agit d'un énorme fruit (qui peut atteindre jusqu'à 20 kg) dont la chair, une fois cuite, a un peu la saveur du pain et s'accommode le plus souvent en beignets.

LE MANGOUSTAN

Ce fruit rond à peau épaisse et rouge sombre, de la taille d'une mandarine, possède une pulpe juteuse blanc rosé. Il fait merveille dans les salades de fruits.

LE RAMBOUTAN

Ce cousin du litchi, qui pousse en grappes, possède une curieuse enveloppe chevelue rouge ou brunâtre. Sa chair pâle, presque translucide, est agréablement parfumée et se déguste généralement nature, ou bien en salade.

LA NOIX DE COCO

La noix du cocotier a de multiples usages : la pulpe, râpée *(kepala)*, s'emploie en pâtisserie, et, pressée, devient le lait de coco, qui se boit frais ou adoucit certaines sauces, l'albumen qui protège la pulpe *(coprah)*, de l'huile *(santen)* qui s'utilise directement pour la cuisson.

Noix de coco

Jaque

Mangoustan

Ramboutan

Les Entrées

Soupe de poissons Mulligatawny

Sri Lanka

Pour 4 personnes
Préparation : 20 min
Cuisson : 35 min

500 g de petits poissons nettoyés et préparés • graines de coriandre • graines de cumin • 4 oignons rouges • 1 tomate • 2 gousses d'ail • 1 morceau de gingembre • 1/2 branche de céleri • 1 citron vert • safran moulu • 1 bâton de cannelle • 6 feuilles de curry fraîches • 15 cl de lait de coco • ghee (ou huile) • fenugrec • sel

1 Concassez ensemble une cuillerée à café de graines de coriandre et une grosse pincée de graines de cumin à l'aide d'un moulin à poivre.
2 Lavez la tomate. Pelez l'oignon. Coupez les oignons et la tomate en rondelles. Pelez puis hachez l'ail et le gingembre. Coupez la branche de céleri en morceaux. Pressez le citron.
3 Mettez les poissons dans une casserole avec 60 cl d'eau. Portez à ébullition et laissez cuire 5 min à feu vif. Ajoutez le cumin, la coriandre, 1 pincée de safran, la tomate, l'ail, le gingembre, la cannelle, le céleri, la moitié des oignons et le curry. Salez.
4 Baissez le feu puis laissez mijoter à feu doux pendant environ 15 min jusqu'à ce que les poissons soient bien cuits. Versez le lait de coco dans la casserole. Mélangez et laissez sur le feu.
5 Chauffez un peu de ghee dans une poêle et faites-y frire le reste des oignons et de feuilles de curry. Poudrez d'une pincée de fenugrec. Transvasez-les dans la soupe. Arrosez du jus de citron, faites reprendre l'ébullition. Servez chaud.
Utilisez des poissons du genre grondins, rougets, rascasses...

Salade de Java

Indonésie

Pour 4 personnes
Préparation : 15 min
Macération : 1 h

1 chou blanc • 4 oignons • 2 gousses d'ail • poudre de curry • sauce soja • gingembre moulu • poivre de Cayenne • vinaigre • huile de palme • noix de coco (en flocons ou râpée) • sel, poivre

1 Épluchez le chou blanc, fendez-le en 4, lavez-le et coupez-le en fines lanières. Réservez-le.
2 Pelez et émincez les oignons. Pelez et écrasez l'ail.
3 Dans un saladier, mélangez 1 cuillerée à soupe de curry, 1 cuillerée à soupe de sauce soja, 2 cuillerées à café de gingembre, 1 pincée de poivre de Cayenne, 2 cuillerées à soupe de vinaigre et 4 cuillerées à soupe d'huile de palme. Salez, poivrez.
4 Ajoutez les oignons, l'ail et le chou, mélangez. Laissez macérer 1 h au frais.
5 Au moment de servir, parsemez de flocons de noix de coco ou de noix de coco râpée.

Gado gado

Indonésie

Pour 10 personnes
Préparation : 1 h
Cuisson : 15 min

500 g de chou-fleur • 250 g de haricots verts • 2 carottes • 2 pommes de terre • 5 œufs • 1 concombre pour la sauce aux cacahuètes : 300 g de cacahuètes salées • 40 cl de lait de coco • 1 gousse d'ail • 2 cuill. à soupe de sauce soja claire

1 Lavez le chou-fleur et ôtez les tiges. Séparez les bouquets. Faites-les cuire pendant 10 min à la vapeur. Effilez les haricots verts, faites-les cuire 15 min à la vapeur. Grattez, lavez les carottes. Coupez-les en bâtonnets de 5 cm. Faites-les cuire à la vapeur 10 min. Faites cuire les pommes de terre pendant 15 min à l'eau bouillante salée. Pelez-les, coupez-les en rondelles. Arrêtez la cuisson des légumes en les passant sous l'eau froide. Laissez refroidir.
2 Faites cuire les œufs 10 min à l'eau bouillante. Passez-les sous l'eau froide et écalez-les. Quand ils sont froids, coupez-les en quartiers.
3 Épluchez le concombre. Coupez-le en rondelles. Disposez tous les légumes sur un plat, en alternant les couleurs. Décorez avec les œufs.
4 Préparez la sauce. Pilez les cacahuètes au mortier ou passez-les au mixer jusqu'à les réduire en poudre. Versez-les dans un bol, ajoutez le lait de coco en tournant. Pelez, écrasez et incorporez l'ail. Assaisonnez avec la sauce soja et mélangez jusqu'à ce que la sauce soit homogène. Transvasez-la dans une saucière placée au centre du plat de légumes. Chacun y trempera ses bâtonnets de légumes.

Sambal aux crevettes

▬▬▬

Indonésie

Pour 4 personnes

Préparation : 5 min

Trempage : 15 min

Cuisson : 15 min

---

300 g de crevettes • 1 morceau de trasi de 4 x 4 cm •

3 piments rouges • 1 oignon • 2 gousses d'ail • 10 cl d'huile

de coco • 20 cl de lait de coco • 1 citron vert • sel

---

1 Faites tremper le trasi 15 min dans de l'eau chaude puis égouttez-le. Lavez les piments, fendez-les en 2, enlevez les pédoncules et les graines. Coupez la chair en petits morceaux.

2 Pelez l'oignon et coupez-le en 2. Détaillez chaque moitié en fines lamelles. Pelez l'ail et hachez-le.

3 Versez l'huile de coco dans une poêle à fond épais. Faites-la chauffer puis versez-y les piments, l'oignon, l'ail et le trasi égoutté. Salez et faites revenir le tout pendant environ 5 min en remuant à l'aide d'une cuillère en bois.

4 Pendant ce temps, décortiquez les crevettes. Plongez-les dans la poêle et faites-les sauter à feu vif pendant 5 min, toujours en remuant, jusqu'à ce qu'elles soient bien dorées.

5 Pressez le citron vert. Arrosez le sambal du jus de citron et du lait de coco. Baissez le feu et prolongez la cuisson encore 5 min. Goûtez et rectifiez l'assaisonnement si nécessaire. Versez dans une coupelle pour le service.

Les sambals sont des aliments en saumure ou des condiments qui, traditionnellement, accompagnent les plats afin d'en renforcer le goût. Il en existe de nombreuses variétés, plus ou moins fortes, très appréciées des Indonésiens qui aiment les plats particulièrement relevés. Les ingrédients le plus souvent utilisés sont les piments (en morceaux ou en purée), la noix de coco (en flocons ou en lait), le trasi (pâte de crevettes), les tomates, les crevettes... On peut leur donner une saveur aigre-douce en leur incorporant un peu de sucre. On les présente soit sous forme de sauce avec des morceaux, comme ici, soit en purée. Dans ce cas, passez tous les ingrédients du sambal à la moulinette jusqu'à obtenir une pâte épaisse et lisse, que vous pouvez transvaser dans un bocal hermétique et conserver quelques semaines.

Patties aux crevettes

Sri Lanka

POUR 6 PERSONNES

PRÉPARATION : 1 H 30

CUISSON : 30 MIN

pour la pâte : 500 g de farine • 3 cuill. à soupe de ghee (ou 60 g de beurre) • 5 œufs • lait de coco • sel

pour la garniture : 12 grosses crevettes • 1 oignon rouge • 2 tomates • 1/4 de bulbe de fenouil • 1 piment rouge sec • 15 g de ghee (ou de beurre) • 1 tige de citronnelle • 6 feuilles de curry fraîches (ou 2 feuilles de laurier) • cannelle • safran moulu • 20 cl de lait de coco • huile de friture • sel, poivre

1 Préparez la pâte. Tamisez la farine. Ajoutez 1 bonne pincée de sel à la farine tamisée. Coupez le ghee en petits morceaux et incorporez-le progressivement à la farine. Cassez les œufs et séparez les jaunes des blancs. Formez un puits avec la farine et versez-y les jaunes d'œufs battus. Mélangez et allongez progressivement avec le lait de coco, en travaillant jusqu'à ce que la pâte soit souple. Roulez-la en boule et recouvrez-la d'un linge humide.

2 Décortiquez les crevettes et ne conservez que les queues. Émincez-les grossièrement. Pelez et hachez l'oignon. Plongez les tomates 1 min dans de l'eau bouillante, pelez-les, épépinez-les et concassez-les. Hachez le fenouil. Retirez les graines du piment et pilez-le.

3 Dans une sauteuse, faites chauffer le ghee. Faites-y revenir la moitié de l'oignon, la tige de citronnelle et 2 feuilles de curry. Ajoutez les crevettes, la tomate, le reste de l'oignon, le fenouil, le piment et les feuilles de curry restantes. Poudrez de 1 pincée de cannelle et de 1 pincée de safran, salez et poivrez. Baissez le feu et laissez mijoter 10 min.

4 Ajoutez le lait de coco et poursuivez la cuisson jusqu'à ce que tout le liquide se soit évaporé et que vous obteniez une pâte consistante. Sortez-la du feu. Retirez la citronnelle et les feuilles de curry de la préparation.

5 Reprenez la pâte et formez un gros rouleau d'environ 10 cm de diamètre. Coupez-le en fines rondelles. Posez celles-ci sur un plan de travail fariné. Disposez une bonne noix de préparation aux crevettes au centre de chaque rondelle. Badigeonnez les bords de la pâte au blanc d'œuf et repliez les rondelles pour former des chaussons. Pressez avec les doigts pour qu'ils soient bien fermés.

6 Plongez les patties dans l'huile de friture bien chaude pendant 5 min. Sortez-les à l'aide d'une écumoire, égouttez-les sur du papier absorbant. Servez chaud, à l'apéritif ou en entrée. Les patties sont présents dans toutes les réceptions. Il en existe au poulet, au poisson, au curry de viandes hachées, aux sardines, etc.

Les Plats

Daurade épicée

Malaisie

POUR 4 PERSONNES

PRÉPARATION : 40 MIN

CUISSON : 40 MIN

Boisson conseillée :

TOKAY

1 daurade de 1 kg • 150 g de crevettes • 1 morceau de gingembre frais de 2 cm • 1 oignon • 1 gousse d'ail • 1/2 cuill. à café de pâte de piment • 2 cuill. à soupe de sauce soja • 2 cuill. à soupe de coulis de tomates • 2 branches de citronnelle fraîche (ou 1 cuill. à café de zeste de citron) • 4 cuill. à soupe d'huile • sel

1 Portez une casserole d'eau salée à ébullition. Plongez-y les crevettes. Faites reprendre l'ébullition, écumez et laissez cuire de 3 à 4 min. Égouttez-les et laissez-les refroidir. Décortiquez-les.

2 Videz et écaillez la daurade. Lavez-la et essuyez-la. Salez-la à l'intérieur et à l'extérieur.

3 Épluchez et râpez le gingembre. Pelez l'oignon et l'ail. Hachez l'oignon et écrasez l'ail.

4 Mélangez l'ail, l'oignon, le gingembre, la pâte de piment, la sauce soja, le coulis de tomates, la citronnelle et les crevettes. Faites chauffer un peu d'huile dans une poêle et faites-y revenir ces ingrédients pendant 7 à 8 min. Enlevez la citronnelle.

5 Farcissez la daurade de ce mélange et cousez l'ouverture à l'aide de fil de cuisine pour éviter que la farce ne s'échappe en cours de cuisson.

6 Dans une poêle à poisson, faites chauffer le reste d'huile. Posez la daurade dans la poêle et faites-la cuire 20 min à feu moyen, en la retournant à mi-cuisson.

Le Nasi Kuning

À Java, une des îles de l'Indonésie, ce plat est servi lors de fêtes familiales ou religieuses. Le riz est au centre d'un buffet décoré de palmes, de feuilles et de fleurs, et abondamment garni.

Nasi kuning

Le *nasi kuning* (*nasi* signifie «riz cuit») se présente sous la forme d'un cône de riz jaune. Laissez tremper 250 g de riz à longs grains dans de l'eau froide pendant 1 h. Lavez-le, rincez-le et mettez-le dans une casserole avec 25 cl de lait de coco, 1 cuillerée à soupe de curcuma, 1 feuille de laurier, 1 clou de girofle et 1 pincée de sel. Portez à ébullition. Quand le riz a absorbé tout le liquide, arrêtez la cuisson, retirez le laurier et le clou de girofle et faites de nouveau cuire le riz 10 min à la vapeur. Disposez-le sur un plat et donnez-lui la forme d'un cône. Traditionnellement, le haut du cône est découpé et offert à la personne en l'honneur de laquelle la fête est donnée. C'est pourquoi certains ne colorent en jaune que la partie haute du cône.

Urap

Ces légumes crus, ou cuits avec du lait de coco et des épices sont poudrés de noix de coco fraîchement râpée au moment du service. Disposez-les tout autour du riz, ou sur un plat distinct.

Ayam goreng

L'*ayam goreng*, nom qui signifie «poulet frit» est une composante classique du buffet. Les morceaux de poulet marinent pendant environ 2 h dans un mélange d'ail pilé, de coriandre en poudre, d'échalotes hachées et revenues à la poêle et de *lengkuas*, une racine de la famille du gingembre, au goût poivré. Ils sont ensuite frits à l'huile.

ACAR

Pour préparer ce mélange de légumes, coupez tous les ingrédients (concombre, carottes, échalotes, piments, poivrons...), poudrez-les de sucre, arrosez de vinaigre de vin et d'un peu d'eau et laissez reposer dans un récipient hermétique pendant une nuit.

DES CONDIMENTS ÉPICÉS

L'*abon* (à gauche) est une poudre épaisse et brune préparée à partir de viande séchée émiettée, salée et sucrée. Le *serundeng* est confectionné avec de la noix de coco râpée, du tamarin, des échalotes, de la coriandre, de l'ail, du sucre roux, de la citronnelle *(serai)* et du *lengkuas*. Vous pouvez goûter ces condiments tout au long du repas.

SATE AYAM

Il s'agit de brochettes de poulet *(ayam)*. Badigeonnez les morceaux de poulet d'un mélange de sauce soja et de sucre de palme *(kecap manis)* avant et pendant la cuisson au wok ou à la poêle. Proposez une sauce à la cacahuète à part. Le *nasi kuning* se présente généralement comme un buffet. Chacun se servira dans des assiettes ou des plats en vannerie. Parfois, tous les plats sont présentés sur un buffet, mais les convives sont servis à table.

PERGEDEL

Héritage de l'occupation hollandaise, les *pergedel* descendent en droite ligne des fricadelles. Ce sont des boulettes préparées avec du bœuf haché et des pommes de terre cuites et écrasées, auxquels on ajoute de l'œuf battu, des échalotes revenues à part, de l'ail et du poivre. La préparation est salée et poivrée avant d'être roulée en boulettes. Celles-ci sont passées dans de l'œuf battu avant d'être frites à la poêle.

Poulet malais

Malaisie

POUR 4 PERSONNES

REPOS : 1 H

PRÉPARATION : 45 MIN

CUISSON : 1 H 10

Boisson conseillée :

BEAUJOLAIS

1 poulet de 1,5 kg • 2 cuill. à soupe d'huile • 2 cuill. à café de graines d'anis • 2 cuill. à café de graines de cumin • 15 noix de cajou • 4 tomates • 2 oignons • 2 échalotes • 2 branches de céleri • 3 cuill. à soupe de ghee (ou d'huile) • 5 cl de vinaigre blanc • 15 cl de lait de coco • sel, poivre blanc, poivre noir

1 Salez et poivrez le poulet à l'intérieur et à l'extérieur. Laissez reposer pendant 1 h environ.
2 Dans une cocotte, faites chauffer l'huile puis faites-y revenir le poulet jusqu'à ce qu'il soit doré sur toutes ses faces. Découpez-le et réservez.
3 Mettez l'anis, le cumin et les noix de cajou dans un mortier, concassez-les grossièrement. Plongez les tomates 1 min dans de l'eau bouillante, pelez-les, épépinez-les et coupez-les. Pelez, émincez les oignons et les échalotes. Ôtez les filandres du céleri et coupez les branches en bâtonnets.
4 Faites chauffer le ghee dans une grande casserole, versez le mélange d'épices et faites cuire 2 min en remuant. Ajoutez les tomates, le céleri, les oignons et les échalotes. Poursuivez la cuisson à feu doux 3 min en remuant.
5 Arrosez de vinaigre et de lait de coco. Salez, poivrez. Remuez.
6 Ajoutez le poulet dans la sauce, couvrez et laissez mijoter à feu doux pendant environ 50 min en tournant à mi-cuisson. Versez dans un plat creux et servez.

Saté bali

Indonésie

POUR 6 PERSONNES

PRÉPARATION : 20 MIN

CUISSON : 15 MIN

Boisson conseillée :

CHIROUBLES

300 g de filet de porc • 6 grosses crevettes • 6 blancs de poulet pour la sauce saté : 30 g de cacahuètes salées • 1 oignon • 2 gousses d'ail • 1/2 citron • 30 g de beurre de cacahuète • 2 cuill. à soupe d'huile • 1 pincée de piment fort • 1 cuill. à café de sauce soja

1 Préparez la sauce. Pilez les cacahuètes ou passez-les au mixer pour les réduire en poudre. Pelez et hachez l'oignon et l'ail. Pressez le citron. Ajoutez tous les ingrédients de la sauce et travaillez jusqu'à ce qu'elle soit homogène.
2 Coupez le porc en dés de 2 cm. Coupez la tête des crevettes, conservez les queues entières. Coupez les blancs de poulet en cubes. Enfilez tous ces ingrédients sur des brochettes en veillant à ne pas mélanger le porc, le poulet et les crevettes.
3 Badigeonnez les brochettes de sauce saté. Faites-les cuire au barbecue ou sur un gril de table en les arrosant de sauce, jusqu'à ce que la viande et les crevettes soient cuites et dorées.
Pour lui donner plus de goût, vous pouvez faire mariner la viande dans la sauce saté pendant 48 h au réfrigérateur.
Si vous utilisez, comme en Indonésie, des brochettes en bois, faites-les tremper dans de l'eau la nuit précédant la cuisson.

Curry de foies de volaille

Singapour

POUR 4 PERSONNES

PRÉPARATION : 35 MIN

CUISSON : 50 MIN

Boisson conseillée :

GAMAY

500 g de foies de volaille • 2 oignons • 5 gousses d'ail • 4 piments secs • 1 morceau de gingembre • 3 cuill. à soupe d'huile • curcuma moulu • poudre de curry • lait de coco • 2 feuilles de laurier • sel

1 Rincez les foies de volaille et épongez-les.
2 Pelez les oignons et l'ail. Hachez-les. Écrasez les piments. Pelez et râpez le gingembre.
3 Versez l'huile dans une sauteuse et faites-y revenir l'ail, l'oignon, les piments et le gingembre. Poudrez de 1 cuillerée à café de curcuma et laissez cuire environ 5 min à feu moyen, en remuant régulièrement.
4 Montez le feu, parsemez de 2 cuillerées à soupe de poudre de curry et faites frire environ 2 min. Ajoutez les foies de volaille et prolongez la cuisson jusqu'à ce qu'ils soient bien saisis, sans cesser de remuer. Baissez le feu et arrosez de 4 cuillerées à soupe de lait de coco. Jetez les feuilles de laurier dans la sauteuse. Prolongez la cuisson encore 2 min.
5 Mélangez 30 cl de lait de coco avec 10 cl d'eau chaude. Versez ce mélange dans la sauteuse, salez, tournez et portez à ébullition. Baissez le feu et terminez la cuisson à feu doux jusqu'à ce que la sauce ait épaissi. Versez dans un plat creux et servez.
Accompagnez d'un riz blanc.
Vous pouvez ajouter à cette recette 3 aubergines coupées en dés, ou 1 concombre évidé et émincé.

Bœuf aux poivrons

Singapour

POUR 4 PERSONNES
PRÉPARATION : 20 MIN
CUISSON : 55 MIN

800 g de bœuf dans le gîte • 2 poivrons jaunes • 2 poivrons rouges • 2 poivrons verts • 4 oignons • 4 gousses d'ail • 1 morceau de gingembre frais de 3 cm • 3 cuill. à soupe d'huile de palme • sel, poivre

1 Coupez la viande de bœuf en cubes de 3 cm.
2 Lavez les poivrons, fendez-les en 4, enlevez les pédoncules, les graines et les filaments blancs. Pelez et émincez les oignons. Pelez et écrasez l'ail. Grattez et râpez le gingembre.
3 Faites chauffer l'huile dans une cocotte. Faites-y revenir les oignons. Quand ils ont pris couleur, ajoutez les cubes de viande et poursuivez la cuisson en les retournant régulièrement pour qu'ils soient bien dorés sur toutes leurs faces.
4 Ajoutez les poivrons, l'ail et le gingembre. Salez et poivrez et mélangez. Couvrez et faites cuire 45 min à feu moyen. Vérifiez la cuisson de la viande qui doit être tendre. Versez dans un plat et servez.
Vous pouvez remplacer l'huile de palme par de l'huile d'arachide.

Nasi goreng

Indonésie

POUR 4 PERSONNES
PRÉPARATION : 30 MIN
CUISSON : 40 MIN

Boisson conseillée :

CHINON FRAIS

250 g de riz • 250 g de germes de soja • 4 œufs • 4 cuill. à soupe d'huile • 4 blancs de poulet cuits • 2 gousses d'ail • 2 oignons • 1 petit concombre • 2 cuill. à soupe de sauce soja • sel

1 Portez une casserole d'eau salée à ébullition, versez-y le riz en pluie, faites reprendre l'ébullition et laissez cuire 20 min, jusqu'à ce que le riz soit cuit mais encore ferme. Égouttez-le.
2 Rincez les germes de soja à l'eau courante et égouttez-les bien.
3 Battez les œufs en omelette. Faites chauffer un peu d'huile dans une poêle, faites cuire l'omelette en la retournant à mi-cuisson. Celle-ci doit être assez fine. Sortez-la de la poêle, posez-la sur le plan de travail, détaillez-la en fines lanières.
4 Émincez les blancs de poulet. Pelez l'ail et les oignons. Écrasez l'ail, hachez finement les oignons. Épluchez le concombre. Coupez-le en 2 en long, ôtez les graines et émincez finement la chair.
5 Faites chauffer le reste d'huile dans un wok (ou dans une sauteuse) et faites-y frire l'ail et l'oignon. Ajoutez le poulet, le concombre, les germes de soja et faites cuire à feu vif pendant 1 min en remuant.
6 Versez le riz dans le wok et arrosez de la sauce soja. Poursuivez la cuisson jusqu'à ce que l'ensemble soit bien chaud. Présentez dans un plat creux et servez.
Le nasi goreng, le plat le plus populaire en Indonésie, sert à accommoder agréablement tous les restes.

Légumes frits aux cacahuètes

Malaisie

POUR 6 PERSONNES
PRÉPARATION : 35 MIN
CUISSON : 30 MIN

150 g de cacahuètes fraîches • 8 oignons blancs • 1 concombre • 125 g de haricots verts • 2 carottes • 2 gousses d'ail • 8 échalotes • 1 mangue • 2 cuill. à soupe d'huile • curcuma moulu • sucre semoule • vinaigre de riz (ou vinaigre blanc) • 25 cl de bouillon de volaille • sel

1 Sortez les graines de cacahuètes de leurs cosses. Enlevez la peau rouge qui les entoure. Faites-les griller à sec dans une poêle pendant quelques minutes sans cesser de les remuer. Versez-les dans un mortier et concassez-les grossièrement.
2 Pelez les oignons, coupez les tiges vertes. Épluchez le concombre, coupez-le en 2 en longueur, évidez-le de ses graines et coupez la chair en bâtonnets.
3 Effilez les haricots verts. Coupez-les en 2. Grattez les carottes, lavez-les et coupez-les en rondelles. Pelez et écrasez l'ail. Pelez et émincez les échalotes.
4 Épluchez la mangue. Coupez-la en 2, retirez le noyau et découpez la chair en morceaux.
5 Faites chauffer l'huile dans un wok. Faites-y revenir les carottes et les oignons jusqu'à ce qu'ils prennent couleur. Poudrez de 1 cuillerée à café de curcuma et 1 cuillerée à café de sucre, ajoutez l'ail, les échalotes, mouillez de 1 cuillerée à café de vinaigre, salez et poursuivez la cuisson à feu vif pendant 1 min.
6 Ajoutez les dés de mangue, le concombre, les haricots et les cacahuètes. Arrosez de bouillon. Baissez le feu et prolongez la cuisson pendant environ 15 min jusqu'à ce que les légumes soient tendres. Servez chaud.
Présentez ces légumes avec de la daurade épicée (voir p. 515) ou des brochettes de viande.

Nouilles frites

Malaisie

POUR 6 PERSONNES

PRÉPARATION : 30 MIN

CUISSON : 25 MIN

1 kg de nouilles de riz fraîches • 200 g de germes de soja • 2 oignons • 125 g de jambon • 4 petits piments rouges frais • 2 gousses d'ail • 1 branche de céleri • 4 échalotes • huile • 2 cuill. à soupe d'arak (ou de xérès) • 4 cuill. à soupe de sauce soja

1 Rincez les germes de soja à l'eau courante dans une passoire et laissez-les bien égoutter.
2 Coupez les nouilles en petits morceaux. Pelez et émincez les oignons. Coupez le jambon en courtes lanières. Lavez et fendez les piments, retirez les pédoncules et les graines, hachez-en grossièrement la chair. Pelez et écrasez l'ail. Enlevez les filandres de la branche de céleri et émincez-la. Pelez et hachez les échalotes.
3 Faites chauffer 2 cuillerées à soupe d'huile dans un wok (ou dans une sauteuse), faites-y revenir les oignons et le jambon jusqu'à ce qu'ils soient légèrement dorés.
4 Ajoutez les piments, l'alcool et l'ail et faites-les frire quelques instants à feu vif. Incorporez les germes de soja, le céleri et les échalotes, faites cuire à feu vif jusqu'à ce que les légumes soient juste tendres. Sortez du feu et réservez.
5 Faites chauffer 2 cuillerées à soupe d'huile dans le wok, faites-y revenir les nouilles jusqu'à ce qu'elles soient chaudes. Arrosez de sauce soja. Ajoutez les légumes et faites-les cuire quelques instants. Servez chaud.

Les Desserts

Pudding aux bananes

Singapour

POUR 6 PERSONNES

PRÉPARATION : 35 MIN

CUISSON : 45 MIN

pour la pâte : 100 g de beurre • 100 g de sucre semoule • 4 œufs • 3 bananes • 1 citron • 2 oranges • 200 g de farine • 1 sachet de levure • sel • pour le sirop : 1 orange • 20 g de sucre semoule

1 Faites ramollir le beurre coupé en petits morceaux. Mettez-le dans une terrine avec le sucre et travaillez jusqu'à ce que le mélange blanchisse. Ajoutez les œufs un à un en fouettant.
2 Épluchez et écrasez les bananes. Pressez le citron et les oranges. Versez-en le jus sur les bananes, mélangez jusqu'à obtenir une crème lisse et liquide. Transvasez-la dans la terrine.
3 Préchauffez le four à 180 °C (therm. 5).
4 Tamisez la farine sur la crème de banane, ajoutez la levure et 1 pincée de sel. Mélangez bien le tout pour obtenir une pâte homogène.
5 Beurrez, farinez un moule à baba de 20 cm ou un moule à savarin. Versez-y la pâte. Laissez cuire 40 min. Sortez-le du four, laissez-le refroidir 5 min et posez-le sur une grille. Attendez 10 min avant de le démouler.
6 Juste avant de démouler le gâteau, préparez le sirop d'orange. Pressez l'orange. Mélangez le sucre et le jus, allongez éventuellement avec un peu d'eau. Portez à ébullition puis sortez du feu immédiatement.
7 Posez le gâteau sur un plat chaud et arrosez du sirop d'orange chaud.
Les bananes doivent être très mûres.

Vattalappam

Sri Lanka

POUR 6 PERSONNES

PRÉPARATION : 15 MIN

CUISSON : 1 H 15

10 œufs • 500 g de jaggery (sucre de palme) • 75 cl de lait de coco • cannelle moulue • cardamome moulue • noix de muscade • huile pour le moule • sel

1 Séparez les blancs d'œufs des jaunes. Battez-les séparément, puis battez-les ensemble.
2 Cassez le bloc de sucre, faites-le dissoudre dans un peu d'eau tiède. Mélangez-le bien, avec les œufs, le lait de coco, 1 pincée de cannelle, 1 grosse pincée de cardamome et 1 pincée de sel. Râpez un peu de noix de muscade par-dessus.
3 Huilez un moule et versez-y la préparation. Recouvrez d'un papier sulfurisé, enfournez et laissez cuire au bain-marie pendant 1 h 15. Servez chaud ou froid.

Vous pouvez incorporer de la noix de coco râpée à la pâte et l'allonger de lait. Au moment de servir, parsemez de flocons de noix de coco grillés. Le jaggery, connu sous les noms de *gula jawa* en Indonésie et de *gula melaka* en Malaisie, est un sucre de palme brun pressé. Il se vend sous forme de blocs.

INDICATIONS TECHNIQUES

ABRÉVIATIONS UTILISÉES DANS L'OUVRAGE

cl	= centilitre
l	= litre
g	= gramme
kg	= kilogramme
min	= minute
h	= heure
cuill. à soupe	= cuillerée à soupe
cuill. à café	= cuillerée à café
°C	= degré centigrade

CUISSON AU FOUR

Ces indications sont données pour un four électrique traditionnel. Pour les fours à gaz, à chaleur tournante ou d'un autre type, tenez compte des conseils du fabricant. Pour préchauffer le four, allumez-le de 15 à 20 min à l'avance à la température voulue, surtout pour une cuisson à chaleur vive destinée à "saisir" une viande.

CUISSON	THERMOSTAT	TEMPÉRATURE
Four tiède	1	50 °C
Four doux	2	120 °C
Four modéré	3	140 °C
	4	160 °C
	5	180 °C
Four chaud	6	200 °C
Four très chaud	7	220 °C
	8	240 °C
	9	260 °C
Four brûlant	10 (gril)	280-300 °C

POIDS ET MESURES

Si vous ne disposez pas de balance ou de verre mesureur, voici des équivalences utiles pour pouvoir quand même réaliser les recettes.

1 cuill. à soupe = 1,5 cl = 15 cm^3
= 3 cuill. à thé
= 15 g de beurre, de crème fraîche
= 15 g de riz, de semoule
= 15 g de sucre semoule
= 5 g de fromage râpé

1 cuill. à café = 0,5 cl = 5 cm^3
= 5 g de sel, de sucre
= 3 g de fécule

1 pincée = de 3 à 5 g

1 verre à moutarde ou 1 verre à eau
= 20 cl de liquide
= 200 g de crème fraîche
= 200 g de riz ou de sucre semoule
= 100 g de farine

1 verre à bordeaux = 15 cl

1 verre à liqueur = 3 cl

1 verre à porto = de 6 à 7 cl

1 tasse à déjeuner = de 20 à 25 cl

1 grand bol à déjeuner = 40 cl

1 tasse à thé = 15 cl

1 tasse à café = 10 cl

1 pot de yaourt = 15 cl

INDEX GÉNÉRAL

■ Recette étape par étape □ Recette illustrée ● Page thématique

N

Naan à l'ancienne IRAN 264
Naans INDE 508
Nam prik phao THAÏLANDE 467
Nasi goreng INDONÉSIE 519
Nasi kuning ● INDONÉSIE 516
Natillas MEXIQUE 407
Navarin d'agneau FRANCE 96
Navets
 Canard aux navets et au chou CHINE 449
Navets en saumure ISRAËL 278
Nems à la menthe fraîche ■ VIÊT NAM 463
Nids d'hirondelles
 Soupe aux nids d'hirondelles CHINE 432
Noisettes
 Bavarois de noisettes ALLEMAGNE 187
 Catalf ROUMANIE 223
 Gâteau aux noisettes HONGRIE 231
Noisettes de renne aux morilles □ FINLANDE 162
Noix
 Abricots farcis EUROPE CENTRALE 224
 Poule aux noix MEXIQUE 404
 Tarte aux noix à la québécoise CANADA 392
Noix de coco
 Cabillaud à la noix de coco INDE 498
 Chutney à la noix de coco INDE 497
 Crème de noix de coco THAÏLANDE 474
 Douceur au coco COLOMBIE 422
 Flan de coco MEXIQUE 406
 Glace à la noix de coco AUSTRALIE 135
 Potage congolais AFRIQUE NOIRE 354
 Poulet au coco ANTILLES-LA RÉUNION-ÎLE MAURICE 342
 Soufflé à la noix de coco ANTILLES... 347
Noix de pécan
 Cailles aux noix de pécan MEXIQUE 401
 Petits gâteaux aux noix de pécan ÉTATS-UNIS 384
Noix de veau à la rhubarbe IRAN 260
Nouilles
 Nouilles dashi JAPON 486
 Nouilles frites MALAISIE 520
 Soupe aux nouilles CHINE 431
 Soupe de nouilles au bœuf THAÏLANDE 462
Nuit blanche ● ANTILLES-LA RÉUNION-ÎLE MAURICE 349 48

O

Obatza BAVIÈRE 173
Œufs
 Œufs à la neige ■ FRANCE 103
  brouillés aux truffes FRANCE 81
  pochés au yaourt TURQUIE 252
  «rancheros» MEXIQUE 398
  verts PORTUGAL 66
 Voir aussi Index thématique : **Œufs**
Œufs de poisson
 Pommes de terre aux œufs de saumon SUÈDE 162
 Tarama GRÈCE 238
Oie aux pommes CANADA 389
Oie de la Saint-Michel □ GRANDE-BRETAGNE 112
Oie farcie SUÈDE 164

Oignons
 Bœuf aux oignons VIÊT NAM 470
 Pain à l'oignon HONGRIE 232
 Pigeons aux pruneaux et aux oignons MAROC 306
 Soupe à l'oignon gratinée FRANCE 80
 Tarte aux oignons à la schaffhousoise SUISSE 197
Omble de l'Arctique CANADA 388
Omelettes
 Omelette au crabe CHINE 437
   au fromage australienne AUSTRALIE 132
   aux pommes de terre GRÈCE 240
   florentine ITALIE 15
   provençale FRANCE 81
   roulées VIÊT NAM 472
 Sfougato GRÈCE 237
 Tortilla ■ ESPAGNE 47
Orange
 Mousse à l'orange ISRAËL 289
 Poulet à l'orange ISRAËL 282
 Poulet de Guanajuato MEXIQUE 404
 Pudding à l'orange GRANDE-BRETAGNE 124
 Sole meunière à l'orange TUNISIE 304
 Tortel de naranja ESPAGNE 62
Oreilles d'Aman ISRAËL 294
Os de bœuf en gelée ISRAËL 274
Osso bucco ITALIE 31
Ouassous aux tomates et aux cives □ ANTILLES-LA RÉUNION-ÎLE MAURICE 340
Ouided (couscous au poisson) TUNISIE 309

P

Paella a la valenciana ■ ESPAGNE 54
Paella oranaise ALGÉRIE 312
Pain à l'oignon HONGRIE 232
Pain d'épices au miel NOUVELLE-ZÉLANDE 136
Pain perdu BELGIQUE 146
Pakoras INDE 492
Pakoras aux légumes INDE 492
Palourdes
 Clam chowder ■ ÉTATS-UNIS 369
 Consommé aux clams JAPON 478
 Spaghetti aux palourdes ITALIE 22
Pan di Spagna ■ ITALIE 36
Pancakes écossais GRANDE-BRETAGNE 125
Pannekoeken HOLLANDE 154
Paprikache de carpe □ HONGRIE 229
Paratas INDE 508
Paris-Brest FRANCE 102
Pashka ● RUSSIE 212
Pashtida (quiche aux courgettes) ISRAËL 286
Pastilla aux amandes et au pigeon □ MAROC 304
Patates douces
 Gâteau de patates douces ANTILLES... 350
 Porc aux patates douces et aux agrumes PÉROU 419
 Salade de patates douces □ INDE 494
Pâte d'amandes
 Fruits secs farcis à la pâte d'amandes ISRAËL 292
 Turron d'Alicante ESPAGNE 63
Pâte de goyaves AFRIQUE NOIRE 360
Pâte de piments jaunes AMÉRIQUE DU SUD 413

T

INDEX THÉMATIQUE

■ Recette étape par étape □ Recette illustrée ● Page thématique

BOULANGERIE

BOISSONS

REMERCIEMENTS

LES ÉQUIPES DE STYLISTES REMERCIENT POUR LEUR COLLABORATION

Au Cœur des Landes 33, rue Boissière 75016 Paris - Au Petit Point 41, bd Malesherbes 75008 Paris - Au Puceron Chineur 23, rue Saint-Paul 75004 Paris - Autour du Monde Home 8, rue des Francs-Bourgeois 75003 Paris - Beauvillé (grands magasins) BP 46 60150 Ribeauvillé - Bernardaud 11, rue Royale 75008 Paris - Au Bon Marché 22, rue de Sèvres 75007 Paris - Bootlegger (bières) 82, rue de l'Ouest 75014 Paris - P. Boursault (fromager) 71, av. du Général-Leclerc 75014 Paris - la Boutique Scandinave 19, rue des Pyramides 75001 Paris - British Shop 2, rue François-Ponsard 75016 Paris - la Carpe 14, rue Tronchet 75008 Paris - les Caves Saint-Vincent 35, rue Daguerre 75014 Paris - les Caves Taillevent 199, rue du Faubourg-Saint-Honoré 75008 Paris - C.F.O.C. (Compagnie française de l'Orient et de la Chine) 167, bd Saint-Germain 75006 Paris - Chevignon 4, rue des Rosiers 75004 Paris - Christofle 9, rue Royale 75008 Paris - Cisternes 20, rue de l'Échaudé 75006 Paris - la Compagnie du Mexique 3, rue Lacuée 75012 Paris - Constance Maupin 11, rue du Docteur-Goujon 75012 Paris - Côté Hacienda 14, rue de Birague 75004 Paris - Culinarion 99, rue de Rennes 75006 Paris - Daimaru (Palais des Congrès) 2, pl. Porte-Maillot 75017 Paris - Dampoux 20, rue Mouton-Duvernet 75014 Paris - Daum Boutique 4, rue de la Paix 75002 Paris - Diasporama 20, rue des Rosiers 75004 Paris - Dîners en ville 27, rue de Varennes 75007 Paris - D.I.V.A. 97, rue du Bac 75007 Paris - l'Entrepôt 50, rue de Passy 75016 Paris - Étamine 63, rue du Bac 75007 Paris - Explora 46, rue Tiquetonne 75002 Paris - Fauchon 26, place de la Madeleine 75008 Paris - le Fiacre 24, bd des Filles-du-Calvaire 75011 Paris - Galeries Acanthe 18, rue Cortambert 75016 Paris - Galeries Lafayette 40, bd Haussmann 75009 Paris - Geneviève Lethu 95, rue de Rennes 75006 Paris - Hôtel Hilton 18, av. de Suffren 75015 Paris - Izraël (Épicerie du monde) 30, rue François-Miron 75004 Paris - le Jacquard français 45 bd Kelsch BP 62 88402 Gérardmer cedex - le Jardin Moghol 53, rue Vieille-du-Temple 75004 Paris - José Houel (grands magasins) 8, rue Jean-Varenne 75018 Paris - Kimonoya 11, rue du Pont-Louis-Philippe 75004 Paris - Kioko 46, rue des Petits-Champs 75002 Paris - Kitchen Bazaar 6, av. du Maine 75015 Paris - Ladybird 91, rue Saint-Honoré 75001 Paris - Laura Ashley 94, rue de Rennes 75006 Paris - Laure Japy 34, rue du Bac 75007 Paris - Lorca 42, rue Grégoire-de-Tours 75006 Paris - Maam Samba 14, rue du Roi-de-Sicile 75004 Paris - la Maison Cipolli 81, rue Bobillot 75013 Paris - la Maison Ivre 34, rue Niel 75017 Paris - Mariage Frères 30, rue du Bourg-Tibourg 75004 Paris - Melo and Co. 46, rue Vieille-du-Temple 75004 Paris - Mohanjeet 10, rue de Turenne 75004 Paris - Molin 18, rue de Miromesnil 75008 Paris - la Mousson 27, rue des Archives 75004 Paris - NEFF électroménager 50, rue Ardoin 93400 Saint-Ouen - Odakyu 93, rue de Seine 75006 Paris - Office national suisse du tourisme 11 bis, rue Scribe 75009 Paris - l'Oiseau de feu 49, rue de Seine 75006 Paris - Philippe Deshoulières (Porcelaines) 32, rue de Paradis 75010 Paris - Porto Santo 7, rue du 29-Juillet 75001 Paris - Primrose Bordier (pour le Jacquard français) - Quartz Diffusion 12, rue des Quatre-Vents 75006 Paris - la Roseraie Grenelle 72, rue de Grenelle 75007 Paris - Scof 30 bis, rue de Paradis 75010 Paris - Siècle 24, rue du Bac 75007 Paris - Sconi 7, rue Ferdinand-Duval 75004 Paris - The Conran Shop 117, rue du Bac 75007 Paris - la Tuile à Loup 35, rue Daubenton 75005 Paris - Ville de Mogador 16, rue du Vieux-Colombier 75006 Paris - Villeroy et Boch 21, rue Royale 75008 Paris

LAURE GUÉRARD ET MARIE-HÉLÈNE PLANCHETTE pour la réalisation des recettes étape par étape. CHRISTINE DUPONT-FAUVILLE ET SON ÉQUIPE pour la réalisation de tous les fonds peints - 25, rue Auguste-Lançon 75013 Paris.

LA RÉDACTION REMERCIE POUR LEUR AIMABLE CONTRIBUTION

L'Asie à votre table (Mme Nguyen) traiteur 30, rue Gabriel-Péri 93310 Le Pré-Saint-Gervais - **Ambassade du Brésil** (Mme Chavez, Service commercial) - **Ambassade du Chili** (M. Sanguinetti, Service commercial) - **Ambassade d'Espagne** (Michel Budaï, Office commercial) - **Ambassade du Mexique** 4, rue Notre-Dame-des-Victoires 75002 Paris - **Ambassade de l'Inde** 118, rue de Javel 75015 Paris - **Ambassade d'Indonésie** (Mme Aloyol, Service pédagogique et culturel) 49, rue Cortambert 75016 Paris - **Ambassade de Turquie** (Mme Serimer) - **Mme Atalay** - **Ay Caramba** 59, rue de la Mouzaïa 75019 Paris - **Jean Baudoin de Clerc** - **Eléonore Bauman** - **Bibliothèque des Langues orientales** 4, rue de Lille 75008 Paris - **M. de Bisschop** - **Brûlerie San Jose** 30, rue des Petits-Champs 75002 Paris - **Centre d'information de l'huile d'olive** (Bénédicte Fournée) - **Chez Dominique** (restaurant) 19, rue Bréa 75006 Paris - **A.S. Chowdhry** - **C.T.I.F.L.** (et le Centre de Balandran) 22, rue Bergère 75009 Paris - **Per Damsgaard** - **Daru** (restaurant- traiteur) 19, rue Daru 75008 Paris - **D.G.M.A.I.A.A.** (Maria Fernanda Borges) - **Dionis** (Jean-François Ragot) - **Isabelle Djian** - **Ram Avtar Gupta** - **Hanafousa** (restaurant) 4, passage de la Petite-Boucherie 75006 Paris - **P.T. Indira** - **I.N.R.A.** (Institut National de la Recherche Agronomique à Maguedelonne) - **Institut culturel italien** 50, rue de Varennes 75007 Paris - **Institut technique de la vigne et du vin** 21, rue François-1er 75008 Paris - **Italgel** - **Izraël (Épicerie du monde)** 30, rue François-Miron 75004 Paris - **Jean et Brassac** (spécialités antillaises - traiteur, restaurant) 16, bd de Belleville 75020 Paris - **Jo Goldenberg** (traiteur, restaurant) 15, rue des Rosiers 75004 Paris - **Constance Kasprzyk** - **Nina Komarova** - **Dorah Lau** - **Louise Leal** - **Sarah Mc Donnell** - **Maison de l'Autriche** - **Maison d'Espagne** (Christine Wlüka) - **Maison de la Sarre** 30, rue Galilée 75016 Paris - **Maison de la Suède** (M. M. Rubin) 242, rue de Rivoli 75001 Paris - **L. Marchignoli** - **Mariage Frères** (boutique) 30, rue du Bourg-Tibourg 75004 Paris - **Romuld Marie-Sainte** - **Roberto Momi** - **Mosquée de Paris** 2, pl. du Puits-de-l'Ermite 75005 Paris - **Nestlé** pour son ouvrage « la Suisse Gourmande » - **Mirane Nijean** - **Office pour le développement industriel du Maroc** (Mme Guizengard) - **Office général des débouchés agricoles et horticoles** (Mme Leroux) - **Office international de la vigne et du vin** 11, rue Roquépine 75008 Paris - **Office néerlandais des produits laitiers** (Mme Chamoin) - **Marie-Carmen Otero** - **Jose Parla Vecchio** - **Paquito Panero** - **Maurice Pary** - **Sabina Perrini** - **Petrossian** (Florence Bramy) - **Pfister chocolatier**, Berne (Mr Trachsler) - **Siamus Pok** - **William Radin** - **Loretta Ravera** - **Yolande Schmidt** - **B. Setiawan** - **Synnöve Takala** - **Kuniko Takeda** - **Tang Frères** (épicerie) 44, av. d'Ivry 75013 Paris - **Tea Council** (Anita Crocker) - **Olga Tchhikvishvili** - **Thanksgiving** (traiteur, épicerie) 20, rue Saint-Paul 75004 Paris - **le Village d'Or** - **Valérie von de Schaetzen**

Photogravure : Leader Graphic, Paris

IMPRIMERIE GRAFICA EDITORIALE, Bologne - Dépot légal : octobre 1993. - N° série Éditeur : 17611

IMPRIMÉ EN ITALIE. *(Printed in Italy)*. 507050 octobre 1993

IMPORTANT

Afin d'assurer la protection de ce
volume dispendieux, la direction vous
prie de bien vouloir SIGNER LA CARTE
DU LIVRE; ASSUREZ-VOUS QUE LE LIVRE
EST VERIFIE PAR LA SURVEILLANTE avant
de l'emprunter et au retour.